JPT 1000제 청해편

고득점 달성을 위해 JPT를 효율적으로 공부하는 방법은 없을까 고민하는 학습자들이 꽤 많습니다.

일반적으로 한국인 학습자들은, 한국어와 일본어는 공통적인 특성을 지녔기 때문에 쉽다고 생각하고 있습니다. 특히 초급 단계의 경우에는 두 언어의 유사성 때문에 쉽게 접근할 수 있을 뿐만 아니라 학습 효과가 눈에 띄게 나타나기도 합니다. 그러나 중급 이상의 과정에서는 한국어와 일본어의 유사성이 오히려 도움이 되지 않는 경우가 더러 있습니다. 초급 단계 때 무심코 지나쳤던 촉음과 장음 등의 발음, 동음이의어, 다의어, 비슷한 것 같지만 완전히 다른 속담 및 관용 표현들이 JPT 시험 문제를 푸는 데에 많은 곤란을 야기하고 있습니다. 어설프고 애매한 지식과 JPT에 대한 소홀한 대비는 고득점 획득에 결코 도움이 되지 않습니다.

실제로 JPT는 일상생활과 비즈니스 현장에서 자주 쓰는 표현과 생동감 있는 내용들이 주를 이루고 있습니다. 따라서 고득점을 얻기 위해서는 보다 체계적이고 조직적이며 실제 생활에 응용할 수 있는 일본어 지식과 꾸준한 학습이 필요합니다.

저자는 일본어 현장에서 JPT를 가르친 경험을 바탕으로, JPT를 공부하는 학습자에게 도움을 주길 바라는 마음에서 이 책을 내놓게 되었습니다.

『다락원 JPT 1000제 청해편』은 문제 유형별 공략 분석과 mini JPT 그리고 실전모의고사 10회분을 수록했습니다. 문제 유형별 공략 분석에서는 학습자들이 문제를 푸는 데 꼭 알아 두어야 할 유의 사항을 콕 찍어 설명하였습니다. 문제의 난이도는 450점, 600점, 800점 수준으로 다양하게 출제하였고, 학습자들의 편의를 도모하기 위해 각 문제마다 문제의 핵심, 특징, 화제 등을 제시함과 동시에 해설도 제시하고 있어서 문제를 이해하는 데 큰 도움이 될 것입니다.

아무쪼록 이 교재를 통해서 학습자들은 JPT에 대한 체계적인 지식을 쌓고, 예리한 판단력을 기르고, 정확한 표현을 익혀 문제 풀이에 대한 응용 능력이 향상되기를 진심으로 바랍니다.

양정순

　　JPT 점수는 청해 점수와 독해 점수를 합한 총점이다. 청해·독해의 점수는 각각 최저 5점, 최고 495점이므로 JPT 점수는 최저 10점에서 최고 990점이다. 실제 JPT에서는 총 정답수에 의해서가 아니라, 특정한 통계 처리에 의해 상대평가 방식으로 채점되기 때문에 모의시험 등에서 정확한 점수를 측정하기는 어렵다. 그러나 총 정답수를 기준으로 점수환산표를 통해 대략적인 점수를 알아볼 수는 있다.

　　다음 표를 통해 자신의 청해 점수가 어느 정도인지 가늠해 보자.

청　해	
정답수	환산 점수대
96~100	480~495
91~95	450~475
86~90	420~445
81~85	390~415
76~80	360~385
71~75	330~355
66~70	300~325
61~65	270~295
56~60	240~265
51~55	220~235
46~50	190~215
41~45	160~185
36~40	130~155
31~35	110~125
26~30	90~105
21~25	70~85
16~20	50~65
11~15	30~45
6~10	10~25
1~5	5
0	5

>> 각 회별 정답수

1회	2회	3회	4회	5회
/ 100	/ 100	/ 100	/ 100	/ 100
6회	7회	8회	9회	10회
/ 100	/ 100	/ 100	/ 100	/ 100

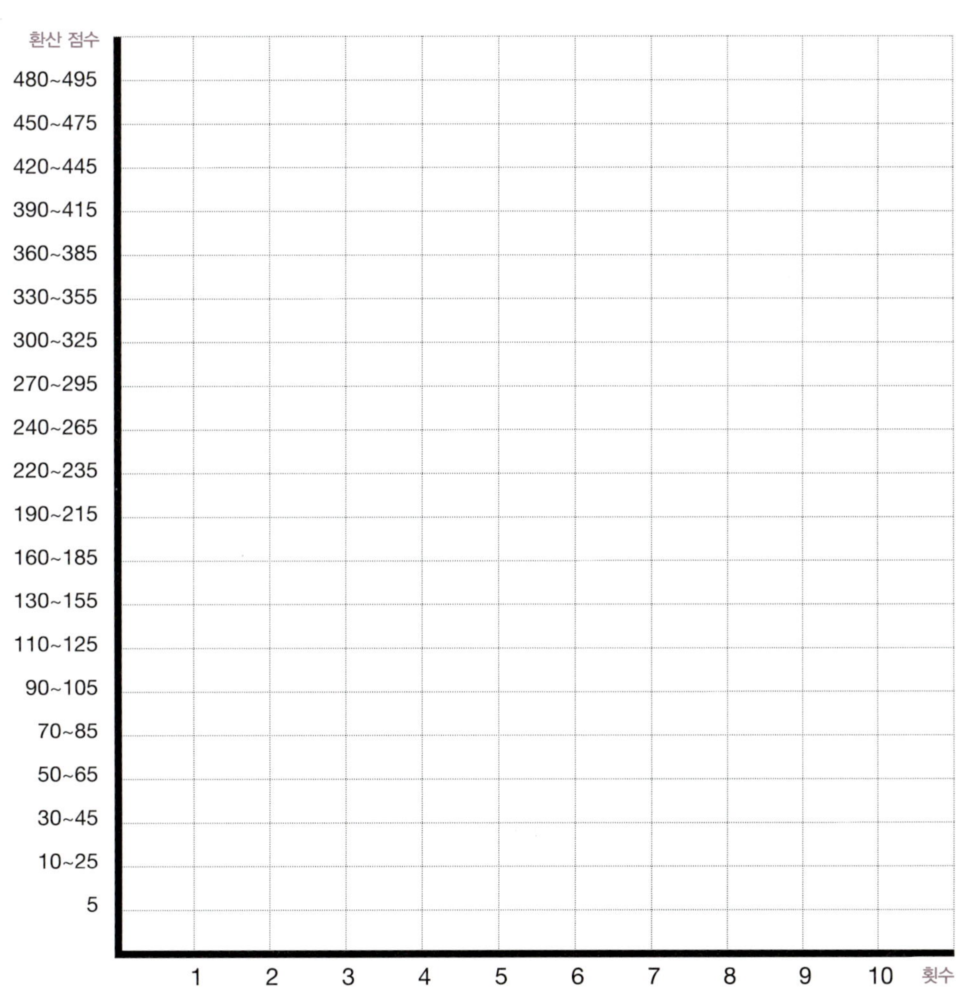

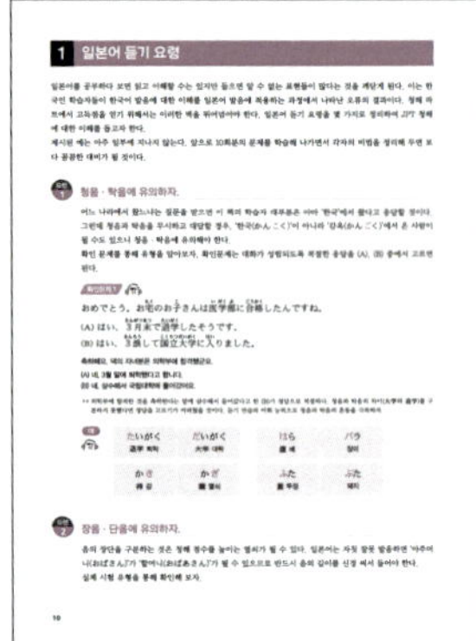

《 '청해' 분야의 특성을 고려한 듣기 요령 정리

한국인 학습자들이 범하기 쉬운 청취상의 오류를 바로잡기 위해 일본어 듣기 요령을 따로 정리하였다. 청음과 탁음, 장음과 단음, 촉음과 요음 등 기초적이지만 일본어를 학습하는 동안 항상 유의해야 할 내용과, 동음이의어, 축약 표현 등 일본어 중급 단계로 넘어가면서 학습자들이 고전하게 되는 내용까지 두루두루 정리되어 있다.

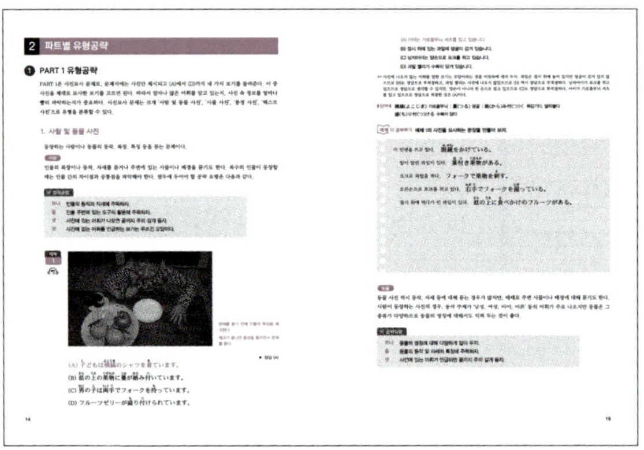

》 문제 유형별 공략 요령 정리

JPT 청해는 총 4가지 PART로 구성되고, 각 PART 안에서도 다양한 유형의 문제가 출제된다. 이에 대비하기 위해 각 PART에서 다시 유형을 분류하여 세세하게 공략 요령을 정리하였다.

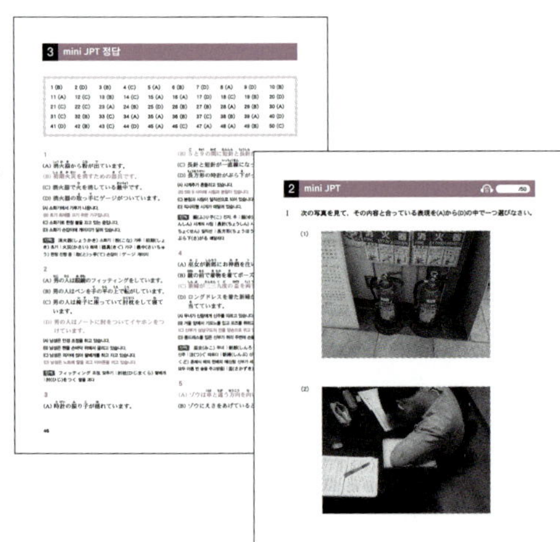

》 mini JPT를 통해 학습 방법 제시

mini JPT는 실제 시험 절반 분량인 50문항으로 구성된 미니테스트이다. 10회분의 실전모의고사를 본격적으로 시작하기에 앞서 나의 실력을 가늠해 볼 수 있다. 현재 나에게 적절한 학습 방법까지 정리해 두었다.

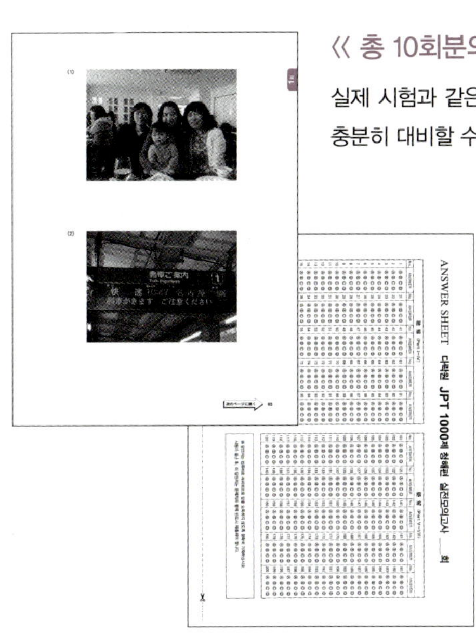

《 총 10회분의 실전모의고사 수록

실제 시험과 같은 형태의 실전모의고사를 10회분 수록하였다. 총 1000문제를 통해 실전에 충분히 대비할 수 있도록 하였다.

《 ANSWER SHEET

실전모의고사를 풀 때 필요한 답안용지이다. 실제 시험처럼 활용하여 실전에 대비하자.

해설집

《 오답의 이유까지 설명하는 친절한 해설

정답이 되는 이유뿐만 아니라 오답의 이유까지 풀어 설명하여 이해를 도왔다. 청취시의 유의점과 출제 의도 등도 함께 담아 JPT 문제 유형에 익숙해질 수 있도록 하였다.

》 꼼꼼한 단어 정리

따로 사전을 찾아보지 않아도 학습이 가능하도록 많은 단어를 정리하였다.

》 JPT 핵심어휘 1000

각 실전모의고사 문제에 나온 핵심어휘를 100개씩 수록하였다. 각 회마다 학습이 끝나면 반드시 확인하고 넘어가도록 하자.

목차

JPT

청해 미리보기

1 일본어 듣기 요령
2 파트별 유형 공략

일본어를 공부하다 보면 읽고 이해할 수는 있지만 들으면 알 수 없는 표현들이 많다는 것을 깨닫게 된다. 이는 한국인 학습자들이 한국어 발음에 대한 이해를 일본어 발음에 적용하는 과정에서 나타난 오류의 결과이다. 청해 파트에서 고득점을 얻기 위해서는 이러한 벽을 뛰어넘어야 한다. 일본어 듣기 요령을 몇 가지로 정리하여 JPT 청해에 대한 이해를 돕고자 한다.

제시된 예는 아주 일부에 지나지 않는다. 앞으로 10회분의 문제를 학습해 나가면서 각자의 비법을 정리해 두면 보다 꼼꼼한 대비가 될 것이다.

요령 1 청음·탁음에 유의하자.

어느 나라에서 왔느냐는 질문을 받으면 이 책의 학습자 대부분은 아마 '한국'에서 왔다고 응답할 것이다. 그런데 청음과 탁음을 무시하고 대답할 경우, '한국(かんこく)'이 아니라 '감옥(かんごく)'에서 온 사람이 될 수도 있으니 청음·탁음에 유의해야 한다.

확인 문제를 통해 유형을 알아보자. 확인문제는 대화가 성립되도록 적절한 응답을 (A), (B) 중에서 고르면 된다.

확인문제 1 🎧 MP3 01

おめでとう。お宅のお子さんは医学部に合格したんですね。

(A) はい、３月末で退学したそうです。
(B) はい、３浪して国立大学に入りました。

축하해요. 댁의 자녀분은 의학부에 합격했군요.

(A) 네, 3월 말에 퇴학했다고 합니다.
(B) 네, 삼수해서 국립대학에 들어갔어요.

▶▶ 의학부에 합격한 것을 축하한다는 말에 삼수해서 들어갔다고 한 (B)가 정답으로 적절하다. 청음과 탁음의 차이(大学와 退学)를 구분하지 못했다면 정답을 고르기가 어려웠을 것이다. 듣기 연습과 어휘 능력으로 청음과 탁음의 혼동을 극복하자.

예 🎧 MP3 02

たいがく 退学 퇴학	だいがく 大学 대학	はら 腹 배	バラ 장미
かき 柿 감	かぎ 鍵 열쇠	ふた 蓋 뚜껑	ぶた 돼지

요령 2 장음·단음에 유의하자.

음의 장단을 구분하는 것은 청해 점수를 높이는 열쇠가 될 수 있다. 일본어는 자칫 잘못 발음하면 '아주머니(おばさん)'가 '할머니(おばあさん)'가 될 수 있으므로 반드시 음의 길이를 신경 써서 들어야 한다.

실제 시험 유형을 통해 확인해 보자.

ビールはどこにありますか。
(A) ビールは冷蔵庫の中にあります。
(B) ビルは公園のうしろにあります。

맥주는 어디에 있습니까?

(A) 맥주는 냉장고 안에 있습니다.
(B) 빌딩은 공원 뒤에 있습니다.

▶▶ 맥주가 어디에 있느냐는 질문에, 냉장고 안에 있다고 응답한 (A)가 정답으로 적절하다. (B)는 빌딩의 위치를 설명하고 있으므로 정답으로 적절하지 않다. 음의 길이를 인식하지 못했다면 정답을 고르기가 어려웠을 것이다. 듣기 연습과 어휘 능력으로 장음과 단음의 혼동을 극복하자.

예  MP3 04

ビル	ビール	さっか	サッカー
빌딩	맥주	作家 작가	축구
ひる	ヒール	よい	ようい
昼 낮	힐, 언덕	良い 좋다	用意 준비

요령 3 촉음 및 요음에 유의하자.

格好(かっこう)와 加工(かこう), 各社(かくしゃ)와 格差(かくさ)와 같이 촉음과 요음이 있는 경우, 한국인 학습자들이 실수를 하는 경우가 많다. 엄연히 뜻이 다른 단어들이기 때문에 이에 잘 대비해야 한다.

확인문제 3  MP3 05

眠れないほど肩こりがひどいです。
(A) きのうデパートで新しい布団と枕を買ったわ。
(B) バンザイの姿勢で寝るのが良いと聞きましたが。

잠을 못 잘 정도로 어깨결림이 심해요.

(A) 어제 백화점에서 새 이불과 베개를 샀어.
(B) 만세 자세로 자는 게 좋다고 들었는데요.

▶▶ (A)의 買った를 かた로 잘못 들으면 비슷한 발음이 나온 (A)를 정답으로 고르기 십상이지만 내용상 정답은 (B)이다.

예  MP3 06

かた	かった	うた	うった
肩 어깨	買った 샀다	歌 노래	打った 쳤다
まち	マッチ	きて	きって
町 마을	성냥	来て 와서	切って 잘라서
てき	てっき	かき	かっき
敵 적	鉄器 철기	柿 감	活気 활기

かく	きゃく	はく	ひゃく
各 각	客 손님	白 백	百 100

そち	しょち
措置 조치	処置 처치

 **동음이의어에 유의하자.**

일본어의 특성상 동음이의어의 수가 막대할 수밖에 없는데, 청해 파트에서 유의할 점은 악센트나 문맥의 자연스러운 흐름에서 파악해야 한다는 것이다. 자칫 동문서답을 고를 수 있으므로 듣기 연습과 어휘 학습으로 난관을 극복하자.

확인문제 4 

どんなペットを飼(か)っていますか。

(A) オウムを飼(か)っています。

(B) おむつを買(か)っています。

어떤 애완동물을 키우고 있습니까?
(A) 앵무새를 키우고 있습니다.
(B) 기저귀를 사고 있습니다.

▶▶ 어떤 애완동물을 기르고 있느냐는 질문에 대한 응답으로 적절한 것은 (A)이다. 飼(か)う와 買(か)う의 쓰임을 모른다면 문제를 푸는 데 어려움이 있다. 이런 문제를 해결하기 위해서는 다음과 같은 동음이의어에 대한 학습을 해야 한다.

예

あける ―	開ける 열다
	明ける (날이) 밝다
	空ける 비우다

かくしん ―	核心 핵심
	確信 확신
	革新 혁신

きかい ―	機械 기계
	器械 기계
	機会 기회

さんか ―	参加 참가
	賛歌 찬가
	酸化 산화
	傘下 산하

ほしょう ―	補償 보상
	保証 보증
	保障 보장

축약 표현에 유의하자.

실제 회화에서는 축약 표현이 많이 사용된다. 아래 표현들은 꼭 익히도록 하자.

このあいだ - こないだ

このあいだ行ってきた。
こないだ行ってきた。

ない - ねぇ

つまらない。
つまらねえ。

そうか - そっか

へえ、そうか。
へえ、そっか。

のところ - んとこ

ここのところしばらく
会っていない。

ここんとこしばらく
会っていない。

では - じゃ

きれいではない。
きれいじゃない。

のうち - んち

俺のうち、来る？
俺んち、来る？

ている - てる

揃っている。
揃ってる。

なければならない - なきゃ

戻らなければならない。
戻らなきゃ。

ておく - とく

開けておく。
開けとく。

じゃない - じゃん

あるじゃない。
あるじゃん。

てしまう - ちゃう・ちまう

言ってしまった。
言っちゃった。

しているの - してんの

ねえ、何しているの。
ねえ、何してんの。

でしまう - じゃう

踏んでしまった。
踏んじゃった。

1 PART 1 유형공략

PART 1은 사진묘사 문제로, 문제지에는 사진만 제시되고 (A)에서 (D)까지 네 가지 보기를 들려준다. 이 중 사진을 제대로 묘사한 보기를 고르면 된다. 따라서 얼마나 많은 어휘를 알고 있는지, 사진 속 정보를 얼마나 빨리 파악하는지가 중요하다. 사진묘사 문제는 크게 '사람 및 동물 사진', '사물 사진', '풍경 사진', '텍스트 사진'으로 유형을 분류할 수 있다.

1. 사람 및 동물 사진

등장하는 사람이나 동물의 동작, 복장, 특징 등을 묻는 문제이다.

사람

인물의 복장이나 동작, 자세를 묻거나 주변에 있는 사물이나 배경을 묻기도 한다. 복수의 인물이 등장할 때는 인물 간의 차이점과 공통점을 파악해야 한다. 염두에 두어야 할 공략 요령은 다음과 같다.

☑ **공략요령**

하나	인물의 동작과 자세에 주목하자.
둘	인물 주변에 있는 도구의 활용에 주목하자.
셋	사진에 있는 어휘가 나오면 끝까지 주의 깊게 듣자.
넷	사진에 없는 어휘를 언급하는 보기는 무조건 오답이다.

예제 1  

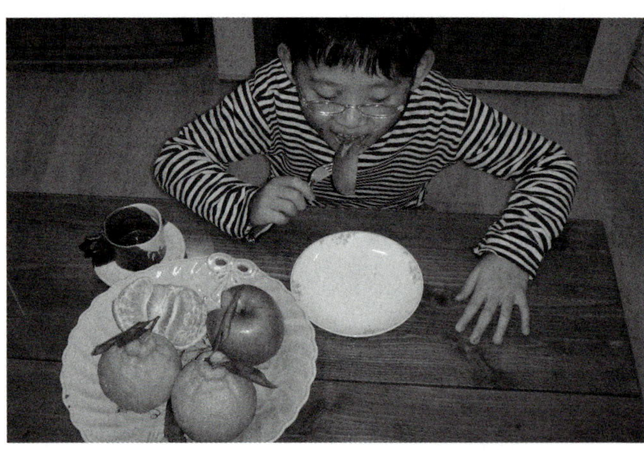

문제를 듣기 전에 인물의 특징을 체크한다.
체크가 끝나면 음성을 들으면서 문제를 푼다.

▶ 정답 (A)

(A) 子どもは横縞のシャツを着ています。
(B) 皿の上の果物に蔓が絡み付いています。
(C) 男の子は両手でフォークを持っています。
(D) フルーツゼリーが盛り付けられています。

(A) 아이는 가로줄무늬 셔츠를 입고 있습니다.

(B) 접시 위에 있는 과일에 덩굴이 감겨 있습니다.

(C) 남자아이는 양손으로 포크를 쥐고 있습니다.

(D) 과일 젤리가 수북이 담겨 있습니다.

▶▶ 사진에 나오지 않는 어휘를 말한 보기는 오답이라는 것을 머릿속에 새겨 두자. 과일은 접시 위에 놓여 있지만 덩굴이 감겨 있지 않으므로 (B)는 정답으로 부적절하고, 과일 젤리는 사진에 나오지 않았으므로 (D) 역시 정답으로 부적절하다. 남자아이가 포크를 쥐고 있으므로 정답으로 생각할 수 있지만, 양손이 아니라 한 손으로 잡고 있으므로 (C)도 정답으로 부적절하다. 아이가 가로줄무늬 셔츠를 입고 있으므로 정답으로 적절한 것은 (A)이다.

▶단어◀ 横縞(よこじま) 가로줄무늬 | 蔓(つる) 덩굴 | 絡(から)み付(つ)く 휘감기다, 달라붙다
　　　　盛(も)り付(つ)ける 수북이 담다

📖 **예제 더 공부하기** 예제 1의 사진을 묘사하는 문장을 만들어 보자.

예) 안경을 쓰고 있다.　眼鏡をかけている。

잎이 달린 과일이 있다.　葉付き果物がある。

포크로 과일을 찍다.　フォークで果物を刺す。

오른손으로 포크를 쥐고 있다.　右手でフォークを握っている。

접시 위에 먹다가 만 과일이 있다.　皿の上に食べかけのフルーツがある。

동물

동물 사진 역시 동작, 자세 등에 대해 묻는 경우가 많지만, 때때로 주변 사물이나 배경에 대해 묻기도 한다. 사람이 등장하는 사진의 경우, 동작 주체가 '남성, 여성, 아이, 어른' 등의 어휘가 주로 나오지만 동물은 그 종류가 다양하므로 동물의 명칭에 대해서도 익혀 두는 것이 좋다.

☑ **공략요령**

하나　동물의 명칭에 대해 다양하게 알아 두자.
둘　　동물의 동작 및 자세의 특징에 주목하자.
셋　　사진에 있는 어휘가 언급되면 끝까지 주의 깊게 듣자.

예제 **2**

문제를 듣기 전에 동물의 특징을 체크한다.

체크가 끝나면 음성을 들으면서 문제를 푼다.

▶ 정답 (C)

(A) はとが空中を舞っています。

(B) 一羽の鳥が翼を広げています。

(C) 鳥が木の上に止まっています。

(D) アヒルが薪に引っ掛かっています。

(A) 비둘기가 공중에서 춤을 추고 있습니다.

(B) 한 마리의 새가 날개를 펴고 있습니다.

(C) 새가 나무 위에 앉아 있습니다.

(D) 오리가 장작에 걸렸습니다.

▶▶ 한 마리의 새라고 말한 것만 듣고 무턱대고 (B)를 정답으로 생각하는 것은 금물. 새가 날개를 펴고 있는 것이 아니므로 (B)는 정답으로 부적절하고, 새가 나무 위에 앉아 있으므로 정답으로 적절한 것은 (C)이다.

▶**단어** はと 비둘기 | 空中(くうちゅう) 공중 | 舞(ま)う 춤추다 | 翼(つばさ) 날개 | 広(ひろ)げる 펼치다
止(と)まる (새, 벌레가) 앉다 | アヒル 오리 | 薪(まき) 장작 | 引(ひ)っ掛(か)かる 걸리다

예제 더 공부하기 예제 2의 사진을 묘사하는 문장을 만들어 보자.

예 새가 날개를 접다.　鳥が羽を畳む。

가지 위에 앉아 있다.　枝の上に座っている。

나무에 앉아 쉬고 있다.　木にとまって休んでいる。

양발을 가지런히 하고 앉아 있다.　両足を揃えてとまっている。

2. 사물 사진

사물의 크기, 모습, 수량, 용도를 묻는 경우가 많다. 사물 간의 배치와 구도 등을 묻기도 한다.

☑ 공략요령

하나　사진에 없는 어휘를 언급한 보기는 오답이다.

둘　사물의 종류 및 위치에 주목하자.

셋　사물의 모양 및 배열 상태를 주의 깊게 관찰하자.

예제 3　MP3 12

문제를 풀기 전에 제시된 사진의 특징적인 부분을 체크한다.

체크가 끝나면 음성을 들으면서 문제를 푼다.

▶ 정답 (A)

(A) キッチン雑貨が所狭しと並んでいます。

(B) 各種水きり収納ラックが揃っています。

(C) 茶こし付きマグカップが中段にあります。

(D) くま柄の野菜ストッカーが置いてあります。

(A) 주방 잡화가 빽빽이 진열되어 있습니다.

(B) 각종 싱크 선반이 갖추어져 있습니다.

(C) 차를 거르는 조리가 달린 머그컵이 가운데 단에 있습니다.

(D) 곰 무늬 채소 수납장이 놓여 있습니다.

▶▶ 사진에 없는 '싱크 선반'이나 '채소 수납장'을 언급한 보기는 오답이므로 (B), (D)는 정답에서 제외된다. 머그컵이 진열대의 가운데 단에 있지만, 차를 거르는 조리가 달린 것이 아니므로 (C)는 정답으로 부적절하다. 주방용품이 가득 진열되어 있다고 한 (A)가 정답으로 적절하다.

▶**단어**◀　雑貨(ざっか) 잡화 | 所狭(ところせま)しと 잔뜩, 가득 | 各種(かくしゅ) 각종 | 水切(みずき)り 물기를 뺌, 또는 물기를 빼는 그릇 | ラック 그물 선반 | 茶(ちゃ)こし 차를 거르는 조리 | 柄(がら) 무늬, 문양 | ストッカー 식품을 보관하기 위한 진열장

예 뚜껑 있는 컵이 놓여 있다. 蓋付きコップが置いてある。

곰 그림이 있는 컵이 갖추어져 있다. くま柄のコップが揃っている。

주방 잡화 코너다. キッチン雑貨コーナーである。

아래 단에 곰 모양의 실리콘 모형이 있다. 下段にくま型のシリコンモールドがある。

3. 풍경 사진

풍경 사진에는 역, 가게, 공원, 길거리, 자연 풍경 등의 모습이 소재로 등장한다. 장소의 용도나 거리의 모습을 묻거나, 자연 풍경의 분위기를 묻기도 한다.

☑ 공략요령

하나 장소의 특징을 파악하자.

둘 사진 속에 나온 소재들이 어떤 모습인지 관찰하자.

셋 사진에 나오지 않은 어휘를 언급한 보기는 오답이다.

예제 4

MP3 13

문제를 풀기 전에 제시된 사진의 특징적인 부분을 체크한다.

체크가 끝나면 음성을 들으면서 문제를 푼다.

(A) 道は直線になっています。

(B) 道端の岩の間に木が生えています。

(C) 道に沿ってツツジの木が続いています。

(D) 散歩道の上に枯れ葉が敷き詰められています。

(A) 길은 직선으로 되어 있습니다.

(B) 길가의 바위 사이로 나무가 났습니다.

(C) 길을 따라 철쭉나무가 이어져 있습니다.

(D) 산책로 위에 마른 잎이 빈틈없이 덮여 있습니다.

▶▶ 길가의 바위 사이로 작은 나무가 있는 사진이므로 정답으로 적절한 것은 (B)이다. 사진 속 길은 직선이 아니라 약간 구부러져 있으므로 (A)는 정답으로 부적절하다. 또한, 길가에 드문드문 나뭇잎이 보이기는 하지만 산책로 위를 빈틈없이 채운 것은 아니므로 (D) 역시 정답으로 부적절하며, 길을 따라 철쭉나무가 있는 것도 아니므로 (C)도 정답으로 부적절하다.

▶단어◀ 直線(ちょくせん) 직선 | 道端(みちばた) 길가 | 岩(いわ) 바위 | 生(は)える 나다, 자라다
〜に沿(そ)って 〜을 따라 | ツツジ 철쭉 | 散歩道(さんぽみち) 산책로 | 枯(か)れ葉(は) 마른 잎
敷(し)き詰(つ)める 전면에 빈틈없이 깔다

예제 더 공부하기 예제 4의 사진을 묘사하는 문장을 만들어 보자.

예 길은 구부러져 있다.　道は曲がっている。

나무가 시들었다.　木が枯れ果てている。

인기척 없는 길이다.　人気のない道である。

길은 벽돌로 포장되어 있다.　道はレンガで舗装されている。

4. 텍스트 사진

간판 및 광고 안에 있는 문구나 내용을 묻기도 하고 표기 형태에 대해 묻기도 하므로 눈에 띄는 특징에 주목해야 한다.

하나	사진에 나온 안내문의 용도를 재빨리 파악하자.
둘	숫자나 글자 표기에 유의하자.
셋	사진에 나오지 않은 어휘를 언급한 보기는 오답이다.

문제를 풀기 전에 제시된 사진의 특징적인 부분을 체크한다.

체크가 끝나면 음성을 들으면서 문제를 푼다.

▶ 정답 (D)

(A) ホテルの予約時間を案内しています。

(B) 最近の空間放射線量が書かれています。

(C) アルファベットは縦書きになっています。

(D) 電光掲示板に天気予報が表示されています。

(A) 호텔의 예약 시간을 안내하고 있습니다.

(B) 최근의 공간방사선량이 적혀 있습니다.

(C) 알파벳은 세로쓰기로 되어 있습니다.

(D) 전광판에 일기예보가 표시되어 있습니다.

▶▶ 사진 속 전광판의 내용을 묻는 문제이다. 안내문의 용도나 텍스트의 특징에 주목하자. 사진에 제시된 건물은 호텔로, 호텔명이 적혀 있을 뿐 예약 시간을 안내하는 것이 아니므로 (A)는 정답으로 부적절하다. 사진에 없는 내용은 오답이므로 '방사선량'을 언급한 (B)는 정답으로 부적절하다. (C)는 '알파벳'이 언급되었으니 정답으로 생각할 수 있지만, 세로쓰기가 아니라 가로쓰기로 되어 있으므로 정답으로 부적절하다. 전광판에 일기예보가 나와 있으므로 (D)가 정답으로 적절하다.

▶단어◀ 空間放射線量(くうかんほうしゃせんりょう) 공간방사선량 │ アルファベット 알파벳
縦書(たてが)き 세로쓰기 │ 電光掲示板(でんこうけいじばん) 전광판 │ 表示(ひょうじ) 표시

예 물음표가 달려 있다. 疑問符が付いている。

전광판이 달려 있다. 電光掲示板がついている。

글자는 가로쓰기로 되어 있다. 文字は横書きになっている。

간판은 한자와 숫자로 적혀 있다. 看板は漢字と数字で書かれている。

② PART 2 유형공략

PART 2는 질문을 먼저 듣고, 4개의 보기를 들으면서 질문에 가장 적절한 응답을 선택하는 문제이다. 질문과 응답 모두 듣기로만 제시되므로 문제지는 따로 볼 필요없이 곧바로 정답을 체크하면 된다. 실생활의 회화 능력을 평가하는 짧은 회화문 문제이므로 무엇보다 질문의 포인트를 찾는 것이 중요하다. 일상생활이나 직장생활에서 자주 사용되는 표현을 통으로 암기하는 것도 한 방법이다.

PART 2는 의문사가 있는 경우, 의문사가 없는 경우, 시사·비즈니스 유형으로 분류할 수 있다.

1. 의문사가 있는 경우

의문사가 있는 경우에는 의문문의 종류에 따라 何(무엇), 誰(누구), いつ(언제)·いくら(얼마)·いくつ(몇 개), ど(어느)가 들어가는 의문사 등의 유형으로 나눌 수 있다. 의문사로 시작되는 의문문은 의문사를 잘 듣고 그 의문사에 알맞은 정답을 찾아야 한다.

☑ 공략요령

하나 의문사를 놓치지 말자.
둘 시제에 유의하자.
셋 발음이 같은 어휘를 혼동하지 말자.

예제 6 의문사를 잘 듣고 메모하면서 화제가 되는 내용을 상기하면서 문제를 풀어 보자.

▶ 정답 (A)

ボーナスはいかほどでした？

(A) 例年並みって感じかな。

(B) はい、手数料は本人負担です。

(C) 運賃は１キロあたり３００円です。

(D) 送料・梱包料は全国一律５００円です。

보너스는 얼마였습니까?

(A) 예년과 별반 차이 없어.

(B) 네, 수수료는 본인 부담입니다.

(C) 운임은 1킬로당 300엔입니다.

(D) 배송료와 포장비는 전국 일률 500엔입니다.

▶▶ 질문의 いかほど를 놓치지 말고, 화제가 되는 ボーナス를 상기하면서 문제를 풀어 보자. いかほど는 정도, 분량, 가격을 묻는 표현으로 はい나 いいえ로 응답하는 것은 부자연스럽다. 따라서 (B)는 정답에서 제외된다. (C)는 운임에 대한 응답이므로 정답으로 적절하지 않고, (D)는 배송료와 포장비에 대한 응답이므로 정답으로 적절하지 않다. 보너스가 얼마였는지 물었으므로 예년과 비슷하다고 응답한 (A)가 정답이다.

▶단어◀ ボーナス 보너스 | いかほど 얼마나 | 例年並(れいねんな)み 예년과 비슷함 | 手数料(てすうりょう) 수수료 本人(ほんにん) 본인 | 負担(ふたん) 부담 | 運賃(うんちん) 운임 | ～あたり ～당 | 送料(そうりょう) 배송 梱包料(こんぽうりょう) 포장비 | 全国(ぜんこく) 전국 | 一律(いちりつ) 일률, 한결같음

📖 예제 더 공부하기 예제 6의 정답 외에 정답이 될 수 있는 표현을 만들어 보자.

例 30만 엔 좀 더 됐어.　３０万強だった。

예상대로 금액은 세자릿수였습니다.　予想通り、金額は３桁でした。

작년도 보너스와 비교하면 10% 가까이 떨어졌어.　昨年度のボーナスと比べると１割近く下がった。

2. 의문사가 없는 경우

의문사가 없는 경우에는 일상적으로 정해진 관용적인 표현을 묻거나, 화제에 따른 응답자의 반응이나 설명을 찾는 문제가 나오기도 한다.

하나	질문자의 어조를 파악하자.
둘	발음이 같은 어휘를 혼동하지 말자.
셋	A–B 형태의 질의응답 표현을 익히자.

예제 7 질문자의 어조에 귀를 기울인다. 질문에 나온 어휘가 보기에 나오더라도 내용을 끝까지 확인하고, 동문서답이 되지 않도록 질문자의 의도를 파악하자.

▶ 정답 (B)

彼の浪費癖はかなり曲者だな。

(A) 彼は耳をいじるくせがあります。

(B) 金銭感覚がないので困っていますよ。

(C) 彼の放浪癖は未だ治っていないらしいですね。

(D) 彼の一挙手一投足から目が離せませんでした。

그의 낭비벽은 보통이 아니야.

(A) 그는 귀를 만지작거리는 버릇이 있습니다.

(B) 금전감각이 없어서 곤란하지요.

(C) 그의 방랑벽은 아직 고쳐지지 않은 것 같군요.

(D) 그의 일거수일투족에서 눈을 뗄 수 없었습니다.

▶▶ 질문자의 어조를 파악하자. 낭비벽이 있다는 부정적인 평가에 금전감각이 없어서 곤란하다고 응답한 (B)가 정답으로 적절하다. 발음이 같은 くせ가 다시 나왔다고 해서 정답으로 (A)를 골라서는 안 된다. (A)는 귀를 만지작거리는 버릇이 있다고 말하고 있을 뿐이다. 화제의 내용과 다른 '방랑벽'을 언급한 (C)는 정답에서 제외된다. (D)는 그에게서 눈을 뗄 수 없었다고 동문서답을 하고 있으므로 정답으로 부적절하다.

▶단어◀ 浪費癖(ろうひへき) 낭비벽 │ 曲者(くせもの) 수상함 │ いじる 만지작거리다 │ くせ 버릇 │ 金銭(きんせん) 금전 感覚(かんかく) 감각 │ 放浪癖(ほうろうへき) 방랑벽 │ 一挙手一投足(いっきょしゅいっとうそく) 일거수일투족 目(め)が離(はな)せない 눈을 뗄 수 없다, 한눈을 팔 수 없다

* 曲者(くせもの): 수상한 사람, 마음 놓을 수 없음, 보통이 아님

話の流暢すぎるところが曲者だ。 말을 너무 잘하는 것을 보니 수상쩍다.

一見単純そうなところが曲者だ。 언뜻 보기에 단순할 것 같은 게 수상하다.

* くせ: 버릇, 성질, 특징, ~주제에

無くて七癖 누구에게나 없다고 해도 일곱 가지 버릇은 있다.

くせのある髪の毛 곱슬머리

くせのある文章を書く。 독특한 문장을 쓰다.

青二才のくせに生意気をいう。 애송이 주제에 건방진 소리를 한다.

3. 시사·비즈니스

일의 진행 과정, 업무 내용, 경기 현황을 묻거나, 사회 전반에 걸친 시사 문제를 묻기도 한다. 상하 관계에 따른 적절한 응답을 고르는 경우도 있으므로 존경 및 겸양 표현의 용법을 익혀 두는 것이 좋다.

☑ 공략요령

하나	화제가 무엇인지 파악하자.
둘	다의어의 쓰임에 주목하자.
셋	인물의 상하 관계 및 대외 관계를 파악하자.
넷	질문에 나온 단어가 보기에 반복되어 나온 경우는 함정일 수 있으므로 주의하자.

예제 8 질문자의 의도와 내용을 잘 파악하면서 문제를 풀어 보자.

MP3 17

▶ 정답 (C)

ガイドラインに関しては、もう一度社内で煮詰めてみたいと思います。
(A) これは牛乳を長時間煮詰めて作ったものですよ。
(B) 社内に最新のガイドブックが一通り揃っています。
(C) 左様でございますか。ご連絡お待ちしております。
(D) データ保管に関するガイドラインを閲覧しました。

가이드라인에 관해서는 한 번 더 사내에서 충분히 검토하여 정하고 싶습니다.

(A) 이것은 우유를 장시간 졸여서 만든 것입니다.

(B) 사내에 최신 가이드북이 대강 갖추어져 있습니다.

(C) 그렇습니까. 연락을 기다리겠습니다.

(D) 데이터 보관에 관한 가이드라인을 열람했습니다.

▶▶ 문제의 핵심이 되는 煮詰めてみたい를 메모해 두면 문제 풀이의 길잡이가 된다. 가이드라인에 대해 충분히 검토한 후 결론을 내리고 싶다고 했으므로, 연락을 기다리겠다고 응답한 (C)가 정답으로 적절하다. 煮詰める라는 어휘에 현혹되지 말자. (A)의 煮詰める는 '음식을 졸이다'라는 의미로 사용되었으므로 정답으로 부적절하다. 화제가 되고 있는 내용과 동떨어진 (B)도 정답으로 부적절하고, (D)는 가이드라인을 열람했던 과거의 사실을 이야기하고 있으므로 정답으로 부적절하다. 비즈니스에서 주로 등장하는 A-B 형태의 짧은 질의응답 표현을 익히면 문제 푸는 데 도움이 될 것이다.

▶단어◀ 煮詰(につ)める 바짝 졸이다, 충분히 검토하여 결론이 나올 최종 단계에 이르게 하다 ｜ 一通(ひととお)り 대강
揃(そろ)う 갖추어지다 ｜ 左様(さよう) 그러함 ｜ 保管(ほかん) 보관 ｜ 閲覧(えつらん) 열람

예제 더 공부하기 예제 8의 핵심 어휘를 짚어 보자.

* 煮詰(につ)める: 바짝 졸이다

汁を煮詰める。 국물을 졸이다.

とろ火で煮詰める。 뭉근한 불로 졸이다.

* 煮詰める: 충분히 검토하여 결론이 나올 최종 단계에 이르게 하다

計画を煮詰める。 계획을 충분히 검토하다.

議論を煮詰める時がきた。 의논을 마무리할 때가 왔다.

打ち合わせて煮詰めていく。 협의를 거쳐서 마무리해 간다.

❸ PART 3 유형공략

PART 3은 두 사람의 대화를 듣고 문제지의 문제를 푸는 일문일답으로 구성되어 있다. 회화 내용을 얼마나 잘 이해하고 있는지를 평가하는 문제이므로, 다방면의 어휘를 얼마나 잘 활용하여 문제를 풀어 내는지가 중요하다.

회화문은 일상생활, 관용구 · 속담, 시사 · 비즈니스 유형으로 나눌 수 있다. 각 분야에 자주 출제되는 어휘를 익혀 실전에 대비해 보자.

1. 일상생활

주변에서 흔히 볼 수 있는 사건, 날씨, 장소, 건강 상태 등을 묻는 경우가 많으므로 일상어의 습득이 중요하다.

예제 9   미리 문제지를 읽으며 문제의 핵심 부분에 체크한다. 음성을 들으면서 선택지의 보기를 하나하나 체크하며 문제를 풀어 보자.

二人は何をしていますか。

(A) 川釣りの準備

(B) 水彩画の検索

(C) 星空鑑賞ツアー

(D) ギャラリー鑑賞

▶ 정답 (D)

A：この川、蛇のようにくねくねと曲がりくねっているね。

B：うん、静けさの中にも心の動きが表されているね。

A：これはロマン主義のきっかけとされる絵で、故郷の様子を描いたそうだよ。

A: 이 강, 뱀처럼 구불구불거리네.

B: 응, 조용함 속에도 마음의 움직임이 나타나 있어.

A: 이것은 낭만주의의 계기가 되는 그림으로, 고향의 모습을 그렸다고 해.

두 사람은 무엇을 하고 있습니까?
(A) 강 낚시 준비
(B) 수채화 검색
(C) 별 감상 투어
(D) 갤러리 감상

▶▶ 두 사람이 무엇을 하고 있는지를 묻고 있으므로, 장소와 행동을 주의 깊게 들어야 한다. 먼저 선택지의 보기가 무엇인지 파악하자. 강에 대해 이야기했다고 해서 강을 언급한 (A)를 무작정 선택하지 말고 대화를 끝까지 들어야 한다. 고향의 그림을 그린 작품을 설명하고 있으므로 정답으로 적절한 것은 (D)이다. 絵와 描いたそうだ라고 한 부분을 중심으로 주의 깊게 들었다면 문제를 풀기가 어렵지 않았을 것이다.

▶단어◀ くねくね 구불구불 │ 曲(ま)がりくねる 고불고불 고부라지다 │ 静(しず)けさ 조용함, 정적
表(あらわ)す 나타내다 │ ロマン主義(しゅぎ) 낭만주의 │ きっかけ 계기, 동기 │ 故郷(こきょう) 고향
川釣(かわづ)り 강 낚시 │ 水彩画(すいさいが) 수채화 │ 検索(けんさく) 검색
星空(ほしぞら) 별이 총총한 밤하늘 │ 鑑賞(かんしょう) 감상 │ ギャラリー 갤러리, 화랑

2. 관용구·속담

대화 속에 나온 관용구나 속담이 비유한 내용이 무엇인지 묻거나, 대화의 전반적인 내용과 관련된 관용구나 속담을 묻기도 한다. 따라서 빈출 관용구와 속담을 요약, 정리해서 암기하는 것이 좋다.

하나	질문지의 문제를 분석하고 대화의 전반적인 내용을 파악하자.
둘	관용구와 속담이 상황 판단의 결정적인 단서가 되므로 주의 깊게 듣자.

예제 10

미리 문제지를 읽고 문제의 핵심 부분에 체크한다. 음성을 들으면서 선택지의 보기를 하나하나 체크하면서 문제를 풀어 보자.

二人が心配しているのはどれですか。

(A) 時は人を待たず

(B) 弘法にも筆の誤り

(C) 隣の疝気を頭痛に病む

(D) 嘘つきは泥棒の始まり

▶ 정답 (D)

A：青少年の万引きが増えていますね。

B：軽い気持ちで、ふざけ半分で万引きしている人もいますよ。

A：しかも、補導された人の多くは罪の意識が薄いようです。

B：これを繰り返していると大きな罪を犯す可能性が生じますけどね。

A: 청소년의 도둑질이 늘고 있군요.

B: 가벼운 마음으로, 반은 장난으로 훔치고 있는 사람도 있지요.

A: 게다가, 보도된 사람들 대부분은 죄의식이 희박한 것 같습니다.

B: 이를 반복하면 큰 죄를 지을 가능성이 생기는데 말이죠.

두 사람이 염려하고 있는 것은 어느 것입니까?

(A) 시간은 사람을 기다리지 않는다.

(B) 원숭이도 나무에서 떨어질 때가 있다(서도에 뛰어난 弘法大師도 붓을 잘못 쓸 때가 있다).

(C) 걱정도 팔자다.

(D) 바늘 도둑이 소도둑 된다.

▶▶ 선택지의 보기가 속담이므로 속담의 뜻을 재빨리 파악하고, 대화 내용에 적합한 속담을 고르도록 하자. 가벼운 마음으로 물건을 훔쳤다가 큰 죄를 지을 수도 있다고 했으므로, 정답으로 적절한 것은 (D)이다. 속담이나 관용구는 한국인 학습자가 전혀 유추할 수 없는 표현도 있으므로 반드시 암기해야 한다.

◀단어▶ 青少年(せいしょうねん) 청소년 │ 万引(まんび)き 상점에서 물건을 훔치는 일, 또는 그 사람 │ ふざけ 장난, 농담
補導(ほどう) 보도 │ 繰(く)り返(かえ)す 반복하다 │ 犯(おか)す 어기다, 범하다 │ 可能性(かのうせい) 가능성
生(しょう)じる 생기다 │ 弘法(こうぼう) 서도에 뛰어났던 헤이안 시대의 고승 │ 気(せんき) 산증, 하복부 통증
病(や)む 앓다

예제 더 공부하기 속담을 더 익혀 보자

習い性となる　습관은 제2의 천성이다

三つ子の魂百まで　세 살 버릇 여든까지 간다

雀百まで踊り忘れず　세 살 버릇 여든까지 간다

泥棒も十年　무슨 일을 하더라도 긴 수행이 필요하다는 것

泥棒の逆恨み　자신이 나쁜 짓을 했으면서 오히려 남을 비난하는 것

盗人にも三分の理　도둑에게도 할 말이 있다

泥棒を捕らえて見ればわが子なり　도둑을 잡고 보니 내 자식이다

(사실을 알고 보니 너무나 예상밖이다)

3. 시사 · 비즈니스

정치, 경제, 사회 분야 등의 국내외 정세에 관한 내용을 묻거나, 비즈니스에서 일어날 수 있는 업무 내용,
회의 내용, 구직 내용을 묻기도 한다. 따라서 시사 용어 및 비즈니스 용어의 습득이 중요하다.

☑ 공략요령

하나　문제지의 문제를 분석하자.
둘　선택지의 핵심 부분을 체크하자.
셋　선택지의 보기와 대화 내용을 비교하자.

예제 11 미리 문제지를 읽고 문제의 핵심 부분을 체크한다. 음성을 들으면서 선택지의 보기를 하나하나 체크하면서 문제를 풀어 보자.

会話の内容と合っているのはどれですか。

(A) セレブの車の中に凶器があった。

(B) セレブの船酔いが波紋を広げている。

(C) セレブは罰金に処せられるおそれがある。

(D) セレブは覚醒剤所持の疑いで逮捕された。

▶ 정답 (C)

A：あの有名なセレブが道交法違反の疑いで逮捕され、大きな波紋を広げて
　　いるようだな。

B：うん、酒酔い蛇行運転をしたそうだよ。

A：お酒を飲んで運転をすると、車は走る凶器に変わるのに。

B：だから飲酒運転には重い刑罰が科せられるのよ。刑罰は３年以下の懲役
　　または５０万円以下の罰金、減点は２５点だよ。

A: 그 유명한 연예인이 도로교통법 위반 혐의로 체포되어, 큰 파문을 퍼트리고 있는 것 같아.

B: 응, 술에 취해 갈지자 운전을 했대.

A: 술을 마시고 운전을 하면, 차는 달리는 흉기로 바뀌는데.

B: 그러니까 음주 운전에는 무거운 형벌이 가해지는 거야. 형벌은 3년 이하의 징역 또는 50만 엔 이하의 벌금, 감
점은 25점이야.

대화 내용과 맞는 것은 어느 것입니까?

(A) 연예인의 차 안에 흉기가 있었다.

(B) 연예인의 뱃멀미가 파문을 퍼트리고 있다.

(C) 연예인은 벌금에 처해질 우려가 있다.

(D) 연예인은 각성제 소지 혐의로 체포되었다.

▶▶ 대화 내용과 맞는 것을 고르는 문제로, 두 사람이 말하는 것과 선택지의 보기를 비교해 가면서 하나하나 체크해야 한다. 선택지에 있
는 어휘가 대화 속에 나왔다고 해서 정답이라고 속단해서는 안 된다. 예를 들어, 흉기라는 어휘는 나왔지만 음주 운전을 하면 차가
흉기로 바뀐다고 한 것이므로 (A)는 정답으로 부적절하다. 체포된 원인은 음주 운전이었고, 이러한 사실이 파문을 일으켰다고 했으
므로 (B)와 (D)는 정답으로 부적절하다.

▶단어◀ セレブ 셀러브리티, 연예인 ｜ 道交法(どうこうほう) 도로교통법(道路交通法의 준말) ｜ 疑(うたが)い 의심, 혐의
逮捕(たいほ) 체포 ｜ 波紋(はもん) 파문 ｜ 酒酔(さけよ)い 술에 취함 ｜ 蛇行運転(だこううんてん) 갈지자 운전
凶器(きょうき) 흉기 ｜ 飲酒運転(いんしゅうんてん) 음주 운전 ｜ 刑罰(けいばつ) 형벌 ｜ 科(か)する 부과하다
懲役(ちょうえき) 징역 ｜ 罰金(ばっきん) 벌금 ｜ 減点(げんてん) 감점 ｜ 船酔(ふなよ)い 뱃멀미
処(しょ)する 처하다 ｜ 覚醒剤(かくせいざい) 각성제 ｜ 所持(しょじ) 소지

❹ PART 4 유형공략

PART 4는 긴 설명문을 듣고 푸는 문제로, 문제지의 형태는 PART 3과 동일하지만, 한 지문당 3~4문항을
풀어야 하는 점이 다르다. 따라서 어휘뿐만 아니라 문맥을 얼마나 잘 파악해서 순발력 있게 문제를 풀어 내
는지가 중요하다. 짧은 시간 안에 핵심을 정확히 이해할 수 있어야 한다.

소재는 뉴스, 비즈니스, 에세이, 인물 소개, 생활 정보 안내, 앙케트 조사 등으로 나눌 수 있다. 전문적인 내
용이 주를 이루므로 전문적인 어휘뿐만 아니라, 문맥의 중요한 흐름을 차지하는 기능어를 익혀 실전에 대비
해 보자.

하나	문제지의 문제를 분석하자.
둘	지문에 나온 대상의 특징을 체크하자.
셋	선택지의 보기와 지문의 내용을 체크하면서 소거법으로 문제를 풀어 나간다.

예제 12~15 미리 문제지를 읽고 문제의 핵심 부분에 체크한다. 음성을 들으면서 선택지의 보기를 하나하나 체크하면서 문제를 풀어 보자.
들려주는 내용의 어휘가 그대로 선택지 나오지 않는 경우가 많으므로 유의어를 체크하자.

---

(12) この人のリンゴの育て方はどれですか。

    (A) 実生

    (B) 生け花

    (C) 挿し木

    (D) 接ぎ木

(13) この人はどうして溜息をつきましたか。

    (A) 木がうっそうと生い茂ったから

    (B) 隣の家の植木が家に進入したから

    (C) 隣のリンゴが鈴なりになっていたから

    (D) 果樹の種子を貯蔵することができなかったから

(14) この人が時々やったのは何ですか。

    (A) 苗を棒に結びつけること

    (B) 植木鉢に植え替えること

    (C) 根付くまで水をやること

    (D) 枝の一部を切り取ること

(15) この人が期待した理由は何ですか。

    (A) 例年のように葉が茂っていたから

    (B) いつになく葉が盛んに生えたから

    (C) 庭で肥料をたっぷりあげていたから

    (D) 桃栗３年柿８年という諺は信憑性が高いから

　　10年ほど前にリンゴの種子を庭に埋め、種子から育てています。リンゴは果実から取り出してそのまま播種することができないので、取り出した種子を貯蔵しておき、発芽させました。庭で肥料もあげていますが、背が高くなるばかりなので、ときどき剪定したりします。桃栗3年柿8年といいますが、一度も花を咲かせませんでした。今年は例年になく葉が茂っていたので期待していたのです。隣の家のたわわに実ったリンゴを見ては溜息をついています。隣の家の挿し木で育てたいほどです。

10년 정도 전에 사과 종자를 정원에 심고, 종자부터 키우고 있습니다. 사과는 과실에서 따서 그대로 파종할 수 없으므로, 딴 종자를 저장해 두고 발아시켰습니다. 정원에서 비료도 주고 있습니다만, 키만 커질 뿐이라서 가끔 가지치기를 하기도 합니다. '복숭아와 밤나무는 심어서 3년이면 열매를 맺지만 감나무는 8년이 걸린다'고 하지만, 한 번도 꽃을 피우지 못했습니다. 올해는 예년과 달리 잎이 무성해서 기대하고 있었습니다. 주렁주렁 매달린 옆집 사과를 보며 한숨을 쉬고 있습니다. 옆집 나무를 꺾꽂이해서 키우고 싶을 정도입니다.

(12) 이 사람의 사과를 키우는 방법은 어느 것입니까?

(A) 실생　　　　　　(B) 꽃꽂이

(C) 꺾꽂이　　　　　(D) 접붙이기

▶▶ 지문 속의 어휘가 질문에 그대로 나오지 않는 경우가 있으므로, 선택지의 보기에 있는 어휘가 들릴 때까지 마냥 기다려서는 안 된다. 선택지의 보기를 보고 대체할 수 있는 적당한 표현을 떠올리자. 種子から育てています라고 했으므로, 이 표현과 대체될 수 있는 것은 (A)이다.

(13) 이 사람은 어째서 한숨을 쉬었습니까?

(A) 나무가 울창하게 우거졌기 때문에

(B) 옆집 나무가 집으로 진입했기 때문에

(C) 옆집 사과가 주렁주렁 열렸기 때문에

(D) 과수의 종자를 저장할 수 없었기 때문에

▶▶ 열매가 주렁주렁 열린 옆집 나무를 보면서 한숨을 쉰다고 했으므로 정답으로 적절한 것은 (C)이다.

(14) 이 사람이 가끔씩 했던 것은 무엇입니까?

(A) 모종을 막대기에 묶는 일

(B) 화분에 옮겨 심는 일

(C) 뿌리가 내릴 때까지 물을 주는 일

(D) 가지의 일부를 잘라내는 일

▶▶ 이 사람의 행동을 잘 듣고 체크해 보자. 종자 저장, 발아, 비료 주기, 가지치기 등을 했으므로 정답으로 적절한 것은 (D)이다.

(15) 이 사람이 기대한 이유는 무엇입니까?

(A) 예년처럼 잎이 무성했기 때문에

(B) 평소와 달리 잎이 풍성하게 자랐기 때문에

(C) 정원에서 비료를 충분히 주었기 때문에

(D) 열매를 맺는 데 복숭아와 밤나무는 3년, 감나무는 8년 걸린다는 속담은 신빙성이 높기 때문에

▶▶ 예년과 달리 잎이 무성하여 기대하고 있었다고 했으므로 정답으로 적절한 것은 (B)이다. (A)는 例年のように라고 했으므로 정답으로 적절하지 않다.

▶단어◀ 種子(しゅし) 종자 | 埋(う)める 묻다 | 果実(かじつ) 과실 | 取(と)り出(だ)す 꺼내다, 골라내다 | 播種(はしゅ)
파종 | 貯蔵(ちょぞう) 저장 | 発芽(はつが) 발아 | 肥料(ひりょう) 비료 | 剪定(せんてい) 전지, 가지치기
たわわに 주렁주렁, 더덕더덕 | 溜息(ためいき)をつく 한숨을 쉬다 | 挿(さ)し木(き) 꺾꽂이 | 実生(みしょう)
(꺾꽂이나 접붙이기에 의한 것이 아니고) 씨에서 싹터 자람 | 接(つ)ぎ木(き) 접붙이기, 접목 | 生(お)い茂(しげ)る
무성해지다, 우거지다 | 鈴(すず)なり 주렁주렁 열림 | 苗(なえ) 모종 | 棒(ぼう) 봉, 막대기 | 結(むす)びつける
잡아매다, 묶다 | 植(う)え替(か)える 옮겨 심다 | 根付(ねづ)く 뿌리를 내리다, 뿌리박다 | 切(き)り取(と)る
잘라내다, 일부를 떼어 내다 | 茂(しげ)る 무성하다, 우거지다 | 生(は)える 자라다 | 信憑性(しんぴょうせい) 신빙성

mini JPT

mini JPT란?
나의 실력을 확인하기 위해 50문항으로 구성된 JPT.

1 mini JPT 점수별 학습 방법
2 mini JPT
3 mini JPT 정답

JPT 청해 점수 (500점 만점)	JPT 총점수	mini JPT 정답 문항 수		
295점 이하	600점대 이하	1개~35개	▶▶	**LEVEL 1**
300점~395점	700점대	36개~40개	▶▶	**LEVEL 2**
400점 이상	800점대 이상	41개~50개	▶▶	**LEVEL 3**

▶▶ LEVEL 1

파트별 학습 방법

PART 1 기본적인 어휘가 많이 부족하다. 선택지에 제시된 어휘를 분야 별로 정리해서 외운다. 또 문제를 푸는 데 그치지 말고 본서의 유형 분석에서 제시한 것과 같이 예상 문제를 만들어 보며 연습한다.

PART 2 어휘도 부족하고 질문지의 유형을 확실한 형태로 인지하고 있지 못한 상태이다. 의문사가 있는 문형과 의문사가 없는 문형을 따로 정리해서 A–B 질의응답의 문형을 만들어 보자. 문제마다 제시된 문제 유형을 분석한다.

PART 3 전반적으로 대화의 내용을 파악하는 능력이 부족하다. 테마별로 자주 쓰이는 회화를 정리해서 일상생활에 관련된 기초어휘를 충분히 익힌다.

PART 4 내용을 이해하는 능력이 매우 부족하다. 문제와 선택지를 먼저 읽고 내용을 어느 정도 유추한 후 문제를 푼다. 문제를 푸는 데 그치지 말고 설명문을 꾸준히 반복해서 듣고, 스스로 읽으면서 녹음해 보는 연습도 해 본다.

해설집 학습 방법

해석과 해설을 꼼꼼하게 학습한다. 오답도 왜 오답인지 스스로 설명할 수 있도록 한다. 날짜별로 단어를 정리하고 꾸준히 암기한다. 선택지와 선택지 사이의 몇 초간의 시간을 이용해 눈을 감고 내용을 떠올려 본다. 본서의 유형 분석에서 제시한 것과 같이 예상 문제를 만들어 보고 연습한다.

▶▶ LEVEL 2

파트별 학습 방법

PART 1 중급 수준의 어휘가 부족하다. 선택지에 제시된 표현들을 동작, 상태, 풍경 등과 같이 테마별로 분류, 정리하여 나만의 단어장을 만들어 항상 가지고 다니며 함께 외운다. 문장이 외워질 때까지 자주 반복해서 듣도록 한다.

PART 2 상황에 대처할 수 있는 능력이 부족한 상태이므로, 짧은 응답 표현을 충분히 연습하고 그에 따른 어휘를 착실히 익히도록 한다. 또 각 문제마다 제시된 상황별 질의응답을 보고 자주 틀리는 상황별 질의응답을 정리한다.

PART 3 일상생활이나 비즈니스 등의 복잡하고 미묘한 내용에 대한 이해가 부족하다. 상황에 따른 어휘를 분류, 정리하여 착실히 익힌다. 또 고득점을 위해서 속담 및 관용구를 소리 내어 읽어 보거나, 실제 상황에 맞게 직접 사용해 보는 것도 좋다.

PART 4 일상적인 내용을 대략적으로 이해하고 있는 것 같지만, 문제 푸는 추론 능력과 유의어 및 대체 가능한 어휘가 부족하다. 따라서 본문에 제시된 어휘와 선택지에 제시된 어휘의 관계를 정리하고 파악하도록 한다.

해설집 학습 방법

출제되는 성향을 파악하고 단골 유형을 완전히 익히겠다는 각오를 가지고 학습에 임한다. 어휘, 유형 분석까지 꼼꼼히 체크한다. 각 문제마다 제시된 상황별 질의응답 및 대화를 보고 자주 틀리는 문제를 상황별로 정리해서 왜 틀렸는지 해설을 보고 확인한다. 각 회당 제시된 어휘를 반복해서 익히는 것도 잊지 말자.

▶▶ LEVEL 3

파트별 학습 방법

PART 1 어휘는 다소 풍부하지만 문제 푸는 데 결정적인 단서가 되는 고급 어휘는 부족하므로, 제시된 단어와 유사한 표현도 정리해 가면서 외우도록 한다. 각 회마다 제시된 어휘로 자가 테스트를 하는 등 꾸준히 정진해야 한다.

PART 2 상황에 따라 충분히 대응할 수 있고, 질의에 대한 응답으로 적절한 것을 예상할 수 있는 단계까지 왔지만, 부자연스러운 표현이나 한국어적인 표현으로 인해 실수를 하기 쉬운 상태이므로 일본 고유의 표현을 정리하도록 한다.

PART 3 전문적인 화제를 주제로 한 대화의 이해가 부족한 상태이므로, 각 상황별로 자주 사용되는 표현을 통으로 암기한다. 또 고득점을 위해서는 인물의 상하 관계에 따른 존경 및 겸양 표현을 익히는 것이 필수다.

PART 4 정치, 경제, 시사, 사회 제도 등의 내용을 이해하는 능력이 부족하고, 문제 푸는 추론 능력이 부족하다. 문제를 먼저 읽고 내용을 어느 정도 유추한 후 문제를 풀면 훨씬 더 빨리 이해할 수 있다. 긴 문장 안에서 사용된 어휘의 발음을 주의 깊게 듣는 것과 동시에, 동음이의어에 주의하도록 한다.

해설집 학습 방법

고득점을 위해서 자신만의 노하우를 개발한다는 자세로 학습에 임한다. 자주 틀리는 문제를 분석하고, 동음이의어, 다의어, 틀리기 쉬운 표현, 기능어, 속담, 관용 표현을 정리하여 자신만의 노하우를 꼭 만들도록 한다. 또 혼동하기 쉬운 발음 및 한자 발음을 반복해서 듣도록 한다.

내 수준에 맞춘 학습 플랜

mini JPT를 마친 후 자신의 점수에 맞는 학습 플랜을 선택하여 공부한다.

● 4주 완성 학습 플랜 – 295점 이하

	Day 1	Day 2	Day 3	Day 4	Day 5
Week 1	1회 풀기	1회 해설집	2회 풀기	2회 해설집	3회 풀기
Week 2	3회 해설집	4회 풀기	4회 해설집	5회 풀기	5회 해설집
Week 3	6회 풀기	6회 해설집	7회 풀기	7회 해설집	8회 풀기
Week 4	8회 해설집	9회 풀기	9회 해설집	10회 풀기	10회 해설집

● 3주 완성 학습 플랜 – 300점～395점

	Day 1	Day 2	Day 3	Day 4	Day 5
Week 1	1회 풀기+해설집	2회 풀기+해설집	1회+2회 복습	3회 풀기+해설집	4회 풀기+해설집
Week 2	3회+4회 복습	5회 풀기+해설집	6회 풀기+해설집	5회+6회 복습	7회 풀기+해설집
Week 3	8회 풀기+해설집	7회+8회 복습	9회 풀기+해설집	10회 풀기+해설집	9회+10회 복습

● 2주 완성 학습 플랜 – 400점 이상

	Day 1	Day 2	Day 3	Day 4	Day 5
Week 1	1회 풀기+해설집	2회 풀기+해설집	3회 풀기+해설집	4회 풀기+해설집	5회 풀기+해설집
Week 2	6회 풀기+해설집	7회 풀기+해설집	8회 풀기+해설집	9회 풀기+해설집	10회 풀기+해설집

Ⅰ 次の写真を見て、その内容と合っている表現を(A)から(D)の中で一つ選びなさい。

(1)

(2)

(3)

(4)

38

(5)

(6)

(7)

(8)

列車でめぐる「極情」の旅へ
宮崎・日南
霧島・人吉
鹿児島・指宿
日帰りグルメ
阿蘇
天草・熊本
宮崎
JR温泉の宿
黒川温泉
高千穂
趣の宿
大分・長崎
高千穂
極情の体験
豊穣の大地と海が生んだあったかグルメ
もてなし列車の旅
心もほかほか温泉をめぐる旅
極穣
極乗
極湯

(9)

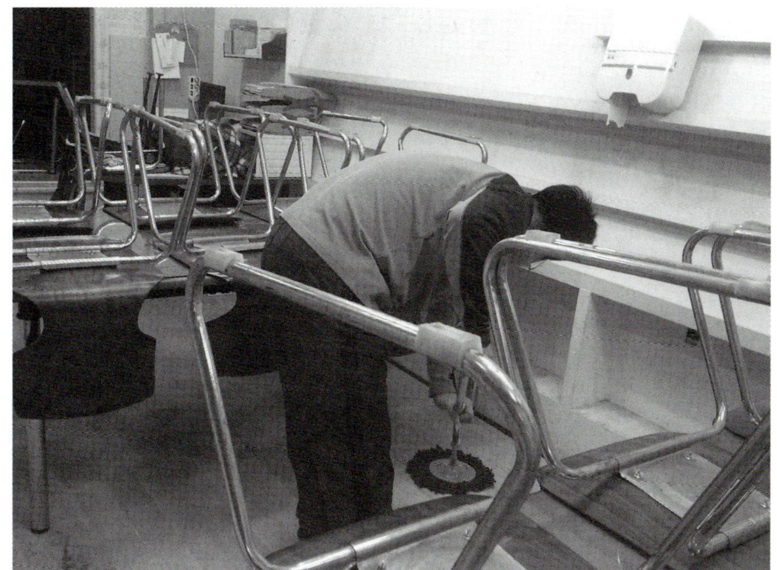

（10）

チキン＆ポテト
¥450
直火焼炒飯
¥500
焼おにぎり
¥450
たこ焼き
¥500
ホットドッグ
¥500
からあげチキン
¥500
フライドポテト
¥400
フライドポテト
¥400
焼きそば
¥500

Ⅱ　　次の言葉の返事として、もっとも適したものを(A)から(D)の中で一つ選びなさい。

(11)　答えを答案用紙に書き入れなさい。　　　(19)　答えを答案用紙に書き入れなさい。

(12)　答えを答案用紙に書き入れなさい。　　　(20)　答えを答案用紙に書き入れなさい。

(13)　答えを答案用紙に書き入れなさい。　　　(21)　答えを答案用紙に書き入れなさい。

(14)　答えを答案用紙に書き入れなさい。　　　(22)　答えを答案用紙に書き入れなさい。

(15)　答えを答案用紙に書き入れなさい。　　　(23)　答えを答案用紙に書き入れなさい。

(16)　答えを答案用紙に書き入れなさい。　　　(24)　答えを答案用紙に書き入れなさい。

(17)　答えを答案用紙に書き入れなさい。　　　(25)　答えを答案用紙に書き入れなさい。

(18)　答えを答案用紙に書き入れなさい。

Ⅲ　　次の会話をよく聞いて、後の問いにもっとも適したものを(A)から(D)の中で
　　　一つ選びなさい。

(26)　吉野さんの子は何をしていますか。　　　(28)　二人が見ているのはどれですか。

　　　(A) 近所の大学に勤めている。　　　　　　　(A) 絵

　　　(B) 医者に向けて修業中である。　　　　　　(B) 漫画

　　　(C) スーパーで卵を買っている。　　　　　　(C) 花火

　　　(D) 大学への編入準備をしている。　　　　　(D) 三日月

(27)　どうして雨が降ると思っていますか。　　(29)　何時に会うことになっていましたか。

　　　(A) きれいな虹が出たから　　　　　　　　　(A) ３時１０分

　　　(B) 太陽に暈がかかったから　　　　　　　　(B) ３時２０分

　　　(C) 愚図ついた天気が続いていたから　　　　(C) ３時３０分

　　　(D) 太陽が虹のように多彩な色を見せ　　　　(D) ４時１０分
　　　　　 たから

(30) 酒井さんの顔はどうなっていますか。

(A) 軽い怪我をしている。

(B) 熱くて真っ赤になった。

(C) びっくりして真っ青になった。

(D) 飲み続けて顔色が普通に戻った。

(31) 女の人が探しているのは何ですか。

(A) 原稿

(B) ベッド

(C) 請求書

(D) テレビ

(32) 目的地までどうやって行きますか。

(A) バス

(B) 徒歩

(C) 地下鉄

(D) 自転車

(33) 二人はどんな関係ですか。

(A) 客と社員

(B) 医者と患者

(C) 上司と部下

(D) 先生とＰＴＡ

(34) 会話の内容と合っているのはどれですか。

(A) 座るスペースは確保できた。

(B) トンネルは荷物に占拠された。

(C) 花真っ盛りのもとで花見を楽しんでいた。

(D) 花見客が座る場所を探して右往左往していた。

(35) 平泳ぎがトラウマになった理由は何ですか。

(A) からかわれたから

(B) カエルが嫌いだから

(C) 消費カロリーが少ないから

(D) 背泳ぎより格好良くないから

(36) 岡田さんはどんな人ですか。

(A) 万引き常習犯である。

(B) 約束の時間を守らない。

(C) 単細胞で、方向音痴である。

(D) 事の是非を考えずに行動する。

(37) 店員はどうする予定ですか。

(A) 新しいものに交換する。

(B) お金を払い戻してもらう。

(C) 修理サービスを提供する。

(D) 携帯の液晶に保護フィルムを貼る。

(38) 季節はいつですか。

(A) 春

(B) 夏

(C) 秋

(D) 冬

(39) 違反したのは何ですか。

(A) 速度違反

(B) 駐車違反

(C) 信号違反

(D) 一方通行違反

(40) 同封して送るのはどれですか。

  (A) 名簿

  (B) 履歴書

  (C) 保険証

  (D) 卒業証書

Ⅳ　次の文章をよく聞いて、後の問いにもっとも適したものを(A)から(D)の中で一つ選びなさい。

(41) この人の子はどんな子ですか。

  (A) 好印象で利口だ。

  (B) だらしないが可愛い。

  (C) 厳しくしつけられている。

  (D) 荒々しい振る舞いをする。

(42) 本文の内容と合っているのはどれですか。

  (A) 役割分担の仕方に悩んでいる。

  (B) 子どもを送迎するのが負担である。

  (C) スクールバスの料金が高くて困っている。

  (D) 幼稚園は有機野菜で作られた給食を提供している。

(43) この人が選びたがっている幼稚園の教育方針はどれですか。

  (A) 少人数の自由系

  (B) 遊び中心ののびのび系

  (C) 礼儀や行儀を教える教育

  (D) 勉強より創造性を生かす教育

(44) 明日の天気はどうですか。

  (A) 霧が深い。

  (B) 荒れている。

  (C) みぞれが降る。

  (D) ぐずついている。

(45) 明日の気圧配置はどうなりますか。

  (A) 西高東低となる。

  (B) 低気圧が南に進む。

  (C) 移動性高気圧が通過する。

  (D) 日本海に低気圧が発生する。

(46) 今夜の波浪について正しいのはどれですか。

  (A) 瀬戸内側、　2mのち3m

  (B) 瀬戸内側、　2mのち2.5m

  (C) 日本海側、　2mのち2.5m

  (D) 日本海側、　0.5mのち1.5m

(47) 現在、日本の失業者の数はどのくらい
ありますか。

(A) ３００万人下回る。

(B) ３００万人上回る。

(C) ３５０万人強である。

(D) ８５０万人弱である。

(48) 生産年齢人口について正しいのはどれ
ですか。

(A) 社会を担う中核である。

(B) １５歳以上６９歳未満である。

(C) 世界の労働力の実態を表す。

(D) 減少速度が総人口よりも遅い。

(49) これから問題になると予想されること
は何ですか。

(A) 内需停滞の悪循環が形成される。

(B) 労働力が減少して人手不足になる。

(C) 失業率は8.6％でほぼ横ばいとなる。

(D) 女性労働力は頭打ち、男性労働力
は増加する。

(50) 労働力人口の年齢構成について正しい
のはどれですか。

(A) １５～１９歳は１割強である。

(B) ２０～２９歳は２割弱である。

(C) ３０～５９歳は６割強である。

(D) ６０～６９歳は１割弱である。

1 (B)	2 (D)	3 (B)	4 (C)	5 (A)	6 (B)	7 (D)	8 (A)	9 (D)	10 (B)
11 (A)	12 (C)	13 (B)	14 (C)	15 (A)	16 (A)	17 (D)	18 (C)	19 (B)	20 (D)
21 (C)	22 (C)	23 (A)	24 (B)	25 (D)	26 (B)	27 (B)	28 (A)	29 (B)	30 (A)
31 (C)	32 (B)	33 (C)	34 (A)	35 (A)	36 (B)	37 (C)	38 (B)	39 (A)	40 (D)
41 (D)	42 (B)	43 (C)	44 (D)	45 (A)	46 (C)	47 (A)	48 (A)	49 (B)	50 (C)

1

(A) 消火器から粉が出ています。

(B) 初期火災を消すための器具です。

(C) 消火器で火を消している最中です。

(D) 消火器の取っ手にゲージがついています。

(A) 소화기에서 가루가 나옵니다.

(B) 초기 화재를 끄기 위한 기구입니다.

(C) 소화기로 한창 불을 끄고 있는 중입니다.

(D) 소화기 손잡이에 게이지가 달려 있습니다.

단어 消火器(しょうかき) 소화기 | 粉(こな) 가루 | 初期(しょき) 초기 | 火災(かさい) 화재 | 器具(きぐ) 기구 | 最中(さいちゅう) 한창 진행 중 | 取(と)っ手(て) 손잡이 | ゲージ 게이지

2

(A) 男の人は眼鏡のフィッティングをしています。

(B) 男の人はペンを手の平の上で転がしています。

(C) 男の人は椅子に座っていて肘枕をして寝ています。

(D) 男の人はノートに肘をついてイヤホンをつけています。

(A) 남성은 안경 조정을 하고 있습니다.

(B) 남성은 펜을 손바닥 위에서 굴리고 있습니다.

(C) 남성은 의자에 앉아 팔베개를 하고 자고 있습니다.

(D) 남성은 노트에 팔을 괴고 이어폰을 끼고 있습니다.

단어 フィッティング 조정, 맞추기 | 肘枕(ひじまくら) 팔베개 | 肘(ひじ)をつく 팔을 괴다

3

(A) 時計の振り子が揺れています。

(B) 5と9の間に短針と長針があります。

(C) 長針と短針が一直線になっています。

(D) 長方形の時計がぶら下がっています。

(A) 시계추가 흔들리고 있습니다.

(B) 5와 9 사이에 시침과 분침이 있습니다.

(C) 분침과 시침이 일직선으로 되어 있습니다.

(D) 직사각형 시계가 매달려 있습니다.

단어 振(ふ)り子(こ) 진자, 추 | 揺(ゆ)れる 흔들리다 | 短針(たんしん) 시계의 시침 | 長針(ちょうしん) 시계의 분침 | 一直線(いっちょくせん) 일직선 | 長方形(ちょうほうけい) 장방형, 직사각형 | ぶら下(さ)がる 매달리다

4

(A) 巫女が新郎にお神酒を注いでいます。

(B) 鏡の前で着物を着てポーズをとっています。

(C) 新婦が三三九度の盃を両手で取っています。

(D) ロングドレスを着た新婦が腰の辺りに手を当てています。

(A) 무녀가 신랑에게 신주를 따르고 있습니다.

(B) 거울 앞에서 기모노를 입고 포즈를 취하고 있습니다.

(C) 신부가 삼삼구도의 잔을 양손으로 쥐고 있습니다.

(D) 롱드레스를 입은 신부가 허리 주변에 손을 대고 있습니다.

단어 巫女(みこ) 무녀 | 新郎(しんろう) 신랑 | お神酒(みき) 신주 | 注(つ)ぐ 따르다 | 新婦(しんぷ) 신부 | 三三九度(さんさんくど) 혼례식 때의 헌배의 예(신랑 신부가 세 개의 잔으로 서로 세 번씩, 모두 아홉 번 술을 주고받음) | 盃(さかずき) 술잔

5

(A) ゾウは車と違う方向を向いています。

(B) ゾウにえさをあげているところです。

(C) 男の人はゾウの背に鞍をつけています。

(D) ゾウの背中に乗った人は帽子を投げています。

(B) 코끼리에게 먹이를 주고 있는 중입니다.
(C) 남성은 코끼리 등에 안장을 채우고 있습니다.
(D) 코끼리 등에 탄 사람은 모자를 던지고 있습니다.

단어 ゾウ 코끼리 | 方向(ほうこう) 방향 | 向(む)く 향하다 | え さ 먹이, 모이 | 鞍(くら) 안장

6

(A) 男の子は部屋の押し入れを片付けています。

(B) 男の子は押し入れの中であぐらをかいています。

(C) 男の子は押し入れから布団を取り出そうとします。

(D) 男の子は布団をたたんで押し入れに仕舞っているところです。

(A) 남자아이는 방 안의 벽장을 정리하고 있습니다.
(B) 남자아이는 벽장 안에서 책상다리를 하고 앉아 있습니다.
(C) 남자아이는 벽장에서 이불을 꺼내려고 합니다.
(D) 남자아이는 이불을 개어 벽장에 넣고 있는 중입니다.

단어 押(お)し入(い)れ 벽장 | あぐらをかく 책상다리를 하고 앉다 | 取(と)り出(だ)す 꺼내다 | たたむ 개다 | 仕舞(しま)う 치우다, 간수하다, 끝내다

7

(A) 花柄をモチーフにしたパターンです。
(B) 土のケーキが落ち葉で飾ってあります。
(C) 床には楕円形のタイルが敷いてあります。
(D) 円形の薪の模様でデザインされています。

(A) 꽃무늬를 모티프로 한 패턴입니다.
(B) 흙으로 만든 케이크가 낙엽으로 장식되어 있습니다.
(C) 바닥에는 타원형의 타일이 깔려 있습니다.
(D) 원형으로 된 장작 모양으로 디자인되어 있습니다.

단어 花柄(はながら) 꽃무늬 | モチーフ 모티프 | 楕円形(だえんけい) 타원형 | 敷(し)く 깔다 | 円形(えんけい) 원형 | 薪(たきぎ) 장작 | 模様(もよう) 모양

8

(A) 日本国内の観光パンフレットです。
(B) マガジンラックに漫画がさしてあります。
(C) リクルート雑誌が一番端に置かれています。

(D) 書棚の本がジャンルごとに区切られています。

(B) 가판대에 만화가 꽂혀 있습니다.
(C) 리쿠르트 잡지는 가장 끝에 놓여 있습니다.
(D) 책장의 책이 장르별로 구분되어 있습니다.

단어 観光(かんこう) 관광 | マガジンラック 가판대 | 漫画(まんが) 만화 | さす 꽂다 | リクルート 리쿠르트 | 書棚(しょだな) 책장 | ジャンル 장르 | ～ごとに ～별로, ～마다 | 区切(くぎ)る 구분하다

9

(A) テーブルの上に積もったほこりを拭いています。

(B) 片手にモップを持ちながら掃除機をかけています。

(C) 男の人は椅子をテーブルの上にあげているところです。

(D) テーブルに置かれた椅子は上下逆さまになっています。

(A) 테이블 위에 쌓인 먼지를 닦고 있습니다.
(B) 한쪽 손에 대걸레를 들고 청소기를 돌리고 있습니다.
(C) 남성은 의자를 테이블 위에 올리고 있는 중입니다.
(D) 테이블에 놓인 의자는 상하 거꾸로 되어 있습니다.

단어 積(つ)もる 쌓이다 | ほこり 먼지 | 拭(ふ)く 닦다 | 片手(かたて) 한쪽 손 | モップ 대걸레 | 掃除機(そうじき)をかける 청소기를 돌리다 | 上下(じょうげ) 상하 | 逆(さか)さま 거꾸로 됨

10

(A) 紙幣で缶コーヒーが買えます。
(B) フードサービスを提供しています。
(C) 現金自動支払機が置いてあります。
(D) 駅の構内にある立ち食いそば屋です。

(A) 지폐로 캔커피를 살 수 있습니다.
(B) 푸드 서비스를 제공하고 있습니다.
(C) 현금 자동 인출기가 놓여 있습니다.
(D) 역 안에 있는 서서 먹는 국수집입니다.

단어 紙幣(しへい) 지폐 | 提供(ていきょう) 제공 | 現金自動支払機(げんきんじどうしはらいき) 현금 자동 인출기 | 構内(こうない) 구내 | 立(た)ち食(ぐ)い 서서 먹음

11

あらら、問5はＡ？うそ、また解答ずれてる。

(A) 答え合わせで一喜一憂するな。

(B) 匿名の人から有効回答を得たよ。

(C) ピアスの位置が左右ずれていたの。

(D) ずれた骨を矯正して、痛みが和らいだ。

어머! 문제 5번은 A? 거짓말, 또 정답에서 벗어났어.

(A) 답 맞추는 데 일희일비하지 마.

(B) 익명의 사람으로부터 유효 회답을 얻었어.

(C) 피어스의 위치가 좌우 안 맞았어.

(D) 어긋난 뼈를 교정해서 통증이 완화되었어.

> **단어**　問(とい) 문제, 질문 | 解答(かいとう) 해답 | ずれる 조금 벗어나다 | 答(こた)え合(あ)わせ 답 맞추기 | 一喜一憂(いっきいちゆう) 일희일비 | 匿名(とくめい) 익명 | 有効(ゆうこう) 유효 | 回答(かいとう) 회답 | 位置(いち) 위치 | 左右(さゆう) 좌우 | 矯正(きょうせい) 교정 | 和(やわ)らぐ 누그러지다, 완화되다

12

豚骨スープ、こってりしすぎず、さっぱりしている。

(A) 小奇麗だが、味も素っ気もない外観だな。

(B) コックさんにこってりと油をしぼられたから。

(C) たいのあらと一緒にじっくり煮込んだ汁だから。

(D) さっぱりとしたくて思い切って髪の毛を切ったの。

돼지 뼈 국물, 너무 진하지도 않고 시원해.

(A) 깔끔하지만 멋대가리도 없는 외관이네.

(B) 요리사에게 호되게 야단맞아 진땀 뺐으니까.

(C) 도미 뼈와 같이 푹 고아 끓인 국물이니까.

(D) 깨끗이 하고 싶어서 큰마음 먹고 머리카락을 잘랐어.

> **단어**　豚骨(とんこつ) 돼지 뼈 | こってり 기름진 맛, 진한 맛 | 小奇麗(こぎれい) 조촐함, 깔끔함, 아담함 | 味(あじ)も素(そ)っ気(け)もない 멋대가리가 없다 | 概観(がいかん) 외관 | 油(あぶら)をしぼられる 호되게 야단맞다 | たい 도미 | あら 생선뼈 | じっくり 시간을 들여 꼼꼼하게 하는 모양 | 煮込(にこ)む 함께 끓이다, 고다 | 思(おも)い切(き)って 큰마음 먹고, 과감히

13

うとうとと気持ちよさそうに舟を漕いでいるね。

(A) 櫓漕ぎカヌー体験に応募したよ。

(B) 日差しもよく、眠気を催したんだろう。

(C) 大船に乗ったような気持ちでいてください。

(D) うん、川の流れが速くてなかなか漕げないんだ。

꾸벅꾸벅 기분 좋게 졸고 있네.

(A) 노 젓는 카누 체험에 응모했어.

(B) 햇살도 좋고 졸음이 온 것이겠지.

(C) 마음을 푹 놓고 계세요.

(D) 응, 강의 흐름이 빨라서 좀처럼 저을 수가 없어.

> **단어**　うとうと 꾸벅꾸벅 | 船(ふね)を漕(こ)ぐ (배를 젓는 것처럼 몸이 앞뒤로 일렁이며) 꾸벅꾸벅 졸다 | 櫓漕(ろこ)ぎ 노 젓기 | カヌー 카누 | 体験(たいけん) 체험 | 応募(おうぼ) 응모 | 日差(ひざ)し 햇살 | 眠気(ねむけ)を催(もよお)す 졸음이 오다 | 大船(おおぶね)に乗(の)ったよう (큰 배를 탄 듯이) 마음이 든든함

14

フィアンセってどんな人ですか。

(A) フィアンセとは去年初めて会いました。

(B) 知り合いから紹介してもらったんです。

(C) 年下なんだけど、頼れる感じの人です。

(D) フィアンセは今日も休日出勤させられているんです。

약혼자는 어떤 사람입니까?

(A) 약혼자와는 작년에 처음 만났습니다.

(B) 지인에게 소개받았습니다.

(C) 연하지만 의지가 되는 사람입니다.

(D) 약혼자는 오늘도 휴일 출근입니다.

> **단어**　フィアンセ 피앙세, 약혼자 | 頼(たよ)る 의지하다, 믿다 | 休日出勤(きゅうじつしゅっきん) 휴일 출근

15

どうして辞められたのですか。

(A) 一身上の都合です。

(B) ご都合主義過ぎる主張ですね。

(C) どんなに羽目を外しても大丈夫です。

(D) その場しのぎの対策は辞めてほしいです。

어째서 그만두신 겁니까?

(A) 일신상의 사정입니다.

(B) 지나치게 기회주의적인 주장이군요.

(C) 아무리 흥에 겨워해도 괜찮습니다.

(D) 임시방편은 그만두었으면 합니다.

> **단어**　一身上(いっしんじょう) 일신상 | ご都合主義(つごうしゅぎ) 편의주의, 적당주의, 기회주의 | 主張(しゅちょう) 주장 | 羽目(はめ)を外(はず)す 신이 나서 도를 지나치다 | その場(ば)しのぎ 임시방편 | 対策(たいさく) 대책

16

パソコンのしすぎで首こり、肩凝りがひどい。

(A) マッサージを受けてみたら？

(B) もともと味方なんていなかった。

(C) 首になったわけではないでしょう。

(D) 半信半疑なら買わない方がいいよ。

컴퓨터를 너무 많이 해서 목 결림, 어깨 결림이 심해.

(A) 마사지를 받아 보면 어때?

(B) 원래부터 같은 편 따위 없었어.

(C) 해고된 것은 아니겠지요.

(D) 반신반의라면 사지 않는 편이 좋아.

> **단어** 凝(こ)り 뻐근함, 결림 | もともと 원래 | 味方(みかた) 내편, 아군 | 半信半疑(はんしんはんぎ) 반신반의

17

あの会社、第3四半期の売上高は減益となったそうです。

(A) 見逃した条件で負けてはいけませんよ。

(B) 四半期とは1年を4等分したことを言います。

(C) こっちはマイナス成長なのに、うらやましいね。

(D) あんな会社、恐れるに足りないと言っただろう。

그 회사, 삼사분기 매상은 감익이라고 합니다.

(A) 간과한 조건 때문에 져서는 안 돼요.

(B) 사분기라는 것은 1년을 네 등분 한 것을 말합니다.

(C) 이쪽은 마이너스 성장인데, 부럽네.

(D) 그런 회사, 겁낼 정도는 아니라고 말했지.

> **단어** 四半期(しはんき) 4분기 | 売上高(うりあげだか) 매상 | 減益(げんえき) 감익, 이익 감소 | 見逃(みのが)す 빠뜨리고 보다, 간과하다 | 条件(じょうけん) 조건 | 等分(とうぶん) 등분 | 成長(せいちょう) 성장 | 恐(おそ)れる 겁내다 | ～に足(た)りる ～할 만하다

18

1万円もするの？これ絶対高すぎだと思うよ。

(A) 1万円札に両替したいの。

(B) 日本円よりも価値が高いね。

(C) 足元をみられてぼられたの。

(D) 為替レートは時時刻刻と変わっているよ。

만 엔이나 해? 이거 정말 너무 비싸다고 생각해.

(A) 만 엔짜리로 바꾸고 싶어.

(B) 일본 엔보다도 가치가 높군.

(C) 얕보여서 바가지 썼어.

(D) 환율은 시시각각 변하고 있어.

> **단어** 札(さつ) 지폐 | 両替(りょうがえ) 돈을 바꿈 | 価値(かち) 가치 | 足元(あしもと)を見(み)られる 약점을 잡히다, 발목을 잡히다 | ぼる 바가지 씌우다 | 為替(かわせ)レート 환율 | 時時刻刻(じじこくこく) 시시각각

19

ねえ。ちまきと柏餅はいつ食べるんですか。

(A) 餅は餅屋ですね。

(B) 端午の節句ですよ。

(C) 7時より開店します。

(D) ちまきは初めてです。

저, 지마키와 가시와모치는 언제 먹나요?

(A) 무슨 일이든 전문가가 제일이지요(떡은 떡집이지요).

(B) 단오절이지요.

(C) 7시부터 개점합니다.

(D) 지마키는 처음입니다.

> **단어** ちまき 지마키(잎에 싸서 찐 찹쌀떡) | 柏餅(かしわもち) 가시와모치(떡갈나무 잎에 싼 찰떡) | 餅(もち)は餅屋(もちや) (떡은 떡집에서 한 것이 가장 맛있다는 것에서) 분야마다 전문가가 있다

20

後始末はぼくに任せて、今日は帰ってもいいよ。

(A) あそこに蒔かせてください。

(B) 後夜祭で花火を打ち上げました。

(C) 今になって悔やんでも後の祭りです。

(D) お言葉に甘えてそうさせていただきます。

뒷정리는 내게 맡기고, 오늘은 돌아가도 좋아.

(A) 저곳에 뿌리게 해 주세요.

(B) 후야제에서 불꽃을 쏘아 올렸습니다.

(C) 이제 와서 후회한들 소용없습니다.

(D) 그 말에 따라 그렇게 하겠습니다.

> **단어** 後始末(あとしまつ) 뒷정리, 뒤처리 | 蒔(ま)く 씨를 뿌리다 | 後夜祭(こうやさい) 후야제 | 打(う)ち上(あ)げる 쏘아 올리다 | 悔(く)やむ 후회하다 | 後(あと)の祭(まつ)り 소 잃고 외양간 고친다

21

この大雪で、除雪もままならないわ。

(A) 日照り続きだったからだね。

(B) 勇気を持った人になりたいんだ。

(C) 朝からひたすら雪掻き三昧でした。

(D) 末っ子って一般的にわがままだよ。

이 큰눈 때문에 눈 치우는 것도 뜻대로 되지 않아.

(A) 가뭄이 계속됐으니까.

(B) 용기를 가진 사람이 되고 싶어.

(C) 아침부터 오로지 눈 치우기 삼매경이었습니다.

(D) 막내는 일반적으로 제멋대로지.

> **단어** ままならない 뜻대로 되지 않다 | 日照(ひで)り 가뭄, 한발 | 勇気(ゆうき) 용기 | ひたすら 오로지 | 雪掻(ゆきか)き 눈을 치움 | ～三昧(ざんまい) ～삼매, ～에 빠짐 | 末(すえ)っ子(こ) 막내 | 一般的(いっぱんてき) 일반적

22

銀行の貸し渋りが止まないね。

(A) 盗難警報機が鳴り止まなくて困っていますよ。

(B) そりゃ、貸し切りはできないとの答えですね。

(C) 銀行が多額の不良債権を抱え込んだからだね。

(D) 銀行の開店時間や閉店時間を統一しています。

은행의 대출 기피 현상이 그치지 않아.

(A) 도난 경보기 소리가 그치지 않아 난처해요.

(B) 그건 대절은 할 수 없다는 대답이군요.

(C) 은행이 거액의 불량 채권을 안고 있으니까.

(D) 은행 개점 시간이나 폐점 시간을 통일하고 있습니다.

> **단어** 貸(か)し渋(しぶ)り 대출 기피, 대출 거부 | 止(や)む 그치다 | 盗難(とうなん) 도난 | 警報機(けいほうき) 경보기 | 貸(か)し切(き)り 전세, 대절 | 多額(たがく) 거액 | 不良(ふりょう) 불량 | 債権(さいけん) 채권 | 抱(かか)え込(こ)む 껴안다, 부둥켜안다 | 開店(かいてん) 개점 | 閉店(へいてん) 폐점 | 統一(とういつ) 통일

23

お年玉、使っちゃう前に全部預けようね。

(A) 買い物して残ったら貯金する。

(B) とんぼ玉を作ってもらったよ。

(C) 銀行のＡＴＭ機で預けられるよ。

(D) 手作りのお手玉で遊んでいるよ。

세뱃돈, 써 버리기 전에 전부 맡기자.

(A) 쇼핑하고 남으면 저금할게.

(B) 구슬을 만들어 줬어.

(C) 은행 ATM기로 맡길 수 있어.

(D) 수제 공기로 놀고 있어.

> **단어** 預(あず)ける 맡기다 | 貯金(ちょきん) 저금 | とんぼ玉(だま) 구멍이 있는 유리구슬 | お手玉(てだま) 공기

24

手作りのチョコレートをプレゼントしたんだけど、ちゃんと見もしなかったの。

(A) 友人帳って見たことないもん。

(B) きっと照れ隠しにそうしたんだよ。

(C) バレンタインチョコを山ほどもらったわ。

(D) 当然だよ。赤ワインはプレゼントに最適だもの。

손수 만든 초콜릿을 선물했는데, 제대로 보지도 않았어.

(A) 우인장이라는 거 본 적 없는걸.

(B) 틀림없이 쑥스러움을 숨기려고 그렇게 했을 거야.

(C) 밸런타인 초콜릿을 산처럼 받았어.

(D) 당연하지. 레드와인은 선물로 최적인 걸.

> **단어** 友人帳(ゆうじんちょう) 우인장, 친구 이름을 적은 수첩 | 照(て)れ隠(かく)し 멋쩍음, 겸연쩍음을 숨김 | 最適(さいてき) 최적

25

取引先の山田さんですが、希望退職するそうです。

(A) 取引先との価格交渉に出るつもりなの？

(B) 山田さん宛のメールを取引先にも送りたい。

(C) やはり、人件費削減のため、新卒採用を抑制するんだ。

(D) 帰農したがっているし、今なら退職金が出るし、いい選択かも。

거래처의 야마다 씨 말인데요, 희망퇴직한다고 합니다.

(A) 거래처와의 가격 교섭에 나올 생각이야?

(B) 야마다 씨 앞으로 보내는 메일을 거래처에도 보내고 싶어.

(C) 역시, 인건비 삭감을 위해 신규 졸업자 채용을 억제하는군.

(D) 귀농하고 싶어 하고 지금이라면 퇴직금이 나오니 좋은 선택일지도.

> **단어** 取引先(とりひきさき) 거래처 | 希望(きぼう) 희망 | 退職(たいしょく) 퇴직 | 価格(かかく) 가격 | 交渉(こうしょう) 교섭 | ～宛(あて) ～의 앞 | 人件費(じんけんひ) 인건비 | 新卒(しんそつ) 그 해에 학교를 졸업함, 또는 졸업자 | 採用(さいよう) 채용 | 抑制(よくせい) 억제 | 帰農(きのう) 귀농 | 選択(せんたく) 선택

26

A：あら、吉野さん、奇遇ですね。何か用でも？
B：この近所に所用があって。
A：お宅のお子さんは大学生でしたっけ。
B：もう卒業したわ。今は医者の卵なのよ。

A：어머, 요시노 씨, 우연이네요. 무슨 용무라도？
B：이 근처에 볼일이 있어서.
A：댁의 자제 분은 대학생이었던가요.
B：이미 졸업했어. 지금은 병아리 의사야.

吉野さんの子は何をしていますか。
(A) 近所の大学に勤めている。
(B) 医者に向けて修業中である。
(C) スーパーで卵を買っている。
(D) 大学への編入準備をしている。

요시노 씨의 아이는 무엇을 하고 있습니까？
(A) 근처의 대학에서 근무하고 있다.
(B) 의사를 향해서 수업 중이다.
(C) 슈퍼마켓에서 계란을 사고 있다.
(D) 대학 편입 준비를 하고 있다.

단어 奇遇(きぐう) 기우, 우연한 만남 | 所用(しょよう) 볼일, 용무 | 卵(たまご) 달걀, 풋내기, 햇병아리 | 修業(しゅうぎょう) 수업, 학술·기예 등을 배우고 익힘 | 編入(へんにゅう) 편입

27

A：まるで太陽の周りに虹ができているみたいですね。
B：太陽の周りに輪ができているから、あした、天気が崩れるかもしれません。
A：太陽の周りを円で取り囲んでいると、雨が降るとよく言われますが、雨とは限りません。雨になる可能性が少し高くなるだけだそうですよ。

A：마치 태양 주위에 무지개가 생긴 것 같네요.
B：태양 주위에 원이 생겼으니까, 내일 날씨가 나쁠지도 모르겠네요.
A：태양 주위를 원으로 둘러싸고 있으면 비가 내린다고 곧잘 말하지만, 비라고 단정할 수는 없지요. 비가 내릴 가능성이 조금 높아질 뿐이래요.

どうして雨が降ると思っていますか。
(A) きれいな虹が出たから
(B) 太陽に暈がかかったから
(C) 愚図ついた天気が続いていたから
(D) 太陽が虹のように多彩な色を見せたから

어째서 비가 내린다고 생각하고 있습니까？
(A) 예쁜 무지개가 떴기 때문에
(B) 태양에 무리가 있었기 때문에
(C) 꾸물꾸물한 날씨가 계속되고 있었기 때문에
(D) 태양이 무지개처럼 다채로운 색을 띠었기 때문에

단어 太陽(たいよう) 태양 | 虹(にじ) 무지개 | 輪(わ) 원형, 고리 | 崩(くず)れる 날씨가 나빠지다 | 円(えん) 원 | 取(と)り囲(かこ)む 둘러싸다, 에워싸다 | 可能性(かのうせい) 가능성 | 暈(かさ) (해나 달의) 무리 | 愚図(ぐず)つく (날씨가) 꾸무레하다 | 多彩(たさい) 다채로움

28

A：太陽が地平線から浮かび上がろうとするその瞬間を描いているね。
B：うん、そうだね。海を照らしている太陽の光が幻想的だわ。
A：さっき見た採色画と対照的だね。町中を明るく照らしている満月のやつ。

A：태양이 지평선에서 떠오르려고 하는 그 순간을 그렸네.
B：응, 그러네. 바다를 비추고 있는 태양 빛이 환상적이야.
A：아까 본 채색화와 대조적이네. 거리를 밝게 밝히고 있는 만월의 그림.

二人が見ているのはどれですか。
(A) 絵　　　　　　(B) 漫画
(C) 花火　　　　　(D) 三日月

두 사람이 보고 있는 것은 어느 것입니까？
(A) 그림　　　　　(B) 만화
(C) 불꽃놀이　　　(D) 초승달

단어 地平線(ちへいせん) 지평선 | 浮(う)かび上(あ)がる 떠오르다 | 瞬間(しゅんかん) 순간 | 照(て)らす 비추어 밝히다 | 幻想的(げんそうてき) 환상적 | 採色画(さいしきが) 채색화 | 対照的(たいしょうてき) 대조적 | 満月(まんげつ) 만월

29

Ａ：さっき木村さんから電話があったの。

Ｂ：えっ！今何時？

Ａ：４時１０分前だよ。

Ｂ：３０分前に駅で彼と待ち合わせることに
していたんだ。すぐに行かなきゃ。

A : 아까 기무라 씨에게서 전화가 왔어.

B : 앳! 지금 몇 시?

A : 4시 10분 전이야.

B : 30분 전에 역에서 그와 만나기로 했었어. 빨리 가야 돼.

何時に会うことになっていましたか。

(A) ３時１０分　　　　(B) ３時２０分

(C) ３時３０分　　　　(D) ４時１０分

몇 시에 만나기로 되어 있었습니까?

(A) 3시 10분　　　　(B) 3시 20분

(C) 3시 30분　　　　(D) 4시 10분

단어　待(ま)ち合(あ)わせる 미리 장소와 시간을 정해 놓고 상대를
기다리다

30

Ａ：酒井さん、どうしたの。

Ｂ：自転車で転倒して顔をすりむいたんだ。

Ａ：大丈夫？

Ｂ：うん、見た目ほど悪くはないけど、レン
トゲン撮影のために病院に行かなきゃい
けないんだ。

A : 사카이 씨, 왜 그래?

B : 자전거에서 넘어져서 얼굴을 긁혔어.

A : 괜찮아?

B : 응, 보기만큼 나쁘진 않지만 뢴트겐 촬영을 위해 병원에 가야 해.

酒井さんの顔はどうなっていますか。

(A) 軽い怪我をしている。

(B) 熱くて真っ赤になった。

(C) びっくりして真っ青になった。

(D) 飲み続けて顔色が普通に戻った。

사카이 씨의 얼굴은 어떻게 되었습니까?

(A) 가벼운 상처가 났다.

(B) 뜨겁고 새빨갛게 되었다.

(C) 깜짝 놀라 새파래졌다.

(D) 계속 마셔서 얼굴색이 보통으로 돌아왔다.

단어　転倒(てんとう) 넘어짐, 쓰러짐, 넘어뜨림 | すりむく 찰과
상을 입다 | 見(み)た目(め) 겉보기 | レントゲン 뢴트겐 | 撮影(さ
つえい) 촬영 | 怪我(けが) 부상

31

Ａ：いったい何を探している。

Ｂ：締め切りが今日までなの。延滞料なんて払
いたくないもん。一緒に探してくれない？

Ａ：どこを探せばいい？

Ｂ：さっき、ベッドの下を覗き込んでみたけど、
何も見つからなかったわ。台所付近とT
V台付近を探してちょうだい。

A : 도대체 뭘 찾고 있는 거야?

B : 마감이 오늘까지야. 연체료 따위 내고 싶지 않다고. 함께 찾아 줄래?

A : 어디를 찾으면 되지?

B : 아까 침대 밑을 엿보았지만 아무것도 없었어. 부엌 부근이랑 텔
레비전 부근을 찾아 줘.

女の人が探しているのは何ですか。

(A) 原稿　　　　　　　(B) ベッド

(C) 請求書　　　　　　(D) テレビ

여성이 찾고 있는 것은 무엇입니까?

(A) 원고　　　　　　　(B) 침대

(C) 청구서　　　　　　(D) 텔레비전

단어　締(し)め切(き)り 마감 | 延滞料(えんたいりょう) 연체
료 | 覗(のぞ)き込(こ)む 엿보다 | 付近(ふきん) 부근 | 原稿(げん
こう) 원고 | 請求書(せいきゅうしょ) 청구서

32

Ａ：あのう、関東鉄道のバス停までは、どの
バスに乗ればいいのでしょうか。

Ｂ：歩いても行ける距離です。地下鉄の駅方
面に歩いて、自転車屋の角を曲がるとす
ぐです。

Ａ：ありがとうございます。

A : 저기, 간토 철도 버스 정류장까지는 어느 버스를 타면 됩니까?

B : 걸어서도 갈 수 있는 거리입니다. 지하철 역 방면으로 걸어서, 자전거 가게의 커브를 돌면 바로입니다.

A : 고맙습니다.

目的地まででどうやって行きますか。

(A) バス　　　　　　　　(B) 徒歩

(C) 地下鉄　　　　　　　(D) 自転車

목적지까지 어떻게 갑니까?

(A) 버스　　　　　　　　(B) 도보

(C) 지하철　　　　　　　(D) 자전거

> **단어**　鉄道(てつどう) 철도｜距離(きょり) 거리｜方面(ほうめん) 방면｜目的地(もくてきち) 목적지｜徒歩(とほ) 도보

33

A : おめでとう、田村君。

B : ありがとうございます。

A : わが社の未来は君の双肩にかかっている。

B : これからも粉骨砕身努力いたします。

A : 축하해, 다무라 군.

B : 감사합니다.

A : 우리 회사의 미래는 자네의 양쪽 어깨에 달려 있어.

B : 앞으로도 분골쇄신 노력하겠습니다.

二人はどんな関係ですか。

(A) お客と社員　　　　　(B) 医者と患者

(C) 上司と部下　　　　　(D) 先生とPTA

두 사람은 어떤 관계입니까?

(A) 손님과 사원　　　　　(B) 의사와 환자

(C) 상사와 부하　　　　　(D) 선생님과 사친회

> **단어**　未来(みらい) 미래｜双肩(そうけん) 양쪽 어깨｜粉骨砕身(ふんこつさいしん) 분골쇄신｜上司(じょうし) 상사｜部下(ぶか) 부하｜PTA 부모, 교사가 서로 협력해서 학교 단위로 조직된 단체

34

A : こっちの桜トンネルも見事じゃん。

B : 意外と閑散としているね。空いている場所が多いけど、気に入る所すぐ見つかるかな。

A : シートを広げてゆったり楽しみたいんだ。

B : あ、あっち！あっちの席、今空くから取っておいてよ。

A : 여기 벚꽃길도 장관인데.

B : 의외로 한산하네. 비어 있는 장소가 많은데, 마음 드는 자리 바로 찾을 수 있을까?

A : 자리를 깔고 편히 즐기고 싶어.

B : 아, 저기! 저 자리, 지금 비니까 잡아 둬.

会話の内容と合っているのはどれですか。

(A) 座るスペースは確保できた。

(B) トンネルは荷物に占拠された。

(C) 花真っ盛りのもとで花見を楽しんでいた。

(D) 花見客が座る場所を探して右往左往していた。

대화 내용과 맞는 것은 어느 것입니까?

(A) 앉을 공간은 확보할 수 있었다.

(B) 터널은 짐에 점거되었다.

(C) 꽃이 한창 핀 곳에서 꽃구경을 즐겼다.

(D) 꽃구경을 온 사람들이 앉을 곳을 찾아 우왕좌왕했다.

> **단어**　意外(いがい)と 의외로｜閑散(かんさん) 한산｜スペース 공간｜確保(かくほ) 확보｜占拠(せんきょ) 점거｜真(ま)っ盛(さか)り 한창인 때｜右往左往(うおうさおう) 우왕좌왕

35

A : 平木君、どうして平泳ぎの練習はしてないの？

B : 小学生の時、クラスメートから笑われて以来、平泳ぎはトラウマになった。

A : どういうことで笑われてしまったの？

B : 手と足を一緒に動かしているから、カエル泳ぎって言われたんだ。

A : 히라기 군, 어째서 평영 연습은 안 하고 있어?

B : 초등학생 때, 반 친구에게 비웃음을 산 이후 평영은 트라우마가 됐어.

A : 어떤 일로 비웃음을 샀는데?

B : 팔과 다리를 함께 움직이니까 개구리헤엄이라고 하더라고.

平泳ぎがトラウマになった理由は何ですか。

(A) からかわれたから

(B) カエルが嫌いだから

(C) 消費カロリーが少ないから

(D) 背泳ぎより格好良くないから

평영이 트라우마가 된 이유는 무엇입니까?

(A) 놀림받아서

(B) 개구리가 싫어서

(C) 소비 칼로리가 적어서

(D) 배영보다 멋지지 않아서

단어 平泳(ひらおよ)ぎ 평영｜トラウマ 트라우마｜カエル 개구리｜からかう 놀리다｜消費(しょうひ) 소비｜背泳(せおよ)ぎ 배영

36

A：岡田さん、案の定いっこうに現れませんね。

B：また寝坊か。遅刻常習犯のレッテル貼られているね。

A：ダメ社員にならないためのマニュアルを覚えないといけませんね。

B：君も人事じゃないぞ。

A : 오카다 씨, 예상했던 대로 도무지 나타나질 않네요.

B : 또 늦잠인가. 지각상습범 꼬리표가 붙어 있지.

A : 쓸모없는 사원이 되지 않기 위한 매뉴얼을 익혀 둬야 하겠군요.

B : 자네도 남일이 아니지.

岡田さんはどんな人ですか。

(A) 万引き常習犯である。

(B) 約束の時間を守らない。

(C) 単細胞で、方向音痴である。

(D) 事の是非を考えずに行動する。

오카다 씨는 어떤 사람입니까?

(A) 들치기 상습범이다.

(B) 약속 시간을 안 지킨다.

(C) 단세포이고 방향치이다.

(D) 사건의 옳고 그름을 생각하지 않고 행동한다.

단어 案(あん)の定(じょう) 생각한 대로, 예상했던 대로｜いっこうに 전혀, 조금도｜常習犯(じょうしゅうはん) 상습범｜レッテルを貼(は)る 딱지를 붙이다｜人事(ひとごと) 남의 일｜単細胞(たんさいぼう) 단세포｜方向音痴(ほうこうおんち) 방향치｜是非(ぜひ) 시비, 옳고 그름

37

A：こちらで数日前に携帯を買いましたが、落としたり衝撃を与えたりしていないのに突然、タッチパネルの調子が悪くなりました。

B：そうですね。携帯の液晶画面が白っぽくなりましたね。

A：買ってすぐの故障ですから、丸ごと交換してください。

B：交換はできません。修理をさせていただきます。

A : 여기에서 며칠 전에 휴대전화를 샀습니다만, 떨어뜨리거나 충격을 주지도 않았는데, 갑자기 터치패널 상태가 나빠졌습니다.

B : 그렇군요. 휴대전화의 액정 화면이 하얘졌군요.

A : 사고 나서 바로 고장 난 거니까, 통째로 교환해 주세요.

B : 교환은 할 수 없습니다. 수리해 드리겠습니다.

店員はどうする予定ですか。

(A) 新しいものに交換する。

(B) お金を払い戻してもらう。

(C) 修理サービスを提供する。

(D) 携帯の液晶に保護フィルムを貼る。

점원을 어떻게 할 예정입니까?

(A) 새것으로 교환한다.

(B) 돈을 환불받는다.

(C) 수리 서비스를 제공한다.

(D) 휴대전화 액정에 보호 필름을 붙인다.

단어 衝撃(しょうげき) 충격｜液晶(えきしょう) 액정｜画面(がめん) 화면｜丸(まる)ごと 있는 그대로, 통째로｜交換(こうかん) 교환｜修理(しゅうり) 수리｜払(はら)い戻(もど)す 되돌려 주다, 환불하다｜提供(ていきょう) 제공｜保護(ほご) 보호

38

A：輝きに満ちた新緑に降り注ぐ、青梅雨だね。

B：あの青葉、一層濃くなったように見える。

A：まるで絵の具をぶっかけた感じだな。

A : 빛나는 신록에 쏟아지는 장마구나.

B : 저 푸른 잎, 한층 더 진하게 보여.

A : 마치 그림물감을 뿌린 느낌이야.

季節はいつですか。

(A) 春 (はる)　　　　　(B) 夏 (なつ)
(C) 秋 (あき)　　　　　(D) 冬 (ふゆ)

계절은 언제입니까?

(A) 봄　　　　　　　　(B) 여름
(C) 가을　　　　　　　(D) 겨울

단어　輝(かがや)き 빛, 빛남 | 満(み)ちる 가득하다 | 新緑(しんりょく) 신록 | 降(ふ)り注(そそ)ぐ 세차게 쏟아지다 | 青梅雨(あおつゆ) 장마 | 青葉(あおば) 푸른 잎 | 一層(いっそう) 한층, 더 | 絵(え)の具(ぐ) 그림물감 | ぶっかける 세차게 끼얹다, 마구 뿌리다

39

> A : スピード出 (だ)しすぎたんじゃない？ここ、制限速度 (せいげんそくど)は３０ (さんじゅっ)キロよ。
> B : しまった！一方通行 (いっぽうつうこう)だけに気 (き)を使 (つか)ってた。
> A : この前 (まえ)も移動式 (いどうしき)のネズミとりに撮 (と)られたんだよ。
>
> A : 스피드를 너무 낸 거 아니야? 여기 제한속도 30킬로야.
> B : 아채! 일방통행에만 신경 썼어.
> A : 요전에도 이동식 카메라에 찍혔는데.

違反 (いはん)したのは何 (なん)ですか。

(A) 速度違反 (そくどいはん)　　　(B) 駐車違反 (ちゅうしゃいはん)
(C) 信号違反 (しんごういはん)　　(D) 一方通行違反 (いっぽうつうこういはん)

위반한 것은 무엇입니까?

(A) 속도위반　　　　　(B) 주차 위반
(C) 신호 위반　　　　　(D) 일방통행 위반

단어　制限(せいげん) 제한 | 一方通行(いっぽうつうこう) 일방통행 | 移動式(いどうしき) 이동식 | ネズミとり 도로상에 속도측정기를 설치해서 단속하는 것

40

> A : 添付資料 (てんぷしりょう)として追加 (ついか)すべきものはありますか。
> B : 履歴書 (りれきしょ)に貼 (は)る写真 (しゃしん)と名刺 (めいし)とディプロマコピーを同封 (どうふう)して送 (おく)っていただけますか。
> A : はい、承知 (しょうち)しました。
>
> A : 첨부 자료로써 추가해야 할 것은 있습니까?

> B : 이력서에 붙일 사진과 명함과 졸업 증명서 복사본을 동봉하여 보내 주시겠습니까?
> A : 예, 알겠습니다.

同封 (どうふう)して送 (おく)るのはどれですか。

(A) 名簿 (めいぼ)　　　　(B) 履歴書 (りれきしょ)
(C) 保険証 (ほけんしょう)　　(D) 卒業証書 (そつぎょうしょうしょ)

동봉해서 보내는 것은 어느 것입니까?

(A) 명부　　　　　　　(B) 이력서
(C) 보험증　　　　　　(D) 졸업증서

단어　添付(てんぷ) 첨부 | 資料(しりょう) 자료 | 追加(ついか) 추가 | 履歴書(りれきしょ) 이력서 | 名刺(めいし) 명함 | ディプロマ 졸업 증서, 학위나 각종 자격증 | 同封(どうふう) 동봉 | 名簿(めいぼ) 명부 | 保険証(ほけんしょう) 보험증 | 証書(しょうしょ) 증서

41~43

> 歩 (ある)いてもいけるし、家 (いえ)から近 (ちか)いし、遊 (あそ)び中心 (ちゅうしん)ののびのび系 (けい)にするか、少 (すこ)しスパルタといわれるくらいのしつけ教育中心 (きょういくちゅうしん)の勉強系 (べんきょうけい)にするか、幼稚園選 (ようちえんえら)びに悩 (なや)んでいます。うちの子 (こ)は男 (おとこ)の子 (こ)ですが、お世辞 (せじ)でもおとなしいとは言 (い)えない、暴 (あば)れん坊 (ぼう)です。個人的 (こじんてき)には後者 (こうしゃ)に通 (かよ)わせたいのですが、少 (すこ)し遠 (とお)く、毎日 (まいにち)の送 (おく)り迎 (むか)えが負担 (ふたん)になるのです。
>
> 걸어서도 갈 수 있고, 집에서 가깝고, 놀이 중심의 자유방임형으로 할지, 조금 스파르타라고 불릴 정도의 예절 교육 중심의 공부형으로 할지, 유치원 선정에 고민하고 있습니다. 우리 아이는 남자아이인데, 빈말이라도 얌전하다고 할 수 없는 개구쟁이입니다. 개인적으로는 후자 쪽에 다니게 하고 싶지만, 조금 멀고 매일 데려다주고 데려오는 것이 부담이 됩니다.

단어　のびのび 거침없이 자유롭게 자라는 모양, 구김살 없이, 무럭무럭 | しつけ 예의범절을 가르침 | お世辞(せじ) 겉치렛말 | おとなしい 얌전하다, 온순하다 | 暴(あば)れん坊(ぼう) 개구쟁이 | 個人的(こじんてき) 개인적 | 後者(こうしゃ) 후자 | 負担(ふたん) 부담

41　この人 (ひと)の子 (こ)はどんな子 (こ)ですか。

(A) 好印象 (こういんしょう)で利口 (りこう)だ。
(B) だらしないが可愛 (かわい)い。
(C) 厳 (きび)しくしつけられている。
(D) 荒々 (あらあら)しい振 (ふ)る舞 (ま)いをする。

이 사람의 아이는 어떤 아이입니까?

(A) 인상이 좋고 영리하다.
(B) 야무지지 못하지만 귀엽다.
(C) 엄격하게 예절 교육을 받았다.
(D) 거친 행동을 한다.

단어　好印象(こういんしょう) 좋은 인상, 호감형 | 利口(りこう) 영리함 | だらしない 아무지지 못하다, 칠칠치 못하다 | しつける 일상생활의 예의범절을 가르쳐 몸에 붙게 하다 | 荒々(あらあら)しい 난폭하다 | 振(ふ)る舞(ま)い 행동

42 本文の内容と合っているのはどれですか。

(A) 役割分担の仕方に悩んでいる。
(B) 子どもを送迎するのが負担である。
(C) スクールバスの料金が高くて困っている。
(D) 幼稚園は有機野菜で作られた給食を提供している。

본문의 내용과 맞는 것은 어느 것입니까?

(A) 역할 분담 방법 때문에 고민하고 있다.
(B) 아이를 데려가고 데려오는 것이 부담이다.
(C) 통학버스 요금이 비싸서 난처하다.
(D) 유치원은 유기농 채소로 만들어진 급식을 제공하고 있다.

단어　役割(やくわり) 역할 | 送迎(そうげい) 송영, 데려가고 데려오는 것 | 有機野菜(ゆうきやさい) 유기농 채소 | 給食(きゅうしょく) 급식 | 提供(ていきょう) 제공

43 この人が選びたがっている幼稚園の教育方針はどれですか。

(A) 少人数の自由系
(B) 遊び中心ののびのび系
(C) 礼儀や行儀を教える教育
(D) 勉強より創造性を生かす教育

이 사람이 고르고 싶어 하는 유치원의 교육 방침은 어느 것입니까?

(A) 소인원의 자유형
(B) 놀이 중심의 자유방임형
(C) 예의나 예절을 가르치는 교육
(D) 공부보다 창조성을 살리는 교육

단어　方針(ほうしん) 방침 | 少人数(しょうにんずう) 소인원 | のびのび 무럭무럭 | 礼儀(れいぎ) 예의 | 行儀(ぎょうぎ) 예의범절, 행동거지의 예절 | 創造性(そうぞうせい) 창조성 | 生(い)かす 살리다

44~46

今夜は、曇る所もありますが、高気圧に覆われて概ね晴れるでしょう。明日は、西高東低の冬型の気圧配置となり寒気が流れ込むため、概ね曇りで雪や雨の降る所があるでしょう。波の高さは、日本海側では、今夜は2mのち2.5m、明日は2mのち3mでしょう。瀬戸内側では、今夜は0.5m、明日は0.5mのち1.5mでしょう。

오늘 밤은 흐린 곳도 있습니다만 고기압의 영향을 받아 대체로 맑겠습니다. 내일은 서고동저의 겨울형 기압 배치가 되어 한기가 흘러들기 때문에 대체로 흐리고 눈이나 비가 내리는 곳이 있겠습니다. 파도 높이는, 일본해 측에서는 오늘 밤 2m에서 2.5m, 내일은 2m에서 3m입니다. 세토나이 측에서는, 오늘 밤 0.5m, 내일은 0.5m에서 1.5m입니다.

단어　高気圧(こうきあつ) 고기압 | 覆(おお)われる 뒤덮이다 | 概(おおむ)ね 대체로, 일반적 | 西高東低(せいこうとうてい) 서고동저 | 配置(はいち) 배치 | 寒気(かんき) 한기 | 流(なが)れ込(こ)む 흘러들다

44 明日の天気はどうですか。

(A) 霧が深い。
(B) 荒れている。
(C) みぞれが降る。
(D) ぐずついている。

내일의 날씨는 어떻습니까?

(A) 안개가 깊다.
(B) 날씨가 거칠다.
(C) 진눈깨비가 내린다.
(D) 날씨가 끄무레하다.

단어　霧(きり) 안개 | 荒(あ)れる 날씨가 거칠어지다 | みぞれ 진눈깨비 | ぐずつく 꾸물거리다, 날씨가 끄무레하다

45 明日の気圧配置はどうなりますか。

(A) 西高東低となる。
(B) 低気圧が南に進む。
(C) 移動性高気圧が通過する。
(D) 日本海に低気圧が発生する。

내일의 기압 배치는 어떻게 됩니까?

(A) 서고동저가 된다.
(B) 저기압이 남쪽으로 간다.
(C) 이동성 고기압이 통과한다.
(D) 동해(일본해)에 저기압이 발생한다.

단어 低気圧(ていきあつ) 저기압 | 移動性(いどうせい) 이동성 | 通過(つうか) 통과 | 発生(はっせい) 발생

46 今夜の波浪について正しいのはどれですか。

(A) 瀬戸内側、 2mのち3m

(B) 瀬戸内側、 2mのち2.5m

(C) 日本海側、 2mのち2.5m

(D) 日本海側、 0.5mのち1.5m

오늘 밤의 파도에 대해 옳은 것은 어느 것입니까?

(A) 세토나이 측, 2m에서 3m
(B) 세토나이 측, 2m에서 2.5m
(C) 동해(일본해) 측, 2m에서 2.5m
(D) 동해(일본해) 측, 0.5m에서 1.5m

단어 波浪(はろう) 파도, 물결

47~50

日本では人口が年率0.5％程度減少し始めた。15歳以上65歳未満の生産年齢人口は8.6％減少し、総人口は1.1％減少した。社会を担う中核である生産年齢人口の減少速度が総人口よりも速い。労働力の実態を表すものとして労働力人口があるが、現在年齢構成の内訳は、15〜29歳が22％、30〜59歳が66％、60歳以上が12％である。現在の男女年齢別の労働力率がこの先も変わらないとすれば、労働力人口は約350万人減少すると予想される。現在日本にいる失業者の数は、300万人弱だから労働力人口を補うことができない。失業者対策が問題だった時代から、労働力不足の時代へと、日本経済の構造は大きく変わろうとしている。

일본에서는 인구가 연율 0.5% 정도 감소하기 시작했다. 15세 이상 65세 미만의 생산연령인구는 8.6% 감소했고, 총인구는 1.1% 감소했다. 사회를 짊어지는 중핵인 생산연령인구의 감소 속도가 총인구보

다도 빠르다. 노동력 실태를 나타내는 것으로 노동력인구가 있지만, 현재 연령 구성 내역은 15~29세가 22%, 30~59세가 66%, 60세 이상이 12%이다. 현재의 남녀 연령별 노동력률이 앞으로도 변하지 않는다고 하면, 노동력인구는 약 350만 명 감소할 것으로 예상된다. 현재 일본에 있는 실업자 수는 300만 명이 안 되므로 노동력인구를 채울 수 없다. 실업자 대책이 문제였던 시대에서 노동력 부족의 시대로 일본 경제의 구조는 크게 바뀌려 하고 있다.

단어 人口(じんこう) 인구 | 減少(げんしょう) 감소 | 以上(いじょう) 이상 | 未満(みまん) 미만 | 生産(せいさん) 생산 | 年齢(ねんれい) 연령 | 担(にな)う 짊어지다 | 中核(ちゅうかく) 중핵 | 実態(じったい) 실태 | 構成(こうせい) 구성 | 内訳(うちわけ) 내역 | 予想(よそう) 예상 | 失業者(しつぎょうしゃ) 실업자 | 〜弱(じゃく) 〜보다 조금 부족함(수량) | 補(おぎな)う 보충하다, 부족한 것을 메우다 | 対策(たいさく) 대책 | 経済(けいざい) 경제 | 構造(こうぞう) 구조

47 現在、日本の失業者の数はどのくらいありますか。

(A) 300万人下回る。

(B) 300万人上回る。

(C) 350万人強である。

(D) 850万人弱である。

현재 일본의 실업자 수는 어느 정도입니까?

(A) 300만 명 밑돈다.
(B) 300만 명 웃돈다.
(C) 350만 명보다 약간 넘는다.
(D) 850만 명이 약간 안 된다.

단어 下回(したまわ)る 밑돌다 | 上回(うわまわ)る 웃돌다 | 〜強(きょう) 〜보다 조금 더 됨(수량)

48 生産年齢人口について正しいのはどれですか。

(A) 社会を担う中核である。

(B) 15歳以上69歳未満である。

(C) 世界の労働力の実態を表す。

(D) 減少速度が総人口よりも遅い。

생산연령인구에 대해 맞는 것은 어느 것입니까?

(A) 사회를 짊어질 중핵이다.
(B) 15세 이상 69세 미만이다.
(C) 세계의 노동력 실태를 나타낸다.
(D) 감소 속도가 총인구보다도 느리다.

49 これから問題になると予想されることは
何ですか。

(A) 内需停滞の悪循環が形成される。

(B) 労働力が減少して人手不足になる。

(C) 失業率は8.6％でほぼ横ばいとなる。

(D) 女性労働力は頭打ち、男性労働力は
増加する。

앞으로 문제가 될 것으로 예상되는 것은 무엇입니까?

(A) 내수 정체의 악순환이 형성된다.

(B) 노동력이 감소해서 일손이 부족해진다.

(C) 실업률이 8.6%로 거의 변동이 없다.

(D) 여성 노동력은 한계점에 이르렀고, 남성 노동력은 증가한다.

단어 内需(ないじゅ) 내수 | 停滞(ていたい) 정체 | 悪循環(あくじゅんかん) 악순환 | 形成(けいせい) 형성 | 人手(ひとで) 일손 | 横(よこ)ばい 옆으로 김, 보합 | 頭打(あたまう)ち 시세가 더 이상 오를 가망이 없는 상태 | 増加(ぞうか) 증가

50 労働力人口の年齢構成について正しいの
はどれですか。

(A) 15〜19歳は1割強である。

(B) 20〜29歳は2割弱である。

(C) 30〜59歳は6割強である。

(D) 60〜69歳は1割弱である。

노동력 인구 연령 구성에 대해 옳은 것은 어느 것입니까?

(A) 15〜19세는 10%를 약간 넘는다.

(B) 20〜29세는 20%에 약간 모자란다.

(C) 30〜59세는 60%를 약간 넘는다.

(D) 60〜69세는 10%에 약간 모자란다.

실전모의고사

1000 제

受験番号						
姓　　名						

JPT 실전모의고사

JAPANESE

PROFICIENCY

TEST

次の質問１番から１００番までは聞き取りの問題です。
どの問題も１回しか言いませんから、よく聞いて答えを(A), (B), (C), (D)の中から
一つ選びなさい。答えを選んだら、それにあたる答案用紙の記号を黒くぬりつぶしなさい。

Ⅰ　次の写真を見て、その内容と合っている表現を(A)から(D)の中で一つ選びなさい。

例）

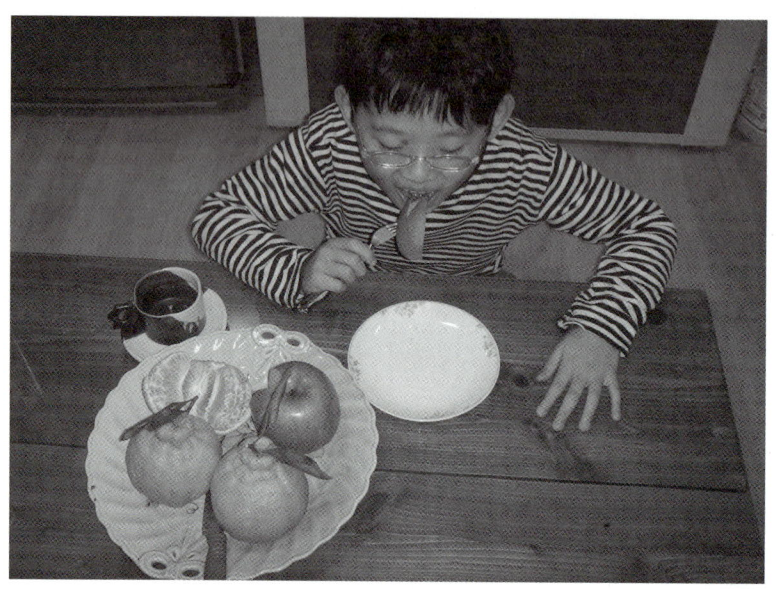

(A) 子どもは横縞のシャツを着ています。

(B) 皿の上の果物に蔓が絡み付いています。

(C) 男の子は両手でフォークを持っています。

(D) フルーツゼリーが盛り付けられています。

■ 答 ……（●), (B), (C), (D)

(1)

(2)

次のページに続く

(3)

(4)

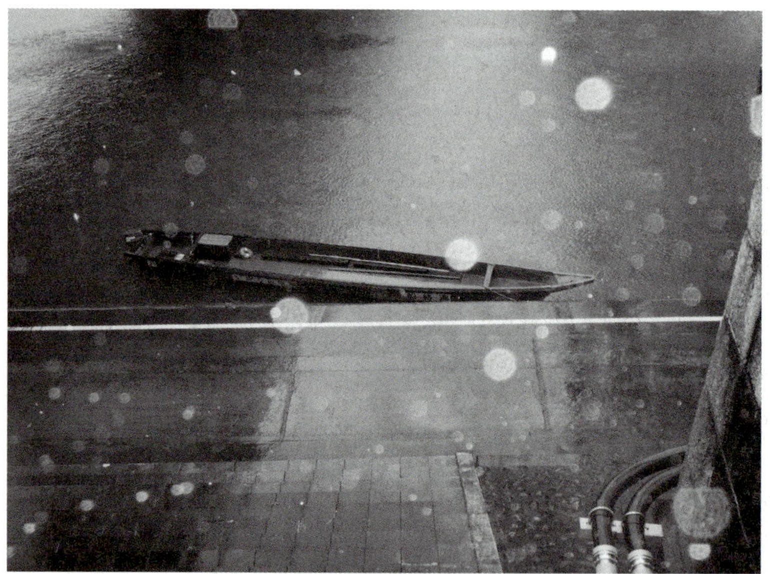

(5)

(6)

次のページに続く

(7)

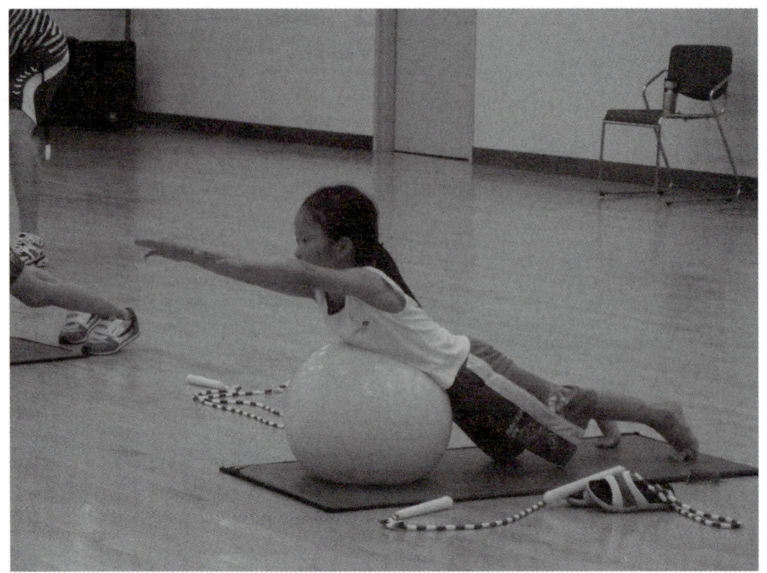

(8)

(9)

(10)

次のページに続く

（11）

（12）

（13）

（14）

次のページに続く

（15）

（16）

（17）

（18）

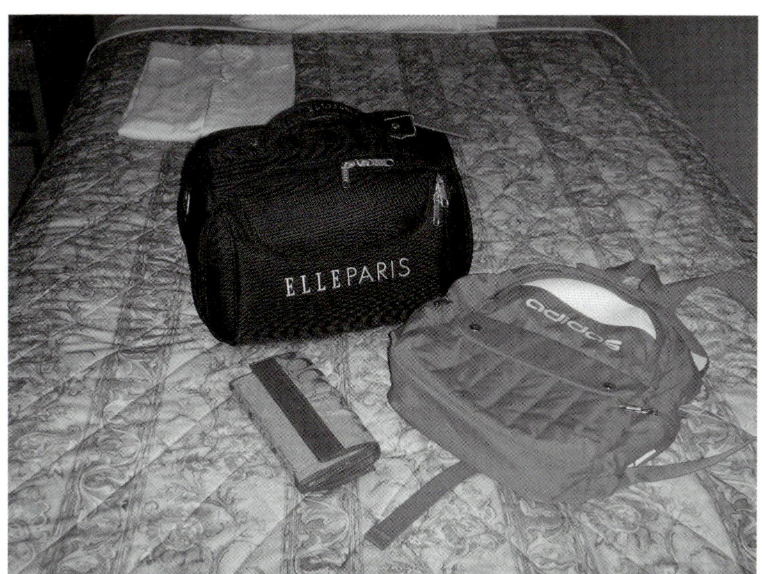

次のページに続く

（19）

みなさまの記念日を
演出いたします。
入学式
お誕生日
結婚式

空カンはすてない
・活かします!
TeRRA
空きカン回収機
http://www.sakae-street.com/
栄通り商店街
日曜・休日を除く
7－9
この先 20m
最大積載量
2.1t以上の貨物
自動車は除く
この先 20m

（20）

Ⅱ　次の言葉の返事として、もっとも適したものを(A)から(D)の中で一つ選びなさい。

例)　ボーナスはいかほどでした？

(A) 例年並って感じかな。

(B) はい、手数料は本人負担です。

(C) 運賃は１キロあたり３００円です。

(D) 送料・梱包料は全国一律５００円です。

■ 答 …… (●), (B), (C), (D)

(21)　答えを答案用紙に書き入れなさい。

(22)　答えを答案用紙に書き入れなさい。

(23)　答えを答案用紙に書き入れなさい。

(24)　答えを答案用紙に書き入れなさい。

(25)　答えを答案用紙に書き入れなさい。

(26)　答えを答案用紙に書き入れなさい。

(27)　答えを答案用紙に書き入れなさい。

(28)　答えを答案用紙に書き入れなさい。

(29)　答えを答案用紙に書き入れなさい。

(30)　答えを答案用紙に書き入れなさい。

(31)　答えを答案用紙に書き入れなさい。

(32)　答えを答案用紙に書き入れなさい。

(33)　答えを答案用紙に書き入れなさい。

(34)　答えを答案用紙に書き入れなさい。

(35)　答えを答案用紙に書き入れなさい。

(36)　答えを答案用紙に書き入れなさい。

(37)　答えを答案用紙に書き入れなさい。

(38)　答えを答案用紙に書き入れなさい。

(39)　答えを答案用紙に書き入れなさい。

(40)　答えを答案用紙に書き入れなさい。

(41)　答えを答案用紙に書き入れなさい。

(42)　答えを答案用紙に書き入れなさい。

(43)　答えを答案用紙に書き入れなさい。

(44)　答えを答案用紙に書き入れなさい。

(45)　答えを答案用紙に書き入れなさい。

(46)　答えを答案用紙に書き入れなさい。

(47)　答えを答案用紙に書き入れなさい。

(48)　答えを答案用紙に書き入れなさい。

(49)　答えを答案用紙に書き入れなさい。

(50)　答えを答案用紙に書き入れなさい。

次のページに続く

Ⅲ　次の会話をよく聞いて、後の問いにもっとも適したものを(A)から(D)の中で
　　一つ選びなさい。

例)　　A：この川、蛇のようにくねくねと曲がりくねっている。
　　　　B：うん、静けさの中にも心の動きが表されているね。
　　　　A：これはロマン主義のきっかけとされる絵で、故郷の様子を描いたそうだよ。

　　　　二人は何をしていますか。

　　　　(A) 川釣りの準備
　　　　(B) 水彩画の検索
　　　　(C) 星空鑑賞ツアー
　　　　(D) ギャラリー鑑賞

■ 答 …… (A), (B), (C), (●)

(51) 山田さんはどんな人ですか。

　　(A) お天気屋である。
　　(B) 気楽な人である。
　　(C) 暢気な人である。
　　(D) 短気な人である。

(52) 加賀さんの子どもはどの子ですか。

　　(A) 蛇の衣装を着ていた子
　　(B) 熊の衣装を着ていた子
　　(C) 狐の衣装を着ていた子
　　(D) 動物衣装を作っていた子

(53) 天気はどんな状態ですか。

　　(A) 花吹雪が舞う。
　　(B) 雪が降っていた。
　　(C) 大雨にはならない。
　　(D) 雨がぽつぽつ降り出す。

(54) 二人は今どこにいますか。

　　(A) 精米店
　　(B) 携帯電話販売店
　　(C) 足マッサージの店
　　(D) フライドチキンの店

(55) 男の人はどうして怒っていますか。

　　(A) 女の人が5時に来たから
　　(B) 女の人が企画書をなくしたから
　　(C) 書類に字の間違いがあったから
　　(D) 男の人の態度が非常識だったから

(56) 話題になっているのは何ですか。

　　(A) 水泳
　　(B) 昆虫
　　(C) りんご
　　(D) クローゼット

(57) 伊藤さんはゴールデンウィークに、何をする予定ですか。

(A) 外国へ行きます。
(B) 飲みに行きます。
(C) まだ決めていません。
(D) 家でゆっくり休みます。

(58) 会話の内容と合っているのはどれですか。

(A) 青島さんを探しに行く。
(B) 雇用保険に加入するよう伝える。
(C) 朝日保険会社に座席表を貼らせてもらう。
(D) 青島さんに佐藤さんが電話を待っていると伝える。

(59) 二人は何について話していますか。

(A) 紅葉
(B) 電気
(C) 黄砂
(D) 大雨

(60) どうしてごはんを食べ残しましたか。

(A) 虫歯があるから
(B) 食欲がないから
(C) 食あたりだから
(D) 歯を抜いたから

(61) リョウは時間が余ったら、何をしますか。

(A) 演劇を見に行く。
(B) セルライトをつぶす。
(C) ケイタイでゲームをする。
(D) ケイタイで電子書籍を読む。

(62) 木村さんに何を頼みましたか。

(A) 両替すること
(B) お金をおろすこと
(C) 鈴木さんに手紙を出すこと
(D) 鈴木さんの口座に振り込むこと

(63) 男の人は何が借りられますか。

(A) リンス
(B) かみそり
(C) ドライバー
(D) トリートメント

(64) 二人はどこで何時に会いますか。

(A) 銀座駅　午後5時
(B) 銀座駅　午後6時
(C) 渋谷駅　午後5時
(D) 渋谷駅　午後6時

(65) 中村さんは報告書の修正についてどう思っていますか。

(A) 手に余る
(B) 手塩にかける
(C) あばたもえくぼ
(D) 赤子の手をねじるよう

次のページに続く

(66) 労使交渉はどうなりましたか。

(A) 労使交渉は決裂した。

(B) 労使交渉は決着をつけた。

(C) 労使交渉は順調に進んだ。

(D) 労使交渉は３日前に解決された。

(67) 会話の内容と合っているのはどれですか。

(A) 賃金は６万円である。

(B) 共益費は無料である。

(C) 家賃は振り込めばいい。

(D) 礼金は二ヶ月分支払えばいい。

(68) 祖父は子どもの時、何をしながら遊びましたか。

(A) 馬乗り

(B) ゴム飛び

(C) 隠れんぼう

(D) おままごと

(69) ナユカさんはストレス解消に何をしますか。

(A) 暴食する。

(B) 本を読む。

(C) 音楽を聞く。

(D) ケーキを食べる。

(70) フロントに何を頼みましたか。

(A) 朝食を注文すること

(B) ７時に起こしてもらうこと

(C) ８時に朝食が運ばれること

(D) ７１２号室の掃除をすること

(71) 品質保証について正しいのはどれですか。

(A) 再購入後一年間は有料である。

(B) 製造日から一年間無償で修理する。

(C) 故意に壊した場合も保証対象である。

(D) 品質保証期間は購入してから一年間である。

(72) 幸村さんはこれからどうしますか。

(A) 郊外へ行く。

(B) 洗濯物を干す。

(C) ドライブに行く。

(D) 台風のため、家にいる。

(73) この二人の関係は次のどれですか。

(A) 店員と客

(B) 医者と患者

(C) 教師と学生

(D) 大工とコック

(74) 今村はどうしますか。

(A) 他人の世話を焼く。

(B) 写真を撮りに行く。

(C) 焼き増しを頼みに行く。

(D) 他人に写真を取りに行かせる。

(75) この人の具合について正しいのはどれですか。

(A) 熱もあるし、咳もする。

(B) 熱はないが、咳はする。

(C) めまいもするし、鼻水も出る。

(D) めまいはしないが、鼻水は出る。

(76) この人が具材として入れたのはどれ
ですか。

(A) 牛肉

(B) いか

(C) なまこ

(D) キャビア

(77) ホテルについて正しいのはどれですか。

(A) ロビーは明るい。

(B) 交通は便利である。

(C) お風呂は狭くて、暗い。

(D) ラウンジの料理はおいしい。

(78) 会話の内容と合っているのはどれで
すか。

(A) 前年度比で売上は増加した。

(B) 去年に比べて売上が極端に少ない。

(C) 不景気にも関わらず売上が伸びた。

(D) 昨年に比べて売上がイマイチである。

(79) お客さんが探しているのはどれですか。

(A) 派手なスーツ

(B) 紫色のスニーカー

(C) 地味なスニーカー

(D) 流行っているスーツ

(80) なぜ、宿泊の日を変更しましたか。

(A) 空室がなかったから

(B) まだ道が雪崩で塞がっていたから

(C) ツインルームに変えられなかった
から

(D) シングルルームしか残っていなかっ
たから

次のページに続く

Ⅳ　次の文章をよく聞いて、後の問いにもっとも適したものを(A)から(D)の中で
　一つ選びなさい。

例)　　10年ほど前にリンゴの種子を庭に埋め、種子から育てています。リンゴは果実
　　から取り出してそのまま播種することができないので、取り出した種子を貯蔵し
　　ておき、発芽させました。庭で肥料もあげていますが、背が高くなるばかりなの
　　で、ときどき剪定したりします。桃栗3年柿8年といいますが、一度も花を咲か
　　せませんでした。今年は例年になく葉が茂っていたので期待していたのです。隣
　　の家のたわわに実ったリンゴを見ては溜息をついています。隣の家の挿し木で育
　　てたいほどです。

　　(1) この人のリンゴの育て方はどれですか。

　　　　(A) 実生　　　　　　　　　　(B) 生け花
　　　　(C) 挿し木　　　　　　　　　(D) 接ぎ木

　　　　　　　　　　　　　　　　　　　　　　　■ 答 …… (●), (B), (C), (D)

　　(2) この人はどうして溜息をつきましたか。

　　　　(A) 木がうっそうと生い茂ったから
　　　　(B) 隣の家の植木が家に進入したから
　　　　(C) 隣のリンゴが鈴なりになっていたから
　　　　(D) 果樹の種子を貯蔵することができなかったから

　　　　　　　　　　　　　　　　　　　　　　　■ 答 …… (A), (B), (●), (D)

(81) これは何についての説明ですか。

　　(A) 天気予報
　　(B) 災害放送
　　(C) スポーツ
　　(D) エンタメ

(82) 明日の天気はどうですか。

　　(A) 雨
　　(B) くもり
　　(C) 雨のち晴れ
　　(D) くもりのち雨

(83) 気温は平年に比べてどうですか。

　　(A) 最高気温だけ低い。
　　(B) 最低気温だけ高い。
　　(C) 最高・最低とも高い。
　　(D) 最高・最低とも平年並みである。

(84) 今日は何日ですか。

  (A) 11日

  (B) 12日

  (C) 13日

  (D) 14日

(85) 生菓子はどこにありますか。

  (A) 冷凍庫

  (B) 冷蔵庫

  (C) 戸棚の中

  (D) 引き出しの中

(86) 花ちゃんはどんな子ですか。

  (A) 根が暗い子

  (B) 気が勝った子

  (C) 根気がある子

  (D) 明るく朗らかな子

(87) 女の人が悩んでいることはどれですか。

  (A) お土産を選ぶこと

  (B) お年玉をあげること

  (C) ケーキが作れないこと

  (D) お菓子が買えないこと

(88) 何の日を迎えていますか。

  (A) お盆

  (B) 七夕

  (C) お正月

  (D) 子どもの日

(89) 姑は親戚の子どもに何を渡しましたか。

  (A) お菓子

  (B) ケーキ

  (C) おもちゃ

  (D) シャボン玉

(90) 親戚の子どもは何人いるようですか。

  (A) 15人

  (B) 15人以下

  (C) 15人未満

  (D) 15人以上

次のページに続く

(91) この人は何に乗っていますか。

    (A) 飛行機

    (B) 新幹線

    (C) ロケット

    (D) タクシー

(92) この人はどこへ行きますか。

    (A) 韓国

    (B) 東京

    (C) シカゴ

    (D) マイアミ

(93) この内容と合っているのはどれですか。

    (A) トイレで喫煙できる。

    (B) 到着予定は11時である。

    (C) シートベルトの着用をすすめている。

    (D) 目的地まで6284キロ離れている。

(94) 公共料金の種類ではないのはどれですか。

    (A) 電話料金

    (B) 電気料金

    (C) 郵便の送料

    (D) 放送受信料

(95) 自動振り替えの手続きはどこでしますか。

    (A) 近所の交番

    (B) 管轄の区役所

    (C) 口座のある銀行

    (D) 最寄りのコンビニ

(96) 銀行で申し込めばいつから開始されますか。

    (A) 翌日

    (B) 翌週

    (C) 翌月

    (D) 翌年

(97) 自動振り替えにすると、料金が安くなるものはどれですか。

    (A) 水道料金

    (B) 電気料金

    (C) ガス料金

    (D) 放送受信料

(98) 林さんは何をする予定ですか。

    (A) 欧州への出張

    (B) アジアツアー

    (C) 実家に帰ること

    (D) ヨーロッパでの観光

(99) 林さんは犬をどうしますか。

    (A) 妹にあげる。

    (B) 犬小屋に預ける。

    (C) 旅行先に連れて行く。

    (D) ペットホテルに預ける。

(100) 留守の時、何を悩んでいますか。

    (A) 妹の安否

    (B) 戸締まり

    (C) みずやり

    (D) 犬の面倒

これで聞き取りの問題は終わります。

受験番号						
姓　　名						

JPT 실전모의고사

JAPANESE

PROFICIENCY

TEST

次の質問１番から１００番までは聞き取りの問題です。
どの問題も１回しか言いませんから、よく聞いて答えを(A), (B), (C), (D)の中から
一つ選びなさい。答えを選んだら、それにあたる答案用紙の記号を黒くぬりつぶしなさい。

Ⅰ　次の写真を見て、その内容と合っている表現を(A)から(D)の中で一つ選びなさい。

例）

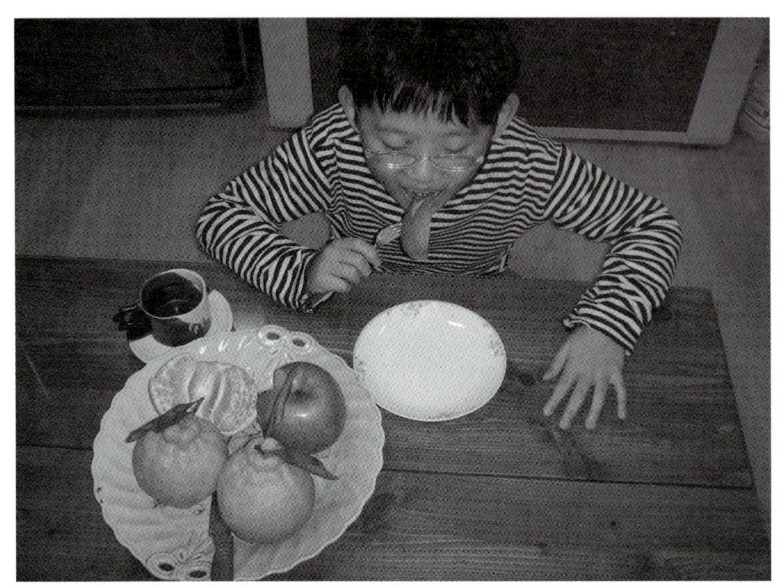

(A) 子どもは横縞のシャツを着ています。

(B) 皿の上の果物に蔓が絡み付いています。

(C) 男の子は両手でフォークを持っています。

(D) フルーツゼリーが盛り付けられています。

■ 答 …… (●), (B), (C), (D)

(1)

(2)

次のページに続く

（3）

（4）

(5)

(6)

次のページに続く

(7)

(8)

(9)

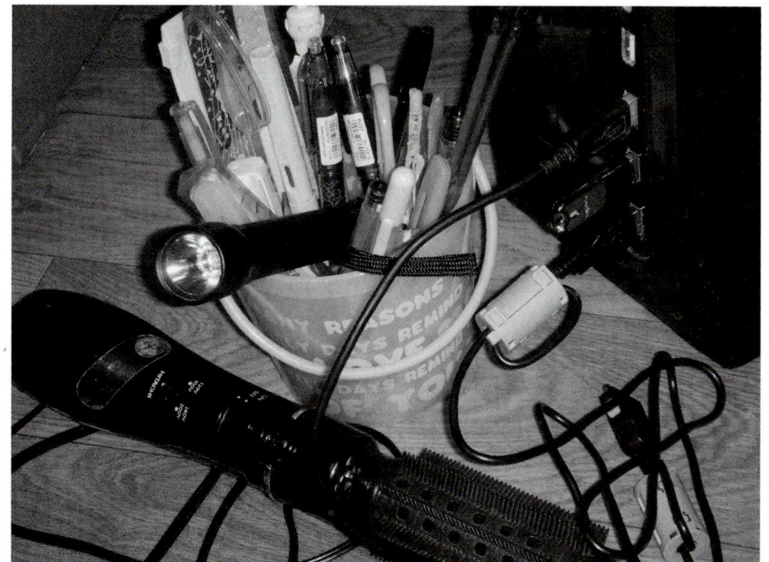

（10）

次のページに続く

（11）

中目黒　朝日新聞
スアンカー
2-8311

内　科・小児科
鵜 殿 医 院
●診療時間　午前 9:00〜12:00
（午後往診）
午後 6:30〜 7:30
●休 診 日　日曜・祭日・土曜午後

（12）

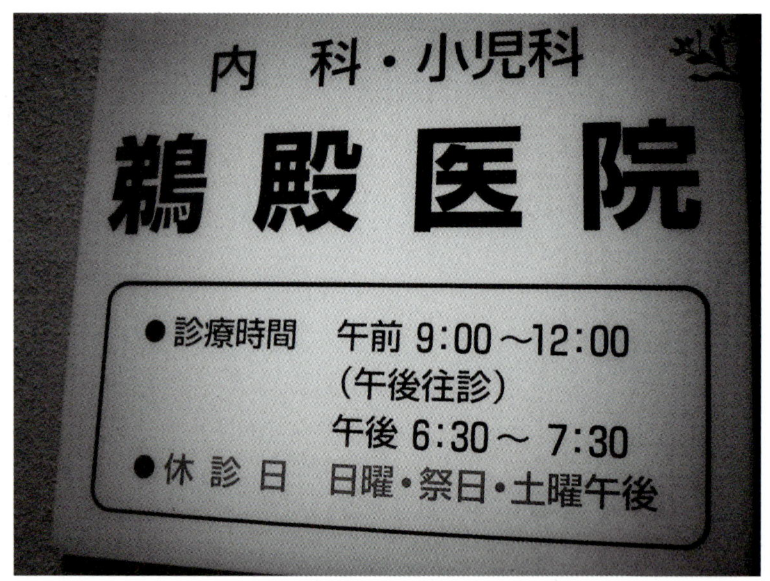

（13）

（14）

（15）

（16）

（17）

（18）

（19）

（20）

Ⅱ　次の言葉の返事として、もっとも適したものを(A)から(D)の中で一つ選びなさい。

例)　ボーナスはいかほどでした？

(A) 例年並って感じかな。

(B) はい、手数料は本人負担です。

(C) 運賃は１キロあたり３００円です。

(D) 送料・梱包料は全国一律５００円です。

■ 答 …… (●), (B), (C), (D)

(21)　答えを答案用紙に書き入れなさい。

(22)　答えを答案用紙に書き入れなさい。

(23)　答えを答案用紙に書き入れなさい。

(24)　答えを答案用紙に書き入れなさい。

(25)　答えを答案用紙に書き入れなさい。

(26)　答えを答案用紙に書き入れなさい。

(27)　答えを答案用紙に書き入れなさい。

(28)　答えを答案用紙に書き入れなさい。

(29)　答えを答案用紙に書き入れなさい。

(30)　答えを答案用紙に書き入れなさい。

(31)　答えを答案用紙に書き入れなさい。

(32)　答えを答案用紙に書き入れなさい。

(33)　答えを答案用紙に書き入れなさい。

(34)　答えを答案用紙に書き入れなさい。

(35)　答えを答案用紙に書き入れなさい。

(36)　答えを答案用紙に書き入れなさい。

(37)　答えを答案用紙に書き入れなさい。

(38)　答えを答案用紙に書き入れなさい。

(39)　答えを答案用紙に書き入れなさい。

(40)　答えを答案用紙に書き入れなさい。

(41)　答えを答案用紙に書き入れなさい。

(42)　答えを答案用紙に書き入れなさい。

(43)　答えを答案用紙に書き入れなさい。

(44)　答えを答案用紙に書き入れなさい。

(45)　答えを答案用紙に書き入れなさい。

(46)　答えを答案用紙に書き入れなさい。

(47)　答えを答案用紙に書き入れなさい。

(48)　答えを答案用紙に書き入れなさい。

(49)　答えを答案用紙に書き入れなさい。

(50)　答えを答案用紙に書き入れなさい。

次のページに続く

Ⅲ　次の会話をよく聞いて、後の問いにもっとも適したものを(A)から(D)の中で
　　一つ選びなさい。

例）　　A：この川、蛇のようにくねくねと曲がりくねっている。

　　　　B：うん、静けさの中にも心の動きが表されているね。

　　　　A：これはロマン主義のきっかけとされる絵で、故郷の様子を描いたそうだよ。

　　　　二人は何をしていますか。

　　　　(A) 川釣りの準備

　　　　(B) 水彩画の検索

　　　　(C) 星空鑑賞ツアー

　　　　(D) ギャラリー鑑賞

■ 答 …… (A), (B), (C), (●)

(51) この人の両親はどこから来ましたか。

　　　(A) 京都

　　　(B) 奈良

　　　(C) 韓国

　　　(D) 米国

(52) 会話の内容と合っているのはどれで
　　　すか。

　　　(A) 山田さんにプレゼントをあげずに
　　　　　いられない。

　　　(B) 山田さんにプレゼントをあげるど
　　　　　ころではない。

　　　(C) 山田さんにプレゼントをあげない
　　　　　に決まっている。

　　　(D) 山田さんにプレゼントをあげるわ
　　　　　けにはいかない。

(53) 望んでいる帰りの時間帯はいつですか。

　　　(A) 午前 9 時台

　　　(B) 午後 9 時台

　　　(C) 午前 7 時台

　　　(D) 午後 7 時台

(54) 新しいユニフォームについて正しい
　　　のはどれですか。

　　　(A) 素材は軽やかである。

　　　(B) 色はアイボリーである。

　　　(C) 着心地はまずまずである。

　　　(D) 紺色のストライプが入っている。

(55) 材料の準備のし方について正しいの
はどれですか。

   (A) レタスはちぎる。

   (B) ネギは輪切りにする。

   (C) ハムは斜めにスライスする。

   (D) キュウリは半月の形に切る。

(56) 上司はどんな人ですか。

   (A) 腕白な人である。

   (B) すまし屋である。

   (C) 多血質の人である。

   (D) 仕事中毒の人である。

(57) 会話の通りに正しく修正するのはど
れですか。

   (A) 青文字はグレーにする。

   (B) 下線の部分は丸をつける。

   (C) 下線付き青文字は黒文字にする。

   (D) 下線付き文字の背景色は緑にする。

(58) お客さんが頼んだのはどれですか。

   (A) クリーム入りのコーヒー

   (B) 砂糖入りのコーヒーと新聞

   (C) ブラックコーヒーと砂糖

   (D) ブラックコーヒーと新聞

(59) お兄さんはどうして家では料理をし
なかったのですか。

   (A) 料理は下手の横好きだから

   (B) 料理をするのに飽きたから

   (C) 職場で料理を作ってきたから

   (D) 炊事当番になるおそれがあると
思ったから

(60) 二人は何をしているところですか。

   (A) 値下げ競争

   (B) 価格の駆け引き

   (C) 通常価格の比較

   (D) 取引先との根回し

(61) ＳＤモデルを選ばなかった理由は何
ですか。

   (A) サイズか大きいから

   (B) 保証期限が短いから

   (C) 保証書が添付されていないから

   (D) 保証期間内であっても有料となる
から

(62) 症状について正しいのはどれですか。

   (A) 発疹は消えた。

   (B) 鼻水と咳が出た。

   (C) 下痢を起こした。

   (D) きのうから熱があった。

(63) いつ会えますか。

   (A) あした午後３時以後

   (B) 水曜日午後３時以後

   (C) 木曜日午後３時以後

   (D) 金曜日午後３時以後

(64) 天気はどうですか。

   (A) しとしとしている。

   (B) 天気は崩れている。

   (C) 空が澄み渡っている。

   (D) 雨がボツボツ降っている。

(65) 客が望んでいる部屋はどれですか。

    (A) ツインルーム

    (B) ダブルルーム

    (C) スイートルーム

    (D) シングルルーム

(66) 本田さんは山登りについてどう思っていますか。

    (A) 炭素運動だと思っている。

    (B) 体質に合わないと思っている。

    (C) 時間つぶしにピッタリだと思っている。

    (D) ダイエットにもってこいだと思っている。

(67) 何をしていますか。

    (A) ストレッチ

    (B) フラフープ

    (C) サイクリング

    (D) ウインドサーフィン

(68) 料金について正しいのはどれですか。

    (A) 午前7時に買うと3千円になる。

    (B) 午後10時に買うと千円になる。

    (C) 午後7時からは千5百円になる。

    (D) 深夜の1時のは25％割引になる。

(69) ヒロさんが好きなのはどれですか。

    (A) 歌

    (B) カラオケ

    (C) ワイドショー番組

    (D) パズルの組み立て

(70) 会話の内容と合っているのはどれですか。

    (A) 加藤さんは忙しくてあかりさんに教えられない。

    (B) 山本さんはアプリの使い方を知っているはずだ。

    (C) 山本さんはアプリのマニュアルを読んだばかりだった。

    (D) あかりさんがアプリの使い方を教えてくれるかもしれない。

(71) アヤさんは勧められた帽子をどう思いますか。

    (A) きれいな限りだと思う。

    (B) ピッタリ似合うと思う。

    (C) 買うことはないと思う。

    (D) 買いたくてたまらないと思う。

(72) 何について話していますか。

    (A) ルーター

    (B) サーバー

    (C) パソコン

    (D) タブレットＰＣ

(73) 会話の内容と合っているのはどれですか。

    (A) 野田さんはぴんぴんしている。

    (B) 入札が終われば休めると思う。

    (C) 週末であれ休日であれ、毎日仕事をしている。

    (D) 野田さんは友人の忠告をよそに、怠けた生活をしている。

(74) 会話の内容と合っているのはどれですか。

(A) 目覚まし時計が鳴っている。
(B) 沢村さんは眠そうにしている。
(C) 慣れていないからうろうろしている。
(D) 沢村さんは泣き出さんばかりに喜んだ。

(75) 部長に頼んでいるのはどれですか。

(A) 酒
(B) 休憩
(C) 仕事の質
(D) スタッフの充員

(76) 会話の内容と合っているのはどれですか。

(A) 二人は匿名で献金しようとしている。
(B) 明日の取引をひかえて準備を整えている。
(C) 女の人は頼むにたりない男の人だと思っている。
(D) 女の人は一人で決めるわけにはいかないので検討したいと思っている。

(77) 購入した商品について正しいのはどれですか。

(A) プロ仕様なので値段が高い方である。
(B) 奉仕価格なのでレシートは発行されない。
(C) 機能といわずデザインといわず、洗練された品物である。
(D) プロ仕様なり素人仕様なり、好きな物を選んだのである。

(78) 女の人はこれから何をしますか。

(A) 家に帰る。
(B) 発表する。
(C) お酒を飲む。
(D) お風呂に入る。

(79) 女の人はどうして吐き気がしていますか。

(A) 食べ過ぎたから
(B) お腹が空いたから
(C) 物足りなかったから
(D) 胃に何かが当たったから

(80) 女の人はどう考えていますか。

(A) 誰も悪くない。
(B) 自分の責任が一番重い。
(C) 男の人が責任を取るべきだ。
(D) ほかのメンバーにも責任がある。

次のページに続く

Ⅳ　次の文章をよく聞いて、後の問いにもっとも適したものを(A)から(D)の中で
　　一つ選びなさい。

例)　　　10年ほど前にリンゴの種子を庭に埋め、種子から育てています。リンゴは果実
　　から取り出してそのまま播種することができないので、取り出した種子を貯蔵し
　　ておき、発芽させました。庭で肥料もあげていますが、背が高くなるばかりなの
　　で、ときどき剪定したりします。桃栗3年柿8年といいますが、一度も花を咲か
　　せませんでした。今年は例年になく葉が茂っていたので期待していたのです。隣
　　の家のたわわに実ったリンゴを見ては溜息をついています。隣の家の挿し木で育
　　てたいほどです。

　　(1) この人のリンゴの育て方はどれですか。

　　　　(A) 実生　　　　　　　　　　(B) 生け花
　　　　(C) 挿し木　　　　　　　　　(D) 接ぎ木

■ 答 …… (●), (B), (C), (D)

　　(2) この人はどうして溜息をつきましたか。

　　　　(A) 木がうっそうと生い茂ったから
　　　　(B) 隣の家の植木が家に進入したから
　　　　(C) 隣のリンゴが鈴なりになっていたから
　　　　(D) 果樹の種子を貯蔵することができなかったから

■ 答 …… (A), (B), (●), (D)

(81)　この人はどんな人ですか。

　　(A) 呑み助
　　(B) 笑い上戸
　　(C) のんべえ
　　(D) 酒の飲めない人

(82)　この人はお酒を飲むとどうなりますか。

　　(A) 顔色が変わる。
　　(B) 泣いたりする。
　　(C) 腹痛をもたらす。
　　(D) おしゃべりになる。

(83)　この人は食事をする時、飲み物は何
　　にしますか。

　　(A) ウーロン茶
　　(B) 101アルコール
　　(C) スパークリングウォーター
　　(D) ミネラルウォーター

(84) 息子の披露宴はどこで行いますか。

   (A) お寺

   (B) 神社

   (C) 教会

   (D) ホテル

(85) 息子の披露宴はいつ終わりますか。

   (A) 午前３時

   (B) 午前４時

   (C) 午後２時

   (D) 午後３時

(86) 娘の結婚式について合っているのはどれですか。

   (A) 新居は名古屋である。

   (B) 結婚式はホテルで行う。

   (C) ７月３日日曜日に結婚式を挙げる。

   (D) 新郎の都合で披露宴が早めに終わる。

(87) 披露宴が終わったら何をしますか。

   (A) 二次会へ行く。

   (B) テーブルを片付ける。

   (C) 出席者の見送りをする。

   (D) 貸し切りパーティーをする。

(88) ハッピーマンデーではない祝日はどれですか。

   (A) 海の日

   (B) 体育の日

   (C) 文化の日

   (D) 敬老の日

(89) 移動方法について正しいのはどれですか。

   (A) 第何月曜日に固定されている。

   (B) 従来の日付に近い方の月曜日にする。

   (C) 天文学上の計算に基づいて決定される。

   (D) 振替休日制によって翌月曜日を休日とする。

(90) ハッピーマンデーの導入の効果として期待されることはどれですか。

   (A) ブルーマンデーを乗り切る。

   (B) 新規雇用創出が見込まれている。

   (C) 会社の命令による休日出勤が多くなる。

   (D) 観光業界に良い効果を与え、景気を刺激する。

次のページに続く

(91) 昔の火事の原因としてあげられるの
はどれですか。

(A) 漏電

(B) 放火

(C) たき火

(D) タバコの不始末

(92) 火事の原因として多いのは何ですか。

(A) 花火

(B) 放火

(C) 火遊び

(D) コンロ

(93) 山火事の主な原因はどれですか。

(A) 炊事

(B) 火打石

(C) たき火

(D) タバコ

(94) 寝不足になった理由は何ですか。

(A) ゲームをするから

(B) テレビを見るから

(C) 睡眠薬を服用するから

(D) ゲーム製作をするから

(95) なぜ先輩に怒られましたか。

(A) 居眠りしてしまったから

(B) ケイタイでゲームをしたから

(C) 会議中におしゃべりをしたから

(D) 大きなミスをしてしまったから

(96) 寝不足のせいでどんな状態になって
いますか。

(A) 肌荒れが起きた。

(B) うつ病にかかった。

(C) 目が大きくなった。

(D) めまい が起こった。

(97) この人の日課について正しいのはど
れですか。

(A) ご飯を食べて家に帰った。

(B) 不眠症に悩まされている。

(C) 残業の後、飲み会に行った。

(D) 朝食は簡単に済ませて出かけた。

(98) 口頭発表時間は何分ですか。

    (A) 10分

    (B) 15分

    (C) 20分

    (D) 30分

(99) 不慮の事情で発表を欠席する時、
どうなりますか。

    (A) 記事の投稿ができない。

    (B) 連名者が代わりに発表する。

    (C) 方針から外れるものは掲載できない。

    (D) 次の研究発表大会で発表すべきで
ある。

(100) ノートパソコンによる発表者は発表
前に何をしますか。

    (A) 接続のテストを行う。

    (B) ノートＰＣを持参する。

    (C) 管理者に見せる必要がある。

    (D) 保安検査を受けなければならない。

これで聞き取りの問題は終わります。

受験番号						
姓　　名						

JPT 실전모의고사

JAPANESE

PROFICIENCY

TEST

次の質問１番から１００番までは聞き取りの問題です。
どの問題も１回しか言いませんから、よく聞いて答えを(A), (B), (C), (D)の中から
一つ選びなさい。答えを選んだら、それにあたる答案用紙の記号を黒くぬりつぶしなさい。

I　　次の写真を見て、その内容と合っている表現を(A)から(D)の中で一つ選びなさい。

例）

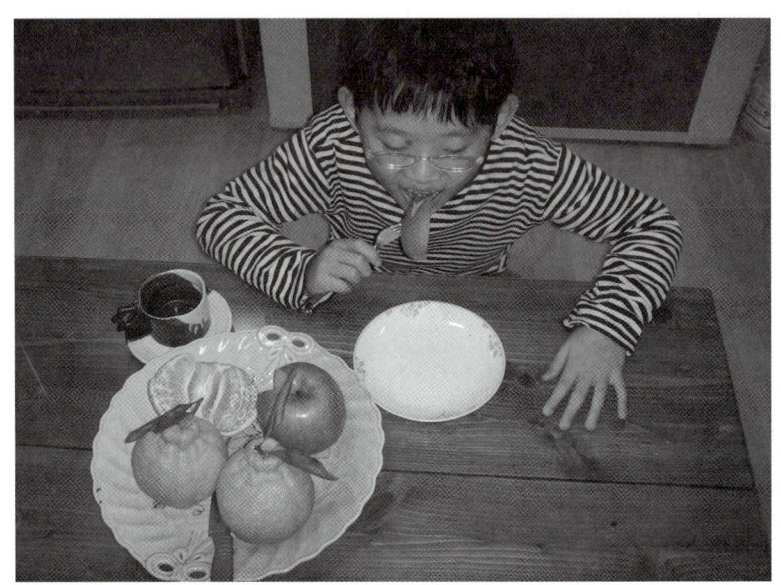

(A) 子どもは横縞のシャツを着ています。

(B) 皿の上の果物に蔓が絡み付いています。

(C) 男の子は両手でフォークを持っています。

(D) フルーツゼリーが盛り付けられています。

■ 答 ……(●), (B), (C), (D)

(1)

(2)

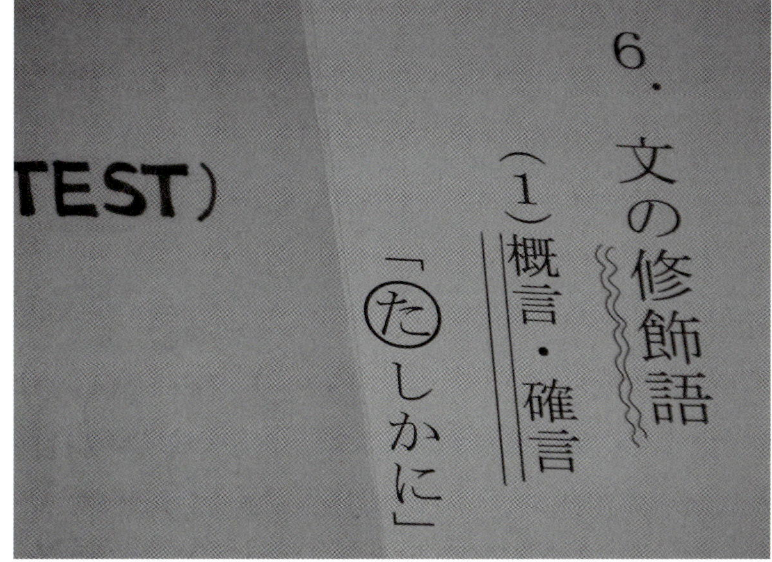

次のページに続く 107

(3)

(4)

(5)

(6)

次のページに続く

(7)

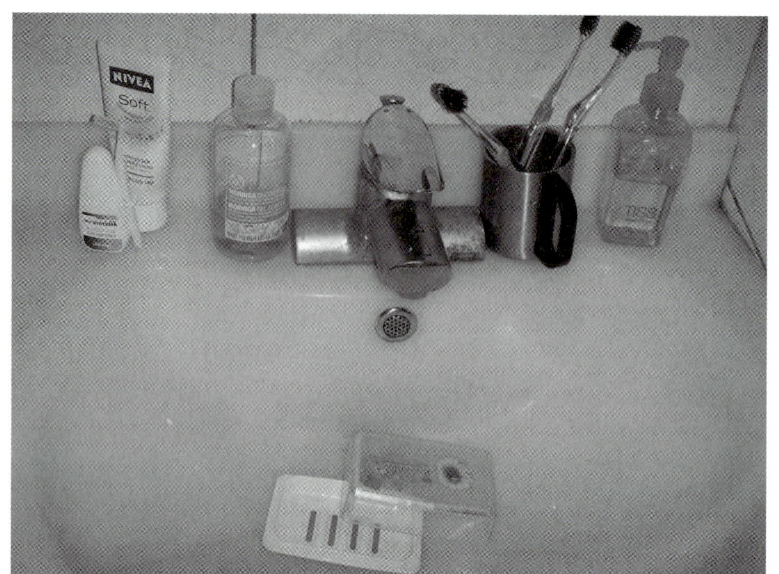

(8)

（9）

（10）

次のページに続く　111

（11）

（12）

(C) 送料が無料になるから

(D) 備え有れば憂い無しというから

어째서 물건을 모아서 삽니까?

(A) 만일의 때를 대비하기 위해

(B) 비상식량이 부족하니까

(C) 배송료가 무료이니까

(D) 유비무환이라고 하니까

해설 배송비가 드는 것을 한꺼번에 사면 무료가 되기 때문에 모아서 산다고 했으므로 정답으로 적절한 것은 (C)이다.

단어 いざという時(とき) 만일의 경우. 여차하면 | 非常食(ひじょうしょく) 비상식량 | 足(た)りない 부족하다

89 この人は主に何を買っておきますか。

(A) 水　　　　　　(B) 石けん

(C) ソース　　　　(D) ティッシュ

이 사람은 주로 무엇을 사 둡니까?

(A) 물　　　　　　(B) 비누

(C) 소스　　　　　(D) 티슈

해설 이 사람은 주로 종이류를 사재기한다고 했으므로 선택지 가운데 정답으로 적절한 것은 (D)이다.

90 買いだめをする物の中で最も多かったのはどれですか。

(A) カップ麺　　　(B) 粉ミルク

(C) 台所洗剤　　　(D) ペーパー類

사재기 물건 중에 가장 많았던 것은 무엇입니까?

(A) 컵라면　　　　(B) 분유

(C) 부엌 세제　　　(D) 종이류

해설 사재기 품목 1위는 컵라면, 2위는 물, 3위는 통조림이라고 했으므로 정답은 (A)이다.

단어 粉(こな)ミルク 분유

91~93

パッケージとかラップとかに紙のシールがついてますが、剥がさずリサイクルに出したり、ある程度剥がしてベタベタの剥がした跡が付いてるまま出したりします。これらはリサイクルセンターで再度分別されます。何%かまではプラゴミ以外が混入していてもよいそうですが、それ

を上回るとプラスティック資源に再生されないそうです。ペットボトルのふたとラベルもいちいち剥がしてプラゴミにしなければならないので面倒ですが、将来リサイクルされて資源化されると思えば、分別はしっかりしないといけないと思うわけです。

포장지나 랩에 종이 실(seal)이 붙어 있는데 떼어내지 않고 재활용품으로 내놓거나 어느 정도 벗겨서 진득진득하게 벗긴 흔적이 있는 채로 내놓습니다. 이것들은 재활용 센터에서 다시 분리됩니다. 몇 퍼센트인가까지는 플라스틱 쓰레기가 아닌 것이 혼입되어도 괜찮다고 합니다만, 그것을 넘어서면 플라스틱 자원으로 재생되지 않는다고 합니다. 페트병 뚜껑과 라벨도 하나하나 벗겨서 플라스틱 쓰레기로 하지 않으면 안 되기 때문에 번거롭습니다만, 장래 재활용되어 자원화된다고 생각하면 분리수거는 확실히 해야 한다고 생각하게 됩니다.

단어 パッケージ 포장지 | ラップ 랩 | 剥(は)がす 벗기다, 떼다 | リサイクル 재활용 | 跡(あと) 흔적 | ベタベタ 끈적끈적 | 分別(ぶんべつ) 분별, 분리 | 混入(こんにゅう) 혼입 | 資源(しげん) 자원 | 再生(さいせい) 재생 | 面倒(めんどう) 번거로움, 귀찮음, 성가심 | しっかり 똑똑히, 확실히

91 プラゴミが資源として再生されるためにすべきことはどれですか。

(A) 曜日を守ってゴミを出すこと

(B) 決められたゴミ袋を用いること

(C) 家庭内できちんと分別すること

(D) 土に穴を掘って生ゴミを埋めること

플라스틱 쓰레기가 자원으로 재생되기 위해 해야 하는 것은 어느 것입니까?

(A) 요일을 지켜서 쓰레기를 내놓을 것

(B) 정해진 쓰레기 봉투를 이용할 것

(C) 가정 내에서 제대로 분리할 것

(D) 땅에 구멍을 파고 음식물 쓰레기를 묻을 것

해설 이물질이 많이 섞이면 플라스틱 쓰레기가 재생되지 못할 수도 있으니 분리수거를 확실히 해야 된다고 했으므로 정답으로 적절한 것은 (C)이다.

단어 きちんと 깔끔히, 말쑥이, 말끔히 | 掘(ほ)る 파다 | 生(なま)ゴミ 채소·생선 등의 젖은 쓰레기 | 埋(う)める 메우다, 막다

92 ゴミの分別において、どんなことが面倒ですか。

(A) 指定袋を買うこと

(B) 決められた場所に出すこと

(C) 自宅で紙類のゴミを燃やすこと

(D) ゴミをいちいち細かく分別すること

쓰레기 분리수거에 있어서 어떤 것이 번거롭습니까?

(A) 지정 봉지를 사는 것
(B) 정해진 장소에 내놓는 것
(C) 자택에서 종이류의 쓰레기를 태우는 것
(D) 쓰레기를 일일이 꼼꼼하게 분리하는 것

해설 페트병 뚜껑과 라벨도 하나하나 벗겨서 플라스틱 쓰레기로 만들어야 하는 것이 번거롭다고 했으므로 정답으로 적절한 것은 (D)이다.

93 リサイクルセンターで何をしますか。

(A) 再分別をする。

(B) スプレー缶にラップを巻く。

(C) ゴミをパッケージングする。

(D) プラゴミに紙のシールを貼る。

재활용 센터에서 무엇을 합니까?

(A) 재분리를 한다.
(B) 스프레이 캔에 랩을 감는다.
(C) 쓰레기를 포장한다.
(D) 플라스틱 쓰레기에 종이 실을 붙인다.

해설 내놓은 쓰레기가 재활용 센터에서 다시 분리된다고 했으므로 정답으로 적절한 것은 (A)이다.

단어 スプレー 스프레이

94~96

アメリカのボーイングの主力中型旅客機787が初飛行した。787は燃費が約2割改善され、既存の中型機767に比べて二酸化炭素の排出量の削減にも有効だ。

787は、席数が大型機よりも少ないが、航続可能距離は約1万5千キロと大型機並みだ。

これまで長距離路線は、大型機でないと飛べなかった。しかし、787の導入で、採算の合わなかった路線でも就航できるようになり、航空会社は需要に応じた路線戦略が可能になる。

미 보잉사의 주력 중형 여객기 787이 첫 비행했다. 787은 연비가 약 20% 개선되고 기존의 중형기 767에 비해 이산화탄소의 배출량의 삭감에도 유효하다.

787은 좌석수가 대형기보다도 적지만, 항속 가능 거리는 약 1만 5천 km로 대형기에 필적한다.

지금까지 장거리 노선은 대형기가 아니면 날지 못했다. 그러나 787의 도입으로 채산이 맞지 않았던 노선이라도 취항할 수 있게 되어, 항공회사는 수요에 따른 노선 전략이 가능해진다.

단어 主力(しゅりょく) 주력 | 中型(ちゅうがた) 중형 | 旅客機(りょかくき) 여객기 | 飛行(ひこう) 비행 | 燃費(ねんぴ) 연비 | 改善(かいぜん) 개선 | 既存(きそん) 기존 | 大型(おおがた) 대형 | 二酸化炭素(にさんかたんそ) 이산화탄소 | 排出量(はいしゅつりょう) 배출량 | 削減(さくげん) 삭감 | 有効(ゆうこう) 유효함 | 航続(こうぞく) 항속(선박·항공기가 도중에 연료의 보급을 받지 않고 항행을 계속하는 일) | ～並(な)み ～과 같은 수준 | 長距離(ちょうきょり) 장거리 | 導入(どうにゅう) 도입 | 採算(さいさん) 채산 | 就航(しゅうこう) 취항 | 需要(じゅよう) 수요 | 戦略(せんりゃく) 전략

94 787の燃費はどうなりましたか。

(A) 燃費がよくなった。

(B) 燃費は2％改善した。

(C) 燃費は変わらなかった。

(D) 燃費が悪くなる傾向がある。

787의 연비는 어떻게 되었습니까?

(A) 연비가 좋아졌다.
(B) 연비는 2% 개선되었다.
(C) 연비는 변하지 않았다.
(D) 연비가 나빠지는 경향이 있다.

해설 787은 연비가 약 20% 개선되었다고 했으므로 정답으로 적절한 것은 (A)이다.

단어 傾向(けいこう) 경향

95 767についての説明のうち、正しいのはどれですか。

(A) 中型機である。

(B) 超ジャンボ機である。

(C) リサイクルした旅客機である。

(D) 大型機並みの最新鋭機である。

767에 대한 설명 중 바른 것은 어느 것입니까?

(A) 중형기다.
(B) 초 점보기다.
(C) 재활용한 여객기다.
(D) 대형기급의 최신예기다.

해설 '기존의 787은 중형기 767'이라고 했으므로 정답은 (A)이다.

단어 新鋭(しんえい) 신예

(13)

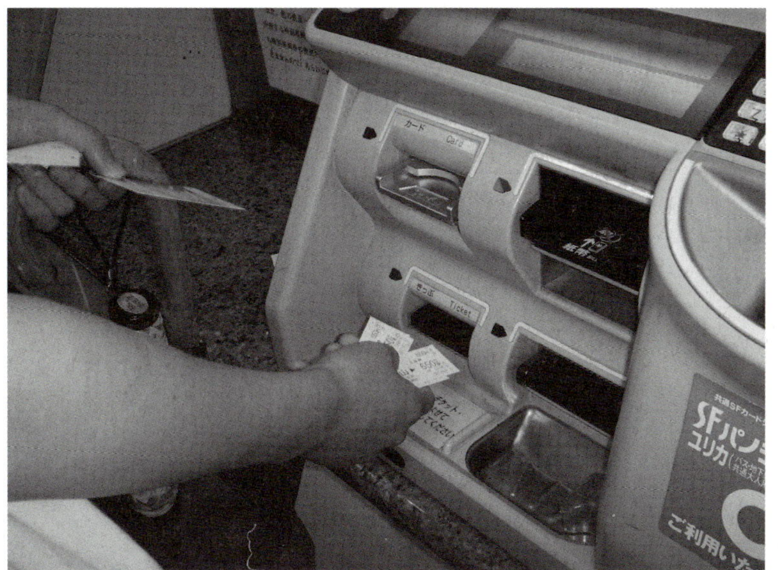

(14)

（15）

（16）

(17)

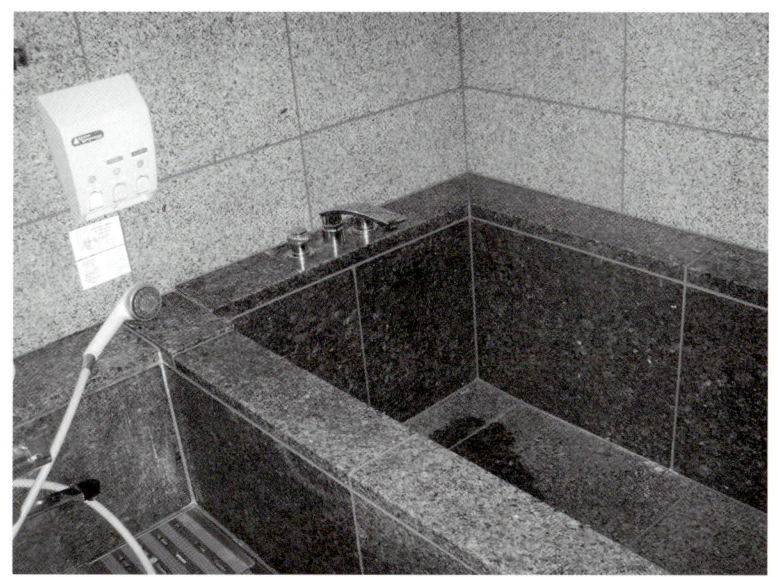

(18)

次のページに続く

（19）

（20）

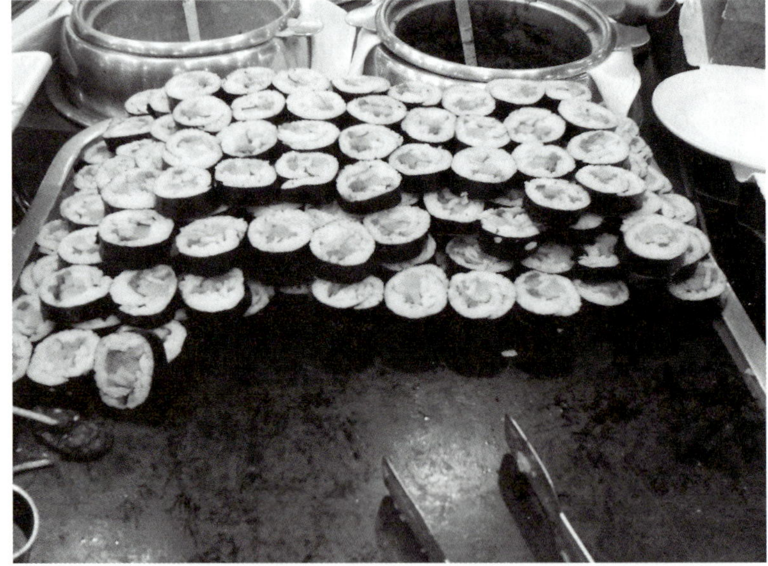

Ⅱ　　次の言葉の返事として、もっとも適したものを(A)から(D)の中で一つ選びなさい。

　例）　ボーナスはいかほどでした？

　　(A) 例年並って感じかな。

　　(B) はい、手数料は本人負担です。

　　(C) 運賃は１キロあたり３００円です。

　　(D) 送料・梱包料は全国一律５００円です。

■ 答 …… (●), (B), (C), (D)

(21)　答えを答案用紙に書き入れなさい。

(22)　答えを答案用紙に書き入れなさい。

(23)　答えを答案用紙に書き入れなさい。

(24)　答えを答案用紙に書き入れなさい。

(25)　答えを答案用紙に書き入れなさい。

(26)　答えを答案用紙に書き入れなさい。

(27)　答えを答案用紙に書き入れなさい。

(28)　答えを答案用紙に書き入れなさい。

(29)　答えを答案用紙に書き入れなさい。

(30)　答えを答案用紙に書き入れなさい。

(31)　答えを答案用紙に書き入れなさい。

(32)　答えを答案用紙に書き入れなさい。

(33)　答えを答案用紙に書き入れなさい。

(34)　答えを答案用紙に書き入れなさい。

(35)　答えを答案用紙に書き入れなさい。

(36)　答えを答案用紙に書き入れなさい。

(37)　答えを答案用紙に書き入れなさい。

(38)　答えを答案用紙に書き入れなさい。

(39)　答えを答案用紙に書き入れなさい。

(40)　答えを答案用紙に書き入れなさい。

(41)　答えを答案用紙に書き入れなさい。

(42)　答えを答案用紙に書き入れなさい。

(43)　答えを答案用紙に書き入れなさい。

(44)　答えを答案用紙に書き入れなさい。

(45)　答えを答案用紙に書き入れなさい。

(46)　答えを答案用紙に書き入れなさい。

(47)　答えを答案用紙に書き入れなさい。

(48)　答えを答案用紙に書き入れなさい。

(49)　答えを答案用紙に書き入れなさい。

(50)　答えを答案用紙に書き入れなさい。

次のページに続く

Ⅲ　次の会話をよく聞いて、後の問いにもっとも適したものを(A)から(D)の中で
　　一つ選びなさい。

例)　　A：この川、蛇のようにくねくねと曲がりくねっている。

　　　　B：うん、静けさの中にも心の動きが表されているね。

　　　　A：これはロマン主義のきっかけとされる絵で、故郷の様子を描いたそうだよ。

　　　二人は何をしていますか。

　　　(A) 川釣りの準備

　　　(B) 水彩画の検索

　　　(C) 星空鑑賞ツアー

　　　(D) ギャラリー鑑賞

■ 答 …… (A), (B), (C), (●)

(51) 決裁書類はどこにありますか。

　　　(A) 西村さんの机の上

　　　(B) 田中さんの机の上

　　　(C) 西村さんのロッカー

　　　(D) 田中さんのロッカー

(52) 高橋さんはどうしてうれしいですか。

　　　(A) 仕事を見つけたから

　　　(B) 祝杯の歌を歌ったから

　　　(C) 仕事の量が少なくなったから

　　　(D) 景品のチャンスをつかんだから

(53) おつりはいくらですか。

　　　(A) ５千円

　　　(B) ４千５００円

　　　(C) ４千３５０円

　　　(D) ４千４５０円

(54) 会話の内容と合っているのはどれですか。

　　　(A) 今は年末である。

　　　(B) あしたは休日である。

　　　(C) お酒のおつまみを選んでいる。

　　　(D) 連チャンでラーメンを食べている。

(55) 会話の内容と合っているのはどれですか。

　　　(A) インターネットでＩＤが発行される。

　　　(B) 列車に乗車していたことが証明できる。

　　　(C) 会社では遅延証明書の印刷ができない。

　　　(D) インターネットで遅延証明書が発行できる。

(56) 客が店員に頼んだのはどれですか。

(A) セルフ給油

(B) 車内の掃除

(C) オイル交換

(D) 洗剤コースの洗車

(57) これから何をしますか。

(A) 飲み会に行く。

(B) 貝を集めに行く。

(C) 夜遅くまで残業する。

(D) もちを会社に持ってくる。

(58) 会話の内容と合っているのはどれですか。

(A) 女の人は男の人に説明してもらった。

(B) 男の人は食券のボタンを押している。

(C) 女の人はステッカーを貼っておいた。

(D) 男の人は女の人に食事に誘っている。

(59) 鈴木さんは何で苦しんでいますか。

(A) 認知症　　　(B) うつ病

(C) 二日酔い　　(D) 記憶喪失

(60) 本田さんは何をしていますか。

(A) 朝ご飯を食べている。

(B) 購入の順番待ちをしている。

(C) 姪にプレゼントを渡している。

(D) ネットショッピングをしている。

(61) ここはどこですか。

(A) 服売り場

(B) ＣＤ売り場

(C) 和小物売り場

(D) キッチン用品売り場

(62) この会話で両替するのに要るものはどれですか。

(A) 日本円

(B) 身分証明書

(C) 免許証と判子

(D) クレジットカード

(63) 何を手伝ってもらいますか。

(A) 書類作成

(B) 数字確認

(C) 漢字変換の検討

(D) 誤字脱字チェック

(64) 田中さんのおすすめのサンドイッチの具材はどれですか。

(A) ツナ缶とトマト

(B) ツナ缶とレタス

(C) チキンとたまねぎ

(D) カツレツとソース

(65) 保険に加入する理由はどれですか。

(A) 保険料を節約するため

(B) 高齢ドライバーであるため

(C) 精神的に不安を解消するため

(D) 日本と異なる交通ルールのため

次のページに続く

(66) 佐々木さんはどんな種類のえさを使
いますか。

(A) イソメ

(B) アミエビ

(C) カタツムリ

(D) 生コガネムシ

(67) 試合の結果はどうなりましたか。

(A) 3連敗となった。

(B) 無勝負になった。

(C) 営業チームが大勝した。

(D) 最後の最後で逆転された。

(68) 女の人はどう思っていますか。

(A) 図に当たると思っている。

(B) 言い勝ち功名と思っている。

(C) 二階から目薬と思っている。

(D) 大工の掘っ立てと思っている。

(69) 伊藤さんの犬が嫌われる理由はどれ
ですか。

(A) 大きくなったから

(B) 靴をはいているから

(C) 善悪の区別がつかないから

(D) スニーカーに噛み付いたから

(70) リカさんは今どんな状態ですか。

(A) 目が回るほど忙しい。

(B) 携帯をなくして連絡のしようがない。

(C) 怖いの何の、パニックに陥っている。

(D) 猫といわず犬といわずペットに目
がない。

(71) 二人はこれからどうしますか。

(A) 家に帰ることにする。

(B) 他の店に行けずじまいになった。

(C) 昼食も取れずじまいのまま会社に
戻る。

(D) 店からの連絡を待つばかりになっ
ている。

(72) ＬＫ社との契約はどんな状態ですか。

(A) 進行していない。

(B) うまく進んでいる。

(C) 1時間以内に終了する。

(D) やり直しを求めている。

(73) 森さんの計画はどれですか。

(A) ゴルフコースを変える。

(B) あとでクラスを変える。

(C) ビギナーコースに変える。

(D) 同じ時間帯の上級コースに変える。

(74) 女の人が怒っている理由はどれですか。

(A) 夜泣きがうるさいから

(B) いびきをかくので眠れないから

(C) 真夜中にドラムを叩いているから

(D) となりの猫が壁をかじっているから

(75) 沢田さんについて正しいのはどれですか。

(A) 沢田さんは骨を折って入院している。

(B) 沢田さんが昇進するとは予想だにしなかった。

(C) 沢田さんは新入社員からずっと同じ会社で頑張っていた。

(D) 沢田さんはリストラされたが、今月の給料がもらえるだけましだ。

(76) 木村さんは中山さんに何を頼みましたか。

(A) 食堂の案内

(B) お詫びの手紙

(C) カーナビゲーター

(D) レストランの予約

(77) 電話予約とインターネット予約とどんな違いがありますか。

(A) 価格帯が高めなため掲載されていない。

(B) ウェブ上では税抜き価格が書いてある。

(C) ネット上では宿泊代金が5％オフになる。

(D) 電話予約の方がネット予約より安い。

(78) 社内の問題は何ですか。

(A) 社内恋愛

(B) 同僚との友情

(C) 派遣社員の管理

(D) 同僚同士の不仲

(79) 男の人はどうしますか。

(A) 明日の1時に納品する。

(B) 明日の夕方に納品する。

(C) 明日の午前中に納品する。

(D) 確認してから夕方連絡する。

(80) 男の人はどう思っていますか。

(A) 見舞いに行く義理なんかない。

(B) 花を持ってお見舞いに行った方がいい。

(C) 気を使ってお見舞いに行った方がいい。

(D) 病院に行かず、団子やクッキーを送った方がいい。

Ⅳ　次の文章をよく聞いて、後の問いにもっとも適したものを(A)から(D)の中で
　一つ選びなさい。

例)　　10年ほど前にリンゴの種子を庭に埋め、種子から育てています。リンゴは果実
から取り出してそのまま播種することができないので、取り出した種子を貯蔵し
ておき、発芽させました。庭で肥料もあげていますが、背が高くなるばかりなの
で、ときどき剪定したりします。桃栗3年柿8年といいますが、一度も花を咲か
せませんでした。今年は例年になく葉が茂っていたので期待していたのです。隣
の家のたわわに実ったリンゴを見ては溜息をついています。隣の家の挿し木で育
てたいほどです。

(1) この人のリンゴの育て方はどれですか。

(A) 実生　　　　　　　　　(B) 生け花
(C) 挿し木　　　　　　　　(D) 接ぎ木

■ 答 …… (●), (B), (C), (D)

(2) この人はどうして溜息をつきましたか。

(A) 木がうっそうと生い茂ったから
(B) 隣の家の植木が家に進入したから
(C) 隣のリンゴが鈴なりになっていたから
(D) 果樹の種子を貯蔵することができなかったから

■ 答 …… (A), (B), (●), (D)

(81) 川上さんはどんな人ですか。

(A) 勇ましい人
(B) 無邪気な人
(C) 愛敬のある人
(D) ずうずうしい人

(82) 川上さんの趣味は何ですか。

(A) 索引分析
(B) コーヒー豆の比較
(C) レストラン検索
(D) ネットショッピング

(83) 本文の内容と合っているのはどれで
すか。

(A) 川上さんは口数が少ない。
(B) 川上さんは乗り物を楽しんでいる。
(C) 川上さんは会社に着き次第、電話
する。
(D) 川上さんは天然資源の枯渇を心配
している。

(84) 何を案内していますか。

(A) 着陸のアナウンス

(B) 離陸前のアナウンス

(C) 非常用設備案内のアナウンス

(D) シートベルトサイン消灯のアナ

ウンス

(85) 降りるまでの間、使用できないのは
どれですか。

(A) ペン

(B) ノート

(C) 携帯電話

(D) シートベルト

(86) 現地の気温はどれですか。

(A) 摂氏２０度

(B) 摂氏２３度

(C) 華氏２０度

(D) 華氏２３度

(87) 震源地はどこですか。

(A) 伊豆

(B) 福井

(C) 父島

(D) 舳倉島

(88) 被害について正しいのはどれですか。

(A) 漁網が流された。

(B) 家が流されたりした。

(C) 橋が壊れかけて通行止めになった。

(D) 車が浸水して何台も廃車状態である。

(89) 津波警報が発令された所はどれですか。

(A) 福井県

(B) 北海道

(C) 舳倉島近海

(D) 太平洋沿岸

(90) 津波の警報や注意報が解除されたの
はいつですか。

(A) 午前２時２０分

(B) 午前３時３０分

(C) 午前６時３０分

(D) 午前７時２０分

(91) 酸素マスクが天井から落ちるのはい
つですか。

    (A) 煙草を吸う時

    (B) 子どもが走る時

    (C) トイレを利用する時

    (D) 機内の気圧が変わる時

(92) マスクをつける時、注意すべきこと
はどれですか。

    (A) 子どもを抱くこと

    (B) 子どもを走らせておくこと

    (C) 自分のマスクを先に装着すること

    (D) マスクを子どもの手に握らせること

(93) ここはどこですか。

    (A) 空港の中

    (B) 教室の中

    (C) ジムの中

    (D) 飛行機の中

(94) なぜ予算を削減しますか。

    (A) 賃上げの要求が続いたため

    (B) 業績が足踏み状態にあるため

    (C) 予算投資に二の足を踏んだため

    (D) 売り上げが去年を上回ったため

(95) 業績が上がらない理由は何ですか。

    (A) 人手不足だから

    (B) 取引先が火の車状態だから

    (C) やるべきことをやっていないから

    (D) 下請企業との交渉が取りやめになっ
たから

(96) 業績向上に必要なのは何ですか。

    (A) 労使交渉

    (B) 商品開発

    (C) 社長の性格改善

    (D) 経営方法の改善

(97) この人は紙に印刷された物について
どう思いますか。

(A) 持ち運びが容易である。

(B) 目にかかる負担が激しい。

(C) より一層感動が味わえる。

(D) 水にぬれても再生可能である。

(98) この人が読みたがっている本のイメー
ジはどのようなものですか。

(A) コミカルな話

(B) じれったい話

(C) あどけない夢の話

(D) ぞっとするような話

(99) 電子書籍のデメリットは何ですか。

(A) 読みづらいこと

(B) 目に優しいこと

(C) 書き込みが出来ること

(D) ノスタルジーを感じること

(100) 本文の内容と合っているのはどれで
すか。

(A) 毎日本を読む。

(B) 本を読もうとしている。

(C) ラブコメが好きになった。

(D) ネット小説をよく読んでいる。

これで聞き取りの問題は終わります。

[4회]

受験番号						
姓　名						

JPT 실전모의고사

JAPANESE

PROFICIENCY

TEST

次の質問１番から１００番までは聞き取りの問題です。
どの問題も１回しか言いませんから、よく聞いて答えを(A), (B), (C), (D)の中から
一つ選びなさい。答えを選んだら、それにあたる答案用紙の記号を黒くぬりつぶしなさい。

Ⅰ　　次の写真を見て、その内容と合っている表現を(A)から(D)の中で一つ選びなさい。

例)

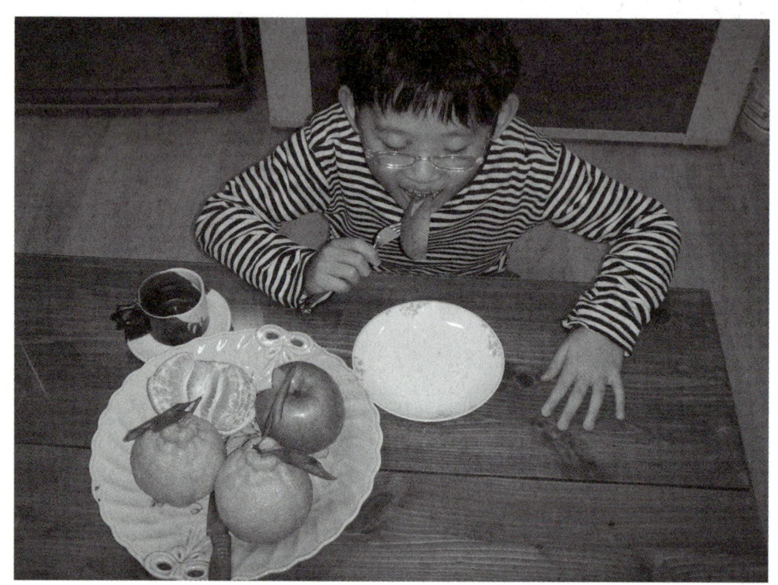

(A) 子どもは横縞のシャツを着ています。

(B) 皿の上の果物に蔓が絡み付いています。

(C) 男の子は両手でフォークを持っています。

(D) フルーツゼリーが盛り付けられています。

■ 答 ……(●), (B), (C), (D)

(1)

(2)

次のページに続く

(3)

(4)

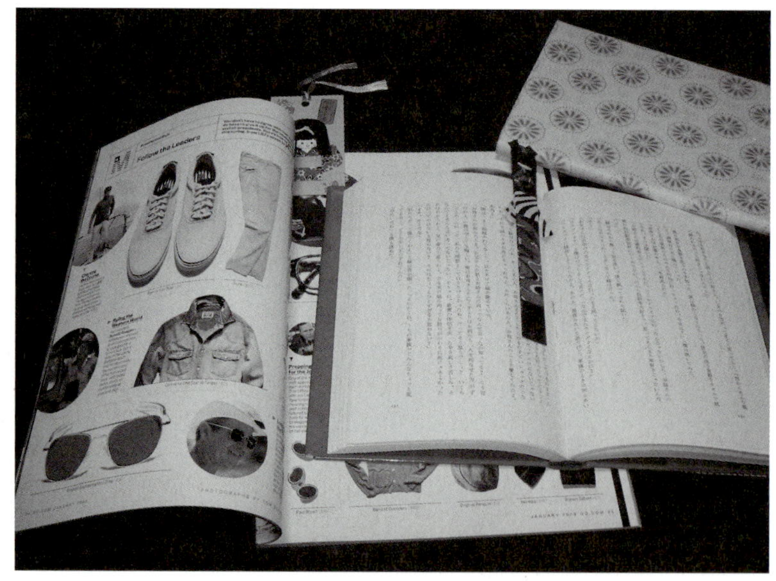

(5)

(6)

(7)

(8)

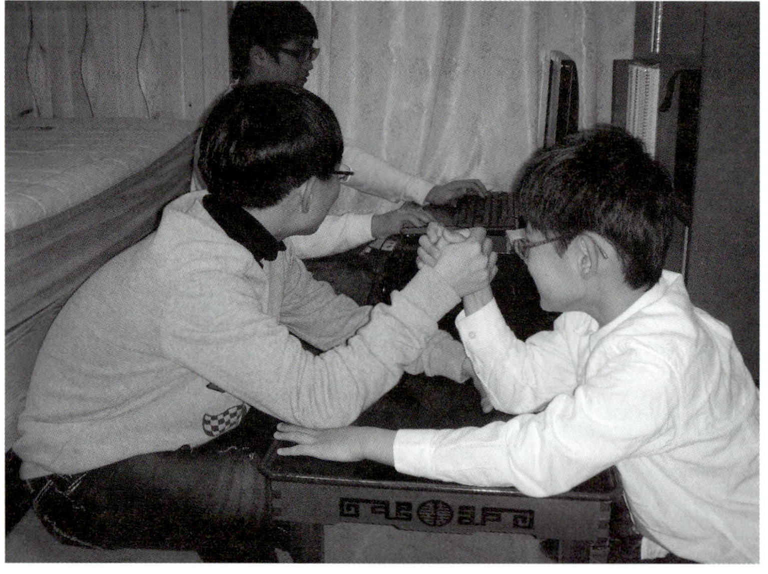

（9）

（10）

次のページに続く

（11）

（12）

（13）

（14）

次のページに続く

（15）

（16）

136

（17）

（18）

次のページに続く

(19)

(20)

Ⅱ　次の言葉の返事として、もっとも適したものを(A)から(D)の中で一つ選びなさい。

例）　ボーナスはいかほどでした？

(A) 例年並って感じかな。

(B) はい、手数料は本人負担です。

(C) 運賃は１キロあたり３００円です。

(D) 送料・梱包料は全国一律５００円です。

■ 答 ……（●）, (B), (C), (D)

(21)　答えを答案用紙に書き入れなさい。

(22)　答えを答案用紙に書き入れなさい。

(23)　答えを答案用紙に書き入れなさい。

(24)　答えを答案用紙に書き入れなさい。

(25)　答えを答案用紙に書き入れなさい。

(26)　答えを答案用紙に書き入れなさい。

(27)　答えを答案用紙に書き入れなさい。

(28)　答えを答案用紙に書き入れなさい。

(29)　答えを答案用紙に書き入れなさい。

(30)　答えを答案用紙に書き入れなさい。

(31)　答えを答案用紙に書き入れなさい。

(32)　答えを答案用紙に書き入れなさい。

(33)　答えを答案用紙に書き入れなさい。

(34)　答えを答案用紙に書き入れなさい。

(35)　答えを答案用紙に書き入れなさい。

(36)　答えを答案用紙に書き入れなさい。

(37)　答えを答案用紙に書き入れなさい。

(38)　答えを答案用紙に書き入れなさい。

(39)　答えを答案用紙に書き入れなさい。

(40)　答えを答案用紙に書き入れなさい。

(41)　答えを答案用紙に書き入れなさい。

(42)　答えを答案用紙に書き入れなさい。

(43)　答えを答案用紙に書き入れなさい。

(44)　答えを答案用紙に書き入れなさい。

(45)　答えを答案用紙に書き入れなさい。

(46)　答えを答案用紙に書き入れなさい。

(47)　答えを答案用紙に書き入れなさい。

(48)　答えを答案用紙に書き入れなさい。

(49)　答えを答案用紙に書き入れなさい。

(50)　答えを答案用紙に書き入れなさい。

次のページに続く

Ⅲ　次の会話をよく聞いて、後の問いにもっとも適したものを(A)から(D)の中で
　　一つ選びなさい。

例)　　A：この川、蛇のようにくねくねと曲がりくねっている。

　　　　B：うん、静けさの中にも心の動きが表されているね。

　　　　A：これはロマン主義のきっかけとされる絵で、故郷の様子を描いたそうだよ。

　　　　二人は何をしていますか。

　　　　(A) 川釣りの準備

　　　　(B) 水彩画の検索

　　　　(C) 星空鑑賞ツアー

　　　　(D) ギャラリー鑑賞

■ 答 …… (A), (B), (C), (●)

(51)　ここはどこですか。

　　　(A) 銀行

　　　(B) 空港

　　　(C) 神社

　　　(D) 関所

(52)　会話の内容と合っているものはどれ
　　　ですか。

　　　(A) 去年は一点差で負けて悔しい思い
　　　　　をした。

　　　(B) 去年は一点差で勝ったので今年も
　　　　　勝ちたい。

　　　(C) 明日はライバルが試合に出るので
　　　　　偵察に行く。

　　　(D) スタンドがゴミで汚れているのが
　　　　　我慢できない。

(53)　注文したのはどれですか。

　　　(A) 焼き肉とジュース

　　　(B) 大盛りのご飯とコーラ

　　　(C) 日替わり定食とコーヒー

　　　(D) 小盛りのご飯とジュース

(54)　松下さんはどうして悔しがっていま
　　　すか。

　　　(A) 直木さんは才能があるから

　　　(B) 直木さんに足を踏まれたから

　　　(C) 直木さんが部屋をめちゃくちゃに
　　　　　したから

　　　(D) 直木さんにかなりの差で追い越さ
　　　　　れたから

(55) 何時に待ち合わせますか。

(A) 4時
(B) 5時
(C) 4時半
(D) 5時半

(56) 会話の内容と合っているのはどれですか。

(A) 吉田さんは帰りをずらした。
(B) 吉田さんは実家から帰ってきた。
(C) 吉田さんは親孝行のため、去年も帰った。
(D) 吉田さんは何も言わずに出かけてしまった。

(57) 鈴木さんに何をあげるつもりですか。

(A) 補償金
(B) トロフィー
(C) 沖縄往復航空券
(D) ハワイ行きのチケット

(58) 何をしていますか。

(A) 座席の交換
(B) 椅子の取引
(C) チケットの確認
(D) 非常口の調査

(59) どうして揚げるのを反対したのですか。

(A) 素人料理人だから
(B) 火傷する恐れがあるから
(C) スーパーで買ってきたから
(D) 火傷に懲りず、揚げるから

(60) 二人はこのバーゲンをどう思っていますか。

(A) 他山の石
(B) 一期一会
(C) 類は友を呼ぶ
(D) 千載一遇の好機

(61) セールについて正しいのはどれですか。

(A) 全品目均一価格である。
(B) この店のスカートは無料である。
(C) 全品目50％割引セールをしている。
(D) ブラウスは1枚の値段で2枚もらえる。

(62) 小百合さんはどうして足首を挫きましたか。

(A) 雪で滑ったから
(B) 壁にぶつかったから
(C) 子どもに踏まれたから
(D) 石につまずいてよろけたから

(63) 部長は何をしているところですか。

(A) お茶を濁している。
(B) 客をもてなしている。
(C) コーヒーを待っている。
(D) ボールをもてあそんでいる。

(64) 木村さんはゆかりさんに何を伝えましたか。

(A) クリスマスカード
(B) 元彼女との思い出
(C) バッドエンドの話
(D) プレゼントの計画

(65) 会話の内容と合っているのはどれですか。

(A) ガイド付きツアーは割引できない。
(B) 一定の人数を超えたら割引になるツアーがある。
(C) 水上スキーを楽しめる人数は6名までとなっている。
(D) パッケージツアーで自由に組み合わせができる。

(66) 会話の内容と合っているのはどれですか。

(A) かおりさんは見栄えが良くなった。
(B) かおりさんから店の名刺を渡してもらった。
(C) かおりさんに名刺を渡しているところである。
(D) かおりさんはフェイシャルフォームでにきびが消えた。

(67) 会話の内容と合っているのはどれですか。

(A) 日本時間6時から生中継が始まる。
(B) アルゼンチン対スペインの準決勝が始まる。
(C) アルゼンチン対日本代表の親善試合である。
(D) 沢田さんはスペインのチームを応援している。

(68) 二人はこれから何をしますか。

(A) 時計を買う。
(B) 受付係を担当する。
(C) 陶芸体験を申し込む。
(D) 町の壁に落書きする。

(69) 小田さんに何を言いたがっていますか。

(A) 時は金なり
(B) 習うより慣れよ
(C) 一日の計は朝にあり
(D) 焼け野の　子夜の鶴

(70) 今村さんが怒っているのはなぜだと思っていますか。

(A) 今村さんに歯磨き粉をあげたから
(B) 山口さんに歯磨き粉をもらったから
(C) 今村さんの歯磨き粉を使用したから
(D) 何も言わず今村さんの歯磨き粉を捨てたから

(71) お客は何をしようとしていますか。

(A) サーバー構築をしようとしている。
(B) ウェブアクセスを使いこなしている。
(C) 無線ＬＡＮ通信機能を切ろうとしている。
(D) ウェブのアクセスを使用しようとしている。

(72) 下調べをどう思っていますか。

(A) 一肌脱ぐ。
(B) 懲り懲りだ。
(C) 長い目で見る。
(D) 二の舞を演ずる。

(73) 会話の内容と合っているのはどれです
か。

   (A) 小田さんは韓流に詳しい。

   (B) 初めからいい雰囲気だった。

   (C) 小田さんは契約にサインをする。

   (D) 小田さんは社員としてあるまじき
行為をした。

(74) 石田さんについて正しいのはどれで
すか。

   (A) 起業するつもりで会社をやめた。

   (B) 先輩のコネで今の会社に入ってきた。

   (C) 恥を捨てて以前の会社に戻ること
にした。

   (D) 借金してまで起業するほどではな
いと思った。

(75) ユミさんはどうして落ち込んでいま
すか。

   (A) 大家さんが入院したから

   (B) 家賃が値上げになったから

   (C) 売り上げが鈍り始めたから

   (D) 賃金を２５％値下げしたから

(76) 今の季節はいつですか。

   (A) 春

   (B) 夏

   (C) 秋

   (D) 冬

(77) どうして掲示板が分かりづらいですか。

   (A) すでに通りすぎたため

   (B) スピード違反を犯したため

   (C) とても小さい字で書かれたため

   (D) 文字なしの掲示板が多すぎたため

(78) 会話の内容と合っているものはどれ
ですか。

   (A) 当店で買えば修理費は無料となる。

   (B) 保証期間内なら費用は無料である。

   (C) 交換が出来ないので手数料を払う
べきである。

   (D) 当店ではアフターサービスが用意
されていない。

(79) 男の人は原田さんについてどう思っ
ていますか。

   (A) 原田さんに感心している。

   (B) 原田さんを全面的に理解している。

   (C) 原田さんを迎えに行こうと思って
いる。

   (D) 原田さんのことを守りきれないと
思っている。

(80) 会話の内容と合っているものはどれ
ですか。

   (A) キッチンから出火した。

   (B) 子どもが花火をしていた。

   (C) タバコの煙で部屋が臭くなった。

   (D) 二人は食べた物が消化できずにいる。

次のページに続く

Ⅳ　次の文章をよく聞いて、後の問いにもっとも適したものを(A)から(D)の中で
　　一つ選びなさい。

例)　　　10年ほど前にリンゴの種子を庭に埋め、種子から育てています。リンゴは果実
　　　から取り出してそのまま播種することができないので、取り出した種子を貯蔵し
　　　ておき、発芽させました。庭で肥料もあげていますが、背が高くなるばかりなの
　　　で、ときどき剪定したりします。桃栗3年柿8年といいますが、一度も花を咲か
　　　せませんでした。今年は例年になく葉が茂っていたので期待していたのです。隣
　　　の家のたわわに実ったリンゴを見ては溜息をついています。隣の家の挿し木で育
　　　てたいほどです。

　　　(1) この人のリンゴの育て方はどれですか。

　　　　　(A) 実生　　　　　　　　　　(B) 生け花
　　　　　(C) 挿し木　　　　　　　　　(D) 接ぎ木

■ 答 …… (●), (B), (C), (D)

　　　(2) この人はどうして溜息をつきましたか。

　　　　　(A) 木がうっそうと生い茂ったから
　　　　　(B) 隣の家の植木が家に進入したから
　　　　　(C) 隣のリンゴが鈴なりになっていたから
　　　　　(D) 果樹の種子を貯蔵することができなかったから

■ 答 …… (A), (B), (●), (D)

(81) この人は何のために困っていますか。

　　　(A) 頭痛のため
　　　(B) 睡眠不足のため
　　　(C) 上司との葛藤のため
　　　(D) 野良猫に襲われたため

(82) 毎日の生活をどう思っていますか。

　　　(A) 苦しい。
　　　(B) 退屈だ。
　　　(C) 楽しい。
　　　(D) つまらない。

(83) この人はどうして家に遅く帰りますか。

　　　(A) 残業
　　　(B) 夜遊び
　　　(C) 飲み会
　　　(D) ラッシュ地獄

(84) 不眠症の対策として何をしていますか。

　　　(A) お湯を飲む。
　　　(B) 少しずつ早めに寝る。
　　　(C) ミルクを熱くして飲む。
　　　(D) ゆたんぽを布団に入れる。

(85) きょうの天気はどうですか。

    (A) 梅雨があけた。

    (B) 夕立が上がった。

    (C) 小雨が降っている。

    (D) うっとうしい天気である。

(86) この人の気持ちはどうですか。

    (A) 惨めだ。

    (B) 有頂天だ。

    (C) 不気味だ。

    (D) ピリピリしている。

(87) どうしてくよくよしていますか。

    (A) 成績が落ちたから

    (B) 母に成績を見せたから

    (C) 志望大学に受かったから

    (D) お小遣いを無駄に使ってしまった
       から

(88) ８２５便は何時に到着予定ですか。

    (A) １１時

    (B) １６時

    (C) １１時３０分

    (D) １５時２０分

(89) 京都を経由するのはどれですか。

    (A) ５６４便

    (B) ８２５便

    (C) ９４５便

    (D) ２４８便

(90) ローマ行きの搭乗ゲートは何番ですか。

    (A) Ａ４

    (B) Ａ８

    (C) Ｅ４

    (D) Ｅ８

(91) 肥満税について正しいのはどれですか。

    (A) 全ての食品に課税する。

    (B) 肥満に対処する方策である。

    (C) 前年から持ち越された肥満税を導
       入した。

    (D) 全ての州は肥満税を見合わせるこ
       とにした。

次のページに続く

(92) 肥満税が廃止になった理由はどれですか。

(A) 管理者が私腹を肥やしたから

(B) 年齢を問わず情報を得られることになったから

(C) 新薬開発は切羽詰まった状況に追い込まれていたから

(D) 肥満税が肥満防止の取り組みの予算に充てられなかったから

(93) 肥満税の課税対象になっているのはどれですか。

(A) 酢

(B) ソーダ

(C) 漬け物

(D) にんにく

(94) ジャパンレールパスについて、正しいのはどれですか。

(A) 乗り放題である。

(B) 日本だけで買える。

(C) 期間が過ぎたら延長できる。

(D) 地下鉄に比べて便利である。

(95) ホテルとウィークリーマンションとの宿泊代の差について正しいのはどれですか。

(A) ホテルの場合、値段が人数制である。

(B) ホテルの場合、部屋代が為替レートの変動により変わる。

(C) ウィークリーマンションの場合、運営費が必要である。

(D) ウィークリーマンションの場合、１部屋しか予約できない。

(96) 国内の移動で一番お勧めの交通便はどれですか。

(A) 車　　　　　(B) 列車

(C) バス　　　　(D) 飛行機

(97) 本文の内容と合っているのはどれですか。

(A) 寝台列車は都会にある。

(B) グリーン車を廃止している。

(C) ＪＲ線は全国を網羅している。

(D) ＪＲ線は長距離利用に向いていない。

(98) 田舎暮らしを始めた理由は何ですか。

　(A) 憧憬を抱いたため

　(B) 週末農業を始めたため

　(C) 高齢者の介護問題を解決するため

　(D) 駅から遠くて静かな生活が送れる
　　　ため

(99) 田舎暮らしで不便な事は何ですか。

　(A) 大型スーパーがないこと

　(B) 銀行の振り込み手数料が高いこと

　(C) 車がないと生活が成り立たないこと

　(D) 流行の服が簡単に手に入れられな
　　　いこと

(100) 本文の内容と合っているのはどれで
　　　すか。

　(A) 大型宅地を分譲している。

　(B) 簡易郵便局や病院などはない。

　(C) 耕耘機は欠かせないものである。

　(D) 近くのコンビニは車で15分以上か
　　　かる。

これで聞き取りの問題は終わります。

受験番号						
姓　　名						

JPT 실전모의고사

JAPANESE

PROFICIENCY

TEST

次の質問１番から１００番までは聞き取りの問題です。
どの問題も１回しか言いませんから、よく聞いて答えを(A), (B), (C), (D)の中から
一つ選びなさい。答えを選んだら、それにあたる答案用紙の記号を黒くぬりつぶしなさい。

I　　次の写真を見て、その内容と合っている表現を(A)から(D)の中で一つ選びなさい。

例）

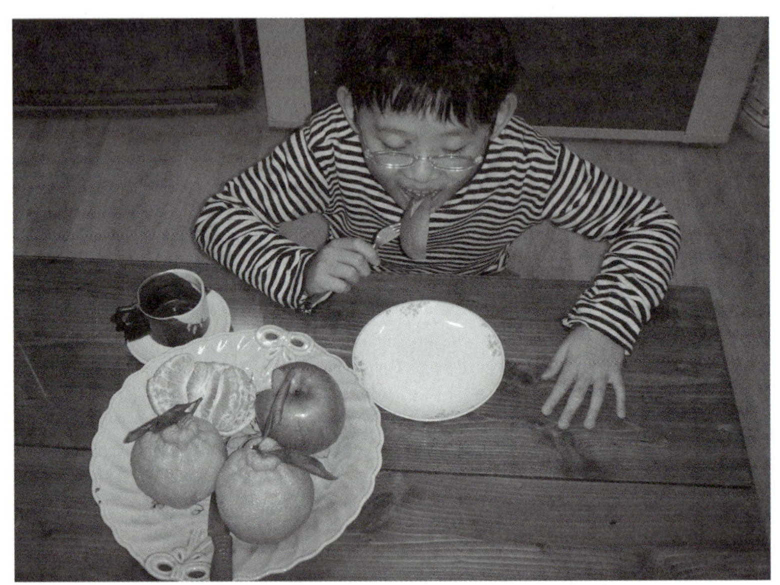

(A) 子どもは横縞のシャツを着ています。

(B) 皿の上の果物に蔓が絡み付いています。

(C) 男の子は両手でフォークを持っています。

(D) フルーツゼリーが盛り付けられています。

■ 答 …… (●), (B), (C), (D)

(1)

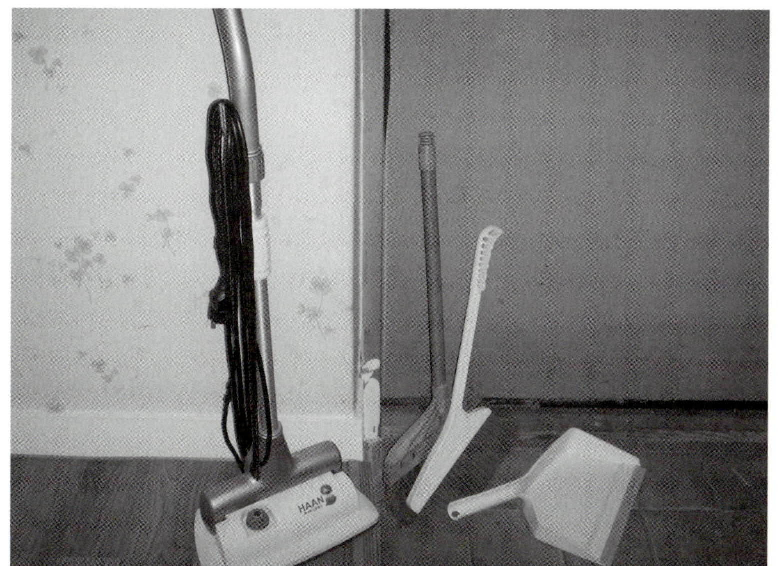

(2)

次のページに続く

(3)

(4)

(5)

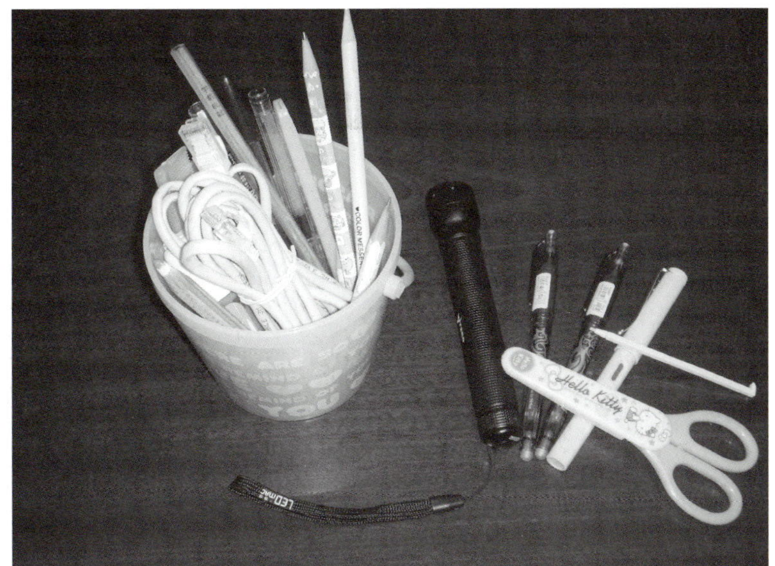

(6)

(7)

(8)

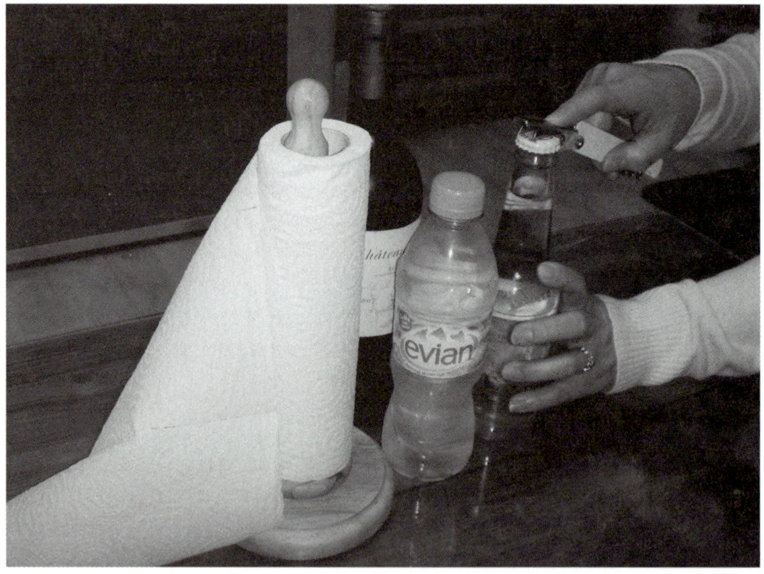

（9）

（10）

次のページに続く

（11）

（12）

（13）

（14）

（15）

TEA
&B

（16）

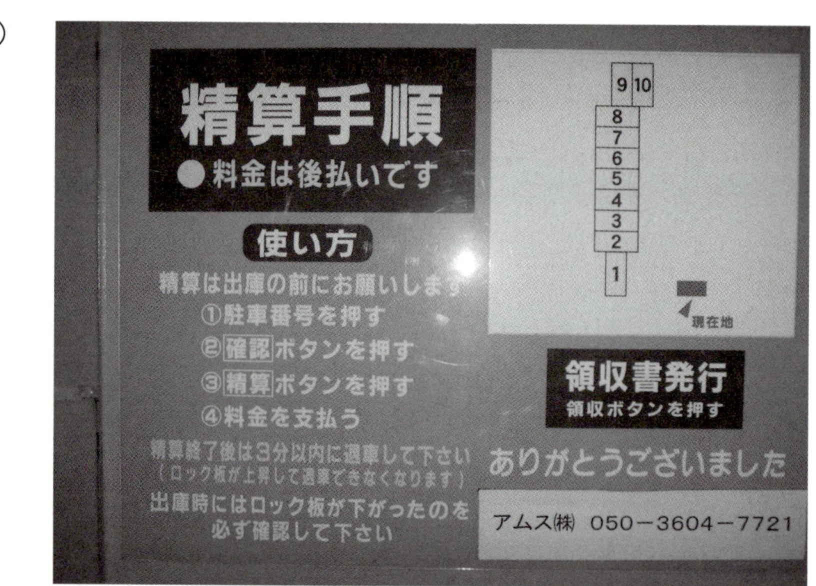
精算手順
●料金は後払いです
使い方
精算は出庫の前にお願いします
①駐車番号を押す
②確認ボタンを押す
③精算ボタンを押す
④料金を支払う
精算終了後は3分以内に退車して下さい
（ロック板が上昇して退車できなくなります）
出庫時にはロック板が下がったのを
必ず確認して下さい
9 10
8
7 6
5
4
3 2
1
現在地
領収書発行
領収ボタンを押す
ありがとうございました
アムス㈱　050－3604－7721

（17）

（18）

次のページに続く

（19）

（20）

Ⅱ　次の言葉の返事として、もっとも適したものを(A)から(D)の中で一つ選びなさい。

例)　ボーナスはいかほどでした？

(A) 例年並って感じかな。

(B) はい、手数料は本人負担です。

(C) 運賃は１キロあたり３００円です。

(D) 送料・梱包料は全国一律５００円です。

■ 答 …… (●), (B), (C), (D)

(21)　答えを答案用紙に書き入れなさい。

(22)　答えを答案用紙に書き入れなさい。

(23)　答えを答案用紙に書き入れなさい。

(24)　答えを答案用紙に書き入れなさい。

(25)　答えを答案用紙に書き入れなさい。

(26)　答えを答案用紙に書き入れなさい。

(27)　答えを答案用紙に書き入れなさい。

(28)　答えを答案用紙に書き入れなさい。

(29)　答えを答案用紙に書き入れなさい。

(30)　答えを答案用紙に書き入れなさい。

(31)　答えを答案用紙に書き入れなさい。

(32)　答えを答案用紙に書き入れなさい。

(33)　答えを答案用紙に書き入れなさい。

(34)　答えを答案用紙に書き入れなさい。

(35)　答えを答案用紙に書き入れなさい。

(36)　答えを答案用紙に書き入れなさい。

(37)　答えを答案用紙に書き入れなさい。

(38)　答えを答案用紙に書き入れなさい。

(39)　答えを答案用紙に書き入れなさい。

(40)　答えを答案用紙に書き入れなさい。

(41)　答えを答案用紙に書き入れなさい。

(42)　答えを答案用紙に書き入れなさい。

(43)　答えを答案用紙に書き入れなさい。

(44)　答えを答案用紙に書き入れなさい。

(45)　答えを答案用紙に書き入れなさい。

(46)　答えを答案用紙に書き入れなさい。

(47)　答えを答案用紙に書き入れなさい。

(48)　答えを答案用紙に書き入れなさい。

(49)　答えを答案用紙に書き入れなさい。

(50)　答えを答案用紙に書き入れなさい。

次のページに続く

Ⅲ　次の会話をよく聞いて、後の問いにもっとも適したものを(A)から(D)の中で
　　一つ選びなさい。

例)　　　A：この川、蛇のようにくねくねと曲がりくねっている。
　　　　　B：うん、静けさの中にも心の動きが表されているね。
　　　　　A：これはロマン主義のきっかけとされる絵で、故郷の様子を描いたそうだよ。

　　　　　二人は何をしていますか。
　　　　　(A) 川釣りの準備
　　　　　(B) 水彩画の検索
　　　　　(C) 星空鑑賞ツアー
　　　　　(D) ギャラリー鑑賞

■ 答 …… (A), (B), (C), (●)

(51)　全部でいくらですか。
　　　(A) ６００円
　　　(B) １１００円
　　　(C) ２１００円
　　　(D) ２４００円

(52)　郵便は何で送られますか。
　　　(A) 宅配
　　　(B) 船便
　　　(C) ＥＭＳ
　　　(D) ゆうパック

(53)　客はステーキの焼き加減を何にしま
　　　したか。
　　　(A) レア
　　　(B) ミディアム
　　　(C) ウエルダン
　　　(D) ミディアムレア

(54)　壊れやすいものは何で包みますか。
　　　(A) ゴミ
　　　(B) タオル
　　　(C) エアーキャップ
　　　(D) 発泡スチロール

162

(55) はるみさんが歓迎会で嫌がっている
のは何ですか。

    (A) 踊り

    (B) 芸能話

    (C) 一発芸

    (D) バーベキュー

(56) この人は何を求めていますか。

    (A) 表現練習

    (B) 募集の手伝い

    (C) 書類の片付け

    (D) 文書作成の助言

(57) 男の人はごみの分別をどう思ってい
ますか。

    (A) 環境のためにすべきだと思っている。

    (B) 手間がかかって難しいと思っている。

    (C) 紙類はリサイクルすべきだと思っ
ている。

    (D) ホイルの刃はアルミではないと思っ
ている。

(58) 会話の内容と合っているのはどれで
すか。

    (A) 荷物は一つしかない。

    (B) タグに名前を書いている。

    (C) かばんに札が付けてある。

    (D) 機内持ち込みは制限されている。

(59) 石山さんは食堂についてどう思って
いましたか。

    (A) 値段は適当であった。

    (B) 値段は高すぎであった。

    (C) 閑古鳥が鳴くほどであった。

    (D) 味は良かったが、サービスは悪
かった。

(60) 買おうとしているのは何ですか。

    (A) 釣具

    (B) 玩具

    (C) 衣類

    (D) 食品

(61) あした、この店はどうなりますか。

    (A) 休業する。

    (B) 7時に開く。

    (C) 8時に閉める。

    (D) 24時間営業する。

(62) 坂本さんはこれから何をしますか。

    (A) 診察する。

    (B) 病院で予約する。

    (C) 適性検査をする。

    (D) フォームに記入する。

(63) なぜ日程の再調整ができなかったの
ですか。

    (A) モバイルをなくしたから

    (B) プレゼンテーションがあるから

    (C) 広告内容の打ち合わせをするから

    (D) 広告主とのミーティングが開かれ
たから

(64) 岡田さんは鈴木さんに何を頼みましたか。

(A) 家を留守番すること

(B) 両親を訪問すること

(C) ペットを世話すること

(D) 子どもの面倒をみること

(65) 林さんのヨガ歴はどれぐらいですか。

(A) 一年

(B) 六ヶ月

(C) 一年半

(D) 一ヶ月

(66) 春美さんは何のために辛抱してダイエットしていますか。

(A) 健康のため

(B) 結婚式のため

(C) きれいになるため

(D) ドレスを着るため

(67) 買ったのはどれですか。

(A) A席

(B) B席

(C) S席

(D) SA席

(68) 男の人が忠告したいのはどれですか。

(A) 井戸に行くこと

(B) 知らぬが仏ということ

(C) ただより高いものはないこと

(D) 井戸を掘るなら水が出るまで掘れ
ということ

(69) なぜ妹と喧嘩したのですか。

(A) 姉と仲直りしたから

(B) 妹が姉に喧嘩を売ったから

(C) 妹が余所行きに着替えたから

(D) 妹が勝手に広子の物を使ったから

(70) 客が持っている紙幣はいくらですか。

(A) 1千円

(B) 2千円

(C) 5千円

(D) 1万円

(71) 各駅電車に乗らない理由は何ですか。

(A) 面接が11時にあるから

(B) 時間をつぶすことだから

(C) 安いチケットがあるから

(D) 面接に遅れるおそれがあるから

(72) 鈴木さんはなぜ元気がないのですか。

(A) 両方に味方できないから

(B) 先輩がさばを読んでいたから

(C) 板を先輩にあげられないから

(D) 友人と些細なことで喧嘩をしたから

(73) 何のことについて話していますか。

(A) 売り上げ

(B) 輸入管理

(C) 貿易黒字

(D) 耳エステ

(74) 石原さんの不満は何ですか。

    (A) 健康が悪化したこと

    (B) 体力テストがあること

    (C) 運動選手になれないこと

    (D) 天気を問わず練習すること

(75) 早口さんが願っているのはどれですか。

    (A) 図面の仕上げ

    (B) 部長との相談

    (C) 締め切りの延長

    (D) ３日分のボーナス

(76) 米沢さんはどんな人ですか。

    (A) スポーツ万能の人

    (B) 強引で意地悪な人

    (C) 虚弱で暑さに弱い人

    (D) 手足の先が冷える人

(77) 栄さんの考えはどれですか。

    (A) まかぬ種は生えぬ。

    (B) 案ずるより生むが易し。

    (C) 明日は明日の風が吹く。

    (D) 若い時の苦労は買ってでもせよ。

(78) 二人はどこにいますか。

    (A) 男の人の病室

    (B) 女の人の会社

    (C) 女の人の自宅

    (D) 男の人の研究室

(79) 女の人はこれからどうしますか。

    (A) 接待を受ける。

    (B) 山に食事に行く。

    (C) 本社へすぐに戻る。

    (D) トンボの研究をしに行く。

(80) 父親は何をそんなに心配していますか。

    (A) 危険な出来事が起きて娘に被害が
       及ぶこと

    (B) 娘が終電に乗り遅れて家に帰れな
       くなること

    (C) 門限が早すぎることに対して娘が
       反抗すること

    (D) 娘の躾について近所から後ろ指を
       指されること

Ⅳ　次の文章をよく聞いて、後の問いにもっとも適したものを(A)から(D)の中で
　　一つ選びなさい。

例)　　10年ほど前にリンゴの種子を庭に埋め、種子から育てています。リンゴは果実
　　から取り出してそのまま播種することができないので、取り出した種子を貯蔵し
　　ておき、発芽させました。庭で肥料もあげていますが、背が高くなるばかりなの
　　で、ときどき剪定したりします。桃栗３年柿８年といいますが、一度も花を咲か
　　せませんでした。今年は例年になく葉が茂っていたので期待していたのです。隣
　　の家のたわわに実ったリンゴを見ては溜息をついています。隣の家の挿し木で育
　　てたいほどです。

　　(1) この人のリンゴの育て方はどれですか。

　　　　(A) 実生　　　　　　　　　　(B) 生け花
　　　　(C) 挿し木　　　　　　　　　(D) 接ぎ木

■ 答 …… (●), (B), (C), (D)

　　(2) この人はどうして溜息をつきましたか。

　　　　(A) 木がうっそうと生い茂ったから
　　　　(B) 隣の家の植木が家に進入したから
　　　　(C) 隣のリンゴが鈴なりになっていたから
　　　　(D) 果樹の種子を貯蔵することができなかったから

■ 答 …… (A), (B), (●), (D)

(81)　水泳を始めた理由は何ですか。

　　(A) 健康のため
　　(B) プロになるため
　　(C) ダイエットのため
　　(D) 腰痛の治療のため

(83)　今日習ったのは何ですか。

　　(A) 背泳ぎ
　　(B) 平泳ぎ
　　(C) クロール
　　(D) バタフライ

(82)　この人は水泳教室にいつから通いま
　　したか。
　　(A) １週間前
　　(B) １ヶ月前
　　(C) ６ヶ月前
　　(D) １年半前

(84) この人は何に乗っていますか。

    (A) バス

    (B) 電車

    (C) 飛行機

    (D) タクシー

(85) 列車電話ができる車両はどれですか。

    (A) 3号

    (B) 5号

    (C) 7号

    (D) 9号

(86) 手が洗える車両はどれですか。

    (A) 3号

    (B) 4号

    (C) 5号

    (D) 8号

(87) お得意様番号を入力すべきなのはどれですか。

    (A) 免税品の事前予約

    (B) ポイント積み立て

    (C) 国際航空券の予約

    (D) 国内航空券の予約

(88) お得意様番号はどう構成されていますか。

    (A) 数字9桁か7桁で構成されている。

    (B) 半角英数のみ8桁で構成されている。

    (C) 数字とアルファベットの組み合わせ6桁で構成されている。

    (D) ハイフンは含まれずアルファベットのみ9桁で構成されている。

(89) 予約時に注意することは何ですか。

    (A) 入力番号に間違いがないこと

    (B) 出発1ヶ月前より申し込むこと

    (C) 到着1週間前までに入力すること

    (D) マイレージカードを郵送すること

(90) マイレージはいつ付与されますか。

    (A) 毎年1月

    (B) 乗車日から1ヶ月後

    (C) 乗車日から1ヶ月以内

    (D) 番号の書き込みが終わった瞬間

次のページに続く

(91) この人は何について悩んでいますか。

    (A) 引き出物

    (B) 交友関係

    (C) 子どもの

    (D) ネット依存症

(92) ルミちゃんはどんな子ですか。

    (A) けちん坊である。

    (B) 慎重な子である。

    (C) 気さくな人柄である。

    (D) 恥じらいなく活発な子である。

(93) ルミちゃんは工作時間に何をしましたか。

    (A) 人形ごっこをした。

    (B) ブランコに乗った。

    (C) ブロックを積み上げた。

    (D) シーソーに乗って遊んだ。

(94) 結婚当初は何日分の献立を立てていましたか。

    (A) 三日分

    (B) 四日分

    (C) 七日分

    (D) 十日分

(95) 週末には何を作りますか。

    (A) お鍋

    (B) 肉じゃが

    (C) もんじゃ焼き

    (D) 煮込みハンバーグ

(96) 献立を決めてから買い物に行くのをやめた理由は何ですか。

    (A) 外食が多くなったから

    (B) 無駄だと気づいたから

    (C) 献立が変わってしまうから

    (D) インフレが進んで物が買えないから

(97) 何の日を迎えていますか。

    (A) 還暦

    (B) 七五三

    (C) ひな祭り

    (D) 年末年始

(98) プレゼントは何にしましたか。

    (A) 果物

    (B) 和菓子

    (C) 調味料

    (D) マフラー

(99) 上司はどんな人ですか。

    (A) 度胸のある人

    (B) 日和見主義の人

    (C) お世辞のうまい人

    (D) ファッショナブルな人

(100) どうしてプレゼントを買うのに悩みましたか。

    (A) ブランド物を買うため

    (B) 流行に敏感な娘がいるため

    (C) 上司の好みが思いつかないため

    (D) 問題があとを引かないようにするため

これで聞き取りの問題は終わります。

[6회]

受験番号						
姓　　名						

JPT 실전모의고사

JAPANESE

PROFICIENCY

TEST

次の質問１番から１００番までは聞き取りの問題です。
どの問題も１回しか言いませんから、よく聞いて答えを(A), (B), (C), (D)の中から
一つ選びなさい。答えを選んだら、それにあたる答案用紙の記号を黒くぬりつぶしなさい。

Ⅰ　次の写真を見て、その内容と合っている表現を(A)から(D)の中で一つ選びなさい。

例）

(A) 子どもは横縞のシャツを着ています。

(B) 皿の上の果物に蔓が絡み付いています。

(C) 男の子は両手でフォークを持っています。

(D) フルーツゼリーが盛り付けられています。

■ 答 …… (●), (B), (C), (D)

(1)

(2)

次のページに続く

(3)

(4)

若宮八幡社
警　告
一、この場所には駐車できません。
一、無断駐車は法的処置をとり、
　　一切の責任は負いません。
社務所
鳥居前駐車禁止

(5)

(6)

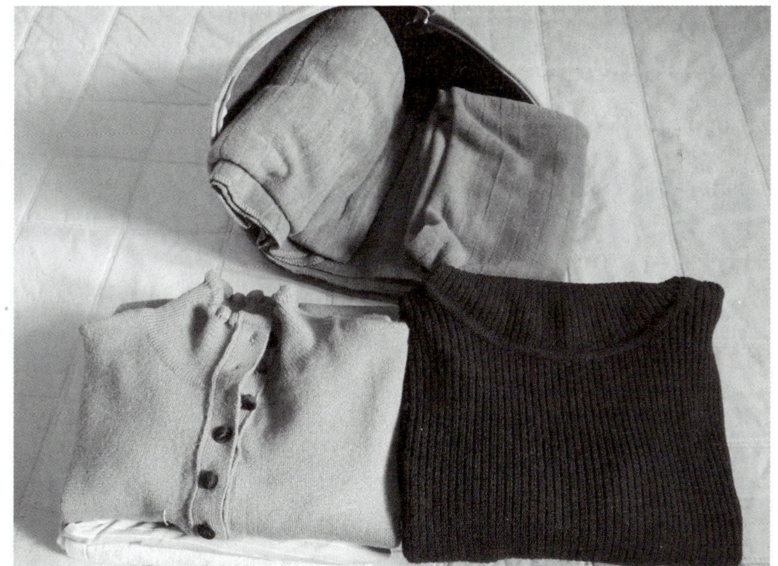

次のページに続く

(7)

(8)

（9）

（10）

次のページに続く

（11）

（12）

（13）

（14）

次のページに続く

（15）

（16）

（17）

（18）

（19）

（20）

Ⅱ　次の言葉の返事として、もっとも適したものを(A)から(D)の中で一つ選びなさい。

例)　ボーナスはいかほどでした？

(A) 例年並って感じかな。

(B) はい、手数料は本人負担です。

(C) 運賃は１キロあたり３００円です。

(D) 送料・梱包料は全国一律５００円です。

■ 答 …… (●), (B), (C), (D)

(21)　答えを答案用紙に書き入れなさい。

(22)　答えを答案用紙に書き入れなさい。

(23)　答えを答案用紙に書き入れなさい。

(24)　答えを答案用紙に書き入れなさい。

(25)　答えを答案用紙に書き入れなさい。

(26)　答えを答案用紙に書き入れなさい。

(27)　答えを答案用紙に書き入れなさい。

(28)　答えを答案用紙に書き入れなさい。

(29)　答えを答案用紙に書き入れなさい。

(30)　答えを答案用紙に書き入れなさい。

(31)　答えを答案用紙に書き入れなさい。

(32)　答えを答案用紙に書き入れなさい。

(33)　答えを答案用紙に書き入れなさい。

(34)　答えを答案用紙に書き入れなさい。

(35)　答えを答案用紙に書き入れなさい。

(36)　答えを答案用紙に書き入れなさい。

(37)　答えを答案用紙に書き入れなさい。

(38)　答えを答案用紙に書き入れなさい。

(39)　答えを答案用紙に書き入れなさい。

(40)　答えを答案用紙に書き入れなさい。

(41)　答えを答案用紙に書き入れなさい。

(42)　答えを答案用紙に書き入れなさい。

(43)　答えを答案用紙に書き入れなさい。

(44)　答えを答案用紙に書き入れなさい。

(45)　答えを答案用紙に書き入れなさい。

(46)　答えを答案用紙に書き入れなさい。

(47)　答えを答案用紙に書き入れなさい。

(48)　答えを答案用紙に書き入れなさい。

(49)　答えを答案用紙に書き入れなさい。

(50)　答えを答案用紙に書き入れなさい。

次のページに続く

Ⅲ　次の会話をよく聞いて、後の問いにもっとも適したものを(A)から(D)の中で
　　一つ選びなさい。

例)　　A：この川、蛇のようにくねくねと曲がりくねっている。
　　　　B：うん、静けさの中にも心の動きが表されているね。
　　　　A：これはロマン主義のきっかけとされる絵で、故郷の様子を描いたそうだよ。

　　　　二人は何をしていますか。
　　　　(A) 川釣りの準備
　　　　(B) 水彩画の検索
　　　　(C) 星空鑑賞ツアー
　　　　(D) ギャラリー鑑賞

■ 答 …… (A), (B), (C), (●)

(51) ここはどこですか。

　　(A) 遊園地
　　(B) 水質管理所
　　(C) 自動車営業所
　　(D) 家電製品取扱所

(52) 注文したのはどれですか。

　　(A) シェフサラダとステーキ
　　(B) マスタードサラダとステーキ
　　(C) チキンサラダとレアのステーキ
　　(D) シェフサラダとゴマドレッシング

(53) 何がいちばんきらいなのですか。

　　(A) 服につくタバコのにおい
　　(B) 二日酔いで頭痛になること
　　(C) 部屋に漂っている香水のにおい
　　(D) ファブリーズをかけて染みになっ
　　　　たこと

(54) 中村さんはどんな人ですか。

　　(A) ずぼらな人
　　(B) 気難しい人
　　(C) せっかちな人
　　(D) 前途有望な人

(55) 書類はどこにありますか。

　　(A) 玄関の入口
　　(B) 下駄箱の上
　　(C) 会社のロビー
　　(D) 緑のかばんの中

(56) なぜくまができましたか。

　　(A) 何日も通夜をしたため
　　(B) セーターを編み終えたため
　　(C) マフラーの編み目を整えたため
　　(D) 徹夜までしてくま話を作ったため

(57) 女の人は地震が起きた時、何をして
　　　 いましたか。

　　　 (A) 寝ていた。

　　　 (B) 床を掃除していた。

　　　 (C) 本を床に転がしていた。

　　　 (D) 本を読んでいるところだった。

(58) 何時までに搭乗口に行けばいいですか。

　　　 (A) 3時35分　　(B) 3時50分

　　　 (C) 4時10分　　(D) 4時35分

(59) 母親はどうして怒っていますか。

　　　 (A) 石を投げたから

　　　 (B) 水遊びをしたから

　　　 (C) 泥団子を作ったから

　　　 (D) 泥まみれになったから

(60) お客さんが探しているのはどれですか。

　　　 (A) 普段着

　　　 (B) スーツ

　　　 (C) 舞台衣裳

　　　 (D) スポーツウェアー

(61) お客の不満は何ですか。

　　　 (A) 配送遅延

　　　 (B) サイト管理

　　　 (C) 気楽でないこと

　　　 (D) 連絡先がないこと

(62) 田中さんが予約したのはどれですか。

　　　 (A) シングル相部屋

　　　 (B) シングルベッド

　　　 (C) 1つのツインルーム

　　　 (D) 2つのシングルルーム

(63) 二人はこれからどうしますか。

　　　 (A) 家に帰る。

　　　 (B) すしを注文する。

　　　 (C) ラーメン屋に行く。

　　　 (D) 普段通りに料理を作る。

(64) 森田さんの旅行について正しいのは
　　　 どれですか。

　　　 (A) 自由の女神像を見物した。

　　　 (B) チャイナタウンに行ってきた。

　　　 (C) ビジネスでニューヨークに行った。

　　　 (D) 道のりは観光向けのコースではな
　　　　　 かった。

(65) 入場券の料金にいくら払いますか。

　　　 (A) 1350円

　　　 (B) 1500円

　　　 (C) 1850円

　　　 (D) 2000円

(66) どうして緊急電話番号が要るのですか。

　　　 (A) 用心のため

　　　 (B) 登録のため

　　　 (C) 引っ越しのため

　　　 (D) 書類の準備のため

(67) 原田さんは何の運動をしていますか。

  (A) 腕相撲

  (B) 縄跳び

  (C) ウォーキング

  (D) プッシュアップ

(68) 会話の内容と合っているのはどれですか。

  (A) バスに乗っていく。

  (B) 博物館は遠い所にある。

  (C) 徒歩で15分ぐらいかかる。

  (D) 交差点を一回曲がれば美術館に着く。

(69) ヒロミさんはどうして病院に行きましたか。

  (A) 魚の目ができたから

  (B) 芝生の草取りをしたから

  (C) 目にものもらいができたから

  (D) バンソウコウが取れなかったから

(70) 会話の内容と合っているのはどれですか。

  (A) 銀座までのタクシーを準備する。

  (B) 口座を開くために銀行に行くべきである。

  (C) タクシーの料金とチップを手渡すべきある。

  (D) タクシーの料金をカードで払える場合がある。

(71) この人はどうしてバイトをやめますか。

  (A) 心が痛むから

  (B) 就職したから

  (C) 遠足に行くから

  (D) 仕事に飽きたから

(72) 井上さんが慣れにくかった理由は何ですか。

  (A) ボタンと機能が多いから

  (B) ボタンが少ないのに機能は多いから

  (C) ボタンが大きいわりには押しにくいから

  (D) 多機能さと引き換えにバッテリーの持ちが悪いから

(73) ルミさんはどうして調子が悪いのですか。

  (A) 冷たい物を一気に飲んだから

  (B) 数週間前から夜泣きをしたから

  (C) カラオケで大きな声で歌ったから

  (D) 氷をひたすらガリガリかじったから

(74) 高橋さんが千栄子に渡すのはどれですか。

  (A) 指輪

  (B) ピアス

  (C) ブローチ

  (D) ネックレス

(75) 中村さんが知っているのはどれですか。

    (A) 石田さんの機嫌

    (B) 打ち出しの理由

    (C) 石田さんの辞任

    (D) 研究発表の大会

(76) 二人は何をすることに決めましたか。

    (A) 雨乞いをする。

    (B) 傘を持って母を迎えに行く。

    (C) 学校に行って傘を持って来る。

    (D) 雨を避けるため、しばらく身を寄せる。

(77) 母は息子に何を頼みましたか。

    (A) 子守り

    (B) 家の留守

    (C) 夕飯の支度

    (D) 留守電サービス

(78) 男の人の考えに近いものはどれですか。

    (A) 誰が総理大臣になっても日本は変わらない。

    (B) 政治家たるもの、国民の期待に答えるべきである。

    (C) 政治家は停滞した日本の政治状況を打破してくれる。

    (D) 国や国民のために体を張れる政治家は今の日本にいない。

(79) 女の人はどう思っていますか。

    (A) 弟も兄と同じ道を進むべきだ。

    (B) 勉強が好きになるよう努力すべきだ。

    (C) 弟は大学院で真面目に勉強するべきだ。

    (D) 弟は大学院に進学してもうまく行かないだろう。

(80) 離婚をしない理由は何ですか。

    (A) 妻に泣かれたため

    (B) 経済的な理由のため

    (C) 男の人が説得したため

    (D) 子どものことを考えたため

Ⅳ　次の文章をよく聞いて、後の問いにもっとも適したものを(A)から(D)の中で
一つ選びなさい。

例)　10年ほど前にリンゴの種子を庭に埋め、種子から育てています。リンゴは果実
から取り出してそのまま播種することができないので、取り出した種子を貯蔵し
ておき、発芽させました。庭で肥料もあげていますが、背が高くなるばかりなの
で、ときどき剪定したりします。桃栗3年柿8年といいますが、一度も花を咲か
せませんでした。今年は例年になく葉が茂っていたので期待していたのです。隣
の家のたわわに実ったリンゴを見ては溜息をついています。隣の家の挿し木で育
てたいほどです。

(1) この人のリンゴの育て方はどれですか。

(A) 実生　　　　　　　　　(B) 生け花
(C) 挿し木　　　　　　　　(D) 接ぎ木

■ 答 …… (●), (B), (C), (D)

(2) この人はどうして溜息をつきましたか。

(A) 木がうっそうと生い茂ったから
(B) 隣の家の植木が家に進入したから
(C) 隣のリンゴが鈴なりになっていたから
(D) 果樹の種子を貯蔵することができなかったから

■ 答 …… (A), (B), (●), (D)

(81) 燃えるゴミはいつ出しますか。

(A) 毎週月曜日
(B) 1回目の火曜日
(C) 2回目の水曜日
(D) 3回目の木曜日

(82) この人はいつ頃ゴミを出しますか。

(A) 朝8時直前
(B) 朝8時過ぎ
(C) 夜中9時過ぎ
(D) 夜明け5時頃

(83) この人はゴミ袋を荒らされないよう
にどうしますか。

(A) 猫を連れて行く。
(B) ゴミを出さずに川に流す。
(C) ゴミを出した後は必ず網をかける。
(D) 粗大ゴミの収集時間後にゴミを出す。

(84) この人の夫はどんな人ですか。

　(A) 用意周到な人

　(B) だらしない人

　(C) そそっかしい人

　(D) おおざっぱな人

(85) この人は夫をどう思っていますか。

　(A) 権威主義的である。

　(B) 細かすぎて煩わしい。

　(C) おしゃべり屋である。

　(D) 豪放な気性である。

(86) 喧嘩の原因は何ですか。

　(A) 家賃の滞り

　(B) 散歩コース

　(C) 祭祀の食べ物

　(D) 日常生活の習慣の違い

(87) 何について放送していますか。

　(A) 寒波

　(B) 梅雨

　(C) 津波

　(D) 台風

(88) どんな被害が予想されていますか。

　(A) 浸水

　(B) 雪崩

　(C) 伝染病

　(D) 日照り

(89) 中心気圧はどのくらいですか。

　(A) 376ヘクトパスカル

　(B) 976ヘクトパスカル

　(C) 1976ヘクトパスカル

　(D) 2344ヘクトパスカル

(90) 本文の内容と合っているのはどれですか。

　(A) 異常気象になっている。

　(B) 中心は風速20メートルである。

　(C) 最大瞬間風速は55メートルである。

　(D) 周辺の最小風速は30メートルである。

次のページに続く

(91) いつから体の調子が悪かったですか。

    (A) 先週

    (B) 先月

    (C) 先日

    (D) 先々週

(92) この人はどんな状態なのですか。

    (A) せきが出る。

    (B) 高熱がある。

    (C) 顔が腫れている。

    (D) 脱水状態になっている。

(93) この人が願っているのはどれですか。

    (A) 病院に行くこと

    (B) ほこりを払うこと

    (C) テニスを休むこと

    (D) 汗を洗い流すこと

(94) 病気になった原因は何ですか。

    (A) 冷水浴

    (B) 異常乾燥

    (C) 運動不足

    (D) 朝と日中の温度差

(95) なぜ一緒にプレゼントを買いに行けないのですか。

    (A) 単身赴任を決めたため

    (B) 急な会議が入ったため

    (C) 海外赴任が決まったため

    (D) いきなり出張が決まったため

(96) この人は何を買うつもりでしたか。

    (A) ペアリング

    (B) ペアネックレス

    (C) クリスマスツリー

    (D) イニシャルブレスレット

(97) 彼女に何を贈りますか。

    (A) クリスマスカード

    (B) シンプルなリング

    (C) アクアリウムのチケット

    (D) 誕生石のついたピアス

(98) どうしてビニール袋を２つ頼んだの
ですか。

(A) 荷物が多すぎたから

(B) 缶詰を購入したから

(C) とても薄くて破れそうだから

(D) ゴミを入れようと思ったから

(99) 旅行先のコンビニのショーケースに
何がありましたか。

(A) 点心セット

(B) 飲み物とパン

(C) おにぎりセット

(D) 土の付いた野菜

(100) スーパーマーケットで興味を引いた
のは何ですか。

(A) 大型デパート

(B) 独特なにおい

(C) 他にはない薬味

(D) スパイスの独特な味

これで聞き取りの問題は終わります。

受験番号						
姓　名						

JPT 실전모의고사

JAPANESE
PROFICIENCY
TEST

次の質問１番から１００番までは聞き取りの問題です。
どの問題も１回しか言いませんから、よく聞いて答えを(A), (B), (C), (D)の中から
一つ選びなさい。答えを選んだら、それにあたる答案用紙の記号を黒くぬりつぶしなさい。

Ⅰ　次の写真を見て、その内容と合っている表現を(A)から(D)の中で一つ選びなさい。

例）

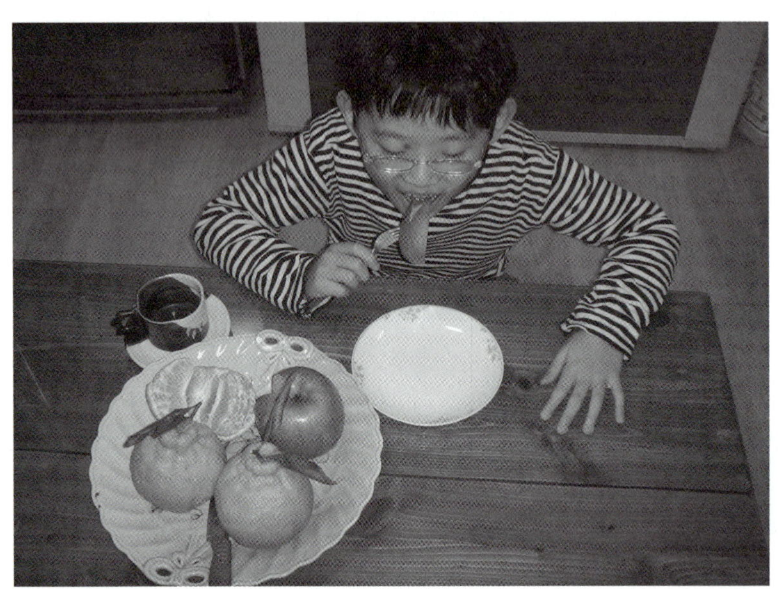

(A) 子どもは横縞のシャツを着ています。

(B) 皿の上の果物に蔓が絡み付いています。

(C) 男の子は両手でフォークを持っています。

(D) フルーツゼリーが盛り付けられています。

■ 答 …… (●), (B), (C), (D)

(1)

(2)

次のページに続く

(3)

(4)

(5)

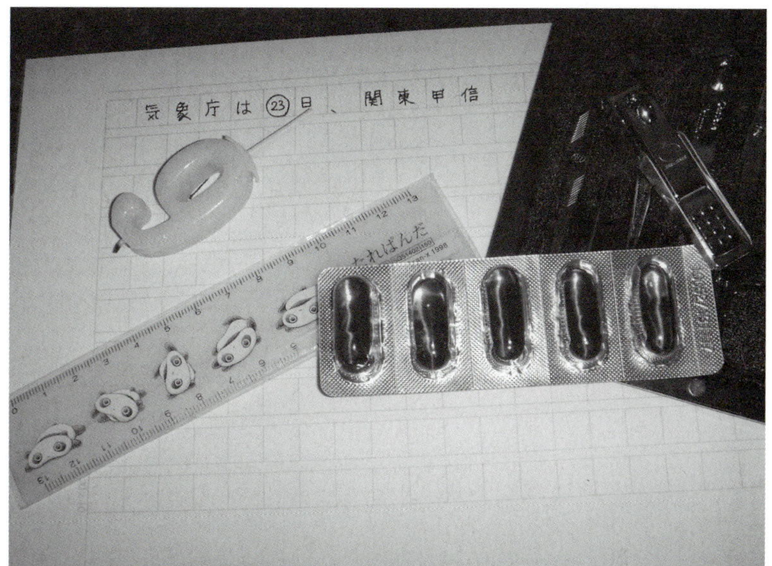

(6)

次のページに続く

(7)

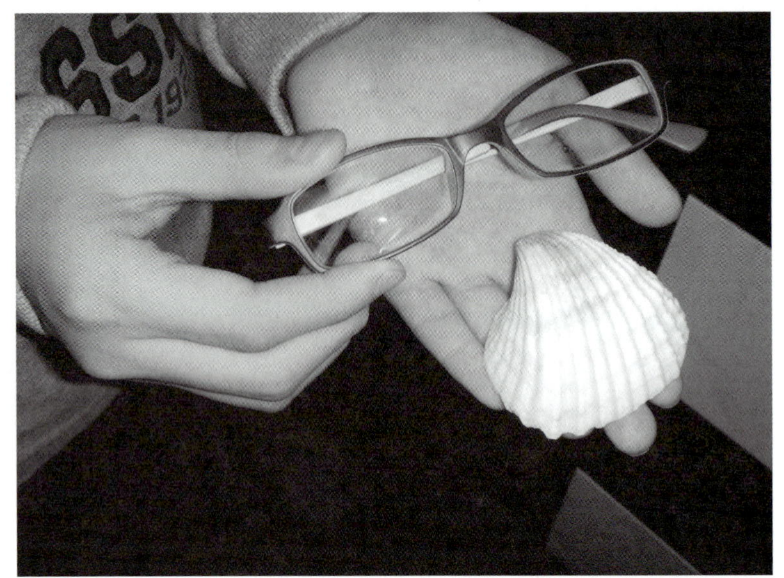

(8)

(9)

（10）

次のページに続く

（11）

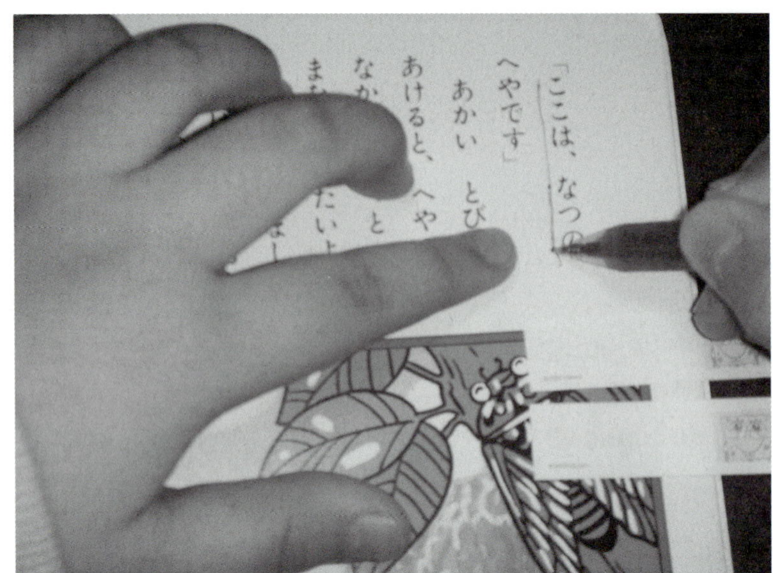

（12）

200

（13）

（14）

次のページに続く

（15）

（16）

（17）

（18）

（19）

（20）

204

Ⅱ　次の言葉の返事として、もっとも適したものを(A)から(D)の中で一つ選びなさい。

例）　ボーナスはいかほどでした？

(A) 例年並って感じかな。

(B) はい、手数料は本人負担です。

(C) 運賃は１キロあたり３００円です。

(D) 送料・梱包料は全国一律５００円です。

■ 答 …… (●), (B), (C), (D)

(21)　答えを答案用紙に書き入れなさい。

(22)　答えを答案用紙に書き入れなさい。

(23)　答えを答案用紙に書き入れなさい。

(24)　答えを答案用紙に書き入れなさい。

(25)　答えを答案用紙に書き入れなさい。

(26)　答えを答案用紙に書き入れなさい。

(27)　答えを答案用紙に書き入れなさい。

(28)　答えを答案用紙に書き入れなさい。

(29)　答えを答案用紙に書き入れなさい。

(30)　答えを答案用紙に書き入れなさい。

(31)　答えを答案用紙に書き入れなさい。

(32)　答えを答案用紙に書き入れなさい。

(33)　答えを答案用紙に書き入れなさい。

(34)　答えを答案用紙に書き入れなさい。

(35)　答えを答案用紙に書き入れなさい。

(36)　答えを答案用紙に書き入れなさい。

(37)　答えを答案用紙に書き入れなさい。

(38)　答えを答案用紙に書き入れなさい。

(39)　答えを答案用紙に書き入れなさい。

(40)　答えを答案用紙に書き入れなさい。

(41)　答えを答案用紙に書き入れなさい。

(42)　答えを答案用紙に書き入れなさい。

(43)　答えを答案用紙に書き入れなさい。

(44)　答えを答案用紙に書き入れなさい。

(45)　答えを答案用紙に書き入れなさい。

(46)　答えを答案用紙に書き入れなさい。

(47)　答えを答案用紙に書き入れなさい。

(48)　答えを答案用紙に書き入れなさい。

(49)　答えを答案用紙に書き入れなさい。

(50)　答えを答案用紙に書き入れなさい。

次のページに続く

Ⅲ　次の会話をよく聞いて、後の問いにもっとも適したものを(A)から(D)の中で
　　一つ選びなさい。

例)　　　A：この川、蛇のようにくねくねと曲がりくねっている。

　　　　　B：うん、静けさの中にも心の動きが表されているね。

　　　　　A：これはロマン主義のきっかけとされる絵で、故郷の様子を描いたそうだよ。

　　　　　二人は何をしていますか。

　　　　　(A) 川釣りの準備

　　　　　(B) 水彩画の検索

　　　　　(C) 星空鑑賞ツアー

　　　　　(D) ギャラリー鑑賞

■ 答 …… (A), (B), (C), (●)

(51)　電話をかけた理由はどれですか。

　　　(A) 予約の変更

　　　(B) 病院の予約

　　　(C) 関税の会議

　　　(D) 美容院の予約

(52)　この人はどうして不眠症になってし
　　　まいましたか。

　　　(A) 新薬の研究開発のため

　　　(B) 顧客のニーズ分析のため

　　　(C) 睡眠薬の市場調査のため

　　　(D) 患者のニーズを満たす治療のため

(53)　お客が泊まろうとする部屋について
　　　正しいのはどれですか。

　　　(A) 6畳半の畳の部屋である。

　　　(B) 洋室で、1泊9500円である。

　　　(C) 1泊朝食付き9500円である。

　　　(D) 食事をしないで寝るだけの宿泊で
　　　　　ある。

(54)　プレゼンテーションのファイルについ
　　　て正しいのはどれですか。

　　　(A) まだ完成していない。

　　　(B) 発注先に送ってしまった。

　　　(C) サーバーにアクセスできない。

　　　(D) 完成ファイルをチェックしている。

(55) 怪我の状態はどうですか。

  (A) 肌を擦りむいている。

  (B) さじを投げるほどである。

  (C) 重症なので病院に行くべきだ。

  (D) ばかにされて心が痛んでいる。

(56) 二人は何をしていますか。

  (A) 牛の乳搾りをしている。

  (B) 赤ちゃんの面倒を見ている。

  (C) おむつを買っている最中である。

  (D) お腹が空いたから出前を取っている。

(57) この人はこれから何をしますか。

  (A) 荷物を探しに行く。

  (B) 引換券を取りに行く。

  (C) 飛行機に乗りに行く。

  (D) １２３便を予約しに行く。

(58) この人が予約しようとしているのは
どれですか。

  (A) ７月４日の東京行き

  (B) ７月８日の東京行き

  (C) ７月４日のパリ行き

  (D) ７月８日のパリ行き

(59) ここはどこですか。

  (A) 茶室

  (B) 米屋

  (C) 釣り場

  (D) レストラン

(60) お客さんはこれから何をしますか。

  (A) 服を着る。

  (B) シャツを買う。

  (C) 新作を鑑賞する。

  (D) グレープを食べる。

(61) お客はこれからどうしますか。

  (A) 買い物して戻る。

  (B) 薬を用意しておく。

  (C) 服用薬を持ってくる。

  (D) 薬ができるまで待つ。

(62) 女の人は何に向いていますか。

  (A) 料理の準備

  (B) 料理の試食

  (C) 料理のブログ

  (D) 料理の盛り付け

(63) 裕子さんは何を頼まれましたか。

  (A) レポートの提出

  (B) 会場までの案内

  (C) レポートの代筆

  (D) 同窓会の幹事代行

(64) どのような用件でフロントに電話し
ましたか。

  (A) 水道が壊れたから

  (B) 水の流れが悪かったから

  (C) 天井から水が漏れているから

  (D) 水道管の周りが錆びているから

次のページに続く

(65) ツアーバスについて正しいのはどれ
ですか。

(A) 新宿と銀座に行く。

(B) 上野公園を出発する。

(C) 30分おきに出発する。

(D) 所要時間は3時間である。

(66) どのように支払いますか。

(A) ビザカード、月払い

(B) ビザカード、一括払い

(C) マスターカード、月払い

(D) マスターカード、一括払い

(67) 女の人は何をしていますか。

(A) 封筒を切っている。

(B) 幽霊の映画を見ている。

(C) 肝心なことを書いている。

(D) ベストセラーを読んでいる。

(68) 博物館の営業時間は何時までですか。

(A) 2時

(B) 3時

(C) 5時

(D) 7時

(69) 近藤さんに教えたのはどれですか。

(A) 誤字

(B) 校訂

(C) 数字

(D) 脱稿

(70) 女の人はどうして怒っていますか。

(A) 上司に直接問いかけたから

(B) 上司が他人の失敗を被ったから

(C) 上司の誤りを自分にかぶせたから

(D) 上司の失敗が他人にバレてしまっ
たから

(71) 柴田さんはこれから何をしますか。

(A) データを分析する。

(B) ファイルを取りに行く。

(C) 徹夜でファイルを探す。

(D) データを元通りにする。

(72) 林さんは山田さんをどう思っていま
すか。

(A) 山田さんは最盛期である。

(B) 山田さんは過労で倒れる始末だ。

(C) 山田さんは身に備わった威厳がある。

(D) 山田さんはチームの亀鑑になる選
手である。

(73) かおりさんはどんな人ですか。

(A) 頑張り屋である。

(B) 真面目な人である。

(C) 優柔不断な人である。

(D) 本気で勉強しない人である。

(74) 野村さんはどうして疲れているので
すか。

(A) 染みができたから

(B) めまいがするから

(C) 夜明けまで作業を続けたから

(D) 睡魔が容赦なく襲ってきたから

(75) 田村さんが１時間後にずらした理由
　　 は何ですか。

　　 (A) 仕事があるから

　　 (B) 調子が悪いから

　　 (C) 全然勉強してないから

　　 (D) 慣れないことをして緊張したから

(76) さくらさんについて正しいのはどれ
　　 ですか。

　　 (A) 片付けができない人である。

　　 (B) バラだの菊だのを植えている。

　　 (C) 顔といい頭といい申し分ない。

　　 (D) 見た目はどうであれ、性格がよけ
　　　　 ればいい。

(77) ここはどこですか。

　　 (A) 質屋

　　 (B) 洋服売り場

　　 (C) クリニック

　　 (D) クリーニング屋

(78) 会話の内容と合っているものはどれ
　　 ですか。

　　 (A) 山田さんが向こうから来た。

　　 (B) 課長は協調性がなかった。

　　 (C) 二人はカツが食べたくなった。

　　 (D) 山田さんがノイローゼにかかった。

(79) 男性はこのあとどうしますか。

　　 (A) 会議室に課長を呼びに行く。

　　 (B) 課長に家族からの伝言を伝える。

　　 (C) １時間後に課長の家族に電話する。

　　 (D) 家族から受け取ったものを課長に
　　　　 渡す。

(80) 母親は何と言っていますか。

　　 (A) 爪を短く切るように言っている。

　　 (B) 水をもっと飲むように言っている。

　　 (C) 部屋を掃除するように言っている。

　　 (D) 兄を見習ってもっと勉強するよう
　　　　 に言っている。

IV　次の文章をよく聞いて、後の問いにもっとも適したものを(A)から(D)の中で
　　一つ選びなさい。

例）　　10年ほど前にリンゴの種子を庭に埋め、種子から育てています。リンゴは果実
　　　から取り出してそのまま播種することができないので、取り出した種子を貯蔵し
　　　ておき、発芽させました。庭で肥料もあげていますが、背が高くなるばかりなの
　　　で、ときどき剪定したりします。桃栗3年柿8年といいますが、一度も花を咲か
　　　せませんでした。今年は例年になく葉が茂っていたので期待していたのです。隣
　　　の家のたわわに実ったリンゴを見ては溜息をついています。隣の家の挿し木で育
　　　てたいほどです。

　　　(1) この人のリンゴの育て方はどれですか。

　　　　　(A) 実生　　　　　　　　　　　(B) 生け花
　　　　　(C) 挿し木　　　　　　　　　　(D) 接ぎ木

■ 答 …… (●), (B), (C), (D)

　　　(2) この人はどうして溜息をつきましたか。

　　　　　(A) 木がうっそうと生い茂ったから
　　　　　(B) 隣の家の植木が家に進入したから
　　　　　(C) 隣のリンゴが鈴なりになっていたから
　　　　　(D) 果樹の種子を貯蔵することができなかったから

■ 答 …… (A), (B), (●), (D)

(81)　今の季節に注意が必要なのは何ですか。　　　(83)　明日の気温はどうですか。

　　　(A) 熱中症　　　　　　　　　　　　　　　　　　(A) 気温差が大きい。

　　　(B) 冷房病　　　　　　　　　　　　　　　　　　(B) 今日に比べて高い。

　　　(C) 狭心症　　　　　　　　　　　　　　　　　　(C) 最低気温は21度である。

　　　(D) うつ病　　　　　　　　　　　　　　　　　　(D) 雪のため気温が低くなる。

(82)　明日の天気はどうですか。

　　　(A) にわか雨

　　　(B) 時々曇り

　　　(C) 雨のち晴れ

　　　(D) 曇りのち晴れ

(84) この人が駐車場で最初に思ったこと
はどれですか。

(A) 盗難でなくてよかったと思った。

(B) 駐車問題でうつ病にかかりそうだ
と思った。

(C) 駐車場に車がないことが腑に落ち
なかった。

(D) 駐車違反のステッカーが貼られて
いて、不幸中の幸いだと思った。

(85) 警察署に届出をする前に何をしまし
たか。

(A) 延滞金を確定した。

(B) 廃車の手続きをした。

(C) 納税証明書を発行した。

(D) 交通指導課に聞き質した。

(86) 急いで車を引き取りに行った理由は
何ですか。

(A) 免許取り消しになるから

(B) 延滞料金が課せられるから

(C) 高値で買取される可能性があるから

(D) ナンバープレートが悪用される恐
れがあるから

(87) お隣さんのペットではないのはどれ
ですか。

(A) 犬

(B) 猫

(C) 雉

(D) 鷹

(88) どうしてペットが可愛そうだと思っ
ていますか。

(A) 歯並びが悪いから

(B) 束縛されているから

(C) 飢えに苦しんでいるから

(D) 罠が仕掛けられているから

(89) この人はトラブル解決のため、何を
しようと思っていますか。

(A) 引っ越しする。

(B) 騒音で告訴する。

(C) 防音工事をする。

(D) シリコンを塗りつける。

(90) この人が腹が立つ理由はどれですか。

(A) 反論する余地がないから

(B) 隣の人が大風呂敷を広げたから

(C) 下馬評通りでおもしろくないから

(D) 自分のお金を使って対策を立てる
しかないから

(91) 切符の有効期間について正しいのは
どれですか。

(A) 購入してから2時間有効である。
(B) 片道は有効開始の当日限りである。
(C) 往復は発売日より3日間有効である。
(D) 復路の券片は有効開始の当日限り
である。

(92) 団体割引の条件と割引率はどれくら
いですか。

(A) 8人以上、2割引き
(B) 8人以上、3割引き
(C) 101キロ以上、3割引き
(D) 101キロ以上、5割引き

(93) 学生割引について正しいのはどれで
すか。

(A) 引率者の同行が必要である。
(B) 同一行程だけ割引を適用している。
(C) 日付印を押してもらわなければな
らない。
(D) 駅でスタンプを押してもらう。

(94) 本を読む理由は何ですか。

(A) 楽しい思いをするため
(B) 効果的な睡眠をとるため
(C) 正しい知識を身につけるため
(D) ゆったりした気分になるため

(95) 体を鍛えるために何をしますか。

(A) お手玉
(B) 腕立て伏せ
(C) フラフープ
(D) ハードルリレー

(96) 自己啓発のため、何をしますか。

(A) 技術開発を支援する。
(B) ミニ盆栽を販売する。
(C) 生涯学習活動をする。
(D) 積極的に研究職につく。

(97) この人の職業は何ですか。

(A) 弁護士
(B) デザイナー
(C) カウンセラー
(D) インテリアコーディネーター

(98) この人は就職が決まったとき、どん
な気持でしたか。

    (A) 安心できた。

    (B) おどおどしていた。

    (C) 気持ちがふさいでいた。

    (D) 物足りない気持ちであった。

(99) この人の計画はなんですか。

    (A) 旅行

    (B) 転職

    (C) 入院

    (D) 転勤

(100) この人はどうして憂　なのですか。

    (A) 胃炎にかかったから

    (B) 体がだるくなったから

    (C) ストレスを吹き飛ばしたから

    (D) プレッシャーを感じているから

これで聞き取りの問題は終わります。

受験番号					
姓　　名					

JPT 실전모의고사

JAPANESE

PROFICIENCY

TEST

次の質問１番から１００番までは聞き取りの問題です。
どの問題も１回しか言いませんから、よく聞いて答えを(A), (B), (C), (D)の中から
一つ選びなさい。答えを選んだら、それにあたる答案用紙の記号を黒くぬりつぶしなさい。

Ⅰ　次の写真を見て、その内容と合っている表現を(A)から(D)の中で一つ選びなさい。

例)

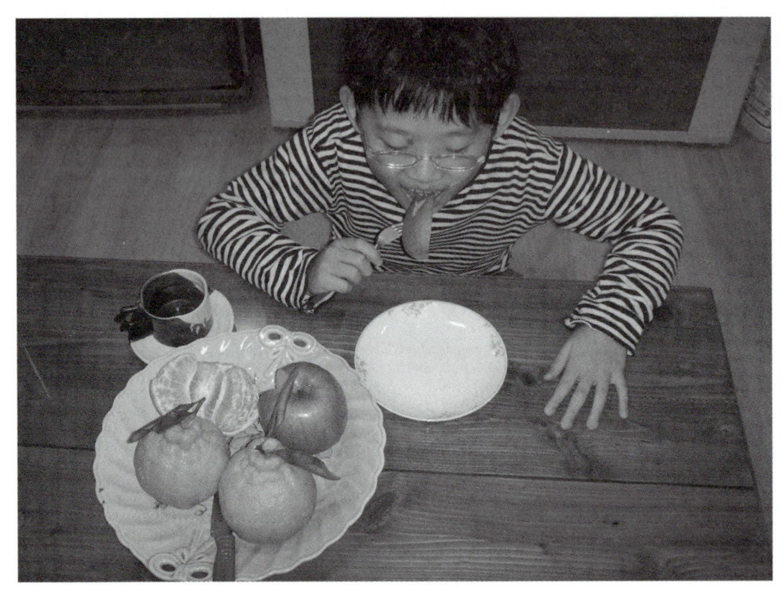

(A) 子どもは横縞のシャツを着ています。

(B) 皿の上の果物に蔓が絡み付いています。

(C) 男の子は両手でフォークを持っています。

(D) フルーツゼリーが盛り付けられています。

■ 答 …… (●), (B), (C), (D)

(1)

(2)

次のページに続く

(3)

(4)

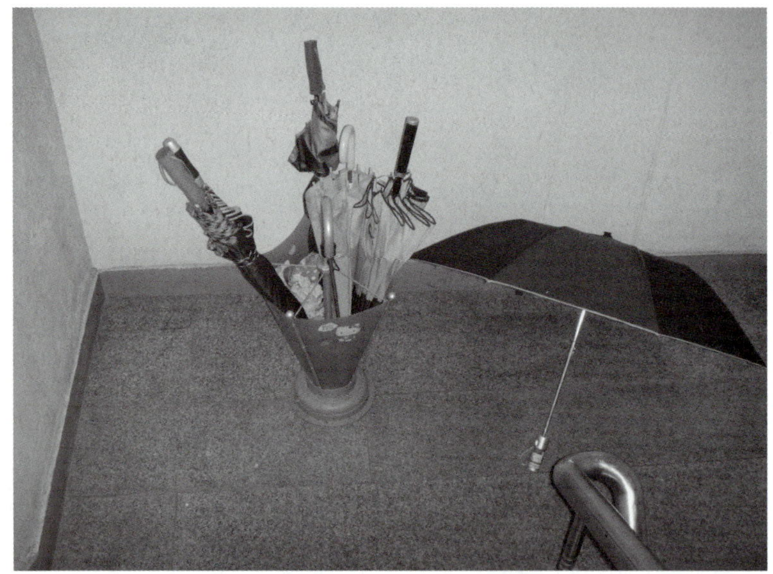

(5)

(6)

(7)

(8)

（9）

（10）

次のページに続く

(11)

(12)

（13）

（14）

（15）

（16）

畑 中	美保子 様	ご披露宴会場	2F	新衣	～15:00
下 方	豊 大 様	挙式会場	4F	神殿	12:00～
泉	有希子 様	ご披露宴会場	2F	瑞雲 西	13:00～15:30
安 藤	聖 史 様	挙式会場	4F	チャペル	12:00～
井 爪	貴 子 様	ご披露宴会場	3F	カトレア	13:00～15:30
山 中	啓 悟 様	挙式会場	4F	神殿	14:00～
後 藤	れ み 様	ご披露宴会場	3F	サルビア	15:00～17:30
星 野	俊 二 様	挙式会場	4F	チャペル	14:00～
島 田	佳 美 様	ご披露宴会場	2F	瑞雲 東	15:00～17:30

（17）

（18）

次のページに続く

（19）

（20）

Ⅱ　次の言葉の返事として、もっとも適したものを(A)から(D)の中で一つ選びなさい。

例）　ボーナスはいかほどでした？

(A) 例年並って感じかな。

(B) はい、手数料は本人負担です。

(C) 運賃は１キロあたり３００円です。

(D) 送料・梱包料は全国一律５００円です。

■ 答 …… (●), (B), (C), (D)

(21)　答えを答案用紙に書き入れなさい。

(22)　答えを答案用紙に書き入れなさい。

(23)　答えを答案用紙に書き入れなさい。

(24)　答えを答案用紙に書き入れなさい。

(25)　答えを答案用紙に書き入れなさい。

(26)　答えを答案用紙に書き入れなさい。

(27)　答えを答案用紙に書き入れなさい。

(28)　答えを答案用紙に書き入れなさい。

(29)　答えを答案用紙に書き入れなさい。

(30)　答えを答案用紙に書き入れなさい。

(31)　答えを答案用紙に書き入れなさい。

(32)　答えを答案用紙に書き入れなさい。

(33)　答えを答案用紙に書き入れなさい。

(34)　答えを答案用紙に書き入れなさい。

(35)　答えを答案用紙に書き入れなさい。

(36)　答えを答案用紙に書き入れなさい。

(37)　答えを答案用紙に書き入れなさい。

(38)　答えを答案用紙に書き入れなさい。

(39)　答えを答案用紙に書き入れなさい。

(40)　答えを答案用紙に書き入れなさい。

(41)　答えを答案用紙に書き入れなさい。

(42)　答えを答案用紙に書き入れなさい。

(43)　答えを答案用紙に書き入れなさい。

(44)　答えを答案用紙に書き入れなさい。

(45)　答えを答案用紙に書き入れなさい。

(46)　答えを答案用紙に書き入れなさい。

(47)　答えを答案用紙に書き入れなさい。

(48)　答えを答案用紙に書き入れなさい。

(49)　答えを答案用紙に書き入れなさい。

(50)　答えを答案用紙に書き入れなさい。

次のページに続く

Ⅲ　次の会話をよく聞いて、後の問いにもっとも適したものを(A)から(D)の中で一つ選びなさい。

例)　　A：この川、蛇のようにくねくねと曲がりくねっている。

　　　　B：うん、静けさの中にも心の動きが表されているね。

　　　　A：これはロマン主義のきっかけとされる絵で、故郷の様子を描いたそうだよ。

　　　　二人は何をしていますか。

　　　　(A) 川釣りの準備

　　　　(B) 水彩画の検索

　　　　(C) 星空鑑賞ツアー

　　　　(D) ギャラリー鑑賞

■ 答 …… (A), (B), (C), (●)

(51) 恵さんは病気に対してどう思っていますか。

　　　(A) 重症だ。

　　　(B) 大したものだ。

　　　(C) 大したことではない。

　　　(D) 病院に入院するほどだ。

(52) 会話の内容に合っているのはどれですか。

　　　(A) 料理の専門家が料理を作った。

　　　(B) 日本料理は香辛料を抜いては語れない。

　　　(C) 味だけではなく料理の見栄えもすばらしい。

　　　(D) この人はだれにも負けないほど料理に自信がある。

(53) 鈴木さんが相談を頼んだのはどれですか。

　　　(A) 育児休暇

　　　(B) 営業の実績

　　　(C) 契約のこと

　　　(D) 仕事の不始末

(54) 会話の内容と合っているのはどれですか。

　　　(A) 携帯を網棚に置いてきた。

　　　(B) 取引先からの電話はかけ直す。

　　　(C) 授業中なので携帯の電源を切った。

　　　(D) お客からの電話は名前を記録する。

(55) ここはどこですか。

    (A) レストラン

    (B) コーヒー問屋

    (C) 横断歩道の前

    (D) ガソリンスタンド

(56) 再契約について正しいのはどれですか。

    (A) 契約期間は4年間である。

    (B) 住宅は1年ごとに再契約をする。

    (C) 再契約には手数料だけは必要ではない。

    (D) 再契約の際も最初の契約と同じ様な書類が要る。

(57) 吉田さんは何をしに行きますか。

    (A) 試験を受けに行く。

    (B) 試験結果を見に行く。

    (C) 試験場を見学しに行く。

    (D) 予想問題集を買いに行く。

(58) 会話の内容と合っているのはどれですか。

    (A) シンガポール経由なので喜んでいる。

    (B) チケットが取れるまで待つしかない。

    (C) 日にちを変更することは気が進まなかった。

    (D) ノンストップのシドニー行きの便を予約した。

(59) 注文したのはどれですか。

    (A) トマトとコーヒー

    (B) カフェモカとチーズ

    (C) スパゲッティとコーヒー

    (D) チーズバーガーとトマト

(60) 田山さんは何をしていますか。

    (A) 天体望遠鏡で土星を見ようとしている。

    (B) みのるさんに宝くじを渡している。

    (C) みのるさんの恋愛相談に乗っている。

    (D) 宝くじを買うのを止めさせようとしている。

(61) 薬の飲み方について正しいのはどれですか。

    (A) 食前に飲む。

    (B) 1回6錠飲む。

    (C) 6時間おきに飲む。

    (D) 食後6時間後に薬を飲む。

(62) なぜ注射を打たないといけないのですか。

    (A) 予防のため

    (B) 栄養補充のため

    (C) 免疫療法のため

    (D) さらに悪くならないため

(63) 中田さんはどう思っていますか。

    (A) 力を合わせて協力するものだ。

    (B) 三人寄れば文殊の知恵が出るものだ。

    (C) 相手変われど主変わらずというものだ。

    (D) 鳩に三枝の礼あり烏に反哺の考ありというものだ。

次のページに続く

(64) フロントに電話した理由は何ですか。

(A) 宿泊変更

(B) 宿泊費の勘定

(C) 宿泊旅行調査

(D) 営業時間延長

(65) お客は何のツアーに決めましたか。

(A) 茶碗展示会

(B) 美術館ツアー

(C) ガーデンツアー

(D) 陶芸体験ツアー

(66) 会話の内容と合っているのはどれですか。

(A) 申込書には印鑑が要る。

(B) 年会費は1回払えば無料となる。

(C) 本カードは15日以内にもらえる。

(D) もらったのは仮メンバーカードである。

(67) 木村さんはどうして一人で映画を見に行くのですか。

(A) 臆病者だから

(B) 集中できるから

(C) 注意がそらされるから

(D) ガールフレンドがいないから

(68) 今の季節はいつですか。

(A) 春

(B) 夏

(C) 秋

(D) 冬

(69) どうして早く行ったほうがいいのですか。

(A) 時間が足りないから

(B) 入場が禁止されているから

(C) ごった返すおそれがあるから

(D) 駐車場が利用できないから

(70) 野口さんの週末はどうでしたか。

(A) 楽しく過ごした。

(B) のんびりしていた。

(C) まずまずな1日を過ごした。

(D) 部屋の中で寝転んでばかりいた。

(71) 二人は何について話していますか。

(A) 新製品を広告すること

(B) 新製品の発売日を延期すること

(C) 新製品の価格をどう決めるかということ

(D) 新製品が発売日に合わせられるかということ

(72) どうして自分のことを情けないと思っていますか。

(A) 最近いいことずくめだから

(B) 先日のプレゼンが悪かったから

(C) 些細なことはメモしていなかったから

(D) 自分の発表のことを忘れていたから

(73) 二人は何をしているところですか。

(A) 大事な仕事をしている。
(B) 出かけようとしている。
(C) 皿の片付けをしている。
(D) クイズを出題している。

(74) 二人は佐々木さんが上司になることをどう思っていますか。

(A) 佐々木さんは最盛期が過ぎたのでだめだ。
(B) 佐々木さんは批判を受けてしかるべきだ。
(C) 佐々木さんが上司になるにふさわしい。
(D) 佐々木さんは契約締結はおろか何も果たせなかった。

(75) 山本さんの不満は何ですか。

(A) 年末年始も働きまくること
(B) 楽しい週末が過ごせたこと
(C) 週末に社員旅行に行くこと
(D) 週末が台無しになったこと

(76) 中田さんはどうして野口さんの頼みを断りましたか。

(A) 昼ならまだしも夜は困るから
(B) 健康診断のため病院に行くから
(C) 中田さんなりに決まった生き方があるから
(D) 冷房をつけっ放しにして、かぜを引いたから

(77) どうしてフォルダーを取ってもらいましたか。

(A) 絵を売っている最中だから
(B) 絵を描いている最中だから
(C) 紙を裂いている最中だから
(D) 字を書いている最中だから

(78) 男の人は新聞の勧誘員に何と言いましたか。

(A) 手が放せないと言った。
(B) 二度と来るなと言った。
(C) 新聞は必要ないと言った。
(D) 警察に電話すると言った。

(79) 会話の内容と合っているのはどれですか。

(A) 娘が皮膚病にかかって心配だ。
(B) 携帯にはいい面と悪い面がある。
(C) 娘が毎日遅く帰ってくるので心配だ。
(D) 物騒な事件が多いので治安が心配だ。

(80) 会話の内容と合っているのはどれですか。

(A) 鈴木さんより鈴木さんの妹の方がさらに美人である。
(B) 鈴木さんの妹より鈴木さんの方がずっと美人である。
(C) 鈴木さんも鈴木さんの姪もものすごい美人である。
(D) 鈴木さんも鈴木さんの妹も美人だが鼻の下が少し長い。

次のページに続く

Ⅳ　次の文章をよく聞いて、後の問いにもっとも適したものを(A)から(D)の中で
　　一つ選びなさい。

例)　　10年ほど前にリンゴの種子を庭に埋め、種子から育てています。リンゴは果実
から取り出してそのまま播種することができないので、取り出した種子を貯蔵し
ておき、発芽させました。庭で肥料もあげていますが、背が高くなるばかりなの
で、ときどき剪定したりします。桃栗3年柿8年といいますが、一度も花を咲か
せませんでした。今年は例年になく葉が茂っていたので期待していたのです。隣
の家のたわわに実ったリンゴを見ては溜息をついています。隣の家の挿し木で育
てたいほどです。

(1) この人のリンゴの育て方はどれですか。

(A) 実生　　　　　　　　　　(B) 生け花
(C) 挿し木　　　　　　　　　(D) 接ぎ木

■ 答 …… (●), (B), (C), (D)

(2) この人はどうして溜息をつきましたか。

(A) 木がうっそうと生い茂ったから
(B) 隣の家の植木が家に進入したから
(C) 隣のリンゴが鈴なりになっていたから
(D) 果樹の種子を貯蔵することができなかったから

■ 答 …… (A), (B), (●), (D)

(81) 沿岸の海域の様子はどうですか。

(A) 海が荒れている。
(B) 波は穏やかである。
(C) 畦に水が溜っている。
(D) 波が防波堤を越えている。

(82) 関東地方の天気はどうなりますか。

(A) 吹雪に見舞われる。
(B) 全国的に雨が降る。
(C) 局地的に雨が降る。
(D) 徐々に霧が濃くなる。

(83) 明日の天気の見込みについて正しい
　　 のはどれですか。

(A) 曇りや雨
(B) 曇りのち晴れ
(C) 晴れのち曇り
(D) 晴れ時々曇り

(84) 今の季節はいつですか。

(A) 春

(B) 夏

(C) 秋

(D) 冬

(85) どうしてガラスがきれいに拭けなかったのですか。

(A) ワイパーが壊れたから

(B) 雨が雪に変わったから

(C) 雪が凍りついてかたくなったから

(D) ワイパーがよく利かなかったから

(86) 何のせいで視界が悪くなったのですか。

(A) 雨

(B) 雪

(C) 霧

(D) 霜

(87) この内容と合っているのはどれですか。

(A) 前に進んで行った。

(B) 雪の中をさ迷った。

(C) うちに引き返した。

(D) いったん止まった。

(88) この人が気を使っているのはどれですか。

(A) 朝食

(B) 昼食

(C) 夕食

(D) おやつ

(89) 1ヶ月に何回買い物しますか。

(A) 1〜2回

(B) 4〜5回

(C) 6〜7回

(D) 9〜10回

(90) 栄養のバランスのため、摂取するものとして挙げていないのはどれですか。

(A) 果物

(B) 雑穀米

(C) 野菜炒め

(D) アーモンド

次のページに続く

(91) ヨーロッパの対策として正しいのは
どれですか。

(A) 似たり寄ったりの銀行を合併した。

(B) 全力を尽くして企業を国有化した。

(C) 国民が預金を引き出すのが停止さ
れた。

(D) 外国銀行に太刀打ちできないとこ
ろは閉鎖した。

(92) 金融危機についてどんな対策が必要
だと述べていますか。

(A) 借金を穴埋めする。

(B) 海外ファンドに投資する。

(C) 銀行の筆頭株主を招待する。

(D) グローバルな対策を立てる。

(93) ヨーロッパの株価はアメリカに比べ
てどうなっていますか。

(A) 為替介入で大暴落した。

(B) 史上最高値を更新した。

(C) 安定した状態になった。

(D) 外国の証券会社が進出した。

(94) 転職意向度がもっとも多かった年齢
層はどれですか。

(A) 20代

(B) 30代

(C) 40代

(D) 50代

(95) 転職する理由は何ですか。

(A) 残業が多いから

(B) 給料に不満があるから

(C) 福祉施設が不足しているから

(D) 仕事がおもしろくないから

(96) 20代の人が思い通り転職できない
のはなぜですか。

(A) 仕事が多いから

(B) 横並び主義だから

(C) 物価が跳ね上がったから

(D) 景気回復が足踏み状態だから

(97) 20代の場合、転職活動の期間は
どれくらいですか。

(A) 約1ヶ月

(B) 約3ヶ月

(C) 約6ヶ月

(D) 約1年間

(98) 団体乗車券購入前に何をしなければな
りませんか。

(A) 人数に応じた予約手続き

(B) 事前予約クーポンの確認

(C) シアター上映の事前予約

(D) インターネット事前予約

(99) 支払いはどこでどうやってしますか。

(A) 家、カード

(B) 家、ポイント

(C) 乗車駅、現金

(D) 乗車駅、携帯

(100) 乗車する前の注意点は何ですか。

(A) 日程と人数を確認すること

(B) ネットで発券作業すること

(C) 最終的に料金を確定すること

(D) 確定人員を駅に知らせること

これで聞き取りの問題は終わります。

[9회]

受験番号						
姓　名						

JPT 실전모의고사

JAPANESE

PROFICIENCY

TEST

次の質問１番から１００番までは聞き取りの問題です。
どの問題も１回しか言いませんから、よく聞いて答えを(A), (B), (C), (D)の中から
一つ選びなさい。答えを選んだら、それにあたる答案用紙の記号を黒くぬりつぶしなさい。

Ⅰ　　次の写真を見て、その内容と合っている表現を(A)から(D)の中で一つ選びなさい。

例)

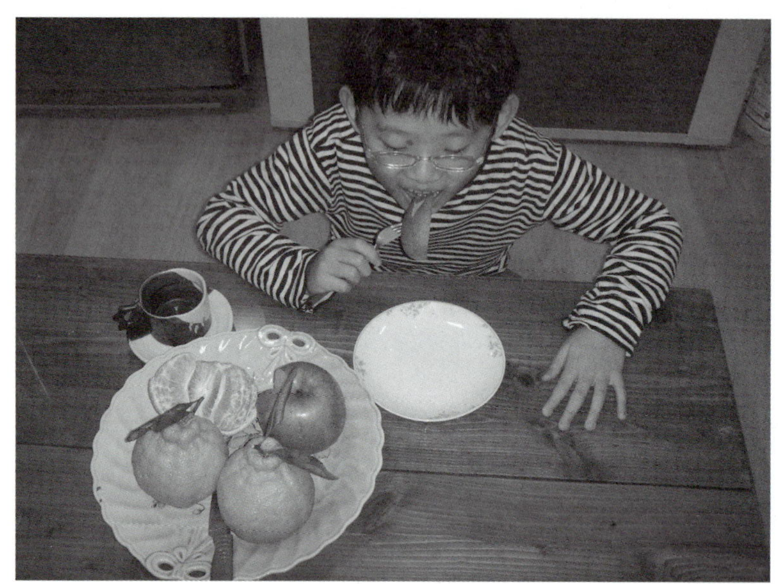

(A) 子どもは横縞のシャツを着ています。

(B) 皿の上の果物に蔓が絡み付いています。

(C) 男の子は両手でフォークを持っています。

(D) フルーツゼリーが盛り付けられています。

■ 答 …… (●), (B), (C), (D)

(1)

(2)

次のページに続く

(3)

(4)

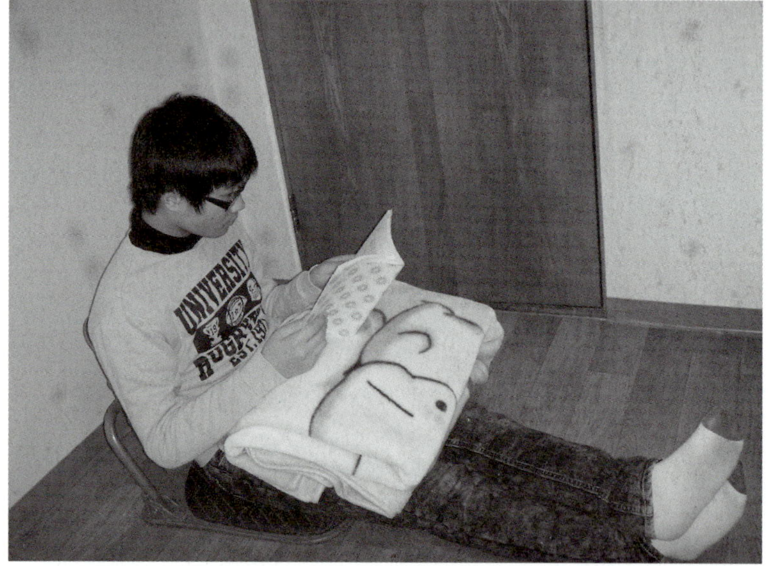

(5)

(6)

次のページに続く

(7)

(8)

(9)

(10)

（11）

（12）

↑ 出口
Exit
東海道線・地下鉄・名鉄線のりかえ
Transfer to Tokaido Line, Subway, Meitetsu Line

(13)

(14)

（15）

（16）

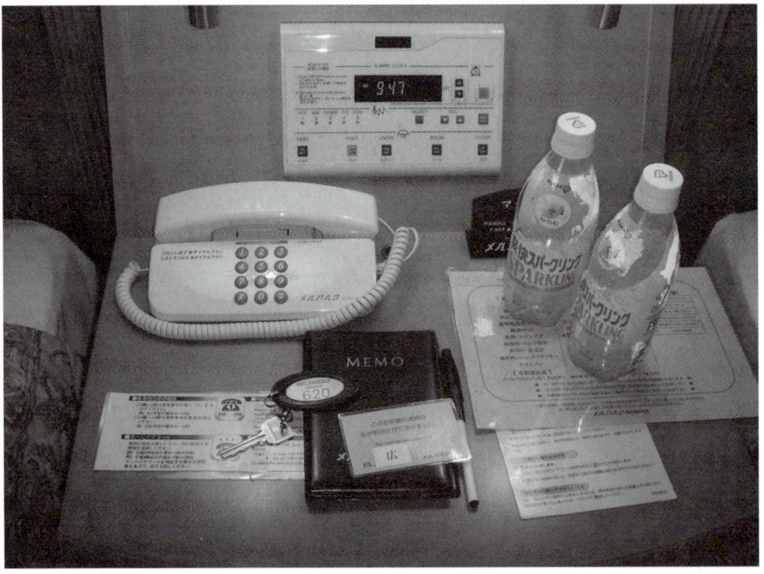

（17）

（18）

次のページに続く

(19)

(20)

Ⅱ　次の言葉の返事として、もっとも適したものを(A)から(D)の中で一つ選びなさい。

例）　ボーナスはいかほどでした？

(A) 例年並って感じかな。

(B) はい、手数料は本人負担です。

(C) 運賃は１キロあたり３００円です。

(D) 送料・梱包料は全国一律５００円です。

■ 答 …… (●), (B), (C), (D)

(21)　答えを答案用紙に書き入れなさい。　　(36)　答えを答案用紙に書き入れなさい。

(22)　答えを答案用紙に書き入れなさい。　　(37)　答えを答案用紙に書き入れなさい。

(23)　答えを答案用紙に書き入れなさい。　　(38)　答えを答案用紙に書き入れなさい。

(24)　答えを答案用紙に書き入れなさい。　　(39)　答えを答案用紙に書き入れなさい。

(25)　答えを答案用紙に書き入れなさい。　　(40)　答えを答案用紙に書き入れなさい。

(26)　答えを答案用紙に書き入れなさい。　　(41)　答えを答案用紙に書き入れなさい。

(27)　答えを答案用紙に書き入れなさい。　　(42)　答えを答案用紙に書き入れなさい。

(28)　答えを答案用紙に書き入れなさい。　　(43)　答えを答案用紙に書き入れなさい。

(29)　答えを答案用紙に書き入れなさい。　　(44)　答えを答案用紙に書き入れなさい。

(30)　答えを答案用紙に書き入れなさい。　　(45)　答えを答案用紙に書き入れなさい。

(31)　答えを答案用紙に書き入れなさい。　　(46)　答えを答案用紙に書き入れなさい。

(32)　答えを答案用紙に書き入れなさい。　　(47)　答えを答案用紙に書き入れなさい。

(33)　答えを答案用紙に書き入れなさい。　　(48)　答えを答案用紙に書き入れなさい。

(34)　答えを答案用紙に書き入れなさい。　　(49)　答えを答案用紙に書き入れなさい。

(35)　答えを答案用紙に書き入れなさい。　　(50)　答えを答案用紙に書き入れなさい。

次のページに続く

Ⅲ　次の会話をよく聞いて、後の問いにもっとも適したものを(A)から(D)の中で
　　一つ選びなさい。

例)　　A：この川、蛇のようにくねくねと曲がりくねっている。
　　　　　B：うん、静けさの中にも心の動きが表されているね。
　　　　　A：これはロマン主義のきっかけとされる絵で、故郷の様子を描いたそうだよ。

　　　　　二人は何をしていますか。
　　　　　(A) 川釣りの準備
　　　　　(B) 水彩画の検索
　　　　　(C) 星空鑑賞ツアー
　　　　　(D) ギャラリー鑑賞

■ 答 …… (A), (B), (C), (●)

(51)　二人は何をしていますか。

(A) にらめっこ
(B) 品質の評価
(C) 値段の取引
(D) 預金の引き出し

(52)　これから二人は何をしますか。

(A) 搭乗時間確認
(B) 搭乗ゲート確認
(C) 荷物の重量測定
(D) 経由地と到着地の調査

(53)　何をしていますか。

(A) お皿を洗っている。
(B) ままごとをしている。
(C) 棒を振りまわしている。
(D) 食器を整理整頓している。

(54)　どうして延長ができなくなりましたか。

(A) 予約済みの本だから
(B) 返却期限が過ぎたから
(C) 仮予約が入っていたから
(D) 電話で延長手続きができないから

(55)　会話の内容と合っているのはどれで
　　　すか。

(A) 先輩にゲーム機を借りている。
(B) 先輩に絶交宣言をしようとする。
(C) ゲーム機を返してもらえなかった。
(D) 先輩に何も話せなくて逆切れされた。

(56) なぜ海に行けないのですか。

(A) 疲れているから

(B) 追加試験があるから

(C) 結婚式に参加するから

(D) 親戚の見舞いに行くから

(57) お客さんは何をしようとしていますか。

(A) 貴重品を預ける。

(B) 荷物を取りに行く。

(C) 飛行機を乗り換える。

(D) ロンドン行きの便を予約する。

(58) 斉藤さんはどうしますか。

(A) 斉藤さんは女の人に伝言を残す。

(B) 斉藤さんは畑中さんに電話をかける。

(C) 斉藤さんはミーティングに参加する。

(D) 斉藤さんは畑中さんに電話をかけさ
せる。

(59) 支払いはどれにしますか。

(A) 現金、一括払い

(B) カード、月払い

(C) カード、一括払い

(D) 振り込み、一括払い

(60) 会話の内容と合っているのはどれで
すか。

(A) 昨日買ったばかりの携帯だ。

(B) 電源スイッチをオフにした。

(C) バッテリーが切れてしまった。

(D) 小田さんと連絡が取れなかった。

(61) 男の人はどんな問題を抱えていますか。

(A) 文盲

(B) 難読症

(C) 目が悪いこと

(D) 耳が痛いこと

(62) この人は何をしていますか。

(A) 免税店でピザを買っている。

(B) ビザ延長を申し込んでいる。

(C) 外国人登録証を作っている。

(D) 在学証明書を発行している。

(63) 明日、相乗りができない理由は何で
すか。

(A) 子どもを登校させるため

(B) 学校の給食を担当するため

(C) 週休二日制が広まったため

(D) 週2回は修学相談を実施するため

(64) フロントに頼んだのは何ですか。

(A) 部屋の変更と掃除

(B) 服のアイロンと掃除

(C) ルームサービスと洗濯

(D) モーニングコールと掃除

(65) どうして温泉ルートをパスしようと
していますか。

(A) 弁当を買うため

(B) 値段を安くするため

(C) ランチタイムがないため

(D) 温泉でブランチを食べるため

次のページに続く

(66) 何のゲームを見ていますか。

(A) 野球
(B) テニス
(C) サッカー
(D) バレーボール

(67) 中村さんはどんな気持ちを抱えているのですか。

(A) 我を忘れた。
(B) 笑いを噛み殺した。
(C) 飽き飽きした。
(D) 輪に輪をかけた。

(68) 佐藤さんは森さんに何を言いたがっていますか。

(A) 秘密はもれやすい。
(B) 噂をすれば影がさす。
(C) 壁に耳あり障子に目あり。
(D) デマを飛ばしてはいけない。

(69) 京子さんはどうして困っていますか。

(A) 課長がいやだから
(B) ミスを見逃したから
(C) 機嫌を取るのが大変だから
(D) 課長からの呼び出しがあったから

(70) 男の人が女の人に言いたがっているのはどれですか。

(A) 人間として借りたまでだ。
(B) 罠にはまってはいけない。
(C) 人は疑うべからざるものだ。
(D) お金を貸しても差し支えない。

(71) きょうは何曜日ですか。

(A) 月曜日
(B) 火曜日
(C) 水曜日
(D) 日曜日

(72) のぞみさんが病院に通ってる理由はどれですか。

(A) 捻挫
(B) 骨折
(C) 喘息
(D) 水虫

(73) ボールを返してもらえたのはなぜですか。

(A) 名前が書いてあるから
(B) 選手の顔が描いてあるから
(C) クラブのマークがあるから
(D) ボールの形が変わっているから

(74) 何について話していますか。

(A) 人生について
(B) 苦労について
(C) 大工について
(D) 就職について

(75) 下田さんの考えはどれですか。

(A) 予算を削減する見通しである。
(B) 削減中の賃金の水準を元に戻す。
(C) 最盛期を迎えて充員してくれる。
(D) 増員などあり得ないことである。

(76) 園田さんはチケットをどうしましたか。

    (A) 姪に譲渡した。

    (B) 記念に保存した。

    (C) 由子に奪われた。

    (D) 友人に売ってしまった。

(77) 授業はどうなりましたか。

    (A) 文法1回、作文1回、会話2回

    (B) テスト1回、会話2回、読解1回

    (C) 読解1回、会話2回、テスト1回

    (D) 文法1回、会話2回、聞き取り1回

(78) 予約したのはどれですか

    (A) 中国行きの午前の便

    (B) 中国行きの午後の便

    (C) 中国行きの夜中の便

    (D) 中国行きの夜明の便

(79) 男の人は2年前と比べて何キロ太りましたか。

    (A) 3キロ

    (B) 5キロ

    (C) 8キロ

    (D) 13キロ

(80) 父親はどう思っていますか。

    (A) 通話料金が高いから携帯は買わない。

    (B) 塾で夜遅くなるときのために携帯は必要である。

    (C) ネット上の多くの危険から子どもを守るべきである。

    (D) 子どもに欲しがるものを何でも買い与えるのはよくない。

Ⅳ　次の文章をよく聞いて、後の問いにもっとも適したものを(A)から(D)の中で
　　一つ選びなさい。

例)　　　10年ほど前にリンゴの種子を庭に埋め、種子から育てています。リンゴは果実
　　　から取り出してそのまま播種することができないので、取り出した種子を貯蔵し
　　　ておき、発芽させました。庭で肥料もあげていますが、背が高くなるばかりなの
　　　で、ときどき剪定したりします。桃栗3年柿8年といいますが、一度も花を咲か
　　　せませんでした。今年は例年になく葉が茂っていたので期待していたのです。隣
　　　の家のたわわに実ったリンゴを見ては溜息をついています。隣の家の挿し木で育
　　　てたいほどです。

　　　(1) この人のリンゴの育て方はどれですか。

　　　　　(A) 実生　　　　　　　　　(B) 生け花
　　　　　(C) 挿し木　　　　　　　　(D) 接ぎ木

■ 答 …… (●), (B), (C), (D)

　　　(2) この人はどうして溜息をつきましたか。

　　　　　(A) 木がうっそうと生い茂ったから
　　　　　(B) 隣の家の植木が家に進入したから
　　　　　(C) 隣のリンゴが鈴なりになっていたから
　　　　　(D) 果樹の種子を貯蔵することができなかったから

■ 答 …… (A), (B), (●), (D)

(81) 災害の原因は何ですか。

　　　(A) 地震

　　　(B) 雪崩

　　　(C) 山崩れ

　　　(D) 集中豪雨

(82) 提供した救援物資はどれですか。

　　　(A) 水

　　　(B) 毛皮

　　　(C) 車椅子

　　　(D) 段ボール

(83) 避難民の大多数の職業は何ですか。

　　　(A) 漁師

　　　(B) 海女

　　　(C) 農業

　　　(D) 大工

(84) この人のストレスの原因は何ですか。

(A) 親孝行

(B) 人間関係

(C) 会社の仕事

(D) リストラの噂

(85) 上司に何を頼もうとしていますか。

(A) 有給休暇

(B) 残業手当

(C) 育児手当

(D) 人事異動

(86) この人はどんなタイプですか。

(A) うぬぼれが強い。

(B) 文学の才能がある。

(C) よく横やりを入れる。

(D) 正直すぎて気がきかない。

(87) 何の日を迎えていますか。

(A) 元日

(B) 七夕

(C) お盆

(D) 端午

(88) この人の両親は何をしていますか。

(A) 豆腐屋

(B) 下宿屋

(C) 飲食店

(D) パチンコ

(89) この人にとって現在の住まいの不便
な点は何ですか。

(A) 食事の時間を守ること

(B) 水道光熱費の費用と食費

(C) 友達を招待できないこと

(D) 自由に出かけにくいこと

(90) この人の希望は何ですか。

(A) 一人で暮すこと

(B) 実家に泊まりに行くこと

(C) 思う存分買い物をすること

(D) 水入らずの旅行に行くこと

次のページに続く

(91) 交通の状況について正しく説明した
のはどれですか。

    (A) 主要道路が閉鎖された。

    (B) 通勤ラッシュで困っている。

    (C) 交通の流れが円滑になった。

    (D) 悪天候のため予定運行できなかった。

(92) どうして国防省は兵士を派遣しまし
たか。

    (A) 堤防建設

    (B) 軍事訓練

    (C) 除雪作業

    (D) スト鎮圧

(93) 一部の空港が閉鎖された理由は何で
すか。

    (A) 暴雪

    (B) 大雨

    (C) 火山

    (D) 酸性雨

(94) 女性専用車の設置について正しいの
はどれですか。

    (A) 過半数が賛成している。

    (B) 反対がわずかながら上回っている。

    (C) 反対が賛成を大きく引き離している。

    (D) 賛成と反対の意見がほぼ同数を占
めている。

(95) 男の人が賛成する理由はどれですか。

    (A) 老化防止に役立つから

    (B) 日焼け防止に役立つから

    (C) えん罪防止に役立つから

    (D) 取引事故防止に役立つから

(96) 男の人が反対する理由はどれですか。

    (A) 他の車両がガラガラであるから

    (B) 夫婦や家族が一緒に乗れないから

    (C) 混雑時に女性専用車両は空いてい
るから

    (D) 女性専用車両は満員状態になって
いたから

(97) 水産庁は何の通知を出しましたか。

 (A) 水の濃度表示

 (B) 取引時刻表示

 (C) 販売価格表示

 (D) 魚介類の産地表示

(98) なぜ通知を出したのですか。

 (A) 海外の取引先をチェックするため

 (B) 正確な情報を消費者に提供するため

 (C) 取引先に信頼性をアピールするため

 (D) 環境問題の深刻さを取り上げるため

(99) サンマの表示方法はどれですか。

 (A) 避難区域を表示する。

 (B) さんまの漁獲量を表示する。

 (C) 水域区分図に従って表示する。

 (D) 太平洋沿岸の7道県を表示する。

(100) 水産庁の放射性物質検査の説明として正しいのはどれですか。

 (A) 週に1回検査する。

 (B) 100ごとに土壌分析をする。

 (C) 広域を回遊する魚種は毎日検査する。

 (D) 1魚種あたり10キログラム以上採取して検査する。

これで聞き取りの問題は終わります。

受験番号						
姓　　名						

JPT 실전모의고사

JAPANESE
PROFICIENCY
TEST

次の質問１番から１００番までは聞き取りの問題です。
どの問題も１回しか言いませんから、よく聞いて答えを(A), (B), (C), (D)の中から
一つ選びなさい。答えを選んだら、それにあたる答案用紙の記号を黒くぬりつぶしなさい。

Ⅰ　次の写真を見て、その内容と合っている表現を(A)から(D)の中で一つ選びなさい。

例）

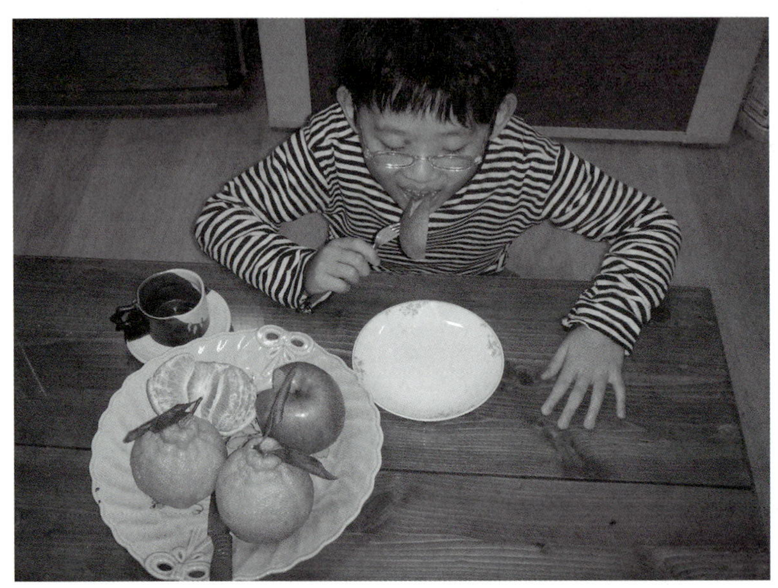

(A) 子どもは横縞のシャツを着ています。

(B) 皿の上の果物に蔓が絡み付いています。

(C) 男の子は両手でフォークを持っています。

(D) フルーツゼリーが盛り付けられています。

■ 答 …… (●), (B), (C), (D)

(1)

(2)

(3)

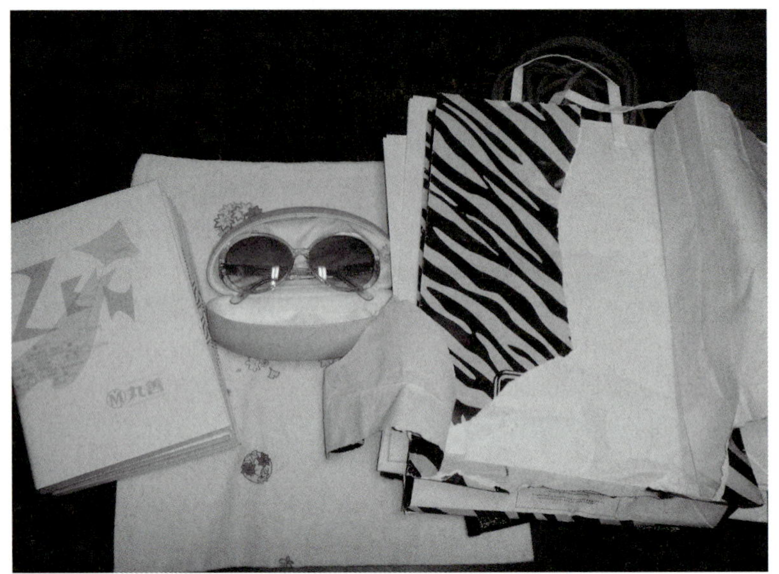

(4)

(5)

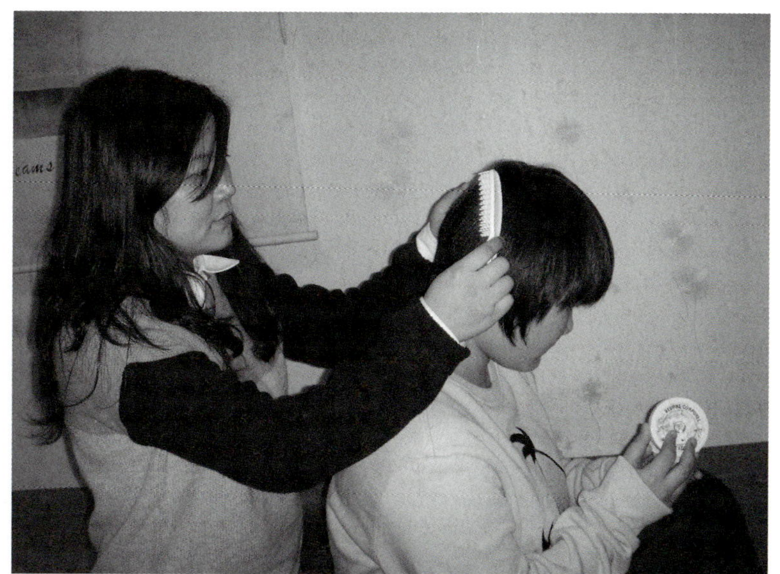

(6)

次のページに続く 263

(7)

(8)

(9)

（10）

次のページに続く

（11）

（12）

（13）

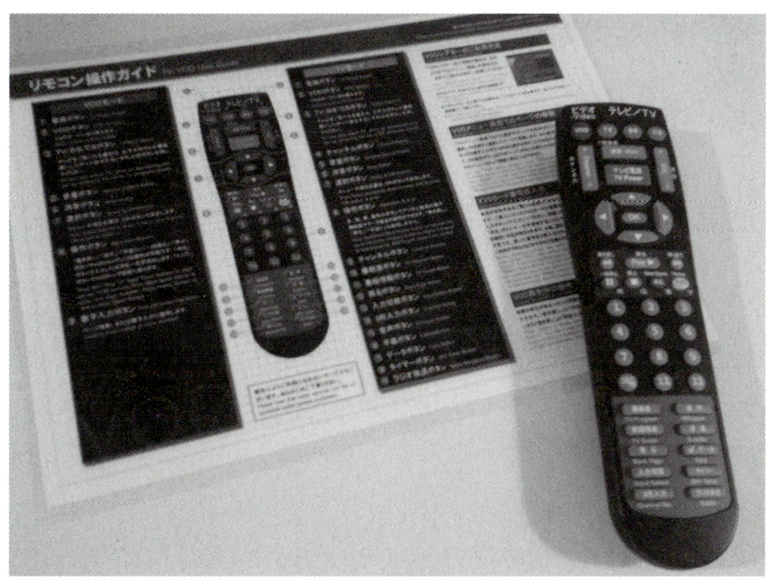

（14）

（15）

（16）

（17）

（18）

10회

次のページに続く

（19）

（20）

Ⅱ　次の言葉の返事として、もっとも適したものを(A)から(D)の中で一つ選びなさい。

　　例)　　ボーナスはいかほどでした？

　　　　　(A) 例年並って感じかな。

　　　　　(B) はい、手数料は本人負担です。

　　　　　(C) 運賃は１キロあたり３００円です。

　　　　　(D) 送料・梱包料は全国一律５００円です。

■ 答 …… (●), (B), (C), (D)

(21)　答えを答案用紙に書き入れなさい。　　(36)　答えを答案用紙に書き入れなさい。

(22)　答えを答案用紙に書き入れなさい。　　(37)　答えを答案用紙に書き入れなさい。

(23)　答えを答案用紙に書き入れなさい。　　(38)　答えを答案用紙に書き入れなさい。

(24)　答えを答案用紙に書き入れなさい。　　(39)　答えを答案用紙に書き入れなさい。

(25)　答えを答案用紙に書き入れなさい。　　(40)　答えを答案用紙に書き入れなさい。

(26)　答えを答案用紙に書き入れなさい。　　(41)　答えを答案用紙に書き入れなさい。

(27)　答えを答案用紙に書き入れなさい。　　(42)　答えを答案用紙に書き入れなさい。

(28)　答えを答案用紙に書き入れなさい。　　(43)　答えを答案用紙に書き入れなさい。

(29)　答えを答案用紙に書き入れなさい。　　(44)　答えを答案用紙に書き入れなさい。

(30)　答えを答案用紙に書き入れなさい。　　(45)　答えを答案用紙に書き入れなさい。

(31)　答えを答案用紙に書き入れなさい。　　(46)　答えを答案用紙に書き入れなさい。

(32)　答えを答案用紙に書き入れなさい。　　(47)　答えを答案用紙に書き入れなさい。

(33)　答えを答案用紙に書き入れなさい。　　(48)　答えを答案用紙に書き入れなさい。

(34)　答えを答案用紙に書き入れなさい。　　(49)　答えを答案用紙に書き入れなさい。

(35)　答えを答案用紙に書き入れなさい。　　(50)　答えを答案用紙に書き入れなさい。

次のページに続く

Ⅲ　次の会話をよく聞いて、後の問いにもっとも適したものを(A)から(D)の中で
　　一つ選びなさい。

例)　　　A：この川、蛇のようにくねくねと曲がりくねっている。

　　　　　　B：うん、静けさの中にも心の動きが表されているね。

　　　　　　A：これはロマン主義のきっかけとされる絵で、故郷の様子を描いたそうだよ。

　　　　　　二人は何をしていますか。

　　　　　　(A) 川釣りの準備

　　　　　　(B) 水彩画の検索

　　　　　　(C) 星空鑑賞ツアー

　　　　　　(D) ギャラリー鑑賞

■ 答 …… (A), (B), (C), (●)

(51)　なぜ帰らなければなりませんか。

　　　(A) 妥協する仕事あるから

　　　(B) 伝えるべき技術があるから

　　　(C) やりかけの仕事があるから

　　　(D) ほかの家に配達するものがあるから

(52)　どうして料金を支払いましたか。

　　　(A) 重量超過

　　　(B) 割引率ミス

　　　(C) マイレージ不足

　　　(D) 航空料金の引上

(53)　話題になっているのはどれですか。

　　　(A) 飲酒測定

　　　(B) 適正飲酒量

　　　(C) 飲酒運転罰金

　　　(D) 飲酒量の算出

(54)　携帯の目覚ましが鳴らなかった理由
　　　は何ですか。

　　　(A) 電源が切れたから

　　　(B) 無音状態に設定したから

　　　(C) 通常のマナーモードにしたから

　　　(D) バイブの音が聞こえなかったから

(55)　試合の結果はどうなりましたか。

　　　(A) 逆転負けされた。

　　　(B) 四苦八苦して、勝った。

　　　(C) 優勝候補らしく軽く勝った。

　　　(D) 清水さんがチームの顔を汚した。

(56)　入江さんをどう思っていますか。

　　　(A) お転婆

　　　(B) 頑張り屋

　　　(C) せせこましい人

　　　(D) きちんとしている人

(57) この人はなぜ一泊するしかないのですか。

(A) 観光するため
(B) 電車を乗り越したため
(C) 会議が 8 時にあったため
(D) 時間に間に合わなかったため

(58) 伊藤さんはデザートをどう思っていますか。

(A) デザートは体に良くないと思う。
(B) おいしそうだが食べきれないと思う。
(C) 食べたくなるほどおいしそうだと思う。
(D) お腹がいっぱいなので断るべきだと思う。

(59) 男の人が買おうとしているのは何ですか。

(A) 7 号の婚約指輪
(B) 7 月の指輪セット
(C) 売れ行きのいい指輪
(D) ダイヤモンドのペンダント

(60) 男の人はこれから何をしますか。

(A) 割引をねだる。
(B) お守り宝石セットを見せる。
(C) イヤリングをカードで支払う。
(D) ベストセレクションを選定する。

(61) 医者はどう思っていますか。

(A) 弘法も筆の誤り
(B) 亀の甲より年の功
(C) あつものにこりて膾を吹く
(D) 赤子の手を捻るようなもの

(62) 松村さんはこれから何をしますか。

(A) ミーティングをする。
(B) プレゼンを仕上げる。
(C) 昼ごはんを食べに行く。
(D) プレゼントを準備する。

(63) 二人は何を準備しているところですか。

(A) 大掃除
(B) ブランチ
(C) マット運動
(D) ピクニック

(64) フロントに頼んだのは何ですか。

(A) 朝 8 時に起こすこと
(B) 書き込みを削除すること
(C) 8 時に朝食を持ってくること
(D) 起きるまで電話を鳴らすこと

(65) 二人は何をしているところですか。

(A) 荷造りをしている。
(B) 口座を開いている。
(C) 漬けものを作っている。
(D) セーターを編んでいる。

次のページに続く

(66) 春香さんは何をしに行きますか。

(A) 食べに行く。

(B) 運動しに行く。

(C) サイズを測りに行く。

(D) 会話の練習をしに行く。

(67) 手に入れたチケットはどれですか。

(A) あさっての８時の分２枚

(B) ２－Ｂと２－Ｅの座席番号

(C) あしたの８時のチケット

(D) あさっての夕方ぐらいの仮チケット

(68) ゆかさんは何で困っていますか。

(A) 蛍光灯

(B) パソコン

(C) かぜウィルス

(D) タイプライター

(69) インクカートリッジの交換方法について正しいのはどれですか。

(A) カバーを閉めて赤いコードを抜く。

(B) ２つの赤いコードの中で、大きなものを抜く。

(C) レバーを引くと新しいカートリッジが出る。

(D) 赤いコードが２つあるが、下の小さなものを抜く。

(70) 診察予約はいつ頃になりましたか。

(A) 午前４時

(B) 午前９時

(C) 午後４時

(D) 午後９時

(71) 鈴木さんは会社に戻ったら何をすべきですか。

(A) 山田さんに会いに行く。

(B) 発注数量を再確認する。

(C) たまった発注を処理する。

(D) 受注先にあいさつに出かける。

(72) 取引はどうなりましたか。

(A) ドル建てで合意した。

(B) 見込み金額で調整した。

(C) 一応見送ることにした。

(D) 納得させるに十分な契約をした。

(73) この人はどこに行きますか。

(A) 学校

(B) 葬式

(C) 結婚式

(D) 買い物

(74) ヒロミさんは釣りをどう思っていますか。

(A) つまらないと思っている。

(B) ドキドキすると思っている。

(C) 同情を禁じ得ないと思っている。

(D) 釣らんがため、手を尽くすべきだと思っている。

(75) 課長は石田さんの意見についてどう
しましたか。

(A) 生産性を高めるため石田さんの声
に耳を傾けた。

(B) 不景気のこととて、石田さんの提
案に賛成した。

(C) 石田さんが問題を起こさないよう
に注意喚起した。

(D) 石田さんの提案に同意して従来の
方法に従うことにした。

(76) イホリさんはどんな気持ちでしたか。

(A) 有頂天だった。

(B) 非常に驚いた。

(C) がっかりした。

(D) 涙ぐんでいた。

(77) 上司が店員に忠告したのはどれですか。

(A) お客に謝罪すること

(B) 上司の攻撃をかわすこと

(C) お客の言葉をさりげなくあしらう
こと

(D) 反論にかこつけて、言い訳をする
こと

(78) 二人はどういう関係ですか。

(A) 上司と部下

(B) 教師と学生

(C) 医者と患者

(D) 店員と顧客

(79) 会話の内容と合っているのはどれで
すか。

(A) 女の人は音痴だ。

(B) 男の人は足が棒になった。

(C) 男の人は方向感覚がない。

(D) 女の人は目的地の目星が付いている。

(80) 男の人はなぜ電話しましたか。

(A) 湯沸かし器を買うため

(B) 電話がかかりにくいため

(C) 以前買った物が故障したため

(D) ケータイが故障したため

Ⅳ　次の文章をよく聞いて、後の問いにもっとも適したものを(A)から(D)の中で
　　一つ選びなさい。

　例)　　　10年ほど前にリンゴの種子を庭に埋め、種子から育てています。リンゴは果実
　　　　から取り出してそのまま播種することができないので、取り出した種子を貯蔵し
　　　　ておき、発芽させました。庭で肥料もあげていますが、背が高くなるばかりなの
　　　　で、ときどき剪定したりします。桃栗3年柿8年といいますが、一度も花を咲か
　　　　せませんでした。今年は例年になく葉が茂っていたので期待していたのです。隣
　　　　の家のたわわに実ったリンゴを見ては溜息をついています。隣の家の挿し木で育
　　　　てたいほどです。

　　　(1) この人のリンゴの育て方はどれですか。

　　　　　(A) 実生　　　　　　　　　(B) 生け花
　　　　　(C) 挿し木　　　　　　　　(D) 接ぎ木

■ 答 …… (●), (B), (C), (D)

　　　(2) この人はどうして溜息をつきましたか。

　　　　　(A) 木がうっそうと生い茂ったから
　　　　　(B) 隣の家の植木が家に進入したから
　　　　　(C) 隣のリンゴが鈴なりになっていたから
　　　　　(D) 果樹の種子を貯蔵することができなかったから

■ 答 …… (A), (B), (●), (D)

(81) 引っ越す前に調べるのはどれですか。

　　(A) 遊園地
　　(B) 福祉事務所
　　(C) 区役所の位置
　　(D) 近隣生活施設

(82) どうして最高な気持ちになりましたか。

　　(A) 思う存分食べられるから
　　(B) 窓から夜景が見えるから
　　(C) 窓越しに海が見えるから
　　(D) サーフィンが楽しめるから

(83) 本文の内容と合っているのはどれで
　　すか。

　　(A) 今年引っ越しをしたばかりである。
　　(B) 毎日ポストカードを購入している。
　　(C) 海を見て絵を描くのが趣味である。
　　(D) 海まで徒歩10分の所に住んでいる。

(84) この人は旅行の費用をどう思ってい
ますか。

    (A) 手頃であった。

    (B) 高い気がした。

    (C) 激安であった。

    (D) ぼられたと思う。

(85) 旅行先はどこですか。

    (A) 西南アジア

    (B) 東北アジア

    (C) 中央アジア

    (D) 東南アジア

(86) 旅行について正しいのはどれですか。

    (A) 華麗なる中世の町並みに目を奪わ
       れた。

    (B) ヨーロッパの風情が色濃く残って
       いた。

    (C) アジア料理の美味しさが味わえな
       かった。

    (D) 夜はオプショナルツアーを利用し
       て買物をした。

(87) この人の総旅行期間はどれですか。

    (A) 2泊3日

    (B) 3泊4日

    (C) 4泊5日

    (D) 5泊6日

(88) どうして物をまとめて買うのですか。

    (A) いざという時のため

    (B) 非常食が足りないから

    (C) 送料が無料になるから

    (D) 備え有れば憂い無しというから

(89) この人は主に何を買っておきますか。

    (A) 水

    (B) 石けん

    (C) ソース

    (D) ティッシュ

(90) 買いだめをする物の中で最も多かっ
たのはどれですか。

    (A) カップ麺

    (B) 粉ミルク

    (C) 台所洗剤

    (D) ペーパー類

(91) プラゴミが資源として再生される
ためにすべきことはどれですか。

  (A) 曜日を守ってゴミを出すこと

  (B) 決められたゴミ袋を用いること

  (C) 家庭内できちんと分別すること

  (D) 土に穴を掘って生ゴミを埋めること

(92) ゴミの分別において、どんなことが
面倒ですか。

  (A) 指定袋を買うこと

  (B) 決められた場所に出すこと

  (C) 自宅で紙類のゴミを燃やすこと

  (D) ゴミをいちいち細かく分別すること

(93) リサイクルセンターで何をしますか。

  (A) 再分別をする。

  (B) スプレー缶にラップを巻く。

  (C) ゴミをパッケージングする。

  (D) プラゴミに紙のシールを貼る。

(94) ７８７の燃費はどうなりましたか。

  (A) 燃費がよくなった。

  (B) 燃費は２％改善した。

  (C) 燃費は変わらなかった。

  (D) 燃費が悪くなる傾向がある。

(95) ７６７についての説明のうち、正しい
のはどれですか。

  (A) 中型機である。

  (B) 超ジャンボ機である。

  (C) リサイクルした旅客機である。

  (D) 大型機並みの最新鋭機である。

(96) ７８７の導入によって、期待されるの
は何ですか。

  (A) 採算が合わなくなる。

  (B) 空いている座席が増えるおそれが
ある。

  (C) 計画された路線戦略が廃止される
ことになる。

  (D) 路線が需要に応じて開設される可
能性がある。

(97) 引き上げ勧告は困難と判断した理由
　　　は何ですか。

　　　(A) 補償額が増加するから

　　　(B) 育児手当がなくなるから

　　　(C) 民間の状況が厳しいから

　　　(D) ボーナス支給が廃止されるから

(98) 国家公務員の月給はどうなりますか。

　　　(A) 給料をさげる。

　　　(B) 平均賃金を引き上げる。

　　　(C) 初乗り運賃を値上げする。

　　　(D) 値上げは棚上げ状態にある。

(99) 定年はどうなりますか。

　　　(A) 段階的に減らす。

　　　(B) 段階的に引き上げる。

　　　(C) 定年年齢を引き下げる。

　　　(D) 定年退職を増やす。

(100) 勧告の基礎資料となるのは何ですか。

　　　(A) 補償額実態調査

　　　(B) 雇用保険実態調査

　　　(C) 公共保険実態調査

　　　(D) 民間給与実態調査

これで聞き取りの問題は終わります。

ANSWER SHEET　다락원　JPT 1000제 청해편　실전모의고사 ＿＿＿회

聴 解 （Part I~IV）

No.	ANSWER	No.	ANSWER	No.	ANSWER	No.	ANSWER	No.	ANSWER
1	Ⓐ Ⓑ Ⓒ Ⓓ	21	Ⓐ Ⓑ Ⓒ Ⓓ	41	Ⓐ Ⓑ Ⓒ Ⓓ	61	Ⓐ Ⓑ Ⓒ Ⓓ	81	Ⓐ Ⓑ Ⓒ Ⓓ
2	Ⓐ Ⓑ Ⓒ Ⓓ	22	Ⓐ Ⓑ Ⓒ Ⓓ	42	Ⓐ Ⓑ Ⓒ Ⓓ	62	Ⓐ Ⓑ Ⓒ Ⓓ	82	Ⓐ Ⓑ Ⓒ Ⓓ
3	Ⓐ Ⓑ Ⓒ Ⓓ	23	Ⓐ Ⓑ Ⓒ Ⓓ	43	Ⓐ Ⓑ Ⓒ Ⓓ	63	Ⓐ Ⓑ Ⓒ Ⓓ	83	Ⓐ Ⓑ Ⓒ Ⓓ
4	Ⓐ Ⓑ Ⓒ Ⓓ	24	Ⓐ Ⓑ Ⓒ Ⓓ	44	Ⓐ Ⓑ Ⓒ Ⓓ	64	Ⓐ Ⓑ Ⓒ Ⓓ	84	Ⓐ Ⓑ Ⓒ Ⓓ
5	Ⓐ Ⓑ Ⓒ Ⓓ	25	Ⓐ Ⓑ Ⓒ Ⓓ	45	Ⓐ Ⓑ Ⓒ Ⓓ	65	Ⓐ Ⓑ Ⓒ Ⓓ	85	Ⓐ Ⓑ Ⓒ Ⓓ
6	Ⓐ Ⓑ Ⓒ Ⓓ	26	Ⓐ Ⓑ Ⓒ Ⓓ	46	Ⓐ Ⓑ Ⓒ Ⓓ	66	Ⓐ Ⓑ Ⓒ Ⓓ	86	Ⓐ Ⓑ Ⓒ Ⓓ
7	Ⓐ Ⓑ Ⓒ Ⓓ	27	Ⓐ Ⓑ Ⓒ Ⓓ	47	Ⓐ Ⓑ Ⓒ Ⓓ	67	Ⓐ Ⓑ Ⓒ Ⓓ	87	Ⓐ Ⓑ Ⓒ Ⓓ
8	Ⓐ Ⓑ Ⓒ Ⓓ	28	Ⓐ Ⓑ Ⓒ Ⓓ	48	Ⓐ Ⓑ Ⓒ Ⓓ	68	Ⓐ Ⓑ Ⓒ Ⓓ	88	Ⓐ Ⓑ Ⓒ Ⓓ
9	Ⓐ Ⓑ Ⓒ Ⓓ	29	Ⓐ Ⓑ Ⓒ Ⓓ	49	Ⓐ Ⓑ Ⓒ Ⓓ	69	Ⓐ Ⓑ Ⓒ Ⓓ	89	Ⓐ Ⓑ Ⓒ Ⓓ
10	Ⓐ Ⓑ Ⓒ Ⓓ	30	Ⓐ Ⓑ Ⓒ Ⓓ	50	Ⓐ Ⓑ Ⓒ Ⓓ	70	Ⓐ Ⓑ Ⓒ Ⓓ	90	Ⓐ Ⓑ Ⓒ Ⓓ
11	Ⓐ Ⓑ Ⓒ Ⓓ	31	Ⓐ Ⓑ Ⓒ Ⓓ	51	Ⓐ Ⓑ Ⓒ Ⓓ	71	Ⓐ Ⓑ Ⓒ Ⓓ	91	Ⓐ Ⓑ Ⓒ Ⓓ
12	Ⓐ Ⓑ Ⓒ Ⓓ	32	Ⓐ Ⓑ Ⓒ Ⓓ	52	Ⓐ Ⓑ Ⓒ Ⓓ	72	Ⓐ Ⓑ Ⓒ Ⓓ	92	Ⓐ Ⓑ Ⓒ Ⓓ
13	Ⓐ Ⓑ Ⓒ Ⓓ	33	Ⓐ Ⓑ Ⓒ Ⓓ	53	Ⓐ Ⓑ Ⓒ Ⓓ	73	Ⓐ Ⓑ Ⓒ Ⓓ	93	Ⓐ Ⓑ Ⓒ Ⓓ
14	Ⓐ Ⓑ Ⓒ Ⓓ	34	Ⓐ Ⓑ Ⓒ Ⓓ	54	Ⓐ Ⓑ Ⓒ Ⓓ	74	Ⓐ Ⓑ Ⓒ Ⓓ	94	Ⓐ Ⓑ Ⓒ Ⓓ
15	Ⓐ Ⓑ Ⓒ Ⓓ	35	Ⓐ Ⓑ Ⓒ Ⓓ	55	Ⓐ Ⓑ Ⓒ Ⓓ	75	Ⓐ Ⓑ Ⓒ Ⓓ	95	Ⓐ Ⓑ Ⓒ Ⓓ
16	Ⓐ Ⓑ Ⓒ Ⓓ	36	Ⓐ Ⓑ Ⓒ Ⓓ	56	Ⓐ Ⓑ Ⓒ Ⓓ	76	Ⓐ Ⓑ Ⓒ Ⓓ	96	Ⓐ Ⓑ Ⓒ Ⓓ
17	Ⓐ Ⓑ Ⓒ Ⓓ	37	Ⓐ Ⓑ Ⓒ Ⓓ	57	Ⓐ Ⓑ Ⓒ Ⓓ	77	Ⓐ Ⓑ Ⓒ Ⓓ	97	Ⓐ Ⓑ Ⓒ Ⓓ
18	Ⓐ Ⓑ Ⓒ Ⓓ	38	Ⓐ Ⓑ Ⓒ Ⓓ	58	Ⓐ Ⓑ Ⓒ Ⓓ	78	Ⓐ Ⓑ Ⓒ Ⓓ	98	Ⓐ Ⓑ Ⓒ Ⓓ
19	Ⓐ Ⓑ Ⓒ Ⓓ	39	Ⓐ Ⓑ Ⓒ Ⓓ	59	Ⓐ Ⓑ Ⓒ Ⓓ	79	Ⓐ Ⓑ Ⓒ Ⓓ	99	Ⓐ Ⓑ Ⓒ Ⓓ
20	Ⓐ Ⓑ Ⓒ Ⓓ	40	Ⓐ Ⓑ Ⓒ Ⓓ	60	Ⓐ Ⓑ Ⓒ Ⓓ	80	Ⓐ Ⓑ Ⓒ Ⓓ	100	Ⓐ Ⓑ Ⓒ Ⓓ

読 解 （Part V~VIII）

No.	ANSWER	No.	ANSWER	No.	ANSWER	No.	ANSWER	No.	ANSWER
101	Ⓐ Ⓑ Ⓒ Ⓓ	121	Ⓐ Ⓑ Ⓒ Ⓓ	141	Ⓐ Ⓑ Ⓒ Ⓓ	161	Ⓐ Ⓑ Ⓒ Ⓓ	181	Ⓐ Ⓑ Ⓒ Ⓓ
102	Ⓐ Ⓑ Ⓒ Ⓓ	122	Ⓐ Ⓑ Ⓒ Ⓓ	142	Ⓐ Ⓑ Ⓒ Ⓓ	162	Ⓐ Ⓑ Ⓒ Ⓓ	182	Ⓐ Ⓑ Ⓒ Ⓓ
103	Ⓐ Ⓑ Ⓒ Ⓓ	123	Ⓐ Ⓑ Ⓒ Ⓓ	143	Ⓐ Ⓑ Ⓒ Ⓓ	163	Ⓐ Ⓑ Ⓒ Ⓓ	183	Ⓐ Ⓑ Ⓒ Ⓓ
104	Ⓐ Ⓑ Ⓒ Ⓓ	124	Ⓐ Ⓑ Ⓒ Ⓓ	144	Ⓐ Ⓑ Ⓒ Ⓓ	164	Ⓐ Ⓑ Ⓒ Ⓓ	184	Ⓐ Ⓑ Ⓒ Ⓓ
105	Ⓐ Ⓑ Ⓒ Ⓓ	125	Ⓐ Ⓑ Ⓒ Ⓓ	145	Ⓐ Ⓑ Ⓒ Ⓓ	165	Ⓐ Ⓑ Ⓒ Ⓓ	185	Ⓐ Ⓑ Ⓒ Ⓓ
106	Ⓐ Ⓑ Ⓒ Ⓓ	126	Ⓐ Ⓑ Ⓒ Ⓓ	146	Ⓐ Ⓑ Ⓒ Ⓓ	166	Ⓐ Ⓑ Ⓒ Ⓓ	186	Ⓐ Ⓑ Ⓒ Ⓓ
107	Ⓐ Ⓑ Ⓒ Ⓓ	127	Ⓐ Ⓑ Ⓒ Ⓓ	147	Ⓐ Ⓑ Ⓒ Ⓓ	167	Ⓐ Ⓑ Ⓒ Ⓓ	187	Ⓐ Ⓑ Ⓒ Ⓓ
108	Ⓐ Ⓑ Ⓒ Ⓓ	128	Ⓐ Ⓑ Ⓒ Ⓓ	148	Ⓐ Ⓑ Ⓒ Ⓓ	168	Ⓐ Ⓑ Ⓒ Ⓓ	188	Ⓐ Ⓑ Ⓒ Ⓓ
109	Ⓐ Ⓑ Ⓒ Ⓓ	129	Ⓐ Ⓑ Ⓒ Ⓓ	149	Ⓐ Ⓑ Ⓒ Ⓓ	169	Ⓐ Ⓑ Ⓒ Ⓓ	189	Ⓐ Ⓑ Ⓒ Ⓓ
110	Ⓐ Ⓑ Ⓒ Ⓓ	130	Ⓐ Ⓑ Ⓒ Ⓓ	150	Ⓐ Ⓑ Ⓒ Ⓓ	170	Ⓐ Ⓑ Ⓒ Ⓓ	190	Ⓐ Ⓑ Ⓒ Ⓓ
111	Ⓐ Ⓑ Ⓒ Ⓓ	131	Ⓐ Ⓑ Ⓒ Ⓓ	151	Ⓐ Ⓑ Ⓒ Ⓓ	171	Ⓐ Ⓑ Ⓒ Ⓓ	191	Ⓐ Ⓑ Ⓒ Ⓓ
112	Ⓐ Ⓑ Ⓒ Ⓓ	132	Ⓐ Ⓑ Ⓒ Ⓓ	152	Ⓐ Ⓑ Ⓒ Ⓓ	172	Ⓐ Ⓑ Ⓒ Ⓓ	192	Ⓐ Ⓑ Ⓒ Ⓓ
113	Ⓐ Ⓑ Ⓒ Ⓓ	133	Ⓐ Ⓑ Ⓒ Ⓓ	153	Ⓐ Ⓑ Ⓒ Ⓓ	173	Ⓐ Ⓑ Ⓒ Ⓓ	193	Ⓐ Ⓑ Ⓒ Ⓓ
114	Ⓐ Ⓑ Ⓒ Ⓓ	134	Ⓐ Ⓑ Ⓒ Ⓓ	154	Ⓐ Ⓑ Ⓒ Ⓓ	174	Ⓐ Ⓑ Ⓒ Ⓓ	194	Ⓐ Ⓑ Ⓒ Ⓓ
115	Ⓐ Ⓑ Ⓒ Ⓓ	135	Ⓐ Ⓑ Ⓒ Ⓓ	155	Ⓐ Ⓑ Ⓒ Ⓓ	175	Ⓐ Ⓑ Ⓒ Ⓓ	195	Ⓐ Ⓑ Ⓒ Ⓓ
116	Ⓐ Ⓑ Ⓒ Ⓓ	136	Ⓐ Ⓑ Ⓒ Ⓓ	156	Ⓐ Ⓑ Ⓒ Ⓓ	176	Ⓐ Ⓑ Ⓒ Ⓓ	196	Ⓐ Ⓑ Ⓒ Ⓓ
117	Ⓐ Ⓑ Ⓒ Ⓓ	137	Ⓐ Ⓑ Ⓒ Ⓓ	157	Ⓐ Ⓑ Ⓒ Ⓓ	177	Ⓐ Ⓑ Ⓒ Ⓓ	197	Ⓐ Ⓑ Ⓒ Ⓓ
118	Ⓐ Ⓑ Ⓒ Ⓓ	138	Ⓐ Ⓑ Ⓒ Ⓓ	158	Ⓐ Ⓑ Ⓒ Ⓓ	178	Ⓐ Ⓑ Ⓒ Ⓓ	198	Ⓐ Ⓑ Ⓒ Ⓓ
119	Ⓐ Ⓑ Ⓒ Ⓓ	139	Ⓐ Ⓑ Ⓒ Ⓓ	159	Ⓐ Ⓑ Ⓒ Ⓓ	179	Ⓐ Ⓑ Ⓒ Ⓓ	199	Ⓐ Ⓑ Ⓒ Ⓓ
120	Ⓐ Ⓑ Ⓒ Ⓓ	140	Ⓐ Ⓑ Ⓒ Ⓓ	160	Ⓐ Ⓑ Ⓒ Ⓓ	180	Ⓐ Ⓑ Ⓒ Ⓓ	200	Ⓐ Ⓑ Ⓒ Ⓓ

1. 필기도구: 연필, 샤프펜슬, 지우개
2. 답안은 반드시 원안에 진하게 칠하여 주십시오.
3. 본인의 작성 오류로 인한 불이익은 책임지지 않습니다.
4. 답안 기재 요령:　GOOD - ● / BAD - ⊙, ⊗, ⊘

본 답안지는 컴퓨터로 처리되므로 답을 오독하지 않도록 정확히 기재하십시오.
시험이 끝난 후, 이 답안지는 문제지와 함께 반드시 제출해야 합니다.

ANSWER SHEET 다락원 JPT 1000제 청해편 실전모의고사 ＿＿회

聽 解 (Part I~IV)

No.	ANSWER	No.	ANSWER	No.	ANSWER	No.	ANSWER	No.	ANSWER
1	Ⓐ Ⓑ Ⓒ Ⓓ	21	Ⓐ Ⓑ Ⓒ Ⓓ	41	Ⓐ Ⓑ Ⓒ Ⓓ	61	Ⓐ Ⓑ Ⓒ Ⓓ	81	Ⓐ Ⓑ Ⓒ Ⓓ
2	Ⓐ Ⓑ Ⓒ Ⓓ	22	Ⓐ Ⓑ Ⓒ Ⓓ	42	Ⓐ Ⓑ Ⓒ Ⓓ	62	Ⓐ Ⓑ Ⓒ Ⓓ	82	Ⓐ Ⓑ Ⓒ Ⓓ
3	Ⓐ Ⓑ Ⓒ Ⓓ	23	Ⓐ Ⓑ Ⓒ Ⓓ	43	Ⓐ Ⓑ Ⓒ Ⓓ	63	Ⓐ Ⓑ Ⓒ Ⓓ	83	Ⓐ Ⓑ Ⓒ Ⓓ
4	Ⓐ Ⓑ Ⓒ Ⓓ	24	Ⓐ Ⓑ Ⓒ Ⓓ	44	Ⓐ Ⓑ Ⓒ Ⓓ	64	Ⓐ Ⓑ Ⓒ Ⓓ	84	Ⓐ Ⓑ Ⓒ Ⓓ
5	Ⓐ Ⓑ Ⓒ Ⓓ	25	Ⓐ Ⓑ Ⓒ Ⓓ	45	Ⓐ Ⓑ Ⓒ Ⓓ	65	Ⓐ Ⓑ Ⓒ Ⓓ	85	Ⓐ Ⓑ Ⓒ Ⓓ
6	Ⓐ Ⓑ Ⓒ Ⓓ	26	Ⓐ Ⓑ Ⓒ Ⓓ	46	Ⓐ Ⓑ Ⓒ Ⓓ	66	Ⓐ Ⓑ Ⓒ Ⓓ	86	Ⓐ Ⓑ Ⓒ Ⓓ
7	Ⓐ Ⓑ Ⓒ Ⓓ	27	Ⓐ Ⓑ Ⓒ Ⓓ	47	Ⓐ Ⓑ Ⓒ Ⓓ	67	Ⓐ Ⓑ Ⓒ Ⓓ	87	Ⓐ Ⓑ Ⓒ Ⓓ
8	Ⓐ Ⓑ Ⓒ Ⓓ	28	Ⓐ Ⓑ Ⓒ Ⓓ	48	Ⓐ Ⓑ Ⓒ Ⓓ	68	Ⓐ Ⓑ Ⓒ Ⓓ	88	Ⓐ Ⓑ Ⓒ Ⓓ
9	Ⓐ Ⓑ Ⓒ Ⓓ	29	Ⓐ Ⓑ Ⓒ Ⓓ	49	Ⓐ Ⓑ Ⓒ Ⓓ	69	Ⓐ Ⓑ Ⓒ Ⓓ	89	Ⓐ Ⓑ Ⓒ Ⓓ
10	Ⓐ Ⓑ Ⓒ Ⓓ	30	Ⓐ Ⓑ Ⓒ Ⓓ	50	Ⓐ Ⓑ Ⓒ Ⓓ	70	Ⓐ Ⓑ Ⓒ Ⓓ	90	Ⓐ Ⓑ Ⓒ Ⓓ
11	Ⓐ Ⓑ Ⓒ Ⓓ	31	Ⓐ Ⓑ Ⓒ Ⓓ	51	Ⓐ Ⓑ Ⓒ Ⓓ	71	Ⓐ Ⓑ Ⓒ Ⓓ	91	Ⓐ Ⓑ Ⓒ Ⓓ
12	Ⓐ Ⓑ Ⓒ Ⓓ	32	Ⓐ Ⓑ Ⓒ Ⓓ	52	Ⓐ Ⓑ Ⓒ Ⓓ	72	Ⓐ Ⓑ Ⓒ Ⓓ	92	Ⓐ Ⓑ Ⓒ Ⓓ
13	Ⓐ Ⓑ Ⓒ Ⓓ	33	Ⓐ Ⓑ Ⓒ Ⓓ	53	Ⓐ Ⓑ Ⓒ Ⓓ	73	Ⓐ Ⓑ Ⓒ Ⓓ	93	Ⓐ Ⓑ Ⓒ Ⓓ
14	Ⓐ Ⓑ Ⓒ Ⓓ	34	Ⓐ Ⓑ Ⓒ Ⓓ	54	Ⓐ Ⓑ Ⓒ Ⓓ	74	Ⓐ Ⓑ Ⓒ Ⓓ	94	Ⓐ Ⓑ Ⓒ Ⓓ
15	Ⓐ Ⓑ Ⓒ Ⓓ	35	Ⓐ Ⓑ Ⓒ Ⓓ	55	Ⓐ Ⓑ Ⓒ Ⓓ	75	Ⓐ Ⓑ Ⓒ Ⓓ	95	Ⓐ Ⓑ Ⓒ Ⓓ
16	Ⓐ Ⓑ Ⓒ Ⓓ	36	Ⓐ Ⓑ Ⓒ Ⓓ	56	Ⓐ Ⓑ Ⓒ Ⓓ	76	Ⓐ Ⓑ Ⓒ Ⓓ	96	Ⓐ Ⓑ Ⓒ Ⓓ
17	Ⓐ Ⓑ Ⓒ Ⓓ	37	Ⓐ Ⓑ Ⓒ Ⓓ	57	Ⓐ Ⓑ Ⓒ Ⓓ	77	Ⓐ Ⓑ Ⓒ Ⓓ	97	Ⓐ Ⓑ Ⓒ Ⓓ
18	Ⓐ Ⓑ Ⓒ Ⓓ	38	Ⓐ Ⓑ Ⓒ Ⓓ	58	Ⓐ Ⓑ Ⓒ Ⓓ	78	Ⓐ Ⓑ Ⓒ Ⓓ	98	Ⓐ Ⓑ Ⓒ Ⓓ
19	Ⓐ Ⓑ Ⓒ Ⓓ	39	Ⓐ Ⓑ Ⓒ Ⓓ	59	Ⓐ Ⓑ Ⓒ Ⓓ	79	Ⓐ Ⓑ Ⓒ Ⓓ	99	Ⓐ Ⓑ Ⓒ Ⓓ
20	Ⓐ Ⓑ Ⓒ Ⓓ	40	Ⓐ Ⓑ Ⓒ Ⓓ	60	Ⓐ Ⓑ Ⓒ Ⓓ	80	Ⓐ Ⓑ Ⓒ Ⓓ	100	Ⓐ Ⓑ Ⓒ Ⓓ

讀 解 (Part V~VIII)

No.	ANSWER	No.	ANSWER	No.	ANSWER	No.	ANSWER	No.	ANSWER
101	Ⓐ Ⓑ Ⓒ Ⓓ	121	Ⓐ Ⓑ Ⓒ Ⓓ	141	Ⓐ Ⓑ Ⓒ Ⓓ	161	Ⓐ Ⓑ Ⓒ Ⓓ	181	Ⓐ Ⓑ Ⓒ Ⓓ
102	Ⓐ Ⓑ Ⓒ Ⓓ	122	Ⓐ Ⓑ Ⓒ Ⓓ	142	Ⓐ Ⓑ Ⓒ Ⓓ	162	Ⓐ Ⓑ Ⓒ Ⓓ	182	Ⓐ Ⓑ Ⓒ Ⓓ
103	Ⓐ Ⓑ Ⓒ Ⓓ	123	Ⓐ Ⓑ Ⓒ Ⓓ	143	Ⓐ Ⓑ Ⓒ Ⓓ	163	Ⓐ Ⓑ Ⓒ Ⓓ	183	Ⓐ Ⓑ Ⓒ Ⓓ
104	Ⓐ Ⓑ Ⓒ Ⓓ	124	Ⓐ Ⓑ Ⓒ Ⓓ	144	Ⓐ Ⓑ Ⓒ Ⓓ	164	Ⓐ Ⓑ Ⓒ Ⓓ	184	Ⓐ Ⓑ Ⓒ Ⓓ
105	Ⓐ Ⓑ Ⓒ Ⓓ	125	Ⓐ Ⓑ Ⓒ Ⓓ	145	Ⓐ Ⓑ Ⓒ Ⓓ	165	Ⓐ Ⓑ Ⓒ Ⓓ	185	Ⓐ Ⓑ Ⓒ Ⓓ
106	Ⓐ Ⓑ Ⓒ Ⓓ	126	Ⓐ Ⓑ Ⓒ Ⓓ	146	Ⓐ Ⓑ Ⓒ Ⓓ	166	Ⓐ Ⓑ Ⓒ Ⓓ	186	Ⓐ Ⓑ Ⓒ Ⓓ
107	Ⓐ Ⓑ Ⓒ Ⓓ	127	Ⓐ Ⓑ Ⓒ Ⓓ	147	Ⓐ Ⓑ Ⓒ Ⓓ	167	Ⓐ Ⓑ Ⓒ Ⓓ	187	Ⓐ Ⓑ Ⓒ Ⓓ
108	Ⓐ Ⓑ Ⓒ Ⓓ	128	Ⓐ Ⓑ Ⓒ Ⓓ	148	Ⓐ Ⓑ Ⓒ Ⓓ	168	Ⓐ Ⓑ Ⓒ Ⓓ	188	Ⓐ Ⓑ Ⓒ Ⓓ
109	Ⓐ Ⓑ Ⓒ Ⓓ	129	Ⓐ Ⓑ Ⓒ Ⓓ	149	Ⓐ Ⓑ Ⓒ Ⓓ	169	Ⓐ Ⓑ Ⓒ Ⓓ	189	Ⓐ Ⓑ Ⓒ Ⓓ
110	Ⓐ Ⓑ Ⓒ Ⓓ	130	Ⓐ Ⓑ Ⓒ Ⓓ	150	Ⓐ Ⓑ Ⓒ Ⓓ	170	Ⓐ Ⓑ Ⓒ Ⓓ	190	Ⓐ Ⓑ Ⓒ Ⓓ
111	Ⓐ Ⓑ Ⓒ Ⓓ	131	Ⓐ Ⓑ Ⓒ Ⓓ	151	Ⓐ Ⓑ Ⓒ Ⓓ	171	Ⓐ Ⓑ Ⓒ Ⓓ	191	Ⓐ Ⓑ Ⓒ Ⓓ
112	Ⓐ Ⓑ Ⓒ Ⓓ	132	Ⓐ Ⓑ Ⓒ Ⓓ	152	Ⓐ Ⓑ Ⓒ Ⓓ	172	Ⓐ Ⓑ Ⓒ Ⓓ	192	Ⓐ Ⓑ Ⓒ Ⓓ
113	Ⓐ Ⓑ Ⓒ Ⓓ	133	Ⓐ Ⓑ Ⓒ Ⓓ	153	Ⓐ Ⓑ Ⓒ Ⓓ	173	Ⓐ Ⓑ Ⓒ Ⓓ	193	Ⓐ Ⓑ Ⓒ Ⓓ
114	Ⓐ Ⓑ Ⓒ Ⓓ	134	Ⓐ Ⓑ Ⓒ Ⓓ	154	Ⓐ Ⓑ Ⓒ Ⓓ	174	Ⓐ Ⓑ Ⓒ Ⓓ	194	Ⓐ Ⓑ Ⓒ Ⓓ
115	Ⓐ Ⓑ Ⓒ Ⓓ	135	Ⓐ Ⓑ Ⓒ Ⓓ	155	Ⓐ Ⓑ Ⓒ Ⓓ	175	Ⓐ Ⓑ Ⓒ Ⓓ	195	Ⓐ Ⓑ Ⓒ Ⓓ
116	Ⓐ Ⓑ Ⓒ Ⓓ	136	Ⓐ Ⓑ Ⓒ Ⓓ	156	Ⓐ Ⓑ Ⓒ Ⓓ	176	Ⓐ Ⓑ Ⓒ Ⓓ	196	Ⓐ Ⓑ Ⓒ Ⓓ
117	Ⓐ Ⓑ Ⓒ Ⓓ	137	Ⓐ Ⓑ Ⓒ Ⓓ	157	Ⓐ Ⓑ Ⓒ Ⓓ	177	Ⓐ Ⓑ Ⓒ Ⓓ	197	Ⓐ Ⓑ Ⓒ Ⓓ
118	Ⓐ Ⓑ Ⓒ Ⓓ	138	Ⓐ Ⓑ Ⓒ Ⓓ	158	Ⓐ Ⓑ Ⓒ Ⓓ	178	Ⓐ Ⓑ Ⓒ Ⓓ	198	Ⓐ Ⓑ Ⓒ Ⓓ
119	Ⓐ Ⓑ Ⓒ Ⓓ	139	Ⓐ Ⓑ Ⓒ Ⓓ	159	Ⓐ Ⓑ Ⓒ Ⓓ	179	Ⓐ Ⓑ Ⓒ Ⓓ	199	Ⓐ Ⓑ Ⓒ Ⓓ
120	Ⓐ Ⓑ Ⓒ Ⓓ	140	Ⓐ Ⓑ Ⓒ Ⓓ	160	Ⓐ Ⓑ Ⓒ Ⓓ	180	Ⓐ Ⓑ Ⓒ Ⓓ	200	Ⓐ Ⓑ Ⓒ Ⓓ

1. 필기도구: 연필, 샤프펜슬, 지우개
2. 답안은 반드시 원안에 진하게 칠하여 주십시오.
3. 본인의 작성 오류로 인한 불이익은 책임지지 않습니다.
4. 답안 기재 요령: GOOD - ● / BAD - ⊙, ⊗, ∅

본 답안지는 컴퓨터로 처리되므로 답을 오독하지 않도록 정확히 기재하십시오.
시험이 끝난 후, 이 답안지는 문제지와 함께 반드시 제출해야 합니다.

ANSWER SHEET 다락원 **JPT 1000**제 청해편 실전모의고사 ___회

聴 解 （Part I～IV）

No.	ANSWER	No.	ANSWER	No.	ANSWER	No.	ANSWER	No.	ANSWER
1	Ⓐ Ⓑ Ⓒ Ⓓ	21	Ⓐ Ⓑ Ⓒ Ⓓ	41	Ⓐ Ⓑ Ⓒ Ⓓ	61	Ⓐ Ⓑ Ⓒ Ⓓ	81	Ⓐ Ⓑ Ⓒ Ⓓ
2	Ⓐ Ⓑ Ⓒ Ⓓ	22	Ⓐ Ⓑ Ⓒ Ⓓ	42	Ⓐ Ⓑ Ⓒ Ⓓ	62	Ⓐ Ⓑ Ⓒ Ⓓ	82	Ⓐ Ⓑ Ⓒ Ⓓ
3	Ⓐ Ⓑ Ⓒ Ⓓ	23	Ⓐ Ⓑ Ⓒ Ⓓ	43	Ⓐ Ⓑ Ⓒ Ⓓ	63	Ⓐ Ⓑ Ⓒ Ⓓ	83	Ⓐ Ⓑ Ⓒ Ⓓ
4	Ⓐ Ⓑ Ⓒ Ⓓ	24	Ⓐ Ⓑ Ⓒ Ⓓ	44	Ⓐ Ⓑ Ⓒ Ⓓ	64	Ⓐ Ⓑ Ⓒ Ⓓ	84	Ⓐ Ⓑ Ⓒ Ⓓ
5	Ⓐ Ⓑ Ⓒ Ⓓ	25	Ⓐ Ⓑ Ⓒ Ⓓ	45	Ⓐ Ⓑ Ⓒ Ⓓ	65	Ⓐ Ⓑ Ⓒ Ⓓ	85	Ⓐ Ⓑ Ⓒ Ⓓ
6	Ⓐ Ⓑ Ⓒ Ⓓ	26	Ⓐ Ⓑ Ⓒ Ⓓ	46	Ⓐ Ⓑ Ⓒ Ⓓ	66	Ⓐ Ⓑ Ⓒ Ⓓ	86	Ⓐ Ⓑ Ⓒ Ⓓ
7	Ⓐ Ⓑ Ⓒ Ⓓ	27	Ⓐ Ⓑ Ⓒ Ⓓ	47	Ⓐ Ⓑ Ⓒ Ⓓ	67	Ⓐ Ⓑ Ⓒ Ⓓ	87	Ⓐ Ⓑ Ⓒ Ⓓ
8	Ⓐ Ⓑ Ⓒ Ⓓ	28	Ⓐ Ⓑ Ⓒ Ⓓ	48	Ⓐ Ⓑ Ⓒ Ⓓ	68	Ⓐ Ⓑ Ⓒ Ⓓ	88	Ⓐ Ⓑ Ⓒ Ⓓ
9	Ⓐ Ⓑ Ⓒ Ⓓ	29	Ⓐ Ⓑ Ⓒ Ⓓ	49	Ⓐ Ⓑ Ⓒ Ⓓ	69	Ⓐ Ⓑ Ⓒ Ⓓ	89	Ⓐ Ⓑ Ⓒ Ⓓ
10	Ⓐ Ⓑ Ⓒ Ⓓ	30	Ⓐ Ⓑ Ⓒ Ⓓ	50	Ⓐ Ⓑ Ⓒ Ⓓ	70	Ⓐ Ⓑ Ⓒ Ⓓ	90	Ⓐ Ⓑ Ⓒ Ⓓ
11	Ⓐ Ⓑ Ⓒ Ⓓ	31	Ⓐ Ⓑ Ⓒ Ⓓ	51	Ⓐ Ⓑ Ⓒ Ⓓ	71	Ⓐ Ⓑ Ⓒ Ⓓ	91	Ⓐ Ⓑ Ⓒ Ⓓ
12	Ⓐ Ⓑ Ⓒ Ⓓ	32	Ⓐ Ⓑ Ⓒ Ⓓ	52	Ⓐ Ⓑ Ⓒ Ⓓ	72	Ⓐ Ⓑ Ⓒ Ⓓ	92	Ⓐ Ⓑ Ⓒ Ⓓ
13	Ⓐ Ⓑ Ⓒ Ⓓ	33	Ⓐ Ⓑ Ⓒ Ⓓ	53	Ⓐ Ⓑ Ⓒ Ⓓ	73	Ⓐ Ⓑ Ⓒ Ⓓ	93	Ⓐ Ⓑ Ⓒ Ⓓ
14	Ⓐ Ⓑ Ⓒ Ⓓ	34	Ⓐ Ⓑ Ⓒ Ⓓ	54	Ⓐ Ⓑ Ⓒ Ⓓ	74	Ⓐ Ⓑ Ⓒ Ⓓ	94	Ⓐ Ⓑ Ⓒ Ⓓ
15	Ⓐ Ⓑ Ⓒ Ⓓ	35	Ⓐ Ⓑ Ⓒ Ⓓ	55	Ⓐ Ⓑ Ⓒ Ⓓ	75	Ⓐ Ⓑ Ⓒ Ⓓ	95	Ⓐ Ⓑ Ⓒ Ⓓ
16	Ⓐ Ⓑ Ⓒ Ⓓ	36	Ⓐ Ⓑ Ⓒ Ⓓ	56	Ⓐ Ⓑ Ⓒ Ⓓ	76	Ⓐ Ⓑ Ⓒ Ⓓ	96	Ⓐ Ⓑ Ⓒ Ⓓ
17	Ⓐ Ⓑ Ⓒ Ⓓ	37	Ⓐ Ⓑ Ⓒ Ⓓ	57	Ⓐ Ⓑ Ⓒ Ⓓ	77	Ⓐ Ⓑ Ⓒ Ⓓ	97	Ⓐ Ⓑ Ⓒ Ⓓ
18	Ⓐ Ⓑ Ⓒ Ⓓ	38	Ⓐ Ⓑ Ⓒ Ⓓ	58	Ⓐ Ⓑ Ⓒ Ⓓ	78	Ⓐ Ⓑ Ⓒ Ⓓ	98	Ⓐ Ⓑ Ⓒ Ⓓ
19	Ⓐ Ⓑ Ⓒ Ⓓ	39	Ⓐ Ⓑ Ⓒ Ⓓ	59	Ⓐ Ⓑ Ⓒ Ⓓ	79	Ⓐ Ⓑ Ⓒ Ⓓ	99	Ⓐ Ⓑ Ⓒ Ⓓ
20	Ⓐ Ⓑ Ⓒ Ⓓ	40	Ⓐ Ⓑ Ⓒ Ⓓ	60	Ⓐ Ⓑ Ⓒ Ⓓ	80	Ⓐ Ⓑ Ⓒ Ⓓ	100	Ⓐ Ⓑ Ⓒ Ⓓ

読 解 （Part V～VIII）

No.	ANSWER	No.	ANSWER	No.	ANSWER	No.	ANSWER	No.	ANSWER
101	Ⓐ Ⓑ Ⓒ Ⓓ	121	Ⓐ Ⓑ Ⓒ Ⓓ	141	Ⓐ Ⓑ Ⓒ Ⓓ	161	Ⓐ Ⓑ Ⓒ Ⓓ	181	Ⓐ Ⓑ Ⓒ Ⓓ
102	Ⓐ Ⓑ Ⓒ Ⓓ	122	Ⓐ Ⓑ Ⓒ Ⓓ	142	Ⓐ Ⓑ Ⓒ Ⓓ	162	Ⓐ Ⓑ Ⓒ Ⓓ	182	Ⓐ Ⓑ Ⓒ Ⓓ
103	Ⓐ Ⓑ Ⓒ Ⓓ	123	Ⓐ Ⓑ Ⓒ Ⓓ	143	Ⓐ Ⓑ Ⓒ Ⓓ	163	Ⓐ Ⓑ Ⓒ Ⓓ	183	Ⓐ Ⓑ Ⓒ Ⓓ
104	Ⓐ Ⓑ Ⓒ Ⓓ	124	Ⓐ Ⓑ Ⓒ Ⓓ	144	Ⓐ Ⓑ Ⓒ Ⓓ	164	Ⓐ Ⓑ Ⓒ Ⓓ	184	Ⓐ Ⓑ Ⓒ Ⓓ
105	Ⓐ Ⓑ Ⓒ Ⓓ	125	Ⓐ Ⓑ Ⓒ Ⓓ	145	Ⓐ Ⓑ Ⓒ Ⓓ	165	Ⓐ Ⓑ Ⓒ Ⓓ	185	Ⓐ Ⓑ Ⓒ Ⓓ
106	Ⓐ Ⓑ Ⓒ Ⓓ	126	Ⓐ Ⓑ Ⓒ Ⓓ	146	Ⓐ Ⓑ Ⓒ Ⓓ	166	Ⓐ Ⓑ Ⓒ Ⓓ	186	Ⓐ Ⓑ Ⓒ Ⓓ
107	Ⓐ Ⓑ Ⓒ Ⓓ	127	Ⓐ Ⓑ Ⓒ Ⓓ	147	Ⓐ Ⓑ Ⓒ Ⓓ	167	Ⓐ Ⓑ Ⓒ Ⓓ	187	Ⓐ Ⓑ Ⓒ Ⓓ
108	Ⓐ Ⓑ Ⓒ Ⓓ	128	Ⓐ Ⓑ Ⓒ Ⓓ	148	Ⓐ Ⓑ Ⓒ Ⓓ	168	Ⓐ Ⓑ Ⓒ Ⓓ	188	Ⓐ Ⓑ Ⓒ Ⓓ
109	Ⓐ Ⓑ Ⓒ Ⓓ	129	Ⓐ Ⓑ Ⓒ Ⓓ	149	Ⓐ Ⓑ Ⓒ Ⓓ	169	Ⓐ Ⓑ Ⓒ Ⓓ	189	Ⓐ Ⓑ Ⓒ Ⓓ
110	Ⓐ Ⓑ Ⓒ Ⓓ	130	Ⓐ Ⓑ Ⓒ Ⓓ	150	Ⓐ Ⓑ Ⓒ Ⓓ	170	Ⓐ Ⓑ Ⓒ Ⓓ	190	Ⓐ Ⓑ Ⓒ Ⓓ
111	Ⓐ Ⓑ Ⓒ Ⓓ	131	Ⓐ Ⓑ Ⓒ Ⓓ	151	Ⓐ Ⓑ Ⓒ Ⓓ	171	Ⓐ Ⓑ Ⓒ Ⓓ	191	Ⓐ Ⓑ Ⓒ Ⓓ
112	Ⓐ Ⓑ Ⓒ Ⓓ	132	Ⓐ Ⓑ Ⓒ Ⓓ	152	Ⓐ Ⓑ Ⓒ Ⓓ	172	Ⓐ Ⓑ Ⓒ Ⓓ	192	Ⓐ Ⓑ Ⓒ Ⓓ
113	Ⓐ Ⓑ Ⓒ Ⓓ	133	Ⓐ Ⓑ Ⓒ Ⓓ	153	Ⓐ Ⓑ Ⓒ Ⓓ	173	Ⓐ Ⓑ Ⓒ Ⓓ	193	Ⓐ Ⓑ Ⓒ Ⓓ
114	Ⓐ Ⓑ Ⓒ Ⓓ	134	Ⓐ Ⓑ Ⓒ Ⓓ	154	Ⓐ Ⓑ Ⓒ Ⓓ	174	Ⓐ Ⓑ Ⓒ Ⓓ	194	Ⓐ Ⓑ Ⓒ Ⓓ
115	Ⓐ Ⓑ Ⓒ Ⓓ	135	Ⓐ Ⓑ Ⓒ Ⓓ	155	Ⓐ Ⓑ Ⓒ Ⓓ	175	Ⓐ Ⓑ Ⓒ Ⓓ	195	Ⓐ Ⓑ Ⓒ Ⓓ
116	Ⓐ Ⓑ Ⓒ Ⓓ	136	Ⓐ Ⓑ Ⓒ Ⓓ	156	Ⓐ Ⓑ Ⓒ Ⓓ	176	Ⓐ Ⓑ Ⓒ Ⓓ	196	Ⓐ Ⓑ Ⓒ Ⓓ
117	Ⓐ Ⓑ Ⓒ Ⓓ	137	Ⓐ Ⓑ Ⓒ Ⓓ	157	Ⓐ Ⓑ Ⓒ Ⓓ	177	Ⓐ Ⓑ Ⓒ Ⓓ	197	Ⓐ Ⓑ Ⓒ Ⓓ
118	Ⓐ Ⓑ Ⓒ Ⓓ	138	Ⓐ Ⓑ Ⓒ Ⓓ	158	Ⓐ Ⓑ Ⓒ Ⓓ	178	Ⓐ Ⓑ Ⓒ Ⓓ	198	Ⓐ Ⓑ Ⓒ Ⓓ
119	Ⓐ Ⓑ Ⓒ Ⓓ	139	Ⓐ Ⓑ Ⓒ Ⓓ	159	Ⓐ Ⓑ Ⓒ Ⓓ	179	Ⓐ Ⓑ Ⓒ Ⓓ	199	Ⓐ Ⓑ Ⓒ Ⓓ
120	Ⓐ Ⓑ Ⓒ Ⓓ	140	Ⓐ Ⓑ Ⓒ Ⓓ	160	Ⓐ Ⓑ Ⓒ Ⓓ	180	Ⓐ Ⓑ Ⓒ Ⓓ	200	Ⓐ Ⓑ Ⓒ Ⓓ

1. 필기도구: 연필, 샤프펜슬, 지우개
2. 답안은 반드시 원안에 진하게 칠하여 주십시오.
3. 본인의 작성 오류로 인한 불이익은 책임지지 않습니다.
4. 답안 기재 요령: GOOD - ● / BAD - ⊙, ⊗, ⊘

본 답안지는 컴퓨터로 처리되므로 답을 오독하지 않도록 정확히 기재하십시오.
시험이 끝난 후, 이 답안지는 문제지와 함께 반드시 제출해야 합니다.

ANSWER SHEET   다락원 JPT 1000제 청해편 실전모의고사 ___회

聽 解 (Part I~IV)

No.	ANSWER	No.	ANSWER	No.	ANSWER	No.	ANSWER	No.	ANSWER
1	Ⓐ Ⓑ Ⓒ Ⓓ	21	Ⓐ Ⓑ Ⓒ Ⓓ	41	Ⓐ Ⓑ Ⓒ Ⓓ	61	Ⓐ Ⓑ Ⓒ Ⓓ	81	Ⓐ Ⓑ Ⓒ Ⓓ
2	Ⓐ Ⓑ Ⓒ Ⓓ	22	Ⓐ Ⓑ Ⓒ Ⓓ	42	Ⓐ Ⓑ Ⓒ Ⓓ	62	Ⓐ Ⓑ Ⓒ Ⓓ	82	Ⓐ Ⓑ Ⓒ Ⓓ
3	Ⓐ Ⓑ Ⓒ Ⓓ	23	Ⓐ Ⓑ Ⓒ Ⓓ	43	Ⓐ Ⓑ Ⓒ Ⓓ	63	Ⓐ Ⓑ Ⓒ Ⓓ	83	Ⓐ Ⓑ Ⓒ Ⓓ
4	Ⓐ Ⓑ Ⓒ Ⓓ	24	Ⓐ Ⓑ Ⓒ Ⓓ	44	Ⓐ Ⓑ Ⓒ Ⓓ	64	Ⓐ Ⓑ Ⓒ Ⓓ	84	Ⓐ Ⓑ Ⓒ Ⓓ
5	Ⓐ Ⓑ Ⓒ Ⓓ	25	Ⓐ Ⓑ Ⓒ Ⓓ	45	Ⓐ Ⓑ Ⓒ Ⓓ	65	Ⓐ Ⓑ Ⓒ Ⓓ	85	Ⓐ Ⓑ Ⓒ Ⓓ
6	Ⓐ Ⓑ Ⓒ Ⓓ	26	Ⓐ Ⓑ Ⓒ Ⓓ	46	Ⓐ Ⓑ Ⓒ Ⓓ	66	Ⓐ Ⓑ Ⓒ Ⓓ	86	Ⓐ Ⓑ Ⓒ Ⓓ
7	Ⓐ Ⓑ Ⓒ Ⓓ	27	Ⓐ Ⓑ Ⓒ Ⓓ	47	Ⓐ Ⓑ Ⓒ Ⓓ	67	Ⓐ Ⓑ Ⓒ Ⓓ	87	Ⓐ Ⓑ Ⓒ Ⓓ
8	Ⓐ Ⓑ Ⓒ Ⓓ	28	Ⓐ Ⓑ Ⓒ Ⓓ	48	Ⓐ Ⓑ Ⓒ Ⓓ	68	Ⓐ Ⓑ Ⓒ Ⓓ	88	Ⓐ Ⓑ Ⓒ Ⓓ
9	Ⓐ Ⓑ Ⓒ Ⓓ	29	Ⓐ Ⓑ Ⓒ Ⓓ	49	Ⓐ Ⓑ Ⓒ Ⓓ	69	Ⓐ Ⓑ Ⓒ Ⓓ	89	Ⓐ Ⓑ Ⓒ Ⓓ
10	Ⓐ Ⓑ Ⓒ Ⓓ	30	Ⓐ Ⓑ Ⓒ Ⓓ	50	Ⓐ Ⓑ Ⓒ Ⓓ	70	Ⓐ Ⓑ Ⓒ Ⓓ	90	Ⓐ Ⓑ Ⓒ Ⓓ
11	Ⓐ Ⓑ Ⓒ Ⓓ	31	Ⓐ Ⓑ Ⓒ Ⓓ	51	Ⓐ Ⓑ Ⓒ Ⓓ	71	Ⓐ Ⓑ Ⓒ Ⓓ	91	Ⓐ Ⓑ Ⓒ Ⓓ
12	Ⓐ Ⓑ Ⓒ Ⓓ	32	Ⓐ Ⓑ Ⓒ Ⓓ	52	Ⓐ Ⓑ Ⓒ Ⓓ	72	Ⓐ Ⓑ Ⓒ Ⓓ	92	Ⓐ Ⓑ Ⓒ Ⓓ
13	Ⓐ Ⓑ Ⓒ Ⓓ	33	Ⓐ Ⓑ Ⓒ Ⓓ	53	Ⓐ Ⓑ Ⓒ Ⓓ	73	Ⓐ Ⓑ Ⓒ Ⓓ	93	Ⓐ Ⓑ Ⓒ Ⓓ
14	Ⓐ Ⓑ Ⓒ Ⓓ	34	Ⓐ Ⓑ Ⓒ Ⓓ	54	Ⓐ Ⓑ Ⓒ Ⓓ	74	Ⓐ Ⓑ Ⓒ Ⓓ	94	Ⓐ Ⓑ Ⓒ Ⓓ
15	Ⓐ Ⓑ Ⓒ Ⓓ	35	Ⓐ Ⓑ Ⓒ Ⓓ	55	Ⓐ Ⓑ Ⓒ Ⓓ	75	Ⓐ Ⓑ Ⓒ Ⓓ	95	Ⓐ Ⓑ Ⓒ Ⓓ
16	Ⓐ Ⓑ Ⓒ Ⓓ	36	Ⓐ Ⓑ Ⓒ Ⓓ	56	Ⓐ Ⓑ Ⓒ Ⓓ	76	Ⓐ Ⓑ Ⓒ Ⓓ	96	Ⓐ Ⓑ Ⓒ Ⓓ
17	Ⓐ Ⓑ Ⓒ Ⓓ	37	Ⓐ Ⓑ Ⓒ Ⓓ	57	Ⓐ Ⓑ Ⓒ Ⓓ	77	Ⓐ Ⓑ Ⓒ Ⓓ	97	Ⓐ Ⓑ Ⓒ Ⓓ
18	Ⓐ Ⓑ Ⓒ Ⓓ	38	Ⓐ Ⓑ Ⓒ Ⓓ	58	Ⓐ Ⓑ Ⓒ Ⓓ	78	Ⓐ Ⓑ Ⓒ Ⓓ	98	Ⓐ Ⓑ Ⓒ Ⓓ
19	Ⓐ Ⓑ Ⓒ Ⓓ	39	Ⓐ Ⓑ Ⓒ Ⓓ	59	Ⓐ Ⓑ Ⓒ Ⓓ	79	Ⓐ Ⓑ Ⓒ Ⓓ	99	Ⓐ Ⓑ Ⓒ Ⓓ
20	Ⓐ Ⓑ Ⓒ Ⓓ	40	Ⓐ Ⓑ Ⓒ Ⓓ	60	Ⓐ Ⓑ Ⓒ Ⓓ	80	Ⓐ Ⓑ Ⓒ Ⓓ	100	Ⓐ Ⓑ Ⓒ Ⓓ

讀 解 (Part V~VIII)

No.	ANSWER	No.	ANSWER	No.	ANSWER	No.	ANSWER	No.	ANSWER
101	Ⓐ Ⓑ Ⓒ Ⓓ	121	Ⓐ Ⓑ Ⓒ Ⓓ	141	Ⓐ Ⓑ Ⓒ Ⓓ	161	Ⓐ Ⓑ Ⓒ Ⓓ	181	Ⓐ Ⓑ Ⓒ Ⓓ
102	Ⓐ Ⓑ Ⓒ Ⓓ	122	Ⓐ Ⓑ Ⓒ Ⓓ	142	Ⓐ Ⓑ Ⓒ Ⓓ	162	Ⓐ Ⓑ Ⓒ Ⓓ	182	Ⓐ Ⓑ Ⓒ Ⓓ
103	Ⓐ Ⓑ Ⓒ Ⓓ	123	Ⓐ Ⓑ Ⓒ Ⓓ	143	Ⓐ Ⓑ Ⓒ Ⓓ	163	Ⓐ Ⓑ Ⓒ Ⓓ	183	Ⓐ Ⓑ Ⓒ Ⓓ
104	Ⓐ Ⓑ Ⓒ Ⓓ	124	Ⓐ Ⓑ Ⓒ Ⓓ	144	Ⓐ Ⓑ Ⓒ Ⓓ	164	Ⓐ Ⓑ Ⓒ Ⓓ	184	Ⓐ Ⓑ Ⓒ Ⓓ
105	Ⓐ Ⓑ Ⓒ Ⓓ	125	Ⓐ Ⓑ Ⓒ Ⓓ	145	Ⓐ Ⓑ Ⓒ Ⓓ	165	Ⓐ Ⓑ Ⓒ Ⓓ	185	Ⓐ Ⓑ Ⓒ Ⓓ
106	Ⓐ Ⓑ Ⓒ Ⓓ	126	Ⓐ Ⓑ Ⓒ Ⓓ	146	Ⓐ Ⓑ Ⓒ Ⓓ	166	Ⓐ Ⓑ Ⓒ Ⓓ	186	Ⓐ Ⓑ Ⓒ Ⓓ
107	Ⓐ Ⓑ Ⓒ Ⓓ	127	Ⓐ Ⓑ Ⓒ Ⓓ	147	Ⓐ Ⓑ Ⓒ Ⓓ	167	Ⓐ Ⓑ Ⓒ Ⓓ	187	Ⓐ Ⓑ Ⓒ Ⓓ
108	Ⓐ Ⓑ Ⓒ Ⓓ	128	Ⓐ Ⓑ Ⓒ Ⓓ	148	Ⓐ Ⓑ Ⓒ Ⓓ	168	Ⓐ Ⓑ Ⓒ Ⓓ	188	Ⓐ Ⓑ Ⓒ Ⓓ
109	Ⓐ Ⓑ Ⓒ Ⓓ	129	Ⓐ Ⓑ Ⓒ Ⓓ	149	Ⓐ Ⓑ Ⓒ Ⓓ	169	Ⓐ Ⓑ Ⓒ Ⓓ	189	Ⓐ Ⓑ Ⓒ Ⓓ
110	Ⓐ Ⓑ Ⓒ Ⓓ	130	Ⓐ Ⓑ Ⓒ Ⓓ	150	Ⓐ Ⓑ Ⓒ Ⓓ	170	Ⓐ Ⓑ Ⓒ Ⓓ	190	Ⓐ Ⓑ Ⓒ Ⓓ
111	Ⓐ Ⓑ Ⓒ Ⓓ	131	Ⓐ Ⓑ Ⓒ Ⓓ	151	Ⓐ Ⓑ Ⓒ Ⓓ	171	Ⓐ Ⓑ Ⓒ Ⓓ	191	Ⓐ Ⓑ Ⓒ Ⓓ
112	Ⓐ Ⓑ Ⓒ Ⓓ	132	Ⓐ Ⓑ Ⓒ Ⓓ	152	Ⓐ Ⓑ Ⓒ Ⓓ	172	Ⓐ Ⓑ Ⓒ Ⓓ	192	Ⓐ Ⓑ Ⓒ Ⓓ
113	Ⓐ Ⓑ Ⓒ Ⓓ	133	Ⓐ Ⓑ Ⓒ Ⓓ	153	Ⓐ Ⓑ Ⓒ Ⓓ	173	Ⓐ Ⓑ Ⓒ Ⓓ	193	Ⓐ Ⓑ Ⓒ Ⓓ
114	Ⓐ Ⓑ Ⓒ Ⓓ	134	Ⓐ Ⓑ Ⓒ Ⓓ	154	Ⓐ Ⓑ Ⓒ Ⓓ	174	Ⓐ Ⓑ Ⓒ Ⓓ	194	Ⓐ Ⓑ Ⓒ Ⓓ
115	Ⓐ Ⓑ Ⓒ Ⓓ	135	Ⓐ Ⓑ Ⓒ Ⓓ	155	Ⓐ Ⓑ Ⓒ Ⓓ	175	Ⓐ Ⓑ Ⓒ Ⓓ	195	Ⓐ Ⓑ Ⓒ Ⓓ
116	Ⓐ Ⓑ Ⓒ Ⓓ	136	Ⓐ Ⓑ Ⓒ Ⓓ	156	Ⓐ Ⓑ Ⓒ Ⓓ	176	Ⓐ Ⓑ Ⓒ Ⓓ	196	Ⓐ Ⓑ Ⓒ Ⓓ
117	Ⓐ Ⓑ Ⓒ Ⓓ	137	Ⓐ Ⓑ Ⓒ Ⓓ	157	Ⓐ Ⓑ Ⓒ Ⓓ	177	Ⓐ Ⓑ Ⓒ Ⓓ	197	Ⓐ Ⓑ Ⓒ Ⓓ
118	Ⓐ Ⓑ Ⓒ Ⓓ	138	Ⓐ Ⓑ Ⓒ Ⓓ	158	Ⓐ Ⓑ Ⓒ Ⓓ	178	Ⓐ Ⓑ Ⓒ Ⓓ	198	Ⓐ Ⓑ Ⓒ Ⓓ
119	Ⓐ Ⓑ Ⓒ Ⓓ	139	Ⓐ Ⓑ Ⓒ Ⓓ	159	Ⓐ Ⓑ Ⓒ Ⓓ	179	Ⓐ Ⓑ Ⓒ Ⓓ	199	Ⓐ Ⓑ Ⓒ Ⓓ
120	Ⓐ Ⓑ Ⓒ Ⓓ	140	Ⓐ Ⓑ Ⓒ Ⓓ	160	Ⓐ Ⓑ Ⓒ Ⓓ	180	Ⓐ Ⓑ Ⓒ Ⓓ	200	Ⓐ Ⓑ Ⓒ Ⓓ

1. 필기도구: 연필, 사프펜슬, 지우개
2. 답안은 반드시 원안에 진하게 칠하여 주십시오.
3. 본인의 작성 오류로 인한 불이익은 책임지지 않습니다.
4. 답안 기재 요령: GOOD - ● / BAD - ⊙, ⊗, ∅

본 답안지는 컴퓨터로 처리되므로 답을 오독하지 않도록 정확히 기재하십시오.
시험이 끝난 후, 이 답안지는 문제지와 함께 반드시 제출해야 합니다.

ANSWER SHEET 다락원 JPT 1000제 청해편 실전모의고사 ＿＿＿회

聴 解 （Part I~IV）

No.	ANSWER	No.	ANSWER	No.	ANSWER	No.	ANSWER	No.	ANSWER
1	Ⓐ Ⓑ Ⓒ Ⓓ	21	Ⓐ Ⓑ Ⓒ Ⓓ	41	Ⓐ Ⓑ Ⓒ Ⓓ	61	Ⓐ Ⓑ Ⓒ Ⓓ	81	Ⓐ Ⓑ Ⓒ Ⓓ
2	Ⓐ Ⓑ Ⓒ Ⓓ	22	Ⓐ Ⓑ Ⓒ Ⓓ	42	Ⓐ Ⓑ Ⓒ Ⓓ	62	Ⓐ Ⓑ Ⓒ Ⓓ	82	Ⓐ Ⓑ Ⓒ Ⓓ
3	Ⓐ Ⓑ Ⓒ Ⓓ	23	Ⓐ Ⓑ Ⓒ Ⓓ	43	Ⓐ Ⓑ Ⓒ Ⓓ	63	Ⓐ Ⓑ Ⓒ Ⓓ	83	Ⓐ Ⓑ Ⓒ Ⓓ
4	Ⓐ Ⓑ Ⓒ Ⓓ	24	Ⓐ Ⓑ Ⓒ Ⓓ	44	Ⓐ Ⓑ Ⓒ Ⓓ	64	Ⓐ Ⓑ Ⓒ Ⓓ	84	Ⓐ Ⓑ Ⓒ Ⓓ
5	Ⓐ Ⓑ Ⓒ Ⓓ	25	Ⓐ Ⓑ Ⓒ Ⓓ	45	Ⓐ Ⓑ Ⓒ Ⓓ	65	Ⓐ Ⓑ Ⓒ Ⓓ	85	Ⓐ Ⓑ Ⓒ Ⓓ
6	Ⓐ Ⓑ Ⓒ Ⓓ	26	Ⓐ Ⓑ Ⓒ Ⓓ	46	Ⓐ Ⓑ Ⓒ Ⓓ	66	Ⓐ Ⓑ Ⓒ Ⓓ	86	Ⓐ Ⓑ Ⓒ Ⓓ
7	Ⓐ Ⓑ Ⓒ Ⓓ	27	Ⓐ Ⓑ Ⓒ Ⓓ	47	Ⓐ Ⓑ Ⓒ Ⓓ	67	Ⓐ Ⓑ Ⓒ Ⓓ	87	Ⓐ Ⓑ Ⓒ Ⓓ
8	Ⓐ Ⓑ Ⓒ Ⓓ	28	Ⓐ Ⓑ Ⓒ Ⓓ	48	Ⓐ Ⓑ Ⓒ Ⓓ	68	Ⓐ Ⓑ Ⓒ Ⓓ	88	Ⓐ Ⓑ Ⓒ Ⓓ
9	Ⓐ Ⓑ Ⓒ Ⓓ	29	Ⓐ Ⓑ Ⓒ Ⓓ	49	Ⓐ Ⓑ Ⓒ Ⓓ	69	Ⓐ Ⓑ Ⓒ Ⓓ	89	Ⓐ Ⓑ Ⓒ Ⓓ
10	Ⓐ Ⓑ Ⓒ Ⓓ	30	Ⓐ Ⓑ Ⓒ Ⓓ	50	Ⓐ Ⓑ Ⓒ Ⓓ	70	Ⓐ Ⓑ Ⓒ Ⓓ	90	Ⓐ Ⓑ Ⓒ Ⓓ
11	Ⓐ Ⓑ Ⓒ Ⓓ	31	Ⓐ Ⓑ Ⓒ Ⓓ	51	Ⓐ Ⓑ Ⓒ Ⓓ	71	Ⓐ Ⓑ Ⓒ Ⓓ	91	Ⓐ Ⓑ Ⓒ Ⓓ
12	Ⓐ Ⓑ Ⓒ Ⓓ	32	Ⓐ Ⓑ Ⓒ Ⓓ	52	Ⓐ Ⓑ Ⓒ Ⓓ	72	Ⓐ Ⓑ Ⓒ Ⓓ	92	Ⓐ Ⓑ Ⓒ Ⓓ
13	Ⓐ Ⓑ Ⓒ Ⓓ	33	Ⓐ Ⓑ Ⓒ Ⓓ	53	Ⓐ Ⓑ Ⓒ Ⓓ	73	Ⓐ Ⓑ Ⓒ Ⓓ	93	Ⓐ Ⓑ Ⓒ Ⓓ
14	Ⓐ Ⓑ Ⓒ Ⓓ	34	Ⓐ Ⓑ Ⓒ Ⓓ	54	Ⓐ Ⓑ Ⓒ Ⓓ	74	Ⓐ Ⓑ Ⓒ Ⓓ	94	Ⓐ Ⓑ Ⓒ Ⓓ
15	Ⓐ Ⓑ Ⓒ Ⓓ	35	Ⓐ Ⓑ Ⓒ Ⓓ	55	Ⓐ Ⓑ Ⓒ Ⓓ	75	Ⓐ Ⓑ Ⓒ Ⓓ	95	Ⓐ Ⓑ Ⓒ Ⓓ
16	Ⓐ Ⓑ Ⓒ Ⓓ	36	Ⓐ Ⓑ Ⓒ Ⓓ	56	Ⓐ Ⓑ Ⓒ Ⓓ	76	Ⓐ Ⓑ Ⓒ Ⓓ	96	Ⓐ Ⓑ Ⓒ Ⓓ
17	Ⓐ Ⓑ Ⓒ Ⓓ	37	Ⓐ Ⓑ Ⓒ Ⓓ	57	Ⓐ Ⓑ Ⓒ Ⓓ	77	Ⓐ Ⓑ Ⓒ Ⓓ	97	Ⓐ Ⓑ Ⓒ Ⓓ
18	Ⓐ Ⓑ Ⓒ Ⓓ	38	Ⓐ Ⓑ Ⓒ Ⓓ	58	Ⓐ Ⓑ Ⓒ Ⓓ	78	Ⓐ Ⓑ Ⓒ Ⓓ	98	Ⓐ Ⓑ Ⓒ Ⓓ
19	Ⓐ Ⓑ Ⓒ Ⓓ	39	Ⓐ Ⓑ Ⓒ Ⓓ	59	Ⓐ Ⓑ Ⓒ Ⓓ	79	Ⓐ Ⓑ Ⓒ Ⓓ	99	Ⓐ Ⓑ Ⓒ Ⓓ
20	Ⓐ Ⓑ Ⓒ Ⓓ	40	Ⓐ Ⓑ Ⓒ Ⓓ	60	Ⓐ Ⓑ Ⓒ Ⓓ	80	Ⓐ Ⓑ Ⓒ Ⓓ	100	Ⓐ Ⓑ Ⓒ Ⓓ

読 解 （Part V~VIII）

No.	ANSWER	No.	ANSWER	No.	ANSWER	No.	ANSWER	No.	ANSWER
101	Ⓐ Ⓑ Ⓒ Ⓓ	121	Ⓐ Ⓑ Ⓒ Ⓓ	141	Ⓐ Ⓑ Ⓒ Ⓓ	161	Ⓐ Ⓑ Ⓒ Ⓓ	181	Ⓐ Ⓑ Ⓒ Ⓓ
102	Ⓐ Ⓑ Ⓒ Ⓓ	122	Ⓐ Ⓑ Ⓒ Ⓓ	142	Ⓐ Ⓑ Ⓒ Ⓓ	162	Ⓐ Ⓑ Ⓒ Ⓓ	182	Ⓐ Ⓑ Ⓒ Ⓓ
103	Ⓐ Ⓑ Ⓒ Ⓓ	123	Ⓐ Ⓑ Ⓒ Ⓓ	143	Ⓐ Ⓑ Ⓒ Ⓓ	163	Ⓐ Ⓑ Ⓒ Ⓓ	183	Ⓐ Ⓑ Ⓒ Ⓓ
104	Ⓐ Ⓑ Ⓒ Ⓓ	124	Ⓐ Ⓑ Ⓒ Ⓓ	144	Ⓐ Ⓑ Ⓒ Ⓓ	164	Ⓐ Ⓑ Ⓒ Ⓓ	184	Ⓐ Ⓑ Ⓒ Ⓓ
105	Ⓐ Ⓑ Ⓒ Ⓓ	125	Ⓐ Ⓑ Ⓒ Ⓓ	145	Ⓐ Ⓑ Ⓒ Ⓓ	165	Ⓐ Ⓑ Ⓒ Ⓓ	185	Ⓐ Ⓑ Ⓒ Ⓓ
106	Ⓐ Ⓑ Ⓒ Ⓓ	126	Ⓐ Ⓑ Ⓒ Ⓓ	146	Ⓐ Ⓑ Ⓒ Ⓓ	166	Ⓐ Ⓑ Ⓒ Ⓓ	186	Ⓐ Ⓑ Ⓒ Ⓓ
107	Ⓐ Ⓑ Ⓒ Ⓓ	127	Ⓐ Ⓑ Ⓒ Ⓓ	147	Ⓐ Ⓑ Ⓒ Ⓓ	167	Ⓐ Ⓑ Ⓒ Ⓓ	187	Ⓐ Ⓑ Ⓒ Ⓓ
108	Ⓐ Ⓑ Ⓒ Ⓓ	128	Ⓐ Ⓑ Ⓒ Ⓓ	148	Ⓐ Ⓑ Ⓒ Ⓓ	168	Ⓐ Ⓑ Ⓒ Ⓓ	188	Ⓐ Ⓑ Ⓒ Ⓓ
109	Ⓐ Ⓑ Ⓒ Ⓓ	129	Ⓐ Ⓑ Ⓒ Ⓓ	149	Ⓐ Ⓑ Ⓒ Ⓓ	169	Ⓐ Ⓑ Ⓒ Ⓓ	189	Ⓐ Ⓑ Ⓒ Ⓓ
110	Ⓐ Ⓑ Ⓒ Ⓓ	130	Ⓐ Ⓑ Ⓒ Ⓓ	150	Ⓐ Ⓑ Ⓒ Ⓓ	170	Ⓐ Ⓑ Ⓒ Ⓓ	190	Ⓐ Ⓑ Ⓒ Ⓓ
111	Ⓐ Ⓑ Ⓒ Ⓓ	131	Ⓐ Ⓑ Ⓒ Ⓓ	151	Ⓐ Ⓑ Ⓒ Ⓓ	171	Ⓐ Ⓑ Ⓒ Ⓓ	191	Ⓐ Ⓑ Ⓒ Ⓓ
112	Ⓐ Ⓑ Ⓒ Ⓓ	132	Ⓐ Ⓑ Ⓒ Ⓓ	152	Ⓐ Ⓑ Ⓒ Ⓓ	172	Ⓐ Ⓑ Ⓒ Ⓓ	192	Ⓐ Ⓑ Ⓒ Ⓓ
113	Ⓐ Ⓑ Ⓒ Ⓓ	133	Ⓐ Ⓑ Ⓒ Ⓓ	153	Ⓐ Ⓑ Ⓒ Ⓓ	173	Ⓐ Ⓑ Ⓒ Ⓓ	193	Ⓐ Ⓑ Ⓒ Ⓓ
114	Ⓐ Ⓑ Ⓒ Ⓓ	134	Ⓐ Ⓑ Ⓒ Ⓓ	154	Ⓐ Ⓑ Ⓒ Ⓓ	174	Ⓐ Ⓑ Ⓒ Ⓓ	194	Ⓐ Ⓑ Ⓒ Ⓓ
115	Ⓐ Ⓑ Ⓒ Ⓓ	135	Ⓐ Ⓑ Ⓒ Ⓓ	155	Ⓐ Ⓑ Ⓒ Ⓓ	175	Ⓐ Ⓑ Ⓒ Ⓓ	195	Ⓐ Ⓑ Ⓒ Ⓓ
116	Ⓐ Ⓑ Ⓒ Ⓓ	136	Ⓐ Ⓑ Ⓒ Ⓓ	156	Ⓐ Ⓑ Ⓒ Ⓓ	176	Ⓐ Ⓑ Ⓒ Ⓓ	196	Ⓐ Ⓑ Ⓒ Ⓓ
117	Ⓐ Ⓑ Ⓒ Ⓓ	137	Ⓐ Ⓑ Ⓒ Ⓓ	157	Ⓐ Ⓑ Ⓒ Ⓓ	177	Ⓐ Ⓑ Ⓒ Ⓓ	197	Ⓐ Ⓑ Ⓒ Ⓓ
118	Ⓐ Ⓑ Ⓒ Ⓓ	138	Ⓐ Ⓑ Ⓒ Ⓓ	158	Ⓐ Ⓑ Ⓒ Ⓓ	178	Ⓐ Ⓑ Ⓒ Ⓓ	198	Ⓐ Ⓑ Ⓒ Ⓓ
119	Ⓐ Ⓑ Ⓒ Ⓓ	139	Ⓐ Ⓑ Ⓒ Ⓓ	159	Ⓐ Ⓑ Ⓒ Ⓓ	179	Ⓐ Ⓑ Ⓒ Ⓓ	199	Ⓐ Ⓑ Ⓒ Ⓓ
120	Ⓐ Ⓑ Ⓒ Ⓓ	140	Ⓐ Ⓑ Ⓒ Ⓓ	160	Ⓐ Ⓑ Ⓒ Ⓓ	180	Ⓐ Ⓑ Ⓒ Ⓓ	200	Ⓐ Ⓑ Ⓒ Ⓓ

ANSWER SHEET 다락원 JPT 1000제 청해편 실전모의고사 ____회

聽 解 (Part I~IV)

No.	ANSWER	No.	ANSWER	No.	ANSWER	No.	ANSWER	No.	ANSWER
1	Ⓐ Ⓑ Ⓒ Ⓓ	21	Ⓐ Ⓑ Ⓒ Ⓓ	41	Ⓐ Ⓑ Ⓒ Ⓓ	61	Ⓐ Ⓑ Ⓒ Ⓓ	81	Ⓐ Ⓑ Ⓒ Ⓓ
2	Ⓐ Ⓑ Ⓒ Ⓓ	22	Ⓐ Ⓑ Ⓒ Ⓓ	42	Ⓐ Ⓑ Ⓒ Ⓓ	62	Ⓐ Ⓑ Ⓒ Ⓓ	82	Ⓐ Ⓑ Ⓒ Ⓓ
3	Ⓐ Ⓑ Ⓒ Ⓓ	23	Ⓐ Ⓑ Ⓒ Ⓓ	43	Ⓐ Ⓑ Ⓒ Ⓓ	63	Ⓐ Ⓑ Ⓒ Ⓓ	83	Ⓐ Ⓑ Ⓒ Ⓓ
4	Ⓐ Ⓑ Ⓒ Ⓓ	24	Ⓐ Ⓑ Ⓒ Ⓓ	44	Ⓐ Ⓑ Ⓒ Ⓓ	64	Ⓐ Ⓑ Ⓒ Ⓓ	84	Ⓐ Ⓑ Ⓒ Ⓓ
5	Ⓐ Ⓑ Ⓒ Ⓓ	25	Ⓐ Ⓑ Ⓒ Ⓓ	45	Ⓐ Ⓑ Ⓒ Ⓓ	65	Ⓐ Ⓑ Ⓒ Ⓓ	85	Ⓐ Ⓑ Ⓒ Ⓓ
6	Ⓐ Ⓑ Ⓒ Ⓓ	26	Ⓐ Ⓑ Ⓒ Ⓓ	46	Ⓐ Ⓑ Ⓒ Ⓓ	66	Ⓐ Ⓑ Ⓒ Ⓓ	86	Ⓐ Ⓑ Ⓒ Ⓓ
7	Ⓐ Ⓑ Ⓒ Ⓓ	27	Ⓐ Ⓑ Ⓒ Ⓓ	47	Ⓐ Ⓑ Ⓒ Ⓓ	67	Ⓐ Ⓑ Ⓒ Ⓓ	87	Ⓐ Ⓑ Ⓒ Ⓓ
8	Ⓐ Ⓑ Ⓒ Ⓓ	28	Ⓐ Ⓑ Ⓒ Ⓓ	48	Ⓐ Ⓑ Ⓒ Ⓓ	68	Ⓐ Ⓑ Ⓒ Ⓓ	88	Ⓐ Ⓑ Ⓒ Ⓓ
9	Ⓐ Ⓑ Ⓒ Ⓓ	29	Ⓐ Ⓑ Ⓒ Ⓓ	49	Ⓐ Ⓑ Ⓒ Ⓓ	69	Ⓐ Ⓑ Ⓒ Ⓓ	89	Ⓐ Ⓑ Ⓒ Ⓓ
10	Ⓐ Ⓑ Ⓒ Ⓓ	30	Ⓐ Ⓑ Ⓒ Ⓓ	50	Ⓐ Ⓑ Ⓒ Ⓓ	70	Ⓐ Ⓑ Ⓒ Ⓓ	90	Ⓐ Ⓑ Ⓒ Ⓓ
11	Ⓐ Ⓑ Ⓒ Ⓓ	31	Ⓐ Ⓑ Ⓒ Ⓓ	51	Ⓐ Ⓑ Ⓒ Ⓓ	71	Ⓐ Ⓑ Ⓒ Ⓓ	91	Ⓐ Ⓑ Ⓒ Ⓓ
12	Ⓐ Ⓑ Ⓒ Ⓓ	32	Ⓐ Ⓑ Ⓒ Ⓓ	52	Ⓐ Ⓑ Ⓒ Ⓓ	72	Ⓐ Ⓑ Ⓒ Ⓓ	92	Ⓐ Ⓑ Ⓒ Ⓓ
13	Ⓐ Ⓑ Ⓒ Ⓓ	33	Ⓐ Ⓑ Ⓒ Ⓓ	53	Ⓐ Ⓑ Ⓒ Ⓓ	73	Ⓐ Ⓑ Ⓒ Ⓓ	93	Ⓐ Ⓑ Ⓒ Ⓓ
14	Ⓐ Ⓑ Ⓒ Ⓓ	34	Ⓐ Ⓑ Ⓒ Ⓓ	54	Ⓐ Ⓑ Ⓒ Ⓓ	74	Ⓐ Ⓑ Ⓒ Ⓓ	94	Ⓐ Ⓑ Ⓒ Ⓓ
15	Ⓐ Ⓑ Ⓒ Ⓓ	35	Ⓐ Ⓑ Ⓒ Ⓓ	55	Ⓐ Ⓑ Ⓒ Ⓓ	75	Ⓐ Ⓑ Ⓒ Ⓓ	95	Ⓐ Ⓑ Ⓒ Ⓓ
16	Ⓐ Ⓑ Ⓒ Ⓓ	36	Ⓐ Ⓑ Ⓒ Ⓓ	56	Ⓐ Ⓑ Ⓒ Ⓓ	76	Ⓐ Ⓑ Ⓒ Ⓓ	96	Ⓐ Ⓑ Ⓒ Ⓓ
17	Ⓐ Ⓑ Ⓒ Ⓓ	37	Ⓐ Ⓑ Ⓒ Ⓓ	57	Ⓐ Ⓑ Ⓒ Ⓓ	77	Ⓐ Ⓑ Ⓒ Ⓓ	97	Ⓐ Ⓑ Ⓒ Ⓓ
18	Ⓐ Ⓑ Ⓒ Ⓓ	38	Ⓐ Ⓑ Ⓒ Ⓓ	58	Ⓐ Ⓑ Ⓒ Ⓓ	78	Ⓐ Ⓑ Ⓒ Ⓓ	98	Ⓐ Ⓑ Ⓒ Ⓓ
19	Ⓐ Ⓑ Ⓒ Ⓓ	39	Ⓐ Ⓑ Ⓒ Ⓓ	59	Ⓐ Ⓑ Ⓒ Ⓓ	79	Ⓐ Ⓑ Ⓒ Ⓓ	99	Ⓐ Ⓑ Ⓒ Ⓓ
20	Ⓐ Ⓑ Ⓒ Ⓓ	40	Ⓐ Ⓑ Ⓒ Ⓓ	60	Ⓐ Ⓑ Ⓒ Ⓓ	80	Ⓐ Ⓑ Ⓒ Ⓓ	100	Ⓐ Ⓑ Ⓒ Ⓓ

讀 解 (Part V~VIII)

No.	ANSWER	No.	ANSWER	No.	ANSWER	No.	ANSWER	No.	ANSWER
101	Ⓐ Ⓑ Ⓒ Ⓓ	121	Ⓐ Ⓑ Ⓒ Ⓓ	141	Ⓐ Ⓑ Ⓒ Ⓓ	161	Ⓐ Ⓑ Ⓒ Ⓓ	181	Ⓐ Ⓑ Ⓒ Ⓓ
102	Ⓐ Ⓑ Ⓒ Ⓓ	122	Ⓐ Ⓑ Ⓒ Ⓓ	142	Ⓐ Ⓑ Ⓒ Ⓓ	162	Ⓐ Ⓑ Ⓒ Ⓓ	182	Ⓐ Ⓑ Ⓒ Ⓓ
103	Ⓐ Ⓑ Ⓒ Ⓓ	123	Ⓐ Ⓑ Ⓒ Ⓓ	143	Ⓐ Ⓑ Ⓒ Ⓓ	163	Ⓐ Ⓑ Ⓒ Ⓓ	183	Ⓐ Ⓑ Ⓒ Ⓓ
104	Ⓐ Ⓑ Ⓒ Ⓓ	124	Ⓐ Ⓑ Ⓒ Ⓓ	144	Ⓐ Ⓑ Ⓒ Ⓓ	164	Ⓐ Ⓑ Ⓒ Ⓓ	184	Ⓐ Ⓑ Ⓒ Ⓓ
105	Ⓐ Ⓑ Ⓒ Ⓓ	125	Ⓐ Ⓑ Ⓒ Ⓓ	145	Ⓐ Ⓑ Ⓒ Ⓓ	165	Ⓐ Ⓑ Ⓒ Ⓓ	185	Ⓐ Ⓑ Ⓒ Ⓓ
106	Ⓐ Ⓑ Ⓒ Ⓓ	126	Ⓐ Ⓑ Ⓒ Ⓓ	146	Ⓐ Ⓑ Ⓒ Ⓓ	166	Ⓐ Ⓑ Ⓒ Ⓓ	186	Ⓐ Ⓑ Ⓒ Ⓓ
107	Ⓐ Ⓑ Ⓒ Ⓓ	127	Ⓐ Ⓑ Ⓒ Ⓓ	147	Ⓐ Ⓑ Ⓒ Ⓓ	167	Ⓐ Ⓑ Ⓒ Ⓓ	187	Ⓐ Ⓑ Ⓒ Ⓓ
108	Ⓐ Ⓑ Ⓒ Ⓓ	128	Ⓐ Ⓑ Ⓒ Ⓓ	148	Ⓐ Ⓑ Ⓒ Ⓓ	168	Ⓐ Ⓑ Ⓒ Ⓓ	188	Ⓐ Ⓑ Ⓒ Ⓓ
109	Ⓐ Ⓑ Ⓒ Ⓓ	129	Ⓐ Ⓑ Ⓒ Ⓓ	149	Ⓐ Ⓑ Ⓒ Ⓓ	169	Ⓐ Ⓑ Ⓒ Ⓓ	189	Ⓐ Ⓑ Ⓒ Ⓓ
110	Ⓐ Ⓑ Ⓒ Ⓓ	130	Ⓐ Ⓑ Ⓒ Ⓓ	150	Ⓐ Ⓑ Ⓒ Ⓓ	170	Ⓐ Ⓑ Ⓒ Ⓓ	190	Ⓐ Ⓑ Ⓒ Ⓓ
111	Ⓐ Ⓑ Ⓒ Ⓓ	131	Ⓐ Ⓑ Ⓒ Ⓓ	151	Ⓐ Ⓑ Ⓒ Ⓓ	171	Ⓐ Ⓑ Ⓒ Ⓓ	191	Ⓐ Ⓑ Ⓒ Ⓓ
112	Ⓐ Ⓑ Ⓒ Ⓓ	132	Ⓐ Ⓑ Ⓒ Ⓓ	152	Ⓐ Ⓑ Ⓒ Ⓓ	172	Ⓐ Ⓑ Ⓒ Ⓓ	192	Ⓐ Ⓑ Ⓒ Ⓓ
113	Ⓐ Ⓑ Ⓒ Ⓓ	133	Ⓐ Ⓑ Ⓒ Ⓓ	153	Ⓐ Ⓑ Ⓒ Ⓓ	173	Ⓐ Ⓑ Ⓒ Ⓓ	193	Ⓐ Ⓑ Ⓒ Ⓓ
114	Ⓐ Ⓑ Ⓒ Ⓓ	134	Ⓐ Ⓑ Ⓒ Ⓓ	154	Ⓐ Ⓑ Ⓒ Ⓓ	174	Ⓐ Ⓑ Ⓒ Ⓓ	194	Ⓐ Ⓑ Ⓒ Ⓓ
115	Ⓐ Ⓑ Ⓒ Ⓓ	135	Ⓐ Ⓑ Ⓒ Ⓓ	155	Ⓐ Ⓑ Ⓒ Ⓓ	175	Ⓐ Ⓑ Ⓒ Ⓓ	195	Ⓐ Ⓑ Ⓒ Ⓓ
116	Ⓐ Ⓑ Ⓒ Ⓓ	136	Ⓐ Ⓑ Ⓒ Ⓓ	156	Ⓐ Ⓑ Ⓒ Ⓓ	176	Ⓐ Ⓑ Ⓒ Ⓓ	196	Ⓐ Ⓑ Ⓒ Ⓓ
117	Ⓐ Ⓑ Ⓒ Ⓓ	137	Ⓐ Ⓑ Ⓒ Ⓓ	157	Ⓐ Ⓑ Ⓒ Ⓓ	177	Ⓐ Ⓑ Ⓒ Ⓓ	197	Ⓐ Ⓑ Ⓒ Ⓓ
118	Ⓐ Ⓑ Ⓒ Ⓓ	138	Ⓐ Ⓑ Ⓒ Ⓓ	158	Ⓐ Ⓑ Ⓒ Ⓓ	178	Ⓐ Ⓑ Ⓒ Ⓓ	198	Ⓐ Ⓑ Ⓒ Ⓓ
119	Ⓐ Ⓑ Ⓒ Ⓓ	139	Ⓐ Ⓑ Ⓒ Ⓓ	159	Ⓐ Ⓑ Ⓒ Ⓓ	179	Ⓐ Ⓑ Ⓒ Ⓓ	199	Ⓐ Ⓑ Ⓒ Ⓓ
120	Ⓐ Ⓑ Ⓒ Ⓓ	140	Ⓐ Ⓑ Ⓒ Ⓓ	160	Ⓐ Ⓑ Ⓒ Ⓓ	180	Ⓐ Ⓑ Ⓒ Ⓓ	200	Ⓐ Ⓑ Ⓒ Ⓓ

1. 필기도구: 연필, 샤프펜슬, 지우개
2. 답안은 반드시 원안에 진하게 칠하여 주십시오.
3. 본인의 작성 오류로 인한 불이익은 책임지지 않습니다.
4. 답안 기재 요령: GOOD – ● / BAD – ⊙, ⊗, ∅

본 답안지는 컴퓨터로 처리되므로 답을 오독하지 않도록 정확히 기재하십시오.
시험이 끝난 후, 이 답안지는 문제지와 함께 반드시 제출해야 합니다.

ANSWER SHEET 다락원 JPT 1000제 청해편 실전모의고사 ＿＿회

聴 解 （Part I~IV）

No.	ANSWER	No.	ANSWER	No.	ANSWER	No.	ANSWER	No.	ANSWER
1	Ⓐ Ⓑ Ⓒ Ⓓ	21	Ⓐ Ⓑ Ⓒ Ⓓ	41	Ⓐ Ⓑ Ⓒ Ⓓ	61	Ⓐ Ⓑ Ⓒ Ⓓ	81	Ⓐ Ⓑ Ⓒ Ⓓ
2	Ⓐ Ⓑ Ⓒ Ⓓ	22	Ⓐ Ⓑ Ⓒ Ⓓ	42	Ⓐ Ⓑ Ⓒ Ⓓ	62	Ⓐ Ⓑ Ⓒ Ⓓ	82	Ⓐ Ⓑ Ⓒ Ⓓ
3	Ⓐ Ⓑ Ⓒ Ⓓ	23	Ⓐ Ⓑ Ⓒ Ⓓ	43	Ⓐ Ⓑ Ⓒ Ⓓ	63	Ⓐ Ⓑ Ⓒ Ⓓ	83	Ⓐ Ⓑ Ⓒ Ⓓ
4	Ⓐ Ⓑ Ⓒ Ⓓ	24	Ⓐ Ⓑ Ⓒ Ⓓ	44	Ⓐ Ⓑ Ⓒ Ⓓ	64	Ⓐ Ⓑ Ⓒ Ⓓ	84	Ⓐ Ⓑ Ⓒ Ⓓ
5	Ⓐ Ⓑ Ⓒ Ⓓ	25	Ⓐ Ⓑ Ⓒ Ⓓ	45	Ⓐ Ⓑ Ⓒ Ⓓ	65	Ⓐ Ⓑ Ⓒ Ⓓ	85	Ⓐ Ⓑ Ⓒ Ⓓ
6	Ⓐ Ⓑ Ⓒ Ⓓ	26	Ⓐ Ⓑ Ⓒ Ⓓ	46	Ⓐ Ⓑ Ⓒ Ⓓ	66	Ⓐ Ⓑ Ⓒ Ⓓ	86	Ⓐ Ⓑ Ⓒ Ⓓ
7	Ⓐ Ⓑ Ⓒ Ⓓ	27	Ⓐ Ⓑ Ⓒ Ⓓ	47	Ⓐ Ⓑ Ⓒ Ⓓ	67	Ⓐ Ⓑ Ⓒ Ⓓ	87	Ⓐ Ⓑ Ⓒ Ⓓ
8	Ⓐ Ⓑ Ⓒ Ⓓ	28	Ⓐ Ⓑ Ⓒ Ⓓ	48	Ⓐ Ⓑ Ⓒ Ⓓ	68	Ⓐ Ⓑ Ⓒ Ⓓ	88	Ⓐ Ⓑ Ⓒ Ⓓ
9	Ⓐ Ⓑ Ⓒ Ⓓ	29	Ⓐ Ⓑ Ⓒ Ⓓ	49	Ⓐ Ⓑ Ⓒ Ⓓ	69	Ⓐ Ⓑ Ⓒ Ⓓ	89	Ⓐ Ⓑ Ⓒ Ⓓ
10	Ⓐ Ⓑ Ⓒ Ⓓ	30	Ⓐ Ⓑ Ⓒ Ⓓ	50	Ⓐ Ⓑ Ⓒ Ⓓ	70	Ⓐ Ⓑ Ⓒ Ⓓ	90	Ⓐ Ⓑ Ⓒ Ⓓ
11	Ⓐ Ⓑ Ⓒ Ⓓ	31	Ⓐ Ⓑ Ⓒ Ⓓ	51	Ⓐ Ⓑ Ⓒ Ⓓ	71	Ⓐ Ⓑ Ⓒ Ⓓ	91	Ⓐ Ⓑ Ⓒ Ⓓ
12	Ⓐ Ⓑ Ⓒ Ⓓ	32	Ⓐ Ⓑ Ⓒ Ⓓ	52	Ⓐ Ⓑ Ⓒ Ⓓ	72	Ⓐ Ⓑ Ⓒ Ⓓ	92	Ⓐ Ⓑ Ⓒ Ⓓ
13	Ⓐ Ⓑ Ⓒ Ⓓ	33	Ⓐ Ⓑ Ⓒ Ⓓ	53	Ⓐ Ⓑ Ⓒ Ⓓ	73	Ⓐ Ⓑ Ⓒ Ⓓ	93	Ⓐ Ⓑ Ⓒ Ⓓ
14	Ⓐ Ⓑ Ⓒ Ⓓ	34	Ⓐ Ⓑ Ⓒ Ⓓ	54	Ⓐ Ⓑ Ⓒ Ⓓ	74	Ⓐ Ⓑ Ⓒ Ⓓ	94	Ⓐ Ⓑ Ⓒ Ⓓ
15	Ⓐ Ⓑ Ⓒ Ⓓ	35	Ⓐ Ⓑ Ⓒ Ⓓ	55	Ⓐ Ⓑ Ⓒ Ⓓ	75	Ⓐ Ⓑ Ⓒ Ⓓ	95	Ⓐ Ⓑ Ⓒ Ⓓ
16	Ⓐ Ⓑ Ⓒ Ⓓ	36	Ⓐ Ⓑ Ⓒ Ⓓ	56	Ⓐ Ⓑ Ⓒ Ⓓ	76	Ⓐ Ⓑ Ⓒ Ⓓ	96	Ⓐ Ⓑ Ⓒ Ⓓ
17	Ⓐ Ⓑ Ⓒ Ⓓ	37	Ⓐ Ⓑ Ⓒ Ⓓ	57	Ⓐ Ⓑ Ⓒ Ⓓ	77	Ⓐ Ⓑ Ⓒ Ⓓ	97	Ⓐ Ⓑ Ⓒ Ⓓ
18	Ⓐ Ⓑ Ⓒ Ⓓ	38	Ⓐ Ⓑ Ⓒ Ⓓ	58	Ⓐ Ⓑ Ⓒ Ⓓ	78	Ⓐ Ⓑ Ⓒ Ⓓ	98	Ⓐ Ⓑ Ⓒ Ⓓ
19	Ⓐ Ⓑ Ⓒ Ⓓ	39	Ⓐ Ⓑ Ⓒ Ⓓ	59	Ⓐ Ⓑ Ⓒ Ⓓ	79	Ⓐ Ⓑ Ⓒ Ⓓ	99	Ⓐ Ⓑ Ⓒ Ⓓ
20	Ⓐ Ⓑ Ⓒ Ⓓ	40	Ⓐ Ⓑ Ⓒ Ⓓ	60	Ⓐ Ⓑ Ⓒ Ⓓ	80	Ⓐ Ⓑ Ⓒ Ⓓ	100	Ⓐ Ⓑ Ⓒ Ⓓ

読 解 （Part V~VIII）

No.	ANSWER	No.	ANSWER	No.	ANSWER	No.	ANSWER	No.	ANSWER
101	Ⓐ Ⓑ Ⓒ Ⓓ	121	Ⓐ Ⓑ Ⓒ Ⓓ	141	Ⓐ Ⓑ Ⓒ Ⓓ	161	Ⓐ Ⓑ Ⓒ Ⓓ	181	Ⓐ Ⓑ Ⓒ Ⓓ
102	Ⓐ Ⓑ Ⓒ Ⓓ	122	Ⓐ Ⓑ Ⓒ Ⓓ	142	Ⓐ Ⓑ Ⓒ Ⓓ	162	Ⓐ Ⓑ Ⓒ Ⓓ	182	Ⓐ Ⓑ Ⓒ Ⓓ
103	Ⓐ Ⓑ Ⓒ Ⓓ	123	Ⓐ Ⓑ Ⓒ Ⓓ	143	Ⓐ Ⓑ Ⓒ Ⓓ	163	Ⓐ Ⓑ Ⓒ Ⓓ	183	Ⓐ Ⓑ Ⓒ Ⓓ
104	Ⓐ Ⓑ Ⓒ Ⓓ	124	Ⓐ Ⓑ Ⓒ Ⓓ	144	Ⓐ Ⓑ Ⓒ Ⓓ	164	Ⓐ Ⓑ Ⓒ Ⓓ	184	Ⓐ Ⓑ Ⓒ Ⓓ
105	Ⓐ Ⓑ Ⓒ Ⓓ	125	Ⓐ Ⓑ Ⓒ Ⓓ	145	Ⓐ Ⓑ Ⓒ Ⓓ	165	Ⓐ Ⓑ Ⓒ Ⓓ	185	Ⓐ Ⓑ Ⓒ Ⓓ
106	Ⓐ Ⓑ Ⓒ Ⓓ	126	Ⓐ Ⓑ Ⓒ Ⓓ	146	Ⓐ Ⓑ Ⓒ Ⓓ	166	Ⓐ Ⓑ Ⓒ Ⓓ	186	Ⓐ Ⓑ Ⓒ Ⓓ
107	Ⓐ Ⓑ Ⓒ Ⓓ	127	Ⓐ Ⓑ Ⓒ Ⓓ	147	Ⓐ Ⓑ Ⓒ Ⓓ	167	Ⓐ Ⓑ Ⓒ Ⓓ	187	Ⓐ Ⓑ Ⓒ Ⓓ
108	Ⓐ Ⓑ Ⓒ Ⓓ	128	Ⓐ Ⓑ Ⓒ Ⓓ	148	Ⓐ Ⓑ Ⓒ Ⓓ	168	Ⓐ Ⓑ Ⓒ Ⓓ	188	Ⓐ Ⓑ Ⓒ Ⓓ
109	Ⓐ Ⓑ Ⓒ Ⓓ	129	Ⓐ Ⓑ Ⓒ Ⓓ	149	Ⓐ Ⓑ Ⓒ Ⓓ	169	Ⓐ Ⓑ Ⓒ Ⓓ	189	Ⓐ Ⓑ Ⓒ Ⓓ
110	Ⓐ Ⓑ Ⓒ Ⓓ	130	Ⓐ Ⓑ Ⓒ Ⓓ	150	Ⓐ Ⓑ Ⓒ Ⓓ	170	Ⓐ Ⓑ Ⓒ Ⓓ	190	Ⓐ Ⓑ Ⓒ Ⓓ
111	Ⓐ Ⓑ Ⓒ Ⓓ	131	Ⓐ Ⓑ Ⓒ Ⓓ	151	Ⓐ Ⓑ Ⓒ Ⓓ	171	Ⓐ Ⓑ Ⓒ Ⓓ	191	Ⓐ Ⓑ Ⓒ Ⓓ
112	Ⓐ Ⓑ Ⓒ Ⓓ	132	Ⓐ Ⓑ Ⓒ Ⓓ	152	Ⓐ Ⓑ Ⓒ Ⓓ	172	Ⓐ Ⓑ Ⓒ Ⓓ	192	Ⓐ Ⓑ Ⓒ Ⓓ
113	Ⓐ Ⓑ Ⓒ Ⓓ	133	Ⓐ Ⓑ Ⓒ Ⓓ	153	Ⓐ Ⓑ Ⓒ Ⓓ	173	Ⓐ Ⓑ Ⓒ Ⓓ	193	Ⓐ Ⓑ Ⓒ Ⓓ
114	Ⓐ Ⓑ Ⓒ Ⓓ	134	Ⓐ Ⓑ Ⓒ Ⓓ	154	Ⓐ Ⓑ Ⓒ Ⓓ	174	Ⓐ Ⓑ Ⓒ Ⓓ	194	Ⓐ Ⓑ Ⓒ Ⓓ
115	Ⓐ Ⓑ Ⓒ Ⓓ	135	Ⓐ Ⓑ Ⓒ Ⓓ	155	Ⓐ Ⓑ Ⓒ Ⓓ	175	Ⓐ Ⓑ Ⓒ Ⓓ	195	Ⓐ Ⓑ Ⓒ Ⓓ
116	Ⓐ Ⓑ Ⓒ Ⓓ	136	Ⓐ Ⓑ Ⓒ Ⓓ	156	Ⓐ Ⓑ Ⓒ Ⓓ	176	Ⓐ Ⓑ Ⓒ Ⓓ	196	Ⓐ Ⓑ Ⓒ Ⓓ
117	Ⓐ Ⓑ Ⓒ Ⓓ	137	Ⓐ Ⓑ Ⓒ Ⓓ	157	Ⓐ Ⓑ Ⓒ Ⓓ	177	Ⓐ Ⓑ Ⓒ Ⓓ	197	Ⓐ Ⓑ Ⓒ Ⓓ
118	Ⓐ Ⓑ Ⓒ Ⓓ	138	Ⓐ Ⓑ Ⓒ Ⓓ	158	Ⓐ Ⓑ Ⓒ Ⓓ	178	Ⓐ Ⓑ Ⓒ Ⓓ	198	Ⓐ Ⓑ Ⓒ Ⓓ
119	Ⓐ Ⓑ Ⓒ Ⓓ	139	Ⓐ Ⓑ Ⓒ Ⓓ	159	Ⓐ Ⓑ Ⓒ Ⓓ	179	Ⓐ Ⓑ Ⓒ Ⓓ	199	Ⓐ Ⓑ Ⓒ Ⓓ
120	Ⓐ Ⓑ Ⓒ Ⓓ	140	Ⓐ Ⓑ Ⓒ Ⓓ	160	Ⓐ Ⓑ Ⓒ Ⓓ	180	Ⓐ Ⓑ Ⓒ Ⓓ	200	Ⓐ Ⓑ Ⓒ Ⓓ

1. 필기도구: 연필, 샤프펜슬, 지우개
2. 답안은 반드시 원안에 진하게 칠하여 주십시오.
3. 본인의 작성 오류로 인한 불이익은 책임지지 않습니다.
4. 답안 기재 요령: GOOD - ● / BAD - ⊙, ⊗, ⊘

본 답안지는 컴퓨터로 처리되므로 답을 오독하지 않도록 정확히 기재하십시오.
시험이 끝난 후, 이 답안지는 문제지와 함께 반드시 제출해야 합니다.

ANSWER SHEET 다락원 JPT 1000제 청해편 실전모의고사 ____ 회

聽 解 (Part I~IV)

No.	ANSWER	No.	ANSWER	No.	ANSWER	No.	ANSWER	No.	ANSWER
1	Ⓐ Ⓑ Ⓒ Ⓓ	21	Ⓐ Ⓑ Ⓒ Ⓓ	41	Ⓐ Ⓑ Ⓒ Ⓓ	61	Ⓐ Ⓑ Ⓒ Ⓓ	81	Ⓐ Ⓑ Ⓒ Ⓓ
2	Ⓐ Ⓑ Ⓒ Ⓓ	22	Ⓐ Ⓑ Ⓒ Ⓓ	42	Ⓐ Ⓑ Ⓒ Ⓓ	62	Ⓐ Ⓑ Ⓒ Ⓓ	82	Ⓐ Ⓑ Ⓒ Ⓓ
3	Ⓐ Ⓑ Ⓒ Ⓓ	23	Ⓐ Ⓑ Ⓒ Ⓓ	43	Ⓐ Ⓑ Ⓒ Ⓓ	63	Ⓐ Ⓑ Ⓒ Ⓓ	83	Ⓐ Ⓑ Ⓒ Ⓓ
4	Ⓐ Ⓑ Ⓒ Ⓓ	24	Ⓐ Ⓑ Ⓒ Ⓓ	44	Ⓐ Ⓑ Ⓒ Ⓓ	64	Ⓐ Ⓑ Ⓒ Ⓓ	84	Ⓐ Ⓑ Ⓒ Ⓓ
5	Ⓐ Ⓑ Ⓒ Ⓓ	25	Ⓐ Ⓑ Ⓒ Ⓓ	45	Ⓐ Ⓑ Ⓒ Ⓓ	65	Ⓐ Ⓑ Ⓒ Ⓓ	85	Ⓐ Ⓑ Ⓒ Ⓓ
6	Ⓐ Ⓑ Ⓒ Ⓓ	26	Ⓐ Ⓑ Ⓒ Ⓓ	46	Ⓐ Ⓑ Ⓒ Ⓓ	66	Ⓐ Ⓑ Ⓒ Ⓓ	86	Ⓐ Ⓑ Ⓒ Ⓓ
7	Ⓐ Ⓑ Ⓒ Ⓓ	27	Ⓐ Ⓑ Ⓒ Ⓓ	47	Ⓐ Ⓑ Ⓒ Ⓓ	67	Ⓐ Ⓑ Ⓒ Ⓓ	87	Ⓐ Ⓑ Ⓒ Ⓓ
8	Ⓐ Ⓑ Ⓒ Ⓓ	28	Ⓐ Ⓑ Ⓒ Ⓓ	48	Ⓐ Ⓑ Ⓒ Ⓓ	68	Ⓐ Ⓑ Ⓒ Ⓓ	88	Ⓐ Ⓑ Ⓒ Ⓓ
9	Ⓐ Ⓑ Ⓒ Ⓓ	29	Ⓐ Ⓑ Ⓒ Ⓓ	49	Ⓐ Ⓑ Ⓒ Ⓓ	69	Ⓐ Ⓑ Ⓒ Ⓓ	89	Ⓐ Ⓑ Ⓒ Ⓓ
10	Ⓐ Ⓑ Ⓒ Ⓓ	30	Ⓐ Ⓑ Ⓒ Ⓓ	50	Ⓐ Ⓑ Ⓒ Ⓓ	70	Ⓐ Ⓑ Ⓒ Ⓓ	90	Ⓐ Ⓑ Ⓒ Ⓓ
11	Ⓐ Ⓑ Ⓒ Ⓓ	31	Ⓐ Ⓑ Ⓒ Ⓓ	51	Ⓐ Ⓑ Ⓒ Ⓓ	71	Ⓐ Ⓑ Ⓒ Ⓓ	91	Ⓐ Ⓑ Ⓒ Ⓓ
12	Ⓐ Ⓑ Ⓒ Ⓓ	32	Ⓐ Ⓑ Ⓒ Ⓓ	52	Ⓐ Ⓑ Ⓒ Ⓓ	72	Ⓐ Ⓑ Ⓒ Ⓓ	92	Ⓐ Ⓑ Ⓒ Ⓓ
13	Ⓐ Ⓑ Ⓒ Ⓓ	33	Ⓐ Ⓑ Ⓒ Ⓓ	53	Ⓐ Ⓑ Ⓒ Ⓓ	73	Ⓐ Ⓑ Ⓒ Ⓓ	93	Ⓐ Ⓑ Ⓒ Ⓓ
14	Ⓐ Ⓑ Ⓒ Ⓓ	34	Ⓐ Ⓑ Ⓒ Ⓓ	54	Ⓐ Ⓑ Ⓒ Ⓓ	74	Ⓐ Ⓑ Ⓒ Ⓓ	94	Ⓐ Ⓑ Ⓒ Ⓓ
15	Ⓐ Ⓑ Ⓒ Ⓓ	35	Ⓐ Ⓑ Ⓒ Ⓓ	55	Ⓐ Ⓑ Ⓒ Ⓓ	75	Ⓐ Ⓑ Ⓒ Ⓓ	95	Ⓐ Ⓑ Ⓒ Ⓓ
16	Ⓐ Ⓑ Ⓒ Ⓓ	36	Ⓐ Ⓑ Ⓒ Ⓓ	56	Ⓐ Ⓑ Ⓒ Ⓓ	76	Ⓐ Ⓑ Ⓒ Ⓓ	96	Ⓐ Ⓑ Ⓒ Ⓓ
17	Ⓐ Ⓑ Ⓒ Ⓓ	37	Ⓐ Ⓑ Ⓒ Ⓓ	57	Ⓐ Ⓑ Ⓒ Ⓓ	77	Ⓐ Ⓑ Ⓒ Ⓓ	97	Ⓐ Ⓑ Ⓒ Ⓓ
18	Ⓐ Ⓑ Ⓒ Ⓓ	38	Ⓐ Ⓑ Ⓒ Ⓓ	58	Ⓐ Ⓑ Ⓒ Ⓓ	78	Ⓐ Ⓑ Ⓒ Ⓓ	98	Ⓐ Ⓑ Ⓒ Ⓓ
19	Ⓐ Ⓑ Ⓒ Ⓓ	39	Ⓐ Ⓑ Ⓒ Ⓓ	59	Ⓐ Ⓑ Ⓒ Ⓓ	79	Ⓐ Ⓑ Ⓒ Ⓓ	99	Ⓐ Ⓑ Ⓒ Ⓓ
20	Ⓐ Ⓑ Ⓒ Ⓓ	40	Ⓐ Ⓑ Ⓒ Ⓓ	60	Ⓐ Ⓑ Ⓒ Ⓓ	80	Ⓐ Ⓑ Ⓒ Ⓓ	100	Ⓐ Ⓑ Ⓒ Ⓓ

1. 필기도구: 연필, 샤프펜슬, 지우개
2. 답안은 반드시 원안에 진하게 칠하여 주십시오.
3. 본인의 작성 오류로 인한 불이익은 책임지지 않습니다.
4. 답안 기재 요령: GOOD – ● / BAD – ⊙, ⊗, ∅

讀 解 (Part V~VIII)

No.	ANSWER	No.	ANSWER	No.	ANSWER	No.	ANSWER	No.	ANSWER
101	Ⓐ Ⓑ Ⓒ Ⓓ	121	Ⓐ Ⓑ Ⓒ Ⓓ	141	Ⓐ Ⓑ Ⓒ Ⓓ	161	Ⓐ Ⓑ Ⓒ Ⓓ	181	Ⓐ Ⓑ Ⓒ Ⓓ
102	Ⓐ Ⓑ Ⓒ Ⓓ	122	Ⓐ Ⓑ Ⓒ Ⓓ	142	Ⓐ Ⓑ Ⓒ Ⓓ	162	Ⓐ Ⓑ Ⓒ Ⓓ	182	Ⓐ Ⓑ Ⓒ Ⓓ
103	Ⓐ Ⓑ Ⓒ Ⓓ	123	Ⓐ Ⓑ Ⓒ Ⓓ	143	Ⓐ Ⓑ Ⓒ Ⓓ	163	Ⓐ Ⓑ Ⓒ Ⓓ	183	Ⓐ Ⓑ Ⓒ Ⓓ
104	Ⓐ Ⓑ Ⓒ Ⓓ	124	Ⓐ Ⓑ Ⓒ Ⓓ	144	Ⓐ Ⓑ Ⓒ Ⓓ	164	Ⓐ Ⓑ Ⓒ Ⓓ	184	Ⓐ Ⓑ Ⓒ Ⓓ
105	Ⓐ Ⓑ Ⓒ Ⓓ	125	Ⓐ Ⓑ Ⓒ Ⓓ	145	Ⓐ Ⓑ Ⓒ Ⓓ	165	Ⓐ Ⓑ Ⓒ Ⓓ	185	Ⓐ Ⓑ Ⓒ Ⓓ
106	Ⓐ Ⓑ Ⓒ Ⓓ	126	Ⓐ Ⓑ Ⓒ Ⓓ	146	Ⓐ Ⓑ Ⓒ Ⓓ	166	Ⓐ Ⓑ Ⓒ Ⓓ	186	Ⓐ Ⓑ Ⓒ Ⓓ
107	Ⓐ Ⓑ Ⓒ Ⓓ	127	Ⓐ Ⓑ Ⓒ Ⓓ	147	Ⓐ Ⓑ Ⓒ Ⓓ	167	Ⓐ Ⓑ Ⓒ Ⓓ	187	Ⓐ Ⓑ Ⓒ Ⓓ
108	Ⓐ Ⓑ Ⓒ Ⓓ	128	Ⓐ Ⓑ Ⓒ Ⓓ	148	Ⓐ Ⓑ Ⓒ Ⓓ	168	Ⓐ Ⓑ Ⓒ Ⓓ	188	Ⓐ Ⓑ Ⓒ Ⓓ
109	Ⓐ Ⓑ Ⓒ Ⓓ	129	Ⓐ Ⓑ Ⓒ Ⓓ	149	Ⓐ Ⓑ Ⓒ Ⓓ	169	Ⓐ Ⓑ Ⓒ Ⓓ	189	Ⓐ Ⓑ Ⓒ Ⓓ
110	Ⓐ Ⓑ Ⓒ Ⓓ	130	Ⓐ Ⓑ Ⓒ Ⓓ	150	Ⓐ Ⓑ Ⓒ Ⓓ	170	Ⓐ Ⓑ Ⓒ Ⓓ	190	Ⓐ Ⓑ Ⓒ Ⓓ
111	Ⓐ Ⓑ Ⓒ Ⓓ	131	Ⓐ Ⓑ Ⓒ Ⓓ	151	Ⓐ Ⓑ Ⓒ Ⓓ	171	Ⓐ Ⓑ Ⓒ Ⓓ	191	Ⓐ Ⓑ Ⓒ Ⓓ
112	Ⓐ Ⓑ Ⓒ Ⓓ	132	Ⓐ Ⓑ Ⓒ Ⓓ	152	Ⓐ Ⓑ Ⓒ Ⓓ	172	Ⓐ Ⓑ Ⓒ Ⓓ	192	Ⓐ Ⓑ Ⓒ Ⓓ
113	Ⓐ Ⓑ Ⓒ Ⓓ	133	Ⓐ Ⓑ Ⓒ Ⓓ	153	Ⓐ Ⓑ Ⓒ Ⓓ	173	Ⓐ Ⓑ Ⓒ Ⓓ	193	Ⓐ Ⓑ Ⓒ Ⓓ
114	Ⓐ Ⓑ Ⓒ Ⓓ	134	Ⓐ Ⓑ Ⓒ Ⓓ	154	Ⓐ Ⓑ Ⓒ Ⓓ	174	Ⓐ Ⓑ Ⓒ Ⓓ	194	Ⓐ Ⓑ Ⓒ Ⓓ
115	Ⓐ Ⓑ Ⓒ Ⓓ	135	Ⓐ Ⓑ Ⓒ Ⓓ	155	Ⓐ Ⓑ Ⓒ Ⓓ	175	Ⓐ Ⓑ Ⓒ Ⓓ	195	Ⓐ Ⓑ Ⓒ Ⓓ
116	Ⓐ Ⓑ Ⓒ Ⓓ	136	Ⓐ Ⓑ Ⓒ Ⓓ	156	Ⓐ Ⓑ Ⓒ Ⓓ	176	Ⓐ Ⓑ Ⓒ Ⓓ	196	Ⓐ Ⓑ Ⓒ Ⓓ
117	Ⓐ Ⓑ Ⓒ Ⓓ	137	Ⓐ Ⓑ Ⓒ Ⓓ	157	Ⓐ Ⓑ Ⓒ Ⓓ	177	Ⓐ Ⓑ Ⓒ Ⓓ	197	Ⓐ Ⓑ Ⓒ Ⓓ
118	Ⓐ Ⓑ Ⓒ Ⓓ	138	Ⓐ Ⓑ Ⓒ Ⓓ	158	Ⓐ Ⓑ Ⓒ Ⓓ	178	Ⓐ Ⓑ Ⓒ Ⓓ	198	Ⓐ Ⓑ Ⓒ Ⓓ
119	Ⓐ Ⓑ Ⓒ Ⓓ	139	Ⓐ Ⓑ Ⓒ Ⓓ	159	Ⓐ Ⓑ Ⓒ Ⓓ	179	Ⓐ Ⓑ Ⓒ Ⓓ	199	Ⓐ Ⓑ Ⓒ Ⓓ
120	Ⓐ Ⓑ Ⓒ Ⓓ	140	Ⓐ Ⓑ Ⓒ Ⓓ	160	Ⓐ Ⓑ Ⓒ Ⓓ	180	Ⓐ Ⓑ Ⓒ Ⓓ	200	Ⓐ Ⓑ Ⓒ Ⓓ

본 답안지는 컴퓨터로 처리되므로 답을 오독하지 않도록 정확히 기재하십시오.
시험이 끝난 후, 이 답안지는 문제지와 함께 반드시 제출해야 합니다.

ANSWER SHEET 다락원 JPT 1000제 청해편 실전모의고사 ____회

聴 解 （Part I~IV）

No.	ANSWER	No.	ANSWER	No.	ANSWER	No.	ANSWER	No.	ANSWER
1	Ⓐ Ⓑ Ⓒ Ⓓ	21	Ⓐ Ⓑ Ⓒ Ⓓ	41	Ⓐ Ⓑ Ⓒ Ⓓ	61	Ⓐ Ⓑ Ⓒ Ⓓ	81	Ⓐ Ⓑ Ⓒ Ⓓ
2	Ⓐ Ⓑ Ⓒ Ⓓ	22	Ⓐ Ⓑ Ⓒ Ⓓ	42	Ⓐ Ⓑ Ⓒ Ⓓ	62	Ⓐ Ⓑ Ⓒ Ⓓ	82	Ⓐ Ⓑ Ⓒ Ⓓ
3	Ⓐ Ⓑ Ⓒ Ⓓ	23	Ⓐ Ⓑ Ⓒ Ⓓ	43	Ⓐ Ⓑ Ⓒ Ⓓ	63	Ⓐ Ⓑ Ⓒ Ⓓ	83	Ⓐ Ⓑ Ⓒ Ⓓ
4	Ⓐ Ⓑ Ⓒ Ⓓ	24	Ⓐ Ⓑ Ⓒ Ⓓ	44	Ⓐ Ⓑ Ⓒ Ⓓ	64	Ⓐ Ⓑ Ⓒ Ⓓ	84	Ⓐ Ⓑ Ⓒ Ⓓ
5	Ⓐ Ⓑ Ⓒ Ⓓ	25	Ⓐ Ⓑ Ⓒ Ⓓ	45	Ⓐ Ⓑ Ⓒ Ⓓ	65	Ⓐ Ⓑ Ⓒ Ⓓ	85	Ⓐ Ⓑ Ⓒ Ⓓ
6	Ⓐ Ⓑ Ⓒ Ⓓ	26	Ⓐ Ⓑ Ⓒ Ⓓ	46	Ⓐ Ⓑ Ⓒ Ⓓ	66	Ⓐ Ⓑ Ⓒ Ⓓ	86	Ⓐ Ⓑ Ⓒ Ⓓ
7	Ⓐ Ⓑ Ⓒ Ⓓ	27	Ⓐ Ⓑ Ⓒ Ⓓ	47	Ⓐ Ⓑ Ⓒ Ⓓ	67	Ⓐ Ⓑ Ⓒ Ⓓ	87	Ⓐ Ⓑ Ⓒ Ⓓ
8	Ⓐ Ⓑ Ⓒ Ⓓ	28	Ⓐ Ⓑ Ⓒ Ⓓ	48	Ⓐ Ⓑ Ⓒ Ⓓ	68	Ⓐ Ⓑ Ⓒ Ⓓ	88	Ⓐ Ⓑ Ⓒ Ⓓ
9	Ⓐ Ⓑ Ⓒ Ⓓ	29	Ⓐ Ⓑ Ⓒ Ⓓ	49	Ⓐ Ⓑ Ⓒ Ⓓ	69	Ⓐ Ⓑ Ⓒ Ⓓ	89	Ⓐ Ⓑ Ⓒ Ⓓ
10	Ⓐ Ⓑ Ⓒ Ⓓ	30	Ⓐ Ⓑ Ⓒ Ⓓ	50	Ⓐ Ⓑ Ⓒ Ⓓ	70	Ⓐ Ⓑ Ⓒ Ⓓ	90	Ⓐ Ⓑ Ⓒ Ⓓ
11	Ⓐ Ⓑ Ⓒ Ⓓ	31	Ⓐ Ⓑ Ⓒ Ⓓ	51	Ⓐ Ⓑ Ⓒ Ⓓ	71	Ⓐ Ⓑ Ⓒ Ⓓ	91	Ⓐ Ⓑ Ⓒ Ⓓ
12	Ⓐ Ⓑ Ⓒ Ⓓ	32	Ⓐ Ⓑ Ⓒ Ⓓ	52	Ⓐ Ⓑ Ⓒ Ⓓ	72	Ⓐ Ⓑ Ⓒ Ⓓ	92	Ⓐ Ⓑ Ⓒ Ⓓ
13	Ⓐ Ⓑ Ⓒ Ⓓ	33	Ⓐ Ⓑ Ⓒ Ⓓ	53	Ⓐ Ⓑ Ⓒ Ⓓ	73	Ⓐ Ⓑ Ⓒ Ⓓ	93	Ⓐ Ⓑ Ⓒ Ⓓ
14	Ⓐ Ⓑ Ⓒ Ⓓ	34	Ⓐ Ⓑ Ⓒ Ⓓ	54	Ⓐ Ⓑ Ⓒ Ⓓ	74	Ⓐ Ⓑ Ⓒ Ⓓ	94	Ⓐ Ⓑ Ⓒ Ⓓ
15	Ⓐ Ⓑ Ⓒ Ⓓ	35	Ⓐ Ⓑ Ⓒ Ⓓ	55	Ⓐ Ⓑ Ⓒ Ⓓ	75	Ⓐ Ⓑ Ⓒ Ⓓ	95	Ⓐ Ⓑ Ⓒ Ⓓ
16	Ⓐ Ⓑ Ⓒ Ⓓ	36	Ⓐ Ⓑ Ⓒ Ⓓ	56	Ⓐ Ⓑ Ⓒ Ⓓ	76	Ⓐ Ⓑ Ⓒ Ⓓ	96	Ⓐ Ⓑ Ⓒ Ⓓ
17	Ⓐ Ⓑ Ⓒ Ⓓ	37	Ⓐ Ⓑ Ⓒ Ⓓ	57	Ⓐ Ⓑ Ⓒ Ⓓ	77	Ⓐ Ⓑ Ⓒ Ⓓ	97	Ⓐ Ⓑ Ⓒ Ⓓ
18	Ⓐ Ⓑ Ⓒ Ⓓ	38	Ⓐ Ⓑ Ⓒ Ⓓ	58	Ⓐ Ⓑ Ⓒ Ⓓ	78	Ⓐ Ⓑ Ⓒ Ⓓ	98	Ⓐ Ⓑ Ⓒ Ⓓ
19	Ⓐ Ⓑ Ⓒ Ⓓ	39	Ⓐ Ⓑ Ⓒ Ⓓ	59	Ⓐ Ⓑ Ⓒ Ⓓ	79	Ⓐ Ⓑ Ⓒ Ⓓ	99	Ⓐ Ⓑ Ⓒ Ⓓ
20	Ⓐ Ⓑ Ⓒ Ⓓ	40	Ⓐ Ⓑ Ⓒ Ⓓ	60	Ⓐ Ⓑ Ⓒ Ⓓ	80	Ⓐ Ⓑ Ⓒ Ⓓ	100	Ⓐ Ⓑ Ⓒ Ⓓ

読 解 （Part V~VIII）

No.	ANSWER	No.	ANSWER	No.	ANSWER	No.	ANSWER	No.	ANSWER
101	Ⓐ Ⓑ Ⓒ Ⓓ	121	Ⓐ Ⓑ Ⓒ Ⓓ	141	Ⓐ Ⓑ Ⓒ Ⓓ	161	Ⓐ Ⓑ Ⓒ Ⓓ	181	Ⓐ Ⓑ Ⓒ Ⓓ
102	Ⓐ Ⓑ Ⓒ Ⓓ	122	Ⓐ Ⓑ Ⓒ Ⓓ	142	Ⓐ Ⓑ Ⓒ Ⓓ	162	Ⓐ Ⓑ Ⓒ Ⓓ	182	Ⓐ Ⓑ Ⓒ Ⓓ
103	Ⓐ Ⓑ Ⓒ Ⓓ	123	Ⓐ Ⓑ Ⓒ Ⓓ	143	Ⓐ Ⓑ Ⓒ Ⓓ	163	Ⓐ Ⓑ Ⓒ Ⓓ	183	Ⓐ Ⓑ Ⓒ Ⓓ
104	Ⓐ Ⓑ Ⓒ Ⓓ	124	Ⓐ Ⓑ Ⓒ Ⓓ	144	Ⓐ Ⓑ Ⓒ Ⓓ	164	Ⓐ Ⓑ Ⓒ Ⓓ	184	Ⓐ Ⓑ Ⓒ Ⓓ
105	Ⓐ Ⓑ Ⓒ Ⓓ	125	Ⓐ Ⓑ Ⓒ Ⓓ	145	Ⓐ Ⓑ Ⓒ Ⓓ	165	Ⓐ Ⓑ Ⓒ Ⓓ	185	Ⓐ Ⓑ Ⓒ Ⓓ
106	Ⓐ Ⓑ Ⓒ Ⓓ	126	Ⓐ Ⓑ Ⓒ Ⓓ	146	Ⓐ Ⓑ Ⓒ Ⓓ	166	Ⓐ Ⓑ Ⓒ Ⓓ	186	Ⓐ Ⓑ Ⓒ Ⓓ
107	Ⓐ Ⓑ Ⓒ Ⓓ	127	Ⓐ Ⓑ Ⓒ Ⓓ	147	Ⓐ Ⓑ Ⓒ Ⓓ	167	Ⓐ Ⓑ Ⓒ Ⓓ	187	Ⓐ Ⓑ Ⓒ Ⓓ
108	Ⓐ Ⓑ Ⓒ Ⓓ	128	Ⓐ Ⓑ Ⓒ Ⓓ	148	Ⓐ Ⓑ Ⓒ Ⓓ	168	Ⓐ Ⓑ Ⓒ Ⓓ	188	Ⓐ Ⓑ Ⓒ Ⓓ
109	Ⓐ Ⓑ Ⓒ Ⓓ	129	Ⓐ Ⓑ Ⓒ Ⓓ	149	Ⓐ Ⓑ Ⓒ Ⓓ	169	Ⓐ Ⓑ Ⓒ Ⓓ	189	Ⓐ Ⓑ Ⓒ Ⓓ
110	Ⓐ Ⓑ Ⓒ Ⓓ	130	Ⓐ Ⓑ Ⓒ Ⓓ	150	Ⓐ Ⓑ Ⓒ Ⓓ	170	Ⓐ Ⓑ Ⓒ Ⓓ	190	Ⓐ Ⓑ Ⓒ Ⓓ
111	Ⓐ Ⓑ Ⓒ Ⓓ	131	Ⓐ Ⓑ Ⓒ Ⓓ	151	Ⓐ Ⓑ Ⓒ Ⓓ	171	Ⓐ Ⓑ Ⓒ Ⓓ	191	Ⓐ Ⓑ Ⓒ Ⓓ
112	Ⓐ Ⓑ Ⓒ Ⓓ	132	Ⓐ Ⓑ Ⓒ Ⓓ	152	Ⓐ Ⓑ Ⓒ Ⓓ	172	Ⓐ Ⓑ Ⓒ Ⓓ	192	Ⓐ Ⓑ Ⓒ Ⓓ
113	Ⓐ Ⓑ Ⓒ Ⓓ	133	Ⓐ Ⓑ Ⓒ Ⓓ	153	Ⓐ Ⓑ Ⓒ Ⓓ	173	Ⓐ Ⓑ Ⓒ Ⓓ	193	Ⓐ Ⓑ Ⓒ Ⓓ
114	Ⓐ Ⓑ Ⓒ Ⓓ	134	Ⓐ Ⓑ Ⓒ Ⓓ	154	Ⓐ Ⓑ Ⓒ Ⓓ	174	Ⓐ Ⓑ Ⓒ Ⓓ	194	Ⓐ Ⓑ Ⓒ Ⓓ
115	Ⓐ Ⓑ Ⓒ Ⓓ	135	Ⓐ Ⓑ Ⓒ Ⓓ	155	Ⓐ Ⓑ Ⓒ Ⓓ	175	Ⓐ Ⓑ Ⓒ Ⓓ	195	Ⓐ Ⓑ Ⓒ Ⓓ
116	Ⓐ Ⓑ Ⓒ Ⓓ	136	Ⓐ Ⓑ Ⓒ Ⓓ	156	Ⓐ Ⓑ Ⓒ Ⓓ	176	Ⓐ Ⓑ Ⓒ Ⓓ	196	Ⓐ Ⓑ Ⓒ Ⓓ
117	Ⓐ Ⓑ Ⓒ Ⓓ	137	Ⓐ Ⓑ Ⓒ Ⓓ	157	Ⓐ Ⓑ Ⓒ Ⓓ	177	Ⓐ Ⓑ Ⓒ Ⓓ	197	Ⓐ Ⓑ Ⓒ Ⓓ
118	Ⓐ Ⓑ Ⓒ Ⓓ	138	Ⓐ Ⓑ Ⓒ Ⓓ	158	Ⓐ Ⓑ Ⓒ Ⓓ	178	Ⓐ Ⓑ Ⓒ Ⓓ	198	Ⓐ Ⓑ Ⓒ Ⓓ
119	Ⓐ Ⓑ Ⓒ Ⓓ	139	Ⓐ Ⓑ Ⓒ Ⓓ	159	Ⓐ Ⓑ Ⓒ Ⓓ	179	Ⓐ Ⓑ Ⓒ Ⓓ	199	Ⓐ Ⓑ Ⓒ Ⓓ
120	Ⓐ Ⓑ Ⓒ Ⓓ	140	Ⓐ Ⓑ Ⓒ Ⓓ	160	Ⓐ Ⓑ Ⓒ Ⓓ	180	Ⓐ Ⓑ Ⓒ Ⓓ	200	Ⓐ Ⓑ Ⓒ Ⓓ

1. 필기도구: 연필, 샤프펜슬, 지우개
2. 답안은 반드시 원안에 진하게 칠하여 주십시오.
3. 본인의 작성 오류로 인한 불이익은 책임지지 않습니다.
4. 답안 기재 요령: GOOD - ● / BAD - ⊙, ⊗, ⊘

본 답안지는 컴퓨터로 처리되므로 답을 오독하지 않도록 정확히 기재하십시오.
시험이 끝난 후, 이 답안지는 문제지와 함께 반드시 제출해야 합니다.

ANSWER SHEET 다락원 JPT 1000제 청해편 실전모의고사 ___회

聴 解 （Part I~IV）

No.	ANSWER	No.	ANSWER	No.	ANSWER	No.	ANSWER	No.	ANSWER
1	Ⓐ Ⓑ Ⓒ Ⓓ	21	Ⓐ Ⓑ Ⓒ Ⓓ	41	Ⓐ Ⓑ Ⓒ Ⓓ	61	Ⓐ Ⓑ Ⓒ Ⓓ	81	Ⓐ Ⓑ Ⓒ Ⓓ
2	Ⓐ Ⓑ Ⓒ Ⓓ	22	Ⓐ Ⓑ Ⓒ Ⓓ	42	Ⓐ Ⓑ Ⓒ Ⓓ	62	Ⓐ Ⓑ Ⓒ Ⓓ	82	Ⓐ Ⓑ Ⓒ Ⓓ
3	Ⓐ Ⓑ Ⓒ Ⓓ	23	Ⓐ Ⓑ Ⓒ Ⓓ	43	Ⓐ Ⓑ Ⓒ Ⓓ	63	Ⓐ Ⓑ Ⓒ Ⓓ	83	Ⓐ Ⓑ Ⓒ Ⓓ
4	Ⓐ Ⓑ Ⓒ Ⓓ	24	Ⓐ Ⓑ Ⓒ Ⓓ	44	Ⓐ Ⓑ Ⓒ Ⓓ	64	Ⓐ Ⓑ Ⓒ Ⓓ	84	Ⓐ Ⓑ Ⓒ Ⓓ
5	Ⓐ Ⓑ Ⓒ Ⓓ	25	Ⓐ Ⓑ Ⓒ Ⓓ	45	Ⓐ Ⓑ Ⓒ Ⓓ	65	Ⓐ Ⓑ Ⓒ Ⓓ	85	Ⓐ Ⓑ Ⓒ Ⓓ
6	Ⓐ Ⓑ Ⓒ Ⓓ	26	Ⓐ Ⓑ Ⓒ Ⓓ	46	Ⓐ Ⓑ Ⓒ Ⓓ	66	Ⓐ Ⓑ Ⓒ Ⓓ	86	Ⓐ Ⓑ Ⓒ Ⓓ
7	Ⓐ Ⓑ Ⓒ Ⓓ	27	Ⓐ Ⓑ Ⓒ Ⓓ	47	Ⓐ Ⓑ Ⓒ Ⓓ	67	Ⓐ Ⓑ Ⓒ Ⓓ	87	Ⓐ Ⓑ Ⓒ Ⓓ
8	Ⓐ Ⓑ Ⓒ Ⓓ	28	Ⓐ Ⓑ Ⓒ Ⓓ	48	Ⓐ Ⓑ Ⓒ Ⓓ	68	Ⓐ Ⓑ Ⓒ Ⓓ	88	Ⓐ Ⓑ Ⓒ Ⓓ
9	Ⓐ Ⓑ Ⓒ Ⓓ	29	Ⓐ Ⓑ Ⓒ Ⓓ	49	Ⓐ Ⓑ Ⓒ Ⓓ	69	Ⓐ Ⓑ Ⓒ Ⓓ	89	Ⓐ Ⓑ Ⓒ Ⓓ
10	Ⓐ Ⓑ Ⓒ Ⓓ	30	Ⓐ Ⓑ Ⓒ Ⓓ	50	Ⓐ Ⓑ Ⓒ Ⓓ	70	Ⓐ Ⓑ Ⓒ Ⓓ	90	Ⓐ Ⓑ Ⓒ Ⓓ
11	Ⓐ Ⓑ Ⓒ Ⓓ	31	Ⓐ Ⓑ Ⓒ Ⓓ	51	Ⓐ Ⓑ Ⓒ Ⓓ	71	Ⓐ Ⓑ Ⓒ Ⓓ	91	Ⓐ Ⓑ Ⓒ Ⓓ
12	Ⓐ Ⓑ Ⓒ Ⓓ	32	Ⓐ Ⓑ Ⓒ Ⓓ	52	Ⓐ Ⓑ Ⓒ Ⓓ	72	Ⓐ Ⓑ Ⓒ Ⓓ	92	Ⓐ Ⓑ Ⓒ Ⓓ
13	Ⓐ Ⓑ Ⓒ Ⓓ	33	Ⓐ Ⓑ Ⓒ Ⓓ	53	Ⓐ Ⓑ Ⓒ Ⓓ	73	Ⓐ Ⓑ Ⓒ Ⓓ	93	Ⓐ Ⓑ Ⓒ Ⓓ
14	Ⓐ Ⓑ Ⓒ Ⓓ	34	Ⓐ Ⓑ Ⓒ Ⓓ	54	Ⓐ Ⓑ Ⓒ Ⓓ	74	Ⓐ Ⓑ Ⓒ Ⓓ	94	Ⓐ Ⓑ Ⓒ Ⓓ
15	Ⓐ Ⓑ Ⓒ Ⓓ	35	Ⓐ Ⓑ Ⓒ Ⓓ	55	Ⓐ Ⓑ Ⓒ Ⓓ	75	Ⓐ Ⓑ Ⓒ Ⓓ	95	Ⓐ Ⓑ Ⓒ Ⓓ
16	Ⓐ Ⓑ Ⓒ Ⓓ	36	Ⓐ Ⓑ Ⓒ Ⓓ	56	Ⓐ Ⓑ Ⓒ Ⓓ	76	Ⓐ Ⓑ Ⓒ Ⓓ	96	Ⓐ Ⓑ Ⓒ Ⓓ
17	Ⓐ Ⓑ Ⓒ Ⓓ	37	Ⓐ Ⓑ Ⓒ Ⓓ	57	Ⓐ Ⓑ Ⓒ Ⓓ	77	Ⓐ Ⓑ Ⓒ Ⓓ	97	Ⓐ Ⓑ Ⓒ Ⓓ
18	Ⓐ Ⓑ Ⓒ Ⓓ	38	Ⓐ Ⓑ Ⓒ Ⓓ	58	Ⓐ Ⓑ Ⓒ Ⓓ	78	Ⓐ Ⓑ Ⓒ Ⓓ	98	Ⓐ Ⓑ Ⓒ Ⓓ
19	Ⓐ Ⓑ Ⓒ Ⓓ	39	Ⓐ Ⓑ Ⓒ Ⓓ	59	Ⓐ Ⓑ Ⓒ Ⓓ	79	Ⓐ Ⓑ Ⓒ Ⓓ	99	Ⓐ Ⓑ Ⓒ Ⓓ
20	Ⓐ Ⓑ Ⓒ Ⓓ	40	Ⓐ Ⓑ Ⓒ Ⓓ	60	Ⓐ Ⓑ Ⓒ Ⓓ	80	Ⓐ Ⓑ Ⓒ Ⓓ	100	Ⓐ Ⓑ Ⓒ Ⓓ

読 解 （Part V~VIII）

No.	ANSWER	No.	ANSWER	No.	ANSWER	No.	ANSWER	No.	ANSWER
101	Ⓐ Ⓑ Ⓒ Ⓓ	121	Ⓐ Ⓑ Ⓒ Ⓓ	141	Ⓐ Ⓑ Ⓒ Ⓓ	161	Ⓐ Ⓑ Ⓒ Ⓓ	181	Ⓐ Ⓑ Ⓒ Ⓓ
102	Ⓐ Ⓑ Ⓒ Ⓓ	122	Ⓐ Ⓑ Ⓒ Ⓓ	142	Ⓐ Ⓑ Ⓒ Ⓓ	162	Ⓐ Ⓑ Ⓒ Ⓓ	182	Ⓐ Ⓑ Ⓒ Ⓓ
103	Ⓐ Ⓑ Ⓒ Ⓓ	123	Ⓐ Ⓑ Ⓒ Ⓓ	143	Ⓐ Ⓑ Ⓒ Ⓓ	163	Ⓐ Ⓑ Ⓒ Ⓓ	183	Ⓐ Ⓑ Ⓒ Ⓓ
104	Ⓐ Ⓑ Ⓒ Ⓓ	124	Ⓐ Ⓑ Ⓒ Ⓓ	144	Ⓐ Ⓑ Ⓒ Ⓓ	164	Ⓐ Ⓑ Ⓒ Ⓓ	184	Ⓐ Ⓑ Ⓒ Ⓓ
105	Ⓐ Ⓑ Ⓒ Ⓓ	125	Ⓐ Ⓑ Ⓒ Ⓓ	145	Ⓐ Ⓑ Ⓒ Ⓓ	165	Ⓐ Ⓑ Ⓒ Ⓓ	185	Ⓐ Ⓑ Ⓒ Ⓓ
106	Ⓐ Ⓑ Ⓒ Ⓓ	126	Ⓐ Ⓑ Ⓒ Ⓓ	146	Ⓐ Ⓑ Ⓒ Ⓓ	166	Ⓐ Ⓑ Ⓒ Ⓓ	186	Ⓐ Ⓑ Ⓒ Ⓓ
107	Ⓐ Ⓑ Ⓒ Ⓓ	127	Ⓐ Ⓑ Ⓒ Ⓓ	147	Ⓐ Ⓑ Ⓒ Ⓓ	167	Ⓐ Ⓑ Ⓒ Ⓓ	187	Ⓐ Ⓑ Ⓒ Ⓓ
108	Ⓐ Ⓑ Ⓒ Ⓓ	128	Ⓐ Ⓑ Ⓒ Ⓓ	148	Ⓐ Ⓑ Ⓒ Ⓓ	168	Ⓐ Ⓑ Ⓒ Ⓓ	188	Ⓐ Ⓑ Ⓒ Ⓓ
109	Ⓐ Ⓑ Ⓒ Ⓓ	129	Ⓐ Ⓑ Ⓒ Ⓓ	149	Ⓐ Ⓑ Ⓒ Ⓓ	169	Ⓐ Ⓑ Ⓒ Ⓓ	189	Ⓐ Ⓑ Ⓒ Ⓓ
110	Ⓐ Ⓑ Ⓒ Ⓓ	130	Ⓐ Ⓑ Ⓒ Ⓓ	150	Ⓐ Ⓑ Ⓒ Ⓓ	170	Ⓐ Ⓑ Ⓒ Ⓓ	190	Ⓐ Ⓑ Ⓒ Ⓓ
111	Ⓐ Ⓑ Ⓒ Ⓓ	131	Ⓐ Ⓑ Ⓒ Ⓓ	151	Ⓐ Ⓑ Ⓒ Ⓓ	171	Ⓐ Ⓑ Ⓒ Ⓓ	191	Ⓐ Ⓑ Ⓒ Ⓓ
112	Ⓐ Ⓑ Ⓒ Ⓓ	132	Ⓐ Ⓑ Ⓒ Ⓓ	152	Ⓐ Ⓑ Ⓒ Ⓓ	172	Ⓐ Ⓑ Ⓒ Ⓓ	192	Ⓐ Ⓑ Ⓒ Ⓓ
113	Ⓐ Ⓑ Ⓒ Ⓓ	133	Ⓐ Ⓑ Ⓒ Ⓓ	153	Ⓐ Ⓑ Ⓒ Ⓓ	173	Ⓐ Ⓑ Ⓒ Ⓓ	193	Ⓐ Ⓑ Ⓒ Ⓓ
114	Ⓐ Ⓑ Ⓒ Ⓓ	134	Ⓐ Ⓑ Ⓒ Ⓓ	154	Ⓐ Ⓑ Ⓒ Ⓓ	174	Ⓐ Ⓑ Ⓒ Ⓓ	194	Ⓐ Ⓑ Ⓒ Ⓓ
115	Ⓐ Ⓑ Ⓒ Ⓓ	135	Ⓐ Ⓑ Ⓒ Ⓓ	155	Ⓐ Ⓑ Ⓒ Ⓓ	175	Ⓐ Ⓑ Ⓒ Ⓓ	195	Ⓐ Ⓑ Ⓒ Ⓓ
116	Ⓐ Ⓑ Ⓒ Ⓓ	136	Ⓐ Ⓑ Ⓒ Ⓓ	156	Ⓐ Ⓑ Ⓒ Ⓓ	176	Ⓐ Ⓑ Ⓒ Ⓓ	196	Ⓐ Ⓑ Ⓒ Ⓓ
117	Ⓐ Ⓑ Ⓒ Ⓓ	137	Ⓐ Ⓑ Ⓒ Ⓓ	157	Ⓐ Ⓑ Ⓒ Ⓓ	177	Ⓐ Ⓑ Ⓒ Ⓓ	197	Ⓐ Ⓑ Ⓒ Ⓓ
118	Ⓐ Ⓑ Ⓒ Ⓓ	138	Ⓐ Ⓑ Ⓒ Ⓓ	158	Ⓐ Ⓑ Ⓒ Ⓓ	178	Ⓐ Ⓑ Ⓒ Ⓓ	198	Ⓐ Ⓑ Ⓒ Ⓓ
119	Ⓐ Ⓑ Ⓒ Ⓓ	139	Ⓐ Ⓑ Ⓒ Ⓓ	159	Ⓐ Ⓑ Ⓒ Ⓓ	179	Ⓐ Ⓑ Ⓒ Ⓓ	199	Ⓐ Ⓑ Ⓒ Ⓓ
120	Ⓐ Ⓑ Ⓒ Ⓓ	140	Ⓐ Ⓑ Ⓒ Ⓓ	160	Ⓐ Ⓑ Ⓒ Ⓓ	180	Ⓐ Ⓑ Ⓒ Ⓓ	200	Ⓐ Ⓑ Ⓒ Ⓓ

1. 필기도구: 연필, 샤프펜슬, 지우개
2. 답안은 반드시 원안에 진하게 칠하여 주십시오.
3. 본인의 작성 오류로 인한 불이익은 책임지지 않습니다.
4. 답안 기재 요령: GOOD - ● / BAD - ⊙, ⊗, ⊘

본 답안지는 컴퓨터로 처리되므로 답을 오독하지 않도록 정확히 기재하십시오.
시험이 끝난 후, 이 답안지는 문제지와 함께 반드시 제출해야 합니다.

ANSWER SHEET 다락원 JPT 1000제 청해편 실전모의고사 ＿＿＿회

聴 解 (Part I~IV)

No.	ANSWER	No.	ANSWER	No.	ANSWER	No.	ANSWER	No.	ANSWER
1	Ⓐ Ⓑ Ⓒ Ⓓ	21	Ⓐ Ⓑ Ⓒ Ⓓ	41	Ⓐ Ⓑ Ⓒ Ⓓ	61	Ⓐ Ⓑ Ⓒ Ⓓ	81	Ⓐ Ⓑ Ⓒ Ⓓ
2	Ⓐ Ⓑ Ⓒ Ⓓ	22	Ⓐ Ⓑ Ⓒ Ⓓ	42	Ⓐ Ⓑ Ⓒ Ⓓ	62	Ⓐ Ⓑ Ⓒ Ⓓ	82	Ⓐ Ⓑ Ⓒ Ⓓ
3	Ⓐ Ⓑ Ⓒ Ⓓ	23	Ⓐ Ⓑ Ⓒ Ⓓ	43	Ⓐ Ⓑ Ⓒ Ⓓ	63	Ⓐ Ⓑ Ⓒ Ⓓ	83	Ⓐ Ⓑ Ⓒ Ⓓ
4	Ⓐ Ⓑ Ⓒ Ⓓ	24	Ⓐ Ⓑ Ⓒ Ⓓ	44	Ⓐ Ⓑ Ⓒ Ⓓ	64	Ⓐ Ⓑ Ⓒ Ⓓ	84	Ⓐ Ⓑ Ⓒ Ⓓ
5	Ⓐ Ⓑ Ⓒ Ⓓ	25	Ⓐ Ⓑ Ⓒ Ⓓ	45	Ⓐ Ⓑ Ⓒ Ⓓ	65	Ⓐ Ⓑ Ⓒ Ⓓ	85	Ⓐ Ⓑ Ⓒ Ⓓ
6	Ⓐ Ⓑ Ⓒ Ⓓ	26	Ⓐ Ⓑ Ⓒ Ⓓ	46	Ⓐ Ⓑ Ⓒ Ⓓ	66	Ⓐ Ⓑ Ⓒ Ⓓ	86	Ⓐ Ⓑ Ⓒ Ⓓ
7	Ⓐ Ⓑ Ⓒ Ⓓ	27	Ⓐ Ⓑ Ⓒ Ⓓ	47	Ⓐ Ⓑ Ⓒ Ⓓ	67	Ⓐ Ⓑ Ⓒ Ⓓ	87	Ⓐ Ⓑ Ⓒ Ⓓ
8	Ⓐ Ⓑ Ⓒ Ⓓ	28	Ⓐ Ⓑ Ⓒ Ⓓ	48	Ⓐ Ⓑ Ⓒ Ⓓ	68	Ⓐ Ⓑ Ⓒ Ⓓ	88	Ⓐ Ⓑ Ⓒ Ⓓ
9	Ⓐ Ⓑ Ⓒ Ⓓ	29	Ⓐ Ⓑ Ⓒ Ⓓ	49	Ⓐ Ⓑ Ⓒ Ⓓ	69	Ⓐ Ⓑ Ⓒ Ⓓ	89	Ⓐ Ⓑ Ⓒ Ⓓ
10	Ⓐ Ⓑ Ⓒ Ⓓ	30	Ⓐ Ⓑ Ⓒ Ⓓ	50	Ⓐ Ⓑ Ⓒ Ⓓ	70	Ⓐ Ⓑ Ⓒ Ⓓ	90	Ⓐ Ⓑ Ⓒ Ⓓ
11	Ⓐ Ⓑ Ⓒ Ⓓ	31	Ⓐ Ⓑ Ⓒ Ⓓ	51	Ⓐ Ⓑ Ⓒ Ⓓ	71	Ⓐ Ⓑ Ⓒ Ⓓ	91	Ⓐ Ⓑ Ⓒ Ⓓ
12	Ⓐ Ⓑ Ⓒ Ⓓ	32	Ⓐ Ⓑ Ⓒ Ⓓ	52	Ⓐ Ⓑ Ⓒ Ⓓ	72	Ⓐ Ⓑ Ⓒ Ⓓ	92	Ⓐ Ⓑ Ⓒ Ⓓ
13	Ⓐ Ⓑ Ⓒ Ⓓ	33	Ⓐ Ⓑ Ⓒ Ⓓ	53	Ⓐ Ⓑ Ⓒ Ⓓ	73	Ⓐ Ⓑ Ⓒ Ⓓ	93	Ⓐ Ⓑ Ⓒ Ⓓ
14	Ⓐ Ⓑ Ⓒ Ⓓ	34	Ⓐ Ⓑ Ⓒ Ⓓ	54	Ⓐ Ⓑ Ⓒ Ⓓ	74	Ⓐ Ⓑ Ⓒ Ⓓ	94	Ⓐ Ⓑ Ⓒ Ⓓ
15	Ⓐ Ⓑ Ⓒ Ⓓ	35	Ⓐ Ⓑ Ⓒ Ⓓ	55	Ⓐ Ⓑ Ⓒ Ⓓ	75	Ⓐ Ⓑ Ⓒ Ⓓ	95	Ⓐ Ⓑ Ⓒ Ⓓ
16	Ⓐ Ⓑ Ⓒ Ⓓ	36	Ⓐ Ⓑ Ⓒ Ⓓ	56	Ⓐ Ⓑ Ⓒ Ⓓ	76	Ⓐ Ⓑ Ⓒ Ⓓ	96	Ⓐ Ⓑ Ⓒ Ⓓ
17	Ⓐ Ⓑ Ⓒ Ⓓ	37	Ⓐ Ⓑ Ⓒ Ⓓ	57	Ⓐ Ⓑ Ⓒ Ⓓ	77	Ⓐ Ⓑ Ⓒ Ⓓ	97	Ⓐ Ⓑ Ⓒ Ⓓ
18	Ⓐ Ⓑ Ⓒ Ⓓ	38	Ⓐ Ⓑ Ⓒ Ⓓ	58	Ⓐ Ⓑ Ⓒ Ⓓ	78	Ⓐ Ⓑ Ⓒ Ⓓ	98	Ⓐ Ⓑ Ⓒ Ⓓ
19	Ⓐ Ⓑ Ⓒ Ⓓ	39	Ⓐ Ⓑ Ⓒ Ⓓ	59	Ⓐ Ⓑ Ⓒ Ⓓ	79	Ⓐ Ⓑ Ⓒ Ⓓ	99	Ⓐ Ⓑ Ⓒ Ⓓ
20	Ⓐ Ⓑ Ⓒ Ⓓ	40	Ⓐ Ⓑ Ⓒ Ⓓ	60	Ⓐ Ⓑ Ⓒ Ⓓ	80	Ⓐ Ⓑ Ⓒ Ⓓ	100	Ⓐ Ⓑ Ⓒ Ⓓ

読 解 (Part V~VIII)

No.	ANSWER	No.	ANSWER	No.	ANSWER	No.	ANSWER	No.	ANSWER
101	Ⓐ Ⓑ Ⓒ Ⓓ	121	Ⓐ Ⓑ Ⓒ Ⓓ	141	Ⓐ Ⓑ Ⓒ Ⓓ	161	Ⓐ Ⓑ Ⓒ Ⓓ	181	Ⓐ Ⓑ Ⓒ Ⓓ
102	Ⓐ Ⓑ Ⓒ Ⓓ	122	Ⓐ Ⓑ Ⓒ Ⓓ	142	Ⓐ Ⓑ Ⓒ Ⓓ	162	Ⓐ Ⓑ Ⓒ Ⓓ	182	Ⓐ Ⓑ Ⓒ Ⓓ
103	Ⓐ Ⓑ Ⓒ Ⓓ	123	Ⓐ Ⓑ Ⓒ Ⓓ	143	Ⓐ Ⓑ Ⓒ Ⓓ	163	Ⓐ Ⓑ Ⓒ Ⓓ	183	Ⓐ Ⓑ Ⓒ Ⓓ
104	Ⓐ Ⓑ Ⓒ Ⓓ	124	Ⓐ Ⓑ Ⓒ Ⓓ	144	Ⓐ Ⓑ Ⓒ Ⓓ	164	Ⓐ Ⓑ Ⓒ Ⓓ	184	Ⓐ Ⓑ Ⓒ Ⓓ
105	Ⓐ Ⓑ Ⓒ Ⓓ	125	Ⓐ Ⓑ Ⓒ Ⓓ	145	Ⓐ Ⓑ Ⓒ Ⓓ	165	Ⓐ Ⓑ Ⓒ Ⓓ	185	Ⓐ Ⓑ Ⓒ Ⓓ
106	Ⓐ Ⓑ Ⓒ Ⓓ	126	Ⓐ Ⓑ Ⓒ Ⓓ	146	Ⓐ Ⓑ Ⓒ Ⓓ	166	Ⓐ Ⓑ Ⓒ Ⓓ	186	Ⓐ Ⓑ Ⓒ Ⓓ
107	Ⓐ Ⓑ Ⓒ Ⓓ	127	Ⓐ Ⓑ Ⓒ Ⓓ	147	Ⓐ Ⓑ Ⓒ Ⓓ	167	Ⓐ Ⓑ Ⓒ Ⓓ	187	Ⓐ Ⓑ Ⓒ Ⓓ
108	Ⓐ Ⓑ Ⓒ Ⓓ	128	Ⓐ Ⓑ Ⓒ Ⓓ	148	Ⓐ Ⓑ Ⓒ Ⓓ	168	Ⓐ Ⓑ Ⓒ Ⓓ	188	Ⓐ Ⓑ Ⓒ Ⓓ
109	Ⓐ Ⓑ Ⓒ Ⓓ	129	Ⓐ Ⓑ Ⓒ Ⓓ	149	Ⓐ Ⓑ Ⓒ Ⓓ	169	Ⓐ Ⓑ Ⓒ Ⓓ	189	Ⓐ Ⓑ Ⓒ Ⓓ
110	Ⓐ Ⓑ Ⓒ Ⓓ	130	Ⓐ Ⓑ Ⓒ Ⓓ	150	Ⓐ Ⓑ Ⓒ Ⓓ	170	Ⓐ Ⓑ Ⓒ Ⓓ	190	Ⓐ Ⓑ Ⓒ Ⓓ
111	Ⓐ Ⓑ Ⓒ Ⓓ	131	Ⓐ Ⓑ Ⓒ Ⓓ	151	Ⓐ Ⓑ Ⓒ Ⓓ	171	Ⓐ Ⓑ Ⓒ Ⓓ	191	Ⓐ Ⓑ Ⓒ Ⓓ
112	Ⓐ Ⓑ Ⓒ Ⓓ	132	Ⓐ Ⓑ Ⓒ Ⓓ	152	Ⓐ Ⓑ Ⓒ Ⓓ	172	Ⓐ Ⓑ Ⓒ Ⓓ	192	Ⓐ Ⓑ Ⓒ Ⓓ
113	Ⓐ Ⓑ Ⓒ Ⓓ	133	Ⓐ Ⓑ Ⓒ Ⓓ	153	Ⓐ Ⓑ Ⓒ Ⓓ	173	Ⓐ Ⓑ Ⓒ Ⓓ	193	Ⓐ Ⓑ Ⓒ Ⓓ
114	Ⓐ Ⓑ Ⓒ Ⓓ	134	Ⓐ Ⓑ Ⓒ Ⓓ	154	Ⓐ Ⓑ Ⓒ Ⓓ	174	Ⓐ Ⓑ Ⓒ Ⓓ	194	Ⓐ Ⓑ Ⓒ Ⓓ
115	Ⓐ Ⓑ Ⓒ Ⓓ	135	Ⓐ Ⓑ Ⓒ Ⓓ	155	Ⓐ Ⓑ Ⓒ Ⓓ	175	Ⓐ Ⓑ Ⓒ Ⓓ	195	Ⓐ Ⓑ Ⓒ Ⓓ
116	Ⓐ Ⓑ Ⓒ Ⓓ	136	Ⓐ Ⓑ Ⓒ Ⓓ	156	Ⓐ Ⓑ Ⓒ Ⓓ	176	Ⓐ Ⓑ Ⓒ Ⓓ	196	Ⓐ Ⓑ Ⓒ Ⓓ
117	Ⓐ Ⓑ Ⓒ Ⓓ	137	Ⓐ Ⓑ Ⓒ Ⓓ	157	Ⓐ Ⓑ Ⓒ Ⓓ	177	Ⓐ Ⓑ Ⓒ Ⓓ	197	Ⓐ Ⓑ Ⓒ Ⓓ
118	Ⓐ Ⓑ Ⓒ Ⓓ	138	Ⓐ Ⓑ Ⓒ Ⓓ	158	Ⓐ Ⓑ Ⓒ Ⓓ	178	Ⓐ Ⓑ Ⓒ Ⓓ	198	Ⓐ Ⓑ Ⓒ Ⓓ
119	Ⓐ Ⓑ Ⓒ Ⓓ	139	Ⓐ Ⓑ Ⓒ Ⓓ	159	Ⓐ Ⓑ Ⓒ Ⓓ	179	Ⓐ Ⓑ Ⓒ Ⓓ	199	Ⓐ Ⓑ Ⓒ Ⓓ
120	Ⓐ Ⓑ Ⓒ Ⓓ	140	Ⓐ Ⓑ Ⓒ Ⓓ	160	Ⓐ Ⓑ Ⓒ Ⓓ	180	Ⓐ Ⓑ Ⓒ Ⓓ	200	Ⓐ Ⓑ Ⓒ Ⓓ

1. 필기도구: 연필, 샤프펜슬, 지우개
2. 답안은 반드시 원안에 진하게 칠하여 주십시오.
3. 본인의 작성 오류로 인한 불이익은 책임지지 않습니다.
4. 답안 기재 요령: GOOD - ● / BAD - ⊙, ⊗, ∅

본 답안지는 컴퓨터로 처리되므로 답을 오독하지 않도록 정확히 기재하십시오.
시험이 끝난 후, 이 답안지는 문제지와 함께 반드시 제출해야 합니다.

ANSWER SHEET 다락원 JPT 1000제 정해편 실전모의고사 ___회

聽 解 (Part I~IV)

No.	ANSWER	No.	ANSWER	No.	ANSWER	No.	ANSWER	No.	ANSWER
1	Ⓐ Ⓑ Ⓒ Ⓓ	21	Ⓐ Ⓑ Ⓒ Ⓓ	41	Ⓐ Ⓑ Ⓒ Ⓓ	61	Ⓐ Ⓑ Ⓒ Ⓓ	81	Ⓐ Ⓑ Ⓒ Ⓓ
2	Ⓐ Ⓑ Ⓒ Ⓓ	22	Ⓐ Ⓑ Ⓒ Ⓓ	42	Ⓐ Ⓑ Ⓒ Ⓓ	62	Ⓐ Ⓑ Ⓒ Ⓓ	82	Ⓐ Ⓑ Ⓒ Ⓓ
3	Ⓐ Ⓑ Ⓒ Ⓓ	23	Ⓐ Ⓑ Ⓒ Ⓓ	43	Ⓐ Ⓑ Ⓒ Ⓓ	63	Ⓐ Ⓑ Ⓒ Ⓓ	83	Ⓐ Ⓑ Ⓒ Ⓓ
4	Ⓐ Ⓑ Ⓒ Ⓓ	24	Ⓐ Ⓑ Ⓒ Ⓓ	44	Ⓐ Ⓑ Ⓒ Ⓓ	64	Ⓐ Ⓑ Ⓒ Ⓓ	84	Ⓐ Ⓑ Ⓒ Ⓓ
5	Ⓐ Ⓑ Ⓒ Ⓓ	25	Ⓐ Ⓑ Ⓒ Ⓓ	45	Ⓐ Ⓑ Ⓒ Ⓓ	65	Ⓐ Ⓑ Ⓒ Ⓓ	85	Ⓐ Ⓑ Ⓒ Ⓓ
6	Ⓐ Ⓑ Ⓒ Ⓓ	26	Ⓐ Ⓑ Ⓒ Ⓓ	46	Ⓐ Ⓑ Ⓒ Ⓓ	66	Ⓐ Ⓑ Ⓒ Ⓓ	86	Ⓐ Ⓑ Ⓒ Ⓓ
7	Ⓐ Ⓑ Ⓒ Ⓓ	27	Ⓐ Ⓑ Ⓒ Ⓓ	47	Ⓐ Ⓑ Ⓒ Ⓓ	67	Ⓐ Ⓑ Ⓒ Ⓓ	87	Ⓐ Ⓑ Ⓒ Ⓓ
8	Ⓐ Ⓑ Ⓒ Ⓓ	28	Ⓐ Ⓑ Ⓒ Ⓓ	48	Ⓐ Ⓑ Ⓒ Ⓓ	68	Ⓐ Ⓑ Ⓒ Ⓓ	88	Ⓐ Ⓑ Ⓒ Ⓓ
9	Ⓐ Ⓑ Ⓒ Ⓓ	29	Ⓐ Ⓑ Ⓒ Ⓓ	49	Ⓐ Ⓑ Ⓒ Ⓓ	69	Ⓐ Ⓑ Ⓒ Ⓓ	89	Ⓐ Ⓑ Ⓒ Ⓓ
10	Ⓐ Ⓑ Ⓒ Ⓓ	30	Ⓐ Ⓑ Ⓒ Ⓓ	50	Ⓐ Ⓑ Ⓒ Ⓓ	70	Ⓐ Ⓑ Ⓒ Ⓓ	90	Ⓐ Ⓑ Ⓒ Ⓓ
11	Ⓐ Ⓑ Ⓒ Ⓓ	31	Ⓐ Ⓑ Ⓒ Ⓓ	51	Ⓐ Ⓑ Ⓒ Ⓓ	71	Ⓐ Ⓑ Ⓒ Ⓓ	91	Ⓐ Ⓑ Ⓒ Ⓓ
12	Ⓐ Ⓑ Ⓒ Ⓓ	32	Ⓐ Ⓑ Ⓒ Ⓓ	52	Ⓐ Ⓑ Ⓒ Ⓓ	72	Ⓐ Ⓑ Ⓒ Ⓓ	92	Ⓐ Ⓑ Ⓒ Ⓓ
13	Ⓐ Ⓑ Ⓒ Ⓓ	33	Ⓐ Ⓑ Ⓒ Ⓓ	53	Ⓐ Ⓑ Ⓒ Ⓓ	73	Ⓐ Ⓑ Ⓒ Ⓓ	93	Ⓐ Ⓑ Ⓒ Ⓓ
14	Ⓐ Ⓑ Ⓒ Ⓓ	34	Ⓐ Ⓑ Ⓒ Ⓓ	54	Ⓐ Ⓑ Ⓒ Ⓓ	74	Ⓐ Ⓑ Ⓒ Ⓓ	94	Ⓐ Ⓑ Ⓒ Ⓓ
15	Ⓐ Ⓑ Ⓒ Ⓓ	35	Ⓐ Ⓑ Ⓒ Ⓓ	55	Ⓐ Ⓑ Ⓒ Ⓓ	75	Ⓐ Ⓑ Ⓒ Ⓓ	95	Ⓐ Ⓑ Ⓒ Ⓓ
16	Ⓐ Ⓑ Ⓒ Ⓓ	36	Ⓐ Ⓑ Ⓒ Ⓓ	56	Ⓐ Ⓑ Ⓒ Ⓓ	76	Ⓐ Ⓑ Ⓒ Ⓓ	96	Ⓐ Ⓑ Ⓒ Ⓓ
17	Ⓐ Ⓑ Ⓒ Ⓓ	37	Ⓐ Ⓑ Ⓒ Ⓓ	57	Ⓐ Ⓑ Ⓒ Ⓓ	77	Ⓐ Ⓑ Ⓒ Ⓓ	97	Ⓐ Ⓑ Ⓒ Ⓓ
18	Ⓐ Ⓑ Ⓒ Ⓓ	38	Ⓐ Ⓑ Ⓒ Ⓓ	58	Ⓐ Ⓑ Ⓒ Ⓓ	78	Ⓐ Ⓑ Ⓒ Ⓓ	98	Ⓐ Ⓑ Ⓒ Ⓓ
19	Ⓐ Ⓑ Ⓒ Ⓓ	39	Ⓐ Ⓑ Ⓒ Ⓓ	59	Ⓐ Ⓑ Ⓒ Ⓓ	79	Ⓐ Ⓑ Ⓒ Ⓓ	99	Ⓐ Ⓑ Ⓒ Ⓓ
20	Ⓐ Ⓑ Ⓒ Ⓓ	40	Ⓐ Ⓑ Ⓒ Ⓓ	60	Ⓐ Ⓑ Ⓒ Ⓓ	80	Ⓐ Ⓑ Ⓒ Ⓓ	100	Ⓐ Ⓑ Ⓒ Ⓓ

讀 解 (Part V~VIII)

No.	ANSWER	No.	ANSWER	No.	ANSWER	No.	ANSWER	No.	ANSWER
101	Ⓐ Ⓑ Ⓒ Ⓓ	121	Ⓐ Ⓑ Ⓒ Ⓓ	141	Ⓐ Ⓑ Ⓒ Ⓓ	161	Ⓐ Ⓑ Ⓒ Ⓓ	181	Ⓐ Ⓑ Ⓒ Ⓓ
102	Ⓐ Ⓑ Ⓒ Ⓓ	122	Ⓐ Ⓑ Ⓒ Ⓓ	142	Ⓐ Ⓑ Ⓒ Ⓓ	162	Ⓐ Ⓑ Ⓒ Ⓓ	182	Ⓐ Ⓑ Ⓒ Ⓓ
103	Ⓐ Ⓑ Ⓒ Ⓓ	123	Ⓐ Ⓑ Ⓒ Ⓓ	143	Ⓐ Ⓑ Ⓒ Ⓓ	163	Ⓐ Ⓑ Ⓒ Ⓓ	183	Ⓐ Ⓑ Ⓒ Ⓓ
104	Ⓐ Ⓑ Ⓒ Ⓓ	124	Ⓐ Ⓑ Ⓒ Ⓓ	144	Ⓐ Ⓑ Ⓒ Ⓓ	164	Ⓐ Ⓑ Ⓒ Ⓓ	184	Ⓐ Ⓑ Ⓒ Ⓓ
105	Ⓐ Ⓑ Ⓒ Ⓓ	125	Ⓐ Ⓑ Ⓒ Ⓓ	145	Ⓐ Ⓑ Ⓒ Ⓓ	165	Ⓐ Ⓑ Ⓒ Ⓓ	185	Ⓐ Ⓑ Ⓒ Ⓓ
106	Ⓐ Ⓑ Ⓒ Ⓓ	126	Ⓐ Ⓑ Ⓒ Ⓓ	146	Ⓐ Ⓑ Ⓒ Ⓓ	166	Ⓐ Ⓑ Ⓒ Ⓓ	186	Ⓐ Ⓑ Ⓒ Ⓓ
107	Ⓐ Ⓑ Ⓒ Ⓓ	127	Ⓐ Ⓑ Ⓒ Ⓓ	147	Ⓐ Ⓑ Ⓒ Ⓓ	167	Ⓐ Ⓑ Ⓒ Ⓓ	187	Ⓐ Ⓑ Ⓒ Ⓓ
108	Ⓐ Ⓑ Ⓒ Ⓓ	128	Ⓐ Ⓑ Ⓒ Ⓓ	148	Ⓐ Ⓑ Ⓒ Ⓓ	168	Ⓐ Ⓑ Ⓒ Ⓓ	188	Ⓐ Ⓑ Ⓒ Ⓓ
109	Ⓐ Ⓑ Ⓒ Ⓓ	129	Ⓐ Ⓑ Ⓒ Ⓓ	149	Ⓐ Ⓑ Ⓒ Ⓓ	169	Ⓐ Ⓑ Ⓒ Ⓓ	189	Ⓐ Ⓑ Ⓒ Ⓓ
110	Ⓐ Ⓑ Ⓒ Ⓓ	130	Ⓐ Ⓑ Ⓒ Ⓓ	150	Ⓐ Ⓑ Ⓒ Ⓓ	170	Ⓐ Ⓑ Ⓒ Ⓓ	190	Ⓐ Ⓑ Ⓒ Ⓓ
111	Ⓐ Ⓑ Ⓒ Ⓓ	131	Ⓐ Ⓑ Ⓒ Ⓓ	151	Ⓐ Ⓑ Ⓒ Ⓓ	171	Ⓐ Ⓑ Ⓒ Ⓓ	191	Ⓐ Ⓑ Ⓒ Ⓓ
112	Ⓐ Ⓑ Ⓒ Ⓓ	132	Ⓐ Ⓑ Ⓒ Ⓓ	152	Ⓐ Ⓑ Ⓒ Ⓓ	172	Ⓐ Ⓑ Ⓒ Ⓓ	192	Ⓐ Ⓑ Ⓒ Ⓓ
113	Ⓐ Ⓑ Ⓒ Ⓓ	133	Ⓐ Ⓑ Ⓒ Ⓓ	153	Ⓐ Ⓑ Ⓒ Ⓓ	173	Ⓐ Ⓑ Ⓒ Ⓓ	193	Ⓐ Ⓑ Ⓒ Ⓓ
114	Ⓐ Ⓑ Ⓒ Ⓓ	134	Ⓐ Ⓑ Ⓒ Ⓓ	154	Ⓐ Ⓑ Ⓒ Ⓓ	174	Ⓐ Ⓑ Ⓒ Ⓓ	194	Ⓐ Ⓑ Ⓒ Ⓓ
115	Ⓐ Ⓑ Ⓒ Ⓓ	135	Ⓐ Ⓑ Ⓒ Ⓓ	155	Ⓐ Ⓑ Ⓒ Ⓓ	175	Ⓐ Ⓑ Ⓒ Ⓓ	195	Ⓐ Ⓑ Ⓒ Ⓓ
116	Ⓐ Ⓑ Ⓒ Ⓓ	136	Ⓐ Ⓑ Ⓒ Ⓓ	156	Ⓐ Ⓑ Ⓒ Ⓓ	176	Ⓐ Ⓑ Ⓒ Ⓓ	196	Ⓐ Ⓑ Ⓒ Ⓓ
117	Ⓐ Ⓑ Ⓒ Ⓓ	137	Ⓐ Ⓑ Ⓒ Ⓓ	157	Ⓐ Ⓑ Ⓒ Ⓓ	177	Ⓐ Ⓑ Ⓒ Ⓓ	197	Ⓐ Ⓑ Ⓒ Ⓓ
118	Ⓐ Ⓑ Ⓒ Ⓓ	138	Ⓐ Ⓑ Ⓒ Ⓓ	158	Ⓐ Ⓑ Ⓒ Ⓓ	178	Ⓐ Ⓑ Ⓒ Ⓓ	198	Ⓐ Ⓑ Ⓒ Ⓓ
119	Ⓐ Ⓑ Ⓒ Ⓓ	139	Ⓐ Ⓑ Ⓒ Ⓓ	159	Ⓐ Ⓑ Ⓒ Ⓓ	179	Ⓐ Ⓑ Ⓒ Ⓓ	199	Ⓐ Ⓑ Ⓒ Ⓓ
120	Ⓐ Ⓑ Ⓒ Ⓓ	140	Ⓐ Ⓑ Ⓒ Ⓓ	160	Ⓐ Ⓑ Ⓒ Ⓓ	180	Ⓐ Ⓑ Ⓒ Ⓓ	200	Ⓐ Ⓑ Ⓒ Ⓓ

1. 필기도구: 연필, 샤프펜슬, 지우개
2. 답안은 반드시 원안에 진하게 칠하여 주십시오.
3. 본인의 작성 오류로 인한 불이익은 책임지지 않습니다.
4. 답안 기재 요령: GOOD – ● / BAD – ⊙, ⊗, ∅

본 답안지는 컴퓨터로 처리되므로 답을 오독하지 않도록 정확히 기재하십시오.
시험이 끝난 후, 이 답안지는 문제지와 함께 반드시 제출해야 합니다.

ANSWER SHEET　다락원 **JPT 1000**제 청해편　실전모의고사 ＿＿회

聴 解 （Part I~IV）

No.	ANSWER	No.	ANSWER	No.	ANSWER	No.	ANSWER	No.	ANSWER
1	Ⓐ Ⓑ Ⓒ Ⓓ	21	Ⓐ Ⓑ Ⓒ Ⓓ	41	Ⓐ Ⓑ Ⓒ Ⓓ	61	Ⓐ Ⓑ Ⓒ Ⓓ	81	Ⓐ Ⓑ Ⓒ Ⓓ
2	Ⓐ Ⓑ Ⓒ Ⓓ	22	Ⓐ Ⓑ Ⓒ Ⓓ	42	Ⓐ Ⓑ Ⓒ Ⓓ	62	Ⓐ Ⓑ Ⓒ Ⓓ	82	Ⓐ Ⓑ Ⓒ Ⓓ
3	Ⓐ Ⓑ Ⓒ Ⓓ	23	Ⓐ Ⓑ Ⓒ Ⓓ	43	Ⓐ Ⓑ Ⓒ Ⓓ	63	Ⓐ Ⓑ Ⓒ Ⓓ	83	Ⓐ Ⓑ Ⓒ Ⓓ
4	Ⓐ Ⓑ Ⓒ Ⓓ	24	Ⓐ Ⓑ Ⓒ Ⓓ	44	Ⓐ Ⓑ Ⓒ Ⓓ	64	Ⓐ Ⓑ Ⓒ Ⓓ	84	Ⓐ Ⓑ Ⓒ Ⓓ
5	Ⓐ Ⓑ Ⓒ Ⓓ	25	Ⓐ Ⓑ Ⓒ Ⓓ	45	Ⓐ Ⓑ Ⓒ Ⓓ	65	Ⓐ Ⓑ Ⓒ Ⓓ	85	Ⓐ Ⓑ Ⓒ Ⓓ
6	Ⓐ Ⓑ Ⓒ Ⓓ	26	Ⓐ Ⓑ Ⓒ Ⓓ	46	Ⓐ Ⓑ Ⓒ Ⓓ	66	Ⓐ Ⓑ Ⓒ Ⓓ	86	Ⓐ Ⓑ Ⓒ Ⓓ
7	Ⓐ Ⓑ Ⓒ Ⓓ	27	Ⓐ Ⓑ Ⓒ Ⓓ	47	Ⓐ Ⓑ Ⓒ Ⓓ	67	Ⓐ Ⓑ Ⓒ Ⓓ	87	Ⓐ Ⓑ Ⓒ Ⓓ
8	Ⓐ Ⓑ Ⓒ Ⓓ	28	Ⓐ Ⓑ Ⓒ Ⓓ	48	Ⓐ Ⓑ Ⓒ Ⓓ	68	Ⓐ Ⓑ Ⓒ Ⓓ	88	Ⓐ Ⓑ Ⓒ Ⓓ
9	Ⓐ Ⓑ Ⓒ Ⓓ	29	Ⓐ Ⓑ Ⓒ Ⓓ	49	Ⓐ Ⓑ Ⓒ Ⓓ	69	Ⓐ Ⓑ Ⓒ Ⓓ	89	Ⓐ Ⓑ Ⓒ Ⓓ
10	Ⓐ Ⓑ Ⓒ Ⓓ	30	Ⓐ Ⓑ Ⓒ Ⓓ	50	Ⓐ Ⓑ Ⓒ Ⓓ	70	Ⓐ Ⓑ Ⓒ Ⓓ	90	Ⓐ Ⓑ Ⓒ Ⓓ
11	Ⓐ Ⓑ Ⓒ Ⓓ	31	Ⓐ Ⓑ Ⓒ Ⓓ	51	Ⓐ Ⓑ Ⓒ Ⓓ	71	Ⓐ Ⓑ Ⓒ Ⓓ	91	Ⓐ Ⓑ Ⓒ Ⓓ
12	Ⓐ Ⓑ Ⓒ Ⓓ	32	Ⓐ Ⓑ Ⓒ Ⓓ	52	Ⓐ Ⓑ Ⓒ Ⓓ	72	Ⓐ Ⓑ Ⓒ Ⓓ	92	Ⓐ Ⓑ Ⓒ Ⓓ
13	Ⓐ Ⓑ Ⓒ Ⓓ	33	Ⓐ Ⓑ Ⓒ Ⓓ	53	Ⓐ Ⓑ Ⓒ Ⓓ	73	Ⓐ Ⓑ Ⓒ Ⓓ	93	Ⓐ Ⓑ Ⓒ Ⓓ
14	Ⓐ Ⓑ Ⓒ Ⓓ	34	Ⓐ Ⓑ Ⓒ Ⓓ	54	Ⓐ Ⓑ Ⓒ Ⓓ	74	Ⓐ Ⓑ Ⓒ Ⓓ	94	Ⓐ Ⓑ Ⓒ Ⓓ
15	Ⓐ Ⓑ Ⓒ Ⓓ	35	Ⓐ Ⓑ Ⓒ Ⓓ	55	Ⓐ Ⓑ Ⓒ Ⓓ	75	Ⓐ Ⓑ Ⓒ Ⓓ	95	Ⓐ Ⓑ Ⓒ Ⓓ
16	Ⓐ Ⓑ Ⓒ Ⓓ	36	Ⓐ Ⓑ Ⓒ Ⓓ	56	Ⓐ Ⓑ Ⓒ Ⓓ	76	Ⓐ Ⓑ Ⓒ Ⓓ	96	Ⓐ Ⓑ Ⓒ Ⓓ
17	Ⓐ Ⓑ Ⓒ Ⓓ	37	Ⓐ Ⓑ Ⓒ Ⓓ	57	Ⓐ Ⓑ Ⓒ Ⓓ	77	Ⓐ Ⓑ Ⓒ Ⓓ	97	Ⓐ Ⓑ Ⓒ Ⓓ
18	Ⓐ Ⓑ Ⓒ Ⓓ	38	Ⓐ Ⓑ Ⓒ Ⓓ	58	Ⓐ Ⓑ Ⓒ Ⓓ	78	Ⓐ Ⓑ Ⓒ Ⓓ	98	Ⓐ Ⓑ Ⓒ Ⓓ
19	Ⓐ Ⓑ Ⓒ Ⓓ	39	Ⓐ Ⓑ Ⓒ Ⓓ	59	Ⓐ Ⓑ Ⓒ Ⓓ	79	Ⓐ Ⓑ Ⓒ Ⓓ	99	Ⓐ Ⓑ Ⓒ Ⓓ
20	Ⓐ Ⓑ Ⓒ Ⓓ	40	Ⓐ Ⓑ Ⓒ Ⓓ	60	Ⓐ Ⓑ Ⓒ Ⓓ	80	Ⓐ Ⓑ Ⓒ Ⓓ	100	Ⓐ Ⓑ Ⓒ Ⓓ

読 解 （Part V~VIII）

No.	ANSWER	No.	ANSWER	No.	ANSWER	No.	ANSWER	No.	ANSWER
101	Ⓐ Ⓑ Ⓒ Ⓓ	121	Ⓐ Ⓑ Ⓒ Ⓓ	141	Ⓐ Ⓑ Ⓒ Ⓓ	161	Ⓐ Ⓑ Ⓒ Ⓓ	181	Ⓐ Ⓑ Ⓒ Ⓓ
102	Ⓐ Ⓑ Ⓒ Ⓓ	122	Ⓐ Ⓑ Ⓒ Ⓓ	142	Ⓐ Ⓑ Ⓒ Ⓓ	162	Ⓐ Ⓑ Ⓒ Ⓓ	182	Ⓐ Ⓑ Ⓒ Ⓓ
103	Ⓐ Ⓑ Ⓒ Ⓓ	123	Ⓐ Ⓑ Ⓒ Ⓓ	143	Ⓐ Ⓑ Ⓒ Ⓓ	163	Ⓐ Ⓑ Ⓒ Ⓓ	183	Ⓐ Ⓑ Ⓒ Ⓓ
104	Ⓐ Ⓑ Ⓒ Ⓓ	124	Ⓐ Ⓑ Ⓒ Ⓓ	144	Ⓐ Ⓑ Ⓒ Ⓓ	164	Ⓐ Ⓑ Ⓒ Ⓓ	184	Ⓐ Ⓑ Ⓒ Ⓓ
105	Ⓐ Ⓑ Ⓒ Ⓓ	125	Ⓐ Ⓑ Ⓒ Ⓓ	145	Ⓐ Ⓑ Ⓒ Ⓓ	165	Ⓐ Ⓑ Ⓒ Ⓓ	185	Ⓐ Ⓑ Ⓒ Ⓓ
106	Ⓐ Ⓑ Ⓒ Ⓓ	126	Ⓐ Ⓑ Ⓒ Ⓓ	146	Ⓐ Ⓑ Ⓒ Ⓓ	166	Ⓐ Ⓑ Ⓒ Ⓓ	186	Ⓐ Ⓑ Ⓒ Ⓓ
107	Ⓐ Ⓑ Ⓒ Ⓓ	127	Ⓐ Ⓑ Ⓒ Ⓓ	147	Ⓐ Ⓑ Ⓒ Ⓓ	167	Ⓐ Ⓑ Ⓒ Ⓓ	187	Ⓐ Ⓑ Ⓒ Ⓓ
108	Ⓐ Ⓑ Ⓒ Ⓓ	128	Ⓐ Ⓑ Ⓒ Ⓓ	148	Ⓐ Ⓑ Ⓒ Ⓓ	168	Ⓐ Ⓑ Ⓒ Ⓓ	188	Ⓐ Ⓑ Ⓒ Ⓓ
109	Ⓐ Ⓑ Ⓒ Ⓓ	129	Ⓐ Ⓑ Ⓒ Ⓓ	149	Ⓐ Ⓑ Ⓒ Ⓓ	169	Ⓐ Ⓑ Ⓒ Ⓓ	189	Ⓐ Ⓑ Ⓒ Ⓓ
110	Ⓐ Ⓑ Ⓒ Ⓓ	130	Ⓐ Ⓑ Ⓒ Ⓓ	150	Ⓐ Ⓑ Ⓒ Ⓓ	170	Ⓐ Ⓑ Ⓒ Ⓓ	190	Ⓐ Ⓑ Ⓒ Ⓓ
111	Ⓐ Ⓑ Ⓒ Ⓓ	131	Ⓐ Ⓑ Ⓒ Ⓓ	151	Ⓐ Ⓑ Ⓒ Ⓓ	171	Ⓐ Ⓑ Ⓒ Ⓓ	191	Ⓐ Ⓑ Ⓒ Ⓓ
112	Ⓐ Ⓑ Ⓒ Ⓓ	132	Ⓐ Ⓑ Ⓒ Ⓓ	152	Ⓐ Ⓑ Ⓒ Ⓓ	172	Ⓐ Ⓑ Ⓒ Ⓓ	192	Ⓐ Ⓑ Ⓒ Ⓓ
113	Ⓐ Ⓑ Ⓒ Ⓓ	133	Ⓐ Ⓑ Ⓒ Ⓓ	153	Ⓐ Ⓑ Ⓒ Ⓓ	173	Ⓐ Ⓑ Ⓒ Ⓓ	193	Ⓐ Ⓑ Ⓒ Ⓓ
114	Ⓐ Ⓑ Ⓒ Ⓓ	134	Ⓐ Ⓑ Ⓒ Ⓓ	154	Ⓐ Ⓑ Ⓒ Ⓓ	174	Ⓐ Ⓑ Ⓒ Ⓓ	194	Ⓐ Ⓑ Ⓒ Ⓓ
115	Ⓐ Ⓑ Ⓒ Ⓓ	135	Ⓐ Ⓑ Ⓒ Ⓓ	155	Ⓐ Ⓑ Ⓒ Ⓓ	175	Ⓐ Ⓑ Ⓒ Ⓓ	195	Ⓐ Ⓑ Ⓒ Ⓓ
116	Ⓐ Ⓑ Ⓒ Ⓓ	136	Ⓐ Ⓑ Ⓒ Ⓓ	156	Ⓐ Ⓑ Ⓒ Ⓓ	176	Ⓐ Ⓑ Ⓒ Ⓓ	196	Ⓐ Ⓑ Ⓒ Ⓓ
117	Ⓐ Ⓑ Ⓒ Ⓓ	137	Ⓐ Ⓑ Ⓒ Ⓓ	157	Ⓐ Ⓑ Ⓒ Ⓓ	177	Ⓐ Ⓑ Ⓒ Ⓓ	197	Ⓐ Ⓑ Ⓒ Ⓓ
118	Ⓐ Ⓑ Ⓒ Ⓓ	138	Ⓐ Ⓑ Ⓒ Ⓓ	158	Ⓐ Ⓑ Ⓒ Ⓓ	178	Ⓐ Ⓑ Ⓒ Ⓓ	198	Ⓐ Ⓑ Ⓒ Ⓓ
119	Ⓐ Ⓑ Ⓒ Ⓓ	139	Ⓐ Ⓑ Ⓒ Ⓓ	159	Ⓐ Ⓑ Ⓒ Ⓓ	179	Ⓐ Ⓑ Ⓒ Ⓓ	199	Ⓐ Ⓑ Ⓒ Ⓓ
120	Ⓐ Ⓑ Ⓒ Ⓓ	140	Ⓐ Ⓑ Ⓒ Ⓓ	160	Ⓐ Ⓑ Ⓒ Ⓓ	180	Ⓐ Ⓑ Ⓒ Ⓓ	200	Ⓐ Ⓑ Ⓒ Ⓓ

ANSWER SHEET 다락원 JPT 1000제 청해편 실전모의고사 ＿＿회

聽解 (Part I~IV)

No.	ANSWER	No.	ANSWER	No.	ANSWER	No.	ANSWER	No.	ANSWER
1	Ⓐ Ⓑ Ⓒ Ⓓ	21	Ⓐ Ⓑ Ⓒ Ⓓ	41	Ⓐ Ⓑ Ⓒ Ⓓ	61	Ⓐ Ⓑ Ⓒ Ⓓ	81	Ⓐ Ⓑ Ⓒ Ⓓ
2	Ⓐ Ⓑ Ⓒ Ⓓ	22	Ⓐ Ⓑ Ⓒ Ⓓ	42	Ⓐ Ⓑ Ⓒ Ⓓ	62	Ⓐ Ⓑ Ⓒ Ⓓ	82	Ⓐ Ⓑ Ⓒ Ⓓ
3	Ⓐ Ⓑ Ⓒ Ⓓ	23	Ⓐ Ⓑ Ⓒ Ⓓ	43	Ⓐ Ⓑ Ⓒ Ⓓ	63	Ⓐ Ⓑ Ⓒ Ⓓ	83	Ⓐ Ⓑ Ⓒ Ⓓ
4	Ⓐ Ⓑ Ⓒ Ⓓ	24	Ⓐ Ⓑ Ⓒ Ⓓ	44	Ⓐ Ⓑ Ⓒ Ⓓ	64	Ⓐ Ⓑ Ⓒ Ⓓ	84	Ⓐ Ⓑ Ⓒ Ⓓ
5	Ⓐ Ⓑ Ⓒ Ⓓ	25	Ⓐ Ⓑ Ⓒ Ⓓ	45	Ⓐ Ⓑ Ⓒ Ⓓ	65	Ⓐ Ⓑ Ⓒ Ⓓ	85	Ⓐ Ⓑ Ⓒ Ⓓ
6	Ⓐ Ⓑ Ⓒ Ⓓ	26	Ⓐ Ⓑ Ⓒ Ⓓ	46	Ⓐ Ⓑ Ⓒ Ⓓ	66	Ⓐ Ⓑ Ⓒ Ⓓ	86	Ⓐ Ⓑ Ⓒ Ⓓ
7	Ⓐ Ⓑ Ⓒ Ⓓ	27	Ⓐ Ⓑ Ⓒ Ⓓ	47	Ⓐ Ⓑ Ⓒ Ⓓ	67	Ⓐ Ⓑ Ⓒ Ⓓ	87	Ⓐ Ⓑ Ⓒ Ⓓ
8	Ⓐ Ⓑ Ⓒ Ⓓ	28	Ⓐ Ⓑ Ⓒ Ⓓ	48	Ⓐ Ⓑ Ⓒ Ⓓ	68	Ⓐ Ⓑ Ⓒ Ⓓ	88	Ⓐ Ⓑ Ⓒ Ⓓ
9	Ⓐ Ⓑ Ⓒ Ⓓ	29	Ⓐ Ⓑ Ⓒ Ⓓ	49	Ⓐ Ⓑ Ⓒ Ⓓ	69	Ⓐ Ⓑ Ⓒ Ⓓ	89	Ⓐ Ⓑ Ⓒ Ⓓ
10	Ⓐ Ⓑ Ⓒ Ⓓ	30	Ⓐ Ⓑ Ⓒ Ⓓ	50	Ⓐ Ⓑ Ⓒ Ⓓ	70	Ⓐ Ⓑ Ⓒ Ⓓ	90	Ⓐ Ⓑ Ⓒ Ⓓ
11	Ⓐ Ⓑ Ⓒ Ⓓ	31	Ⓐ Ⓑ Ⓒ Ⓓ	51	Ⓐ Ⓑ Ⓒ Ⓓ	71	Ⓐ Ⓑ Ⓒ Ⓓ	91	Ⓐ Ⓑ Ⓒ Ⓓ
12	Ⓐ Ⓑ Ⓒ Ⓓ	32	Ⓐ Ⓑ Ⓒ Ⓓ	52	Ⓐ Ⓑ Ⓒ Ⓓ	72	Ⓐ Ⓑ Ⓒ Ⓓ	92	Ⓐ Ⓑ Ⓒ Ⓓ
13	Ⓐ Ⓑ Ⓒ Ⓓ	33	Ⓐ Ⓑ Ⓒ Ⓓ	53	Ⓐ Ⓑ Ⓒ Ⓓ	73	Ⓐ Ⓑ Ⓒ Ⓓ	93	Ⓐ Ⓑ Ⓒ Ⓓ
14	Ⓐ Ⓑ Ⓒ Ⓓ	34	Ⓐ Ⓑ Ⓒ Ⓓ	54	Ⓐ Ⓑ Ⓒ Ⓓ	74	Ⓐ Ⓑ Ⓒ Ⓓ	94	Ⓐ Ⓑ Ⓒ Ⓓ
15	Ⓐ Ⓑ Ⓒ Ⓓ	35	Ⓐ Ⓑ Ⓒ Ⓓ	55	Ⓐ Ⓑ Ⓒ Ⓓ	75	Ⓐ Ⓑ Ⓒ Ⓓ	95	Ⓐ Ⓑ Ⓒ Ⓓ
16	Ⓐ Ⓑ Ⓒ Ⓓ	36	Ⓐ Ⓑ Ⓒ Ⓓ	56	Ⓐ Ⓑ Ⓒ Ⓓ	76	Ⓐ Ⓑ Ⓒ Ⓓ	96	Ⓐ Ⓑ Ⓒ Ⓓ
17	Ⓐ Ⓑ Ⓒ Ⓓ	37	Ⓐ Ⓑ Ⓒ Ⓓ	57	Ⓐ Ⓑ Ⓒ Ⓓ	77	Ⓐ Ⓑ Ⓒ Ⓓ	97	Ⓐ Ⓑ Ⓒ Ⓓ
18	Ⓐ Ⓑ Ⓒ Ⓓ	38	Ⓐ Ⓑ Ⓒ Ⓓ	58	Ⓐ Ⓑ Ⓒ Ⓓ	78	Ⓐ Ⓑ Ⓒ Ⓓ	98	Ⓐ Ⓑ Ⓒ Ⓓ
19	Ⓐ Ⓑ Ⓒ Ⓓ	39	Ⓐ Ⓑ Ⓒ Ⓓ	59	Ⓐ Ⓑ Ⓒ Ⓓ	79	Ⓐ Ⓑ Ⓒ Ⓓ	99	Ⓐ Ⓑ Ⓒ Ⓓ
20	Ⓐ Ⓑ Ⓒ Ⓓ	40	Ⓐ Ⓑ Ⓒ Ⓓ	60	Ⓐ Ⓑ Ⓒ Ⓓ	80	Ⓐ Ⓑ Ⓒ Ⓓ	100	Ⓐ Ⓑ Ⓒ Ⓓ

1. 필기도구: 연필, 사프펜슬, 지우개
2. 답안은 반드시 원안에 진하게 칠하여 주십시오.
3. 본인의 작성 오류로 인한 불이익은 책임지지 않습니다.
4. 답안 기재 요령: GOOD - ● / BAD - ⊙, ⊗, ∅

讀解 (Part V~VIII)

No.	ANSWER	No.	ANSWER	No.	ANSWER	No.	ANSWER	No.	ANSWER
101	Ⓐ Ⓑ Ⓒ Ⓓ	121	Ⓐ Ⓑ Ⓒ Ⓓ	141	Ⓐ Ⓑ Ⓒ Ⓓ	161	Ⓐ Ⓑ Ⓒ Ⓓ	181	Ⓐ Ⓑ Ⓒ Ⓓ
102	Ⓐ Ⓑ Ⓒ Ⓓ	122	Ⓐ Ⓑ Ⓒ Ⓓ	142	Ⓐ Ⓑ Ⓒ Ⓓ	162	Ⓐ Ⓑ Ⓒ Ⓓ	182	Ⓐ Ⓑ Ⓒ Ⓓ
103	Ⓐ Ⓑ Ⓒ Ⓓ	123	Ⓐ Ⓑ Ⓒ Ⓓ	143	Ⓐ Ⓑ Ⓒ Ⓓ	163	Ⓐ Ⓑ Ⓒ Ⓓ	183	Ⓐ Ⓑ Ⓒ Ⓓ
104	Ⓐ Ⓑ Ⓒ Ⓓ	124	Ⓐ Ⓑ Ⓒ Ⓓ	144	Ⓐ Ⓑ Ⓒ Ⓓ	164	Ⓐ Ⓑ Ⓒ Ⓓ	184	Ⓐ Ⓑ Ⓒ Ⓓ
105	Ⓐ Ⓑ Ⓒ Ⓓ	125	Ⓐ Ⓑ Ⓒ Ⓓ	145	Ⓐ Ⓑ Ⓒ Ⓓ	165	Ⓐ Ⓑ Ⓒ Ⓓ	185	Ⓐ Ⓑ Ⓒ Ⓓ
106	Ⓐ Ⓑ Ⓒ Ⓓ	126	Ⓐ Ⓑ Ⓒ Ⓓ	146	Ⓐ Ⓑ Ⓒ Ⓓ	166	Ⓐ Ⓑ Ⓒ Ⓓ	186	Ⓐ Ⓑ Ⓒ Ⓓ
107	Ⓐ Ⓑ Ⓒ Ⓓ	127	Ⓐ Ⓑ Ⓒ Ⓓ	147	Ⓐ Ⓑ Ⓒ Ⓓ	167	Ⓐ Ⓑ Ⓒ Ⓓ	187	Ⓐ Ⓑ Ⓒ Ⓓ
108	Ⓐ Ⓑ Ⓒ Ⓓ	128	Ⓐ Ⓑ Ⓒ Ⓓ	148	Ⓐ Ⓑ Ⓒ Ⓓ	168	Ⓐ Ⓑ Ⓒ Ⓓ	188	Ⓐ Ⓑ Ⓒ Ⓓ
109	Ⓐ Ⓑ Ⓒ Ⓓ	129	Ⓐ Ⓑ Ⓒ Ⓓ	149	Ⓐ Ⓑ Ⓒ Ⓓ	169	Ⓐ Ⓑ Ⓒ Ⓓ	189	Ⓐ Ⓑ Ⓒ Ⓓ
110	Ⓐ Ⓑ Ⓒ Ⓓ	130	Ⓐ Ⓑ Ⓒ Ⓓ	150	Ⓐ Ⓑ Ⓒ Ⓓ	170	Ⓐ Ⓑ Ⓒ Ⓓ	190	Ⓐ Ⓑ Ⓒ Ⓓ
111	Ⓐ Ⓑ Ⓒ Ⓓ	131	Ⓐ Ⓑ Ⓒ Ⓓ	151	Ⓐ Ⓑ Ⓒ Ⓓ	171	Ⓐ Ⓑ Ⓒ Ⓓ	191	Ⓐ Ⓑ Ⓒ Ⓓ
112	Ⓐ Ⓑ Ⓒ Ⓓ	132	Ⓐ Ⓑ Ⓒ Ⓓ	152	Ⓐ Ⓑ Ⓒ Ⓓ	172	Ⓐ Ⓑ Ⓒ Ⓓ	192	Ⓐ Ⓑ Ⓒ Ⓓ
113	Ⓐ Ⓑ Ⓒ Ⓓ	133	Ⓐ Ⓑ Ⓒ Ⓓ	153	Ⓐ Ⓑ Ⓒ Ⓓ	173	Ⓐ Ⓑ Ⓒ Ⓓ	193	Ⓐ Ⓑ Ⓒ Ⓓ
114	Ⓐ Ⓑ Ⓒ Ⓓ	134	Ⓐ Ⓑ Ⓒ Ⓓ	154	Ⓐ Ⓑ Ⓒ Ⓓ	174	Ⓐ Ⓑ Ⓒ Ⓓ	194	Ⓐ Ⓑ Ⓒ Ⓓ
115	Ⓐ Ⓑ Ⓒ Ⓓ	135	Ⓐ Ⓑ Ⓒ Ⓓ	155	Ⓐ Ⓑ Ⓒ Ⓓ	175	Ⓐ Ⓑ Ⓒ Ⓓ	195	Ⓐ Ⓑ Ⓒ Ⓓ
116	Ⓐ Ⓑ Ⓒ Ⓓ	136	Ⓐ Ⓑ Ⓒ Ⓓ	156	Ⓐ Ⓑ Ⓒ Ⓓ	176	Ⓐ Ⓑ Ⓒ Ⓓ	196	Ⓐ Ⓑ Ⓒ Ⓓ
117	Ⓐ Ⓑ Ⓒ Ⓓ	137	Ⓐ Ⓑ Ⓒ Ⓓ	157	Ⓐ Ⓑ Ⓒ Ⓓ	177	Ⓐ Ⓑ Ⓒ Ⓓ	197	Ⓐ Ⓑ Ⓒ Ⓓ
118	Ⓐ Ⓑ Ⓒ Ⓓ	138	Ⓐ Ⓑ Ⓒ Ⓓ	158	Ⓐ Ⓑ Ⓒ Ⓓ	178	Ⓐ Ⓑ Ⓒ Ⓓ	198	Ⓐ Ⓑ Ⓒ Ⓓ
119	Ⓐ Ⓑ Ⓒ Ⓓ	139	Ⓐ Ⓑ Ⓒ Ⓓ	159	Ⓐ Ⓑ Ⓒ Ⓓ	179	Ⓐ Ⓑ Ⓒ Ⓓ	199	Ⓐ Ⓑ Ⓒ Ⓓ
120	Ⓐ Ⓑ Ⓒ Ⓓ	140	Ⓐ Ⓑ Ⓒ Ⓓ	160	Ⓐ Ⓑ Ⓒ Ⓓ	180	Ⓐ Ⓑ Ⓒ Ⓓ	200	Ⓐ Ⓑ Ⓒ Ⓓ

본 답안지는 컴퓨터로 처리되므로 답을 오독하지 않도록 정확히 기재하십시오.
시험이 끝난 후, 이 답안지는 문제지와 함께 반드시 제출해야 합니다.

다락원 JPT **1000**제 청해편

지은이 양정순
감수 하타나카 아이
펴낸이 정규도
펴낸곳 (주)다락원

초판 1쇄 발행 2012년 6월 28일
초판 2쇄 발행 2014년 7월 7일

책임편집 송화록, 최재영, 한누리
디자인 구수정, 오연주

다락원 경기도 파주시 문발로 211
내용문의: (02)736-2031 내선 460~465
구입문의: (02)736-2031 내선 250~252
Fax: (02)732-2037
출판등록 1977년 9월 16일 제300-1977-23호

Copyright ⓒ 2012, 양정순

값 25,000원 (교재+해설집+MP3 CD 1장 포함)

ISBN 978-89-277-1072-1 18730
         978-89-277-1071-4(세트)

http://www.darakwon.co.kr
• 다락원 홈페이지를 방문하시면 상세한 출판 정보와 함께 동영상
  강좌, MP3 자료 등 다양한 어학 정보를 얻으실 수 있습니다.
• 다락원 **Cyber 어학원** 내 〈일본어 공부방〉에서는 다양한 일본어 학
  습코너가 제공되고 있습니다.
• MP3 CD의 음성은 다락원 홈페이지 도서자료실에서도 **무료로**
  다운로드 받으실 수 있습니다.

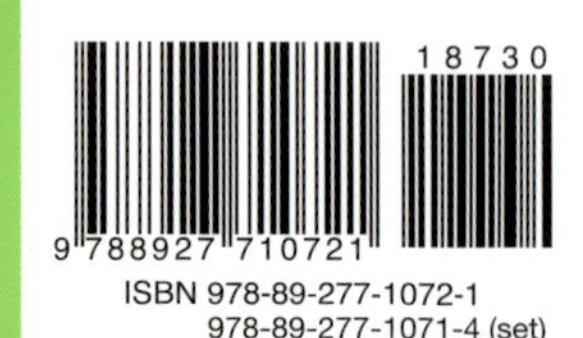

18730

ISBN 978-89-277-1072-1
978-89-277-1071-4 (set)

정가 25,000원
(본책＋해설집＋MP3 CD 1장)

다락원
JPT 1000제

JPT 청해를 정복하는 4단계 학습

1단계 → **유형별 공략 요령으로 JPT 청해 완전 해부**
시험 문제를 분석하여 유형을 나누고 각각의 유형에 알맞은 공략 요령을 제시합니다. 실제 시험에 어떻게 출제되는지 예제를 통해 확인합니다.

2단계 → **내 실력에 맞는 학습 방법 제시로 간편 학습**
실제 시험 절반 분량의 문제를 풀어 보며 나의 실력을 측정합니다. 점수대에 따라 어떻게 학습해야 할지 방법도 제시합니다.

3단계 → **실전모의고사 10회분 총 1000 문제 풀이**
실제 시험과 같은 형식으로 청해 문제를 풀어 봅니다. 총 1000문제를 풀면서 실전에 대비합니다.

4단계 → **친절한 해설로 든든한 대비**
실전모의고사 문제 풀이 후에는 별책으로 구성된 해설집을 통해 복습할 수 있습니다. 스크립트, 해석, 해설에 단어까지 정리하여 간편하게 학습할 수 있습니다.

다락원 JPT 1000제

청해편

양정순 지음 하타나카 아이 감수

유형별 공략 요령으로 JPT 청해 완전 해부
내 실력에 맞는 학습 방법 제시로 간편 학습
실전모의고사 10회분 총 1000제 수록
친절한 해설로 든든한 대비

해설집

다락원

JPT 1000제

청해편

-해설집-

다락원

목차

1 (D)	2 (B)	3 (D)	4 (A)	5 (C)	6 (A)	7 (C)	8 (B)	9 (B)	10 (B)
11 (A)	12 (A)	13 (C)	14 (B)	15 (A)	16 (D)	17 (B)	18 (A)	19 (C)	20 (D)
21 (B)	22 (A)	23 (D)	24 (C)	25 (A)	26 (A)	27 (B)	28 (D)	29 (A)	30 (D)
31 (C)	32 (D)	33 (C)	34 (B)	35 (D)	36 (D)	37 (A)	38 (A)	39 (B)	40 (C)
41 (D)	42 (B)	43 (B)	44 (A)	45 (B)	46 (D)	47 (A)	48 (C)	49 (D)	50 (A)
51 (A)	52 (C)	53 (B)	54 (B)	55 (C)	56 (A)	57 (A)	58 (D)	59 (C)	60 (D)
61 (D)	62 (D)	63 (D)	64 (C)	65 (A)	66 (B)	67 (C)	68 (A)	69 (B)	70 (B)
71 (D)	72 (B)	73 (A)	74 (D)	75 (C)	76 (B)	77 (A)	78 (D)	79 (C)	80 (A)
81 (A)	82 (C)	83 (C)	84 (B)	85 (A)	86 (D)	87 (B)	88 (C)	89 (B)	90 (D)
91 (A)	92 (C)	93 (C)	94 (C)	95 (C)	96 (C)	97 (D)	98 (A)	99 (D)	100 (D)

문제는 본책 p61~p81

1_ 두 사람 이상의 인물 묘사

(A) 子どもはおもちゃで遊んでいます。

(B) 女の人は子どもをおんぶしています。

(C) 女の人は手をあげてピースをしています。

(D) 真ん中の人は満面の笑みを浮かべています。

(A) 아이는 장난감으로 놀고 있습니다.

(B) 여성은 아이를 업고 있습니다.

(C) 여성은 손을 올려 브이를 하고 있습니다.

(D) 한가운데에 있는 사람은 만면에 웃음을 띠고 있습니다.

해설 사진을 보면 여성 세 명과 아이 한 명이 등장하는데, 여성은 모두 손을 들어 브이 모양의 포즈를 취하지 않았으므로 (C)는 정답에서 제외되고, 아이는 손을 가지런히 하고 여성의 앞에 앉아 있으므로 (A)와 (B)도 정답에서 제외된다. 가운데에 있는 여성의 얼굴을 보면 웃고 있다는 것을 알 수 있으므로 정답은 (D)가 된다.

단어 おもちゃ 장난감 | おんぶする 업다 | 手(て)をあげる 손을 들다 | ピース 브이 표시[peace] | 真(ま)ん中(なか) 한가운데 | 満面(まんめん) 만면 | 笑(え)み 미소 | 浮(う)かべる 띠다, 띄우다

2_ 전광판의 내용 이해

(A) 快速列車がこの駅を通過します。

(B) 次の名古屋行き電車は6両編成です。

(C) 16時47分に名古屋駅から出発します。

(D) 1番線と6番線は特急専用ホームです。

(A) 쾌속열차가 이 역을 통과합니다.

(B) 다음 나고야행 전철은 6량 편성입니다.

(C) 16시 47분에 나고야역에서 출발합니다.

(D) 1번선과 6번선은 특급 전용 홈입니다.

해설 이런 종류의 사진이 나오면 먼저 열차의 종류, 도착역, 숫자 부분에는 동그라미를 쳐 놓고 듣는 것이 좋다. 사진을 보면 쾌속열차가 들어온다고 쓰여 있으므로 (A)는 정답에서 제외된다. 행선지(行先)가 나고야라고 했으므로 나고야에서 출발한다고 한 (C)도 해당되지 않으며, 6번 홈은 이 사진에서 볼 수 없으므로 (D)도 정답에서 제외된다.

단어 快速(かいそく) 쾌속 | 列車(れっしゃ) 열차 | 通過(つうか) 통과 | 次(つぎ) 다음 | ~行(ゆ)き 행 | ~両(りょう) ~량 | 編成(へんせい) 편성 | 出発(しゅっぱつ) 출발 | 特急(とっきゅう) 특급 | 専用(せんよう) 전용

3_ 특정 인물에 대한 묘사

(A) 畳に寝そべって本を読んでいます。

(B) 両手でリモコンをいじっています。

(C) パジャマを着てあぐらをかいています。

(D) 腹這いになって、湯呑みを持っています。

(A) 다다미에 배를 깔고 누워 책을 읽고 있습니다.

(B) 양손으로 리모콘을 만지작거리고 있습니다.

(C) 파자마를 입고 양반다리를 하고 있습니다.

(D) 배를 깔고 누워 찻잔을 손에 들고 있습니다.

해설 등장인물의 행동을 파악하고 주변에 있는 물건이 어떻게 다루어지고 있는지 살펴봐야 한다. 사진을 보면 남자아이가 찻잔을 들고 누워 있다. 리모콘은 테이블 위에 놓여 있으므로 (B)는 제외된다. 등장인물은 누워 있으므로 (C)도 적절하지 않다. 배를 깔고 누워 있는 모습은 (A)와 (D)에서 묘사하고 있지만, 책을 읽는 것이 아니므로 정답은 (D)가 된다.

단어 畳(たたみ) 다다미 | 寝(ね)そべる 배를 깔고 눕다 | 両手(りょうて) 양손 | リモコン 리모콘 | いじる 만지작거리다 | パジャマ 파자마 | あぐらをかく 양반다리를 하다 | 腹這(はらば)い 배를 깔고 엎드림 | 湯呑(ゆの)み 찻잔

4_ 사물에 관한 묘사

(A) 小さな船が水際に浮かんでいます。

(B) 川沿いの船着場では遊覧船が出航しています。

(C) モーターボートが波をかき分けて進んでいます。

(D) クルーザーがヨットハーバーに接近しています。

(A) 작은 배가 물가에 떠 있습니다.

(B) 강가의 선착장에서는 유람선이 출항하고 있습니다.

(C) 모터보트가 파도를 헤치며 나아가고 있습니다.

(D) 크루저가 요트 항구에 접근하고 있습니다.

해설 배의 종류에 대한 표현을 알고 있다면 문제풀이가 쉬웠을 것이다. 사진에는 한 척의 작은 배가 물가에 떠 있다. 그러므로 유람선이 출항한다는 (B)나, 모터보트가 파도를 헤치고 있다는 (C)나, 크루저가 항구에 접근하고 있다는 (D) 모두 정답이 될 수 없다.

단어 水際(みずぎわ) 물가 | 浮(う)かぶ 뜨다 | 川沿(かわぞ)い 강가 | 船着場(ふなつきば) 선착장 | 遊覧船(ゆうらんせん) 유람선 | 出航(しゅっこう) 출항 | モーターボート 모터보트 | 波(なみ) 파도 | かき分(わ)ける 헤치다 | 進(すす)む 나아가다, 전진하다 | クルーザー 크루저 | ヨットハーバー 요트가 정박하는 항구 | 接近(せっきん) 접근

5_ 인물의 행동에 관한 묘사

(A) 切符を買う人でごった返しています。
(B) 帽子をかぶっている人がちらほらいます。
(C) リュックを背負った人は後ろ向きで立っています。
(D) 閑散とした公園で一人の男がうずくまっています。

(A) 표를 사는 사람으로 북적이고 있습니다.
(B) 모자를 쓴 사람이 드문드문 있습니다.
(C) 배낭을 메고 있는 사람은 뒤를 향해 서 있습니다.
(D) 한산한 공원에서 한 남자가 웅크리고 앉아 있습니다.

해설 입장권 판매소 앞에 서 있는 사람은 한 명이므로 (A)와 (B)는 정답에서 제외된다. 또한 사진 속에 보이는 사람은 앉아 있는 것이 아니라 서 있기 때문에 (D)의 설명과도 맞지 않다. 모자를 쓰고 있다고 해서 무턱대고 (B)로 선택하지 않도록 주의한다.

단어 ごった返(がえ)す 북적이다 | ちらほら 드문드문 | 背負(せお)う 메다, 짊어지다 | 後(うし)ろ向(む)き 등을 돌림, 뒤를 향함 | 閑散(かんさん) 한산 | うずくまる 웅크리고 앉다

6_ 자연에 관한 묘사

(A) 花が満開になっています。
(B) 植木鉢の花が咲いています。
(C) 木が枯れ果てて、葉が落ちています。
(D) 生花用の剣山に花がさしてあります。

(A) 꽃이 만개했습니다.
(B) 화분의 꽃이 피었습니다.
(C) 나무가 완전히 시들어서 나뭇잎이 떨어져 있습니다.
(D) 꽃꽂이용 침봉에 꽃이 꽂혀 있습니다.

해설 사진에 나타난 것은 나뭇가지에 활짝 핀 꽃이다. 화분에 꽃이 핀 것이 아니므로 (B)는 정답과 거리가 멀고, 나뭇잎이 떨어져 있는 모습이나 침봉이 보이지 않으므로 (C), (D) 역시 정답이 아니다. 다소 생소한 단어이긴 하지만 剣山 등의 표현도 알아 두도록 하자.

단어 満開(まんかい) 만개 | 植木鉢(うえきばち) 화분 | 枯(か)れる 마르다, 시들다 | ～果(は)てる 완전히 ～하다〈한계에 이름〉〈동사 ます형에 접속〉 | 生花用(いけばなよう) 꽃꽂이용 | 剣山(けんざん) 침봉 | さす 꽂다, 찌르다

7_ 인물과 사물의 표현

(A) 女の子はボールを転がしています。
(B) 女の子は指で風船の口を縛っています。

(C) 女の子は両手を伸ばしているところです。
(D) 女の子はなわとびをして遊んでいるところです。

(A) 여자아이는 공을 굴리고 있습니다.
(B) 여자아이는 손가락으로 풍선의 매듭을 묶고 있습니다.
(C) 여자아이는 양손을 뻗고 있는 중입니다.
(D) 여자아이는 줄넘기를 하며 놀고 있는 중입니다.

해설 사진을 보면 공과 여자아이가 포인트가 될 수 있는데, 여자아이가 공을 굴리는 것이 아니므로 (A)는 정답이 아니다. 공과 여자아이라는 단어가 들린다고 무턱대고 골라서는 안 된다. 또 풍선 매듭을 묶고 있는 모습이 아니므로 (B)도 정답에서 제외되고, 사진에 나타난 줄넘기는 공 옆에 가만히 놓여 있으므로 (D)도 정답에서 제외된다.

단어 転(ころ)がす 굴리다 | 指(ゆび) 손가락 | 風船(ふうせん) 풍선 | 縛(しば)る 묶다 | 両手(りょうて) 양손 | 伸(の)ばす 뻗다 | ～ているところだ ～하고 있는 중이다 | なわとび 줄넘기

8_ 인물과 사물의 표현

(A) 男の人は裸足で寝転んでいます。
(B) 男の人は浮き輪をつけて泳いでいます。
(C) 男の人は浮き輪を脇に抱えて歩いています。
(D) 浜辺で浮き輪をつけて、バレーボールをしています。

(A) 남성은 맨발로 뒹굴고 있습니다.
(B) 남성은 튜브를 끼고 수영을 하고 있습니다.
(C) 남성은 튜브를 옆에 끼고 걷고 있습니다.
(D) 바닷가에서 튜브를 끼고 발리볼을 하고 있습니다.

해설 사진은 남자가 튜브를 끼고 수영하는 모습이므로 寝転ぶ의 (A), 歩く의 (C), バレーボール를 하는 의 (D)는 모두 정답에 해당되지 않는다.

단어 裸足(はだし) 맨발 | 寝転(ねころ)ぶ 뒹굴다 | 浮(う)き輪(わ) 튜브 | 脇(わき) 옆, 겨드랑이 | 抱(かか)える 끼다 | 浜辺(はまべ) 바닷가 | バレーボール 발리볼, 배구

9_ 사물의 모양과 상태의 표현

(A) お皿に野菜がこんもりと盛られています。
(B) 透明のコップがテーブルに置いてあります。
(C) 丸い皿の上に食べかけのからあげがあります。
(D) テーブルの上に取り皿が山積みになっています。

(A) 접시에 채소가 수북이 담겨 있습니다.
(B) 투명한 컵이 테이블에 놓여 있습니다.

(C) 둥근 접시 위에 먹다가 만 치킨이 있습니다.
(D) 테이블 위에 개인 접시가 산처럼 쌓여 있습니다.

해설 사물의 모양이나 상태를 어떻게 표현할 수 있는지를 묻는 문제이다. 사진 속에는 아무것도 담겨져 있지 않은 개인 접시와 투명한 물컵이 놓여 있다. 따라서 접시 위에 음식이 놓여 있다고 설명한 (A)와 (C)는 정답과 거리가 멀다. 사진에 개인 접시가 있기 때문에 고민할 수도 있겠지만 산처럼 쌓여 있지 않으므로 (D)는 정답이 아니다.

단어 こんもり 붕긋, 수북이(두두룩하게 솟은 모양) | 盛(も)る 담다, 채우다 | 透明(とうめい) 투명 | 丸(まる)い 둥글다 | ～かけ ～하다가 맒 | からあげ 닭튀김 | 取(と)り皿(ざら) 개인 접시 | 山積(やまづ)み 산처럼 높이 쌓아올림

10 _ 열차 내부와 관련된 표현

(A) 洗面室は１号車と３号車にあります。
(B) この列車は時速９４キロで走っています。
(C) 電波の弱い区間に対する案内板がついています。
(D) 夜行バスの車内設備について案内しているところです。

(A) 세면실은 1호차와 3호차에 있습니다.
(B) 이 열차는 시속 94km로 달리고 있습니다.
(C) 전파가 약한 구간에 대한 안내판이 붙어 있습니다.
(D) 야간버스의 차내 설비에 관해서 안내하고 있는 중입니다.

해설 타고 있는 차량의 내부를 묻고 있는 문제이다. 화면에는 '3호차'라고만 쓰여 있으므로 (A)는 정답에서 제외된다. (C)나 (D) 역시 사진의 내용과 관계없는 설명이므로 정답에서 제외된다.

단어 洗面室(せんめんしつ) 세면실 | 時速(じそく) 시속 | 電波(でんぱ) 전파 | 区間(くかん) 구간 | ～に対(たい)する ～에 대한 | 案内板(あんないばん) 안내판 | つく 붙다 | 夜行(やこう)バス 야간버스 | 車内(しゃない) 차내 | 設備(せつび) 설비

11 _ 사물의 모양 및 위치

(A) 額が壁に飾ってあります。
(B) 引き出しは錠前がかけてあります。
(C) 四角い電気スタンドが並んでいます。
(D) 脱ぎ捨てられた服が布団の上に散らかっています。

(A) 액자가 벽에 장식되어 있습니다.
(B) 서랍은 자물쇠가 채워져 있습니다.
(C) 네모난 전기스탠드가 나란히 있습니다.
(D) 벗어던져진 옷이 이불 위에 어질러져 있습니다.

해설 실내의 상태를 묻는 문제로 사진 속에 나와 있는 사물들이 어떤 상태에 있는지 체크하면서 그에 따른 표현들을 연상해 보는 것

이 좋다. 선택지는 모두 사진과 관련된 표현들이기 때문에 더욱 집중력이 필요한 문제이다. 서랍은 열쇠가 달린 것이 아니므로 (B)는 정답에서 제외, 스탠드는 네모난 모양이 아니므로 (C)는 정답에서 제외, 벗어던져진 옷은 없으므로 (D)는 정답에서 제외된다.

단어 額(がく) 액자 | 壁(かべ) 벽 | 引(ひ)き出(だ)し 서랍 | 錠前(じょうまえ) 자물쇠 | 四角(しかく)い 네모나다 | 電気(でんき)スタンド 전기스탠드 | 脱(ぬ)ぎ捨(す)てる 벗어던지다 | 散(ち)らかる 흩어지다, 널리다, 널브러지다

12 _ 가게에 관련된 표현

(A) 同じ形の提灯が吊り下げられています。
(B) 背もたれのない長椅子が置いてあります。
(C) 軒下の椅子の両側で街灯が点滅しています。
(D) 玄関の前に提灯がかかっています。

(A) 같은 모양의 제등이 매달려 있습니다.
(B) 등받이가 없는 긴 의자가 놓여 있습니다.
(C) 처마 밑의 의자 양 끝에 가로등이 점멸하고 있습니다.
(D) 현관 앞에 제등이 걸려 있습니다.

해설 사진에서 눈에 확 들어온 제등의 모양과 의자의 모습이 어떤 상태인지 확인한다. (A)는 같은 모양이 제등이 걸려 있다고 설명하므로 정답이다. 의자에는 등받이가 있고 긴 의자도 아니므로 (B)는 정답에서 제외, 의자 양 끝에 가로등이 없으므로 (C)는 정답에서 제외, (D)는 현관 앞에 제등이 걸려 있는 것이 아니므로 정답에서 제외된다.

단어 提灯(ちょうちん) 제등 | 吊(つ)り下(さ)げる 매달다 | 背(せ)もたれ 등받이 | 長椅子(ながいす) 긴 의자 | 軒下(のきした) 처마 밑 | 街灯(がいとう) 가로등 | 点滅(てんめつ) 점멸 | 玄関(げんかん) 현관

13 _ 주차와 관련된 표현

(A) 車は違う方向を向いて停まっています。
(B) ＡからＧの番号がふられた駐車場です。
(C) 機械式駐車場に車が停められています。
(D) 駐車場に二輪車が隙間なく駐車されています。

(A) 차는 다른 방향을 향해 서 있습니다.
(B) A부터 G의 번호가 매겨진 주차장입니다.
(C) 기계식 주차장에 차가 세워져 있습니다.
(D) 주차장에 이륜차가 빈틈없이 주차되어 있습니다.

해설 사진에 나온 차량은 모두 같은 방향으로 주차되어 있기 때문에 (A)는 정답에서 제외된다. 번호가 매겨져 있지 않으므로 (B)도 정답에서 제외된다. 주차장에는 이륜차가 주차된 것이 아니기 때문에 (D)도 정답에서 제외된다.

단어 違(ちが)う 다르다, 틀리다 | 方向(ほうこう) 방향 | ～を向(む)く ～을 향하다 | 停(と)まる 서다 | 番号(ばんごう)をふる 번

호를 매기다 | 駐車場(ちゅうしゃじょう) 주차장 | 機械式(きかい
しき) 기계식 | 停(と)める 세우다 | 二輪車(にりんしゃ) 이륜차 |
隙間(すきま) 틈

14_ 역에 관련된 표현 – 안내판

(A) 矢印は左を向いています。
(B) 一部の文字に下線が引かれています。
(C) 禁煙の絵が二重丸の中に描かれています。
(D) 看板は漢字と片仮名だけで書かれています。

(A) 화살표는 왼쪽을 향하고 있습니다.
(B) 일부 글자에 밑줄이 그어져 있습니다.
(C) 금연 그림이 이중원 속에 그려져 있습니다.
(D) 간판은 한자와 가타카나로만 쓰여 있습니다.

해설 역에서 흔히 볼 수 있는 안내판에 관한 문제로, 안내판에 그
려진 그림과 문구에 대한 적절한 설명을 고르면 된다. '화살표'라는
단어가 나왔다고 해서 바로 정답으로 고르지 말고 차근차근 들어야
한다. 화살표는 위를 가리키고 있으므로 (A)는 정답에서 제외된다.
또 '이중'이라는 단어를 놓치고 (C)를 정답으로 고르면 안 된다. 안내
판은 영어로도 쓰여 있기 때문에 (D)는 정답에서 제외된다.

단어 矢印(やじるし) 화살표 | 一部(いちぶ) 일부 | 文字(もじ)
글자 | 下線(かせん) 밑줄 | 引(ひ)く (선을) 긋다 | 禁煙(きんえん)
금연 | 二重丸(にじゅうまる) 2중원(◎) | 看板(かんばん) 간판 |
片仮名(かたかな) 가타카나

15_ 사물에 관련된 표현

(A) 自転車は鎖でつながれています。
(B) 四輪車の後ろにゲーム機があります。
(C) 十台の自転車が横倒しになっています。
(D) かご付きの自転車の中に傘が置いてあります。

(A) 자전거는 쇠사슬로 이어져 있습니다.
(B) 사륜차 뒤에 게임기가 있습니다.
(C) 자전거 열 대가 옆으로 쓰러져 있습니다.
(D) 바구니 달린 자전거 속에 우산이 놓여 있습니다.

해설 鎖와 같은 단어가 나오더라도 당황하지 말고 끝까지 들어보
면 문제를 푸는 데 지장이 없다. 사진 속에는 사륜차가 없고, 옆으로
쓰러진 자전거도 보이지 않으므로 (B)와 (C)는 정답에서 제외된다.
바구니가 달린 자전거는 있지만 그 속에 우산은 들어 있지 않으므로
(D)는 정답으로 적절하지 않다.

단어 自転車(じてんしゃ) 자전거 | 鎖(くさり) 쇠사슬 | つなぐ
잇다, 연결하다 | 四輪車(よんりんしゃ) 사륜차 | 横倒(よこだお)
し 옆으로 쓰러짐 | かご付(つ)き 바구니가 달려 있음

16_ 상품의 진열 및 세부사항

(A) 陳列棚に同じ高さのボトルが積み重なって
います。
(B) 自動販売機の商品は１２０円均一で販売さ
れています。
(C) 自動販売機のペットボトルは逆さまに置か
れています。
(D) 商品の取り出し口のほうがコイン投入口よ
り大きいです。

(A) 진열장에 같은 높이의 병이 쌓여 있습니다.
(B) 자동판매기의 상품은 120엔 균일가로 판매되고 있습니다.
(C) 자동판매기의 페트병은 거꾸로 놓여 있습니다.
(D) 상품을 꺼내는 입구가 동전 투입구보다 큽니다.

해설 자동판매기가 나오면 어떤 종류의 상품이 진열되어 있는지,
가격이 얼마인지 눈여겨보자. 진열된 상품의 크기와 높이가 다르고,
가격이 120엔과 130엔이라고 되어 있기 때문에 동일한 높이라고 설
명한 (A)와, 120엔 균일 상품이라고 설명한 (B)는 정답에서 제외된
다. 또 거꾸로 놓인 페트병이 없으므로 (C)는 정답과 거리가 멀다.

단어 陳列棚(ちんれつだな) 진열장 | ボトル 병[bottle] | 積(つ)
み重(かさ)なる 겹겹이 쌓이다 | 自動販売機(じどうはんばいき)
자동판매기 | 商品(しょうひん) 상품 | 均一(きんいつ) 균일 | ペッ
トボトル 페트병 | 逆(さか)さま 거꾸로 됨 | 取(と)り出(だ)す 꺼
내다 | 投入口(とうにゅうぐち) 투입구

17_ 자연 풍경에 관한 표현 – 특정 장소

(A) 多くの絵馬札が掛けられています。
(B) おみくじが棒に結ばれています。
(C) おみくじが巨木の枝に結わえてあります。
(D) 境内におみくじ掛けと絵馬掛けがあります。

(A) 많은 소원판이 걸려 있습니다.
(B) 제비가 봉에 묶여 있습니다.
(C) 제비가 거목의 가지에 묶여 있습니다.
(D) 경내에 제비를 묶어 두는 것과 소원판을 걸어 두는 것이 있습니다.

해설 제비가 봉에 나란히 묶여 있으므로 정답은 (B)이다. 신사에
서는 합격 기원 등을 담은 소원판이나 나비 모양으로 매듭이 진 제비
들도 있으니 이에 따른 표현도 익혀 두는 것이 좋다. 소원판이나 소
원판을 걸어 두는 것은 없으므로 (A)와 (D)는 정답에서 제외되고, 제
비가 커다란 나뭇가지에 묶여 있는 것이 아니므로 (C)도 정답에 해당
되지 않는다.

단어 絵馬(えま) 기원이나 감사를 위해서 신사나 절에 봉납한 그림
판 | 掛(か)ける 걸다 | おみくじ (길흉을 점치는) 제비 | 棒(ぼう) 봉
| 結(むす)ぶ 묶다 | 巨木(きょぼく) 거목 | 枝(えだ) 가지 | 結(ゆ)
わえる 매다 | 境内(けいだい) 경내 | ～掛(か)け ～걸이

18 _ 사물의 크기 및 종류에 관한 표현

(A) リュックサックとかばんが置いてあります。
(B) ベッドの上には同一大のかばんが置いてあ
　　ります。
(C) パジャマはベッドの上に大きく広げられて
　　います。
(D) ふかふかとしたベッドの上にブロマイドが
　　置かれています。

(A) 배낭과 가방이 놓여 있습니다.
(B) 침대 위에는 동일한 크기의 가방이 놓여 있습니다.
(C) 파자마는 침대 위에 크게 펼쳐져 있습니다.
(D) 푹신푹신한 침대 위에 브로마이드가 놓여 있습니다.

해설　침대 위에 가방, 배낭, 지갑, 파자마가 놓여 있다. 각각의 사물들이 어떤 모습으로 있는지 염두에 두고 듣도록 하자. 가방은 동일한 크기가 아니고, 파자마는 펼쳐진 것이 아니라 가지런히 개어져 있고, 침대 위에는 브로마이드가 없으므로 정답으로는 (A)가 적당하다.

단어　リュックサック 배낭 | 同一(どういつ) 동일 | ~大(だい) ~만 한 크기〈명사에 접속〉 | パジャマ 파자마 | 広(ひろ)げる 펼치다 | ふかふか 폭신폭신, 말랑말랑 | ブロマイド 브로마이드

19 _ 실내 전시에 관한 표현

(A) ここは着物を売っているところです。
(B) 女の子のマネキンは日傘をさしています。
(C) 着物を着せられたマネキンが陳列されてい
　　ます。
(D) 愛らしいミニ丈のウエディングドレスが陳
　　列されています。

(A) 여기는 기모노를 팔고 있는 곳입니다.
(B) 여자아이 마네킹은 양산을 쓰고 있습니다.
(C) 기모노를 입은 마네킹이 진열되어 있습니다.
(D) 사랑스러운 미니(스커트) 기장의 웨딩드레스가 진열되어 있습니다.

해설　전시된 대상이 어떤 사물이고, 어떤 목적으로 사용되는 것인지 파악해야 한다. 기념일을 위한 옷을 진열한 것이므로 (A)는 정답에서 제외되고, 여자 마네킹 중에 양산을 들고 있는 것은 없으므로 (B)도 정답에서 제외된다. 웨딩드레스가 진열되어 있기는 하지만 미니 기장이라고 했으므로 (D)는 정답에서 제외된다.

단어　着物(きもの) 기모노 | マネキン 마네킹 | 日傘(ひがさ)をさす 양산을 쓰다 | 着(き)せる 입히다 | マネキン 마네킹 | 陳列(ちんれつ) 진열 | 愛(あい)らしい 귀엽다, 사랑스럽다 | ミニ 미니 | 丈(たけ) 기장, 길이 | ウエディングドレス 웨딩드레스

20 _ 간판의 내용에 관한 문제

(A) 空き地に空き缶を捨ててはいけません。
(B) ごみのポイ捨て禁止について広報活動をし
　　ています。
(C) 廃棄物の不法投棄に関するポスターが貼っ
　　てあります。
(D) 資源ごみをきちんと分別して収集場所に出
　　すべきです。

(A) 공터에 깡통을 버려서는 안 됩니다.
(B) 쓰레기를 몰래 버리는 행위 금지에 대한 홍보 활동을 하고 있습니다.
(C) 폐기물의 불법 투기에 관한 포스터가 붙어 있습니다.
(D) 재활용 쓰레기를 제대로 분리해서 수집 장소에 버려야 합니다.

해설　빈 깡통을 버리지 말고 수집해야 한다는 것이 목적인 간판의 내용을 이해할 필요가 있다. 빈 깡통을 버려서는 안 된다는 표현을 듣고 자칫 (A)로 단정해 버릴 수 있지만, '공터'라는 표현이 들어 있지 않으므로 정답으로 적당하지 않다. 이런 경우 우선 (A)란에 '공터'라고 나만의 코멘트를 적어 두고, 그 다음에 나오는 내용을 들으면서 사진과 가장 적절한 설명이 나왔을 경우에 나만의 코멘트를 적어 둔 부분을 다시 한 번 확인하고 나서 정답에서 제외시키도록 한다. 이 사진은 (B)와 같이 쓰레기를 몰래 버리는 행위 금지에 대한 홍보나 (C)와 같이 폐기물 불법 투기에 관한 내용이 아니므로 정답에서 제외된다. (D)는 재활용이 가능한 쓰레기는 분리수거를 해서 제대로 버리자는 내용으로 정답인 것을 알 수 있다.

단어　空(あ)き地(ち) 공터 | 空(あ)き缶(かん) 빈 깡통 | ポイ捨(す)て 슬쩍 버림 | 広報(こうほう) 홍보 | 活動(かつどう) 활동 | 廃棄物(はいきぶつ) 폐기물 | 不法投棄(ふほうとうき) 불법 투기 | ~に関(かん)する ~에 관한 | ポスター 포스터 | 資源(しげん)ゴミ 재활용 쓰레기 | 分別(ぶんべつ) 분별 | 収集場所(しゅうしゅうばしょ) 수집 장소

PART 2

21 _ 일상생활에 관한 표현 – 식생활

もうお腹がいっぱいです。
(A) 遠慮のない仲ですからね。
(B) 無理に食べなくてもいいですよ。

(C) この前ごちそうになったからですよ。

(D) お腹が痛くて医者に診察してもらったんだ。

벌써 배가 부릅니다.

(A) 허물없는 사이니까요.

(B) 억지로 먹지 않아도 되요.

(C) 요전에 대접을 받았으니까요.

(D) 배가 아파서 의사에게 진찰받았어.

해설 일상생활에서 흔히 사용하는 표현으로, 이미 배가 부르기 때문에 더 이상 먹을 수 없다는 상황을 알려 주고 있다. 따라서 더 이상 먹지 않아도 된다는 표현이 나와야 하는데, (A)~(D) 중 가장 적절한 것은 (B)이다. (A)는 질문의 내용과는 거리가 멀고, (C)는 한턱내는 이유를 설명하고 하고 있으므로 정답에서 제외된다.

단어 遠慮(えんりょ) 거리낌, 깊은 생각 | 無理(むり) 무리 | ごちそうになる 식사를 대접받다 | 診察(しんさつ) 진찰

22 _ 학교 생활 표현 – 전문(伝聞)의 표현

エリコですけど、橋本先生の明日の授業はどうなるのですか。

(A) 明日は休講だそうですよ。

(B) 雨で中止になったそうです。

(C) 橋本先生は出張中だそうですよ。

(D) 橋本先生の授業はつまらなかったです。

에리코인데요, 하시모토 선생님의 내일 수업은 어떻게 되는 겁니까?

(A) 내일은 휴강이래요.

(B) 비 때문에 중지되었다고 합니다.

(C) 하시모토 선생님은 출장 중이래요.

(D) 하시모토 선생님의 수업은 지루했습니다.

해설 내일 수업 어떻게 되는지를 묻는 것이므로 '휴강이다, 휴강이 아니다'라는 대답을 예상할 수 있다. (B)는 지난 사실에 대해 전달하기 때문에 정답으로 부적절하다. (C)는 인물의 근황 관련 질문에 대한 응답으로 적절하고, (D)는 수업 내용이 어떠한지를 묻는 것에 대한 응답이다.

단어 休講(きゅうこう) 휴강 | 中止(ちゅうし) 중지 | 出張(しゅっちょう) 출장 | つまらない 지루하다

23 _ 일상생활 표현 – 자리

あのう、もう少し詰めていただけませんか。

(A) はい、荷物を詰めるのを手伝いますよ。

(B) 本当のことを話してみろと詰め寄ったよ。

(C) 席を詰めてくれてありがとう。お陰で助かりましたよ。

(D) あ、ごめんなさい。こんなに場所をとっていたなんて気付きませんでした。

저, 자리를 좀 더 좁혀 주시지 않겠습니까?

(A) 예, 짐을 채우는 것을 도와 드리겠습니다.

(B) 사실을 말해 보라고 다그쳤어.

(C) 자리를 좁혀 줘서 고마워요. 덕분에 편해졌어요.

(D) 아, 미안합니다. 이렇게 자리를 많이 차지하고 있는 줄 몰랐습니다.

해설 질문의 ～ていただけませんか라는 의뢰·부탁 표현을 들었다면 수락이나 거절 표현으로 응답할 수 있다는 것을 생각해야 한다. 아울러 詰める라는 동사가 '(사이를) 좁히다'의 의미로 사용되었음을 아는 것이 중요하다. 詰める는 '채우다, (사이를) 좁히다, 틀어막다, (숨 등을) 죽이다, 꾸준히 계속하다, 절약하다' 등의 뜻이 있는데, (A)는 '채우다'에 해당하므로 정답과 거리가 멀다. (C)는 상대가 부탁한 것을 들어줬을 때 상대에게 사용할 수 있는 표현이므로 정답에서 제외된다.

단어 詰(つ)める 담다, (사이를) 좁히다 | 荷物(にもつ)を詰(つ)める 짐을 채우다 | 詰(つ)め寄(よ)る 다그치다, 다가서다 | 席(せき)を詰(つ)める 자리를 좁히다 | 助(たす)かる 살아나다, 편해지다 | 場所(ばしょ)をとる 자리를 차지하다 | 気付(きづ)く 눈치채다

24 _ 회사 생활 표현 – 메일

友だちにメールするつもりが、上司に送っちゃった。どうしよう。

(A) きのう、上司に添付ファイルを圧縮して送りました。

(B) すみません。友だちにメールをしないつもりです。

(C) すぐにお詫びのメールを送ればどうってことないよ。

(D) 友だちを怒らせてしまうこともあるかもしれません。

친구에게 메일을 보낼 생각이었는데, 상사에게 보냈어. 어떻게 하지.

(A) 어제 상사에게 첨부파일을 압축해서 보냈습니다.

(B) 죄송합니다. 친구에게 메일을 하지 않을 생각입니다.

(C) 바로 사죄의 메일을 보내면 괜찮아.

(D) 친구를 화나게 만드는 경우도 생길지도 모릅니다.

해설 여기서는 화자의 기분을 파악하는 것이 중요하다. ～ちゃった는 이미 그러한 행동을 끝내서 돌이킬 수 없다는 의미를 나타낸다. 또 どうしよう를 들었다면 화자가 곤란한 상황에 처해 있다는 것을 알 수 있는데, 그에 대한 응답으로는 해결책을 제시해 준다거나 안심시키는 표현이 들어 있는 (C)가 적절하다.

단어 メールする 메일을 보내다 | 上司(じょうし) 상사 | 添付(てんぷ)ファイル 첨부파일 | 圧縮(あっしゅく) 압축 | お詫(わ)び 사죄 | どうってことない 별일 아니다, 괜찮다 | 怒(おこ)る 화내다

25 _ 시사 표현 – 대우 표현

次回の国際会議の件、お聞きになりましたか。

(A) はい、先日伺いました。

(B) はい、国際会議に参席しました。

(C) はい、一つ口を利いてやりました。

(D) はい、また伺わせていただきます。

다음 국제회의 건, 들으셨습니까?

(A) 예, 요전에 들었습니다.

(B) 예, 국제회의에 참석했습니다.

(C) 예, 한마디 거들어 주었습니다.

(D) 예, 또 찾아뵙겠습니다.

해설 대우 표현과 きく의 다양한 의미를 알고 있는지를 묻고 있다. きく가 나오면 聞く, 効く, 利く 중 어느 きく인지 파악해야 한다. 여기서는 聞く로 사용되었으므로 (C)는 정답에서 제외된다. お聞きになる는 聞く의 존경 표현으로, 그에 대한 응답으로는 겸양 표현인 伺う가 적절하다. 그러므로 (A), (D)에서 선택해야 하는데 (D)의 うかがう는 '방문하다'의 의미로 사용되었기 때문에 정답에서 제외된다. 따라서 정답은 (A)가 적절하다.

단어 次回(じかい) 다음 회 | 国際(こくさい) 국제 | 会議(かいぎ) 회의 | 先日(せんじつ) 일전, 요전(날) | 伺(うかが)う '묻다, 듣다, 방문하다'의 겸양어 | 参席(さんせき) 참석 | 口(くち)を利(き)く 말하다, 주선하다 | ~てやる ~해 주다

26 _ 일상생활 표현 – 인물의 행동 파악

だれが当たりくじを引きましたか。

(A) 田中さんが大当たりでした。

(B) 田中さんが台所で串を焼いています。

(C) 田中さんがほどけた髪を櫛ですいています。

(D) 田中さんがあみだくじで席順を決めました。

누가 당첨 제비를 뽑았습니까?

(A) 다나카 씨가 크게 당첨되었습니다.

(B) 다나카 씨가 부엌에서 꼬치를 굽고 있습니다.

(C) 다나카 씨가 헝클어진 머리를 빗으로 빗고 있습니다.

(D) 다나카 씨가 공집기로 좌석의 차례를 결정했습니다.

해설 くじを引く를 뽑은 사람이 누군지 묻는 표현으로 인물의 행동을 잘 파악해야 한다. 당첨제비에 관한 문제이므로 (B)의 串を焼く, (C)의 櫛ですく는 정답에서 제외된다. (D)는 좌석의 차례를 결정한 방법에 초점을 두기 때문에 정답에서 제외된다.

단어 当(あ)たりくじ 당첨제비 | くじを引(ひ)く 제비를 뽑다 | 大当(おおあ)たり 대성공, 크게 당첨됨 | 串(くし) 꼬챙이, 꼬치 | ほどける 풀리다 | 櫛(くし) 빗 | 髪(かみ)をすく 머리를 빗다 | あみだくじ 공집기(제비를 뽑아 거기 적힌 액수대로 추렴하는 내기) | 席順(せきじゅん) 좌석의 차례, 성적의 차례

27 _ 회사 생활 – 인물 평가

山田さんは社内イチの有望株と言われるだけに、さすが、きちんとできますね。

(A) 何でこんな単純なミスをするんだ。

(B) ほんとうに申し分のない人だと思います。

(C) はい、山田さんはしっかり仕事を持っています。

(D) そうです。わがままで、自己中心的な人が多いです。

야마다 씨는 사내 제일의 유망주라고 불리는 만큼 역시 제대로 하는군요.

(A) 어떻게 이런 단순한 실수를 하는 거야?

(B) 정말로 더할 나위 없는 사람이라고 생각합니다.

(C) 예, 야마다 씨는 확실히 일을 가지고 있습니다.

(D) 맞습니다. 제멋대로이고 이기적인 사람이 많습니다.

해설 종조사 ね로 끝나는 문장은 동의나 확인을 구하는 것이므로 이에 대한 적절한 응답은 (B)이다. (A)는 실수에 대한 꾸지람을 하고 있는 것으로 정답에서 제외되고, (C)는 '일을 갖고 있는가'라는 물음에 대한 응답에 해당되며, (D)는 '그렇습니다'라고 동의해 놓고 뒷부분에서는 다른 말을 하고 있으므로 정답에서 제외된다.

단어 社内(しゃない)イチ 사내 제일 | 有望株(ゆうぼうかぶ) 유망주 | ~だけに ~한 만큼 | さすが 역시 | 単純(たんじゅん) 단순 | ミス 미스, 실수 | 申(もう)し分(ぶん)ない 더할 나위 없다 | しっかり 확실히, 똑똑히 | わがまま 제멋대로임, 방자함 | 自己中心的(じこちゅうしんてき) 이기적, 자기중심적

28 _ 일상생활 표현 – 특정한 날

今日が何の日か知っていますか。

(A) 今日は７月８日です。

(B) 記念日は日曜日です。

(C) 二日ぐらい持ちます。

(D) バレンタインデーです。

오늘이 무슨 날인지 알고 있습니까?

(A) 오늘은 7월 8일입니다.

(B) 기념일은 일요일입니다.

(C) 이틀 정도 갑니다.

(D) 밸런타인데이입니다.

해설 何の日(무슨 날)는 그날의 목적을 묻는 표현이다. 따라서 날짜에 관한 문제라고 착각하여 (A)로 답을 고르는 일은 피해야 한다. 그날의 목적에 대한 응답으로 적절한 것은 (D)이다.

단어 記念日(きねんび) 기념일 | 持(も)つ 가지다, 들다, 지속하다 | バレンタインデー 밸런타인데이

29_ 일상생활 표현 – 다의어 표현

カレーって何日ぐらい持ちますか。

(A) ２週間はいけます。
(B) ２０分で解凍できる。
(C) １時間くらいかかります。
(D) カレーを冷凍庫で保存しました。

카레는 며칠 정도 갑니까?

(A) 2주간은 괜찮습니다.
(B) 20분이면 해동할 수 있습니다.
(C) 1시간 정도 걸립니다.
(D) 카레를 냉동고에서 보존했습니다.

해설 持つ가 어떤 의미로 사용되었는지 아는 것이 중요하다. 여기서는 '지속하다, 견디다'로 사용되었으며, 카레의 유효기간을 묻는 표현이므로 그에 대한 응답으로는 (A)가 적당하다. (B)는 해동 시간을 묻는 표현에 대한 응답으로 적절하고, (C)는 어느 정도 시간이 걸리는지 묻는 표현에 대한 응답으로 적절하며, (D)는 보관 장소가 어디인지 묻는 표현에 대한 응답으로 적절하다.

단어 いける (물건의 질이나 음식의 맛이) 꽤 쓸 만하다, 상당히 좋다 | 解凍(かいとう) 해동 | 冷凍庫(れいとうこ) 냉동고 | 保存(ほぞん) 보존

30_ 일상생활 표현 – 식사

朝からこんなに入んないよ。もったいないけど、しょうがない。

(A) 寝坊して朝ご飯を抜いて出勤しました。
(B) パンツがきつくなるほど食べまくってしまいました。
(C) スカートがきついなら、別のものにはき替えなさいよ。
(D) 残さないでよ。育ち盛りなんだから、ちゃんと食べなさいよ。

아침부터 이렇게 많이 들어가지 않아(못 먹어). 아깝지만 어쩔 수 없어.

(A) 늦잠 자서 아침을 먹지 않고 출근했습니다.
(B) 바지가 꼭 낄 정도로 계속 먹어댔습니다.
(C) 스커트가 꽉 끼면 다른 것으로 갈아입어.
(D) 남기지 마. 한창 자랄 때니까 제대로 먹어.

해설 '아침부터 많은 양의 음식을 먹을 수 없다'는 말에 대한 응답으로 적절한 것은 많이 커야 하니까 남기지 말고 먹으라고 한 (D)가 적절하다. (A)는 아침 식사를 하지 못한 이유를 설명하고 있으며, (B)는 이미 많이 먹었다는 것을 나타내고, (C)는 다른 옷으로 갈아입으라는 충고 표현이기 때문에 모두 정답과는 거리가 멀다. 비슷한 발음이 들어 있다고 해서 무턱대고 정답으로 고르지 않도록 한다.

단어 もったいない 아깝다 | 寝坊(ねぼう) 늦잠을 잠 | ご飯(はん)を抜(ぬ)く 밥을 거르다 | 出勤(しゅっきん) 출근 | きつい 꽉 끼다 | ～まくる 계속 ~해대다, 마구 ~하다〈동사 ます형에 접속〉 | 別(べつ) 다름 | 履(は)き替(か)える 갈아입다 | 育(そだ)ち盛(ざか)り 잘 자랄 때

31_ 비즈니스 – 의뢰 및 부탁 표현

プレゼンの草案、できたところまで見ていただいてもよろしいでしょうか。

(A) 草案作成に時間がかかりました。
(B) プレゼンの草案が期日に間に合わなそうですよ。
(C) じゃ、見せてもらおうか。なかなかよくできているね。
(D) うん、受験が終わるまで、待っていてあげるよ。

발표 초안, 된 부분까지 봐 주시겠습니까?

(A) 초안 작성에 시간이 걸렸습니다.
(B) 발표 초안이 기일보다 늦어질 것 같아요.
(C) 그럼, 한 번 볼까? 꽤 잘 되어 있군.
(D) 응, 시험이 끝날 때까지 기다려 줄게.

해설 질문이 정중한 부탁 표현이므로 이에 대한 응답으로는 동의·허락·거절 표현 등을 기대할 수 있다. 이 문제의 적절한 응답은 봐 주겠다고 허락한 (C)이다. (A)와 (B)는 초안을 봐 달라고 부탁받은 쪽에서 나올 수 있는 응답이 아니므로 정답에서 제외된다. 질문에 시험 관련 내용이 없으므로 (D)도 정답에서 제외된다.

단어 プレゼン 발표, 프레젠테이션 | 草案(そうあん) 초안 | 作成(さくせい) 작성 | 期日(きじつ) 기일 | 間(ま)に合(あ)う 시간에 늦지 않게 대다 | 受験(じゅけん) 수험

32_ 일상생활 표현 – 인물의 행동 파악

お父さんが何をしているか見てきてくれない？

(A) 私の父は学校で働いている。
(B) 父はあの映画を見ませんでした。
(C) 両親は田舎で農業をしています。
(D) ビールを飲みながらナイターを見ていたよ。

아빠가 뭘 하고 있는지 보고 와 주지 않을래?

(A) 우리 아빠는 학교에서 일하고 있어.
(B) 아빠는 그 영화를 보지 않았습니다.
(C) 부모님은 시골에서 농사를 짓고 있습니다.
(D) 맥주를 마시면서 야간 경기를 보고 있었어.

해설 질문은 아빠의 행동을 묻고 있으므로 이에 따른 적절한 응답은 (D)이다. (A)는 どこで働いていますか(어디에서 일하고 있습니까?)에 대한 응답이고, (B)는 서로 알고 있는 영화를 아버지가 보았는지 보지 않았는지를 묻는 표현에 대한 응답이며, (C)는 부모님이 무슨 일을 하고 계신지에 대한 응답이다.

단어 農業(のうぎょう) 농업 | ナイター 야간 경기(주로 야구)

33 _ 일상생활 표현 – 지시하는 인물 고르기

どの人が小百合さんの妹さんですか。

(A) 小百合さんはおとなしい人です。

(B) 小百合さんの妹さんは高校生でした。

(C) 無地のワンピースを着ている人ですよ。

(D) はい、わたしの妹が百合を買っています。

누가 사유리 씨의 여동생입니까?

(A) 사유리 씨는 얌전한 사람입니다.
(B) 사유리 씨의 여동생은 고등학생이었습니다.
(C) 무늬 없는 원피스를 입고 있는 사람이에요.
(D) 예, 제 여동생이 백합을 사고 있습니다.

해설 どの人로 묻는 경우와 どんな人로 묻는 경우를 구분할 수 있어야 한다. どの人로 물었을 경우에는 여러 사람 가운데 선택하거나 어떤 옷을 입고 있는 사람이라는 식의 응답을 기대할 수 있다. どんな人로 물었을 경우에는 인물의 성격이나 인간성 등에 대해 언급하는 응답을 기대할 수 있다. 따라서 (A)는 정답에서 제외, (B)는 과거 사실을 묻는 것이 아니므로 정답에서 제외, 그리고 질문은 はい(네)나 いいえ(아니요)로 대답할 수 없는 의문문이므로 (D)도 정답에서 제외된다.

단어 おとなしい 얌전하다, 온순하다 | 無地(むじ) 무지, 무늬가 없음 | ワンピース 원피스 | 百合(ゆり) 백합

34 _ 일상생활 표현

パーティーのこと、ユキちゃんに話した？

(A) うん、雪なんて久しぶりだね。

(B) うん、行けるって言っていたよ。

(C) うん、プレゼントはおもちゃがいいよ。

(D) うん、パーティーは楽しかったね。

파티에 관한 일, 유키에게 이야기했어?

(A) 응, 눈이라니 오랜만이네.
(B) 응, 갈 수 있다고 말했어.
(C) 응, 선물은 장난감이 좋아.
(D) 응, 파티는 즐거웠어.

해설 질문은 파티에 관한 것을 이야기했는지 확인하고 있는데, 이에 대해 기대되는 응답은 깜빡 잊고 못해서 앞으로 할 것이라든가,

확실히 전했다는 뉘앙스가 있어야 한다. (A)에서 雪가 나왔다고 무턱대고 고르지 않도록 해야 한다. 발음이 비슷한 경우를 이용한 문제가 출제되므로 어떤 의미로 사용되었는지에 대한 확인도 필요하다. (C)는 선물에 대한 확인이기 때문에 정답에서 제외, (D)는 파티는 즐거웠다고 동문서답하고 있으므로 정답에서 제외된다. (B)는 유키에게 파티에 관한 이야기를 했고, 유키가 가겠다고 했다는 말도 전하고 있다. 따라서 정답은 (B)가 된다. (B)의 言っている는 제삼자가 주어인 경우에 사용한다는 것을 명심할 필요가 있다.

35 _ 회사 생활 표현 – 일

きのう、夜遅くまで何をしていたんですか。

(A) これから買い物をするつもりです。

(B) 夜遅くまでやっているカフェだったよ。

(C) 今晩、友だちとドライブに行きたいからです。

(D) 山のように仕事がたまっていたので、残業していました。

어제, 밤늦게까지 무엇을 했습니까?

(A) 지금부터 쇼핑을 할 생각입니다.
(B) 밤늦게까지 하는 카페였어.
(C) 오늘 밤, 친구들과 드라이브를 가고 싶기 때문입니다.
(D) 산처럼 일이 쌓여 있어서 잔업했습니다.

해설 무엇을 했는지를 주의 깊게 들어야 한다. (A)는 앞으로의 계획을 말하고 있으므로 정답에서 제외된다. 夜遅く가 나왔다고 해서 (B)를 선택해서는 안 된다. (B)는 카페의 특성을 말하는 것이기 때문에 정답과는 거리가 멀다. (C)는 어제 무엇을 했는지 물어보았는데, 오늘 밤에 하고 싶은 것을 이야기를 하고 있으므로 정답에서 제외된다.

단어 夜遅(よるおそ)く 밤늦게 | ～つもり ～할 생각, 작정 | 仕事(しごと)がたまる 일이 쌓이다 | 残業(ざんぎょう) 잔업

36 _ 일상생활 표현 – 잔돈, 거스름돈

1万円札しかないですけど、いいですか。細かいお金がなくて…。

(A) はい、成金風を吹かせたそうです。

(B) はい、千円ちょうどお預かりします。

(C) はい、思い切って1万円で手を打ちました。

(D) はい、よろしいですよ。3千円のお返しになります。

만 엔짜리 지폐밖에 없는데 괜찮아요? 잔돈이 없어서….

(A) 예, 벼락부자 티를 냈다고 합니다.
(B) 예, 정확히 천 엔 받았습니다.
(C) 예, 큰맘 먹고 만 엔으로 타협해서 결정지었습니다.
(D) 예, 괜찮습니다. 거스름돈 3천 엔입니다.

해설 질문에서 허가를 요구하고 있으므로 이에 대한 적절한 응답으로는 허가 표현이나 거절 표현을 생각해 볼 수 있다. (A)는 어떤 인물의 행동을 전하는 표현이므로 정답에서 제외, (B)는 점원이 돈을 받을 때 쓰는 표현이므로 정답에서 제외, (C)는 점원과 손님 사이의 가격 흥정이므로 정답에서 제외된다.

단어 細(こま)かい 잘다, (금액이) 작다 | 成金(なりきん) 벼락부자 | 成金風(なりきんかぜ)を吹(ふ)かせる 벼락부자 티를 내다 | 預(あず)かる 맡다 | 思(おも)い切(き)って 큰맘 먹고 | 手(て)を打(う)つ 손뼉을 치다, 타협하여 해결하다, 손을 쓰다

37 _ 일상생활 표현 – 사과 표현

すみません。私の間違いです。

(A) 気にしなくてもいいです。
(B) ええ、ちょっとそこまで。
(C) いや、お礼にはおよびません。
(D) お礼が遅れて申し訳ありません。

죄송합니다. 제 실수입니다.

(A) 마음에 두지 마세요.
(B) 예, 요 앞에 잠깐.
(C) 아니, 고마워할 필요 없습니다.
(D) 사례 인사가 늦어져서 죄송합니다.

해설 사과에 대한 응답표현으로 적절한 것은 (A)이다. (B)는 お出掛けですか(외출하세요?)에 대한 상투적인 응답이고, (C)는 상대방이 감사하다고 말할 때 쓰는 응답이다.

단어 間違(まちが)い 실수 | 気(き)にする 걱정하다, 마음에 두다 | ~には及(およ)ばない ~할 필요가 없다 | 遅(おく)れる 늦어지다 | 申(もう)し訳(わけ)ない 죄송하다

38 _ 의성어, 의태어

どうしてそんなにびくびくしているの？
(A) 恐ろしい話を聞いたからだよ。
(B) 誉められて照れちゃったからだよ。
(C) 楽しかった思い出がよみがえったからだよ。
(D) 油でエプロンがどろどろになったからだよ。

어째서 그렇게 흠칫흠칫 떨고 있는 거야?

(A) 무서운 이야기를 들었기 때문이야.
(B) 칭찬받아서 쑥스러워 그래.
(C) 즐거웠던 추억이 떠올랐기 때문이야.
(D) 기름으로 앞치마가 더러워졌기 때문이야.

해설 びくびく의 뜻을 알아야만 풀 수 있는 문제이다. びくびく는 겁이 나서 오들오들 떠는 모양을 나타내는 것으로 질의에 대한 응답으로 가장 적절한 것은 (A)이다.

단어 びくびく 흠칫흠칫, 벌벌(겁이 나서 떠는 모양) | 照(て)れる 쑥스러워하다, 수줍어하다 | 思(おも)い出(で) 추억 | よみがえる 되살아나다 | 油(あぶら) 기름 | どろどろ 진흙투성이인 모양, 몹시 더러워져 있는 모양

39 _ 일상생활 표현 – 가족관계

お子さんは何人ですか。
(A) 双子座です。
(B) 一男一女です。
(C) 我が家はみな無事です。
(D) 一姫二太郎って羨ましいですね。

자녀는 몇 명입니까?

(A) 쌍둥이자리입니다.
(B) 1남 1녀입니다.
(C) 우리 집은 모두 무사합니다.
(D) 첫째는 딸, 둘째는 아들이라니 부럽군요.

해설 아이가 몇 명인가를 묻는 문제로 정답은 (B)이다. 이런 유형의 문제는 몇 명이라는 숫자만 예상하기보다 나아가 몇 남 몇 녀인지 구체적인 상황에 대해서도 예측해 보는 것이 좋다. (A)는 별자리를 물었을 때 나올 수 있는 응답이고, (C)는 아이들의 안부 질문에 대한 응답이고, (D)는 이미 자녀의 구성 관계를 알고 있는 상황이므로 정답에서 제외된다.

단어 双子座(ふたござ) 쌍둥이자리 | 一姫二太郎(いちひめにたろう) 첫째는 딸, 다음에는 아들(을 낳는 것이 좋다는 말)

40 _ 일상생활 표현 – 가격 확인

この前泊まった所、いくらでしたっけ。
(A) 一年間は保障により無料で修理できます。
(B) はい、３万５千円ちょうどお預かりしました。
(C) サービスチャージも含めて２万５千円でしたよ。
(D) 前金をカードで支払うと割引サービスがなくなります。

이전에 머물렀던 곳, 얼마였죠?

(A) 1년 동안은 보장에 따라 무료로 수리할 수 있습니다.
(B) 예, 정확히 3만 5천 엔 받았습니다.
(C) 서비스 요금도 포함해서 2만 5천 엔이었어요.
(D) 선금을 카드로 지불하면 할인 서비스가 없어집니다.

해설 いくら라는 의문사를 들었다면 가격에 대한 문제라는 것을 알 수 있다. 한 가지 더 주의 깊게 들어야 할 사항은 ~っけ로, '그때 얼마였지?'라는 의도가 담겨 있다는 점도 알아 둘 필요가 있다. 가격을 제시한 응답은 (B)와 (C)인데, (B)는 점원이 손님에게 사용하는 말이므로 정답에서 제외된다.

41 _ 일상생활 표현 – 인물 평가

隣の山田さんはすごくお天気屋で付き合いきれないよ。

(A) 隣の山田さんの専門は電気です。

(B) 今日は朝から、気持ちの良いお天気です。

(C) 山田さんは電気スタンド専門店で働いています。

(D) 見掛けによらず機嫌が変わりやすい人ですよね。

옆집 야마다 씨는 대단히 변덕쟁이라서 사귀기 힘들어.

(A) 옆집 야마다 씨의 전공은 전기입니다.
(B) 오늘은 아침부터 기분 좋은 날씨입니다.
(C) 야마다 씨는 전기스탠드 전문점에서 일하고 있습니다.
(D) 보기와는 달리 기분이 쉽게 변하는 사람이지요.

해설 사람의 성격을 표현한 말로 그에 따른 응답이 요구된다. (A)는 전공을 묻는 표현에 대한 응답, (B)는 날씨에 관한 설명을 하고 있으며, (C)는 어디에서 일하고 있는지 묻는 표현에 대한 응답으로, 모두 정답과는 거리가 있다. 비슷한 발음이 들린다고 혹하지 말고 차근차근 듣도록 한다. 성격 관련 표현은 다른 말로 바꿔 쓸 수 있는 표현도 함께 익혀 두면 좋다.

42 _ 일상생활 표현 – 질병

聡子さん、今日、顔色が悪いですねえ。

(A) 恥ずかしくて聡子とは顔が合わせられないんだよ。

(B) 時々咳をしているし、風邪を引いたみたいですね。

(C) 顔にローションを塗っている子が聡子ちゃんですよ。

(D) そうですね。陰で人の悪口を言うのはよくないですね。

사토코 씨, 오늘 안색이 안 좋네요.

(A) 부끄러워서 사토코 씨를 대할 낯이 없어.
(B) 때때로 기침도 하고, 감기에 걸린 것 같군요.
(C) 얼굴에 로션을 바르고 있는 아이가 사토코예요.
(D) 그래요. 뒤에서 남의 욕을 하는 것은 좋지 않지요.

해설 청자인 사토코의 안색이 나쁘다는 것을 이야기하고 있으므로 (A)와 (C)는 정답에서 제외된다. (D)는 화자의 의견에 동의하며 말을 시작하기 때문에 일견 답이 될 것 같지만, 이어지는 내용이 전혀 다른 화제이므로 정답이 될 수 없다. 질문에서 나온 발음과 비슷한 발음이 있다고 해서 무턱대고 답으로 고르지 않도록 주의한다.

43 _ 숙박, 호텔 – 의뢰, 부탁

荷物は預かってもらえますか。
(A) 荷物は1階の倉庫にあります。
(B) はい、預かり札をお渡しいたします。
(C) ご依頼の荷物はまだ届いていません。
(D) こちらはそのような荷物を頼んだことはありません。

짐은 맡아 주실 수 있습니까?

(A) 짐은 1층 창고에 있습니다.
(B) 예, 보관증을 드리겠습니다.
(C) 의뢰하신 짐은 아직 도착하지 않았습니다.
(D) 저희는 그런 짐을 부탁한 적은 없습니다.

해설 짐을 맡긴다는 부탁에 대한 응답으로 기대되는 것은 (B)가 적절하다. (A)는 어디에 있습니까(어디에 있습니까?)에 대한 응답이고, (C)는 짐이 도착하지 않은 상태를 설명하고 있으므로 정답에서 제외된다.

44 _ 일상생활 표현 – 대중교통

京王線に乗り換えたいのですが、どこで降りればいいですか。
(A) 新宿で降りればいいですよ。
(B) 東京インターチェンジで降りればいいですよ。
(C) 二つ目の停車駅は東京駅だと思うんですけど。
(D) 乗り換えの案内放送を日本語と英語でしていますよ。

게이오 선으로 갈아타고 싶은데, 어디에서 내리면 됩니까?

(A) 신주쿠에서 내리면 됩니다.
(B) 도쿄 인터체인지에서 나오면 됩니다.
(C) 두 번째 정차역은 도쿄 역인 것 같은데요.
(D) 환승 안내 방송을 일본어와 영어로 하고 있어요.

해설 장소를 묻는 문제로, 어느 장소에서 갈아타야 하는지 잘 들어야 한다. (B)는 고속도로를 이야기하고 있으므로 정답에서 제외되고, (C)는 도쿄역이 몇 번째 역인지 설명하고 있으므로 정답에서 제외된다. (D)는 환승역을 말해 주어야 하는데 일본어와 영어로 방송한다고 말하고 있으므로 정답에서 제외된다.

단어 京王線(けいおうせん) 게이오 선 | インターチェンジ 인터체인지 | 停車(ていしゃ) 정차 | 案内(あんない) 안내 | 放送(ほうそう) 방송

45 _ 일상생활 표현 – 주거 상태

鈴木さん、今住んでいる所はどうですか。
(A) 鈴木さんは東京に住んでいます。
(B) 少しうるさいですが、安くて広いです。
(C) 鈴木さんの住所を確認しておきたいからです。
(D) 色んな国籍の人が住んでいる住宅街がありました。

스즈키 씨, 지금 살고 있는 곳은 어떻습니까?

(A) 스즈키 씨는 도쿄에 살고 있습니다.
(B) 조금 시끄럽지만 싸고 넓습니다.
(C) 스즈키 씨의 주소를 확인해 두고 싶기 때문입니다.
(D) 여러 국적의 사람이 살고 있는 주택가가 있었습니다.

해설 지금 살고 있는 곳의 상태에 대한 질문으로, 이에 대한 응답은 살고 있는 집을 설명하는 표현이 될 수 있다. (A)는 어디에 살고 있는지 물었을 때의 응답표현이고, (C)는 주소를 묻는 이유에 대한 응답표현이기 때문에 정답에서 제외된다. (D)는 과거에 있었던 것을 이야기하고 있으므로 정답에서 벗어난다.

단어 確認(かくにん) 확인 | 色(いろ)んな 여러 가지 | 国籍(こくせき) 국적 | 住宅街(じゅうたくがい) 주택가

46 _ 일상생활 표현 – 의지, 계획

ゆかこさんはいつごろ韓国に帰るつもりですか。
(A) 早く戻って来てほしいんです。
(B) 本人は帰るつもりはなかったんです。
(C) 一人で3泊4日の旅行に行きたいです。
(D) 日本で1年間働いてから、帰ろうと思います。

유카코 씨는 언제쯤 한국에 돌아갈 생각입니까?

(A) 빨리 돌아와 줬으면 합니다.
(B) 본인은 돌아갈 생각이 없었습니다.
(C) 혼자서 3박 4일로 여행을 가고 싶습니다.
(D) 일본에서 1년간 일하고 나서 돌아가려고 합니다.

해설 즈모리는 화자의 의지를 묻는 표현으로, 이에 대한 응답으로는 앞으로의 계획이나 일정 등이 올 수 있다. (B)는 앞으로의 일을 물었는데 과거로 대답했기 때문에 정답에서 제외된다. (A)는 이쪽으로 돌아와 달라는 자신의 소원을 설명하고 있고, (C)는 여행을 하고 싶다는 화자의 희망이나 소원을 나타내고 있으므로 정답이 아니다.

단어 戻(もど)る 되돌아가(오)다 | 本人(ほんにん) 본인 | 3泊(さんぱく) 3박 | 旅行(りょこう) 여행

47 _ 일상생활 표현 – 길 묻기

レディースコミック売り場はどちらですか。
(A) 廊下の突き当たりにございます。
(B) 私がよく行く婦人服売り場はここです。
(C) デパートの化粧品売り場はどこも同じです。
(D) 子どもをおもちゃ売り場に放置して、買い物に行く親もいます。

여성 만화 매장은 어디입니까?

(A) 복도 끝에 있습니다.
(B) 제가 자주 가는 부인복 매장은 여기입니다.
(C) 백화점 화장품 매장은 어디나 같습니다.
(D) 아이들을 장난감 매장에 방치하고 쇼핑을 하러 가는 부모도 있습니다.

해설 여성 만화 매장의 위치를 묻고 있다. (B)는 부인복 매장에 대해 설명하고 있으므로 정답에서 제외된다. 여성 만화 매장의 위치를 묻고 있기 때문에 화장품 매장, 장난감 매장을 언급한 (C)와 (D) 역시 정답과 거리가 멀다.

단어 レディースコミック 여성 만화 | 売(う)り場(ば) 매장 | 廊下(ろうか) 복도 | 突(つ)き当(あ)たり 막다른 곳 | 婦人服(ふじんふく) 부인복 | 化粧品(けしょうひん) 화장품 | 放置(ほうち) 방치 | 親(おや) 부모

48 _ 회사 생활 – 전근, 이사

どうして引っ越すのですか。
(A) 引っ越しの日は5月10日です。
(B) 大阪から東京に引っ越しました。
(C) 主人の転勤で引っ越すことになりました。
(D) 近所の大きな引っ越しセンターに頼みました。

어째서 이사하는 것입니까?

(A) 이사하는 날은 5월 10일입니다.
(B) 오사카에서 도쿄로 이사했습니다.

(C) 남편의 전근으로 이사하게 되었습니다.

(D) 근처의 큰 이삿짐센터에 부탁했습니다.

해설 どうして는 이유를 묻는 표현이므로, 이유에 대한 설명이 있어야 한다. 따라서 이에 대한 응답으로 적절한 것은 (C)가 적절하다. (A)는 이삿날을 묻는 표현에 대한 응답 표현이고, (B)는 이사 장소를 묻는 표현에 대한 응답 표현이므로 정답이 아니다. (D)는 이삿짐센터를 통해 이사한다고 설명하고 있으므로 정답에서 제외된다.

단어 引(ひ)っ越(こ)す 이사하다 | 主人(しゅじん) (자신의) 남편 | 転勤(てんきん) 전근 | 近所(きんじょ) 근처

49_ 일상생활 표현 – 대상에 대한 평가

この映画はおもしろいですか。

(A) いいえ、あまり暑くありません。

(B) いいえ、あまり広くありません。

(C) いいえ、あまり便利ではありません。

(D) いいえ、あまりおもしろくありません。

이 영화는 재미있습니까?

(A) 아니요, 그다지 덥지 않습니다.

(B) 아니요, 그다지 넓지 않습니다.

(C) 아니요, 그다지 편리하지 않습니다.

(D) 아니요, 그다지 재미있지 않습니다.

해설 영화가 재미있었냐고 묻는 표현으로 이에 대한 적절한 응답은 (D)이다. (A)의 덥다, (B)의 넓다, (C)의 편리하다는 내용상 맞지 않다.

단어 あまり～ない 별로 ～하지 않다

50_ 교통편 및 길 묻기

成田空港から新宿まで、どう行きますか。

(A) 新宿行きのリムジンバスで行きます。

(B) 新宿周辺のホテルに泊まるつもりですが。

(C) 成田空港から新宿まで1時間かかります。

(D) 海外へ行くなら成田空港の方が便利ですよね。

나리타 공항에서 신주쿠까지 어떻게 갑니까?

(A) 신주쿠행 리무진 버스로 갑니다.

(B) 신주쿠 주변의 호텔에 머물 생각입니다만.

(C) 나리타 공항에서 신주쿠까지 1시간 걸립니다.

(D) 해외로 간다면 나리타 공항 쪽이 편리하지요.

해설 どう行きますか는 어떻게 가는지 방법과 수단을 묻는 표현으로, 이에 대한 응답으로는 구체적인 교통수단을 언급한 (A)가 적절하다. (B)는 숙박에 대한 설명을 하고 있으며, (C)는 이동 시간, (D)는 이용에 편리한 공항을 설명하고 있으므로 정답으로 적절하지 않다.

단어 リムジンバス 리무진 버스 | 周辺(しゅうへん) 주변 | 泊(と)まる 머물다 | 海外(かいがい) 해외

PART 3

51_ 인물에 대한 평가

A：山田さん……、怒っているのでしょう。ほんとに会う気はあるんですか。

B：それがね、さっき山田さんと話したのですが、一方的に断られました。

A：山田さんの機嫌を取るのは難しいですよね。

B：そうですね。山田さんはちょっと気まぐれなタイプですからね。

A : 야마다 씨……, 화난 거죠? 정말로 만날 생각은 있습니까?

B : 그게 말이죠, 아까 야마다 씨와 이야기했는데 일방적으로 거절 당했습니다.

A : 야마다 씨의 비위를 맞추는 것은 어렵지요.

B : 맞아요. 야마다 씨는 좀 변덕스러운 타입이라서요.

山田さんはどんな人ですか。

(A) お天気屋である。

(B) 気楽な人である。

(C) 暢気な人である。

(D) 短気な人である。

야마다 씨는 어떤 사람입니까?

(A) 변덕쟁이다.

(B) 속 편한 사람이다

(C) 무사태평한 사람이다.

(D) 성격이 급한 사람이다.

해설 대화에서 '야마다는'이 나오면 주의 깊게 듣고 선택지를 확인하도록 한다. 중요한 부분에 동그라미를 치거나 메모를 해 두는 것도 좋다. 마지막 부분의 気まぐれ가 결정적인 단서인데, 선택지에 똑같은 표현이 없으므로 비슷한 표현인 お天気屋를 골라야 한다.

단어 怒(おこ)る 화내다 | ～気(き)がある ～할 의사가 있다 | 一

方的(いっぽうてき) 일방적 | 機嫌(きげん)を取(と)る 비위를 맞추다 | 気(き)まぐれ 변덕, 변덕스러움 | お天気屋(てんきや) 변덕쟁이, 기분파 | 気楽(きらく) 속 편함, 홀가분함, 한가함 | 暢気(のんき) 성격이 낙관적이고 느긋함, 무사태평함 | 短気(たんき) 성미가 급함, 급한 성미

52 _ 지시하는 인물의 특징

> A：今日の演劇の動物の衣装は印象的でした。
> B：ええ、熊の衣装を着ていた子が加賀さんのお子さんですね。
> A：ちがいますよ。狐の衣装を着ていた子です。熊の衣装を着ていた子は木村さんのお子さんですよ。そして蛇の衣装を着ていた子がうちの子です。
>
> ---
>
> A : 오늘 연극의 동물 의상은 인상적이었습니다.
> B : 네, 곰 의상을 입고 있던 아이가 가가 씨의 아이지요?
> A : 아니에요. 여우 의상을 입었던 아이예요. 곰 의상을 입었던 아이는 기무라 씨의 아이예요. 그리고 뱀 의상을 입었던 아이가 우리 아이예요.

加賀さんの子どもはどの子ですか。
(A) 蛇の衣装を着ていた子
(B) 熊の衣装を着ていた子
(C) 狐の衣装を着ていた子
(D) 動物衣装を作っていた子

가가 씨의 아이는 누구입니까?
(A) 뱀 의상을 입은 아이
(B) 곰 의상을 입은 아이
(C) 여우 의상을 입은 아이
(D) 동물 의상을 만들고 있는 아이

해설 선택지를 보면, 가가의 아이가 입고 있는 의상이 어떤 동물인지 잘 들어야 한다는 것을 알 수 있다. '뱀, 곰, 여우, 만들고'에 동그라미를 치고 주의 깊게 들어보자. 곰 의상을 입은 아이가 가가의 아이가 아니라고 했으므로 ×를 친다. 가가의 아이는 여우 의상을 입은 아이라고 했으므로 (C)에 '가가'라고 써 놓고 정답으로 고르면 된다.

단어 演劇(えんげき) 연극 | 動物(どうぶつ) 동물 | 衣装(いしょう) 의상 | 印象的(いんしょうてき) 인상적 | 熊(くま) 곰 | 狐(きつね) 여우 | 蛇(へび) 뱀 | わが子(こ) 내 아이, 우리 아이

53 _ 일상생활 – 날씨

> A：うわ、きれい！たくさん積もっていたんですね。
> B：朝カーテンを開けたら一面が真っ白でしたよ。
> A：いつから降っていたのでしょうか。
> B：夕べ遅くから降り出したそうです。一晩でこんなに積もったんです。
>
> ---
>
> A : 와, 예쁘다! 많이 쌓였네요.
> B : 아침에 커튼을 걷었더니, 온통 새하얬습니다.
> A : 언제부터 내렸던 것일까?
> B : 어젯밤 늦게부터 내렸다고 합니다. 하룻밤 사이에 이렇게 쌓인 겁니다.

天気はどんな状態ですか。
(A) 花吹雪が舞う。
(B) 雪が降っていた。
(C) 大雨にはならない。
(D) 雨がぽつぽつ降り出す。

날씨는 어떤 상태입니까?
(A) 벚꽃이 바람에 날린다.
(B) 눈이 내렸다.
(C) 폭우가 되지는(내리지는) 않는다.
(D) 비가 보슬보슬 내리기 시작한다.

해설 날씨에 관한 문제이다. 날씨 문제는 자주 출제되므로 날씨 관련 표현을 다양하게 알아 두어야 한다. たくさん積(つ)もった를 보면 비는 아니므로 비가 들어간 선택지는 정답에서 제외. 그리고 真っ白でした에서 '눈'이라는 것을 알 수 있으므로 정답은 (B)이다.

단어 積(つ)もる 쌓이다 | 一面(いちめん) 온통 | 真(ま)っ白(しろ) 새 하얌 | 降(ふ)り出(だ)す 내리기 시작하다 | 一晩(ひとばん) 하룻밤 | 状態(じょうたい) 상태 | 花吹雪(はなふぶき) 벚꽃이 바람에 흩날리는 것을 눈보라에 비유한 것 | 舞(ま)う 춤추다 | 大雨(おおあめ) 큰비, 호우, 폭우 | ぽつぽつ 조금씩 조금씩

54 _ 사건이 이루어지는 장소 설명

> A：もしマナーモードに設定したいときはどうすればいいんですか。
> B：左下の米印を長めに押して振動すれば、設定完了という合図です。

Ａ：ああ、ここを長めにね。本当（ほんとう）だ、ブルブルっとした。

Ｂ：それでは料金（りょうきん）コースは一番（いちばん）お得（とく）なファミリーパックで設定させていただきます。

A : 만약 매너 모드로 설정하고 싶을 때는 어떻게 하면 됩니까?
B : 왼쪽 밑의 당구장 표시(※)를 길게 눌러 진동이 울리면, 설정 완료되었다는 표시입니다.
A : 아아, 여기를 길게요. 정말이다, 부르르 하고 울렸다.
B : 그러면 요금제는 가장 이익이 되는 패밀리팩으로 설정하겠습니다.

二人（ふたり）は今（いま）どこにいますか。

(A) 精米店（せいまいてん）

(B) 携帯電話販売店（けいたいでんわはんばいてん）

(C) 足（あし）マッサージの店（みせ）

(D) フライドチキンの店

두 사람은 지금 어디에 있습니까?

(A) 정미소

(B) 휴대전화 판매점

(C) 발 마사지 하는 곳

(D) 프라이드 치킨 가게

해설 대화가 이루어지는 장소를 묻는 문제로, 이런 유형의 문제는 내용의 흐름을 잘 파악해야 한다. 米나 ファミリーパック라는 표현이 있기 때문에 (A) 정미소나 (D) 치킨 가게로 생각할 수도 있지만, 米印을 押す, 振動, マナーモード를 들었다면 (B)라는 것을 알 수 있다.

단어 マナーモード 매너 모드 | 設定(せってい) 설정 | 米印(こめじるし) 당구장 표시(※) | 押(お)す 누르다 | 振動(しんどう) 진동 | 完了(かんりょう) 완료 | 合図(あいず) 신호 | ブルブル 벌벌, 부들부들, 부르르 | 料金(りょうきん)コース 요금제 | お得(とく) 유리함, 이익이 됨 | 精米店(せいまいてん) 정미소 | 販売店(はんばいてん) 판매점 | 足(あし)マッサージ 발 마사지 | フライドチキン 프라이드 치킨 | もし 만약

55 _ 대화의 내용 이해 – 이유, 원인

Ａ：企画書（きかくしょ）を出（だ）すときには、いつも誤字脱字（ごじだつじ）がないか確認（かくにん）してくださいね。

Ｂ：すみません。

Ａ：こんなことは社会人（しゃかいじん）としての常識（じょうしき）ですよ。

Ｂ：申（もう）し訳（わけ）ありません。以後（いご）、気（き）をつけます。

A : 기획서를 낼 때는 항상 오자와 탈자가 없는지 확인해 주세요.
B : 죄송합니다.
A : 이런 것은 사회인으로서의 상식이에요.
B : 죄송합니다. 앞으로 조심하겠습니다.

男（おとこ）の人（ひと）はどうして怒（おこ）っていますか。

(A) 女（おんな）の人（ひと）が5時（ごじ）に来（き）たから

(B) 女（おんな）の人（ひと）が企画書（きかくしょ）をなくしたから

(C) 書類（しょるい）に字（じ）の間違（まちが）いがあったから

(D) 男（おとこ）の人（ひと）の態度（たいど）が非常識（ひじょうしき）だったから

남자는 어째서 화를 내고 있습니까?

(A) 여자가 5시에 와서

(B) 여자가 기획서를 잃어버려서

(C) 서류에 틀린 글자가 있어서

(D) 남자의 태도가 비상식적이라서

해설 이런 유형의 문제는 선택지와 대화의 내용을 잘 연결시켜서 풀어야 한다. 誤字와 5時의 발음(ごじ) 때문에 무턱대고 (A)를 골라서는 안 된다. 남자가 여자에게 사회적인 상식을 요구한 것이기 때문에 (D)는 정답에서 제외된다. 결정적인 단서인 誤字脱字를 듣고 이해하지 못했다면 다소 풀기 어려운 문제로, 어휘력을 요구하는 문제이다.

단어 企画書(きかくしょ) 기획서 | 誤字脱字(ごじだつじ) 오자와 탈자 | 確認(かくにん) 확인 | 社会人(しゃかいじん) 사회인 | 常識(じょうしき) 상식 | 以後(いご) 이후, 앞으로 | なくす 잃어버리다 | 書類(しょるい) 서류 | 字(じ) 글자 | 間違(まちが)い 틀림, 잘못, 실수 | 態度(たいど) 태도 | 非常識(ひじょうしき) 비상식

56 _ 중심 화제 찾기

Ａ：初心者（しょしんしゃ）にバタフライはつらいよ。

Ｂ：クロールは楽（らく）だし速（はや）いし、バタフライをわざわざ覚（おぼ）える必要（ひつよう）なんてあるの？

Ａ：僕（ぼく）のかっこよさを彼女（かのじょ）にアピールしたいんだ。

A : 초보자에게 접영은 괴로워.
B : 자유형은 편하지 빠르지, 접영을 일부러 배울 필요가 있어?
A : 나의 멋진 모습을 여자 친구에게 어필하고 싶은 거야.

話題（わだい）になっているのは何（なん）ですか。

(A) 水泳（すいえい）　　　　(B) 昆虫（こんちゅう）

(C) りんご　　　　(D) クローゼット

화제가 되고 있는 것은 무엇입니까?

(A) 수영　　　　(B) 곤충

(C) 사과　　　　(D) 벽장

해설 두 사람이 나누고 있는 대화의 화제를 찾는 문제로, 대화의 흐름을 전반적으로 이해해야 풀 수 있다. クロール(자유형), バタフライ(접영)라는 표현을 들었다면 화제가 되고 있는 것은 수영이라는 것을 알 수 있다. 이와 같은 유형은 어휘를 알고 있다면 쉽게 풀 수 있는 문제이다.

단어 初心者(しょしんしゃ) 초심자, 초보 | バタフライ 나비, 접영 | クロール 크롤, 자유형 | わざわざ 일부러 | かっこいい 모양 좋다, 멋지다 | アピール 어필, 호소 | 話題(わだい) 화제 | 水泳(すいえい) 수영 | 昆虫(こんちゅう) 곤충 | クローゼット 벽장

57 _ 여행 계획에 관한 설명

> A：かおりさん、ゴールデンウィーク、どうするか決めましたか。
>
> B：のんびり家でゴロゴロしようと思っています。伊藤さんは？
>
> A：友だちと一緒に海外旅行に行くつもりです。
>
> B：うらやましい～。
>
> ---
>
> A : 가오리 씨, 황금연휴 때 어떻게 할 건지 정했습니까?
> B : 한가하게 집에서 쉴 생각입니다. 이토 씨는요?
> A : 친구와 함께 해외여행을 갈 생각입니다.
> B : 부럽다～.

伊藤さんはゴールデンウィークに、何をする予定ですか。

(A) 外国へ行きます。

(B) 飲みに行きます。

(C) まだ決めていません。

(D) 家でゆっくり休みます。

이토 씨는 황금연휴에 무엇을 할 예정입니까?

(A) 외국에 갈 겁니다.
(B) (술을) 마시러 갈 겁니다.
(C) 아직 정하지 않았습니다.
(D) 집에서 느긋하게 쉴 겁니다.

해설 이토의 예정을 묻는 문제이므로, 이토가 계획하고 있는 부분을 집중해서 듣고, 가오리의 예정과 혼동하지 않도록 주의한다. 먼저, 가오리의 계획은 家(いえ)에서 ゴロゴロ하려고 라고 나와 있으므로, (D) 부분에 '가오리'라고 써서 오답 체크를 한다. 그 다음에 바로 이토의 해외여행 계획이 나오므로 정답은 (A)이다.

단어 ゴールデンウィーク 황금연휴 | 決(き)める 정하다 | ゴロゴロ 데굴데굴〈하는 일 없이 시간을 보내는 모양〉 | うらやましい 부럽다 | 予定(よてい) 예정 | 外国(がいこく) 외국 | ～に行(い)く ～하러 가다〈동사 ます형에 접속〉

58 _ 대화의 내용 이해 – 통화 내용 전달

> A：お忙しいところ恐れ入ります。青島さんをお願いいたします。
>
> B：失礼ですが、どちら様でしょうか。
>
> A：私、朝日保険の佐藤と申します。
>
> B：あいにく青島は席を外しておりますので、戻り次第折り返しご連絡を差し上げるよう伝えます。
>
> ---
>
> A : 바쁘신데 죄송합니다. 아오시마 씨를 부탁합니다.
> B : 실례합니다만, 어디십니까?
> A : 저는 아사히 보험의 사토라고 합니다.
> B : 공교롭게도 아오시마는 자리에 없는데요, 돌아오는 대로 즉시 전화 드리도록 전하겠습니다.

会話の内容と合っているのはどれですか。

(A) 青島さんを探しに行く。

(B) 雇用保険に加入するよう伝える。

(C) 朝日保険会社に座席表を貼らせてもらう。

(D) 青島さんに佐藤さんが電話を待っていると伝える。

대화 내용과 맞는 것은 어느 것입니까?

(A) 아오시마 씨를 찾으러 간다.
(B) 고용보험에 가입하도록 전한다.
(C) 아사히 보험회사에 좌석표를 붙이도록 부탁한다.
(D) 아오시마 씨에게 사토 씨가 전화를 기다리고 있다고 전한다.

해설 대화의 내용을 이해했는지 묻는 것으로, 이런 유형의 문제는 들려주는 대화를 듣고 틀린 부분을 찾아 각각의 선택지를 지워 나가야 한다. 아오시마는 지금 없지만 나중에 전화 주도록 한다고 했으므로 (A)는 정답에서 제외한다. 보험이라는 표현은 나왔지만, 고용보험을 가입하라는 내용은 없으므로 (B)는 정답에서 제외한다. 席を外す라는 표현은 있지만, 貼る(붙이다)라는 내용은 없으므로 (C)도 정답에서 제외된다.

단어 恐(おそ)れ入(い)ります 죄송합니다 | 失礼(しつれい) 실례 | あいにく 공교롭게도 | 席(せき)を外(はず)す 자리를 비우다 | ～次第(しだい) ～하는 즉시, ~하자마자〈동사 ます형에 접속〉 | 折(お)り返(かえ)し 즉시 | 連絡(れんらく) 연락 | 差(さ)し上(あ)げる 드리다 | 伝(つた)える 전하다 | 会話(かいわ) 회화, 대화 | 内容(ないよう) 내용 | 合(あ)う 맞다, 일치하다 | 雇用保険(こようほけん) 고용보험 | 加入(かにゅう) 가입 | 座席表(ざせきひょう) 좌석표 | 貼(は)る 붙이다

59 _ 자연 현상 – 주제어 찾기

> A：遠くはかすんで見えません。視界が黄色い
> 　　です$_$よ。
>
> B：ほこりや砂で車も黄色くなってしまったん
> 　　です。天気予報によると、あしたはもっと
> 　　ひどいんですって。
>
> A：マスクをしなくちゃね。
>
> ....
>
> A : 먼 곳은 뿌예서 보이지 않습니다. 시야가 노래요.
> B : 먼지와 모래로 차도 노랗게 되어 버렸어요. 일기예보에 따르면
> 　　내일은 훨씬 심하다고 하네요.
> A : 마스크를 해야겠네요.

二人は何について話していますか。

(A) 紅葉　　　　　　　(B) 電気

(C) 黄砂　　　　　　　(D) 大雨

두 사람은 무엇에 대해 이야기하고 있습니까?

(A) 단풍　　　　　　　(B) 전기

(C) 황사　　　　　　　(D) 폭우

해설　대화의 내용을 이해하는 문제로, 여러 가지 상황을 통해 어떤 대상에 대해 말하고 있는지 유추할 수 있어야 한다. 폭우나 황사로 인해서 시야가 가려질 수 있지만, 黄色い에서 유추할 수 있는 것은 紅葉와 黄砂이다. 따라서 (D)는 정답에서 제외된다. 그리고 호こり나 砂로 노랗게 되었다고 하니 정답으로 유추할 수 있는 것은 (C)이다. 비슷한 발음이 들린다고 해서 (B)를 정답으로 고르지 않도록 주의한다.

단어　かすむ 부옇다, 뿌예지다 | 視界(しかい) 시계, 시야 | 黄色(きいろ)い 노랗다 | ほこり 먼지 | 砂(すな) 모래 | 紅葉(もみじ) 단풍 | 黄砂(こうさ) 황사 | 大雨(おおあめ) 큰 비, 호우, 폭우

60 _ 병의 증상에 대한 이해

> A：ずいぶんごはんを残したね。胃がもたれた
> 　　のですか。何か悪いものでも食べましたか。
>
> B：ううん、歯茎が腫れていて。つばを飲み込
> 　　むのも苦しいんです。
>
> A：この前のように奥歯が虫歯のせいなので
> 　　しょうか。
>
> B：虫歯は治りました。今度は親知らずを抜い
> 　　たからです。

> A : 꽤 밥을 남겼네. 체했어요? 뭔가 잘못된 것이라도 먹었습니까?
> B : 아니, 잇몸이 부어서. 침을 삼키는 것도 괴롭습니다.
> A : 예전처럼 어금니가 충치여서인가요?
> B : 충치는 나았습니다. 이번에는 사랑니를 뺐기 때문입니다.

どうしてごはんを食べ残しましたか。

(A) 虫歯があるから　　(B) 食欲がないから

(C) 食あたりだから　　(D) 歯を抜いたから

왜 밥을 먹다가 남겼습니까?

(A) 충치가 있어서　　　(B) 식욕이 없어서

(C) 식중독이라서　　　(D) 이를 빼서

해설　왜 밥을 남겼는지 묻고 있다. 선택지를 보면 질병에 관한 표현이 나열되어 있다. 이런 경우는 들려주는 대화를 듣고 틀린 부분을 찾아내야 한다. 결정적인 단서인 歯茎가 아프다고 했으므로, 구강이 아프다는 것으로 정답의 폭을 줄일 수 있다. 그러면 (B)와 (C)는 지울 수 있다. 대화 중 잇몸이 아픈 것과 연관지어 생각해 볼 수 있는 虫歯가 나왔다고 해서 바로 정답으로 고르지 않도록 주의한다. 정답일 가능성이 있다고 체크를 해 둔 후 대화를 끝까지 들어보면 虫歯는 治りました라고 하기 때문에 결국 충치 때문이라고 한 (A)는 정답이 아님을 알 수 있다. 그리고 대화의 마지막을 보면 親知らず를 抜いたから라고 정확히 언급되기 때문에 정답은 (D)가 된다.

단어　ずいぶん 꽤 | 残(のこ)す 남기다 | 胃(い)がもたれる 체하다 | 歯茎(はぐき) 잇몸 | 腫(は)れる 붓다 | つば 침 | 飲(の)み込(こ)む 삼키다 | 奥歯(おくば) 어금니 | 虫歯(むしば) 충치 | 治(なお)る 낫다 | 親知(おやし)らず 사랑니 | 食(た)べ残(のこ)す 먹다가 남기다 | 食欲(しょくよく)がない 식욕이 없다 | 食(しょく)あたり 식중독 | 歯(は)を抜(ぬ)く 이를 빼다

61 _ 일상생활 – 인물의 행동

> A：リョウ君、時間が余ったら、何をしますか。
>
> B：ケイタイＥ－ブックを読みながら、時間を
> 　　つぶします。
>
> A：どんな種類が好きですか。
>
> B：時代劇が好きです。
>
> ....
>
> A : 료 군, 시간이 남으면 무엇을 합니까?
> B : 휴대전화 전자책을 읽으면서 시간을 보냅니다.
> A : 어떤 종류를 좋아합니까?
> B : 시대극을 좋아합니다.

リョウは時間が余ったら、何をしますか。

(A) 演劇を見に行く。

(B) セルライトをつぶす。

(C) ケイタイでゲームをする。

(D) ケイタイで電子書籍を読む。

료는 시간이 남으면 무엇을 합니까?

(A) 연극을 보러 간다.
(B) 셀룰라이트를 없앤다.
(C) 휴대전화로 게임을 한다.
(D) 휴대전화로 전자서적을 읽는다.

해설 何를 묻는 문제로 료의 이야기를 잘 듣고 정답을 찾아야 한다. 時代劇(じだいげき)가 나왔다고 해서 (A)를 정답으로 하거나, ケイタイ만 듣고 당연히 시간을 때우는 데는 게임이라고 해서 (C)을 정답으로 해서는 안 된다. E－ブック라는 표현을 끝까지 들었다면 (D)가 정답임을 알 수 있다.

단어 時間(じかん)が余(あま)る 시간이 남다 ｜ 時間(じかん)を つぶす 시간을 보내다 ｜ E－ブック 이북 ｜ 種類(しゅるい) 종류 ｜ 時代劇(じだいげき) 시대극 ｜ 演劇(えんげき) 연극 ｜ セルライト 셀룰라이트 ｜ つぶす 찌그러뜨리다 ｜ 電子書籍(でんししょせき) 전자서적

62 _ 심부름, 부탁의 내용 이해

A：木村さん、今、どこに行きますか。
B：銀行に行くのですが。
A：それじゃ、鈴木さんの口座に振り込んでもらえますか。
B：はい、いいですよ。

A : 기무라 씨, 지금 어디에 갑니까?
B : 은행에 가는데요.
A : 그럼, 스즈키 씨의 계좌에 입금해 주실래요?
B : 예, 좋아요.

木村さんに何を頼みましたか。
(A) 両替すること
(B) お金をおろすこと
(C) 鈴木さんに手紙を出すこと
(D) 鈴木さんの口座に振り込むこと

기무라 씨에게 무엇을 부탁했습니까?
(A) 환전하는 일
(B) 돈을 찾는 일
(C) 스즈키 씨에게 편지를 보내는 일
(D) 스즈키 씨의 계좌에 입금하는 일

해설 기무라에게 부탁한 내용을 잘 파악해야 한다. 기무라는 은행에 간다고 했다. 빈 공간에 은행이라고 메모하고 은행에서 할 수 있는 일을 떠올린다. 스즈키의 계좌로 振り込む라는 행동을 부탁했으므로 정답은 (D)이다.

단어 口座(こうざ) 계좌 ｜ 振(ふ)り込(こ)む 입금하다 ｜ 両替(りょうがえ) 환전 ｜ お金(かね)をおろす 돈을 찾다 ｜ 手紙(てがみ)を 出(だ)す 편지를 보내다

63 _ 대화의 내용 이해

A：かみそりとドライヤーは借りられますか。
B：いいですけど、かみそりはありません。
A：そうですか。ところで、トリートメントかリンスはありますか。すぐ返しますから。
B：うん。リンスはないけど、トリートメントならありますよ。

A : 면도칼과 헤어 드라이어를 빌릴 수 있습니까?
B : 좋지만, 면도칼은 없습니다.
A : 그렇습니까? 그런데 트리트먼트나 린스 있습니까? 바로 돌려 드릴게요.
B : 예. 린스는 없지만, 트리트먼트라면 있어요.

男の人は何が借りられますか。
(A) リンス　　　　　(B) かみそり
(C) ドライバー　　　(D) トリートメント

남자는 무엇을 빌릴 수 있습니까?
(A) 린스　　　　　(B) 면도칼
(C) 드라이버　　　(D) 트리트먼트

해설 대화의 흐름에 맞춰 (A)~(D) 가운데 틀린 부분을 지워 나간다. 면도칼과 린스는 없고, 드라이버는 언급되지 않았으므로 (A), (B), (C)는 틀렸으며, 남은 (D)가 정답이 된다.

단어 かみそり 면도칼 ｜ ドライヤー 헤어 드라이어 ｜ 借(か)りる 빌리다 ｜ ところで 그런데 ｜ トリートメント 트리트먼트 ｜ ～か ～나, ～이나(열거된 것 중에서 어느 한쪽을 선택) ｜ リンス 린스 ｜ 返(かえ)す 돌려주다 ｜ ドライバー 드라이버

64 _ 약속 시간 및 장소 결정

A：もしもし、ミオさん？あしたの約束、覚えている？
B：うん、あした午後5時に銀座駅でしょ？
A：それがね、6時に渋谷駅で会うことになったの。プレゼントを買うから、前に話したとおり、約束の一時間前に会おうよ。

A : 여보세요, 미오 씨? 내일 약속, 기억해?
B : 응, 내일 오후 5시에 긴자 역이지?
A : 그게, 6시에 시부야 역에서 만나기로 됐어. 선물을 살 거니까 전에 이야기한 대로 약속시간 1시간 전에 만나자.

二人はどこで何時に会いますか。

(A) 銀座駅　午後５時
(B) 銀座駅　午後６時
(C) 渋谷駅　午後５時
(D) 渋谷駅　午後６時

두 사람은 어디에서 몇 시에 만납니까?

(A) 긴자 역 오후 5시
(B) 긴자 역 오후 6시
(C) 시부야 역 오후 5시
(D) 시부야 역 오후 6시

해설 두 사람이 만날 장소와 시간을 정하는 것이므로, 대화 속에 장소와 시간이 나오면 주의 깊게 듣고 확인한다. 銀座나 渋谷와 같이 흔히 등장하는 일본의 지명은 기억해 두면 좋다. 그것이네의 뒷부분을 들으면 '시부야 역 6시'로 바뀌었기 때문에 (D)를 정답이라고 생각할 수 있는데, 선물을 사야 하니 1시간 전에 만나자고 했기 때문에 두 사람은 시부야 역에서 오후 5시에 만난다고 한 (C)가 정답이다.

단어 約束(やくそく) 약속 | 覚(おぼ)える 기억하다 | 午後(ご
ご) 오후 | ～ことになる ～하기로 되다 | ～とおり ～한 대로

65 _ 속담 및 관용구의 이해

A : 中村さん、報告書を検討したかい？じゃ、
　　見せてもらおうか。
B : はい、何カ所か間違いを見つけたので
　　すけど。
A : １２時までに直してくれ。
B : あのう、初めてのことなので、私の手
　　にはちょっと負えなさそうです。

A : 나카무라 씨, 보고서를 검토했나? 그럼, 좀 볼까?
B : 예, 몇 군데 틀린 곳을 찾았습니다만.
A : 12시까지 고쳐 주게.
B : 저…, 처음 하는 일이라 제게는 좀 벅찬 것 같습니다.

中村さんは報告書の修正についてどう思っていますか。

(A) 手に余る

(B) 手塩にかける
(C) あばたもえくぼ
(D) 赤子の手をねじるよう

나카무라 씨는 보고서의 수정에 관해 어떻게 생각하고 있습니까?

(A) 힘에 부친다
(B) 공들여 키운다
(C) 제 눈에 안경
(D) 식은 죽 먹기

해설 대화의 내용을 이해했다 하더라도 이에 알맞은 속담이나 관용구를 모르면 풀 수 없는 문제이다. 속담이나 관용구는 고득점을 얻기 위해선 반드시 체계적으로 짚어 보고 넘어가도록 한다. 보고서를 수정하는 일에 대해서는 마지막 부분에 手(て)に負(お)えない라고 했으므로, 이와 대체할 수 있는 표현인 (A)가 정답이다.

단어 報告書(ほうこくしょ) 보고서 | 検討(けんとう) 검토 | 何
(なん)カ所(しょ) 몇 군데 | 間違(まちが)い 잘못, 실수 | 見(み)つ
ける 발견하다 | 直(なお)す 고치다 | 修正(しゅうせい) 수정 | 手
(て)に余(あま)る 힘겹다. 벅차다(=手(て)に負(お)えない) | 手塩
(てしお)をかける 손수 공들여 기르다. 몸소 돌봐 양육하다 | あばた
もえくぼ 제 눈에 안경 | 赤子(あかご)の手(て)をねじるよう 식
은 죽 먹기, 누워서 떡 먹기

66 _ 속담 및 관용구의 이해

A : 本格的に交渉に入ったのはいつだったので
　　すか。
B : ２、３日前だったと思うよ。
A : 労使交渉はどうなりましたか。
B : すったもんだのあげく終止符を打ったわよ。

A : 본격적으로 교섭에 들어간 것은 언제였습니까?
B : 2, 3일 전이었다고 생각해.
A : 노사 교섭은 어떻게 되었습니까?
B : 옥신각신한 끝에 종지부를 찍었어.

労使交渉はどうなりましたか。

(A) 労使交渉は決裂した。
(B) 労使交渉は決着をつけた。
(C) 労使交渉は順調に進んだ。
(D) 労使交渉は３日前に解決された。

노사 교섭은 어떻게 되었습니까?

(A) 노사 교섭은 결렬되었다.
(B) 노사 교섭은 결말을 지었다.
(C) 노사 교섭은 순조롭게 진행되었다.
(D) 노사 교섭은 사흘 전에 해결되었다.

む 入金하다 | 賃金(ちんぎん) 임금 | 無料(むりょう) 무료 | 家賃
(やちん) 집세

 이런 유형의 문제는 생소한 어휘가 등장하므로 다소 어렵게
느낄 수 있다. 労使, 交渉, 終止符 등의 한자어를 잘 들어야 할 뿐
만 아니라 관용구도 익혀 두어야 한다. 선택지의 決裂, 決着, 順調,
3日前, 解決 등의 핵심어에 동그라미를 친 후, '노사 교섭은'이라
는 부분에서 집중해서 듣는다. すったもんだのあげく를 들었다면
(C)를 정답에서 제외시킬 수 있을 것이다. 終止符を打った에서 (A)
도 정답에서 제외된다. 남은 것은 (B)와 (D)인데, 교섭 시작은 2, 3
일 전이라고 했으므로 (D)는 정답에서 제외된다.

단어 本格的(ほんかくてき) 본격적 | 交渉(こうしょう) 교섭 |
労使(ろうし) 노사 | すったもんだ 옥신각신함. 분규 | 〜あげく
〜끝에. 〜한 결과 | 終止符(しゅうしふ)を打(う)つ 종지부를 찍다.
결말을 짓다 | 決裂(けつれつ) 결렬 | 決着(けっちゃく)をつける
결말을 짓다 | 順調(じゅんちょう) 순조로움 | 進(すす)む 나아가다.
전진하다 | 解決(かいけつ) 해결

67 _ 대화의 내용 이해 – 부동산

> A：礼金はいくらですか。
>
> B：一ヶ月分ですから、6万円です。
>
> A：共益費はどのように支払いますか。
>
> B：家賃に含まれていますので、家賃だけ振り
> 込めばいいです。
>
> ---
>
> A : 사례금은 얼마입니까?
> B : 한 달치니까 6만 엔입니다.
> A : 관리비는 어떻게 지불합니까?
> B : 집세에 포함되어 있으니까 집세만 입금하면 됩니다.

会話の内容と合っているのはどれですか。

(A) 賃金は6万円である。

(B) 共益費は無料である。

(C) 家賃は振り込めばいい。

(D) 礼金は二ヶ月分支払えばいい。

대화의 내용과 맞는 것은 어느 것입니까?

(A) 임금은 6만 엔이다.

(B) 관리비는 무료다.

(C) 집세는 입금하면 된다.

(D) 사례금은 두 달치 지불하면 된다.

해설 이런 유형의 대화는 우리가 일상생활에서 흔히 접할 수 있는
내용으로, 통으로 암기하는 것도 나쁘지 않다. 대화를 들으면서 틀린
부분을 지워 나간다. 사례금은 한 달치가 6만 엔이라고 했으므로 (A)
와 (D)는 정답에서 제외된다. (B)의 共益費는 집세에 포함되어 있다
고 했으므로 무료가 아니라는 것을 알 수 있다.

단어 礼金(れいきん) 사례금 | 支払(しはら)う 지불하다 | 共益
費(きょうえきひ) 관리비 | 含(ふく)む 포함하다 | 振(ふ)り込(こ)

68 _ 일상생활 – 놀이

> A：お祖父さん。宿題のためなのですが、ちょっ
> と聞きたいことがあります。子どもの時、
> 何をして遊びましたか。
>
> B：馬乗りをしたり缶けりをしたりしたなあ。
>
> A：普通女の人は何をして遊んでいましたか。
>
> B：よく分からないけど、あやとりをしたりゴ
> ム飛びをしたりしていたな。
>
> ---
>
> A : 할아버지. 숙제 때문인데요, 잠깐 묻고 싶은 것이 있어요. 어렸
> 을 때 무엇을 하고 놀았어요?
> B : 말 타기를 하거나 깡통 차기를 했었지.
> A : 일반적으로 여자는 무엇을 하고 놀았나요?
> B : 잘 모르겠지만, 실뜨기를 하거나 고무줄 놀이를 했을 걸.

祖父は子どもの時、何をしながら遊びましたか。

(A) 馬乗り　　　　　　　(B) ゴム飛び

(C) 隠れんぼう　　　　　(D) おままごと

할아버지는 어릴 때, 무엇을 하면서 놀았습니까?

(A) 말 타기　　　　　　　(B) 고무줄 놀이

(C) 숨바꼭질　　　　　　(D) 소꿉장난

해설 어릴 때의 여러 가지 놀이가 나오지만, 할아버지가 즐겨 했던
놀이를 집중해서 듣는다. あやとり와 ゴム飛び는 할아버지가 놀았
던 것이 아니므로 정답에서 제외되고, おままごと는 대화에 언급되
지 않았으므로 정답에서 제외된다. 따라서 정답은 (A)이다.

단어 宿題(しゅくだい) 숙제 | 馬乗(うまの)り 말 타기 | 缶(か
ん)けり 깡통 차기 | 普通(ふつう) 보통, 일반적으로 | あやとり 실
뜨기 | ゴム飛(と)び 고무줄 놀이 | 隠(かく)れんぼう 숨바꼭질 | お
ままごと 소꿉놀이

69 _ 건강 생활 – 스트레스 해소

> A：木村さん、ストレス解消に何をしますか。
>
> B：甘いものをたくさん食べたりします。ナユ
> カさんは何をしますか。
>
> A：私も昔はお酒を飲んだり、ケーキを食べた
> りしましたが、今はストレス解消に読書し

ます。音楽鑑賞や散歩よりも効果的だとい
いますよ。

A : 기무라 씨, 스트레스 해소를 위해 무엇을 합니까?

B : 단것을 많이 먹거나 합니다. 나유카 씨는 무엇을 합니까?

A : 저도 옛날엔 술을 마시거나 케이크를 먹기도 했습니다만, 지금은 스트레스 해소를 위해 독서를 합니다. 음악 감상이나 산책보다도 효과적이라고 합니다.

ナユカさんはストレス解消に何をしますか。
(A) 暴食する。　　　　(B) 本を読む。
(C) 音楽を聞く。　　　(D) ケーキを食べる。

나유카 씨는 스트레스 해소를 위해 무엇을 합니까?
(A) 폭식한다.　　　　(B) 책을 읽는다.
(C) 음악을 듣는다.　　(D) 케이크를 먹는다.

해설 나유카의 스트레스 해소 방법을 골라야 하기 때문에 나유카의 말에 더 집중해야 한다. 나유카는 옛날에는 술을 마시거나 케이크를 먹었지만, 지금은 독서를 한다고 했으므로 정답은 (B)이다.

단어 解消(かいしょう) 해소 | 甘(あま)い 달다 | 昔(むかし) 옛날 | 読書(どくしょ) 독서 | 鑑賞(かんしょう) 감상 | 散歩(さんぽ) 산책 | 効果的(こうかてき) 효과적 | 暴食(ぼうしょく) 폭식

70 _ 부탁한 내용 찾기 – 숙박, 여행

A : こちらは７１２号室ですが、モーニング
　　コールをお願いできますか。
B : はい、何時がよろしいでしょうか。
A : あした７時にお願いします。朝食は何時か
　　らですか。
B : ７時３０分からです。モーニングサービス
　　もできます。

A : 여기 712호실인데요, 모닝콜을 부탁할 수 있습니까?

B : 예, 몇 시가 좋으십니까?

A : 내일 7시로 부탁합니다. 아침 식사는 몇 시부터입니까?

B : 7시 30분부터입니다. 모닝 서비스도 가능합니다.

フロントに何を頼みましたか。
(A) 朝食を注文すること
(B) ７時に起こしてもらうこと
(C) ８時に朝食が運ばれること
(D) ７１２号室の掃除をすること

프런트에 무엇을 부탁했습니까?
(A) 아침 식사를 주문하는 것
(B) 7시에 깨워 달라는 것
(C) 8시에 아침 식사를 가져다 달라는 것
(D) 712호실의 청소를 하는 것

해설 프런트에 부탁한 내용을 찾는 문제로, 전화상의 내용을 잘 이해해야 한다. 손님은 프런트에 모닝콜을 부탁하고 있으므로 모닝콜과 바꿔 쓸 수 있는 표현은 (B)이다. 모닝 서비스에 대한 부탁은 나오지 않았으므로 (C)는 정답에서 제외. 대화 중에 712호실이 언급되었다고 해서 무턱대고 (D)를 정답으로 고르는 실수를 해서는 안 된다.

단어 モーニングコール 모닝콜 | 朝食(ちょうしょく) 조식, 아침 식사 | モーニングサービス 모닝 서비스 | 注文(ちゅうもん) 주문 | 起(お)こす 깨우다 | 運(はこ)ぶ 운반하다

71 _ 상품 설명 이해

A : あのう、ちょっと聞きたいことがあるので
　　すが、品質保証期間はどれくらいですか。
B : 新品お買い上げ日より一年間無償で修理を
　　いたします。故意に壊した場合は保証が効
　　きません。
A : 一年後のアフターサービスはどうなってい
　　ますか。
B : 最寄りの営業所へお問い合わせください。

A : 저, 좀 묻고 싶은 것이 있는데요, 품질보증기간은 어느 정도입니까?

B : 신품 구매일부터 1년간 무상으로 수리해 드립니다. 고의로 고장을 낸 경우에는 보증을 받을 수 없습니다.

A : 1년 후의 AS는 어떻게 됩니까?

B : 가까운 영업소에 문의해 주세요.

品質保証について正しいのはどれですか。
(A) 再購入後一年間は有料である。
(B) 製造日から一年間無償で修理する。
(C) 故意に壊した場合も保証対象である。
(D) 品質保証期間は購入してから一年間である。

품질보증에 관해서 옳은 것은 어느 것입니까?
(A) 재구입 후 1년간은 유료이다.
(B) 제조일로부터 1년간 무상으로 수리한다.
(C) 고의로 망가뜨린 경우도 보증 대상이다.
(D) 품질보증기간은 구입하고 나서 1년간이다.

해설 品質保証, 再購入, 製造日, 新品 등의 한자어 청취가 포

인트이다. 한자어가 많이 나오기 때문에 듣기 어려우므로, 선택지와 대화의 내용을 잘 연결시켜서 푸는 것이 좋다. 대화에서 신품 구입 후 1년간은 무료라고 했으므로 (A)와 (B)는 정답에서 제외된다. 고의로 고장을 낸 경우에는 보증을 받지 못한다고 했으므로 (C)도 정답에서 제외된다.

 品質保証(ひんしつほしょう) 품질보증 | 期間(きかん) 기간 | 新品(しんぴん) 신품 | お買(か)い上(あ)げ日(び) 구매일 | 無償(むしょう) 무상 | 修理(しゅうり) 수리 | 故意(こい) 고의 | 壊(こわ)す 망가뜨리다 | 最寄(もよ)り 근처 | 営業所(えいぎょうしょ) 영업소 | 問(と)い合(あ)わせる 문의하다 | 正(ただ)しい 바르다, 옳다 | 再購入(さいこうにゅう) 재구입 | 有料(ゆうりょう) 유료 | 製造日(せいぞうび) 제조일 | 対象(たいしょう) 대상 | 購入(こうにゅう) 구입

72 _ 인물의 행동 선택

> A：気持ちのいいそよ風がふいていますね。
> B：ええ、本当に今日はさわやかな日です。
> A：幸村さん、郊外へ一緒にドライブに行きませんか。
> B：今日はちょっと。天気がいいので洗濯物を干したいのです。
>
> ---
> A : 기분 좋은 산들바람이 부네요.
> B : 예, 정말로 오늘은 산뜻한 날입니다.
> A : 유키무라 씨, 교외로 함께 드라이브를 가지 않겠습니까?
> B : 오늘은 좀(곤란해요). 날씨가 좋아서 세탁물을 널고 싶거든요.

幸村さんはこれからどうしますか。

(A) 郊外へ行く。

(B) 洗濯物を干す。

(C) ドライブに行く。

(D) 台風のため、家にいる。

유키무라 씨는 지금부터 어떻게 합니까?

(A) 교외로 간다.

(B) 세탁물을 넌다.

(C) 드라이브를 간다.

(D) 태풍 때문에 집에 있는다.

 인물이 하고자 하는 행동을 예상하는 문제로, 대화의 내용을 잘 이해해야 한다. 유키무라에게 교외로 드라이브를 가자고 권유했지만, 유키무라는 거절했으므로 (A)와 (C)는 정답에서 제외된다. 이이 天気(좋은 날씨)라고 했으므로 태풍 때문에 집에 있겠다는 (D)는 정답에서 제외된다. 거절을 한 다음에 결정적인 단서가 되는 洗濯物을 干す가 나왔으므로 비교적 정답을 찾기가 쉬웠을 것이다.

 そよ風(かぜ) 미풍, 산들바람 | さわやかだ 기분이 개운하다, 산뜻하다 | 郊外(こうがい) 교외 | ドライブ 드라이브 | 洗濯物(せんたくもの) 세탁물 | 干(ほ)す (빨래를) 널다 | 台風(たいふう) 태풍

73 _ 두 사람의 관계 이해

> A：このくつ、きついですね。すこし大(おお)きいのはありませんか。
> B：デザインが少(すこ)し違(ちが)ってしまいますが、よろしいですか。
> A：はい。どんな物(もの)か見(み)せてください。
>
> ---
> A : 이 신발, 꽉 끼네요. 조금 큰 것은 없습니까?
> B : 디자인이 조금 다른데, 괜찮으세요?
> A : 예. 어떤 것인지 보여주세요.

この二人(ふたり)の関係(かんけい)は次(つぎ)のどれですか。

(A) 店員(てんいん)と客(きゃく)　　　(B) 医者(いしゃ)と患者(かんじゃ)

(C) 教師(きょうし)と学生(がくせい)　　　(D) 大工(だいく)とコック

이 두 사람의 관계는 다음의 어느 것입니까?

(A) 점원과 손님　　　(B) 의사와 환자

(C) 교사와 학생　　　(D) 목수와 요리사

 두 사람의 관계를 묻는 문제로, 이런 유형의 문제는 두 사람의 대화를 잘 듣고 파악해야 한다. 말투나 대우 표현을 통해 상하가 있는 관계인지 대등한 관계인지를 잘 파악하고, 대화가 이루어지는 장소가 어딘지도 파악해야 한다. 물건을 사고 있는 상황이므로 장소가 가게라는 것을 알 수 있으며, 좀 더 큰 사이즈를 보여 달라고 하는 것으로 미루어 보아, 손님과 점원 간의 대화라는 것을 유추할 수 있다.

 くつ 구두 | きつい 꽉 끼다 | デザイン 디자인 | 違(ちが)う 다르다 | 関係(かんけい) 관계 | 次(つぎ) 다음 | 店員(てんいん) 점원 | 客(きゃく) 손님 | 医者(いしゃ) 의사 | 患者(かんじゃ) 환자 | 教師(きょうし) 교사 | 大工(だいく) 목수 | コック 요리사

74 _ 인물의 행동 파악

> A：今村(いまむら)といいますが、きのう頼(たの)んだ焼(や)き増(ま)しはいつごろ受(う)け取(と)れますか。
> B：あしたの5時(ごじ)ごろ、取(と)りに来(き)てください。
> A：私(わたし)はその時、都合(つごう)が悪(わる)いので、代(か)わりのものを来させます。
>
> ---
> A : 이마무라라고 합니다만, 어제 부탁한 추가 인화는 언제쯤 찾을 수 있습니까?

B : 내일 5시쯤, 찾으러 와 주세요.
A : 저는 그때 사정이 좀 있어서 대리인을 보내겠습니다.

今村はどうしますか。
(A) 他人の世話を焼く。
(B) 写真を撮りに行く。
(C) 焼き増しを頼みに行く。
(D) 他人に写真を取りに行かせる。

이마무라 씨는 어떻게 합니까?

(A) 다른 사람을 돌본다.
(B) 사진을 찍으러 간다.
(C) 추가 인화를 부탁하러 간다.
(D) 다른 사람에게 사진을 받으러 보낸다.

해설 다음에 일어날 수 있는 행동을 예상하는 문제로, 대화의 내용을 잘 이해해야 한다. 焼き増し를 들었다면 대화의 주제가 사진이라는 것을 알 수 있다. 또, 대화에 나온 とる가 어떤 의미의 とる인지 생각해야 한다. 선택지 (B)의 撮る는 '(사진을) 찍다', (D)의 取りに行く의 取る는 '받다'로 사용된 것과 같이 とる는 다양한 의미를 가지므로 정확하게 파악하는 것이 중요하다. 사진을 찾으러 가는 것이 포인트이므로 (B)는 정답에서 제외된다. (A)의 내용은 대화의 내용에 언급되지 않았는데, 焼き増し와 발음이 비슷한 것이 있다고 해서 (A)를 고르면 안 된다. 정답은 (D)로, 代わりのもの(대리인)를 보낸다는 내용을 듣지 못했다면 정답을 고르기 어려웠을 것이다.

단어 焼(や)き増(ま)し 추가 인화 | 受(う)け取(と)る 받다, 수취하다 | 都合(つごう)が悪(わる)い 사정이 좋지 않다 | 代(か)わり 대리 | 他人(たにん) 타인, 다른 사람 | 世話(せわ)を焼(や)く 보살피다, 돌보다

75 _ 대화의 내용 이해 – 병의 증상

A : 石田さん、顔色が悪いですね。
B : ええ、ゆうべ咳がとまらなくて全然眠れませんでした。鼻水も出ますし、めまいもしますし、早く帰らせていただけませんか。
A : きょうは家でゆっくり休んだほうがいいですね。

A : 이시다 씨, 안색이 안 좋네요.
B : 네, 어젯밤 기침이 멈추지 않아서 전혀 잠을 잘 수 없었습니다. 콧물도 나오고 현기증도 나는데, 일찍 집에 가도 되겠습니까?
A : 오늘은 집에서 느긋하게 쉬는 게 좋겠군요.

この人の具合について正しいのはどれですか。

(A) 熱もあるし、咳もする。
(B) 熱はないが、咳はする。
(C) めまいもするし、鼻水も出る。
(D) めまいはしないが、鼻水は出る。

이 사람의 상태에 관해 옳은 것은 어느 것입니까?

(A) 열도 있고, 기침도 한다.
(B) 열은 없지만, 기침은 한다.
(C) 현기증도 나고, 콧물도 나온다.
(D) 현기증은 나지 않지만, 콧물은 나온다.

해설 이런 종류의 문제는 선택지와 내용을 비교해 가며 대화의 내용과 다른 것을 지워나가면 된다. 병의 증상에 관한 표현인데, 일상 생활에도 유용한 표현이므로 나올 때마다 암기해 두도록 한다. 열에 대한 내용은 언급되지 않았으므로 열이 있는지 없는지는 알 수 없다. 따라서 열에 대해서 언급된 (A)와 (B)는 정답에서 제외. 이시다가 鼻水도 出る, めまい도する라고 했으므로 정답은 (C)가 된다.

단어 顔色(かおいろ)が悪(わる)い 안색이 나쁘다 | 咳(せき) 기침 | とまる 멈추다 | 眠(ねむ)る 잠들다 | 鼻水(はなみず)が出(で)る 콧물이 나오다 | めまいがする 현기증이 나다 | 具合(ぐあい) 형편, 상태 | 熱(ねつ)がある 열이 있다

76 _ 적당한 사물 선택

A : 今、何を作ってるんですか。お好み焼きですか。
B : はい。お好み焼きなら自信がありますから。
A : お好み焼きの具に何を入れましたか。
B : いか、キャベツ、えび、卵、豚肉を入れました。

A : 지금 무엇을 만들고 있습니까? 오코노미야키입니까?
B : 예. 오코노미야키는 자신이 있으니까요.
A : 오코노미야키의 재료로 무엇을 넣었습니까?
B : 오징어, 양배추, 새우, 계란, 돼지고기를 넣었습니다.

この人が具材として入れたのはどれですか。

(A) 牛肉
(B) いか
(C) なまこ
(D) キャビア

이 사람이 재료로서 넣은 것은 어느 것입니까?

(A) 쇠고기
(B) 오징어
(C) 해삼
(D) 캐비어

해설 いか(오징어), キャベツ(양배추), えび(새우), 卵(계란), 豚肉(돼지고기)를 넣었다고 마지막 부분에 언급했으므로, 정답은 (B)가 된다. 비슷한 발음에 유의하여 실수를 미연에 방지하도록 한다.

단어 お好(この)み焼(や)き 오코노미야키 | 自信(じしん)がある 자신이 있다 | 具(ぐ) 건더기, 고명(=具材(ぐざい)) | いか 오징어 | キャベツ 양배추 | えび 새우 | 卵(たまご) 계란 | 豚肉(ぶたにく) 돼지고기 | 牛肉(ぎゅうにく) 쇠고기 | なまこ 해삼 | キャビア 캐비어

77 _ 대화 속의 대상의 이해

> A：週末にパークホテルへ行ってきました。
>
> B：リニューアルオープンしたホテルですね。ホテルはどうでしたか。
>
> A：交通は不便ですが、サービスはよかったです。お風呂は広くて、ロビーは明るくて、食堂の料理もおいしかったです。最高の休みが過ごせました。
>
> ----
>
> A : 주말에 파크호텔에 다녀왔습니다.
> B : 새 단장을 해서 오픈한 호텔이지요. 호텔은 어땠습니까?
> A : 교통은 불편하지만 서비스는 좋았습니다. 목욕탕은 넓고 로비는 밝고 식당의 요리도 맛있었습니다. 최고의 휴가를 보낼 수 있었습니다.

ホテルについて正しいのはどれですか。

(A) ロビーは明るい。

(B) 交通は便利である。

(C) お風呂は狭くて、暗い。

(D) ラウンジの料理はおいしい。

호텔에 관해서 옳은 것은 어느 것입니까?

(A) 로비는 밝다.
(B) 교통은 편리하다.
(C) 목욕탕은 좁고 어둡다.
(D) 라운지의 요리는 맛있다.

해설 대화 속에 나와 있는 특정한 대상에 대한 올바른 설명을 찾는 문제로, 들려주는 대화와 선택지를 비교해 가면서 풀어야 한다. '호텔은 어땠습니까?'라는 질문 다음의 이야기를 집중해서 들도록 한다. 교통은 불편하다고 했으므로 (B)는 정답에서 제외, 목욕탕은 넓었다고 했으므로 (C)는 정답에서 제외, 라운지의 요리가 아니라 식당의 요리가 맛있다고 했으므로 (D)는 정답에서 제외된다.

단어 リニューアル 리뉴얼, 갱신 | 交通(こうつう) 교통 | ロビー 로비 | 最高(さいこう) 최고 | 過(す)ごす 보내다 | 狭(せま)い 좁다 | 暗(くら)い 어둡다 | ラウンジ 휴게실, 라운지 | 週末(しゅうまつ) 주말

78 _ 대화의 내용 이해 – 시사, 비즈니스

> A：不景気で売上が伸びないんです。
>
> B：そうですね。その上、リストラの噂もありますよ。
>
> A：去年の売上高はどうでしたか。
>
> B：去年も赤字でした。今年の売上は去年に比べてやや減少しました。
>
> ----
>
> A : 불경기라서 매상이 오르지 않습니다.
> B : 그래요. 게다가 정리해고 소문도 있어요.
> A : 작년의 매상고는 어땠습니까?
> B : 작년에도 적자였습니다. 올해의 매상은 작년에 비해서 약간 감소했습니다.

会話の内容と合っているのはどれですか。

(A) 前年度比で売上は増加した。

(B) 去年に比べて売上が極端に少ない。

(C) 不景気にも関わらず売上が伸びた。

(D) 昨年に比べて売上がイマイチである。

회화의 내용과 맞는 것은 어느 것입니까?

(A) 전년도에 비해서 매상은 증가했다.
(B) 작년에 비해서 매상이 극단적으로 적다.
(C) 불경기에도 불구하고 매상이 올랐다.
(D) 작년에 비해서 매상이 조금 떨어진다.

해설 不景気, 売上高, 赤字 등 경제 부문에서 자주 등장하는 한자어의 청취가 이 문제를 푸는 포인트가 된다. 대화를 들어보면, 売上が伸びない라고 했으므로 (C)는 정답에서 제외, 매상이 やや減少라고 했으므로 (A)와 (B)는 정답에서 제외된다.

단어 不景気(ふけいき) 불경기 | 売上(うりあげ)が伸(の)びる 매상이 늘다 | その上(うえ) 게다가 | リストラ 정리해고 | 噂(うわさ) 소문 | 売上高(うりあげだか) 매상고 | 赤字(あかじ) 적자 | やや 약간, 다소 | 減少(げんしょう) 감소 | 前年度比(ぜんねんどひ) 전년도비 | 売上(うりあげ) 매상 | 増加(ぞうか) 증가 | ～に比(くら)べて ～에 비해 | 極端(きょくたん) 극단 | ～にもかかわらず ～에도 불구하고 | イマイチ 조금 부족한 모양

79 _ 물건 고르기 – 쇼핑

> A：いらっしゃいませ。何をお探しですか。
>
> B：スニーカーがほしいんですが。
>
> A：これはいかがですか。女性の間で大流行です。

Ｂ：パープルだとちょっと派手ですね。すこし
　　地味なのはありませんか。

Ａ：어서 오세요. 무엇을 찾으십니까?
Ｂ：운동화가 필요한데요.
Ａ：이것은 어떻습니까? 여성들 사이에서 대유행입니다.
Ｂ：보라색이라 좀 화려하네요. 좀 수수한 것은 없습니까?

お客さんが探しているのはどれですか。

(A) 派手なスーツ

(B) 紫色のスニーカー

(C) 地味なスニーカー

(D) 流行っているスーツ

손님이 찾고 있는 것은 어느 것입니까?

(A) 화려한 수트
(B) 보라색 운동화
(C) 수수한 운동화
(D) 유행하고 있는 수트

해설　들려주는 대화를 듣고 일치하는 물건을 고르는 문제이다. 찾고자 하는 물건은 スニーカー라고 했으므로 (A)와 (D)는 정답에서 제외된다. パープル는 화려해서 싫다고 했으므로 パープル 대신 紫色로 제시된 (B)는 정답에서 제외된다.

단어　間(あいだ) 사이 | 大流行(だいりゅうこう) 대유행 | パープル 보라색 | ～だと ～이라면, ～라니 | 派手(はで) 화려함 | 地味(じみ) 수수함 | スーツ 수트 | 紫色(むらさきいろ) 보라색 | スニーカー 운동화 | 流行(はや)る 유행하다

80 _ 호텔, 숙박 내용 이해 – 일정 변경

Ａ：部屋を予約したいのですが。４月２８日と
　　２９日の２泊です。

Ｂ：あいにく２８日は全部塞がっています。
　　２９日と３０日なら空いていますが。

Ａ：それじゃ、その日にします。一泊いくらで
　　すか。

Ｂ：シングルで一泊２万５千円になっております。

Ａ：방을 예약하고 싶은데요. 4월 28일과 29일 2박입니다.
Ｂ：공교롭게도 28일은 전부 꽉 차 있습니다. 29일과 30일이면 비어 있습니다만.
Ａ：그럼, 그날로 하겠습니다. 1박에 얼마입니까?
Ｂ：싱글 1박에 2만 5천 엔입니다.

なぜ、宿泊の日を変更しましたか。

(A) 空室がなかったから

(B) まだ道が雪崩で塞がっていたから

(C) ツインルームに変えられなかったから

(D) シングルルームしか残っていなかったから

왜 숙박 날짜를 변경했습니까?

(A) 빈방이 없었기 때문에
(B) 아직 길이 눈사태로 막혀 있었기 때문에서
(C) 트윈룸으로 바꿀 수 없었기 때문에
(D) 싱글룸밖에 남아 있지 않았기 때문에

해설　숙박 날짜를 변경한 이유를 묻는 것으로, 날짜가 나오는 시점에 귀를 기울여야 한다. 28일과 29일 다음에 あいにく라고 했으므로, 그 다음에 나오는 대화에 집중하도록 한다. 全部塞がって(전부 차서)라고 빈방이 없다는 이유를 제시했기 때문에 정답은 (A)가 된다. 塞がる라는 표현이 있다 하더라도 雪崩에 관한 내용은 언급되지 않았으므로 (B)는 정답에서 제외된다. ツインルーム나 シングルルーム 역시 대화에 언급되지 않았을 뿐만 아니라, 이유로 제시되지 않았기 때문에 (C)와 (D)는 정답이 아니다.

단어　予約(よやく) 예약 | あいにく 공교롭게도 | 塞(ふさ)がる (가득)차다, 막히다 | 空(あ)く 비다 | ～にする ～로 하다 | 宿泊(しゅくはく) 숙박 | 変更(へんこう) 변경 | 空室(くうしつ) 빈방 | 雪崩(なだれ) 눈사태 | ツインルーム 트윈룸 | シングルルーム 싱글룸

81~83

明日の午前中は全国的に雨が降るところが多
く、午後からは晴れるところが多いでしょう。
気温は、全国的に最高・最低とも平年よりかな
り高くなるとみられます。

내일 오전 중에는 전국적으로 비가 내리는 곳이 많고, 오후부터는 맑은 곳이 많겠습니다. 기온은 전국적으로 최고・최저 모두 평년보다 꽤 높을 것으로 보입니다.

단어　明日(あす) 내일 | 午前中(ごぜんちゅう) 오전 중 | 全国的(ぜんこくてき) 전국적 | 午後(ごご) 오후 | 晴(は)れる 맑다 |

気温(きおん) 기온 | 最高(さいこう) 최고 | 最低(さいてい) 최저 | 平年(へいねん) 평년

81 これは何についての説明ですか。

(A) 天気予報　　　　(B) 災害放送

(C) スポーツ　　　　(D) エンタメ

이것은 무엇에 관한 설명입니까?

(A) 일기예보　　　　(B) 재해 방송
(C) 스포츠　　　　　(D) 엔터테인먼트

[해설] 무엇에 관한 설명인지 묻는 문제는 지문의 내용을 전반적으로 이해하고 주제어를 찾아야 한다. 지문은 일기예보에 관한 이야기이므로 정답은 (A)에 해당된다.

[단어] 天気予報(てんきよほう) 일기예보 | 災害放送(さいがいほうそう) 재해 방송 | エンタメ 엔터테인먼트

82 明日の天気はどうですか。

(A) 雨　　　　　　　(B) くもり

(C) 雨のち晴れ　　　(D) くもりのち雨

내일 날씨는 어떻습니까?

(A) 비　　　　　　　(B) 흐림
(C) 비 온 뒤 갬　　　(D) 흐린 뒤 비

[해설] 이런 종류의 문제는 들리는 것을 바로 고르는 실수를 범해서는 안 된다. '오전 중'이라는 표현이 나왔으므로, '그 후는' 어떨 것이라는 것이 따라나올 수 있기 때문이다. 비가 온 후 갠다고 했으므로 정답은 (C)에 해당된다. 오전 중의 날씨만 듣고 무턱대고 (A)를 정답으로 고르지 않도록 유의하자.

[단어] くもり 흐림

83 気温は平年に比べてどうですか。

(A) 最高気温だけ低い。

(B) 最低気温だけ高い。

(C) 最高・最低とも高い。

(D) 最高・最低とも平年並みである。

기온은 평년에 비해서 어떻습니까?

(A) 최고기온만 낮다.
(B) 최저기온만 높다.
(C) 최고・최저 모두 높다.
(D) 최고・최저 모두 평년과 같은 수준이다.

[해설] '기온은'이라는 부분에 귀를 기울여야 하는데, 최고・최저기온이 모두 높다고 했으므로 정답은 (C)가 된다.

[단어] 平年並(へいねんな)み 평년과 같은 수준

84~86

山口さん、よろしくお願いします。あさっての１４日、午後７時に到着したら電話します。うちの花ちゃんは変わった子のように見えますが、明朗な子です。山口さんの好きな食べ物を買っておきました。生菓子は冷凍庫にあるから食べてください。戸棚の一段目の引き出しの中にコーヒーとお菓子があります。台所にある食べ物も自由に食べてください。

야마구치 씨, 잘 부탁드립니다. 모레 14일 오후 7시에 도착하면 전화하겠습니다. 우리 하나는 특이한 아이처럼 보이지만 명랑한 아이입니다. 야마구치 씨가 좋아하는 음식을 사 두었습니다. 생과자는 냉동고에 있으니까 드세요. 찬장의 첫 번째 서랍 안에 커피와 과자가 있습니다. 부엌에 있는 음식도 마음 놓고 드세요.

[단어] 午後(ごご) 오후 | 到着(とうちゃく) 도착 | 変(か)わった 색다르다, 별나다 | 明朗(めいろう) 명랑함 | 生菓子(なまがし) 생과자 | 冷凍庫(れいとうこ) 냉동고 | 戸棚(とだな) 찬장 | 一段目(いちだんめ) 첫 번째 단 | 引(ひ)き出(だ)し 서랍 | 台所(だいどころ) 부엌 | 自由(じゆう) 자유로움

84 今日は何日ですか。

(A) １１日　　　　　(B) １２日
(C) １３日　　　　　(D) １４日

오늘은 며칠입니까?

(A) 11일　　　　　　(B) 12일
(C) 13일　　　　　　(D) 14일

[해설] 질문지에 '며칠'을 묻는 문제가 있으면, 숫자를 듣는 데에 신경을 써야 된다. 그와 함께 あさって 등의 표현도 놓쳐서는 안 된다. 모레가 14일이므로 오늘은 12일이다.

85 生菓子はどこにありますか。

(A) 冷凍庫　　　　　(B) 冷蔵庫

(C) 戸棚の中　　　　(D) 引き出しの中

생과자는 어디에 있습니까?

(A) 냉동고　　　　　(B) 냉장고
(C) 찬장 안　　　　　(D) 서랍 안

[해설] 장소를 묻는 문제로 대상이 어디에 있는지 주의 깊게 들어야 한다. 찬장에 있는 것은 커피와 과자이므로 (C)는 정답에서 제외되고, 냉장고나 서랍은 지문에 나오지 않았으므로 (B), (D)는 정답에서 제외된다. 생과자를 못 듣고 뒤에 나온 과자만 들어서 (D)를 고르는 일은 없도록 한다.

86 花ちゃんはどんな子ですか。

(A) 根が暗い子　　(B) 気が勝った子
(C) 根気がある子　(D) 明るく朗らかな子

하나는 어떤 아이입니까?

(A) 천성이 어두운 아이　　(B) 지기 싫어하는 아이
(C) 끈기가 있는 아이　　　(D) 밝고 명랑한 아이

해설 한자어 明朗를 듣는 것이 중요하다. 인물의 성격을 묻는 문제는 다르게 나타낼 수 있는 어휘나 표현을 알아 두어야 한다. 여기서는 明朗와 유사한 표현인 明るく朗らかな子가 정답이 된다.

단어 根(ね)が暗(くら)い 천성이 어둡다 | 気(き)が勝(か)つ 지기 싫어하다 | 根気(こんき)がある 끈기가 있다 | 朗(ほが)らか 명랑함

87~90

結婚してから初めて、年末年始に主人の実家に帰省します。親戚にお土産を買って渡そうと思っていますが、親戚の子どもにお年玉を渡すのに悩んでいます。

親戚の子どもの数も多く、１５人以上いるようです。ちなみに私は専業主婦なので、財布は一つです。総額がかなりの負担になりますし、一度あげちゃうと後が怖いです。主人のお義母さんに相談したところ、お義母さんも毎年ケーキを作って配っていると言われました。私はお菓子を渡すのか、僅かでもお金であげた方がいいのか迷っています。

결혼 후 처음으로 연말연시에 시댁으로 귀성합니다. 친척에게 선물을 사 드리려 생각하고 있습니다만, 친척 아이에게 세뱃돈을 주는 것 때문에 고민하고 있습니다.
친척 아이 수도 많아 15명 이상 있는 듯합니다. 게다가 저는 전업주부라서 지갑이 하나입니다. 총액이 꽤 부담이 되고, 한 번 줘 버리면 (주기 시작하면) 그 뒤가 두렵습니다. 시어머니와 상담한 결과, 시어머니도 매년 케이크를 만들어 나누어 준다고 하셨습니다. 저는 과자를 줄지, 적더라도 돈으로 주는 것이 좋을지 망설이고 있습니다.

단어 結婚(けっこん) 결혼 | 年末年始(ねんまつねんし) 연말연시 | 主人(しゅじん) (자신의) 남편, 주인 | 実家(じっか) 본가, 생가 | 帰省(きせい) 귀성 | 親戚(しんせき) 친척 | お土産(みやげ) 기념품 | 渡(わた)す 건네다 | お年玉(としだま) 세뱃돈 | 悩(なや)む 고민하다 | 数(かず) 수 | 専業主婦(せんぎょうしゅふ) 전업주

부 | 総額(そうがく) 총액 | 負担(ふたん) 부담 | 相談(そうだん) 상담, 의논 | 毎年(まいとし) 매년 | 配(くば)る 나누어 주다 | 僅(わず)か 적음 | 迷(まよ)う 망설이다, 헤매다

87 女の人が悩んでいることはどれですか。

(A) お土産を選ぶこと

(B) お年玉をあげること

(C) ケーキが作れないこと

(D) お菓子が買えないこと

여성이 고민하고 있는 것은 어느 것입니까?

(A) 선물을 고르는 것
(B) 세뱃돈을 주는 것
(C) 케이크를 만들 수 없는 것
(D) 과자를 살 수 없는 것

해설 어떤 고민을 하고 있는가를 묻는 문제로, 고민의 대상을 들으면 바로 (B)라는 것을 알 수 있다. 마지막 부분에 세뱃돈을 주는 것에 대한 迷う가 다시 언급되었으므로, 이 문제를 푸는 데는 어려움이 없을 것이다.

단어 選(えら)ぶ 고르다

88 何の日を迎えていますか。

(A) お盆　　　　　(B) 七夕
(C) お正月　　　　(D) 子どもの日

무슨 날을 맞이하고 있습니까?

(A) 추석　　　　　(B) 칠석
(C) 설날　　　　　(D) 어린이날

해설 특정한 날을 묻는 것으로 '연말연시, 세뱃돈'이라는 표현이 나왔으므로 정답은 '설날'이 된다.

단어 迎(むか)える 맞이하다 | お盆(ぼん) 추석 | 七夕(たなばた) 칠석 | お正月(しょうがつ) 설날 | 子(こ)どもの日(ひ) 어린이날

89 姑は親戚の子どもに何を渡しましたか。

(A) お菓子　　　　(B) ケーキ
(C) おもちゃ　　　(D) シャボン玉

시어머니는 친척 아이에게 무엇을 줍니까?

(A) 과자　　　　　(B) 케이크
(C) 장난감　　　　(D) 비눗방울

해설 姑가 시어머니라는 것을 모르면 풀기가 다소 어려웠을 것이다. 이와 더불어 (しゅうと) 시아버지, 小姑(こじゅうとめ) 시누이/처형, 小 (こじゅうと) 시숙/처남이라는 시댁식구 관련 표현도 익혀 두면 좋다. 시어머니가 세뱃돈 대신에 무엇을 주는지 귀를 기울여야 하는데, 케이크를 配る라고 했으므로 정답이 (B)라는 것을 알 수 있다.

90 親戚の子どもは何人いるようですか。

(A) １５人　　　　(B) １５人以下

(C) １５人未満　　(D) １５人以上

친척 아이는 몇 명 있는 듯합니까?

(A) 15명　　　　(B) 15명 이하

(C) 15명 미만　　(D) 15명 이상

해설　以上를 들었는지 못 들었는지 묻는 문제이다. 선택지에는 15명이라는 모든 공통된 어휘에 以下, 未満, 以上라는 표현이 접속되었으므로 15명 다음에 나오는 어휘에 집중해서 들어야 한다. 以上가 나왔으므로 정답은 (D)이다.

단어　以下(いか) 이하 | 未満(みまん) 미만

91~93

韓国航空８０２便、シカゴ行きにご搭乗いただき、誠にありがとうございます。東京からシカゴまでは６２８４マイル、飛行時間は１１時間３０分を予定しております。到着予定時刻は１６時５分です。機内では通路、化粧室を含め全席禁煙でございます。飛行中は気流の変化により突然揺れることがございます。皆様の安全のため、座席におつきの際には、常にシートベルトをお締め下さい。

한국항공 802편 시카고행에 탑승해 주셔서 정말로 감사합니다. 도쿄에서 시카고까지는 6284마일, 비행 시간은 11시간 30분을 예정하고 있습니다. 도착 예정 시각은 16시 5분입니다. 기내는 통로, 화장실을 포함 전석 금연입니다. 비행 중에는 기류 변화에 따라 갑자기 흔들릴 경우가 있습니다. 여러분의 안전을 위해 좌석에 앉아 계실 때에는 항상 안전벨트를 매 주시기 바랍니다.

단어　航空(こうくう) 항공 | シカゴ 시카고 | ～行(ゆ)き ～행 | 搭乗(とうじょう) 탑승 | 誠(まこと)に 정말로, 진심으로 | マイル 마일 | 飛行時間(ひこうじかん) 비행 시간 | 予定(よてい) 예정 | 到着(とうちゃく) 도착 | 時刻(じこく) 시각 | 機内(きない) 기내 | 通路(つうろ) 통로 | 化粧室(けしょうしつ) 화장실 | 含(ふく)める 포함시키다, 포함하다 | 全席(ぜんせき) 전석, 모든 자리 | 禁煙(きんえん) 금연 | 飛行中(ひこうちゅう) 비행 중 | 気流(きりゅう) 기류 | 突然(とつぜん) 갑자기 | 揺(ゆ)れる 흔들리다 | 皆様(みなさま) 여러분 | 安全(あんぜん) 안전 | 座席(ざせき)につく 좌석에 앉다 | ～際(さい) ～할 즈음 | 常(つね)に 항상 | シートベルトを締(し)める 안전벨트를 매다

91 この人は何に乗っていますか。

(A) 飛行機　　　　(B) 新幹線

(C) ロケット　　　(D) タクシー

이 사람은 무엇을 타고 있습니까?

(A) 비행기　　　　(B) 신칸센

(C) 로켓　　　　　(D) 택시

해설　飛行時間, 飛行中라는 표현을 들었다면 이 사람이 타고 있는 것이 비행기라는 것을 알 수 있다.

92 この人はどこへ行きますか。

(A) 韓国　　　　(B) 東京

(C) シカゴ　　　(D) マイアミ

이 사람은 어디로 갑니까?

(A) 한국　　　　(B) 도쿄

(C) 시카고　　　(D) 마이애미

해설　목적지를 묻는 문제이므로 ～行(ゆ)き에 유의해서 들어야 한다. 지문에서 (D) 마이애미는 나오지 않았으므로 정답에서 일단 제외된다. 항공 이름이 한국항공일 뿐이므로 (A)는 정답에서 제외되고, 도쿄에서 출발하는 것이므로 (B)도 정답에서 제외된다.

단어　マイアミ 마이애미

93 この内容と合っているのはどれですか。

(A) トイレで喫煙できる。

(B) 到着予定は１１時である。

(C) シートベルトの着用をすすめている。

(D) 目的地まで６２８４キロ離れている。

이 내용과 맞는 것은 어느 것입니까?

(A) 화장실에 흡연할 수 있다.

(B) 도착 예정은 11시이다.

(C) 안전벨트 착용을 권장하고 있다.

(D) 목적지까지 6284km 떨어져 있다.

해설　내용과 일치하는 것을 고르는 문제는 본문의 내용을 하나하나 들으면서 체크해야 한다. 모든 구역은 금연 구역이라 했으므로 (A)는 정답에서 제외, 도착 예정은 16시 5분이라 했으므로 (B)는 정답에서 제외된다. 목적지까지 6284km가 아니라 6284마일이라고 했으므로 (D)는 정답에서 제외된다. 같은 숫자가 들렸다고 무턱대고 정답으로 고르지 않도록 주의한다.

단어　喫煙(きつえん) 흡연 | 着用(ちゃくよう) 착용 | すすめる 권장하다 | 目的地(もくてきち) 목적지 | 離(はな)れる 떨어지다

94~97

<blockquote>
自動振り替えは電話料金、電気料金、ガス料金、水道料金、放送受信料などの公共料金を銀行の預金口座から自動的に支払うことです。預金口座のある銀行で申し込めば翌月から開始されます。自動振り替えは便利であると同時に、放送受信料は３％ぐらい安くなります。
</blockquote>

자동이체는 전화 요금, 전기 요금, 가스 요금, 수도 요금, 방송 수신료 등의 공공요금을 은행의 예금계좌에서 자동적으로 지불하는 것입니다. 예금계좌가 있는 은행에서 신청하면 다음 달부터 개시됩니다. 자동이체는 편리함과 동시에 방송 수신료는 3% 정도 싸집니다.

단어 　自動(じどう)振(ふ)り替(か)え 자동이체 | 料金(りょうきん) 요금 | ガス 가스 | 水道(すいどう) 수도 | 放送(ほうそう) 방송 | 受信料(じゅしんりょう) 수신료 | 公共(こうきょう) 공공 | 預金口座(よきんこうざ) 예금계좌 | 自動的(じどうてき) 자동적 | 支払(しはら)う 지불하다 | 申(もう)し込(こ)む 신청하다 | 翌月(よくげつ) 익월, 다음 달 | 開始(かいし) 개시 | ~と同時(どうじ)に ~와 동시에

94 公共料金の種類ではないのはどれですか。

(A) 電話料金　　　　(B) 電気料金
(C) 郵便の送料　　　(D) 放送受信料

공공요금의 종류가 아닌 것은 어느 것 입니까?

(A) 전화 요금　　　　(B) 전기 요금
(C) 우편 송료　　　　(D) 방송 수신료

해설　공공요금의 종류가 아닌 것을 묻는 문제로, 들려주는 지문에서 '~요금'이라는 표현을 주의 깊게 듣고 체크해야 한다. 본문에서 공공요금으로 제시되지 않은 것은 郵便の送料이기 때문에 정답은 (C)이다.

단어　種類(しゅるい) 종류 | 郵便(ゆうびん) 우편 | 送料(そうりょう) 송료

95 自動振り替えの手続きはどこでしますか。

(A) 近所の交番　　　(B) 管轄の区役所
(C) 口座のある銀行　(D) 最寄りのコンビニ

자동이체 수속은 어디에서 합니까?

(A) 근처의 파출소　　(B) 관할 구청
(C) 계좌가 있는 은행　(D) 가까운 편의점

해설　파출소, 구청, 편의점은 지문에 나오지 않았고, 은행에서 신청한다고 했으므로, 정답은 (C)이다.

단어　手続(てつづ)き 수속 | 近所(きんじょ) 근처 | 交番(こうばん) 파출소 | 管轄(かんかつ) 관할 | 区役所(くやくしょ) 구청 | 最寄(もよ)り 가장 가까움, 근처

96 銀行で申し込めばいつから開始されますか。

(A) 翌日　　　　(B) 翌週
(C) 翌月　　　　(D) 翌年

은행에서 신청하면 언제부터 개시됩니까?

(A) 다음 날　　　(B) 다음 주
(C) 다음 달　　　(D) 다음 해

해설　申し込めば翌月から라는 것을 들었다면 정답이 (C)라는 것을 알 수 있다. 月은 つき(달), がつ(월), げつ(개월)로도 읽을 수 있다는 것을 알아 두자.

단어　翌日(よくじつ) 다음 날 | 翌週(よくしゅう) 다음 주 | 翌年(よくねん) 다음 해

97 自動振り替えにすると、料金が安くなるものはどれですか。

(A) 水道料金　　　(B) 電気料金
(C) ガス料金　　　(D) 放送受信料

자동이체를 하면 요금이 싸지는 것은 어느 것입니까?

(A) 수도 요금　　　(B) 전기 요금
(C) 가스 요금　　　(D) 방송 수신료

해설　본문의 마지막 부분에 방송 수신료가 3% 싸진다고 했으므로 정답은 (D)이다.

98~100

<blockquote>
林さんは一ヶ月の予定で、ヨーロッパに出張に行きます。前回はアジア方面に行きました。林さんは犬を飼っています。長期で留守をする時、だれに犬の面倒を見てもらうか悩んでいます。実家にはまだ結婚していない妹が一人いるのですが、妹は動物アレルギーがあるから、頼める人がいません。それで実家の近くにあるペットを預かってくれる「ペットホテル」を利用することにしました。
</blockquote>

하야시 씨는 1개월 예정으로 유럽으로 출장을 갑니다. 지난번에는 아시아 방면으로 갔었습니다. 하야시 씨는 개를 키우고 있습니다. 장기간 집을 비울 때, 누구에게 개를 돌봐 달라고 할지 고민됩니다.

본가에는 아직 결혼하지 않은 여동생이 한 명 있는데, 여동생은 동물 알레르기가 있어서 부탁할 수 있는 사람이 없습니다. 그래서 본가 근처에 있는 애완동물을 맡아 주는 '펫 호텔'을 이용하기로 했습니다.

단어 ~ヶ月(~かげつ) ~개월 | 予定(よてい) 예정 | ヨーロッパ 유럽 | 出張(しゅっちょう) 출장 | 前回(ぜんかい) 전회, 지난번 | アジア 아시아 | 方面(ほうめん) 방면 | 飼(か)う 기르다 | 長期(ちょうき) 장기간 | 留守(るす) 부재 | 面倒(めんどう)を見(み)る 돌보다 | 悩(なや)む 고민하다 | 実家(じっか) 본가, 생가 | 結婚(けっこん) 결혼 | 動物(どうぶつ) 동물 | アレルギ 알레르기 | 預(あず)かる 맡다 | 利用(りよう) 이용

98 林さんは何(なに)をする予定ですか。

(A) 欧州への出張(おうしゅう) (B) アジアツアー
(C) 実家に帰(かえ)ること (D) ヨーロッパでの観光(かんこう)

하야시 씨는 무엇을 할 예정입니까?

(A) 유럽 출장 (B) 아시아 여행
(C) 본가에 돌아가는 것 (D) 유럽에서의 관광

해설 하야시가 무엇을 할 예정인지 잘 들어야 한다. ヨーロッパ가 나왔다고 해서 바로 (D)를 정답으로 고르지 않도록 한다. 아시아 쪽은 지난번에 다녀왔으므로 (B)는 정답에서 제외되고, 본가라는 표현이 나오기는 했지만 본가에 가겠다는 의지는 나와 있지 않으므로 (C)도 정답에서 제외된다. 欧州(おうしゅう)가 어느 지역을 의미하는지 알았다면 정답이 (A)라는 것을 알 수 있을 것이다.

단어 欧州(おうしゅう) 유럽 | ツアー 투어 | 観光(かんこう) 관광

99 林さんは犬をどうしますか。

(A) 妹にあげる。
(B) 犬小屋(いぬごや)に預(あず)ける。
(C) 旅行先(りょこうさき)に連(つ)れて行く。

(D) ペットホテルに預ける。

하야시 씨는 개를 어떻게 합니까?

(A) 여동생에게 준다.
(B) 개집에 맡긴다.
(C) 여행지에 데리고 간다.
(D) 펫 호텔에 맡긴다.

해설 하야시의 결정 사항이 무엇인지 파악해야 한다. 여동생에게 준다고 한 적이 없으므로 (A)는 정답에서 제외되고, 맡기는 곳은 개집이 아니기 때문에 (B)도 정답에서 제외된다. 마지막 부분에 '펫 호텔'을 이용한다고 제시되었으므로 정답은 (D)이다.

단어 犬小屋(いぬごや) 개집 | 預(あず)ける 맡기다 | 旅行先(りょこうさき) 여행지 | 連(つ)れていく 데려가다

100 留守の時、何を悩んでいますか。

(A) 妹の安否(あんぴ) (B) 戸締(とじ)まり
(C) みずやり (D) 犬の面倒

집을 비울 때 무엇을 걱정합니까?

(A) 여동생의 안부 (B) 문단속
(C) 물 주기 (D) 개 돌보기

해설 留守をする時 이후에 나오는 내용을 주의 깊게 들어야 한다. 고민의 내용은 犬の面倒라고 했으므로 정답은 (D)이다. 戸締まり, みずやり와 관련된 표현은 나오지 않았으므로 정답과는 거리가 멀다.

단어 安否(あんぴ) 안부 | 戸締(とじ)まり 문단속 | みずやり 물 주기

☑ 단어	읽기	뜻
合図	あいず	신호
愛らしい	あいらしい	귀엽다, 사랑스럽다
預かり札	あずかりふだ	보관증
安否	あんぴ	안부
犬小屋	いぬごや	개집
浮かべる	うかべる	띠다, 띄우다
浮き輪	うきわ	튜브
うずくまる		웅크리고 앉다
遠慮	えんりょ	거리낌, 깊은 생각
お金をおろす	おかねをおろす	돈을 찾다
お天気屋	おてんきや	변덕쟁이, 기분파
思い切って	おもいきって	큰맘 먹고
快速	かいそく	쾌속
解凍	かいとう	해동
飼う	かう	기르다
かき分ける	かきわける	헤치다
隠れんぼう	かくれんぼう	숨바꼭질
かご付き	かごつき	바구니가 달려 있음
かすむ		부옇다, 뿌예지다
川沿い	かわぞい	강가
管轄	かんかつ	관할
缶けり	かんけり	깡통 차기
看板	かんばん	간판
きつい		꽉 끼다
喫煙	きつえん	흡연
気まぐれ	きまぐれ	변덕, 변덕스러움
休講	きゅうこう	휴강
極端	きょくたん	극단
気楽	きらく	속 편함, 홀가분함, 한가함
具	ぐ	건더기, 고명
空室	くうしつ	빈방
串	くし	꼬챙이, 꼬치
黄砂	こうさ	황사
広報	こうほう	홍보
誤字脱字	ごじだつじ	오자와 탈자
ごった返す	ごったがえす	북적이다
昆虫	こんちゅう	곤충
こんもり		붕긋, 수북이
逆さま	さかさま	거꾸로 됨
さわやかだ		기분이 개운하다, 산뜻하다
住宅街	じゅうたくがい	주택가
錠前	じょうまえ	자물쇠
振動	しんどう	진동
隙間	すきま	틈
席を外す	せきをはずす	자리를 비우다
セルライト		셀룰라이트
世話を焼く	せわをやく	보살피다, 돌보다
専業主婦	せんぎょうしゅふ	전업주부
そよ風	そよかぜ	미풍, 산들바람
大工	だいく	목수
丈	たけ	기장, 길이
駐車場	ちゅうしゃじょう	주차장
提灯	ちょうちん	제등
陳列棚	ちんれつだな	진열장
突き当たり	つきあたり	막다른 곳
詰め寄る	つめよる	다그치다, 다가서다
停車	ていしゃ	정차
手に余る	てにあまる	힘겹다, 벅차다

□ 天気予報	てんきよほう	일기예보
□ 転勤	てんきん	전근
□ 電波	でんぱ	전파
□ 添付ファイル	てんぷファイル	첨부파일
□ 搭乗	とうじょう	탑승
□ どうってことない		별일 아니다, 괜찮다
□ 戸締まり	とじまり	문단속
□ 戸棚	とだな	찬장
□ 特急	とっきゅう	특급
□ 雪崩	なだれ	눈사태
□ 悩む	なやむ	고민하다
□ なわとび		줄넘기
□ 根が暗い	ねがくらい	천성이 어둡다
□ 寝そべる	ねそべる	배를 깔고 눕다
□ 暢気	のんき	성격이 낙관적이고 느긋함
□ 廃棄物	はいきぶつ	폐기물
□ 歯茎	はぐき	잇몸
□ 腹這い	はらばい	배를 깔고 엎드림
□ 腫れる	はれる	붓다
□ 非常識	ひじょうしき	비상식
□ 品質保証	ひんしつほしょう	품질보증
□ 振り込む	ふりこむ	입금하다
□ 平年並み	へいねんなみ	평년과 같은 수준
□ 暴食	ぼうしょく	폭식
□ 放置	ほうち	방치
□ 保障	ほしょう	보장
□ 舞う	まう	춤추다
□ 間違い	まちがい	실수
□ 満開	まんかい	만개
□ 満面	まんめん	만면
□ 見掛によらず	みかけによらず	보기와는 달리

□ 明朗	めいろう	명랑함
□ めまいがする		현기증이 나다
□ 最寄り	もより	근처
□ 焼き増し	やきまし	추가 인화
□ 郵便	ゆうびん	우편
□ 有望株	ゆうぼうかぶ	유망주
□ 結わえる	ゆわえる	매다
□ 預金口座	よきんこうざ	예금계좌
□ 翌月	よくげつ	익월, 다음 달
□ リュックサック		배낭
□ 留守	るす	부재

모의테스트 • 2회
정답 및 해설

1 (C)	2 (B)	3 (D)	4 (B)	5 (C)	6 (D)	7 (D)	8 (B)	9 (C)	10 (B)
11 (D)	12 (A)	13 (B)	14 (D)	15 (C)	16 (B)	17 (C)	18 (B)	19 (A)	20 (C)
21 (D)	22 (B)	23 (D)	24 (D)	25 (D)	26 (B)	27 (C)	28 (D)	29 (D)	30 (B)
31 (B)	32 (A)	33 (B)	34 (D)	35 (D)	36 (D)	37 (A)	38 (C)	39 (D)	40 (C)
41 (A)	42 (D)	43 (B)	44 (B)	45 (B)	46 (C)	47 (A)	48 (D)	49 (A)	50 (D)
51 (D)	52 (A)	53 (D)	54 (A)	55 (A)	56 (D)	57 (C)	58 (D)	59 (D)	60 (B)
61 (B)	62 (C)	63 (C)	64 (C)	65 (D)	66 (D)	67 (A)	68 (D)	69 (D)	70 (D)
71 (C)	72 (D)	73 (B)	74 (B)	75 (D)	76 (D)	77 (C)	78 (A)	79 (A)	80 (D)
81 (D)	82 (A)	83 (D)	84 (B)	85 (D)	86 (B)	87 (C)	88 (C)	89 (A)	90 (D)
91 (A)	92 (B)	93 (C)	94 (D)	95 (A)	96 (A)	97 (D)	98 (C)	99 (B)	100 (A)

문제는 본책 p83~p103

PART 1

1 _ 사물에 관한 묘사

(A) 円錐形の水筒が並んでいます。
(B) 渦巻き模様のパンが置いてあります。
(C) コップにストローが差してあります。
(D) 半月形のパンが箱詰めになっています。

(A) 원추형 물통이 나란히 있습니다.
(B) 소라빵이 놓여 있습니다.
(C) 컵에 빨대가 꽂혀 있습니다.
(D) 반달형 빵이 상자에 가득 들어 있습니다.

해설 어떤 사물이 어떻게 놓여 있는지 파악하는 것이 중요하다. 페트병은 누워 있으므로 (A)는 정답으로 부적절하고, 빵은 삼각형 모양의 샌드위치가 놓여 있는 것이므로 (B)와 (D)는 정답으로 부적절하다.

단어 円錐形(えんすいけい) 원추형, 원뿔형 ┃ 水筒(すいとう) 물통 ┃ 渦巻(うずま)き 소용돌이, 소용돌이 모양 ┃ 模様(もよう) 모양 ┃ ストロー 빨대 ┃ 差(さ)す 꽂다 ┃ 半月形(はんげつがた) 반달형 ┃ 箱詰(はこづ)め 상자에 담음, 또는 상자들이 물건

2 _ 군중과 사물에 관한 묘사

(A) 学生たちは早弁をしています。
(B) 教壇の上に机がおいてあります。
(C) 丸い時計が黒板の上にかけられています。
(D) 学生は飛んでくるチョークを掴んでいます。

(A) 학생들이 도시락을 일찍 먹고 있습니다.
(B) 교단 위에 책상이 놓여 있습니다.
(C) 둥근 시계가 칠판 위에 걸려 있습니다.
(D) 학생은 날아오는 분필을 잡고 있습니다.

해설 사진 속에 있는 시계는 칠판 옆에 놓여 있으므로 (C)는 부적절, 학생들이 공부를 하고 있는 모습이므로 (A), (D)도 부적절하다.

단어 早弁(はやべん) 점심시간 전에 도시락을 먹음 ┃ 教壇(きょうだん) 교단 ┃ 黒板(こくばん) 칠판 ┃ チョーク 분필 ┃ 掴(つか)む 붙잡다, 파악하다

3 _ 인물의 의상에 관한 묘사

(A) 子どもはパジャマをたたんでいます。

(B) 子どもはヒヨコにえさをやっています。
(C) 子どもはニワトリ柄のパジャマを買っています。
(D) 子どもはニワトリの着ぐるみを着ています。

(A) 아이는 파자마를 개고 있습니다.
(B) 아이는 병아리에게 먹이를 주고 있습니다.
(C) 아이는 닭이 그려진 파자마를 사고 있습니다.
(D) 아이는 닭 모양 옷을 입고 있습니다.

해설 사진 속 인물의 특징에 주목하자. 아이는 병아리 인형을 들고 있는 것이므로 (B)는 정답으로 부적절하고, 닭 모양의 파자마를 입고 있으므로 정답은 (D)가 적당하다. (A), (B), (C)에 パジャマ, ヒヨコ, ニワトリ 등 사진과 관련 있는 어휘가 모두 들어 있기 때문에 끝까지 잘 듣는 것이 중요하다.

단어 パジャマ 파자마, 잠옷 ┃ たたむ 개다, 접다 ┃ ヒヨコ 병아리 ┃ えさをやる 먹이를 주다 ┃ ニワトリ 닭 ┃ 柄(がら) 무늬 ┃ 着(き)ぐるみ 사람이 입는 대형 인형 의상

4 _ 사물에 관한 묘사

(A) ケーキの上に砂糖菓子の人形がのっています。
(B) 三角に切られたショートケーキがあります。
(C) フルーツをのせたハート型のウエディングケーキです。
(D) 半分にカットしたイチゴがケーキの周りにのせてあります。

(A) 케이크 위에 설탕 과자 인형이 올려져 있습니다.
(B) 삼각형으로 잘라진 쇼트케이크가 있습니다.
(C) 과일을 올린 하트 모양의 웨딩케이크입니다.
(D) 반으로 자른 딸기가 케이크 주위에 놓여 있습니다.

해설 사진 속에 제시된 사물이 어떤 모양인지 관찰하고, 사진에 없는 딸기나 웨딩케이크를 언급한 (C), (D)는 정답에서 제외된다. 삼각형 모양의 케이크가 접시 위에 놓여 있으므로 정답으로는 (B)가 적절하다.

단어 砂糖菓子人形(さとうがしにんぎょう) 설탕 과자 인형 ┃ 三角(さんかく) 삼각 ┃ 切(き)る 자르다 ┃ フルーツ 과일 ┃ のせる 올리다 ┃ ハート型(がた) 하트 모양 ┃ ウエディングケーキ 웨딩케이크 ┃ 半分(はんぶん) 절반 ┃ 周(まわ)り 주위

5 _ 인물의 행동 묘사

(A) 草をむしっています。
(B) 額に手をかざしています。
(C) しゃがんで野菜をとっています。
(D) 落ち葉のたき火でさつま芋を焼いています。

(A) 草を抜いています。
(B) 額に手を乗せています。
(C) 웅크리고 앉아 야채를 따고 있습니다.
(D) 낙엽 모닥불로 고구마를 굽고 있습니다.

해설 실외 활동 관련 문제로 아이가 웅크리고 앉아 야채를 캐고 있는 모습이므로 (C)가 적당하다.

단어 むしる 잡아 뽑다 | 額(ひたい)をかざす (그늘지게 하기 위해) 이마에 손을 얹다 | しゃがむ 웅크리고 앉다 | 落(お)ち葉(ば) 낙엽 | たき火(び) 모닥불 | さつま芋(いも) 고구마 | 焼(や)く 굽다

6 _ 화장실 내부 모습 묘사

(A) 水道の蛇口が故障中です。
(B) タオルで手を拭いています。
(C) 洗面台に鏡が付いています。
(D) 便座の蓋はあげられています。

(A) 수도꼭지가 고장 중입니다.
(B) 수건으로 손을 닦고 있습니다.
(C) 세면대에 거울이 달려 있습니다.
(D) 변기 뚜껑은 올려져 있습니다.

해설 수도꼭지가 고장 중인지 알 수 없으므로 (A)는 부적절, 수건은 수건걸이에 걸려 있는 상태이므로 (B)도 부적절, 세면대에 거울이 달려 있지 않으므로 (C) 역시 부적절하다.

단어 水道(すいどう) 수도 | 蛇口(じゃぐち) 수도꼭지 | 故障中(こしょうちゅう) 고장 중 | タオル 수건 | 拭(ふ)く 닦다, 훔치다 | 洗面台(せんめんだい) 세면대 | 鏡(かがみ) 거울 | 付(つ)く 붙다, 달리다 | 便座(べんざ) 양변기의 앉는 자리 | 蓋(ふた) 뚜껑 | あげる 올리다

7 _ 식물의 모습 묘사

(A) 花がしぼんでいます。
(B) こけが生えています。
(C) つるが伸びています。
(D) 花のつぼみがついています。

(A) 꽃이 시들었습니다.
(B) 이끼가 끼었습니다.
(C) 덩굴이 뻗어 있습니다.
(D) 꽃봉오리가 달려 있습니다.

해설 사진에 나타난 것은 꽃봉오리가 있는 봉숭아꽃으로 정답은 (D)이다. 덩굴이나 이끼는 보이지 않으므로 (B), (C)는 정답으로 적당하지 않다.

단어 しぼむ 시들다, 오므라들다 | こけ 이끼 | 生(は)える 나다, 자라다 | つる 덩굴 | 伸(の)びる 뻗다, 자라다 | つぼみ 꽃봉오리

8 _ 사물의 모양과 세부 사항 묘사

(A) 半月形の時計がかけてあります。
(B) 花柄の時計は3時を指しています。
(C) 時計塔の時計が3時を回っています。
(D) からくり人形が出てきて踊っています。

(A) 반달형의 시계가 걸려 있습니다.
(B) 꽃무늬 시계는 3시를 가리키고 있습니다.
(C) 시계탑의 시계가 3시를 지나고 있습니다.
(D) 태엽인형이 나와서 춤추고 있습니다.

해설 시계는 책상 위에 놓여 있으므로 (A)는 정답에서 제외, 시계탑이나 태엽인형은 없으므로 (C), (D)도 정답으로 부적절하다. 꽃무늬가 있는 시계는 3시를 가리키고 있으므로 정답은 (B)이다.

단어 花柄(はながら) 꽃무늬 | 指(さ)す 가리키다 | 時計塔(とけいとう) 시계탑 | 回(まわ)る 돌다, (시각이) 지나다 | からくり人形(にんぎょう) 태엽을 감아서 움직이게 하는 인형 | 踊(おど)る 춤추다

9 _ 여러 가지 사물에 관한 표현

(A) 懐中電灯が転がっています。
(B) 電線が螺旋状に巻いてあります。
(C) USBケーブルで繋いであります。
(D) コンセントに充電器がさしてあります。

(A) 회중전등이 굴러다니고 있습니다.
(B) 전선이 나선 모양으로 감겨 있습니다.
(C) USB 케이블로 연결되어 있습니다.
(D) 콘센트에 충전기가 꽂혀 있습니다.

해설 여러 가지 물건이 바닥에 어지럽게 놓여 있으므로, 각 물건들이 어떤 모습을 하고 있는지 파악해 두어야 한다. 회중전등은 세워져 있으므로 (A)는 부적절, 전선은 감겨 있는 것이 아니므로 (B)도 적절하지 않다. 사진에는 콘센트가 없으므로 (D)는 정답으로 부적절하다.

단어 懐中電灯(かいちゅうでんとう) 회중전등 | 転(ころ)がる 구르다, 넘어지다 | ケーブル 케이블 | 繋(つな)ぐ 잇다, 연결하다 | 電線(でんせん) 전선 | 螺旋状(らせんじょう) 나선 모양 | 巻(ま)く 감다 | 充電器(じゅうでんき) 충전기

10 _ 사물의 배열에 관한 묘사

(A) 長いほうきが横に倒れています。
(B) 塵取りが重ねられて並んでいます。
(C) 塵取りの上にほうきが置かれています。
(D) ほうきは塵取りの間に立てられています。

(A) 긴 빗자루가 옆으로 쓰러져 있습니다.

(B) 쓰레받기가 포개어져 나란히 있습니다.

(C) 쓰레받기 위에 빗자루가 놓여 있습니다.

(D) 빗자루는 쓰레받기 사이에 세워져 있습니다.

해설 사물의 배열 형태를 묻는 문제이다. 쓰레받기와 빗자루가 어떻게 배열되었는지 주의 깊게 본다. 옆으로 쓰러진 빗자루는 없으므로 (A)는 정답으로 부적절, 쓰레받기와 빗자루는 따로 놓여 있으므로 (C), (D)도 정답에서 제외된다.

단어 ほうき 빗자루 | 横(よこ) 옆 | 倒(たお)れる 쓰러지다 | 塵取(ちりと)り 쓰레받기 | 重(かさ)ねる 겹치다

11 _ 실외 모습 묘사

(A) 逆方向の車は信号待ちをしています。
(B) 新聞がバイクの上に積まれています。
(C) 店舗の前に新聞売りが待機しています。
(D) 窓の外側に植木鉢が取り付けてあります。

(A) 반대 방향의 자동차는 신호 대기를 하고 있습니다.

(B) 신문이 오토바이 위에 쌓여 있습니다.

(C) 점포 앞에 신문팔이가 대기하고 있습니다.

(D) 창문 바깥쪽에 화분이 달려 있습니다.

해설 간판의 '신문'이라는 글자가 눈에 띄고, 그 위의 창문에 화분이 나란히 놓여 있는 사진이다. 인도 위의 신호등은 빨강으로, 차가 신호대기하고 있는 것이 아니므로 (A)는 정답으로 부적절하다. 오토바이 위에는 신문이 쌓여 있지 않으며, 신문을 파는 사람은 없으므로 (B), (C)는 정답으로 부적절하다.

단어 逆方向(ぎゃくほうこう) 역방향, 반대 방향 | 信号待(しんごうま)ち 신호 대기 | 積(つ)む 쌓다 | 店舗(てんぽ) 점포 | 新聞売(しんぶんう)り 신문팔이 | 待機(たいき) 대기 | 外側(そとがわ) 바깥쪽 | 植木鉢(うえきばち) 화분 | 取(と)り付(つ)ける 설치하다

12 _ 안내판의 이해

(A) 病院の診療時間を案内しています。
(B) 日曜日の９時から１２時まで診療しています。
(C) 午後は１６時から１７時まで開院しております。
(D) 午前９時から１時までは通常通り診療します。

(A) 병원의 진료 시간을 안내하고 있습니다.

(B) 일요일 9시부터 12시까지 진료하고 있습니다.

(C) 오후는 16시부터 17시까지 개원하고 있습니다.

(D) 오전 9시부터 1시까지는 통상대로 진료합니다.

해설 병원의 진료 시간을 안내하는 내용이므로, 요일과 시간을 재빨리 파악하자. 일요일은 휴진이므로 (B)는 정답으로 부적절하고, 오후 진료는 6시 반부터 7시 반까지이므로 (C)는 정답으로 부적절하다.

오전 진료는 12시까지이므로 (D)는 정답에 해당되지 않는다.

단어 診療(しんりょう) 진료 | 案内(あんない) 안내 | 午後(ごご) 오후 | 開院(かいいん) 개원 | 午前(ごぜん) 오전 | 通常(つうじょう) 통상, 보통 | ～通(どお)り ～대로〈명사에 접속〉

13 _ 사물의 모양 묘사

(A) 巨木をのこぎりで切っています。
(B) 丸太がぎっしりと積まれています。
(C) 同じ太さの板が横向きに並んでいます。
(D) 板状の木がところ狭しと立てかけられています。

(A) 거목을 톱으로 자르고 있습니다.

(B) 통나무가 빽빽이 쌓여 있습니다.

(C) 같은 두께의 판자가 옆으로 나란히 있습니다.

(D) 판자 모양의 나무가 빽빽이 세워져 있습니다.

해설 통나무가 빼곡하게 쌓인 사진으로 정답은 (B)에 해당된다. 납작한 판 모양의 나무는 사진 속에 존재하지 않으므로 (C), (D)는 정답에서 제외된다.

단어 巨木(きょぼく) 거목 | のこぎり 톱 | 丸太(まるた) 통나무, 원목 | ぎっしり 가득, 빽빽이 | 太(ふと)さ 두께 | 板(いた) 판자 | 横向(よこむ)き 옆으로 향한 상태 | 板状(いたじょう) 판자 모양 | ところ狭(せま)しと 빽빽이 | 立(た)てかける 기대어 세우다

14 _ 진열된 상품의 특징

(A) 店内が商品でごった返しています。
(B) スナック菓子が山積みにされています。
(C) 陳列棚に商品が収まり切っていません。
(D) ショーケースに値札がついた料理が並んでいます。

(A) 점내가 상품으로 가득합니다.

(B) 스낵 과자가 산처럼 쌓여 있습니다.

(C) 진열장에 상품이 다 들어가 있지 않습니다.

(D) 진열장에 가격표가 붙은 요리가 나란히 있습니다.

해설 식당에서 볼 수 있는 음식 진열대이다. 진열장 밖으로 나와 있는 상품이 없으므로 (A), (C)는 정답에서 제외되고, 과자를 진열한 것이 아니므로 (B)도 정답으로 적당하지 않다.

단어 店内(てんない) 점내, 가게 안 | 商品(しょうひん) 상품 | ごった返(がえ)す 북적거리다, 몹시 붐비다 | 山積(やまづ)み 산처럼 높게 쌓아 올림 | 陳列棚(ちんれつだな) 진열장 | 収(おさ)まる 알맞게 들어앉다 | ～切(き)る 끝까지 ～하다, 다 ～하다〈동사 ます형에 접속〉 | ショーケース 상품 진열장 | 値札(ねふだ) 가격표 | つく 붙다, 달리다

15 _ 특정 인물 묘사

(A) 女の人は着物を仕立て直しています。

(B) 女の人は立った姿勢で帯を締めています。

(C) 帯を締めた女性はマイクを手に持っています。

(D) ビールジョッキを片手に持って、乾杯の音頭をとっています。

(A) 여성은 기모노를 다시 재봉하고 있습니다.

(B) 여성은 선 자세로 오비를 매고 있습니다.

(C) 오비를 맨 여성은 마이크를 손에 쥐고 있습니다.

(D) 맥주잔을 한쪽 손에 들고 건배를 외치고 있습니다.

해설 기모노를 뜯어 다시 고치고 있는 모습은 아니므로 (A)는 정답으로 부적절하다. 기모노가 나왔다고 바로 정답으로 체크해서는 안 된다. 기모노 차림의 여성이 마이크를 들고 있는 모습이므로 정답은 (C)이다.

단어 仕立(した)てる 마련하다, 재봉하다 | ~直(なお)す 다시 ~하다〈동사 ます형에 접속〉| 姿勢(しせい) 자세 | 帯(おび) 오비, 허리에 두르는 띠 | 締(し)める 졸라매다 | ビールジョッキ 맥주잔 | 片手(かたて) 한쪽 손 | 乾杯(かんぱい) 건배 | 音頭(おんど)をとる 선창하다

16 _ 가게의 외부 모습에 관한 표현

(A) 馬車に提灯がともっています。

(B) すだれに垂れ幕がかかっています。

(C) 木にプラカードがぶら下がっています。

(D) 数種類の横断幕に薬の効能が書かれています。

(A) 마차에 제등이 켜져 있습니다.

(B) 발에 현수막이 걸려 있습니다.

(C) 나무에 현수막이 매달려 있습니다.

(D) 수 종류의 횡단막에 약의 효능이 쓰여 있습니다.

해설 사진에는 마차가 없으므로 (A)는 정답으로 부적절하고, 나무에 매달린 현수막은 없으므로 (C) 역시 정답으로 부적절하다. 사진에는 세로로 긴 현수막이 있고 횡단막은 없으므로 (D)도 정답으로 적당하지 않다.

단어 馬車(ばしゃ) 마차 | 提灯(ちょうちん) 제등 | ともる 불이 켜지다, 점화되다 | すだれ 발 | 垂(た)れ幕(まく) 현수막 | プラカード 플래카드, 현수막 | ぶら下(さ)がる 늘어지다, 매달리다 | 数種類(すうしゅるい) 수 종류 | 横断幕(おうだんまく) 횡단막(가로로 긴 막) | 効能(こうのう) 효능

17 _ 호텔 내부 묘사

(A) 壁には掛け軸がかかっています。

(B) クッションが床に転がっています。

(C) 引き出しはちゃんと閉まっています。

(D) テレビに修理中の札が貼ってあります。

(A) 벽에는 족자가 걸려 있습니다.

(B) 쿠션이 바닥에 아무렇게나 놓여 있습니다.

(C) 서랍은 제대로 닫혀 있습니다.

(D) 텔레비전에 수리 중이라는 푯말이 붙어 있습니다.

해설 텔레비전에는 아무것도 붙어 있지 않으므로 (D)는 부적절, 쿠션이나 족자는 보이지 않으므로 (A), (B) 역시 정답이 될 수 없다.

단어 壁(かべ) 벽 | 掛(か)け軸(じく) 족자 | クッション 쿠션 | 床(ゆか) 바닥, 마루 | 転(ころ)がっている 아무렇게나 놓여 있다 | 引(ひ)き出(だ)し 서랍 | 閉(し)まる 닫히다 | 修理中(しゅうりちゅう) 수리 중 | 札(ふだ) 푯말 | 貼(は)る 붙이다

18 _ 신사 안의 경고문에 관한 이해

(A) 立て札が横になっています。

(B) 境内では喫煙してはいけません。

(C) たばこの吸殻をポイ捨てしてはいけません。

(D) 煙の出る蚊取り線香がなくなりつつあります。

(A) 팻말이 누워 있습니다.

(B) 경내에서는 담배를 피워서는 안 됩니다.

(C) 담배꽁초를 길에 슬쩍 버려서는 안 됩니다.

(D) 연기가 나는 모기향이 없어지고 있습니다.

해설 신사 안에서는 담배를 피우지 말라는 경고 팻말이 세로로 세워져 있는 사진이다. '금연'의 경고문에 대한 정답은 (B)이다. 또, 팻말이 세워져 있으므로 (A)는 부적절하다.

단어 立(た)て札(ふだ) 팻말 | 横(よこ)になる 눕다 | 境内(けいだい) 경내 | 喫煙(きつえん) 흡연 | 吸殻(すいがら) 담배꽁초 | ポイ捨(す)て (도로 등에) 슬쩍 버림 | 煙(けむり) 연기 | 蚊取(かと)り線香(せんこう) 모기향 | ~つつある ~하고 있다〈동사 ます형에 접속〉

19 _ 거리의 모습 이해

(A) のぼりが立てられています。

(B) 道路わきに粗大ゴミが散らかっています。

(C) 三角屋根の建物がずらりと並んでいます。

(D) 背の低い木が道路の両側に連なっています。

(A) 깃발이 세워져 있습니다.

(B) 도로 가장자리에 대형 쓰레기가 흩어져 있습니다.

(C) 맞배지붕 건물이 죽 늘어서 있습니다.

(D) 키가 작은 나무가 도로 양쪽에 이어져 있습니다.

해설 길가에 음식 광고를 위한 깃발이 세워져 있으므로 정답은 (A)이다. 도로 주변에 쓰레기는 없고, 도로 양쪽에 나무도 없으므로 (B), (D)는 부적절하다.

20 _ 수산물의 종류 및 상태 이해

(A) アサリの砂抜きをしています。

(B) エビが威勢よく動いています。

(C) エビとムール貝でいっぱいです。

(D) 左側にエビ巻きが置かれています。

(A) 바지락 해감을 하고 있습니다.

(B) 새우가 위세 좋게 움직이고 있습니다.

(C) 새우와 홍합으로 가득합니다.

(D) 왼쪽에 새우말이가 놓여 있습니다.

PART 2

21 _ 일상생활 – 교통편

ちょっとお聞きしますが、表参道通りにはどう
行けばいいんですか。

(A) 伺ったことはありません。

(B) 大勢の人でごった返しています。

(C) 表参道に有名な美容院があります。

(D) 銀座線に乗り換えて、五つ目で降りてくだ
さい。

잠깐 여쭙겠는데요, 오모테산도 거리는 어떻게 가면 되죠?

(A) 여쭤 본 적은 없습니다.

(B) 많은 사람들로 북적거리고 있습니다.

(C) 오모테산도에 유명한 미용실이 있습니다.

(D) 긴자선으로 환승해서 5번째 역에서 내리세요.

22 _ 국제 – 회의 장소

日韓首脳会議はどこで開かれますか。

(A) 脳手術は病院でします。

(B) 第三世界の国だそうです。

(C) 銀座で二次会をやりました。

(D) サッカーは競技場で行われました。

한일 정상회담은 어디에서 개최됩니까?

(A) 뇌 수술은 병원에서 합니다.

(B) 제3세계 국가라고 합니다.

(C) 긴자에서 2차를 했습니다.

(D) 축구는 경기장에서 열렸습니다.

23 _ 비지니스 – 의뢰, 부탁

宛名を空欄にして領収書を発行してもらえますか。

(A) 恐れ入りますが、空欄には該当内容をご記
入ください。

(B) 恐れ入りますが、宛名を空欄で送られてく
る迷惑メールが多いのです。

(C) 恐れ入りますが、領収書の宛名を会社名に
することができるんですね。

(D) 恐れ入りますが、お宛名を未記入での領収
書発行につきましては承りかねます。

수신인을 공란으로 해서 영수증을 발행해 줄 수 있습니까?

(A) 죄송하지만, 공란에는 해당 내용을 기입해 주세요.

(B) 죄송하지만, 수신인을 공란으로 해서 보내 오는 스팸메일이 많습니다.

(C) 죄송하지만, 영수증의 수신인을 회사명으로 할 수 있는 거군요.

(D) 죄송하지만, 수신인을 미기입하고 영수증을 발행하는 것은 해 드리
기 어렵습니다.

거절을 할 수 있다. 여기에서는 영수증 발행이 힘들다고 거절한 (D)가 정답에 해당된다.

단어 宛名(あてな) 수신인 | 空欄(くうらん) 공란 | 領収書(りょうしゅうしょ) 영수증 | 発行(はっこう) 발행 | 恐(おそ)れ入(い)る 죄송해하다 | 該当(がいとう) 해당 | 内容(ないよう) 내용 | 記入(きにゅう) 기입 | 迷惑(めいわく)メール 스팸메일 | 会社名(かいしゃめい) 회사명 | 未記入(みきにゅう) 미기입 | 承(うけたまわ)る 받다, 승낙하다 | ～かねる ～하기 어렵다〈동사 ます형에 접속〉

24 _ 일상생활 – 몸 상태

声がかれていますね。カラオケにでも行きましたか。

(A) 冷たい木枯らしが吹いて、寒い冬の到来を告げています。

(B) 外からカラスのカアカアという鳴き声が聞こえてきます。

(C) はい、いつも彼に恋い焦がれていますから、カラオケにも行きません。

(D) 暖房をつけたまま眠ってしまったので、喉がカラカラに渇いてしまいました。

목소리가 쉬었네요. 노래방이라도 갔었나요?

(A) 차가운 초겨울바람이 불어 추운 겨울이 온 것을 알리고 있습니다.

(B) 바깥에서 까치가 까악까악 하고 우는 소리가 들려옵니다.

(C) 네, 항상 그를 그리워하니까 노래방에도 가지 않습니다.

(D) 난방을 켠 채로 잠들어 버려서 목이 바싹 말라 버렸습니다.

해설 목소리가 변한 이유를 묻는 문제이므로, 난방 때문에 목이 바싹 말랐다고 한 (D)가 정답으로 적당하다.

단어 声(こえ)がかれる 목소리가 쉬다 | 木枯(こが)らし 늦가을부터 초겨울에 걸쳐 부는 차고 건조한 바람 | 吹(ふ)く (바람이) 불다 | 到来(とうらい) 도래 | 告(つ)げる 알리다 | カラス 까마귀 | カアカア 까악까악 | 鳴(な)き声(ごえ) 울음소리 | 恋(こ)い焦(こ)がれる 애타게 그리워하다 | 暖房(だんぼう)をつける 난방을 켜다 | 眠(ねむ)る 잠들다 | 喉(のど) 목 | カラカラ 바싹 마른 모양 | 渇(かわ)く 목이 마르다

25 _ 일상생활 – 의견 제시

ビーフシチューを作ろうと思いますが、白ワインでいいんでしょうか。

(A) 白ワインの代用になりません。

(B) 油をきってからワインを注ぎます。

(C) 白ワインに酵母を加えて発酵させます。

(D) 赤ワインの方が少し深みが増しますけど。

비프 스튜를 만들려고 하는데, 화이트 와인이면 괜찮겠는지요?

(A) 화이트 와인의 대용은 되지 않습니다.

(B) 기름기를 빼고 와인을 붓습니다.

(C) 화이트 와인에 효모를 첨가해 발효시킵니다.

(D) 레드 와인 쪽이 조금 더 맛의 깊이가 더해집니다만.

해설 화이트 와인을 사용해도 되느냐는 질문에 대한 응답으로 적절한 것은 자신의 의견을 피력한 (D)이다.

단어 ビーフシチュー 비프 스튜 | 白(しろ)ワイン 화이트 와인 | 代用(だいよう) 대용 | 油(あぶら)をきる 기름기를 빼다 | 注(そそ)ぐ 붓다 | 酵母(こうぼ) 효모 | 加(くわ)える 더하다 | 発酵(はっこう) 발효 | 深(ふか)み 깊이, 깊은 맛 | 増(ま)す 불어나다, 늘다

26 _ 일상생활 – 교통 상황

踏み切りで詰まってますね。あの、ここで降ります。近いですから。

(A) 雨どいが詰まって水が流れないんだ。

(B) ここから先は歩いたほうがはやいかも。

(C) インターを下りたところから、やっと渋滞がとけた。

(D) 踏み切りの先が詰まっていたら、踏切内に進入しちゃいけない。

건널목에서 막히네요. 저어, 여기서 내릴게요. 가까우니까요.

(A) 홈통이 막혀서 물이 흐르지 않아.

(B) 여기서부터는 걷는 편이 더 빠를지도(몰라).

(C) 인터체인지를 빠져나온 후부터 겨우 정체가 풀렸어.

(D) 건널목이 막혀 있다면, 건널목 안으로 진입해서는 안 돼.

해설 길이 막히기 때문에 내리겠다고 했으니 응답으로 적절한 것은 (B)이다. '꽉 차다, 막히다, 줄어들다' 등 詰まる의 의미를 알아 둘 필요가 있다.

단어 踏(ふ)み切(き)り 건널목 | 詰(つ)まる 가득 차다, 막히다 | 雨(あま)どい 홈통 | インター 인터체인지 | 渋滞(じゅうたい)がとける 정체가 풀리다 | 進入(しんにゅう) 진입

27 _ 사회 – 일반 상식

子どもを虐待するとは、まったくあるまじき行為だ。

(A) まったく、親ばかもほどほどにしなよ。

(B) 子どもの寝ている時間に急いで夕食の仕上げをした。

(C) 罪のない子どもに残酷な行為をすることは

許されない。

(D) 子どもが世間から非難される事をしたら殴っ
てもいいと思います。

아이를 학대하다니, 전적으로 있을 수 없는 행위다.

(A) 정말, 자식 사랑도 정도껏 해.

(B) 아이가 자고 있을 시간에 서둘러 저녁 마무리를 했다.

(C) 죄가 없는 아이에게 잔혹한 행위를 하는 일은 용서될 수 없어.

(D) 어린이가 세간에 비난받을 짓을 했다면 때려도 괜찮다고 생각합니다.

해설 아동 학대는 있을 수 없는 행위라고 비난한 것에 대한 응답
으로 (C)가 적당하다.

단어 虐待(ぎゃくたい) 학대 | まったく 전적으로, 정말로 | 行為
(こうい) 행위 | 親(おや)ばか 자식 사랑하는 나머지 자식을 제대로 평
가하지 못하고, 남이 보기에 어리석은 언동을 함, 또는 그런 부모 | ほど
ほどに 적당히, 정도껏 | 仕上(しあ)げ 마무리, 완성, 됨됨이 | 罪(つ
み) 죄 | 残酷(ざんこく) 잔혹함 | 許(ゆる)す 용서하다, 허락하다 |
世間(せけん) 세상, 세간 | 非難(ひなん) 비난 | 殴(なぐ)る 때리다

28 _ 일상생활 – 사물의 유무 묻기

先月の雑誌、まだありますか。

(A) 先月の記事ならインターネットで調べられ
ます。

(B) 雑誌は本屋で買いますが、たまに借りて読ん
だりもします。

(C) 中古書店にも先月の雑誌がなかったので、
図書館に行きました。

(D) いいえ、要らなくなったので、紙リサイク
ルのボックスに入れました。

지난달 잡지 아직 있어요?

(A) 지난달 기사라면 인터넷에서 조사 가능합니다.

(B) 잡지는 서점에서 사지만, 가끔 빌려서 읽기도 합니다.

(C) 중고 서점에도 지난달 잡지가 없었기 때문에 도서관에 갔습니다.

(D) 아니요, 필요 없어져서 종이 재활용 박스에 넣었습니다.

해설 이월 잡지가 있는지 묻는 문제로 정답은 (D)이다.

단어 記事(きじ) 기사 | 中古(ちゅうこ) 중고 | 書店(しょてん)
서점 | リサイクル 재활용 | ボックス 박스

29 _ 면접 시험 – 위로

どうしよう。面接の質問にしどろもどろになっ
たわ。

(A) 適当に人をごまかさないでね。

(B) うろちょろせずに、落ち着いてね。

(C) そういうことで文句をつけないでね。

(D) また機会があるから、気を落とさないで。

어쩌지. 면접 질문에 횡설수설했어.

(A) 대충대충 사람을 속이지 마.

(B) 출랑거리지 말고 침착해.

(C) 그런 일로 불평하지 마.

(D) 또 기회가 있으니까 낙심하지 마.

해설 しどろもどろ의 의미를 파악하는 것이 중요하다. 면접 때
횡설수설한 것에 대해 걱정을 하고 있으므로 이에 대한 응답으로 적
당한 것은 (D)이다.

단어 しどろもどろ 횡설수설 | うろちょろ 졸랑졸랑, 어른어른,
우왕좌왕 | ごまかす 얼버무리다 | 文句(もんく)をつける 트집을 잡
다 | 機会(きかい) 기회 | 気(き)を落(お)とす 낙심하다

30 _ 일상생활 – 초대

むさくるしい所ですが、どうぞお越しください。

(A) どうぞ、冷めないうちに召し上がってくだ
さい。

(B) それじゃ、近いうちにおじゃまさせていた
だきます。

(C) すっかり長居をいたしまして、おいとまさ
せていただきます。

(D) お休みのところわざわざお店を開けてくだ
さり、ありがとうございます。

누추하지만 와 주세요.

(A) 자, 식기 전에 드세요.

(B) 그렇다면 조만간 찾아뵙겠습니다.

(C) 너무 오래 있었으니 이만 가 보겠습니다.

(D) 쉬는 날 일부러 가게를 열어 주셔서 감사합니다.

해설 초대에 대한 응답으로는 곧 찾아가겠다고 언급한 (B)가 정답
으로 적당하다.

단어 むさくるしい 누추하다, 지저분하다 | お越(こ)し 오심, 왕
림, 행차 | 冷(さ)めないうちに 식기 전에 | 召(め)し上(あ)がる 드
시다 | おじゃまする (남의 집을) 방문하다 | すっかり 완전히 | 長居
(ながい) 오래 머무름 | おいとまする (인사하고) 물러나다, 작별하다
| お休(やす)みのところ 쉬시는 날, 주무실 때 | わざわざ 일부러

31 _ 일상생활

この箱は重たいから棚の上に乗せられません。

(A) カートがあれば簡単に倉庫まで運べます。

(B) 箱の中に本があるんですね。手伝います。

(C) 大助かりでした。ありがとうございます。

(D) 荷物を肩に担ぐと、肩と腰に悪いですよ。

이 상자는 무거워서 선반 위에 얹을 수가 없습니다.

(A) 카트가 있으면 간단히 창고까지 운반할 수 있습니다.

(B) 상자 안에 책이 있네요. 도와 드리겠습니다.

(C) 큰 도움이 되었습니다. 고맙습니다.

(D) 짐을 어깨에 지면 어깨와 허리에 좋지 않아요.

해설 무거워서 선반 위에 얹을 수 없다는 말에 도와주겠다고 응답한 (B)가 정답으로 적절하다. 선반 위에 얹을 예정이므로 창고라고 말한 (A)는 부적절하고, 어깨에 지려고 하는지 어떤지 알 수 없으므로 (D)는 부적절하다. (C)는 도움을 받고 난 다음에 할 수 있는 표현으로 정답으로 부적절하다.

단어 箱(はこ) 상자 | 重(おも)たい 무겁다 | 棚(たな) 선반 | 乗(の)せる 올리다, 얹다 | カート 카트 | 倉庫(そうこ) 창고 | 運(はこ)ぶ 운반하다 | 手伝(てつだ)う 돕다, 거들다 | 大助(おおだす)かり 크게 도움이 됨 | 肩(かた) 어깨 | 担(かつ)ぐ 메다, 지다 | 腰(こし) 허리

32 _ 인물의 특징 – 관용 표현

あの人の勝負強さには舌を巻いたよ。

(A) 百戦百勝の選手ですね。

(B) 舌を振るわれると困りますよ。

(C) なぜしっぽを巻いたんですか。

(D) 食べる前に舌つづみを打たないで。

그 사람의 승부욕에는 혀를 내둘렀어.

(A) 백전백승의 선수지요.

(B) 혀를 마구 놀리면 곤란해요.

(C) 왜 꼬리를 내린 것입니까?

(D) 먹기 전에 입맛을 다시지 마.

해설 선수의 승부욕에 감탄했다고 말한 것에 대한 적절한 응답은 (A)이다. 舌を巻く와 같은 신체와 관련된 관용구도 익히도록 하자.

단어 勝負強(しょうぶづよ)い 승부욕이 강하다 | 舌(した)を巻(ま)く 혀를 내두르다, 감탄하다 | 百戦百勝(ひゃくせんひゃくしょう) 백전백승 | 選手(せんしゅ) 선수 | 舌(した)を振(ふ)るう 혀를 놀리다, 거침없이 막 지껄이다 | しっぽを巻(ま)く 꼬리를 내리다, 항복하다 | 舌(した)つづみを打(う)つ 입맛을 다시다

33 _ 일상생활 – 사건 경위 파악

お父さんと買い物したんだね。なぜお父さんに怒られたの。

(A) うちの子が図に乗るので困ります。

(B) 図に乗ってたくさんおねだりしたからだよ。

(C) そういうのが図に乗ってるって言うんだよ。

(D) 昔からほめられると図に乗りやすいタイプです。

아버지와 쇼핑했었잖아. 왜 아버지에게 야단맞은 거야?

(A) 우리 애가 우쭐대서 곤란합니다.

(B) 우쭐대며 잔뜩 졸라서 그래.

(C) 그런 것이 우쭐댄다고 하는 거야.

(D) 옛날부터 칭찬받으면 우쭐대기 쉬운 타입입니다.

해설 공통적으로 図に乗る라는 표현이 들어가 있으나, 상황에 적절한 표현을 찾는 것이 중요하다. 아버지에게 야단맞은 이유를 물었으므로 그 이유를 설명한 (B)가 정답으로 적절하다.

단어 図(ず)に乗(の)る 우쭐대다, 기어오르다 | ねだる 조르다 | 昔(むかし) 옛날 | ほめる 칭찬하다 | ~やすい ~하기 쉽다〈동사 ます형에 접속〉 | タイプ 타입

34 _ 일상생활 – 사정 청취

なんだ、その好奇心に満ちた瞳は。

(A) これが今までのあらすじだ。

(B) 本当、人見知りが激しい子だな。

(C) これまでのいきさつをまとめてみました。

(D) あれこれと込み入った事情が知りたいんだ。

뭐야, 그 호기심 가득한 눈은?

(A) 이게 지금까지의 줄거리야.

(B) 정말, 낯가림이 심한 아이구나.

(C) 이제까지의 경위를 정리해 보았습니다.

(D) 이런저런 복잡한 사정을 알고 싶은 거야.

해설 뭐가 알고 싶은 것인지 묻는 표현에 사정을 알고 싶다고 답한 (D)가 정답으로 적절하다. (A)와 (C)는 이미 사건이 일단락된 상태이므로 정답과는 거리가 멀다.

단어 好奇心(こうきしん) 호기심 | 満(み)ちる 차다, 가득하다 | 瞳(ひとみ) 눈동자, 눈 | あらすじ 줄거리 | 人見知(ひとみし)り 낯가림 | 激(はげ)しい 심하다, 격하다 | いきさつ 경위, 내막 | まとめる 정리하다 | あれこれ 이것저것 | 込(こ)み入(い)る 복잡하게 얽히고 설키다, 뒤얽히다 | 事情(じじょう) 사정

35 _ 회사 생활 – 회식

ペース、速いですね。お酒は強いほうですか。

(A) 時間をかけてゆっくりお飲みください。

(B) 最近、体調が悪くて。今回は遠慮しとくよ。

(C) ブランデーケーキも食べられないほど下戸です。

(D) ペースに巻き込まれてガンガン飲んでしまっ
たよ。

페이스, 빠르군요. 술은 센 편입니까?

(A) 시간을 들여서 천천히 드세요.

(B) 요즘 몸 상태가 나빠서. 이번에는 사양할게.

(C) 브랜디 케이크도 먹지 못할 정도로 술이 약합니다.

(D) 페이스에 휩쓸려 확 마셔 버렸어.

해설 술을 얼마나 잘 마시는지 묻고 있다. 이에 적절한 응답은 페이스에 말려서 마시게 되었다고 한 (D)이다.

단어 ペース 페이스 | 体調(たいちょう)が悪(わる)い 몸 상태가 나쁘다 | 今回(こんかい) 이번 | 遠慮(えんりょ) 사양, 삼감 | ブランデー 브랜디 | 下戸(げこ) 술을 못하는 사람 | ガンガン 일을 적극적으로 힘차게 하는 모양

36 _ 비즈니스 – 서비스

購入後のアフターサービスはどうなっていますか。

(A) 保険雑誌が今号から隔月発行になります。

(B) 月払いではなく、一括でお支払いいただきます。

(C) 保証書を切り取らないようお願いいたします。

(D) 当店にお持ちいただければ、お取り換えいたします。

구입 후의 AS는 어떻게 되어 있습니까?

(A) 보험 잡지가 이번 호부터 격월 발행됩니다.

(B) 할부가 아니라 일시불입니다.

(C) 보증서를 도려내지 않도록 부탁 드립니다.

(D) 당점으로 가지고 오시면 교환해 드립니다.

해설 AS 여부를 묻는 표현으로, 교환이 가능하다고 답한 (D)가 정답으로 적절하다.

단어 購入(こうにゅう) 구입 | アフターサービス 애프터 서비스, AS | 保険(ほけん) 보험 | 今号(こんごう) 이번 호 | 隔月(かくげつ) 격월 | 発行(はっこう) 발행 | 月払(つきばら)い 월부, 할부 | 一括(いっかつ) 일괄 | 保証書(ほしょうしょ) 보증서 | 切(き)り取(と)る 잘라내다, 일부를 떼어 내다 | 当店(とうてん) 당점 | 取(と)り換(か)える 교환하다, 갈다

37 _ 일상생활 – 대접하기

これは家内の手料理なんですが、遠慮なさらずに。

(A) いつもご好意に甘えてばかりで、恐縮です。

(B) うちで手料理をご馳走できないのが残念です。

(C) 畑の取立て野菜を中心に料理を作ってみました。

(D) この度はたいへん珍しいおみやげを頂戴いたしまして。

이것은 아내가 만든 요리인데요, 사양하시지 말고 (드세요).

(A) 언제나 호의를 받기만 해서 죄송합니다.

(B) 집에서 손수 만든 요리를 대접할 수 없는 것이 안타깝습니다.

(C) 밭에서 갓 딴 채소를 중심으로 요리를 만들어 보았습니다.

(D) 이번에는 굉장히 진귀한 선물을 주셔서 (감사합니다).

해설 음식을 권유하는 것에 대한 응답으로 적절한 답은 (A)가 된다. (B)는 유감의 뜻을, (C)는 화자의 계획을 나타내고 있으므로 정답으로 부적절하다.

단어 家内(かない) 아내 | 手料理(てりょうり) 손수 만든 요리 | なさる 하시다 | ～ずに ～하지 않고 | 好意(こうい) 호의 | 甘(あま)える (호의에) 기대다 | 恐縮(きょうしゅく) 죄송하게 여김 | ご馳走(ちそう) 음식을 대접함 | 畑(はたけ) 밭 | 取立(とりた)て 갓 땀, 갓 잡음 | 中心(ちゅうしん) 중심 | この度(たび) 이번 | 珍(めずら)しい 드물다, 진귀하다 | 頂戴(ちょうだい) 받음, 얻음

38 _ 회사 생활 – 부사어의 사용

課長はどうしてかんかんになっているの。

(A) 金槌でかんかんと叩いていますけど。

(B) 日がかんかんと照りつけているんですよ。

(C) 私は課長を怒らせた覚えがないんですが。

(D) かんかんにおこり立った炭のように真っ赤です。

과장님은 왜 노발대발하고 있는 거야?

(A) 쇠망치로 꽝꽝 하고 두들기고 있는데요.

(B) 해가 쨍쨍 내리쬐고 있어요.

(C) 저는 과장님을 화나게 한 기억이 없는데요.

(D) 이글이글 피어오른 숯처럼 새빨갛습니다.

해설 かんかん의 쓰임을 이해하고 있는지 묻는 표현이다. 과장이 화가 난 이유를 묻는 표현에 적절한 응답은 (C)이다. (A)는 망치 두드리는 소리, (B)는 햇빛의 정도, (D)는 불꽃이 타오르는 모양을 나타내고 있다.

단어 課長(かちょう) 과장(님) | かんかん 꽝꽝, 땅땅(쇠붙이 따위를 두드릴 때 나는 소리), 쨍쨍(햇볕이 강하게 내리쬐는 모양), 이글이글, 활활(숯불 따위가 한창 피어오르는 모양), 불같이(노발대발하는 모양) | 金槌(かなづち) 쇠망치 | 叩(たた)く 두드리다 | 照(て)りつける 햇빛이 강하게 비치다 | 怒(おこ)る 화내다 | 覚(おぼ)え 기억 | おこり立(た)つ 활활 피어 오르다 | 炭(すみ) 숯 | 真(ま)っ赤(か) 새빨감

39 _ 일상생활 – 화제 제시

いろいろとお話を伺いたいんですけど。

(A) 本当に中身の濃い充実した内容でした。

(B) お茶でもしようと立ち寄ってみたけどね。

(C) 負けたほうが昼食をおごるという話になっ
たよ。

(D) 先輩を待たせてるから、早くやってくださ
いよ。

여러 가지 이야기를 여쭙고 싶은데요.

(A) 정말로 속이 진하고 충실한 내용이었습니다.

(B) 차라도 마시려고 들러 봤지만.

(C) 진 쪽이 점심을 사는 걸로 이야기가 됐어.

(D) 선배가 기다리고 있으니까 빨리 해 주세요.

해설 여러 가지를 묻고 싶다는 말에 대한 응답으로는 빨리 해 달
라고 한 (D)가 적절하다. (A)는 이야기가 끝난 뒤 응답할 수 있는 표
현이다.

단어 中身(なかみ) 내용물 | 充実(じゅうじつ) 충실 | 立(た)ち
寄(よ)る 들르다 | 昼食(ちゅうしょく) 중식

40 _ 회사 생활 – 자료 부탁

撮影したデータはすべていただけますか。

(A) 撮影したデータをモニターで確認いたします。

(B) ＵＳＢメモリのデータをパソコンに書き込
みます。

(C) データすべてをＤＶＤ－Ｒにコピーしてお
渡しします。

(D) データを、アクロバットを使用してＰＤＦ
形式で保存します。

촬영한 데이터는 모두 받을 수 있습니까?

(A) 촬영한 데이터를 모니터에서 확인하겠습니다.

(B) USB 메모리의 데이터를 컴퓨터에 기입합니다.

(C) 데이터 전부를 DVD–R에 복사해서 드리겠습니다.

(D) 데이터를, 아크로뱃을 사용해서 PDF 형식으로 저장합니다.

해설 데이터를 받을 수 있는지를 묻는 표현에, 건네주겠다고 답한
(C)가 정답으로 적절하다. (D)는 데이터의 저장 방식을 묻는 것에 대
한 응답이다.

단어 撮影(さつえい) 촬영 | データ 데이터 | モニター 모니터 |
確認(かくにん) 확인 | メモリ 메모리 | 書(か)き込(こ)む 기입하다
| 渡(わた)す 건네다 | アクロバット 아크로뱃 | 使用(しよう) 사용
| 形式(けいしき) 형식 | 保存(ほぞん) 보존, (PC 등에) 저장

41 _ 일상생활

ここは私がおごります。今朝のお礼に。

(A) 本当にいいのか。

(B) ご苦労様でした。

(C) お世話になりました。

(D) 礼儀正しく座りました。

여기는 제가 내겠습니다. 아침의(아침에 있었던 일에 대한) 사례로.

(A) 정말 괜찮은 거야?

(B) 수고했습니다.

(C) 신세 졌습니다.

(D) 예의 바르게 앉았습니다.

해설 한턱을 내겠다는 말에 대한 응답으로 적절한 것은 (A)이다.
(B)는 일이 끝난 뒤에 자주 쓰는 표현이고, (C)는 신세를 지고 난 뒤
에 쓸 수 있는 표현이다.

단어 おごる 한턱 내다 | お礼(れい) 사례 | 礼儀正(れいぎただ)
しい 예의 바르다 | 座(すわ)る 앉다

42 _ 예약 시간

このままじゃ予約の時間に間に合わなさそうね。

(A) 素人としてはまあまあの出来だろう。

(B) ダッシュで講演にギリギリ間に合いました。

(C) 散歩に時間をとられて夕食に間に合わな
かった。

(D) でも、行き先は自分の地元なんで、安心し
てください。

이대로라면 예약 시간에 맞추지 못할 것 같아.

(A) 초보자치고는 그럭저럭 잘한 것이겠지.

(B) 돌진해 가서 강연에 겨우 늦지 않았습니다.

(C) 산책에 시간을 빼앗겨 저녁 식사 시간에 못 맞췄다.

(D) 하지만 목적지는 우리 고장이니까, 안심하세요.

해설 제시간에 도착할 수 있을지에 대한 의문에 안심해도 된다고
답한 (D)가 정답으로 적절하다.

단어 予約(よやく) 예약 | 素人(しろうと) 초보자 | まあまあ
그럭저럭 | 出来(でき) 제품, 결과, 수확 | ダッシュ 돌진함, 전력을 기
울임 | 講演(こうえん) 강연 | ギリギリ 빠듯함(양이나 시간에 여유
가 없음) | 夕食(ゆうしょく) 저녁 식사 | 行(ゆ)き先(さき) 목적지 |
地元(じもと) 그 사람이 살고 있는 곳 | 安心(あんしん) 안심

43 _ 회사 생활 – 업무

お急ぎのご用件でしょうか。

(A) 仕事が多いのであせります。

(B) 他でもない、契約についてです。

(C) 仕事に遅れないようにせっせとやれよ。

(D) 学生じゃあるまいし、台風で仕事を休む
　　なんて。

급한 용건이십니까?

(A) 일이 많이 있어서 마음이 급합니다.

(B) 다른 것이 아닌 계약에 관한 것입니다.

(C) 일에 늦지 않도록 부지런히 해라.

(D) 학생도 아니고, 태풍 때문에 일을 쉬다니.

해설 급한 용건이 무엇인지 묻는 말에 계약 때문이라고 답한 (B)가 정답으로 적절하다.

단어 用件(ようけん) 용건 | 他(ほか) 딴것, 이외 | 契約(けいやく) 계약 | せっせと 부지런히, 열심히 | ～じゃあるまいし ～도 아니고 | 台風(たいふう) 태풍

44 _ 일상생활 – 충고하기

いつまでも逃げきれるもんじゃないでしょう。

(A) 逃げた犯人をちゃんと捕まえたぜ。

(B) 誤解が解けないうちは会えないよ。

(C) パソコンの作業中に電源が切れてしまった。

(D) 涙がとまらなくてここまで来るのが辛かった。

언제까지나 도망칠 수 있는 건 아니잖아.

(A) 도망친 범인을 확실히 잡았어.

(B) 오해가 풀리기 전에는 만날 수 없어.

(C) 컴퓨터 작업 중에 전원이 꺼져 버렸어.

(D) 눈물이 멈추지 않아서 여기까지 오는 것이 괴로웠어.

해설 더 이상 도망쳐서는 안 된다고 추궁한 표현에 대한 응답으로 만날 수 없는 이유를 제시한 (B)가 정답으로 적절하다. 逃げる라는 표현만 듣고 (A)를 선택해서는 안 된다.

단어 逃(に)げる 도망치다 | ～きれる 끝까지 ～할 수 있다 | 犯人(はんにん) 범인 | 捕(つか)まえる 붙잡다 | 誤解(ごかい) 오해 | 解(と)ける 풀리다 | 作業中(さぎょうちゅう) 작업 중 | 電源(でんげん)が切(き)れる 전원이 꺼지다 | 涙(なみだ) 눈물 | 辛(つら)い 괴롭다

45 _ 일상생활 – 사과하기

ごめん。つい口がすべった。そんな目で見ないで。

(A) 人と話すときに目をそらすな。

(B) なんだよ。いまさらあやまったって。

(C) 笑みを浮かべながら話そらしているね。

(D) なんとなく言わんとしてることはわかるんだが。

미안. 무심코 말실수를 했어. 그런 눈으로 보지 마.

(A) 사람과 이야기할 때는 눈 돌리지 마.

(B) 뭐야. 이제 와서 사과한들.

(C) 미소를 띄우면서 말을 돌리고 있네.

(D) 대충 말하려는 게 뭔지는 알겠지만.

해설 말실수에 대해 용서를 구하는 표현에 대한 응답으로 적절한 것은 (B)이다. (A)는 이야기할 때의 태도에 대해 주의를 주는 표현으로 적당하다. 目, 口에 관한 관용구를 알아 둘 필요가 있다.

단어 つい 무심코 | 口(くち)をすべる 말실수를 하다 | 目(め)をそらす 눈을 돌리다, 외면하다 | ～な ～하지 마 | いまさら 이제 와서, 새삼 | あやまる 사과하다 | 笑(え)み 웃음, 미소 | 浮(う)かべる 띄우다 | 話(はなし)をそらす 말을 은근슬쩍 돌리다 | なんとなく 어딘지 모르게 | ～んと ～하려고〈동사 ない형에 접속〉

46 _ 회사 생활 – 보고서 작성

あの、さきほど提出した報告書なんですが。

(A) 社長たるもの、社員の手本にならなければ。

(B) 管理の業務を下請け会社に外注しているんだ。

(C) シンプルかつ正確に書いてあってバッチリだね。

(D) 連休のためお届けが遅くなり、ご迷惑おかけいたしますが。

저, 아까 제출한 보고서 말인데요.

(A) 사장은 사원의 모범이 되어야지.

(B) 관리 업무를 하청회사에게 외주하고 있어.

(C) 심플하고 정확하게 쓰여 있어 딱 좋아.

(D) 연휴 때문에 배달이 늦어져 불편을 끼쳐 드립니다만.

해설 제출한 보고서에 대한 평가를 묻는 표현에 대한 응답으로 적절한 것은 (C)이다. (D)는 배송이 늦어지게 된 것에 대한 이유를 묻는 표현에 대한 응답에 해당한다.

단어 さきほど 아까, 조금 전 | 提出(ていしゅつ) 제출 | 報告書(ほうこくしょ) 보고서 | ～たる者(もの) 적어도 ～로서의 자격을 갖춘 자가(=～ともあろう者が, ～としたことが) | 手本(てほん) 모범 | 管理(かんり) 관리 | 業務(ぎょうむ) 업무 | 下請(したう)け会社(がいしゃ) 하청회사 | 外注(がいちゅう) 외주 | かつ 또 | 正確(せいかく) 정확함 | バッチリ 딱(완벽한 모양, 확실한 모양) | 連休(れんきゅう) 연휴 | 届(とど)け 배달

47 _ 속담 및 관용구 이해

全くついてない。気分直しに映画でも見る？

(A) それは願ったりかなったりだ。

(B) とんでもない勢いで拍車をかけたのかも。

(C) こんなところで責め合ってる場合じゃないよ。

(D) 何だかどんよりとしていて、怪しげな雰囲
　気だな。

완전 운이 없네. 기분 전환으로 영화라도 볼래?

(A) 그거 바라던 바야.
(B) 뜻밖의 기세로 박차를 가한 것일지도 몰라.
(C) 이런 곳에 서로 공격할 상황이 아니야.
(D) 왠지 우중충하고 음산한 분위기야.

해설 기분 전환으로 영화를 보자는 권유에 대한 응답으로는 바로
자신의 바람이었다며 승낙한 (A)가 적절하다. 정답 이외의 선택지에
제시된 관용적인 표현도 함께 익혀 두자.

단어 まったく 전적으로, 완전히 | 気分直(きぶんなお)し 기분
전환 | 願(ねが)ったりかなったり 바라던 대로 됨 | とんでもない
뜻밖이다, 당치도 않다, 있을 수 없다 | 勢(いきお)い 기세 | 拍車(はく
しゃ)をかける 박차를 가하다 | 責(せ)め合(あ)う 서로 상대를 공격
하다 | どんより 우중충함(날씨가 잔뜩 흐린 모양) | 怪(あや)しげ 수
상한 모양 | 雰囲気(ふんいき) 분위기

48 _ 비즈니스 – 시세 동향

黒字が前期に続き、前年実績を大きく上回った
そうですね。
(A) 現金出納係として勤めています。
(B) 内訳をよく見ても、内容が理解できないです。
(C) 実力と実績があれば、たとえ若い人であっ
　ても。
(D) おかげさまで順調に業績を伸ばすことがで
　きました。

흑자가 전기에 이어, 전년 실적을 크게 웃돌았다고 하네요.

(A) 현금출납계로서 일하고 있습니다.
(B) 내역을 잘 보아도 내용을 이해할 수 없습니다.
(C) 실력과 실적이 있으면, 아무리 젊은 사람일지라도.
(D) 덕분에 순조롭게 업적을 늘릴 수 있었습니다.

해설 흑자 상태가 지속되고 있다고 들은 것을 전달하는 표현으로,
이에 대한 응답으로 (D)가 적절하다. (A)는 무슨 일을 하고 있는지에
대한 응답으로 적절하다.

단어 黒字(くろじ) 흑자 | 前期(ぜんき) 전기 | 前年(ぜんねん)
전년 | 実績(じっせき) 실적 | 上回(うわまわ)る 웃돌다 | 現金(げ
んきん) 현금 | 出納係(すいとうがかり) 출납계 | 内訳(うちわけ)
내역 | 実力(じつりょく) 실력 | たとえ 설령 | 順調(じゅんちょ
う) 순조로움 | 業績(ぎょうせき)を伸(の)ばす 업적을 늘리다

49 _ 비즈니스 – 발매 예정

新商品はいつ発売予定だっけ。

(A) 確か５月下旬だったと思います。
(B) 新商品、評判よくないようですね。
(C) アプリ開発に挑戦するつもりです。
(D) アプリで新刊発売日を検索したんです。

신상품은 언제 발매 예정이더라?

(A) 아마 5월 하순이었던 것 같습니다.
(B) 신상품, 평판이 좋지 않은 것 같아요.
(C) 어플 개발에 도전할 생각입니다.
(D) 어플로 신간 발매일을 검색했습니다.

해설 발매 시기를 묻는 문제로 정답은 (A)가 적절하다. (B)는 신상
품의 평가에 대한 응답으로 적절하다.

단어 新商品(しんしょうひん) 신상품 | 発売(はつばい) 발매 |
〜け 〜였지, 〜었던가, 〜더라(과거의 일을 회상, 상대의 동의를 구함) |
確(たし)か 확실히, 틀림없이, 아마 | 下旬(げじゅん) 하순 | 評判(ひょ
うばん) 평판 | アプリ 어플리케이션 | 開発(かいはつ) 개발 | 挑戦
(ちょうせん) 도전 | 新刊(しんかん) 신간 | 発売日(はつばいび)
발매일 | 検索(けんさく) 검색

50 _ 비즈니스 – 발주 상황

元請けが海外に発注して、仕事が減ったわよ。
(A) 利子はさておいて元金も受け取れなかったよ。
(B) 何も言わずに帰るなんて、まったく無礼だ。
(C) ひどい雪不足で、スキー場はどこも悲鳴を
　上げているよ。
(D) 海外の企業に外注してコストを下げる場合
　もあるからね。

원청업체가 해외로 발주해서 일이 줄었어.

(A) 이자는 고사하고 원금도 못 받았어.
(B) 아무 말도 하지 않고 집에 가다니, 정말 무례해.
(C) 극심한 눈 부족으로 스키장은 어디든 비명을 지르고 있어.
(D) 해외 기업에 외주해서 비용을 내리는 경우도 있으니까.

해설 발주가 해외로 나갔기 때문에 곤란하다는 말에 대한 적절한
응답은 해외 외주는 비용 삭감을 위한 것이라고 한 (D)이다.

단어 元請(もとう)け 주문 당사자와 직접 계약하여 일을 맡음, 또
는 그 업자 | 発注(はっちゅう) 발주 | 減(へ)る 줄다 | 利子(りし)
이자 | 〜はさておいて 〜은 차치하고 | 元金(もときん) 원금 | 受
(う)け取(と)る 받다 | 無礼(ぶれい) 무례함 | スキー場(じょう)
스키장 | 悲鳴(ひめい) 비명 | 企業(きぎょう) 기업 | 外注(がいちゅ
う) 외주 | コスト 비용 | 下(さ)げる 내리다

51 _ 일상생활 – 관광

A：冬休みにアメリカから両親が遊びに来ました。

B：そうですか。どこを案内しましたか。

A：京都と奈良です。京都で寺も見ましたよ。

B：京都は有名な観光地ですよね。

A : 겨울 방학에 미국에서 부모님이 놀러 왔습니다.

B : 그렇습니까? 어디를 안내했습니까?

A : 교토와 나라입니다. 교토에서 절도 보았습니다.

B : 교토는 유명한 관광지죠.

この人の両親はどこから来ましたか。

(A) 京都　　　　　(B) 奈良

(C) 韓国　　　　　(D) 米国

이 사람의 부모는 어디에서 왔습니까?

(A) 교토　　　　　(B) 나라

(C) 한국　　　　　(D) 미국

해설 アメリカから〜来る에서 부모님은 미국에서 온 것임을 알 수 있다. 京都, 奈良는 부모님이 관광한 장소이다.

단어 両親(りょうしん) 부모 | 案内(あんない) 안내 | 寺(てら) 절 | 観光地(かんこうち) 관광지 | 〜に来(く)る 〜하러 오다〈동사 ます형에 접속〉

52 _ 일상생활 – 방문하기

A：これはほんの心ばかりの品です。

B：こんなにすばらしいプレゼントまでいただけるとは、本当にありがとうございます。

A：山田さんにはお世話になりっぱなしですから、私の気がすまなくて。

B：次、いらっしゃる時は何も持たずにいらしてください。

A : 이것은 약소한 선물입니다.

B : 이렇게 멋진 선물까지 받다니, 정말 고맙습니다.

A : 야마다 씨에게는 항상 신세만 지니, 제 맘이 편치 않아서.

B : 다음에 오실 때는 아무것도 가져오지 마세요.

会話の内容と合っているのはどれですか。

(A) 山田さんにプレゼントをあげずにいられない。

(B) 山田さんにプレゼントをあげるどころではない。

(C) 山田さんにプレゼントをあげないに決まっている。

(D) 山田さんにプレゼントをあげるわけにはいかない。

대화 내용과 맞는 것은 어느 것입니까?

(A) 야마다 씨에게 선물을 주지 않을 수 없다.

(B) 야마다 씨에게 선물을 줄 때가 아니다.

(C) 야마다 씨에게 당연히 선물을 주지 않을 것이다.

(D) 야마다 씨에게 선물을 줄 수 없다.

해설 선물을 건네고 있는 상황에다가 항상 신세만 져서 마음이 편치 않다고 했으므로 정답은 (A)가 적당하다.

단어 心(こころ)ばかり 마음뿐임, 약소함 | 品(しな) 물건 | 〜っぱなし 〜채로 둠, 또는 그런 상태〈동사 ます형에 접속〉| 気(き)がすむ 마음이 홀가분해지다 | 〜に決(き)まっている 〜임에 틀림없다

53 _ 신칸센 예약하기

A：京都まで新幹線で往復2枚。行きは午前9時台、帰りは7時から8時までの間のをお願いしたいのですが。

B：はい、少々お待ちください。行きは9時ちょうどのがあるんですが、帰りが満席です。

A：少し前のか、後のものはあるんですか。

B：8時台のはあります。

A : 교토까지 신칸센으로 왕복 2장. 가는 것은 오전 9시대, 돌아오는 것은 7시에서 8시 사이의 것을 부탁하고 싶습니다만.

B : 예, 잠시 기다려 주십시오. 가는 것은 9시 정각 것이 있습니다만, 오는 것은 만석입니다.

A : 조금 앞의 것이나 나중 것은 있습니까?

B : 8시대의 것은 있습니다.

<ruby>望<rt>のぞ</rt></ruby>んでいる<ruby>帰<rt>かえ</rt></ruby>りの<ruby>時間帯<rt>じ かんたい</rt></ruby>はいつですか。

(A) <ruby>午前<rt></rt></ruby> 9 <ruby>時台<rt></rt></ruby>　　　(B) <ruby>午後<rt></rt></ruby> 9 <ruby>時台<rt></rt></ruby>

(C) <ruby>午前<rt></rt></ruby> 7 <ruby>時台<rt></rt></ruby>　　　(D) <ruby>午後<rt></rt></ruby> 7 <ruby>時台<rt></rt></ruby>

희망하고 있는 돌아오는 편의 시간대는 언제입니까?

(A) 오전 9시대　　　　　(B) 오후 9시대

(C) 오전 7시대　　　　　(D) 오후 7시대

해설　7時から8時までの間のをお願いしたいで미루어 보아 정답은 (D)가 된다.

단어　往復(おうふく) 왕복 | ～台(だい) ~대(대강의 범위) | 間(あいだ) 사이 | 満席(まんせき) 만석 | 望(のぞ)む 희망하다, 바라다 | 時間帯(じかんたい) 시간대

54 _ 일상생활 – 사물의 특징

> A：おニューのユニフォームですね。
> B：<ruby>素材<rt>そざい</rt></ruby>も<ruby>軽<rt>かろ</rt></ruby>やかで、<ruby>着心地<rt>きごこち</rt></ruby>もいいです。このユニフォームで<ruby>心機一転<rt>しんきいってんがん</rt></ruby>頑張りますよ。
> A：<ruby>以前<rt>いぜん</rt></ruby>のはアイボリーのユニフォームで<ruby>胸<rt>むね</rt></ruby>に<ruby>紺色<rt>こんいろ</rt></ruby>の<ruby>文字<rt>もじ</rt></ruby>が<ruby>入<rt>はい</rt></ruby>っていたんでしょ。
> B：いいえ、<ruby>上下<rt>じょうげ</rt></ruby>とも<ruby>白地<rt>しろじ</rt></ruby>に紺色のストライプが入ったものでした。
>
> ---
>
> A : 새 유니폼이이군요.
> B : 소재도 가볍고, 착용감도 좋습니다. 이 유니폼으로 심기일전해서 열심히 할 겁니다.
> A : 이전 것은 아이보리 유니폼으로 가슴에 감색 글자가 들어가 있었죠.
> B : 아니요, 상하 모두 흰색에 감색 줄무늬가 들어간 것이었어요.

<ruby>新<rt>あたら</rt></ruby>しいユニフォームについて<ruby>正<rt>ただ</rt></ruby>しいのはどれですか。

(A) <ruby>素材<rt></rt></ruby>は<ruby>軽<rt></rt></ruby>やかである。

(B) <ruby>色<rt></rt></ruby>はアイボリーである。

(C) <ruby>着心地<rt></rt></ruby>はまずまずである。

(D) <ruby>紺色<rt></rt></ruby>のストライプが<ruby>入<rt></rt></ruby>っている。

새 유니폼에 관해서 옳은 것은 어느 것입니까?

(A) 소재는 가볍다.
(B) 색은 아이보리다.
(C) 착용감은 그저 그렇다.
(D) 감색 줄무늬가 들어가 있다.

해설　새 유니폼과 이전의 유니폼을 비교하며 잘 들어야 한다. 감

색 세로 줄무늬가 있는 것은 이전의 유니폼이므로 (D)는 정답으로 부적절하고, 착용감이 좋다고 했으므로 (C)는 정답으로 부적절하다.

단어　素材(そざい) 소재 | 軽(かろ)やか 가벼움 | 着心地(きごこち) 착용감 | 心機一転(しんきいってん) 심기일전 | 胸(むね) 가슴 | 紺色(こんいろ) 감색 | 文字(もじ) 글자 | 上下(じょうげ) 상하 | 白地(しろじ) 흰 바탕 | ストライプ 줄무늬 | まずまず 그저 그런대로, 그럭저럭

55 _ 일상생활 – 요리 재료 손질하기

> A：キュウリは<ruby>斜<rt>なな</rt></ruby>めにスライスし、レタスはざくっとちぎってください。
> B：ハムはどう<ruby>切<rt>き</rt></ruby>りますか。
> A：サラダに<ruby>入<rt>い</rt></ruby>れるから、<ruby>他<rt>ほか</rt></ruby>の<ruby>野菜<rt>やさい</rt></ruby>とのバランスを<ruby>考<rt>かんが</rt></ruby>えるべきですね。
> B：それじゃ、<ruby>扇形<rt>おうぎがた</rt></ruby>や<ruby>半月形<rt>はんげつがた</rt></ruby>がいいですね。
>
> ---
>
> A : 오이는 비스듬히 슬라이스로 하고, 양상추는 싹둑싹둑 찢어 주세요.
> B : 햄은 어떻게 자릅니까?
> A : 샐러드에 넣을 거니까 다른 채소와의 균형을 생각해야죠.
> B : 그럼, 부채 모양이나 반달형이 좋겠네요.

<ruby>材料<rt>ざいりょう</rt></ruby>の<ruby>準備<rt>じゅんび</rt></ruby>のし<ruby>方<rt>かた</rt></ruby>について<ruby>正<rt>ただ</rt></ruby>しいのはどれですか。

(A) レタスはちぎる。

(B) ネギは<ruby>輪<rt>わ</rt></ruby>切りにする。

(C) ハムは<ruby>斜<rt></rt></ruby>めにスライスする。

(D) キュウリは<ruby>半月<rt>はんつき</rt></ruby>の<ruby>形<rt>かたち</rt></ruby>に切る。

재료 준비 방법에 관해서 옳은 것은 어느 것입니까?

(A) 양상추는 찢는다.
(B) 파는 둥글게 썬다.
(C) 햄은 비스듬히 슬라이스 한다.
(D) 오이는 반달 모양으로 썬다.

해설　각각의 채소를 써는 방법을 체크해 가면서 문제를 푼다. 슬라이스 하는 것은 오이이므로 (C), (D)는 정답으로 부적절하다.

단어　キュウリ 오이 | 斜(なな)め 비스듬함 | スライス 슬라이스 | レタス 양상추 | ざくっと 석, 석둑 | ちぎる 잘게 찢다 | バランス 균형 | 扇形(おうぎがた) 부채 모양 | 半月形(はんげつけい) 반달 모양 | 材料(ざいりょう) 재료 | 準備(じゅんび) 준비 | ネギ 파 | 輪切(わぎ)り 둥글게 썲 | 半月(はんげつ) 반달 | 形(かたち) 모양

56 _ 회사 생활 – 인물 평가

A：こんな時間なのにまだ会社にいたのか。

B：はい、上司がまだ退勤していないので。
残業中です。

A：ワーカホリックの上司のために残業させら
れて帰宅できないのか。

B：もう慣れましたが、今日はちょっとひどい
ですね。

A : 시간이 이렇게 됐는데, 아직 회사에 있었어?
B : 응, 상사가 아직 퇴근하지 않아서 일하는 중입니다.
A : 워커홀릭 상사 때문에 야근하게 되어서 귀가 못하는 건가.
B : 이미 익숙해졌지만 오늘은 좀 너무하네요.

上司はどんな人ですか。

(A) 腕白な人である。

(B) すまし屋である。

(C) 多血質の人である。

(D) 仕事中毒の人である。

상사는 어떤 사람입니까?

(A) 개구쟁이다.

(B) 새침데기다.

(C) 다혈질인 사람이다.

(D) 일 중독인 사람이다.

해설 인물의 성격을 묻는 문제로 ワーカホリック의 上司라는
점에서 정답은 (D)가 된다.

단어 上司(じょうし) 상사 | 退勤(たいきん) 퇴근 | 残業(ざん
ぎょう) 잔업, 야근 | ワーカーホリック 워커홀릭 | 帰宅(きたく)
귀가 | 慣(な)れる 익숙해지다 | 腕白(わんぱく) 장난이 심함 | すま
し屋(や) 새침데기 | 多血質(たけつしつ) 다혈질 | 中毒(ちゅうど
く) 중독

57 _ 비즈니스 – 보고서 작성 시의 유의점

A：この報告書、パソコンで打って至急専務に
メールしておいてくれ。

B：部長、下線がついているところが多いです
が、どうしますか。

A：下線のところは背景色をグレーにして。丸
をつけたところは青文字に変えて。下線付
き青文字は黒文字にして。

A : 이 보고서, 컴퓨터로 쳐서 빨리 전무님께 메일 보내 주게.
B : 부장님, 밑줄이 쳐진 곳이 많습니다만, 어떻게 할까요?
A : 밑줄 부분은 배경색을 회색으로 하고, 동그라미를 붙인 곳은 파
란 글자로 바꿔. 밑줄 친 파란 글자는 검정 글자로 해.

会話の通りに正しく修正するのはどれですか。

(A) 青文字はグレーにする。

(B) 下線の部分は丸をつける。

(C) 下線付き青文字は黒文字にする。

(D) 下線付き文字の背景色は緑にする。

대화대로 맞게 수정하는 것은 어느 것입니까?

(A) 파란 글자는 회색으로 한다.

(B) 밑줄 부분은 동그라미를 친다.

(C) 밑줄 친 파란 글자는 검정 글자로 한다.

(D) 밑줄 친 글자의 배경색은 녹색으로 한다.

해설 부장의 지시 사항을 잘 듣고 하나하나 체크해야 한다. 파란
글자는 검정색으로 하는 것이므로 (A)는 부적절, 밑줄 친 글자는 배
경을 회색으로 해야 하므로 (B), (D)는 정답으로 부적절하다.

단어 報告書(ほうこくしょ) 보고서 | 打(う)つ 치다, 때리다 | 至
急(しきゅう) 지급, 급히 | 専務(せんむ) 전무 | 下線(かせん) 밑줄
(=アンダーライン) | 背景色(はいけいしょく) 배경색 | グレー
회색 | 丸(まる) 동그라미 | 変(か)える 바꾸다 | 〜通(とお)りに
〜대로 | 修正(しゅうせい) 수정 | 緑(みどり) 녹색 | 部分(ぶぶん)
부분

58 _ 부탁한 내용 이해 – 기내

A：あのう、コーヒーをもらえますか。

B：クリームか砂糖を入れますか。

A：ブラックコーヒーをお願いします。新聞も
もらえますか。

B：かしこまりました。すぐお持ちいたします。

A : 저, 커피를 주시겠습니까?
B : 크림이나 설탕을 넣을까요?
A : 블랙커피를 부탁합니다. 신문도 주시겠습니까?
B : 알겠습니다. 바로 가져오겠습니다.

お客さんが頼んだのはどれですか。

(A) クリーム入りのコーヒー

(B) 砂糖入りのコーヒーと新聞

(C) ブラックコーヒーと砂糖

(D) ブラックコーヒーと新聞

손님이 부탁한 것은 어느 것입니까?

(A) 크림이 들어간 커피
(B) 설탕이 들어간 커피와 신문
(C) 블랙커피와 설탕
(D) 블랙커피와 신문

해설 고객이 블랙커피를 주문한 뒤 바로 신문을 부탁했으므로 정답은 (D)가 적당하다.

단어 砂糖(さとう) 설탕｜ブラックコーヒー 블랙커피｜〜入(い)り 〜이 들어간

59 _ 일상생활

A：おいしい。これ全部お兄さんが作ったの？

B：うん。全部、手作りさ。

A：素晴らしいコックさんだったんだ。結婚前は家では全く料理をしなかったのに。

B：一度家事を手伝うと家事から抜け出しにくいからね。

A : 맛있다. 이거 전부 오빠가 만든 거야?

B : 응. 전부 직접 만든 거야.

A : 훌륭한 요리사였구나. 결혼 전에 집에서는 요리를 전혀 하지 않았는데.

B : 한 번 집안일을 도와주면 집안일에서 빠져나오기 어려우니까.

お兄さんはどうして家では料理をしなかったのですか。

(A) 料理は下手の横好きだから

(B) 料理をするのに飽きたから

(C) 職場で料理を作ってきたから

(D) 炊事当番になるおそれがあると思ったから

오빠는 왜 집에서는 요리를 하지 않았습니까?

(A) 요리에 서투르면서도 좋아하기 때문에
(B) 요리를 하는 것에 질렸기 때문에
(C) 직장에서 요리를 만들어 왔기 때문에
(D) 취사 당번이 될 우려가 있다고 생각했기 때문에

해설 집안일을 하지 않은 이유가 家事から抜け出しにくいか라로 제시되어 있으므로 정답은 (D)가 적당하다.

단어 コックさん 요리사｜全(まった)く 전혀｜家事(かじ) 집안일, 가사｜抜(ぬ)け出(だ)す 빠져나가다, 살짝 도망치다｜下手(へた)の横好(よこず)き 서툴면서 좋아함｜飽(あ)きる 질리다｜職場(しょくば) 직장｜炊事(すいじ) 취사｜当番(とうばん) 당번

60 _ 내용의 요지 파악하기 – 가격 흥정

A：それ全部でいくらかな、十分割引してくれる場合。

B：通常価格ですと２万円を超えますが、今回は合計で１万７千円になります。

A：じゃあ、１万５千きっかりにしよう。私、ここの常連なんだからね。

B：それはおみそれしました。では、私もこれがギリギリなんですが、１万６千にします。

A : 그거 전부 얼마일까, 충분히 할인해 줄 경우.

B : 보통 가격이라면 2만 엔을 넘습니다만, 이번은 합계 만 7천 엔 되겠습니다.

A : 그럼, 딱 만 5천으로 하죠? 나, 여기 단골이니까.

B : 몰라뵀습니다. 그럼, 저도 이건 꽤 빠듯하지만, 만 6천으로 하겠습니다(만 6천 이하는 안 됩니다).

二人は何をしているところですか。

(A) 値下げ競争

(B) 価格の駆け引き

(C) 通常価格の比較

(D) 取引先との根回し

두 사람은 무엇을 하고 있는 중입니까?

(A) 가격 인하 경쟁
(B) 가격 흥정
(C) 통상 가격 비교
(D) 거래처와의 사전 교섭

해설 대화의 주제를 파악하는 문제로, 대화의 흐름을 이해하는 데 주력해야 한다. 점원과 손님이 상품의 가격을 결정하고 있으므로 정답은 (B)가 적당하다.

단어 割引(わりびき) 할인｜通常(つうじょう) 통상｜価格(かかく) 가격｜超(こ)える 넘다｜合計(ごうけい) 합계｜きっかり 우수리가 없는 모양, 정확히｜常連(じょうれん) 단골 손님｜おみそれ 알아뵙지 못함｜駆(か)け引(ひ)き 흥정｜値下(ねさ)げ 가격 인하｜競争(きょうそう) 경쟁｜比較(ひかく) 비교｜取引先(とりひきさき) 거래처｜根回(ねまわ)し 사전 공작, 사전 타협

A：デジタルカメラを探しているんですが。
B：あちらのＳＤモデルの商品はいかがでしょうか。
A：うーん、サイズはちょうどいいですけど、保証期限が短くてちょっと…。
B：こちらの製品はいかがですか。３年間保証されています。

A : 디지털 카메라를 찾고 있습니다만.
B : 저 SD 모델 상품은 어떠십니까?
A : 음, 사이즈는 딱 좋지만 보증 기한이 짧아서 좀….
B : 이 제품은 어떠십니까? 3년간 보증됩니다.

ＳＤモデルを選ばなかった理由は何ですか。
(A) サイズか大きいから
(B) 保証期限が短いから
(C) 保証書が添付されていないから
(D) 保証期間内であっても有料となるから

SD 모델을 선택하지 않은 이유는 무엇입니까?
(A) 사이즈가 크기 때문에
(B) 보증 기한이 짧기 때문에
(C) 보증서가 첨부되어 있지 않기 때문에
(D) 보증기간 내에서도 유료이기 때문에

해설 保証期限が短くてちょっと에서 보면 보증기간으로 인해 망설인다는 것을 알 수 있으므로 정답은 (B)가 적당하다.

단어 商品(しょうひん) 상품 | 保証(ほしょう) 보증 | 期限(きげん) 기한 | 製品(せいひん) 제품 | 選(えら)ぶ 고르다 | 理由(りゆう) 이유 | 保証書(ほしょうしょ) 보증서 | 添付(てんぷ) 첨부 | 期間(きかん) 기간 | ～内(ない) ～내, ～안 | 有料(ゆうりょう) 유료

A：どうされましたか。
B：一晩中泣いていました。高熱が３日続いているし、吐いたり下痢したりします。
A：何か普段と違ったものを与えましたか。
B：いいえ、思いつく限り、何もありません。

A : 어떻게 오셨어요?
B : 밤새 울었습니다. 고열이 사흘 동안 계속되고 토하고 설사도 합니다.
A : 무언가 평상시와 다른 것을 주었습니까?
B : 아니요, 생각나는 한 아무것도 없습니다.

症状について正しいのはどれですか。
(A) 発疹は消えた。
(B) 鼻水と咳が出た。
(C) 下痢を起こした。
(D) きのうから熱があった。

증상에 대해 맞는 것은 어느 것입니까?
(A) 발진은 없어졌다.
(B) 콧물과 기침이 나왔다.
(C) 설사를 했다.
(D) 어제부터 열이 있었다.

해설 대화 속에 나타난 증상은 사흘 동안 지속된 고열, 구토, 설사이므로 정답으로 적절한 것은 (C)이다.

단어 一晩中(ひとばんじゅう) 밤새 | 高熱(こうねつ) 고열 | 吐(は)く 토하다 | 下痢(げり) 설사 | 普段(ふだん) 평소 | 与(あた)える 주다 | 思(おも)いつく 생각이 떠오르다 | ～限(かぎ)り ～한, ～는 이상 | 症状(しょうじょう) 증상 | 発疹(ほっしん) 발진 | 鼻水(はなみず) 콧물 | 咳(せき) 기침

A：あした１０時ごろ、お伺いしてもよろしいですか。
B：あしたは水曜だっけ。水曜と金曜はとても忙しいんですよ。
A：いつならお会いできますか。
B：あさっての午後３時以後なら都合がいいと思います。

A : 내일 10시쯤 찾아봬도 됩니까?
B : 내일은 수요일이던가. 수요일과 금요일은 굉장히 바빠요.
A : 언제라면 만날 수 있습니까?
B : 모레 오후 3시 이후라면 상황이 좋을 것 같습니다.

いつ会えますか。
(A) あした午後３時以後
(B) 水曜日午後３時以後

(C) 木曜日午後３時以後

(D) 金曜日午後３時以後

언제 만날 수 있습니까?

(A) 내일 오후 3시 이후

(B) 수요일 오후 3시 이후

(C) 목요일 오후 3시 이후

(D) 금요일 오후 3시 이후

해설　내일이 수요일이므로 오늘은 화요일이고, 모레 3시 이후로 약속을 잡았다면 결국 목요일 3시 이후가 되므로 정답은 (C)이다.

단어　伺(うかが)う 찾아뵙다 | 以後(いご) 이후 | 都合(つごう)がいい 형편이 좋다

64 _ 일상생활 – 날씨

A : 久しぶりに晴れたね。このチャンスを逃せないよ。思い切って遠出してみない？

B : グッドアイディアだ。ピクニックにもってこいのお天気だね。

A : 私はおにぎりとサラダを作るよ。かごバッグとブランケットは？

B : ブランケットは車のトランクに入れてあるよ。

A : 오랜만에 맑네. 이 찬스를 놓칠 수 없지. 큰맘 먹고 멀리 가 보지 않을래?

B : 좋은 생각이야. 피크닉에 안성맞춤인 날씨야.

A : 나는 주먹밥과 샐러드를 만들게. 바구니 가방이랑 담요는?

B : 담요는 차의 트렁크에 들어 있어.

天気はどうですか。

(A) しとしとしている。

(B) 天気は崩れている。

(C) 空が澄み渡っている。

(D) 雨がボツボツ降っている。

날씨는 어떻습니까?

(A) 비가 부슬부슬 내리고 있다.

(B) 날씨가 나빠지고 있다.

(C) 하늘이 구름 한 점 없이 맑다.

(D) 비가 슬슬 내리고 있다.

해설　'오랜만에 날씨가 맑다'고 했으므로 비가 오거나 날씨가 나쁜 것이 아니므로 정답은 (C)다.

단어　晴(は)れる 날씨가 개다 | 逃(のが)す 놓치다 | 思(おも)い切(き)って 큰맘 먹고 | 遠出(とおで) 멀리 나감 | もってこい 안성맞

춤 | かごバッグ 바구니 가방 | ブランケット 담요 | トランク 트렁크 | しとしと 부슬부슬(비가 조용히 내리는 모양) | 天気(てんき)が崩(くず)れる 날씨가 나빠지다 | 澄(す)み渡(わた)る 한 점 흐림 없이 맑다 | ボツボツ 점점이(작은 점이나 돌기물이 여기저기 흩어져 있는 모양)

65 _ 호텔 – 방 예약하기

A : どれくらいご滞在でしょうか。

B : ５日間泊まるつもりです。

A : どのタイプのお部屋がお好みでしょうか。

B : ダブルベッドのあるシングルルームです。

A : 어느 정도 체류하십니까?

B : 5일간 머무를 예정입니다.

A : 어떤 타입의 방을 좋아하십니까?

B : 더블 침대가 있는 싱글룸입니다.

客が望んでいる部屋はどれですか。

(A) ツインルーム　　　(B) ダブルルーム

(C) スイートルーム　　(D) シングルルーム

손님이 바라고 있는 방은 어느 것입니까?

(A) 트윈룸　　　　　　(B) 더블룸

(C) 스위트룸　　　　　(D) 싱글룸

해설　원하는 방은 더블 침대가 있는 싱글룸이므로 정답은 (D)가 적당하다.

단어　滞在(たいざい) 체재, 체류 | 泊(と)まる 숙박하다 | お好(この)み 좋아하는 것 | 望(のぞ)む 바라다

66 _ 일상생활 – 여가 활동 묻기

A : 本田さん、ひまなときは何をしますか。

B : 山登りに行きます。有酸素運動ですから健康とダイエットにピッタリです。

A : 山登りは普通、誰と行くんですか。

B : 普通は私の家族とですが、今週は高校の友だちと行きます。

A : 혼다 씨, 한가할 때는 무엇을 합니까?

B : 등산을 하러 갑니다. 유산소운동이기 때문에 건강과 다이어트에 딱 좋습니다.

A : 등산은 보통 누구와 가는 겁니까?

B : 보통은 저희 가족과 갑니다만, 이번 주는 고등학교 친구와 갑니다.

本田さんは山登りについてどう思っていますか。

(A) 炭素運動だと思っている。

(B) 体質に合わないと思っている。

(C) 時間つぶしにピッタリだと思っている。

(D) ダイエットにもってこいだと思っている。

혼다 씨는 등산에 대해 어떻게 생각하고 있습니까?

(A) 탄소운동이라고 생각하고 있다.
(B) 체질에 맞지 않는다고 생각하고 있다.
(C) 심심풀이에 딱이라고 생각하고 있다.
(D) 다이어트에 안성맞춤이라고 생각하고 있다.

해설 건강과 다이어트에 피딱리라고 했으므로 정답은 (D)가 적당하다.

단어 有酸素(ゆうさんそ) 유산소 | 健康(けんこう) 건강 | ピッタリ 딱 맞음, 꼭 맞음 | 普通(ふつう) 보통 | 炭素(たんそ) 탄소 | 体質(たいしつ) 체질 | 時間(じかん)つぶし 심심풀이, 시간 때우기 | もってこい 안성맞춤

67 _ 운동 종류 찾기

A：私の順番だ。

B：まず床に仰向けになって軽く膝を曲げてね。

A：３０回やってみる。

A : 내 순서다.
B : 우선 바닥에 위를 향해 눕고, 가볍게 무릎을 굽혀.
A : 30번 해 보겠어.

何をしていますか。

(A) ストレッチ　　　(B) フラフープ

(C) サイクリング　　(D) ウインドサーフィン

무엇을 하고 있습니까?

(A) 스트레칭　　　　(B) 훌라후프
(C) 사이클링　　　　(D) 윈드서핑

해설 훌라후프, 사이클링, 윈드서핑 모두 누워서 하는 운동이 아니므로, 정답으로 적당한 것은 (A)이다.

단어 順番(じゅんばん) 순서 | 床(ゆか) 마루, 바닥 | 仰向(あおむ)けになる 위를 향해 눕다 | 膝(ひざ) 무릎 | 曲(ま)げる 굽히다

68 _ 가격 조사 – 시간대에 따른 가격 동향 파악

A：上映の時間は？

B：午前７時から、２時間おきに深夜の１時まででです。

A：入場料はいくらですか。

B：３千円です。午前７時の分と夜９時からの分は２５％割引になります。

A : 상영 시간은?
B : 오전 7시부터 2시간 간격으로 심야 1시까지입니다.
A : 입장료는 얼마입니까?
B : 3천 엔입니다. 오전 7시 것과 밤 9시부터인 것은 25% 할인됩니다.

料金について正しいのはどれですか。

(A) 午前７時に買うと３千円になる。

(B) 午後１０時に買うと千円になる。

(C) 午後７時からは千５百円になる。

(D) 深夜の１時のは２５％割引になる。

요금에 대해 맞는 것은 어느 것입니까?

(A) 오전 7시에 사면 3천 엔이 된다.
(B) 오전 10시에 사면 천 엔이 된다.
(C) 오전 7시부터는 천 5백 엔이 된다.
(D) 심야 1시 것은 25% 할인된다.

해설 영화 상영 시간에 따른 할인율을 묻고 있다. 오전 7시와 밤 9시부터 25% 할인된다고 했으므로 정답은 (D가 된다.

단어 上映(じょうえい) 상영 | 深夜(しんや) 심야 | 入場料(にゅうじょうりょう) 입장료 | 割引(わりびき) 할인 | 料金(りょうきん) 요금

69 _ 일상생활 – 취미 생활

A：二ノ宮さん、時間がある時は何をしているんですか。

B：私はよくカラオケに行きますよ。ヒロさんは歌うのが好きじゃないんですよね。

A：私はジグソーパズルを組み立てるのが好きです。ところで、どれくらい行きますか。

56

B：週^{しゅう}に一回^{いっかい}です。今日^{きょう}一緒^{いっしょ}に行きましょう
か。いい店紹介^{みせしょうかい}しますから。

A : 니노미야 씨, 시간이 있을 때는 무엇을 합니까?
B : 저는 자주 노래방에 가요. 히로 씨는 노래하는 것을 좋아하지
않지요?
A : 저는 지그소 퍼즐을 조립하는 걸 좋아합니다. 그런데 어느 정도
갑니까?
B : 주에 1회예요. 오늘 함께 갈까요? 좋은 가게 소개할 테니까.

ヒロさんが好きなのはどれですか。

(A) 歌^{うた}

(B) カラオケ

(C) ワイドショー番組^{ばんぐみ}

(D) パズルの組み立て

히로 씨가 좋아하는 것은 무엇입니까?

(A) 노래
(B) 노래방
(C) 와이드쇼 프로그램
(D) 퍼즐 조립

해설　니노미야가 좋아하는 것은 노래방, 히로가 좋아하는 것은 퍼
즐 조립이라고 했으므로 정답으로 적당한 것은 (D)이다.

단어　ジグソーパズル 지그소 퍼즐 | 組^くみ立^たてる 조립하
다 | 紹介^{しょうかい} 소개 | 番組^{ばんぐみ} (방송) 프로그램

70 _ 비즈니스 – 부탁하기

A：加藤^{かとう}さん、時間^{じかん}を割^さいてくれませんか。

B：はい。山本^{やまもと}さん、何^{なに}か困^{こま}っていることでも
あるんですか。

A：アプリの使^{つか}い方^{かた}をご存^{ぞん}じですか。

B：あいにく私^{わたし}も…。あかりさんが知^しっている
かもしれません。先日^{せんじつ}アプリのマニュアル
を読^よんでいたんですよ。

A : 가토 씨, 시간을 내 주지 않겠습니까?
B : 예. 야마모토 씨, 무슨 곤란한 일이라도 있습니까?
A : 어플 사용 방법을 아십니까?
B : 공교롭게 저도…. 아카리 씨가 알고 있을지도 모릅니다. 일전에
어플 매뉴얼을 읽고 있었거든요.

会話^{かいわ}の内容^{ないよう}と合^あっているのはどれですか。

(A) 加藤さんは忙^{いそが}しくてあかりさんに教^{おし}えられ
ない。

(B) 山本さんはアプリの使い方を知っているは
ずだ。

(C) 山本さんはアプリのマニュアルを読んだば
かりだった。

(D) あかりさんがアプリの使い方を教えてくれ
るかもしれない。

대화 내용과 맞는 것은 어느 것입니까?

(A) 가토 씨는 바빠서 아카리 씨에게 가르쳐 줄 수 없다.
(B) 야마모토 씨는 어플의 사용 방법을 알고 있을 것이다.
(C) 야마모토 씨는 어플의 매뉴얼을 방금 막 읽었다.
(D) 아카리 씨가 어플의 사용 방법을 가르쳐 줄지도 모른다.

해설　어플 매뉴얼을 읽고 있던 사람은 아카리이므로 (C)는 정답으
로 부적절, 야마모토가 가토에게 어플 사용 방법을 물어보았으므로
(A)와 (B)는 정답으로 부적절하다.

단어　時間^{じかん}を割^さく 시간을 내다 | アプリ 어플(アプリ
ケーション) | ご存^{ぞん}じ 잘 아심 | あいにく 공교롭게(도) | 先日
^{せんじつ} 일전, 요전 | マニュアル 매뉴얼

71 _ 쇼핑 – 상품에 대한 생각 파악하기

A：アヤちゃん。帽子^{ぼうし}をかぶってみて。アヤ
ちゃんに似合^{にあ}うと思^{おも}うよ。買^かうならつばの
広^{ひろ}い物^{もの}がベターだから。

B：どれ？

A：ピンクの花^{はな}が付^ついたもの。

B：遠慮^{えんりょ}しときます。

A : 아야. 모자를 써 봐. 아야에게 어울릴 것 같아. 살 거라면 챙이
넓은 게 더 나아.
B : 어느 거?
A : 핑크 꽃이 달린 거.
B : 사양하겠습니다.

アヤさんは勧^{すす}められた帽子をどう思いますか。

(A) きれいな限^{かぎ}りだと思う。

(B) ピッタリ似合うと思う。

(C) 買^かうことはないと思う。

(D) 買いたくてたまらないと思う。

아야 씨는 권유받은 모자를 어떻게 생각합니까?

(A) 매우 예쁘다고 생각한다.

(B) 딱 어울린다고 생각한다.

(C) 살 필요는 없다고 생각한다.

(D) 너무 사고 싶다고 생각한다.

해설 챙이 넓고 핑크 꽃이 달린 모자를 권유받고, 遠慮しときま
す라 했으므로 그다지 사고 싶어 하지 않는 상황임을 알 수 있다. 이
에 정답으로 적당한 것은 (C)이다.

단어 似合(にあ)う 어울리다 | つば 모자의 차양 | ベター 더 나음
| 勧(すす)める 권유하다 | ~限(かぎ)りだ 매우 ~하다, ~하기 짝이
없다 | ~ことはない ~할 필요는 없다 | ~てたまらない ~해서 견
딜 수 없다. 너무 ~하다

72 _ 대화 속의 화제 찾기

A：待ちに待ったタブレットＰＣが届いた。

B：見せて。待った甲斐があったね。

A：うん、注文してから３週間もかかったけど。

B：じゃ、大切にしなくちゃね。

A : 기다리고 기다리던 태블릿 PC가 도착했어.

B : 보여줘. 기다린 보람이 있었네.

A : 응, 주문하고 3주나 걸렸지만.

B : 그럼, 소중히 해야겠네.

何について話していますか。

(A) ルーター　　　　　(B) サーバー

(C) パソコン　　　　　(D) タブレットＰＣ

무엇에 대해서 이야기하고 있습니까?

(A) 라우터　　　　　(B) 서버

(C) 컴퓨터　　　　　(D) 태블릿 PC

해설 태블릿 PC가 대화의 주제로 등장하므로 정답은 (D)가 적절
하다.

단어 待(ま)ちに待った 기다리고 기다린 | タブレットＰＣ(ピー
シー) 태블릿 PC | 届(とど)く 도착하다. 닿다 | 甲斐(かい) 보람 |
注文(ちゅうもん) 주문

73 _ 비즈니스 – 대화 내용 파악하기

A：野田さん、ずっと残業だったね。

B：くたくただよ。ここんとこずっと狂ったよ
　　うに働いてるの。

A：もうすぐ週末なんだから、頑張って。

B：入札が終わったら一休みできると思うんだ。

A : 노다 씨, 계속 야근이었죠.

B : 녹초가 됐어. 요즘 들어 계속 미친 듯이 일하고 있어.

A : 이제 곧 주말이니까, 힘내.

B : 입찰이 끝나면 한숨 돌릴 수 있을 것 같아.

会話の内容と合っているのはどれですか。

(A) 野田さんはぴんぴんしている。

(B) 入札が終われば休めると思う。

(C) 週末であれ休日であれ、毎日仕事をしている。

(D) 野田さんは友人の忠告をよそに、怠けた生
　　活をしている。

대화 내용과 맞는 것은 어느 것입니까?

(A) 노다 씨는 팔팔하다.

(B) 입찰이 끝나면 쉴 수 있을 것이라고 생각한다.

(C) 주말이든 휴일이든 매일 일을 하고 있다.

(D) 노다 씨는 친구의 충고에도 아랑곳하지 않고 게으른 생활을 하고 있다.

해설 녹초가 됐다고 했으므로 (A)는 정답에서 제외, 입찰이 끝나
면 쉴 수 있다고 생각했으므로 정답으로 적절한 것은 (B)이다.

단어 残業(ざんぎょう) 잔업, 야근 | くたくた 녹초가 됨 | ここ
んとこ 최근 들어, 요즘 | 狂(くる)う 미치다 | 入札(にゅうさつ) 입
찰 | 一休(ひとやす)み 한숨 돌림 | ぴんぴん 팔딱팔딱, 팔팔 | 休日
(きゅうじつ) 휴일 | ~であれ~であれ ~든, ~든 | 友人(ゆうじ
ん) 친구 | 忠告(ちゅうこく) 충고 | ~をよそに ~을 개의치 않고,
~에도 아랑곳하지 않고 | 怠(なま)ける 게으름 피우다 | 生活(せいか
つ) 생활

74 _ 일상생활

A：沢村さん。気をつけてよ。

B：きょうは何だかちょっと抜けてるね。

A：何かあったの？

B：ううん。ただの寝不足。朝から濃いコーヒー
　　を飲んでるけど、覚めないね。

A : 사와무라 씨. 조심해.

B : 오늘은 왠지 좀 기운이 빠지네.

A : 무슨 일 있었어?

B : 아니. 그냥 수면 부족. 아침부터 진한 커피를 마시고 있지만 깨
　　지 않네.

会話の内容と合っているのはどれですか。
(A) 目覚まし時計が鳴っている。
(B) 沢村さんは眠そうにしている。
(C) 慣れてないからうろうろしている。
(D) 沢村さんは泣き出さんばかりに喜んだ。

대화 내용과 맞는 것은 어느 것입니까?

(A) 자명종이 울리고 있다.
(B) 사와무라 씨는 졸려 하고 있다.
(C) 익숙하지 않아서 허둥대고 있다.
(D) 사와무라 씨는 울음을 터트릴 듯이 기뻐했다.

[해설] 사와무라가 피곤한 이유는 단지 잠이 부족하기 때문이라고 답했기 때문에 정답으로 적당한 것은 (B)이다.

[단어] 抜(ぬ)ける 맥이 빠지다〈주로 ~ている의 형태로 쓰임〉| 寝不足(ねぶそく) 수면 부족 | 濃(こ)い 진하다 | 覚(さ)める 잠이 깨다 | 目覚(めざ)まし時計(どけい) 자명종 | 慣(な)れる 익숙해지다 | うろうろ 허둥지둥(당황하여 갈피를 못 잡는 모양) | 泣(な)き出(だ)す 울음을 터뜨리다 | ~んばかりに ~할 듯이

75 _ 비즈니스 – 문제 제기 내용 요약

A：部長、折り入って話したいことがあります。
B：うん、何だい？
A：うちの部署は仕事を抱え過ぎています。そして毎日残業で、体が持たないです。林さんも先週ノイローゼで入院したそうです。要はもう少しスタッフが必要だということです。

A：부장님, 긴히 하고 싶은 이야기가 있습니다.
B：그래, 뭔가?
A：우리 부서는 일을 너무 많이 떠안고 있습니다. 그리고 매일 잔업이라서 몸이 견디지 못합니다. 하야시 씨도 지난주에 노이로제로 입원했다고 합니다. 요컨대, 조금 더 스태프가 필요하다는 것입니다.

部長に頼んでいるのはどれですか。

(A) 酒　　　　　　　(B) 休憩
(C) 仕事の質　　　　(D) スタッフの充員

부장에게 부탁하고 있는 것은 어느 것입니까?

(A) 술　　　　　　　(B) 휴식
(C) 일의 질　　　　(D) 스태프 충원

[해설] 스태프 부족으로 인해 야기된 문제점을 열거하면서 스태프의 증원을 요구하고 있으므로, 정답은 (D)가 적당하다.

[단어] 折(お)り入(い)って 긴히, 특별히 | 部署(ぶしょ) 부서 | 抱(かか)える 떠안다 | 体(からだ) 몸 | 持(も)つ 견디다 | ノイローゼ 노이로제 | 要(よう)は 요는, 요컨대 | スタッフ 스태프 | 必要(ひつよう) 필요

76 _ 협의 과정 – 대화 내용 파악

A：以上が私どものご提案でございます。
B：ありがたいお話と存じます。
A：御社のお力をお貸し願えればと存じます。
B：私の一存では決めかねますので、社に戻って検討してからお返事いたします。

A：이상이 저희들의 제안입니다.
B：고마운 말씀이라고 생각합니다.
A：귀사에서 힘을 써 주셨으면 합니다.
B：저 혼자서는 결정하기 어려우므로, 회사에 돌아가서 검토 후 답변 드리겠습니다.

会話の内容と合っているのはどれですか。
(A) 二人は匿名で献金しようとしている。
(B) 明日の取引をひかえて準備を整えている。
(C) 女の人は頼むにたりない男の人だと思っている。
(D) 女の人は一人で決めるわけにはいかないので検討したいと思っている。

대화 내용과 맞는 것은 어느 것입니까?

(A) 두 사람은 익명으로 헌금하려고 한다.
(B) 내일의 거래를 앞두고 준비를 하고 있다.
(C) 여성은 부탁할 가치가 없는 남성이라고 생각하고 있다.
(D) 여성은 혼자서 결정할 수 없어서 검토하고 싶다고 생각한다.

[해설] 혼자서 결정하기 어려워 일단 회사에 돌아가 검토해야 된다고 했으므로 적당한 답은 (D)이다.

[단어] 以上(いじょう) 이상 | 提案(ていあん) 제안 | 存(ぞん)ずる 알고 있다 | 御社(おんしゃ) 귀사 | 願(ねが)う 원하다 | 一存(いちぞん) 혼자만의 판단 | 社(しゃ) 회사 | 検討(けんとう) 검토 | 匿名(とくめい) 익명 | 献金(けんきん) 헌금 | 取引(とりひき) 거래 | ~をひかえて ~을 앞두고 | 準備(じゅんび) 준비 | 整(ととの)える 정돈하다 | ~にたりない ~할 가치가 없다

A：これ、いかがですか。流行りの新しいタイプです。いろんな機能もついていますよ。

B：けっこういいですね。デザインも検索機能も洗練されているので。

A：値段もお手頃です。ご奉仕価格で２万円です。

B：社用なので領収書、書いてください。

A : 이거, 어떻습니까? 유행하는 새로운 타입입니다. 여러 가지 기능도 붙어 있어요.

B : 꽤 좋군요. 디자인도 검색 기능도 세련됐으니까.

A : 가격도 적당합니다. 서비스 가격으로 2만 엔입니다.

B : 회사용이니 영수증 써 주세요.

購入した商品について正しいのはどれですか。

(A) プロ仕様なので値段が高い方である。

(B) 奉仕価格なのでレシートは発行されない。

(C) 機能といわずデザインといわず、洗練された品物である。

(D) プロ仕様なり素人仕様なり、好きな物を選んだのである。

구입한 상품에 대해 맞는 것은 어느 것입니까?

(A) 프로 사양이라서 가격이 비싼 편이다.

(B) 서비스 가격이므로 영수증은 발행되지 않는다.

(C) 기능이며 디자인이며 세련된 물건이다.

(D) 프로 사양이든 초보 사양이든 좋아하는 것을 고른 것이다.

해설 가격은 적당하다고 했으므로 (A)는 정답으로 부적절하고, (B)와 (D)의 내용과 관련된 내용은 없으므로 정답으로 하기에 부적절하다. 기능과 디자인이 세련되었다고 했으므로 (C)가 정답에 가깝다.

단어 流行(はや)り 유행 | 機能(きのう) 기능 | 検索(けんさく) 검색 | 洗練(せんれん) 세련 | 手頃(てごろ) 적당함 | 奉仕価格(ほうしかかく) 서비스 가격 | 社用(しゃよう) 회사용 | 領収書(りょうしゅうしょ) 영수증 | 購入(こうにゅう) 구입 | 仕様(しよう) 사양 | レシート 영수증 | 発行(はっこう) 발행 | ～といわず ～며 | ～なり ～든(유사한 내용을 예시하여 어느 한쪽을 선택) | 素人(しろうと) 초보, 초심자

A：すみません。お先にあがらせてもらいます。

B：え、もう？明日のプレゼンの準備、終わったの？

A：明日の朝やります。

B：大丈夫〜？

A : 죄송합니다. 먼저 가겠습니다.

B : 어, 벌써? 내일 발표 준비, 끝났어?

A : 내일 아침에 할 거예요.

B : 괜찮겠어?

女の人はこれから何をしますか。

(A) 家に帰る。　　　　　(B) 発表する。
(C) お酒を飲む。　　　　(D) お風呂に入る。

여성은 이제부터 무엇을 합니까?

(A) 집에 간다.　　　　　(B) 발표한다.
(C) 술을 마신다.　　　　(D) 목욕을 한다.

해설 먼저 あがる가 대화 속에서 어떤 뜻으로 사용되었는지 파악해야 한다. あがる는 여기에서 사용된 것처럼 '마치다'의 의미 외에도 '오르다', '목욕탕에서 나오다', '방에 들어가다' 등의 의미가 있다. 발표 준비는 끝내지 못했지만 남은 것은 내일 하고 일단 귀가한다고 했으므로 정답은 (A)가 적절하다.

단어 お先(さき)に 먼저 | あがる 끝나다, 마치다 | プレゼン 프리젠테이션, 발표 | 発表(はっぴょう) 발표

A：お昼過ぎぐらいから吐き気がするんです。

B：食あたりですか。何か悪いものでも食べましたか。

A：特に思い当たらないんですけど、そういえば、夕飯、普段より量が多かったんです。

A : 점심 지나서부터 토할 것 같습니다.

B : 식중독입니까? 뭐 안 좋은 거라도 먹었습니까?

A : 딱히 짐작 가는 건 없는데, 그러고 보니, 저녁밥이 평소보다 양이 많았어요.

女の人はどうして吐き気がしていますか。

(A) 食べ過ぎたから

(B) お腹が空いたから

(C) 物足りなかったから

(D) 胃に何かが当たったから

여성은 어째서 토할 것 같습니까?

(A) 과식했기 때문에

(B) 배가 고파서

(C) 뭔가 부족해서

(D) 위에 무언가가 닿았기 때문에

해설 普段より量が多かったという 점에서 과식을 생각하고 있으므로 정답은 (A)가 된다.

단어 昼過(ひるす)ぎ 정오 이후, 오후 | 吐(は)き気(け)がする 구역질이 나다 | 食(しょく)あたり 식중독 | 特(とく)に 특히, 특별히 | 思(おも)い当(あ)たる 짐작이 가다 | 普段(ふだん) 평소 | 量(りょう) 양 | 物足(ものた)りない 무언가 부족하다 | 胃(い) 위

80 _ 회사 생활 – 위로하기

A：そんなに落ち込まないで、元気出して。

B：あんなミスをするなんて穴があったら入りたいくらいです。

A：共同プロジェクトなんだから、あなた一人が責任をかぶることないわ。

A : 그렇게 침울해하지 말고 기운 내.

B : 그런 실수를 하다니, 쥐구멍이 있으면 들어가고 싶을 정도입니다.

A : 공동 프로젝트니까 당신 한 사람이 책임을 뒤집어쓸 필요 없어.

女の人はどう考えていますか。

(A) 誰も悪くない。

(B) 自分の責任が一番重い。

(C) 男の人が責任を取るべきだ。

(D) ほかのメンバーにも責任がある。

여성은 어떻게 생각하고 있습니까?

(A) 누구도 나쁘지 않다.

(B) 자신의 책임이 가장 무겁다.

(C) 남자가 책임을 져야 한다.

(D) 다른 멤버에게도 책임이 있다.

해설 공동 책임이므로 모든 책임은 그 구성원에 있다고 말한 것으로 보아 (D)가 정답으로 적절하다.

단어 落(お)ち込(こ)む 침울해지다 | 元気(げんき)を出(だ)す

기운을 내다 | 穴(あな) 구멍 | 共同(きょうどう) 공동 | プロジェクト 프로젝트 | 責任(せきにん) 책임 | かぶる 뒤집어쓰다

PART 4

81~83

私は下戸です。アルコールが全然だめだと言うのではないですが、すぐに顔が赤くなって、脈拍が上がってしまいます。レストランや料亭で食事する時はアルコールの代わりにミネラルウォーターを注文します。

나는 술이 약합니다. 알코올이 전혀 안 된다는 것은 아니지만, 금방 얼굴이 빨개지고 맥박이 올라가 버립니다. 레스토랑이나 요정에서 식사를 할 때는 알코올 대신 미네랄워터를 주문합니다.

단어 下戸(げこ) 술을 잘 못하는 사람 | アルコール 알코올 | 全然(ぜんぜん) 전혀 | ～のではない ～하는 것은 아니다 | 脈拍(みゃくはく) 맥박 | 料亭(りょうてい) 요정 | ～代(か)わりに ～대신에 | ミネラルウォーター 미네랄워터 | 注文(ちゅうもん) 주문

81 この人はどんな人ですか。

(A) 呑み助   (B) 笑い上戸

(C) のんべえ   (D) 酒の飲めない人

이 사람은 어떤 사람입니까?

(A) 술고래   (B) 취하면 웃는 사람

(C) 술꾼   (D) 술을 못 마시는 사람

해설 下戸라는 점에서 술을 잘 못하는 사람임을 알 수 있다.

단어 呑(の)み助(すけ) 술고래, 술꾼 | 笑(わら)い上戸(じょうご) 취하면 웃는 버릇이 있는 사람 | のんべえ 술꾼

82 この人はお酒を飲むとどうなりますか。

(A) 顔色が変わる。

(B) 泣いたりする。

(C) 腹痛をもたらす。

(D) おしゃべりになる。

이 사람은 술을 마시면 어떻게 됩니까?

(A) 얼굴색이 바뀐다.
(B) 울거나 한다.
(C) 복통을 일으킨다.
(D) 수다쟁이가 된다.

해설 바로 얼굴이 붉어진다고 했으므로 정답은 (A)이다.

단어 顔色(かおいろ) 안색, 얼굴색 | 腹痛(ふくつう) 복통 | もたらす 초래하다

83 この人は食事をする時、飲み物は何にしますか。

(A) ウーロン茶
(B) アルコール
(C) スパークリングウォーター
(D) ミネラルウォーター

이 사람은 식사를 할 때 음료는 무엇으로 합니까?

(A) 우롱차
(B) 알코올
(C) 스파클링워터
(D) 미네랄워터

해설 술 대신 미네랄워터를 주문한다고 했으므로 정답은 (D)이다.

단어 ウーロン茶(ちゃ) 우롱차 | スパークリングウォーター 스파클링워터

84~87

7月3日土曜日に娘の結婚式があり、7月4日の日曜日に息子の結婚式があります。皆さんに二人の結婚式に出席してもらうことにします。宿泊は娘の結婚式を挙げるホテルに予約をします。7月4日の婚礼ですが、結婚式は11時から名古屋にある神社で行います。その後12時から神社内の会館で披露宴を行います。披露宴は大体2時間ぐらいで終わる予定でしたが、式場の都合で3時終了になりました。披露宴終了後に出席者の見送りをしたりするので式場を出るのに1時間かかってしまいます。

7월 3일 토요일에 딸의 결혼식이 있고, 7월 4일 일요일에 아들의 결혼식이 있습니다. 여러분들께 둘의 결혼식에 초대하기로 하겠습니다. 숙박은 딸이 결혼식을 올리는 호텔로 예약을 하겠습니다.

7月4日 예식에 대해서 말씀드리자면, 결혼식은 11시부터 나고야에 있는 신사에서 합니다. 그후 12시부터 신사 안에 있는 회관에서 피로연을 합니다. 피로연은 대체적으로 2시간 정도면 끝날 예정이었는데, 식장의 사정으로 3시에 종료하게 되었습니다. 피로연 종료 후에 참석자 배웅을 하오니 식장을 나서는 데에 1시간 정도 걸리겠습니다.

단어 出席(しゅっせき) 출석, 참석 | 宿泊(しゅくはく) 숙박 | 挙(あ)げる (식을) 올리다 | 婚礼(こんれい) 혼례 | 神社(じんじゃ) 신사 | 行(おこな)う 하다, 행하다 | 会館(かいかん) 회관 | 披露宴(ひろうえん) 피로연 | 大体(だいたい) 대체로 | 式場(しきじょう) 식장 | 終了(しゅうりょう) 종료 | 見送(みおく)り 배웅, 전송

84 息子の披露宴はどこで行いますか。

(A) お寺　　　　　　(B) 神社
(C) 教会　　　　　　(D) ホテル

아들의 피로연은 어디에서 합니까?

(A) 절　　　　　　(B) 신사
(C) 교회　　　　　(D) 호텔

해설 아들의 결혼식은 신사에서 올리고, 딸의 결혼식은 호텔이므로 정답은 (B)가 적당하다.

단어 寺(てら) 절 | 教会(きょうかい) 교회

85 息子の披露宴はいつ終わりますか。

(A) 午前3時　　　(B) 午前4時
(C) 午後2時　　　(D) 午後3時

아들의 피로연은 언제 끝납니까?

(A) 오전 3시　　　　　(B) 오전 4시
(C) 오후 2시　　　　　(D) 오후 3시

해설 아들의 결혼식은 약 3시에 끝난다고 했으므로 정답은 (D)가 적당하다.

86 娘の結婚式について合っているのはどれですか。

(A) 新居は名古屋である。
(B) 結婚式はホテルで行う。
(C) 7月3日日曜日に結婚式を挙げる。
(D) 新郎の都合で披露宴が早めに終わる。

딸의 결혼식에 대해서 맞는 것은 어느 것입니까?

(A) 신혼집은 나고야이다.
(B) 결혼식은 호텔에서 한다.
(C) 7월 3일 일요일에 결혼식을 올린다.
(D) 신랑의 사정으로 피로연이 빨리 끝난다.

해설　신혼집이나 피로연을 빨리 끝낸다는 내용이 없으므로 (A), (D)는 정답에 제외되고, 딸은 7월 3일 토요일 호텔에서 결혼하므로 정답은 (B)가 적당하다.

단어　新居(しんきょ) 새집, 신혼집 | 新郎(しんろう) 신랑 | 早(はや)め 약간 이름

87　披露宴が終わったら何をしますか。

(A) 二次会へ行く。

(B) テーブルを片付ける。

(C) 出席者の見送りをする。

(D) 貸し切りパーティーをする。

피로연이 끝나면 무엇을 합니까?

(A) 2차를 간다.

(B) 테이블을 정리한다.

(C) 참석자를 배웅한다.

(D) 전세 파티를 한다.

해설　아들 결혼식의 피로연이 끝나면 참석자 배웅을 한다고 했으므로 정답은 (C)가 적당하다.

단어　二次会(にじかい) 2차 | 片付(かたづ)ける 정리하다 | 貸(か)し切(き)り 전세

88~90

今日は祝日で、「成人の日」です。昔は１月１５日だったのですが、ハッピーマンデーの制度により、毎年、日にちが変わります。この制度によって成人の日、体育の日、海の日、敬老の日がそれぞれ月曜日に移動しました。土日と合わせて３連休になっています。移動方法については「従来の日付に近い方の月曜日」のような追従型でなく、「何月の第何月曜日」のように固定的なものとなっています。この制度の狙いは観光振興による経済効果を高めることです。

오늘은 경축일로, '성인의 날'입니다. 옛날에는 1월 15일이었지만, 해피 먼데이 제도에 따라 매년 날짜가 바뀝니다. 이 제도에 따라 성인의 날, 체육의 날, 바다의 날, 경로의 날이 각각 월요일로 이동되었습니다. 토 · 일 합쳐서 3일 연속 휴일이 되었습니다. 이동 방법에 관해서는 '종래의 날짜와 가까운 월요일'과 같은 추종형이 아니라, '몇 월의 몇 번째 월요일'과 같이 고정적인 것으로 되었습니다. 이 제도의 목표는 관광 진흥에 따른 경제 효과를 높이는 것입니다.

단어　祝日(しゅくじつ) 경축일 | 成人(せいじん)の日(ひ) 성인의 날 | 制度(せいど) 제도 | 日(ひ)にち 날짜 | 体育(たいいく) 체육 | 敬老(けいろう) 경로 | 移動(いどう) 이동 | 土日(どにち) 토요일과 일요일 | 連休(れんきゅう) 연휴 | 方法(ほうほう) 방법 | 従来(じゅうらい) 종래 | 日付(ひづけ) 날짜 | 追従(ついじゅう) 추종 | 固定的(こていてき) 고정적 | 狙(ねら)い 목표, 겨냥 | 観光(かんこう) 관광 | 振興(しんこう) 진흥 | 経済(けいざい) 경제 | 効果(こうか) 효과

88　ハッピーマンデーではない祝日はどれですか。

(A) 海の日　　　　(B) 体育の日

(C) 文化の日　　　(D) 敬老の日

해피 먼데이가 아닌 경축일은 어느 것입니까?

(A) 바다의 날　　　(B) 체육의 날

(C) 문화의 날　　　(D) 경로의 날

해설　해피 먼데이로 인해 휴일인 경우는 '성인의 날, 체육의 날, 바다의 날, 경로의 날'이라고 했으므로 정답으로 적절한 것은 (C)이다.

단어　文化(ぶんか) 문화

89　移動方法について正しいのはどれですか。

(A) 第何月曜日に固定されている。

(B) 従来の日付に近い方の月曜日にする。

(C) 天文学上の計算に基づいて決定される。

(D) 振替休日制によって翌月曜日を休日とする。

이동 방법에 대해 옳은 것은 어느 것입니까?

(A) 몇 번째 월요일로 고정되어 있다.

(B) 종래에 날짜에 가까운 월요일로 한다.

(C) 천문학상의 계산을 근거로 하여 결정된다.

(D) 대체휴일제에 따라 다음 월요일을 휴일로 한다.

해설　이동 방법은 '몇 월의 몇 번째 월요일'로 고정되었다고 했으므로 정답으로 적절한 것은 (A)이다.

단어　天文学(てんもんがく) 천문학 | 基(もと)づく 바탕을 두다, 근거하다 | 振替休日(ふりかえきゅうじつ) 일요일과 공휴일이 겹칠 경우 다음 날이 휴일이 되는 것

90　ハッピーマンデーの導入の効果として期待されることはどれですか。

(A) ブルーマンデーを乗り切る。

(B) 新規雇用創出が見込まれている。

(C) 会社の命令による休日出勤が多くなる。

(D) 観光業界に良い効果を与え、景気を刺激する。

해피 먼데이의 도입 효과로서 기대되는 것은 어느 것입니까?

(A) 블루 먼데이를 극복한다.
(B) 신규 고용 창출이 예상되고 있다.
(C) 회사의 명령에 따른 휴일 출근이 많아진다.
(D) 관광업계에 좋은 효과를 주어 경기를 자극한다.

 해피 먼데이 제도는 관광 진흥에 따른 경제 효과를 노리는 것이므로 정답으로 적절한 것은 (D)이다.

 導入(どうにゅう) 도입 | 期待(きたい) 기대 | ブラック マンデー 블랙 먼데이 | 乗(の)り切(き)る 헤쳐 나가다, 극복하다 | 新規(しんき) 신규 | 雇用(こよう) 고용 | 創出(そうしゅつ) 송출 | 見込(みこ)む 내다보다, 예상하다 | 命令(めいれい) 명령 | 業界(ぎょうかい) 업계 | 与(あた)える 부여하다, 주다 | 景気(けいき) 경기 | 刺激(しげき) 자극

91~93

火事の原因は「たばこの不始末」と言うのをよく聞きますが、火災の原因でトップは「放火」「コンロ火災」「たばこ」が続きます。4位が「放火の疑い」5位からぐっと下がって「たき火」が続きます。昔は電気配線からの漏電が多かったと思いますが、最近は漏電遮断器が普及しているので少ないようです。山火事の主な原因として「たき火」があげられます。

화재의 원인은 '담배의 취급 부주의'라는 말을 곧잘 듣습니다만, 화재의 원인 중 가장 많은 것은 '방화', '곤로 화재', '담배'의 순입니다. 4위가 '방화 의심', 5위에서 한참 내려가서 '모닥불' 순입니다. 옛날에는 전기 배선으로 인한 누전이 많았다고 생각합니다만, 최근에는 누전차단기가 보급되어 있기 때문에 적은 것 같습니다. 산불의 주요 원인으로서 '모닥불'을 꼽을 수 있습니다.

 火事(かじ) 화재 | 原因(げんいん) 원인 | 不始末(ふしまつ) 뒤처리가 허술함, 부주의 | 火災(かさい) 화재 | 放火(ほうか) 방화 | コンロ 곤로 | 疑(うたが)い 의심, 혐의 | ぐっと 훨씬 | 下(さ)がる 내려가다 | たき火(び) 모닥불 | 配線(はいせん) 배선 | 漏電(ろうでん) 누전 | 遮断器(しゃだんき) 차단기 | 普及(ふきゅう) 보급 | 山火事(やまかじ) 산불 | 主(おも)な 주요한

91 昔の火事の原因としてあげられるのはどれですか。

(A) 漏電　　　　　　(B) 放火
(C) たき火　　　　　(D) タバコの不始末

옛날의 화재 원인으로 꼽히는 것은 어느 것입니까?

(A) 누전　　　　　　(B) 방화
(C) 모닥불　　　　　(D) 담배 취급 부주의

 옛날의 화재 원인은 전기 배선의 누전이라고 했으므로 정답은 (A)가 적당하다.

92 火事の原因として最も多いのは何ですか。

(A) 花火　　　　　　(B) 放火
(C) 火遊び　　　　　(D) コンロ

화재의 원인으로서 가장 많은 것은 무엇입니까?

(A) 불꽃놀이　　　　(B) 방화
(C) 불놀이　　　　　(D) 곤로

 화재의 가장 큰 원인을 '방화'로 들고 있으므로 정답은 (B)가 적당하다.

 最(もっと)も 가장 | 花火(はなび) 불꽃놀이 | 火遊(ひあそ)び 불놀이

93 山火事の主な原因はどれですか。

(A) 炊事　　　　　　(B) 火打石
(C) たき火　　　　　(D) タバコ

산불의 주요 원인은 어느 것입니까?

(A) 취사　　　　　　(B) 부싯돌
(C) 모닥불　　　　　(D) 담배

 산불의 주요 원인은 '모닥불'이므로 정답은 (C)가 적당하다.

 炊事(すいじ) 취사 | 火打石(ひうちいし) 부싯돌

94~97

残業して帰ったら10時です。夜遅くまでゲーム製作をするので、いつも寝不足なのです。寝不足で肌荒れが起きたり、目の下にクマができたりします。7時30分ごろ軽い食事を食べて、家を出ました。会議の時、うとうとしていたら先輩に見つかり、ひどく怒られました。残業の後、お腹をすかせて家に帰って、ゲーム製作を続けました。

야근을 마치고 돌아오면 10시입니다. 밤늦게까지 게임 제작을 하기 때문에 언제나 수면 부족입니다. 수면 부족으로 피부가 거칠어지거나 눈 밑에 기미가 생기기도 합니다. 7시 반쯤 가벼운 식사를 하고 집을 나왔습니다. 회의 때 꾸벅꾸벅 졸다가 선배들에게 들켜 매우 혼이 났습니다. 야근 후에 배를 곯으며 집으로 돌아와 게임 제작을 계속했습니다.

 残業(ざんぎょう) 잔업, 야근 | 製作(せいさく) 제작 | 寝

不足(ねぶそく) 수면 부족 | 肌荒(はだあ)れ 살결이 거칠어짐 | クマ 기미 | 会議(かいぎ) 회의 | うとうと 꾸벅꾸벅(조는 모양)

94 寝不足になった理由は何ですか。

(A) ゲームをするから

(B) テレビを見るから

(C) 睡眠薬を服用するから

(D) ゲーム製作をするから

수면 부족이 된 이유는 무엇입니까?

(A) 게임을 하기 때문에

(B) 텔레비전을 보기 때문에

(C) 수면제를 복용하기 때문에

(D) 게임 제작을 하기 때문에

해설 잠이 부족하게 된 원인은 밤늦게까지 게임 제작을 하기 때문이므로 정답은 (D)가 적당하다.

단어 理由(りゆう) 이유 | 睡眠薬(すいみんやく) 수면제 | 服用(ふくよう) 복용

95 なぜ先輩に怒られましたか。

(A) 居眠りしてしまったから

(B) ケイタイでゲームをしたから

(C) 会議中におしゃべりをしたから

(D) 大きなミスをしてしまったから

왜 선배에게 혼이 났습니까?

(A) 졸아 버려서

(B) 휴대전화로 게임을 해서

(C) 회의 중에 수다를 떨어서

(D) 큰 실수를 해 버려서

해설 회의 중에 졸다가 선배에게 들켜서 혼이 났으므로 정답은 (A)이다.

단어 居眠(いねむ)り 앉아서 졸음

96 寝不足のせいでどんな状態になっていますか。

(A) 肌荒れが起きた。

(B) うつ病にかかった。

(C) 目が大きくなった。

(D) めまいが起こった。

수면 부족 탓으로 어떤 상태가 되었습니까?

(A) 피부가 거칠어졌다.

(B) 우울병에 걸렸다.

(C) 눈이 커졌다.

(D) 현기증이 일어났다.

해설 수면 부족으로 생긴 것은 肌荒れ, 目の下にクマ이므로 정답은 (A)가 적당하다.

단어 状態(じょうたい) 상태 | うつ病(びょう) 우울병 | めまい 현기증

97 この人の日課について正しいのはどれですか。

(A) ご飯を食べて家に帰った。

(B) 不眠症に悩まされている。

(C) 残業の後、飲み会に行った。

(D) 朝食は簡単に済ませて出かけた。

이 사람의 일과에 대해서 올바른 것은 어느 것입니까?

(A) 밥을 먹고 집에 왔다.

(B) 불면증에 시달리고 있다.

(C) 야근 후에 회식에 갔다.

(D) 아침 식사는 간단히 끝내고 나갔다.

해설 전체적인 내용을 잘 파악했는지 확인하는 문제로, 들려주는 지문을 하나하나 체크한다. 밥을 먹지 않은 채 집에 왔으므로 (A)는 정답으로 부적절, 불면증이 아니라 업무에 시달려 잠을 못 잔 것이므로 (B)는 정답으로 부적절, 잔업 후에 집에 왔으므로 (C)는 정답으로 부적절하다.

단어 日課(にっか) 일과 | 不眠症(ふみんしょう) 불면증 | 悩(なや)まされる 시달리다 | 飲(の)み会(かい) 회식, 술자리 | 朝食(ちょうしょく) 아침 식사 | 済(す)ませる 끝내다

98~100

当日の受付は、ご自分の発表セッション開始の、30分前までにお願いします。口頭発表時間は20分、質疑応答は10分です。口頭発表時間を厳守してください。大会当日、無断で発表を欠席することは全体の進行に支障をきたしますので、欠席がないようにお願いします。発表予定者がやむをえない事情により来場できない場合は、連名者が代わりに発表してください。持参のノートPCによる発表を行う方は、トラブルを防ぐため、空き時間を利用して事前に接続のテストを行うことをお勧めいたします。

당일 접수는 본인의 발표 세션 개시의 30분 전까지 부탁합니다. 구두 발표 시간은 20분, 질의응답은 10분입니다. 구두 발표 시간을 엄수하여 주십시오. 대회 당일, 무단으로 발표를 결석하는 것은 전체 진행에 지장을 주고 있으므로 결석이 없도록 부탁합니다. 발표 예정자가 어쩔 수 없는 사정으로 올 수 없는 경우에는 연명자가 대신 발표하여 주십시오. 지참하신 노트북으로 발표를 하실 분은 문제를 방지하기 위해 비는 시간을 이용하여 사전에 접속 테스트를 하실 것을 권장합니다.

단어 当日(とうじつ) 당일 l 受付(うけつけ) 접수 l セッション 세션 l 開始(かいし) 개시 l 口頭(こうとう) 구두 l 質疑応答(しつぎおうとう) 질의응답 l 厳守(げんしゅ) 엄수 l 大会(たいかい) 대회 l 無断(むだん) 무단 l 欠席(けっせき) 결석 l 全体(ぜんたい) 전체 l 進行(しんこう) 진행 l 支障(ししょう) 지장 l きたす 초래하다 l やむをえない 어쩔 수 없다 l 事情(じじょう) 사정 l 来場(らいじょう) 내장 l 連名者(れんめいしゃ) 연명자 l 代(か)わりに 대신에 l 持参(じさん) 지참 l 防(ふせ)ぐ 막다. 방지하다 l 空(あ)き 빔 l 利用(りよう) 이용 l 事前(じぜん) 사전 l 接続(せつぞく) 접속 l 勧(すす)める 권하다

98 口頭発表時間は何分ですか。

(A) １０分　　　　　(B) １５分

(C) ２０分　　　　　(D) ３０分

구두 발표 시간은 몇 분입니까?

(A) 10분　　　　　(B) 15분

(C) 20분　　　　　(D) 30분

해설 구두 발표 시간은 '20분', 질의응답은 '10분'이므로 정답은 (C)가 적당하다.

99 不慮の事情で発表を欠席する時、どうなりますか。

(A) 記事の投稿ができない。

(B) 連名者が代わりに発表する。

(C) 方針から外れるものは掲載できない。

(D) 次の研究発表大会で発表すべきである。

불의의 사정으로 발표를 결석할 때는 어떻게 됩니까?

(A) 기사 투고를 할 수 없다.

(B) 연명자가 대신에 발표한다.

(C) 방침에서 벗어난 것은 게재할 수 없다.

(D) 다음 연구 발표 대회에서 발표해야 한다.

해설 발표자가 발표를 못할 경우에는 연명자가 대신 발표해야 한다고 했으므로 정답은 (B)가 적당하다.

단어 不慮(ふりょ) 불의. 뜻밖 l 記事(きじ) 기사 l 投稿(とうこう) 투고 l 方針(ほうしん) 방침 l 外(はず)れる 벗어나다. 빗나가다 l 掲載(けいさい) 게재 l 次(つぎ) 다음 l 研究(けんきゅう) 연구

100 ノートパソコンによる発表者は発表前に何をしますか。

(A) 接続のテストを行う。

(B) ノートＰＣを持参する。

(C) 管理者に見せる必要がある。

(D) 保安検査を受けなければならない。

노트북을 이용한 발표자는 발표 전에 무엇을 합니까?

(A) 접속 테스트를 한다.

(B) 노트북을 지참한다.

(C) 관리자에게 보일 필요가 있다.

(D) 보안 검사를 받지 않으면 안 된다.

해설 노트북을 이용해 발표할 사람은 문제 방지를 위해 미리 접속 테스트를 해야 한다고 했으므로 정답은 (A)가 적당하다.

단어 管理者(かんりしゃ) 관리자 l 必要(ひつよう) 필요 l 保安(ほあん) 보안 l 検査(けんさ) 검사

JPT 핵심어휘 1000 ❷

✓	단어	읽기	뜻
☐	宛名	あてな	수신인
☐	一括	いっかつ	일괄
☐	居眠り	いねむり	앉아서 졸음
☐	植木鉢	うえきばち	화분
☐	内訳	うちわけ	내역
☐	うろちょろ		졸랑졸랑, 어른어른, 우왕좌왕
☐	円錐形	えんすいけい	원추형, 원뿔
☐	扇形	おうぎがた	부채 모양
☐	思い当たる	おもいあたる	짐작이 가다
☐	折り入って	おりいって	긴히, 특별히
☐	開院	かいいん	개원
☐	該当	がいとう	해당
☐	掛け軸	かけじく	족자
☐	駆け引き	かけひき	흥정
☐	貸し切り	かしきり	전세
☐	担ぐ	かつぐ	메다, 지다
☐	蚊取り線香	かとりせんこう	모기향
☐	金槌	かなづち	쇠망치
☐	軽やか	かろやか	가벼움
☐	気がすむ	きがすむ	마음이 홀가분해지다
☐	着ぐるみ	きぐるみ	사람이 입는 대형 인형 의상
☐	気分直し	きぶんなおし	기분 전환
☐	虐待	ぎゃくたい	학대
☐	競技場	きょうぎじょう	경기장
☐	巨木	きょぼく	거목
☐	組み立てる	くみたてる	조립하다
☐	下戸	げこ	술을 못하는 사람

✓	단어	읽기	뜻
☐	献金	けんきん	헌금
☐	恋い焦がれる	こいこがれる	애타게 그리워하다
☐	効能	こうのう	효능
☐	酵母	こうぼ	효모
☐	誤解	ごかい	오해
☐	黒板	こくばん	칠판
☐	こけ		이끼
☐	心ばかり	こころばかり	마음뿐임, 약소함
☐	撮影	さつえい	촬영
☐	三角屋根	さんかくやね	맞배지붕
☐	残酷	ざんこく	잔혹함
☐	時間つぶし	じかんつぶし	심심풀이, 시간 때우기
☐	仕立てる	したてる	마련하다, 재봉하다
☐	質疑応答	しつぎおうとう	질의응답
☐	しどろもどろ		횡설수설
☐	しぼむ		시들다, 오므라들다
☐	しゃがむ		웅크리고 앉다
☐	遮断器	しゃだんき	차단기
☐	充実	じゅうじつ	충실
☐	修正	しゅうせい	수정
☐	充電器	じゅうでんき	충전기
☐	手術	しゅじゅつ	수술
☐	首脳会議	しゅのうかいぎ	정상회담
☐	常連	じょうれん	단골 손님
☐	新居	しんきょ	새집, 신혼집
☐	信号待ち	しんごうまち	신호 대기
☐	診療	しんりょう	진료
☐	吸殻	すいがら	담배꽁초
☐	炊事	すいじ	취사
☐	出納係	すいとうがかり	출납계
☐	すまし屋	すましや	새침데기

☐ 澄み渡る	すみわたる	한 점 흐림 없이 맑다	
☐ せっせと		부지런히, 열심히	
☐ 滞在	たいざい	체재, 체류	
☐ たたむ		개다, 접다	
☐ 立ち寄る	たちよる	들르다	
☐ 立てかける	たてかける	기대어 세우다	
☐ 塵取り	ちりとり	쓰레받기	
☐ 追従	ついじゅう	추종	
☐ 掴む	つかむ	붙잡다, 파악하다	
☐ つる		덩굴	
☐ 照りつける	てりつける	햇빛이 강하게 비치다	
☐ 天文学	てんもんがく	천문학	
☐ 時計塔	とけいとう	시계탑	
☐ ところ狭しと	ところせましと	빽빽이	
☐ 取り換える	とりかえる	교환하다, 갈다	
☐ 取立て	とりたて	갓 땀, 갓 잡음	
☐ 取り付ける	とりつける	설치하다	
☐ 殴る	なぐる	때리다	
☐ 怠ける	なまける	게으름 피우다	
☐ 願ったりかなったり	ねがったりかなったり	바라던 대로 됨	
☐ 根回し	ねまわし	사전 공작, 사전 타협	
☐ 呑み助	のみすけ	술고래, 술꾼	
☐ 肌荒れ	はだあれ	살결이 거칠어짐	
☐ 発酵	はっこう	발효	
☐ 火打石	ひうちいし	부싯돌	
☐ 引き出し	ひきだし	서랍	
☐ 無礼	ぶれい	무례함	
☐ 下手の横好き	へたのよこずき	서툴면서 좋아함	
☐ ほうき		빗자루	
☐ 奉仕価格	ほうしかかく	서비스 가격	
☐ 発疹	ほっしん	발진	
☐ 待ちに待った	まちにまった	기다리고 기다린	
☐ 見込む	みこむ	내다보다, 예상하다	
☐ 脈拍	みゃくはく	맥박	
☐ むさくるしい		누추하다, 지저분하다	
☐ むしる		잡아 뽑다	
☐ 珍しい	めずらしい	드물다, 진귀하다	
☐ もってこい		안성맞춤	
☐ 山積み	やまづみ	산처럼 높게 쌓아 올림	
☐ 螺旋状	らせんじょう	나선 모양	
☐ 輪切り	わぎり	둥글게 썲	
☐ 腕白	わんぱく	장난이 심함	

모의테스트 • 3회
정답 및 해설

1 (A)	2 (D)	3 (B)	4 (D)	5 (A)	6 (B)	7 (C)	8 (C)	9 (C)	10 (A)
11 (C)	12 (A)	13 (A)	14 (C)	15 (A)	16 (C)	17 (A)	18 (D)	19 (A)	20 (A)
21 (B)	22 (A)	23 (B)	24 (B)	25 (C)	26 (C)	27 (D)	28 (B)	29 (A)	30 (A)
31 (D)	32 (D)	33 (C)	34 (D)	35 (A)	36 (A)	37 (D)	38 (D)	39 (A)	40 (D)
41 (B)	42 (A)	43 (B)	44 (B)	45 (A)	46 (B)	47 (B)	48 (A)	49 (D)	50 (C)
51 (C)	52 (A)	53 (C)	54 (A)	55 (D)	56 (D)	57 (A)	58 (C)	59 (C)	60 (D)
61 (A)	62 (B)	63 (D)	64 (A)	65 (D)	66 (B)	67 (B)	68 (A)	69 (D)	70 (A)
71 (A)	72 (A)	73 (B)	74 (C)	75 (C)	76 (A)	77 (C)	78 (D)	79 (B)	80 (D)
81 (B)	82 (C)	83 (A)	84 (A)	85 (C)	86 (B)	87 (D)	88 (A)	89 (C)	90 (D)
91 (D)	92 (C)	93 (D)	94 (B)	95 (C)	96 (D)	97 (C)	98 (B)	99 (A)	100 (B)

문제는 본책 p105~p125

1 _ 거리 풍경에 관한 표현

(A) 歩道橋の上には誰もいません。
(B) 人々が信号の下で待っています。
(C) 川の上に歩道橋がかかっています。
(D) 歩行者は手を上げて横断歩道を渡っています。

(A) 육교 위에는 아무도 없습니다.
(B) 사람들이 신호등 아래에서 기다리고 있습니다.
(C) 강 위에 육교가 걸쳐 있습니다.
(D) 보행자는 손을 들고 횡단보도를 건너고 있습니다.

해설 횡단보도를 건너는 사람은 손을 들고 있지 않으므로 (B)와 (D)는 정답으로 부적절하고, 육교는 도로 위에 세워져 있으므로 (C)는 정답으로 부적절하다.

단어 歩道橋(ほどうきょう) 육교 | 信号(しんごう) 신호 | 歩行者(ほこうしゃ) 보행자 | 手(て)を上(あ)げる 손을 들다 | 横断歩道(おうだんほどう) 횡단보도

2 _ 문자와 문장 부호에 관한 이해

(A) 片かっこで括られた数字があります。
(B) カタカナには丸がつけてあります。
(C) ひらがなは横書きになっています。
(D) 漢字に二重の下線が引いてあります。

(A) 반괄호로 묶인 숫자가 있습니다.
(B) 가타카나에는 동그라미가 쳐져 있습니다.
(C) 히라가나는 가로쓰기로 되어 있습니다.
(D) 한자에 이중 밑줄이 그어져 있습니다.

해설 문장 안에 있는 기호와 부호를 눈여겨본다. 알파벳은 가로쓰기로 되어 있다. 양 괄호 안에 숫자가 쓰여 있고, 히라가나는 세로쓰기이고, 가타카나는 없으므로, 정답은 (D)가 적절하다.

단어 片(かた)かっこ 반괄호 | 括(くく)る 묶다 | 数字(すうじ) 숫자 | 丸(まる) 동그라미 | 横書(よこが)き 횡서, 가로쓰기 | 二重(にじゅう) 이중 | 下線(かせん) 밑줄 | 線(せん)を引(ひ)く 선을 긋다

3 _ 장소의 특징 및 인물의 행동

(A) 水溜りに足を浸して休んでいます。

(B) 手水舎で柄杓で水を汲んでいます。
(C) 二人は水を汲んで雨乞いをしています。
(D) 右手で柄杓を持ち、水を汲んで左手にかけ左手を清めています。

(A) 물웅덩이에 발을 담그고 쉬고 있습니다.
(B) 신사의 손 씻는 곳에서 국자로 물을 뜨고 있습니다.
(C) 두 사람은 물을 떠서 기우제를 지내고 있습니다.
(D) 오른손으로 국자를 들고 물을 떠서 왼손에 끼얹어 왼손을 깨끗이 하고 있습니다.

해설 장소는 신사의 手水舎라는 곳이다. 따라서 물웅덩이에서 발을 담그고 있다고 한 (A)는 정답에서 제외된다. 물을 뜨고 있는 사람은 한 명이므로 (C)도 정답에서 제외, 물을 끼얹은 모습이 아니므로 (D)도 정답으로 부적절하다. 여자아이가 국자로 물을 뜨고 있는 모습이므로 정답은 (B)이다.

단어 水溜(みずたま)り 물웅덩이 | 浸(ひた)す 담그다 | 手水舎(てみずや) 신사 참배자가 입을 가시고 손을 씻는 물을 받아 두는 곳 | 柄杓(ひしゃく) 국자 | 水(みず)を汲(く)む 물을 긷다 | 雨乞(あまご)い 기우제 | 清(きよ)める 깨끗이 하다

4 _ 사물의 상태

(A) ワイシャツにアイロンをかけています。
(B) ワイシャツとズボンがハンガーにかかっています。
(C) ハンガーにスーツとネクタイがまとめて掛けてあります。
(D) ネクタイが絞めた形のままハンガーに掛けられています。

(A) 와이셔츠를 다리고 있습니다.
(B) 와이셔츠와 바지가 옷걸이에 걸려 있습니다.
(C) 옷걸이에 양복과 넥타이가 같이 걸려 있습니다.
(D) 넥타이가 맨 형태 그대로 옷걸이에 걸려 있습니다.

해설 와이셔츠를 다리고 있는 동작이 아니므로 (A)는 정답으로 부적절, 옷걸이에 걸려 있는 것은 것은 와이셔츠와 넥타이이므로 (B), (C)는 정답으로 부적절하다. 넥타이는 정갈하게 매인 채로 와이셔츠 위에 걸려 있으므로 정답은 (D)가 적절하다.

단어 アイロンをかける 다림질하다 | ハンガー 옷걸이 | まとめる 한데 모으다. 정리하다 | 絞(し)める 매다 | 形(かたち) 형태

5 _ 인물의 손동작

(A) 折り紙を折っています。
(B) 本のページの端を折っています。
(C) 包装紙をびりびりと破っています。

(D) パレットに絵の具を出しています。

(A) 종이접기를 하고 있습니다.
(B) 책의 페이지 끝을 접고 있습니다.
(C) 포장지를 짝짝 찢고 있습니다.
(D) 팔레트에 그림물감을 짜고 있습니다.

해설 포장지는 둥글게 말려 있으므로 (C)는 정답으로 부적절하고, 사진에는 팔레트가 없으므로 (D)도 정답에서 제외된다. 종이접기를 하는 모습이므로 정답은 (A)가 적절하다.

단어 折(お)り紙(がみ) 종이접기, 색종이 | 折(お)る 접다 | 端(はし) 끄트머리 | 包装紙(ほうそうし) 포장지 | びりびり 짝짝(종이가 찢어지는 소리) | 破(やぶ)る 찢다 | パレット 팔레트 | 絵(え)の具(ぐ) 그림물감

6 _ 두 사람 이상의 인물 묘사

(A) 袴を身につけている人が見えます。
(B) 紳士服を着ている人は立っています。
(C) ６人の子どもは同じ方向を向いています。
(D) 花柄のテーブルクロスに植木鉢が置いてあります。

(A) 하카마를 몸에 걸친 사람이 보입니다.
(B) 신사복을 입고 있는 사람은 서 있습니다.
(C) 여섯명의 아이는 같은 방향을 향하고 있습니다.
(D) 꽃무늬 테이블보에 화분이 놓여 있습니다.

해설 연회식 사진으로, 하카마를 걸친 사람은 없으므로 (A)는 정답으로 부적절, 테이블을 둘러싼 사람들은 아이가 아니므로 (C)는 정답으로 부적절, 테이블 위에 화분이 놓여 있지 않으므로 (D)는 정답으로 부적절하다.

단어 袴(はかま) 하카마, 일본옷의 겉에 입는 아래옷 | 身(み)につける 몸에 걸치다 | 紳士服(しんしふく) 신사복 | 方向(ほうこう) 방향 | 向(む)く 향하다 | 花柄(はながら) 꽃무늬 | テーブルクロス 테이블보 | 植木鉢(うえきばち) 화분

7 _ 사물의 상태

(A) 歯磨き粉は横に倒れています。
(B) 洗面器の中にせっけんがあります。
(C) 歯ブラシが３本コップの中に入っています。
(D) 洗面所の壁にドライヤーがかけてあります。

(A) 치약은 옆으로 쓰러져 있습니다.
(B) 세면기 안에 비누가 있습니다.
(C) 칫솔 세 개가 컵 안에 들어가 있습니다.
(D) 세면소 벽에 드라이어가 걸려 있습니다.

해설 컵 안에 칫솔이 3개 들어가 있는 사진으로 정답은 (C)가 적절하다. 치약은 세워져 있으므로 (A)는 정답에서 제외되고, 세면기

에 떨어져 있는 것은 비누곽이므로 (B)는 정답으로 부적절하고, 드라이어는 존재하지 않으므로 (D)는 정답으로 적절하지 않다.

단어 歯磨(はみが)き粉(こ) 치약 | 横(よこ) 옆 | 倒(たお)れる 쓰러지다 | 洗面器(せんめんき) 세면기 | せっけん 비누 | 歯(は)ブラシ 칫솔 | 洗面所(せんめんじょ) 세면소, 화장실 | 壁(かべ) 벽 | ドライヤー 드라이어

8 _ 두 사람 이상의 인물 묘사

(A) 女の人は花の手入れをしています。
(B) 女の人が空へ両手を伸ばしています。
(C) 女の人は脛に手を置いて座っています。
(D) 女の人は落ち葉で花壇を飾り付けています。

(A) 여성은 꽃 손질을 하고 있습니다.
(B) 여성은 공중으로 양손을 뻗고 있습니다.
(C) 여성은 정강이에 손을 두고 앉아 있습니다.
(D) 여성은 낙엽으로 화단을 장식하고 있습니다.

해설 사진은 여성이 정강이에 손을 올려 놓은 모습이므로 정답은 (C)가 적절하다.

단어 手入(てい)れ 손질 | 両手(りょうて)を伸(の)ばす 양손을 뻗다 | 脛(すね) 정강이 | 落(お)ち葉(ば) 낙엽 | 花壇(かだん) 화단 | 飾(かざ)り付(つ)ける 장식하다

9 _ 사물의 모양 및 상태

(A) 箱はぼろぼろになって散乱しています。
(B) 二つの箱は二重の紐でくくられています。
(C) 箱の真ん中にリボンの結び目があります。
(D) 箱を包んだ包装紙の縁がぎざぎざしています。

(A) 상자는 너덜너덜해져서 흩어져 있습니다.
(B) 두 개의 상자는 두 겹의 끈으로 둘러져 있습니다.
(C) 상자 한가운데에 리본의 매듭이 있습니다.
(D) 상자를 싼 포장지 테두리가 들쭉날쭉합니다.

해설 상자 하나가 있으므로 두 개의 상자라고 한 (B)는 정답에서 제외된다. 동그란 상자를 리본으로 묶은 것이므로 정답은 (C)가 적절하다.

단어 ぼろぼろ 너덜너덜 | 散乱(さんらん) 흩어져 어지러움, 어수선하고 뒤숭숭함 | 二重(にじゅう) 두 겹 | 紐(ひも) 끈 | 真(ま)ん中(なか) 한가운데 | 結(むす)び目(め) 매듭 | 包(つつ)む 싸다, 포장하다 | 縁(ふち) 가장자리 | ぎざぎざ 들쭉날쭉

10 _ 가게의 모습 및 사물의 모습

(A) 同じ高さの瓶が窓際に置かれています。
(B) 営業日時の広告が窓に貼ってあります。

(C) 雨戸が閉まっていて店の中は見えません。

(D) 窓にロールアップブラインドが半分かかっ
　　ています。

(A) 같은 높이의 병이 창가에 놓여 있습니다.

(B) 영업일시 광고가 창문에 붙어 있습니다.

(C) 덧문이 닫혀 있어 가게 안은 보이지 않습니다.

(D) 창에 롤업 블라인드가 반 정도 걸려 있습니다.

해설　영업일시가 적혀 있지 않으므로 (B)는 정답으로 부적절, 가게 안의 술병이 보이므로 (C)도 정답으로 부적절, 블라인드가 걸려 있지 않으므로 (D) 역시 정답으로 부적절하다.

단어　瓶(びん) 병 | 窓際(まどぎわ) 창가 | 営業日時(えいぎょうにちじ) 영업일시 | 広告(こうこく) 광고 | 雨戸(あまど) 빈지문, 덧문 | 半分(はんぶん) 절반

11 _ 건물의 외부 모습

(A) カーブミラー越しに畦道が見えます。

(B) 陽射しよけの簾が窓の外にかけてあります。

(C) 窓側にぬいぐるみが横一列に並んでいます。

(D) 窓にプランターを乗せて庭を演出しています。

(A) 커브 미러 너머로 논두렁길이 보입니다.

(B) 햇빛을 가리는 발이 창문 밖에 걸려 있습니다.

(C) 창가에 인형이 가로로 나란히 있습니다.

(D) 창문에 식물 재배용 용기를 얹어 정원을 연출하고 있습니다.

해설　밖에서 본 건물의 모습으로, 창가에는 봉제 인형이 놓여 있으므로 정답으로 적절한 것은 (C)이다. 커브 미러 너머로 보이는 것은 자동차이므로 (A)는 정답으로 부적절, 창문에 식물이나 발은 없으므로 (B), (D)도 정답으로 부적절하다.

단어　カーブミラー 커브 미러 | ～越(ご)し ～너머 | 畦道(あぜみち) 논두렁길 | 陽射(ひざ)し 햇살 | ～よけ ～을 막는 것, ~막이 | 簾(すだれ) 발 | プランター 식물 재배용 용기 | 演出(えんしゅつ) 연출

12 _ 거리 풍경

(A) 高層ビルがそびえています。

(B) 道路に並木が並んでいます。

(C) この道は工事中で通れません。

(D) 駅は観光客らしき人でいっぱいです。

(A) 고층 빌딩이 솟아 있습니다.

(B) 도로에 가로수가 즐비해 있습니다.

(C) 이 길은 공사 중이라 지나갈 수 없습니다.

(D) 역은 관광객 같은 사람으로 가득합니다.

해설　고층 빌딩을 뒤로 한 도로에서 한인 축제를 하고 있는 거리

의 풍경이므로 정답은 (A)가 적절하다.

단어　高層(こうそう)ビル 고층 빌딩 | そびえる 높이 솟다 | 並木(なみき) 가로수 | 工事(こうじ) 공사 | 通(とお)る 지나가다 | 観光客(かんこうきゃく) 관광객 | ～らしき ～인 듯한, ~같은(=らしい)

13 _ 전철역 안에서의 모습

(A) 切符を手に取っています。

(B) おつりをもらっているところです。

(C) 切符を買うためにボタンを押しています。

(D) 自動販売機の紙幣投入口にお札を入れています。

(A) 표를 손에 쥐고 있습니다.

(B) 거스름돈을 받고 있는 중입니다.

(C) 표를 사기 위해 버튼을 누르고 있습니다.

(D) 자동판매기의 지폐 투입구에 지폐를 넣고 있습니다.

해설　지하철 표를 사서 표를 손에 쥐고 있는 모습이므로 정답은 (A)가 적절하다.

단어　手(て)に取(と)る 손에 쥐다 | 押(お)す 누르다, 밀다 | 自動販売機(じどうはんばいき) 자동판매기 | 紙幣(しへい) 지폐 | 投入口(とうにゅうぐち) 투입구 | お札(さつ) 지폐

14 _ 교통 표지판

(A) 車線数が減ることを示しています。

(B) Uターン禁止のため、迂回路を案内しています。

(C) 目的地への経路に関する情報を提供するものです。

(D) 二輪の自動車以外の自動車は通行止めになっています。

(A) 차선 수가 줄어드는 것을 나타내고 있습니다.

(B) U턴 금지 때문에 우회로를 안내하고 있습니다.

(C) 목적지까지의 경로에 관한 정보를 제공하는 것입니다.

(D) 이륜자동차 이외의 자동차는 통행이 금지되어 있습니다.

해설　차선 수 감소나 U턴 금지, 자동차 통행금지 등의 교통 표지판이 아니라, 도로에서의 안내판이므로 정답으로 (C)가 적절하다.

단어　車線(しゃせん) 차선 | 数(すう) 수 | 減(へ)る 줄다 | 示(しめ)す 나타내다 | 禁止(きんし) 금지 | 迂回路(うかいろ) 우회로 | 案内(あんない) 안내 | 目的地(もくてきち) 목적지 | 経路(けいろ) 경로 | ～に関(かん)する ～에 관한 | 情報(じょうほう) 정보 | 提供(ていきょう) 제공 | 二輪(にりん) 이륜 | 以外(いがい) 이외 | 通行止(つうこうど)め 통행금지

15 _ 고속도로 톨게이트 모습

(A) ＥＴＣ料金所が見えます。

(B) ＥＴＣレーンが閉鎖中です。

(C) ＥＴＣを取り付けています。

(D) ＥＴＣカードを入れ替えています。

(A) ETC 요금소가 보입니다.

(B) ETC 레인이 폐쇄 중입니다.

(C) ETC를 달고 있습니다.

(D) ETC 카드를 교체하고 있습니다.

해설 고속도로에서 볼 수 있는 ETC(자동 요금 징수 시스템) 요금소의 사진으로, 정답으로 적절한 것은 (A)이다.

단어 料金所(りょうきんじょ) 요금소 | レーン 레인 | 閉鎖(へいさ) 폐쇄 | 取(と)り付(つ)ける 달다 | 入(い)れ替(か)える 교체하다

16 _ 주차장

(A) 車が隙間なく止められています。

(B) 車が軒並み路上駐車されています。

(C) 後ろ向きに止めてある車が見えます。

(D) 蒸気機関車が空き地に放置されています。

(A) 차가 빈틈없이 세워져 있습니다.

(B) 차가 집집마다 노상 주차되어 있습니다.

(C) 후방 주차되어 있는 차가 보입니다.

(D) 증기 기관차가 공터에 방치되어 있습니다.

해설 주차장 안에 자동차가 주차된 모습이므로 (B), (D)는 정답으로 부적절, 주차장 안에 주차할 공간이 있는 것으로 보아 (A)는 정답으로 부적절하다. 후방 주차된 차량이 있으므로 정답은 (C)가 적절하다.

단어 隙間(すきま)なく 빈틈없이 | 軒並(のきな)み 처마가 잇달아 늘어서 있는 집, 집집마다 | 路上駐車(ろじょうちゅうしゃ) 노상 주차 | 後(うし)ろ向(む)き 뒤를 향함 | 蒸気機関車(じょうききかんしゃ) 증기 기관차 | 空(あ)き地(ち) 공터 | 放置(ほうち) 방치

17 _ 욕실 내부의 모습

(A) お風呂は空っぽです。

(B) 水槽にアヒルが浮いています。

(C) 露天風呂から湯気が上がっています。

(D) お風呂の坪庭に砂利が敷いてあります。

(A) 목욕탕은 텅 비었습니다.

(B) 수조에 오리가 떠 있습니다.

(C) 노천탕에서 수증기가 올라오고 있습니다.

(D) 욕실의 정원에 자갈이 깔려 있습니다.

해설 제시된 사진은 텅 빈 욕조이므로 정답은 (A)가 적절하다.

단어 空(から)っぽ 텅 빔 | 水槽(すいそう) 수조 | アヒル 오리 | 浮(う)く 뜨다 | 露天風呂(ろてんぶろ) 노천탕 | 湯気(ゆげ) 수증기, 김 | 坪庭(つぼにわ) 안뜰, 내정 | 砂利(じゃり) 자갈 | 敷(し)く 깔다

18 _ 경고문

(A) 立ち食いしてはいけません。

(B) 立ち読みしてはいけません。

(C) 人の話に立ち入ってはいけません。

(D) スタッフ以外は入ってはいけません。

(A) 서서 먹어서는 안 됩니다.

(B) 서서 책을 읽어서는 안 됩니다.

(C) 남의 이야기에 끼어들어서는 안 됩니다.

(D) 스태프 이외에는 들어가서는 안 됩니다.

해설 제시된 경고문은 스태프만 허용한다는 뜻으로 정답으로 (D)가 적절하다.

단어 立(た)ち食(ぐ)い 서서 먹음 | 立(た)ち読(よ)み 서서 읽음 | 立(た)ち入(い)る 끼어들다 | スタッフ 스태프 | 以外(いがい) 이외

19 _ 동물의 동작

(A) 地面を突いている鳥もいます。

(B) 鳥かごの中に７羽の鳥がいます。

(C) 枝の上に止まっている野鳥が見えます。

(D) 一羽の鳥が大きく翼をはためかせています。

(A) 땅을 쪼고 있는 새도 있습니다.

(B) 새장 안에 일곱 마리의 새가 있습니다.

(C) 가지 위에 머물고 있는 들새가 보입니다.

(D) 한 마리의 새가 크게 날개를 펄럭이고 있습니다.

해설 일곱 마리의 새가 땅 위에 있는 사진으로, 새들 중에는 땅을 쪼고 있는 새가 있으므로 정답은 (A)가 적절하다. 새장은 없으므로 (B)는 정답으로 부적절하고 날개를 펄럭이는 새도 없으므로 (D)는 정답으로 부적절하다.

단어 地面(じめん) 땅(=地(じ)べた) | 突(つ)く 쪼다 | 鳥(とり)かご 새장 | ～羽(わ) ～마리(새, 토끼를 셀 때) | 枝(えだ) 가지 | 野鳥(やちょう) 들새 | 翼(つばさ) 날개 | はためく 펄럭이다

20 _ 사물의 상태

(A) のり巻きが盛られています。

(B) のり巻きが箱詰めになっています。

(C) のり巻きの上にフードトングがあります。

(D) 恵方巻きがビニール袋に詰められています。

(A) 김밥이 담겨 있습니다.

(B) 김밥이 상자에 담겨 있습니다.

(C) 김밥 위에 음식 집게가 있습니다.

(D) 기다란 김밥이 비닐 봉투에 담겨 있습니다.

해설 김밥이 어떤 상태로 놓여 있는지 묻는 문제이다. 김밥이 비닐 봉투나 상자 안에 담긴 것이 아니고 그릇 위에 담겨 있는 사진이므로 정답으로 적절한 것은 (A)이다.

단어 のり巻(ま)き 김밥 | 盛(も)る 쌓아 올리다 | 箱詰(はこづ)め 상자에 담음 | フードトング 음식 집게 | 恵方巻(えほうま)き 기다란 김밥 | ビニール袋(ぶくろ) 비닐 봉지 | 詰(つ)める 채우다

PART 2

21 _ 일상생활 표현 – 사용법 설명 요구

私は機械音痴ですから、使い方を教えてください。

(A) アドバイザーと直接話す機会がないんです。

(B) 説明書を読めばすぐ操作方法が分かりますよ。

(C) 私は方向音痴ですから山田さんに聞いてみます。

(D) クーポンが上手に使えればお値打ちになりますね。

나는 기계치니까 사용법을 가르쳐 주세요.

(A) 고문과 직접 이야기할 기회가 없습니다.

(B) 설명서를 읽으면 바로 조작 방법을 알 수 있어요.

(C) 저는 방향치니까 야마다 씨에게 물어보겠습니다.

(D) 쿠폰을 잘 사용하면 값어치가 있습니다.

해설 ～音痴의 의미 외에 機械(きかい), 機会(きかい)를 구분할 수 있어야 한다. 기계를 잘 다루지 못하므로 사용법을 가르쳐 달라는 질의에 대한 응답으로 적절한 것은 (B)이다. 방향치나 쿠폰 사용에 따른 할인은 질문의 의도와는 관계 없으므로 정답에서 제외한다.

단어 機械(きかい) 기계 | 音痴(おんち) 음치, 특정 감각이 둔함 | アドバイザー 어드바이저, 고문 | 直接(ちょくせつ) 직접 | 機会(きかい) 기회 | 説明書(せつめいしょ) 설명서 | 操作(そうさ) 조작 | 方法(ほうほう) 방법 | 方向(ほうこう) 방향 | クーポン 쿠폰 | 値打(ねう)ち 값, 가격

22 _ 일상생활 표현 – 식단

週末に作る献立は何ですか。

(A) うちは決まってカツカレーです。

(B) 今夜のスペシャル番組は「美味しい生活」だよ。

(C) すき焼きを食べ放題でたっぷりいただきました。

(D) 週末にチーズケーキのレシピを教えてくれました。

주말에 만들 메뉴는 무엇입니까?

(A) 우리는 항상 돈가스 카레입니다.

(B) 오늘 밤 스페셜 프로그램은 '맛있는 생활'이야.

(C) 스키야키를 먹고 싶은 만큼 충분히 먹었습니다.

(D) 주말에 치즈 케이크의 레시피를 가르쳐 주었습니다.

해설 주말 식단을 묻는 질의에 대한 응답으로 적절한 것은 카츠 카레라고 답한 (A)이다. (B)는 스페셜 번조는 무엇입니까에 대한 응답으로 적절하다.

단어 献立(こんだて) 메뉴, 식단 | 決(き)まって 어김없이, 반드시 | スペシャル 스페셜 | 番組(ばんぐみ) (방송) 프로그램 | 生活(せいかつ) 생활 | ～放題(ほうだい) 맘껏 ～을 즐김 | たっぷり 듬뿍 | レシピ 레시피

23 _ 일상생활 표현 – 고민, 의태어 사용

思った通りに話が出来ず、些細なことに悶々としています。

(A) ぼやぼやしてたら電車に乗り損ねますよ。

(B) くよくよせずに思い切って打ち明けてみて。

(C) 一人でいそいそとお花見に出かけました。

(D) おどおどとした態度は見せず堂々とふるまいましょう。

생각대로 말을 못하고, 사소한 일로 고민하고 있습니다.

(A) 멍하니 있으면 전철을 놓쳐요.

(B) 끙끙거리지 말고 과감하게 털어놔 봐.

(C) 혼자서 부랴부랴 꽃놀이를 하러 외출했습니다.

(D) 벌벌 떠는 태도는 보이지 말고 당당하게 행동합시다.

해설 悶々의 의미를 파악하는 문제로, 제대로 말도 못하고 끙끙대고 있다는 말에 대한 응답으로는 과감하게 털어놓으라고 한 (B)가 적절하다.

단어 悶々(もんもん) 몸부림치며 괴로워하는 모양 | ぼやぼや 주의가 산만하거나 멍하니 있는 모양 | ～損(そこ)ねる ～하는 데 실패하다〈동사 ます형에 접속〉 | くよくよ 사소한 일에 끙끙거리는 모양 | せずに 하지 말고(=しないで) | 思(おも)い切(き)って 과감하게 | 打

（う）ち明（あ）ける 털어놓다 | いそいそ 부랴부랴, 서둘러서, 부지런히 (마음이 들뜬 모양) | おどおど 벌벌, 주저주저, 흠칫흠칫 | 態度（たいど） 태도 | 堂々（どうどう） 당당 | ふるまう 행동하다

24 _ 일상생활 표현 – 사물

１箱の中には何枚入っているんですか。

(A) 色んな種類をそろえております。

(B) ８０枚のカードが入っております。

(C) ダブっているカードは交換できます。

(D) 『ボックス』は２人のボクサーが主人公です。

한 박스 안에는 몇 장 들어가 있습니까?

(A) 여러 종류를 갖추고 있습니다.

(B) 카드 80장이 들어가 있습니다.

(C) 중복된 카드는 교환 가능합니다.

(D) 「BOX」는 두 명의 복서가 주인공입니다.

[해설] 박스 안에 든 갯수를 물어보는 문제로 80장이 들어 있다고 응답한 (B)가 정답으로 적절하다. 箱는 박스라고도 하지만 (D)의 경우는 영화 제목이므로 정답으로 적절하지 않다.

[단어] 種類（しゅるい） 종류 | そろえる 갖추다 | ダブる 겹치다. 중복되다 | 交換（こうかん） 교환 | ボクサー 복서 | 主人公（しゅじんこう） 주인공

25 _ 일상생활 표현 – 택시

いらっしゃいませ。どちらまで？

(A) 英作文の添削をお願いします。

(B) レインブーツを探しているんですが。

(C) 成田空港まで急いでお願いします。

(D) どちらにおつなぎいたしましょうか。

어서 오세요. 어디까지 가십니까?

(A) 영어 작문 첨삭을 부탁합니다.

(B) 레인 부츠를 찾고 있습니다만.

(C) 나리타 공항까지 서둘러 주세요.

(D) 어디로 연결해 드릴까요?

[해설] 택시 안의 기사가 손님에게 어디까지 갈 것이냐는 물음에 대한 응답으로 적절한 것은 (C)이다. (D)는 전화 통화시 내선 연결을 할 때 쓰는 표현이다.

[단어] 英作文（えいさくぶん） 영어 작문 | 添削（てんさく） 첨삭 | レインブーツ 레인 부츠 | 急（いそ）ぐ 서두르다 | つなぐ 연결하다

26 _ 일상생활 표현 – 인사

もうお帰りになるんですか。もう少しゆっくりして行かれればいいのに。

(A) さっきも着替えさせてあげました。

(B) ご家族でごゆっくりおくつろぎください。

(C) すっかり長居をしてしまいました。失礼いたします。

(D) 遠いところをお越しいただき、ありがとうございます。

벌써 돌아가세요? 조금 더 있다가 가시면 좋을 텐데.

(A) 아까도 갈아입도록 해 주었습니다.

(B) 가족끼리 푹 쉬세요.

(C) 아주 오래 있었습니다. 실례하겠습니다.

(D) 먼 곳을 찾아와 주셔서 감사합니다.

[해설] 벌써 집에 가느냐는 말에 대한 응답으로는, 오래 있었다며 돌아가야겠다고 응답한 (C)가 정답으로 적절하다. (D)는 손님을 맞이할 때 쓸 수 있는 표현이다.

[단어] 着替（きが）える （옷을） 갈아입다 | くつろぐ 심신을 편안하게 하다 | 長居（ながい） 오래 머무름

27 _ 일상생활 표현 – 근황 설명

もう一年たっちゃったのね。早いなあ。

(A) そうですね。清楚で奥ゆかしいお方ですね。

(B) 打ち上げの時、いろいろ偉い人がいたそうです。

(C) なるほど。そうね、早ければ早いほど役に立ちますね。

(D) そうですね。変わったことといえば、エリちゃんが中学生になったことくらいですね。

벌써 1년이 지나 버렸네. 세월 빠르다.

(A) 맞아요. 청초하고 그윽한 분이에요.

(B) 발사할 때, 여러 대단한 사람이 있었다고 합니다.

(C) 과연. 그래요, 빠르면 빠를수록 도움이 되지요.

(D) 그렇군요. 바뀐 것이라고 하면 에리가 중학생이 된 것 정도네요.

[해설] 시간이 흐름이 빠르다고 언급한 것에 대한 적절한 응답은 (D)이다. (A)는 인물 평가에 대한 응답이고, (B)는 발사 당시의 이야기를 그대로 전달한 표현이다.

[단어] たつ （시간이） 지나다 | 清楚（せいそ） 청초 | 奥（おく）ゆかしい 깊이와 품위가 있다. 고상하다 | 打（う）ち上（あ）げ 발사, 쏘아 올림 | 偉（えら）い 대단하다, 위대하다 | なるほど 과연 | ～ば～ほど ～하면 ～할수록 | 役（やく）に立（た）つ 도움이 되다

あの新入社員はいつもにぎやかだね。

(A) そんなに生意気な人だったんですか。

(B) いいんじゃない？いじいじした態度より。

(C) 本当にわがままなタイプだから、困るわ。

(D) なぜ、いつもため息をついているんですか。

저 신입사원은 항상 시끄럽네.

(A) 그렇게 건방진 사람이었어요?

(B) 좋지 않아? 주뼛주뼛한 태도보다.

(C) 정말 제멋대로인 타입이라서 곤란해.

(D) 왜 항상 한숨을 쉬고 있어요?

해설 신입사원의 소란스런 태도에 주눅이 든 태도보다 좋다고 응답한 (B)가 정답으로 적절하다. 신입사원에 대해 건방지거나 버릇없다는 평가가 언급되지 않았으므로 (A), (C)는 정답으로 부적절하다.

단어 生意気(なまいき) 건방짐 | いじいじ 주뼛주뼛(주눅이 들어 확실한 행동이나 태도를 취하지 못하는 모양) | 態度(たいど) 태도 | わがまま 제멋대로임 | ため息(いき)をつく 한숨을 쉬다

新しい政策として輸入の規制を緩和するそうです。

(A) それは本当に幸いなことです。

(B) 輸入が減少したと発表しましたか。

(C) 輸入の規制は厳しくなるんですか。

(D) 輸出は3月から開始するんですよ。

새로운 정책으로서 수입 규제를 완화한다고 합니다.

(A) 그것은 정말 다행스런 일입니다.

(B) 수입이 감소했다고 발표했습니까?

(C) 수입 규제는 엄격해집니까?

(D) 수출은 3월부터 개시해요.

해설 새로운 정책으로 수입 규제를 완화한다는 말에 수입 규제가 완화된 것이 다행이라고 응답한 (A)가 정답으로 적절하다. 수입 규제가 엄격해지는 것이냐고 다시 물은 (C)와 수출이 화제인 (D)는 정답으로 부적절하다.

단어 政策(せいさく) 정책 | 規制(きせい) 규제 | 輸入(ゆにゅう) 수입 | 緩和(かんわ) 완화 | 幸(さいわ)い 다행임 | 減少(げんしょう) 감소 | 発表(はっぴょう) 발표 | 輸出(ゆしゅつ) 수출 | 開始(かいし) 개시

電話に出るときの新入りの中村さんの声が小さ

かったり、震えたりして困ります。

(A) 新入社員に度胸をつけさせることが大切ですね。

(B) 社員は事務所の中できれいな声を出すんですね。

(C) あの人形のお腹を押すとブルブル震えたりします。

(D) プレッシャーでほとんど眠れず、手足も震えたりします。

전화를 받을 때의 신입 나카무라 씨의 목소리가 작거나 떨려서 곤란합니다.

(A) 신입사원에게 담력을 키우게 하는 것이 중요하지요.

(B) 사원은 사무실 안에서 예쁜 목소리를 내지요.

(C) 저 인형의 배를 누르면 부르르르 떨리거나 합니다.

(D) 압박감 때문에 거의 잠도 못자고, 손발도 떨리거나 합니다.

해설 신입사원의 전화 받는 태도에 대한 지적에 신입사원의 배짱을 키워야 한다고 응답한 (A)가 정답으로 적절하다. 통화상의 문제점을 사무실에서의 목소리라고 했으므로 (B)는 정답으로 부적절하다. (C)는 장난감 인형의 조작 방법을 설명하는 것이고, (D)는 손발이 떨리는 이유를 설명하고 있다.

단어 電話(でんわ)に出(で)る 전화를 받다 | 新入(しんい)り 신입사원 | 震(ふる)える 떨리다 | 新入社員(しんにゅうしゃいん) 신입사원 | 度胸(どきょう) 배짱, 담력 | 事務所(じむしょ) 사무소 | 押(お)す 누르다 | ブルブル 부르르르 | プレッシャー 압박, 부담 | 手足(てあし) 손발

食べ終わったら、流し台で食器を洗って片付けてください。

(A) はい、洗面所でうがいをします。

(B) はい、レンジ台について調べます。

(C) はい、おふろのガスを修理します。

(D) はい、洗ってから食器棚に置きます。

다 먹고 나면 싱크대에서 식기를 씻어 정리해 주세요.

(A) 네, 세면실에서 양치하겠습니다.

(B) 네, 레인지대에 대해 조사하겠습니다.

(C) 네, 목욕탕 가스를 수리하겠습니다.

(D) 네, 설거지하고 나서 찬장에 두겠습니다.

해설 설거지를 해서 정리해 달라고 부탁한 것에 대한 응답으로 적절한 것은 (D)이다. (A)의 양치질이나, (B)의 레인지대 조사, (C)의 가스 수리는 정답으로 부적절하다.

단어 流(なが)し台(だい) 싱크대 | 食器(しょっき) 식기 | 片付

(かたづ)ける 정리하다, 치우다 | 洗面所(せんめんじょ) 세면실 |
うがい 양치질 | レンジ台(だい) 레인지대 | 修理(しゅうり) 수리 |
食器棚(しょっきだな) 식기장

32 _ 회사 생활 – 고객에 대한 마음가짐

経営者たるものがお客様の声を無視するとは
もってのほかですよ。
(A) アンテナを張り巡らしたのですが、故障し
たので修理中です。
(B) お得意様の名簿と個人情報データは社内の
金庫に保管中です。
(C) お客に挨拶されても無視した店員の解雇を
さっそく検討します。
(D) 今後は顧客ニーズを的確に掴むことこそ生
き残る道であると心します。

경영자라는 사람이 손님의 목소리를 무시하다니 당치도 않아요.

(A) 안테나를 쳤지만, 고장 나서 수리 중입니다.
(B) 단골 손님의 명부와 개인 정보 데이터는 사내 금고에 보관 중입니다.
(C) 손님에게 인사를 받아도 무시했던 점원의 해고를 즉각 검토하겠습
니다.
(D) 앞으로는 고객의 요구를 정확히 파악하는 것이야말로 살아남는 길
이라고 신경 쓰겠습니다.

해설 손님을 대하는 경영자의 태도 비판에 앞으로는 주의하겠다
고 응답한 (D)가 정답으로 적절하다. (A)는 수리 중이라는 사실을 알
리는 내용이고, (C)의 점원의 해고는 정답으로 부적절하다. (B)는 손
님 명부와 데이터의 보관 장소를 묻는 질문에 대한 응답에 해당된다.

단어 経営者(けいえいしゃ) 경영자 | 無視(むし) 무시 | もって
のほか 뜻밖, 의외, 당치도 않음 | アンテナ 안테나 | 張(は)り巡(め
ぐ)らす 둘러치다 | 故障(こしょう) 고장 | 修理(しゅうり) 수리 |
お得意様(とくいさま) 단골 손님 | 名簿(めいぼ) 명부 | 個人情報
(こじんじょうほう) 개인 정보 | データ 데이터 | 社内(しゃない)
사내 | 金庫(きんこ) 금고 | 保管(ほかん) 보관 | 挨拶(あいさつ)
인사 | 解雇(かいこ) 해고 | さっそく 곧, 즉시, 지체 없이 | 検討(け
んとう) 검토 | 今後(こんご) 앞으로 | 顧客(こきゃく) 고객 | ニー
ズ 요구 | 的確(てきかく) 적확함, 정확함 | 掴(つか)む 움켜쥐다, 붙
잡다, 파악하다 | 生(い)き残(のこ)る 살아남다 | 心(こころ)する 조
심하다, 주의하다, 마음을 쓰다

33 _ 회사 생활 – 상사와의 갈등

どうしたの？ため息なんてついて。落ち込んで
るね。
(A) まさに青天の霹靂でした。
(B) 怒りがこみ上げてきて、大声を上げました。

(C) 段取りも要領も悪すぎて上司に怒られました。
(D) 期待しているから厳しく言ったんだと思う
けど。

왜 그래? 한숨을 쉬고, 풀이 죽어 있네.

(A) 그야말로 마른하늘에 날벼락이었습니다.
(B) 분노가 치밀어 올라 큰소리를 질렀습니다.
(C) 일의 순서도 요령도 너무 나빠서 상사에게 야단맞았습니다.
(D) 기대하고 있기 때문에 엄격하게 말한 것 같은데.

해설 침울해하고 있는 이유에 대한 질문에, 요령이 없어서 혼났다
고 말한 (C)가 정답으로 적당하다. (A)는 놀람을 나타내는 표현이므
로 정답으로 부적절, (B)는 큰소리를 지른 이유에 대한 설명이므로
정답으로 부적절, (D)는 엄격했던 이유를 설명하므로 정답으로 부적
절하다.

단어 落(お)ち込(こ)む 풀이 죽다 | まさに 그야말로, 정말로 | 青
天(せいてん)の霹靂(へきれき) 청천벽력, 마른하늘에 날벼락 | 怒
(いか)り 분노 | こみ上(あ)げる 치밀어 오르다 | 段取(だんど)り
일의 순서 | 要領(ようりょう) 요령 | 上司(じょうし) 상사 | 期待
(きたい) 기대

34 _ 일상생활 표현 – 근황

この一週間、部屋に籠りきりで出て来なかった
もんね。何をしてたの。
(A) 今日から１週間の大売り出しです。
(B) 手編みの手袋を買ってくれました。
(C) 今日とあしたは勉強部屋に籠りたいです。
(D) 一目一目心を込めてショールを編んでみたん
ですけど。

이 일주일간, 방에 틀어박혀 나오지 않았었지. 뭘 했던 거야?

(A) 오늘부터 일주일간 특별 판매입니다.
(B) 손으로 짠 장갑을 사 주었습니다.
(C) 오늘과 내일은 공부방에 틀어박히고 싶습니다.
(D) 한 땀 한 땀 마음을 담아서 숄을 짜 보았습니다만.

해설 방 안에 틀어박혀 있었던 이유로 적절한 것은 (D)이다. (A)는
특별 판매 기간을 설명하고 있고, (B)는 사 준 물건을 설명하고 있는
것으로 정답으로 부적절하다.

단어 籠(こも)りきる 틀어박히다 | 大売(おおう)り出(だ)し 특
별 판매 | 手編(てあ)み 수편, 손으로 뜬 것 | 籠(こも)る 틀어박히다 |
一目(ひとめ) 한 땀, 한 코 | ショール 숄 | 編(あ)む 뜨다

35 _ 일상생활 표현 – 장래 희망

私は将来、プログラマーになりたいけど、親に
反対されて。

(A) ご両親によく話して理解を得たら。

(B) 上級のプログラマーにはなれなさそうです。

(C) ＩＴ業界はアメリカが世界を引っ張っています。

(D) 将来の夢は人それぞれ、たぶん十人十色でしょうね。

나는 장래에 프로그래머가 되고 싶은데, 부모님이 반대해서.

(A) 부모님께 잘 이야기해서 이해를 구해 봐.

(B) 상급 프로그래머는 되지 못할 것 같습니다.

(C) IT 업계는 미국이 세계를 이끌고 있습니다.

(D) 장래의 꿈은 사람마다 가지가지, 아마도 십인십색이겠지요.

> **해설** 부모님의 반대에 부딪친 것에 대한 고민을 털어놓았으므로, 부모님과 더 이야기해 보라고 한 (A)가 적절하다.

> **단어** 将来(しょうらい) 장래 | プログラマー 프로그래머 | 親(おや) 부모 | 反対(はんたい) 반대 | 理解(りかい) 이해 | 得(え)る 얻다 | 上級(じょうきゅう) 상급 | 業界(ぎょうかい) 업계 | 世界(せかい) 세계 | 引(ひ)張(ぱ)る 이끌다 | それぞれ 각각, 가지가지 | 十人十色(じゅうにんといろ) 십인십색, 각양각색

36 _ 비즈니스 – 의뢰, 부탁

社用で領収書、書いてください。

(A) 但し書きは何にしましょうか。

(B) 『斜陽』で知られる作家はだれでしょう。

(C) 領収証紛失の理由を書けば清算可能です。

(D) 最新のプロ仕様のヘアケアセットが１万円です。

회사용으로 영수증 써 주세요.

(A) 첨부 내용은 무엇으로 할까요?

(B) 『사양』으로 알려진 작가는 누구일까요?

(C) 영수증 분실 이유를 쓰면 청산 가능합니다.

(D) 최신 프로 사양의 헤어 케어 세트가 1만 엔입니다.

> **해설** 회사용으로 영수증을 써 달라는 부탁에 대한 적절한 응답은 (A)이다. (B)는 소설 작품 『斜陽』를 쓴 작가를 묻는 것이므로 정답으로 부적절하고, (D)는 헤어 케어 세트의 가격에 대한 응답이므로 정답으로 부적절하다.

> **단어** 社用(しゃよう) 회사용 | 領収書(りょうしゅうしょ) 영수증 | 但(ただ)し書(が)き 단서 | 斜陽(しゃよう) 사양, 석양 | 作家(さっか) 작가 | 領収証(りょうしゅうしょう) 영수증 | 紛失(ふんしつ) 분실 | 理由(りゆう) 이유 | 清算(せいさん) 청산 | 仕様(しよう) 사양

37 _ 일상생활 표현 – 식사 대접

お料理はお口に合いましたか。

(A) はい、お口を大きく開けてください。

(B) グルメガイドブックを取り寄せしました。

(C) ええ、家族で山菜取りに行ってきましたよ。

(D) おいしくて箸がとまらずつい食べ過ぎてしまいましたよ。

요리는 입에 맞으셨습니까?

(A) 네, 입을 크게 벌려 주세요.

(B) 미식가 가이드북을 주문했습니다.

(C) 예, 가족끼리 산나물을 따러 갔다 왔어요.

(D) 맛있어서 젓가락이 멈추지 않아 그만 많이 먹고 말았어요.

> **해설** 요리가 입에 맞는지 어떤지 묻는 것에 대한 응답으로 적절한 것은 젓가락이 멈추지 않을 정도로 맛있다고 한 (D)이다. (A)는 치과에서 의사가 환자에게 사용할 수 있는 표현이고, (B)는 주문한 책에 대한 응답이고, (C)는 가족과 어디에 갔는지 묻는 말에 대한 응답이다.

> **단어** グルメガイドブック 미식가 가이드북 | 取(と)り寄(よ)せる 주문하다 | 山菜(さんさい) 산나물 | 箸(はし) 젓가락 | つい 문득, 그만

38 _ 일상생활 표현 – 초대하기

ちょっとうちに寄ってって。夕飯いっしょに食べましょう。

(A) うちに寄る予定だったよ。

(B) 夕食はほとんど外食しますね。

(C) 高級レストランで会いましょう。

(D) 悪いけど、今日は遠慮させてもらうよ。

잠시 우리 집에 들렀다 가. 저녁 함께 먹어요.

(A) 집에 들를 예정이었어.

(B) 저녁밥은 거의 외식하는군요.

(C) 고급 레스토랑에서 만나요.

(D) 미안하지만 오늘은 사양할게.

> **해설** ～ましょう라는 권유 표현에는 거절이나 허락의 응답이 올 수 있는데, 여기에서는 거절 표현인 (D)가 정답으로 적절하다.

> **단어** 寄(よ)る 들르다 | 夕飯(ゆうはん) 저녁밥 | 夕食(ゆうしょく) 저녁 식사 | ほとんど 거의 | 外食(がいしょく) 외식 | 高級(こうきゅう) 고급 | 遠慮(えんりょ) 사양

39 _ 일상생활 표현 – 제품 설명

このドライブ自体に致命的な欠陥があるような
気がするんだけど。

(A) 欠陥について玄人に聞いてみたら。

(B) ドライブ中に道に迷っても慌てずにね。

(C) 何か致命的な勘違いをしてるんじゃないの？

(D) 何かでつまずくと致命的なことになりやす
いぞ。

이 드라이브 자체에 치명적인 결함이 있는 것 같은 느낌이 드는데.

(A) 결함에 대해서 전문가에게 들어보는 게 어때?
(B) 드라이브 중에 길을 헤매도 허둥대지 말고요.
(C) 뭔가 치명적인 착각을 하고 있는 것 아니야?
(D) 뭔가 차질이 생기면 치명적인 일이 되기 쉽지.

해설 컴퓨터 드라이브에 결함이 있는 것 같다는 이야기에 대한 응답으로는 (A)가 적절하다. (B)의 ドライブ는 운전을 의미하는 것으로 질문의 ドライブ와는 뜻이 다르다는 것을 알아야 한다. 발음이 같다고 무턱대고 정답으로 체크해서는 안 된다.

단어 ドライブ 드라이브 | 自体(じたい) 자체 | 致命的(ちめい
てき) 치명적 | 欠陥(けっかん) 결함 | 玄人(くろうと) 전문가 | 道
(みち)に迷(まよ)う 길을 잃다 | 慌(あわ)てる 당황하다 | 勘違(か
んちが)い 착각 | つまずく 발에 걸려 넘어질 뻔하다, 차질이 생기다

40 _ 비즈니스 – 예약 취소

キャンセル料は何日前までなら無料ですか。
(A) キャンセル料金は全額戻りません。
(B) 仮予約の予約がキャンセルされるだけです。
(C) キャンセル料は、引っ越しの延期にも適用
されます。
(D) ご宿泊日の前日まではキャンセル料は発生
しません。

취소 요금은 며칠 전까지라면 무료입니까?

(A) 취소 요금은 전액 돌려드리지 않습니다.
(B) 가예약의 예약이 취소될 뿐입니다.
(C) 취소 요금은 이사 연기에도 적용됩니다.
(D) 숙박일 전날까지는 취소 요금은 발생하지 않습니다.

해설 며칠 전까지 취소하면 무료가 되느냐는 질문에 대한 응답으로 적절한 것은 (D)이다. (A)는 전액 환불은 불가하다는 것을 알리고 있고, (B)는 가예약이 취소되는 경우를 설명하고 있으며, (C)는 취소 요금의 적용 범위에 대한 설명이므로 정답으로 부적절하다.

단어 キャンセル 캔슬. 취소 | 無料(むりょう) 무료 | 料金(りょ
うきん) 요금 | 全額(ぜんがく) 전액 | 仮予約(かりよやく) 가예

41 _ 일상생활 표현 – 격려

今日の試合、頑張ってください。
(A) 決勝戦はあした３時からですよ。
(B) 今日はうまく行きそうな気がします。
(C) 試験は難しすぎたけど、頑張りました。
(D) 雨天中止試合はもっと増えるでしょう。

오늘 시합, 힘내세요.

(A) 결승전은 내일 3시부터예요.
(B) 오늘은 잘 될 것 같은 기분이 듭니다.
(C) 시험은 너무 어려웠지만 열심히 했습니다.
(D) 우천 중지 시합은 더욱 늘겠지요.

해설 시합을 앞두고 힘내라고 한 것에 대한 응답으로 적절한 것은 잘 될 것 같다고 한 (B)이다. (A)는 시합 시간을 묻는 질문에 대한 응답에 해당한다.

단어 試合(しあい) 시합 | 決勝戦(けっしょうせん) 결승전 | 気
(き)がする 느낌이 들다 | 雨天中止(うてんちゅうし) 우천 중지 |
増(ふ)える 늘다

42 _ 일상생활 표현 – 금지

下校途中、寄り道して買い食いしちゃだめよ。
(A) 何も食べずにすぐ帰ります。
(B) 桃入りかき氷を食べに行ったよ。
(C) 下校時間が５時と決まっているよ。
(D) たこ焼きやたい焼きを食べに行かない？

하교하는 도중에 어디 들려서 군것질하면 안 돼.

(A) 아무것도 먹지 않고 바로 오겠습니다.
(B) 복숭아가 들어간 빙수를 먹으러 갔어.
(C) 하교 시간이 5시로 정해져 있어.
(D) 문어빵이나 붕어빵 먹으러 안 갈래?

해설 군것질 하지 말라는 당부에 대해, 아무것도 먹지 않겠다고 응답한 (A)가 정답으로 적절하다. (B)는 과거로 응답했으므로 정답으로 부적절, (D)는 먹으러 가자고 권유한 표현이므로 정답으로 부적절하다. (C)는 하교 시간을 묻는 표현에 대한 응답이다.

단어 下校(げこう) 하교 | 途中(とちゅう) 도중 | 寄(よ)り道(み
ち) 가는 길에 들름 | 買(か)い食(ぐ)い 군것질 | 桃(もも) 복숭아 |
かき氷(ごおり) 빙수 | たこ焼(や)き 문어빵 | たい焼(や)き 붕어빵

43 _ 일상생활 표현 – 교통

どの道を通って行きましょうか。

(A) 次の角でとめてください。

(B) 都市高速に乗ってください。

(C) 道順をメールでお送りください。

(D) ＪＲ線に乗り換えて、三つ目で降りてください。

어느 길을 지나서 갈까요?

(A) 다음 모퉁이에서 세워 주세요.

(B) 도시고속도로를 타 주세요.

(C) 길 순서를 메일로 보내 주세요.

(D) JR선으로 갈아타서 3번째에서 내려 주세요.

해설 어느 길로 갈 것인지 선택을 묻는 표현에 도시고속으로 가자고 응답한 (B)가 정답으로 적절하다. (A)는 차를 세워 달라고 할 때, (D)는 하차역을 알려 줄 때 사용할 수 있는 표현이다.

단어 通(とお)る 지나가다 ┃ 次(つぎ) 다음 ┃ 角(かど) 길 모퉁이 ┃ 都市高速(としこうそく) 도시고속 ┃ 道順(みちじゅん) 길 순서

44 _ 일상생활 표현 – 음식 주문

すみませんが、メニューを持って来てもらえますか。

(A) 一週間分のメニューを教えていただけませんか。

(B) メニューでございます。ごゆっくりご覧ください。

(C) 少々お待ちください。自慢のカレーレシピを公開します。

(D) ベジタリアンメニューがコンビニにも置いてありますが。

죄송합니다만, 메뉴를 가져와 주실래요?

(A) 1주일치 메뉴를 가르쳐 주시지 않겠습니까?

(B) 메뉴입니다. 천천히 보세요.

(C) 잠시 기다려 주세요. 자랑거리인 카레 레시피를 공개하겠습니다.

(D) 채식주의자 메뉴가 편의점에도 놓여 있습니다만.

해설 식당에서 메뉴판을 가져다 달라고 부탁한 것에 대한 응답으로 적절한 것은 (B)이다.

단어 自慢(じまん) 자랑 ┃ 公開(こうかい) 공개 ┃ ベジタリアン 채식주의자

45 _ 회사생활 – 일

うっかり見落として、ささいなミスをしてしまった。

(A) それで課長にとがめられたんだ。

(B) 番組をうっかり見逃してしまったなあ。

(C) それは承知の上だったので満足ですよ。

(D) 一刻も早く交番に行った方がいいですよ。

깜빡하고 놓쳐서 작은 실수를 해 버렸어.

(A) 그래서 과장님에게 혼났던거구나.

(B) 프로그램을 깜빡 놓쳐 버렸네.

(C) 그것은 알고 있었던 것이라서 만족합니다.

(D) 한시라도 빨리 파출소에 가는 게 좋아요.

해설 실수했다고 인정한 것에 대한 응답으로 적절한 것은 (A)이다. (B)는 방송 프로그램을 놓쳐 버린 것에 대한 내용이므로 정답으로 부적절하다.

단어 見落(みお)とす 간과하다, 보면서 놓치다 ┃ ささいな 작은 ┃ とがめる 나무라다, 책망하다, 비난하다 ┃ 番組(ばんぐみ) (방송) 프로그램 ┃ 見逃(みのが)す 빠뜨리고 보다, 간과하다 ┃ 承知(しょうち)の上(うえ) 알고 있음 ┃ 満足(まんぞく) 만족 ┃ 一刻(いっこく) 일각, 짧은 시간 ┃ 交番(こうばん) 파출소

46 _ 일상생활 표현 – 제안

いつか言ってた盆踊り、手ほどきでもしようか。

(A) いたずらもほどほどにしてくれ。

(B) いろいろ踊り方も教えてもらいたいよ。

(C) お盆が手の届かないところにあったよ。

(D) お盆を過ぎると土用波が来るんですよね。

언젠가 말했던 본오도리, 한 수 가르쳐 줄까?

(A) 장난도 정도껏 해.

(B) 여러 가지 추는 방법도 가르쳐 주면 좋겠어.

(C) 쟁반이 손이 닿지 않는 곳에 있었어.

(D) 추석이 지나면 큰 파도가 일겠지요.

해설 手ほどき를 들었다면 응답을 쉽게 예상할 수 있는 문제이다. 춤을 가르쳐 주겠다는 것에 대한 응답으로 적절한 것은 추는 방법도 배우고 싶다고 말한 (B)이다. お盆(추석, 쟁반)의 사용법을 알아 두자.

단어 盆踊(ぼんおど)り 본오도리 ┃ 手(て)ほどき 초보를 가르침 ┃ いたずら 장난 ┃ ほどほどに 적당히, 정도껏 ┃ お盆(ぼん) 추석, 쟁반 ┃ 届(とど)く 닿다, 미치다 ┃ 土用波(どようなみ) 여름 토왕 무렵(입추 전 18일간)에 일본의 태평양 연안에 이는 높은 파도

47 _ 일상생활 표현 – 사물 선택

お見合いに着る服は何にしますか。

(A) 一生、恩に着ます。

(B) スーツを着ようと思います。

(C) お見合いは来週の日曜日です。

(D) 「福は内、鬼は外」っていうんですよ。

맞선에 입을 옷은 무엇으로 합니까?

(A) 은혜는 평생 잊지 않겠습니다.

(B) 양복을 입으려고 합니다.

(C) 맞선은 다음 주 일요일입니다.

(D) '복은 안으로, 귀신은 밖으로'라고 말하지요.

해설 맞선 때 입을 옷이 무엇인지 묻는 것에 대한 응답으로 적절한 것은 (B)이다. (C)는 맞선 일시를 설명하고 있으므로 정답으로 부적절하다. 服(ふく)를 福(ふく)로 착각하는 것은 금물이다.

단어 お見合(みあ)い 맞선 | 一生(いっしょう) 평생 | 恩(おん)に着(き)る 은혜로 여기다, 신세 지다 | 副(ふく)は内(うち)、鬼(おに)は外(そと) 복은 안으로, 귀신은 밖으로(입춘 전야에 콩을 뿌리면서 외는 말)

48 _ 일상생활 표현 – 인물

君にメッセージを送ってくださったのは、どなたですか。

(A) 蝶ネクタイをしている方です。

(B) あの方はこの辺で顔が効くようですよ。

(C) 素人なのに知ったかぶりをしていますね。

(D) 鈴木さんと一緒に戸棚を拭き掃除しました。

당신에게 메시지를 보내 주신 건 누구십니까?

(A) 나비 넥타이를 하고 계신 분입니다.

(B) 그 분은 이 주변에서 영향력이 있는 듯합니다.

(C) 초보자인데 아는 체하고 있네요.

(D) 스즈키 씨와 함께 찬장을 걸레질했습니다.

해설 메시지를 보낸 사람이 누구인지 물었으므로 응답으로 적절한 것은 (A)이다. (B), (C)는 인물에 대한 평가를 하고 있으며, (D)는 같이 청소한 사람을 말한 것이므로 정답으로 부적절하다.

단어 蝶(ちょう)ネクタイ 나비 넥타이 | 顔(かお)が効(き)く 영향력이 있다 | 素人(しろうと) 초보자 | 知(し)ったかぶり 모르면서 아는 체함 | 戸棚(とだな) 찬장 | 拭(ふ)き掃除(そうじ) 걸레질

49 _ 비즈니스 – 인물

担当はだれですか。

(A) 世間知らずの娘で、申し訳ございません。

(B) 担当者に添付ファイル付きのメールを送りました。

(C) 1ヶ月間、皆さんの美術を受け持つことになりました。

(D) 私が承りましたので、責任持ってやらせていただきます。

담당은 누구입니까?

(A) 아무것도 모르는 딸이라서 죄송합니다.

(B) 담당자에게 첨부 파일을 붙여 메일을 보냈습니다.

(C) 1개월간 여러분의 미술을 담당하게 되었습니다.

(D) 제가 맡았으므로 책임지고 하겠습니다.

해설 담당자가 누군지 묻는 표현으로 정답으로 적절한 것은 (D)이다. (C)는 1개월 동안 미술을 담당한다고 말하고 있으므로 정답으로 부적절하다.

단어 担当(たんとう) 담당 | 世間知(せけんし)らず 세상 물정에 어두움 | 添付(てんぷ) 첨부 | ~付(つ)き ~가 붙음 | 美術(びじゅつ) 미술 | 受(う)け持(も)つ 담당하다, 담임하다 | 承(うけたまわ)る 삼가 받다 | 責任(せきにん) 책임

50 _ 비즈니스 – 계약

契約破棄で青木さんが責められるとは到底合点がいきません。

(A) 青木さんの靴をすり替えてるだけです。

(B) 国に理不尽な攻撃をするのはやめてください。

(C) 青木さんを責めるのは筋違いだと思いますよ。

(D) 資金繰り悪化で契約破棄になるわけないでしょう。

계약 파기로 아오키 씨가 비난받다니 도저히 납득할 수 없습니다.

(A) 아오키 씨의 신발을 슬쩍 바꿔치기 했을 뿐입니다.

(B) 국가를 향해 도리에 맞지 않는 공격을 하는 것은 그만두세요.

(C) 아오키 씨를 비난하는 것은 이치에 벗어난다고 생각해요.

(D) 지금 유통 악화로 계약이 파기될 리가 없겠죠.

해설 아오키에 대한 처우를 납득할 수 없다는 것에 대해, 동의의 뜻을 나타낸 (C)가 정답으로 적절하다.

단어 破棄(はき) 파기 | 責(せ)める 꾸짖다, 책하다, 비난하다 | 到底(とうてい) 도저히 | 合点(がてん) 수긍, 납득 | すり替(か)える 살짝 바꾸어 놓다, 슬쩍 바꿔치다 | 理不尽(りふじん) 도리에 맞지 않음, 불합리함, 억지를 부림 | 攻撃(こうげき) 공격 | 筋違(すじちが)い 도리에 어긋남 | 資金繰(しきんぐ)り 자금 유통 | 悪化(あっか) 악화

51 _ 장소 파악

> A：西村さん、決裁書類はどこにありますか。
> B：田中さんの机の上に置きました。
> A：田中さんの机の上には何もありませんよ。
> B：あ！すみません。あの書類は私のロッカー
> 　　の中に入れて置きましたよ。
>
> A : 니시무라 씨, 결재 서류는 어디에 있습니까?
> B : 다나카 씨의 책상 위에 두었습니다.
> A : 다나카 씨의 책상 위에는 아무것도 없어요.
> B : 아! 죄송합니다. 그 서류는 제 로커 안에 넣어 두었어요.

決裁書類はどこにありますか。

(A) 西村さんの机の上

(B) 田中さんの机の上

(C) 西村さんのロッカー

(D) 田中さんのロッカー

결재 서류는 어디에 있습니까?

(A) 니시무라 씨의 책상 위
(B) 다나카 씨의 책상 위
(C) 니시무라 씨의 로커
(D) 다나카 씨의 로커

해설 결재 서류는 니시무라가 자신의 로커 안에 넣어 두었다고 했으므로 정답은 (C)가 적절하다.

단어 決裁(けっさい) 결재 | 書類(しょるい) 서류 | ロッカー 로커

52 _ 원인 파악

> A：高橋さん、何がうれしいのか知らないけ
> 　　ど、乾杯する？
> B：就職、決まったんです。おごってくれるん
> 　　ですか。
> A：ほんとに？やったね。出前を取ろう、私が

> 払うから。
> B：こんなチャンス、滅多にないですよね。ど
> 　　れにしようかな。
>
> A : 다카하시 씨, 뭐가 기쁜지 모르겠지만, 건배할까?
> B : 취직, 결정되었어요. 한턱내 주는 겁니까?
> A : 정말? 해냈구나. 시켜 먹자, 내가 돈 낼 테니까.
> B : 이런 찬스는 좀처럼 없지요. 어느 것으로 할까.

高橋さんはどうしてうれしいですか。

(A) 仕事を見つけたから

(B) 祝杯の歌を歌ったから

(C) 仕事の量が少なくなったから

(D) 景品のチャンスをつかんだから

다카하시 씨는 어째서 기쁩니까?

(A) 일을 찾아서
(B) 축배의 노래를 불러서
(C) 일의 양이 적어져서
(D) 경품 찬스를 잡아서

해설 기쁜 이유에 대해 묻자 다카하시는 취직이 결정되었다고 대답했으므로 정답은 (A)가 적절하다.

단어 就職(しゅうしょく) 취직 | おごる 한턱내다 | 出前(でまえ) 배달 요리 | 滅多(めった)にない 좀처럼 없다 | 祝杯(しゅくはい) 축배 | 量(りょう) 양 | 景品(けいひん) 경품

53 _ 가격 계산 – 식당

> A：他人丼ください。
> B：６５０円いただきます。
> A：小銭がないんで、５千円札でいいですか。
> B：はい、５千円お預かりします。
>
> A : 타인 덮밥 주세요.
> B : 650엔입니다.
> A : 잔돈이 없는데, 5천 엔 지폐도 괜찮습니까?
> B : 예, 5천 엔 받았습니다.

おつりはいくらですか。

(A) ５千円　　　　　　　(B) ４千５００円

(C) ４千３５０円　　　　(D) ４千４５０円

거스름돈은 얼마입니까?

(A) 5000엔   (B) 4500엔

(C) 4350엔   (D) 4450엔

해설   낸 돈은 5천 엔이고 덮밥은 650엔이므로 '5000−650'은 4350. 따라서 정답은 (C)이다.

단어   他人丼(たにんどん) 닭고기와 계란을 넣는 오야코돈에서 닭고기 대신 다른 고기를 넣은 덮밥 | 小銭(こぜに) 잔돈

54 _ 대화 내용의 이해

A：何食べに行こうかな。

B：今夜は休肝日にして、ラーメンにしよう。

A：連チャンで忘年会をやりすぎですよ。

B：まだまだ忘年会続くんだよな。

A : 뭐 먹으러 갈까?

B : 오늘 밤은 휴간일로 하고, 라면으로 하자.

A : 연일 송년회를 너무 많이 했어요.

B : 아직도 송년회가 계속되잖아.

会話の内容と合っているのはどれですか。

(A) 今は年末である。

(B) あしたは休日である。

(C) お酒のおつまみを選んでいる。

(D) 連チャンでラーメンを食べている。

대화 내용과 맞는 것은 어느 것입니까?

(A) 지금은 연말이다.

(B) 내일은 휴일이다.

(C) 술 안주를 고르고 있다.

(D) 연일 라면을 먹고 있다.

해설   송년회가 지속되었다는 것으로 미루어 보아 정답은 (A)가 적절하다. 연일 송년회라고 한 것이니 연일 라면을 먹고 있다고 한 것이니 (D)는 정답으로 부적절하다.

단어   休肝日(きゅうかんび) 애주가가 피로한 간을 쉬게 하려고 술을 마시지 않는 날 | 連(れん)チャン 같은 것이 반복되는 것 | 忘年会(ぼうねんかい) 송년회 | 年末(ねんまつ) 연말 | 休日(きゅうじつ) 휴일 | おつまみ 안주 | 選(えら)ぶ 고르다

55 _ 대화 내용의 이해 – 지연증명서

A：大雪のため、列車が遅れたのですが。

B：遅延証明書はもらって来ましたか。

A：あ、忘れてしまいました。インターネットで発行できるので遅延証明書を印刷します。

B：それは遅延した列車に乗車していたことを証明するものではないので、認めてもらえないかも知れません。

A : 눈이 많이 내려서 열차가 늦어졌습니다만.

B : 지연증명서는 받아 왔습니까?

A : 아, 잊어버렸습니다. 인터넷에서 발행할 수 있으니까 지연증명서를 인쇄하겠습니다.

B : 그건 지연된 열차를 타고 있었다는 것을 증명하는 것이 아니므로, 인정받지 못할지도 모릅니다.

会話の内容と合っているのはどれですか。

(A) インターネットでＩＤが発行される。

(B) 列車に乗車していたことが証明できる。

(C) 会社では遅延証明書の印刷ができない。

(D) インターネットで遅延証明書が発行できる。

대화 내용과 맞는 것은 어느 것입니까?

(A) 인터넷에서 ID가 발행된다.

(B) 열차를 탔던 것을 증명할 수 있다.

(C) 회사에서는 지연증명서의 인쇄를 할 수 없다.

(D) 인터넷에서 지연증명서를 발행할 수 있다.

해설   폭설로 인한 지각사유서를 지연증명서로 인정받으려고 하는데, 인터넷에서 발행한 지연증명서로는 그 열차를 타고 있었다는 것을 증명하기는 어렵다고 했으므로 정답은 (D)가 적절하다.

단어   大雪(おおゆき) 폭설, 대설 | 列車(れっしゃ) 열차 | 遅延証明書(ちえんしょうめいしょ) 지연증명서 | 発行(はっこう) 발행 | 印刷(いんさつ) 인쇄 | 乗車(じょうしゃ) 승차 | 認(みと)める 인정하다

56 _ 장소의 특징 이해 – 주유소

A：レギュラー満タンで。あと洗車してくださいませんか。

B：洗車のコースには基本コース、撥水効果が加わった撥水コース、スピーディーに洗う水洗いコース、洗剤コースがあります。

A：洗剤コースがいいです。ついでにオイルもみてください。

B：洗車とガソリン合わせまして６千８５０円
　　頂戴いたします。

A : 무연 휘발유 가득. 그리고 세차해 주시지 않겠습니까?
B : 세차 코스에는 기본 코스, 발수 효과가 첨가된 발수 코스, 스피
　　디하게 닦는 물세차 코스 , 세제 코스가 있습니다.
A : 세제 코스가 좋아요. 하는 김에 오일도 봐 주세요.
B : 세차와 휘발유 합해서 6850엔 받겠습니다.

客が店員に頼んだのはどれですか。

(A) セルフ給油　　　　(B) 車内の掃除
(C) オイル交換　　　　(D) 洗剤コースの洗車

손님이 점원에게 부탁한 것은 어느 것입니까?

(A) 셀프 급유　　　　　(B) 차내 청소
(C) 오일 교환　　　　　(D) 세제 코스의 세차

해설　여러 가지 세차 코스 가운데 손님이 선택한 것은 세제 코스
이므로 정답은 (D)이다. 셀프 급유가 아니므로 (A)는 정답에서 제외
되고, 오일은 봐 달라고만 했지 교환을 부탁한 것은 아니므로 (C)는
정답에 제외된다.

단어　레귤러 무연 휘발유(레귤러 가솔린의 준말) | 滿
(まん)タン 가득 채움 | 洗車(せんしゃ) 세차 | 基本(きほん) 기본
| 水(はっすい) 발수, 물을 튀겨냄 | 效果(こうか) 효과 | 加(くわ)
わる 더해지다 | スピーディー 스피디 | 水洗(みずあら)い 물로 씻
음 | 洗剤(せんざい) 세제 | ついでに 하는 김에 | オイル 오일 | 頂
戴(ちょうだい) 받음, 얻음 | セルフ 셀프 | 給油(きゅうゆ) 급유 |
車内(しゃない) 차내 | 交換(こうかん) 교환

57 _ 전후 관계 이해

A：よく頑張ってくれた。みなさんのおかげで
　　今期わが社は黒字だよ。
B：やった。夜遅くまで残業した甲斐があった。
A：というわけで、今晩、慰労会を開こう。会
　　社持ちだ。

A : 잘해 줬다. 여러분 덕분에 이번 분기 우리 회사는 흑자.
B : 해냈다. 밤늦게까지 야근한 보람이 있었네.
A : 이런 이유로 오늘 밤 위로회를 열자. 회사 부담이다.

これから何をしますか。

(A) 飲み会に行く。
(B) 貝を集めに行く。
(C) 夜遅くまで残業する。
(D) もちを会社に持ってくる。

이제부터 무엇을 합니까?

(A) 회식에 간다.
(B) 조개를 모으러 간다.
(C) 밤늦게까지 야근한다.
(D) 떡을 회사에 가져온다.

해설　이번 분기에 흑자가 나서 오늘 밤 위로회를 연다고 했으므로
정답은 (A)가 적당하다. 甲斐(かい)와 会(かい)의 발음에 현혹되어
貝(かい)가 있는 (B)를 골라서는 안 된다. 또 会社持ち와 もち의
발음에도 주의해야 한다.

단어　今期(こんき) 이번 분기 | わが社(しゃ) 우리 회사 | 黒字
(くろじ) 흑자 | 残業(ざんぎょう) 잔업, 야근 | 甲斐(かい) 보람 |
慰労会(いろうかい) 위로회 | 開(ひら)く 열다, 개최하다 | 会社持
(かいしゃも)ち 회사 부담 | 飲(の)み会(かい) 회식 | 貝(かい) 조
개 | 集(あつ)める 모으다 | もち 떡

58 _ 대화 내용의 이해 – 비행기

A：あのう、ちょっと休みたいので、座席をも
　　う少し倒したいのですが。
B：ボタンを押して椅子に寄りかかってください。
A：毛布をもう一枚いただけませんか。食事の
　　時は起こさないでください。
B：はい、このステッカーを貼っておきます。

A : 저기, 좀 쉬고 싶어서 좌석을 조금 뒤로 젖히고 싶은데요.
B : 버튼을 누르고 의자에 기대어 주세요.
A : 담요를 한 장 더 주세요. 식사 때는 깨우지 마세요.
B : 네, 이 스티커를 붙여 두겠습니다.

会話の内容と合っているのはどれですか。

(A) 女の人は男の人に説明してもらった。
(B) 男の人は食券のボタンを押している。
(C) 女の人はステッカーを貼っておいた。
(D) 男の人は女の人に食事を誘っている。

대화 내용과 맞는 것은 어느 것입니까?

(A) 여성은 남성에게 설명을 들었다.
(B) 남성은 식권 버튼을 누르고 있다.
(C) 여성은 스티커를 붙여 두었다.
(D) 남성은 여성에게 식사를 권하고 있다.

해설　남성이 여성에게 의자를 뒤로 젖히는 방법을 들었으므로 (A)
는 정답으로 부적절, 식권 버튼을 누른 것이 아니므로 (B)는 정답으
로 부적절, 남성은 식사 때 깨우지 말라고 했으므로 (D)는 정답으로
부적절하다.

단어　座席(ざせき) 좌석 | 倒(たお)す 쓰러뜨리다 | 寄(よ)りか

かる 기대다 | 毛布(もうふ) 담요 | ステッカー 스티커 | 貼(は)る
붙이다 | 食券(しょっけん) 식권 | 誘(さそ)う 권하다, 꾀다

59 _ 인물의 건강 상태 이해

> Ａ：おはよう。鈴木さん、大丈夫？
>
> Ｂ：ううん、しんどいよ。きのう大ジョッキ二杯
> 飲んで、頭も痛いし、しゃっくりも出るし。
>
> Ａ：きのう、無事に帰ったの？
>
> Ｂ：何も覚えてないんだけど、山田さんに家ま
> で送ってもらったそうだよ。

A : 안녕. 스즈키 씨, 괜찮아?

B : 아니, 괴로워. 어제 큰 맥주잔으로 두 잔 마셨더니 머리도 아프
고 딸꾹질도 나오고.

A : 어제 무사히 들어간 거야?

B : 아무것도 기억나지 않지만, 야마다 씨가 집까지 데려다 줬대.

鈴木さんは何で苦しんでいますか。

(A) 認知症　　　　　(B) うつ病
(C) 二日酔い　　　　(D) 記憶喪失

스즈키 씨는 왜 괴로워하고 있습니까?

(A) 치매　　　　　　(B) 우울병
(C) 숙취　　　　　　(D) 기억 상실

해설 지난밤 마신 술 때문에 괴로워하고 있으므로 정답은 (C)가
적절하다.

단어 しんどい 힘들다 | ジョッキ 맥주잔 | しゃっくり 딸꾹질 |
無事(ぶじ) 무사함 | 覚(おぼ)える 기억하다 | 苦(くる)しむ 괴로워
하다 | 認知症(にんちしょう) 치매 | うつ病(びょう) 우울증 | 二
日酔(ふつかよ)い 숙취 | 記憶喪失(きおくそうしつ) 기억 상실

60 _ 인물의 행동 이해

> Ａ：本田さん、パソコンの前で何やってんの。
> 忙しそうだけど。
>
> Ｂ：子どもの日なので姪にプレゼントしようと
> 思ってるんだけど、やり方が分からなくて。
>
> Ａ：そんなことは朝飯前だよ。購入をクリック
> した後、順番通りに名前、電話番号、住
> 所、クレジットカードのナンバーを書き込
> めばいいんですよ。

A : 혼다 씨, 컴퓨터 앞에서 뭐하는 거야? 바쁜 것 같은데.

B : 어린이날이라서 조카 딸에게 선물하려고 하는데, 하는 방법을
몰라서.

A : 그런 건 누워서 떡 먹기야. 구입을 클릭한 후, 순서대로 이름, 전
화번호, 주소, 신용카드 번호를 기입하면 돼요.

本田さんは何をしていますか。

(A) 朝ご飯を食べている。

(B) 購入の順番待ちをしている。

(C) 姪にプレゼントを渡している。

(D) ネットショッピングをしている。

혼다 씨는 무엇을 하고 있습니까?

(A) 아침밥을 먹고 있다.

(B) 구입 순번 대기를 하고 있다.

(C) 조카 딸에게 선물을 건네고 있다.

(D) 인터넷 쇼핑을 하고 있다.

해설 혼다는 조카 딸에게 선물을 하기 위해 구입 방법을 배우고
있는 중이므로 정답은 (D)가 적절하다. 朝飯前가 나왔다 해서 (A)를
고르면 안 된다.

단어 姪(めい) 여자 조카 | 朝飯前(あさめしまえ) 누워서 떡 먹
기 | 購入(こうにゅう) 구입 | クリック 클릭 | 順番(じゅんばん)
순서 | クレジットカード 신용카드 | 書(か)き込(こ)む 기입하다

61 _ 대화 내용의 이해 - 장소

> Ａ：何かお探しですか。お手伝いいたしましょ
> うか。
>
> Ｂ：いいえ、大丈夫です。見ているだけです。
>
> Ａ：こちらのスカートは半額です。何かご用が
> ございましたら、お声をかけてください。

A : 뭔가 찾으십니까? 도와 드릴까요?

B : 아니요, 괜찮습니다. 그냥 보는 거예요.

A : 이 치마는 반값입니다. 용건 있으시면 불러 주세요.

ここはどこですか。

(A) 服売り場　　　　(B) ＣＤ売り場
(C) 和小物売り場　　(D) キッチン用品売り場

이곳은 어디입니까?

(A) 옷 매장　　　　　(B) CD 매장
(C) 일본 소품 매장　　(D) 주방 용품 매장

해설 손님이 찾고 있는 것은 치마이므로 정답으로 적절한 것은 (A)
이다.

62 _ 환전 시에 필요한 서류 이해

A：あのう、ドルを日本円(にほんえん)に両替(りょうがえ)したいのですが。

B：パスポートを拝見(はいけん)いたします。

A：あいにく、今(いま)持(も)ち合(あ)わせてないんですが。

B：身分(みぶん)を証明(しょうめい)できるものはお持ちでしょうか。

A : 저기, 달러를 일본 엔으로 환전하고 싶습니다만.

B : 여권을 보여주십시오.

A : 공교롭게도 지금 가지고 있지 않습니다만.

B : 신분을 증명할 수 있는 것은 가지고 계십니까?

この会話(かいわ)で両替するのに要(い)るものはどれですか。

(A) 日本円　　　　　　(B) 身分証明書(みぶんしょうめいしょ)

(C) 免許証(めんきょしょう)と判子(はんこ)　(D) クレジットカード

이 대화에서 환전에 필요한 것은 어느 것입니까?

(A) 일본 엔　　　　　　(B) 신분증명서

(C) 면허증과 도장　　　(D) 신용카드

해설 달러를 일본 돈으로 바꾸려고 하는데, 신분을 증명할 만한 증서를 요구받고 있으므로 정답으로 적절한 것은 (B)이다.

단어 ドル 달러 | 両替(りょうがえ) 환전 | パスポート 여권 | 拝見(はいけん) 배견, 삼가 봄 | あいにく 공교롭게도 | 持(も)ち合(あ)わせる 마침 가지고 있다 | 身分(みぶん) 신분 | 証明(しょうめい) 증명 | 要(い)る 필요하다 | 免許証(めんきょしょう) 면허증 | 判子(はんこ) 도장 | クレジットカード 신용카드

63 _ 부탁 내용 이해

A：ちょっと手(て)を貸(か)していただけませんか。

B：何(なに)をしましょうか。

A：書類(しょるい)の誤字脱字(ごじだつじ)を慎重(しんちょう)に検討(けんとう)していただけませんか。

B：私(わたし)にそれが出来(でき)るか、自信(じしん)がないですが、やってみます。

A : 잠깐 도와주시지 않겠습니까?

B : 무엇을 할까요?

A : 서류의 오자와 탈자를 신중하게 검토해 주시지 않겠습니까?

B : 제가 그것을 할 수 있을지 자신이 없습니다만, 해 보겠습니다.

何(なに)を手伝(てつだ)ってもらいますか。

(A) 書類作成(しょるいさくせい)　　(B) 数字確認(すうじかくにん)

(C) 漢字変換(かんじへんかん)の検討　(D) 誤字脱字チェック

무엇을 도와줍니까?

(A) 서류 작성　　　　　　(B) 숫자 확인

(C) 한자 변환 검토　　　　(D) 오자와 탈자 체크

해설 서류의 오자와 탈자 검토를 도와 달라고 했으므로 자신은 없지만 해 보겠다고 대답한 (D)가 정답으로 적절하다.

단어 手(て)を貸(か)す 도와주다 | 書類(しょるい) 서류 | 誤字脱字(ごじだつじ) 오자와 탈자 | 慎重(しんちょう) 신중함 | 検討(けんとう) 검토 | 自信(じしん) 자신(감) | 作成(さくせい) 작성 | 数字(すうじ) 숫자 | 確認(かくにん) 확인 | 変換(へんかん) 변환

64 _ 재료의 특징 이해

A：ツナ缶(かん)、チキン、たまごがサンドイッチに要(い)るね。

B：トマトは？ツナ缶ならトマトとの相性(あいしょう)がいいんだよ。

A：分(わ)かった。トマトも買(か)うよ。ところで田中(たなか)さんはサラダを持(も)ってきた？

A : 참치 통조림, 치킨, 달걀이 샌드위치에 필요해.

B : 토마토는? 참치 통조림이라면 토마토하고 궁합이 좋아.

A : 알았어. 토마토도 살게. 그런데 다나카 씨는 샐러드를 가져왔어?

田中さんのおすすめのサンドイッチの具材(ぐざい)はどれですか。

(A) ツナ缶とトマト

(B) ツナ缶とレタス

(C) チキンとたまねぎ

(D) カツレツとソース

다나카 씨가 권하는 샌드위치의 속재료는 어느 것입니까?

(A) 참치 통조림과 토마토

(B) 참치 통조림과 양상추

(C) 치킨과 양파

(D) 커틀릿과 소스

해설 다나카는 참치 통조림과 토마토가 궁합이 좋다면서 샌드위치 재료로 적극 권하고 있으므로 정답은 (A)가 적절하다.

단어 ツナ缶(かん) 참치 통조림 | 要(い)る 필요하다 | 相性(あいしょう)がいい 궁합이 좋다 | 具材(ぐざい) 재료 | レタス 양상추 | たまねぎ 양파 | カツレツ 커틀릿 | ソース 소스

65 _ 의사 결정의 이유 이해

> A：他に何かご用はございませんか。
>
> B：忘れるとこでした。レンタカーが要るんです。
>
> A：保険はどうしますか。
>
> B：日本と交通ルールが違うので任意保険に加入します。
>
> ---
>
> A : 그 외에 무언가 용건은 없으신가요?
>
> B : 잊어먹을 뻔했습니다. 렌터카가 필요합니다.
>
> A : 보험은 어떻게 하시겠습니까?
>
> B : 일본과 교통 규칙이 다르니까 임의보험으로 가입하겠습니다.

保険に加入する理由はどれですか。

(A) 保険料を節約するため

(B) 高齢ドライバーであるため

(C) 精神的に不安を解消するため

(D) 日本と異なる交通ルールのため

보험에 가입하는 이유는 어느 것입니까?

(A) 보험료를 절약하기 위해

(B) 고령 운전자이기 때문에

(C) 정신적으로 불안을 해소하기 위해

(D) 일본과 다른 교통 규칙 때문에

> **해설** 보험은 어떻게 할 것이냐는 물음에 일본과 교통 규칙이 다르므로 임의보험에 가입하겠다고 했으므로 정답은 (D)에 해당된다.

> **단어** レンタカー 렌터카 | 保険(ほけん) 보험 | 交通(こうつう)ルール 교통 규칙 | 違(ちが)う 다르다, 틀리다 | 任意(にんい) 임의 | 加入(かにゅう) 가입 | 理由(りゆう) 이유 | 節約(せつやく) 절약 | 高齢(こうれい)ドライバー 고령 운전자 | 精神的(せいしんてき) 정신적 | 不安(ふあん) 불안 | 解消(かいしょう) 해소 | 異(こと)なる 다르다

66 _ 사물의 특성 이해 – 낚시

> A：佐々木さん、釣りに行くんですか。
>
> B：はい、そうです。
>
> A：どんなえさを針に付けるんですか。イソメやコガネムシなどはくねくねと動いているから気持ち悪いんじゃないかと思うんですが。
>
> B：それは初心者向けのエサです。私はアミエビです。
>
> ---
>
> A : 사사키 씨 낚시하러 갑니까?
>
> B : 네, 그렇습니다.
>
> A : 어떤 미끼를 바늘에 답니까? 갯지렁이랑 풍뎅이 등은 꿈틀꿈틀 움직이고 있어서 기분이 나쁘지 않을까 생각하는데요.
>
> B : 그것은 초보자용 미끼입니다. 저는 보리새우입니다.

佐々木さんはどんな種類のえさを使いますか。

(A) イソメ　　　　　　(B) アミエビ

(C) カタツムリ　　　　(D) 生コガネムシ

사사키 씨는 어떤 종류의 미끼를 사용합니까?

(A) 갯지렁이　　　　　(B) 보리새우

(C) 달팽이　　　　　　(D) 살아있는 풍뎅이

> **해설** 초보자는 갯지렁이나 풍뎅이를 사용하지만, 사사키는 보리새우를 사용한다고 했으므로 정답은 (B)가 적절하다.

> **단어** 釣(つ)り 낚시 | えさ 미끼 | 針(はり) 바늘 | イソメ 갯지렁이 | コガネムシ 풍뎅이 | くねくね 꿈틀꿈틀 | 初心者(しょしんしゃ) 초보자 | アミエビ 보리새우 | 種類(しゅるい) 종류 | カタツムリ 달팽이

67 _ 사건의 전후 관계 이해

> A：きのうの試合はどうでしたか。
>
> B：おもしろかったですよ。最後の回まで大接戦だったので、見る価値がありました。
>
> A：営業チームが大勝するだろうと思っていたんですけど。
>
> B：試合は引き分けでしたよ。
>
> ---
>
> A : 어제 시합은 어땠습니까?
>
> B : 재미있었어요. 마지막 회까지 대접전이어서 볼 가치가 있었습니다.
>
> A : 영업팀이 대승할 줄 알았는데요.
>
> B : 시합은 무승부였어요.

試合の結果はどうなりましたか。

(A) 3連敗となった。

(B) 無勝負になった。

(C) 営業チームが大勝した。

(D) 最後の最後で逆転された。

시합의 결과는 어떻게 되었습니까?

(A) 3연패 했다.

(B) 무승부가 되었다.

(C) 영업팀이 대승했다.

(D) 마지막의 마지막에 역전당했다.

解説 시합의 결과가 어땠냐는 물음에 引き分け(무승부)였다고 했으므로 정답은 (B)가 적절하다. 영업팀이 대승할 것이라는 부분만 듣고 지레짐작으로 (C)를 골라서는 안된다.

단어 最後(さいご) 마지막 | 回(かい) (야구의) 회 | 大接戦(だいせっせん) 대접전 | 価値(かち) 가치 | 営業(えいぎょう) 영업 | 大勝(たいしょう) 대승 | 引(ひ)き分(わ)け 무승부 | 結果(けっか) 결과 | 連敗(れんぱい) 연패 | 無勝負(むしょうぶ) 무승부 | 逆転(ぎゃくてん) 역전

68 _ 전망 예상 – 관용구 이해

A：ＫＫ社は、値段をさらに５％下げるそうです。まともに太刀打ちできません。

B：まだあきらめるべきじゃないわよ。私たちは新モデルを来月から出すから。

A：追い越すことができますか。

B：十中八九思い通りになるから、楽観的に考えましょう。

A : KK사는 가격을 또 5% 내린다고 합니다. 정면으로 대결해서는 당해낼 수 없습니다.

B : 아직 포기해야 하는 건 아냐. 우리는 신모델을 다음 달부터 낼 거니까.

A : 추월할 수 있습니까?

B : 십중팔구 생각대로 될 테니까 낙관적으로 생각합시다.

女の人はどう思っていますか。

(A) 図に当たると思っている。
(B) 言い勝ち功名と思っている。
(C) 二階から目薬と思っている。
(D) 大工の掘っ立てと思っている。

여자는 어떻게 생각하고 있습니까?

(A) 계획대로 들어맞을 것이라고 생각하고 있다.
(B) 말이 많은 쪽이 이긴다고 생각하고 있다.
(C) 효과가 없을 것이라고 생각하고 있다.
(D) 중이 제 머리 못 깎는다고 생각하고 있다.

해설 십중팔구 생각하는 대로 될 테니 낙관적으로 생각하자는 여성의 생각과 맞는 관용구는 (A)가 적절하다.

단어 下(さ)げる 내리다 | まともに 정면으로 | 太刀打(たちう)ち 맞겨룸, 실력으로 대등하게 겨룸 | 追(お)い越(こ)す 추월하다 | 十中八九(じっちゅうはっく) 십중팔구 | 楽観的(らっかんてき) 낙관적 | 図(ず)に当(あ)たる 계획대로 들어맞다 | 言(い)い勝(が)ち功妙(こうみょう) 말 많은 쪽이 이긴다 | 二階(にかい)から目薬(めぐすり) 뜻대로 되지 않아 답답하거나 그다지 효과가 없음 | 大工(だいく)の掘(ほ)っ立(た)て 중이 제 머리 못 깎는다

69 _ 대상 선호도 이해

A：伊藤さんちのわんちゃん、可愛くないんだ。ぶたのようにぶくぶく太っているし。

B：そこまでじゃないと思うけど、何かあった？

A：あの犬が、私の大事にしていたスニーカーを噛んだのよ！

B：そんなに怒らないでよ。

A : 이토 씨네 멍멍이, 귀엽지 않아. 돼지처럼 뒤룩뒤룩 살도 쪘고.

B : 그렇게까지는 아닌 것 같은데, 무슨 일 있었어?

A : 그 개가 내가 소중히 했던 운동화를 물어뜯었단 말이야!

B : 그렇게 화내지 마.

伊藤さんの犬が嫌われる理由はどれですか。

(A) 大きくなったから
(B) 靴をはいているから
(C) 善悪の区別がつかないから
(D) スニーカーに噛み付いたから

이토 씨의 개가 미움받는 이유는 어느 것입니까?

(A) 커졌기 때문에
(B) 신발을 신고 있기 때문에
(C) 선악의 구별이 되지 않기 때문에
(D) 운동화를 물어뜯었기 때문에

해설 소중히 해 온 운동화를 물어뜯어서 이토의 개를 귀엽지 않다고 생각하므로 질문에 대한 정답은 (D)가 적절하다.

단어 ぶくぶく 뒤룩뒤룩(통통하게 살찐 모양) | スニーカー 운동화 | 噛(か)む 물다, 씹다 | 善悪(ぜんあく)の区別(くべつ)がつく 선악의 구별이 되다 | 噛(か)み付(つ)く 물어뜯다

70 _ 인물의 근황 – 관용구 이해

A：リカちゃん、時間割いてくれない？

B：ごめん。いま猫の手も借りたいくらいなんだ。この報告書を２時までに書かないといけないんで。

A：じゃあ、またあとで寄るね。

B：うん、終わったら携帯メールするよ。

A : 리카, 시간 내주지 않을래?

B : 미안. 지금 너무 바빠. 이 보고서를 2시까지 써야 해서.

A : そろ, 또 나중에 들를게.
B : 응, 끝나면 문자 보낼게.

リカさんは今どんな状態ですか。

(A) 目が回るほど忙しい。

(B) 携帯をなくして連絡のしようがない。

(C) 怖いの何の、パニックに陥っている。

(D) 猫といわず犬といわずペットに目がない。

리카 씨는 지금 어떤 상태입니까?

(A) 눈코 뜰 새 없이 바쁘다.

(B) 휴대폰을 잃어버려서 연락할 수 없다.

(C) 너무 무서워서 패닉 상태에 빠져 있다.

(D) 고양이든 개든 애완동물이라면 사족을 못 쓴다.

해설 猫の手でも借りたい로 보아 상당히 바쁜 것이므로 정답은 (A)가 적절하다.

단어 時間(じかん)を割(さ)く 시간을 내다 | 猫(ねこ)の手(て)でも借(か)りたい 고양이의 손이라도 빌리고 싶다. 매우 바쁘다 | 報告書(ほうこくしょ) 보고서 | 寄(よ)る 들르다 | 状態(じょうたい) 상태 | 目(め)が回(まわ)る 눈이 핑핑 돌다. 매우 바쁘다 | 連絡(れんらく) 연락 | ～ようがない ～할 수 없다〈동사 ます형에 접속〉 | ～の何(なん)の 너무 ～하다 | パニック 패닉 | 陥(おちい)る 빠지다. 걸려 들다 | ～といわず～といわず ～며 ～며 할 것 없이 | ペット 애완동물 | 目(め)がない 사족을 못 쓰다. 안목이 없다

71 _ 사건의 전후 관계 이해 – 예약

A : ごめん。今夜の予約、取れなかったんだ。

B : えっ！私、あそこに行くのを期待していたのに。

A : 他の店を探そうか。どこかいい店、知ってる?

B : どこも何も、帰るに越したことはないでしょう。

A : 미안. 오늘 밤 예약 못 잡았어.

B : 앗! 나 거기에 가는 거 기대하고 있었는데.

A : 다른 가게를 찾을까? 어딘가 좋은 가게 알고 있어?

B : 어디를 간들, 집에 가는 것이 가장 좋겠지.

二人はこれからどうしますか。

(A) 家に帰ることにする。

(B) 他の店に行けずじまいになった。

(C) 昼食も取れずじまいのまま会社に戻る。

(D) 店からの連絡を待つばかりになっている。

두 사람은 이제부터 어떻게 합니까?

(A) 집에 가기로 한다.

(B) 다른 가게에 갈 수 없게 되었다.

(C) 점심도 먹지 못한 채 회사로 돌아온다.

(D) 가게에서 오는 연락을 기다리기만 하면 된다.

해설 帰るに越したことはない라고 했으므로 앞으로 집에 갈 것이 예상된다. 따라서 정답은 (A)가 적절하다.

단어 予約(よやく)を取(と)る 예약을 하다 | 期待(きたい) 기대 | ～に越(こ)したことはない ～하는 것이 좋다, ～하는 것이 제일이다 | ～ずじまい ～안 하고 말았음〈동사 ない형에 접속〉 | ～ばかりになっている ～하기만 하면 된다

72 _ 계약 진행 사항 이해

A : 小林さんはＬＫ社との契約をどうするか決めましたか。

B : まだ自問自答の堂々巡りをしているようです。

A : また同じことを繰り返しますね。

B : 1週間以内には何とかなるでしょう。

A : 코바야시 씨는 LK사와의 계약을 어떻게 할지 정했습니까?

B : 아직 자문자답하며 제자리걸음을 하고 있는 것 같습니다.

A : 또 같은 일을 반복하는군요.

B : 일주일 안에는 어떻게든 되겠지요.

LK社との契約はどんな状態ですか。

(A) 進行していない。

(B) うまく進んでいる。

(C) 1時間以内に終了する。

(D) やり直しを求めている。

LK사와의 계약은 어떤 상태입니까?

(A) 진행되고 있지 않다.

(B) 잘 진행되고 있다.

(C) 1시간 이내에 종료된다.

(D) 다시 하기를 요청하고 있다.

해설 LK사와의 계약 건에 대해 堂々巡り를 하고 있다라고 했으므로 정답은 (A)가 적절하다.

단어 契約(けいやく) 계약 | 決(き)める 결정하다 | 自問自答(じもんじとう) 자문자답 | 堂々巡(どうどうめぐ)り 제자리걸음, 진전이 없음 | 繰(く)り返(かえ)す 반복하다 | 以内(いない) 이내 | 状態(じょうたい) 상태 | 進行(しんこう) 진행 | 進(すす)む 진행되다, 나아가다 | 終了(しゅうりょう) 종료 | やり直(なお)す 다시 하다 | 求(もと)める 구하다, 요청하다

73_ 계획 이해

> Ａ：森さん、会話のコースはどう？
>
> Ｂ：私にはちょっときつ過ぎる。易しいコースはないのかな。
>
> Ａ：同じ時間帯ならビギナーコースしかないけど。
>
> Ｂ：ビギナーはちょっと。一ヶ月はこのクラスで勉強して、来月にコースを変えようかな。

A : 모리 씨, 회화 코스는 어때?
B : 나한테는 좀 너무 버거워. 쉬운 코스는 없는 걸까.
A : 같은 시간대라면 초심자 코스밖에 없는데.
B : 초심자는 좀. 한 달은 이 반에서 공부하고, 다음 달에 코스를 바꿀까.

森さんの計画はどれですか。

(A) ゴルフコースを変える。

(B) あとでクラスを変える。

(C) ビギナーコースに変える。

(D) 同じ時間帯の上級コースに変える。

모리 씨의 계획은 어느 것입니까?

(A) 골프 코스를 바꾼다.
(B) 나중에 반을 바꾼다.
(C) 초심자 코스로 바꾼다.
(D) 같은 시간대의 상급 코스로 바꾼다.

해설 모리는 지금 하고 있는 영어 회화 코스가 어려워 바꾸려고 하는데, 초심자 코스로만 변경 가능하므로 다음 달에 바꿀 생각이라고 했다. 따라서 정답으로 적절한 것은 (B)이다.

단어 会話(かいわ) 회화 | コース 코스 | きつい 고되다, 엄하다 | 時間帯(じかんたい) 시간대 | ビギナー 초심자 | 計画(けいかく) 계획

74_ 이웃 간의 트러블 이해 – 소음 문제

> Ａ：２０１号の人がまたドラムを叩いてるわ。
>
> Ｂ：もう２時すぎなのに。
>
> Ａ：夜泣きまでは我慢できるけど、真夜中に叩いているなんて。彼に「みんな眠れないじゃない」って言うわ。

A : 201호 사람이 아직 드럼을 치고 있어.
B : 벌써 2시가 지났는데.
A : 밤에 우는 것까지는 참을 수 있지만, 한밤중에 두들기고 있다니. 그 사람한테 '다들 잠을 못 자잖아'라고 말할 거야.

女の人が怒っている理由はどれですか。

(A) 夜泣きがうるさいから

(B) いびきをかくので眠れないから

(C) 真夜中にドラムを叩いているから

(D) となりの猫が壁をかじっているから

여성이 화내고 있는 이유는 어느 것입니까?

(A) 밤에 우는 소리가 시끄럽기 때문에
(B) 코를 골아서 잠을 잘 수 없기 때문에
(C) 한밤중에 드럼을 치고 있기 때문에
(D) 옆집 고양이가 벽을 갉아먹고 있기 때문에

해설 여성이 화내는 이유로 적절한 것은 (C)이다. 夜泣き는 참을 수 있다고 했으므로 (A)는 정답으로 부적절하다.

단어 ドラムを叩(たた)く 드럼을 치다 | 夜泣(よな)き 밤에 우는 것 | 我慢(がまん) 참음, 인내 | 真夜中(まよなか) 한밤중 | 怒(おこ)る 화내다 | 理由(りゆう) 이유 | いびきをかく 코를 골다 | 壁(かべ) 벽 | かじる 이로 갉다, 갉아먹다

75_ 인물 이해

> Ａ：情報部の沢田さんが昇格するんだって。
>
> Ｂ：おめでたいことだね。長年会社のために骨折ってきたから。
>
> Ａ：そうね。苦労の末に、ついに認められたってわけね。
>
> Ｂ：そのうえ、沢田さんは生え抜きの社員だよ。

A : 정보부의 사와다 씨가 승진한대.
B : 축하할 일이네. 오랫동안 회사를 위해 열심히 일해 왔으니까.
A : 그러네. 고생 끝에 드디어 인정받았다는 거군.
B : 게다가 사와다 씨는 토박이 사원이야.

沢田さんについて正しいのはどれですか。

(A) 沢田さんは骨を折って入院している。

(B) 沢田さんが昇進するとは予想だにしなかった。

(C) 沢田さんは新入社員からずっと同じ会社で頑張っていた。

(D) 沢田さんはリストラされたが、今月の給料
　　がもらえるだけましだ。

사와다 씨에 대해서 맞는 것은 어느 것입니까?

(A) 사와다 씨는 뼈가 부러져서 입원하고 있다.

(B) 사와다 씨가 승진하리라고는 예상조차 하지 않았다.

(C) 사와다 씨는 신입사원 때부터 계속 같은 회사에서 열심히 일했다.

(D) 사와다 씨는 정리해고되었지만, 이번 달 급료를 받은 것만으로도 다
　　행이다.

해설　대화의 내용을 충실히 듣고 하나하나 체크해 나가야 한다.
대화에서의 骨を折る는 뼈가 부러진 것이 아니라 열심히 일했다는
뜻으로 사용된 것이므로 (A)는 정답으로 부적절하고, 열심히 일해
서 인정받은 것을 축하하고 있으므로 (B) 역시 정답으로 부적절하다.
토박이 사원으로 열심히 일했다고 했으므로 정답은 (C)에 해당된다.

단어　情報部(じょうほうぶ) 정보부 | 昇格(しょうかく) 승격,
승진 | おめでたい 경사스럽다 | 長年(ながねん) 오랫동안, 여러 해 |
骨(ほね)を折(お)る 열심히 일하다 | 苦労(くろう) 고생 | 末(すえ)
끝 | ついに 드디어 | 認(みと)める 인정하다 | そのうえ 게다가, 또
한 | 生(は)え抜(ぬ)き 토박이 | 昇進(しょうしん) 승진 | 予想(よ
そう) 예상 | ～だに ～조차 | リストラ 정리해고 | ～だけましだ
～만으로도 다행이다. 그나마 다행이다

76 _ 전화 내용 이해

A：はい、中山です。

B：中山さんですか。私、木村です。申し訳な
　　いけど、少し遅れそうなんです。ラッシュ
　　アワーの時間帯じゃないのに、全然進みま
　　せん。

A：大丈夫ですよ。お客さんはまだいらっしゃっ
　　ていませんので。

B：お客さんがいらっしゃったら予約しておい
　　たレストランにお越しくださいませんか。

A : 네, 나카야마입니다.

B : 나카야마 씨입니까? 저, 기무라입니다. 죄송합니다만, 조금 늦
　　을 것 같습니다. 러시아워가 아닌데 전혀 못 가고 있습니다.

A : 괜찮아요. 손님은 아직 오시지 않았거든요.

B : 손님이 오시면 예약해 둔 레스토랑에 가 주시지 않겠습니까?

木村さんは中山さんに何を頼みましたか。

(A) 食堂の案内　　　　(B) お詫びの手紙

(C) カーナビゲーター　(D) レストランの予約

기무라 씨는 나카야마 씨에게 무엇을 부탁했습니까?

(A) 식당 안내　　　　　　(B) 사죄의 편지

(C) 자동차 내비게이터　　(D) 레스토랑 예약

해설　レストランにお越しくださいませんか에서 기무라의 부
탁을 알 수 있다. 따라서 정답은 (A)가 적절하다. 식당은 이미 예약
해 두었다고 했으므로 (D)는 정답으로 부적절하다.

단어　ラッシュアワー 러시아워 | 時間帯(じかんたい) 시간대 |
進(すす)む 나아가다 | お越(こ)し 오심, 가심 | 案内(あんない) 안
내 | お詫(わ)び 사죄 | カーナビゲーター 자동차 내비게이터

77 _ 호텔 예약

A：10月14日から16日の2泊3日、シング
　　ルルームを予約したいのですが。シングル
　　ルームは1泊いくらですか。

B：1万5千円になります。

A：あのう、ウェブ上で掲載されているのはそ
　　れより安かったような気がしますが。

B：はい、そうです。直接アクセスして手続き
　　なさると5％お安くなります。

A : 10월 14일부터 16일까지 2박 3일, 싱글룸을 예약하고 싶은데요.
　　싱글룸은 1박에 얼마입니까?

B : 만5천 엔입니다.

A : 저기, 웹상에 게재돼 있는 것은 그것보다 쌌던 것 같은데요.

B : 네, 그렇습니다. 직접 접속해서 수속하시면 5% 싸집니다.

電話予約とインターネット予約とどんな違いが
ありますか。

(A) 価格帯が高めなため掲載されていない。

(B) ウェブ上では税抜き価格が書いてある。

(C) ネット上では宿泊代金が5％オフになる。

(D) 電話予約の方がネット予約より安い。

전화 예약과 인터넷 예약은 어떤 차이가 있습니까?

(A) 가격대가 비싸기 때문에 게재되어 있지 않다.

(B) 웹상에서는 세금을 뺀 가격이 적혀 있다.

(C) 인터넷상에서는 숙박 대금이 5% 싸진다.

(D) 전화 예약이 인터넷 예약보다 싸다.

해설　인터넷 예약은 직접 수속하기 때문에 5% 싸진다고 했으므로
정답은 (C)가 적절하다. 세금을 뺐다고는 하지 않으므로 (B)는 정답
에서 제외된다.

단어　ウェブ 웹 | ～上(じょう) ～상 | 掲載(けいさい) 게재 |
直接(ちょくせつ) 직접 | アクセス 접속, 액세스 | 手続(てつづ)き
수속 | なさる 하시다 | 違(ちが)い 차이 | 価格帯(かかくたい) 가
격대 | 高(たか)め 조금 비쌈 | 税抜(ぜいぬ)き 세금 제외 | 宿泊(しゅ
くはく) 숙박 | 代金(だいきん) 대금 | オフ 할인

78 _ 대화 내용의 이해 – 상담

A：課長、お仕事中に申し訳ないのですが、課
　長に聞いていただきたいことがあるんです。

B：何か困っていることでもあるのか。

A：実は葉山さんと鈴木さんが何かにつけてい
　がみ合っているんです。葉山さんと鈴木さん
　の溝はますます深くなって、チームのまと
　まりがつかなくなっています。

A : 과장님, 일하시는 중에 죄송합니다만, 과장님이 들어주셨으면
하는 일이 있습니다.

B : 뭔가 곤란한 일이라도 있는 건가.

A : 실은 하야마 씨와 스즈키 씨가 무슨 일이 있을 때마다 서로 으
르렁거리고 있습니다. 하야마 씨와 스즈키 씨의 골은 점점 깊어
져서 팀의 문제가 해결되지 않습니다.

社内の問題は何ですか。

(A) 社内恋愛　　　　　(B) 同僚との友情
(C) 派遣社員の管理　 (D) 同僚同士の不仲

사내 문제는 무엇입니까?

(A) 사내 연애　　　　　　(B) 동료와의 우정
(C) 파견 사원 관리　　　(D) 동료 사이의 불화

해설 하야마와 스즈키의 불화로 팀의 문제가 해결되지 않는다며
과장에게 상담했으므로 정답은 (D)가 적절하다.

단어 課長(かちょう) 과장 | 実(じつ)は 실은 | 何(なに)かにつ
けて 무슨 일이 있을 때마다, 여러 가지로 | いがみ合(あ)う 서로 언쟁
하다, 으르렁거리다 | 溝(みぞ) 골, 틈 | ますます 점점 | まとまりが
つく 결말이 나다, 해결되다 | 恋愛(れんあい) 연애 | 同僚(どうりょ
う) 동료 | 友情(ゆうじょう) 우정 | 派遣(はけん) 파견 | 管理(か
んり) 관리 | ～同士(どうし) ～끼리, ～사이 | 不仲(ふなか) 사이가
나쁨, 불화

79 _ 인물의 행동 파악

A：納期は明日の１時でしたよね。遅れないよ
　うにお願いします。

B：あさってと伺っていますが。

A：そんなはずありません。確認してください。

B：では、明日の午前中は厳しいですが、夕方
　で手を打ちましょう。

A : 납기는 내일 1시였지요. 늦지 않도록 부탁합니다.

B : 모레라고 들었습니다만.

A : 그럴 리가 없습니다. 확인해 주세요.

B : 그럼, 내일 오전 중에는 빡빡한데요, 저녁때로 손을 써 봅시다.

男の人はどうしますか。

(A) 明日の１時に納品する。

(B) 明日の夕方に納品する。

(C) 明日の午前中に納品する。

(D) 確認してから夕方連絡する。

남성은 어떻게 합니까?

(A) 내일 1시에 납품한다.
(B) 내일 저녁에 납품한다.
(C) 내일 오전 중에 납품한다.
(D) 확인하고 나서 저녁에 연락한다.

해설 납품 지연에 대한 재촉 요구에, 남성은 내일 저녁때까지는
손을 써 보겠다고 했으므로 정답은 (B)가 적당하다.

단어 納期(のうき) 납기 | 伺(うかが)う 듣다(聞く의 겸양어) |
確認(かくにん) 확인 | 夕方(ゆうがた) 저녁 | 手(て)を打(う)つ
손을 쓰다, 타협하여 해결하다 | 納品(のうひん) 납품 | 連絡(れんら
く) 연락

80 _ 속담 및 관용구 이해 – 병문안

A：常務の奥様のお見舞いに行かなくて大丈夫
　かしら。

B：わざわざ行くまでもないと思うよ。行った
　らかえって気を使わせてしまうよ。

A：そうかしら。じゃあ、せめてお花ぐらいお
　送りしようかしら。

B：花より団子でクッキーみたいな手軽につま
　める物がいいんじゃないか。

A : 상무님 부인의 문병을 가지 않아도 괜찮을까?

B : 일부러 갈 것까진 없다고 생각해. 가면 오히려 신경 쓰게 하는
거야.

A : 그럴까. 그럼, 하다못해 꽃 정도는 보낼까?

B : 꽃보다 경단(금강산도 식후경)이라고, 쿠키 같은 손쉽게 집어먹
을 수 있는 것이 좋지 않을까?

男の人はどう思っていますか。

(A) 見舞いに行く義理なんかない。

(B) 花を持ってお見舞いに行った方がいい。

(C) 気を使ってお見舞いに行った方がいい。

(D) 病院に行かず、団子やクッキーを送った方がいい。

남성는 어떻게 생각하고 있습니까?

(A) 병문안을 갈 의리 따위 없다.

(B) 꽃을 가지고 병문안을 가는 것이 좋다.

(C) 신경 써서 병문안을 가는 것이 좋다.

(D) 병원에 가지 않고 경단이나 쿠키를 보내는 것이 좋다.

해설 병문안을 가면 오히려 신경 쓰이게 하니 쿠키 같은 것을 보내자고 했으므로 정답은 (D)가 적절하다.

단어 常務(じょうむ) 상무 ｜ お見舞(みま)い 병문안 ｜ わざわざ 일부러 ｜ ～までもない ～할 것까지도 없다 ｜ かえって 오히려 ｜ 気(き)を使(つか)う 신경을 쓰다 ｜ せめて 하다못해 ｜ 花(はな)より団子(だんご) 금강산도 식후경 ｜ クッキー 쿠키 ｜ 手軽(てがる) 손쉬움, 간편함 ｜ つまむ 집어먹다 ｜ 義理(ぎり) 의리

PART 4

81~83

今年の新入社員の川上さんは天真　漫で真面目な人です。呑み込みが早く、口は重いほうです。朝は毎日早くから出勤して掃除をしています。川上さんは食べることが好きで、「食べログ」や「ぐるなび」で飲食店を検索するのが趣味です。

올해 신입사원인 가와카미 씨는 천진난만하고 성실한 사람입니다. 이해가 빠르고 입은 무거운 편입니다. 아침에는 매일 일찍부터 출근하여 청소를 하고 있습니다. 가와카미 씨는 먹는 것을 좋아하여 '타베로그'나 '구루나비'에서 음식점을 검색하는 것이 취미입니다.

단어 天真　漫(てんしんらんまん) 천진난만 ｜ 真面目(まじめ) 성실함 ｜ 呑(の)み込(こ)み 이해 ｜ 口(くち)が重(おも)い 입이 무겁다 ｜ 出勤(しゅっきん) 출근 ｜ 飲食店(いんしょくてん) 음식점 ｜ 検索(けんさく) 검색 ｜ 趣味(しゅみ) 취미

81 川上さんはどんな人ですか。

(A) 勇ましい人　　(B) 無邪気な人

(C) 愛敬のある人　(D) ずうずうしい人

가와카미 씨는 어떤 사람입니까

(A) 용감한 사람　　(B) 천진난만한 사람

(C) 애교가 있는 사람　(D) 뻔뻔한 사람

해설 가와카미 씨는 천진난만하고 성실한 사람이라고 언급되었으므로 정답은 (B)가 된다.

단어 勇(いさ)ましい 용감하다 ｜ 無邪気(むじゃき) 천진난만함 ｜ 愛敬(あいきょう) 애교 ｜ ずうずうしい 뻔뻔하다

82 川上さんの趣味は何ですか。

(A) 索引分析

(B) コーヒー豆の比較

(C) レストラン検索

(D) ネットショッピング

가와카미 씨의 취미는 무엇입니까?

(A) 색인 분석

(B) 커피콩 비교

(C) 레스토랑 검색

(D) 인터넷 쇼핑

해설 음식점 검색이 취미라고 했으므로 정답은 (C)가 적절하다.

단어 索引(さくいん) 색인 ｜ 分析(ぶんせき) 분석 ｜ コーヒー豆(まめ) 커피콩 ｜ 比較(ひかく) 비교

83 本文の内容と合っているのはどれですか。

(A) 川上さんは口数が少ない。

(B) 川上さんは乗り物を楽しんでいる。

(C) 川上さんは会社に着き次第、電話する。

(D) 川上さんは天然資源の枯渇を心配している。

본문의 내용과 맞는 것은 어느 것입니까?

(A) 가와카미 씨는 말수가 적다.

(B) 가와카미 씨는 놀이기구를 즐기고 있다.

(C) 가와카미 씨는 회사에 도착하는 대로 전화한다.

(D) 가와카미 씨는 천연자원의 고갈을 걱정하고 있다.

해설 呑み込みが早い, 口は重いきり고 했으므로 (A)가 정답이다.

단어 本文(ほんぶん) 본문 ｜ 口数(くちかず) 말수 ｜ 乗(の)り物(もの) 탈것, 놀이기구 ｜ ～次第(しだい) ～하는 대로〈동사 ます형에 접속〉 ｜ 天然資源(てんねんしげん) 천연자원 ｜ 枯渇(こかつ) 고갈

皆様にご案内いたします。この飛行機はおよそ２０分で着陸いたします。シートベルトをしっかりとお締めください。現地時間は１２時２０分で天気は曇り、気温は摂氏２３度でございます。これから先、飛行機をお降りになるまでの間、全ての電子機器のご使用をお控えください。また、ただ今ご使用中のテーブルや座席の背などを元の位置までお戻しください。

여러분께 안내 말씀 드립니다. 이 비행기는 약 20분이면 착륙합니다. 안전벨트를 단단히 매어 주십시오. 현지 시간은 12시 20분이고 날씨는 흐리며, 기온은 섭씨 23도입니다. 지금부터 비행기를 내리실 때까지 모든 전자기기의 사용을 삼가 주십시오. 또한 지금 사용 중이신 테이블이나 좌석의 등받이 등을 원래의 위치로 되돌려 주십시오.

단어 皆様(みなさま) 여러분 | 案内(あんない) 안내 | およそ 약, 대략 | 着陸(ちゃくりく) 착륙 | 締(し)める 매다 | 曇(くも)り 흐림 | 気温(きおん) 기온 | 摂氏(せっし) 섭씨 | 電子機器(でんしきき) 전자기기 | 使用(しよう) 사용 | 控(ひか)える 삼가다, 자제하다 | 座席(ざせき) 좌석 | 背(せ) 등 | 元(もと) 원래, 이전 | 位置(いち) 위치

84 何を案内していますか。

(A) 着陸のアナウンス
(B) 離陸前のアナウンス
(C) 非常用設備案内のアナウンス
(D) シートベルトサイン消灯のアナウンス

무엇을 안내하고 있습니까?

(A) 착륙 안내 방송
(B) 이륙 전 안내 방송
(C) 비상용 설비 안내 방송
(D) 안전벨트 사인 소등 안내 방송

해설 20분 후에 착륙한다고 했으므로 정답은 (A)가 적절하다.

단어 アナウンス 안내 방송 | 離陸(りりく) 이륙 | 非常用(ひじょうよう) 비상용 | 設備(せつび) 설비 | 消灯(しょうとう) 소등

85 降りるまでの間、使用できないのはどれですか。

(A) ペン　　　　　　(B) ノート
(C) 携帯電話　　　　(D) シートベルト

내릴 때까지 사용할 수 없는 것은 무엇입니까?

(A) 펜　　　　　　(B) 노트
(C) 휴대전화　　　(D) 안전벨트

해설 전자기기의 사용을 피해 달라고 했는데, 보기 중에 적절한 것은 (C)이다.

86 現地の気温はどれですか。

(A) 摂氏２０度　　　(B) 摂氏２３度
(C) 華氏２０度　　　(D) 華氏２３度

현지 기온은 어느 것입니까?

(A) 섭씨 20도　　　(B) 섭씨 23도
(C) 화씨 20도　　　(D) 화씨 23도

해설 섭씨 23도라 했으므로 정답은 (B)가 적절하다. 섭씨와 화씨의 표현을 구분하여 익히도록 하자.

단어 現地(げんち) 현지 | 華氏(かし) 화씨

２２日午前２時２０分ごろ、石川県の舳倉島近海を震源とする地震があり、能登島や舳倉島で震度４を観測した。気象庁によると、震源の深さは約１０キロ、マグニチュードは７．４７と推定される。この地震で気象庁は舳倉島近海に津波警報を、福井県と富山県に津波注意報を発令した。津波により多くの漁船や漁網などが流出、破壊した。東京都で６０センチ程度の津波が観測されたのをはじめ、午前３時前から同６時半ごろにかけて、沿岸各地で津波が観測された。警報や注意報は午前７時２０分までにすべて解除された。気象庁の地震津波監視課長は記者会見で「しばらくはマグニチュード６程度の余震が起き、津波が発生する可能性があるので注意が必要」と説明した。

22일 오전 2시 20분경, 이사카와현의 헤구라지마 근해를 진원으로 하는 지진이 발생, 노토지마와 헤구라지마에서 진도 4를 관측했다. 기상청에 따르면 진원의 깊이는 약 10km, 매그니튜드는 7.47로 추정된다. 이 지진으로 기상청은 헤구라지마 근해에 쓰나미 경보를, 후쿠이현과 도야마현에 쓰나미 주의보를 발령했다. 쓰나미에 의해 많은 어선이나 어망 등이 유출, 파괴되었다. 도쿄도에서 60cm 정도의 쓰나미가 관측된 것을 비롯하여, 오전 3시 전부터 동 6시 반경에 걸쳐서 연안 각지에서 쓰나미가 관측되었다. 경보나 주의보는 오전 7시 20분까지 모두 해제되었다. 기상청의 지진쓰나미감시과장은 기자회견에서 '얼마간은 매그니튜드 6 정도의 여진이 일어나 쓰나미가 발생할 가능성이 있기 때문에 주의가 필요하다'고 설명했다.

87 震源地はどこですか。

(A) 伊豆 (いず)　　(B) 福井

(C) 父島 (ちちじま)　　(D) 舳倉島

진원지는 어디입니까?

(A) 이즈　　(B) 후쿠이

(C) 지치지마　　(D) 헤구라지마

88 被害 (ひがい) について正 (ただ) しいのはどれですか。

(A) 漁網が流 (なが) された。

(B) 家 (いえ) が流されたりした。

(C) 橋 (はし) が壊 (こわ) れかけて通行止 (つうこうど) めになった。

(D) 車 (くるま) が浸水 (しんすい) して何台 (なんだい) も廃車状態 (はいしゃじょうたい) である。

피해에 대해서 바른 것은 어느 것입니까?

(A) 어망이 유실되었다.

(B) 집이 떠내려가기도 했다.

(C) 다리가 붕괴되어 통행금지가 되었다.

(D) 차가 침수되어 몇 대나 폐차 상태이다.

89 津波警報が発令された所 (ところ) はどれですか。

(A) 福井県　　(B) 北海道 (ほっかいどう)

(C) 舳倉島近海　　(D) 太平洋沿岸 (たいへいようえんがん)

쓰나미 경보가 발령된 곳은 어느 것입니까?

(A) 후쿠이현　　(B) 홋카이도

(C) 헤구라지마 근해　　(D) 태평양 연안

90 津波の警報や注意報が解除されたのはいつですか。

(A) 午前２時２０分

(B) 午前３時３０分

(C) 午前６時３０分

(D) 午前７時２０分

쓰나미 경보나 주의보가 해제된 것은 언제입니까?

(A) 오전 2시 20분

(B) 오전 3시 30분

(C) 오전 6시 30분

(D) 오전 7시 20분

91~93

急激 (きゅうげき) な機内 (きない) の気圧変動 (きあつへんどう) の際 (さい) には、酸素 (さんそ) マスクが天井 (てんじょう) から落 (お) ちてきます。その際には騒 (さわ) がずにマスクをつかみ、口 (くち) と鼻 (はな) を覆 (おお) ってください。小 (ちい) さなお子様 (こさま) のいらっしゃる方 (かた) は、お子様のマスクをつける前 (まえ) に自分 (じぶん) のマスクを先 (さき) に装着 (そうちゃく) してください。もし２人 (ふたり) 以上 (いじょう) のお子様のいらっしゃる方は、お選 (えら) びになり装着してください。

급격한 기내의 기압 변동이 있을 때에는 산소 마스크가 천장에서 내려옵니다. 그때는 허둥대지 말고 마스크를 잡아 입과 코에 써 주십시오. 어린아이를 동반하신 분은 아이의 마스크를 씌우기 전에 자신의 마스크를 먼저 장착하여 주십시오. 만약 2인 이상의 아이를 동반하신 분은 선택하여 착용하여 주십시오.

91 酸素マスクが天井から落ちるのはいつですか。

(A) 煙草 (たばこ) を吸 (す) う時 (とき)

(B) 子どもが走る時

(C) トイレを利用する時

(D) 機内の気圧が変わる時

산소 마스크가 천장에서 내려오는 것은 언제입니까?

(A) 담배를 피울 때
(B) 아이가 달릴 때
(C) 화장실을 이용할 때
(D) 기내 기압이 변할 때

해설 기압 변동이 있을 때 산소 마스크가 내려온다고 했으므로 정답은 (D)가 적절하다.

단어 走(はし)る 달리다 | 利用(りよう) 이용 | 変(か)わる 변하다

92 マスクをつける時、注意すべきことはどれですか。

(A) 子どもを抱くこと

(B) 子どもを走らせておくこと

(C) 自分のマスクを先に装着すること

(D) マスクを子どもの手に握らせること

마스크를 쓸 때 주의해야 할 점은 어느 것입니까?

(A) 아이를 안는 것
(B) 아이를 달리도록 하는 것
(C) 자신의 마스크를 먼저 장착하는 것
(D) 마스크를 아이의 손에 쥐어 주는 것

해설 아이와 동반한 경우, 자신이 먼저 마스크를 쓸 것을 당부하고 있으므로 정답은 (C)이다.

단어 注意(ちゅうい) 주의 | 〜べき 〜해야 하는 | 抱(だ)く 안다 | 握(にぎ)る 쥐다

93 ここはどこですか。

(A) 空港の中　　(B) 教室の中

(C) ジムの中　　(D) 飛行機の中

여기는 어디입니까?

(A) 공항 안　　(B) 교실 안
(C) 체육관 안　　(D) 비행기 안

해설 機内라고 했으므로 정답은 (D)가 적절하다.

단어 空港(くうこう) 공항 | 教室(きょうしつ) 교실 | ジム 체육관 | 飛行機(ひこうき) 비행기

94~96

今年は業績が横ばいで、予算を１５％削減しなければなりません。業績が向上しないのは景気が悪いからとか、競合店が出てきたからではありません。ビジネスとしてやるべきことをやっていないからです。組織やマーケティングや経営方法などの改善が必要不可欠です。

올해는 실적이 크게 변동이 없으므로 예산을 15% 삭감하지 않으면 안 됩니다. 실적이 향상되지 않는 것은 경기가 나쁘기 때문이라든가, 경쟁점이 나왔기 때문은 아닙니다. 비즈니스로서 해야 할 일을 하고 있지 않기 때문입니다. 조직이나 마케팅이나 경영 방법 등의 개선이 필요불가결합니다.

단어 業績(ぎょうせき) 업적, 실적 | 横(よこ)ばい 시세가 크게 변동하지 않고 있는 상태 | 予算(よさん) 예산 | 削減(さくげん) 삭감 | 向上(こうじょう) 향상 | 景気(けいき) 경기 | 競合(きょうごう) 경합, 경쟁 | 組織(そしき) 조직 | マーケティング 마케팅 | 経営(けいえい) 경영 | 方法(ほうほう) 방법 | 改善(かいぜん) 개선 | 必要不可欠(ひつようふかけつ) 필요불가결

94 なぜ予算を削減しますか。

(A) 賃上げの要求が続いたため

(B) 業績が足踏み状態にあるため

(C) 予算投資に二の足を踏んだため

(D) 売り上げが去年を上回ったため

왜 예산을 삭감합니까?

(A) 임금 인상 요구가 계속되었기 때문에
(B) 업적이 답보 상태에 있기 때문에
(C) 예산 투자를 주저했기 때문에
(D) 매상이 작년을 웃돌았기 때문에

해설 실적이 답보 상태이므로 15%의 예산을 삭감한다고 했으므로 정답은 (B)가 적절하다.

단어 賃上(ちんあ)げ 임금 인상 | 要求(ようきゅう) 요구 | 足踏(あしぶ)み 제자리걸음, 답보 | 状態(じょうたい) 상태 | 投資(とうし) 투자 | 二(に)の足(あし)を踏(ふ)む 주저하다, 망설이다 | 売(う)り上(あ)げ 매상 | 上回(うわまわ)る 웃돌다

95 業績が上がらない理由は何ですか。

(A) 人手不足だから

(B) 取引先が火の車状態だから

(C) やるべきことをやっていないから

(D) 下請企業との交渉が取りやめになった
から

실적이 오르지 않은 이유는 무엇입니까?

(A) 일손이 부족해서
(B) 거래처가 몹시 어려운 상태라서
(C) 해야 할 일을 하고 있지 않아서
(D) 하청 기업과의 교섭이 중지되어서

해설 실적이 오르지 않은 것은 비즈니스로서 할 일을 하지 않았기 때문이라고 했으므로 정답은 (C)가 적절하다.

단어 上(あ)がる 오르다 | 理由(りゆう) 이유 | 人手不足(ひとでぶそく) 일손 부족 | 取引先(とりひきさき) 거래처 | 火(ひ)の車(くるま) 살림이 매우 쪼들림 | 下請企業(したうけきぎょう) 하청 기업 | 交渉(こうしょう) 교섭 | 取(と)りやめ 중지, 취소

96 業績向上に必要なのは何ですか。

(A) 労使交渉
(B) 商品開発
(C) 社長の性格改善

(D) 経営方法の改善

실적 향상에 필요한 것은 무엇입니까?

(A) 노사 교섭
(B) 상품 개발
(C) 사장의 성격 개선
(D) 경영 방법 개선

해설 실적 향상을 위해서는 조직, 마케팅, 경영 방법의 개선이 필요하다고 했으므로 정답은 (D)가 적절하다.

단어 労使(ろうし) 노사 | 商品(しょうひん) 상품 | 開発(かいはつ) 개발 | 性格(せいかく) 성격

97~100

今まであまり小説を読んできてなかったんですが、最近本を読もうと思っています。ラブコメを読みたくて検索したら、ネット小説ばかりひっかかって何が面白いのかわかりませんでした。私は電子書籍より紙に印刷された本のほうがいいです。単なるノスタルジーや保守性だけではないです。紙の本は感動を味わうためのツールとして優位性を持っていると考えています。ＰＣや携帯電話での長い文章は紙に印刷されたものに比べて読みづらいからです。イメージとしてはもどかしい感じのものが好きです。

지금까지 별로 소설을 읽지 않았지만 최근에 책을 읽으려고 생각하고 있습니다. 로맨틱 코미디물을 읽고 싶어서 검색해 보았더니 인터넷 소설만 검색되어 뭐가 재미있는지 알 수 없었습니다. 저는 전자 서적보다 종이에 인쇄된 책이 좋습니다. 단순한 향수나 보수성만이 아닙니다. 종이책은 감동을 맛보기 위한 도구로서 우위성을 갖고 있다고 생각합니다. PC나 휴대 전화에서의 긴 문장은 종이에 인쇄된 것에 비해 읽기 힘들기 때문입니다. 이미지로서는 애절한 느낌의 책이 좋습니다.

단어 ラブコメ 로맨틱 코미디 | ネット小説(しょうせつ) 인터넷 소설 | ひっかかる 걸리다 | 電子書籍(でんししょせき) 전자서적 | 印刷(いんさつ) 인쇄 | ノスタルジー 노스탤지어, 향수 | 保守性(ほしゅせい) 보수성 | 感動(かんどう) 감동 | 味(あじ)わう 맛보다 | ツール 툴, 도구 | 優位性(ゆういせい) 우위성 | 文章(ぶんしょう) 문장 | 比(くら)べる 비교하다 | ～づらい ～하기 힘들다〈동사 ます형에 접속〉 | もどかしい 안타깝다, 초조하다

97 この人は紙に印刷された物についてどう思いますか。

(A) 持ち運びが容易である。
(B) 目にかかる負担が激しい。

(C) より一層感動が味わえる。
(D) 水にぬれても再生可能である。

이 사람은 종이로 인쇄된 것에 대해서 어떻게 생각합니까?

(A) 가지고 다니기가 용이하다.
(B) 눈에 가해지는 부담이 심하다.
(C) 한층 더 감동을 맛볼 수 있다.
(D) 물에 젖어도 재생 가능하다.

해설 종이책이 감동을 맛보는 데 전자서적보다 우위를 갖고 있다고 생각하므로 정답은 (C)가 적절하다.

단어 持(も)ち運(はこ)び 운반 | 容易(ようい) 용이함 | 負担(ふたん) 부담 | 一層(いっそう) 한층 더, 더욱 | ぬれる 젖다 | 再生(さいせい) 재생 | 可能(かのう) 가능

98 この人が読みたがっている本のイメージはどのようなものですか。

(A) コミカルな話

(B) じれったい話

(C) あどけない夢の話

(D) ぞっとするような話

이 사람이 읽고 싶어 하는 책의 이미지는 어떤 것입니까?

(A) 익살스러운 이야기
(B) 애절한 이야기
(C) 순진하고 사랑스러운 꿈의 이야기
(D) 오싹한 이야기

 もどかしい感じの小説を好きだと言ったので、정답으로
적절한 것은 (B)이다.

 コミカル 익살스러움 | じれったい 애절하다 | あどけない
순진하고 사랑스럽다 | 夢(ゆめ) 꿈 | ぞっとする 오싹하다

99 電子書籍のデメリットは何ですか。

(A) 読みづらいこと
(B) 目に優しいこと
(C) 書き込みが出来ること
(D) ノスタルジーを感じること

전자서적의 단점은 무엇입니까?

(A) 읽기 힘든 점
(B) 눈에 좋은 점
(C) 써 넣을 수 있는 점
(D) 향수를 느낄 수 있는 점

 종이에 인쇄된 것에 비해 읽기 어렵다고 했으므로 정답은 (A)
가 적절하다.

 デメリット 단점 | 書(か)き込(こ)み 써 넣음 | 感(かん)じ
る 느끼다

100 本文の内容と合っているのはどれですか。

(A) 毎日本を読む。
(B) 本を読もうとしている。
(C) ラブコメが好きになった。
(D) ネット小説をよく読んでいる。

본문의 내용과 맞는 것은 어느 것입니까?

(A) 매일 책을 읽는다.
(B) 책을 읽으려고 하고 있다.
(C) 로맨틱 코미디물이 좋아졌다.
(D) 인터넷 소설을 자주 읽고 있다.

 소설은 그다지 읽지 않지만 책을 읽으려 한다고 했으므로 정
답은 (B)가 적절하다.

✓	단어	읽기	뜻
☐	愛敬	あいきょう	애교
☐	アイロンをかける		다림질하다
☐	足踏み	あしぶみ	제자리걸음, 답보
☐	あどけない		순진하고 사랑스럽다
☐	いがみ合う	いがみあう	서로 언쟁하다
☐	勇ましい	いさましい	용감하다
☐	慰労会	いろうかい	위로회
☐	迂回路	うかいろ	우회로
☐	受け持つ	うけもつ	담당하다, 담임하다
☐	沿岸	えんがん	연안
☐	奥ゆかしい	おくゆかしい	깊이와 품위가 있다
☐	落ち込む	おちこむ	풀이 죽다
☐	おどおど		벌벌, 주저주저, 흠칫흠칫
☐	お得意様	おとくいさま	단골 손님
☐	おめでたい		경사스럽다
☐	折り紙	おりがみ	종이접기, 색종이
☐	会社持ち	かいしゃもち	회사 부담
☐	解除	かいじょ	해제
☐	かじる		이로 갉다, 갉아먹다
☐	片かっこ	かたかっこ	반괄호
☐	合点	がてん	수긍, 납득
☐	記憶喪失	きおくそうしつ	기억 상실
☐	ぎざぎざ		들쭉날쭉
☐	決まって	きまって	어김없이, 반드시
☐	漁網	ぎょもう	어망
☐	括る	くくる	묶다
☐	くつろぐ		심신을 편안하게 하다
☐	玄人	くろうと	전문가
☐	高齢ドライバー	こうれいドライバー	고령 운전자
☐	枯渇	こかつ	고갈
☐	籠りきる	こもりきる	틀어박히다
☐	削減	さくげん	삭감
☐	山菜	さんさい	산나물
☐	資金繰り	しきんぐり	자금 유통
☐	下請企業	したうけきぎょう	하청 기업
☐	十中八九	じっちゅうはっく	십중팔구
☐	自問自答	じもんじとう	자문자답
☐	しゃっくり		딸꾹질
☐	蒸気機関車	じょうききかんしゃ	증기 기관차
☐	承知の上	しょうちのうえ	알고 있음
☐	じれったい		애절하다
☐	震源地	しんげんち	진원지
☐	浸水	しんすい	침수
☐	慎重	しんちょう	신중함
☐	筋違い	すじちがい	도리에 어긋남
☐	簾	すだれ	발
☐	清楚	せいそ	청초
☐	税抜き	ぜいぬき	세금 제외
☐	世間知らず	せけんしらず	세상 물정에 어두움
☐	但し書き	ただしがき	단서
☐	立ち入る	たちいる	끼어들다
☐	太刀打ち	たちうち	맞겨룸
☐	立ち食い	たちぐい	서서 먹음
☐	立ち読み	たちよみ	서서 읽음
☐	たっぷり		듬뿍
☐	ダブる		겹치다, 중복되다
☐	段取り	だんどり	일의 순서

	賃上げ	ちんあげ	임금 인상
☐	賃上げ	ちんあげ	임금 인상
☐	ついでに	ついでに	하는 김에
☐	通行止め	つうこうどめ	통행금지
☐	つまずく		발에 걸려 넘어질 뻔하다
☐	手入れ	ていれ	손질
☐	手軽	てがる	손쉬움, 간편함
☐	的確	てきかく	적확함, 정확함
☐	添削	てんさく	첨삭
☐	天真　漫	てんしんらんまん	천진난만
☐	天然資源	てんねんしげん	천연자원
☐	堂々巡り	どうどうめぐり	제자리걸음
☐	とがめる	とがめる	나무라다, 책망하다
☐	度胸	どきょう	배짱, 담력
☐	取り寄せる	とりよせる	주문하다
☐	流し台	ながしだい	싱크대
☐	何かにつけて	なにかにつけて	무슨 일이 있을 때마다
☐	認知症	にんちしょう	치매
☐	呑み込み	のみこみ	이해
☐	破棄	はき	파기
☐	箱詰め	はこづめ	상자에 담음
☐	はためく		펄럭이다
☐	歯磨き粉	はみがきこ	치약
☐	控える	ひかえる	삼가다, 자제하다
☐	引き分け	ひきわけ	무승부
☐	浸す	ひたす	담그다
☐	二日酔い	ふつかよい	숙취
☐	不仲	ふなか	사이가 나쁨, 불화
☐	変換	へんかん	변환
☐	歩道橋	ほどうきょう	육교
☐	骨を折る	ほねをおる	열심히 일하다
☐	見落とす	みおとす	간과하다, 보면서 놓치다

	無邪気	むじゃき	천진난만함
☐	無邪気	むじゃき	천진난만함
☐	滅多にない	めったにない	좀처럼 없다
☐	持ち運び	もちはこび	운반
☐	もってのほか		뜻밖, 의외
☐	もどかしい		안타깝다, 초조하다
☐	悶々	もんもん	몸부림치며 괴로워하는 모양
☐	野鳥	やちょう	들새
☐	横ばい	よこばい	시세가 크게 변동하지 않고 있는 상태
☐	夜泣き	よなき	밤에 우는 것
☐	理不尽	りふじん	도리에 맞지 않음
☐	両替	りょうがえ	환전
☐	連チャン	れんちゃん	같은 것이 반복되는 것

모의테스트 • 4회
정답 및 해설

1 (C)	2 (B)	3 (D)	4 (B)	5 (C)	6 (C)	7 (B)	8 (A)	9 (D)	10 (A)
11 (B)	12 (A)	13 (D)	14 (A)	15 (B)	16 (D)	17 (C)	18 (A)	19 (B)	20 (C)
21 (D)	22 (C)	23 (C)	24 (D)	25 (B)	26 (B)	27 (C)	28 (B)	29 (C)	30 (C)
31 (B)	32 (D)	33 (C)	34 (A)	35 (D)	36 (C)	37 (A)	38 (B)	39 (C)	40 (B)
41 (C)	42 (C)	43 (D)	44 (A)	45 (A)	46 (B)	47 (B)	48 (B)	49 (B)	50 (C)
51 (A)	52 (A)	53 (C)	54 (D)	55 (C)	56 (A)	57 (D)	58 (A)	59 (B)	60 (D)
61 (D)	62 (D)	63 (B)	64 (D)	65 (B)	66 (A)	67 (B)	68 (C)	69 (C)	70 (C)
71 (D)	72 (B)	73 (A)	74 (A)	75 (B)	76 (A)	77 (C)	78 (B)	79 (D)	80 (A)
81 (B)	82 (A)	83 (C)	84 (C)	85 (D)	86 (A)	87 (A)	88 (C)	89 (A)	90 (C)
91 (B)	92 (D)	93 (B)	94 (A)	95 (A)	96 (B)	97 (C)	98 (A)	99 (C)	100 (D)

문제는 본책 p127~p147

PART 1

1_ 두 사람 이상의 인물 행동 분석

(A) 二人は植木鉢を運んでいます。

(B) 二人は窓を開けようとしています。

(C) 二人とも後ろ向きに座っています。

(D) 椅子に座ったままストレッチをしています。

(A) 두 사람은 화분을 나르고 있습니다.

(B) 두 사람은 창문을 열려고 합니다.

(C) 두 사람 모두 뒤를 향해 앉아 있습니다.

(D) 의자에 앉은 채로 스트레칭을 하고 있습니다.

해설 두 사람은 뒤를 향해 앉아 있는 모습이므로 정답은 (C)가 적절하다. 화분은 책상 위에 놓여 있으므로 (A)는 정답으로 부적절, 두 사람은 의자에 앉아 있으므로 (B)와 (D)는 정답으로 부적절하다.

단어 植木鉢(うえきばち) 화분 | 運(はこ)ぶ 나르다 | 後(うし)ろ向(む)き 등을 돌림, 뒤를 향함 | ストレッチ 스트레칭

2_ 사물의 종류 및 상태

(A) 同じネタの寿司が二つあります。

(B) 四角い皿に串が二つおいてあります。

(C) レモンが一切れちくわの上にあります。

(D) 取り皿がメニューの上にのせてあります。

(A) 같은 재료를 쓴 초밥이 2개 있습니다.

(B) 네모난 접시에 꼬치가 2개 놓여 있습니다.

(C) 레몬 한 조각이 꼬치 어묵 위에 있습니다.

(D) 개인 접시가 메뉴 위에 놓여 있습니다.

해설 접시 위에 꼬치가 있는 사진으로 정답은 (B)가 적절하다. 사진 속 음식은 초밥이 아니므로 (A)는 정답으로 부적절, 레몬은 있지만 꼬치 어묵 위가 아니라 옆에 있으므로 (C)는 정답으로 부적절, 개인 접시는 메뉴와 떨어진 곳에 있으므로 (D)도 정답으로 부적절하다.

단어 ネタ 재료 | 寿司(すし) 초밥 | 四角(しかく)い 네모나다 | 串(くし) 꼬치 | 一切(ひとき)れ 한 조각 | ちくわ 꼬치 어묵 | 取(と)り皿(ざら) 개인 접시

3_ 사물의 특징

(A) いちごのミルフィーユがおいてあります。

(B) 三段の重箱におせち料理が詰めてあります。

(C) ザボンは松かさのような形に切ってあります。

(D) 皿の上にひし形になったホイルが置いてあります。

(A) 딸기 밀푀유가 놓여 있습니다.

(B) 3단 찬합에 설빔 요리가 담겨 있습니다.

(C) 자몽은 솔방울과 같은 모양으로 깎여 있습니다.

(D) 접시 위에 마름모 모양의 호일이 놓여 있습니다.

해설 사진을 보면 접시 위에 음식이 놓여 있는데, 음식 아래에 깔린 호일이 마름모 형태로 놓여 있는 것을 알 수 있다. 따라서 정답은 (D)가 적절하다.

단어 ミルフィーユ 밀푀유(포갠 파이 사이에 크림을 넣은 케이크) | 三段(さんだん) 3단 | 重箱(じゅうばこ) 찬합 | おせち料理(りょうり) 설빔 요리 | ザボン 자몽 | 松(まつ)かさ 솔방울 | 形(かたち) 모양, 형태 | ひし形(がた) 마름모 | ホイル 호일

4_ 사물의 상태

(A) ページが破れています。

(B) ページにしおりがはさまっています。

(C) ファッション誌が床に平積みされています。

(D) 表紙の中央に四葉のクローバーがあります。

(A) 페이지가 찢어져 있습니다.

(B) 페이지에 책갈피가 끼여 있습니다.

(C) 패션지가 바닥에 겉표지가 보이도록 쌓여 있습니다.

(D) 표지 중앙에 네잎 클로버가 있습니다.

해설 책에 책갈피가 꽂혀 있는 사진으로 정답은 (B)가 적절하다. 패션지가 있는 것은 맞지만 쌓여 있을 정도로 많은 것은 아니므로 (C)는 정답으로 부적절, 표지가 보이는 책은 없으므로 (D)도 정답으로 부적절하다

단어 破(やぶ)れる 찢어지다 | しおり 책갈피 | はさまる 사이에 끼이다 | 床(ゆか) 바닥 | 平積(ひらづ)み 겉표지를 보이게 쌓음 | 表紙(ひょうし) 표지 | 中央(ちゅうおう) 중앙 | 四葉(よつば) 네잎 | クローバー 클로버

5_ 인물의 동작

(A) 男の人は胴上げをしています。

(B) 本がリボンで結んであります。

(C) 男の人が本を差し込んでいます。

(D) 男の人がうつむいたまま本を読んでいます。

(A) 남성이 헹가래를 치고 있습니다.

(B) 책이 리본으로 묶여 있습니다.

(C) 남성은 책을 꽂고 있습니다.

(D) 남성이 고개를 숙인 채로 책을 읽고 있습니다.

해설 한 남성이 한 손에 책을 들고, 다른 한 손으로 책을 꽂고 있으므로 정답은 (C)가 적절하다.

단어 胴上(どうあ)げ 헹가래 | 結(むす)ぶ 묶다 | 差(さ)し込(こ)む 꽂다 | うつむく 고개를 숙이다

6_ 다수의 동작 – 연중행사

(A) 引いたおみくじを見せています。

(B) こいのぼりが揚げられています。

(C) 短冊に何かを書いているところです。

(D) 願いを書いた短冊を笹に結んでいます。

(A) 뽑은 제비를 보이고 있습니다.
(B) 잉어 연이 높이 달려 있습니다.
(C) 종이에 뭔가를 쓰고 있는 중입니다.
(D) 소원을 적은 종이를 대나무에 묶고 있습니다.

해설 몇 명의 사람이 테이블 위의 종이에 뭔가를 쓰고 있으므로 정답은 (C)가 적절하다. 사진 속의 길고 흰 종이가 短冊이다.

단어 おみくじ 길흉을 점치는 제비 | こいのぼり 단오 때 높이 다는 잉어 모양의 기 | 揚(あ)げる 올리다 | 短冊(たんざく) 글씨를 쓰거나 표시로 물건을 붙이거나 하는 조붓한 종이 | 笹(ささ) 작은 대나무

7_ 사물의 모양

(A) 滝壷でスイカを冷やしています。

(B) タライの中にスイカが入れてあります。

(C) 目隠しをしてスイカ割りをしています。

(D) 皿に半分に割られたスイカがあります。

(A) 폭포수 아래에서 수박을 차게 하고 있습니다.
(B) 대야 안에 수박이 들어 있습니다.
(C) 눈을 가리고 수박 깨기를 하고 있습니다.
(D) 접시에 반으로 나뉜 수박이 있습니다.

해설 대야 안에 수박이 있으므로 정답으로 적절한 것은 (B)이다.

단어 滝壷(たきつぼ) 용소, 폭포수가 떨어지는 깊은 웅덩이 | 冷(ひ)やす 차게 하다 | タライ 대야 | 目隠(めかく)し 눈가리개 | 割(わ)る 나누다, 깨다

8_ 특정 인물의 특정 동작

(A) 二人は腕相撲をしています。

(B) 二人は料理の腕比べをしています。

(C) 座椅子に足を伸ばして座っています。

(D) 腕枕をして仰向けになって寝ています。

(A) 두 사람은 팔씨름을 하고 있습니다.
(B) 두 사람은 요리 솜씨 겨루기를 하고 있습니다.
(C) 좌식의자에 다리를 뻗고 앉아 있습니다.
(D) 팔베개를 하고 위를 바라보며 자고 있습니다.

해설 腕比べ, 腕枕와 같이 腕가 들어가는 표현을 다양하게 알고 있는지가 관건이다. 사진은 두 사람이 팔씨름을 하는 모습으로 정답은 (A)가 적절하다.

단어 腕相撲(うでずもう) 팔씨름 | 腕比(うでくら)べ 솜씨 겨루기 | 座椅子(ざいす) 좌식의자 | 足(あし)を伸(の)ばす 다리를 뻗다 | 腕枕(うでまくら) 팔베개 | 仰向(あおむ)け 위를 향한 상태

9_ 인물의 동작

(A) 人の肩にもたれて寝息をたてています。

(B) 運動場で丸く輪になってくつろいでいます。

(C) テーブルを取り囲んでピタリとくっついています。

(D) 足を投げ出して、お互いに足の裏を合わせています。

(A) 다른 사람의 어깨에 기대어 자면서 숨소리를 내고 있습니다.
(B) 운동장에서 동그랗게 둘러앉아 쉬고 있습니다.
(C) 테이블을 둘러싸고 딱 달라붙어 있습니다.
(D) 다리를 뻗고 서로 발바닥을 맞추고 있습니다.

해설 (A)의 경우 숨소리를 내는지 사진으로는 알 수 없으므로 정답에서 제외된다. 두사람이 서로 발바닥을 대고 있으므로 정답으로 적절한 것은 (D)이다.

단어 肩(かた) 어깨 | もたれる 기대다 | 寝息(ねいき)をたてる 숨소리를 내며 자다 | 丸(まる)い 둥글다 | 輪(わ) 원형 | くつろぐ 편히 쉬다 | 取(と)り囲(かこ)む 둘러싸다, 에워싸다 | ピタリ 딱, 찰싹 (빈틈없이 달라붙는 모양) | くっつく 들러붙다, 달라붙다 | 投(な)げ出(だ)す 내던지다, 뻗다 | お互(たが)いに 서로 | 足(あし)の裏(うら) 발바닥 | 合(あ)わせる 맞추다

10_ 안내문 이해

(A) ポイ捨てをしないように訴えています。

(B) 花壇にたばこの吸殻が捨てられています。

(C) この矢印は喫煙室の場所を案内しています。

(D) 積み上げられた花を凝視している人もいます。

(A) 물건을 함부로 버리지 않도록 호소하고 있습니다.
(B) 화단에 담배꽁초가 버려져 있습니다.
(C) 이 화살표는 흡연실 장소를 안내하고 있습니다.
(D) 쌓아 올려진 꽃을 응시하고 있는 사람도 있습니다.

단어 ポイ捨(す)て 물건을 함부로 버리는 일 | 訴(うった)える 호소하다 | 歌壇(かだん) 화단 | 吸殻(すいがら) 담배꽁초 | 矢印(やじるし) 화살표 | 喫煙室(きつえんしつ) 흡연실 | 案内(あんない) 안내 | 積(つ)み上(あ)げる 쌓아 올리다 | 凝視(ぎょうし) 응시

11 _ 병원 로비

(A) 円になって座ってテレビを見ています。

(B) 隅にテレビよりも背の高い植木鉢があります。

(C) 楕円形のテーブルの上には何も置かれていません。

(D) 窓にはセンタークロスカーテンがかかっています。

(A) 동그랗게 모여 앉아 텔레비전을 보고 있습니다.

(B) 구석에 텔레비전보다도 키가 큰 화분이 있습니다.

(C) 타원형의 테이블 위에는 아무것도 놓여 있지 않습니다.

(D) 창문에는 양쪽으로 맨 커튼이 걸려 있습니다.

해설 사람들은 의자에 앉아 텔레비전을 보고 있으므로 (A)는 정답으로 부적절, 테이블은 네모난 것이므로 (C)는 정답으로 부적절하다. 창문은 커튼이 드리워져 있지 않으므로 (D) 역시 정답으로 부적절하다.

단어 円(えん) 둥근 모양, 일본 화폐 단위 엔 | 隅(すみ) 구석 | 植木鉢(うえきばち) 화분 | 楕円形(だえんけい) 타원형 | センタークロス 양쪽으로 매는 것

12 _ 유료 주차장

(A) 料金精算機が設置されています。

(B) 駐車料金は均一料金制になっています。

(C) 男の人は投入口に硬貨を入れているところです。

(D) 出庫ロビーで駐車券とレシートを提示しています。

(A) 요금 정산기가 설치되어 있습니다.

(B) 주차 요금은 균일요금제로 되어 있습니다.

(C) 남성은 투입구에 동전을 넣고 있는 중입니다.

(D) 출고 로비에서 주차권과 영수증을 제시하고 있습니다.

해설 요금은 각각 다르게 제시되어 있으므로 균일요금제라고 한 (B)는 정답으로 부적절하고, 동전을 넣고 있거나 주차권을 제시하고 있는 것이 아니므로 (C), (D) 또한 정답으로 부적절하다.

단어 精算機(せいさんき) 정산기 | 設置(せっち) 설치 | 均一(きんいつ) 균일 | 投入口(とうにゅうぐち) 투입구 | 硬貨(こうか) 경화 | 出庫(しゅっこ) 출고 | ロビー 로비 | 提示(ていじ) 제시

13 _ 플랫폼

(A) ホームに電車が滑り込んできます。

(B) アナログ時計が２台掛けてあります。

(C) 時計の針は５時３０分を回ったところです。

(D) １番ホームに名古屋行きの電車が来る予定です。

(A) 홈으로 전철이 들어옵니다.

(B) 아날로그 시계가 두 대 걸려 있습니다.

(C) 시곗바늘은 이제 막 5시 30분을 지났습니다.

(D) 1번 홈에 나고야행 전철이 올 예정입니다.

해설 전자시계가 걸려 있고, 오후 4시 47분이므로 (B)와 (C)는 정답으로 부적절하다.

단어 滑(すべ)り込(こ)む 들어오다 | アナログ 아날로그 | 針(はり) 바늘 | 回(まわ)る (시각이) 지나다

14 _ 전철의 모습

(A) 電車の扉は閉まっています。

(B) 通学専用の電車が参ります。

(C) 電車をテーマにしたイラストです。

(D) 電車のドアは半開きになっています。

(A) 전철 문은 닫혀 있습니다.

(B) 통학 전용 전철이 옵니다.

(C) 전철을 테마로 한 일러스트입니다.

(D) 전철 문은 반쯤 열려 있습니다.

해설 문이 완전히 닫힌 전철의 모습이므로 정답은 (A)가 적절하다.

단어 扉(とびら) 문 | 閉(しま)る 닫히다 | 通学(つうがく) 통학 | 専用(せんよう) 전용 | イラスト 일러스트 | 半開(はんびら)き 반쯤 열려 있음

15 _ 인물의 동작

(A) 鉄の棒を振り回しています。

(B) 鉄棒にぶら下がっています。

(C) 吊革にぶら下がっています。

(D) 軍手をはめて鉄板を運んでいます。

(A) 철로 된 봉을 휘두르고 있습니다.

(B) 철봉에 매달려 있습니다.

(C) 손잡이에 매달려 있습니다.

(D) 목장갑을 끼고 철판을 운반하고 있습니다.

해설 아이들이 철봉에 매달려 있는 모습이므로 정답은 (B)이다.

16 _ 사물의 상태 및 배치

(A) 旗が風にはためいています。

(B) すしの上に旗がささっています。

(C) みじん切りのパプリカがのせてあります。

(D) すしは回転レーンに乗せられて回っています。

(A) 깃발이 바람에 펄럭이고 있습니다.

(B) 초밥 위에 깃발이 꽂혀 있습니다.

(C) 잘게 썬 파프리카가 올려져 있습니다.

(D) 초밥은 회전 레인에 올려져 돌고 있습니다.

해설 초밥 위에 얇게 썬 양파가 올려져 있으므로 (C)는 정답으로 부적절하고, 깃발이 꽂힌 초밥이 없으므로 (B)는 정답으로 부적절하다. 초밥이 레인 위에 놓여 있으므로 정답으로 적절한 것은 (D)이다.

17 _ 도로 상황

(A) 並木通りの街灯がついています。

(B) 木が道に沿って植えられています。

(C) この道は片道2車線になっています。

(D) 道端に樹木がびっしりと立ち並んでいます。

(A) 가로수길의 가로등이 켜져 있습니다.

(B) 나무가 길을 따라 심어져 있습니다.

(C) 이 길은 편도 2차선으로 되어 있습니다.

(D) 길가에 수목이 빽빽이 들어서 있습니다.

해설 사진에 나타난 도로는 편도 2차선이므로 정답은 (C)이다. 가로등은 있지만 도로에 나무가 없으므로 (A)는 정답으로 부적절하고, 도로 양쪽에 방음벽이 설치되어 있으므로 (B), (D)는 정답으로 부적절하다.

18 _ 안내문 이해

(A) 平日は11時間営業しています。

(B) 第3日曜日は営業日となっています。

(C) 仏壇にお正月の松飾りがあります。

(D) 一年間年中無休24時間営業しています。

(A) 평일은 11시간 영업하고 있습니다.

(B) 세 번째 일요일은 영업일로 되어 있습니다.

(C) 불단에 정월의 소나무 장식이 있습니다.

(D) 1년간 연중무휴 24시간 영업하고 있습니다.

해설 평일 영업은 9시부터 20시까지로 11시간 영업이므로 (A)가 정답으로 적절하다. 세 번째 일요일은 정기휴일이므로 (B)는 정답에서 제외, 소나무 장식은 불단이 아니라 유리창에 걸려 있으므로 (C)는 정답에서 제외, 24시간 영업이 아니므로 (D)는 정답으로 부적절하다.

19 _ 동물의 동작

(A) ペリカンが翼を広げています。

(B) ペリカンが横を向いています。

(C) ペリカンは鳥を捕まえています。

(D) ペリカンが口を開けたまま立っています。

(A) 펠리컨이 날개를 펴고 있습니다.

(B) 펠리컨이 옆을 향하고 있습니다.

(C) 펠리컨은 새를 잡고 있습니다.

(D) 펠리컨이 입을 벌린 채 서 있습니다.

해설 한 마리의 펠리컨이 서 있는데, 정면을 바라본 것이 아니라 옆을 보고 있으므로 정답은 (B)가 적절하다.

20 _ 사물의 상태

(A) コップが引っくり返っています。

(B) 倒れたコップから水がこぼれています。

(C) 皿の上にコップが逆さに置いてあります。

(D) 水が滴っている所をおしぼりで拭いています。

(A) 컵이 쓰러져 있습니다.

(B) 쓰러진 컵에서 물이 흘러내리고 있습니다.

(C) 접시 위에 컵이 거꾸로 놓여 있습니다.

(D) 물방울이 떨어진 곳을 물수건으로 닦고 있습니다.

해설 사진에는 거꾸로 놓인 컵이 그릇 위에 놓여 있으므로 정답은 (C)가 적절하다.

逆(さか)さ 거꾸로 된 모양(=逆さま) | 滴(したた)る 방울져 떨어지다 | おしぼり 물수건 | 拭(ふ)く 닦다, 훔치다

(B) 제로 칼로리 음료가 대인기군요.

(C) 오늘 저녁은 고기감자조림으로 할 테니까 빨리 들어와.

(D) 이 크로켓은 친구 어머님께 배웠습니다.

해설 저녁 식사 메뉴가 무엇인지 물었으므로 정답으로 적당한 것은 (C)이다. (A)는 저녁 바람을 쐬러 나가자고 권유한 표현이고, (B)는 제로 칼로리의 음료가 인기라는 것에 동의한 표현이므로 정답으로 부적절하다. (D)의 경우, 음식 이름인 크로켓이 나왔지만 크로켓을 누구에게 배웠는지를 말하고 있으므로 정답으로 부적절하다.

단어 夕涼(ゆうすず)み 저녁 바람을 쐼 | ゼロカロリー 제로 칼로리 | 飲料(いんりょう) 음료 | 大人気(だいにんき) 대인기 | 肉(にく)じゃが 고기감자조림

PART 2

21 _ 회사 생활 – 트러블

部長の手書きは本当に読みにくいです。

(A) ブラインドタッチができると便利です。

(B) 簡単にプリントアウトする方法があるんです。

(C) 部長は年賀状を手書きで書いているところです。

(D) 部長の字は汚くて読めないところがたくさんありますね。

부장님의 손글씨는 정말로 읽기 힘들어요.

(A) 자판을 보지 않고 칠 수 있으면 편리합니다.

(B) 간단하게 출력하는 방법이 있습니다.

(C) 부장님은 연하장을 손으로 쓰고 있는 중입니다.

(D) 부장님의 글씨는 지저분해서 읽을 수 없는 곳이 많이 있지요.

해설 부장이 쓴 글씨가 읽기 어렵다고 호소한 말에, 글씨가 지저분하다고 동의한 (D)가 정답으로 적절하다.

단어 手書(てが)き 손으로 씀. 또는 손으로 쓴 글씨 | ブラインドタッチ 자판을 보지 않고 정확히 키를 누름 | プリントアウト 출력 | 方法(ほうほう) 방법 | 年賀状(ねんがじょう) 연하장 | 字(じ) 글자 | 汚(きたな)い 지저분하다

22 _ 일상생활 표현 – 메뉴

お母さん、夕飯のメニューは何？

(A) 外に夕涼みに出かけませんか。

(B) ゼロカロリーの飲料が大人気ですね。

(C) 今夜は肉じゃがにするから早く帰ってきて。

(D) このコロッケは友だちのお母様から教えてもらいました。

엄마, 저녁 메뉴는 뭐예요?

(A) 밖에 저녁 바람 쐬러 나가지 않을래요?

23 _ 일상생활 표현 – 전언

お父さん寄るところがあるから、夕飯いらないって。

(A) お風呂上がりに一杯どうぞ。

(B) お父さん、眉間にしわが寄っていますよ。

(C) 夕食作らなくてもいいから、外に食べに行こうか。

(D) お父さんが帰って来る前に急いで夕食の準備しないと。

아버지 들를 데가 있어서 저녁 필요없다는데.

(A) 목욕 후에 한 잔 드세요.

(B) 아버지, 미간에 주름이 잡혔어요.

(C) 저녁 만들지 않아도 되니까 밖에 밥 먹으러 갈까.

(D) 아버지가 돌아오기 전에 서둘러 저녁 식사 준비를 해야 해.

해설 여기서 寄る는 '들르다'라는 의미로 사용되었으므로 (B)는 정답으로 부적절하고, 밥은 필요없다고 했으므로 서둘러 저녁을 준비할 필요가 없기 때문에 (D)는 정답으로 부적절하다.

단어 寄(よ)る 들르다 | 先(さき)に 먼저 | ～上(あ)がり ～이 끝남 | 眉間(みけん) 미간 | しわを寄(よ)せる 주름을 짓다

24 _ 일상생활 표현 – 인물 평가

彼は、見掛けによらず几帳面で、融通の利かない人ですよ。

(A) 彼もゆずを送ってくれました。

(B) 貴重なお話を聞かせてもらいました。

(C) 彼がテーブルクロスを見つけたんだ。

(D) おおざっぱな人だと思っていたのに。

그는 외모와 달리 꼼꼼하고 융통성이 없는 사람이에요.

(A) 그도 유자를 보내 주었습니다.

(B) 귀중한 이야기를 들려주셨습니다.

(C) 그가 테이블보를 찾아냈어.

(D) 엉성한 사람이라고 생각했었는데.

해설 꼼꼼하고 융통성이 없다고 인물을 평가했으므로 이에 대한 적절한 응답은 (D)이다. (A)는 유자(ゆず)를 보내준 대상에 대한 설명이고, 融通(ゆうずう)의 장음 발음에 주의하자.

단어 見(み)かけ 외모, 겉보기 | 几帳面(きちょうめん) 꼼꼼함 | 融通(ゆうずう)が利(き)く 융통성이 있다 | ゆず 유자 | 貴重(きちょう) 귀중함 | テーブルクロス 테이블보 | おおざっぱ 조잡함

25 _ 시간 – 업무 시간

どうして銀行の営業時間は短いんでしょうか。

(A) 延長に関しては真摯に検討させていただきます。

(B) 延長しても、それに見合う取引がないからです。

(C) 営業時間の長短よりも、顧客サービスが第一です。

(D) なぜなら、海外の人件費は日本に比べ安いからです。

어째서 은행 영업시간은 짧은 걸까요?

(A) 연장에 관해서는 진지하게 검토하겠습니다.

(B) 연장해도 그에 맞는 거래가 없기 때문입니다.

(C) 영업시간의 길고 짧음보다도 고객 서비스가 제일입니다.

(D) 왜냐하면 해외 인건비는 일본에 비해 싸기 때문입니다.

해설 은행의 영업시간이 짧은 이유를 물었으므로 응답으로 적절한 것은 거래가 없기 때문이라고 한 (B)가 적절하다.

단어 営業(えいぎょう) 영업 | 延長(えんちょう) 연장 | ～に関(かん)しては ～에 관해서는 | 真摯(しんし) 진지함, 착실함 | 検討(けんとう) 검토 | 見合(みあ)う 걸맞다 | 取引(とりひき) 거래 | 長短(ちょうたん) 장단 | 顧客(こきゃく) 고객 | 第一(だいいち) 제일 | 海外(かいがい) 해외 | 人件費(じんけんひ) 인건비 | 比(くら)べる 비교하다

26 _ 일상생활 표현 – 경제

家賃、食費、教材費、ギリギリの線だよ。家庭教師の口ある?

(A) ここは昼食を無料で提供しています。

(B) 張り紙でも張って探してみてはどうでしょう。

(C) この頃、男の先生が減っているようですね。

(D) 大学の受験、今からでも十分間に合うと思うよ。

집세, 식비, 교재비, 한계선이야. 가정교사 자리 있어?

(A) 여기는 점심 식사를 무료로 제공하고 있습니다.

(B) 벽보라도 붙여 찾아보는 건 어때요?

(C) 요즘 남자 선생님이 줄어들고 있는 것 같아요.

(D) 대학 입시, 지금부터라도 충분히 늦지 않다고 생각해요.

해설 일자리가 있는지 물었으므로 응답으로 적절한 것은 (B)이다. (A)는 점심 식사에 대한 설명이므로 정답으로 부적절, (C)는 현재 교사의 추세에 대한 응답이므로 정답으로 부적절하다.

단어 家賃(やちん) 집세 | 食費(しょくひ) 식비 | 教材費(きょうざいひ) 교재비 | ギリギリ 빠듯함 | 線(せん) 선 | 家庭教師(かていきょうし) 가정교사 | 口(くち) 입, 자리 | 昼食(ちゅうしょく) 점심 식사 | 無料(むりょう) 무료 | 提供(ていきょう) 제공 | 張(は)り紙(がみ) 벽보 | 減(へ)る 줄다 | 受験(じゅけん) 수험 | 間(ま)に合(あ)う 시간에 늦지 않게 대다

27 _ 일상생활 표현 – 관용구 이해

ひ孫のことになると見境ないね。

(A) ただ単に親のすねかじりか。

(B) 孫が暴れる音で目が覚めた。

(C) 目に入れても痛くないほど可愛いから。

(D) ひ孫の顔を見せてやりたかったのです。

증손자의 일이 되면 판단이 흐려지네.

(A) 그냥 단순히 부모에게 얹혀사는 건가.

(B) 손자가 날뛰는 소리에 깼어.

(C) 눈에 넣어도 아프지 않을 만큼 사랑스러우니까.

(D) 증손자의 얼굴을 보여주고 싶었어요.

해설 증손자라면 껌뻑 죽는다고 했으므로, 매우 사랑스럽기 때문이라고 이유를 제시한 (C)가 응답으로 적절하다. 신체 '눈'과 관련된 관용어를 알아 둘 필요가 있다.

단어 ひ孫(まご) 증손 | 見境(みさかい) 분별, 분간 | 単(たん)に 단순히 | 親(おや)のすねかじり 자활하지 못하고 부모에게서 생활비 등을 얻어 쓰는 사람 | 暴(あば)れる 날뛰다 | 音(おと) 소리 | 目(め)が覚(さ)める 깨다, 눈을 뜨다

28 _ 일상생활 표현 – 쇼핑

今回はくたびれもうけのショッピングだったわ。

(A) 簡単にぼろ儲けはできませんよ。

(B) ほしい物が全然なかったんですか。

(C) くたびれたなら早く寝た方がいいですよ。

(D) 順番が最後だったので待ちくたびれました。

이번에는 피곤하기만 하고 아무런 소득이 없는 쇼핑이었어.

(A) 쉽게 돈을 왕창 벌 수는 없지요.

(B) 원하는 것이 전혀 없었습니까?

(C) 피곤하면 빨리 자는 게 좋아요.

(D) 순서가 마지막이었기 때문에 기다리다 지쳤습니다.

 쇼핑을 했지만 헛수고였다는 말에, 원하던 물건이 없었느냐고 묻고 있는 (B)가 정답으로 적절하다.

 くたびれもうけ 피곤하기만 하고 소득이 없음 | ぼろ儲(もう)け 수월한 큰 돈벌이 | くたびれる 지치다, 피로하다 | 順番(じゅんばん) 순서 | 最後(さいご) 마지막 | 待(ま)ちくたびれる 기다리다 지치다

29 _ 일상생활 표현 – 칭찬

去年に比べて腕が上がりましたね。

(A) はい、右腕が特に強いです。

(B) 腕相撲に負けて、悔しいです。

(C) 毎日夜遅くまで練習しました。

(D) この程度の好調は喜ぶほどのものではありません。

작년에 비해 실력이 늘었네요.

(A) 네, 오른팔이 특히 강합니다.

(B) 팔씨름에 져서 분합니다.

(C) 매일 밤늦게까지 연습했어요.

(D) 이 정도 호조는 기뻐할 정도는 아닙니다.

 작년에 비해 실력이 늘었다고 칭찬한 표현에 대한 응답으로 적절한 것은 (C)이다. 腕와 관련된 표현을 익혀 두도록 하자.

 腕(うで)が上(あ)がる 실력이 늘다 | 特(とく)に 특히 | 腕相撲(うでずもう) 팔씨름 | 負(ま)ける 지다 | 悔(くや)しい 분하다 | 練習(れんしゅう) 연습 | 程度(ていど) 정도 | 好調(こうちょう) 호조 | 喜(よろこ)ぶ 기뻐하다

30 _ 회사 생활 – 기획서

企画書は全部そろいましたか。

(A) 規格に合いません。

(B) これから真剣に企画案を読みます。

(C) まだですが、今日中にそろえておきます。

(D) 上下揃いを着て来るなんて、お見合いでもするんですか。

기획서는 전부 갖췄습니까?

(A) 규격에 맞지 않습니다.

(B) 지금부터 진지하게 기획안을 읽겠습니다.

(C) 아직인데요, 오늘 중으로 갖춰 놓겠습니다.

(D) 상하 한 벌로 갖춰 입고 오다니, 선이라도 보시는 건가요?

 기획서가 갖추어졌는지 물었으므로, 아직 못 했지만 오늘 중으로 해 놓겠다고 한 (C)가 적절한 응답이다. 企画(きかく)와 規格(きかく)를 잘 구분해야 하고 揃(そろ)う의 뜻도 익혀 두어야 한다.

 企画書(きかくしょ) 기획서 | 全部(ぜんぶ) 전부 | そろう 갖추어지다 | 規格(きかく) 규격 | 合(あ)う 맞다 | 真剣(しんけん) 진지함 | 企画案(きかくあん) 기획안 | そろえる 갖추다 | 上下(じょうげ) 상하 | お見合(みあ)い 맞선

31 _ 일상생활 표현 – 식사 권유

駅の近くに食べ放題の店があるんだけど、一緒に行かない？

(A) 特急列車は当駅を通過しますよ。

(B) いいですね。喜んでお供いたします。

(C) 当院では今年から電子カルテを導入します。

(D) スタッフ同士の定期的な飲み会がありましたよ。

역 근처에 마음껏 먹을 수 있는 가게가 있는데, 같이 가지 않을래?

(A) 특급 열차는 당역을 통과해요.

(B) 좋아요. 기꺼이 함께하겠습니다.

(C) 우리 병원에서는 올해부터 전자 진료 기록 카드를 도입합니다.

(D) 스태프끼리 정기적인 회식이 있었어요.

 가게에 가자고 권유한 표현에 대한 응답으로 적절한 것은 (B)이다. 참고로 バイキング(일정 요금을 내고 여러 가지 요리를 마음대로 먹는 식사, 뷔페)의 표현도 알아 두도록 하자.

 放題(ほうだい) 마음대로 함 | 特急(とっきゅう) 특급 | 列車(れっしゃ) 열차 | 当駅(とうえき) 당역 | 通過(つうか) 통과 | 喜(よろこ)んで 기꺼이 | お供(とも)する 함께하다 | 当院(とういん) 당원, 이 병원 | カルテ 진료 기록 카드 | 導入(どうにゅう) 도입 | 〜同士(どうし) 〜끼리, 〜사이 | 定期的(ていきてき) 정기적 | 飲(の)み会(かい) 회식

32 _ 일상생활 표현 – 인물 평가, 관용구 이해

あの人はお茶をにごすタイプだから頼りにならない。

(A) どんな種類のお茶が好きですか。

(B) 近ごろ彼からとんと便りがないんだ。

(C) 煙が出て空気を濁してるんじゃないかと思った。

(D) 適当にごまかして振舞っているタイプだとは思わなかったよ。

저 사람은 어물적 넘기는 타입이라서 믿음이 가지 않아.

(A) 어떤 종류의 차를 좋아합니까?

(B) 요즘 그에게서 전혀 소식이 없어.

(C) 연기가 나서 공기를 탁하게 하고 있는 게 아닌가 생각했어.

(D) 적당히 얼버무려 행동하고 있는 타입이라고는 생각 못했어.

해설 어떤 인물에 대해 신뢰가 안 간다고 한 발언에 동의를 하거나 반대하는 응답이 올 수 있는데, 여기에서는 (D)가 정답으로 적절하다. 便(たよ)り와 頼(たよ)り의 의미를 구분할 필요가 있다. 또 お茶を濁す의 お茶만 듣고 (A)를 선택해서는 안 된다.

단어 お茶(ちゃ)を濁(にご)す 어물적 넘기다 | 濁(にご)す 흐리게 하다 | 頼(たよ)り 의지 | 種類(しゅるい) 종류 | 近(ちか)ごろ 요즘 | とんと 조금도, 도무지, 까맣게 | 適当(てきとう) 적당함 | ごまかす 얼버무리다 | 振舞(ふるま)う 행동하다

33 _ 회사 생활 – 인간관계

上司(じょうし)に怒(おこ)られた時(とき)、どんな気持(きも)ちになりますか。

(A) 感謝(かんしゃ)の気持(きも)ちなどあるわけないですよ。

(B) なんか、上司(じょうし)としての資質(ししつ)に欠(か)けてるんです。

(C) その時(とき)は嫌(いや)ですが、長(なが)い目(め)で見(み)たらありがたいと思(おも)います。

(D) あまりにも言(い)われすぎてストレスがたまり、ノイローゼ気味(ぎみ)です。

상사에게 야단맞았을 때 기분이 어떻습니까?

(A) 감사의 기분 따위 있을 리가 없어요.

(B) 뭔가, 상사로서의 자질이 결여되어 있습니다.

(C) 그때는 싫지만 긴 안목으로 보면 고맙다고 생각합니다.

(D) 너무 많이 들어서 스트레스가 쌓이고 노이로제에 걸릴 것 같습니다.

해설 기분이 어떠냐는 물음에 응답으로 적절한 것은 싫지만 고맙다고 대답한 (C)이다. 감사의 기분을 갖고 있는지 묻는 것이 아니므로 (A)는 정답으로 부적절하고, (B)는 상사의 자질에 대한 응답이므로 정답으로 부적절하다.

단어 上司(じょうし) 상사 | 怒(おこ)る 화내다 | 感謝(かんしゃ) 감사 | 資質(ししつ) 자질 | ～に欠(か)ける ～이 결여되다 | 長(なが)い目(め)で見(み)る 긴 안목으로 보다 | ノイローゼ 노이로제 | ～気味(ぎみ) ～기미, 기색

34 _ 일상생활 표현 – 인물의 행동 파악

仕事(しごと)から帰(かえ)るなり、部屋(へや)にひきこもっちゃったんだってさ。

(A) 会社(かいしゃ)で何(なに)かあったんじゃないの？

(B) 田舎(いなか)に閉(と)じこもって仕事(しごと)をしているそうです。

(C) 家(いえ)に帰(かえ)ってきたとたん、痛(いた)みがなくなったんです。

(D) 社内(しゃない)の運動会(うんどうかい)で綱引(つなひ)きをしてるんじゃないかと思(おも)った。

일에서 돌아오자마자 방에 틀어박혔대.

(A) 회사에서 뭔가 있었던 것 아니야?

(B) 시골에 틀어박혀서 일을 하고 있다고 합니다.

(C) 집에 돌아오자마자 통증이 없어졌습니다.

(D) 사내 운동회에서 줄다리기를 하고 있는 거 아닌가 생각했어.

해설 방에 틀어박혀 있는 상황을 설명한 것에 대한 응답으로, 그 이유를 추측한 (A)가 정답으로 적절하다.

단어 ～なり ～하자마자 | ひきこもる 틀어박히다 | 閉(と)じこもる | ～たとたん ～하자마자 | 痛(いた)み 통증 | 社内(しゃない) 사내 | 運動会(うんどうかい) 운동회 | 綱引(つなひ)き 줄다리기

35 _ 시사 – 자연재해

台風(たいふう)のせいで被害(ひがい)が深刻(しんこく)だそうですよ。

(A) 深刻(しんこく)な干(かん)ばつに見舞(みま)われています。

(B) 雪(ゆき)のせいで外壁(がいへき)の一部(いちぶ)がはがれたらしい。

(C) 津波(つなみ)により流失(りゅうしつ)の被害(ひがい)を受(う)けたそうです。

(D) そうですね。農作物(のうさくぶつ)がだめになったと聞(き)きました。

태풍 때문에 피해가 심각하다고 해요.

(A) 심각한 가뭄이 찾아왔습니다.

(B) 눈 때문에 외벽 일부가 벗겨진 것 같아.

(C) 쓰나미에 의해 유실 피해를 입었다고 합니다.

(D) 그래요. 농작물이 엉망이 되었다고 들었습니다.

해설 태풍에 따른 피해를 전달한 내용으로, 이에 대한 응답으로 적절한 것은 (D)이다. 가뭄, 눈, 쓰나미 피해가 아니므로 (A), (B), (C)는 정답으로 부적절하다. 날씨와 관련된 재난을 나타내는 표현에 대해 알아 두도록 하자.

단어 台風(たいふう) 태풍 | 被害(ひがい) 피해 | 深刻(しんこく) 심각함 | 干(かん)ばつ 가뭄 | 見舞(みま)う (달갑지 않은 것이) 찾아오다 | 外壁(がいへき) 외벽 | 一部(いちぶ) 일부 | はがれる 벗겨지다 | 津波(つなみ) 쓰나미 | 流失(りゅうしつ) 유실 | 受(う)ける 받다 | 農作物(のうさくぶつ) 농작물

36 _ 일상생활 표현 – 기념품

子(こ)どもが喜(よろこ)びそうな日本(にほん)のお土産(みやげ)がほしいんですけど。

(A) Tシャツ(ティー)に日本語(にほんご)が書(か)いてありますね。

(B) 100円(ひゃくえん)ショップでおみやげを買(か)いました。

(C) 日本(にほん)の古典的(こてんてき)な柄(がら)の方(ほう)が受(う)けが良(よ)いですね。

(D) 桜とか日本風の絵付けがしてある食器を送りました。

아이가 좋아할 만한 일본의 기념품을 원합니다만.

(A) 티셔츠에 일본어가 적혀 있군요.
(B) 100엔숍에서 선물을 샀습니다.
(C) 일본의 고전적인 무늬가 더 평이 좋지요.
(D) 벚꽃이라던가 일본풍의 그림이 그려진 식기를 보냈습니다.

해설 기념 선물을 찾고 있으므로 (C)가 정답으로 적절하다. (B)는 선물을 산 장소를 설명, (D)는 보낸 선물을 설명하고 있으므로 정답으로 부적절하다.

단어 古典的(こてんてき) 고전적 | 柄(がら) 무늬 | 受(う)け 평판, 인기 | 日本風(にほんふう) 일본풍 | 絵付(えつ)け 도자기에 새겨진 무늬 | 食器(しょっき) 식기

37 _ 일상생활 표현 – 집 보기 부탁

私、今夜実家に泊まりますので、お留守番お願いします。

(A) 明日何時頃お帰りになりますか。
(B) 犬に留守番をしつけて覚えさせましょう。
(C) 実家に帰省してからここ 2、3 日喉が痛みます。
(D) 明日は始発で出ますのでホテルに泊まります。

저, 오늘 밤 본가에서 머무를 거니까 집을 잘 봐 주세요.

(A) 내일 몇 시쯤 돌아오십니까?
(B) 개에게 집 보기를 가르쳐서 기억하게 합시다.
(C) 본가에 다녀와서부터 요 2, 3일 목이 아픕니다.
(D) 내일은 첫차로 나갈 거라서 호텔에 묵습니다.

해설 부재중의 집 보기를 부탁하고 있으므로 적절한 응답은 (A)이다. (B)는 개의 교육을 설명하고 있고, (C)는 발병 시기를 설명하고 있고, (D)는 호텔에 묵는 이유를 설명하고 있으므로 정답으로 적절하지 않다.

단어 実家(じっか) 본가 | 泊(と)まる 묵다. 머무르다 | しつける 예의범절을 가르치다 | 帰省(きせい) 귀성 | 始発(しはつ) 첫차

38 _ 일상생활 표현 – 방문 이유

真田さんが迎えに来たよ。車で買い物に行くの？
(A) 北海道に札幌雪祭りを見に行きました。
(B) ううん。二人で海に行こうと誘ってくれたよ。
(C) 買い物に行って、財布の底まではたいてしまった。
(D) 真田さん、仕事先に迎えに来て欲しいとの

ことでした。

사나다 씨가 데리러 왔어. 차로 쇼핑가는 거야?

(A) 홋카이도에 삿포로 눈축제를 보러 갔습니다.
(B) 아니. 둘이서 바다에 가자고 말해 줬어.
(C) 쇼핑 가서 지갑 바닥까지 털었어.
(D) 사나다 씨, 일터로 마중 나와 달라고 했습니다.

해설 쇼핑하러 가는 것인지 물었으므로 정답으로 적절한 것은 (B)이다. (A)는 홋카이도에 간 목적을 설명하고 있으며, (C)는 쇼핑했다고, (D)는 사나다 씨에게 하는 전언이므로 정답으로 부적절하다.

단어 迎(むか)える 맞이하다 | 誘(さそ)う 권하다. 불러내다 | 底(そこ) 바닥 | 財布(さいふ)をはたく 지갑을 털다 | 仕事先(しごとさき) 일터 | ～とのことです ～라고 합니다(전문)

39 _ 교육 및 생활 지침 – 관용구 및 속담 이해

子どもを叱る前に、まず子どもの声に耳を傾けるべきですよ。

(A) そうですね。言葉の暴力がひどくてね。
(B) そうですね。瓜二つだと耳にタコができるほど言われましたよ。
(C) そうですね。子どもなりに何か言い分があるかもしれませんからね。
(D) そうですね。口答えばかりして、少しも言うことを聞いてくれないから困ってますよ。

아이들을 꾸짖기 전에 먼저 아이들의 목소리에 귀를 기울여야 해요.

(A) 맞아요. 언어폭력이 심해서요.
(B) 맞아요. 똑 닮았다고 귀에 못이 박이도록 들었어요.
(C) 맞아요. 아이 나름대로 뭔가 할말이 있을지도 모르니까요.
(D) 맞아요. 말대답만 하고 조금도 하는 말을 들어주지 않아서 곤란해요.

해설 아이들의 의견을 들어야 한다는 말에 그렇지요라고 동의를 했으므로, 응답으로 적절한 것은 (C)이다. (B)는 아이와 닮았다는 것을 설명하고 있고, (D)는 말대답만 해서 곤란한 상황을 설명하고 있으므로 정답으로 부적절하다.

단어 叱(しか)る 꾸짖다 | 耳(みみ)を傾(かたむ)ける 귀를 기울이다 | 暴力(ぼうりょく) 폭력 | 瓜二(うりふた)つ 아주 꼭 닮음 | 耳にタコができる 귀에 못이 박이다, 많이 듣다 | 言(い)い分(ぶん) 주장하고 싶은 말, 할말 | 口答(くちごた)え 말대답, 말대꾸

40 _ 호텔 – 식사

お食事はお部屋食ですか。

(A) 食事はモダン和食スタイルです。
(B) レストランでのお食事となります。

(C) 本日のおすすめはパスタディナーです。

(D) 仕入れ、季節によりメニューは変わります。

식사는 방에서 합니까?

(A) 식사는 모던한 일식 스타일입니다.

(B) 레스토랑에서 식사를 합니다.

(C) 오늘의 추천은 파스타 디너입니다.

(D) 매입, 계절에 따라 메뉴는 바뀝니다.

해설　식사는 방으로 배달되는 것인지 물었으므로 레스토랑에서 하는 것이라고 대답한 (B)가 정답으로 적절하다. (A)는 식사의 특징을 답한 것이고, (C)는 추천 메뉴를 답한 것이므로 정답으로 부적절하다.

단어　モダン 모던｜和食(わしょく) 일식｜本日(ほんじつ) 오늘｜おすすめ 권유, 추천｜パスタ 파스타｜ディナー 디너｜仕入(しい)れ 구입, 매입｜季節(きせつ) 계절

41 _ 일상생활 표현 – 트러블

これはひどい誤解よ。なんとかして誤解を解きたいわ。

(A) 航海の夢を書きたいんだ。

(B) 一般公開で参観に行ってきたよ。

(C) 会って解く機会があればいいけどね。

(D) この問題集、難しすぎて解くのをやめたよ。

이건 지독한 오해야. 어떻게든 해서 오해를 풀고 싶어.

(A) 항해의 꿈을 쓰고 싶어.

(B) 일반 공개라서 참관하러 갔다 왔어.

(C) 만나서 풀 기회가 있으면 좋겠는데.

(D) 이 문제집, 너무 어려워서 푸는 것을 그만두었어.

해설　오해를 풀고 싶다는 희망에 대한 응답으로 적절한 것은 (C)이다. (D)의 경우 問題集을 못 듣고 解く만 들었다면 자칫 정답으로 오인할 수 있으니 주의해야 하고, 전체적으로는 誤解(ごかい), 航海(こうかい), 公開(こうかい)의 듣기에 유의해야 한다.

단어　誤解(ごかい) 오해｜解(と)く 풀다｜航海(こうかい) 항해｜一般(いっぱん) 일반｜公開(こうかい) 공개｜参観(さんかん) 참관｜機会(きかい) 기회｜問題集(もんだいしゅう) 문제집

42 _ 일상생활 표현 – 몸 상태

うわ、真っ赤でぷっくり腫れていますね。どうしたんですか。

(A) 絆創膏を買いに行っちゃって。

(B) 薬局に処方箋を提出したんですが。

(C) 虫にさされたところを掻いたからだよ。

(D) 腫れがすっかりひいたので君に感謝してるけど。

우와, 새빨갛고 불룩 부었네요. 어떻게 된 겁니까?

(A) 반창고를 사러 가 버려서.

(B) 약국에 처방전을 제출했습니다만.

(C) 벌레 물린 데를 긁었기 때문이야.

(D) 붓기가 깨끗이 빠져서 네게 감사하고 있는데.

해설　빨갛고, 부어오른 이유를 묻고 있으므로 적절한 응답은 (C)이다. 반창고를 사러 간 것과 처방전은 이유가 될 수 없고, 붓기가 빠졌다고 한 (D)는 정답으로 부적절하다.

단어　真(ま)っ赤(か) 새빨감｜ぷっくり 볼록(둥글게 부풀어 오른 모양)｜腫(は)れる 붓다｜絆創膏(ばんそうこう) 반창고｜薬局(やっきょく) 약국｜処方箋(しょほうせん) 처방전｜提出(ていしゅつ) 제출｜さす 쏘다, 물다｜掻(か)く 긁다｜腫(は)れが引(ひ)く 붓기가 빠지다

43 _ 일상생활 표현 – 병의 증상

ママ、歯がぐらぐらしてきた。

(A) 胃がもたれたんじゃないの？

(B) 歯並びはきれいに整ってきたね。

(C) 八重歯がとんがってて猫みたいだね。

(D) 抜けそうだから、歯医者に行かなくちゃ。

엄마, 이가 흔들흔들거려.

(A) 체한 거 아냐?

(B) 이가 가지런히 정리되기 시작했네.

(C) 덧니가 튀어나와 있어서 고양이 같아.

(D) 빠질 것 같으니 치과에 가야겠구나.

해설　이가 흔들린다는 상황을 설명했으므로, 정답으로 적절한 것은 치과에 가야한다고 응답한 (D)이다.

단어　ぐらぐら 흔들흔들｜胃(い)がもたれる 체하다｜歯並(はなら)び 치열｜整(ととの)う 정리되다｜八重歯(やえば) 덧니｜とんがる 튀어나오다｜抜(ぬ)ける 빠지다｜歯医者(はいしゃ) 치과의사

44 _ 일상생활 표현 – 여가 생활

週末、どこか行きましたか。

(A) 出不精だから、家でごろごろしていました。

(B) 家族を連れてハワイに行こうと思っているんだ。

(C) 電車に乗るので、占いの本をひまつぶしに買った。

(D) 金曜日の業務が終わってから出掛けて、土曜日に帰着します。

주말에 어딘가 갔습니까?

(B) 가족을 데리고 하와이에 가려고 생각 중이야.
(C) 전철을 타기 때문에 점 보는 책을 시간 때우려고 샀어.
(D) 금요일 업무가 끝난 후에 나가서 토요일에 귀착합니다.

해설 어딘가에 갔느냐고 물었으므로 아무 데도 가지 않았다는 것과 특정 장소를 응답으로 예상할 수 있는데, 여기서는 아무 데도 가지 않았다고 응답한 (A)가 정답으로 적절하다. (B)는 시제가 맞지 않으므로 정답으로 부적절하고, (D)는 시제가 맞지 않을 뿐만 아니라 도착 요일을 설명하고 있으므로 정답으로 부적절하고, (C)는 책을 산 이유를 설명하고 있으므로 정답으로 부적절하다.

단어 出不精(でぶしょう) 외출하기 싫어함, 또는 그런 사람 | ごろごろ 데굴데굴, 빈둥빈둥 | 連(つ)れる 동반하다 | 占(うらな)い 점 | ひまつぶし 심심풀이 | 業務(ぎょうむ) 업무 | 帰着(きちゃく) 귀착

45 _ 일상생활 표현 – 곤경

夜の山の中で道に迷うところだったよ。

(A) 無事でよかったですね。
(B) かけ算を間違えていたのです。
(C) カーナビ購入するかで迷っています。
(D) とんでもなく悪い結果が出たら、どうしよう。

밤에 산속에서 길을 잃을 뻔했어.

(A) 무사해서 다행이군요.
(B) 곱하기를 틀렸어요.
(C) 자동차 내비게이션 구입할까 고민하고 있어요.
(D) 어처구니없이 나쁜 결과가 나오면 어떡하지.

해설 산속에서 길을 잃을 뻔했던 상황을 설명한 표현에 대한 응답으로 적절한 것은 안도의 뜻을 전한 (A)이다.

단어 道(みち)に迷(まよ)う 길을 잃다 | 無事(ぶじ) 무사함 | かけ算(ざん) 곱하기 | 間違(まちが)える 틀리다 | カーナビ 자동차 내비게이션 | 購入(こうにゅう) 구입 | とんでもない 어처구니없다 | 結果(けっか) 결과

46 _ 회사 생활 – 담당자 결정

今度の電子書籍の企画、吉田さんに任せてみたらどう？

(A) リーダーシップを身につけることができます。
(B) 今回ばかりは葉山さんが適任かと思いますが。
(C) どこにも負けない人事管理サービスを提供しております。
(D) 適材適所で素材を使い分けることが重要で

はないでしょうか。

이번 전자서적 기획, 요시다 씨에게 맡겨 보면 어때?

(A) 리더십을 몸에 익힐 수 있습니다.
(B) 이번만큼은 하야마 씨가 적임일 것이라고 생각합니다만.
(C) 어디에도 지지 않을 인사 관리 서비스를 제공하고 있습니다.
(D) 적재적소에 소재를 골라 쓰는 것이 중요하지 않겠습니까?

해설 동의를 구하고 있으므로 찬성이나 반대의 응답을 예상할 수 있는데, 여기서는 반대의 뜻을 표명한 (B)가 정답으로 적절하다.

단어 電子書籍(でんししょせき) 전자서적 | 企画(きかく) 기획 | 任(まか)せる 맡기다 | リーダーシップ 리더십 | 身(み)につける 몸에 익히다 | 適任(てきにん) 적임 | 負(ま)ける 지다 | 人事(じんじ) 인사 | 管理(かんり) 관리 | 提供(ていきょう) 제공 | 適材適所(てきざいてきしょ) 적재적소 | 素材(そざい) 소재 | 使(つか)い分(わ)ける 가려 쓰다, 골라 쓰다 | 重要(じゅうよう) 중요함

47 _ 일상생활 표현 – 요리

このドレッシングはどんな味がしますか。
(A) 味付けにごま油がいいと思うんだけど。
(B) 甘みがあるけど、あっさりとした味です。
(C) オリーブオイルとビネガーと塩を混ぜたんですよ。
(D) サラダの野菜が新鮮でしゃきしゃき感があるよね。

이 드레싱은 어떤 맛이 납니까?

(A) 양념으로 참기름이 좋을 것 같은데.
(B) 단맛이 있지만 담백한 맛입니다.
(C) 올리브 오일과 비네거와 소금을 섞었어요.
(D) 샐러드의 채소가 신선하고 아삭아삭한 감이 있어.

해설 맛에 대해 묻고 있으므로 예상할 수 있는 응답은 맛에 대한 평가일 것이다. 따라서 정답으로 적절한 것은 (B)이다. (A)는 양념에 대한 견해를 나타낸 것이고, (C)는 양념장의 성분을 나타낸 것이고, (D)는 채소의 식감을 나타낸 것이므로 정답으로 부적절하다.

단어 ドレッシング 드레싱 | 味付(あじつ)け 양념 | ごま油(あぶら) 참기름 | 甘(あま)み 단맛 | あっさり 담백하게 | ビネガー 비네거(서양 식초) | 混(ま)ぜる 섞다 | 新鮮(しんせん) 신선함 | しゃきしゃき 아삭아삭

48 _ 일상생활 표현 – 인물

科学の先生はどの方ですか。
(A) プロも顔負けの実力があるんだ。
(B) 真ん中におかけになっている方です。
(C) 科学の先生としての貫禄を見せたんです。

(D) やはり科学実験を子どもに任せるのは無理
　　だった。

과학 선생님은 어느 분입니까?

(A) 프로 뺨치는 실력이 있어.

(C) 과학 선생님으로서의 관록을 보였습니다.

(D) 역시 과학 실험을 아이에게 맡기는 것은 무리였어.

[해설] どの方で物あった場合には 여러 사람 가운데 선택하거나 어떤 옷을 입고 있는 사람이라는 식의 응답을 기대할 수 있다. 정답으로 적절한 것은 (B)이다.

[단어] プロ 프로 | 顔負(かおま)け 상대편의 훌륭함에 압도되어 부끄러워짐, 또는 상대편의 뻔뻔스러움에 어이가 없어짐 | 実力(じつりょく) 실력 | 真(ま)ん中(なか) 한가운데 | おかけになる 앉으시다 | 貫禄(かんろく) 관록 | 実験(じっけん) 실험 | 任(まか)せる 맡기다 | 無理(むり) 무리

49 _ 일상생활 표현 – 연중행사

七夕の時、何をしましたか。
(A) 笹に短冊がぶら下げてあったね。

(C) 七夕通りは歩行者天国となったんです。
(D) さまざまなイベントが開催されますよ。

칠석 때, 무엇을 했습니까?

(A) 대나무에 종이가 매달려 있었지.

(B) 종이에 기원을 담아 대나무에 매달았어.

(C) 다나바타 거리는 보행자 천국이 되었습니다.

(D) 여러 가지 이벤트가 개최되지요.

[해설] 칠석 때 했던 일을 묻고 있으므로, 정답으로 적절한 것은 (B)이다. (A)는 소원을 적은 종이가 걸려 있는 대나무를 묘사한 것이므로 정답으로 부적절하고, (D)는 시제가 맞지 않으므로 정답으로 부적절하다.

[단어] 笹(ささ) 작은 대나무 종류의 총칭 | 短冊(たんざく) 글씨를 쓰거나 표시로 물건에 붙이거나 하는 조붓한 종이 | ぶら下(さ)げる 매달다 | 祈(いの)り 기도, 기원 | 込(こ)める 담다 | 吊(つ)るす 매달다 | 歩行者(ほこうしゃ) 보행자 | 天国(てんごく) 천국 | さまざま 여러 가지 | イベント 이벤트 | 開催(かいさい) 개최

50 _ 일상생활 표현 – 의태어의 이해

どうしてそんなにイライラしてるの？
(A) 暑くてへろへろになっちゃったよ。
(B) 人生はすべからく忍耐にあるからだよ。

らだよ。
(D) マラソン、ヘトヘトになりながらも完走し
　　たんだよ。

어째서 그렇게 짜증내고 있는 거야?

(A) 더워서 비틀비틀거리는 거야.

(B) 인생은 모름지기 인내에 있으니까.

(D) 마라톤, 헉헉대면서도 완주했어.

[해설] 짜증을 내는 이유를 묻고 있으므로 적절한 응답은 (C)이다. (A)는 비틀비틀하게 된 이유를 설명한 것으로 정답으로 부적절하다.

[단어] イライラ 안절부절못하는 모양, 초조해하는 모양 | へろへろ 비슬비슬(위력이 없는 모양) | すべからく 모름지기 | 忍耐(にんたい) 인내 | ヒステリック 히스테릭 | 甲高(かんだか)い 새되다, 날카롭다 | マラソン 마라톤 | へとへと 기진맥진한 모양(몹시 피곤해서 맥 빠진 모양)

PART **3**

51 _ 사건이 이루어지는 장소 이해

> A：お待たせしました。２８番カードをお持ちの
> 　　お客さま、７番の窓口までお越しください。
> B：あのう、普通預金の口座を開きたいんですが。
> A：でしたら、この用紙の空欄にお書きくださ
> 　　い。印鑑をお持ちですか。
> B：はい。持って来ました。
>
> ---
>
> A：오래 기다리셨습니다. 28번 카드를 가지신 손님, 7번 창구로 와 주세요.
> B：저, 보통예금 계좌를 만들고 싶은데요.
> A：그럼, 이 용지의 빈칸에 써 주세요. 인감을 가져오셨습니까?
> B：예. 가지고 왔습니다.

ここはどこですか。

(A) 銀行 (ぎんこう)　　　　(B) 空港 (くうこう)
(C) 神社 (じんじゃ)　　　　(D) 関所 (せきしょ)

여기는 어디입니까?

(A) 은행   (B) 공항
(C) 신사   (D) 관문

해설 장소를 묻는 문제로, 장소의 특징을 미리 짐작해 두어야 한다. 예금 계좌를 만드는 곳은 은행이므로 정답은 (A)가 적절하다.

단어 窓口(まどぐち) 창구 | お越(こ)し 오심, 가심 | 普通(ふつう) 보통 | 預金(よきん) 예금 | 口座(こうざ)を開(ひら)く 계좌를 만들다 | 用紙(ようし) 용지 | 空欄(くうらん) 빈칸 | 印鑑(いんかん) 인감 | 神社(じんじゃ) 신사 | 関所(せきしょ) 관문

52 _ 대화 내용 이해

A : 明日はいよいよライバルとの決勝戦ですね。意気込みを聞かせてください。

B : 去年は一点差で涙をのみましたが、今年は絶対に勝ちます。

A : スタンドで応援していますよ。頑張ってください。

A : 내일은 드디어 라이벌과의 결승전이네요. 마음가짐을 들려주세요.
B : 작년은 1점 차로 눈물을 삼켰지만, 올해는 반드시 이기겠습니다.
A : 스탠드에서 응원하고 있을게요. 힘내세요.

会話の内容と合っているものはどれですか。

(A) 去年は一点差で負けて悔しい思いをした。

(B) 去年は一点差で勝ったので今年も勝ちたい。

(C) 明日はライバルが試合に出るので偵察に行く。

(D) スタンドがゴミで汚れているのが我慢できない。

대화 내용과 맞는 것은 어느 것입니까?

(A) 작년은 1점 차로 져서 애석한 경험을 했다.
(B) 작년은 1점 차로 이겼으므로 올해도 이기고 싶다.
(C) 내일은 라이벌이 시합에 나오므로 정찰하러 간다.
(D) 스탠드가 쓰레기로 더러워져 있는 것을 참을 수 없다.

해설 대화 내용과 맞는 것을 찾는 문제로, 보기를 하나하나 체크해 나간다. 작년의 시합은 이긴 것이 아니므로 (B)는 정답으로 부적절, 라이벌 시합을 정찰하는 것이 아니므로 (C)는 정답으로 부적절, 스탠드가 더럽다는 내용은 없으므로 (D)는 정답으로 부적절하다.

단어 ライバル 라이벌 | 決勝戦(けっしょうせん) 결승전 | 意気込(いきご)み 패기, 마음가짐 | 差(さ) 차, 차이 | 涙(なみだ)をのむ 눈물을 삼키다, 억울함을 참다 | 応援(おうえん) 응원 | 負(ま)ける 지다 | 悔(くや)しい 억울하다, 애석하다 | 試合(しあい) 시합 | 偵察(ていさつ) 정찰 | 汚(よご)れる 더러워지다 | 我慢(がまん) 인내, 참음

53 _ 음식 주문

A : お決まりになりましたか。

B : 日替わり定食お願いします。ご飯は小盛りで。

A : 焼くのに時間がかかりますけど。飲み物はコーヒーとジュースとどちらになさいますか。

B : コーヒーをお願いします。

A : 정하셨습니까?
B : 오늘의 정식 주세요. 밥은 적은 양으로.
A : 굽는 데 시간이 걸립니다만. 음료는 커피와 주스 어느 것으로 하시겠습니까?
B : 커피를 주세요.

注文したのはどれですか。
(A) 焼き肉とジュース
(B) 大盛りのご飯とコーラ
(C) 日替わり定食とコーヒー
(D) 小盛りのご飯とジュース

주문한 것은 어느 것입니까?

(A) 불고기와 주스
(B) 밥 곱빼기와 콜라
(C) 오늘의 정식과 커피
(D) 적은 양의 밥과 주스

해설 대화를 잘 듣고 주문한 내용이 무엇인지 파악한다. 주문한 음식은 日替り定食와 コーヒー이므로 정답은 (C)가 적절하다.

단어 日替(ひが)わり定食(ていしょく) 매일 바뀌는 서양식 정식 | 小盛(こも)り 적은 양 | 注文(ちゅうもん) 주문 | 大盛(おおも)り 곱빼기

54 _ 감정의 분출 – 관용구 이해

A : 松下さん、地団駄を踏んでいてもしょうがないよ。

B : だって、めちゃくちゃ悔しいんだもん。

A : 直木さんは才能がなくても、集中力と強い意志があるから、直木さんに追い越されたんだよ。

B : 追い越されたことがショックなのではなく、かなりの差があったことがショックなのよ。

A : 마쓰시타 씨, 발을 동동거리며 억울해하고 있어도 소용없어요.

B : 하지만 엄청 분한 걸.

A : 나오키 씨는 재능이 없어도 집중력과 강한 의지가 있으니까 나오키 씨에게 추월당한 거야.

B : 추월당한 것이 충격이 아니라 상당한 차가 있었던 게 충격이야.

松下さんはどうして悔しがっていますか。

(A) 直木さんは才能があるから

(B) 直木さんに足を踏まれたから

(C) 直木さんが部屋をめちゃくちゃにしたから

(D) 直木さんにかなりの差で追い越されたから

마쓰시타 씨는 어째서 억울해하고 있습니까?

(A) 나오키 씨는 재능이 있기 때문에

(B) 나오키 씨에게 발을 밟혔기 때문에

(C) 나오키 씨가 방을 엉망진창으로 만들었기 때문에

(D) 나오키 씨에게 상당한 차이로 추월당했기 때문에

해설 마쓰시타가 억울해하고 있는 이유를 찾는 문제로, 큰 차이로 추월당한 것이 충격이라고 했으므로 정답은 (D)가 적절하다.

단어 地団太(じだんだ)を踏(ふ)む 몹시 분해하며 세차게 땅을 구르다 | だって~もん 하지만 ~한 걸 | めちゃくちゃ 엉망진창임, 뒤죽박죽임 | 才能(さいのう) 재능 | 集中力(しゅうちゅうりょく) 집중력 | 意志(いし) 의지 | 追(お)い越(こ)す 추월하다 | 差(さ) 차, 차이

55 _ 약속 시간 결정

A : もしもし、緊急（きんきゅう）に知（し）らせたいことがあります。

B : 何（なん）でしょうか。

A : 待（ま）ち合（あ）わせのことですが、５時のミーティングを３０分（さんじゅっぷんく）繰（く）り上（あ）げることにしました。

B : はい、分（わ）かりました。

A : 여보세요, 긴급하게 알리고 싶은 게 있습니다.

B : 무엇입니까?

A : 약속 말인데요, 5시 미팅을 30분 앞당기기로 했습니다.

B : 예, 알겠습니다.

何時（なんじ）に待ち合わせますか。

(A) ４時（よじ）

(B) ５時

(C) ４時半（はん）

(D) ５時半

몇 시에 만납니까?

(A) 4시

(B) 5시

(C) 4시 반

(D) 5시 반

해설 두 사람이 만날 시간을 변경하는 것으로, 대화 속에 시간이 나오면 주의 깊게 듣고 확인한다. 5시 모임을 30분 앞당긴다고 했으므로 만나는 시간은 4시 30분이다. 따라서 정답은 (C)이다.

단어 緊急(きんきゅう) 긴급함 | 知(し)らせる 알리다 | 待(ま)ち合(あ)わせ 약속을 하고 기다림 | 繰(く)り上(あ)げる 앞당기다, 위로 끌어올리다

56 _ 대화 내용 이해 – 고향

A : 吉田（よしだ）さん、きょう帰（かえ）ってくるんですよね。

B : いいえ、もう二三日実家（にさんにちじっか）にいますって。

A : なんで帰（かえ）りが延（の）びたのですか。

B : 親孝行（おやこうこう）のためじゃないですか。去年（きょねん）も帰らなかったんですから。

A : 요시다 씨, 오늘 돌아오는 거죠?

B : 아뇨, 2, 3일 더 본가에 있을 거래요.

A : 왜 돌아오는 게 연기됐습니까?

B : 효도 때문이 아닐까요? 작년에도 고향에 내려가지 않았으니까요.

会話（かいわ）の内容（ないよう）と合（あ）っているのはどれですか。

(A) 吉田さんは帰りをずらした。

(B) 吉田さんは実家から帰ってきた。

(C) 吉田さんは親孝行のため、去年も帰った。

(D) 吉田さんは何（なに）も言（い）わずに出（で）かけてしまった。

대화 내용과 맞는 것은 어느 것입니까?

(A) 요시다 씨는 돌아오는 것을 미루었다.

(B) 요시다 씨는 본가에서 돌아왔다.

(C) 요시다 씨는 효도하기 위해 작년에도 집에 갔다.

(D) 요시다 씨는 아무 말도 하지 않고 외출해 버렸다.

해설 회화 내용과 맞는 것을 찾는 문제로, 보기를 하나하나 체크해 나간다. 요시다는 2, 3일 본가에 있을 예정이라고 했으므로 (B)는 정답에서 제외되고, 작년에는 고향에 가지 않았다고 했으므로 (C)도 정답에서 제외되며, 요시다 씨가 본가에 있다는 사실을 알고 있으므로 (D)도 정답에서 제외된다.

단어 実家(じっか) 본가 | 延(の)びる 연기되다 | 親孝行(おやこうこう) 효도 | ずらす 위치나 시간을 조금 옮기다

57 _ 특별 포상 이해

A：鈴木君ときたら、わが社の有望株だね。
B：今期最も業績がよかった鈴木君に褒美をあ
　　げるつもりだ。
A：何かいい考えでもあるの？
B：ハワイ往復航空券だよ。

A : 스즈키 군이라면 우리 회사의 유망주야.
B : 이번 시기 가장 업적이 좋았던 스즈키 군에게 포상을 줄 생각이야.
A : 무슨 좋은 생각이라도 있어?
B : 하와이 왕복항공권이야.

鈴木さんに何をあげるつもりですか。

(A) 補償金
(B) トロフィー
(C) 沖縄往復航空券
(D) ハワイ行きのチケット

스즈키에게 무엇을 줄 예정입니까?

(A) 보상금
(B) 트로피
(C) 오키나와 왕복항공권
(D) 하와이행 티켓

해설 스즈키에게 포상으로 주고자 하는 것은 하와이 왕복 항공권이므로 정답은 (D)이다.

단어 ～ときたら ～로 말할 것 같으면 | わが社(しゃ) 우리 회사 | 有望株(ゆうぼうかぶ) 유망주 | 今期(こんき) 이번 시기 | 最(もっと)も 가장 | 業績(ぎょうせき) 업적 | 褒美(ほうび) 칭찬하며 주는 금품, 상 | 往復(おうふく) 왕복 | 航空券(こうくうけん) 항공권 | 補償金(ほしょうきん) 보상금 | トロフィー 트로피

58 _ 인물의 행동 이해

A：すみません、席を替わっていただけません
　　か。家族と一緒にいたいのですが。
B：座席はどこですか。
A：非常口ドアの近くに座っている女性の隣です。
B：はい、分かりました。

A : 죄송합니다. 자리를 바꿔 주실 수 없으신가요? 가족과 함께 있
　　고 싶은데요.
B : 좌석은 어디입니까?

A : 비상구 문 근처에 앉아 있는 여성 옆입니다.
B : 네, 알겠습니다.

何をしていますか。

(A) 座席の交換
(B) 椅子の取引
(C) チケットの確認
(D) 非常口の調査

무엇을 하고 있습니까?

(A) 좌석 교환
(B) 의자 거래
(C) 티켓 확인
(D) 비상구 조사

해설 대화의 내용을 잘 듣고 어떤 상황이 벌어지고 있는지 파악한다. 자리를 바꿔 달라고 부탁을 했으므로 정답은 (A)이다.3

단어 替(か)わる 바뀌다, 교체되다 | 座席(ざせき) 좌석 | 非常口(ひじょうぐち) 비상구 | 交換(こうかん) 교환 | 取引(とりひき) 거래 | 確認(かくにん) 확인 | 調査(ちょうさ) 조사

59 _ 이견 이해

A：唐揚げが食べたくなった。スーパーに買い
　　に行こうか。
B：それよりも、私、作るわよ。
A：油が飛ぶから、火傷するかもしれないよ。
B：信じてよ。私、料理歴２０年以上のベテラン
　　なのよ。

A : 튀김이 먹고 싶어졌어. 슈퍼에 사러 갈까.
B : 그것보다도 내가 만들게.
A : 기름이 튀니까 화상 입을지도 몰라.
B : 믿어 줘. 나 요리 경력 20년 이상의 베테랑이야.

どうして揚げるのを反対したのですか。

(A) 素人料理人だから
(B) 火傷する恐れがあるから
(C) スーパーで買ってきたから
(D) 火傷に懲りず、揚げるから

왜 튀기는 것을 반대했습니까?

(A) 초보 요리사이기 때문에
(B) 화상을 입을 염려가 있기 때문에
(C) 슈퍼에서 샀기 때문에
(D) 화상에 질리지 않고 튀기기 때문에

해설 튀기는 것을 반대하는 이유는 기름이 튀어서 화상을 입을지도 모른다고 했으므로 정답은 (B)이다.

단어 唐揚(からあ)げ 튀김 | 油(あぶら) 기름 | 火傷(やけど) 화상 | 信(しん)じる 믿다 | 料理歴(りょうりれき) 요리 경력 | 以上(いじょう) 이상 | ベテラン 베테랑 | 揚(あ)げる 튀기다 | 反対(はんたい) 반대 | 素人(しろうと) 초심자 | 料理人(りょうりにん) 요리인, 요리사 | 恐(おそ)れ 염려 | 懲(こ)りる 넌더리나다, 질리다

60 _ 홈쇼핑 – 속담 및 관용구 이해

> A：ちょっと、テレビ見て。あのノートパソコン。まさに私が探していたものよ。
>
> B：おお、大バーゲンだね。
>
> A：信じられないほど安いよ。これを逃すとチャンスは来ないかも。
>
> B：映画見てる場合じゃないでしょ。早く電話しな。
>
> ---
>
> A : 잠깐 텔레비전 봐봐. 저 노트북. 그야말로 내가 찾고 있던 거야.
> B : 오오. 대 바겐세일이네.
> A : 믿을 수 없을 정도로 싸. 이것을 놓치면 찬스는 오지 않을지도 몰라.
> B : 영화 보고 있을 때가 아니잖아. 빨리 전화해.

二人はこのバーゲンをどう思っていますか。
(A) 他山の石
(B) 一期一会
(C) 類は友を呼ぶ
(D) 千載一遇の好機

두 사람은 이 바겐세일을 어떻게 생각하고 있습니까?

(A) 타산지석
(B) 일생에 한 번뿐인 만남
(C) 유유상종
(D) 천재일우의 호기

해설 TV 광고를 보고 바겐세일을 놓치면 찬스는 오지 않을지도 모른다고 했으므로 정답은 (D)가 적절하다.

단어 まさに 그야말로 | 探(さが)す 찾다 | 大(だい)バーゲン 대 바겐세일 | 逃(のが)す 놓치다 | 他山(たざん)の石(いし) 타산지석, 자기 수양에 도움이 되는 남의 언행 | 一期一会(いちごいちえ) 일기일회, 일생에 한 번뿐인 만남 | 類(るい)は友(とも)を呼(よ)ぶ 유유상종, 끼리끼리 모이다 | 千載一遇(せんざいいちぐう) 천재일우, 좀처럼 만나기 어려운 좋은 기회 | 好機(こうき) 호기

61 _ 대화 내용 이해

> A：あの水玉のスカート、試着できますか。
>
> B：サイズはおいくつですか。
>
> A：Ｓサイズです。
>
> B：今日はセールをやっています。スカートは５０％オフで、ブラウスは１枚買うともう１枚は無料になります。
>
> ---
>
> A : 저 물방울 스커트, 입어 볼 수 있을까요?
> B : 사이즈는 몇입니까?
> A : S 사이즈입니다.
> B : 오늘은 세일을 하고 있습니다. 스커트는 50% 할인이고, 블라우스는 1장 사면 추가 한 장은 무료입니다.

セールについて正しいのはどれですか。
(A) 全品目均一価格である。
(B) この店のスカートは無料である。
(C) 全品目５０％割引セールをしている。
(D) ブラウスは１枚の値段で２枚もらえる。

세일에 대해서 맞는 것은 어느 것입니까?

(A) 전 품목 균일가격이다.
(B) 이 상점의 스커트는 무료다.
(C) 전 품목 50% 할인 판매를 하고 있다.
(D) 블라우스는 1장 가격으로 2장 받을 수 있다.

해설 대화의 내용을 잘 듣고 세일 품목을 하나하나 체크해 나간다. 스커트는 50% 할인이고 블라우스는 1+1이므로 정답은 (D)가 적절하다.

단어 水玉(みずたま) 물방울 무늬 | 試着(しちゃく) 시착, 입어 봄 | オフ 할인 | 無料(むりょう) 무료 | 全品目(ぜんひんもく) 전 품목 | 均一(きんいつ) 균일 | 価格(かかく) 가격 | 割引(わりびき) 할인

62 _ 개인적 트러블 이해 – 질병

> A：小百合さん、何が問題なのですか。
>
> B：石につまずいて転んでから全然歩けないんです。
>
> A：足首をねんざしたんだと思いますが、そんなに深刻ではないでしょう。

A：사유리 씨, 뭐가 문제입니까?

B：돌에 걸려서 넘어진 후로 전혀 걸을 수 없습니다.

A：발목을 삔 것으로 생각되지만, 그렇게 심각하지는 않을 겁니다.

小百合さんはどうして足首を挫きましたか。

(A) 雪で滑ったから

(B) 壁にぶつかったから

(C) 子どもに踏まれたから

(D) 石につまずいてよろけたから

사유리 씨는 어째서 발목을 삐었습니까?

(A) 눈에 미끄러졌기 때문에

(B) 벽에 부딪쳤기 때문에

(C) 아이에게 밟혔기 때문에

(D) 돌에 걸려서 비틀거렸기 때문에

해설 石につまずいて歩けないという点から, 発を挫いた理由は (D)이다. 挫(くじ)く, ねんざする와 같이 바꿔 쓸 수 있는 표현을 알아 두어야 한다.

단어 つまずく 발이 걸려 넘어질 뻔하다 | 転(ころ)ぶ 구르다, 넘어지다 | 足首(あしくび) 발목 | ねんざ 염좌, 삠 | 深刻(しんこく) 심각함 | 挫(くじ)く 관절을 삐다, 접질리다 | 滑(すべ)る 미끄러지다 | 壁(かべ) 벽 | ぶつかる 부딪치다 | 踏(ふ)む 밟다 | よろける 비틀거리다, 비칠거리다

63 _ 인물의 행동 이해

A：田中部長はいらっしゃいますか。

B：ただいま接客中です。コーヒーをお持ちしますので、お待ちいただいて構いませんか。

A：コーヒーはちょっと…。お茶をお願いします。

B：かしこまりました。

A：다나카 부장님은 계십니까?

B：지금 접객 중입니다. 커피를 가져올 테니 기다려 주시겠습니까?

A：커피는 좀…. 차를 부탁합니다.

B：알겠습니다.

部長は何をしているところですか。

(A) お茶を濁している。

(B) 客をもてなしている。

(C) コーヒーを待っている。

(D) ボールをもてあそんでいる。

부장은 무엇을 하고 있는 중입니까?

(A) 적당히 얼버무리고 있다.

(B) 손님을 대접하고 있다.

(C) 커피를 기다리고 있다.

(D) 공을 가지고 놀고 있다.

해설 다나카 부장이 무엇을 하고 있는지를 선택지에서 골라야 하는데, 접객 중에 상응하는 표현인 (B)가 정답으로 적절하다.

단어 接客(せっきゃく) 접객 | 構(かま)わない 상관없다 | お茶(ちゃ)を濁(にご)す 어물어물 넘기다, 얼버무리다 | もてなす 대접하다 | もてあそぶ 가지고 놀다

64 _ 대화 내용 이해 – 깜짝 선물

A：木村さん、ゆかりさんに、私が考えている指輪のこと話した？

B：うん。どうかしたの？何かいけないことしたの？

A：したよ。あれを彼女へのサプライズクリスマスプレゼントにしたかったんだよ。

B：ごめんなさい。大切な計画を台無しにしちゃって。

A：기무라 씨, 유카리 씨에게 제가 생각하고 있는 반지에 대해서 말했어?

B：응. 왜 그러는데? 뭔가 하면 안 되는 걸 한 거야?

A：했어. 그것을 크리스마스 선물로 해서 여자친구를 깜짝 놀라게 하고 싶었다구.

B：미안해. 소중한 계획을 망쳐 버려서.

木村さんはゆかりさんに何を伝えましたか。

(A) クリスマスカード

(B) 元彼女との思い出

(C) バッドエンドの話

(D) プレゼントの計画

기무라 씨는 유카리 씨에게 무엇을 전했습니까?

(A) 크리스마스 카드

(B) 예전 여자 친구와의 추억

(C) 배드 엔딩 이야기

(D) 선물 계획

해설 대화를 잘 듣고 기무라가 유카리에게 한 이야기를 유추해야 한다. 크리스마스 선물인 반지 이야기를 한 것에 대해 기무라에게 불만을 말하고 있으므로 정답은 (D)가 적절하다.

단어 指輪(ゆびわ) 반지 | サプライズ 서프라이즈 | 計画(けいかく) 계획 | 台無(だいな)し 쓸모없음, 엉망이 됨 | 元彼女(もとか

(のじょ) 예전 여자 친구 | 思(おも)い出(で) 추억

65 _ 여행 정보 이해

A：オーストラリアへのパック旅行の情報が欲
しいんです。

B：ジャンボタクシーで巡るガイド付きツアー
とラフティングツアーがあります。

A：そのラフティングツアーのパック割引はお
いくらですか。

B：6名様以上でのご予約に限り、5千円引き
になります。

A : 호주의 패키지 여행 정보가 필요합니다.
B : 점보 택시로 돌아다니는 가이드 딸린 투어와 래프팅 투어가 있
습니다.
A : 그 래프팅 투어의 패키지 할인은 얼마입니까?
B : 6명 이상 예약에 한해서 5천 엔 할인입니다.

会話の内容と合っているのはどれですか。

(A) ガイド付きツアーは割引できない。
(B) 一定の人数を超えたら割引になるツアーが
ある。
(C) 水上スキーを楽しめる人数は6名までとなっ
ている。
(D) パッケージツアーで自由に組み合わせがで
きる。

대화 내용과 맞는 것은 어느 것입니까?

(A) 가이드 딸린 투어는 할인할 수 없다.
(B) 일정한 사람 수를 넘으면 할인이 되는 투어가 있다.
(C) 수상 스키를 즐길 수 있는 사람 수는 6명까지로 되어 있다.
(D) 패키지 투어에서 자유롭게 조합을 할 수 있다.

해설 대화의 화제는 여행 상품으로, 여행 장소, 투어 종류, 가격
등의 이야기를 잘 메모할 필요가 있다. 대화 내용과 일치하는 것을
찾아야 하므로 선택지를 하나하나 체크해 간다. (A)와 (C), (D)는
대화의 내용에 들어 있지 않아 알 수 없으므로 정답에서 제외된다.

단어 オーストラリア 호주 | パック旅行(りょこう) 패키지 여
행 | 情報(じょうほう) 정보 | ジャンボタクシー 점보 택시(심야에
운행되는 대형 택시) | 巡(めぐ)る 여기저기 들르다, 돌다 | ラフティン
グ 래프팅 | 以上(いじょう) 이상 | 限(かぎ)る 한하다 | 〜引(び)
き 〜할인 | 一定(いってい) 일정 | 人数(にんずう) 사람 수 | 超
(こ)える 넘다 | 水上(すいじょう)スキー 수상 스키 | 自由(じゆ
う) 자유로움 | 組(く)み合(あ)わせ 조합

66 _ 대화 내용 이해 – 에스테

A：うわ、かおりさん。すごいね。にきびも消
えちゃったよ。何したの？

B：フェイシャルエステを受けているの。

A：ほんと？そこの名前と電話番号を教えても
らえる？

B：もちろん。今度会う時、名刺あげる。

A : 우와, 가오리 씨. 굉장하네. 여드름도 없어졌어. 뭐 했어?
B : 페이셜 에스테를 받고 있어.
A : 정말? 거기 이름하고 전화번호를 알려 줄 수 있어?
B : 물론. 다음에 만날 때 명함 줄게.

会話の内容と合っているのはどれですか。

(A) かおりさんは見栄えが良くなった。
(B) かおりさんから店の名刺を渡してもらった。
(C) かおりさんに名刺を渡しているところである。
(D) かおりさんはフェイシャルフォームでにき
びが消えた。

대화 내용과 맞는 것은 어느 것입니까?

(A) 가오리 씨는 모양새가 좋아졌다.
(B) 가오리 씨에게 가게의 명함을 전달받았다.
(C) 가오리 씨에게 명함을 전달하고 있는 중이다.
(D) 가오리 씨는 페이셜폼 때문에 여드름이 사라졌다.

해설 대화 내용과 일치하는 것을 찾아야 하므로 선택지를 하나하
나 체크해 나간다. 다음에 만날 때 명함을 준다고 했으므로 (B)와 (C)
는 정답에서 제외되고, 페이셜 에스테를 받아 여드름도 없어졌다고
했으므로 (D)는 정답으로 부적절하다. 여드름도 없어졌고 굉장하다
고 칭찬하고 있으므로 정답은 (A)가 적절하다.

단어 にきび 여드름 | 消(き)える 사라지다 | フェイシャルエス
テ 페이셜 에스테 | 受(う)ける 받다 | 名刺(めいし) 명함 | 見栄(み
ば)え 볼품이 좋음 | 渡(わた)す 건네다 | フェイシャルフォーム
페이셜폼

67 _ 대화 내용 이해 – 시합 전개

A：今日アルゼンチン対スペインのセミファイ
ナルがありますね。

B：日本時間16時から生中継が始まります。

A：こんなにすごい試合はいつぶりだろうか。沢田さん、お気に入りのチームはありますか。

B：別にありません。ただ海外のサッカーを見るのが好きです。

A：오늘 아르헨티나 대 스페인의 준결승전이 있군요.

B：일본 시간 16시부터 생중계가 시작됩니다.

A：이렇게 멋진 시합은 얼마만인가. 사와다 씨, 마음에 드는 팀은 있습니까?

B：특별히 없습니다. 단지 해외 축구를 보는 것을 좋아합니다.

会話の内容と合っているのはどれですか。

(A) 日本時間6時から生中継が始まる。

(B) アルゼンチン対スペインの準決勝が始まる。

(C) アルゼンチン対日本代表の親善試合である。

(D) 沢田さんはスペインのチームを応援している。

대화 내용과 맞는 것은 어느 것입니까?

(A) 일본 시간 6시부터 생중계가 시작된다.

(B) 아르헨티나 대 스페인의 준결승이 시작된다.

(C) 아르헨티나 대 일본대표의 친선시합이다.

(D) 사와다 씨는 스페인팀을 응원하고 있다.

 대화 내용과 일치하는 것을 찾아야 하므로 선택지를 하나하나 체크해 나간다. 16시부터 생중계한다고 했으므로 (A)는 정답으로 부적절, 아르헨티나와 스페인의 경기이므로 (C)는 정답으로 부적절, 사와다는 단지 해외 축구를 좋아한다고 했으므로 (D)는 정답으로 부적절하다. 세미 파이널, 준결승전과 같이 바꾸어 쓸 수 있는 표현을 익혀 두자.

 アルゼンチン 아르헨티나 | ～対(たい) ～대 | スペイン 스페인 | セミファイナル 세미 파이널, 준결승전 | 生中継(なまちゅうけい) 생중계 | 試合(しあい) 시합 | 別(べつ)に 별로, 특별히 | ただ 단지, 그냥 | 準決勝(じゅんけっしょう) 준결승 | 代表(だいひょう) 대표 | 親善試合(しんぜんじあい) 친선시합 | 応援(おうえん) 응원

68 _ 전후 관계 파악하기

A：この街では何が有名なの？

B：この街は陶芸と手打ちメンが有名なのよ。

A：陶芸をやってみたいなあ。

B：ほら、見て。体験できるって書いてあるよ。せっかくだから申し込みに行こうか。

A：이 거리에서는 무엇이 유명해?

B：이 거리는 도예와 수타면이 유명해.

A：도예를 해 보고 싶네.

B：자, 봐봐. 체험할 수 있다고 적혀 있어. 모처럼이니까 신청하러 갈까?

二人はこれから何をしますか。

(A) 時計を買う。

(B) 受付係を担当する。

(C) 陶芸体験を申し込む。

(D) 町の壁に落書きする。

두 사람은 이제부터 무엇을 합니까?

(A) 시계를 산다.

(B) 접수를 담당한다.

(C) 도예 체험을 신청한다.

(D) 마을의 벽에 낙서한다.

 두 사람의 앞으로의 행동을 묻는 문제로, 해 보고 싶어 하는 도예 체험을 신청하러 가자고 했으므로 정답은 (C)가 적절하다.

 街(まち) 번화한 거리 | 陶芸(とうげい) 도예 | 手打(てう)ち 수타 | 体験(たいけん) 체험 | せっかく 모처럼 | 申(もう)し込(こ)む 신청하다 | ～係(がかり) ～계, ～담당자 | 担当(たんとう) 담당 | 町(まち) 마을, 시내 | 壁(かべ) 벽 | 落書(らくが)き 낙서

69 _ 관용구 및 속담 이해

A：小田さん、すごくいらいらしているように見えるんだけど。

B：うん、あと10分後に、学会プレゼンをしないといけないのに何の準備もしてなかったのよ。

A：準備は早く済ませるべきっていうでしょ。

A：오다 씨, 굉장히 초조해하는 것처럼 보이는데.

B：응, 앞으로 10분 후에 학회 발표를 해야 하는데, 아무런 준비도 하지 않았어.

A：준비는 빨리 끝내야 한다고 하잖아요.

小田さんに何を言いたがっていますか。

(A) 時は金なり

(B) 習うより慣れよ

(C) 一日の計は朝にあり

(D) 焼け野の 子夜の鶴

오다 씨에게 무엇을 말하고 싶어 합니까?

(A) 시간은 금이다
(B) 배우기보다 익숙해져라
(C) 하루의 계획은 아침에 있다
(D) 자식을 사랑하는 부모의 마음

해설 대화의 내용을 잘 이해하여 속담 및 명언에 대입할 수 있어야 한다. 準備は早く済ませるべき에 상응하는 표현을 선택지에서 고르면 (C)가 정답이다.

단어 いらいら 안절부절못함 | 学会(がっかい) 학회 | プレゼン 발표, 프리젠테이션 | 準備(じゅんび) 준비 | 済(す)ませる 끝내다, 마치다 | ～べき ～해야 할 | 時(とき)は金(かね)なり 시간은 금이다 | 慣(な)れる 익숙해지다 | 計(けい) 계획 | 焼(や)け野(の)の子(きぎす)夜(よる)の鶴(つる) 극진한 어버이의 사랑을 비유하는 말(불타는 들판의 꿩, 밤중의 학. 둥지가 있는 들판이 불타면 꿩은 새끼를 구하기 위해 위험을 무릅쓰고, 추운 밤에 학은 자기 날개로 새끼를 보호함)

70 _ 인간관계 – 트러블

A：山口さん、今村さんとはどう？
B：大変なんだ。ルームメイトを探すだの、引っ越すだのと大騒ぎをしてる。
A：何か悪いことした？
B：どうにも見当がつかない。私が思い当たるのは何も言わずに今村さんの歯磨き粉を使ったことだけだ。

A：야마구치 씨, 이마무라 씨와는 어때?
B：큰일이야. 룸메이트를 찾는다는 둥, 이사한다는 둥 큰 소란을 피우고 있어.
A：뭔가 나쁜 일 했어?
B：도무지 감이 잡히지 않아. 내가 짐작하는 것은 아무 말도 하지 않고 이마무라 씨의 치약을 쓴 것뿐이야.

今村さんが怒っているのはなぜだと思っていますか。

(A) 今村さんに歯磨き粉をあげたから
(B) 山口さんに歯磨き粉をもらったから
(C) 今村さんの歯磨き粉を使用したから
(D) 何も言わず今村さんの歯磨き粉を捨てたから

이마무라 씨가 화내고 있는 것은 어째서라고 생각하고 있습니까?

(A) 이마무라 씨에게 치약을 주었기 때문에
(B) 야마구치 씨에게 치약을 받았기 때문에
(C) 이마무라 씨의 치약을 사용했기 때문에
(D) 아무 말도 하지 않고 이마무라 씨의 치약을 버렸기 때문에

해설 이마무라가 야마구치에게 화를 내고 있는 이유를 묻는 문제로, 야마구치는 아무 말도 없이 치약을 썼기 때문이라고 생각하고 있으므로, 정답은 (C)가 적절하다.

단어 ～だの ～둥(좋지 않은 내용을 열거) | 大騒(おおさわ)ぎ 큰 소동 | 見当(けんとう)がつかない 짐작이 가지 않는다 | 思(おも)い当(あ)たる 짐작이 가다 | 怒(おこ)る 화내다 | 使用(しよう) 사용 | 捨(す)てる 버리다

71 _ 호텔 – 인터넷 이용

A：ウェブサーバーにアクセスできますか。
B：はい、できます。ご説明いたしましょうか。
A：はい、どうにも分からないんで。
B：ウェブのアクセスをクリックします。それからユーザー名、パスワードをご入力ください。

A：웹 서버에 액세스할 수 있습니까?
B：네, 할 수 있습니다. 설명해 드릴까요?
A：네, 도저히 이해가 안 되어서요.
B：웹 액세스를 클릭합니다. 그 후, 유저명, 패스워드를 입력해 주세요.

お客は何をしようとしていますか。

(A) サーバー構築をしようとしている。
(B) ウェブアクセスを使いこなしている。
(C) 無線ＬＡＮ通信機能を切ろうとしている。
(D) ウェブのアクセスを使用しようとしている。

손님은 무엇을 하려고 합니까?

(A) 서버 구축을 하려고 한다.
(B) 웹 액세스를 능숙하게 사용하고 있다.
(C) 무선 랜 통신 기능을 끄려고 한다.
(D) 웹 액세스를 사용하려고 하고 있다.

해설 손님은 점원에게 웹 액세스 이용 방법에 대한 설명을 듣고 있으므로 정답은 (D)가 적절하다. 서버, LAN, 유저 등과 같이 일상생활에서 흔히 사용하고 있는 컴퓨터 · 인터넷 용어를 익혀 두도록 한다.

단어 ウェブ 웹 | サーバー 서버 | アクセス 액세스 | 説明(せつめい) 설명 | どうにも 도무지 | クリック 클릭 | ユーザー名(めい) 유저명 | パスワード 패스워드 | 入力(にゅうりょく) 입력 | 構築(こうちく) 구축 | 使(つか)いこなす 능숙하게 사용하다 | 無線(むせん) 무선 | 通信(つうしん) 통신 | 機能(きのう) 기능 | 使用(しよう) 사용

A：先月の報告書を再提出しないといけないことになった。

B：何か問題でもあるんですか。

A：納得は行かないけど、最初からやり直しだよ。

B：また下調べか。もう飽きたよ。

A : 지난달 보고서를 다시 제출하지 않으면 안 되게 되었어.
B : 뭔가 문제라도 있습니까?
A : 납득은 안 가지만 처음부터 다시 해야 돼.
B : 또 사전 조사인가. 이제 질렸어.

下調べをどう思っていますか。

(A) 一肌脱ぐ。　　　　(B) 懲り懲りだ。
(C) 長い目で見る。　　(D) 二の舞を演ずる。

사전 조사를 어떻게 생각하고 있습니까?

(A) 발 벗고 나선다.　　　　(B) 지긋지긋하다.
(C) 긴 안목으로 본다.　　　 (D) 전철을 밟는다.

해설 사전 조사에 대해 이제 질렸다(もう飽きた)라고 했으므로 그에 상응하는 표현인 (B)가 정답이다.

단어 報告書(ほうこくしょ) 보고서 | 再提出(さいていしゅつ) 재제출, 다시 제출 | 問題(もんだい) 문제 | 納得(なっとく) 납득, 이해 | やり直(なお)し 다시 함 | 下調(したしら)べ 사전 조사 | 飽(あ)きる 질리다 | 一肌脱(ひとはだぬ)ぐ 발 벗고 나서다 | 懲(こ)り懲(ご)り 지긋지긋함 | 長(なが)い目(め)で見(み)る 긴 안목으로 보다 | 二(に)の舞(まい)を演(えん)ずる 전철을 밟다

A：きのう、代わりに出てくれてありがとう。顧客との食事はどうだった？

B：初めは気まずかったんだけど。韓流が話題になって、いい雰囲気になったんだよ。

A：小田さんは韓流の情報にかけては誰にも負けないですからね。

B：うん、顧客が契約にサインすると思う。

A : 어제, 대신 나가 줘서 고마워. 고객과의 식사는 어땠어?
B : 처음에는 불편했는데. 한류가 화제가 돼서 좋은 분위기가 됐어.
A : 오다 씨는 한류의 정보에 관해서는 누구에게도 지지 않으니까요.
B : 응, 고객이 계약에 사인할 거라고 생각해.

会話の内容と合っているのはどれですか。

(A) 小田さんは韓流に詳しい。

(B) 初めからいい雰囲気だった。

(C) 小田さんは契約にサインをする。

(D) 小田さんは社員としてあるまじき行為をした。

대화 내용과 맞는 것은 어느 것입니까?

(A) 오다 씨는 한류에 대해 잘 알고 있다.
(B) 처음부터 좋은 분위기였다.
(C) 오다 씨는 계약에 사인을 한다.
(D) 오다 씨는 사원으로서 있을 수 없는 행동을 했다.

해설 대화 내용과 일치하는 것을 찾아야 하므로 선택지를 하나하나 체크해 나간다. 오다는 한류에 대해서는 누구에게도 지지 않으므로 (A)가 정답으로 적절하다. 처음에는 불편했다고 했으므로 (B)는 정답으로 부적절, 계약에 사인할 사람은 고객이므로 (C)는 정답으로 부적절하다.

단어 代(か)わりに 대신에 | 顧客(こきゃく) 고객 | 初(はじ)め 처음 | 気(き)まずい 어색하다, 거북하다 | 韓流(かんりゅう・ハンりゅう) 한류 | 話題(わだい) 화제 | 雰囲気(ふんいき) 분위기 | 情報(じょうほう) 정보 | ～にかけて ～에 대해서 | 負(ま)ける 지다 | 契約(けいやく) 계약 | サイン 사인 | ～に詳(くわ)しい ～에 대해 잘 알다 | 社員(しゃいん) 사원 | あるまじき 있어서는 안 될 | 行為(こうい) 행위

A：石田さんは先月からこの会社に勤めはじめたんですよね。

B：ええ、脱サラするつもりで会社をやめたんですけど、仕事が決まらなくてね。経験を生かしてこの業界に入ってきました。不幸中の幸いだったと思いますよ。

A：捨てる神あれば拾う神ありですよね。

A : 이시다 씨는 지난달부터 이 회사에서 근무하기 시작했죠?
B : 네, 샐러리맨을 그만둘 작정으로 회사를 그만뒀는데 일이 정해지지 않아서요. 경험을 살려 이 업계에 들어왔습니다. 불행 중 다행이었다고 생각해요.
A : 버리는 신 있으면 줍는 신 있는 거군요.

石田さんについて正しいのはどれですか。

(A) 起業するつもりで会社をやめた。

(B) 先輩のコネで今の会社に入ってきた。

(C) 恥を捨てて以前の会社に戻ることにした。

(D) 借金してまで起業するほどではないと思った。

이시다 씨에 대해서 맞는 것은 어느 것입니까?

(A) 창업할 작정으로 회사를 그만뒀다.
(B) 선배의 연줄로 지금의 회사에 들어왔다.
(C) 부끄러움을 버리고 이전 회사로 돌아가기로 했다.
(D) 빚을 내면서까지 창업할 정도는 아니라고 생각했다.

해설 이시다와 관련된 내용을 잘 듣고 선택지를 체크해 나간다. 脱サラ(샐러리맨을 그만 두고 독립해서 일을 시작하는 것)의 목적으로 이전의 회사를 그만두었다고 했으므로 (A)가 정답으로 적절하다. 선배의 연줄로 지금의 회사에 들어왔다거나 이전의 회사로 돌아간다는 말이 없으므로 (B), (C)는 정답으로 부적절하다.

단어 脱(だつ)サラ 샐러리맨을 그만두고 독립함, 창업 | 経験(けいけん) 경험 | 生(い)かす 살리다 | 業界(ぎょうかい) 업계 | 不幸中(ふこうちゅう)の幸(さいわ)い 불행 중 다행 | 捨(す)てる 버리다 | 神(かみ) 신 | 拾(ひろ)う 줍다 | 起業(きぎょう) 사업을 일으킴, 창업 | コネ 연줄 | 恥(はじ) 부끄러움, 수치 | 以前(いぜん) 이전 | 借金(しゃっきん) 빚

75 _ 사건의 원인 파악

A：あれ、ユミさん。どうしたんだい。元気ないね。

B：たった今、大家さんから電話がかかってきたのよ。

A：そう、何と言われたんだい。

B：今月から家賃と共益費を２５％、値上げするって言ってきた。

A : 어라, 유미 씨. 무슨 일 있어? 기운이 없네.
B : 방금 막 집주인한테 전화가 왔어.
A : 그래, 뭐라고 하던데?
B : 이번 달부터 집세와 관리비를 25% 올린다고 했어.

ユミさんはどうして落ち込んでいますか。

(A) 大家さんが入院したから

(B) 家賃が値上げになったから

(C) 売り上げが鈍り始めたから

(D) 賃金を２５％値下げしたから

유미 씨는 어째서 풀이 죽어 있습니까?

(A) 집주인이 입원했기 때문에
(B) 집세가 오르게 됐기 때문에
(C) 매상이 둔해지기 시작했기 때문에
(D) 임금을 20% 내렸기 때문에

해설 유미가 기운이 없는 이유는 집세를 25% 올리겠다는 집주인의 전화를 받았기 때문이므로 정답은 (B)가 적절하다. 임금 인하나 매상이 내려간다는 이야기는 없으므로 (C), (D)는 정답으로 부적절하다.

단어 たった今(いま) 지금, 방금 막 | 家賃(やちん) 집세 | 値上(ねあ)げ 가격 인상 | 落(お)ち込(こ)む 풀이 죽다 | 売(う)り上(あ)げ 매상 | 鈍(にぶ)る 둔해지다 | 賃金(ちんぎん) 임금 | 値下(ねさ)げ 가격 인하

76 _ 계절 표현 이해

A：だんだん日が長くなりますね。

B：日向ぼっこを楽しんでいる人もいます。

A：きょう、夜桜を見に行きませんか。

B：いいですね。夜はさむいから、羽織るものを持って行かないとね。

A : 점점 해가 길어지네요.
B : 햇볕 쬐는 것을 즐기고 있는 사람도 있습니다.
A : 오늘, 밤 벚꽃놀이를 하러 가지 않겠습니까?
B : 좋습니다. 밤은 춥기 때문에 걸칠 것을 가져가야겠네요.

今の季節はいつですか。

(A) 春　　　　　　　　(B) 夏
(C) 秋　　　　　　　　(D) 冬

지금 계절은 언제입니까?

(A) 봄　　　　　　　　(B) 여름
(C) 가을　　　　　　　(D) 겨울

해설 계절을 묻는 문제로, 대화 속에 나오는 계절과 관련된 어휘를 잘 체크한다. 日向ぼっこ, 桜を見に行く 등을 통해 봄이라는 것을 알 수 있다.

단어 日向(ひなた)ぼっこをする 햇볕을 쬐다 | 夜桜(よざくら) 밤 벚꽃놀이 | 羽織(はお)る 옷 위에 걸쳐입다 | 季節(きせつ) 계절

77 _ 교통표식

A：一方通行と書いてあるんだけど、どこから入ったらいいのか、分かりません。

B：文字が小さすぎて読みにくいんだ。

A：あ、あ。あっちだ。もう行きすぎちゃた。

B：十字路でまたUターンしてやり直してみよう。

A : 일방통행이라고 적혀 있는데, 어디로 들어가면 좋을지 모르겠
습니다.
B : 글자가 너무 작아서 읽기 힘들어.
A : 아, 아. 저쪽이다. 이미 지나쳤어.
B : 네거리에서 또 유턴해서 다시 해 보자.

どうして掲示板が分かりづらいですか。

(A) すでに通りすぎたため
(B) スピード違反を犯したため
(C) とても小さい字で書かれたため
(D) 文字なしの掲示板が多すぎたため

어째서 게시판을 알기 어렵습니까?

(A) 이미 지나쳐 버렸기 때문에
(B) 속도위반을 범했기 때문에
(C) 아주 작은 글씨로 적혔기 때문에
(D) 글자 없는 게시판이 너무 많았기 때문에

해설 게시판의 글자가 너무 작아 읽기 어렵다고 했으므로 정답은
(C)가 적절하다.

단어 一方通行(いっぽうつうこう) 일방통행 | 文字(もじ) 글자
| 十字路(じゅうじろ) 십자로, 네거리 | U(ユー)ターン 유턴 | や
り直(なお)す 다시 하다 | 掲示板(けいじばん) 게시판 | すでに 이
미 | 通(とお)る 지나가다 | 違反(いはん) 위반 | 犯(おか)す 어기다.
범하다 | 字(じ) 글자

78 _ 대화 내용 이해 - AS

A : 故障した場合、アフターサービスはどうなっ
ていますか。
B : 当店にお持ちいただければ、修理いたします。
A : 費用はかかりますか。
B : いいえ、保証期間内なら修理費も無料です。

A : 고장 난 경우 AS는 어떻게 되어 있습니까?
B : 당점으로 가지고 오시면 수리해 드립니다.
A : 비용은 듭니까?
B : 아니요, 보증기간 내라면 수리비도 무료입니다.

会話の内容と合っているものはどれですか。

(A) 当店で買えば修理費は無料となる。
(B) 保証期間内なら費用は無料である。
(C) 交換が出来ないので手数料を払うべきである。
(D) 当店ではアフターサービスが用意されてい

ない。

대화 내용과 맞는 것은 어느 것입니까?

(A) 당점에서 사면 수리비는 무료가 된다.
(B) 보증기간 내라면 비용은 무료다.
(C) 교환을 할 수 없으므로 수수료를 내야 한다.
(D) 당점에서는 AS가 준비되어 있지 않다.

해설 대화 내용과 일치하는 것을 찾아야 하므로 선택지를 하나하
나 체크해 나간다. 당점 구입이 무료 수리의 조건이 아니므로 (A)는
정답으로 부적절, AS에 대해 설명하고 당점으로 가지고 오면 교환
가능하다고 했으므로 (C)는 정답으로 부적절, 당점에서의 AS에 대해
설명하고 있으므로 (D)는 정답으로 부적절하다.

단어 故障(こしょう) 고장 | アフターサービス 애프터 서비스,
AS | 当店(とうてん) 당점 | 修理(しゅうり) 수리 | 費用(ひよう)
비용 | 保証(ほしょう) 보증 | 期間(きかん) 기간 | 修理費(しゅう
りひ) 수리비 | 無料(むりょう) 무료 | 交換(こうかん) 교환 | 手数
料(てすうりょう) 수수료 | 用意(ようい) 준비

79 _ 인물 평가

A : 最近、原田君がよく早退しているみたいだ
けど。
B : なんか、子どもを保育園に迎えに行かない
といけないみたいなんですよね。
A : まあ、原田君のところは共稼ぎだから、理
解してあげたいけど、こんなにたびたびだ
と私もかばいきれないよ。
B : 遅くまで預けられる保育園を探しているっ
て言ってましたよ。

A : 최근에 하라다 군이 자주 조퇴하고 있는 거 같은데.
B : 뭔가, 아이를 보육원에 마중 나가야 한다나 봐요.
A : 뭐, 하라다 군 집은 맞벌이니까 이해해 주고 싶지만, 이렇게 자
주라면 나도 감싸줄 수가 없어.
B : 늦게까지 맡길 수 있는 보육원을 찾고 있다고 했어요.

男の人は原田さんについてどう思っていますか。

(A) 原田さんに感心している。
(B) 原田さんを全面的に理解している。
(C) 原田さんを迎えに行こうと思っている。
(D) 原田さんのことを守りきれないと思っている。

남자는 하라다 씨에 대해서 어떻게 생각하고 있습니까?

(A) 하라다 씨를 기특하게 여기고 있다.
(B) 하라다 씨를 전면적으로 이해하고 있다.

(C) 하라다 씨를 마중 가려고 생각하고 있다.

(D) 하라다 씨를 끝까지 지켜줄 수 없다고 생각하고 있다.

해설 남자가 갖고 있는 하라다에 대한 생각을 체크한다. 하라다의 상황을 이해하지만, 자주 조퇴하는 것에 대해 불만이 있으므로 (A)와 (B)는 정답으로 부적절하고, 매번 조퇴하면 감싸줄 수 없다고 했으므로 (D)가 정답으로 적절하다.

단어 早退(そうたい) 조퇴 | 保育園(ほいくえん) 보육원 | 迎(むか)える 마중하다 | 共稼(ともかせ)ぎ 맞벌이 | 理解(りかい) 이해 | たびたび 번번이, 자주 | かばう 감싸다 | 預(あず)ける 맡기다 | 感心(かんしん) 감탄 | 全面的(ぜんめんてき) 전면적 | 守(まも)る 지키다 | 〜きれない 끝까지 〜할 수 없다

80 _ 대화 내용 파악

A：なんか、臭くない？

B：そう言われてみれば、なんか変なにおいがするね。台所は大丈夫？

A：大変！消火器、持って来て！

B：火を使っているときは側を離れちゃだめだろ！

A : 뭔가, 냄새나지 않아?

B : 그러고 보니, 뭔가 이상한 냄새가 나네. 주방은 괜찮아?

A : 큰일났어! 소화기, 가져와!

B : 불을 사용하고 있을 때는 옆을 떠나면 안 되잖아!

会話の内容と合っているものはどれですか。

(A) キッチンから出火した。

(B) 子どもが花火をしていた。

(C) タバコの煙で部屋が臭くなった。

(D) 二人は食べた物が消化できずにいる。

대화 내용과 맞는 것은 어느 것입니까?

(A) 부엌에서 불이 났다.

(B) 아이가 불꽃놀이를 하고 있었다.

(C) 담배 연기 때문에 방에서 냄새가 났다.

(D) 두 사람은 먹은 것이 소화되지 않고 있다.

해설 대화 내용과 일치하는 것을 찾아야 하므로 선택지를 하나하나 체크해 나간다. 화재에 관한 이야기로 (D)는 정답으로 부적절하며, 消化(しょうか)와 消火(しょうか)의 듣기에 유의한다. 이상한 냄새의 원인은 불이므로 (C)는 정답으로 부적절하다. 주방에서 불을 사용할 때는 떨어지면 안 된다고 훈계하고 있으므로 정답은 (A)가 적절하다.

단어 臭(くさ)い 구리다, 역한 냄새가 나다 | 変(へん) 이상함 | 台所(だいどころ) 부엌 | 消火器(しょうかき) 소화기 | 側(そば) 곁, 옆 | 離(はな)れる 떨어지다, 떠나다 | 出火(しゅっか) 불이 남 | 煙(けむり) 연기 | 消化(しょうか) 소화

4회

81~84

私は会議の時、いつも物凄い睡魔に襲われて困っています。必死にシャーペンで刺したり、コーヒーをごくごく飲んだりして耐えています。寝不足のうえに眠れないので毎日が生き地獄です。飲み会が日常茶飯事なので家路につくのは深夜になってしまいます。不眠解消のために、寝る前に風呂に入った後、熱い牛乳を飲んでいます。

나는 회의 때, 항상 몹시 졸려서 난처합니다. 필사적으로 샤프로 찌르거나 커피를 꿀꺽꿀꺽 마시거나 하면서 참고 있습니다. 수면 부족에다가 잘 수가 없어서 매일이 생지옥입니다. 회식이 일상다반사이기 때문에 귀가는 언제나 심야가 되어 버립니다. 불면증 해소를 위해 자기 전에 목욕을 하고 뜨거운 우유를 마시고 있습니다.

단어 会議(かいぎ) 회의 | 物凄(ものすご)い 대단하다, 끔찍하다 | 睡魔(すいま)に襲(おそ)われる 수마가 덮치다, 몹시 졸리다 | 必死(ひっし) 필사 | 刺(さ)す 찌르다 | ごくごく 꿀꺽꿀꺽 | 耐(た)える 견디다 | 寝不足(ねぶそく) 수면 부족 | 生(い)き地獄(じごく) 생지옥 | 飲(の)み会(かい) 회식 | 日常茶飯事(にちじょうさはんじ) 일상다반사 | 家路(いえじ)につく 귀가길에 오르다 | 深夜(しんや) 심야, 늦은 밤 | 不眠(ふみん) 불면(증) | 解消(かいしょう) 해소

81 この人は何のために困っていますか。

(A) 頭痛のため

(B) 睡眠不足のため

(C) 上司との葛藤のため

(D) 野良猫に襲われたため

이 사람은 무엇 때문에 난처해하고 있습니까?

(A) 두통 때문에

(B) 수면 부족 때문에

(C) 상사와의 갈등 때문에

(D) 들고양이에게 습격받기 때문에

해설 이 사람이 곤란해하고 있는 것은 회의 때 몰려드는 졸음과 수면 부족이므로 정답은 (B)가 적절하다.

82 毎日の生活をどう思っていますか。

(A) 苦しい。　　　　(B) 退屈だ。

(C) 楽しい。　　　　(D) つまらない。

매일의 생활을 어떻게 생각하고 있습니까?

(A) 괴롭다.　　　　(B) 따분하다.

(C) 즐겁다.　　　　(D) 시시하다.

해설 수면 부족과 불면증에 시달려서 매일이 생지옥이라고 했으므로 정답은 (A)가 적절하다.

단어 苦(くる)しい 괴롭다 ▮ 退屈(たいくつ) 따분함

83 この人はどうして家に遅く帰りますか。

(A) 残業　　　　　(B) 夜遊び

(C) 飲み会　　　　(D) ラッシュ地獄

이 사람은 어째서 집에 늦게 돌아갑니까?

(A) 잔업　　　　　(B) 밤놀이

(C) 회식　　　　　(D) 러시 지옥

해설 회식이 일상다반사라 귀가는 항상 심야가 되어 버린다고 했으므로 정답은 (C)가 적절하다.

단어 残業(ざんぎょう) 잔업 ▮ 夜遊(よあそ)び 밤놀이 ▮ 地獄(じごく) 지옥

84 不眠症の対策として何をしていますか。

(A) お湯を飲む。

(B) 少しずつ早めに寝る。

(C) ミルクを熱くして飲む。

(D) ゆたんぽを布団に入れる。

불면증 대책으로 무엇을 하고 있습니까?

(A) 뜨거운 물을 마신다.

(B) 조금씩 일찍 잔다.

(C) 우유를 뜨겁게 해서 마신다.

(D) 탕파를 이불에 넣는다.

해설 이 사람은 불면증 해소를 위해 목욕한 후 뜨거운 우유를 마신다고 했으므로 정답은 (C)이다.

단어 不眠症(ふみんしょう) 불면증 ▮ 対策(たいさく) 대책 ▮ お湯(ゆ) 뜨거운 물 ▮ ゆたんぽ 더운물을 넣어 잠자리 등을 따뜻이 하는 난방 기구, 탕파 ▮ 布団(ふとん) 이불

85~87

試験の日は雪混じりの冷たい雨が降っていました。今日はどんよりとした曇りが続いています。天気と同じ気分です。成績がガタ落ちしてしまったんです。この成績を母に見せたら怒られます。どうやって母からお小遣いをもらおうか、頭を悩ませています。

시험날은 눈 섞인 차가운 비가 내렸습니다. 오늘은 잔뜩 흐린 날씨가 계속되고 있습니다. 날씨와 같은 기분입니다. 성적이 뚝 떨어져 버렸습니다. 이 성적을 어머니께 보여 드리면 혼이 납니다. 어떻게 엄마에게 용돈을 받을지 고민하고 있습니다.

단어 混(ま)じり 섞임 ▮ どんより 날씨가 잔뜩 흐린 모양 ▮ 成績(せいせき) 성적 ▮ ガタ落(お)ち 폭락, 갑자기 뚝 떨어짐 ▮ お小遣(こづか)い 용돈 ▮ 頭(あたま)を悩(なや)ませる 고민하다

85 きょうの天気はどうですか。

(A) 梅雨があけた。

(B) 夕立が上がった。

(C) 小雨が降っている。

(D) うっとうしい天気である。

오늘의 날씨는 어떻습니까?

(A) 장마가 끝났다.

(B) 소나기가 그쳤다.

(C) 가랑비가 내리고 있다.

(D) 잔뜩 찌푸린 날씨이다.

해설 오늘의 날씨는 どんよりとした曇り라고 했으므로 이에 상응하는 표현인 (D)가 정답으로 적절하다. 비가 내린 것은 시험날이라고 했으므로 (C)는 정답으로 부적절하다.

단어 あける (기간이) 끝나다 ▮ 夕立(ゆうだち) 소나기 ▮ 上(あ)がる 끝나다 ▮ 小雨(こさめ) 가랑비 ▮ うっとうしい (기분이나 날씨가) 울적하다

86 この人の気持ちはどうですか。

(A) 惨めだ。

(B) 有頂天だ。

(C) 不気味だ。

(D) ピリピリしている。

이 사람의 기분은 어떻습니까?

(A) 비참하다.
(B) 매우 기쁘다.
(C) 기분이 으스스하다.
(D) 신경이 곤두서 있다.

해설 날씨와 같은 기분이라 했으므로, 잔뜩 흐린 날씨에다가 성적 하락의 영향도 있으므로 정답으로 적절한 것은 (A)이다.

단어 惨(みじ)め 비참함 | 有頂天(うちょうてん) 매우 기쁨 | 不気味(ぶきみ) 어쩐지 무서움 | ピリピリ 신경이 과민해진 모양, 따끔따끔, 몹시 매운 느낌

87 どうしてくよくよしていますか。

(A) 成績が落ちたから
(B) 母に成績を見せたから
(C) 志望大学に受かったから
(D) お小遣いを無駄に使ってしまったから

어째서 끙끙거리고 있습니까?

(A) 성적이 떨어졌기 때문에
(B) 엄마에게 성적을 보였기 때문에
(C) 지망 대학에 합격했기 때문에
(D) 용돈을 낭비해 버렸기 때문에

해설 성적이 떨어져 용돈을 못 받을까봐 걱정하고 있으므로 정답은 (A)가 적절하다. 성적표는 아직 엄마에게 보이지 않았으므로 (B)는 정답에서 제외, 대학 합격 이야기는 나오지 않았으므로 (C)는 정답에서 제외, 용돈을 어떻게 받을까 고민하고 있는 것이므로 (D)는 정답에서 제외된다.

단어 くよくよ 끙끙(사소한 일에 고민하는 모양) | 志望(しぼう) 지망 | 受(う)かる 합격하다 | 無駄(むだ)に 使(つか)う 낭비하다, 헛되이 쓰다

88~90

564便は16時にソウルを出発して京都を経由し、シドニーに到着します。825便は11時にソウルを出発し、現地時間11時30分にニューヨークに到着します。945便は13時30分にソウルを出発して、15時20分に大阪に着きます。ローマ行きの便は搭乗ゲートがA8ゲートからE4ゲートに変わりました。

564편은 16시에 서울을 출발하여, 교토를 경유, 시드니에 도착합니다. 825편은 11시에 서울을 출발하고, 현지 시간 11시 30분에 뉴욕에 도착합니다. 945편은 13시 30분에 서울을 출발하여, 15시 20분에 오사카에 도착합니다. 로마행 편은 탑승 게이트가 A8 게이트에서 E4 게이트로 변경되었습니다.

---

88 825便は何時に到着予定ですか。

(A) 11時　　　　　　(B) 16時
(C) 11時30分　　　(D) 15時20分

825편은 몇 시에 도착 예정입니까?

(A) 11시　　　　　　(B) 16시
(C) 11시 30분　　　(D) 15시 20분

해설 564편, 825편, 945편 등 비행기 편명이 두 개 이상 등장하므로 각각의 목적지 및 경유지, 도착 시간을 잘 체크해 둔다. 825편은 11시에 출발해서 11시 30분에 도착하므로 정답은 (C)가 적절하다.

89 京都を経由するのはどれですか。

(A) 564便　　　　(B) 825便
(C) 945便　　　　(D) 248便

교토를 경유하는 것은 어느 것입니까?

(A) 564편　　　　(B) 825편
(C) 945편　　　　(D) 248편

해설 564편이 서울을 출발하여 교토를 경유한다고 했으므로 정답은 (A)가 된다.

90 ローマ行きの搭乗ゲートは何番ですか。

(A) A4　　　　　(B) A8
(C) E4　　　　　(D) E8

로마행 탑승 게이트는 몇 번입니까?

(A) A4　　　　　(B) A8
(C) E4　　　　　(D) E8

해설 로마행 비행기는 탑승 게이트가 A8에서 E4로 바뀌었다고 했으므로, 정답은 (C)가 적절하다.

91~93

社会的問題となっている肥満に対処する方策として「肥満税」がまた検討されている。不健康な加工食品の購買意欲を減退させるよう7から10％課税しようというものだ。清涼飲料や脂肪分の高い食品など食品の種類によって課税の対象となる。州によってはすでに実施されたが、

徴収された肥満税が肥満防止の取り組みの予算
として充てられるのではなく、赤字の補填に充
てられることが多かったので、最終的には廃止
となったことがある。

사회적 문제가 되고 있는 비만에 대처하는 방책으로 비만세가 다시
검토되고 있다. 건강하지 못한 가공식품의 구매 의욕을 감퇴시키도
록 7~10% 과세하자는 것이다. 청량음료나 지방분이 높은 식품 등
식품의 종류에 따라서 과세 대상이 된다. 주에 따라서는 이미 실시
되었으나 징수된 비만세가 비만 방지 대처 예산으로 충당되는 것이
아니라 적자 보전에 충당되는 일이 많았기 때문에 최종적으로는 폐
지된 적이 있다.

단어 社会的(しゃかいてき) 사회적 | 問題(もんだい) 문제 | 肥
満(ひまん) 비만 | 対処(たいしょ) 대처 | 方策(ほうさく) 방책 |
~税(ぜい) ~세(세금) | 検討(けんとう) 검토 | 不健康(ふけんこ
う) 건강하지 못함 | 加工(かこう) 가공 | 食品(しょくひん) 식품 |
購買(こうばい) 구매 | 意欲(いよく) 의욕 | 減退(げんたい) 감퇴
| 課税(かぜい) 과세 | 清涼飲料(せいりょういんりょう) 청량음
료 | 脂肪分(しぼうぶん) 지방분 | 種類(しゅるい) 종류 | 対象(た
いしょう) 대상 | 州(しゅう) 주 | すでに 이미 | 実施(じっし) 실
시 | 徴収(ちょうしゅう) 징수 | 防止(ぼうし) 방지 | 取(と)り組
(く)み 대처 | 予算(よさん) 예산 | 充(あ)てる 충당하다 | 赤字(あ
かじ) 적자 | 補填(ほてん) 보전 | 最終的(さいしゅうてき) 최종
적 | 廃止(はいし) 폐지

91 肥満税について正しいのはどれですか。

(A) 全ての食品に課税する。

(B) 肥満に対処する方策である。

(C) 前年から持ち越された肥満税を導入した。

(D) 全ての州は肥満税を見合わせることに
した。

비만세에 대해서 바른 것은 어느 것입니까?

(A) 모든 식품에 과세한다.
(B) 비만에 대처하는 방책이다.
(C) 전년에서 이월된 비만세를 도입했다.
(D) 모든 주는 비만세를 보류하기로 했다.

해설 비만세에 대한 내용을 잘 듣고 메모해 나가며 하나하나 체크
한다. 비만에 대처하기 위해 비만세 도입이 검토되고 있다고 했으므
로 정답은 (B)이다. 전년부터 미뤄졌다고 한 것이 아니므로 (C)는 정
답으로 부적절하고, 청량음료나 지방분이 높은 식품이 과세의 대상
이 되므로 (A)는 정답으로 부적절하고, 이미 비만세를 실시하고 있
는 주도 있다고 했으므로 (D)는 정답으로 부적절하다.

단어 全(すべ)て 전부, 모두 | 前年(ぜんねん) 전년 | 持(も)ち越
(こ)す 넘기다, 미루다 | 導入(どうにゅう) 도입 | 見合(みあ)わせ
る 보류하다, 마주하다

92 肥満税が廃止になった理由はどれですか。

(A) 管理者が私腹を肥やしたから

(B) 年齢を問わず情報を得られることになっ
たから

(C) 新薬開発は切羽詰まった状況に追い込
まれていたから

(D) 肥満税が肥満防止の取り組みの予算に
充てられなかったから

비만세가 폐지된 이유는 무엇입니까?

(A) 관리자가 사복을 채웠기 때문에
(B) 연령을 불문하고 정보를 얻을 수 있게 되었기 때문에
(C) 신약 개발은 다급한 상황에 쫓기게 되었기 때문에
(D) 비만세가 비만 방지 대처 예산에 충당되지 않았기 때문에

해설 비만세가 비만 방지 예산에 충당된 것이 아니라, 적자를 메
우는 데 충당되는 경우가 많아서 폐지되었다고 했으므로 정답은 (D)
이다.

단어 理由(りゆう) 이유 | 管理者(かんりしゃ) 관리자 | 私腹
(しふく)を肥(こ)やす 사복을 채우다 | 年齢(ねんれい) 연령 | ~を
問(と)わず ~을 불문하고 | 情報(じょうほう) 정보 | 得(え)る 얻다 |
新薬(しんやく) 신약 | 開発(かいはつ) 개발 | 切羽詰(せっぱつ)ま
る 막다르다, 다급해지다 | 状況(じょうきょう) 상황 | 追(お)い込
(こ)む 몰아넣다

93 肥満税の課税対象になっているのはどれ
ですか。

(A) 酢   (B) ソーダ
(C) 漬け物   (D) にんにく

비만세의 과세 대상이 되어 있는 것은 어느 것입니까?

(A) 식초   (B) 소다
(C) 채소 절임   (D) 마늘

해설 청량음료나 지방분이 높은 식품이 과세의 대상이 된다고 했
으므로, 여기에 해당되는 음식은 (B)이다.

단어 酢(す) 식초 | ソーダ 소다, 소다수 | 漬(つ)け物(もの) 채소
절임 | にんにく 마늘

94~97

ホテル代は、1部屋いくらではなく、一人いく
らで取られます。1万円の部屋に4人だと、
4万円まではいきませんが、3万円以上になり
ます。ウィークリーマンションだと、1部屋い

くらのようです。旅行の場所がバラバラの場合、移動は列車、車、バスの順でお勧めします。ＪＲが都会を含めて、全国を網羅しているので、外国籍ならジャパンレールパスが役に立ちます。私鉄や地下鉄に比較するとやや不便な点もありますが、なんせ乗り放題なのが魅力です。期間内は乗り放題ですので、元は取れます。外国の方でも、日本に着いてからでは買えませんので、来日前に購入してください。

호텔비는 방 하나에 얼마가 아니라 한 사람에 얼마로 책정됩니다. 1만 엔짜리 방에 4명이면 4만 엔까지는 가지 않지만 3만 엔 이상 됩니다. 위클리 맨션이면 방 하나에 얼마로 계산되는 것 같습니다. 여행 장소가 제각각인 경우, 이동은 열차, 차, 버스 순으로 권장합니다. JR이 도회지를 포함하여 전국을 망라하고 있기 때문에 외국 국적이라면 재팬 레일 패스가 도움이 됩니다. 사철이나 지하철에 비하면 약간 불편한 점도 있지만, 어쨌든 몇 번이고 탈 수 있다는 것이 매력입니다. 기간 내에는 승차가 자유롭기 때문에 본전은 뽑을 수 있습니다. 외국 분이라도 일본에 도착한 뒤에는 살 수 없으니 일본에 오기 전에 구입해 주세요.

[단어] バラバラ 따로따로 | 移動(いどう) 이동 | 順(じゅん) 순서 | 網羅(もうら) 망라 | 比較(ひかく) 비교 | やや 약간 | なんせ 어쨌든 | 魅力(みりょく) 매력 | 元(もと)が取(と)れる 본전을 뽑다 | 購入(こうにゅう) 구입

94 ジャパンレールパスについて、正しいのはどれですか。

(A) 乗り放題である。

(B) 日本だけで買える。

(C) 期間が過ぎたら延長できる。

(D) 地下鉄に比べて便利である。

재팬 레일 패스에 대해서 맞는 것은 어느 것입니까?

(A) 마음껏 탈 수 있다.
(B) 일본에서만 살 수 있다.
(C) 기간이 지나면 연장할 수 있다.
(D) 지하철에 비해 편리하다.

[해설] 재팬 레일 패스에 대한 내용을 잘 듣고 메모해 나가며 하나하나 체크한다. 기간 내에 자유롭게 탈 수 있다고 했으므로 (A)가 정답으로 적절하다. 해외에서 사야 하므로 (B)는 정답으로 부적절, 연장 가능하다는 내용은 없으므로 (C)는 정답으로 부적절, 지하철 및 사철보다는 다소 불편하다고 했으므로 (D)는 정답으로 부적절하다.

[단어] 延長(えんちょう) 연장 | 比(くら)べる 비교하다

95 ホテルとウィークリーマンションとの宿泊代の差について正しいのはどれですか。

(A) ホテルの場合、値段が人数制である。

(B) ホテルの場合、部屋代が為替レートの変動により変わる。

(C) ウィークリーマンションの場合、運営費が必要である。

(D) ウィークリーマンションの場合、１部屋しか予約できない。

호텔과 위클리 맨션의 숙박료 차이에 대해서 바른 것은 어느 것입니까?

(A) 호텔의 경우, 가격이 인원제이다.
(B) 호텔의 경우, 객실료가 환율의 변동에 따라 바뀐다.
(C) 위클리 맨션의 경우, 운영비가 필요하다.
(D) 위클리 맨션의 경우, 방 하나밖에 예약할 수 없다.

[해설] 호텔은 사람 수에 따라, 위클리 맨션은 방 수에 따라 계산된다고 했으므로 (A)가 정답으로 적절하다.

[단어] 宿泊代(しゅくはくだい) 숙박료 | 差(さ) 차, 차이 | 人数(にんずう) 사람 수 | 〜制(せい) 〜제(제도) | 部屋代(へやだい) 방값 | 為替(かわせ)レート 환율 | 変動(へんどう) 변동 | 変(か)わる 변하다 | 運営費(うんえいひ) 운영비 | 予約(よやく) 예약 | 〜しか〜ない 〜밖에 〜없다

96 国内の移動で一番お勧めの交通便はどれですか。

(A) 車　　　　　　(B) 列車

(C) バス　　　　　(D) 飛行機

국내 이동에서 가장 추천되는 교통편은 어느 것입니까?

(A) 차　　　　　(B) 열차
(C) 버스　　　　(D) 비행기

[해설] 여행지가 제각각인 경우 열차, 차, 버스 순으로 권장한다고 했으므로 정답은 (B)이다.

[단어] 国内(こくない) 국내 | 交通便(こうつうびん) 교통편

97 本文の内容と合っているのはどれですか。

(A) 寝台列車は都会にある。

(B) グリーン車を廃止している。

(C) ＪＲ線は全国を網羅している。

(D) ＪＲ線は長距離利用に向いていない。

본문의 내용과 맞는 것은 어느 것입니까?

(A) 침대열차는 도회지에 있다.

(B) 그린차를 폐지하고 있다.

(C) JR선은 전국을 망라하고 있다.

(D) JR선은 장거리 이용에 적합하지 않다.

해설 JR선이 도회지를 포함하여 전국을 망라하고 있다고 했으므로 정답은 (C)이다. 침대열차나 그린차 등은 제시되지 않았으므로 (A)와 (B)는 정답으로 부적절하다.

단어 本文(ほんぶん) 본문｜寝台(しんだい) 침대｜グリーン車(しゃ) 그린 차(JRの特別 객차)｜長距離(ちょうきょり) 장거리｜利用(りよう) 이용｜向(む)く 적합하다, 향하다

98~100

のんびりとした風景と田舎暮らしへのあこがれがあって、去年都会から田舎に引っ越してきました。医療とか介護の問題がありますので、大都市に車で行ける距離の田舎です。東京のワンルームの家賃で３ＬＤＫに住めるようになりました。銀行や郵便局や大型スーパーはありますが、遠いです。田舎で暮らすには車が欠かせないものです。車が好きとか嫌いなんていうレベルではありません。いちばん近いコンビニだって車で１５分以上かかります。コンビニまでのんびり歩いてみましたが、行き倒れそうになったことがあります。

한적한 풍경과 시골 생활에 대한 동경이 있어 작년 도시에서 시골로 이사를 왔습니다. 의료나 개호 문제가 있기 때문에 대도시에 차로 갈 수 있는 거리의 시골입니다. 도쿄의 원룸 집세로 3LDK에서 살 수 있게 되었습니다. 은행이나 우체국, 대형 슈퍼는 있지만 멉니다. 시골에서 생활하려면 차가 없어서는 안 되는 것입니다. 차를 좋아한다든지 싫다든지 하는 레벨이 아닙니다. 가장 가까운 편의점이라 해도 차로 15분 이상 걸립니다. 편의점까지 천천히 걸어가 보았는데, 가다 쓰러질 것 같았던 적이 있습니다.

단어 風景(ふうけい) 풍경｜田舎暮(いなかぐ)らし 시골 생활｜あこがれ 동경｜都会(とかい) 도회지｜医療(いりょう) 의료｜介護(かいご) 개호, 병구완｜問題(もんだい) 문제｜大都市(だいとし) 대도시｜距離(きょり) 거리｜家賃(やちん) 집세｜大型(おおがた) 대형｜暮(く)らす 생활하다｜欠(か)かす 빠뜨리다｜レベル 레벨｜～だって ～이라도｜以上(いじょう) 이상｜行(ゆ)き倒(だお)れる 가다가 쓰러지다

98 田舎暮らしを始めた理由は何ですか。

(A) 憧憬を抱いたため

(B) 週末農業を始めたため

(C) 高齢者の介護問題を解決するため

(D) 駅から遠くて静かな生活が送れるため

시골 생활을 시작한 이유는 무엇입니까?

(A) 동경을 품었기 때문에

(B) 주말 농업을 시작했기 때문에

(C) 고령자 개호 문제를 해결하기 위해

(D) 역에서 멀어서 조용한 생활을 보낼 수 있기 때문에

해설 한적한 풍경과 시골 생활에 대한 동경이 있어서 시골로 이사했다고 했으므로 정답은 (A)가 적절하다.

단어 理由(りゆう) 이유｜憧憬(しょうけい) 동경｜抱(いだ)く 품다｜農業(のうぎょう) 농업｜高齢者(こうれいしゃ) 고령자｜解決(かいけつ) 해결｜生活(せいかつ) 생활

99 田舎暮らしで不便な事は何ですか。

(A) 大型スーパーがないこと

(B) 銀行の振り込み手数料が高いこと

(C) 車がないと生活が成り立たないこと

(D) 流行の服が簡単に手に入れられないこと

시골 생활에서 불편한 것은 무엇입니까?

(A) 대형 슈퍼가 없는 것

(B) 은행의 이체 수수료가 비싼 것

(C) 차가 없으면 생활이 되지 않는 것

(D) 유행하는 옷을 간단히 손에 넣을 수 없는 것

해설 시골에서는 차를 좋아한다든지 싫어한다든지 하는 레벨이 아니라 차가 없어서는 생활이 안 된다고 했으므로 정답은 (C)가 적절하다.

단어 不便(ふべん) 불편함｜振(ふ)り込(こ)み 이체｜手数料(てすうりょう) 수수료｜成(な)り立(た)つ 성립되다｜流行(りゅうこう) 유행｜服(ふく) 옷｜手(て)に入(い)れる 손에 넣다

100 本文の内容と合っているのはどれですか。

(A) 大型宅地を分譲している。

(B) 簡易郵便局や病院などはない。

(C) 耕耘機は欠かせないものである。

(D) 近くのコンビニは車で１５分以上かかる。

본문의 내용과 맞는 것은 어느 것입니까?

(A) 대형 택지를 분양하고 있다.

(B) 간이 우체국이나 병원 등은 없다.

(C) 경운기는 빼놓을 수 없는 것이다.

(D) 가까운 편의점은 차로 15분 이상 걸린다.

해설 본문의 내용을 잘 듣고 선택지를 하나하나 체크해 나간다.

단어 本文(ほんぶん) 본문 | 宅地(たくち) 택지 | 分譲(ぶんじょう) 분양 | 簡易(かんい) 간이 | 耕耘機(こううんき) 경운기

✓ 단어	읽기	뜻
仰向け	あおむけ	위를 향한 상태
味付け	あじつけ	양념
暴れる	あばれる	날뛰다
あるまじき		있어서는 안 될
意気込み	いきごみ	패기, 마음가짐
訴える	うったえる	호소하다
うつむく		고개를 숙이다
腕比べ	うでくらべ	솜씨 겨루기
腕相撲	うでずもう	팔씨름
腕枕	うでまくら	팔베개
追い越す	おいこす	추월하다
おおざっぱ		조잡함
大盛り	おおもり	곱빼기
掻く	かく	긁다
ガタ落ち	がたおち	폭락, 갑자기 뚝 떨어짐
葛藤	かっとう	갈등
かばう		감싸다
甲高い	かんだかい	새되다, 날카롭다
干ばつ	かんばつ	가뭄
起業	きぎょう	사업을 일으킴, 창업
几帳面	きちょうめん	꼼꼼함
気まずい	きまずい	어색하다, 거북하다
空欄	くうらん	빈칸
挫く	くじく	관절을 삐다, 접질리다
くたびれもうけ		피곤하기만 하고 소득이 없음
くたびれる		지치다, 피로하다
くっつく		들러붙다, 달라붙다
繰り上げる	くりあげる	앞당기다
軍手	ぐんて	목장갑
硬貨	こうか	경화
こぼれる		흘러내리다
ごまかす		얼버무리다
仕入れ	しいれ	구입, 매입
四角い	しかくい	네모나다
滴る	したたる	방울져 떨어지다
試着	しちゃく	시착, 입어 봄
しゃきしゃき		아삭아삭
重箱	じゅうばこ	찬합
憧憬	しょうけい	동경
処方	しょほうせん	처방전
真摯	しんし	진지함, 착실함
親善試合	しんぜんじあい	친선시합
すべからく		모름지기
滑り込む	すべりこむ	들어오다
ずらす		위치나 시간을 조금 옮기다
関所	せきしょ	관문
切羽詰まる	せっぱつまる	막다르다, 다급해지다
退屈	たいくつ	따분함
台無し	だいなし	쓸모없음, 엉망이 됨
楕円形	だえんけい	타원형
立ち並ぶ	たちならぶ	줄지어 서다
脱サラ	だつサラ	샐러리맨을 그만두고 독립함
たった今	たったいま	지금, 방금 막
使いこなす	つかいこなす	능숙하게 사용하다
使い分ける	つかいわける	가려 쓰다, 골라 쓰다
綱引き	つなひき	줄다리기
吊革	つりかわ	손잡이
偵察	ていさつ	정찰

	일본어	읽기	뜻
☐	適材適所	てきざいてきしょ	적재적소
☐	手数料	てすうりょう	수수료
☐	胴上げ	どうあげ	헹가래
☐	都会	とかい	도회지
☐	共稼ぎ	ともかせぎ	맞벌이
☐	とんと		조금도, 도무지, 까맣게
☐	どんより		날씨가 잔뜩 흐린 모양
☐	生中継	なまちゅうけい	생중계
☐	にきび		여드름
☐	日常茶飯事	にちじょうさはんじ	일상다반사
☐	鈍る	にぶる	둔해지다
☐	羽織る	はおる	옷 위에 걸쳐입다
☐	はがれる		벗겨지다
☐	パック旅行	パックりょこう	패키지 여행
☐	歯並び	はならび	치열
☐	腫れる	はれる	붓다
☐	絆創膏	ばんそうこう	반창고
☐	半開き	はんびらき	반쯤 열려 있음
☐	ひし形	ひしがた	마름모
☐	一肌脱ぐ	ひとはだぬぐ	발 벗고 나서다
☐	不気味	ぶきみ	어쩐지 무서움
☐	ブラインドタッチ		자판을 보지 않고 정확히 키를 누름
☐	振り回す	ふりまわす	휘두르다
☐	ポイ捨て	ポイすて	물건을 함부로 버리는 일
☐	補填	ほてん	보전
☐	ぼろ儲け	ぼろもうけ	수월한 큰 돈벌이
☐	待ちくたびれる	まちくたびれる	기다리다 지치다
☐	眉間	みけん	미간
☐	見境	みさかい	분별, 분간
☐	道端	みちばた	길가, 도로변
☐	見栄え	みばえ	볼품이 좋음
☐	目隠し	めかくし	눈가리개
☐	持ち越す	もちこす	넘기다, 미루다
☐	もてあそぶ		가지고 놀다
☐	もてなす		대접하다
☐	八重歯	やえば	덧니
☐	火傷	やけど	화상
☐	夕涼み	ゆうすずみ	저녁 바람을 쐼
☐	夕立	ゆうだち	소나기
☐	行き倒れる	ゆきだおれる	가다가 쓰러지다
☐	よろける		비틀거리다, 비칠거리다
☐	喜んで	よろこんで	기꺼이

1 (C)	2 (A)	3 (A)	4 (B)	5 (B)	6 (C)	7 (A)	8 (B)	9 (B)	10 (C)
11 (D)	12 (C)	13 (D)	14 (D)	15 (D)	16 (C)	17 (D)	18 (C)	19 (B)	20 (B)
21 (A)	22 (B)	23 (D)	24 (D)	25 (D)	26 (A)	27 (B)	28 (A)	29 (C)	30 (C)
31 (D)	32 (D)	33 (C)	34 (A)	35 (C)	36 (C)	37 (B)	38 (B)	39 (B)	40 (C)
41 (B)	42 (A)	43 (C)	44 (A)	45 (B)	46 (C)	47 (A)	48 (C)	49 (D)	50 (A)
51 (C)	52 (D)	53 (C)	54 (B)	55 (C)	56 (D)	57 (B)	58 (C)	59 (A)	60 (D)
61 (A)	62 (D)	63 (B)	64 (C)	65 (B)	66 (A)	67 (D)	68 (D)	69 (D)	70 (D)
71 (D)	72 (A)	73 (A)	74 (D)	75 (C)	76 (D)	77 (C)	78 (B)	79 (C)	80 (A)
81 (A)	82 (D)	83 (D)	84 (B)	85 (D)	86 (D)	87 (D)	88 (A)	89 (A)	90 (C)
91 (C)	92 (D)	93 (B)	94 (C)	95 (A)	96 (B)	97 (D)	98 (A)	99 (D)	100 (D)

문제는 본책 p149~p169

1 _ 사물의 종류 및 배치

(A) ちり取りが倒れています。

(B) はたきが整然と並んでいます。

(C) ほうきが立てかけてあります。

(D) ハンディーモップがケースに入っています。

(A) 쓰레받기가 쓰러져 있습니다.

(B) 먼지떨이가 가지런히 늘어서 있습니다.

(C) 빗자루가 세워져 있습니다.

(D) 손걸레가 케이스에 들어 있습니다.

해설 사진에 등장하지 않은 먼지떨이나 손걸레를 언급한 (B)와 (D)는 정답에서 제외된다. 빗자루는 세워져 있으므로 정답으로 적절한 것은 (C)이다. 쓰레받기는 세워져 있으므로 (A)는 정답으로 부적절하다.

단어 ちり取(と)り 쓰레받기 | 倒(たお)れる 쓰러지다 | はたき 먼지떨이 | 整然(せいぜん) 정연, 가지런함 | ほうき 빗자루 | 立(た)てかける 기대어 세우다 | ハンディーモップ 손걸레 | ケース 케이스

2 _ 인물의 동작 이해

(A) 男の子は両手で本を持っています。

(B) 男の子は植木鉢に水をやっています。

(C) 本棚の中はがらがらになっています。

(D) 男の子は一番上の棚から本を取り出そうとしています。

(A) 남자아이는 양손으로 책을 들고 있습니다.

(B) 남자아이는 화분에 물을 주고 있습니다.

(C) 책장 안은 텅텅 비어 있습니다.

(D) 남자아이는 제일 위에 있는 선반에서 책을 꺼내려고 하고 있습니다.

해설 남자아이가 양손으로 책을 들고 있는 사진이므로 정답으로 적절한 것은 (A)이다. 책장 안은 텅 빈 상태가 아니므로 (C)는 정답으로 부적절하다.

단어 植木鉢(うえきばち) 화분 | 本棚(ほんだな) 책장 | がらがら 텅텅 | 棚(たな) 선반 | 取(と)り出(だ)す 꺼내다

3 _ 사물의 상태

(A) 鍵付きの傘立てがあります。

(B) 傘がびっしりと並んでいます。

(C) 店頭に傘袋スタンドが置かれています。

(D) 傘の取っ手部分がテーブルの端にかけてあります。

(A) 열쇠 달린 우산꽂이가 있습니다.

(B) 우산이 빽빽이 늘어서 있습니다.

(C) 가게 앞에 우산을 넣을 비닐함이 놓여 있습니다.

(D) 우산의 손잡이 부분이 테이블 끝에 걸려 있습니다.

해설 열쇠를 잠글 수 있는 우산 보관대에 번호가 매겨져 있다. 우산 보관대는 텅텅 비었으므로 (B)는 정답으로 부적절, 비닐함은 없으므로 (C)는 정답으로 부적절하다.

단어 ~付(つ)き ~이 달려 있음 | 傘立(かさた)て 우산꽂이 | びっしり 빽빽이 | 店頭(てんとう) 점두, 가게 앞 | 傘袋(かさぶくろ) 우산을 넣는 비닐 | 取(と)っ手(て) 손잡이 | 部分(ぶぶん) 부분 | 端(はし) 끝, 끄트머리

4 _ 두 사람의 동작 이해

(A) 肩車をしています。

(B) 肩を組んでいます。

(C) 腕組みをしています。

(D) 頬杖をついています。

(A) 목말을 태우고 있습니다.

(B) 어깨동무를 하고 있습니다.

(C) 팔짱을 끼고 있습니다.

(D) 턱을 괴고 있습니다.

해설 인물의 동작을 묻고 있다. 사진에는 두 사람이 어깨동무를 하고 있으므로 정답으로 적절한 것은 (B)이다.

단어 肩車(かたぐるま) 목말 | 肩(かた)を組(く)む 어깨동무를 하다 | 腕組(うでぐ)み 팔짱 | 頬杖(ほおづえ)をつく 턱을 괴다

5 _ 사물의 종류 및 상태

(A) ペンでＵＳＢケーブルをタッチしています。

(B) ペンが鉛筆立ての中に差し込んであります。

(C) 使いかけの絵筆が筆立てに立ててあります。

(D) 絵の上にペンタブレットが並べてあります。

(A) 펜으로 USB 케이블을 터치하고 있습니다.

(B) 펜이 연필꽂이 안에 꽂혀 있습니다.

(C) 쓰다가 만 그림붓이 붓통에 세워져 있습니다.

(D) 그림 위에 펜태블릿이 나란히 있습니다.

해설 묶어 둔 전선과 펜이 연필꽂이에 꽂혀 있으므로 정답으로 적절한 것은 (B)이다. 사진에 등장하지 않은 '그림붓'이나 '그림'을 언급한 (C), (D)는 정답에서 제외된다.

단어 タッチ 터치 | 鉛筆立(えんぴつた)て 연필꽂이 | 差(さ)し
込(こ)む 꽂다 | ～かけ ～하다가 맒 | 絵筆(えふで) 그림붓 | 筆立
(ふでた)て 필통, 붓통 | ペンタブレット 펜태블릿

6 _ 고속도로 풍경

(A) くねくねと曲がった道です。
(B) 車がトンネルを抜け出しています。
(C) ＥＴＣレーンを通過しようとしています。
(D) この道路は通行止めになっています。

(A) 구불구불한 길입니다.
(B) 차가 터널을 빠져나가고 있습니다.
(C) ETC 레인을 통과하려고 합니다.
(D) 이 도로는 통행금지입니다.

해설 차가 ETC 레인을 통과하려고 하는 것으로 (C)가 정답으로
적절하다. 길은 직선이므로 (A)는 정답으로 부적절, 터널은 없으므
로 (B)는 정답으로 부적절, 차가 지나가야 하는 요금소이므로 (D)는
정답으로 부적절하다.

단어 くねくね 구불구불 | 曲(ま)がる 구부러지다 | トンネル 터
널 | 抜(ぬ)け出(だ)す 빠져나가다 | レーン 레인 | 通過(つうか) 통
과 | 道路(どうろ) 도로 | 通行止(つうこうど)め 통행금지

7 _ 사물의 특징 이해

(A) タッチパネルで注文しています。
(B) 注文のためボタンを押しています。
(C) すしを独特なタッチで描いています。
(D) インターホンが取り付けられています。

(A) 터치 패널로 주문하고 있습니다.
(B) 주문을 위해 버튼을 누르고 있습니다.
(C) 초밥을 독특한 터치로 그리고 있습니다.
(D) 인터폰이 설치되어 있습니다.

해설 손가락으로 패널을 터치해서 주문하고 있으므로 정답으로
적절한 것은 (A)이다. 초밥 그림이나 인터폰은 없으므로 (C)와 (D)는
정답으로 적절하지 않다.

단어 タッチパネル 터치 패널 | 注文(ちゅうもん) 주문 | 押(お)
す 누르다 | 独特(どくとく) 독특함 | 取(と)り付(つ)ける 달다, 설
치하다

8 _ 인물의 동작

(A) キャップを回しています。
(B) 栓抜きで栓を抜こうとしています。
(C) コルクを瓶の口に入れようとしています。

(D) コルク栓付きのガラスボトルがあります。

(A) 캡을 돌리고 있습니다.
(B) 병따개로 뚜껑을 따려고 합니다.
(C) 코르크를 병 입구에 넣으려고 합니다.
(D) 코르크 마개가 있는 유리병이 있습니다.

해설 병따개로 뚜껑을 따려 하고 있으므로 정답으로 적절한 것은
(B)이다. 병은 여러 종류가 있지만, 코르크가 있는 병은 없으므로 (D)
는 정답으로 적절하지 않다.

단어 キャップ 캡 | 回(まわ)す 돌리다 | 栓抜(せんぬ)き 병따개
| 栓(せん) 마개, (수도) 꼭지 | 抜(ぬ)く 뽑다 | コルク 코르크 | 瓶(び
ん) 병 | ガラスボトル 유리병

9 _

(A) 水面には水草が浮いています。
(B) 底には玉砂利が敷いてあります。
(C) 水槽の水が溢れかえっています。
(D) 色とりどりの魚がサンゴの間を泳いでいます。

(A) 수면에는 수초가 떠 있습니다.
(B) 바닥에는 자갈이 깔려 있습니다.
(C) 수조의 물이 넘치고 있습니다.
(D) 색이 알록달록한 물고기가 산호 사이를 헤엄치고 있습니다.

해설 제시된 사진 속의 바닥은 자갈이 깔려 있고, 물고기들이 헤
엄치고 있다. 따라서 정답은 (B)가 적절하다. 사진에는 산호나 수초
가 없으므로 (A)와 (D)는 정답에서 제외된다.

단어 水面(すいめん) 수면 | 水草(みずくさ) 수초 | 浮(う)く
뜨다 | 底(そこ) 바닥 | 玉砂利(たまじゃり) 굵은 자갈 | 敷(し)く
깔다 | 水槽(すいそう) 수조 | 溢(あふ)れかえる 흘러넘치다 | サン
ゴ 산호

10 _ 공중 전화 박스

(A) 手で軽く触れると電話ボックスのドアが開
きます。
(B) 電話の下に電話帳がそれぞれ三冊ずつ置い
てあります。
(C) 受話器は正面から向かって電話の左側につ
いています。
(D) 花柄のガラスがはめ込まれた電話ボックス
が三つあります。

(A) 손으로 살짝 만지면 전화 박스의 문이 열립니다.
(B) 전화 밑에 전화번호부가 각각 세 권씩 놓여 있습니다.
(C) 수화기는 정면을 향해 전화의 왼쪽에 달려 있습니다.
(D) 꽃무늬 유리가 끼워진 전화 박스가 3개 있습니다.

해설 터치식 문이 아니므로 (A)는 정답에서 제외, 전화번호부는 세 권, 두 권, 한 권이 놓여 있으므로 (B)는 정답에서 제외된다. 수화기는 정면에 바라볼 때 왼쪽에 있으므로 (C)가 정답으로 적절하다.

단어 触(ふ)れる 만지다 | 開(ひら)く 열다 | 電話帳(でんわちょう) 전화번호부 | ～ずつ ～씩 | 受話器(じゅわき) 수화기 | 正面(しょうめん) 정면 | 向(む)かう 향하다 | 花柄(はながら) 꽃무늬 | はめ込(こ)む 끼워 넣다, 집어넣다

11 _ 사물의 상태 및 인물의 동작

(A) 右手でコップを持って口に運んでいます。

(B) 眼鏡をかけている女性がみかんの皮を剥いています。

(C) 半分ぐらい食べかけのデコポンが四角いお盆の上にのっています。

(D) 一人の女性がフォークでお皿に残っているりんごを刺しています。

(A) 오른손으로 컵을 들어 입으로 옮기고 있습니다.
(B) 안경을 쓰고 있는 여성이 귤껍질을 까고 있습니다.
(C) 반쯤 먹은 한라봉이 네모난 쟁반 위에 올려져 있습니다.
(D) 한 여성은 포크로 접시에 남아 있는 사과를 찍고 있습니다.

해설 여성이 포크로 사과를 찍고 있으므로 정답으로 적절한 것은 (D)이다. 컵은 테이블 위에 있으므로 (A)는 정답으로 부적절, 귤을 까고 있는 사람은 없으므로 (B)는 정답으로 부적절, 한라봉은 둥근 접시 위에 있으므로 (C)는 정답으로 부적절하다.

단어 運(はこ)ぶ 옮기다 | 皮(かわ) 껍질 | 剥(む)く 까다, 벗기다 | ～かけ ～하다가 맒 | デコポン 한라봉 | 四角(しかく)い 네모나다 | お盆(ぼん) 쟁반 | お皿(さら) 접시 | 刺(さ)す 찌르다

12 _ 역의 매표소 앞

(A) 発車時刻表が置いてあります。

(B) 男の人はパネルをタッチしています。

(C) 自動券売機の上に路線図があります。

(D) 男の人はジュースの自動販売機の前に立っています。

(A) 발차 시각표가 놓여 있습니다.
(B) 남성은 패널을 터치하고 있습니다.
(C) 티켓 자동판매기 위에 노선도가 있습니다.
(D) 남성은 주스 자동판매기 앞에 서 있습니다.

해설 표를 파는 기계 위에 노선도가 있으므로 정답으로 적절한 것은 (C)이다. 발차 시각표는 없으므로 (A)는 정답으로 부적절하고, 남한 남성이 표를 파는 자동발매기에 서 있으므로 (B), (D)는 정답으로 부적절하다.

단어 発車(はっしゃ) 발차 | 時刻表(じこくひょう) 시각표 | 自動券売機(じどうけんばいき) 티켓 자동판매기 | 路線図(ろせんず) 노선도

13 _ 역 앞의 거리 풍경

(A) 長針と短針が直角になっています。

(B) 蓋付きの懐中時計が並べてあります。

(C) ここは自動車の乗り入れが禁止されています。

(D) 時計の文字盤はローマ数字で表記されています。

(A) 분침과 시침이 직각을 이루고 있습니다.
(B) 뚜껑이 달린 회중시계가 나란히 있습니다.
(C) 여기는 자동차를 타고 들어가는 것이 금지되어 있습니다.
(D) 시계의 글자판은 로마 숫자로 표기되어 있습니다.

해설 제시된 사진 속의 시계를 보면 시침과 분침이 거의 일치하고 있으므로 (A)는 정답으로 부적절하고, 뚜껑이 있는 회중시계가 아니므로 (B)는 정답으로 부적절하다. 자동차가 길가에 있으므로 (C)는 정답으로 부적절하다. 사진 속 시계의 글자는 로마 숫자로 표기되어 있으므로 정답으로 적절한 것은 (D)이다.

단어 長針(ちょうしん) 분침 | 短針(たんしん) 시침 | 直角(ちょっかく) 직각 | 蓋(ふた) 뚜껑 | 懐中時計(かいちゅうどけい) 회중시계 | 乗(の)り入(い)れ 탄 채 들어감 | 禁止(きんし) 금지 | 文字盤(もじばん) 글자판 | 数字(すうじ) 숫자 | 表記(ひょうき) 표기

14 _ 도로 모습

(A) 横断歩道で車が行き交っています。

(B) タクシーは左側車線でUターンしようとしています。

(C) 車が高速道路のインターチェンジを降りています。

(D) 街を歩いている観光客らしい人は見当たりません。

(A) 횡단보도에서 차가 오가고 있습니다.
(B) 택시는 왼쪽 차선에서 U턴하려고 합니다.
(C) 차가 고속도로의 인터체인지를 나가고 있습니다.
(D) 거리를 걷고 있는 관광객 같은 사람은 보이지 않습니다.

해설 거리에는 관광객이 없으므로 (D)가 정답으로 적절하다. 택시 뒤로 횡단보도가 보이므로 (A)는 정답으로 부적절, 택시의 차선은 한쪽 차선밖에 없으므로 (B)는 정답으로 부적절, 고속도로가 아니므로 (C)는 정답으로 부적절하다.

단어 横断歩道(おうだんほどう) 횡단보도 | 行(ゆ)き交(か)う 오가다 | U(ユー)ターン 유턴 | 高速道路(こうそくどうろ) 고속도로 | インターチェンジ 인터체인지 | 街(まち) 거리 | 観光客(か

ん こうきゃく) 관광객ㅣ見当(みあ)たる 발견되다, 눈에 띄다

15 _ 인물의 동작 이해

(A) 鍋から煙が出ています。
(B) 炭火で貝を焼いています。
(C) ハサミとニッパーを手に持っています。
(D) 肉をフードトングで取っているところです。

(A) 냄비에서 연기가 나고 있습니다.
(B) 숯불로 조개를 굽고 있습니다.
(C) 가위와 니퍼를 손에 들고 있습니다.
(D) 고기를 음식 집게로 집고 있는 중입니다.

해설 음식 집게로 고기를 들고 있으므로 정답으로 적절한 것은 (D)이다. 석쇠 위에 고기를 굽고 있는 모습으로, 조개나 냄비는 정답으로 부적절하고, 가위는 들고 있지만 니퍼는 없으므로 (C)는 사진의 내용과 다르다.

단어 鍋(なべ) 냄비ㅣ煙(けむり) 연기ㅣ炭火(すみび) 숯불ㅣ貝(かい) 조개ㅣ焼(や)く 굽다ㅣハサミ 가위ㅣニッパー 니퍼ㅣフードトング 음식 집게ㅣ取(と)る 집다

16 _ 안내문 이해

(A) 乗り越し精算をする所です。
(B) 車のガソリンを入れる所です。
(C) 料金の支払い方法を案内しています。
(D) 空いている駐車スペースを案内するシステムです。

(A) 초과 운임 정산을 하는 곳입니다.
(B) 차의 휘발유를 넣는 곳입니다.
(C) 요금 지불 방법을 안내하고 있습니다.
(D) 비어 있는 주차 공간을 안내하는 시스템입니다.

해설 주차한 뒤의 정산 순서(清算手順)를 설명하고 있는 것으로 정답으로 적절한 것은 (C)이다.

단어 乗(の)り越(こ)し 타고 가다 하차역을 지나침ㅣ精算(せいさん) 정산ㅣガソリン 가솔린, 휘발유ㅣ料金(りょうきん) 요금ㅣ支払(しはら)い 지불ㅣ方法(ほうほう) 방법ㅣ案内(あんない) 안내ㅣ空(あ)く 비다ㅣ駐車(ちゅうしゃ) 주차ㅣスペース 공간ㅣシステム 시스템

17 _ 객실 모습

(A) 椅子の肘掛けに上着がかかっています。
(B) 背もたれのない椅子が置かれています。
(C) 布団は長椅子の上の一方に偏っています。

(D) 何枚かの座布団は椅子に敷いてあります。

(A) 의자의 팔걸이에 상의가 걸려 있습니다.
(B) 등받이가 없는 의자가 놓여 있습니다.
(C) 이불은 긴 의자 위 한쪽으로 쏠려 있습니다.
(D) 방석 몇 개는 의자에 깔려 있습니다.

해설 방석 몇 개가 의자에 놓여 있으므로 정답으로 적절한 것은 (D)이다. 의자는 팔걸이가 없지만 등받이가 있는 의자이고, 1인용 의자만 있을 뿐 긴 의자는 없으므로 (A), (B), (C)는 정답으로 적절하지 않다.

단어 肘掛(ひじか)け 팔걸이ㅣ上着(うわぎ) 상의ㅣ背(せ)もたれ 등받이ㅣ布団(ふとん) 이불ㅣ長椅子(ながいす) 긴 의자ㅣ一方(いっぽう) 일방, 한쪽ㅣ偏(かたよ)る 치우치다ㅣ座布団(ざぶとん) 방석ㅣ敷(し)く 깔다

18 _ 쓰레기통에 적힌 문구 이해

(A) 不燃ゴミの蓋は閉っています。
(B) 可燃ゴミの種類が書いてあります。
(C) ゴミ箱が空になっているようです。
(D) 分別用に段ボール箱が置いてあります。

(A) 타지 않는 쓰레기의 뚜껑은 닫혀 있습니다.
(B) 타는 쓰레기의 종류가 적혀 있습니다.
(C) 쓰레기통이 비어 있는 것 같습니다.
(D) 분리용으로 골판지 상자가 놓여 있습니다.

해설 쓰레기통의 뚜껑은 모두 열려 있으므로 (A)는 정답으로 부적절, 사진에는 타는 쓰레기와 타지 않는 쓰레기라고 적힌 스티커만 있으므로 (B)는 정답으로 부적절, 골판지 상자는 없으므로 (D)는 정답으로 적절하지 않다.

단어 不燃(ふねん) 불연, 타지 않음ㅣゴミ 쓰레기ㅣ蓋(ふた) 뚜껑ㅣ閉(しま)る 닫히다ㅣ可燃(かねん) 가연ㅣ種類(しゅるい) 종류ㅣゴミ箱(ばこ) 쓰레기통ㅣ空(から) 빔ㅣ分別(ぶんべつ) 분별, 분리ㅣ～用(よう) ～용ㅣ段(だん)ボール箱(ばこ) 골판지 상자

19 _ 거리풍경

(A) レッカー車がバイクを牽引しています。
(B) 歩道の上にバイクが止められています。
(C) 道の両側に数台のバイクが同じ向きで止まっています。
(D) バックミラーは畳まれており、ヘルメットが床に転がっています。

(A) 렉커 차가 바이크를 견인하고 있습니다.
(B) 보도 위에 바이크가 세워져 있습니다.
(C) 길 양쪽에 여러 대의 바이크가 같은 방향으로 세워져 있습니다.
(D) 백미러는 접혀 있고 헬멧이 마루에 아무렇게나 놓여 있습니다.

해설 사진에는 단 한 대의 오토바이가 있고, 바닥에 헬멧이 떨어져 있지는 않다. 인도 위에 오토바이가 세워져 있으므로 정답으로 적절한 것은 (B)이다.

단어 レッカー車(しゃ) 렉커 차 | バイク 바이크 | 牽引(けんいん) 견인 | 歩道(ほどう) 보도 | 両側(りょうがわ) 양쪽 | 数台(すうだい) 여러 대 | 向(む)き 방향 | バックミラー 백미러 | 畳(たた)む 접다 | ヘルメット 헬멧 | 床(ゆか) 마루 | 転(ころ)がる 구르다

20 _ 사물의 특징 및 배치

(A) 匙がコップの中に入っています。

(B) 丸めたおしぼりが置かれています。

(C) 計量スプーンがコップの前にあります。

(D) 水を注ぎながらスプーンでかき回しています。

(A) 숟가락이 컵 안에 들어 있습니다.

(B) 둥글게 만 물수건이 놓여 있습니다.

(C) 계량스푼이 컵 앞에 있습니다.

(D) 물을 부으면서 숟가락으로 젓고 있습니다.

해설 사진 속에 있는 사물을 보면, 숟가락, 둥글게 말린 물수건, 컵이 있다. 따라서 계량스푼을 말한 (C)는 정답에서 제외된다. 숟가락은 컵 앞에 있고, 숟가락으로 휘젓고 있지 않으므로 (A), (D)는 정답으로 적절하지 않다.

단어 匙(さじ) 숟가락 | 丸(まる)める 둥글게 말다 | おしぼり 물수건 | 計量(けいりょう) 계량 | 注(つ)ぐ 붓다, 따르다 | かき回(まわ)す 젓다

PART 2

21 _ 일상생활 – 통증 원인

運動中に、腰を強く打ったらしいです。

(A) だから、腰痛を起こしたんですね。

(B) だから、足首をねんざしたんですね。

(C) だから、足がしびれて立てなかったんですね。

(D) だから、歯が痛くて食事ができないんですね。

운동 중에 허리를 강하게 부딪친 것 같아요.

(A) 그래서 요통을 일으켰군요.

(B) 그래서 발목을 삐었군요.

(C) 그래서 다리가 저려서 설 수가 없었군요.

(D) 그래서 이가 아파서 식사를 못 하는군요.

해설 허리가 아픈 이유를 설명했으므로, 이에 적절한 응답은 허리가 아픈 것을 이야기한 (A)가 정답으로 적절하다.

단어 腰(こし) 허리 | 打(う)つ 치다 | 腰痛(ようつう) 요통 | 起(お)こす 일으키다 | 足首(あしくび) 발목 | ねんざ 염좌, 삠 | (し
び)れる 저리다

22 _ 일상생활 – 스포츠, 관용구

最下位脱出がせいぜいと思われたチームが大健闘し、決勝戦まで進出したね。

(A) ドリームチームと並んで、優勝候補となった。

(B) やはり勝負はふたを開けてみるまでわからないのよ。

(C) 1セットを奪われたけど、第2セットはリードしているよ。

(D) これまで培った知識と経験を生かしていきたいと考えています。

기껏해야 최하위 탈출이 겨우라고 생각했던 팀이 건투해서 결승전까지 진출했지.

(A) 드림팀과 나란히 우승 후보가 되었어.

(B) 역시 승부는 뚜껑을 열어볼 때까지 알 수 없어.

(C) 1세트를 내 줬지만, 제2세트는 리드하고 있어.

(D) 지금까지 배양한 지식과 경험을 살리고 싶습니다.

해설 잘하지 못했던 팀이 결승전까지 진출했다며 놀라움을 나타낸 것에 대한 응답으로 적절한 것은 (B)이다.

단어 最下位(さいかい) 최하위 | 脱出(だっしゅつ) 탈출 | せいぜい 겨우, 힘껏 | 大健闘(だいけんとう) 대건투 | 決勝戦(けっしょうせん) 결승전 | 進出(しんしゅつ) 진출 | ドリームチーム 드림팀 | 優勝(ゆうしょう) 우승 | 候補(こうほ) 후보 | 勝負(しょうぶ) 승부 | ふた 뚜껑 | 奪(うば)う 빼앗다 | リード 리드 | 培(つちか)う 배양하다 | 知識(ちしき) 지식 | 経験(けいけん) 경험 | 生(い)かす 살리다

23 _ 일상생활 – 일기예보

いっけね。傘、持ってねえんだった。

(A) 雨晴れて笠を忘ることか。

(B) 花火にもってこいの天気だった。

(C) 相合い傘のイラストを描いてる？

(D) 今朝、天気予報見てなかったの？

안 돼. 우산, 안 가져왔었지.

(A) 어려움이 지나가고 나면 그때의 은혜를 잊는 건가.

(B) 불꽃놀이 하기에 안성맞춤인 날씨였어.

(C) 같이 우산 쓰고 있는 그림을 그리고 있어?

(D) 오늘 아침에 일기예보 안 봤어?

해설 우산을 갖고 오지 않았다는 말에, 일기예보를 안 봤냐고 물어본 (D)가 정답으로 적당하다.

단어 雨晴(あめは)れて笠(かさ)を忘(わす)る 어려움이 지나가고 나면 그때의 은혜도 잊는다 | もってこい 안성맞춤 | 相合(あいあ)い傘(がさ) 한 우산을 함께 씀 | イラスト 일러스트, 그림

24 _ 회사 생활 – 회식

今日(きょう)はもうお開(ひら)きにしませんか。もう１１時(じ)ですよ。

(A) この本(ほん)は開(ひら)きが悪(わる)いんです。

(B) いいえ、午前(ごぜん)１０時半(じはん)から店開(みせびら)きします。

(C) スコアの開(ひら)きは２倍(ばい)以上(いじょう)にもなっているよ。

(D) え？これから二次会(にじかい)でもと思(おも)っているんですけど。

오늘은 이제 끝내지 않겠습니까? 벌써 11시예요.

(A) 이 책은 잘 펴지지 않아요.

(B) 아니요, 오전 10시 반부터 개장합니다.

(C) 점수 차이는 2배 이상이나 나.

(D) 네? 지금부터 2차라도 가려고 생각하고 있는데요.

해설 그만 끝내자는 의견에 2차를 가자고 제시한 (D)가 응답으로 적절하다. (A)는 책이 펼쳐지는 상태에 대한 응답이고, (B)는 가게의 개점 시간을, (C)는 벌어지는 차이를 이야기하고 있으므로 정답으로 부적절하다. 開(あ)く와 開(ひら)く의 의미에 주의하도록 한다.

단어 お開(ひら)きにする (회합, 연회 등) 끝내다, 마치다 | 開(ひら)き 엶, 격차 | 店開(みせびら)き 개장 | ～倍(ばい) ～배 | 以上(いじょう) 이상 | 二次会(にじかい) 2차

25 _ 일상생활 – 환영, 마중

今日(きょう)は春(はる)ちゃんがイタリア出張(しゅっちょう)から帰(かえ)って来(く)る日(ひ)。春(はる)ちゃんの帰(かえ)りが待(ま)ち遠(どお)しい。

(A) 待(ま)ち遠(どお)しい春(はる)はもうすぐです。

(B) パパはパリに出張中(しゅっちょうちゅう)ですよね。

(C) ママはイタリアンシェフです。

(D) お土産(みやげ)やお土産話(みやげばなし)も楽(たの)しみですよね。

오늘은 하루가 이탈리아 출장에서 돌아오는 날. 하루의 귀국이 몹시 기다려져.

(A) 몹시 기다리던 봄은 이제 곧 옵니다.

(B) 아빠는 파리에 출장 중이지요.

(C) 엄마는 이탈리아 요리 셰프예요.

(D) 기념품이나 여행담도 정말 기대돼요.

해설 하루가 이탈리아에서 돌아오기를 몹시 기대하고 있다는 것에 대한 응답으로 적절한 것은 이탈리아의 기념품이나 이야기도 기대된다고 한 (D)이다. (A)는 계절을 이야기하고 있으므로 정답으로 부적절, (B)는 파리의 출장지를 설명하고 있으므로 정답으로 부적절, (C)는 엄마의 직업을 설명하고 있으므로 정답으로 부적절하다.

단어 待(ま)ち遠(どお)しい 몹시 기다려지다 | パパ 아빠 | パリ 파리(프랑스) | ママ 엄마 | イタリアン 이탈리안 | シェフ 셰프, 요리사 | お土産話(みやげばなし) 여행담

26 _ 회사 생활 – 보너스

この夏(なつ)のボーナスはどう？

(A) まあまあといったところだね。

(B) 今年(ことし)から手当(てあ)てを廃止(はいし)します。

(C) 振込日(ふりこみび)まで残(のこ)り１万円(いちまんえん)しかない。

(D) 夏(なつ)のボーナスでお買(か)い物(もの)します。

이번 여름 보너스는 어때?

(A) 그저 그런 정도야.

(B) 올해부터 수당을 폐지합니다.

(C) 입금일까지 남은 돈은 만 엔밖에 없어.

(D) 여름 보너스로 쇼핑할 거예요.

해설 보너스가 어떤지 묻고 있는 것으로, 그저 그렇다고 답한 (A)가 정답으로 적절하다. (C)는 현재 금액을 설명하고 있으며, (D)는 보너스로 무엇을 할 것인지 설명하고 있으므로 정답으로 부적절하다.

단어 ボーナス 보너스 | まあまあ 그저 그런 정도임 | 手当(てあ)て 수당 | 廃止(はいし) 폐지 | 振込日(ふりこみび) 입금일

27 _ 일상생활 – 음식의 선호도

味(あじ)は濃(こ)い味(あじ)と薄味(うすあじ)、どっちが好(す)きですか。

(A) 濃厚(のうこう)な味(あじ)わいが楽(たの)しめます。

(B) 私(わたし)は少々(しょうしょう)薄(うす)めの方(ほう)が好(す)きです。

(C) やっぱり和風(わふう)のほうが好(す)きかな。

(D) 夫婦(ふうふ)で好(す)きな味付(あじつ)けが違(ちが)い、困(こま)っています。

맛은 진한 맛과 옅은 맛, 어느 쪽을 좋아하세요?

(A) 농후한 맛을 즐길 수 있습니다.

(B) 나는 약간 싱거운 쪽을 좋아합니다.

(C) 역시 일본풍을 좋아한달까.

(D) 부부가 서로 입맛이 달라서 곤란해요.

 진한 맛과 옅은 맛 가운데 선택을 요구하는 문제로, 이에 적절한 응답은 (B)가 된다.

단어 濃(こ)い 진하다, 짙다 | 薄味(うすあじ) 담담한 맛 | 濃厚(のうこう) 농후함 | 味(あじ)わい 맛, 풍미 | 薄(うす)め 조금 싱거움 | 和風(わふう) 일본풍 | 夫婦(ふうふ) 부부 | 味付(あじつ)け 맛을 냄 | 違(ちが)う 다르다, 틀리다

28 _ 일상생활 – 가옥 구조의 특징

風がすうすう入ってくるみたいですね。

(A) あそこに隙間があるんです。
(B) 日当たりと風通しが良い所は高いです。
(C) タクシーがすうっと行ってしまったんですね。
(D) 兄がソファーですうすうと寝息を立てています。

바람이 솔솔 들어오고 있는 것 같아요.

(A) 저기에 틈새가 있습니다.
(B) 일조와 통풍이 잘 되는 곳은 비쌉니다.
(C) 택시가 쓱 지나가 버렸어요.
(D) 형이 소파에서 자면서 색색 하고 숨소리를 내고 있습니다.

해설 바람이 들어오고 있다고 말한 것에 대해 틈새가 있다고 응답한 (A)가 정답으로 적절하다. (B)는 비싼 집의 특징을 설명하고 있으므로 정답으로 부적절하다.

단어 すうすう 색색(코로 숨 쉴 때 나는 소리), 솔솔(틈새로 찬바람이 새어드는 모양), 술술(정체나 막힘없이 잘 나가는 모양) | 隙間(すきま) 틈 | 日当(ひあ)たり 볕이 듦, 양달 | 風通(かぜとお)し 통풍 | すうっと 쓱(가볍게 움직이는 모양) | 寝息(ねいき)を立(た)てる 자면서 숨소리를 내다

29 _ 회사 생활 – 회식

遅れたんだから、とりあえず、かけつけ3杯だ！

(A) かわいいぐい飲みを見つけたよ。
(B) 宴会を盛り上げるため何か良い案はないの？
(C) 勘弁してよ。きのうも飲んだくれたんだし。
(D) 会社の打ち上げパーティーは3分遅れてスタートした。

늦었으니까 우선 벌주 3잔!

(A) 귀여운 찻잔을 발견했어.
(B) 연회의 흥을 올리기 위해 뭔가 좋은 생각은 없어?
(C) 봐줘. 어제도 정신없이 마셨거든.
(D) 회사 쫑파티는 3분 늦게 시작했어.

해설 늦게 온 것에 대해 벌주를 권유하고 있으므로 양해해 달라고 응답한 (C)가 정답으로 적절하다. (A)는 찻잔에 대한 설명을, (B)는

연회에서 분위기를 띄울 수 있는 방법에 대한 강구를, (D)는 파티의 시작 시간을 말하고 있으므로 정답으로 부적절하다.

단어 かけつけ3杯(さんばい) 술자리에 늦게 온 이에게 벌로 술을 연거푸 석 잔 마시게 하는 일 | ぐい飲(の)み 단숨에 들이마심. 운두가 높고 큰 찻잔 | 宴会(えんかい) 연회 | 盛(も)り上(あ)げる 북돋우다 | 案(あん) 안, 생각 | 勘弁(かんべん) 용서 | 飲(の)んだくれる 술을 많이 마시고 정신없이 취하다 | 打(う)ち上(あ)げ 사업이나 공사 등을 마침. 또는 그것을 축하하는 잔치

30 _ 일상생활 – 몸 상태

顔も腫れているし、あまり食べられないようだし、どうかしたんですか。

(A) 今日は久しぶりに晴れましたね。
(B) ダイエット中だから我慢しています。
(C) きのう、親知らずを抜いたんですよ。
(D) 子供の時から顔がまるまるとしていたんですよ。

얼굴도 부어 있고 그다지 먹지도 못하는 것 같고, 무슨 일 있나요?

(A) 오늘은 오랜만에 날씨가 개었네요.
(B) 다이어트 중이기 때문에 참고 있습니다.
(C) 어제 사랑니를 뽑았습니다.
(D) 어릴 때부터 얼굴이 토실토실했어요.

해설 얼굴도 붓고 잘 먹지 못하는 이유로 적절한 것은 (C)이다. (A)는 맑은 날씨를 이야기하고 있으므로 정답으로 부적절, (D)는 먹지 않는 이유에 대한 설명이므로 정답으로 부적절하다. 먹는 것을 참고 있는 것이 아니므로 (B)는 정답으로 부적절하다.

단어 腫(は)れる 붓다 | 親知(おやし)らず 사랑니 | 抜(ぬ)く 뽑다 | 晴(は)れる 맑게 개다 | 我慢(がまん) 참음, 인내 | まるまる 토실토실

31 _ 학교 – 인물의 동작

描きかけの絵を窓の外へ放りなげた人はだれですか。

(A) 鈴木さんが無我夢中になって、猫を描いていますね。
(B) 伊藤君が書きかけのレポートを先生に送ってしまったって。
(C) 甥は画用紙と絵の具を買ってきて、バースデーカードを作っています。
(D) のぞみちゃんだろう。画用紙で紙飛行機を作って、飛ばして遊んでいたよ。

그리다가 만 그림을 창밖으로 내던진 사람은 누구입니까?

(A) 스즈키 씨가 무아지경이 되어 고양이를 그리고 있군요.
(B) 이토 군이 쓰다가 만 리포트를 선생님께 보내 버렸대.
(C) 조카는 도화지와 그림 물감을 사 와서 생일 카드를 만들고 있습니다.
(D) 노조미겠지. 도화지로 종이비행기를 만들어서 날리며 놀던데.

해설 그림을 창밖으로 던진 사람을 찾고 있는 문제로, 정답으로 적절한 것은 (D)이다. (A)는 고양이를 그리는 사람을 설명하고 있고, (B)는 리포트를 보낸 상황을 설명하고 있고, (C)는 조카가 생일 카드를 만들고 있다고 설명하고 있으므로 정답으로 부적절하다.

단어 ～かけ ～하다가 맒〈동사 ます형에 접속〉 | 放(ほう)りなげる 내던지다 | 無我夢中(むがむちゅう) 무아지경 | 甥(おい) 조카 | 画用紙(がようし) 도화지 | 絵(え)の具(ぐ) 그림 물감 | 紙飛行機(かみひこうき) 종이비행기 | 飛(と)ばす 날리다

32 _ 일상생활 – 인사

いずれ本人を連れてご挨拶にあがりますので。

(A) おほめに預かりまして光栄です。
(B) 犬を連れてもうお帰りになりました。
(C) 他人には言いがたい事情があるようだね。
(D) ご連絡いただければお迎えにあがります。

머지않아 본인을 데리고 인사 드리러 찾아뵙겠습니다.

(A) 칭찬해 주셔서 영광입니다.
(B) 개를 데리고 벌써 돌아가셨습니다.
(C) 다른 사람에게는 말하기 어려운 사정이 있는 듯하군.
(D) 연락 주시면 마중 가겠습니다.

해설 본인을 데리고 와서 인사를 드리겠다는 말에 연락 주면 마중 나가겠다고 응답한 (D)가 정답으로 적절하다. (A)는 칭찬받았을 때에 사용할 수 있는 표현이다.

단어 いずれ 머지않아 | 本人(ほんにん) 본인 | 連(つ)れる 동반하다 | 挨拶(あいさつ) 인사 | あがる 가다, 방문하다(行く, 訪ねる의 겸양어) | 預(あず)かる 맡다 | 光栄(こうえい) 영광 | 他人(たにん) 타인, 다른 사람 | ～がたい ～하기 어렵다〈동사 ます형에 접속〉 | 事情(じじょう) 사정 | 連絡(れんらく) 연락 | 迎(むか)える 맞이하다

33 _ 호텔 – 룸서비스

お部屋に、何時頃お料理お運びいたしましょうか。

(A) しっかりお膳立てを整えておかないと大変です。
(B) チェックイン後、お荷物を部屋までお運びいたします。
(C) バルコニーで夕涼みがしたいので、8時ごろお願いします。

(D) 8階のエレベーターを降りて左側の突き当たりに食堂の案内があります。

방에 몇 시쯤 요리 가져다 드릴까요?

(A) 제대로 상을 차려 놓지 않으면 큰일입니다.
(B) 체크인 후, 짐을 방까지 가져다 드리겠습니다.
(C) 발코니에서 저녁 바람을 쐬고 싶으니까 8시쯤 부탁합니다.
(D) 8층 엘리베이터를 내려서 좌측 끝에 식당 안내가 있습니다.

해설 몇 시쯤 식사를 가져가면 좋을지 물으니 8시쯤으로 부탁한다고 응답한 (C)가 정답으로 적절하다. (A)는 밥상 준비에 대한 자세이므로 정답으로 부적절하고, (B)는 짐을 이야기하고 있으므로 정답으로 부적절하고, (D)는 식당 장소를 안내하고 있으므로 정답으로 부적절하다.

단어 運(はこ)ぶ 나르다, 운반하다 | 膳立(ぜんだ)て 상보기, 상차리기 | 整(ととの)える 정리하다 | チェックイン 체크인 | バルコニー 발코니 | 夕涼(ゆうすず)み 저녁 바람을 쐼 | 突(つ)き当(あ)たり 막다른 곳 | 案内(あんない) 안내

34 _ 일상생활 – 아르바이트

バイトを探しているんですが、なかなか見つかりません。

(A) 不景気が続いているからです。
(B) 合格通知をもらったのでしょうか。
(C) バイト代を積み立てていけばよいのですよ。
(D) いくら探しても価格比較サイトはなさそうです。

아르바이트를 구하고 있습니다만, 좀처럼 구해지지 않습니다.

(A) 불경기가 계속되고 있기 때문입니다.
(B) 합격 통지를 받은 걸까요?
(C) 아르바이트비를 저축해 가면 좋은 거예요.
(D) 아무리 찾아도 가격 비교 사이트는 없는듯 합니다.

해설 아르바이트가 좀처럼 구해지지 않는다는 말에 불경기가 계속되기 때문이라고 응답한 (A)가 정답으로 적절하다. (C)는 저축에 대한 충고, (D)는 가격 비교 사이트를 찾는 내용이므로 정답으로 부적절하다. 探す가 다시 나왔다고 해서 정답으로 오인하는 일은 없도록 하자.

단어 不景気(ふけいき) 불경기 | 合格(ごうかく) 합격 | 通知(つうち) 통지 | バイト代(だい) 아르바이트비 | 積(つ)み立(た)てる 적립하다, 저금하다 | 価格(かかく) 가격 | 比較(ひかく) 비교

35 _ 일상생활 – 약속

どうしたんですか。確か、ここで2時に待ち合わせだったでしょう。

(A) 確か待ち合わせ場所はこの辺りのはずだが。

(B) 待ち合わせするには、わかりやすい場所が
いいです。

(C) すみません。約束をうっかり度忘れしてし
まいました。

(D) 待ち合わせてからどこかに行こうという話
になっています。

어떻게 된 겁니까? 분명 여기서 2시에 만나기로 했었죠?

(A) 아마도 만날 장소는 이 근처인데.
(B) 만나려면 알기 쉬운 장소가 좋습니다.
(C) 죄송합니다. 약속을 깜빡 잊어버렸습니다.
(D) 만나고 나서 어딘가로 가자고 하는 이야기가 되었습니다.

> **해설** 약속시간이 2시였던 것을 확인했으므로 깜빡했다고 한 (C)
가 정답으로 적절하다. (A)는 시간이 아닌 만날 장소를, (B)는 약속
장소를 정하는 것을, (D)는 만나고 나서의 계획을 나타내고 있으므
로 정답으로 부적절하다.

> **단어** 待(ま)ち合(あ)わせ 약속을 하고 기다림 | 場所(ばしょ) 장
소 | 辺(あた)り 근처 | うっかり 깜빡 | 度忘(どわす)れ 깜빡 잊음

36 _ 일상생활 – 결혼 축하

どうぞ末永くお幸せに。
(A) さらなる飛躍を期待します。
(B) まことに心外でございます。
(C) お心のこもった祝電ありがとうございまし
た。
(D) 今後ともますますのご活躍を、お祈りいた
しております。

부디 언제까지나 행복하시길.

(A) 한층 비약하길 기대합니다.
(B) 정말로 뜻밖입니다.
(C) 마음이 담긴 축전 감사했습니다.
(D) 앞으로도 더욱 활약하시길 기원하고 있습니다.

> **해설** 결혼식에서 사용할 수 있는 축하용 코멘트인데, 응답으로 적
당한 것은 (C)이다. 졸업식의 경우는 (A), 영전 축하는 (D)가 적당하다.

> **단어** 末永(すえなが)く 오래도록 | 幸(しあわ)せ 행복, 행복함 |
さらなる 한층 더 | 飛躍(ひやく) 비약 | 期待(きたい) 기대 | まこ
とに 진심으로, 정말로 | 心外(しんがい) 뜻밖, 예상 밖으로 유감스러
움 | こもる 담기다, 틀어박히다 | 祝電(しゅくでん) 축전 | 今後(こ
んご)とも 앞으로도 | ますます 더욱 | 活躍(かつやく) 활약 | 祈
(いの)る 기도하다

37 _ 일상생활 – 목적지까지의 거리

ご実家、遠いんですか。
(A) 遠い近いに関係ないんです。
(B) ええ、ここから電車で3時間ほどです。
(C) 妻の実家だけは私と子どもも妻と共に必ず
帰ります。
(D) 実家暮らしで、生活費もいれずリッチな生
活をしています。

본가, 멉니까?

(A) 멀고 가까운 것과 관계없습니다.
(B) 예, 여기에서 전철로 3시간 정도입니다.
(C) 아내의 본가만큼은 저와 아이도 아내와 함께 반드시 갑니다.
(D) 부모님과 같이 살아서 생활비도 들지 않고 부유한 생활을 하고 있습
니다.

> **해설** 본가가 멀리 있는지 묻는 말에 대한 응답으로 적당한 것은 (B)
이다. (A)는 거리와는 관계없다고 했으므로 정답으로 부적절하다.

> **단어** 実家(じっか) 본가 | 関係(かんけい) 관계 | 妻(つま) 부인,
아내 | 共(とも)に 함께 | 実家暮(じっかぐ)らし 본가 생활 | 生活
費(せいかつひ) 생활비 | リッチ 부유함

38 _ 일상생활 – 장래희망

卒業してからの話ですが、将来はサラリーマン
ですか。
(A) 就職浪人はハンディーが大きいですよ。
(B) いいえ、公務員になりたいと思っています。
(C) 面接用にスーツをデパートで購入しました。
(D) はい、夜遊びしないでまっすぐ家に帰ります。

졸업 후의 이야기입니다만, 장래(희망)는 샐러리맨입니까?

(A) 취업 재수는 핸디캡이 커요.
(B) 아니요, 공무원이 되고 싶습니다.
(C) 면접용으로 양복을 백화점에서 구입했습니다.
(D) 네, 밤에 놀지 않고 바로 집에 돌아갑니다.

> **해설** 샐러리맨이 될 것인지에 대한 물음에 공무원이 되고 싶다고
응답한 (B)가 정답으로 적절하다. (A)는 취업 재수의 단점을 이야기
하고 있으며, (C)는 면접 때 입을 옷을 구입했다는 것을 이야기하고
있으므로 정답으로 적절하지 않다.

> **단어** 卒業(そつぎょう) 졸업 | 将来(しょうらい) 장래 | サラ
リーマン 샐러리맨 | 浪人(ろうにん) 재수생 | ハンディー 핸디캡
| 公務員(こうむいん) 공무원 | 面接(めんせつ) 면접 | 購入(こう
にゅう) 구입 | 夜遊(よあそ)び 밤에 놀러 다님

39 _ 일상생활 – 관용구 및 속담 이해

決断力もないし、何かを頼まれると情に流され
てしまって断れないの。

(A) 高根の花だよね。

(B) 優柔不断な態度はやめてね。

(C) 今朝は寝覚めが悪かったよ。

(D) 最近、とうとう切羽詰まって。

결단력도 없고, 무언가를 부탁받으면 정에 휩쓸려서 거절할 수 없어.

(A) 그림의 떡이지.

(B) 우유부단한 태도는 그만둬.

(C) 오늘 아침은 꿈자리가 사나웠어.

(D) 최근에 드디어 발등에 불이 떨어져서.

해설 적절한 속담이나 관용구를 고르는 문제로, 결단력도 없고 거절하기 힘든 성격을 토로했으므로 응답으로 적절한 것은 (B)이다.

단어 決断力(けつだんりょく) 결단력 | 情(じょう)に流(なが)される 정에 휩쓸리다 | 断(ことわ)る 거절하다 | 高根(たかね)の花(はな) 그림의 떡 | 優柔不断(ゆうじゅうふだん) 우유부단함 | 態度(たいど) 태도 | 寝覚(ねざ)めが悪(わる)い 꿈자리가 사납다 | とうとう 드디어, 마침내 | 切羽詰(せっぱつ)まる 발등에 불이 떨어지다

40 _ 호텔 – 편의 시설

ホテルの中でパソコンが利用できる場所はあり
ますか。

(A) ゲーム用パソコンは売っていません。

(B) ブックカフェはホテル周辺にあるようです
けど。

(C) ご自身のパソコンは客室内でご利用いただ
けます。

(D) ネットカフェがサイバー犯罪の温床になっ
てるんだって。

호텔 안에서 컴퓨터를 이용할 수 있는 장소는 있습니까?

(A) 게임용 컴퓨터는 팔고 있지 않습니다.

(B) 북카페가 호텔 주변에 있는 것 같습니다만.

(C) 자신의 컴퓨터는 객실 내에서 이용하실 수 있습니다.

(D) 넷카페가 사이버 범죄의 온상이 돼 있대.

해설 호텔 안에서 컴퓨터를 이용할 수 있는 곳을 묻고 있으므로 객실 내에서 이용할 수 있다고 한 (C)가 정답으로 적절하다. (A)는 게임용 컴퓨터의 판매이므로 정답으로 부적절하고, (B)는 호텔 주변에 북카페가 있다고 설명하고 있으므로 정답으로 부적절하다.

단어 利用(りよう) 이용 | 施設(しせつ) 시설 | 周辺(しゅうへん) 주변 | ブックカフェ 북카페 | 自身(じしん) 자신 | ネットカフェ 넷카페 | サイバー 사이버 | 犯罪(はんざい) 범죄 | 温床(おんしょう) 온상

41 _ 회사 생활 – 속담 및 관용구 이해

部下に裏切られるなんて、恩を仇で返されたよ
うな気分よ。

(A) 恩に着るよ。　　　(B) あの恩知らず！

(C) 温故知新かよ。　　(D) 恩返ししたね。

부하에게 배신당하다니, 은혜를 원수로 돌려받은 것 같은 기분이야.

(A) 제가 신세 지는군요.　　(B) 이런 은혜도 모르는 녀석!

(C) 온고지신이냐.　　(D) 은혜 갚았네.

해설 사자성어 및 속담을 고르는 문제다. 은혜를 원수로 갚았다고 했으므로 은혜를 모른다고 한 (B)가 정답으로 적절하다.

단어 部下(ぶか) 부하 | 裏切(うらぎ)る 배신하다 | 恩(おん)を仇(あだ)で返(かえ)す 은혜를 원수로 갚다 | 恩に着(き)る 은혜에 감사하다 | 恩知(おんし)らず 배은망덕함 | 温故知新(おんこちしん) 온고지신 | 恩返(おんがえ)し 보은, 은혜를 갚음

42 _ 일상생활 – 주거 환경

暖房切ってたけど、この部屋暖かいね。

(A) 日当たりがいいからだね。

(B) 風通しがいいから涼しいよ。

(C) 熱中症になると大変だし…。

(D) ここ、隙間風がひどすぎなんだよ。

난방을 끄고 있었는데, 이 방 따뜻하네.

(A) 볕이 잘 드니까.

(B) 통풍이 좋으니까 시원해.

(C) 열사병이 나면 큰일이기도 하고….

(D) 여기, 외풍이 너무 심해.

해설 난방을 끄고 있었는데도 따뜻하다는 말에 채광이 좋기 때문이라고 응답한 (A)가 정답으로 적절하다. 따뜻하다고 했으므로 (B)와 (D)는 정답으로 부적절하다. 난방을 껐다고 했으므로 '열사병'의 이야기를 한 (C)는 정답에서 제외된다.

단어 暖房(だんぼう) 난방 | 切(き)る 자르다, 끄다 | 日当(ひあ)たり 볕이 듦, 양달 | 風通(かぜとお)し 통풍 | 熱中症(ねっちゅうしょう) 열사병 | 隙間風(すきまかぜ) 외풍

43 _ 일상생활 – 쇼핑

一週間分の食材、これで十分ですか。

(A) まとめ買いなら、割引になりますよ。

(B) 毎週末1週間分の食材を買い込みますけど。

(C) たまに外食を取り混ぜる予定ですからいいです。

(D) 材料が足りなくて慌ててスーパーに走ってきたよ。

일주일치 식재료, 이것이면 충분합니까?

(A) 한꺼번에 사면 할인이 됩니다.

(B) 매 주말에 일주일치 식재료를 사들이는데요.

(C) 때로는 외식을 겸할 예정이므로 괜찮습니다.

(D) 재료가 부족해서 서둘러 슈퍼마켓에 달려갔다 왔어.

[해설] 일주일치 식재료로 충분한지 묻는 표현에 괜찮다고 응답한 (C)가 적절하다. (A)는 대량 구입의 이점을 설명하고 있으므로 정답으로 부적절하고, (B)는 주말마다 식료품을 산다고 하고 있으므로 정답으로 부적절하다.

[단어] 食材(しょくざい) 식재료 | まとめ買(が)い 한꺼번에 구입함 | 割引(わりびき) 할인 | 買(か)い込(こ)む (물건을) 많이 사들이다 | 外食(がいしょく) 외식 | 取(と)り混(ま)ぜる 뒤섞다. 혼합하다 | 材料(ざいりょう) 재료 | 慌(あわ)てる 서두르다. 당황하다

44 _ 일상생활 – 도로 상황

道が混んでいて電車に間に合わなかったんですって？

(A) 散々ひどい目にあったよ。

(B) 今からじゃ手遅れかもしれない。

(C) 急いでる時に限って紙が詰まるよね。

(D) どこへ行っても混んでいるに違いないね。

길이 붐벼서 전철 시간에 늦었다고요?

(A) 매우 험한 꼴을 당했어.

(B) 지금부터라면 늦을지도 몰라.

(C) 꼭 급할 때만 종이가 걸리지.

(D) 어디에 가든 붐비는 게 틀림없어.

[해설] 길이 붐벼 전철 시간에 늦었냐고 되묻자 험한 꼴을 당했다고 응답한 (A)가 정답으로 적절하다. 손쓸 시간을 놓쳤다고 한 (B)는 정답으로 부적절, 종이가 걸린다고 한 (C)는 정답으로 부적절하다.

[단어] 道(みち)が混(こ)む 길이 붐비다 | 散々(さんざん) 호됨, 엉망임 | ～目(め)にあう ～한 꼴을 당하다 | 手遅(ておく)れ 때늦음, 시기를 놓침 | 急(いそ)ぐ 서두르다 | ～に限(かぎ)って ～에 한해 | 詰(つ)まる 가득 차다. 막히다 | 違(ちが)いない 틀림없다

45 _ 회사 생활 – 이직

どうして転職しようと思っているの？

(A) 派遣の仕事やっているよ。

(B) 新しいキャリアを身につけたいんだ。

(C) 脱サラして起業するしか方法ないかな。

(D) 専門職をお持ちの方は引く手あまたで転職も容易です。

어째서 이직하려고 생각하고 있는 거야?

(A) 파견 사원 일을 하고 있어.

(B) 새로운 경력을 쌓고 싶어.

(C) 회사를 그만두고 창업하는 것밖에 방법이 없는 건가.

(D) 전문직을 가지신 분은 오라는 데가 많아서 이직도 쉽습니다.

[해설] 이직하려는 이유를 물었으므로, 새로운 경력을 쌓고 싶기 때문이라고 한 (B)가 정답으로 적절하다. (A)는 지금 하고 있는 일에 대한 설명이고, (C)는 회사를 그만두고자 하는 이야기이므로 정답으로 부적절하다.

[단어] 転職(てんしょく) 전직, 이직 | 派遣(はけん) 파견 | キャリア 커리어, 경력 | 身(み)につける 익히다, 몸에 지니다, 입다 | 脱(だつ)サラ 샐러리맨을 그만두고 독립함 | 起業(きぎょう) 창업, 사업을 새로 일으킴 | 方法(ほうほう) 방법 | 専門職(せんもんしょく) 전문직 | 引(ひ)く手(て)あまた (오라고) 끄는 데가 많음 | 容易(ようい) 쉬움

46 _ 회사 생활 – 회의

次の会議の予定はまだ決めてないんですか。

(A) 携帯メールもらったことないよ。

(B) 時計が遅れて、遅くなりました。

(C) 日程が決まり次第連絡いたします。

(D) ひどい。一時間も待たされちゃってさあ。

다음 회의 예정은 아직 정하지 않았습니까?

(A) 문자 메시지 받은 적 없어.

(B) 시계가 느려서 지각했습니다.

(C) 일정이 정해지는 대로 연락하겠습니다.

(D) 심하다. 한 시간이나 기다렸잖아.

[해설] 다음 회의 예정이 정해지지 않았다고 했으므로 일정이 정해지는 대로 연락하겠다고 응답한 (C)가 정답으로 적절하다. (A)는 문자 메시지를 못 받은 것을 설명하고, (B)는 늦은 이유를 설명하고 있고, (D)는 오래 기다린 것에 대한 불만을 이야기하고 있으므로 정답으로 부적절하다.

[단어] 次(つぎ) 다음 | 待(ま)ち合(あ)わせ 약속 | 携帯(けいたい)メール 문자 메시지 | 日程(にってい) 일정 | ～次第(しだい) ～하는 대로〈동사 ます형에 접속〉| 連絡(れんらく) 연락

47 _ 일상생활 – 허가

だれも聞（き）いていないようですが、音楽（おんがく）を消（け）して
もいいですか。

(A) お好（す）きなように。
(B) 予約（よやく）を取（と）り消（け）してください。
(C) 元通（もとどお）りに書棚（しょだな）にしまいます。
(D) 著作権（ちょさくけん）切（ぎ）れのクラシック曲（きょく）だよ。

아무도 듣고 있지 않는 것 같은데, 음악을 꺼도 됩니까?

(A) 좋을 대로.
(B) 예약을 취소해 주세요.
(C) 원래대로 책장에 넣습니다.
(D) 저작권이 끝난 클래식 곡이야.

해설 음악을 꺼도 되냐고 허가를 구하고 있으므로 좋을 대로 하라
고 한 (A)가 정답으로 적절하다.

단어 元通（もとどお）り 원래대로 | 書棚（しょだな） 책장 | しま
う 치우다, 간수하다 | 著作権（ちょさくけん） 저작권 | ～切（ぎ）れ
～가 끝남, ～가 떨어짐 | 曲（きょく） 곡

48 _ 시사 – 관리비

共益費（きょうえきひ）はどのようにお支払（しはら）いすればいいんでしょ
うか。

(A) 家賃（やちん）に含（ふく）まれておりません。
(B) 5割引（わりびき）でご奉仕（ほうし）させていただきます。
(C) 自動振（じどうふ）り込（こ）みになさっても結構（けっこう）です。
(D) 建物（たてもの）の維持（いじ）・管理（かんり）のために毎月支払（まいつきしはら）う費用（ひよう）
です。

관리비는 어떻게 지불하면 좋을까요?

(A) 집세에 포함되어 있지 않습니다.
(B) 50% 할인된 금액으로 모시겠습니다.
(C) 자동이체 하셔도 괜찮습니다.
(D) 건물의 유지·관리를 위해서 매달 지불하는 비용입니다.

해설 관리비의 지불 방법을 물었으므로 자동이체를 해도 괜찮다
고 응답한 (C)가 정답으로 적절하다. (A)는 집세에 관리비가 포함되
어 있지 않다고 설명하고 있고, (B)는 할인율을 설명하고 있고, (D)
는 관리비에 대한 설명이므로 정답으로 부적절하다.

단어 共益費（きょうえきひ） 관리비 | 支払（しはら）う 지불하다
| 家賃（やちん） 집세 | 含（ふく）む 포함하다 | 奉仕（ほうし） 봉사, 서
비스 | 自動（じどう） 자동 | 振（ふ）り込（こ）み 계좌이체 | 結構（けっ
こう） 괜찮음, 좋음 | 維持（いじ） 유지 | 管理（かんり） 관리 | 毎月
（まいつき） 매달 | 費用（ひよう） 비용

49 _ 일상생활 – 소유주

これはだれのアイパッドですか。

(A) 喉（のど）から手（て）が出（で）るほど欲（ほ）しかったんだ。
(B) 鈴木（すずき）さんって頭（あたま）が固（かた）くて時代遅（じだいおく）れだね。
(C) 私（わたし）のおこづかいじゃ買（か）えないものです。
(D) 弟（おとうと）。弟（おとうと）が親（おや）にねだって買（か）ってもらったのだよ。

이것은 누구의 아이패드입니까?

(A) 정말로 갖고 싶었어.
(B) 스즈키 씨는 완고하고 시대에 뒤떨어졌어.
(C) 내 용돈으로는 살 수 없는 것입니다.
(D) 동생. 동생이 부모님을 졸라서 받은 거야.

해설 누구의 물건이냐는 말에 동생 것이라고 응답한 (D)가 정답으
로 적절하다. (B)는 인물의 성격을 이야기하고 있으므로 정답으로 적
절하지 않다.

단어 喉（のど）から手（て）が出（で）る 목구멍에서 손이 나오다, 몹
시 탐이 나다 | 頭（あたま）が固（かた）い 완고하다 | 時代遅（じだい
おく）れ 시대에 뒤떨어짐 | おこづかい 용돈 | 親（おや） 부모 | ねだ
る 조르다

50 _ 회사 생활 – 사원 조건

急（きゅう）な欠員（けついん）が出（で）たので、カタログ制作（せいさく）の経験者（けいけんしゃ）の
派遣（はけん）をお願（ねが）いします。

(A) 学歴（がくれき）や資格（しかく）など条件（じょうけん）はありますか。
(B) 2社（しゃ）の派遣会社（はけんがいしゃ）に登録（とうろく）してみたんです。
(C) 来年（らいねん）のカタログの入手（にゅうしゅ）はどうしましょうか。
(D) ボランティアスタッフを募集（ぼしゅう）しているんで
すか。

갑작스런 결원이 나와서, 카탈로그 제작 경험자의 파견을 부탁합니다.

(A) 학력이나 자격 등 조건은 있습니까?
(B) 두 군데의 파견 회사에 등록해 보았습니다.
(C) 내년 카탈로그의 입수는 어떻게 할까요?
(D) 자원봉사 스태프를 모집하고 있습니까?

해설 파견 사원을 보내 달라는 부탁에 대한 응답으로는 파견 사원
의 조건을 확인하는 (A)가 적절하다.

단어 欠員（けついん） 결원 | カタログ 카탈로그 | 制作（せいさ
く） 제작 | 経験者（けいけんしゃ） 경험자 | 派遣（はけん） 파견 | 学
歴（がくれき） 학력 | 資格（しかく） 자격 | 条件（じょうけん） 조건
| 登録（とうろく） 등록 | 入手（にゅうしゅ） 입수 | ボランティア
자원봉사 | スタッフ 스태프 | 募集（ぼしゅう） 모집

PART 3

51 _ 지불 요금 계산 – 서점

A：本屋で何を買いましたか。

B：漫画３冊と小説１冊買いました。

A：１冊いくらでしたか。

B：漫画は１冊５００円で、小説は１冊６００円でした。

A : 책방에서 무엇을 샀습니까?

B : 만화 세 권과 소설 한 권을 샀습니다.

A : 한 권에 얼마였습니까?

B : 만화는 한 권에 500엔이고, 소설은 한 권에 600엔이었습니다.

全部でいくらですか。

(A) ６００円　　　　　　　(B) １１００円

(C) ２１００円　　　　　　(D) ２４００円

전부 해서 얼마입니까?

(A) 600엔　　　　　　　(B) 1100엔

(C) 2100엔　　　　　　(D) 2400엔

해설 만화책 세 권은 1500엔, 소설책 한 권은 600엔이므로 1500엔+600엔=2100엔. 정답은 (C)가 적절하다.

52 _ 배송 수단 이해 – 우체국

A：普通郵便とＥＭＳとどちらのほうがよろしいですか。

B：ＥＭＳではない普通国際小包というのは、追跡できますか。

A：ＥＭＳ以外の国際郵便では配達状況の確認はできませんが、ゆうパックは追跡できます。

B：ゆうパックの国際小包でお願いします。

A : 보통우편과 EMS, 어느 쪽이 좋으십니까?

B : EMS가 아닌 보통국제소포라는 건 추적할 수 있습니까?

A : EMS 이외의 국제우편으로는 배달 상황 확인은 할 수 없습니다만, 유팩은 추적할 수 있습니다.

B : 유팩 국제소포로 부탁합니다.

郵便は何で送られますか。

(A) 宅配　　　　　　　　(B) 船便

(C) ＥＭＳ　　　　　　　(D) ゆうパック

우편은 무엇으로 보내집니까?

(A) 택배　　　　　　　　(B) 배편

(C) EMS　　　　　　　(D) 유팩

해설 우편 방법에 대해 주의 깊게 듣도록 한다. 배달 상황을 추적하고 싶다면 EMS와 유팩을 고를 수 있는데, 마지막 대화에서 유팩으로 한다고 했으므로 정답은 (D)이다.

단어 普通(ふつう) 보통 | 郵便(ゆうびん) 우편 | 国際(こくさい) 국제 | 小包(こづつみ) 소포 | 追跡(ついせき) 추적 | 以外(いがい) 이외 | 配達(はいたつ) 배달 | 状況(じょうきょう) 상황 | 確認(かくにん) 확인 | 宅配(たくはい) 택배 | 船便(ふなびん) 배편

53 _ 음식 주문에 대한 이해 – 식당

A：ステーキの焼き加減はいかがなさいますか。

B：よく分からないんで。何が良いのかお勧めを教えてください。

A：ステーキの焼き方にはレア、ミディアム、ウエルダンと３種類あります。レアとミディアムの中間としてミディアムレアが人気があります。一度ミディアムレアをお試しになってはいかがですか。

B：生肉は苦手なので、きちんと中心部まで焼いてください。

A : 스테이크의 구운 정도는 어떻게 하시겠습니까?

B : 잘 몰라서요. 뭐가 좋을지 추천해 주세요.

A : 스테이크를 굽는 방법에는 레어, 미디엄, 웰던 세 종류가 있습니다. 레어와 미디엄의 중간으로 미디엄 레어가 인기가 있습니다. 한 번 레어를 시도해 보시는 것이 어떻습니까?

B : 생고기는 좋아하지 않으니, 제대로 중심부까지 구워 주세요.

客はステーキの焼き加減を何にしましたか。

(A) レア　　　　　　　　(B) ミディアム

(C) ウエルダン　　　　　(D) ミディアムレア

손님은 스테이크의 구운 정도를 무엇으로 했습니까?

(A) 레어   (B) 미디엄

(C) 웰던   (D) 미디엄 레어

해설 스테이크의 구운 정도를 고르는 문제로, 중심부까지 구워 달라고 했으므로 정답은 (C)이다.

단어 焼(や)き加減(かげん) 구운 정도 | お勧(すす)め 추천, 권유 | レア 레어 | ミディアム 미디엄 | ウエルダン 웰던 | 種類(しゅるい) 종류 | 中間(ちゅうかん) 중간 | 試(ため)す 시도해 보다 | 生肉(なまにく) 생고기 | 中心部(ちゅうしんぶ) 중심부

54 _ 사물의 성질 이해 – 이사 준비

A：旅行の準備でお忙しいようですが、お手伝いしましょうか。

B：ガラスなどの壊れやすいものをタオルで包んでください。

A：エアーキャップとか発泡スチロールとかは要りませんか。

B：ゴミになるのでタオルだけでいいです。

A : 여행 준비로 바빠 보이는데, 도와 드릴까요?

B : 유리 등 깨지기 쉬운 것을 수건으로 싸 주세요.

A : 에어캡이나 발포 스티롤 등은 필요 없습니까?

B : 쓰레기가 되니까 수건만으로 충분합니다.

壊れやすいものは何で包みますか。

(A) ゴミ   (B) タオル

(C) エアーキャップ   (D) 発泡スチロール

깨지기 쉬운 것은 무엇으로 쌉니까?

(A) 쓰레기   (B) 수건

(C) 에어캡   (D) 발포 스티롤

해설 깨지지 쉬운 물건을 싸는데 에어캡이나 발포 스티롤은 쓰레기가 되니 수건으로 싸 달라고 했으므로 정답은 (B)이다.

단어 準備(じゅんび) 준비 | 手伝(てつだ)う 돕다, 거들다 | ガラス 유리 | 壊(こわ)れる 깨지다 | 包(つつ)む 싸다, 포장하다 | エアキャップ 에어캡 | 発泡(はっぽう)スチロール 발포 스티롤 | 要(い)る 필요하다

55 _ 대화의 내용 이해 – 환영회

A：はるみさん、新入社員の歓迎会、いつですか。

B：社屋の屋上で5時ですよ。バーベキューするそうです。

A：去年、一発芸とかさせられたんでしょ。

B：ええ。歓迎会での一発芸、一気飲みは嫌いです。

A : 하루미 씨, 신입사원 환영회 언제입니까?

B : 사옥의 옥상에서 5시예요. 바비큐 한다고 합니다.

A : 작년, 분위기 띄우기 위해 개인기를 억지로 했지요?

B : 네. 환영회에서의 개인기, 원샷은 싫습니다.

はるみさんが歓迎会で嫌がっているのは何ですか。

(A) 踊り   (B) 芸能話

(C) 一発芸   (D) バーベキュー

하루미 씨가 환영회에서 싫어하는 것은 무엇입니까?

(A) 춤   (B) 예능 이야기

(C) 개인기   (D) 바비큐

해설 하루미가 환영회에서 싫어하는 것은 一発芸, 一気飲み라고 했으므로 정답은 (C)가 적절하다.

단어 歓迎会(かんげいかい) 환영회 | 社屋(しゃおく) 사옥 | 屋上(おくじょう) 옥상 | バーベキュー 바비큐 | 一発芸(いっぱつげい) 한방에 웃기는 일 | 一気飲(いっきの)み 원샷 | 踊(おど)り 춤 | 芸能話(げいのうばなし) 예능 이야기

56 _ 화자의 의도 이해 – 서류 작성

A：書類を作成してみたんですが、アドバイスお願いします。

B：募集の件ですよね。

A：間違いだらけだと思います。

B：ここ、ちょっと表現を変えた方がいいと思います。

A : 서류를 작성해 봤습니다만, 어드바이스 부탁합니다.

B : 모집 건이군요.

A : 틀린 것투성이라고 생각합니다.

B : 여기, 조금 표현을 바꾸는 게 좋을 것 같습니다.

この人は何を求めていますか。

(A) 表現練習   (B) 募集の手伝い

(C) 書類の片付け   (D) 文書作成の助言

이 사람은 무엇을 바라고 있습니까?

(A) 표현 연습   (B) 모집 도움

(C) 서류 정리   (D) 문서 작성에 대한 조언

 작성된 서류에 대해 조언을 구하고 있으므로 표현을 바꾸는 것이 좋겠다고 충고하고 있다. 정답으로 적절한 것은 (D)이다.

 書類(しょるい) 서류 ｜ 作成(さくせい) 작성 ｜ アドバイス 어드바이스 ｜ 募集(ぼしゅう) 모집 ｜ 件(けん) 건 ｜ 間違(まちが)い 실수, 잘못 ｜ ～だらけ ～투성이 ｜ 表現(ひょうげん) 표현 ｜ 求(もと)める 바라다, 요구하다 ｜ 練習(れんしゅう) 연습 ｜ 片付(かたづ)け 정리 ｜ 文書(ぶんしょ) 문서 ｜ 助言(じょげん) 조언

57 _ 불만 이해 – 쓰레기 분리

A：またごみの分別間違っている。

B：牛乳パック、新聞、段ボール、雑紙は紙類じゃない？

A：これ見て。ホイルの刃はアルミでしょ。

B：了解。いちいち分けるのも結構面倒くさいね。

A : 또 쓰레기 분리 잘못됐어.
B : 우유팩, 신문, 골판지, 각종 종이는 종이류 아냐?
A : 이거 봐. 호일의 날은 알루미늄이잖아.
B : 알았어. 하나하나 나누는 것도 꽤나 귀찮군.

男の人はごみの分別をどう思っていますか。

(A) 環境のためにすべきだと思っている。

(B) 手間がかかって難しいと思っている。

(C) 紙類はリサイクルすべきだと思っている。

(D) ホイルの刃はアルミではないと思っている。

남성은 쓰레기 분별을 어떻게 생각하고 있습니까?

(A) 환경을 위해 해야 한다고 생각하고 있다.
(B) 손이 많이 가서 어렵다고 생각하고 있다.
(C) 종이류는 재활용해야 한다고 생각하고 있다.
(D) 호일의 날은 알루미늄이 아니라고 생각하고 있다.

 여성이 남성의 쓰레기 분리 방법이 틀렸다고 지적하자 남성은 쓰레기 분리수거에 대해 하나하나 분류하는 것이 성가시다고 생각하고 있으므로 정답으로 적절한 것은 (B)이다.

 分別(ぶんべつ) 분별, 종류에 따라 구별함 ｜ 間違(まちが)う 틀리다, 다르다 ｜ 段(だん)ボール 골판지 ｜ 雑紙(ざつがみ) 잡다한 종이 ｜ 紙類(かみるい) 종이류 ｜ ホイル 호일 ｜ 刃(は) 날 ｜ 了解(りょうかい) 이해함 ｜ いちいち 하나하나, 일일이 ｜ 分(わ)ける 나누다 ｜ 面倒(めんどう)くさい 귀찮다 ｜ 環境(かんきょう) 환경 ｜ 手間(てま)がかかる 손이 많이 가다 ｜ リサイクル 재활용 ｜ アルミ 알루미늄

58 _ 대화의 내용 이해 – 공항

A：お荷物はいくつお持ちでしょうか。

B：一つは預け入れで、一つは機内持ち込みです。

A：お荷物のタグの記入はお済みでしょうか。

B：はい。名前や連絡先を書いた札を付けておきました。

A : 짐을 몇 개 가지고 계신가요?
B : 하나는 맡기는 것이고, 하나는 기내 반입입니다.
A : 짐 태그 기입은 하셨습니까?
B : 네. 전부 이름과 연락처를 쓴 표를 붙여 두었습니다.

会話の内容と合っているのはどれですか。

(A) 荷物は一つしかない。

(B) タグに名前を書いている。

(C) かばんに札が付けてある。

(D) 機内持ち込みは制限されている。

대화 내용과 맞는 것은 어느 것입니까?

(A) 짐은 하나밖에 없다.
(B) 태그에 이름을 쓰고 있다.
(C) 가방에 표가 붙어 있다.
(D) 기내 반입은 제한되어 있다.

 대화의 내용과 일치하는 것을 찾아야 하므로 선택지를 하나하나 체크해 나간다. 짐은 두 개라고 했으므로 (A)는 정답으로 부적절, 태그에 이름과 연락처를 써 두었다고 했으므로 지금 쓰고 있는 중이라고 한 (B)는 정답으로 부적절하다. 대화 속에서는 기내 반입 제한에 대해 언급되지 않았으므로 (D)는 정답으로 부적절하다.

 預(あず)け入(い)れる 맡기다, 예금하다 ｜ 機内(きない) 기내 ｜ 持(も)ち込(こ)み 반입 ｜ タグ 태그 ｜ 記入(きにゅう) 기입 ｜ 済(す)む 끝나다 ｜ 連絡先(れんらくさき) 연락처 ｜ 札(ふだ) 표 ｜ 付(つ)ける 붙이다 ｜ 制限(せいげん) 제한

59 _ 장소에 대한 설명 이해 – 레스토랑

A：石山さん、昨晩のディナーは楽しかったですか。

B：人でごった返していたし、ひどかったですよ。

A：マスミさんが推薦したレストランじゃありませんか。

B：うん、値段は手頃だったんですけどね。サービスは悪かったし、味はまあまあだったし。

A：이시야마 씨, 어젯밤 디너는 즐거웠습니까?

B：사람들로 붐볐고, 지독했어요.

A：마스미 씨가 추천한 레스토랑 아닌가요?

B：응, 가격은 적당했는데요. 서비스는 나빴고 맛은 그저 그랬고.

石山さんは食堂についてどう思っていましたか。

(A) 値段は適当であった。

(B) 値段は高すぎであった。

(C) 閑古鳥が鳴くほどであった。

(D) 味は良かったが、サービスは悪かった。

이시야마 씨는 식당에 대해 어떻게 생각하고 있었습니까?

(A) 가격은 적당했다.

(B) 가격은 너무 비쌌다.

(C) 파리가 날릴 정도로 한산했다.

(D) 맛은 좋았지만 서비스는 나빴다.

해설 대화에 나온 식당에 대한 이야기를 하나하나 메모해 나간다. 가게는 인파에 시달렸다고 했으므로 (C)는 정답으로 부적절하고, 맛은 그저 그랬다고 했으므로 (D)는 정답으로 부적절하다. 가격은 적당하다고 했으므로 (A)가 정답으로 적절하다.

단어 ごった返(がえ)す 몹시 붐비다 | 推薦(すいせん) 추천 | 手頃(てごろ) 적당함 | まあまあ 그저 그런 정도임 | 適当(てきとう) 적당함 | 閑古鳥(かんこどり)が鳴(な)く 한적하다, 손이 오지 않아 장사가 잘 되지 않는다

60 _ 인물의 행동 이해 – 홈쇼핑

A：もしもし。テレビショッピングで数の子フルセットを見て、電話しました。

B：お客様、お名前と会員番号をお願いします。

A：山田和夫、ＫＫ７８９。配送までどれくらいかかりますか。

B：商品は３日以内にお客様の住所に配送されます。

A：여보세요. 텔레비전 쇼핑에서 청어알 풀세트를 보고 전화했습니다.

B：손님, 성함과 회원번호를 부탁합니다.

A：야마다 가즈오, KK789. 배송까지 얼마나 걸립니까?

B：상품은 3일 이내에 손님 주소로 배송됩니다.

買おうとしているのは何ですか。

(A) 釣具　　　　　　　(B) 玩具

(C) 衣類　　　　　　　(D) 食品

사려고 하는 것은 무엇입니까?

(A) 낚시 도구　　　　　(B) 완구

(C) 의류　　　　　　　(D) 식품

해설 대화의 내용을 들어보면 텔레비전 홈쇼핑에서 물건을 주문하는 것임을 알 수 있다. 사고자 하는 물품인 청어알 풀세트를 주문하고 있으므로 정답은 (D)이다.

단어 数(かず)の子(こ) 말린 청어알 | フルセット 풀세트 | 会員(かいいん) 회원 | 配送(はいそう) 배송 | 商品(しょうひん) 상품 | 以内(いない) 이내 | 釣具(つりぐ) 낚시 도구 | 玩具(がんぐ) 완구 | 衣類(いるい) 의류 | 食品(しょくひん) 식품

61 _ 영업 시간의 이해 – 휴업

A：普段はどれくらい遅くまでやっているんですか。

B：平日は８時３０分から７時までです。

A：明日は週末ですが、何時に開きますか。

B：あしたは祭日ですので、一日中閉めています。

A：보통은 어느 정도 늦게까지 하고 있습니까?

B：평일은 8시 30분부터 7시까지입니다.

A：내일은 주말인데요, 몇 시에 엽니까?

B：내일은 경축일이라 하루 종일 닫습니다.

あした、この店はどうなりますか。

(A) 休業する。　　　　(B) ７時に開く。

(C) ８時に閉める。　　(D) ２４時間営業する。

내일 이 가게는 어떻게 됩니까?

(A) 휴업한다.　　　　　(B) 7시에 연다.

(C) 8시에 닫는다.　　　(D) 24시간 영업한다.

해설 가게의 영업시간을 묻고 있으므로 시간에 유의하며 듣도록 한다. 보통은 8시 반부터 7시까지 영업을 하지만, 내일은 경축일이라 휴무라고 했으므로 정답은 (A)가 적절하다.

단어 普段(ふだん) 평소 | 開(ひら)く 열리다, 열다 | 平日(へいじつ) 평일 | 祭日(さいじつ) 제삿날, 경축일 | 閉(し)める 닫다 | 休業(きゅうぎょう) 휴업 | 営業(えいぎょう) 영업

A：あのう、坂本と申しますが、電話で１１時の予約を入れてあったのですが。

B：初めての診察ですか。

A：はい、そうです。

B：では、４番目になりますので、お待ちになっている間、この申し込みフォームに書き込んでいただけますか。

A：저기, 사카모토라고 하는데, 11시 예약을 했습니다만.

B：첫 방문이십니까?

A：네, 그렇습니다.

B：그러면 순서가 네 번째이시니까 기다리시는 동안 이 신청 양식에 기입해 주시겠습니까?

坂本さんはこれから何をしますか。

(A) 診察する。　　　　(B) 病院で予約する。

(C) 適性検査をする。　(D) フォームに記入する。

사카모토 씨는 이제부터 무엇을 합니까?

(A) 진찰한다.　　　　(B) 병원에서 예약한다.

(C) 적성 검사를 한다.　(D) 양식에 기입한다.

해설　대화가 이루어지고 있는 장소는 병원이다. 사카모토는 11시에 예약을 해 두었으므로 (B)는 정답으로 부적절하고, 지금 다른 환자를 진료하고 있다고 했으므로 (A)는 정답에서 제외된다. 기다리는 동안 신청 양식에 기입해 달라고 했으므로 정답은 (D)가 적절하다.

단어　患者(かんじゃ) 환자 | 診察(しんさつ) 진찰 | 間(あいだ) 동안, 사이 | 申(もう)し込(こ)み 신청 | フォーム 폼, 양식 | 書(か)き込(こ)む 써넣다, 기입하다 | 受(う)ける 받다 | 適性(てきせい) 적성 | 検査(けんさ) 검사 | 記入(きにゅう) 기입

A：課長にお会いする約束はされていますか。

B：はい。申し訳ありませんが、キャンセルして日程を再調整したいのです。来週の木曜の１１時にアポイントが取れませんか。

A：すみません。課長はその日10時30分からモバイル広告関連のプレゼンがありまして。

A：과장님을 만나는 약속은 되어 있으십니까?

B：네. 죄송하지만, 취소하고 일정을 재조정하고 싶습니다. 다음 주 목요일 11시에 약속을 잡을 수 없습니까?

A：죄송합니다. 과장님은 그날 10시 30분부터 모바일 광고 관련 발표가 있어서요.

なぜ日程の再調整ができなかったのですか。

(A) モバイルをなくしたから

(B) プレゼンテーションがあるから

(C) 広告内容の打ち合わせをするから

(D) 広告主とのミーティングが開かれたから

왜 일정 재조정을 할 수 없습니까?

(A) 휴대전화를 잃어버렸기 때문에

(B) 프리젠테이션이 있기 때문에

(C) 광고 내용 협의를 하기 때문에

(D) 광고주와의 미팅이 열렸기 때문에

해설　일정의 재조정이 안 되는 이유를 묻고 있다. 부장과의 약속을 다음 주 목요일 11시로 재조정하려고 했지만 모바일 광고 관련 프리젠테이션이 있어 안 된다고 했으므로 정답은 (B)가 적절하다.

단어　キャンセル 캔슬, 취소 | 日程(にってい) 일정 | 再調整(さいちょうせい) 재조정 | アポイント 약속(=アポイントメント) | 取(と)る 잡다, 예약하다 | モバイル 모바일, 휴대전화 | 広告(こうこく) 광고 | 関連(かんれん) 관련 | プレゼン 발표(=プレゼンテーション) | 内容(ないよう) 내용 | 打(う)ち合(あ)わせ 미리 상의함, 협의 | 広告主(こうこくぬし) 광고주

A：鈴木さん。お願いがあるんだ。私のペットの面倒見てもらいたいんだけど。

B：岡田さん、またどっか行くの？

A：両親を訪ねにしばらく行くんだよ。一週間だけど。

B：わかったよ。帰ったら私のところに会いに来てね。

A：스즈키 씨. 부탁이 있어. 내 애완동물을 돌봐줬으면 하는데.

B：오카다 씨, 또 어딘가 가는 거야?

A：부모님 방문하러 잠시 가는 거야. 일주일뿐이지만.

B：알았어. 돌아오면 우리 집으로 만나러 와.

岡田さんは鈴木さんに何を頼みましたか。

(A) 家を留守番すること

(B) 両親を訪問すること

(C) ペットを世話すること

(D) 子どもの面倒をみること

오카다 씨는 스즈키 씨에게 무엇을 부탁했습니까?

(A) 빈집을 지키는 것
(B) 부모님을 방문하는 것
(C) 펫을 돌보는 것
(D) 아이를 돌보는 것

해설 오카다는 부모님을 방문하러 가기 위해 자신의 애완동물을 스즈키에게 부탁하고 있다. 따라서 정답은 (C)가 적절하다.

단어 ペット 펫, 애완동물 | 面倒(めんどう)を見(み)る 돌보다 | どっか 어딘가(=どこか) | 訪(たず)ねる 방문하다 | しばらく 잠시, 한동안 | ～のところ ～의 집 | 留守番(るすばん) 빈집을 지킴 | 訪問(ほうもん) 방문

65 _ 경력 기간에 대한 이해 – 스포츠

A : 林さん、ゆうべ、出かけたでしょ。どこ行ってたの？

B : ヨガを練習しにジムに行ってたのよ。半年前から通ってるんだけど。

A : ヨガは気軽に楽しめるんでしょう。

B : 人によって違うよ。同じジムの鈴木さんはいつもつらそうな顔してるから。

A : 하야시 씨, 어제 저녁 외출했었지? 어디 갔었어?
B : 요가를 연습하러 체육관에 갔었어. 반년 전부터 다니고 있는데.
A : 요가는 가볍게 즐길 수 있지?
B : 사람에 따라 달라. 같은 체육관에 다니는 스즈키 씨는 언제나 괴로운 듯한 얼굴을 하고 있거든.

林さんのヨガ歴はどれぐらいですか。

(A) 一年　　　　　　　　(B) 六ヶ月
(C) 一年半　　　　　　　(D) 一ヶ月

하야시 씨의 요가 경력은 어느 정도입니까?

(A) 1년　　　　　　　　(B) 6개월
(C) 1년 반　　　　　　　(D) 1개월

해설 요가를 연습하러 반년 전부터 다녔다는 점에서 요가를 배운 기간은 6개월이므로 정답은 (B)이다.

단어 ヨガ 요가 | 練習(れんしゅう) 연습 | ジム 체육관 | 通(かよ)う 다니다 | 気軽(きがる) 가벼움, 가볍게 행동함 | ～によって ～에 따라 | 違(ちが)う 다르다, 틀리다

66 _ 운동 목적 이해 – 건강 관리

A : 春美さん、ダイエットはどんな調子ですか。

B : いいよ。もう4キロも減ったの。きつくなったスカートもはけるようになったし。

A : それはよかったですね。でも、ダイエットを続けるのってつらくないですか。

B : 最初の数日間はきついけどね。健康のためなら我慢できる。

A : 하루미 씨, 다이어트는 어떤 상태입니까?
B : 좋아. 벌써 4kg이나 줄었어. 꽉 끼게 된 치마도 입을 수 있게 됐고.
A : 그건 좋겠네요. 하지만 다이어트를 계속하는 거 괴롭지 않나요?
B : 처음 며칠은 괴로웠지만. 건강을 위해서라면 참을 수 있어.

春美さんは何のために辛抱してダイエットしていますか。

(A) 健康のため　　　　　(B) 結婚式のため
(C) きれいになるため　(D) ドレスを着るため

하루미 씨는 무엇을 위해 참고 다이어트를 하고 있습니까?

(A) 건강을 위해　　　　　　　(B) 결혼식을 위해
(C) 예뻐지기 위해　　　　　　(D) 드레스를 입기 위해

해설 하루미는 건강을 위해서라면 참을 수 있다고 했으므로 정답은 (A)가 적절하다.

단어 調子(ちょうし) 상태 | 減(へ)る 감소하다, 줄다 | 最初(さいしょ) 처음 | 数日間(すうじつかん) 며칠간 | 健康(けんこう) 건강 | 我慢(がまん) 참음, 인내

67 _ 티켓의 종류 이해 – 극장

A : どの座席がよろしいですか。

B : Ａ席を3枚、お願いします。

A : あいにく、Ａ席は2枚しかございません。ＳＡ席はいかがですか。

B : それじゃあ、そうしてください。

A : 어느 좌석이 좋으십니까?
B : A석 3장, 부탁합니다.
A : 공교롭게도 A석은 2장밖에 없습니다. SA석은 어떠십니까?
B : 그럼, 그렇게 해 주세요.

買（か）ったのはどれですか。

(A) A席　　　　　　(B) Ｂ席（ビーせき）
(C) Ｓ席（エスせき）　　(D) ＳＡ席

산 것은 어느 것입니까?

(A) A석　　　　　　(B) B석
(C) S석　　　　　　(D) SA석

해설　손님이 원하는 좌석은 A석이지만 좌석 수가 모자라서 SA석으로 바꾸었으므로 정답으로 적절한 것은 (D)이다.

단어　座席（ざせき）좌석 | あいにく 공교롭게

68_ 속담 및 관용구 이해

A：渡辺（わたなべ）さん、この油絵（あぶらえ）、すごいよ。生（い）きてる
　ようだよ。
B：素晴（すば）らしい。これは、千年以上前（せんねんいじょうまえ）のもの
　だって聞（き）いたけど。
A：私（わたし）、彫刻（ちょうこく）やめて絵（え）を描（か）いてみようかな。
B：途中（とちゅう）でやめたら、無駄骨（むだぼね）になってしまうで
　しょう。

A : 와타나베 씨, 이 유화 대단해. 살아 있는 것 같아.
B : 멋지다. 이것은 천 년 이상 된 것이라고 들었는데.
A : 나, 조각 그만두고 그림을 그려 볼까.
B : 도중에 그만두면 헛수고가 되어 버리잖아.

男（おとこ）の人（ひと）が忠告（ちゅうこく）したいのはどれですか。

(A) 井戸（いど）に行（い）くこと
(B) 知（し）らぬが仏（ほとけ）ということ
(C) ただより高（たか）いものはないこと
(D) 井戸（いど）を掘（ほ）るなら水（みず）が出（で）るまで掘（ほ）れということ

남성이 충고하고 싶은 것은 어느 것입니까?

(A) 우물에 가는 것
(B) 모르는 게 약이라는 것
(C) 공짜보다 비싼 것은 없다는 것
(D) 우물을 파려면 물이 나올 때까지 파라는 것

해설　도중에 그만두면 헛수고가 된다고 충고했으므로 이에 해당하는 것은 선택지 가운데 (D)가 적절하다.

단어　油絵（あぶらえ）유화 | 生（い）きる 살다 | 以上（いじょう）이상 | 彫刻（ちょうこく）조각 | 途中（とちゅう）도중 | 無駄骨（むだぼね）헛수고 | 忠告（ちゅうこく）충고 | 井戸（いど）우물 | 知（し）らぬが仏（ほとけ）모르는 게 약 | ただ 공짜 | 掘（ほ）る 파다

69_ 대화의 내용 이용 – 가족 간 트러블

A：広子（ひろこ）さん、ちょっと今話（いまはな）せる？
B：うん、いいよ。何（なん）の話（はなし）？
A：先日（せんじつ）、どうしたのかと思（おも）って。すごく怒（おこ）っ
　ているように見（み）えたから。
B：妹（いもうと）が勝手（かって）に私（わたし）の１枚（いちまい）しかない余所行（よそゆ）きの
　服（ふく）を着（き）たから、妹（いもうと）と口喧嘩（くちげんか）しただけなの。
　もう仲直（なかなお）りしたけどね。

A : 히로코 씨, 지금 잠깐 이야기할 수 있어?
B : 응, 괜찮아. 무슨 이야기?
A : 요전에 뭔가 있었나 해서. 굉장히 화나 있는 것처럼 보여서.
B : 여동생이 마음대로 한 벌밖에 없는 내 외출복을 입어서 여동생과 말다툼했을 뿐이야. 이제 화해했지만.

なぜ妹（いもうと）と喧嘩（けんか）したのですか。

(A) 姉（あね）と仲直（なかなお）りしたから
(B) 妹（いもうと）が姉（あね）に喧嘩（けんか）を売（う）ったから
(C) 妹（いもうと）が余所行（よそゆ）きに着替（きが）えたから
(D) 妹（いもうと）が勝手（かって）に広子（ひろこ）の物（もの）を使（つか）ったから

왜 여동생과 싸웠습니까?

(A) 언니와 화해했기 때문에
(B) 여동생이 언니에게 싸움을 걸었기 때문에
(C) 여동생이 외출복으로 갈아입었기 때문에
(D) 여동생이 마음대로 히로코의 물건을 사용했기 때문에

해설　히로코가 여동생과 싸운 것은 히로코의 한 벌밖에 없는 외출복을 입었기 때문이라고 했으므로 정답으로 적절한 것은 (D)이다. 余所行き만 듣고 정답으로 (C)를 선택해서는 안 된다.

단어　先日（せんじつ）일전, 요전 | 怒（おこ）る 화내다 | 勝手（かって）제멋대로임 | 余所行（よそゆ）き 나들이, 나들이옷 | 口喧嘩（くちげんか）말싸움 | 仲直（なかなお）り 화해 | 喧嘩（けんか）を売（う）る 싸움을 걸다 | 着替（きが）える 갈아입다

70_ 소유물의 정보 이해 – 화폐 교환

A：紙幣（しへい）を崩（くず）してくれませんか。
B：もちろんです。５千円札１枚（ごせんえんさついちまい）と千円札５枚（せんえんさつごまい）
　で大丈夫（だいじょうぶ）ですか。
A：すいませんが、千円札だけじゃだめですか。

B：こちらも千円札が足りないので。２千円札
２枚と千円札６枚ではいかがですか。

A：지폐를 잔돈으로 바꿔 주지 않겠습니까?
B：물론입니다. 5천 엔권 1장과 천 엔권 5장이면 괜찮습니까?
A：죄송합니다만, 천 엔권만으론 안 됩니까?
B：저희도 천 엔권이 부족해요. 2천 엔권 2장과 천 엔권 6장은 어떠신가요?

客が持っている紙幣はいくらですか。

(A) １千円　　　　　　(B) ２千円
(C) ５千円　　　　　　(D) １万円

손님이 가지고 있는 지폐는 얼마입니까?

(A) 1천 엔　　　　　　(B) 2천 엔
(C) 5천 엔　　　　　　(D) 1만 엔

해설 손님이 가지고 있는 지폐가 얼마짜리인지 묻고 있다. 대화에서는 손님이 가지고 있는 돈을 직접적으로 나타내지는 않았으므로 대화 내용에서 단서를 찾아야 한다. 2천 엔권 두 장과 천 엔권 여섯 장이므로 합이 1만 엔이 된다. 따라서 정답은 (D)이다.

단어 紙幣(しへい) 지폐 ｜ 崩(くず)す 무너지다. 돈을 헐다

71 _ 의사 결정 이해 – 전철

A：もっと安いチケットはないかな。
B：各駅停車を利用すれば、安く買えるよ。
A：だけど、向こうに２時までに到着しないと面接に遅れちゃうよ。
B：じゃ、１１時の急行に何がなんでも乗らないとね。

A：더 싼 티켓은 없으려나.
B：각역 정차를 이용하면 싸게 살 수 있어.
A：그렇지만, 그쪽에 2시까지 도착하지 않으면 면접에 늦어.
B：그럼 11시 급행을 반드시 타야겠네.

各駅電車に乗らない理由は何ですか。

(A) 面接が１１時にあるから
(B) 時間をつぶすことだから
(C) 安いチケットがあるから
(D) 面接に遅れるおそれがあるから

각역 전철을 타지 않는 이유는 무엇입니까?

(A) 면접이 11시에 있어서
(B) 시간을 때우는 것이라서
(C) 싼 티켓이 있어서
(D) 면접에 늦을 우려가 있어서

해설 싼 티켓을 구하고자 했지만, 각역 정차 열차를 타면 면접에 늦기 때문에 급행을 타야 한다고 했으므로 정답은 (D)이다.

단어 各駅停車(かくえきていしゃ) 각역 정차 ｜ 利用(りよう) 이용 ｜ 向(む)こう 건너편, 저쪽 ｜ 到着(とうちゃく) 도착 ｜ 面接(めんせつ) 면접 ｜ 急行(きゅうこう) 급행 ｜ 理由(りゆう) 이유 ｜ 時間(じかん)をつぶす 시간을 때우다 ｜ おそれ 우려

72 _ 인간관계의 이해 – 관용구

A：鈴木さん、なんだか元気がないようだけど。
B：友だちが些細なことで先輩と喧嘩をしたんだ。仲直りをさせようとしたんだけど。
A：先輩と友人との板挟みになってしまったんだね。
B：うん。どっちの味方もできなくて困ってるの。

A：스즈키 씨, 왠지 기운이 없는 것 같은데.
B：동료의 친구가 사소한 일로 선배랑 싸움을 했어. 화해를 시키려고 했는데.
A：선배와 친구 사이에 끼어 버렸구나.
B：응. 어느 쪽도 편들 수 없어서 곤란해.

鈴木さんはなぜ元気がないのですか。

(A) 両方に味方できないから
(B) 先輩がさばを読んでいたから
(C) 板を先輩にあげられないから
(D) 友人と些細なことで喧嘩をしたから

스즈키 씨는 왜 기운이 없습니까?

(A) 양쪽을 편들 수 없기 때문에
(B) 선배가 이익을 위해 속이고 있었기 때문에
(C) 판을 선배에게 줄 수 없기 때문에
(D) 친구와 사소한 일로 싸웠기 때문에

해설 스즈키가 기운이 없는 이유는 선배와 친구 사이에서 한쪽의 편을 들기가 곤란했기 때문이므로 정답은 (A)가 적절하다. 친구와 싸운 것은 선배이므로 (D)는 정답으로 부적절하다. さばを読む, 板挟み 등의 표현을 알아 두도록 한다.

단어 なんだか 어쩐지 ｜ 些細(ささい) 사소함 ｜ 喧嘩(けんか) 싸움 ｜ 仲直(なかなお)り 화해 ｜ 友人(ゆうじん) 친구 ｜ 板挟(いたばさ)み 양 틈바구니에 낌 ｜ 味方(みかた) 내 편, 아군 ｜ 両方(りょうほう) 양쪽 ｜ さばを読(よ)む 이익을 얻기 위해 속이다(고등어의 수를 세다) ｜ 板(いた) 판

73 _ 화제의 요지 파악 – 매출

> A：販売の売り上げが数ヵ月間横這いだよ。
>
> B：その件について、考えておいたアイディア
> があるんです。
>
> A：どんなアイディアか話してくれ。
>
> B：壁に耳ありともいうので、耳を貸していた
> だけませんか。

A : 판매 매출이 수개월간 변함이 없어.

B : 그 건에 대해서 생각해 둔 아이디어가 있습니다.

A : 어떤 아이디어인지 이야기해 줘.

B : 벽에 귀가 있다고도 하니, 귀를 기울여 주시지 않겠습니까?

何のことについて話していますか。

(A) 売り上げ　　　　　(B) 輸入管理
(C) 貿易黒字　　　　　(D) 耳エステ

무슨 일에 대해 이야기하고 있습니까?

(A) 매출　　　　　　　(B) 수입 관리
(C) 무역 흑자　　　　　(D) 귀 에스테

해설　화제가 무엇인지 파악해야 한다. 보합 상태인 매출에 대한 좋은 아이디어가 있다고 의견을 제시하고 있으므로 정답은 (A)가 적절하다. 수입 관리, 무역 흑자, 에스테에 대해서는 다루지 않고 있으므로 정답으로 부적절하다.

단어　販売(はんばい) 판매 | 売(う)り上(あ)げ 매출 | 横(よこ)ばい 시세가 크게 변동하지 않고 있는 상태, 보합 | 件(けん) 건 | 壁(かべ) 벽 | 耳(みみ)を貸(か)す 귀를 기울이다, 남의 이야기를 들어 주다 | 管理(かんり) 관리 | 貿易(ぼうえき) 무역 | 黒字(くろじ) 흑자 | エステ 에스테(=エステティック)

74 _ 불만 요소 파악 – 운동

> A：石原さん、元気ないね。
>
> B：毎晩毎晩母に鉄棒の逆上がり練習をさせら
> れるんで。
>
> A：健康にいいんじゃない？
>
> B：運動選手じゃあるまいし、雨が降ってもや
> らせるのよ。雨の時だけは休みたいよ。

A : 이시하라 씨, 기운이 없네.

B : 매일 밤마다 엄마가 철봉 거꾸로 매달리기 연습을 시켜서.

A : 건강에 좋지 않아?

B : 운동선수도 아니고, 비가 내려도 시켜. 비 올 때만은 쉬고 싶어.

石原さんの不満は何ですか。

(A) 健康が悪化したこと
(B) 体力テストがあること
(C) 運動選手になれないこと
(D) 天気を問わず練習すること

이시하라 씨의 불만은 무엇입니까?

(A) 건강이 악화된 것
(B) 체력 테스트가 있는 것
(C) 운동선수가 될 수 없는 것
(D) 날씨와 관계없이 연습하는 것

해설　이시하라는 엄마가 거꾸로 매달리기를 비가 와도 매일 시킨다며 불만을 토로하고 있으므로 정답으로 적절한 것은 (D)이다.

단어　鉄棒(てつぼう) 철봉 | 逆上(さかあ)がり 거꾸로 오르기 | 健康(けんこう) 건강 | 悪化(あっか) 악화 | 体力(たいりょく) 체력 | ～を問(と)わず ～을 불문하고

75 _ 일의 진행 과정 이해 – 마감 연장

> A：高田部長と話したところだけど、水曜日ま
> でに図面を仕上げなくちゃいけないんだ。
>
> B：でもあと３日しかないじゃないですか。期
> 限内に終わらせるなんて無理ですよ。
>
> A：早口さんの気持ちは分かるんだけど…。
>
> B：締め切りをずらしてください。

A : 다카다 부장님과 방금 막 이야기를 했는데, 수요일까지 도면을 마무리하지 않으면 안 돼.

B : 그렇지만 앞으로 3일밖에 없잖습니까. 기한 내에 끝내는 건 무리예요.

A : 하야구치 씨의 기분은 알겠지만….

B : 마감을 연기해 주세요.

早口さんが願っているのはどれですか。

(A) 図面の仕上げ　　(B) 部長との相談
(C) 締め切りの延長　(D) ３日分のボーナス

하야구치 씨가 바라고 있는 것은 어느 것입니까?

(A) 도면 마무리　　　(B) 부장과의 상담
(C) 마감의 연장　　　(D) 3일치 보너스

해설　하야구치는 3일 내에 도면을 마무리하는 것이 무리라며 마감을 늦춰 주기를 요청하고 있으므로 정답은 (C)가 적절하다.

단어　図面(ずめん) 도면 | 仕上(しあ)げる 마무리하다 | 期限(きげん) 기한 | 締(し)め切(き)り 마감 | ずらす 위치나 시간을 조금 옮기다 | 願(ねが)う 바라다 | 延長(えんちょう) 연장 | ボーナス 보너스

A：米沢さん、靴下を重ね履きしていますね。

B：ええ、冷え性ですから。

A：今年の冬はどう乗り切りますか。

B：足湯をしたり、腹巻をしたり、スポーツ教室に通ったりする予定です。

A : 요네자와 씨, 양말을 겹쳐 신고 있네요.

B : 예, 냉증이라서.

A : 올 겨울은 어떻게 극복하나요?

B : 발을 따뜻한 물에 담그거나 복대를 하거나 스포츠 교실에 다니거나 할 예정입니다.

米沢さんはどんな人ですか。

(A) スポーツ万能の人
(B) 強引で意地悪な人
(C) 虚弱で暑さに弱い人
(D) 手足の先が冷える人

요네자와 씨는 어떤 사람입니까?

(A) 스포츠 만능인 사람
(B) 막무가내에 심술궂은 사람
(C) 지적인 사람
(D) 손발 끝이 차가운 사람

해설 요네자와가 어떤 사람인지 묻는 문제로, 요네자와의 성격 및 특징을 잘 메모해 둔다. 스포츠 만능이라는 언급은 없고 스포츠 교실을 다닐 예정일 뿐이므로 (A)는 정답으로 부적절하다. 냉증이 있다고 했으므로 선택지에 고르면 (D)가 정답으로 적절하다.

단어 重(かさ)ね履(は)き 겹쳐 신음 | 冷(ひ)え性(しょう) 냉증 | 乗(の)り切(き)る 극복하다, 이겨내다 | 足湯(あしゆ) 따뜻한 물에 발을 담금 | 腹巻(はらまき) 복대 | 万能(ばんのう) 만능 | 強引(ごういん) 억지로 함 | 意地悪(いじわる) 짓궂음 | 虚弱(きょじゃく) 허약함 | 手足(てあし) 손발 | 先(さき) 끝 | 冷(ひ)える 식다, 차가워지다

A：災い転じて福となすとも言うんだよ。

B：栄さん、ありがとう。でも、莫大な損をしたんだよ。

A：ネガティブに考えて落ち込むより、ポジティブにとらえることが大切じゃないか。

A : 전화위복이라고도 하잖아.

B : 사카에 씨, 고마워. 하지만 막대한 손해가 났어.

A : 부정적으로 생각해서 침울해지기보다 긍정적으로 받아들이는 것이 중요하지 않아?

栄さんの考えはどれですか。

(A) まかぬ種は生えぬ。
(B) 案ずるより生むが易し。
(C) 明日は明日の風が吹く。
(D) 若い時の苦労は買ってでもせよ。

사카에 씨의 생각은 어느 것입니까?

(A) 뿌리지 않은 씨는 자라지 않는다.
(B) 이것저것 고민한 것이 해 보면 의외로 쉽다.
(C) 내일은 내일의 바람이 분다(다른 결과가 생길지 모르니 낙관적으로 생각해라).
(D) 젊어 고생은 사서도 한다.

해설 대화의 전반적인 내용을 이해하고 그에 어울리는 속담을 선택지에서 골라야 한다. '전화위복', '긍정적인 태도' 등으로 위로하고 있으니 정답으로 적절한 것은 (C)이다.

단어 災(わざわ)い転(てん)じて福(ふく)となす 전화위복 | 莫大(ばくだい) 막대함 | 損(そん)をする 손해를 보다 | ネガティブ 네거티브, 부정적임 | 落(お)ち込(こ)む 침울해지다 | ポジティブ 포지티브, 긍정적임 | とらえる 파악하다, 이해하다 | まかぬ種(たね)は生(は)えぬ 뿌리지 않은 씨는 자라지 않는다 | 案(あん)ずるより生(う)むが易(やす)し 실제로 해 보면 걱정했던 것보다 쉽다 | 苦労(くろう) 고생

A：本日はお忙しいところ、長い間お時間を取らせまして申し訳ありませんでした。

B：こちらこそご足労いただきまして恐縮です。

A：時に、人事部の佐竹部長はお変りありませんか。以前お世話になったことがあるんです。

B：部長をご存じなんですか。呼んで参りましょうか。

A : 오늘은 바쁘신 와중에 길게 시간을 빼앗아서 죄송했습니다.

B : 저야말로 오시게 해서 죄송합니다.

A : 그런데, 인사부의 사타케 부장님은 별고 없으십니까? 이전에 신세를 졌던 일이 있습니다.

B : 부장님을 알고 계십니까? 불러 드릴까요?

二人はどこにいますか。

(A) 男の人の病室　　(B) 女の人の会社
(C) 女の人の自宅　　(D) 男の人の研究室

두 사람은 어디에 있습니까?

(A) 남성의 병실
(B) 여성의 회사
(C) 여성의 자택
(D) 남성의 연구실

[해설] 장소를 묻는 문제로 대화가 이루어지는 곳이 어딘지 파악한다. 거래처 손님과 만나고 있는 장면인데 여성이 있는 곳으로 손님이 온 것이기 때문에 (A)와 (D)는 정답으로 부적절하다. 따라서 정답은 (B)가 적절하다.

[단어] 足労(そくろう) 남에게 걸음을 걸려 수고롭게 함 | 恐縮(きょうしゅく) 죄송하게 여김 | 時(とき)に 그런데, 때때로 | 人事部(じんじぶ) 인사부 | お変(か)わり 변함, 별고 | 以前(いぜん) 이전 | 病室(びょうしつ) 병실 | 自宅(じたく) 자택 | 研究室(けんきゅうしつ) 연구실

79 _ 예상되는 인물의 행동 파악

A : それでは本日はここまでにしたいと存じます。ありがとうございました。

B : こちらこそありがとうございました。今後ともどうぞよろしくお願い申し上げます。

A : もしよろしければ、お近づきの印に今晩、お食事でもいかがでしょうか。

B : そうしたいのは山々なのですが、本社にとんぼ返りしなければならないんですよ。

A : 그러면 오늘은 여기까지 하겠습니다. 감사합니다.
B : 저야말로 감사합니다. 앞으로도 잘 부탁합니다.159
A : 혹시 괜찮으시면 친해진 표시로 오늘 밤, 식사라도 어떠세요?
B : 그렇게 하고 싶은 마음은 굴뚝 같지만, 본사에 바로 돌아가야 해요.

女の人はこれからどうしますか。

(A) 接待を受ける。
(B) 山に食事に行く。
(C) 本社へすぐに戻る。
(D) トンボの研究をしに行く。

여성은 이제부터 어떻게 합니까?

(A) 접대를 받는다.
(B) 산에 식사하러 간다.
(C) 본사에 바로 돌아간다.
(D) 잠자리 연구를 하러 간다.

[해설] 여성이 앞으로 무엇을 할 것인지 고르는 문제이다. 여성에게

식사를 하자고 권했으나 본사에 가야 한다며 거절하고 있으므로 정답으로 적절한 것은 (C)이다.

[단어] 今後(こんご) 앞으로, 향후 | ～申(もう)し上(あ)げる ～해 드리다 | もし 혹시, 만약 | 近(ちか)づき 친해짐 | 印(しるし) 상징, 표시 | ～たいのは山々(やまやま)ですが ～하고 싶은 마음은 굴뚝 같지만 | 本社(ほんしゃ) 본사 | とんぼ返(がえ)り 바로 되돌아감 | 接待(せったい) 접대 | トンボ 잠자리

80 _ 걱정의 원인 파악 – 시사

A : ただいま。

B : 遅いぞ。今何時だと思っている。門限は9時だろ。

A : 今どき門限9時なんて言っている人は世界広しと言えどもお父さんぐらいしかいないよ。

B : 最近物騒な事件が多いから心配してるんじゃないか。こんな娘思いの父親に向かってなんて口を利くんだ。

A : 다녀왔습니다.
B : 늦잖아. 지금 몇 시라고 생각하고 있어. 통금은 9시잖아.
A : 요즘 세상에 통금 9시라고 말하고 있는 사람은 세상이 넓다 해도 아버지 정도밖에 없어요.
B : 최근 뒤숭숭한 사건이 많으니까 걱정하는 거잖아. 이렇게 딸을 생각하는 아버지한테 무슨 말을 하는 거야.

父親は何をそんなに心配していますか。

(A) 危険な出来事が起きて娘に被害が及ぶこと
(B) 娘が終電に乗り遅れて家に帰れなくなること
(C) 門限が早すぎることに対して娘が反抗すること
(D) 娘の躾について近所から後ろ指を指されること

아버지는 무엇을 그렇게 걱정하고 있습니까?

(A) 위험한 사건이 일어나 딸에게 피해가 미치는 것
(B) 딸이 마지막 열차를 놓쳐서 집에 못 오게 되는 것
(C) 통금이 너무 이른 것에 대해서 딸이 반항하는 것
(D) 딸의 예절에 대해서 이웃으로부터 손가락질받는 것

[해설] 뒤숭숭한 사건(物騒な事件)이 많아서 아버지가 딸에게 통금 시간을 둔 것이므로 정답으로 적절한 것은 (A)이다.

[단어] 門限(もんげん) 통금 시간 | 今(いま)どき 요즘 | 世界広(せかいひろ)し 세상이 넓다 | ～と言(い)えども ～라고 해도 | 物騒(ぶっそう) 뒤숭숭함 | 事件(じけん) 사건 | 娘思(むすめおも)

い 딸을 사랑함 | ～に向(む)かって ～을 향해서 | 口(くち)を利(き)く 말하다 | 父親(ちちおや) 부친, 아버지 | 危険(きけん) 위험함 | 出来事(できごと) 사건, 일 | 被害(ひがい) 피해 | 及(およ)ぶ 미치다 | 終電(しゅうでん) 마지막 전철 | ～に対(たい)して ～에 대해서 | 反抗(はんこう) 반항 | しつけ 예의범절 | 後(うし)ろ指(ゆび)を指(さ)される 남에게 손가락질을 받다

PART 4

81~83

水泳教室(すいえいきょうしつ)に通(かよ)い始(はじ)めて1年半(いちねんはん)たったとはいえ、週(しゅう)に1回(いっかい)、まだまだ初心者(しょしんしゃ)である。週(しゅう)ごとに種目(しゅもく)が変(か)わり、先週(せんしゅう)は平泳(ひらおよ)ぎの練習(れんしゅう)、今日(きょう)はバタフライだった。腰(こし)と背中(せなか)が痛(いた)くてたまらない。健康(けんこう)のために水泳(すいえい)を始(はじ)めたが、腰痛(ようつう)になりそうだ。

수영교실을 다니기 시작한 지 1년 반이 지났다고는 하지만 일주일에 한 번, 아직 초보자다. 일주일마다 종목이 바뀌고 지난주에는 평영 연습, 오늘은 접영이었다. 허리와 등이 아파서 참을 수 없다. 건강을 위해 수영을 시작했지만 요통이 생길 것 같다.

단어 たつ (시간이) 지나다, 경과하다 | ～とはいえ ～라 하더라도 | 初心者(しょしんしゃ) 초보자 | ～ごとに ～마다 | 種目(しゅもく) 종목 | 平泳(ひらおよ)ぎ 평영 | バタフライ 버터플라이, 접영 | 腰(こし) 허리 | ～てたまらない ～해서 참을 수 없다 | 健康(けんこう) 건강 | 腰痛(ようつう) 요통

81 水泳(すいえい)を始(はじ)めた理由(りゆう)は何(なん)ですか。

(A) 健康(けんこう)のため

(B) プロになるため

(C) ダイエットのため

(D) 腰痛(ようつう)の治療(ちりょう)のため

수영을 시작한 이유는 무엇입니까?

(A) 건강을 위해
(B) 프로가 되기 위해
(C) 다이어트를 위해
(D) 요통 치료를 위해

해설 건강을 위해 수영을 시작했다고 했으므로 정답은 (A)가 적절하다.

단어 理由(りゆう) 이유 | プロ 프로 | 治療(ちりょう) 치료

82 この人(ひと)は水泳教室(すいえいきょうしつ)にいつから通(かよ)いましたか。

(A) 1週間前(いっしゅうかんまえ)　　(B) 1ヶ月前(いっかげつまえ)

(C) 6ヶ月前(ろっかげつまえ)　　(D) 1年半前(いちねんはんまえ)

이 사람은 수영교실을 언제부터 다녔습니까?

(A) 일주일 전　　(B) 한 달 전
(C) 6개월 전　　(D) 1년 반 전

해설 수영교실에 다니기 시작한 지 1년 반이 지났다고 했으므로 정답은 (D)이다.

83 今日(きょう)習(なら)ったのは何(なん)ですか。

(A) 背泳(せおよ)ぎ　　(B) 平泳(ひらおよ)ぎ

(C) クロール　　(D) バタフライ

오늘 배운 것은 무엇입니까?

(A) 배영　　(B) 평영
(C) 자유형　　(D) 접영

해설 지난주에 평영, 오늘은 접영을 했다고 했으므로 정답은 (D)이다.

단어 背泳(せおよ)ぎ 배영 | クロール 자유형

84~86

お待(ま)たせいたしました。特急(とっきゅう)をご利用(りよう)いただきましてありがとうございます。座席(ざせき)はすべて指定(してい)となっています。特急券(とっきゅうけん)の指定番号(してい)の席(せき)にお座(すわ)りください。なお、禁煙車両(きんえんしゃりょう)は2号車(にごうしゃ)、4号車(よんごうしゃ)、5号車(ごごうしゃ)と7号車(ななごうしゃ)でございます。次(つぎ)に車内(しゃない)の設備(せつび)についてご案内(あんない)いたします。洗面室(せんめんしつ)は1号車(いちごうしゃ)、2号車(にごうしゃ)、7号車(ななごうしゃ)と8号車(はちごうしゃ)にございます。カード専用列車電話(せんようれっしゃでんわ)は、9号車(きゅうごうしゃ)にございます。列車電話(れっしゃでんわ)は、電波(でんぱ)の弱(よわ)い区間(くかん)になりますと、赤(あか)ランプが消(き)えて、通話(つうわ)が出来(でき)なくなります。

오래 기다리셨습니다. 특급을 이용하여 주셔서 대단히 감사합니다. 좌석은 모두 지정석으로 되어 있습니다. 특급권에 적혀 있는 지정 번호 자리에 앉아 주십시오. 또한, 금연 차량은 2호차, 4호차, 5호차

와 7호차입니다. 다음으로 차내 설비에 대해서 안내해 드립니다. 세면실은 1호차, 2호차, 7호차와 8호차에 있습니다. 카드 전용 열차 전화는 9호차에 있습니다. 열차 전화는 전파가 약한 구간에서는 붉은 램프가 꺼지고 통화를 할 수 없게 됩니다.

단어 座席(ざせき) 좌석 | 指定(してい) 지정 | ~券(けん) ~권 | 車両(しゃりょう) 차량 | ~号車(ごうしゃ) ~호차 | 車内(しゃない) 차내 | 設備(せつび) 설비 | 案内(あんない) 안내 | 洗面室(せんめんしつ) 세면실 | 専用(せんよう) 전용 | 列車(れっしゃ) 열차 | 電波(でんぱ) 전파 | 区間(くかん) 구간 | ランプ 램프 | 通話(つうわ) 통화

84 この人は何に乗っていますか。

(A) バス　　　　　　　(B) 電車
(C) 飛行機　　　　　　(D) タクシー

이 사람은 무엇을 타고 있습니까?

(A) 버스　　　　　　　(B) 전철
(C) 비행기　　　　　　(D) 택시

해설 안내 방송으로 '특급, 열차'라는 표현이 나오므로, 이 사람이 타고 있는 것을 선택지에서 고르면 (B)가 적절하다.

85 列車電話ができる車両はどれですか。

(A) 3号　　　　　　　(B) 5号
(C) 7号　　　　　　　(D) 9号

열차 전화가 가능한 차량은 어느 것입니까?

(A) 3호　　　　　　　(B) 5호
(C) 7호　　　　　　　(D) 9호

해설 각 차량에 대한 설명을 하는 부분을 주의 깊게 듣고 체크한다. 열차 안에 카드 전용 전화가 있는 곳은 9호 차량이라고 했으므로 정답은 (D)이다.

86 手が洗える車両はどれですか。

(A) 3号　　　　　　　(B) 4号
(C) 5号　　　　　　　(D) 8号

손을 씻을 수 있는 차량은 어느 것입니까?

(A) 3호　　　　　　　(B) 4호
(C) 5호　　　　　　　(D) 8호

해설 세면실은 1호차, 2호차, 7호차, 8호차에 있다고 했으므로 정답은 (D)이다.

87~90

今年8月29日以降、国内航空券の予約、予約確認をご利用いただく際にはお得意様番号を入力してください。お得意様番号はお手持ちのカードもしくはマイレージバンクカードに数字9桁か7桁で表記されています。予約時に入力されるお得意様番号に入力間違いがあると、マイレージは付与されません。お得意様番号に間違いがないかを必ずご確認ください。マイレージはご乗車された日から1ヶ月以内に加算されます。

올해 8월 29일 이후로 국내 항공권 예약, 예약 확인을 이용하실 때에는 단골 고객 번호를 입력하여 주십시오. 단골 고객 번호는 가지고 계신 카드 또는 마일리지 뱅크 카드에 숫자 9자리나 7자리로 표기되어 있습니다. 예약시에 입력하시는 단골 고객 번호가 잘못 입력되면 마일리지는 부여되지 않습니다. 단골 고객 번호가 틀리지 않았는지를 반드시 확인하여 주십시오. 마일리지는 승차하신 날로부터 한 달 이내에 적립됩니다.

단어 以降(いこう) 이후 | 国内(こくない) 국내 | 航空券(こうくうけん) 항공권 | 確認(かくにん) 확인 | 際(さい) 때 | お得意様(とくいさま) 단골 | 入力(にゅうりょく) 입력 | 手持(ても)ち 소지, 수중에 있음 | もしくは 혹은 | マイレージ 마일리지 | 数字(すうじ) 숫자 | 桁(けた) 자릿수 | 表記(ひょうき) 표기 | ~時(じ) ~시 | 間違(まちが)い 잘못, 실수 | 付与(ふよ) 부여 | 乗車(じょうしゃ) 승차 | 以内(いない) 이내 | 加算(かさん) 가산

87 お得意様番号を入力すべきなのはどれですか。

(A) 免税品の事前予約
(B) ポイント積み立て
(C) 国際航空券の予約
(D) 国内航空券の予約

단골 고객 번호를 입력해야 하는 것은 어느 것입니까?

(A) 면세품 사전 예약
(B) 포인트 적립
(C) 국제 항공권 예약
(D) 국내 항공권 예약

해설 국내 항공권의 예약, 예약 확인을 이용하실 때에는 단골 고객 번호를 입력해 달라고 했으므로 정답은 (D)이다.

단어 ~べきだ ~해야 한다 | 免税品(めんぜいひん) 면세품 | 事前(じぜん) 사전 | 積(つ)み立(た)て 적립 | 国際(こくさい) 국제

88 お得意様番号はどう構成されていますか。

(A) 数字９桁か７桁で構成されている。
(B) 半角英数のみ８桁で構成されている。
(C) 数字とアルファベットの組み合わせ６桁で構成されている。
(D) ハイフンは含まれずアルファベットのみ９桁で構成されている。

단골 고객 번호는 어떻게 구성되어 있습니까?

(A) 숫자 9자리 또는 7자리로 구성되어 있다.
(B) 반각 영어와 숫자만 8자리로 구성되어 있다.
(C) 숫자와 알파벳 조합 6자리로 구성되어 있다.
(D) 하이픈은 포함되지 않고 알파벳만 9자리로 구성되어 있다.

해설 단골 고객 번호는 카드나 마일리지 뱅크 카드에 9자리나 7자리의 숫자로 표기되었다고 했으므로 정답은 (A)이다.

단어 構成(こうせい) 구성 | 半角(はんかく) 반각 | 英数(えいすう) 영어와 숫자 | アルファベット 알파벳 | 組(く)み合(あ)わせ 조합 | ハイフン 하이픈 | 含(ふく)む 포함하다

89 予約時に注意することは何ですか。

(A) 入力番号に間違いがないこと
(B) 出発１ヶ月前より申し込むこと
(C) 到着１週間前までに入力すること
(D) マイレージカードを郵送すること

예약시에 주의할 점은 무엇입니까?

(A) 입력 번호에 실수가 없을 것
(B) 출발 한 달 전부터 신청할 것
(C) 도착 일주일 전까지 입력할 것
(D) 마일리지 카드를 우송할 것

해설 단골 고객 번호가 잘못 입력되면 마일리지가 부여되지 않으므로 정확히 입력하기 바란다고 했으므로 정답은 (A)가 적절하다.

단어 注意(ちゅうい) 주의 | 出発(しゅっぱつ) 출발 | 申(もう)し込(こ)む 신청하다 | 到着(とうちゃく) 도착 | 郵送(ゆうそう) 우송

90 マイレージはいつ付与されますか。

(A) 毎年１月
(B) 乗車日から１ヶ月後
(C) 乗車日から１ヶ月以内
(D) 番号の書き込みが終わった瞬間

마일리지는 언제 부여됩니까?

(A) 매년 1월
(B) 승차일로부터 한 달 후
(C) 승차일로부터 한 달 이내
(D) 번호의 입력이 끝난 순간

해설 마일리지는 승차한 날로부터 한 달 이내에 적립된다고 했으므로 정답은 (C)가 적절하다.

단어 乗車日(じょうしゃび) 승차일 | ～後(ご) ～후 | 書(か)き込(こ)み 써넣음 | 瞬間(しゅんかん) 순간

91~93

娘のルミちゃんが幼稚園でわがままに振舞っていると連絡が来ました。ルミちゃんはおてんばで、わがままな子だというのは分かっています。おもちゃを独り占めしていたら他の子に取られて噛んでしまったそうです。工作の時間はブランコから離れず、遊んでいるそうです。左利きなのでハサミがまともに使えないため、ハサミを使う時間は先生にやってもらうそうです。

딸 루미가 유치원에서 제멋대로 행동하고 있다는 연락이 왔습니다. 루미는 말괄량이고 제멋대로인 아이라는 것은 알고 있습니다. 장난감을 독차지하고는 다른 아이에게 빼앗기자 깨물어 버렸다고 합니다. 공작 시간은 그네에서 벗어나지 않고 놀고 있다고 합니다. 왼손잡이라 가위를 제대로 사용하지 못해서 가위를 사용하는 시간은 선생님에게 해 달라고 한다고 합니다.

단어 幼稚園(ようちえん) 유치원 | わがまま 제멋대로임 | 振舞(ふるま)う 행동하다, 대접하다 | 連絡(れんらく) 연락 | おてんば 말괄량이 | 独(ひと)り占(じ)め 독점, 독차지 | 噛(か)む 깨물다, 씹다 | 工作(こうさく) 공작 | ブランコ 그네 | 離(はな)れる 떨어지다, 벗어나다 | 左利(ひだりき)き 왼손잡이 | ハサミ 가위 | まとも 건실함, 착실함

91 この人は何について悩んでいますか。

(A) 引き出物　　　(B) 交友関係
(C) 子どもの　　　(D) ネット依存症

이 사람은 무엇을 고민하고 있습니까?

(A) 답례품　　　　(B) 교우 관계
(C) 아이의 예절　　(D) 인터넷 의존증

해설 유치원에서 아이가 말썽을 피웠다고 연락이 왔다며 아이의 제멋대로인 태도에 대해 이야기하고 있으므로 정답은 (C)가 적절하다.

단어 悩(なや)む 고민하다 | 引(ひ)き出物(でもの) 답례품 | 交

友(こうゆう) 교우 | 関係(かんけい) 관계 | (しつけ) 예절 | 依存症(いそんしょう) 의존증

92 ルミちゃんはどんな子ですか。

(A) けちん坊である。

(B) 慎重な子である。

(C) 気さくな人柄である。

(D) 恥じらいなく活発な子である。

루미는 어떤 아이입니까?

(A) 구두쇠다.

(B) 신중한 아이다.

(C) 소탈한 인품이다.

(D) 부끄러움을 모르는 활발한 아이다.

해설 루미는 おてんば(말괄량이)라고 했다. 선택지에서 이에 상응하는 표현은 (D)이므로 정답은 (D)가 된다.

단어 けちん坊(ぼう) 구두쇠 | 慎重(しんちょう) 신중함 | 気(き)さく 소탈함, 싹싹함 | 人柄(ひとがら) 인품, 사람됨 | 恥(は)じらい 부끄러움, 창피 | 活発(かっぱつ) 활발함

93 ルミちゃんは工作時間に何をしましたか。

(A) 人形ごっこをした。

(B) ブランコに乗った。

(C) ブロックを積み上げた。

(D) シーソーに乗って遊んだ。

루미는 공작 시간에 무엇을 했습니까?

(A) 인형놀이를 했다.

(B) 그네를 탔다.

(C) 블록을 쌓아 올렸다.

(D) 시소를 타고 놀았다.

해설 공작 시간에는 그네에서 벗어나지 않고 놀았다고 했으므로 정답은 (B)가 적절하다.

단어 人形(にんぎょう)ごっこ 인형놀이 | ブロック 블록 | 積(つ)み上(あ)げる 쌓아 올리다 | シーソー 시소

94~96

フルタイムで働く主婦です。仕事を終えて帰宅してから食事の支度、食事、後片付けをします。献立作りが大変で、結婚当初は一週間分の献立を立てて、買い物に行っていましたが、そんなことしてたらとても不経済なことに気づい

て、余分な物を買ったり、腐らせたりするので今は3日分ずつ週に2回の買い物で頑張ってます。週末はできるだけ残り物を整理するため、お鍋や煮込みうどん、お好み焼きなどをよく作ります。

풀타임으로 일하는 주부입니다. 일을 끝내고 귀가하고 나서 식사 준비, 식사, 뒷정리를 합니다. 메뉴를 정하는 것이 고민인데, 결혼 초기에는 일주일치 장을 보러 갔는데, 그렇게 했더니 매우 비경제적인 것이라는 것을 깨닫고, 여분의 물건을 사거나 썩히거나 하기 때문에 지금은 3일치씩 주에 두 번 장을 보려고 노력하고 있습니다. 주말은 가능한 한 남은 것을 정리하기 위해 전골이나 우동, 오코노미야키 등을 자주 만듭니다.

94 結婚当初は何日分の献立を立てていましたか。

(A) 三日分　　(B) 四日分

(C) 七日分　　(D) 十日分

결혼 초에는 며칠치 메뉴를 정했습니까?

(A) 3일치　　(B) 4일치

(C) 7일치　　(D) 10일치

해설 결혼 초에는 일주일치 메뉴를 정한다고 했으므로 정답은 (C)가 적절하다.

95 週末には何を作りますか。

(A) お鍋　　　　(B) 肉じゃが

(C) もんじゃ焼き　(D) 煮込みハンバーグ

주말에는 무엇을 만듭니까?

(A) 찌개　　　　(B) 고기감자조림

(C) 몬자야키　　(D) 부드러운 햄버그

해설 주말은 남은 재료를 정리하기 위해 전골, 우동, 오코노미야키 등을 만든다고 했으므로, 주말 요리는 (A)가 정답으로 적절하다.

96 献立を決めてから買い物に行くのをやめた理由は何ですか。

(A) 外食が多くなったから

(B) 無駄だと気づいたから

(C) 献立が変わってしまうから

(D) インフレが進んで物が買えないから

메뉴를 정하고 나서 장을 보러 가는 것을 그만둔 이유는 무엇입니까?

(A) 외식이 많아졌기 때문에

(B) 소용없다고 깨달았기 때문에

(C) 식단이 바뀌기 때문에

(D) 인플레이션이 계속되어 물건을 살 수 없기 때문에

해설 메뉴를 정하고 나서 장을 보는 것이 매우 비경제적임을 깨달아서 주 2회 정도 장을 본다고 했으므로 정답은 (B)가 적절하다.

단어 外食(がいしょく) 외식 | 無駄(むだ) 소용없음, 쓸모없음 | 進(すす)む 진행되다, 악화되다

97~100

上司は７０歳代前半の会社役員で、身に着けているものはすべて高級品ばかりで、外国生活も長く流行にも敏感です。大変裕福な家で、上司へのお歳暮に悩んでいました。お歳暮コーナーには数件足を運びましたが、なかなかめぐり合えませんでした。後腐れがないように消えものがいいかなと思いました。私は庶民で予算が限られるので、候補としては、調味料や果物がいいかなと考えていました。調味料は好みがあるので果物にしました。

상사는 70세 전반의 회사 임원으로 몸에 걸치고 있는 것은 모두 고급품이고 외국 생활도 길며 유행에도 민감합니다. 매우 유복한 가정이라 상사의 연말 선물로 고민을 하고 있었습니다. 연말 선물 코너에는 몇 번 가 보았지만 좀처럼 만나지 못했습니다(선택할 수 없었습니다). 뒤탈이 없도록 쓰고 없어지는 것이 좋겠다고 생각했습니다. 저는 서민이라 예산에 한계가 있어서 후보로는 조미료나 과일이 좋겠다고 생각하고 있었습니다. 조미료는 취향이 있기 때문에 과일로 했습니다.

단어 上司(じょうし) 상사 | 前半(ぜんはん) 전반 | 役員(やくいん) 임원 | 身(み)に着(つ)ける 몸에 걸치다. 익히다 | 高級品(こうきゅうひん) 고급품 | 外国(がいこく) 외국 | 生活(せいかつ) 생활 | 流行(りゅうこう) 유행 | 敏感(びんかん) 민감함 | 裕福(ゆうふく) 유복함 | お歳暮(せいぼ) 연말, 연말 선물 | 数件(すうけん) 수 건, 여러 번 | 足(あし)を運(はこ)ぶ 가다 | めぐり合(あ)う 우연히 만나다 | 後腐(あとくさ)れ 뒤탈 | 消(き)えもの 소모품, 쓰면 닳거나 없어지는 것 | 庶民(しょみん) 서민 | 予算(よさん) 예산 | 限(かぎ)る 한정하다 | 候補(こうほ) 후보 | 調味料(ちょうみりょう) 조미료 | 好(この)み 기호, 취향

97 何の日を迎えていますか。

(A) 還暦 (B) 七五三

(C) ひな祭り (D) 年末年始

무슨 날을 맞이했습니까?

(A) 환갑 (B) 시치고산

(C) 히나마쓰리 (D) 연말연시

해설 본문 속에서 계절이나 시간을 나타내는 표현을 주의 깊게 들어야 한다. 연말 선물을 구입하려고 생각하고 있으므로 정답은 (D)가 적절하다.

단어 迎(むか)える 맞이하다 | 還暦(かんれき) 환갑 | 七五三(しちごさん) 시치고산(11월 15일) | ひな祭(まつ)り 히나마쓰리(3월 3일) | 年末年始(ねんまつねんし) 연말연시

98 プレゼントは何にしましたか。

(A) 果物 (B) 和菓子

(C) 調味料 (D) マフラー

선물은 무엇으로 했습니까?

(A) 과일 (B) 일본식 과자

(C) 조미료 (D) 목도리

해설 선물 후보로 생각한 것이 '조미료, 과일'이었고, 그 가운데 '과일'로 결정한다고 했으므로 정답으로 적절한 것은 (A)이다.

99 上司はどんな人ですか。

(A) 度胸のある人

(B) 日和見主義の人

(C) お世辞のうまい人

(D) ファッショナブルな人

상사는 어떤 사람입니까?

(A) 배짱이 있는 사람

(B) 기회주의적인 사람

(C) 아부를 잘하는 사람

(D) 패셔너블한 사람

해설 상사에 대해 이야기한 부분을 주의 깊게 듣고 메모한다. 상사는 대부분 고급품을 가지고 있고 유행에 민감하다고 했으므로 정답은 (D)가 적절하다.

단어 度胸(どきょう) 배짱, 담력 | 日和見主義(ひよりみしゅぎ) 기회주의 | お世辞(せじ)がうまい 발림말을 잘하다 | ファッショナブル 패셔너블

100 どうしてプレゼントを買うのに悩みましたか。

(A) ブランド物を買うため

(B) 流行に敏感な娘がいるため

(C) 上司の好みが思いつかないため

(D) 問題があとを引かないようにするため

왜 선물을 사는 것을 고민했습니까?

(A) 명품을 사기 위해

(B) 유행에 민감한 딸이 있기 때문에

(C) 상사의 취향을 짐작할 수 없기 때문에

(D) 문제가 계속 이어지지 않도록 하기 위해

해설 서민의 예산으로는 상사의 기호에 맞출 수 없고, 뒤탈이 없도록 쓰고 없어지는 것을 고르려 하기 때문이므로 정답은 (D)가 적절하다.

단어 ブランド物(もの) 명품 | あとを引(ひ)く 끊이지 않고 이어지다

✓ 단어	읽기	뜻
☐ 後腐れ	あとくされ	뒤탈
☐ 油絵	あぶらえ	유화
☐ 溢れかえる	あふれかえる	흘러넘치다
☐ 慌てる	あわてる	서두르다, 당황하다
☐ 意地悪	いじわる	짓궂음
☐ いずれ		머지않아
☐ 板挟み	いたばさみ	양 틈바구니에 낌
☐ 一気飲み	いっきのみ	원샷
☐ 一発芸	いっぱつげい	한방에 웃기는 일
☐ 奪う	うばう	빼앗다
☐ 絵の具	えのぐ	그림 물감
☐ 宴会	えんかい	연회
☐ 親知らず	おやしらず	사랑니
☐ 恩返し	おんがえし	보은, 은혜를 갚음
☐ 温故知新	おんこちしん	온고지신
☐ 温床	おんしょう	온상
☐ 恩知らず	おんしらず	배은망덕함
☐ 買い込む	かいこむ	물건을 많이 사들이다
☐ 懐中時計	かいちゅうどけい	회중시계
☐ かき回す	かきまわす	젓다
☐ 傘立て	かさたて	우산꽂이
☐ 風通し	かぜとおし	통풍
☐ 肩車	かたぐるま	목말
☐ 偏る	かたよる	치우치다
☐ 玩具	がんぐ	완구
☐ 勘弁	かんべん	용서
☐ 消えもの	きえもの	소모품
☐ 気軽	きがる	가벼움, 가볍게 행동함
☐ 気さく	きさく	소탈함, 싹싹함
☐ 共益費	きょうえきひ	관리비
☐ 虚弱	きょじゃく	허약함
☐ けちん坊	けちんぼう	구두쇠
☐ 航空券	こうくうけん	항공권
☐ 些細	ささい	사소함
☐ 差し込む	さしこむ	꽂다
☐ サンゴ		산호
☐ 時代遅れ	じだいおくれ	시대에 뒤떨어짐
☐ 実家暮らし	じっかぐらし	본가 생활
☐ 躾	しつけ	예절
☐ 締め切り	しめきり	마감
☐ 受話器	じゅわき	수화기
☐ 推薦	すいせん	추천
☐ 隙間風	すきまかぜ	외풍
☐ 炭火	すみび	숯불
☐ 図面	ずめん	도면
☐ 整然	せいぜん	정연, 가지런함
☐ 世界広し	せかいひろし	세상이 넓다
☐ 背もたれ	せもたれ	등받이
☐ 膳立て	ぜんだて	상보기, 상차리기
☐ 専門職	せんもんしょく	전문직
☐ 足労	そくろう	걸음을 걸려 수고롭게 함
☐ 大健闘	だいけんとう	대건투
☐ 玉砂利	たまじゃり	굵은 자갈
☐ 試す	ためす	시도해 보다
☐ 短針	たんしん	시침
☐ 長針	ちょうしん	분침
☐ 著作権	ちょさくけん	저작권
☐ 包む	つつむ	싸다, 포장하다

☐ 釣具	つりぐ		낚시 도구
☐ 手遅れ	ておくれ		때늦음, 시기를 놓침
☐ 手伝う	てつだう		돕다, 거들다
☐ 鉄棒	てつぼう		철봉
☐ 電話帳	でんわちょう		전화번호부
☐ とうとう			드디어, 마침내
☐ 独特	どくとく		독특함
☐ 取っ手	とって		손잡이
☐ 取り出す	とりだす		꺼내다
☐ 取り混ぜる	とりまぜる		뒤섞다, 혼합하다
☐ とんぼ返り	とんぼがえり		바로 되돌아감
☐ 仲直り	なかなおり		화해
☐ 熱中症	ねっちゅうしょう		열사병
☐ 乗り越し	のりこし	타고 가다 하차역을 지나침	
☐ 腹巻	はらまき		복대
☐ 冷え性	ひえしょう		냉증
☐ 引き出物	ひきでもの		답례품
☐ 引く手あまた	ひくてあまた	오라고 끄는 데가 많음	
☐ 肘掛け	ひじかけ		팔걸이
☐ 人柄	ひとがら		인품, 사람됨
☐ 独り占じめ	ひとりじめ		독점, 독차지
☐ 敏感	びんかん		민감함
☐ 船便	ふなびん		배편
☐ 放りなげる	ほうりなげる		내던지다
☐ まとめ買い	まとめがい		한꺼번에 구입함
☐ まるまる			토실토실
☐ 味方	みかた		내 편, 아군
☐ 店開き	みせびらき		개점, 개업
☐ 無我夢中	むがむちゅう		무아지경
☐ 無駄骨	むだぼね		헛수고
☐ めぐり合う	めぐりあう		우연히 만나다

☐ 持ち込み	もちこみ	반입
☐ 盛り上げる	もりあげる	북돋우다
☐ 焼き加減	やきかげん	구운 정도
☐ 家賃	やちん	집세
☐ 優柔不断	ゆうじゅうふだん	우유부단함
☐ 郵送	ゆうそう	우송
☐ 裕福	ゆうふく	유복함
☐ 行き交う	ゆきかう	오가다
☐ 余所行き	よそゆき	나들이, 나들이옷
☐ 留守番	るすばん	빈집을 지킴
☐ 浪人	ろうにん	재수생

모의테스트 • 6회
정답 및 해설

1 (A)	2 (A)	3 (B)	4 (A)	5 (A)	6 (C)	7 (D)	8 (A)	9 (C)	10 (A)
11 (C)	12 (B)	13 (A)	14 (B)	15 (C)	16 (D)	17 (B)	18 (D)	19 (A)	20 (B)

21 (D)	22 (C)	23 (D)	24 (C)	25 (B)	26 (A)	27 (B)	28 (D)	29 (B)	30 (D)
31 (A)	32 (B)	33 (D)	34 (B)	35 (A)	36 (A)	37 (C)	38 (A)	39 (C)	40 (B)
41 (A)	42 (A)	43 (A)	44 (A)	45 (D)	46 (A)	47 (B)	48 (A)	49 (A)	50 (D)

51 (C)	52 (A)	53 (A)	54 (D)	55 (B)	56 (B)	57 (A)	58 (A)	59 (D)	60 (C)
61 (A)	62 (D)	63 (B)	64 (A)	65 (A)	66 (A)	67 (D)	68 (C)	69 (A)	70 (D)
71 (B)	72 (A)	73 (A)	74 (A)	75 (D)	76 (D)	77 (B)	78 (D)	79 (D)	80 (D)

81 (C)	82 (A)	83 (C)	84 (A)	85 (B)	86 (D)	87 (D)	88 (A)	89 (B)	90 (C)
91 (D)	92 (B)	93 (C)	94 (D)	95 (D)	96 (A)	97 (D)	98 (C)	99 (A)	100 (B)

PART 1

1 _ 두 사람 이상의 동작 이해

(A) ソリに乗って遊んでいます。

(B) アイスが整然と置かれています。

(C) 三人はハンマーで氷に穴を掘っています。

(D) 男の子はアイス・フィッシングをしています。

(A) 썰매를 타고 놀고 있습니다.

(B) 얼음이 가지런히 놓여 있습니다.

(C) 세 사람은 망치로 얼음에 구멍을 파고 있습니다.

(D) 남자아이는 얼음낚시를 하고 있습니다.

해설 한 명의 여자아이가 썰매를 타고 얼음판 위에서 놀고 있으므로 정답으로 적절한 것은 (A)이다. 구멍을 파고 있는 사람은 없고, 남자아이는 얼음 위에 배를 깔고 누워 있으므로 (C), (D)는 정답으로 부적절하다.

단어 ソリ 썰매 | 整然(せいぜん) 정연 | ハンマー 망치 | 氷(こおり) 얼음 | 穴(あな) 구멍 | 掘(ほ)る 파다 | アイス・フィッシング 얼음낚시

2 _ 식물 모습

(A) 枝に果物が実っています。

(B) 枝が長すぎて地面についています。

(C) 梨がいっぱいで枝が折れそうです。

(D) 枝にはつぼみがたくさんついています。

(A) 가지에 과일이 열려 있습니다.

(B) 가지가 너무 길어서 지면에 닿아 있습니다.

(C) 배가 많아서 가지가 부러질 것 같습니다.

(D) 가지에는 꽃봉오리가 많이 맺혀 있습니다.

해설 가지에 과일이 맺혀 있는 사진으로, 가지가 지면에 닿거나 부러질 것 같은 모습은 아니다. 따라서 정답은 (A)이다.

단어 枝(えだ) 가지 | 実(みの)る 열매를 맺다 | 地面(じめん) 지면 | 梨(なし) 배 | 折(お)れる 부러지다 | つぼみ 꽃봉오리

3 _ 사물의 상태 및 인물의 동작

(A) 床に新聞を敷いています。

(B) 新聞を折り畳んでいます。

(C) 新聞を紐で括っています。

(D) 網棚から新聞を取っています。

(A) 바닥에 신문을 깔고 있습니다.

(B) 신문을 접고 있습니다.

(C) 신문을 끈으로 묶고 있습니다.

(D) 그물 선반에서 신문을 꺼내고 있습니다.

해설 테이블 위에 종이컵, 컵, 종이 가방 등 여러 사물들이 산란하게 놓여 있고, 세 명의 아이는 각각 다른 동작을 하고 있다. 한 명은 책을 뒤집어 엎어 놓고 있고, 또 다른 한 명은 책을 펼쳐 읽고 있으며, 나머지 한 명은 신문을 접고 있다. 따라서 정답으로 적절한 것은 (B)이다. 끈으로 묶여 있는 것은 잡지이므로 (C)는 정답으로 부적절하다.

단어 床(ゆか) 바닥 | 敷(し)く 깔다 | 折(お)り畳(たた)む 접어 개다 | 紐(ひも) 끈 | 括(くく)る 묶다, 동여매다 | 網棚(あみだな) 그물 선반

4 _ 경고문 이해

(A) 駐車禁止の札が立てられています。

(B) 看板には神社入口と書いてあります。

(C) 事務局の方向が書いてある案内板です。

(D) ここは駐車可能ですが、トイレは有料です。

(A) 주차 금지 팻말이 세워져 있습니다.

(B) 간판에는 신사 입구라고 쓰여 있습니다.

(C) 사무국 방향이 쓰여 있는 안내판입니다.

(D) 여기는 주차할 수 있지만 화장실은 유료입니다.

해설 주차 금지를 알리는 팻말이 세워져 있으므로 정답은 (A)이다.

단어 禁止(きんし) 금지 | 札(ふだ) 팻말 | 看板(かんばん) 간판 | 神社(じんじゃ) 신사 | 事務局(じむきょく) 사무국 | 方向(ほうこう) 방향 | 案内板(あんないばん) 안내판 | 可能(かのう) 가능 | 有料(ゆうりょう) 유료

5 _ 인물의 동작

(A) 皮を剥いています。

(B) おむつをかえています。

(C) お茶を注いでいるところです。

(D) 布巾でテーブルを拭いています。

(A) 껍질을 까고 있습니다.

(B) 기저귀를 갈고 있습니다.

(C) 차를 따르고 있는 중입니다.

(D) 행주로 테이블을 닦고 있습니다.

해설 테이블 위에는 행주가 놓여 있고, 한 사람이 테이블 위에서 과일 껍질을 까고 있으므로 정답으로 적절한 것은 (A)이다.

단어 皮(かわ) 껍질 | 剥(む)く 벗기다, 까다 | おむつ 기저귀 | 注

(つ)ぐ 따르다, 붓다 | 布巾(ふきん) 행주 | 拭(ふ)く 닦다, 훔치다

6 _ 사물의 종류 및 상태

(A) 洗濯物が干してあります。
(B) 洗濯物を取り込んでいます。
(C) 畳んだ服が置いてあります。
(D) 女の人が布団をはたいています。

(A) 세탁물이 널려 있습니다.
(B) 세탁물을 걷고 있습니다.
(C) 잘 개인 옷이 놓여 있습니다.
(D) 여성은 이불을 털고 있습니다.

해설 세탁물에 관련된 문제로, 세탁물이 어떻게 되어 있는지 잘 파악해야 한다. 널고 있는 세탁물은 없으며, 잘 개어진 세탁물이 있으므로 정답으로 적절한 것은 (C)이다.

단어 洗濯物(せんたくもの) 세탁물 | 干(ほ)す 널다, 말리다 | 取(と)り込(こ)む 거두어들이다 | 畳(たた)む 개다 | はたく 털다, 때리다

7 _ 사물의 상태 및 인물의 동작

(A) 缶がへこんでいます。
(B) ぺしゃんこになった缶コーヒーです。
(C) 缶切りが缶詰の上に置いてあります。
(D) 缶の上面に付けられたプルトップを手で引っ張ろうとしています。

(A) 캔이 움푹 들어가 있습니다.
(B) 납작해진 캔커피입니다.
(C) 깡통따개가 통조림 위에 놓여 있습니다.
(D) 깡통의 윗면에 달려 있는 풀톱을 손으로 잡아당기려고 합니다.

해설 캔은 움푹 들어가거나 납작한 모양은 없고, 와인따개는 초밥 위에 있으며, 캔의 풀톱을 떼려고 하고 있으므로 정답으로 적절한 것은 (D)이다.

단어 凹(へこ)む 움푹 패이다 | ぺしゃんこ 납작해진 모양 | 缶切(かんき)り 깡통따개 | 缶詰(かんづめ) 통조림 | 上面(じょうめん) 윗면 | プルトップ 풀톱 | 引(ひ)っ張(ぱ)る 잡아당기다

8 _ 사물의 특성 이해

(A) 金封が置いてあります。
(B) ご祝儀袋が並んでいます。
(C) お祝い袋が風呂敷に包まれています。
(D) ご祝儀袋の表書きは横書きで書いてあります。

(A) 봉투가 놓여 있습니다.

(B) 축의금 봉투가 줄지어 있습니다.
(C) 축의금 봉투가 보자기에 싸여 있습니다.
(D) 축의금 봉투의 겉봉에는 가로쓰기로 적혀 있습니다.

해설 글씨를 세로로 쓴 축의 봉투가 하나 있으므로 정답으로 적절한 것은 (A)이다.

단어 金封(きんぷう) 돈을 보낼 때 쓰는 봉투 | 祝儀袋(しゅうぎぶくろ) 축의금 봉투 | お祝(いわ)い袋(ぶくろ) 축의금 봉투 | 風呂敷(ふろしき) 보자기(욕실에 들어갈 때는 옷을 싸 두었다가 욕실에서 나왔을 때에는 발을 닦는 데 썼던 천) | 表書(おもてが)き 편지 겉봉에 주소, 성명을 씀

9 _ 인물의 동작 이해

(A) 子どもがベビーカーを押しています。
(B) ベビーカーに荷物が積まれています。
(C) 子どもがベビーカーに乗っています。
(D) 子どもが右手でベビーカーをつかんでいます。

(A) 아이가 유모차를 밀고 있습니다.
(B) 유모차에 짐이 쌓여 있습니다.
(C) 아이가 유모차를 타고 있습니다.
(D) 아이가 오른손으로 유모차를 붙잡고 있습니다.

해설 사진에는 유모차에 타고 있는 아이와 유모차를 잡고 있는 젊은 여성이 있다. 따라서 정답으로 적절한 것은 (C)이다. 유모차에는 아이만 타고 있을 뿐이고, 짐 따위는 없으므로 (B)는 정답으로 부적절하다.

단어 ベビーカー 유모차 | 押(お)す 밀다 | 積(つ)む 쌓다 | つかむ 붙잡다

10 _ 건물의 외부 모습

(A) 玄関の屋根は斜めになっています。
(B) 玄関のドアの横に表札が掛けてあります。
(C) 丸くくり抜かれた窓が半開きになっています。
(D) ベランダの物干し台には布団が掛けてあります。

(A) 현관의 지붕은 비스듬하게 되어 있습니다.
(B) 현관문 옆에 문패가 걸려 있습니다.
(C) 둥글게 도려낸 창문이 반 정도 열려 있습니다.
(D) 베란다의 건조대에는 이불이 걸려 있습니다.

해설 현관의 지붕은 기울어져 있으므로 정답으로 적절한 것은 (A)이다. 현관 옆에는 초인종이 있고, 둥근 창문은 없으며 건조대에는 이불이 없다.

단어 屋根(やね) 지붕 | 斜(なな)め 비스듬함 | 表札(ひょうさつ) 문패 | 丸(まる)い 둥글다 | くり貫(ぬ)く 도려내다 | 半開(はんびら)き 반쯤 열림 | 物干(ものほ)し台(だい) 빨래 건조대

11 _ 사물의 종류 및 배치

(A) 瓶ビールの栓は抜かれています。

(B) 缶ビールがぺしゃんこになっています。

(C) テーブルの端に缶ビールが整然と置いてあ
　　ります。

(D) 缶の一部分が凹んでいたり、ある缶は横に
　　倒れたりしています。

(A) 병맥주 뚜껑은 따져 있습니다.

(B) 캔맥주가 찌부러져 있습니다.

(C) 테이블 가장자리에 캔맥주가 가지런히 놓여 있습니다.

(D) 캔의 일부분이 움푹 들어가 있거나, 어떤 캔은 옆으로 쓰러져 있습니다.

해설 병맥주는 없고 테이블 가장자리에 캔맥주가 가지런히 세워져 정돈되어 있으므로 정답으로 적절한 것은 (C)이다.

단어 瓶(びん)ビール 병맥주 | 栓(せん) 마개 | 抜(ぬ)く 뽑다, 빼다 | 缶(かん)ビール 캔맥주 | ぺしゃんこ 납작하게 찌부러진 모양 | 端(はし) 끝, 가장자리 | 整然(せいぜん) 정연, 정돈된 모습 | 一部分(いちぶぶん) 일부분 | 凹(へこ)む 움푹 들어가다, 꺼지다

12 _ 버스 전용 차선의 모습

(A) バスの路線図と時刻表が貼ってあります。

(B) 道路上にバスレーンの時間帯が書いてあり
　　ます。

(C) バスは道路の中央分離帯付近を走行してい
　　ます。

(D) スクールゾーンなのでゆっくりと運転すべ
　　きです。

(A) 버스 노선도와 시각표가 붙여 있습니다.

(B) 도로상에 버스 전용 차선의 시간대가 적혀 있습니다.

(C) 버스는 도로의 중앙 분리대 부근을 주행하고 있습니다.

(D) 스쿨존이라서 천천히 운전해야 합니다.

해설 중앙 분리대 부근을 달리는 차는 없고, 도로의 지면에 버스 전용 시간대가 적혀 있으므로 정답으로 적절한 것은 (B)이다.

단어 路線図(ろせんず) 노선도 | 時刻表(じこくひょう) 시각표 | 時間帯(じかんたい) 시간대 | 中央分離帯(ちゅうおうぶんりたい) 중앙 분리대 | 付近(ふきん) 부근 | 走行(そうこう) 주행

13 _ 사물의 상태

(A) 自動車のトランクは開いています。

(B) トラックのボンネットは閉まっています。

(C) この救急車にはカーナビが付いていません。

(D) トランクの中に折りたたみ自転車が入って
　　います。

(A) 자동차 트렁크는 열려 있습니다.

(B) 트럭의 보닛은 닫혀 있습니다.

(C) 이 구급차에는 내비게이션이 달려 있지 않습니다.

(D) 트렁크 속에 접이식 자전거가 들어 있습니다.

해설 자동차의 트렁크는 열려 있으며 자전거는 자동차 옆에 있으므로 정답으로 적절한 것은 (A)이다.

단어 ボンネット 보닛 | 救急車(きゅうきゅうしゃ) 구급차 | 折(お)りたたみ 접어 갬

14 _ 사물의 종류 및 배치

(A) 植木鉢が整っています。

(B) 高さの違うバケツがあります。

(C) 洗濯物が板の上に置かれています。

(D) モップがバケツの中に入っています。

(A) 화분이 정돈되어 있습니다.

(B) 높이가 다른 양동이가 있습니다.

(C) 세탁물이 판자 위에 놓여 있습니다.

(D) 대걸레가 양동이 안에 들어 있습니다.

해설 세탁물은 양동이 안에 들어 있으며, 높이가 다른 양동이가 놓여 있으므로 정답으로 적절한 것은 (B)이다.

단어 植木鉢(うえきばち) 화분 | 整(ととの)う 정돈되다 | バケツ 양동이 | 洗濯物(せんたくもの) 세탁물 | 板(いた) 판자 | モップ 자루걸레, 대걸레

15 _ 사물의 상태

(A) 食べ物がボウルに盛られています。

(B) 食べ物が取り皿に取り分けられています。

(C) ケーキは同じ大きさに5等分されています。

(D) 皿がテーブルいっぱいに並べられています。

(A) 음식이 사발에 담겨 있습니다.

(B) 음식이 개인 접시에 나눠져 있습니다.

(C) 케이크는 같은 크기로 5등분 되어 있습니다.

(D) 접시가 테이블 가득 나란히 있습니다.

해설 개인 접시에는 아무것도 없고, 쟁반 위에 있는 케이크가 5등분으로 되어 있으므로 정답으로 적절한 것은 (C)이다.

단어 ボウル 운두가 높은 식기(＝ボール) | 盛(も)る 수북이 담다 | 取(と)り皿(ざら) 개인 접시 | 取(と)り分(わ)ける 따로따로 나누다, 갈라놓다 | ～等分(とうぶん) ～등분

16 _ 거리 풍경

(A) 停止線の手前で止まっています。
(B) すれ違い困難な１車線の狭路です。
(C) 多くの車が足止めを食らっています。
(D) ここでスピードを出しすぎてはいけません。

(A) 정지선 바로 앞에서 정지해 있습니다.
(B) 스쳐 지나가기 어려운 1차선의 좁은 도로입니다.
(C) 많은 자동차가 발이 묶여 있습니다.
(D) 여기서 스피드를 너무 많이 내서는 안 됩니다.

해설 정지선이 보이는 차선에 멈춘 차량은 없고 차선은 2차선으로 되어 있으며 차가 드문 거리이다. 바닥에 30이라고 쓰여 있으므로 차 속도에 유의해야 한다. 따라서 정답으로 적절한 것은 (D)이다.

단어 停止線(ていしせん) 정지선 ｜ 手前(てまえ) 바로 앞 ｜ すれ違(ちが)い 스쳐 지나감 ｜ 困難(こんなん) 어려움 ｜ １車線(いっしゃせん) 1차선 ｜ 狭路(きょうろ) 좁은 길 ｜ 足止(あしど)めを食(く)らう 발이 묶이다

17 _ 사물의 상태

(A) ご飯に目玉焼きが乗せてあります。
(B) 紙箱の中に個包装の物が入っています。
(C) ちらし寿司が重箱に詰められています。
(D) 四角い箱に四種類の稲荷寿司が入っています。

(A) 밥에 계란프라이가 올려져 있습니다.
(B) 종이 상자 안에 낱개 포장된 것이 들어 있습니다.
(C) 지라시즈시가 찬합에 담겨 있습니다.
(D) 네모난 상자에 네 종류의 유부초밥이 들어 있습니다.

해설 네모난 상자 안에는 낱개 포장된 과자가 들어 있으므로 정답으로 적절한 것은 (B)이다.

단어 目玉焼(めだまや)き 노른자가 그대로 있는 계란프라이 ｜ 紙箱(かみばこ) 종이 상자 ｜ 個包装(こほうそう) 낱개 포장 ｜ ちらし寿司(ずし) 고명을 얹은 초밥 ｜ 重箱(じゅうばこ) 찬합 ｜ 詰(つ)める 채우다, 담다 ｜ 四角(しかく)い 네모나다 ｜ 種類(しゅるい) 종류 ｜ 稲荷寿司(いなりずし) 유부초밥

18 _ 도로 풍경 및 인물의 동작

(A) 掛け時計の振り子が揺れています。
(B) 車のトランクに自転車が積まれています。
(C) 人が改札口から出てくるようです。
(D) 横断歩道の信号待ちをしている人が見えます。

(A) 벽걸이 시계의 추가 움직이고 있습니다.
(B) 차 트렁크에 자전거가 쌓여 있습니다.
(C) 사람이 개찰구에서 나오는 것 같습니다.
(D) 횡단보도 신호대기를 하고 있는 사람이 보입니다.

해설 역에 걸려 있는 둥근 시계는 추가 없고, 자전거는 길가에 세워져 있고, 횡단보도 앞에 사람이 몇 명 서 있으므로 정답으로 적절한 것은 (D)이다.

단어 掛(か)け時計(どけい) 벽걸이 시계 ｜ 振(ふ)り子(こ) 진자, 흔들이 ｜ 揺(ゆ)れる 흔들리다 ｜ 積(つ)む 쌓다 ｜ 改札口(かいさつぐち) 개찰구 ｜ 横断歩道(おうだんほどう) 횡단보도 ｜ 信号待(しんごうま)ち 신호대기

19 _ 인물의 동작

(A) 花火をしています。
(B) 月見を楽しんでいます。
(C) 水中で銃を撃っています。
(D) ろうそくに火をともしています。

(A) 불꽃놀이를 하고 있습니다.
(B) 달 구경을 즐기고 있습니다.
(C) 수중에서 총을 쏘고 있습니다.
(D) 초에 불을 붙이고 있습니다.

해설 사진 속에 있는 아이들은 불꽃놀이를 하고 있으므로 정답으로 적절한 것은 (A)이다.

단어 月見(つきみ) 달 구경 ｜ 水中(すいちゅう) 수중 ｜ 銃(じゅう) 총 ｜ 撃(う)つ 쏘다 ｜ ろうそく 초, 양초 ｜ ともす 불을 켜다

20 _ 사물의 모양 및 상태

(A) サンドイッチの抜き型が置かれています。
(B) 同じ大きさのサンドイッチが置いてあります。
(C) サンドイッチに挟む具材が用意されています。
(D) キウイが縁に一周ぐるりと飾り付けてあります。

(A) 샌드위치 틀이 놓여 있습니다.
(B) 같은 크기의 샌드위치가 놓여 있습니다.
(C) 샌드위치에 들어가는 재료가 준비되어 있습니다.
(D) 키위가 가장자리 전체에 둘러져 장식되어 있습니다.

해설 일정한 크기의 샌드위치가 놓여 있다. 키위는 한쪽 가장자리 바닥에 있으므로 정답으로 적절한 것은 (B)이다.

단어 抜(ぬ)き型(がた) 틀 ｜ 挟(はさ)む 끼우다 ｜ 具材(ぐざい) 재료 ｜ 用意(ようい) 준비 ｜ キウイ 키위 ｜ 縁(ふち) 둘레, 가장자리 ｜ 一周(いっしゅう) 일주 ｜ ぐるり 빙, 휙(한 바퀴 도는 모양) ｜ 飾(かざ)り付(つ)ける 장식하다

PART 2

21 _ 시사 – 하이패스의 이해

高速道路フリーパスをお持ちじゃないでしょうか。

(A) はい、通学定期券を持っています。

(B) はい、ドライブインでおもちを買って来ました。

(C) はい、おかげさまで1級をパスし、ほっとしています。

(D) はい、それで無駄な手続きも省けるし、ＥＴＣレーンも通れるから便利です。

고속도로 프리패스를 갖고 있지 않으십니까?

(A) 네, 통학용 정기권을 갖고 있습니다.

(B) 네, 드라이브인으로 떡을 사 왔습니다.

(C) 네, 덕분에 1급을 패스해서 안심하고 있습니다.

(D) 네, 그래서 쓸데없는 절차도 생략할 수도 있고, ETC 레인도 지나갈 수 있어서 편리합니다.

해설 고속도로 프리패스를 갖고 있지 않느냐고 묻자, 갖고 있다고 말한 동시에 ETC 레인의 통과가 편리하다고 응답한 (D)가 정답으로 적절하다. 통학용 정기권, 휴게소, 1급 패스는 프리패스와 관계없으므로 (A), (B), (C)는 정답으로 부적절하다.

단어 通学(つうがく) 통학 | 定期券(ていきけん) 정기권 | ドライブイン 드라이브인 | おもち 떡 | ~級(きゅう) ~급 | ほっとする 안심하다 | 無駄(むだ) 쓸데없음 | 省(はぶ)く 생략하다 | ＥＴＣレーン ETC 레인(Electronic Toll Collection, 통행료 자동 지불)

22 _ 회사 생활 – 인사이동

１１月に異動辞令が出た後輩の送別会で終電を逃してしまって、タクシーで帰ったんですよ。

(A) 人事異動で元の部署に戻ったんですね。

(B) お世話になった上司の歓迎式でしたからね。

(C) だから、送別会とかさっさと抜けりゃよかったのに。

(D) かわいがっていた後輩が、１１月に引っ越すことになったんです。

11월에 이동발령이 난 후배의 송별회 때문에 마지막 전철을 놓쳐서 택시

로 집에 왔어요.

(A) 인사이동으로 원래 부서로 돌아갔군요.

(B) 신세를 진 상사의 환영식이었으니까요.

(C) 그러니까 송별회 같은 것은 냉큼 빠져나왔으면 좋았을 걸.

(D) 귀여워하던 후배가 11월에 이사하게 되었습니다.

해설 송별회 참가 때문에 막차를 놓쳐 택시를 타고 왔다고 했고, 이에 대해 적당히 빠져나왔으면 좋았을 것이라고 응답한 (C)가 정답으로 적절하다. (A)는 인사이동 이야기이므로 정답으로 부적절, (B)는 상사의 환영회였다고 응답했기 때문에 정답으로 부적절, (D)는 후배의 이사를 말하고 있으므로 정답으로 부적절하다.

단어 人事異動(じんじいどう) 인사이동 | 送別会(そうべつかい) 송별회 | 終電(しゅうでん) 마지막 전철 | 逃(のが)す 놓치다 | 元(もと) 원래 | 部署(ぶしょ) 부서 | 歓迎式(かんげいしき) 환영식 | さっさと 후딱, 냉큼 | 抜(ぬ)ける 빠지다

23 _ 일상생활 – 대납

さっき、弟さんとの電話を切って、急いで出かけましたね。

(A) うん、パソコンの電源を切るつもりだよ。

(B) うん、荷物をまとめて玄関に置いたよ。

(C) うん、弟かと思ったら、お隣さんだったよ。

(D) うん、タクシー代の立て替えに、呼び出されたんだ。

아까 남동생과의 전화를 끊고 서둘러 나갔지요.

(A) 응, 컴퓨터 전원을 끌 생각이야.

(B) 응, 짐을 정리해서 현관에 두었어.

(C) 응, 동생이라고 생각했는데 옆집 사람이었어.

(D) 응, 택시 요금을 대신 내러 불려나갔어.

해설 서둘러 나간 이유를 묻고 있다. 적절한 답은 대신 돈을 내러 갔다고 한 (D)이다.

단어 さっき 아까, 방금 | 電源(でんげん) 전원 | まとめる 정리하다, 한데 모으다 | 玄関(げんかん) 현관 | お隣(となり)さん 이웃집 사람 | 立(た)て替(か)え 대신 대금을 치름, 또는 그 돈 | 呼(よ)び出(だ)す 호출하다, 불러내다

24 _ 일상생활 – 소요 시간

あとどのくらいで焼きあがりますか。

(A) 焼き芋を手軽に作ることができます。

(B) ゴールまであと2キロだよ。がんばれ！

(C) そうですね、5分ほどお待ちください。

(D) 焼き鳥屋から車で5分くらいかかります。

앞으로 어느 정도면 다 구워집니까?

(A) 軍고구마를 간편하게 만들 수가 있어요.

(B) 결승선까지 앞으로 2km 남았어. 힘내!

(C) 글쎄요, 5분 정도 기다려 주세요.

(D) 닭꼬치 가게에서 차로 5분 정도 걸립니다.

해설 언제쯤 다 구워지냐는 물음에 대한 응답으로 적절한 것은 5분 정도 기다려 달라고 한 (C)이다. (A)는 간단히 만들 수 있는 군고구마를, (B)는 앞으로 남은 거리를, (D)는 닭꼬치 가게까지 걸리는 시간을 이야기하고 있으므로 정답으로 부적절하다.

단어 焼(や)きあがる 잘 구워지다 | 焼き芋(いも) 군고구마 | 手軽(てがる) 간편함 | ゴール 골, 결승선 | 焼き鳥(とり) 닭꼬치구이

25 _ 일상생활 – 방문 인사

ちょっとお上（あ）がりになりません？

(A) 仕上（しあ）がりがいいです。

(B) じゃあ、ちょっとだけ。

(C) お風呂（ふろ）も沸（わ）いてないし。

(D) やっとできあがりました。

잠깐 들어오시지 않겠습니까?

(A) 마무리가 잘 되었습니다.

(B) 그럼, 잠시만.

(C) 목욕물도 데워지지 않았고.

(D) 겨우 완성되었습니다.

해설 잠깐 들어오라는 권유에 잠시만 들르겠다고 한 (B)가 응답으로 적절하다. (A)는 마무리에 대한 설명을, (C)는 목욕물에 대한 설명을, (D)는 완성에 대한 설명을 하고 있으므로 정답으로 부적절하다. 上がる에 대한 사용법을 익히도록 한다.

단어 上(あ)がる 오르다, (방에) 들어가다, (욕실에서) 나오다 | 仕上(しあ)がる 완성되다 | 沸(わ)く 끓다 | できあがる 다 되다, 완성되다

26 _ 회사생활 – 스트레스

ストレス発散（はっさん）のため、みんなでパーッと飲（の）みに行（い）こう。

(A) すみません、先約（せんやく）がありまして。

(B) ストレスがたまると食（た）べちゃいます。

(C) 私（わたし）はどちらかというと下戸（げこ）というよりはたしなむ程度（ていど）です。

(D) 粗大（そだい）ゴミは氏名（しめい）と住所（じゅうしょ）を記載（きさい）して廃棄（はいき）しなければなりません。

스트레스 발산하러 모두 한잔 하러 가자구.

(A) 미안해요, 선약이 있어서요.

(B) 스트레스가 쌓이면 마구 먹어 버려요.

(C) 저는 어느 쪽이냐 하면, 술을 못 마신다기보다는 즐기는 정도입니다.

(D) 대형 쓰레기는 이름과 주소를 기재하고 폐기해야 합니다.

해설 스트레스 해소를 위해 한잔 하러 가자는 제안에, 선약이 있어서 안 된다고 거절한 (A)가 정답으로 적절하다. (B)는 스트레스가 쌓이면 하는 일을, (C)는 주량을, (D)는 대형 쓰레기를 버리는 방법을 설명하고 있으므로 정답으로 부적절하다.

단어 発散(はっさん) 발산 | パーッと 순식간에 일어나는 모양 | 先約(せんやく) 선약 | たまる 쌓이다 | 下戸(げこ) 술을 못하는 사람 | たしなむ 즐기다 | 程度(ていど) 정도 | 粗大(そだい)ゴミ 대형 쓰레기 | 氏名(しめい) 성명 | 記載(きさい) 기재 | 廃棄(はいき) 폐기

27 _ 시사 – 쓰레기 분류

またゴミの分別（ぶんべつ）が間違（まちが）っているでしょ。

(A) ごめん、ゴミ出（だ）すの忘（わす）れてた。

(B) ゴミの捨（す）て方（かた）を知（し）らなくてごめん。

(C) 燃（も）えるゴミは週（しゅう）2回（かい）でしたっけ。

(D) 中身（なかみ）の見（み）えるゴミ袋（ぶくろ）に入（い）れて出（だ）してください。

또 쓰레기 분리수거 잘못했죠?

(A) 미안, 쓰레기를 내놓는 거 잊고 있었어.

(B) 쓰레기 버리는 법을 잘 몰라서 미안해.

(C) 타는 쓰레기는 주 2회였던가.

(D) 안이 보이는 쓰레기 봉투에 넣어서 내놓아 주세요.

해설 분리수거를 잘하지 못했다고 다그치고 있으므로 자신의 실수를 인정한 (B)가 정답으로 적절하다.

단어 分別(ぶんべつ) 분별, (쓰레기) 분리수거 | 燃(も)える 타다 | ～っけ ～였지, ～던가(분명하지 않은 일을 묻거나 확인) | 中身(なかみ) 내용물, 알맹이 | ゴミ袋(ぶくろ) 쓰레기 봉투

28 _ 일상생활 – 관용구 이해

並木道（なみきみち）がきれいだし、ちょっと寄（よ）り道（みち）していきましょう。

(A) はい、疲（つか）れたから草（くさ）でも食（た）べましょう。

(B) はい、この道（みち）にコスモスは全然（ぜんぜん）ありません。

(C) はい、環境保護（かんきょうほご）のためには道（みち）に木（き）を植（う）えるべきです。

(D) はい、あそこのベンチでコーヒーでも飲（の）みましょう。

가로수길이 예쁘니 잠깐 들렀다 갑시다.

(A) 네, 피곤하니까 풀이라도 먹읍시다.

(B) 네, 이 길에 코스모스는 전혀 없습니다.

(C) 네, 환경 보호를 위해서는 길에 나무를 심어야 합니다.

(D) 네, 저 벤치에서 커피라도 마시죠.

[解説] 잠깐 들렀다 가자는 제안에 대한 응답으로 적절한 것은 커피라도 마시자고 한 (D)이다. (A)는 풀을 먹자고 했으므로 정답으로 부적절하다. (B)는 코스모스가 없다고 동의했으므로 정답으로 부적절하고, (C)는 나무를 심어야 한다고 했으므로 정답으로 부적절하다.

[단어] 並木道(なみきみち) 가로수길 | 寄(よ)り道(みち) 지나는 길에 들름 | コスモス 코스모스 | 環境(かんきょう) 환경 | 保護(ほご) 보호 | 植(う)える 심다

29_ 일상생활 – 날씨

気まぐれな天気ですね。

(A) 雲ひとつないいい天気ですね。

(C) まだ、どこへ行くか決めていません。

(D) こんなにいい天気なんだから旅行でもしましょう。

변덕스러운 날씨군요.

(A) 구름 한 점 없는 좋은 날씨군요.

(B) 장마철이라 그래. 습기도 많아서 싫어.

(C) 아직 어디로 갈지 정하지 않았습니다.

(D) 이렇게 날씨가 좋으니 여행이라도 합시다.

[해설] 변덕스러운 날씨라는 말에 비가 오락가락하는 장마철이기 때문이라고 응답한 (B)가 정답으로 적절하다. (A)와 (D)는 좋은 날씨라고 했으므로 정답으로 부적절하다.

[단어] 気(き)まぐれ 변덕스러움 | 梅雨空(つゆぞら) 장마철에 비가 오락가락 하는 날씨 | 湿気(しっけ) 습기

30_ 일상생활 – 전철, 지각 이유

居眠りをしてまた乗り越したんですか。

(A) 時間には余裕を持って安全運転でお越しくださいませ。

(B) 高校生の叫び声にびっくりしてあめを呑み込んでしまいました。

(C) へいを乗り越えた時、ズボンのすそが裂けてしまいました。

꾸벅꾸벅 졸다가 또 지나쳤습니까?

(A) 시간에는 여유를 갖고 안전운전해서 와 주세요.

(B) 고교생이 지르는 소리에 깜짝 놀라 사탕을 삼켜 버렸습니다.

(C) 담을 넘었을 때 바짓단이 찢어져 버렸습니다.

(D) 이번엔 종점까지 가 버려서 옆 사람이 깨워 주었습니다.

[해설] 졸다가 하차 역을 놓쳤냐고 물었으므로, 종점까지 가 버렸다고 응답한 (D)가 정답으로 적절하다. (A)는 안전운전 할 것을, (B)는 큰소리에 깜짝 놀란 것을, (C)는 바짓단이 찢어진 이유를 설명하고 있으므로 정답으로 부적절하다.

[단어] 居眠(いねむ)り 앉아서 졺 | 乗(の)り越(こ)す 타고 가다 내릴 곳을 지나치다 | 余裕(よゆう) 여유 | 叫(さけ)び声(ごえ) 외치는 소리 | 呑(の)み込(こ)む 삼키다 | へい 담 | 乗(の)り越(こ)える 타고 넘다. 극복하다. 앞지르다 | すそ 옷자락 | 裂(さ)ける 찢어지다 | 終点(しゅうてん) 종점

31_ 식당 – 주문

いらっしゃいませ。ご注文は何になさいますか。

(B) 打ち上げがあるので、帰りが遅くなりそうです。

(C) 日替わりのランチには飲み物がついてきましたよ。

(D) 新年会であれ忘年会であれ、基本的に会社持ちだな。

어서 오세요. 주문은 무엇으로 하시겠습니까?

(A) 뭔가 가벼운 것이 좋겠는데요.

(B) 축하식이 있어서 귀가가 늦어질 것 같습니다.

(C) 오늘의 점심 특선에는 음료가 포함되어 나왔어요.

(D) 신년회든 송년회든 기본적으로 회사가 내는 거야.

[해설] 주문을 무엇으로 할 것이냐는 질문에 대해 가벼운 것이 좋겠다고 응답한 (A)가 정답으로 적절하다. (B)는 귀가가 늦는 이유를 설명했고, (C)는 점심 특선에 따라오는 음료를 설명했고, (D)는 회식 때 회사가 낸다는 것을 설명하고 있으므로 정답으로 부적절하다.

[단어] 打(う)ち上(あ)げ 사업이나 공사 등을 마침. 또는 그것을 축하하는 잔치 | 日替(ひが)わり 매일 바뀜 | 新年会(しんねんかい) 신년회 | ～であれ～であれ ～이든 ～이든 | 忘年会(ぼうねんかい) 송년회 | 基本的(きほんてき) 기본적 | 会社持(かいしゃも)ち 회사 지불

32_ 일상생활 – 몸 상태

なんだ、骨折した右足のギプス、まだとれないのかい。

(A) 足の腫れが引いて痛みがとれたよ。

(C) おでこに青あざができて、なかなか引きません。

(D) 今日、２週間ぶりにギプスがとれて、以前のように文字も書けるようになりました。

뭐야, 골절된 오른쪽 다리 깁스, 아직 안 풀어?

(A) 다리 붓기가 빠져 통증이 가셨어.

(B) 순조롭다면 일주일 후에 깁스를 풀 겁니다.

(C) 이마에 파란 멍이 들었는데 좀처럼 빠지지 않습니다.

(D) 오늘 2주 만에 깁스를 풀어서 예전처럼 글씨도 쓸 수 있게 되었습니다.

[해설] 깁스를 아직도 못 풀었냐는 말에 대해, 순조롭게 진행되면 1주일 후에 푼다고 응답한 (B)가 정답으로 적절하다. (A)는 붓기가 빠진 것을 말하고, (C)는 이마에 있는 멍 자국을 말하고, (D)는 깁스를 풀었다고 말하고 있으므로 정답으로 부적절하다.

[단어] 骨折(こっせつ) 골절 | ギプス 깁스 | とれる 없어지다, 떨어지다 | 腫(は)れが引(ひ)く 붓기가 빠지다 | 順調(じゅんちょう) 순조로움 | 外(はず)れる 벗겨지다, 풀리다 | おでこ 이마 | 青(あお)あざ 파란 멍 | 以前(いぜん) 이전

33 _ 여관 – 휴식, 대우 표현

夕べはよくお休みになれましたでしょうか。

(A) 疲れ果ててぐったりしています。

(B) しばらくお休みさせていただきます。

(C) あした、たたみの虫干しをします。

(D) 寝心地もとても良くてぐっすり寝れました。

저녁에는 잘 주무셨습니까?

(A) 기진맥진해서 녹초가 되었습니다.

(B) 잠시 쉬겠습니다.

(C) 내일 다다미를 말리겠습니다.

(D) 잠자리도 굉장히 좋아서 푹 잘 수 있었습니다.

[해설] 잠을 잘 잤냐고 물은 것에 대해 푹 잤다고 응답한 (D)가 정답으로 적절하다. (A)는 녹초가 된 상태를 설명하고 있으며, (B)는 휴식을 갖겠다고 말하고 있으며, (C)는 내일 다다미를 말리겠다고 말하고 있으므로 정답으로 부적절하다.

[단어] 疲(つか)れ果(は)てる 지칠 대로 지치다 | ぐったり 녹초가 됨, 축 늘어짐 | 虫干(むしぼ)し 곰팡이나 좀 등을 막기 위해 햇볕을 쬐고 바람을 쐼 | 寝心地(ねごこち) 자는 기분, 잠자리에 들었을 때의 느낌 | ぐっすり 푹(깊은 잠을 자는 모양)

34 _ 일상생활 – 병문안

病気見舞いに何を持っていくのがいいと思いますか。

(A) 病気になる前に予防接種しよう。

(B) 軽く読める雑誌や本などはどうですか。

(C) お見舞いに行こうか行くまいか悩んでいます。

(D) 心ばかりのお見舞いの品をお送りいたしました。

병문안에 무엇을 가지고 가는 것이 좋다고 생각합니까?

(A) 병에 걸리기 전에 예방접종하자.

(B) 가볍게 읽을 수 있는 잡지나 책 등은 어떻습니까?

(C) 병문안을 갈지 말지 고민하고 있습니다.

(D) 마음뿐인 병문안 물품을 보냈습니다.

[해설] 병문안 선물로 적당한 것을 묻는 것에 대한 응답으로 잡지나 책을 권유하고 있는 (B)가 정답으로 적절하다. 예방접종을 하자고 한 (A)나, 병문안을 가야 할지 고민하는 (C)나, 병문안 물품을 이미 보냈다고 한 (D)는 정답으로 부적절하다.

[단어] 予防(よぼう) 예방 | 接種(せっしゅ) 접종 | ～(よ)うか～まいか ～할지 ～하지 않을지

35 _ 일상생활 – 은행, 부탁

銀行に行って、今月の光熱費を払って来てくれない？

(A) 自動引き落としにしてないの？

(B) 忘れがちなのが光熱費の増額だな。

(C) 家賃は妻の口座からの引き落としですよ。

(D) 大家が光熱費を立替払いしてくれないんだ。

은행에 가서 이번 달 광열비를 내고 와 주지 않을래?

(A) 자동이체로 하지 않았어?

(B) 잊기 쉬운 것이 광열비 인상이로군.

(C) 집세는 아내의 계좌에서 이체돼요.

(D) 집주인이 광열비를 대신 지불해 주지 않아.

[해설] 광열비를 내고 와 달라고 부탁하자 자동이체를 안 했냐고 응답한 (A)가 정답으로 적절하다. (B)는 광열비 인상을 말하고 있고, (C)는 집세의 지불 방법에 대해 말하고 있고, (D)는 집주인이 대납해 주지 않는다고 말하고 있으므로 정답으로 부적절하다.

[단어] 光熱費(こうねつひ) 광열비 | 自動(じどう) 자동 | 引(ひ)き落(お)とし 송금, 이체 | ～がち ～하는 경향이 많음 | 増額(ぞうがく) 증액 | 家賃(やちん) 집세 | 妻(つま) 아내 | 大家(おおや) 집주인 | 立替払(たてかえばら)い 대신 지불함

36 _ 일상생활 – 기념품

お荷物になるかと思いますが、どうぞお持ち帰りください。

(A) 感謝の気持ちでいっぱいです。

(B) お教えいただき、助かりました。

(C) おかげで気持ちが晴れ晴れしました。

(D) いつもご愛顧_{あいこ}をいただき、ありがとうございます。

짐이 되실 거라 생각합니다만, 부디 가져가 주세요.

(A) 감사한 마음으로 가득합니다.
(B) 가르쳐 주셔서 살았습니다.
(C) 덕분에 기분이 상쾌해졌습니다.
(D) 언제나 관심 어린 애정을 주셔서 감사합니다.

해설 선물을 받아 달라고 말하자 감사히 받겠다고 응답한 (A)가 정답으로 적절하다. (B)는 배움을 받아 큰 도움이 되었을 때 사용하는 표현이고, (C)는 상담을 하고 난 뒤에 사용될 수 있는 표현으로 정답으로 부적절하다.

단어 晴(は)れ晴(ば)れ 상쾌함, 청명함 | 愛顧(あいこ) 보살핌, 애고

37 _ 일상생활 표현 – 인물 평가

恵子さんはうわさ話と人の悪口が生きがいみたいな人ですね。

(A) 生きがいのある仕事を見つけたんだ。
(B) 自分を好きになることは幸せの第一歩です。
(C) 周りにデマを流して人を傷付けたりするんですね。
(D) ブランドに目がくらんで見る目が無くなっているんだ。

게이코 씨는 소문과 다른 사람 험담을 하는 것이 사는 보람인 듯한 사람이군요.

(A) 삶의 보람이 있는 일을 찾았어.
(B) 자신을 좋아하는 것은 행복의 첫걸음입니다.
(C) 주변에 헛소문을 흘려서 사람을 상처 입히죠.
(D) 브랜드에 눈이 멀어서 보는 눈이 없어졌어.

해설 소문과 험담을 좋아한다고 인물을 평가하고 있다. 이에 동의의 뜻을 표명한 (C)가 정답으로 적절하다. 질문에서 나온 生きがい라는 단어가 (A)에 나오지만 일을 통해 삶의 보람을 찾았다는 전혀 다른 이야기를 하고 있으므로 (A)를 선택해서는 안 된다.

단어 生(い)きがい 사는 보람, 사는 값어치, 삶의 목표 | 第一歩(だいいっぽ) 첫걸음, 제1보 | デマ 선동적 악선전, 허위 정보 | 傷付(きずつ)ける 상처를 입히다 | 目(め)がくらむ 눈이 멀다 | 見(み)る目(め) 보는 눈, 안목

38 _ 일상생활 – 약속 시간

ごめんね。いきなり呼び出しちゃって。伊藤さんとの待ち合わせの時間が延びちゃったの。

(A) いいんだよ。会いたくて飛んできた。
(B) ヨガで伊藤さんの身長が伸びたよ。

(C) いきなり降り出しちゃって、困ったな。
(D) まさか待ち合わせ場所、間違ってねえよなあ。

미안해. 갑자기 불러내서. 이토 씨와 만날 약속 시간이 미뤄져 버렸어.

(A) 괜찮아. 만나고 싶어서 날아왔어.
(B) 요가로 이토 씨의 키가 컸어.
(C) 갑자기 비가 내리니 곤란하네.
(D) 설마 약속 장소, 틀리지 않았겠지.

해설 갑자기 불러내서 미안하다고 했으므로 이에 대한 응답으로 적절한 것은 괜찮다고 한 (A)이다. 키가 컸다고 한 (B), 비가 내려서 곤란하다고 한 (C)는 정답으로 부적절하다. 伸びる와 延びる의 차이점에 대해 익혀 둘 필요가 있다.

단어 呼(よ)び出(だ)す 호출하다, 불러내다 | 延(の)びる 연장되다, 연기되다 | ヨガ 요가 | 身長(しんちょう) 신장, 키 | 伸(の)びる 자라다, 성장하다 | まさか 설마

39 _ 숙박 – 예약

宿泊予約はいつ頃からできますか。

(A) 火曜日からお泊まりになりますか。
(B) 予約は２４時間受け付けております。
(C) ご宿泊の１年前より承っております。
(D) 半年前からテント泊は禁止されています。

숙박 예약은 언제쯤부터 가능합니까?

(A) 화요일부터 머무르십니까?
(B) 예약은 24시간 접수하고 있습니다.
(C) 숙박하시기 1년 전부터 받고 있습니다.
(D) 반년 전부터 텐트를 치고 자는 것은 금지되어 있습니다.

해설 숙박 예약이 가능한 시기를 물었으므로 1년 전부터 가능하다고 응답한 (C)가 정답으로 적절하다. (A)는 숙박할 요일을 다시 물어본 것이고, (B)는 접수 시간을 설명한 것이고, (D)는 텐트 숙박에 대한 금지를 설명하고 있으므로 정답으로 부적절하다.

단어 宿泊(しゅくはく) 숙박 | 承(うけたまわ)る 받다 | テント泊(はく) 텐트에서 묵음 | 禁止(きんし) 금지

40 _ 일상생활 – 관용구의 이해

腹を割って話してくれよ。

(A) 距離を時間で割るんだっけ。
(B) 隠さずに打ち明けたいんですが。
(C) 話の腰を折るわけじゃないんだよ。
(D) 自腹を切って自社商品を購入してた？

속을 털어놓고 이야기해 줘.

(A) 거리를 시간으로 나누던가.

(B) 숨기지 말고 털어놓고 싶습니다만.

(C) 말허리를 꺾으려는 게 아니야.

(D) 네 주머니돈을 털어서 자사 상품을 구입했었어?

해설 속을 털어놓고 말해 달라는 부탁에 대해 적절한 응답은 속 시원히 말하고 싶다고 한 (B)이다.

단어 腹(はら)を割(わ)る 속을 털어놓다 | 距離(きょり) 거리 | ~っけ ~였지, ~던가(잊었던 일이나 분명하지 않은 일을 묻거나 확인) | 隠(かく)す 숨기다 | 打(う)ち明(あ)ける 털어놓다 | 話(はなし)の腰(こし)を折(お)る 말허리를 자르다 | 自腹(じばら)を切(き)る 자신의 주머니돈을 털다

41 _ 일상생활 – 분실물

切符(きっぷ)、失(な)くしたと聞(き)きましたが。

(A) ええ、でも財布(さいふ)の中(なか)から見(み)つかったんですよ。

(B) ええ、ボトルをキープしておいたんですよ。

(C) ええ、ギフト買(か)ってくるのを忘(わす)れたんですよ。

(D) ええ、就業(しゅうぎょう)の見込(みこ)みがなくなってしまったんですよ。

표, 분실했다고 들었습니다만.

(A) 예, 하지만 지갑 안에서 찾았어요.

(B) 예, 병을 킵해 두었어요.

(C) 예, 선물 사 오는 것을 까먹었어요.

(D) 예, 취업 희망이 사라져 버렸어요.

해설 표를 분실했냐는 말에 지갑 안에서 찾았다고 한 (A)가 정답으로 적절하다. (B)는 가게에서 마시다 만 음료의 병을 보관해 두었다고 이야기하고 있으므로 정답으로 부적절, (C)는 선물을 깜빡한 것을 설명하고 있으므로 정답으로 부적절하다.

단어 失(な)くす 분실하다 | 就業(しゅうぎょう) 취업 | 見込(みこ)み 전망, 희망 | なくなる 없어지다

42 _ 공항 – 세관 신고

何(なに)か申告(しんこく)する物(もの)はお持(も)ちですか。

(A) 特(とく)にありません。

(B) 深刻(しんこく)な事件(じけん)があったそうです。

(C) ご飯(はん)の代(か)わりに餅(もち)を食(た)べます。

(D) 入国審査書(にゅうこくしんさしょ)を書(か)いているところだった。

뭔가 신고할 물건은 가지고 계십니까?

(A) 특별히 없습니다.

(B) 심각한 사건이 있었다고 합니다.

(C) 밥 대신에 떡을 먹습니다.

(D) 입국심사서를 쓰는 중이었어.

해설 신고할 물건이 있는지 물었으므로 특별히 없다고 응답한 (A)

가 정답이다.

단어 申告(しんこく) 신고 | 深刻(しんこく) 심각함 | 事件(じけん) 사건 | 代(か)わりに 대신에 | 餅(もち) 떡 | 入国審査書(にゅうこくしんさしょ) 입국심사서 | ~ているところだ ~하는 중이다

43 _ 시사 – 금연

最近(さいきん)、たばこが吸(す)えない所(ところ)が多(おお)くなって、愛煙家(あいえんか)の私(わたし)にはつらいですよ。

(A) 同情(どうじょう)できなくはないけど、時代(じだい)の流(なが)れだよ。

(B) たばこ税(ぜい)が上(あ)がってもたばこを吸(す)うつもりだよ。

(C) たばこの臭(にお)いが服(ふく)や髪(かみ)の毛(け)に染(し)みついていやだよ。

(D) これからポイ捨(す)てはしませんので、許(ゆる)してください。

최근에 담배를 피울 수 없는 곳이 많아져서 애연가인 저는 괴로워요.

(A) 동정할 수 없는 건 아니지만 시대의 흐름이야.

(B) 담뱃세가 올라도 담배를 피울 생각이야.

(C) 담배 냄새가 옷이랑 머리카락에 배어서 싫어.

(D) 이제부터 함부로 버리지 않을 테니 용서해 주세요.

해설 금연 구역이 많아진 것이 애연가에게는 꽤 괴로운 일이라는 토에 대해 시대의 흐름이라고 응답한 (A)가 정답으로 적절하다. 담뱃세를 올려도 담배를 피우겠다는 의지를 나타내고 있는 (B), 담배 냄새가 배는 것이 싫다고 한 (C), 담배꽁초를 버리지 않겠다고 말한 (D)는 정답으로 부적절하다.

단어 愛煙家(あいえんか) 애연가 | 同情(どうじょう) 동정 | 時代(じだい) 시대 | ~税(ぜい) ~세, ~세금 | 臭(にお)い 냄새 | 染(し)みつく 배다 | ポイ捨(す)て 도로 등에 슬쩍 버림 | 許(ゆる)す 용서하다, 허락하다

44 _ 일상생활 – 자랑

手前味噌(てまえみそ)ですが、スパイス料理(りょうり)が得意(とくい)です。

(A) 一度(いちど)でいいから食(た)べてみたいですね。

(B) 手作(てづく)り味噌(みそ)にカビが生(は)えちゃったよ。

(C) 出前(でまえ)で味噌煮込(にこ)みうどんを食(た)べたよ。

(D) 焼(や)き立(た)てのピザをお届(とど)けいたします。

자기 자랑입니다만, 스파이스 요리를 잘합니다.

(A) 한 번이라도 좋으니까 먹어 보고 싶군요.

(B) 손수 만든 된장에 곰팡이가 피어 버렸어.

(C) 배달로 된장 우동을 시켜 먹었어.

(D) 갓 구운 피자를 갖다 드리겠습니다.

해설 스파이스 요리에 자신 있다는 말에 먹어 보고 싶다고 응답한 (A)가 정답으로 적절하다. 手前味噌가 나왔다고 해서 味噌가 들어간 선택지를 골라서는 안 된다.

단어 手前味噌(てまえみそ) 자기 자랑 | 得意(とくい) 자신 있음, 잘함 | カビ 곰팡이 | 出前(でまえ) 배달, 배달 음식 | 煮込(にこ)み 푹 끓임 | ～立(た)て 갓 ～함

45 _ 일상생활 – 의도, 계획

宝くじが当たったらまず何をするつもりですか。

(A) 腰に手を当ててる人が私の甥ですよ。

(B) 一人で土を掘って宝物を埋めていたんだよ。

(C) 3千円お買い上げごとに1回福引きができるって。

(D) お金に糸目をつけないで、旅行しまくりたいです。

복권이 당첨되면 먼저 무엇을 할 생각입니까?

(A) 허리에 손을 대고 있는 사람이 제 남자 조카예요.

(B) 혼자 땅을 파서 보물을 묻고 있었어.

(C) 3천 엔 구입 때마다 한 번 복권을 뽑을 수 있대.

(D) 돈을 아끼지 않고 마구 여행하고 싶습니다.

해설 복권이 당첨되면 무엇을 할지 묻는 말에 여행하고 싶다고 응답한 (D)가 정답으로 적절하다. (A)는 인물을 묘사하고 있고, (B)는 인물의 행동을 말하고 있고, (C)는 복권 뽑는 조건을 말하고 있으므로 정답으로 부적절하다. 当たる, 当てる의 사용에 대해 익혀 두도록 하자.

단어 宝(たから)くじ 복권 | 当(あ)たる 당첨되다, 대다 | 腰(こし) 허리 | 甥(おい) 남자 조카 | 土(つち) 땅, 흙 | 掘(ほ)る 파다 | 宝物(たからもの) 보물 | 埋(う)める 묻다 | 買(か)い上(あ)げ 구입 | ～ごとに ～마다 | 福引(ふくび)き (경품) 제비뽑기 | 糸目(いとめ)をつけない (돈을) 아끼지 않다 | ～まくる 마구 ～해대다, 계속 ～하다

46 _ 회사 생활 – 창업

小田さんが自分で事業を起こしたみたいだけど、うまくいってるのかなあ。

(A) 大もうけしてるって聞いたわ。

(B) 人の足を引っ張るって最低ですよ。

(C) 騒動はもうおさまったみたいですけど。

(D) 毎度のことだが、いちいち揚げ足を取るなよ。

오다 씨가 혼자서 사업을 시작한 것 같은데, 잘 되고 있는 걸까.

(A) 많이 벌고 있다고 들었어.

(B) 사람의 발목을 잡다니 저질이야.

(C) 소동은 이제 진정된 것 같습니다만.

(D) 매번 그러는데, 일일이 꼬투리 잡지 마.

해설 오다의 사업이 잘 되고 있는지 물었으므로, 많이 벌고 있다고 응답한 (A)가 정답으로 적절하다.

단어 事業(じぎょう) 사업 | 大(おお)もうけ 큰 벌이 | 足(あし)を引(ひ)っ張(ぱ)る 발목을 잡다, 방해하다 | 最低(さいてい) 최저, 저질 | 騒動(そうどう) 소동 | おさまる 진정되다, 가라앉다 | 毎度(まいど) 매번, 번번이 | いちいち 일일이, 하나하나 | 揚(あ)げ足(あし)を取(と)る 꼬투리를 잡다

47 _ 일상생활 – 부사어의 이해

林さんが別人のようにしょんぼりしているね。何かあったのかな。

(A) 明日は明日の風が吹くからがんばれよ。

(B) お母さんにひどく怒られたようですよ。

(C) その場しのぎに嘘をついたことはないよ。

(D) ええ、どこかで会った覚えがあるんですが。

하야시 씨가 딴사람처럼 풀이 죽어 있네. 무슨 일 있었나?

(A) 내일은 내일의 바람이 부니까 힘내.

(B) 어머니께 심하게 혼난 것 같아요.

(C) 그 자리를 모면하기 위해 거짓말을 한 적은 없어.

(D) 네, 어딘가에서 만난 기억이 있는데요.

해설 하야시 씨가 풀이 죽어 있는 이유를 묻는 말에 어머니에게 혼난 것 같다고 응답한 (B)가 정답으로 적절하다. (A)는 위로할 때 쓰는 표현이므로 정답으로 적절하지 않다.

단어 別人(べつじん) 딴 사람 | しょんぼり 풀이 죽은 모양 | その場(ば)しのぎ 임시변통, 임시방편 | 覚(おぼ)え 기억

48 _ 회사 생활 – 납기 지연

予定通り付属品は届きましたか。

(A) 1週間くらい遅れるそうです。

(B) はい、リコールの届け出を済ましました。

(C) チェックインで手間がかかってしまいました。

(D) 付属の高校に入ったほうが大学には進学しやすいです。

예정대로 부속품은 도착했습니까?

(A) 일주일 정도 늦어진다고 합니다.

(B) 네, 리콜 신고를 끝냈습니다.

(C) 체크인하는 데 시간이 걸렸습니다.

(D) 부속고등학교에 들어가는 편이 대학에는 진학하기 쉽습니다.

해설 부속품이 도착했는지 묻는 말에 일주일 정도 늦어진다고 응답한 (A)가 정답으로 적절하다. (B)는 리콜 신고의 완료에 대한 내용이고, (C)는 호텔에서의 체크인 내용이므로 정답으로 부적절하다.

단어 付属品(ふぞくひん) 부속품 | リコール 리콜 | 届(とど)け

出(で) 신고 | 済(す)ます 끝내다 | 手間(てま) 시간, 노력, 수고 | 進学(しんがく) 진학

49 _ 일상생활 – 주유

ガソリンぎりぎりだわ。行けるかしら。

(A) ガソリンスタンドに寄ろうよ。
(B) 結構時間とガソリン代がかかります。
(C) 満タン給油すると７０００円くらいするよ。
(D) セルフでガソリンをギリギリまで給油した。

기름이 간당간당하네. 갈 수 있을까?

(A) 주유소에 들르자.
(B) 꽤 시간과 기름값이 듭니다.
(C) 가득 채우면 7천 엔 정도 해.
(D) 셀프로 기름을 가득 채웠어요.

해설 기름이 간당간당하다고 했으므로, 주유소에 들르자고 응답한 (A)가 정답으로 적절하다. (B)는 기름값이 어느 정도 드나는 질문에 대한 대답이고, (C)는 가격을 물은 것에 대한 대답이므로 정답으로 부적절하다.

단어 ガソリン 가솔린 | ガソリンスタンド 주유소 | 寄(よ)る 들르다, 다가서다 | ガソリン代(だい) 기름값 | 満(まん)タン 가득 채움 | 給油(きゅうゆ) 급유 | セルフ 셀프

50 _ 시사 – 건강 문제

暴飲暴食を繰り返していたら、胃の負担が大きくなるよ。

(A) うそを繰り返せばここにいられなくなるよ。
(B) 意外と教育費の負担は大きくなかったですよ。
(C) 私の場合、イライラすると暴飲暴食してしまいます。
(D) そういえばちょっと前に胃がキリキリ痛かったな。

폭음, 폭식을 반복하면 위 부담이 커져.

(A) 거짓말을 반복하면 여기에 있을 수 없게 돼.
(B) 의외로 교육비 부담은 크지 않았어요.
(C) 저의 경우, 초조하면 그만 폭음, 폭식을 해 버립니다.
(D) 그러고 보니 좀 전에 위가 찌르는 듯이 아팠어.

해설 폭음, 폭식에 대한 우려를 말했으므로 적절한 응답은 (D)이다. (A)의 거짓말이나, (B)의 교육비 부담은 폭음, 폭식이라는 화제와 거리가 멀고, (C)는 폭음, 폭식을 하는 이유를 설명하고 있으므로 정답으로 부적절하다.

단어 暴飲暴食(ぼういんぼうしょく) 폭음과 폭식 | 繰(く)り返(かえ)す 반복하다 | 胃(い) 위 | 負担(ふたん) 부담 | 意外(いがい) 의외 | 教育費(きょういくひ) 교육비 | イライラ 안절부절못하는 모양, 초조해하는 모양 | キリキリ 찌르듯이 아픈 모양

PART 3

51 _ 장소의 특징 이해 – 시승

A : 実際に乗ってみて、どうでしたか。
B : 静かで、思っていた以上に乗り心地も良かったですね。
A : ありがとうございます。この新型、売れ行きがいいんですよ。

A : 実際로 타 보니 어땠습니까?
B : 조용하고 생각했던 것 이상으로 승차감도 좋았어요.
A : 감사합니다. 이 신형, 잘 팔리고 있습니다.

ここはどこですか。

(A) 遊園地　　　　　(B) 水質管理所
(C) 自動車営業所　　(D) 家電製品取扱所

여기는 어디입니까?

(A) 유원지　　　　　(B) 수질관리소
(C) 자동차 영업소　　(D) 가전제품 취급소

해설 乗り心地나 売れ行き라는 표현에서 자동차와 판매에 관련된 것임을 알 수 있으므로 정답은 (C)가 적절하다.

단어 実際(じっさい) 실제 | 乗(の)り心地(ごこち) 승차감 | 新型(しんがた) 신형 | 売(う)れ行(ゆ)き 팔림새 | 遊園地(ゆうえんち) 유원지 | 水質(すいしつ) 수질 | 管理所(かんりしょ) 관리소 | 営業所(えいぎょうしょ) 영업소 | 家電(かでん) 가전 | 製品(せいひん) 제품 | 取扱所(とりあつかいしょ) 취급소

A：ご注文を 承ってもよろしいですか。

B：ええと。シェフサラダとサーロインステーキお願いします。

A：ドレッシングは何になさいますか。

B：ビネグレットをお願いします。ステーキの焼き加減はミディアム・レアにしてください。

A : 주문을 받아도 괜찮으시겠습니까?

B : 음. 셰프 샐러드와 등심 스테이크 부탁합니다.

A : 드레싱은 무엇으로 하시겠습니까?

B : 비네그레트를 부탁합니다. 스테이크는 미디엄 레어로 구워 주세요.

注文したのはどれですか。

(A) シェフサラダとステーキ

(B) マスタードサラダとステーキ

(C) チキンサラダとレアのステーキ

(D) シェフサラダとゴマドレッシング

주문한 것은 어느 것입니까?

(A) 셰프 샐러드와 스테이크

(B) 머스타드 샐러드와 스테이크

(C) 치킨 샐러드와 레어 스테이크

(D) 셰프 샐러드와 참깨 드레싱

해설 주문한 것이 무엇인지 묻는 것으로 대화를 들으면서 선택지를 하나하나 체크해 간다. 샐러드는 셰프 샐러드이므로 (B)는 정답으로 부적절하고, 스테이크는 미디엄 레어로 주문했으므로 (C)는 정답으로 부적절하고, 드레싱은 비네그레트로 했으므로 (D)는 정답으로 부적절하다.

단어 承(うけたまわ)る 삼가 받다, 듣다 | サーロイン 설로인, 등심 | ビネグレット 비네그레트 | 焼(や)き加減(かげん) 구운 정도 | ミディアム 미디엄 | レア 레어 | マスタード 머스터드 | ゴマ 참깨

A：田中さん、今日も飲み会があるんだって。

B：えっ？二日連続の飲み会は無理です。どうしても飲み会に行きたくないんですけど。

A：どうして？どこか調子悪いんですか。

B：私は飲み会の席でのタバコの臭いが耐えら

れないんです。髪の毛や衣類などに染み付くのが嫌いなんです。服にファブリーズをかけても臭いが消えないし。

A : 다나카 씨, 오늘도 회식이 있대.

B : 네? 이틀 연속 회식은 무리입니다. 도무지 회식에 가고 싶지 않네요.

A : 어째서요? 어디가 안 좋아요?

B : 저는 회식 자리에서의 담배 냄새를 참을 수가 없습니다. 머리카락이나 옷 등에 배는 것이 싫습니다. 옷에 페브리즈를 뿌려도 냄새가 사라지지도 않고.

何がいちばんきらいなのですか。

(A) 服につくタバコのにおい

(B) 二日酔いで頭痛になること

(C) 部屋に漂っている香水のにおい

(D) ファブリーズをかけて染みになったこと

무엇을 가장 싫어합니까?

(A) 옷에 배는 담배 냄새

(B) 숙취로 두통이 나는 것

(C) 방 안에 떠다니고 있는 향수 냄새

(D) 페브리즈를 뿌려서 얼룩이 진 것

해설 다나카가 회식에 가고 싶지 않은 이유는 담배 냄새가 배는 것이 싫어서라고 했으므로 정답은 (A)가 적절하다.

단어 連続(れんぞく) 연속 | 臭(にお)い 냄새 | 耐(た)える 견디다, 참다 | 衣類(いるい) 의류 | 染(し)み付(つ)く 배어 들다 | 二日酔(ふつかよ)い 숙취 | 頭痛(ずつう) 두통 | 漂(ただよ)う 떠다니다 | 香水(こうすい) 향수 | 染(し)み 얼룩

A：中村さん、きのう、頼んでおいたプレゼン資料、出来てる？

B：はい。出来てます。メールでお送りしました。

A：わが社の有望株らしく、難しい仕事をよくやってくれたね。

B：いいえ、とんでもありません。

A : 나카무라 씨, 어제 부탁해 둔 발표 자료 다 됐어?

B : 예. 다 되었습니다. 메일로 보냈습니다.

A : 우리 회사의 유망주답게 어려운 일을 잘해 주었군.

B : 아니요, 당치도 않습니다.

中村さんはどんな人ですか。

(A) ずぼらな人　　　(B) 気難しい人

(C) せっかちな人　　(D) 前途有望な人

나카무라 씨는 어떤 사람입니까?

(A) 칠칠치 못한 사람　　(B) 까다로운 사람

(C) 성급한 사람　　(D) 전도유망한 사람

해설 나카무라를 회사의 유망주라고 언급했으므로 정답으로 적절한 것은 (D)이다.

단어 資料(しりょう) 자료 | 有望株(ゆうぼうかぶ) 유망주 | とんでもない 당치도 않다 | ずぼら 칠칠치 못함 | 気難(きむずか)しい 까다롭다 | せっかち 성급함 | 前途有望(ぜんとゆうぼう) 전도유망

55 _ 사물의 소재 파악

A : 書類が入った封筒を置き忘れちゃったよ。玄関の下駄箱の上に置いたんだけど。

B : あ！ありますね。緑の封筒ですよね。

A : うん、すぐに会社まで持ってきてくれる？

B : はい、会社のロビーに着いたら電話します。

A : 서류가 든 봉투를 두고 와 버렸어. 현관의 신발장 위에 두었는데.

B : 아! 있네요. 녹색 봉투이지요.

A : 응, 바로 회사까지 가져와 줄래?

B : 예, 회사 로비에 도착하면 전화할게요.

書類はどこにありますか。

(A) 玄関の入口　　　(B) 下駄箱の上

(C) 会社のロビー　　(D) 緑のかばんの中

서류는 어디에 있습니까?

(A) 현관 입구　　　(B) 신발장 위

(C) 회사 로비　　　(D) 녹색 가방 안

해설 서류가 어디에 있는지 묻는 문제로, 녹색 봉투에 넣은 서류를 신발장 위에 올려 놓고는 깜빡했다고 했으므로 정답은 (B)이다. 회사 로비에서 만나기로 했으므로 (C)는 정답으로 부적절하다.

단어 書類(しょるい) 서류 | 置(お)き忘(わす)れる 깜빡 잊고 두고 오다 | 下駄箱(げたばこ) 신발장 | 緑(みどり) 녹색 | ロビー 로비

56 _ 수면 부족의 원인 이해

A : 手編みのセーター、ありがとうございます。

B : 何日もかけて編んだんですよ。

A : ところで、目の下にくまができていますね。

B : 実は睡眠不足です。徹夜続きだったもんですから。

A : 손수 짠 스웨터 감사합니다.

B : 며칠이나 걸려서 짠 거예요.

A : 그런데 눈 밑에 다크서클이 생겼군요.

B : 실은 수면부족이에요. 계속 철야를 했으니까.

なぜくまができましたか。

(A) 何日も通夜をしたため

(B) セーターを編み終えたため

(C) マフラーの編み目を整えたため

(D) 徹夜までしてくま話を作ったため

왜 다크서클이 생겼습니까?

(A) 며칠이나 초상집에서 밤샘을 했기 때문에

(B) 스웨터를 다 짰기 때문에

(C) 머플러의 그물코를 정돈했기 때문에

(D) 철야까지 해서 곰 이야기를 만들었기 때문에

해설 다크서클이 생긴 이유를 묻고 있다. 스웨터를 짜느라 잠도 못자고 철야까지 해서 완성시켰다고 했으므로 정답으로 적절한 것은 (B)이다. (A)는 밤샘이기는 하나 장례식에서 쓰는 표현이므로 정답으로 부적절하다.

단어 手編(てあ)み 손뜨기 | 編(あ)む 짜다, 엮다 | くま 다크서클 | 睡眠(すいみん) 수면 | ~不足(ぶそく) ~부족 | 徹夜(てつや) 철야, 밤샘 | 通夜(つや) 초상집에서 밤샘을 하는 것 | 編(あ)み目(め) 그물코 | 整(ととの)える 정돈하다

57 _ 대화의 내용 이해 - 지진

A : きのうの地震は震度6強だったんだって。

B : 寝ている最中に地震がきて、起きて見たら、本だの箱だの床に転がっててびっくりしたわ。

A : うちも戸棚から食器が落ちて割れちゃったよ。怪我した人はいなかったから幸いだったよ。

B : これからも余震があるそうだね。

A : 어제 지진은 진도 6강이라고 하던데.

B : 한창 자는데 지진이 나서 일어나 보니 책이고 상자고 바닥에 굴러다녀서 깜짝 놀랐어.

A : 우리 집도 식기장에서 식기가 떨어져서 깨졌어. 다친 사람 없어서 다행이었어.

B : 앞으로도 여진이 있다고 하네.

<ruby>女<rt>おんな</rt></ruby>の<ruby>人<rt>ひと</rt></ruby>は地震が<ruby>起<rt>お</rt></ruby>きた<ruby>時<rt>とき</rt></ruby>、<ruby>何<rt>なに</rt></ruby>をしていましたか。

(A) <ruby>寝<rt>ね</rt></ruby>ていた。

(B) <ruby>床<rt>ゆか</rt></ruby>を<ruby>掃除<rt>そうじ</rt></ruby>していた。

(C) <ruby>本<rt>ほん</rt></ruby>を床に<ruby>転<rt>ころ</rt></ruby>がしていた。

(D) 本を<ruby>読<rt>よ</rt></ruby>んでいるところだった。

여성은 지진이 일어났을 때 무엇을 하고 있었습니까?

(A) 자고 있었다.

(B) 마루를 청소하고 있었다.

(C) 책을 마루에 굴리고 있었다.

(D) 책을 읽고 있는 중이었다.

해설 지진이 일어났을 때 여성이 무엇을 하고 있었는지 묻고 있다. 寝ている<ruby>最中<rt>さいちゅう</rt></ruby>に地震がきて라고 했으므로 정답은 (A)이다.

단어 <ruby>震度<rt>しんど</rt></ruby> 진도 | 〜ている<ruby>最中<rt>さいちゅう</rt></ruby>に 한창 〜하고 있는 중에 | 〜だの 〜だなに, 〜이라든가 | <ruby>転<rt>ころ</rt></ruby>がっている 아무렇게나 뒹굴고 있다, 방치되어 있다 | <ruby>戸棚<rt>とだな</rt></ruby> 식기장, 찬장, 책장 등의 총칭 | <ruby>食器<rt>しょっき</rt></ruby> 식기 | <ruby>怪我<rt>けが</rt></ruby>する 다치다 | <ruby>幸<rt>さいわ</rt></ruby>い 다행 | <ruby>余震<rt>よしん</rt></ruby> 여진

58 _ 탑승 시각 이해

A : <ruby>１９６便<rt>いちきゅうろくびん</rt></ruby><ruby>東京<rt>とうきょう</rt></ruby><ruby>行<rt>ゆ</rt></ruby>きの<ruby>予約<rt>よやく</rt></ruby>をしたんですが。<ruby>搭乗<rt>とうじょう</rt></ruby><ruby>時刻<rt>じこく</rt></ruby>はいつですか。

B : 搭乗時刻は<ruby>４時<rt>よじ</rt></ruby><ruby>１０分<rt>じゅっぷん</rt></ruby>です。<ruby>出発<rt>しゅっぱつ</rt></ruby>時刻の<ruby>３５分前<rt>さんじゅうごふんまえ</rt></ruby>に、<ruby>搭乗口<rt>とうじょうぐち</rt></ruby>にお<ruby>越<rt>こ</rt></ruby>しください。

A : 196便は<ruby>定刻<rt>ていこく</rt></ruby>に出発しますか。

B : <ruby>霧<rt>きり</rt></ruby>が<ruby>濃<rt>こ</rt></ruby>いため、フライト<ruby>時間<rt>じかん</rt></ruby>は<ruby>少<rt>すこ</rt></ruby>し<ruby>遅延<rt>ちえん</rt></ruby>するかもしれません。

A : 196편 도쿄행 예약을 했는데요. 탑승 시각은 언제입니까?

B : 탑승 시각은 4시 10분입니다. 출발 시각 35분 전에 탑승구로 와 주세요.

A : 196편은 정각에 출발합니까?

B : 안개가 짙기 때문에 비행 시간은 조금 지연될지도 모르겠습니다.

<ruby>何時<rt>なんじ</rt></ruby>までに搭乗口に<ruby>行<rt>い</rt></ruby>けばいいですか。

(A) <ruby>３時３５分<rt>さんじ</rt></ruby>　　　(B) ３時<ruby>５０分<rt>ごじゅっぷん</rt></ruby>

(C) ４時１０分　　　(D) ４時３５分

몇 시까지 탑승구에 가면 됩니까?

(A) 3시 35분　　　(B) 3시 50분

(C) 4시 10분　　　(D) 4시 35분

해설 시간을 묻는 문제로 들려주는 대화에서 시간에 유의하며 듣도록 한다. 탑승 시각은 4시 10분이고 탑승 시각 35분 전에 탑승구로 와 달라고 했으므로 정답으로 적절한 것은 (A)이다.

단어 〜<ruby>便<rt>びん</rt></ruby> 〜편 | <ruby>搭乗<rt>とうじょう</rt></ruby> 탑승 | <ruby>時刻<rt>じこく</rt></ruby> 시각 | <ruby>定刻<rt>ていこく</rt></ruby> 정각 | <ruby>霧<rt>きり</rt></ruby> 안개 | フライト 비행 | <ruby>遅延<rt>ちえん</rt></ruby>する 지연되다

59 _ 부모와 아이 사이의 트러블 이해

A : どうしたの。<ruby>泥<rt>どろ</rt></ruby>だらけじゃない！

B : <ruby>石<rt>いし</rt></ruby>につまずいて、<ruby>転<rt>ころ</rt></ruby>んじゃって。

A : うそでしょ。また、<ruby>水溜<rt>みずた</rt></ruby>まりで<ruby>遊<rt>あそ</rt></ruby>んでたんでしょう。

B : <ruby>違<rt>ちが</rt></ruby>う。にわか<ruby>雨<rt>あめ</rt></ruby>が<ruby>止<rt>や</rt></ruby>むのを<ruby>待<rt>ま</rt></ruby>たないで、<ruby>走<rt>はし</rt></ruby>ってたら転んじゃったんだよ。

A : 어떻게 된 거야. 진흙투성이잖아!

B : 돌에 걸려서 넘어졌어.

A : 거짓말이지? 또 물구덩이에서 놀았지?

B : 아니야. 소나기가 그치는 걸 기다리지 않고 달리다가 넘어진 거야.

<ruby>母親<rt>ははおや</rt></ruby>はどうして<ruby>怒<rt>おこ</rt></ruby>っていますか。

(A) <ruby>石<rt>いし</rt></ruby>を<ruby>投<rt>な</rt></ruby>げたから

(B) <ruby>水遊<rt>みずあそ</rt></ruby>びをしたから

(C) <ruby>泥団子<rt>どろだんご</rt></ruby>を<ruby>作<rt>つく</rt></ruby>ったから

(D) <ruby>泥<rt>どろ</rt></ruby>まみれになったから

엄마는 왜 화를 내고 있습니까?

(A) 돌을 던졌기 때문에

(B) 물장난을 했기 때문에

(C) 진흙경단을 만들었기 때문에

(D) 진흙투성이가 되었기 때문에

해설 엄마가 화난 이유는 진흙투성이가 되어서 돌아왔기 때문이므로 정답으로 적절한 것은 (D)이다.

단어 <ruby>泥<rt>どろ</rt></ruby> 진흙 | 〜だらけ 〜투성이 | つまずく 발이 걸려 넘어질 뻔하다 | <ruby>転<rt>ころ</rt></ruby>ぶ 구르다 | <ruby>水溜<rt>みずた</rt></ruby>まり 물구덩이 | にわか<ruby>雨<rt>あめ</rt></ruby> 소나기 | <ruby>止<rt>や</rt></ruby>む 멎다, 그치다 | <ruby>投<rt>な</rt></ruby>げる 던지다 | <ruby>水遊<rt>みずあそ</rt></ruby>び 물놀이, 물장난 | <ruby>団子<rt>だんご</rt></ruby> 경단 | 〜まみれ 〜투성이

60 _ 선택한 상품 이해 – 가게

A : お<ruby>買<rt>か</rt></ruby>い<ruby>物中<rt>ものちゅう</rt></ruby>、ご<ruby>用<rt>よう</rt></ruby>がありましたら、お<ruby>知<rt>し</rt></ruby>らせください。

B : <ruby>普段着<rt>ふだんぎ</rt></ruby>としても<ruby>着<rt>き</rt></ruby>られるステージ<ruby>衣装<rt>いしょう</rt></ruby>を<ruby>探<rt>さが</rt></ruby>しているんです。

Ａ：分かりました。最近入荷したいくつかの服
　　をお見せいたします。

Ｂ：それ、いいですね。それにデザインがとて
　　も斬新です。

A : 쇼핑 중 용건이 있으시다면 알려 주세요.

B : 평상복으로도 입을 수 있는 무대 의상을 찾고 있습니다.

A : 알겠습니다. 최근 입하한 몇 가지 옷을 보여 드리겠습니다.

B : 그거, 좋네요. 거기다가 개성적입니다.

お客さんが探しているのはどれですか。

(A) 普段着　　　　　　　(B) スーツ

(C) 舞台衣裳　　　　　　(D) スポーツウェアー

손님이 찾고 있는 것은 무엇입니까?

(A) 평상복　　　　　　　(B) 양복

(C) 무대 의상　　　　　　(D) 스포츠 웨어

해설　손님이 찾고 있는 것은 평상시에도 입을 수 있는 무대 의상이라고 했으므로 정답은 (C)가 적절하다. '보통 때'만 듣고 평상복인 (A)를 고르지 않도록 한다.

단어　知(し)らせる 알리다 | 普段着(ふだんぎ) 평상복 | ステージ 스테이지, 무대 | 衣装(いしょう) 의상 | 入荷(にゅうか) 입하 | 斬新(ざんしん) 참신함 | 舞台(ぶたい) 무대

61 _ 고객의 불만 이해 – 인터넷 쇼핑

Ａ：「キラク」でございます。

Ｂ：シングルベッドをお宅のサイトで３週間前
　　に注文したのですが、ネットの配送状況照
　　会を覗いたら、配送完了になっているにも
　　かかわらず、まだ届いてないんですが。

Ａ：さようでございますか。ただいま担当者に
　　おつなぎいたしますので、しばらくお待ち
　　ください。

A : '기라쿠'입니다.

B : 싱글 침대를 그쪽 사이트에서 3주 전에 주문했는데, 인터넷 배송 상황 조회를 보았더니, 배송 완료로 되어 있는데도 불구하고 아직 오지 않았습니다만.

A : 그렇습니까? 지금 담당자에게 연결해 드릴 테니 잠시 기다려 주세요.

お客の不満は何ですか。

(A) 配送遅延　　　　　　(B) サイト管理

(C) 気楽でないこと　　　(D) 連絡先がないこと

손님의 불만은 무엇입니까?

(A) 배송 지연　　　　　　(B) 사이트 관리

(C) 편안하지 않은 것　　　(D) 연락처가 없는 것

해설　3주 전에 주문한 싱글 침대가 도착하지 않아서 전화를 걸었으므로 정답으로 적절한 것은 (A)이다.

단어　お宅(たく) 댁, 귀하 | 配送(はいそう) 배송 | 状況(じょうきょう) 상황 | 照会(しょうかい) 조회 | 覗(のぞ)く 엿보다, 잠깐 들여다보다 | 完了(かんりょう) 완료 | ～にもかかわらず ～에도 불구하고 | 担当者(たんとうしゃ) 담당자 | つなぐ 연결하다 | 不満(ふまん) 불만 | 遅延(ちえん) 지연 | 管理(かんり) 관리 | 連絡先(れんらくさき) 연락처

62 _ 호텔 – 방 예약하기

Ａ：予約を確認したいんですが、田中春夫と申
　　します。

Ｂ：２６日から２８日までの三日間のお泊まり
　　ですね。

Ａ：はい。シングルの部屋を二つ予約しましたか。

Ｂ：はい、そうです。

A : 예약을 확인하고 싶습니다만, 다나카 하루오라고 합니다.

B : 26일부터 28일까지 3일간 묵으시는군요.

A : 네. 싱글룸을 두 개 예약했습니까?

B : 네. 그렇습니다.

田中さんが予約したのはどれですか。

(A) シングル相部屋

(B) シングルベッド

(C) １つのツインルーム

(D) ２つのシングルルーム

다나카 씨가 예약한 것은 어느 것입니까?

(A) 동숙 싱글룸

(B) 싱글 침대

(C) 한 개의 트윈룸

(D) 두 개의 싱글룸

해설　26일부터 28일까지 싱글룸 두 개를 예약했으므로 정답은 (D)가 적당하다.

단어　予約(よやく) 예약 | 確認(かくにん) 확인 | 泊(と)まる 묵다, 숙박하다 | 相部屋(あいべや) 남남끼리 한방을 씀, 동숙

63 _ 인물의 행동 예상

A：もうこんな時間ですか。

B：おしゃべりをしているときは、時間が経つのが早いですよね。

A：お昼は何にしましょうか。普段とは違う何か変わったものがいいですね。

B：すしの出前を頼みましょうか。

A : 시간이 벌써 이렇게 됐나요?

B : 수다를 떨고 있을 때는 시간이 지나는 게 빠르군요.

A : 점심은 무엇으로 할까요? 평소랑은 다른 무언가 색다른 것이 좋겠어요.

B : 초밥 배달을 시킬까요?

二人はこれからどうしますか。
(A) 家に帰る。
(B) すしを注文する。
(C) ラーメン屋に行く。
(D) 普段通りに料理を作る。

두 사람은 이제부터 어떻게 합니까?

(A) 집에 돌아간다.
(B) 초밥을 주문한다.
(C) 라면집에 간다.
(D) 평소대로 요리를 만든다.

해설 점심을 무엇으로 할지 고민하자 초밥을 배달시키자고 했으므로 정답은 (B)가 적절하다. 뭔가 색다른 것을 먹자고 했으므로 (D)는 정답으로 부적절하다.

단어 経(た)つ 지나다, 경과하다 | 変(か)わった 별나다, 색다르다 | 出前(でまえ) 배달 음식 | 普段通(ふだんどお)り 평소대로

64 _ 여행지에 대한 이해

A：時差ぼけで疲れています。

B：森田さん、ニューヨークにひとり旅に行って来たんですよね。旅行はどうでした？

A：見どころが多く活気にあふれていました。チャイナタウンは行きませんでしたが、ブロードウエイ、ロックフェラーセンター、自由の女神像、想像以上に楽しみました。

A : 시차 때문에 피곤합니다.

B : 모리타 씨, 뉴욕에 혼자 여행을 갔다 왔었죠. 여행은 어땠어요?

A : 볼만한 장소가 많고 활기 넘쳤습니다. 차이나 타운은 가지 않았지만 브로드웨이, 록펠러 센터, 자유의 여신상, 상상 이상으로 즐거웠습니다.

森田さんの旅行について正しいのはどれですか。
(A) 自由の女神像を見物した。
(B) チャイナタウンに行ってきた。
(C) ビジネスでニューヨークに行った。
(D) 道のりは観光向けのコースではなかった。

모리타 씨의 여행에 대해서 맞는 것은 어느 것입니까?

(A) 자유의 여신상을 구경했다.
(B) 차이나 타운에 다녀왔다.
(C) 비즈니스로 뉴욕에 갔다.
(D) 거리는 관광 전용 코스가 아니었다.

해설 모리타 씨의 여행를 묻는 문제로, 대화를 들으면서 선택지를 하나하나 체크해 간다. 모리타 씨가 본 것은 브로드웨이, 록펠러 센터, 자유의 여신상이므로 정답으로 적절한 것은 (A)이다. 차이나 타운은 가지 않았으므로 (B)는 정답으로 부적절, 혼자 하는 여행이므로 (C)는 정답으로 부적절하다.

단어 時差(じさ)ぼけ 시차 때문에 생활 리듬에 이상이 생김 | ひとり旅(たび) 혼자서 여행함 | 見(み)どころ 볼만한 곳 | 活気(かっき) 활기 | あふれる 흘러 넘치다 | 自由(じゆう) 자유 | 女神(めがみ) 여신 | ～像(ぞう) ~상 | 見物(けんぶつ) 구경 | 道(みち)のり 거리 | 観光(かんこう) 관광 | ～向(む)け ~대상, ~용

65 _ 지불할 요금 계산

A：宮殿の入場料は一人当たりいくらですか。

B：大人２百円、子ども百円です。

A：大人５人、子ども５人です。

B：十名様以上なら１０％割引になります。

A : 궁전 입장료는 1인당 얼마입니까?

B : 어른 200엔, 아이 100엔입니다.

A : 어른 5명, 어린이 5명입니다.

B : 열 분 이상이라면 10% 할인됩니다.

入場券の料金にいくら払いますか。
(A) １３５０円　　　(B) １５００円
(C) １８５０円　　　(D) ２０００円

입장권은 요금으로 얼마 지불합니까?

(A) 1350엔 (B) 1500엔
(C) 1850엔 (D) 2000엔

해설 입장료를 계산하는 문제이다. 어른 5명은 200엔*5명=1000엔, 아이 5명은 100엔*5명=500엔이다. 합계 1500엔에서 10% 할인이라고 했으므로 1350엔이 된다. 따라서 정답으로 적절한 것은 (A)이다. 다소 계산이 복잡할 수 있겠지만, 1500엔에서 할인이 되는 것이므로 1500엔 이상 액수는 오답이 된다.

단어 宮殿(きゅうでん) 궁전 | 入場料(にゅうじょうりょう) 입장료 | 〜当(あ)たり 〜당 | 入場券(にゅうじょうけん) 입장권

66 _ 회원 등록 시 필요한 정보 이해

A：スポーツジムは初めてなんですが、会員登録お願いします。
B：この書類を埋めてもらえますか。それから念のために緊急の電話番号をお願いいたします。
A：はい、３２１－４５６７です。

A : 체육관은 처음입니다만, 회원 등록해 주세요.
B : 이 서류를 채워 주시겠습니까? 그리고 만일을 위해 긴급 전화번호를 부탁합니다.
A : 네, 321-4567입니다.

どうして緊急電話番号が要るのですか。

(A) 用心のため (B) 登録のため
(C) 引っ越しのため (D) 書類の準備のため

어째서 긴급 전화번호가 필요합니까?

(A) 대비를 위해 (B) 등록을 위해
(C) 이사를 위해 (D) 서류 준비를 위해

해설 念のために(만일을 위해)라고 했으므로 정답으로 적절한 것은 (A)이다.

단어 会員(かいいん) 회원 | 登録(とうろく) 등록 | 書類(しょるい) 서류 | 埋(う)める 메우다, 묻다 | 念(ねん)のために 만일을 위해 | 緊急(きんきゅう) 긴급 | 用心(ようじん) 조심함 | 準備(じゅんび) 준비

67 _ 대화의 내용 이해

A：原田さん、どうやってスリムな体形を保ってるんですか。
B：毎日、運動しているんですよ。

A：どんな運動をしていますか。
B：腕立て伏せをしています。

A : 하라다 씨, 어떻게 날씬한 체형을 유지하고 있습니까?
B : 매일 운동하고 있어요.
A : 어떤 운동을 하고 있습니까?
B : 팔굽혀펴기를 하고 있습니다.

原田さんは何の運動をしていますか。

(A) 腕相撲 (B) 縄跳び
(C) ウォーキング (D) プッシュアップ

하라다 씨는 무슨 운동을 하고 있습니까?

(A) 팔씨름 (B) 줄넘기
(C) 워킹 (D) 푸시업

해설 하라다가 하고 있는 운동을 묻는 문제로, 하라다는 매일 팔굽혀펴기를 하고 있으므로 정답으로 적절한 것은 (D)이다. 腕가 나왔다고 해서 (A)를 고르는 일은 없도록 한다.

단어 体形(たいけい) 체형, 몸매 | 保(たも)つ 유지하다 | 腕立(うでた)て伏(ふ)せ 팔굽혀펴기 | 腕相撲(うでずもう) 팔씨름 | 縄跳(なわと)び 줄넘기 | プッシュアップ 푸시업

68 _ 목적지에 대한 설명 이해 – 길 묻기

A：すみません。博物館はどこにあるか教えていただけませんか。
B：この道にそって歩いて行けば着きますよ。
A：ここから遠いですか。
B：いいえ、１５分程度のところにあります。

A : 죄송합니다. 박물관은 어디에 있는지 가르쳐 주시지 않겠습니까?
B : 이 길을 따라 걸어가면 도착해요.
A : 여기서 멉니까?
B : 아니요, 15분 정도의 장소에 있습니다.

会話の内容と合っているのはどれですか。

(A) バスに乗っていく。
(B) 博物館は遠い所にある。
(C) 徒歩で１５分ぐらいかかる。
(D) 交差点を一回曲がれば美術館に着く。

대화 내용과 맞는 것은 어느 것입니까?

(A) 버스를 타고 간다.

(B) 박물관은 먼 곳에 있다.

(C) 도보로 15분 정도 걸린다.

(D) 교차로를 한 번 돌면 미술관에 도착한다.

해설　대화를 잘 듣고 선택지를 하나하나 체크해 나간다. 걸어서 15분 정도의 거리에 있다고 했으므로 정답은 (C)이다. 버스를 타고 간다는 말은 없으므로 (A)는 정답으로 부적절, 멀지 않다고 대답했으므로 (B)는 정답으로 부적절, 곧장 걷기만 하면 되므로 (D)는 정답으로 부적절하다.

단어　博物館(はくぶつかん) 박물관 | ～にそって ～을 따라 | 程度(ていど) 정도 | 徒歩(とほ) 도보 | 交差点(こうさてん) 교차로

69 _ 교환한 정보의 내용 이해

A：裕次君は週末、何をしたの？

B：週末に芝居を見た。すばらしかったよ。あと三日間で終わっちゃうんで、見逃さないでね。ヒロミさんは？

A：私は足の裏に魚の目ができて病院に行ったのよ。

A : 유지 군은 주말에 뭘 했어?

B : 주말에 연극을 봤어. 멋졌어. 앞으로 3일이면 끝나 버리니까 놓치지 마. 히로미 씨는?

A : 나는 발바닥에 티눈이 생겨서 병원에 갔어.

ヒロミさんはどうして病院に行きましたか。

(A) 魚の目ができたから

(B) 芝生の草取りをしたから

(C) 目にものもらいができたから

(D) バンソウコウが取れなかったから

히로미 씨는 왜 병원에 갔습니까?

(A) 티눈이 생겼기 때문에

(B) 잔디의 풀 뽑기를 했기 때문에

(C) 눈에 다래끼가 생겼기 때문에

(D) 반창고를 뗄 수 없었기 때문에

해설　히로미가 병원에 간 이유를 묻고 있다. 히로미는 발바닥에 티눈이 생겨서 병원에 갔다고 했으므로 정답은 (A)가 적절하다.

단어　芝居(しばい) 연극 | 見逃(みのが)す 못 보고 놓치다 | 足(あし)の裏(うら) 발바닥 | 魚(うお)の目(め) 티눈 | 芝生(しばふ) 잔디 | 草取(くさと)り 제초 | ものもらい 다래끼 | バンソウコウ 반창고

70 _ 대화의 내용 이해 – 택시

A：都庁までのタクシーを手配してください。

B：かしこまりました。いつご用意いたしますか。

A：出来るだけ早くお願いします。

B：カードが使えないタクシーが多いので、現金をご用意ください。

A : 도청까지 가는 택시를 수배해 주세요.

B : 알겠습니다. 언제 준비해 드릴까요?

A : 되도록 빨리 부탁합니다.

B : 카드를 사용할 수 없는 택시가 많으니까 현금을 준비해 주세요.

会話の内容と合っているのはどれですか。

(A) 銀座までのタクシーを準備する。

(B) 口座を開くために銀行に行くべきである。

(C) タクシーの料金とチップを手渡すべきである。

(D) タクシーの料金をカードで払える場合がある。

대화 내용과 맞는 것은 어느 것입니까?

(A) 긴자까지 가는 택시를 준비한다.

(B) 계좌를 만들기 위해 은행에 가야 한다.

(C) 택시 요금과 팁을 건네야 한다.

(D) 택시 요금을 카드로 지불할 수 있는 경우가 있다.

해설　대화를 잘 듣고 선택지를 하나하나 체크해 나간다. 카드를 사용할 수 없는 경우가 있다는 것은 카드 사용이 가능한 택시도 있다는 것이므로 정답은 (D)가 적절하다. 도청까지 가는 것이므로 (A)는 정답으로 부적절하다.

단어　都庁(とちょう) 도청 | 手配(てはい) 수배, 준비 | 用意(ようい) 준비 | 現金(げんきん) 현금 | 口座(こうざ)を開(ひら)く 계좌를 만들다 | チップ 팁 | 手渡(てわた)す 손수 건네다

71 _ 인물의 행동 이해 – 아르바이트

A：エリさん、お忙しいですか。ちょっとお話が…。

B：遠回しに言うのは止めて要点だけ言ってね。

A：実は先週、求人に応募したんですが、合格の連絡がきたんです。それで、今月までしかバイトできなくなりました。

B：それは、おめでとう。やっといいところ見つかってよかったね。

A : 에리 씨, 바쁘십니까? 이야기 좀….

B : 에둘러 말하는 것은 그만두고 요점만 말해.

A : 실은 지난주 구인에 지원했는데 합격 연락이 왔습니다. 그래서
　이번 달까지밖에 아르바이트를 못하게 되었습니다.

B : 그거 축하해. 드디어 좋은 곳 찾아서 다행이네.

この人はどうしてバイトをやめますか。

(A) 心が痛むから　　　(B) 就職したから
(C) 遠足に行くから　　(D) 仕事に飽きたから

이 사람은 어째서 아르바이트를 그만둡니까?

(A) 마음이 아프기 때문에　　　(B) 취직했기 때문에
(C) 소풍을 가기 때문에　　　　(D) 일에 질렸기 때문에

해설　이 사람이 아르바이트를 그만두는 이유는 취직 합격 연락이
왔기 때문이므로 정답은 (B)가 적절하다.

단어　遠回(とおまわ)し 에둘러 말함 | 要点(ようてん) 요점 | 求
人(きゅうじん) 구인 | 応募(おうぼ) 응모 | そりゃ 그건(=それは)
| 飽(あ)きる 질리다

72 _ 기계의 특징 이해

A : 井上さん、もうこのマシンの使い方に慣れ
　ましたか。

B : ええ、最初のうちは覚えるボタンが多くて
　戸惑いました。

A : そうかもしれませんね。機能も多いですしね。

B : はい。機能も多くて、慣れるまでにけっこ
　う時間がかかりました。

A : 이노우에 씨, 이제 이 기계의 사용법에 익숙해졌습니까?
B : 예, 처음 얼마 동안은 암기할 버튼이 많아서 당황했습니다.
A : 그럴지도 모르겠군요. 기능도 많고.
B : 네. 기능도 많아서 익숙해지기까지 꽤 시간이 걸렸습니다.

井上さんが慣れにくかった理由は何ですか。

(A) ボタンと機能が多いから
(B) ボタンが少ないのに機能は多いから
(C) ボタンが大きいわりには押しにくいから
(D) 多機能さと引き換えにバッテリーの持ちが
　悪いから

이노우에 씨가 익숙해지기 힘들었던 이유는 무엇입니까?

(A) 버튼과 기능이 많아서
(B) 버튼이 적은데 기능은 많아서

(C) 버튼이 큰 것에 비해서 누르기 어려워서
(D) 기능이 많은 것과는 달리 배터리 지속 시간이 나빠서

해설　이노우에가 기계의 사용법에 익숙해지기가 힘들었던 것은
암기할 버튼이 많고, 기능이 많기 때문이라고 했으므로 정답은 (A)
이다. 버튼의 크기나 배터리의 지속 시간 등에 대해서는 언급되지 않
았으므로 정답으로 부적절하다.

단어　マシン 머신, 기계 | 慣(な)れる 익숙해지다 | 戸惑(とまど)
う 당황하다 | 機能(きのう) 기능 | 押(お)す 누르다 | ~わりには
~에 비해서는 | 多機能(たきのう)さ 다기능함, 기능이 많음 | ~と引
(ひ)き換(か)えに ~과는 달리, ~과는 대조적으로 | 持(も)ち 오래 이
어짐

73 _ 목이 쉰 원인 이해 – 노래방

A : ルミさん、声がかれているね。

B : うん。きょうディナー行けないのよ。

A : きのう、カラオケで大きな声で歌ったせい
　じゃないか。

B : それよりカラオケでお冷やを一気にごくご
　く飲んだからだわ。

A : 루미 씨, 목이 쉬었네.
B : 응. 오늘 저녁 식사 못 가.
A : 어제 노래방에서 큰소리로 노래해서 그런 거 아냐?
B : 그것보다 노래방에서 냉수를 단숨에 벌컥벌컥 마셨기 때문이야.

ルミさんはどうして調子が悪いのですか。

(A) 冷たい物を一気に飲んだから
(B) 数週間前から夜泣きをしたから
(C) カラオケで大きな声で歌ったから
(D) 氷をひたすらガリガリかじったから

루미 씨는 어째서 상태가 안 좋습니까?

(A) 차가운 것을 단숨에 마셨기 때문에
(B) 수 주일 전부터 밤에 울었기 때문에
(C) 노래방에서 큰소리로 노래를 불렀기 때문에
(D) 얼음을 쉬지 않고 바득바득 깨물었기 때문에

해설　루미의 목이 쉰 이유는 노래방에서 노래를 불러서라기보다
차가운 것을 단번에 들이켰기 때문이므로 정답은 (A)가 적절하다.

단어　声(こえ)がかれる 목이 쉬다 | お冷(ひや) 냉수 | 一気(いっ
き)に 단숨에 | ごくごく 벌컥벌컥 | 夜泣(よな)き (젖먹이가) 밤
에 욺 | 氷(こおり) 얼음 | ひたすら 오로지, 한결같이 | ガリガリ 으
득으득, 바득바득 | かじる 이로 갉다, 깨물다

74 _ 선물의 종류 이해

A：高橋さん、ちょっと待って。これ、千栄子さんに渡してもらいたいんですが。

B：えっ！これ、何ですか。

A：私の若い頃のものなんです。私、指も太くなってきつくなってきたし、皿洗いにじゃまになるのであまりはめないんですよ。

A : 다카하시 씨, 잠깐만 기다려요. 이거 치에코 씨에게 건네 줬으면 하는데요.

B : 에! 이거 뭐예요?

A : 제가 젊었을 때 하던 거예요. 저는 손가락도 두꺼워져서 꽉 끼고, 설거지에 방해가 돼서 별로 끼지 않아요.

高橋さんが千栄子に渡すのはどれですか。

(A) 指輪 　　　　　(B) ピアス

(C) ブローチ 　　　(D) ネックレス

다카하시 씨가 치에코에게 건넨 것은 어느 것입니까?

(A) 반지 　　　　　(B) 피어스
(C) 브로치 　　　　(D) 목걸이

해설 손가락이 두꺼워져서 꼭 낀다고 했으므로 손가락에 끼는 물건이라는 것을 알 수 있다. 따라서 정답은 (A)이다.

단어 皿洗(さらあら)い 설거지 | じゃまになる 방해가 되다 | ピアス 피어스 | ブローチ 브로치

75 _ 대화의 내용 이해

A：中村さん、どうして石田さんが私に会いたがっているのか知ってる？

B：よく分からないけど、もうすぐ開かれる研究発表大会のことだと思うんだけど。

A：石田さんが私に何をさせたがっているのか確かめてみる。

A : 나카무라 씨, 어째서 이시다 씨가 나를 만나고 싶어 하는 건지 알고 있어?

B : 잘은 모르겠지만 이제 곧 열리는 연구 발표 대회 때문인 것 같은데.

A : 이시다 씨가 나에게 무엇을 시키고 싶어 하는지 확인해 봐야지.

中村さんが知っているのはどれですか。

(A) 石田さんの機嫌　　(B) 打ち出しの理由

(C) 石田さんの辞任　　(D) 研究発表の大会

나카무라 씨가 알고 있는 것은 어느 것입니까?

(A) 이시다 씨의 기분 　　　(B) 흥행 이유
(C) 이시다 씨의 사임 　　　(D) 연구 발표 대회

해설 나카무라에게 이시다가 왜 자신과 만나고 싶어 하는지를 묻자, 나카무라는 연구 발표 대회 때문일지도 모른다고 했으므로 정답은 (D)가 적절하다.

단어 確(たし)かめる 확인하다 | 機嫌(きげん) 기분, 심기 | 打(う)ち出(だ)し 그날 흥행의 마지막 | 辞任(じにん) 사임

76 _ 앞으로의 행동 예상 – 날씨

A：にわか雨だ。傘持ってる？

B：傘、持ってないの。お母さんの言う通り、持って来たら良かった。

A：実は、私、折り畳み傘、持って来たんだけど、机の引き出しの中に置き忘れてしまったの。

B：じゃ、どこかで雨宿りでもしましょう。

A : 소나기다. 우산 가지고 있어?

B : 우산, 가지고 있지 않아. 엄마가 말한 대로, 가져왔으면 좋았을 텐데.

A : 실은, 나 접는 우산 가지고 왔는데 책상 서랍 안에 두고 잊어버리고 왔어.

B : 그럼 어딘가에서 비를 피하기라도 하자.

二人は何をすることに決めましたか。

(A) 雨乞いをする。

(B) 傘を持って母を迎えに行く。

(C) 学校に行って傘を持って来る。

(D) 雨を避けるため、しばらく身を寄せる。

두 사람은 무엇을 하기로 정했습니까?

(A) 기우제를 지낸다.
(B) 우산을 들고 엄마를 마중 나간다.
(C) 학교에 가서 우산을 가져온다.
(D) 비를 피하기 위해 잠시 동안 피신한다.

해설 두 사람 다 모두 우산을 두고 오는 바람에 비를 피하기로 결정했다. 따라서 정답은 (D)이다.

단어 にわか雨(あめ) 소나기 | ～通(とお)り ～대로 | 折(お)り

畳(たた)み 접이식 | 引(ひ)き出(だ)し 서랍 | 置(お)き忘(わす)れる 잊고 두고 오다 | 雨宿(あまやど)り 비를 피함 | 雨乞(あまご)い 기우제 | 避(さ)ける 피하다 | 身(み)を寄(よ)せる 몸을 의지하다

77 _ 부탁한 내용 이해 – 집 보기

A：りゅうちゃん、いいところに帰(かえ)ってきたね。ちょうど出(で)かけるところだったの。

B：お母(かあ)さん、帰(かえ)ってきたばかりなのに。どこ行(い)くの？

A：空港(くうこう)まで迎(むか)えに行(い)かなきゃいけないから、留守番(るすばん)お願(ねが)いするわね。夕飯(ゆうはん)は出前(でまえ)を取(と)ってね。

A : 류, 좋을 때 돌아왔네. 막 나가려는 참이었어.
B : 엄마, 이제 막 돌아왔는데. 어디 가?
A : 공항까지 마중 나가야 하니까, 집 잘 봐. 저녁은 배달시켜.

母(はは)は息子(むすこ)に何(なに)を頼(たの)みましたか。

(A) 子守(こも)り
(B) 家(いえ)の留守(るす)
(C) 夕飯(ゆうはん)の支度(したく)
(D) 留守電(るすでん)サービス

엄마는 아들에게 무엇을 부탁했습니까?

(A) 아이 돌보기
(B) 집 보기
(C) 저녁 준비
(D) 부재중 전화 서비스

해설 엄마가 공항으로 마중 나가면서 아들에게 집을 보고 있으라고 했으므로 정답으로 적절한 것은 (B)이다. 저녁은 배달시키라고 했으므로 (C)는 정답으로 부적절하다.

단어 留守番(るすばん) 빈집을 지킴 | 出前(でまえ)を取(と)る 배달 음식을 시키다 | 子守(こも)り 아이를 돌봄 | 留守電(るすでん) 부재중 전화

78 _ 관용구 및 속담 이해 – 정치

A：総理(そうり)に対(たい)する退陣要求(たいじんようきゅう)は日(ひ)に日(ひ)に激(はげ)しさを増(ま)していますが、政局(せいきょく)はこれからどうなると思(おも)いますか。

B：党内(とうない)からも厳(きび)しい批判(ひはん)にさらされていますから、総理(そうり)の辞任(じにん)はもう時間(じかん)の問題(もんだい)でしょう。

A：となると、次期総裁(じきそうさい)は誰(だれ)になるのかに注目(ちゅうもく)が集(あつ)まりますが、与党(よとう)を取(と)り巻(ま)く情勢(じょうせい)は今後(ご)も非常(ひじょう)に厳(きび)しいままですよね。

B：そうですね。火中(かちゅう)の栗(くり)を拾(ひろ)う覚悟(かくご)のある人(ひと)が今(いま)の日本(にほん)の政治家(せいじか)の中(なか)にいるんでしょうかね。

A : 총리에 대한 퇴진 요구는 나날이 격렬함을 더하고 있는데요, 정국은 앞으로 어떻게 될 것이라고 생각합니까?
B : 당 내부에서도 엄중한 비판에 처해 있기 때문에, 총리의 사임은 이제 시간문제겠지요.
A : 그렇게 되면 차기 총재는 누가 될지에 주목이 모이겠지만, 여당을 둘러싼 정세는 앞으로도 여전히 매우 험난하군요.
B : 그렇지요. 화약을 짊어지고 갈 각오가 있는 사람이 지금의 일본 정치가 중에 있을까요?

男(おとこ)の人(ひと)の考(かんが)えに近(ちか)いものはどれですか。

(A) 誰(だれ)が総理大臣(そうりだいじん)になっても日本(にほん)は変(か)わらない。
(B) 政治家(せいじか)たるもの、国民(こくみん)の期待(きたい)に答(こた)えるべきである。
(C) 政治家(せいじか)は停滞(ていたい)した日本(にほん)の政治状況(せいじじょうきょう)を打破(だは)してくれる。
(D) 国(くに)や国民(こくみん)のために体(からだ)を張(は)れる政治家(せいじか)は今(いま)の日本(にほん)にいない。

남성의 생각에 가까운 것은 어느 것입니까?

(A) 누가 총리대신이 되어도 일본은 바뀌지 않는다.
(B) 정치가란 국민의 기대에 답해야 한다.
(C) 정치가는 정체된 일본의 정치 상황을 타파해 준다.
(D) 나라와 국민을 위해서 몸을 던질 수 있는 정치가는 지금의 일본에 없다.

해설 대화를 잘 듣고 선택지를 하나하나 체크해 나간다. 남성의 의견을 주의해서 들어보면, 총리의 사퇴는 시간문제이고, 매우 어려운 상황에서 몸을 내던져 나아갈 정치가는 없을 것이라고 했으므로 정답으로 적절한 것은 (D)이다.

단어 総理(そうり) 총리 | 退陣(たいじん) 퇴진 | 要求(ようきゅう) 요구 | 日(ひ)に日(ひ)に 날로, 날마다 | 政局(せいきょく) 정국 | 党内(とうない) 당내 | 批判(ひはん) 비판 | さらす 드러나게 하다, 위험한 상태에 두다 | 辞任(じにん) 사임 | 次期(じき) 차기 | 総裁(そうさい) 총재 | 注目(ちゅうもく) 주목 | 与党(よとう) 여당 | 取(と)り巻(ま)く 둘러싸다 | 情勢(じょうせい) 정세 | 今後(こんご) 향후, 앞으로 | 非常(ひじょう)に 굉장히 | 火中(かちゅう)の栗(くり)を拾(ひろ)う 화약을 지고 불로 들어가다 | 覚悟(かくご) 각오 | 政治家(せいじか) 정치가 | 大臣(だいじん) 대신 | ～たるもの ～된 자는 | 国民(こくみん) 국민 | 期待(きたい) 기대 | 停滞(ていたい) 정체 | 状況(じょうきょう) 상황 | 打破(だは) 타파 | 体(からだ)を張(は)る 몸을 내던져 행동하다

A：就職しないで、兄貴みたいに大学院に行くよ。
B：勉強が嫌いな人は就職しなさい。
A：これからは兄貴みたいに真面目に勉強するよ。
B：お母さんは反対。鵜の真似をする鴉っていうことわざもあるでしょう。

A : 취직하지 않고 형처럼 대학원에 갈 거야.
B : 공부가 싫은 사람은 취직해.
A : 이제부터는 형처럼 성실하게 공부할 거야.
B : 엄마는 반대. 뱁새가 황새 따라가다 가랑이 찢어진다는 속담도 있잖아.

女の人はどう思っていますか。
(A) 弟も兄と同じ道を進むべきだ。
(B) 勉強が好きになるよう努力すべきだ。
(C) 弟は大学院で真面目に勉強するべきだ。
(D) 弟は大学院に進学してもうまく行かないだろう。

여성은 어떻게 생각하고 있습니까?

(A) 동생도 형과 같은 길을 걸어야 한다.
(B) 공부를 좋아하도록 노력해야 한다.
(C) 동생은 대학원에서 성실하게 공부해야 한다.
(D) 동생은 대학원에 진학해도 잘 되지 않을 것이다.

> **해설** 엄마는 동생과 형을 鵜の真似をする鴉라는 속담에 비유하고 있으므로, 정답은 (D)가 적절하다.

> **단어** 兄貴(あにき) 형님 | 反対(はんたい) 반대 | 鵜(う)の真似(まね)をする鴉(からす) 뱁새가 황새를 따라가면 다리가 찢어진다(가마우지 흉내를 내는 까마귀) | ことわざ 속담 | 努力(どりょく) 노력 | 進学(しんがく) 진학

A：高木さん夫婦、結局離婚しないことにしたって。
B：本当？ 俺の説得が効いたのかな。
A：まさか。裕太君に泣かれたんだって。
B：まさに子は鎹だな。

A : 다카기 씨 부부, 결국 이혼 안 하기로 했대.
B : 정말? 내 설득이 통한 걸까.
A : 설마. 유타가 울었대.
B : 정말 아이는 부부 사이의 꺾쇠구나(자식이 부부 사이를 이어 주는구나).

離婚をしない理由は何ですか。
(A) 妻に泣かれたため
(B) 経済的な理由のため
(C) 男の人が説得したため
(D) 子どものことを考えたため

이혼을 하지 않는 이유는 무엇입니까?

(A) 부인이 울었기 때문에
(B) 경제적인 이유 때문에
(C) 남성이 설득했기 때문에
(D) 아이를 생각했기 때문에

> **해설** 다카기 부부가 이혼하지 않은 이유에 대해 子は鎹라고 했으므로 정답은 (D)가 적절하다. 운 사람은 부인이 아니라 '유타'이므로 (A)는 정답으로 부적절하다.

> **단어** 結局(けっきょく) 결국 | 離婚(りこん) 이혼 | 説得(せっとく) 설득 | 子(こ)は鎹(かすがい) 자식은 부부 사이의 꺾쇠(자식에 대한 정은 꺾쇠처럼 부부 사이를 이어 줌) | 経済的(けいざいてき) 경제적

PART 4

81~83

私の住んでいる所では毎週水曜と第２・４木曜の朝８時に燃えるゴミが回収されます。防犯上、夜に出すと良くないので、なるべく収集時間近くに出します。カラスや猫などにゴミ袋を荒らされないように、ゴミを出した後、かごやカラスよけのネットをかぶせます。

내가 살고 있는 곳은 매주 수요일과 2 · 4번째 목요일 아침 8시에 타는 쓰레기를 회수합니다. 방범상, 밤에 내놓으면 좋지 않기 때문에

가능한 한 수집 시간이 가까워지면 내놓습니다. 까마귀나 고양이 등
이 쓰레기 봉투를 흐트러뜨리지 않도록 쓰레기를 내놓은 후 바구니
나 까마귀 막이 그물 등을 씌웁니다.

81　燃えるゴミはいつ出しますか。

(A) 毎週月曜日　　(B) １回目の火曜日

(C) ２回目の水曜日　(D) ３回目の木曜日

타는 쓰레기는 언제 버립니까?

(A) 매주 월요일　　　　(B) 첫 번째 화요일

(C) 두 번째 수요일　　　(D) 세 번째 목요일

해설　매주 수요일과 2·4번째 목요일에 타는 쓰레기를 회수하므
로 정답으로 적절한 것은 (C)이다.

82　この人はいつ頃ゴミを出しますか。

(A) 朝８時直前　　(B) 朝８時過ぎ

(C) 夜中９時過ぎ　(D) 夜明け５時頃

이 사람은 언제쯤 쓰레기를 내놓습니까?

(A) 아침 8시 직전　　　(B) 아침 8시 지나서

(C) 밤 9시 지나서　　　(D) 새벽 5시쯤

해설　이 사람은 가능한 한 회수 시간 직전에 쓰레기를 내놓는다고
했고, 쓰레기는 아침 8시에 회수하므로, 정답은 (A)가 적절하다.

83　この人はゴミ袋を荒らされないようにど
　　うしますか。

(A) 猫を連れて行く。

(B) ゴミを出さずに川に流す。

(C) ゴミを出した後は必ず網をかける。

(D) 粗大ゴミの収集時間後にゴミを出す。

이 사람은 쓰레기 봉투를 흐트러뜨리지 않게 하기 위해 어떻게
합니까?

(A) 고양이를 데리고 간다.

(B) 쓰레기를 내놓지 않고 강에 흘려 보낸다.

(C) 쓰레기를 내놓은 후는 반드시 망을 씌운다.

(D) 대형 쓰레기 수집 시간 후에 쓰레기를 내놓는다.

해설　쓰레기를 내놓은 후 바구니나 까마귀 막이 그물 등을 씌운다
고 했으므로 정답으로 적절한 것은 (C)이다.

84~86

私の夫は極度の几帳面です。例えば出かけると
きに、家中の戸締まりやガスの元栓を何度も何
度も確認します。もう夫の度を越した行動に限
界です。電気をつけっ放しにして散歩したりす
ると大喧嘩になります。私は割とおおざっぱな
性格の為、そんな行動を少々うざったく感じて
しまいます。

내 남편은 극도로 꼼꼼합니다. 예를 들면, 외출할 때 온 집 안의 문
단속이나 가스 밸브를 몇 번이고 몇 번이고 확인합니다. 이제 남편
의 도를 넘는 행동에 한계를 느낍니다. 불을 켜 두고 산책을 하거나
하면 큰 싸움이 납니다. 나는 비교적 적당주의 성격이기 때문에 그
런 행동을 조금 귀찮게 여기게 됩니다.

84　この人の夫はどんな人ですか。

(A) 用意周到な人　　(B) だらしない人

(C) そそっかしい人 (D) おおざっぱな人

이 사람의 남편은 어떤 사람입니까?

(A) 용의주도한 사람　　　(B) 단정치 못한 사람

(C) 덜렁대는 사람　　　　(D) 데면데면한 사람

해설　남편에 대해 꼼꼼하다고 했으므로 정답으로 적절한 것은 (A)
이다.

85　この人は夫をどう思っていますか。

(A) 権威主義的である。

(B) 細かすぎて煩わしい。

(C) おしゃべり屋である。

(D) 豪放な気性である。

이 사람은 남편을 어떻게 생각하고 있습니까?

(A) 권위주의적이다.

(B) 너무 꼼꼼해서 성가시다.

(C) 수다쟁이다.

(D) 호방한 성질이다.

해설 남편과 성격이 반대라 남편의 행동을 귀찮아한다고 했으므로 정답으로 적절한 것은 (B)이다.

단어 権威主義的(けんいしゅぎてき) 권위주의적 | 細(こま)かい 잘다, (성격이) 꼼꼼하다 | 煩(わずら)わしい 성가시다 | おしゃべり屋(や) 수다쟁이 | 豪放(ごうほう) 호방함 | 気性(きしょう) 기질, 성질

86 喧嘩の原因は何ですか。

(A) 家賃の滞り

(B) 散歩コース

(C) 祭祀の食べ物

(D) 日常生活の習慣の違い

싸움의 원인은 무엇입니까?

(A) 집세 연체

(B) 산책 코스

(C) 제사 음식

(D) 일상생활의 습관 차이

해설 외출할 때 남편의 도가 넘은 문단속이나, 전기를 켜 두고 산책을 하면 큰 싸움이 난다고 했으므로 싸움의 원인은 일상생활의 습관 차이라고 볼 수 있다.

단어 喧嘩(けんか) 싸움 | 原因(げんいん) 원인 | 家賃(やちん) 집세 | 滞(とどこお)り 연체 | 祭祀(さいし) 제사 | 日常(にちじょう) 일상 | 生活(せいかつ) 생활 | 習慣(しゅうかん) 습관

87~90

台風第15号は、2日5時頃に近畿付近に上陸しました。中心の気圧は976ヘクトパスカル、中心付近の最大風速は30メートル、最大瞬間風速は55メートルで、中心から半径90キロ以内では、風速25メートル以上の暴風となっています。3日夜遅くまで河川の増水や低地での浸水、4日明け方にかけて土砂災害に警戒してください。

태풍 제15호는 2일 5시경에 긴키 지방 부근에 상륙했습니다. 중심 기압은 976헥토파스칼, 중심 부근 최대 풍속은 30m, 최대 순간풍속은 55m로, 중심에서 반경 90km 이내에서는 풍속 25m 이상의 폭풍

이 불고 있습니다. 3일 밤늦게까지 하천의 범람과 저지대 침수, 4일 새벽에 걸쳐서 토사 재해에 경계하여 주십시오.

단어 近畿(きんき) 긴키(교토를 중심으로 한 지방) | 付近(ふきん) 부근 | 上陸(じょうりく) 상륙 | 気圧(きあつ) 기압 | ヘクトパスカル 헥토파스칼 | 最大(さいだい) 최대 | 風速(ふうそく) 풍속 | 瞬間(しゅんかん) 순간 | 半径(はんけい) 반경 | 暴風(ぼうふう) 폭풍 | 河川(かせん) 하천 | 増水(ぞうすい) 증수, 범람 | 低地(ていち) 저지대 | 浸水(しんすい) 침수 | 明(あ)け方(がた) 새벽녘 | 土砂(どしゃ) 토사 | 災害(さいがい) 재해 | 警戒(けいかい) 경계

87 何について放送していますか。

(A) 寒波

(B) 梅雨

(C) 津波

(D) 台風

무엇에 대해서 방송하고 있습니까?

(A) 한파

(B) 장마

(C) 쓰나미

(D) 태풍

해설 태풍 상륙과 더불어 이 태풍으로 인해 생길 피해에 대해 방송하고 있으므로 정답은 (D)가 적절하다.

단어 放送(ほうそう) 방송 | 寒波(かんぱ) 한파 | 津波(つなみ) 쓰나미, 지진 해일

88 どんな被害が予想されていますか。

(A) 浸水

(B) 雪崩

(C) 伝染病

(D) 日照り

어떤 피해가 예상됩니까?

(A) 침수

(B) 눈사태

(C) 전염병

(D) 가뭄

해설 예상되는 피해는 하천의 범람, 저지대 침수, 토사 재해라고 했으므로 정답으로 적절한 것은 (A)이다.

단어 予想(よそう) 예상 | 雪崩(なだれ) 눈사태 | 伝染病(でんせんびょう) 전염병 | 日照(ひで)り 가뭄

89 中心気圧はどのくらいですか。

(A) 376ヘクトパスカル

(B) 976ヘクトパスカル

(C) 1976ヘクトパスカル

(D) 2344ヘクトパスカル

중심 기압은 어느 정도입니까?

(A) 376헥토파스칼

(B) 976헥토파스칼

(C) 1976헥토파스칼

(D) 2344헥토파스칼

 중심 기압은 976헥토파스칼이라고 했으므로 정답은 (B)이다. 방송 내용에 다른 숫자도 나오지만 단위에 주의를 기울인다면 쉽게 접근할 수 있을 것이다.

90 本文の内容と合っているのはどれですか。

(A) 異常気象になっている。

(B) 中心は風速２０メートルである。

(C) 最大瞬間風速は５５メートルである。

(D) 周辺の最小風速は３０メートルである。

본문의 내용과 맞는 것은 어느 것입니까?

(A) 이상 기후다.

(B) 중심은 풍속 20m이다.

(C) 최대 순간풍속은 55m이다.

(D) 주변의 최소 풍속은 30m이다.

 들려주는 내용과 선택지를 비교해 가면서 하나하나 체크해 나간다. 중심 부근의 최대 풍속은 30m라고 했으므로 (B)와 (D)는 정답으로 부적절, 최대 순간풍속은 55m라고 했으므로 정답은 (C)이다.

91~94

先々週、風邪を引いて不調だったのに、先週の土曜日からまた体調を崩してしまいました。喉が腫れて、鼻水が止まらなかったです。３９度まで熱が上がりました。暑くなったり寒くなったりと、気温の変化が激しかったので体調を崩したのでしょう。放課後テニスのレッスンがありますが、今日は疲れたからサボりたいという気分になりました。

지지난주 감기에 걸려서 몸이 안 좋았는데 지난주 토요일부터 다시 몸 상태가 나빠져 버렸습니다. 목이 붓고 콧물이 그치지 않았습니다. 39도까지 열이 올랐습니다. 더웠다 추웠다 기온의 변화가 심했기 때문에 몸이 안 좋아졌던 것이겠지요. 방과 후 테니스 수업이 있지만 오늘은 피곤해서 쉬고 싶은 기분이 들었습니다.

 不調(ふちょう) 상태가 나쁨 | 体調(たいちょう)を崩(くず)す 몸 상태가 나빠지다 | 喉(のど)が腫(は)れる 목이 붓다 | 鼻水(はなみず) 콧물 | 気温(きおん) 기온 | 変化(へんか) 변화 | 放課後(ほうかご) 방과 후 | レッスン 레슨 | サボる 빼먹다, 게으르다

91 いつから体の調子が悪かったですか。

(A) 先週　　　　(B) 先月

(C) 先日　　　　(D) 先々週

언제부터 몸 상태가 안 좋았습니까?

(A) 지난주　　　　(B) 지난달

(C) 일전　　　　(D) 지지난주

 시간을 물어보는 문제로, 시간에 관련된 표현을 주의 깊게 듣도록 한다. 지지난주에 감기에 걸려 몸이 안 좋았다고 했으므로 정답은 (D)이다.

92 この人はどんな状態なのですか。

(A) せきが出る。

(B) 高熱がある。

(C) 顔が腫れている。

(D) 脱水状態になっている。

이 사람은 어떤 상태입니까?

(A) 기침이 난다.

(B) 고열이 있다.

(C) 얼굴이 부었다.

(D) 탈수 상태가 되었다.

 목이 아프고 콧물이 나고 열이 났다고 했으므로 이 사람의 증상에 해당되는 것은 (B)이다.

 高熱(こうねつ) 고열 | 腫(は)れる 붓다 | 脱水(だっすい) 탈수

93 この人が願っているのはどれですか。

(A) 病院に行くこと

(B) ほこりを払うこと

(C) テニスを休むこと

(D) 汗を洗い流すこと

이 사람이 원하고 있는 것은 어느 것입니까?

(A) 병원에 가는 것

(B) 먼지를 털어내는 것

(C) 테니스를 쉬는 것

(D) 땀을 씻어내는 것

 피곤해서 방과 후에 있는 테니스 수업을 쉬고 싶다고 했으므로 정답으로 적절한 것은 (C)이다.

 願(ねが)う 원하다, 바라다 | ほこり 먼지 | 払(はら)う 없애다, 털어내다 | 汗(あせ) 땀 | 洗(あら)い流(なが)す 씻어 없애다

94 病気になった原因は何ですか。

(A) 冷水浴

(B) 異常乾燥

(C) 運動不足

(D) 朝と日中の温度差

병에 걸린 원인은 무엇입니까?

(A) 냉수욕

(B) 이상 건조

(C) 운동 부족

(D) 아침과 한낮의 온도 차

해설 몸 상태가 안 좋아진 원인은 기온의 변화가 심했기 때문이라고 했으므로 정답으로 적절한 것은 (D)이다.

단어 原因(げんいん) 원인 | 冷水浴(れいすいよく) 냉수욕 | 異常(いじょう) 이상 | 乾燥(かんそう) 건조 | 日中(にっちゅう) 한낮, 대낮

95~97

彼女にクリスマスプレゼントとして何を贈ればいいか悩んでいました。イブの時、一緒にペアリングを買いに行くつもりだったんですが、急に海外出張が決まって行けなくなりました。悩みに悩んだあげく友人に相談しました。誕生石は意味があると誕生石のついた宝石をすすめられました。彼女は3月生まれなので、アクアマリンのついたシンプルなピアスにしました。

그녀에게 크리스마스 선물로 무엇을 주면 좋을지 고민하고 있었습니다. 이브 날, 함께 커플링을 사러 갈 생각이었는데, 갑자기 해외출장이 결정되어 갈 수 없게 되었습니다. 고민 고민 끝에 친구에게 상담을 했습니다. 탄생석은 의미가 있다며 탄생석이 붙은 보석을 추천받았습니다. 그녀는 3월생이기 때문에 아콰마린이 붙은 심플한 귀걸이로 결정했습니다.

단어 贈(おく)る 선물하다, 보내다 | ペアリング 커플링 | 誕生石(たんじょうせき) 탄생석 | 宝石(ほうせき) 보석 | アクアマリン 아콰마린 | ピアス 피어스, 귀걸이

95 なぜ一緒にプレゼントを買いに行けないのですか。

(A) 単身赴任を決めたため

(B) 急な会議が入ったため

(C) 海外赴任が決まったため

(D) いきなり出張が決まったため

왜 함께 선물을 사러 갈 수 없습니까?

(A) 단신부임을 결정했기 때문에

(B) 급한 회의가 잡혔기 때문에

(C) 해외 부임이 결정되었기 때문에

(D) 갑자기 출장이 결정되었기 때문에

해설 함께 선물을 살 예정이었지만 갑자기 출장이 결정되었다고 했으므로 정답은 (D)가 적절하다. 해외출장이므로 (C)는 정답으로 부적절하다.

단어 単身赴任(たんしんふにん) 단신부임

96 この人は何を買うつもりでしたか。

(A) ペアリング

(B) ペアネックレス

(C) クリスマスツリー

(D) イニシャルブレスレット

이 사람은 무엇을 살 생각이었습니까?

(A) 커플링

(B) 커플 목걸이

(C) 크리스마스 트리

(D) 이니셜 팔찌

해설 이브 날, 여자 친구와 함께 커플링을 사려고 했던 것이므로 정답은 (A)이다.

단어 ネックレス 목걸이 | イニシャル 이니셜 | ブレスレット 팔찌

97 彼女に何を贈りますか。

(A) クリスマスカード

(B) シンプルなリング

(C) アクアリウムのチケット

(D) 誕生石のついたピアス

그녀에게 무엇을 보냅니까?

(A) 크리스마스 카드

(B) 심플한 반지

(C) 수족관 티켓

(D) 탄생석이 붙은 귀걸이

해설 친구에게서 탄생석을 추천받아 3월의 탄생석인 아콰마린이 붙은 귀걸이로 정했으므로 정답으로 적절한 것은 (D)이다.

단어 アクアリウム 수족관, 아쿠아리움

98~100

私は女性グループで海外に行くことが多いので、みんなで地元の商店街の店に行ったりします。特にスーパーマーケットに行くのが好きです。他には無い独特なにおいがあるから興味深いのです。一ヶ月前も友人と一緒にホンコンへ

行ってきました。見たこともない野菜や果物や
缶詰などが溢れかえっていました。日本ならお
にぎりが置いてあるショーケースに、パックさ
れた点心セットが並んでいました。しかし購入
した商品を入れてくれるビニール袋は極薄で破
れやすそうに見えるので、頼んで二重にしても
らってました。

나는 여성 그룹으로 해외에 가는 일이 많기 때문에 다 함께 그 고장의 상점가에 있는 가게에 가거나 합니다. 특히 슈퍼마켓에 가는 걸 좋아합니다. 다른 곳에는 없는 독특한 정취가 있기 때문에 흥미진진합니다. 한 달 전에도 친구와 함께 홍콩에 다녀왔습니다. 본 적도 없는 채소나 과일, 통조림 등이 가득했습니다. 일본이라면 주먹밥이 놓여 있을 진열장에 포장된 과자 세트가 진열되어 있었습니다. 그러나 구입한 상품을 넣어 주는 비닐봉지는 아주 얇아서 잘 찢어질 것 같아 보이기 때문에 이중으로 포장을 부탁했습니다.

단어 地元(じもと) 그 고장 | 商店街(しょうてんがい) 상점가 | 特(とく)に 특히 | 独特(どくとく) 독특함 | におい 냄새, 정취 | 興味深(きょうみぶか)い 흥미롭다, 흥미진진하다 | 缶詰(かんづめ) 통조림 | 溢(あふ)れる 흘러 넘치다 | ～かえる 아주 ～하다(정도가 심함)〈동사 ます형에 접속〉 | ショーケース 진열장 | 点心(てんしん) 중국 요리에서 마지막에 나오는 과자, 차에 곁들이는 과자 | 購入(こうにゅう) 구입 | ビニール袋(ぶくろ) 비닐봉지 | 極薄(ごくうす) 아주 얇음 | 破(やぶ)れる 찢어지다, 파손되다 | 二重(にじゅう) 이중

98 どうしてビニール袋を2つ頼んだのですか。

(A) 荷物が多すぎたから

(B) 缶詰を購入したから

(C) とても薄くて破れそうだから

(D) ゴミを入れようと思ったから

어째서 비닐봉지를 두 개 부탁했습니까?

(A) 짐이 너무 많았기 때문에
(B) 통조림을 구입했기 때문에
(C) 매우 얇아서 찢어질 것 같았기 때문에
(D) 쓰레기를 넣으려고 생각했기 때문에

해설 얇은 비닐봉지가 잘 찢어질 것 같아 이중으로 포장을 부탁했다고 했으므로 정답으로 적절한 것은 (C)이다.

99 旅行先のコンビニのショーケースに何がありましたか。

(A) 点心セット
(B) 飲み物とパン
(C) おにぎりセット
(D) 土の付いた野菜

여행지의 편의점 진열장에 무엇이 있었습니까?

(A) 과자 세트
(B) 음료와 빵
(C) 주먹밥 세트
(D) 흙이 묻은 채소

해설 일본이라면 주먹밥 세트가 있을 진열장에 이 사람이 여행한 곳에서는 과자 세트가 진열되어 있었다고 했으므로 정답은 (A)이다.

단어 旅行先(りょこうさき) 여행지 | 土(つち) 흙

100 スーパーマーケットで興味を引いたのは何ですか。

(A) 大型デパート
(B) 独特なにおい
(C) 他にはない薬味
(D) スパイスの独特な味

슈퍼마켓에서 흥미를 끈 것은 무엇입니까?

(A) 대형 백화점
(B) 독특한 정취
(C) 다른 곳에는 없는 양념
(D) 향신료의 독특한 맛

해설 다른 곳에는 없는 독특한 정취가 있기 때문에 흥미진진하다고 했으므로 정답으로 적절한 것은 (B)이다.

단어 興味(きょうみ)を引(ひ)く 흥미를 끌다 | 大型(おおがた) 대형 | 薬味(やくみ) 양념 | スパイス 스파이스, 향신료

✓ 단어	읽기	뜻
愛煙家	あいえんか	애연가
愛顧	あいこ	보살핌, 애고
雨乞い	あまごい	기우제
雨宿り	あまやどり	비를 피함
編む	あむ	짜다, 엮다
荒らす	あらす	어지럽게 하다, 흐트러뜨리다
魚の目	うおのめ	티눈
うざったい		성가시다, 귀찮다
打ち明ける	うちあける	털어놓다
腕立て伏せ	うでたてふせ	팔굽혀펴기
売れ行き	うれゆき	팔림새
横断歩道	おうだんほどう	횡단보도
置き忘れる	おきわすれる	깜빡 잊고 두고 오다
おしゃべり屋	おしゃべりや	수다쟁이
おでこ		이마
カビ		곰팡이
寒波	かんぱ	한파
気難しい	きむずかしい	까다롭다
給油	きゅうゆ	급유
興味深い	きょうみぶかい	흥미롭다
狭路	きょうろ	좁은 길
金封	きんぷう	돈을 보낼 때 쓰는 봉투
草取り	くさとり	제초
ぐったり		녹초가 됨, 축 늘어짐
繰り返す	くりかえす	반복하다
くり貫く	くりぬく	도려내다
ぐるり		빙, 휙(한 바퀴 도는 모양)
豪放	ごうほう	호방함
個包装	こほうそう	낱개 포장
さっさと		후딱, 냉큼
皿洗い	さらあらい	설거지
敷く	しく	깔다
時刻表	じこくひょう	시각표
湿気	しっけ	습기
染み付く	しみつく	배어 들다
照会	しょうかい	조회
しょんぼり		풀이 죽은 모양
人事異動	じんじいどう	인사이동
水中	すいちゅう	수중
睡眠	すいみん	수면
すそ		옷자락
ずぼら		칠칠치 못함
すれ違い	すれちがい	스쳐 지나감
せっかち		성급함
接種	せっしゅ	접종
前途有望	ぜんとゆうぼう	전도유망
そそっかしい		덜렁대다
その場しのぎ	そのばしのぎ	임시변통, 임시방편
宝くじ	たからくじ	복권
畳む	たたむ	개다
漂う	ただよう	떠다니다
立替払い	たてかえばらい	대신 지불함
打破	だは	타파
だらしない		단정하지 않다
単身赴任	たんしんふにん	단신부임
疲れ果てる	つかれはてる	지칠 대로 지치다
つぼみ		꽃봉오리
梅雨空	つゆぞら	장마철에 비가 오락가락 하는 날씨

	일본어	읽기	뜻
☐	手編	てあみ	손뜨기
☐	停止線	ていしせん	정지선
☐	手配	てはい	수배, 준비
☐	手間	てま	시간, 노력, 수고
☐	出前	でまえ	배달 음식
☐	手前味噌	てまえみそ	자기 자랑
☐	戸惑う	とまどう	당황하다
☐	取り皿	とりざら	개인 접시
☐	並木道	なみきみち	가로수길
☐	煮込み	にこみ	푹 끓임
☐	入場料	にゅうじょうりょう	입장료
☐	にわか雨	にわかあめ	소나기
☐	抜き型	ぬきがた	틀
☐	寝心地	ねごこち	자는 기분
☐	呑み込む	のみこむ	삼키다
☐	乗り越える	のりこえる	타고 넘다, 극복하다
☐	乗り心地	のりごこち	승차감
☐	乗り越す	のりこす	타고 가다 내릴 곳을 지나치다
☐	はたく		털다, 때리다
☐	省く	はぶく	생략하다
☐	晴れ晴れ	はればれ	상쾌함, 청명함
☐	日照り	ひでり	가뭄
☐	日に日に	ひにひに	날로, 날마다
☐	表札	ひょうさつ	문패
☐	普段着	ふだんぎ	평상복
☐	振り子	ふりこ	진자, 흔들이
☐	凹む	へこむ	움푹 패이다
☐	ぺしゃんこ		납작하게 찌부러진 모양
☐	暴飲暴食	ぼういんぼうしょく	폭음과 폭식
☐	ほっとする		안심하다
☐	水溜まり	みずたまり	물구덩이
☐	道のり	みちのり	거리
☐	目がくらむ	めがくらむ	눈이 멀다
☐	物干し台	ものほしだい	빨래 건조대
☐	焼きあがる	やきあがる	잘 구워지다
☐	薬味	やくみ	양념
☐	用意周到	よういしゅうとう	용의주도
☐	用心	ようじん	조심함
☐	呼び出す	よびだす	호출하다, 불러내다
☐	寄り道	よりみち	지나는 길에 들름
☐	路線図	ろせんず	노선도
☐	煩わしい	わずらわしい	성가시다

1 (B)	2 (C)	3 (A)	4 (A)	5 (D)	6 (C)	7 (D)	8 (D)	9 (B)	10 (A)
11 (C)	12 (C)	13 (B)	14 (A)	15 (D)	16 (B)	17 (C)	18 (A)	19 (A)	20 (B)

21 (B)	22 (B)	23 (A)	24 (C)	25 (A)	26 (C)	27 (A)	28 (D)	29 (C)	30 (C)
31 (C)	32 (A)	33 (C)	34 (A)	35 (B)	36 (C)	37 (A)	38 (D)	39 (B)	40 (B)
41 (B)	42 (A)	43 (B)	44 (D)	45 (B)	46 (A)	47 (C)	48 (B)	49 (A)	50 (B)

51 (D)	52 (A)	53 (D)	54 (A)	55 (A)	56 (B)	57 (A)	58 (C)	59 (D)	60 (A)
61 (D)	62 (A)	63 (B)	64 (A)	65 (D)	66 (B)	67 (B)	68 (C)	69 (B)	70 (C)
71 (D)	72 (C)	73 (D)	74 (C)	75 (B)	76 (A)	77 (D)	78 (A)	79 (B)	80 (D)

81 (C)	82 (D)	83 (A)	84 (C)	85 (D)	86 (B)	87 (C)	88 (B)	89 (C)	90 (D)
91 (B)	92 (B)	93 (A)	94 (D)	95 (B)	96 (C)	97 (C)	98 (A)	99 (B)	100 (D)

문제는 본책 p193~p213

1 _ 인물의 동작 이해

(A) 男の子が網戸に飛びつこうとしています。

(B) 男の子は後ろ向きになって立っています。

(C) 男の子はスキー場のリフトから降りています。

(D) 男の子はスノーボードを脇に抱えて持って
います。

(A) 남자아이가 망창에 달려들려고 하고 있습니다.
(B) 남자아이는 등을 돌리고 서 있습니다.
(C) 남자아이는 스키장의 리프트에서 내리고 있습니다.
(D) 남자아이는 스노보드를 옆구리에 끼고 들고 있습니다.

해설 남자아이는 스키를 타고 있으며, 뒷모습을 보이고 있으므로 정답으로 적절한 것은 (B)이다.

단어 網戸(あみど) 망을 친 문, 망창 | 飛(と)びつく 달려들다 | 後(うし)ろ向(む)き 등을 돌린 자세 | 脇(わき) 옆구리, 겨드랑이, 옆 | 抱(かか)える 껴안다, 끼다

2 _ 두 사람의 공통된 동작

(A) 二人は手を握って踊っています。

(B) 左側の人はほこりをはたいています。

(C) 二人は斜め方向に手をあげています。

(D) 右側の人は浴衣を着て盆踊りを踊っています。

(A) 두 사람은 손을 잡고 춤을 추고 있습니다.
(B) 왼쪽 사람은 먼지를 털고 있습니다.
(C) 두 사람은 비스듬한 방향으로 손을 들고 있습니다.
(D) 오른쪽 사람은 유카타를 입고 본오도리를 추고 있습니다.

해설 두 사람은 신사 안에서 춤을 추고 있는데, 손동작을 보면 비스듬히 손을 올리고 있으므로 정답으로 적절한 것은 (C)이다.

단어 握(にぎ)る 쥐다, 잡다 | 踊(おど)る 춤추다 | ほこりをはたく 먼지를 털다 | 斜(なな)め 비스듬함, 경사짐 | あげる 들다, 올리다 | 浴衣(ゆかた) 유카타 | 盆踊(ぼんおど)り 백중날에 많은 남녀가 모여서 추는 윤무

3 _ 사물의 상태

(A) ドアノブに袋がぶら下がっています。

(B) ドアの隙間に新聞が挟んであります。

(C) フリルの付いたドアノブカバーです。

(D) ドアの取っ手にカバーが被さっています。

(A) 문손잡이에 봉지가 매달려 있습니다.
(B) 문틈에 신문이 끼워져 있습니다.
(C) 프릴이 달린 문손잡이 커버입니다.
(D) 문손잡이에 커버가 씌워져 있습니다.

해설 조금 열린 문의 손잡이에 종이 가방과 비닐봉지가 걸려 있으므로 정답으로 적절한 것은 (A)이다. 손잡이에는 커버가 씌여 있지 않다.

단어 ドアノブ 문손잡이 | 袋(ふくろ) 봉지 | ぶら下(さ)がる 늘어지다, 매달리다 | 隙間(すきま) 문틈 | 挟(はさ)む 끼우다 | フリル 프릴 | ドアノブカバー 문손잡이 커버 | 取(と)っ手(て) 손잡이 | 被(かぶ)さる 씌우다

4 _ 인물의 동작 비교

(A) 男の人は縄跳びをしています。

(B) 女の人は高跳びをしています。

(C) 男の人はままごとをしています。

(D) 女の人は鬼ごっこをしています。

(A) 남성은 줄넘기를 하고 있습니다.
(B) 여성은 높이뛰기를 하고 있습니다.
(C) 남성은 소꿉놀이를 하고 있습니다.
(D) 여성은 술래잡기를 하고 있습니다.

해설 남성은 줄넘기를 하고 있으므로 정답으로 적절한 것은 (A)이다.

단어 縄跳(なわと)び 줄넘기 | 高跳(たかと)び 높이뛰기 | ままごと 소꿉놀이 | 鬼(おに)ごっこ 술래잡기

5 _ 사물의 종휴 및 배치 – 문구용품

(A) 相合傘を描いています。

(B) 画用紙に落書きしています。

(C) 救急箱の蓋が開いています。

(D) 原稿用紙の上に定規があります。

(A) 우산 모양을 그리고 있습니다.
(B) 도화지에 낙서를 하고 있습니다.
(C) 구급 상자 뚜껑이 열려 있습니다.
(D) 원고용지 위에 자가 있습니다.

해설 책상 위에는 우산과 원고용지가 놓여 있고, 원고용지 위에는 자와 연필이 있으므로 정답은 (D)이다.

단어 相合傘(あいあいがさ) 한 우산을 남녀가 함께 씀. 우산을 그리고 그 밑에 남녀의 이름을 써서 둘 사이를 놀리는 낙서 | 画用紙(がよ

うし) 도화지 | 落書(らくが)き 낙서 | 救急箱(きゅうきゅうばこ) 구급상자 | 蓋(ふた) 뚜껑 | 原稿用紙(げんこうようし) 원고용지 | 定規(じょうぎ) 자

6 _ 사물의 상태 및 배치 – 부엌용품

(A) 逆さまになったグラスがあります。

(B) 一定の間隔で箸箱が置いてあります。

(C) 取り皿がセッティングされています。

(D) キッチン用品が所狭しと積んであります。

(A) 거꾸로 된 유리컵이 있습니다.

(B) 일정 간격으로 수저통이 놓여 있습니다.

(C) 개인 접시가 세팅되어 있습니다.

(D) 부엌용품이 가득히 쌓여 있습니다.

해설 개인 접시가 각각 놓여 있고, 테이블 위의 컵은 똑바로 놓여 있으며, 일정한 간격으로 수저통이 있는 것이 아니므로 정답으로 적절한 것은 (C)이다.

단어 逆(さか)さま 거꾸로 됨, 뒤집힘 | 一定(いってい) 일정 | 間隔(かんかく) 간격 | 箸箱(はしばこ) 수저통 | 取(と)り皿(ざら) 개인 접시 | 用品(ようひん) 용품 | 所狭(ところせま)し 잔뜩 있음 | 積(つ)む 쌓다

7 _ 인물의 동작 및 사물의 상태

(A) 眼鏡がずり落ちそうです。

(B) 二人は耳打ちをしています。

(C) お手玉で遊んでいるところです。

(D) 手のひらに眼鏡を置こうとします。

(A) 안경이 흘러내릴 것 같습니다.

(B) 두 사람은 귓속말을 하고 있습니다.

(C) 공기놀이를 하며 놀고 있는 중입니다.

(D) 손바닥에 안경을 두려고 합니다.

해설 손에 들고 있는 안경을 손바닥에 놓으려고 하고 있으므로 정답으로 적절한 것은 (D)이다.

단어 ずり落(お)ちる 흘러내리다 | 耳打(みみう)ち 귀엣말, 귓속말 | お手玉(てだま) 공기놀이 | 手(て)のひら 손바닥

8 _ 인물의 동작

(A) 虫よけスプレーをまいています。

(B) 真ん中に蚊帳が吊ってあります。

(C) 虫よけクリームを塗っています。

(D) 蚊取り線香に火をつけようとします。

(A) 벌레약을 뿌리고 있습니다.

(B) 한가운데에 모기장이 매달려 있습니다.

(C) 벌레약 크림을 바르고 있습니다.

(D) 모기향에 불을 붙이려고 합니다.

해설 테이블 위에는 자외선 차단제와 치약이 놓여 있고 모기향에 불을 붙이고 있다. 정답으로 적절한 것은 (D)이다.

단어 虫(むし)よけ 제충, 또는 그 도구나 약품 | まく 뿌리다, 살포하다 | 真(ま)ん中(なか) 한가운데 | 蚊帳(かや)を吊(つ)る 모기장을 치다 | 塗(ぬ)る 바르다 | 蚊取(かと)り線香(せんこう) 모기향

9 _ 식물의 모습 및 배치

(A) 野花がふもとに生息しています。

(B) 植木鉢が適当に配置してあります。

(C) 植木鉢が整然と椅子にかけてあります。

(D) アスファルトの隙間で野花が咲き乱れています。

(A) 야생화가 산기슭에 생식하고 있습니다.

(B) 화분이 적당하게 배치되어 있습니다.

(C) 화분이 정연하게 의자에 걸려 있습니다.

(D) 아스팔트 틈에 야생화가 흐드러지게 피어 있습니다.

해설 아스팔트 위에 놓인 의자 위에 크기가 일정하지 않은 화분이 놓여 있으므로 정답으로 적절한 것은 (B)이다. 야생화는 피어 있지 않으므로 (A)와 (D)는 정답으로 부적절하다.

단어 野花(のばな) 야생화 | ふもと 산기슭 | 生息(せいそく) 생식 | 植木鉢(うえきばち) 화분 | 適当(てきとう) 적당함 | 配置(はいち) 배치 | 整然(せいぜん) 정연, 정돈된 모습 | アスファルト 아스팔트 | 隙間(すきま) 틈 | 咲(さ)き乱(みだ)れる (꽃이) 흐드러지게 피다, 만발하다

10 _ 빈터의 상태

(A) 空き地に雑草が所々生えています。

(B) 取り壊された所に牡丹が植え込んであります。

(C) コンクリート塀の上にフェンスが立ててあります。

(D) 道の勾配が急なのでロープが張り巡らされています。

(A) 빈터에 잡초가 군데군데 자라 있습니다.

(B) 철거된 곳에 모란이 심어져 있습니다.

(C) 콘크리트 담장 위에 울타리가 세워져 있습니다.

(D) 도로의 경사가 급해서 끈이 둘러쳐져 있습니다.

해설 빈터에 잡초가 여기저기 있으므로 (A)가 정답에 해당된다. 철거된 곳이지만 모란은 없고, 담장은 콘크리트로 그 위에 펜스가 세

워져 있지는 않으므로 (B)와 (C)는 정답으로 적절하지 않다.

단어 空(あ)き地(ち) 빈터 | 雑草(ざっそう) 잡초 | 所々(ところどころ) 군데군데 | 生(は)える 나다, 자라다 | 取(と)り壊(こわ)す (건물 따위를) 헐다, 해체하다 | 牡丹(ぼたん) 모란 | 植(う)え込(こ)む 심다 | コンクリート 콘크리트 | 塀(へい) 담 | フェンス 울타리 | 勾配(こうばい) 기울기, 경사 | 張(は)り巡(めぐ)らす 빙 둘러치다

11 _ 인물의 동작

(A) ページの端を指先で折っています。

(B) ページの上段は絵になっています。

(C) 文字に下線を引いているところです。

(D) ステッカーを貼っているところです。

(A) 페이지 끝을 손끝으로 접고 있습니다.

(B) 페이지 상단은 그림으로 되어 있습니다.

(C) 글자에 밑줄을 긋고 있는 중입니다.

(D) 스티커를 붙이고 있는 중입니다.

해설 오른손으로 책의 글자에 밑줄을 긋고 있는 중이므로 정답은 (C)이다. 왼손은 페이지의 가운데에 놓여 있고 그림은 페이지의 하단에 있으므로 (A), (B)는 정답으로 적절하지 않다.

단어 端(はし) 가장자리, 끝 | 指先(ゆびさき) 손끝 | 折(お)る 접다 | 上段(じょうだん) 상단 | 文字(もじ) 글자 | 下線(かせん) 밑줄(=アンダーライン) | 線(せん)を引(ひ)く 선을 긋다 | ステッカー 스티커

12 _ 식물의 배치

(A) 窓の外側を拭いています。

(B) 窓際に花瓶が置かれています。

(C) 窓際に植木鉢が置いてあります。

(D) 葉っぱがひらひらと飛んでいます。

(A) 창 바깥쪽을 닦고 있습니다.

(B) 창가에 꽃병이 놓여 있습니다.

(C) 창가에 화분이 놓여 있습니다.

(D) 나뭇잎이 팔랑팔랑 날고 있습니다.

해설 창가에 다양한 화분이 놓여 있으므로 정답으로 적절한 것은 (C)이다.

단어 拭(ふ)く 닦다 | 窓際(まどぎわ) 창가 | 花瓶(かびん) 화병 | 葉(は)っぱ 나뭇잎 | ひらひら 팔랑팔랑(가볍고 얇은 것이 날리는 모양)

13 _ 교통 표식 이해

(A) ここは追い越し禁止になっています。

(B) 歩行者は道路を横断してはなりません。

(C) この道は工事中のため、車が通れません。

(D) 最大積載量以上の車は通行止めになっています。

(A) 여기는 추월이 금지되어 있습니다.

(B) 보행자는 도로를 횡단해서는 안 됩니다.

(C) 이 길은 공사 중이기 때문에 차가 다닐 수 없습니다.

(D) 최대 적재량 이상인 차는 통행이 금지되어 있습니다.

해설 사진에 제시된 교통표식은 횡단 금지(横断禁止)이므로 정답으로 적절한 것은 (B)이다.

단어 追(お)い越(こ)し 추월 | 禁止(きんし) 금지 | 歩行者(ほこうしゃ) 보행자 | 横断(おうだん) 횡단 | 通(とお)る 지나가다 | 最大(さいだい) 최대 | 積載量(せきさいりょう) 적재량 | 通行止(つうこうど)め 통행금지

14 _ 사물의 상태 및 배치

(A) 本棚にフォトフレームがあります。

(B) 本立ての前に本が積み重なっています。

(C) 本がジャンルごとに区切られています。

(D) 本立てに本が隙間なく差し込まれています。

(A) 책장에 사진 액자가 있습니다.

(B) 책꽂이 앞에 책이 쌓여 있습니다.

(C) 책이 장르별로 구분되어 있습니다.

(D) 책꽂이에 책이 빈틈없이 꽂혀 있습니다.

해설 사진에 등장하는 사물 가운데 눈에 띄는 것은 사진 액자와 책꽂이다. 책이 쌓인 곳은 책꽂이 옆이므로 (B)는 정답으로 부적절하다. 책이 꽂혀진 부분에 장르별 표시가 없으므로 (C)는 정답으로 부적절하다. 책꽂이는 빈 곳도 있으므로 (A)가 정답으로 적절하다.

단어 本棚(ほんだな) 책장 | 本立(ほんた)て 책꽂이 | 積(つ)み重(かさ)なる 겹겹이 쌓이다, 겹쳐 쌓이다, 겹쳐지다 | ジャンル 장르 | 区切(くぎ)る 구분 짓다, 매듭 짓다 | 隙間(すきま)なく 빈틈없이 | 差(さ)し込(こ)む 꽂다

15 _ 사물의 종류 및 상태 – 음식

(A) 枝豆のさやがふくらみはじめています。

(B) 器の中にエビせんべいが入っています。

(C) 豆のさやの中に五粒の豆が並んでいます。

(D) 海産物が豆のさやと一緒に盛られています。

(A) 풋콩의 꼬투리가 부풀기 시작했습니다.

(B) 그릇 안에 새우 전병이 들어 있습니다.

(C) 콩깍지 안에 다섯 알의 콩이 나란히 있습니다.

(D) 해산물이 콩깍지와 함께 담겨 있습니다.

해설 그릇 안에 새우와 콩깍지가 들어 있으므로 정답으로 적절한 것은 (D)이다. 그릇 안에 들은 것은 전병이 아니므로 (B)는 정답으로 적절하지 않다.

단어 枝豆(えだまめ) 풋콩, 삶은 콩 | さや 꼬투리, 콩깍지 | ふくらむ 부풀어 오르다. 불룩해지다 | 器(うつわ) 그릇 | エビせん 새우 전병 | ～粒(つぶ) ～알 | 海産物(かいさんぶつ) 해산물 | 盛(も)る 쌓아 올리다

16 _ 점내의 모습과 사물의 특징

(A) 貝殻の上に乗っているウニが動いています。
(B) レーンの上の寿司皿に軍艦巻きが置いてあります。
(C) 円形の皿の上に食べかけのさしみが残っています。
(D) 皿の上にみじん切りにしたかんぴょうがちらしてあります。

(A) 조개껍질 위에 놓인 성게가 움직이고 있습니다.
(B) 레인 위의 초밥 접시에 군함마키가 놓여 있습니다.
(C) 원형 접시 위에 먹다가 만 생선회가 남아 있습니다.
(D) 접시 위에 잘게 썬 박고지가 뿌려져 있습니다.

해설 레인 위의 접시에는 군함마키가 놓여 있으므로 정답으로 적절한 것은 (B)이다. 조개껍질은 보이지 않으므로 (A)는 정답으로 부적절, 생선회가 놓인 그릇은 없으므로 (C)는 정답으로 부적절하다.

단어 貝殻(かいがら) 조개껍질 | ウニ 성게 | 軍艦巻(ぐんかんま)き 군함마키 | 円形(えんけい) 원형 | ～かけ ～하다가 맒〈동사 ます형에 접속〉 | みじん切(ぎ)り 채소를 아주 잘게 썲, 또는 그렇게 썬 것 | かんぴょう 박오가리, 박고지 | ちらす 흩뜨리다. 뿌리다

17 _ 자연 풍경 및 인물의 동작

(A) 男の子は水田内に溝を掘っています。
(B) さつまいも畑で紅葉狩りをしている人もいます。
(C) 男の子はゴム長靴をはき、茎を引っ張っています。
(D) うっそうと茂った木の枝が垂直に垂れ下がっています。

(A) 남자아이는 논 안에 도랑을 파고 있습니다.
(B) 고구마밭에서 단풍놀이를 하고 있는 사람도 있습니다.
(C) 남자아이는 고무장화를 신고 줄기를 잡아당기고 있습니다.
(D) 울창하게 우거진 나뭇가지가 수직으로 늘어져 있습니다.

해설 남자아이가 장화를 신고 줄기를 잡아당기고 있으므로 정답으로 적절한 것은 (C)이다. 남자아이가 있는 곳은 밭이므로 (A)는 정

답으로 적절하지 않고, 고구마밭에서 단풍놀이를 하고 있지 않으므로 (B)는 정답으로 적절하지 않다.

단어 水田(すいでん) 논 | 溝(みぞ) 도랑, 수채 | 掘(ほ)る 파다 | さつまいも畑(ばたけ) 고구마밭 | 紅葉狩(もみじが)り 단풍놀이 | ゴム長靴(ながぐつ) 고무장화 | 茎(くき) 줄기 | 引(ひ)っ張(ぱ)る 잡아당기다 | うっそう 울창함 | 茂(しげ)る 우거지다, 무성해지다 | 枝(えだ) 가지 | 垂直(すいちょく) 수직 | 垂(た)れ下(さ)がる 아래로 드리워지다

18 _ 동물의 동작

(A) 虎が石の上を四足で歩いています。
(B) 虎が水に入って魚を獲っています。
(C) 虎がボールの上に腹ばいになっています。
(D) 虎が尻尾の先だけ水溜まりに浸しています。

(A) 호랑이가 돌 위를 네 발로 걷고 있습니다.
(B) 호랑이가 물에 들어가서 생선을 잡고 있습니다.
(C) 호랑이가 공 위에 엎드려 있습니다.
(D) 호랑이가 꼬리 끝만 물웅덩이에 담그고 있습니다.

해설 호랑이 뒤로 물웅덩이가 보이고, 호랑이는 돌 위를 걷고 있으므로 정답으로 적절한 것은 (A)이다.

단어 四足(よつあし・しそく) 네 발 | 獲(と)る 잡다 | 腹這(はらば)い 배를 깔고 엎드림 | 尻尾(しっぽ) 꼬리 | 水溜(みずた)まり 물웅덩이 | 浸(ひた)す 담그다

19 _ 거리 풍경

(A) 外まで商品がはみ出しています。
(B) 店のシャッターが下りています。
(C) 大売出しと表示した立て札が立てられています。
(D) プラスティックのかごの中に商品がギュウギュウに詰められています。

(A) 밖까지 상품이 나와 있습니다.
(B) 가게의 셔터가 내려가 있습니다.
(C) 대방출이라고 표시한 팻말이 세워져 있습니다.
(D) 플라스틱 바구니 안에 상품이 꽉꽉 채워져 있습니다.

해설 상품이 즐비하게 나와 있으므로 정답은 (A)가 적절하다. 가게 문이 열려 있으므로 (B)는 부적절, 大売出し라는 글은 보이지 않으므로 (C)도 부적절, 특매 중이라 쓰여 있으며, 상품이 들어 있지 않은 플라스틱 상자도 있으므로 (D)도 정답으로 부적절하다.

단어 商品(しょうひん) 상품 | はみ出(だ)す 비어져 나오다, 불거져 나오다 | シャッター 셔터 | 下(お)りる 내리다 | 大売出(おおうりだ)し 대방출, 특별 판매 | 表示(ひょうじ) 표시 | 立(た)て札(ふだ) 팻말 | プラスティック 플라스틱 | かご 바구니 | ギュウギュ

ウ 꾹꾹, 꽉꽉 | 詰(つ)める 채우다, 담다, 채워 넣다

20 _ 사물의 상태

(A) 押し寿司の型が箱の中にあります。

(B) 紙箱入りのお弁当が置かれています。

(C) 食卓にちらし寿司のレシピが置かれています。

(D) 仕切り板付きの箱に和え物が盛られています。

(A) 초밥을 만드는 틀이 상자 안에 있습니다.

(B) 종이 상자 안에 든 도시락이 놓여 있습니다.

(C) 식탁에 지라시 초밥 요리법이 놓여 있습니다.

(D) 구분판이 있는 상자에 무침이 담겨 있습니다.

해설 사진은 종이 상자 안에 있는 초밥 도시락으로, 초밥 만드는 모형은 없으며, 도시락 내부에는 구분 판이 없고, 나물은 호일 안에 나물이 있으므로 정답으로 적절한 것은 (B)이다.

단어 押(お)し寿司(ずし)の型(かた) 초밥을 만드는 틀 | 紙箱(かみばこ) 종이 상자 | 食卓(しょくたく) 식탁 | ちらし寿司(ずし) 지라시 초밥(생선, 달걀, 채소 등의 고명을 얹은 초밥) | レシピ 레시피 | 仕切(しき)り板(いた) 칸막이용 판자 | 和(あ)え物(もの) 무침 요리 | 盛(も)る 쌓아 올리다, 담다

PART 2

21 _ 학교 – 인물 평가

教育実習の先生はどんな感じなんですか。

(A) 担当科目は数学でした。

(B) クールで冷たそうな雰囲気です。

(C) チェック柄の上着を着ている方です。

(D) 今日で3週間の教育実習期間が終了しました。

교생 선생님은 어떤 느낌이에요?

(A) 담당 과목은 수학이었습니다.

(B) 쿨하고 차가운 것 같은 분위기예요.

(C) 체크 무늬 상의를 입고 있는 분입니다.

(D) 오늘로 3주간의 교육 실습 기간이 종료되었습니다.

해설 교생 선생님이 어떤 느낌인지 물은 것에 대해, 쿨하고 차가워 보인다고 한 (B)가 응답으로 적절하다. (A)는 담당 과목을, (C)는

외모를, (D)는 교육 기간을 설명하고 있으므로 정답으로 부적절하다.

단어 教育(きょういく) 교육 | 実習(じっしゅう) 실습 | 担当(たんとう) 담당 | 科目(かもく) 과목 | クール 시원함, 냉철함 | 雰囲気(ふんいき) 분위기 | チェック柄(がら) 체크 무늬 | 期間(きかん) 기간 | 終了(しゅうりょう) 종료

22 _ 회사 생활 – 송별회

どうして送別会に来なかったんですか。

(A) 同じ給料もらってる他の課はもう帰りました。

(B) うちの課だけ居残って仕事を片付けていたからです。

(C) 私はいつも上司が帰宅した１０分後くらいに帰ります。

(D) 送別会の幹事をやることになって、贈る言葉を考えているのです。

왜 송별회에 오지 않았습니까?

(A) 같은 월급을 받는 다른 과는 벌써 돌아갔습니다.

(B) 우리 과만 남아서 일을 정리하고 있었기 때문입니다.

(C) 저는 항상 상사가 돌아간 지 10분 후에 퇴근합니다.

(D) 송별회 간사를 하게 되어서 송사를 생각하고 있습니다.

해설 송별회에 안 나온 이유를 묻는 말에, 일을 정리하고 있었기 때문이라고 응답한 (B)가 정답으로 적절하다. (A)는 야근에 대한 불만을, (C)는 귀가 시간을 설명하고 있으므로 정답으로 부적절하다.

단어 送別会(そうべつかい) 송별회 | 給料(きゅうりょう) 급료 | 課(か) 과 | 居残(いのこ)る 다른 사람이 돌아간 뒤까지 남다 | 片付(かたづ)ける 정리하다 | 上司(じょうし) 상사 | 幹事(かんじ) 간사 | 贈(おく)る 보내다, 선물하다

23 _ 일상 생활 표현 – 권유, 제안

駅の近くに回転寿司のチェーン店ができたんだけど、一緒に行かない？

(A) 喜んでお供します。

(B) 貸切のできるお店です。

(C) わさびぬきでお願いします。

(D) 充実した食べ放題メニューですね。

역 근처에 회전 초밥 체인점이 생겼는데, 함께 가지 않을래?

(A) 기꺼이 함께 하지요.

(B) 전세 가능한 가게입니다.

(C) 고추냉이를 빼고 주세요.

(D) 뷔페 메뉴가 충실하군요.

해설 역 근처의 초밥 가게에 가자는 제의에 기꺼이 가겠다고 응답

한 (A)가 정답으로 적절하다. 초밥을 주문할 때 쓸 수 있는 표현인 (C)나, 메뉴를 보고 나서 말할 수 있는 (D)는 정답으로 부적절하다. 초밥이 나왔다고 해서 (C)를 선택해서는 안 된다.

> **단어** チェーン店(てん) 체인점 | 喜(よろこ)んで 기꺼이 | お供(とも) 수행함, 함께함 | 貸切(かしきり) 대절, 전세 | 〜ぬきで 〜(원래 있어야 할 것)을 빼고 | 充実(じゅうじつ) 충실

24 _ 비즈니스 – 문의 메일

お問(と)い合(あ)わせのメールをどうやって書(か)いたらいいのかが分(わ)かりません。
(A) 受信箱(じゅしんばこ)が迷惑(めいわく)メールだらけになってしまったのよ。
(B) お問(と)い合(あ)わせの前(まえ)に「よくあるご質問(しつもん)」をご確認(かくにん)ください。
(C) 端的(たんてき)にお聞(き)きになりたい事(こと)をお書(か)きになればいいですよ。
(D) 職務経歴(しょくむけいれき)、担当業務(たんとうぎょうむ)、勤務期間(きんむきかん)をお書(か)きになればいいです。

문의 메일을 어떻게 쓰면 좋을지를 모르겠어요.
(A) 수신함이 스팸메일투성이가 되어 버렸어.
(B) 문의 전에 '자주 있는 질문'을 확인해 주세요.
(C) 단적으로 묻고 싶으신 것을 써 주시면 돼요.
(D) 직무 경력, 담당 업무, 근무 기간을 써 주시면 됩니다.

> **해설** 문의 메일을 어떻게 써야 할지 물었으므로, 묻고 싶은 것을 쓰면 된다고 응답한 (C)가 정답으로 적절하다. (A)는 수신함의 상태를 설명한 것이고, (B)는 문의 메일을 쓰기 전의 주의사항을 설명한 것이고, (D)는 자기소개서 쓰는 방법을 설명하고 있으므로 정답으로 부적절하다.

> **단어** 問(と)い合(あ)わせ 문의 | 受信箱(じゅしんばこ) 수신함 | 迷惑(めいわく)メール 스팸메일 | 端的(たんてき) 단적 | 職務(しょくむ) 직무 | 経歴(けいれき) 경력 | 担当(たんとう) 담당 | 業務(ぎょうむ) 업무 | 勤務(きんむ) 근무 | 期間(きかん) 기간

25 _ 일상생활 표현 – 사죄

ごめん。遅(おく)れちゃって。お詫(わ)びになんかおごってあげるよ。
(A) 何(なに)をごちそうしてもらおうかな。
(B) 起(お)こったことをありのままに話(はな)すよ。
(C) お詫(わ)びのランチをおごってくれたの。
(D) 冗談(じょうだん)、冗談(じょうだん)。本当(ほんとう)にかなうといいね。

미안해. 늦었지. 사과의 뜻으로 밥을 살게.
(A) 뭘 얻어먹을까?
(B) 일어난 일을 있는 그대로 이야기할게.
(C) 사과의 뜻으로 점심을 사 주었어.
(D) 농담이야, 농담. 정말로 이루어지면 좋겠네.

> **해설** 사과의 뜻으로 밥을 산다는 발언에 응답으로 적절한 것은 (A)이다. 과거의 시제로 대답한 (C)는 정답으로 부적절하다.

> **단어** お詫(わ)び 사과, 사죄 | おごる 한턱내다 | ごちそう 음식을 대접함, 한턱냄 | ありのまま(に) 있는 그대로 | 冗談(じょうだん) 농담 | かなう 이루어지다

26 _ 일상생활 표현 – 인간관계

とにかく感謝(かんしゃ)してよね。私(わたし)のおかげで友(とも)だちに関(かん)する事(こと)は決着(けっちゃく)ついたんだからさ。
(A) おかげさまで、私(わたし)も元気(げんき)でおります。
(B) どんな決着(けっちゃく)をつければお前(まえ)らは満足(まんぞく)するんだ。
(C) だけど…。こんな強引(ごういん)なやり方(かた)でいいんだろうか。
(D) 結構(けっこう)なものをちょうだいしまして、ありがとうございます。

어쨌든 고마워하라구. 내 덕분에 친구에 관한 것은 결론이 났으니까.
(A) 덕분에 저도 건강하게 잘 지내고 있습니다.
(B) 어떤 결론을 내야 너희들은 만족하겠니?
(C) 하지만…. 이런 억지스러운 방법으로 해도 괜찮을까?
(D) 좋은 선물을 주셔서 감사합니다.

> **해설** 자신 덕분에 친구에 관계된 일이 결론이 났다는 말에 대한 응답으로 적절한 것은 (C)이다. (A)는 안부 인사를, (B)는 앞으로 내릴 결론을, (D)는 선물에 대한 감사를 나타내고 있으므로 정답으로 부적절하다.

> **단어** 感謝(かんしゃ) 감사 | 〜に関(かん)する 〜에 관한 | 決着(けっちゃく)がつく 결론이 나다 | 決着をつける 결론을 내다 | お前(まえ) 너 | 〜ら 〜들(복수) | 満足(まんぞく) 만족 | 強引(ごういん) 반대나 장애를 무릅쓰고 억지로 함 | 結構(けっこう) 훌륭함 | ちょうだいする 받다, 얻다

27 _ 일상생활 표현 – 이웃과의 트러블

なぜそんなに階下(かいか)の住人(じゅうにん)に気兼(きが)ねして暮(く)らしているんですか。
(A) 足音(あしおと)がうるさくて、子(こ)どもが泣(な)くと苦情(くじょう)を言(い)われたんです。
(B) このマンション、壁(かべ)が薄(うす)くてお隣(となり)さんの会話が筒抜けなんですよ。

(C) 春の足音が聞こえてきたというのに、この辺は桜一本ないんです。

(D) 道路工事の騒音がうるさくてたまらないと泣き付いたんです。

왜 그렇게 아래층 거주자를 신경 쓰며 살죠?

(A) 발소리가 시끄러워서 아이가 운다는 불평을 들었어요.

(B) 이 아파트 벽이 얇아서 옆집에서 하는 얘기가 다 들려요.

(C) 봄이 오는 소리가 들리기 시작했는데 이 주변은 벚꽃 한 그루 없네요.

(D) 도로 공사 소음이 시끄러워서 참을 수 없다고 울며 매달렸습니다.

해설 아래층 사람을 배려하는 이유로 적절한 것은 (A)이다.

단어 階下(かいか) 아래층 | 住人(じゅうにん) 거주자 | 気兼(きが)ね 마음을 씀 | 足音(あしおと) 발소리 | 苦情(くじょう) 불평, 푸념 | 壁(かべ) 벽 | 筒抜(つつぬ)け 말소리가 남들에게 환히 들림 | 騒音(そうおん) 소음 | 〜てたまらない 〜해서 견딜 수 없다 | 泣(な)き付(つ)く 울며 매달리다

28 _ 일상생활 표현 – 금지

ガラス瓶のかけらが部屋に散乱しているから、入るなよ。

(A) 反省のかけらもないんですね。

(B) 瓶を集めて店に持って行きましょう。

(C) うわ。からすがベッドの上にいますね。

(D) 手などを切らないように注意して片付けて。

유리병 파편이 방에 흩어져 있으니 들어오지 마.

(A) 손톱만큼도 반성하지 않는군요.

(B) 병을 모아서 가게에 가져갑시다.

(C) 우와. 까마귀가 침대 위에 있네요.

(D) 손을 베지 않도록 주의해서 정리해.

해설 방 안에 깨진 유리 조각이 있다는 말에 손을 베지 않도록 조심하라고 응답한 (D)가 정답으로 적절하다. ガラス(유리)와 からす(까마귀)의 듣기에 유의하고, 질문의 かけら와 선택지의 かけら의 사용법에 대해 익혀 두자.

단어 散乱(さんらん) 산란, 흩어짐 | 反省(はんせい) 반성 | かけら 조각 | かけらもない 전혀 없다, 손톱만큼도 없다 | からす 까마귀 | 注意(ちゅうい) 주의 | 片付(かたづ)ける 정리하다

29 _ 일상생활 표현 – 운전

おいおい、わき見運転は危ないからやめてくれ。

(A) はい。これからわき目も振らずに事務室で仕事をします。

(B) はい。私は、音楽を聞きながら携帯でよく話しています。

(C) はい。ハンドルもちゃんと握って、真正面を見て運転します。

(D) はい。となりに座っている人と経済について話し合います。

이봐 이봐, 한눈팔며 운전하는 것은 위험하니까 하지 마.

(A) 네. 지금부터 한눈팔지 않고 사무실에서 일을 하겠습니다.

(B) 네. 저는 음악을 들으면서 휴대전화로 자주 이야기를 합니다.

(C) 네. 핸들도 잘 잡고, 정면을 보며 운전하겠습니다.

(D) 네. 옆에 앉아 있는 사람과 경제에 관해 이야기를 나누겠습니다.

해설 운전시의 주의점을 말한 것에 대한 응답으로 적절한 것은 (C)이다. (A)는 장소가 사무실이므로 정답이 아니다.

단어 おいおい 이봐 이봐(부르는 소리) | わき見(み) 한눈팔기, 곁눈질 | わき目(め)も振(ふ)らず 한눈도 팔지 않고, 매우 열심히 | 事務室(じむしつ) 사무실 | 握(にぎ)る 쥐다, 잡다 | 真正面(ましょうめん) 정면 | 経済(けいざい) 경제 | 話(はな)し合(あ)う 이야기를 나누다

30 _ 일상생활 표현 – 몸 상태

目の下にくまができていますね。

(A) 私は熊よりパンダが好きです。

(B) ええ、熊を見てびっくりしました。

(C) 徹夜して一睡もできなかったからです。

(D) 子どものために熊のぬいぐるみを買いましたよ。

눈 밑에 검은 기미가 생겼군요.

(A) 나는 곰보다 판다를 좋아합니다.

(B) 네, 곰을 보고 깜짝 놀랐습니다.

(C) 밤을 새서 한숨도 못 잤기 때문입니다.

(D) 아이를 위해 곰 인형을 샀어요.

해설 남성이 말한 くま는 곰이 아니라 눈가에 생기는 검은 기미의 의미로 사용되었으므로 정답은 (C)가 적절하다. 熊(くま)와 隈(くま), 端(はし)와 箸(はし) 같은 동음이의어에 대해 알아 두어야 한다.

단어 くま 어두운 곳, 눈가에 생기는 검은 기미 | 熊(くま) 곰 | パンダ 판다 | 徹夜(てつや) 철야 | 一睡(いっすい) 한잠, 한잠 잠 | ぬいぐるみ 봉제 인형

31 _ 호텔 – 숙박 요금

この前泊まった所、いくらでしたっけ。

(A) 一年間は保証により無料で修理できます。

(B) はい、ちょうど3万5千円お預かりしました。

(C) サービスチャージも含めて2万5千円でしたよ。

(D) 前金をカードで支払うと割引サービスがなくなります。

지난번에 숙박했던 곳 얼마였더라.

(A) 1년간은 보증에 의해 무료로 수리할 수 있습니다.

(B) 네, 정확히 3만 5천 엔 받았습니다.

(C) 서비스 비용도 포함해서 2만 5천 엔이었어요.

(D) 선금을 카드로 지불하면 할인 서비스가 없어집니다.

해설 과거에 숙박했던 곳의 가격을 물었으므로 적절한 응답은 (C)이다. (B)는 가격을 말하고 있지만 점원이 손님에게 돈을 받으면서 할 수 있는 말이므로 정답으로 부적절하다.

단어 〜っけ 〜였지, 〜던가(분명하지 않은 일을 확인할 때 쓰는 말) | 保証(ほしょう) 보증 | 無料(むりょう) 무료 | 修理(しゅうり) 수리 | サービスチャージ 서비스 비용, 봉사료 | 含(ふく)める 포함하다 | 前金(まえきん) 선불, 선금

32 _ 일상생활 표현 – 행선지

おめかしして、どこへ行くの。

(A) ちょっと郵便局まで。

(B) 身支度が大変だもんね。

(C) 着物をお召しになりました。

(D) 一生懸命おめかししてきたんだよ。

곱게 꾸미고 어디를 가?

(A) 잠깐 우체국에.

(B) 몸치장 하는 것도 힘들어.

(C) 기모노를 입으셨습니다.

(D) 열심히 꾸미고 왔어.

해설 치장을 하고 어디에 가는지 물었으므로 이에 대한 응답으로 적절한 것은 (A)이다. (B)는 치장의 어려움을 호소하고 있고, (C)는 기모노를 입으셨다는 과거의 사실을 말하고 있으며, (D)는 한껏 꾸미고 왔다는 것에 초점을 두고 있으므로 정답으로 부적절하다. 着る의 존경 표현으로 お召しになる를 쓴다는 것도 명심하자.

단어 おめかし 치장, 곱게 꾸밈 | 身支度(みじたく) 몸차림, 몸차림을 함(=身拵(みごしら)え) | 召(め)す 드시다, 입으시다

33 _ 회사 생활 – 전화

お差し支えなければ、代わりにご用件を承りましょうか。

(A) お変わりないでしょうか。

(B) いいえ、お代わりはもういいです。

(C) いいえ、結構です。またお電話します。

(D) 受け取った電話メモをメールに転送します。

별 지장이 없으면 대신 용건을 전해 드릴까요?

(A) 별고 없으십니까?

(B) 아니요, 더 먹는 것은 이제 됐습니다.

(C) 아니요, 괜찮습니다. 또 전화하겠습니다.

(D) 받은 전화 메모를 메일로 전송하겠습니다.

해설 대신 용건을 전하겠다고 했으므로 괜찮다고 거절하거나 전언을 부탁하는 말을 예상할 수 있다. 따라서 (C)가 응답으로 적절하다. 질문에 代わり가 나왔다고 해서 선택지의 変わり나 お代わり에 구애되어서는 안 된다. (D)는 오히려 전해 들은 메시지를 전송하겠다고 했으므로 정답으로 부적절하다.

단어 差(さ)し支(つか)える 지장이 있다, 지장을 주다, 방해가 되다 | 代(か)わりに 대신에 | お代(か)わり 같은 음식을 더 먹음, 또는 그 음식 | 受(う)け取(と)る 받다, 수취하다 | 転送(てんそう) 전송

34 _ 학교 – 학교 축제

学園祭に見学に行ってもいいですか。邪魔にならないようにします。

(A) 邪魔だなんてとんでもないです。ご案内します。

(B) 母校の大学の学園祭にお邪魔してきました。

(C) そろそろ学園祭の季節になってきましたよ。

(D) 学園祭の準備を手伝っているとのことでしょう。

학교 축제에 견학을 하러 가도 됩니까? 방해되지 않도록 하겠습니다.

(A) 방해라니 당치도 않습니다. 안내하겠습니다.

(B) 모교 대학 축제에 방문하고 왔습니다.

(C) 슬슬 학교 축제의 계절이 다가왔어요.

(D) 학교 축제 준비를 도와주고 있다는 것이겠지요.

해설 학교 축제를 견학해도 되냐고 허가를 구하고 있으므로 응답으로 적절한 것은 (A)이다. 질문과 (B)의 邪魔는 각기 다른 의미로 사용되었을 뿐만 아니라 (B)는 과거 시제이므로 정답으로 부적절하고, 축제 준비를 돕고 있다는 사실을 확인하고 있는 (D)도 정답이 아니다.

단어 学院際(がくえんさい) 학교 축제 | 見学(けんがく) 견학 | 邪魔(じゃま) 방해, 훼방 | 母校(ぼこう) 모교 | 季節(きせつ) 계절 | 〜との 〜라고 하는

35 _ 일상생활 표현 – 상품의 특징

これ、香さんの手作りの着せ替え人形なんだ。すごいでしょ。

(A) 見掛け倒しで役に立たないんだ。

(C) 和紙人形の展示会を見に行ったっけ。

(D) 昔はよく香さんと人形ごっこしたんです。

이거, 가오리 씨가 손수 만든 인형이야. 굉장하지?

(A) 겉만 그럴듯하지 도움이 되지 않아.

(B) 보기와 다르게 손재주가 있군요.

(C) 일본 종이 인형 전시회를 보러 갔었던가?

(D) 옛날에는 곧잘 가오리 씨와 인형 놀이를 했습니다.

해설 가오리의 수제 인형에 대해 놀라움을 나타내는 표현에 대한 응답으로 적절한 것은 (B)이다. (C)는 인형 전시회 관람, (D)는 인형 놀이에 대한 회상을 나타내고 있으므로 정답으로 부적절하다.

단어 着(き)せ替(か)え 다른 옷으로 갈아입힘 | 見掛(みか)け倒(だお)し 겉보기만 근사함, 허울 좋은 하눌타리 | 手先(てさき) 손끝, 손놀림 | 器用(きよう) 손재주가 있음, 솜씨가 좋음 | 和紙(わし) 일본 종이 | ~っけ ~였지, ~하곤 했(었)지, ~던가 | ~ごっこ ~놀이(어떤 동작을 흉내내는 놀이)

36 _ 일상생활 표현 – 식당

かしこまりました。店内で召しあがりますか。

(A) お会計前にレジにてご提示ください。

(B) お持ち帰りのメニューはこちらです。

(D) 浴衣をお召しになっていただきたいです。

알겠습니다. 점내에서 드십니까?

(A) 계산 전에 계산대에서 제시해 주세요.

(B) 포장 메뉴는 이쪽입니다.

(C) 가지고 갈 겁니다. 봉투는 따로 나눠 주세요.

(D) 유카타를 입어 주시기 바랍니다.

해설 가게에서 먹고 갈 것인지 묻고 있으므로 가지고 갈 것이라고 응답한 (C)가 정답으로 적절하다. (A)는 계산 전에 할 일을 말한 것이고, (B)는 포장 메뉴 안내, (D)는 유카타에 대해 말하고 있으므로 정답으로 부적절하다.

단어 店内(てんない) 점내, 가게 안 | 会計(かいけい) 회계, 계산 | レジ 금전 등록기, 계산대 | 提示(ていじ) 제시 | 袋(ふくろ) 봉투 | 別(べつ)に 따로, 별로 | 召(め)す 입다, 신다, 타다 등의 높임말

37 _ 일상생활 표현 – 신사

おみくじ、何て書いてある？

(B) はい、おみくじを木に結びました。

(C) 宝くじは一度も当たったことがない。

(D) 串揚げは竹串に刺されて出てきたよ。

제비에 뭐라고 쓰여 있어?

(A) 대길! 소원이 이루어진대.

(B) 네, 제비를 나무에 묶었습니다.

(C) 복권은 한 번도 당첨된 적이 없어.

(D) 꼬치튀김은 대꼬챙이에 꽂혀 나왔어.

해설 신사에서 뽑은 제비에 뭐라고 쓰여 있는지 물었으므로 대길이라고 응답한 (A)가 정답으로 적절하다. (B)는 제비를 뽑은 뒤에 하는 행동, (C)는 복권 당첨에 관한 이야기, (D)는 발음이 비슷한 꼬치튀김에 대해 말하고 있으므로 정답으로 부적절하다.

단어 おみくじ 신사나 절에서 길흉을 점쳐 보는 제비 | 大吉(だいきち) 대길, (점괘가) 아주 좋음(↔大凶(だいきょう)) | 願(ねが)いごと 소원 | かなう 이루어지다 | 宝(たから)くじ 보물 | 串(くし) 꼬치 | 竹串(たけぐし) 대꼬챙이 | 刺(さ)す 꽂다, 찌르다

38 _ 건강 – 스트레스

簡単なストレス解消法を教えてください。

(A) 暴食したらストレスがもっとたまったよ。

(B) ストレスを解消しないと病気になっちゃうよ。

(C) 完全主義者はストレスをためやすいでしょう。

간단한 스트레스 해소법을 가르쳐 주세요.

(A) 폭식했더니 스트레스가 더 쌓였어.

(B) 스트레스를 해소하지 않으면 병이 나.

(C) 완전주의자는 스트레스를 쌓기 쉽겠지요.

(D) 운동. 땀을 흘리면 스트레스가 발산돼요.

해설 스트레스 해소법을 묻는 말에 운동을 하면 풀린다고 응답한 (D)가 정답으로 적절하다. (A)와 (C)는 스트레스가 쌓인 이유를 말하고 있으므로 정답으로 부적절하다.

단어 解消法(かいしょうほう) 해소법 | 暴食(ぼうしょく) 폭식 | たまる 쌓이다 | 完全主義者(かんぜんしゅぎしゃ) 완전주의자 | 汗(あせ)をかく 땀을 흘리다 | 発散(はっさん) 발산

39 _ 호텔 – 할인 조건

列席者の宿泊優待はありますか。

(A) 列席者の衣裳は借りることができません。

(C) 優待券の有効期限は発行日より２年間となります。

(D) 航空券付き宿泊パッケージツアーを販売し

ています。

참석자의 숙박 우대는 있습니까?

(A) 참석자의 의상은 빌릴 수 없습니다.

(B) 우대는 통상 50% 할인입니다.

(C) 우대권의 유효기간은 발행일로부터 2년간입니다.

(D) 항공권 첨부 숙박 패키지 투어를 판매하고 있습니다.

해설 숙박 우대가 있느냐는 질문에 대한 응답으로 적절한 것은 50% 할인된다고 한 (B)이다. (A)는 참석자의 의상, (C)는 우대권의 유효 기간, (D)는 패키지 투어 판매에 대해 이야기하고 있으므로 정답으로 부적절하다.

단어 列席者(れっせきしゃ) 좌중, 참석자 | 宿泊(しゅくはく) 숙박 | 優待(ゆうたい) 우대 | 衣裳(いしょう) 의상 | ～につきまして ～에 대해서 | 通常(つうじょう) 통상 | ～券(けん) ～권 | 有効期限(ゆうこうきげん) 유효 기한 | 発行日(はっこうび) 발행일 | ～付(つ)き ～가 딸린 | 販売(はんばい) 판매

40 _ 일상생활 표현

どうして直木君(なおきくん)にそんなひどい嘘(うそ)をついたの。

(A) 指紋(しもん)は嘘をつかないだろう。

(B) うそも方便(ほうべん)っていうじゃん。

(C) ということで機嫌(きげん)がいいわけだな。

(D) まさかそんなあだ名(な)が付(つ)いたとは。

어째서 나오키 군에게 그런 심한 거짓말을 한 거야?

(A) 지문은 거짓말을 하지 않잖아.

(B) 거짓말도 방편이라고 하잖아.

(C) 그래서 기분이 좋구나.

(D) 설마 그런 별명이 붙었을 줄이야.

해설 나오키에게 심한 거짓말을 한 이유를 따져 묻고 있으므로 적절한 응답은 (B)이다. (A)는 지문에 대한 이야기이고 (D)는 별명에 대한 이야기이므로 정답으로 부적절하다. 심한 거짓말을 당했기 때문에 나오키의 기분이 좋은 것이라고 한 (C)는 정답으로 부적절하다.

단어 指紋(しもん) 지문 | 方便(ほうべん) 방편 | 機嫌(きげん)がいい 기분이 좋다 | まさか 설마 | あだ名(な) 별명

41 _ 일상생활 표현 – 맛의 특징

この寿司屋(すしや)はどうしてこんなにお客(きゃく)でごった返(がえ)しているんだろう。

(A) 回転寿司屋(かいてんずしや)が結構(けっこう)あるんですよね。

(B) ネタがよくておいしいからですよ。

(C) 寿司は行楽弁当(こうらくべんとう)に欠(か)かせないものですね。

(D) やっぱり寿司ときたら、生(なま)ビールに限(かぎ)るよ。

이 초밥집은 왜 이렇게 손님으로 붐비고 있는 걸까?

(A) 회전 초밥집이 꽤 있군요.

(B) 재료가 좋아서 맛있기 때문이에요.

(C) 초밥은 여행 도시락으로 빼놓을 수 없는 것이지요.

(D) 역시 초밥에는 생맥주가 최고야.

해설 초밥집에 손님이 붐비는 이유를 물었으므로 재료가 좋기 때문이라고 응답한 (B)가 정답으로 적절하다.

단어 ごった返(がえ)す 심한 혼잡을 이루다 | ネタ 재료, 원료 | 行楽(こうらく) 행락 | ～ときたら ～은, ～으로 말할 것 같으면 | ～に限(かぎ)る ～이 제일이다, ～이 그만이다

42 _ 우체국 – 우편 이용 방법

どういう方法(ほうほう)で送(おく)るのが一番安全(いちばんあんぜん)ですか。

(A) 書留(かきとめ)で送ればいいです。

(B) 封筒(ふうとう)と切手(きって)を同封(どうふう)してください。

(C) 航空便(こうくうびん)より船便(ふなびん)のほうがやすいです。

(D) 一文字(ひともじ)も漏(も)らさずにノートに書(か)き留(と)めてください。

어떤 방법으로 보내는 것이 가장 안전합니까?

(A) 등기로 보내면 됩니다.

(B) 봉투와 우표를 동봉해 주세요.

(C) 항공편보다 배편이 쌉니다.

(D) 한 글자도 빼놓지 말고 노트에 적으세요.

해설 안전하게 보내는 방법을 물었으므로 등기라고 응답한 (A)가 정답으로 적절하다. (C)는 싼 배송료에 대해 설명하고 하고 있으므로 정답으로 부적절하다.

단어 書留(かきとめ) 등기 | 封筒(ふうとう) 봉투 | 同封(どうふう) 동봉 | 航空便(こうくうびん) 항공편 | 船便(ふなびん) 배편 | 漏(も)らす 흘러나오게 하다. 누설하다 | 書(か)き留(と)める 적다. 기록하다

43 _ 일상생활 표현 – 대우 표현

お茶会(ちゃかい)では何(なに)をお召(め)しになる予定(よてい)ですか。

(A) 君(きみ)を試(ため)すつもりはないよ。

(B) 私(わたし)は着物(きもの)でと思(おも)っております。

(C) 来週(らいしゅう)お茶会を開催(かいさい)する予定です。

(D) 中華料理(ちゅうかりょうり)をお召(め)し上(あ)がりください。

차 모임에서는 무엇을 입으실 예정입니까?

(A) 자네를 시험할 생각은 없어.

(B) 저는 기모노로 하려고 생각하고 있습니다.

(C) 다음 주에 차 모임을 개최할 예정입니다.

(D) 중화요리를 드세요.

44 _ 일상생활 표현 – 인물 평가

小沢(おざわ)さんって、思(おも)ったより気(き)が利(き)く人(ひと)だと思(おも)わない？

(A) うん、気(き)の抜(ぬ)けたビールを飲(の)んでるよ。
(B) 小沢(おざわ)さんは眼鏡(めがね)を取(と)ると別人(べつじん)みたいだよ。
(C) まじめで、融通(ゆうずう)効(き)かない人(ひと)だからね。
(D) 細(こま)かいところまで気配(きくば)りをしてくれるし。

오자와 씨 말야, 생각보다 섬세한 사람 같지 않아?

(A) 응, 김빠진 맥주를 마시고 있어.
(B) 오자와 씨는 안경을 벗으면 다른 사람 같아.
(C) 성실하고 융통성이 없는 사람이니까.
(D) 세세한 부분까지 배려를 해 주니까.

해설 생각보다 섬세하다는 인물 평가에 동의를 한 (D)가 정답으로 적절하다. 맥주에 대해 언급한 (A)는 정답으로 부적절하다.

단어 気(き)が利(き)く 자잘한 데까지 생각이 미치다, 세련되다 | 気(き)が抜(ぬ)ける 기가 빠지다, 얼빠지다 | 眼鏡(めがね)を取(と)る 안경을 벗다(=眼鏡(めがね)を外(はず)す) | 別人(べつじん) 다른 사람 | 融通(ゆうずう)が効(き)く 융통성이 있다 | 細(こま)かい 잘다, 세세하다 | 気配(きくば)り 배려

45 _ 일상생활 표현 – 속담 및 관용구 이해

お使(つか)いに行(い)ったって聞(き)いたのに、まだそんなところで油売(あぶらう)ってんのか。

(A) 油(あぶら)をご自由(じゆう)にお使(つか)いください。
(B) 違(ちが)いますよ。戻(もど)ってきたばかりです。
(C) 脂(あぶら)が乗(の)って、今(いま)が一番(いちばん)いいですから。
(D) こんなところで立(た)ち往生(おうじょう)している場合(ばあい)じゃないわよ。

심부름 갔다고 들었는데 아직 거기서 농땡이 치고 있는 거야?

(A) 기름을 자유롭게 쓰세요.
(B) 아니에요. 이제 막 돌아온 거예요.
(C) 물이 올라서 지금이 가장 좋으니까요.
(D) 이런 곳에서 쩔쩔맬 때가 아니야.

46 _ 일상생활 표현 – 날씨

雨(あま)もりしちゃったの。床(ゆか)がじめじめしてたまらないのよ。

(A) 分(わ)かりました。修理(しゅうり)いたします。
(B) 床(ゆか)にほこりも溜(た)まっているだろうしね。
(C) バケツに水滴(すいてき)が落(お)ちる音(おと)っていいですよね。
(D) 雨(あめ)にかまけて、庭(にわ)の掃除(そうじ)をサボってしまいました。

비가 샜어. 바닥이 축축해서 못 참겠어.

(A) 알겠습니다. 수리하겠습니다.
(B) 바닥에 먼지도 쌓여 있을 테고.
(C) 양동이에 물방울이 떨어지는 소리가 좋네요.
(D) 비에 얽매어 정원 청소를 게을리해 버렸습니다.

해설 비가 새서 바닥이 축축해진 것에 대한 불만을 토로하고 있으므로 응답으로 적절한 것은 (A)이다. 양동이에 물을 받고 있는 상황이 아니므로 (C)는 정답으로 부적절하다.

단어 雨(あま)もり 비가 샘 | じめじめ 구질구질, 축축이(불쾌하도록 습기나 수분이 많은 모양) | ～てたまらない ～해서 견딜 수 없다 | 修理(しゅうり) 수리 | ほこり 먼지 | 溜(た)まる 쌓이다 | 水滴(すいてき) 물방울 | ～にかまけて 에 얽매어서

47 _ 비지니스 – 매진

特価(とっか)ビールセット、もう品切(しなぎ)れになりましたか。

(A) はい、売(う)り上(あ)げが伸(の)びないんです。
(B) はい、売(う)れ残(のこ)った物(もの)は出品(しゅっぴん)しました。
(C) はい、売(う)れ行(ゆ)きが良(よ)くて完売(かんばい)しました。
(D) はい、あしたから大売(おおう)り出(だ)しが始(はじ)まります。

특가 맥주 세트, 벌써 품절되었습니까?

(A) 네, 판매가 늘지 않습니다.
(B) 네, 팔고 남은 물건은 출품했습니다.
(C) 네, 잘 팔려서 매진되었습니다.
(D) 네, 내일부터 대 바겐세일이 시작됩니다.

해설 품절 여부에 대한 질문이므로 적절한 응답은 매진되었다고

한 (C)이다. (A)는 판매 현황, (B)는 팔다 남은 물건의 처리, (D)는 바겐세일의 시기를 설명하고 있으므로 정답으로 부적절하다.

단어　特価(とっか) 특가 | 品切(しなぎ)れ 품절 | 売(う)り上(あ)げ 매상, 매출 | 伸(の)びる 늘다, 자라다 | 売(う)れ残(のこ)る 팔리지 않고 남다 | 出品(しゅっぴん) 출품 | 売(う)れ行(ゆ)きがいい 잘 팔리다 | 完売(かんばい) 완매, 다 팖 | 大売(おおう)り出(だ)し 대판매, 특별 판매

48 _ 회사 생활 – 인사권

ここだけの話ですけど、中村さんは父親のコネで就職したらしいですよ。

(A) 別の会社から内定をもらったよ。

(B) 大した秘密じゃないさ。もうみんな知ってるよ。

(C) ケーブルをコネクターに差し込むだけですね。

(D) やはり退職後は田舎でのんびり暮したいです。

여기에서만 하는 이야기인데요, 기무라 씨는 부모의 연줄로 취직했다나 봐요.

(A) 다른 회사에서 내정을 받았어.

(B) 큰 비밀 아냐. 이미 다들 알고 있어.

(C) 케이블을 커넥터에 꽂을 뿐이군요.

(D) 역시 퇴직 후에는 시골에서 여유롭게 살고 싶습니다.

해설　비밀 이야기에 대해 모두 알고 있다고 응답한 (B)가 정답으로 적절하다. (A)는 내정된 본인의 상황을 설명, (C)는 커넥터에 대한 설명, (D)는 퇴직 후의 계획을 설명하고 있으므로 정답으로 부적절하다.

단어　コネ 연줄, 인맥 | 内定(ないてい) 내정 | 大(たい)した 대단한, 이렇다 할 | 秘密(ひみつ) 비밀 | コネクター 커넥터, 접속 플러그 | 差(さ)し込(こ)む 꽂다 | 退職(たいしょく) 퇴직

49 _ 일상 생활 표현 – 칭찬

一発合格おめでとう。さすができる人は違うな。

(A) 私にはもったいない言葉です。

(B) もう二度と浪人生活はしたくないな。

(C) ベンチャー企業は結構イバラの道なんだよ。

(D) 別にがっかりしてないよ。次は上手くいくから。

한 번에 합격한 것 축하해. 과연 능력 있는 사람은 다르군.

(A) 제게는 과분한 말입니다.

(B) 이제 두 번 다시 재수 생활은 하고 싶지 않아.

(C) 벤처 기업은 상당히 가시밭길이야.

(D) 별로 실망하지 않았어. 다음에는 잘 될 거니까.

해설　칭찬에 대한 응답으로 적절한 것은 (A)이다. 한 번에 합격했다고 했으므로 (B)와 (D)는 정답으로 부적절, 벤처 기업의 세계에 대한 설명인 (C)는 정답으로 부적절하다.

단어　一発(いっぱつ) 한 번, 한바탕 | さすが 과연, 역시 | 浪人(ろうにん) 재수생 | ベンチャー 벤처 | 企業(きぎょう) 기업 | イバラの道(みち) 가시밭길, 고난의 길 | 別(べつ)に 별로

50 _ 일상생활 표현 – 사실 보고

さっきなんで怒ってたのか話してみな。

(A) 免疫力がついたんだよ。

(B) 人をぼろくそにけなしたんだ。

(C) 口約束だけでは心もとないんだよ。

(D) 君が怒ろうが怒るまいが、私は気にしないよ。

아까 왜 화냈는지 이야기해 봐.

(A) 면역력이 붙은 거야.

(B) 사람을 형편없이 헐뜯었어.

(C) 구두 약속만으로는 미덥지 않아.

(D) 네가 화내든 말든 나는 신경 안 써.

해설　화가 난 이유를 묻는 표현에 대한 응답으로 적절한 것은 (B)이다. 구두 약속에 대한 불안감을 나타내고 있으므로 (C)는 정답으로 부적절, 화를 낸 당사자가 오히려 상대에게 화내든 말든 신경 안 쓴다고 한 (D)는 정답으로 부적절하다.

단어　免疫力(めんえきりょく) 면역력 | ぼろくそにけなす 형편없이 헐뜯다 | 口約束(くちやくそく) 구두 약속 | 心(こころ)もとない 불안하다, 미덥지 않다 | ～ようが～まいが ～하든 ～말든

PART 3

51 _ 전화 건 목적 이해

A：カットの予約をお願いしたいんですが。

B：はい。お日にちは？

A：今週の日曜の午後は空いてますか。

B：その日でしたら大丈夫です。楽しみにお待ちしております。

A : 커트 예약을 부탁하고 싶은데요.

B : 예. 날짜는요?

A : 이번 주 일요일 오후는 비어 있습니까?

B : 그날이라면 괜찮습니다. 기대하며 기다리고 있겠습니다.

でん わ
電話をかけた理由はどれですか。
り ゆう

へんこう
(A) 予約の変更　　　(B) 病院の予約
かんぜい　かい ぎ　　　　　 びょういん
(C) 関税の会議　　　(D) 美容院の予約

전화를 건 이유는 어느 것입니까?

(A) 예약 변경　　　　　　　(B) 병원 예약
(C) 관세 회의　　　　　　　(D) 미용실 예약

해설　커트 예약 날짜를 정하고 있으므로 정답으로 적절한 것은 (D)이다. 날짜를 변경하는 것이 아니라 날짜를 이제 막 정하는 것이므로 (A)는 정답으로 부적절하다.

단어　日(ひ)にち 날짜 | 空(あ)く 비다. 나다 | 変更(へんこう) 변경 | 関税(かんぜい) 관세

52 _ 병의 증상 원인 이해

A : この一週間というもの、ろくに睡眠もとっ
　　いっしゅうかん　　　　　　　　　すいみん
　　ていないんですよ。ないんですよ。

B : 不眠症ですか。
　　ふ みんしょう

A : ええ。ここのところ、消費者のニーズを満
　　　　　　　　　　　しょう ひ しゃ　　　　　 み
　　たすために新薬の研究開発を続けているん
　　　　　　　しんやく　けんきゅうかいはつ　つづ
　　です。

B : 不眠によく効くツボ療法もありますけど、
　　　　　　き　　　　りょうほう
　　たまには仕事から離れて休まないと。
　　　　　 し ごと　　 はな　　 やす

A : 최근 일주일 동안 제대로 잠도 못자고 있어요.

B : 불면증입니까?

A : 네. 요즘 소비자의 요구를 충족시키기 위해서 신약의 연구 개발을 계속하고 있습니다.

B : 불면증에 잘 듣는 경락 요법도 있지만, 가끔은 일에서 벗어나 쉬어야지요.

ひと
この人はどうして不眠症になってしまいましたか。

(A) 新薬の研究開発のため
こ きゃく　　　　　　 ぶんせき
(B) 顧客のニーズ分析のため
　　　　　　し じょうちょう さ
(C) 睡眠薬の市場調査のため
　　かんじゃ　　　　　　　　 ち りょう
(D) 患者のニーズを満たす治療のため

이 사람은 어째서 불면증에 걸렸습니까?

(B) 고객의 요구 분석 때문에

(C) 수면약의 시장 조사 때문에

(D) 환자의 요구를 만족시키는 치료 때문에

해설　잠을 못자는 이유가 소비자의 니즈를 충족시키기 위한 신약 연구 개발이라고 했으므로 정답으로 적절한 것은 (A)이다. 요구를 만족시키기 위한 신약 개발이므로 (D)는 정답으로 부적절하다.

단어　ろくに 제대로 | 睡眠(すいみん) 수면 | 不眠症(ふみんしょう) 불면증 | 消費者(しょうひしゃ) 소비자 | ニーズ 니즈, 요구 | 満(み)たす 채우다. 만족시키다 | 新薬(しんやく) 신약 | 研究(けんきゅう) 연구 | 開発(かいはつ) 개발 | ツボ 경혈, 뜸자리 | 療法(りょうほう) 요법 | 顧客(こきゃく) 고객 | 分析(ぶんせき) 분석 | 市場(しじょう) 시장 | 調査(ちょうさ) 조사 | 患者(かんじゃ) 환자 | 治療(ちりょう) 치료

53 _ 숙박 시설의 이해

A : 素泊まりの予約をしたいのですが。仕事が
　　す ど　　　　　よ やく　　　　　　　　　　し ごと
　　終わってから行きますので、夜遅くに着き
　　お　　　　　　い　　　　　　よるおそ　　　 つ
　　ます。

B : いつでございますか。

A : 8月の3日から4日までの2日間です。
　　はちがつ　みっか　　よっか　　　　ふつか かん
　　1泊いくらですか。
　　いっぱく

B : 8畳の和室で、1泊9500円になって
　　はちじょう　わ しつ　　　 きゅうせんごひゃくえん
　　おります。

A : 잠만 자는 숙박 예약을 하고 싶은데요. 일이 끝나고 나서 가기 때문에 밤늦게 도착합니다.

B : 언제입니까?

A : 8월 3일부터 4일까지 이틀입니다. 1박에 얼마입니까?

B : 여덟 장짜리 다다미방이고, 1박에 9500엔입니다.

きゃく　と
お客が泊まろうとする部屋について正しいのは
　　　　　　　　　　　 へ や　　　　　　 ただ
どれですか。

ろくじょうはん　　　たたみ
(A) 6畳半の畳の部屋である。

ようしつ
(B) 洋室で、1泊9500円である。

ちょうしょく つ
(C) 1泊朝食付き9500円である。

しょく じ　　　　　　　　ね　　　　　　しゅくはく
(D) 食事をしないで寝るだけの宿泊である。

손님이 머무르려는 방에 대해 옳은 것은 무엇입니까?

(A) 여섯 장 반짜리 다다미방이다.

(B) 서양식이고, 1박에 9500엔이다.

(C) 조식 제공, 1박에 9500엔이다.

(D) 식사를 하지 않고 잠만 자는 숙박이다.

해설 다다미 여덟 장이라고 했으므로 (A)는 정답으로 부적절하고, 식사가 포함되지 않은 素泊まり를 한다고 했으므로 정답은 (D)이다.

단어 素泊(すど)まり 잠만 자는 숙박 | ～畳(じょう) ～장(다다미를 세는 말) | 和室(わしつ) 일본식 방(=日本間(にほんま))

54 _ 대화의 내용 이해

> A：発注製品のプレゼンテーションのファイル、ありがとう。
>
> B：すみません。まだ、やってないです。
>
> A：しかし、さっきちらっと見たとき、ファイルサーバーの中に資料があったよ。
>
> B：あれはまだやりかけで…。これからすぐにやります。

A : 발주 제품의 프리젠테이션 파일, 고마워.
B : 죄송합니다. 아직 안 했습니다.
A : 근데, 아까 언뜻 봤을 때 파일 서버 안에 자료가 있었어.
B : 그것은 아직 하다 만 것이라…. 지금부터 바로 하겠습니다.

プレゼンテーションのファイルについて正しいのはどれですか。

(A) まだ完成していない。
(B) 発注先に送ってしまった。
(C) サーバーにアクセスできない。
(D) 完成ファイルをチェックしている。

프리젠테이션 파일에 관해 옳은 것은 무엇입니까?

(A) 아직 완성되지 않았다.
(B) 발주처에 보내 버렸다.
(C) 서버에 접속할 수 없다.
(D) 완성 파일을 체크하고 있다.

해설 하다가 만 파일을 서버에 올려놓은 것이므로 정답은 (A)가 적절하다. 파일 서버에 있는 서류를 보았으므로 (C)는 정답으로 부적절하고, 아직 완성 단계가 아니므로 (D) 역시 정답으로 부적절하다.

단어 発注(はっちゅう) 발주 | プレゼンテーション 프리젠테이션 | ちらっと 언뜻, 잠깐, 흘끗 | サーバー 서버 | 資料(しりょう) 자료 | ～かけ 그 동작을 하고 있는 중이거나 그 동작이 막 일어나려고 하는 상태임을 나타냄(동사 ます형에 접속) | 完成(かんせい) 완성 | 発注先(はっちゅうさき) 발주처 | アクセス 액세스, 접속

55 _ 상처의 상태 이해

> A：痛そう。大丈夫？
>
> B：こんなの、どうってことないよ。
>
> A：何言ってるの。小さな傷だってバカにしちゃダメだよ。
>
> B：すりむいただけなのに。いちいち病院に行くのも面倒だよ。

A : 아파 보여. 괜찮아?
B : 이런 거 별거 아니야.
A : 무슨 소리 하는 거야. 작은 상처라도 무시하면 안 돼.
B : 까졌을 뿐인데. 일일이 병원에 가기도 귀찮아.

怪我の状態はどうですか。

(A) 肌を擦りむいている。
(B) さじを投げるほどである。
(C) 重症なので病院に行くべきだ。
(D) ばかにされて心が痛んでいる。

상처의 상태는 어떻습니까?

(A) 피부가 긁혔다.
(B) (의사가) 포기할 정도다.
(C) 중증이라서 병원에 가야 한다.
(D) 무시당해서 마음이 아프다.

해설 살짝 까진 작은 상처라서 병원에 갈 필요가 없다고 했으므로 정답으로는 (A)가 적절하다.

단어 どうってことない 별것 아니다 | 傷(きず) 상처 | すりむく 피부가 까지다, 찰과상을 입다 | いちいち 일일이 | 面倒(めんどう) 귀찮음 | 肌(はだ) 피부 | 匙(さじ)を投(な)げる 의사가 치료의 가망이 없다고 포기하다 | 重症(じゅうしょう) 중증 | 痛(いた)む 아프다, 고통스럽다

56 _ 인물의 행동 이해

> A：泣きやまないの。どうしたんだろう。
>
> B：お腹すいてるんじゃない？
>
> A：ミルクはあげたよ。おむつも濡れてないよ。
>
> B：抱っこして背中をトントンたたいてみて。

A : 울음을 멈추지 않아. 왜 이럴까?
B : 배고픈 거 아니야?

A : 우유는 줬어. 기저귀도 젖지 않았어.
B : 안아서 등을 통통 두드려 봐.

二人(ふたり)は何(なに)をしていますか。

(A) 牛(うし)の乳搾(ちちしぼ)りをしている。

(B) 赤(あか)ちゃんの面倒を見(み)ている。

(C) おむつを買(か)っている最中(さいちゅう)である。

(D) お腹が空(す)いたから出前(でまえ)を取(と)っている。

두 사람은 무엇을 하고 있습니까?

(A) 우유를 짜고 있다.
(B) 아기를 돌보고 있다.
(C) 기저귀를 사고 있는 중이다.
(D) 배가 고파서 배달 음식을 시키고 있다.

해설 대화를 잘 듣고 상황을 파악하는 문제이다. 울음을 그치게 하려고 하는 것이므로 정답으로 적절한 것은 (B)이다. 기저귀는 젖지 않았다고 했으므로 (C)는 정답으로 부적절, 우유는 이미 줬다고 했으므로 (D)는 정답이 아니다.

단어 泣(な)きやむ 울음을 그치다 | おむつ 기저귀 | 濡(ぬ)れる 젖다 | 抱(だ)っこ 안음, 안김 | トントン 통통(가볍게 두드리는 모양) | たたく 두드리다, 때리다 | 乳搾(ちちしぼ)り 젖을 짬 | 最中(さいちゅう) 한창인 때, 한창 진행되고 있는 도중 | 出前(でまえ) 주문에 의한 요리 배달, 또는 그 요리

57 _ 인물의 행동 이해

A : 私(わたし)のスーツケースが荷物(にもつ)のコンベアに出(で)てきません。

B : 荷物の引換券(ひきかえけん)をお持(も)ちですか。

A : はい。飛行機(ひこうき)の便名(びんめい)はＮＹ１２３便(エヌワイいちにーさんびん)です。

B : 荷物の引換券を持って「手荷物受取所(てにもつうけとりじょ)」に行(い)っていただけませんか。

A : 제 여행 가방이 짐 컨베이어에서 안 나옵니다.
B : 짐 교환권을 가지고 계십니까?
A : 네. 비행기 편명은 NY123편입니다.
B : 짐 교환권을 들고 '수하물 찾는 곳'으로 가 주시지 않겠습니까?

この人(ひと)はこれから何(なに)をしますか。

(A) 荷物を探(さが)しに行く。

(B) 引換券を取りに行く。

(C) 飛行機に乗(の)りに行く。

(D) １２３便を予約(よやく)しに行く。

이 사람은 이제부터 무엇을 합니까?

(A) 짐을 찾으러 간다.
(B) 교환권을 가지러 간다.
(C) 비행기를 타러 간다.
(D) 123편을 예약하러 간다.

해설 대화를 잘 듣고 앞으로 해야 할 일을 고르는 문제이다. 짐이 아직 안 나왔다고 하자, 짐 교환권을 들고 수령 장소로 가라고 했으므로 정답으로 적절한 것은 (A)이다. 이 사람이 타고 온 비행기가 NY123편이므로 (C)와 (D)는 정답으로 부적절, 교환권은 이미 갖고 있으므로 (B)는 정답으로 부적절하다.

단어 スーツケース 여행용 가방 | コンベア 컨베이어 | 引換券(ひきかえけん) 교환권 | 便名(びんめい) 편명 | 受(う)け取(と)り 수령

58 _ 전화 내용 이해 – 여행 예약

A : 東京航空(とうきょうこうくう)です。どのようなご用件(ようけん)でしょうか。

B : パリ行(ゆ)きを予約(よやく)したいのですが。

A : いつごろ行(い)かれるご予定(よてい)ですか。

B : ７月４日(しちがつよっか)に出発(しゅっぱつ)しようと思(おも)っていますが。

A : 도쿄항공입니다. 어떤 용건이십니까?
B : 파리행을 예약하고 싶습니다만.
A : 언제쯤 가실 예정입니까?
B : 7월 4일에 출발하려고 생각하고 있습니다만.

この人(ひと)が予約しようとしているのはどれですか。

(A) ７月４日の東京行き

(B) ７月８日(ようか)の東京行き

(C) ７月４日のパリ行き

(D) ７月８日のパリ行き

이 사람이 예약하려고 하는 것은 어느 것입니까?

(A) 7월 4일 도쿄행
(B) 7월 8일 도쿄행
(C) 7월 4일 파리행
(D) 7월 8일 파리행

해설 이 사람이 가고자 하는 장소는 파리이고, 일시는 7월 4일이므로 정답으로 적절한 것은 (C)이다. 항공사 이름이 도쿄항공일 뿐이므로 (A)와 (B)는 정답으로 부적절하다. 촉음(よっか)과 요음(ようか)의 발음에도 주의할 필요가 있다.

단어 航空(こうくう) 항공 | 用件(ようけん) 용건

59 _ 장소의 특징 이해

A：お客様、お席の準備ができました。こちら
　　へどうぞ。

B：ありがとう。

A：何になさいますか。

B：海産物のコースをお願いします。

A : 손님, 자리가 준비되었습니다. 이쪽으로 와 주세요.
B : 고마워요.
A : 무엇으로 하시겠습니까?
B : 해산물 코스를 부탁합니다.

ここはどこですか。

(A) 茶室　　　　　　　(B) 米屋
(C) 釣り場　　　　　　(D) レストラン

여기는 어디입니까?

(A) 다실　　　　　　　(B) 쌀가게
(C) 낚시터　　　　　　(D) 레스토랑

해설 대화가 이루어지는 장소를 찾는 문제이다. 손님에게 좌석을 안내하고 손님은 점원에게 음식을 주문하고 있으므로 정답으로 적절한 것은 (D)이다.

단어 海産物(かいさんぶつ) 해산물 ｜ 茶室(ちゃしつ) 다실 ｜ 米屋(こめや) 쌀가게 ｜ 釣(つ)り場(ば) 낚시터

60 _ 인물의 행동 예상 – 옷 매장

A：このシャツ、見せていただけませんか。

B：そちらは、今、うちにある新作のシャツの
　　一つです。

A：この黒とグレーのチェックのシャツを着て
　　みてもいいですか。

B：はい、試着室はあちらのちょうど角のとこ
　　ろになります。

A : 이 셔츠, 보여주세요.
B : 그건 지금 저희 가게에 있는 신작 셔츠 중 하나입니다.
A : 이 검정과 회색 체크 셔츠를 입어 봐도 됩니까?
B : 네, 탈의실은 저쪽의 모퉁이에 바로 있습니다.

お客さんはこれから何をしますか。

(A) 服を着る。　　　　(B) シャツを買う。
(C) 新作を鑑賞する。　(D) グレープを食べる。

손님은 이제부터 무엇을 합니까?

(A) 옷을 입는다.　　　(B) 셔츠를 산다.
(C) 신작을 감상한다.　(D) 포도를 먹는다.

해설 대화를 잘 듣고 앞으로 해야 할 일을 고르는 문제이다. 손님이 셔츠를 입어 봐도 되는지 묻자, 점원이 탈의실의 위치를 알려 주었으므로 정답으로 적절한 것은 (A)이다.

단어 新作(しんさく) 신작 ｜ 試着室(しちゃくしつ) 탈의실 ｜ 鑑賞(かんしょう) 감상 ｜ グレープ 포도

61 _ 대화의 내용 이해 – 약국

A：漢方薬を調合するのにどのくらいの時間が
　　かかりますか。

B：３０分ほどかかりそうですが、お待ちにな
　　りますか。後でお越しになりますか。

A：ここを見させてください。

B：分かりました。お名前をお呼びするまでお
　　待ちください。

A : 한방약을 조제하는 데 어느 정도의 시간이 걸립니까?
B : 30분 정도 걸릴 것 같습니다만, 기다리시겠습니까? 나중에 오시겠습니까?
A : 여기를 구경하게 해 주세요(여기에 있겠습니다).
B : 알겠습니다. 이름을 부를 때까지 기다려 주세요.

お客はこれからどうしますか。

(A) 買い物して戻る。

(B) 薬を用意しておく。

(C) 服用薬を持ってくる。

(D) 薬ができるまで待つ。

손님은 이제부터 무엇을 합니까?

(A) 쇼핑을 하고 돌아온다.

(B) 약을 준비해 둔다.

(C) 복용약을 가져온다.

(D) 약이 만들어질 때까지 기다린다.

해설 약이 조제되기까지 30분 정도 걸린다며 손님에게 어떻게 할 것인지 묻자, 손님은 여기를 구경하게 해 달라고 했으므로 정답으로 적절한 것은 (D)이다.

단어 漢方薬(かんぽうやく) 한방약 ｜ 調合(ちょうごう) 조합, 조제 ｜ 服用薬(ふくようやく) 복용약

62 _ 인물의 적성 이해

A：誰か私を呼んでるような気がする。

B：空耳でしょ。バイト、休めないから疲れてるんだよ。

A：確かにバイトは大変だけど、料理の下ごしらえの作業が性に合ってるんだ。野菜の皮をむいたり、包丁でとんとんと切ったり…。

A : 누가 나를 부르는 것 같은 느낌이 들어.
B : 환청이겠지. 아르바이트 못 쉬니까 피곤한 거야.
A : 확실히 아르바이트는 힘들지만, 요리하기 전의 준비 작업이 적성에 맞아. 야채 껍질을 벗긴다거나, 칼로 통통 썰거나….

女の人は何に向いていますか。

(A) 料理の準備　　(B) 料理の試食

(C) 料理のブログ　　(D) 料理の盛り付け

여성은 무엇이 잘 맞습니까?

(A) 요리 준비　　(B) 요리 시식
(C) 요리 블로그　　(D) 요리를 차리는 것

해설 여성은 피곤하지만 요리의 사전 준비(料理の下ごしらえ)가 적성에 맞다고 했으므로 정답으로 적절한 것은 (A)이다.

단어 空耳(そらみみ) 잘못 들음, 환청 | 下(した)ごしらえ 미리 해 두는 준비, 사전 준비, 미리 대충 만들어 두는 일 | 性(しょう)に合(あ)う 적성에 맞다 | とんとん 통통(단단한 것을 가볍게 두드리는 소리) | 試食(ししょく) 시식 | 盛(も)り付(つ)ける 음식을 보기 좋게 그릇에 담다

63 _ 부탁 내용 파악 – 속담 및 관용구 이해

A：裕子さん、道さっぱり分からないから、同窓会の会場まで送ってくれよ。

B：私、あしたまでに提出しなければならないレポートがあるんです。

A：裕子さんを当てにして来たんだよ。

B：そんなやぶからぼうに言われたって。

A : 유코 씨, 길을 전혀 모르겠으니까 동창회 회장까지 데려다 줘.
B : 저 내일까지 제출해야 하는 리포트가 있어요.
A : 유코 씨를 믿고 왔어.
B : 그렇게 갑작스럽게 말하셔도 (곤란해요).

裕子さんは何を頼まれましたか。

(A) レポートの提出

(B) 会場までの案内

(C) レポートの代筆

(D) 同窓会の幹事代行

유코 씨는 무엇을 부탁받았습니까?

(A) 리포트 제출
(B) 회장까지의 안내
(C) 리포트 대필
(D) 동창회 간사 대행

해설 남성은 길을 모르니 유코에게 동창회 회장까지 데려다 달라고 부탁하고 있으므로 정답으로 적절한 것은 (B)이다. 리포트가 있어서 거절했으므로 (A), (C)는 정답으로 부적절하다.

단어 さっぱり (부정어가 따르며) 도무지, 완전히 | 同窓会(どうそうかい) 동창회 | 会場(かいじょう) 회장, 집회 장소 | 提出(ていしゅつ) 제출 | 当(あ)てにする 기대하다, 믿다 | やぶから棒(ぼう) 하는 일이 아주 갑작스러운 모양, 아닌 밤중에 홍두깨 | 代筆(だいひつ) 대필 | 幹事(かんじ) 간사 | 代行(だいこう) 대행

64 _ 호텔에서의 트러블 이해

A：フロントでございます。ご用件をお伺いしてもよろしいですか。

B：蛇口が壊れています。

A：何号室にお泊まりですか。

B：５１０号です。

A : 프런트입니다. 용건을 여쭈어 보아도 괜찮으시겠습니까?
B : 수도꼭지가 고장 났습니다.
A : 몇 호실에 머물고 계십니까?
B : 510호입니다.

どのような用件でフロントに電話しましたか。

(A) 水道が壊れたから

(B) 水の流れが悪かったから

(C) 天井から水が漏れているから

(D) 水道管の周りが錆びているから

어떤 용건으로 프런트에 전화했습니까?

(A) 수도가 고장 났기 때문에
(B) 물의 흐름이 나빴기 때문에
(C) 천정에서 물이 새고 있기 때문에
(D) 수도관 주변이 녹슬었기 때문에

해설 손님에게 전화를 건 이유를 묻자 손님은 수도꼭지가 고장 났다고 했으므로 정답으로 적절한 것은 (A)이다.

단어 フロント 프런트 | 用件(ようけん) 용건 | 蛇口(じゃぐち) 수도꼭지 | 水道(すいどう) 수도 | 天井(てんじょう) 천장 | 漏(も)れる 새다. 누설되다 | 水道管(すいどうかん) 수도관 | 錆(さ)びる 녹슬다

65 _ 대화의 내용 이해 – 여행 일정

A : 次のツアーバスは何時に出発ですか。
B : １時間後です。ツアーの所要時間は３時間です。
A : どちらの場所に行きますか。
B : 東京タワー、皇居、浅草、上野公園に行きます。

A : 다음 투어 버스는 몇 시에 출발합니까?
B : 1시간 후입니다. 투어 소요 시간은 3시간입니다.
A : 어디에 갑니까?
B : 도쿄 타워, 황거, 아사쿠사, 우에노 공원에 갑니다.

ツアーバスについて正しいのはどれですか。
(A) 新宿と銀座に行く。
(B) 上野公園を出発する。
(C) ３０分おきに出発する。
(D) 所要時間は３時間である。

투어 버스에 대해서 맞는 것은 어느 것입니까?
(A) 신주쿠와 긴자에 간다.
(B) 우에노 공원에서 출발한다.
(C) 30분마다 출발한다.
(D) 소요 시간은 3시간이다.

해설 투어 버스가 가는 곳은 도쿄 타워, 황거, 아사쿠사, 우에노 공원이므로 (A)는 정답으로 부적절, 출발 장소가 우에노 공원이라고 언급되지 않았으므로 (B)는 정답으로 부적절하다. 다음 출발이 1시간 후에 있는 것으로 보아 (C)는 정답이 아니다.

단어 所要時間(しょようじかん) 소요 시간 | 皇居(こうきょ) 황거, 천황이 거처하는 곳

66 _ 지불 방법의 이해

A : 税込みで６７５０円になります。どのようにお支払いなされますか。

B : ビザカードとかマスターカードなんかは使えますか。
A : はい。ビザカードなら月払いにしても割引は適用されます。
B : そうですか。ビザカードなんですけど、一括払いにしてください。

A : 세금 포함 6750엔 되겠습니다. 어떻게 지불하시겠습니까?
B : 비자 카드나 마스터 카드 같은 건 사용할 수 있습니까?
A : 네. 비자 카드라면 할부로 해도 할인은 적용됩니다.
B : 그렇습니까? 비자 카드입니다만, 일시불로 해 주세요.

どのように支払いますか。
(A) ビザカード、月払い
(B) ビザカード、一括払い
(C) マスターカード、月払い
(D) マスターカード、一括払い

어떻게 지불합니까?
(A) 비자 카드, 할부
(B) 비자 카드, 일시불
(C) 마스터 카드, 할부
(D) 마스터 카드, 일시불

해설 손님의 결제 방법을 물어보는 문제이다. 지불 방법을 묻자, 손님은 비자 카드로 일시불 결제를 원하고 있으므로 정답은 (B)이다.

단어 税込(ぜいこ)み 세금이 포함되어 있음 | 月払(つきばら)い 월부, 할부 | 適用(てきよう) 적용 | 一括払(いっかつばら)い 일시불

67 _ 인물의 행동 이해

A : ちょっと、静かにしてよ。今、肝心なとこなんだから。
B : 何見てるの？
A : 去年封切りしたもので、ベストセラーをもとに映画化したんだって。ゴーストストーリーなんだけど、絶対見るべきだと思う。

A : 잠깐, 조용히 해. 지금 중요한 부분이니까.
B : 뭐 보는 거야?
A : 작년에 개봉한 건데, 베스트셀러를 토대로 영화화했대. 유령 이야기인데, 꼭 봐야 한다고 생각해.

女の人は何をしていますか。

(A) 封筒を切っている。

(B) 幽霊の映画を見ている。

(C) 肝心なことを書いている。

(D) ベストセラーを読んでいる。

여성은 무엇을 하고 있습니까?

(A) 봉투를 자르고 있다.

(B) 유령 영화를 보고 있다.

(C) 중요한 것을 적고 있다.

(D) 베스트셀러를 읽고 있다.

[해설] 여성은 책을 영화로 만든 유령 이야기를 보고 있는 중이므로 정답으로 적절한 것은 (B)이다. 중요한 부분을 보고 있는 중이므로 (C)는 정답으로 부적절, 베스트셀러를 영화로 만든 것이라고 설명했을 뿐이므로 (D)는 정답이 아니다.

[단어] 肝心(かんじん) 중요함, 소중함, 요긴함 | 封切(ふうき)リ 개봉 | ベストセラー 베스트셀러 | もと 원료, 재료 | ゴーストストーリー 유령 이야기 | 幽霊(ゆうれい) 유령

68 _ 영업시간 이해

A：博物館を見学したいんですが、予約できますか。

B：はい、どうぞ。

A：２時ごろに着きそうなのですが、すべて見ることってできるのでしょうか。

B：博物館の利用時間は１１時から１７時までですので十分ご覧になれると思いますよ。

A : 박물관을 견학하고 싶은데요, 예약 가능합니까?

B : 네, 됩니다.

A : 2시쯤에 도착할 것 같은데, 전부 볼 수 있을까요?

B : 박물관 이용 시간은 11시부터 19시까지이므로 충분히 보실 수 있다고 생각합니다.

博物館の営業時間は何時までですか。

(A) ２時　　　　　　　　(B) ３時

(C) ５時　　　　　　　　(D) ７時

박물관의 영업시간은 몇 시까지입니까?

(A) 2시　　　　　　　　(B) 3시

(C) 5시　　　　　　　　(D) 7시

[해설] 박물관의 영업시간은 11시부터 오후 5시까지이므로 정답으로 적절한 것은 (C)이다. 17시나 2시에 헷갈리지 않도록 한다.

[단어] 見学(けんがく) 견학 | 利用(りよう) 이용 | 営業(えいぎょう) 영업

69 _ 지시 사항 이해

A：近藤さん、今日書いた記事、コピーしてもらえる？

B：わかりました。今プリントアウトします。

A：ここ、ちょっと変えたほうがいいと思うよ。「国際」っていうところ、「グローバル」にしたほうがいい。

A : 곤도 씨, 오늘 쓴 기사 복사해 줄 수 있어?

B : 알겠습니다. 지금 출력하겠습니다.

A : 여기 조금 바꾸는 게 좋을 것 같아. '국제'라고 되어 있는 곳, 글로벌이라고 하는 게 좋겠어.

近藤さんに教えたのはどれですか。

(A) 誤字　　　　　　　　(B) 校訂

(C) 数字　　　　　　　　(D) 脱稿

곤도 씨에게 가르쳐 준 것은 무엇입니까?

(A) 오자　　　　　　　　(B) 교정

(C) 숫자　　　　　　　　(D) 탈고

[해설] 기사를 보고 '국제'를 '글로벌'로 바꾸는 것이 좋다고 충고하고 있으므로 정답으로 적절한 것은 (B)이다.

[단어] 国際(こくさい) 국제 | グローバル 글로벌 | 誤字(ごじ) 오자 | 校訂(こうてい) 교정 | 数字(すうじ) 숫자 | 脱稿(だっこう) 탈고

70 _ 갈등 원인 이해 – 직장 내 트러블

A：上司がまた自分のミスを私のせいにしてたことがわかったの。

B：それはひどいね。

A：もうたくさん。私、上司に直接問いただしてみるわ。るわ。

B：それはいいんだけど、取り返しのつかない状況にはならないようにね。

A : 상사가 또 자신의 실수를 내 탓으로 했던 것을 알았어.

B : 그건 너무하네.

A : 이제 질렸어. 나, 상사에게 직접 따져 볼 거야.

B : 그건 괜찮지만, 돌이킬 수 없는 상황은 되지 않도록 해.

女の人はどうして怒っていますか。

(A) 上司に直接問いかけたから
(B) 上司が他人の失敗を被ったから
(C) 上司の誤りを自分にかぶせたから
(D) 上司の失敗が他人にバレてしまったから

여성은 왜 화가 났습니까?

(A) 상사에게 직접 물었기 때문에
(B) 상사가 타인의 잘못을 뒤집어썼기 때문에
(C) 상사의 잘못을 자신에게 씌웠기 때문에
(D) 상사의 실패를 타인에게 들켜 버렸기 때문에

 여성이 화가 난 이유는 상사가 또 본인의 실패를 여성의 탓으로 하고 있다는 것을 알았기 때문이므로, 정답으로 적절한 것은 (C)이다. 상사에게 따질 것이라고 했으므로 (A)는 정답으로 부적절, 상사가 자신의 실수를 남에게 뒤집어씌웠으므로 (B)는 정답이 아니다.

 上司(じょうし) 상사 | たくさん 충분함, 질색임 | 直接(ちょくせつ) 직접 | 問(と)いただす 캐묻다, 따지다 | 取(と)り返(かえ)しがつかない 돌이킬 수 없다 | 問(と)いかける 묻다, 질문을 던지다 | 他人(たにん) 타인 | 誤(あやま)り 잘못, 실수 | ばれる 들통 나다

71 _ 인물의 행동 이해 – 작업 내용

A：ファイルをなくしてしまい、申し訳ありません。
B：気にしないで。柴田さんのせいじゃないよ。
A：徹夜してでも飛んでしまったデータを復旧させていただきます。
B：柴田さんがそこまで言うなら、私も協力する。

A : 파일을 없애 버려서 죄송합니다.
B : 신경 쓰지 마. 시바타 씨의 탓이 아니야.
A : 철야를 해서라도 날아가 버린 데이터를 복구하겠습니다.
B : 시바타 씨가 그렇게까지 말한다면 나도 협력하지.

柴田さんはこれから何をしますか。

(A) データを分析する。
(B) ファイルを取りに行く。
(C) 徹夜でファイルを探す。
(D) データを元通りにする。

시바타 씨는 이제부터 무엇을 합니까?

(A) 데이터를 분석한다.
(B) 파일을 받으러 간다.
(C) 철야로 파일을 찾는다.
(D) 데이터를 원래대로 한다.

 시바타는 철야라도 해서 복구하겠다고 했으므로 정답으로 적절한 것은 (D)이다.

 徹夜(てつや) 철야 | 復旧(ふっきゅう) 복구 | 協力(きょうりょく) 협력 | 分析(ぶんせき) 분석 | 元通(もとどお)り 원 상태

72 _ 인물의 됨됨이 이해 – 관용구 이해

A：林さん、私たちのチームを引っ張ってもらうためには、だれがいいと思う？
B：山田さんを推薦します。
A：でも、山田さんのピークは過ぎてるし…。
B：たしかにそうだとも言えるけど、やはり貫禄は侮れないよ。よ。

A : 하야시 씨, 우리 팀을 이끌어 주기 위해서는 누가 좋을 것 같아?
B : 야마다 씨를 추천합니다.
A : 그렇지만 야마다 씨의 전성기는 지난 지라….
B : 확실히 그렇다고도 할 수 있지만 역시 관록은 무시 못해.

林さんは山田さんをどう思っていますか。

(A) 山田さんは最盛期である。
(B) 山田さんは過労で倒れる始末だ。
(C) 山田さんは身に備わった威厳がある。
(D) 山田さんはチームの亀鑑になる選手である。

하야시 씨는 야마다 씨를 어떻게 생각하고 있습니까?

(A) 야마다 씨는 전성기이다.
(B) 야마다 씨는 과로로 쓰러질 지경이다.
(C) 야마다 씨는 몸에 밴 위엄이 있다.
(D) 야마다 씨는 팀의 귀감이 되는 선수다.

 하야시는 야마다가 관록이 있다고 생각하므로 정답은 (C)이다.

 引(ひ)っ張(ぱ)る 끌어당기다, 잡아끌다 | 推薦(すいせん) 추천 | ピーク 피크, 정상 | 貫禄(かんろく) 관록 | 侮(あなど)れない 만만찮다 | 最盛期(さいせいき) 전성기 | 過労(かろう) 과로 | 始末(しまつ)だ ~지경이다, ~꼬락서니다 | 備(そな)わる 갖추어지다 | 威厳(いげん) 위엄 | 亀鑑(きかん) 귀감 | 選手(せんしゅ) 선수

73 _ 인물의 습관 이해 – 공부

A：お母さん、見て見て！かおり居眠りしてるよ。
B：あした、試験なのに。
A：きのうは夜遅くまでちゃんと勉強してたよ。
B：あ、そう。珍しいことね。

A : 엄마, 봐 봐! 가오리 졸고 있어.
B : 내일 시험인데.
A : 어제는 밤늦게까지 확실히 공부했었어.
B : 어, 그래? 별일이네.

かおりさんはどんな人ですか。
(A) 頑張り屋である。
(B) 真面目な人である。
(C) 優柔不断な人である。
(D) 本気で勉強しない人である。

가오리 씨는 어떤 사람입니까?

(A) 노력가이다.

(B) 성실한 사람이다.

(C) 우유부단한 사람이다.

(D) 열심히 공부하지 않는 사람이다.

해설 지난밤에 늦게까지 공부했다는 발언에 드문 일이라고 했으므로 가오리에 대한 엄마의 평가로서 적절한 것은 (D)이다.

단어 居眠(いねむ)り 앉아서 졺 | 珍(めずら)しい 드물다 | 頑張(がんば)り屋(や) 노력가, 인내심이 있는 사람 | 優柔不断(ゆうじゅうふだん) 우유부단 | 本気(ほんき) 진심, 제정신

74 _ 사태의 원인 이해 – 일의 마무리

A : 野村さん。大丈夫？げっそりこけてしまって。
B : ただ疲れてるだけ。原稿を仕上げなきゃいけなくて、ここ数日ろくに寝てないの。
A : 無理しすぎなんじゃない？

A : 노무라 씨, 괜찮아? 홀쭉하게 야위었어.
B : 단지 피곤할 뿐이야. 원고를 마무리지어야 해서 요 며칠 제대로 못 자고 있어.
A : 너무 무리하는 거 아니야?

野村さんはどうして疲れているのですか。

(A) 染みができたから

(B) めまいがするから

(C) 夜明けまで作業を続けたから

(D) 睡魔が容赦なく襲ってきたから

노무라 씨는 어째서 피곤합니까?

(A) 얼룩이 생겼기 때문에

(B) 현기증이 나기 때문에

(C) 새벽까지 작업을 계속해서

(D) 수마가 가차없이 찾아와서

해설 노무라에게 홀쭉하게 야윈 이유를 묻자 원고를 마무리하느라 며칠간 잠을 못자서 피곤하기 때문이라고 했으므로, 정답으로 적절한 것은 (C)이다.

단어 げっそり 갑자기 살이 빠져 바싹 여위는 모양, 의기소침함 | こける 살이 빠지다, 야위다 | 原稿(げんこう) 원고 | 仕上(しあ)げる 마무리하다 | ここ数日(すうじつ) 요 며칠 | ろくに 제대로 | 染(し)み 얼룩 | めまい 현기증 | 夜明(よあ)け 새벽 | 作業(さぎょう) 작업 | 睡魔(すいま) 엄습하는 졸음 | 容赦(ようしゃ)なく 가차없이, 사정없이 | 襲(おそ)う 습격하다, 덮치다

75 _ 협의를 연기한 이유 이해 – 건강

A : 田村さん、あしたのテストについて打ち合わせをしたいんですけれども。
B : 今、体調が優れないんで、もう少し後じゃだめですか。
A : 1時間後はどうですか。
B : いいですよ。

A : 다무라 씨, 내일 테스트에 대해서 협의를 하고 싶습니다만.
B : 지금 몸 상태가 좋지 않아서 그러는데, 조금 나중에 하면 안 됩니까?
A : 1시간 후는 어떻습니까?
B : 좋습니다.

田村さんが1時間後にずらした理由は何ですか。

(A) 仕事があるから

(B) 調子が悪いから

(C) 全然勉強してないから

(D) 慣れないことをして緊張したから

다무라 씨가 한 시간 후로 옮긴 이유는 무엇입니까?

(A) 일이 있기 때문에

(B) 몸 상태가 나쁘기 때문에

(C) 전혀 공부하지 않았기 때문에

(D) 익숙하지 않은 일은 해서 긴장했기 때문에

해설 테스트에 대해서 협의하려고 했지만 다무라가 몸 상태가 안 좋다며 연기했으므로 정답은 (B)이다.

단어 打(う)ち合(あ)わせ 미리 상의함, 또는 그 협의 | 優(すぐ)れない 좋지 않다 | 緊張(きんちょう) 긴장

76 _ 인물의 됨됨이 이해

A：鈴木さん、さくらさんの部屋に行ったこと
　　ある？

B：うん、見かけによらず、整理整頓ができな
　　い人だったね。

A：ドアを開けたとたんびっくりしたわ。

B：足の踏み場もないほどだったよね。

A : 스즈키 씨, 사쿠라 씨의 방에 간 적 있어?
B : 응, 보기와는 다르게 정리정돈을 못 하는 사람이었지.
A : 문을 열자마자 깜짝 놀랐어.
B : 발 디딜 곳도 없을 정도였어.

さくらさんについて正しいのはどれですか。

(A) 片付けができない人である。

(B) バラだの菊だのを植えている。

(C) 顔といい頭といい申し分ない。

(D) 見た目はどうであれ、性格がよければいい。

사쿠라 씨에 대해서 맞는 것은 어느 것입니까?

(A) 정리를 못하는 사람이다.
(B) 장미라든가 국화라든가 심고 있다.
(C) 얼굴도 머리도 나무랄 데가 없다.
(D) 겉모습이 어떻든 성격이 좋으면 된다.

해설 사쿠라에 관한 이야기를 주의 깊게 듣고 선택지를 하나하나 체크해 간다. 사쿠라는 보기와 달리 정리정돈을 못하는 사람이므로 정답으로 적절한 것은 (A)이다. 외양을 묘사한 표현은 없으므로 (C), (D)는 정답으로 부적절하다.

단어 整理整頓(せいりせいとん) 정리정돈 | 踏(ふ)み場(ば) 발 디딜 곳 | 片付(かたづ)け 정리 | バラ 장미 | ～だの ～라든가, ～다 느니(열거) | 菊(きく) 국화 | ～といい ～도 | 申(もう)し分(ぶん) ない 나무랄 데가 없다(=非(ひ)の打(う)ち所(どころ)がない) | 見(み)た目(め) 겉모습 | ～であれ ～이든 | 性格(せいかく) 성격

77 _ 장소의 특징 이해 – 세탁

A：あのう、裾とポケットの縁の汚れが落ちて
　　いないんですが。

B：申し訳ございません。再洗は無料ですが、
　　レシートはお持ちですか。

A：はい。早めにお願いできませんか。

B：一時間以内に必ず仕上げておきます。

A : 저기, 옷자락이랑 주머니의 가장자리의 때가 안 빠졌는데요.
B : 죄송합니다. 재세탁은 무료인데요, 영수증은 가지고 계십니까?
A : 네, 빨리 해 줄 수 없을까요?
B : 1시간 이내에 반드시 마무리해 두겠습니다.

ここはどこですか。

(A) 質屋

(B) 洋服売り場

(C) クリニック

(D) クリーニング屋

여기는 어디입니까?

(A) 전당포
(B) 양복 매장
(C) 병원
(D) 세탁소

해설 대화가 이루어지고 있는 장소를 찾는 문제이다. 裾とポケット의 縁의 汚れ, 再洗 등으로 보아 세탁소라는 것을 알 수 있다.

단어 裾(すそ) 옷자락 | 縁(ふち) 가장자리 | 汚(よご)れ 더러움, 때 | 再洗(さいせん) 재세탁 | レシート 영수증 | 仕上(しあ)げる 마무리하다 | 質屋(しちや) 전당포

78 _ 대화의 내용 이해 – 속담 이해

A：山田さんってどうしていつも自分勝手なの
　　かしら。

B：もうちょっと協調性があってもいいよね、
　　チームで仕事をしているんだから。

A：課長からも彼女にがつんと言ってもらいた
　　いわ。このままじゃ、ノイローゼになりそ
　　うよ。

B：しっ！噂をすれば影だ。

A : 야마다 씨는 어째서 항상 제멋대로일까.
B : 좀 더 협조성이 있어도 좋겠어, 팀으로 일을 하고 있으니까.
A : 과장도 그녀에게 확 말해 줬으면 좋겠어. 이대로는 노이로제가 걸릴 거 같아.
B : 쉿! 호랑이도 제 말 하면 온다더니.

会話の内容と合っているものはどれですか。

(A) 山田さんが向こうから来た。

(B) 課長は協調性がなかった。

(C) 二人はカツが食べたくなった。

(D) 山田さんがノイローゼにかかった。

회화 내용과 맞는 것은 어느 것입니까?

(A) 야마다 씨가 저쪽에서 왔다.

(B) 과장은 협조성이 없었다.

(C) 두 사람은 돈가스가 먹고 싶어졌다.

(D) 야마다 씨가 노이로제에 걸렸다.

해설 대화의 내용을 잘 듣고 선택지를 하나하나 체크한다. 噂을 하면 影라고 했으므로 화제가 되고 있는 야마다가 나타난 것이다. 따라서 정답은 (A)이다. 협조성이 없는 사람은 야마다이므로 (B)는 정답에서 제외, 야마다 때문에 노이로제에 걸릴 것 같다고 했으므로 (D)도 정답으로 부적절하다.

단어 自分勝手(じぶんかって) 제멋대로임 | 協調性(きょうちょうせい) 협조성 | がつん 딱 | ノイローゼ 노이로제 | 噂(うわさ)をすれば影(かげ)だ 호랑이도 제 말 하면 온다 | 向(む)こう 건너편, 저쪽 | カツ 돈가스(トンカツ)

79 _ 전화 내용 이해 – 전언 전달

A：私、木原の家の者ですが、お仕事中恐れ入りますが、木原がおりましたら、お願いしたいんですけれども…。

B：木原課長はただいま会議に出ていらっしゃいます。あと1時間ほどで終わるとは思いますが、お言付けがございましたらお伝えいたしましょうか。

A：さようですか。それではお願いできますか。

B：はい、どうぞ。

A : 저, 기하라의 가족인데요, 업무 중 죄송합니다만, 기하라가 있다면 부탁하고 싶은데요….

B : 기하라 과장님은 지금 회의에 가셨습니다만, 앞으로 1시간 정도면 끝날 것 같습니다만, 전언이 있으시다면 전해 드릴까요?

A : 그렇습니까. 그럼 부탁 드릴까요?

B : 네, 말씀하세요.

男性はこのあとどうしますか。

(A) 会議室に課長を呼びに行く。

(B) 課長に家族からの伝言を伝える。

(C) 1時間後に課長の家族に電話する。

(D) 家族から受け取ったものを課長に渡す。

남성은 앞으로 어떻게 합니까?

(A) 회의실에 과장을 부르러 간다.

(B) 과장에게 가족의 전언을 전한다.

(C) 1시간 후에 과장의 가족에게 전화한다.

(D) 가족에게 받은 물건을 과장에게 건넨다.

해설 전화를 받은 남성이 '기하라 과장은 지금 회의 중이니 전언을 전하겠다'고 했으므로 정답으로 적절한 것은 (B)이다.

단어 恐(おそ)れ入(い)る 죄송하다, 황송하다 | さよう 그러함 | 言付(ことづ)け 전갈, 전언 | 伝言(でんごん) 전언 | 受(う)け取(と)る 받다, 수취하다

80 _ 부모의 충고 이해 – 속담 이해

A：また、こんな点数取って。

B：でも弘君よりはよかったよ。

A：そういう問題じゃないでしょ。お兄ちゃんの爪の垢を煎じて飲みなさい。

B：爪の垢なんか汚くて飲めないよ。

A : 또 이런 점수나 받고.

B : 그렇지만 히로보다는 좋았어.

A : 그런 문제가 아니잖아. 형의 손톱 때를 다려 마셔(닮으려고 노력해).

B : 손톱 때 같은 거 더러워서 못 마셔.

母親は何と言っていますか。

(A) 爪を短く切るように言っている。

(B) 水をもっと飲むように言っている。

(C) 部屋を掃除するように言っている。

(D) 兄を見習ってもっと勉強するように言っている。

어머니는 뭐라고 말하고 있습니까?

(A) 손톱을 짧게 자르라고 말하고 있다.

(B) 물을 더 마시라고 말하고 있다.

(C) 방을 청소하라고 말하고 있다.

(D) 형을 본받아서 더욱 공부하라고 말하고 있다.

해설 속담에 대한 이해를 묻는 문제로, 엄마는 형을 닮으려고 노력하라고 충고하고 있으므로 정답으로 적절한 것은 (D)이다.

단어 点数(てんすう)を取(と)る 점수를 받다 | 爪(つめ) 손톱 | 爪の垢(あか)を煎(せん)じて飲(の)む 훌륭한 사람의 손톱 때를 다려 마실 만큼 훌륭한 사람을 닮으려고 노력하다 | 見習(みなら)う 보고 익히다, 본받다

PART 4

81~83

あしたの天気です。はじめ曇りますが、次第に高気圧の範囲内となり晴れる見込みです。気温は最高が14度、最低が3度で今日よりだいぶ下がるでしょう。寒暖の差が激しいので、狭心症や風邪などに対する健康管理が必要です。関東近海は今夜から明日にかけて波がやや高いでしょう。

내일 날씨입니다. 처음엔 흐리겠습니다만, 점차 고기압의 범위 안에 들어 날이 갤 것으로 예상됩니다. 기온은 최고 14도, 최저가 3도로 오늘보다 많이 내려가겠습니다. 기온 차가 심하기 때문에 협심증이나 감기 등에 대한 건강 관리가 필요합니다. 간토 근해는 오늘 밤부터 내일까지 파도가 다소 높게 일겠습니다.

단어 次第(しだい)に 점차 | 高気圧(こうきあつ) 고기압 | 範囲(はんい) 범위 | 見込(みこ)み 전망, 예상 | 最高(さいこう) 최고 | 最低(さいてい) 최저 | 寒暖(かんだん) 한란, 추움과 따뜻함 | 狭心症(きょうしんしょう) 협심증 | ~に対(たい)する ~에 대한 | 健康(けんこう) 건강 | 管理(かんり) 관리 | 近海(きんかい) 근해 | 波(なみ) 파도 | やや 다소, 약간

81 今の季節に注意が必要なのは何ですか。

(A) 熱中症   (B) 冷房病

(C) 狭心症   (D) うつ病

지금 계절에 주의가 필요한 것은 무엇입니까?

(A) 열사병   (B) 냉방병

(C) 협심증   (D) 우울증

해설 기온 차가 심하니 협심증이나 감기 등에 대한 건강 관리가 필요하다고 했으므로 정답으로 적절한 것은 (C)이다.

단어 季節(きせつ) 계절 | 注意(ちゅうい) 주의 | 熱中症(ねっちゅうしょう) 열사병 | 冷房病(れいぼうびょう) 냉방병 | うつ病(びょう) 우울증

82 明日の天気はどうですか。

(A) にわか雨   (B) 時々曇り

(C) 雨のち晴れ   (D) 曇りのち晴れ

내일의 날씨는 어떻습니까?

(A) 소나기   (B) 때때로 흐림

(C) 비 온 뒤 갬   (D) 흐린 뒤 갬

해설 내일은 흐리다가 고기압의 영향으로 갠다고 했으므로 정답은 (D)가 적절하다.

83 明日の気温はどうですか。

(A) 気温差が大きい。

(B) 今日に比べて高い。

(C) 最低気温は21度である。

(D) 雪のため気温が低くなる。

내일의 기온은 어떻습니까?

(A) 기온 차가 크다.

(B) 오늘에 비해 높다.

(C) 최저 기온은 21도이다.

(D) 눈 때문에 기온이 낮아진다.

해설 내일은 오늘보다 기온이 낮다고 했으므로 (B)는 정답으로 부적절, 최저 기온은 3도이므로 (C)는 정답으로 부적절, 흐린 뒤 갠다고 했으므로 (D)는 정답으로 부적절하다.

84~86

休日出勤させられて、車で出かけしようとして駐車場に行くと、あるべきはずの所に車がなかった。おかしいなと思いながら、他の場所を探してみたが、見つからなかった。一瞬戸惑った。警察に盗難届を提出する前に交通指導課に問い合わせてみたが、私の車が駐車違反でレッカー移動されたことがわかった。とめてはいけない場所に駐車してしまっていたのだ。引き取りが遅れたら延滞料金も発生するから、急いで車を引き取りに行った。

휴일 출근으로 차를 타고 나가려고 주차장에 갔더니, 있어야 할 곳에 차가 없었다. 이상하다고 생각하면서 다른 장소를 찾아보았지만, 찾을 수 없었다. 일순간 당황했다. 경찰에 도난 신고서를 제출하기 전에 교통지도과에 문의해 보았더니, 내 차가 주차 위반으로 견인되었다는 것을 알았다. 주차해서는 안 되는 장소에 주차해 버렸던 것이다. 찾는 것이 늦어지면 연체 요금도 발생하기 때문에 서둘러 차를 찾으러 갔다.

단어 ~べき ~해야 할 | 一瞬(いっしゅん) 일순간 | 戸惑(とまど)う 당황하다 | 盗難(とうなん) 도난 | 届(とどけ) 신고(서) | 届

出(とどけで) 신고 | 提出(ていしゅつ) 제출 | 交通指導課(こうつうしどうか) 교통지도과 | 問(と)い合(あ)わせる 문의하다 | 違反(いはん) 위반 | レッカー 레커, 견인 자동차 | 移動(いどう) 이동 | 引(ひ)き取(と)る 인수하다 | 延滞(えんたい) 연체 | 料金(りょうきん) 요금 | 発生(はっせい) 발생

84 この人が駐車場で最初に思ったことはどれですか。

(A) 盗難でなくてよかったと思った。
(B) 駐車問題でうつ病にかかりそうだと思った。
(C) 駐車場に車がないことが腑に落ちなかった。
(D) 駐車違反のステッカーが貼られていて、不幸中の幸いだと思った。

이 사람이 주차장에서 처음에 생각한 것은 어느 것입니까?
(A) 도난이 아니라서 다행이라고 생각했다.
(B) 주차 문제로 우울병이 걸릴 것 같다고 생각했다.
(C) 주차장에 차가 없는 것이 납득이 안 갔다.
(D) 주차 위반 스티커가 붙어 있어, 불행 중 다행이라고 생각했다.

해설 있어야 할 차가 없어서 이상하다고 생각했으므로 정답으로 적절한 것은 (C)이다.

단어 最初(さいしょ) 최초, 처음 | うつ病(びょう) 우울증 | 腑(ふ)に落(お)ちない 납득이 가지 않다, 이해할 수 없다 | 不幸(ふこう) 불행 | 幸(さいわ)い 다행

85 警察署(けいさつしょ)に届出(とどけで)をする前(まえ)に何(なに)をしましたか。

(A) 延滞金を確定(かくてい)した。
(B) 廃車(はいしゃ)の手続(てつづ)きをした。
(C) 納税証明書(のうぜいしょうめいしょ)を発行した。
(D) 交通指導課に聞(き)き質(ただ)した。

경찰서에 신고를 하기 전에 무엇을 했습니까?
(A) 연체료를 확정했다.
(B) 폐차 수속을 했다.
(C) 납세 증명서를 발행했다.
(D) 교통지도과에 문의했다.

해설 경찰서에 신고하기 전에 교통지도과에 문의했다고 했으므로 정답으로 적절한 것은 (D)이다.

단어 警察署(けいさつしょ) 경찰서 | 届出(とどけで) 신고 | 確定(かくてい) 확정 | 廃車(はいしゃ) 폐차 | 納税(のうぜい) 납세 | 証明書(しょうめいしょ) 증명서 | 発行(はっこう) 발행 | 聞(き)き質(ただ)す 따져 묻다

86 急いで車を引き取りに行った理由(りゆう)は何ですか。

(A) 免許取り消(め)し(け)になるから
(B) 延滞料金が課(か)せられるから
(C) 高値で買取される可能性(かのうせい)があるから
(D) ナンバープレートが悪用(あくよう)される恐(おそ)れがあるから

서둘러 차를 찾으러 간 이유는 무엇입니까?
(A) 면허 취소가 되니까
(B) 연체요금이 부과되니까
(C) 고가로 매입될 가능성이 있으니까
(D) 번호판이 악용될 우려가 있으니까

해설 늦게 찾으러 가면 연체요금도 발생하기 때문에 서둘러 가야 한다고 했으므로 정답으로 적절한 것은 (B)이다.

단어 免許(めんきょ) 면허 | 取(と)り消(け)し 취소 | 課(か)する 부과하다 | 高値(たかね) 비싼 값, 고가 | 買取(かいとり) 매입 | 悪用(あくよう) 악용

87~90

私のお隣の方は、犬2匹、猫を1匹、わに1匹、鷹を2羽、鳩を2羽飼っています。お隣の方は鷹の片足(かたあし)を、短(みじか)い鎖(くさり)でつないで小さな籠(かご)の中で飼っているんです。なので、その鷹は毎日(まいにち)飛(と)びたそうな感(かん)じでバタバタ飛(と)び跳(は)ねているのですが、束縛(そくばく)されている様子(ようす)に同情(どうじょう)を禁(きん)じ得(え)ません。鳴き声がうるさくて何度(なんど)も文句(もんく)をいいましたが、お隣の方はびくともしませんでした。ということで、防音工事(ぼうおんこうじ)を考(かんが)えています。つまり犬や鳥の鳴(な)き声(ごえ)を防(ふせ)ぎたいのです。お隣のせいで自分(じぶん)がお金(かね)を使(つか)うのがすごく腹(はら)が立(た)ちます。

제 이웃 사람은 개 두 마리, 고양이 한 마리, 악어 한 마리, 매 두 마리, 비둘기 두 마리를 기르고 있습니다. 이웃 사람은 매의 한쪽 다리를 짧은 쇠사슬로 묶고 새장 안에서 기르고 있습니다. 그래서 그 매는 매일 날고 싶은 듯 푸드득 푸드득 날뛰는데, 속박되어 있는 모습에 동정을 금할 수 없습니다. 울음소리가 시끄러워서 몇 번이나 불평을 말했지만, 이웃 사람은 꿈쩍도 하지 않았습니다. 그래서 방음 공사를 생각하고 있습니다. 즉 개나 새의 울음소리를 막고 싶은 겁니다. 이웃 때문에 내가 돈을 쓰는 것이 매우 화가 납니다.

(C) 방음 공사를 한다.

(C) 방음 공사를 한다.
(D) 실리콘을 칠한다.

해설 동물의 울음소리를 듣고 싶지 않아 방음 공사를 하려고 생각하고 있으므로 정답은 (C)가 적절하다.

단어 解決(かいけつ) 해결 | 騒音(そうおん) 소음 | 告訴(こくそ) 고소 | シリコン 실리콘 | 塗(ぬ)りつける 바르다, 칠하다

90 この人が腹が立つ理由はどれですか。

(A) 反論する余地がないから
(B) 隣の人が大風呂敷を広げたから
(C) 下馬評通りでおもしろくないから
(D) 自分のお金を使って対策を立てるしか
　　ないから

이 사람이 화가 나는 이유는 무엇입니까?

(A) 반론 여지가 없어서
(B) 이웃 사람이 허풍을 떨어서
(C) 소문대로라 재미없어서
(D) 자신의 돈을 써서 대책을 세울 수밖에 없어서

해설 이웃집의 동물 소리 때문에 시끄러운데, 자신이 돈을 들여 방음 공사를 하는 것이 화가 난다고 했으므로 정답으로 적절한 것은 (D)이다.

단어 反論(はんろん) 반론 | 余地(よち) 여지 | 大風呂敷(おおぶろしき)を広(ひろ)げる 허풍을 떨다 | 下馬評(げばひょう) 하마평, 항간의 평판 | 対策(たいさく) 대책

91~93

各駅でその駅発の普通券、片道と往復を発売いたします。有効期間は有効開始の当日限りですが、往復券の復路の片券は有効開始の当日と翌日の２日間有効です。
学生団体は８人以上の方々が同一の行程でご乗車いただく場合、３０％割引きますが、学生団体割引には引率者の同行が必要です。あらかじめお申し込みいただければお得な団体券を発売いたします。また、片道101キロ以上ご乗車になるときは、普通運賃が２割引となります。

각 역에서 그 역발의 보통권, 편도와 왕복을 발매합니다. 유효기간은 유효 개시 당일에 한하지만 왕복권의 돌아오는 편은 유효 개시 당일과 다음 날 이틀간 유효합니다.

---

87 お隣さんのペットではないのはどれですか。

(A) 犬　　　　　　(B) 猫
(C) 雉　　　　　　(D) 鷹

이웃 사람의 애완동물이 아닌 것은 어느 것입니까?

(A) 개　　　　　　(B) 고양이
(C) 꿩　　　　　　(D) 매

해설 개, 고양이, 악어, 매, 비둘기를 기르고 있으므로 애완동물이 아닌 것은 (C) 꿩이다.

단어 雉(きじ) 꿩

88 どうしてペットが可愛そうだと思っていますか。

(A) 歯並びが悪いから
(B) 束縛されているから
(C) 飢えに苦しんでいるから
(D) 罠が仕掛けられているから

어째서 애완동물이 불쌍하다고 생각하고 있습니까?

(A) 이가 고르지 않아서
(B) 속박되어 있어서
(C) 배고픔으로 고통받고 있어서
(D) 덫에 걸려서

해설 매가 날고 싶어 하는데 쇠사슬에 묶여 날지 못하는 모습을 동정한다고 했으므로 정답으로 적절한 것은 (B)이다.

단어 歯並(はなら)び 치열 | 飢(う)え 굶주림, 기아 | 罠(わな) 덫, 함정 | 仕掛(しか)ける 설치하다

89 この人はトラブル解決のため、何をしようと思っていますか。

(A) 引っ越しする。
(B) 騒音で告訴する。
(C) 防音工事をする。
(D) シリコンを塗りつける。

이 사람은 문제 해결을 위해 무엇을 하려고 생각하고 있습니까?

(A) 이사한다.
(B) 소음으로 고소한다.

단어 わに 악어 | 鷹(たか) 매 | 鳩(はと) 비둘기 | 片足(かたあし) 한쪽 발, 한쪽 다리 | 鎖(くさり) 쇠사슬 | つなぐ 묶어 두다 | 籠(かご) 바구니, 새장 | バタバタ 푸드득 푸드득 | 飛(と)び跳(は)ねる 날뛰다, 날듯이 뛰어오르다 | 束縛(そくばく) 속박 | 同情(どうじょう) 동정 | 禁(きん)じ得(え)ない 금할 수 없다 | 文句(もんく)をいう 불평을 말하다 | 防音(ぼうおん) 방음 | 防(ふせ)ぐ 막다

학생 단체는 8인 이상인 분들이 동일 일정으로 승차하실 경우 30% 할인하지만, 학생 단체 할인에는 인솔자의 동행이 필요합니다. 미리 신청하시면 단체 할인권을 발매해 드립니다. 또한 편도 101km이상 승차하실 때는 일반 운임이 20% 할인됩니다.

단어 各駅(かくえき) 각 역 | ~発(はつ) ~발, ~출발 | 普通券(ふつうけん) 보통권 | 片道(かたみち) 편도 | 往復(おうふく) 왕복 | 発売(はつばい) 발매 | 有効(ゆうこう) 유효 | 期間(きかん) 기간 | 開始(かいし) 개시 | 当日(とうじつ) 당일 | ~限(かぎ)り ~에 한함 | 復路(ふくろ) 귀로, 돌아오는 길 | 翌日(よくじつ) 익일, 다음 날 | 団体(だんたい) 단체 | 方々(かたがた) 분들 | 同一(どういつ) 동일 | 行程(こうてい) 일정 | 乗車(じょうしゃ) 승차 | 引率者(いんそつしゃ) 인솔자 | 同行(どうこう) 동행 | あらかじめ 미리 | 運賃(うんちん) 운임

91 切符の有効期間について正しいのはどれですか。

(A) 購入してから２時間有効である。

(B) 片道は有効開始の当日限りである。

(C) 往復は発売日より３日間有効である。

(D) 復路の券片は有効開始の当日限りである。

표의 유효기간에 대해 맞는 것은 어느 것입니까?

(A) 구입 후 2시간 유효하다.
(B) 편도는 유효 개시 당일에 한한다.
(C) 왕복은 발매일로부터 3일간 유효하다.
(D) 돌아오는 편은 유효 개시의 당일에 한한다.

해설 유효기간에 대해 주의 깊게 듣고 선택지를 체크한다. 표의 유효기간은 유효 개시 당일에 한한다고 했으므로 정답으로 적절한 것은 (B)이다. 단 왕복편의 경우는 유효 개시 당일과 다음 날 이틀간 유효가 되므로 (C), (D)는 정답으로 적절하지 않다.

단어 購入(こうにゅう) 구입 | 発売日(はつばいび) 발매일

92 団体割引の条件と割引率はどれくらいですか。

(A) ８人以上、２割引き

(B) ８人以上、３割引き

(C) １０１キロ以上、３割引き

(D) １０１キロ以上、５割引き

단체 할인의 조건과 할인율은 어느 정도입니까?

(A) 8인 이상, 20% 할인
(B) 8인 이상, 30% 할인
(C) 101km 이상, 30% 할인
(D) 101km 이상, 50% 할인

해설 학생 단체인 경우, 8인 이상이 동일 일정으로 승차하면 30% 할인된다고 했으므로 정답으로 적절한 것은 (B)이다. 편도 101km 이

상은 단체가 아니더라도 20% 할인되므로 (C)와 (D)는 정답으로 부적절하다.

단어 条件(じょうけん) 조건 | 割引率(わりびきりつ) 할인율

93 学生割引について正しいのはどれですか。

(A) 引率者の同行が必要である。

(B) 同一行程だけ割引を適用している。

(C) 日付印を押してもらわなければならない。

(D) 駅でスタンプを押してもらう。

학생 할인에 대해 맞는 것은 어느 것입니까?

(A) 인솔자의 동행이 필요하다.
(B) 동일 일정만 할인을 적용하고 있다.
(C) 날짜 도장을 받지 않으면 안 된다.
(D) 역에서 도장을 찍어 온다.

해설 학생 단체 할인에는 인솔자의 동행이 필요하다고 했으므로 정답으로 적절한 것은 (A)이다. (B)의 경우는 학생의 인원도 할인 조건에 들어가 있으므로 정답으로 부적절하다.

단어 適用(てきよう) 적용 | 日付印(ひづけいん) 날짜 도장

94~97

私は長くカウンセリングの仕事をしてきました。カウンセラーは多趣味な人が多いと言われる通り、私も自分でも感心するくらい多趣味です。読書、盆栽、釣り、パソコン、運動などです。でも一番好きなのは読書です。本を読むことでリラックスができたり、辛い気持ちも癒したりしています。運動は体力維持になりますので、運動することも好きです。外を走ったり、鉄アレイで鍛えたり、腹筋運動をしたりします。また、腕立て伏せなどをして体を鍛えます。自己啓発のため、生涯教育センターで勉強をしています。趣味を持つと人生が楽しいし、人と交流出来るし、仕事の幅が広がるし、良いことがたくさんあります。

나는 오랫동안 카운슬링 일을 해 왔습니다. 카운슬러는 취미가 많은 사람이 많다고 하는데 나도 스스로 놀랄 정도로 취미가 많습니다. 독서, 분재, 낚시, 컴퓨터, 운동 등입니다. 그래도 가장 좋아하는 것은 독서입니다. 책을 읽음으로써 긴장을 풀 수 있고 괴로운 기분도 치유됩니다. 운동은 체력 유지가 되므로 운동하는 것도 좋아합니다.

바깥에서 달리거나 철제 아령으로 단련하거나 복근 운동을 하기도 합니다. 또, 엎드려팔굽혀펴기 등을 해서 몸을 단련합니다. 자기 계발을 위해 평생교육센터에서 공부를 하고 있습니다. 취미를 가지면 인생이 즐겁고 사람들과 교류를 할 수 있고 업무의 폭이 넓어지는 등 좋은 일이 많이 있습니다.

단어 カウンセリング 카운슬링 | カウンセラー 카운슬러 | 多趣味(たしゅみ) 취미가 많음 | 感心(かんしん) 깊이 마음으로 느낌, 칭찬할 만하다고 여김 | 読書(どくしょ) 독서 | 盆栽(ぼんさい) 분재 | リラックス 릴랙스, 긴장을 풂 | 癒(いや)す 치유하다 | 体力(たいりょく) 체력 | 維持(いじ) 유지 | アレイ 아령 | 鍛(きた)える 단련하다 | 腹筋(ふっきん) 복근 | 腕立(うでた)て伏(ふ)せ 엎드려팔굽혀펴기 | 啓発(けいはつ) 계발 | 生涯(しょうがい) 생애 | 教育(きょういく) 교육 | 人生(じんせい) 인생 | 交流(こうりゅう) 교류 | 幅(はば) 폭 | 広(ひろ)がる 넓어지다

94 本を読む理由は何ですか。

(A) 楽しい思いをするため
(B) 効果的な睡眠をとるため
(C) 正しい知識を身につけるため
(D) ゆったりした気分になるため

책을 읽는 이유는 무엇입니까?

(A) 즐거운 기분을 느끼기 위해
(B) 효과적인 수면을 취하기 위해
(C) 올바른 지식을 습득하기 위해
(D) 편안한 기분을 느끼기 위해

해설 책을 읽음으로써 긴장이 풀리고 괴로운 기분도 치유된다고 했으므로 정답으로 적절한 것은 (D)이다.

단어 効果的(こうかてき) 효과적 | 睡眠(すいみん) 수면 | 知識(ちしき) 지식 | 身(み)につける 습득하다, 입다

95 体を鍛えるために何をしますか。

(A) お手玉　　　　　(B) 腕立て伏せ
(C) フラフープ　　　(D) ハードルリレー

몸을 단련하기 위해 무엇을 합니까?

(A) 오자미　　　　　(B) 엎드려팔굽혀펴기
(C) 훌라후프　　　　(D) 허들 릴레이

해설 몸을 단련하기 위해 달리기, 아령, 복근 운동, 엎드려팔굽혀펴기를 한다고 했으므로 정답으로 적절한 것은 (B)이다.

단어 手玉(てだま) 오자미 | フラフープ 훌라후프 | ハードルリレー 허들 릴레이

96 自己啓発のため、何をしますか。

(A) 技術開発を支援する。
(B) ミニ盆栽を販売する。
(C) 生涯学習活動をする。
(D) 積極的に研究職につく。

자기 계발을 위해 무엇을 합니까?

(A) 기술 개발을 지원한다.
(B) 미니 분재를 판매한다.
(C) 평생 학습 활동을 한다.
(D) 적극적으로 연구직으로 일한다.

해설 자기 계발을 위해 평생교육센터에서 공부를 한다고 했으므로 정답으로 적절한 것은 (C)이다.

단어 技術(ぎじゅつ) 기술 | 開発(かいはつ) 개발 | 支援(しえん) 지원 | 販売(はんばい) 판매 | 学習(がくしゅう) 학습 | 活動(かつどう) 활동 | 積極的(せっきょくてき) 적극적 | 研究職(けんきゅうしょく) 연구직 | つく 지위에 오르다, 취업하다

97 この人の職業は何ですか。

(A) 弁護士
(B) デザイナー
(C) カウンセラー
(D) インテリアコーディネーター

이 사람의 직업은 무엇입니까?

(A) 변호사
(B) 디자이너
(C) 카운슬러
(D) 인테리어 코디네이터

해설 오랫동안 카운슬링 일을 해 왔다고 했으므로 정답으로 적절한 것은 (C)이다.

단어 弁護士(べんごし) 변호사 | インテリア 인테리어 | コーディネーター 코디네이터

98~100

私は証券会社に勤めています。大手金融に就職できたということで、私の人生は安泰だと思いました。ですが、仕事とプレッシャーがきつくて、ストレスで胃に穴があきそうです。毎日毎日会社に行くのが憂鬱です。三年辛抱して今の会社で経験をつんで転職しようと思っています。

나는 증권회사에 다니고 있습니다. 금융 대기업에 취직했으니 내 인생은 편안하겠다고 생각했습니다. 하지만 업무와 정신적 압박이 심해서 스트레스로 위에 구멍이 날 것 같습니다. 매일매일 회사에 가는 것이 우울합니다. 3년만 참으면서 이 회사에서 경험을 쌓아 이직하려고 생각하고 있습니다.

단어 証券(しょうけん) 증권 | 大手(おおて) 대기업, 규모가 큰 회사 | 金融(きんゆう) 금융 | 安泰(あんたい) 편안함, 무사태평함 | プレッシャー 정신적인 압박, 부담감 | 穴(あな)があく 구멍이 나다 | 憂鬱(ゆううつ) 우울함 | 辛抱(しんぼう) 참음, 인내 | 経験(けいけん) 경험 | つむ 쌓다 | 転職(てんしょく) 전직, 이직

98 この人は就職が決まったとき、どんな気持ちでしたか。

(A) 安心できた。

(B) おどおどしていた。

(C) 気持ちがふさいでいた。

(D) 物足りない気持ちであった。

이 사람은 취직이 결정되었을 때 어떤 기분이었습니까?

(A) 안심할 수 있었다.
(B) (무서워서) 벌벌 떨었다.
(C) 기분이 우울했다.
(D) 뭔가 부족한 기분이었다.

해설 취직 후 인생이 편안하겠다고 생각했으므로 정답으로 적절한 것은 (A)이다.

단어 おどおど 벌벌, 주저주저(공포, 불안, 긴장) | ふさぐ 우울해지다 | 物足(ものた)りない 뭔가 아쉽다, 부족하다

99 この人の計画は何ですか。

(A) 旅行 (B) 転職
(C) 入院 (D) 転勤

이 사람의 계획은 무엇입니까?

(A) 여행 (B) 이직
(C) 입원 (D) 전근

해설 이 사람은 이 회사에서 경험을 쌓은 후 이직하려 하고 있으므로 정답으로 적절한 것은 (B)이다.

단어 計画(けいかく) 계획 | 転勤(てんきん) 전근

100 この人はどうして憂鬱なのですか。

(A) 胃炎にかかったから

(B) 体がだるくなったから

(C) ストレスを吹き飛ばしたから

(D) プレッシャーを感じているから

이 사람은 어째서 우울합니까?

(A) 위염에 걸려서
(B) 몸이 나른해져서
(C) 스트레스를 날려 버려서
(D) 압박을 느끼고 있어서

해설 업무와 정신적 압박이 심해 스트레스 때문에 위에 구멍이 날 것 같고, 회사에 가는 것이 우울하다고 했으므로 정답으로 적절한 것은 (D)이다.

단어 胃炎(いえん) 위염 | だるい 나른하다 | 吹(ふ)き飛(と)ばす 날려 버리다

✓ 단어	읽기	뜻
□ 和え物	あえもの	무침 요리
□ 雨もり	あまもり	비가 샘
□ 網戸	あみど	망을 친 문, 망창
□ ありのまま(に)		있는 그대로
□ 安泰	あんたい	편안함, 무사태평함
□ 一瞬	いっしゅん	일순간
□ 癒す	いやす	치유하다
□ 引率者	いんそつしゃ	인솔자
□ 飢え	うえ	굶주림, 기아
□ うっそう		울창함
□ うつ病	うつびょう	우울증
□ 延滞	えんたい	연체
□ 踊る	おどる	춤추다
□ おめかし	おめかし	치장, 곱게 꾸밈
□ 解消法	かいしょうほう	해소법
□ 書き留める	かきとめる	적다, 기록하다
□ 片付ける	かたづける	정리하다
□ 画用紙	がようし	도화지
□ 肝心	かんじん	중요함, 소중함, 요긴함
□ 寒暖	かんだん	한란, 추움과 따뜻함
□ 完売	かんばい	완매, 다 팖
□ 漢方薬	かんぽうやく	한방약
□ 気配り	きくばり	배려
□ 鎖	くさり	쇠사슬
□ 経済	けいざい	경제
□ 警察署	けいさつしょ	경찰서
□ 啓発	けいはつ	계발

□ 下馬評	げばひょう	하마평, 항간의 평판
□ 高気圧	こうきあつ	고기압
□ 勾配	こうばい	기울기, 경사
□ 心もとない	こころもとない	불안하다
□ 言付け	ことづけ	전갈, 전언
□ コネ		연줄, 인맥
□ 差し支える	さしつかえる	지장이 있다
□ さっぱり		(부정어가 따르며)도무지, 완전히
□ 仕切り板	しきりいた	칸막이용 판자
□ 下ごしらえ	したごしらえ	사전 준비
□ 試着室	しちゃくしつ	탈의실
□ 自分勝手	じぶんかって	제멋대로임
□ 指紋	しもん	지문
□ 邪魔	じゃま	방해, 훼방
□ 終了	しゅうりょう	종료
□ 受信箱	じゅしんばこ	수신함
□ 生涯	しょうがい	생애
□ 上段	じょうだん	상단
□ 辛抱	しんぼう	참음, 인내
□ 素泊まり	すどまり	잠만 자는 숙박
□ ずり落ちる	ずりおちる	흘러내리다
□ すりむく		피부가 까지다, 찰과상을 입다
□ 積載量	せきさいりょう	적재량
□ 積極的	せっきょくてき	적극적
□ 送別会	そうべつかい	송별회
□ 束縛	そくばく	속박
□ 空耳	そらみみ	잘못 들음, 환청
□ 鷹	たか	매
□ 高跳び	たかとび	높이뛰기
□ 立ち往生	たちおうじょう	이러지도 저러지도 못함
□ 抱っこ	だっこ	안음, 안김

☐	だるい		나른하다	☐	溝	みぞ	도랑, 수채
☐	端的	たんてき	단적	☐	耳打ち	みみうち	귀엣말, 귓속말
☐	ちらっと		언뜻, 잠깐, 흘끗	☐	免許	めんきょ	면허
☐	筒抜け	つつぬけ	말소리가 남들에게 환히 들림	☐	憂鬱	ゆううつ	우울함
☐	徹夜	てつや	철야	☐	指先	ゆびさき	손끝
☐	問いただす	といただす	캐묻다, 따지다	☐	落書き	らくがき	낙서
☐	盗難	とうなん	도난	☐	冷房病	れいぼうびょう	냉방병
☐	読書	どくしょ	독서	☐	列席者	れっせきしゃ	좌중, 참석자
☐	飛びつく	とびつく	달려들다	☐	ろくに		제대로
☐	取り返しがつかない	とりかえしがつかない	돌이킬 수 없다	☐	わき見	わきみ	한눈팔기, 곁눈질
☐	取り消し	とりけし	취소	☐	罠	わな	덫, 함정
☐	塗りつける	ぬりつける	바르다, 칠하다	☐	わに		악어
☐	野花	のばな	야생화				
☐	廃車	はいしゃ	폐차				
☐	箸箱	はしばこ	수저통				
☐	はみ出す	はみだす	비어져 나오다				
☐	張り巡らす	はりめぐらす	빙 둘러치다				
☐	引換券	ひきかえけん	교환권				
☐	封切り	ふうきり	개봉				
☐	ふさぐ		우울해지다				
☐	縁	ふち	가장자리				
☐	ふもと		산기슭				
☐	雰囲気	ふんいき	분위기				
☐	防音	ぼうおん	방음				
☐	ほこり		먼지				
☐	牡丹	ぼたん	모란				
☐	ぼろくそにけなす		형편없이 헐뜯다				
☐	窓際	まどぎわ	창가				
☐	身支度	みじたく	몸차림, 몸차림을 함				
☐	みじん切り	みじんぎり	채소를 아주 잘게 썲				

1 (A)	2 (B)	3 (D)	4 (C)	5 (B)	6 (D)	7 (A)	8 (A)	9 (D)	10 (A)
11 (D)	12 (B)	13 (B)	14 (C)	15 (B)	16 (A)	17 (C)	18 (C)	19 (A)	20 (C)

21 (C)	22 (D)	23 (A)	24 (A)	25 (B)	26 (B)	27 (D)	28 (C)	29 (B)	30 (B)
31 (D)	32 (B)	33 (D)	34 (C)	35 (A)	36 (B)	37 (B)	38 (A)	39 (D)	40 (B)
41 (C)	42 (C)	43 (D)	44 (B)	45 (C)	46 (D)	47 (D)	48 (B)	49 (A)	50 (B)

51 (C)	52 (C)	53 (B)	54 (D)	55 (D)	56 (D)	57 (C)	58 (B)	59 (C)	60 (D)
61 (C)	62 (D)	63 (A)	64 (A)	65 (D)	66 (D)	67 (B)	68 (C)	69 (C)	70 (C)
71 (D)	72 (D)	73 (B)	74 (C)	75 (D)	76 (B)	77 (B)	78 (B)	79 (B)	80 (A)

81 (A)	82 (C)	83 (A)	84 (D)	85 (D)	86 (B)	87 (A)	88 (C)	89 (B)	90 (D)
91 (C)	92 (D)	93 (C)	94 (A)	95 (B)	96 (A)	97 (A)	98 (D)	99 (C)	100 (D)

문제는 본책 p215~p235

PART **1**

1_ 공원의 모습

(A) 人気のない公園です。
(B) 巨木が倒れています。
(C) 銀杏が向かい合っています。
(D) 落ち葉を集めて焚き火をしています。

(A) 인기척이 없는 공원입니다.
(B) 거목이 쓰러져 있습니다.
(C) 은행나무가 서로 마주 보고 있습니다.
(D) 낙엽을 모아 모닥불을 피우고 있습니다.

해설 인기척이 없는 공원에 나무 주변은 낙엽이 떨어져 있으므로 정답은 (A)이다. (C)와 같이 은행나무가 마주 보지 않으며, (D)와 같이 모닥불을 피우는 모습은 보이지 않는다.

단어 人気(ひとけ)がない 인기척이 없다 | 巨木(きょぼく) 거목 | 銀杏(いちょう・ぎんなん) 은행나무 | 向(む)かい合(あ)う 마주 보다 | 焚(た)き火(び) 모닥불

2_ 두 명 이상의 인물 동작

(A) 女の子はチェス盤を磨いています。
(B) 男の子はチェスの駒を触っています。
(C) 女の子は両手をお腹に当てています。
(D) 四人の子どもはチェスを買っています。

(A) 여자아이는 체스판을 닦고 있습니다.
(B) 남자아이는 체스의 말을 만지고 있습니다.
(C) 여자아이는 양손을 배에 대고 있습니다.
(D) 네 명의 아이들은 체스를 사고 있습니다.

해설 네 명의 아이가 체스판 위에 서 있고, 가운데 여자아이는 손을 허리에 대고 있고, 남자아이가 체스의 말을 만지고 있으므로 정답으로 적절한 것은 (B)이다.

단어 チェス盤(ばん) 체스판 | 磨(みが)く 닦다 | 駒(こま) 말

3_ 거리 풍경

(A) 道路にテントを張っているところです。
(B) 垣根に沿って屋台がたくさん出ています。

(C) 多くの人が屋台の前に一列に並んでいます。
(D) 歩道の上に人が後ろ向きになって立っています。

(A) 도로에 텐트를 치고 있는 중입니다.
(B) 울타리를 따라 포장마차가 많이 나와 있습니다.
(C) 많은 사람이 포장마차 앞에 한 줄로 서 있습니다.
(D) 보도 위에 사람이 뒤를 향해 서 있습니다.

해설 텐트를 치고 있고 있는 중이 아니므로 (A)는 정답으로 부적절, 광장에 점포가 나와 있는 것이므로 (B)는 정답으로 부적절, 많은 사람들이 모여 있기는 하지만 한 줄로 선 것은 아니므로 (C)는 정답으로 부적절, 인도 위에 올라가 있는 사람은 뒤를 향해 서 있으므로 (D)는 정답으로 적절하다.

단어 テントを張(は)る 텐트를 치다 | 垣根(かきね) 울타리 | ~に沿(そ)って ~을 따라 | 屋台(やたい) 포장마차 | 一列(いちれつ) 일렬 | 歩道(ほどう) 보도, 인도 | 後(うし)ろ向(む)き 등을 돌림

4_ 사물의 모습 및 상태 – 우산

(A) 日傘が壁にかけてあります。
(B) 傘立てに杖が立ててあります。
(C) 傘が開いたまま置いてあります。
(D) 折り畳み傘が下駄箱にあります。

(A) 양산이 벽에 걸려 있습니다.
(B) 우산꽂이에 지팡이가 세워져 있습니다.
(C) 우산이 펴진 채 놓여 있습니다.
(D) 접이식 우산이 신발장에 있습니다.

해설 우산꽂이에는 우산이 꽂혀 있고, 우산꽂이 옆에 우산이 펴진 채 있으므로 정답으로 적절한 것은 (C)이다.

단어 日傘(ひがさ) 양산 | 傘立(かさた)て 우산꽂이 | 杖(つえ) 지팡이 | 折(お)り畳(たた)み傘(がさ) 접이식 우산 | 下駄箱(げたばこ) 신발장

5_ 인물의 동작

(A) ギターを肩にかけています。
(B) ギターの弦を触っています。
(C) 立ってギターを弾いています。
(D) 店舗に激安特価のギターが多いです。

(A) 기타를 어깨에 매고 있습니다.
(B) 기타의 현을 만지고 있습니다.
(C) 서서 기타를 치고 있습니다.
(D) 점포에 아주 싼 특가 기타가 많습니다.

해설 기타를 무릎에 올려놓고 앉아서 치고 있으므로 정답으로 적절한 것은 (B)이다.

単어   弦(げん) (악기의) 현 | 店舗(てんぽ) 점포 | 激安(げきやす)
염가, 상품이나 서비스의 가격이 상대적으로 매우 쌈 | 特価(とっか) 특가

6 _ 사물의 종류 및 배치 – 냉장고

(A) 冷蔵庫の中にビン類だけあります。

(B) ビニールシートの上に缶詰が並んでいます。

(C) 冷蔵庫はフルーツでいっぱいになっています。

(D) ミネラルウォーターは下段に置いてあります。

(A) 냉장고 안에 병 종류만 있습니다.
(B) 비닐 시트 위에 통조림이 즐비해 있습니다.
(C) 냉장고는 과일로 가득 찼습니다.
(D) 미네랄 워터는 아랫단에 놓여 있습니다.

해설   냉장고 안에는 병과 캔, 페트 병이 들어 있으며, 물은 아랫단
에 놓여 있으므로 정답으로 적절한 것은 (D)이다. 사진에 나와 있지
않은 과일이나 통조림을 언급한 (B)와 (C)는 정답으로 적절하지 않다.

단어   ビニールシート 비닐 시트 | 缶詰(かんづめ) 통조림 | フ
ルーツ 과일 | ミネラルウォーター 미네랄 워터 | 下段(げだん)
하단, 아랫단

7 _ 사물의 모습 및 상태 – 부엌

(A) まな板が立てかけられています。

(B) ふきん掛けが多数取り揃えてあります。

(C) まな板の上にヤカンが置いてあります。

(D) 木のまな板とふきんを干して消毒しています。

(A) 도마가 기대어 세워져 있습니다.
(B) 행주걸이가 다수 갖추어져 있습니다.
(C) 도마 위에 주전자가 놓여 있습니다.
(D) 나무로 된 도마와 행주를 말리며 소독하고 있습니다.

해설   도마는 세워져 있고, 주전자는 도마 앞에 있으며, 행주는 주
전자 손잡이에 있으므로 정답으로 적절한 것은 (A)이다.

단어   まな板(いた) 도마 | 立(た)てかける 기대어 세우다 | ふき
ん掛(か)け 행주걸이 | 多数(たすう) 다수 | 取(と)り揃(そろ)える
빠짐없이 갖추다. 골고루 모으다 | ヤカン 주전자 | ふきん 행주 | 干
(ほ)す 말리다 | 消毒(しょうどく) 소독

8 _ 인물의 동작 – 식당

(A) 男性はテーブルに肘をついています。

(B) 男性は食堂で会議資料を配っています。

(C) 食堂で子どもがぴいぴい泣いています。

(D) 女の人がおしぼりで手を拭いています。

(A) 남성은 테이블에 팔꿈치를 대고 있습니다.
(B) 남성은 식당에서 회의 자료를 나눠주고 있습니다.
(C) 식당에서 아이가 빽빽거리며 울고 있습니다.
(D) 여성이 물수건으로 손을 닦고 있습니다.

해설   식당에서 식사를 하고 있는 사진으로 인물의 행동을 주의
깊게 관찰한다. 남성은 팔꿈치를 하고 있으므로 정답으로 적절한
것은 (A)이다. 사진에 아이가 등장하지 않았으므로 (C)는 정답에서 제
외되고, 이미 사용된 물수건이 테이블에 놓여 있는 것 뿐이므로 (D)
는 정답으로 부적절하다.

단어   ぴいぴい 어린아이가 보채며 우는 소리 | おしぼり 물수건 |
拭(ふ)く 닦다

9 _ 장소의 특징 설명

(A) 救急車が常時待機しています。

(B) ２４時間年中無休で営業します。

(C) 道端に柿が並んで落ちています。

(D) セキュリティートラブル発生時には２４時
　　間出張可能です。

(A) 구급차가 상시 대기하고 있습니다.
(B) 24시간 연중무휴로 영업합니다.
(C) 도로변에 감이 나란히 떨어져 있습니다.
(D) 방범 문제 발생 시에는 24시간 출장 가능합니다.

해설   문에 문제 발생 시 24시간 출장 가능하다고 되어 있으므로
정답으로 적절한 것은 (D)이다.

단어   救急車(きゅうきゅうしゃ) 구급차 | 常時(じょうじ) 상
시 | 待機(たいき) 대기 | 年中無休(ねんじゅうむきゅう) 연중무
휴 | 営業(えいぎょう) 영업 | 道端(みちばた) 도로변, 길가 | 柿(か
き) 감 | セキュリティー 시큐리티, 방범 | 可能(かのう) 가능

10 _ 동물의 동작

(A) ダチョウがそっぽを向いて立っています。

(B) ２羽のダチョウが向かい合って歩いています。

(C) １羽のダチョウが凄い勢いで葉っぱを食べ
　　ています。

(D) ３羽のダチョウが長い首を伸ばしてキョロ
　　キョロしています。

(A) 타조가 다른 쪽을 보고 서 있습니다.
(B) 두 마리의 타조가 마주 보며 걷고 있습니다.
(C) 한 마리의 타조가 무시무시한 기세로 나뭇잎을 먹고 있습니다.
(D) 세 마리의 타조가 긴 목을 빼고 두리번거리고 있습니다.

해설   타조는 두 마리가 있는데 서로 다른 방향을 바라보고 있으므
로 정답으로 적절한 것은 (A)이다.

단어   ダチョウ 타조 | そっぽを向(む)く 외면하다, 모른 체하다
| 向(む)かい合(あ)う 마주 보다, 마주 대하다 | 葉(は)っぱ 나뭇잎 |
キョロキョロ 두리번두리번

11 _ 사물의 종류 및 배치

(A) 便箋に桜が描いてあります。
(B) 壁に1ドル札が整然と並んでいます。
(C) 紙幣の上にコインが置かれています。
(D) 紙幣が扇子のように並べてあります。

(A) 편지지에 벚꽃이 그려져 있습니다.
(B) 벽에 1달러 지폐가 가지런히 놓여 있습니다.
(C) 지폐 위에 동전이 놓여 있습니다.
(D) 지폐가 부채처럼 가지런히 놓여 있습니다.

해설   지폐가 부채 모양으로 펼쳐져 있고, 영수증 위에 동전이 있으므로 정답으로 적절한 것은 (D)이다.

단어   便箋(びんせん) 편지지 | 札(さつ) 지폐 | 整然(せいぜん) 정연 | 紙幣(しへい) 지폐 | コイン 동전 | 扇子(せんす) 부채

12 _ 실내 베란다의 풍경

(A) 窓越しに花びらが風に舞っています。
(B) ベランダに植物が一列に並べてあります。
(C) 枯れ葉と枯れ木を燃やしているところです。
(D) 落ち葉がベランダにたくさん落ちています。

(A) 창문 너머로 꽃잎이 바람에 흩날리고 있습니다.
(B) 베란다에 식물이 일렬로 나란히 있습니다.
(C) 마른 잎과 마른 나무를 태우고 있는 중입니다.
(D) 낙엽이 베란다에 수북하게 떨어져 있습니다.

해설   사진은 베란다에 화분이 나란히 있는 것으로 정답으로 적절한 것은 (B)이다.

단어   窓越(まどご)し 창 너머 | 花(はな)びら 꽃잎 | 舞(ま)う 흩날리다, 춤추다 | ベランダ 베란다 | 植物(しょくぶつ) 식물 | 枯(か)れ葉(は) 마른 잎, 고엽 | 枯(か)れ木(き) 고목, 마른 나무 | たんまり 잔뜩, 듬뿍(충분한 모양)

13 _ 전철의 내부

(A) 車内掲示物が剥がれかかっています。
(B) 窓の上にポスターが貼られています。
(C) 網棚の上に数冊の本が置いてあります。
(D) 吊り広告が天井から吊り下げられています。

(A) 차내 게시물이 벗겨지려고 합니다.

(B) 창문 위에 포스터가 붙어 있습니다.
(C) 그물 선반 위에 여러 권의 책이 놓여 있습니다.
(D) 광고가 천장에 매달려 있습니다.

해설   차내의 광고물이 창문 옆과 위로 부착되어 있으며, 그물 선반에는 아무것도 놓여 있지 않으므로 정답으로 적절한 것은 (B)이다.

단어   掲示物(けいじぶつ) 게시물 | 剥(は)がれる 벗겨지다, 벗겨져 떨어지다 | 網棚(あみだな) 그물 선반 | 吊(つ)り広告(こうこく) 철도나 차량 내의 통로를 따라 매달아 놓은 광고 | 天井(てんじょう) 천정 | 吊(つ)り下(さ)げる 매달다, 늘어뜨리다

14 _ 사물의 모양과 배치

(A) 同じサイズのペットボトルがあります。
(B) ガラスコップが縦一列に並んでいます。
(C) 一定の間隔でコインが置いてあります。
(D) ぬいぐるみが同じ向きで置いてあります。

(A) 같은 크기의 페트병이 있습니다.
(B) 유리컵이 세로 일렬로 나란히 있습니다.
(C) 일정한 간격으로 코인이 놓여 있습니다.
(D) 봉제 인형이 같은 방향으로 놓여 있습니다.

해설   높이가 다른 병이 있고, 유리컵 하나는 거꾸로 세워져 있으며, 봉제 인형은 없으므로 정답은 (C)이다.

단어   縦一列(たていちれつ) 세로 일렬 | 一定(いってい) 일정 | 間隔(かんかく) 간격 | ぬいぐるみ 봉제 인형

15 _ 주차장

(A) 駐車場に車が二重駐車されています。
(B) 数台分の駐車スペースが残っています。
(C) 客待ちタクシーの行列が両方にできています。
(D) 車道は露天商や買い物客に占拠されています。

(A) 주차장에 차가 이중 주차되어 있습니다.
(B) 여러 대의 주차 공간이 남아 있습니다.
(C) 손님을 기다리는 택시 행렬이 양쪽으로 생겼습니다.
(D) 차도는 노점상이나 물건을 사는 손님에게 점거되어 있습니다.

해설   주차장에는 여러 대를 주차할 만한 빈 공간이 있으므로 정답은 (B)이다.

단어   二重(にじゅう) 이중 | スペース 공간 | 行列(ぎょうれつ) 행렬 | 車道(しゃどう) 차도 | 露天商(ろてんしょう) 노점상 | 占拠(せんきょ) 점거

16 _ 안내판

(A) 結婚式を案内しています。

(B) 映画の上映時間が書かれています。
(C) 披露宴の会場は２階と４階だけです。
(D) 父兄参観は３時から５時３０分までです。

(A) 결혼식을 안내하고 있습니다.
(B) 영화 상영 시간이 적혀 있습니다.
(C) 피로연 회장은 2층과 4층뿐입니다.
(D) 학부모 참관수업은 3시부터 5시 30분까지입니다.

해설 결혼식장을 안내하는 사진으로 피로연은 2층, 3층, 4층에서 이루어지므로 정답으로 적절한 것은 (A)이다.

단어 上映(じょうえい) 상영 | 披露宴(ひろうえん) 피로연 | 父兄参観(ふけいさんかん) 학부모 참관수업

17 _ 횡단보도

(A) 交差点に人がたむろしています。
(B) 街道を人々が行き交っています。
(C) 歩行者は横断歩道を渡っています。
(D) 自動車と人の群れでごったがえしています。

(A) 교차점에서 사람이 모여 있습니다.
(B) 거리를 사람들이 오가고 있습니다.
(C) 보행자는 횡단보도를 건너고 있습니다.
(D) 자동차와 사람들로 붐비고 있습니다.

해설 사람이 드문 거리로 횡단보도를 건너는 사람이 적으므로 정답으로 적절한 것은 (C)이다.

단어 交差点(こうさてん) 교차점 | たむろする 무리지어 모이다 | 街道(かいどう) 가도, 간선도로 | 行(ゆ)き交(か)う 오가다, 왕래하다 | 歩行者(ほこうしゃ) 보행자 | 群(む)れ 무리, 떼 | ごったがえす 심한 혼잡을 이루다, 몹시 붐비다

18 _ 플랫폼

(A) 線路が曲がっています。
(B) ホームは人で混んでいます。
(C) 駅に電車が到着するところです。
(D) 数種類の看板が構内線路ぞいに立てられています。

(A) 선로가 굽어 있습니다.
(B) 홈은 사람으로 붐비고 있습니다.
(C) 역에 전철이 도착하려는 참입니다.
(D) 여러 종류의 간판이 구내 선로를 따라 세워져 있습니다.

해설 선로는 일직선이고, 사람이 거의 없어 한산하며, 간판 자리에는 빈 곳이 있다. 전철이 들어오고 있으므로 정답으로 적절한 것은 (C)이다.

단어 線路(せんろ) 선로 | 到着(とうちゃく) 도착 | 種類(しゅるい) 종류 | 看板(かんばん) 간판 | 構内(こうない) 구내 | 線路(せんろ) 선로 | ～ぞいに ～을 따라서

19 _ 인물의 동작 및 사물의 상태

(A) ボウルを傾けて、泡立て器を動かしています。
(B) 右手に包丁を持って、ネギを切っているところです。
(C) 肩と頭に泡立て器を挟んだ状態でメモを取っています。
(D) 水蒸気を飛ばすため、しゃもじでご飯をほぐしています。

(A) 사발을 기울여서 거품기를 움직이고 있습니다.
(B) 오른손에 칼을 들고 파를 썰고 있는 중입니다.
(C) 어깨와 머리에 거품기를 끼운 상태로 메모를 하고 있습니다.
(D) 수증기를 날리기 위해 주걱으로 밥을 풀고 있습니다.

해설 부엌일을 하는 사진으로 한 사람이 거품기를 돌리고 있으므로 정답으로 적절한 것은 (A)이다.

단어 傾(かたむ)ける 기울이다 | 泡立(あわだ)て機(き) 거품기 | 包丁(ほうちょう) 칼 | ネギ 파 | 挟(はさ)む 끼우다 | 水蒸気(すいじょうき) 수증기 | しゃもじ 주걱 | ほぐす 풀다

20 _ 동물의 동작

(A) カバが水の中を悠々と泳いでいます。
(B) カバが水の中をのぞき込んでいます。
(C) カバが水の中から顔を出しています。
(D) 全身剥製のカバが石の上に並んでいます。

(A) 하마가 물속을 유유자적하게 헤엄치고 있습니다.
(B) 하마가 물속을 들여다보고 있습니다.
(C) 하마가 물속에서 얼굴을 내밀고 있습니다.
(D) 전신 박제된 하마가 돌 위에 늘어서 있습니다.

해설 물속에 있는 하마가 얼굴을 반쯤 내밀고 있는 사진이므로 정답으로 적절한 것은 (C)이다.

단어 カバ 하마 | 悠々(ゆうゆう)と 유유히 | のぞき込(こ)む 들여다보다, 살펴보다 | 全身(ぜんしん) 전신 | 剥製(はくせい) 박제

PART 2

21 _ 회사 생활 – 퇴직 사유

立ち入ったことをお伺いしますが、どうして仕
事をお辞めになりましたか。

(A) これから立ち食いはやめます。
(B) 来月から職場復帰する予定です。
(C) 結婚を機に彼女といっしょにアメリカに行
くからです。
(D) ご使用の水道をおやめになる場合は、上下
水道料金の精算が必要です。

간섭일지도 모르겠지만 왜 일을 그만두셨습니까?

(A) 앞으로 서서 먹는 것은 그만두겠습니다.
(B) 다음 달부터 직장에 복귀할 예정입니다.
(C) 결혼을 계기로 그녀와 함께 미국에 가기 때문입니다.
(D) 사용하시는 수도를 끊으실 경우에는 상하수도 요금 정산이 필요합니다.

[해설] 일을 그만두는 이유를 묻고 있다. 결혼으로 미국에 가기 때문이라고 응답한 (C)가 정답으로 적절하다. (A)는 서서 먹는 것을 그만두겠다는 의지를, (B)는 직장 복귀 예정 시기를 말하고 있으므로 정답으로 부적절하다.

[단어] 立(た)ち入(い)る 끼어들다, 간섭하다, 핵심에 파고들다 ㅣ 立(た)ち食(ぐ)い 서서 먹음 ㅣ 復帰(ふっき) 복귀 ㅣ 幾(き) 시기, 기회 ㅣ 水道(すいどう) 수도 ㅣ 上下水道(じょうげすいどう) 상하수도 ㅣ 精算(せいさん) 정산

22 _ 일상생활 – 쇼핑, 상품 선택

三千円ぐらいの鉢を探していますが、プラスチックのと陶器のとどっちがいいですか。

(A) 陶器の鉢は手頃な価格です。
(B) 寄せ植えの出来栄えがいいですわ。
(C) 素焼鉢の人気がアップしています。
(D) プラスチックの鉢は軽くてお勧めです。

3천 엔 정도 하는 화분을 찾고 있는데 플라스틱과 도자기 중 어느 것이 좋습니까?

(A) 도자기 화분은 적당한 가격입니다.
(B) 식물을 심어 놓은 솜씨가 좋네요.
(C) 초벌구이 화분의 인기가 오르고 있습니다.
(D) 플라스틱 화분은 가벼워서 추천합니다.

[해설] 플라스틱 제품과 도자기 제품 중 어느 것이 좋은지 물었으므로 플라스틱을 추천한 (D)가 정답으로 적절하다. (A)는 도자기 화분의 가격 특징을, (B)는 원예 솜씨 칭찬을, (C)는 초벌구이 화분의 인기를 설명하고 있으므로 정답으로 부적절하다.

[단어] 鉢(はち) 주발, 대접, 화분 ㅣ 陶器(とうき) 도기 ㅣ 手頃(てごろ) 적합함, 적당함, 어울림 ㅣ 寄(よ)せ植(う)え 여러 종류의 식물을 모아서 심음, 또는 그 식물 ㅣ 出来栄(できば)え 잘 만들어진 모양새, 됨됨이 ㅣ 素焼(すやき) 유약을 바르지 않고 약한 불에 구움

23 _ 일상생활 – 접대 인사

何のお構いもできずにすみません。

(A) 手料理、ご馳走様でした。
(B) 彼が何をしても全然構いません。
(C) せっかく来てくださったんですから。
(D) ワインはいくら飲んでも飲み飽きない。

아무런 대접도 못해 드려 죄송합니다.

(A) 직접 만드신 요리, 맛있게 잘 먹었습니다.
(B) 그가 무엇을 해도 전혀 상관없습니다.
(C) 모처럼 와 주셨으니까요.
(D) 와인은 아무리 마셔도 질리지 않아.

[해설] 음식을 대접하고 있는 사람이 쓰는 표현으로, 이에 적절한 응답은 (A)이다. (B)는 그의 행동에 개의치 않는다는 것을 나타냈고, (C)는 초대받은 사람이 쓰기에 어색하고, (D)는 술의 취향을 나타냈으므로 정답으로 부적절하다.

[단어] お構(かま)い 대접, 걱정함 ㅣ 構(かま)わない 상관하지 않다 ㅣ せっかく 모처럼 ㅣ 飽(あ)きる 질리다

24 _ 일상생활 – 인물의 행동

リカちゃんが昼からご飯も食べず、自分の部屋
にこもっているのよ。

(A) なんかまだへそ曲げてるみたい。
(B) 遠足だから、朝からはしゃいでた。
(C) 部屋にある布団や枕を外に干しました。
(D) 昼の献立は夕べの残り物で作ることに決まっ
てる。

리카가 점심부터 밥도 안 먹고 자기 방에 틀어박혀 있어.

(A) 왠지 아직도 토라진 것 같아.
(B) 소풍이라 아침부터 신이 났어.
(C) 방에 있는 이불이랑 베개를 밖에 말렸습니다.
(D) 점심 메뉴는 당연히 어제 저녁에 남긴 걸로 만드는 거지.

[해설] 밥도 안 먹고 방에 들어가 있는 것을 염려하고 있으므로 이에 대한 응답으로 적절한 것은 (A)이다. (B)는 소풍에 대한 설렘을 말하고 있고, (C)는 침구를 말렸다는 사실에 대해 말하고 있고, (D)는 점심 메뉴에 대해 말하고 있으므로 정답으로 부적절하다.

[단어] こもる 틀어박히다 | へそを曲(ま)げる 토라지다 | はしゃぐ 들떠서 떠들다 | 干(ほ)す 말리다 | 献立(こんだて) 식단

25 _ 일상생활 – 집안일, 의뢰

切れかかってた廊下の蛍光灯、取り替えてくれました？

(A) 虫が蛍光灯に寄り集まった。

(B) そのくらいは自分でやってよ。

(C) 廊下の床材を取り替えました。

(D) 電池がギリギリのところで充電したの。

다 된 복도 형광등 바꿔 주셨나요?

(A) 벌레가 형광등에 몰려들었어.

(B) 그 정도는 스스로 해.

(C) 복도의 바닥재를 교체했습니다.

(D) 전지가 간당간당해서 충전했어.

[해설] 의뢰했던 형광등 교체를 했는지 묻고 있으므로 응답으로 적절한 것은 (B)이다. (A)는 벌레가 몰려든 곳을 설명, (C)는 바닥재 교체를 설명, (D)는 전지 충전에 대해 설명하고 있으므로 정답으로 부적절하다.

[단어] ～かかる 마침 ～하다, 막 ～하려 하다 | 蛍光灯(けいこうとう) 형광등 | 取(と)り替(か)える 바꾸다, 교환하다 | 寄(よ)り集(あつ)まる 모여들다 | 床材(ゆかざい) 바닥재 | 電池(でんち) 전지 | 充電(じゅうでん) 충전

26 _ 일상생활 – 서점, 금지

あの書店、立ち読み禁止していてさ。

(A) まったく横暴なこと言いますね。

(B) 売り物だから仕方がないですね。

(C) 包装紙に折り目をつけて、ちぎります。

(D) 本がボロボロになるまで何度も読みました。

저 서점, 서서 읽는 거 금지해서 말야.

(A) 완전 난폭한 말을 하네요.

(B) 파는 물건이니까 어쩔 수 없어요.

(C) 포장지에 접었다 펴서 찢습니다.

(D) 책이 너덜너덜해질 때까지 몇 번이나 읽었습니다.

[해설] 서서 읽는 것을 금지하고 있다는 상황에 대한 응답으로 적당한 것은 (B)이다.

[단어] 目(め)を光(ひか)らせる 눈에 불을 켜다 | 横暴(おうぼう) 횡포 | 売(う)り物(もの) 팔 물건, 매물 | 包装紙(ほうそうし) 포장지 | 折(お)り目(め) 접은 금, 주름 | ちぎる 찢다, 잡아 뜯다 | ボロボロ 너덜너덜(물건 등이 형편없이 낡고 해진 모양)

27 _ 일상생활 – 상품 구입

月見団子をください。

(A) お月見と言えば、お月見団子ですね。

(B) だんごを食べながら月見をしました。

(C) 家族と一緒に隅田川に行って花火を見ました。

(D) すみませんが、もう売り切れてしまいました。

달맞이 경단을 주세요.

(A) 달맞이 하면 달맞이 경단이지요.

(B) 경단을 먹으면서 달 구경을 했습니다.

(C) 가족과 함께 스미다 강에 가서 불꽃놀이를 보았습니다.

(D) 죄송하지만, 벌써 다 팔렸습니다.

[해설] 상점에서 흔히 볼 수 있는 장면으로, ～をください(～을 주세요)라고 하면 상품을 주거나 상품이 없다고 하는 응답이 예상된다. 여기서는 경단을 달라고 한 요청에 대해 다 팔렸다고 응답한 (D)가 정답으로 적절하다.

[단어] 月見団子(つきみだんご) 음력 8월 15일과 9월 13일 저녁때 올리는 떡 | 月見(つきみ) 달구경 | 隅田川(すみだがわ) 스미다 강(도쿄도 동부를 관통하는 荒川(아라카와)의 하류) | 売(う)り切(き)れる 다 팔리다, 매진되다

28 _ 일상생활 – 방문 인사

どうぞ、お上がりください。こちらにお掛けください。

(A) お隣に上がり込んではいけません。

(B) かけごとに勝って本当にうれしいです。

(C) お休みのところをお邪魔してすみません。

(D) ご覧の通りに、先制点を許してしまいました。

자, 들어오세요. 이쪽에 앉으세요.

(A) 옆집에 거리낌 없이 들어가서는 안 됩니다.

(B) 내기에 이겨서 정말 기쁩니다.

(C) 쉬시는데 방해해서 미안합니다.

(D) 보시는 바와 같이 선제점을 내주고 말았습니다.

[해설] 들어와 앉으라는 말에 대한 응답으로는 방문할 때 흔히 사용되는 표현인 (C)가 적절하다. (A)는 옆집 방문에 대한 주의를, (B)는 내기에서 승리한 기쁨을 나타내고 있으므로 정답으로 부적절하다. 'かける'와 'あがる'의 발음만 듣고 (A)와 (B)를 정답으로 오인해서는 안된다.

단어　上(あ)がり込(こ)む (남의 집에) 거리낌 없이 들어가다, 들어가 앉다 | かけごと 내기 | 先制点(せんせいてん) 선제점

29 _ 회사 생활 – 상사와의 트러블

田中さんは、見かけるたびに部長に叱られていますね。

(A) シガレットケースが引き出しにあるのを見ました。

(B) 報告書をちゃんと検討しろって、まるっきり新入り扱いですよ。

(C) そうですね。日本のサラリーマンは働きすぎだと言われています。

(D) てっきり田中さんが課長の仕事を肩代わりしているのだと思っていました。

다나카 씨는 볼 때마다 부장님에게 혼나고 있군요.

(A) 담뱃갑이 서랍에 있는 것을 보았습니다.

(B) 보고서를 제대로 검토하라면서 완전히 신입 취급입니다.

(C) 그렇군요. 일본의 샐러리맨은 너무 열심히 일한다는 말을 듣고 있습니다.

(D) 틀림없이 다나카 씨가 과장님의 일을 대신하고 있는 거라고 생각했습니다.

해설　볼 때마다 부장에게 야단맞는다는 것에 대한 응답으로 적절한 것은 (B)이다. (A)는 담뱃갑이 있는 장소를 설명, (C)는 일본의 샐러리맨의 특징을 (D)는 사내에서 차지하고 있는 다나카의 직위에 대한 추측을 설명하고 있으므로 정답으로 부적절하다.

단어　見(み)かける 눈에 띄다, 언뜻 보다 | 叱(しか)る 꾸짖다, 나무라다 | シガレットケース 담뱃갑 | 報告書(ほうこくしょ) 보고서 | 検討(けんとう) 검토 | まるっきり 전혀, 전연 | てっきり 틀림없이, 영락없이 | 肩代(かたが)わり 남을 대신해서 떠맡음

30 _ 일상생활 – 공연 관람, 경험

歌舞伎を見たことがありますか。

(A) 浄瑠璃と歌舞伎は日本の伝統文化です。

(B) まだですが、ぜひ見たいと思っています。

(C) 歌舞伎について調べたいと思っています。

(D) 駅弁を食べましたが、おいしかったです。

가부키를 본 적이 있습니까?

(A) 조루리와 가부키는 일본의 전통문화입니다.

(B) 아직입니다만, 꼭 보고 싶습니다.

(C) 가부키에 관해서 조사해 보고 싶습니다.

(D) 역에서 파는 도시락을 먹었는데 맛있었습니다.

해설　가부키를 본 적이 있느냐는 물음에 본 적은 없지만 꼭 보고 싶다고 응답한 (B)가 정답으로 적절하다. (A)는 일본 전통문화 소개, (C)는 가부키 조사에 대한 의지, (D)는 도시락에 대한 품평이므로 정답으로 부적절하다.

단어　歌舞伎(かぶき) 가부키(가무와 음악 등의 여러 요소를 집대성한 서민적인 종합 연극) | 浄瑠璃(じょうるり) 조루리(샤미센(三味線)의 반주에 맞추어 특수한 억양과 가락을 붙여 엮어 나가는 이야기의 일종) | 伝統文化(でんとうぶんか) 전통문화

31 _ 비즈니스 – 창업 조건, 조언 구하기

起業しようと思っているんですが、基盤を固めるためにはどうすればいいですか。

(A) 彼は独断のきらいがあるから気をつけた方がいいです。

(B) 万全を期しておりますから、ご満足いただけると思います。

(C) いくつかの企業が日本での売り込みを図っているようです。

(D) 事前に準備をして、しっかりした取引先を探せばいいかもね。

사업을 하려고 하는데 기반을 다지기 위해서는 어떻게 하면 됩니까?

(A) 그는 독단적인 경향이 있으니까 조심하는 편이 좋습니다.

(B) 만전을 기하고 있으므로 만족하실 수 있을 것이라고 생각합니다.

(C) 몇몇 기업이 일본에서의 판매를 꾀하고 있는 것 같습니다.

(D) 사전에 준비를 해서 확실한 거래처를 찾으면 좋을지도 모르겠네요.

해설　사업 기반을 닦는 데 필요한 조언을 구했으므로, 미리 준비해서 제대로 된 거래처를 찾는 것이 좋다고 응답한 (D)가 정답으로 적절하다. (A)는 인물에 대한 조언을 나타낸 것이고, (B)는 만족할 만한 이유를 설명한 것이고, (C)는 일본에서의 판매 동세를 말한 것이므로 정답으로 부적절하다.

단어　起業(きぎょう) 사업을 새로 일으킴 | 基盤(きばん) 기반 | 独断(どくだん) 독단 | ~きらいがある ~경향이 있다 | 万全(ばんぜん)を期(き)する 만전을 기하다 | 売(う)り込(こ)み 잘 권유해서 팔려고 하는 것 | 図(はか)る 꾀하다, 도모하다 | 事前(じぜん) 사전, 미리

32 _ 일상생활 – 병의 증상

雨のせいか、足がずきんずきんしてきたな。

(A) 歩きすぎてかかとが痛くなりました。

(B) お祖父さん、足をもんであげましょう。

(C) ハイヒールをはいて歩くと痛いんです。

(D) お年寄りによさそうな布団とまくらです。

비 탓인지 다리가 욱신욱신 아파 오네.

(A) 너무 많이 걸어서 발뒤꿈치가 아파졌습니다.
(B) 할아버지, 발을 주물러 드릴게요.
(C) 하이힐을 신고 걸으면 아픕니다.
(D) 나이 든 사람에게 좋을 것 같은 이불과 베개입니다.

해설　날씨 때문에 다리가 아프다고 한 것에 손자가 다리를 주물러 드리겠다고 응답한 (B)가 정답으로 적절하다.

단어　ずきんずきん 욱신욱신 | かかと 발꿈치, 발뒤꿈치 | もむ 비비다, 주무르다 | ハイヒール 하이힐 | お年寄(としよ)り 노인, 늙은이 | 布団(ふとん) 이불 | まくら 베개

33 _ 일상생활 – 심려

気のせいかしら。あの凛々しい顔が荒んでるように見えるんだけど。

(A) すさまじい勢いで追いかけて行った。
(B) 主人公の凛々しい顔立ちが印象的でした。
(C) 澄んだ空を見ていると気持ちもさっぱりするね。
(D) 充実した生活を送っているんだから、心配ないってば。

기분 탓인가. 저 늠름한 얼굴이 거칠어진 것처럼 보이는데.

(A) 엄청난 기세로 쫓아갔어.
(B) 주인공의 늠름한 생김새가 인상적이었습니다.
(C) 맑고 투명한 하늘을 보고 있으면 기분도 상쾌해져.
(D) 충실한 생활을 보내고 있으니까 걱정 없다고.

해설　얼굴이 거칠어 보인다며 걱정을 하고 있다. 이에 대해 걱정하지 말라고 응답한 (D)가 정답으로 적절하다. (B)는 주인공의 늠름함을 나타냈고, (C)는 하늘의 모습을 나타내고 있으므로 정답으로 적절하지 않다.

단어　凛々(りり)しい 늠름하다, 씩씩하다 | すさまじい 굉장하다, 어마어마하다 | 勢(いきお)い 기세 | 追(お)いかける 뒤쫓아 가다, 추적하다 | 主人公(しゅじんこう) 주인공 | 顔立(かおだ)ち 얼굴, 생김새 | 荒(すさ)む 거칠어지다, 삭막하다 | 印象的(いんしょうてき) 인상적 | 澄(す)む 맑다, 맑아지다 | 充実(じゅうじつ) 충실 | ～てば ～라니까(자기의 심정을 이해주지 않는 안타까움을 담아 호소함)

34 _ 학교 – 연극, 지시

その、赤い線がついてるところが、お前のセリフだ。

(A) 台本はメールで送ってくれればいいです。
(B) 問題だと思うセリフに赤線を引いておきます。
(C) 芝居は生まれて初めてやるんですが、頑張

りります。
(D) 芝生のまわりを赤いロープで囲んでいるところです。

그 빨간 선이 그어진 곳이 네 대사야.

(A) 대본은 메일로 보내 주시면 됩니다.
(B) 문제라고 생각하는 대사에 붉은 선을 그어 두겠습니다.
(C) 연극은 태어나서 처음 하지만 열심히 하겠습니다.
(D) 잔디밭 주변을 빨간 로프로 두르고 있는 중입니다.

해설　붉은 선이 그어진 부분이 대사라고 했으므로 연극을 열심히 하겠다고 응답한 (C)가 정답으로 적절하다. 대본을 보고 말하고 있는데, 대본을 보내 달라고 부탁했으므로 (A)는 정답으로 부적절하다. (B)는 대본을 체크하겠다고 한 것이고, (D)는 잔디에 빨간 로프를 치고 있는 중이라고 설명하고 있으므로 정답이 아니다.

단어　セリフ 대사 | 台本(だいほん) 대본 | 芝居(しばい) 연극 | 芝生(しばふ) 잔디 | 囲(かこ)む 둘러싸다, 에워싸다

35 _ 일상생활 – 주량 문의

お酒はどれぐらい飲めますか。

(A) 甘いカクテル2杯くらいかな。
(B) お酒を飲むと顔が赤くなったりして。
(C) あまりお酒を飲む機会に恵まれません。
(D) お酒と相性が良い食べ物はしじみかな。

술은 얼마나 마실 수 있습니까?

(A) 달콤한 칵테일 두 잔 정도이려나.
(B) 술을 마시면 얼굴이 빨개지거든.
(C) 그다지 술을 마실 기회가 없습니다.
(D) 술과 궁합이 좋은 음식은 재첩이려나.

해설　주량을 물었으므로 칵테일 두 잔 정도라고 응답한 (A)가 정답으로 적절하다. (B)는 술을 마신 후의 상태를, (C)는 술 마실 기회가 없다는 것을, (D)는 궁합이 좋은 음식을 소개하고 있으므로 정답으로 부적절하다.

단어　カクテル 칵테일 | 機会(きかい) 기회 | 恵(めぐ)まれる 좋은 환경 등이 주어지다 | 相性(あいしょう) 궁합이 맞음, 성격이 서로 맞음 | しじみ 재첩, 가막조개

36 _ 회사 생활 – 귀가에 대한 허가 표현

盛り上がっているところ悪いけど、お先にごめんね。

(A) プロ野球、盛り上がってますねえ。
(B) もう帰るの？もう少しいいだろう。
(C) 一足お先にお風呂から上がりました。
(D) 何だか面倒で、あまり気が進みません。

한창 분위기가 타오르는 중에 미안한데, 먼저 갈게.

(A) 프로야구, 한창 고조되고 있군요.

(B) 벌써 집에 가는 거야? 조금 더 있어도 괜찮잖아.

(C) 한 발 앞서 목욕을 끝냈습니다.

(D) 왠지 귀찮아서 별로 기분이 내키지 않습니다.

해설 먼저 자리를 뜨겠다고 말한 것에 대해 적절한 응답은 조금만 더 있으라고 한 (B)이다. (A)는 프로야구의 고조를, (C)는 목욕을 끝낸 것을 설명하고 있으므로 정답으로 부적절하다.

단어 盛(も)り上(あ)がる 불거져 나오다, 고조되다 | 上(あ)がる (위로) 오르다, (욕탕에서) 나오다, 흥분하다 | 気(き)が進(すす)む 마음이 내키다

37 _ 비즈니스 – 상품 배송 문의

注文すればすぐ届きますか。

(A) はい、注文をキャンセルしたいんです。

(B) はい、ご依頼から1～2日でお届けします。

(C) はい、複数の注文はまとめて発送できません。

(D) はい、注文すればすぐ千点のポイントが入手できます。

주문하면 바로 도착합니까?

(A) 네, 주문을 취소하고 싶습니다.

(B) 네, 의뢰하신 후 하루 이틀이면 도착됩니다.

(C) 네, 여러 개의 주문은 한꺼번에 발송되지 않습니다.

(D) 네, 주문하면 곧바로 1000점의 포인트를 받을 수 있습니다.

해설 주문품이 언제 도착하는지 물었으므로 하루 이틀이면 도착한다고 응답한 (B)가 정답으로 적절하다. (A)는 주문 취소, (B)는 묶음 배송, (D)는 포인트 적립에 대해 설명하고 있으므로 정답으로 부적절하다.

단어 キャンセル 캔슬, 취소 | 依頼(いらい) 의뢰 | 複数(ふくすう) 복수, 둘 이상의 수 | まとめる 한데 모으다, 합치다 | 発送(はっそう) 발송 | 入手(にゅうしゅ) 입수, 손에 넣음

38 _ 일상생활 – 충고, 금지

おいおい、とんでもないデマを飛ばすなよ。

(A) ちょっと、人聞きの悪いことを言わないで。

(B) 根っからの人間嫌いだから、放っといてよ。

(C) おいおいと声をあげて泣いちゃいけないよ。

(D) ごめん、盗み聞きするつもりはなかったのよ。

이봐 이봐, 당치도 않은 헛소문을 퍼트리지 마.

(A) 잠깐, 거북한 소리 하지 마.

(B) 원래부터 사람을 싫어하니까 내버려 둬.

(C) 엉엉하고 소리 내며 울어선 안 돼.

(D) 미안, 엿들을 생각은 없었어.

해설 헛소문을 퍼트리지 말라는 충고에, 그런 소리 말라고 한 (A)가 정답으로 적절하다. (B)는 사람의 품성을, (C)는 울지 말라는 금지를 설명하고 있으므로 정답으로 부적절하다. 엿듣는 것에 대한 질타가 아니므로 (D)는 정답으로 부적절하다.

단어 人聞(ひとぎ)きが悪(わる)い 평판이 나쁘다, 남부끄럽다 | おいおい 이봐(동년배나 손아랫사람을 부르는 말), 엉엉(몹시 우는 소리) | デマ 허위 정보, 헛소문, 유언비어[독일어 demagogie] | 盗(ぬす)み聞(ぎ)き 도청, 엿들음

39 _ 일상생활 – 요리의 종류

宴会のお料理はどんなものがありますか。

(A) 予算5千円くらいです。

(B) 宴会場で二次会ができます。

(C) グレープ特有の後味があります。

(D) 和食会席と洋食コースをご用意しています。

연회의 요리는 어떤 것이 있습니까?

(A) 예산 5천 엔 정도입니다.

(B) 연회장에서 2차가 가능합니다.

(C) 포도 특유의 뒷맛이 있습니다.

(D) 일식 연회와 양식 코스를 준비하고 있습니다.

해설 요리의 종류에 대해서 묻자, 일식과 양식이 있다고 응답한 (D)가 정답으로 적절하다. (A)는 연회 요리 예산, (B)는 2차가 가능하다는 것, (C)는 음식 맛에 대해 설명하고 있으므로 정답으로 부적절하다.

단어 予算(よさん) 예산 | 二次会(にじかい) 2차 | 特有(とくゆう) 특유 | 後味(あとあじ) 뒷맛 | 和食(わしょく) 일식 | 会席(かいせき) 모이는 자리, 가이세키(会席料理) 요리의 준말 | 洋食(ようしょく) 양식

40 _ 일상생활 – 초대, 권유

2千円で食べ放題のクリスマスパーティー来る？

(A) 攻めてくるわけないでしょう。

(B) 仕事が追い込みで遊んでいる暇はないよ。

(C) 今は息抜き、パズルを解く暇なんかあるかよ。

(D) 生まれて初めてのデートをすっぽかされたんだ。

2천 엔으로 맘껏 먹을 수 있는 크리스마스 파티 올래?

(A) 싸움을 걸어 올 이유가 없겠지.

(B) 일이 마지막 단계라서 놀고 있을 여유는 없어.

(C) 지금은 휴식 중, 퍼즐을 풀 여유 따위 있겠냐고.

(D) 태어나서 처음인 데이트를 바람맞았어.

 파티에 오라는 권유에, 놀고 있을 여유가 없다고 거절한 (B)가 정답으로 적절하다. 파티 참석 여부를 물었는데 퍼즐을 풀 여유가 없다고 한 (C)나, 데이트에 바람맞았다고 한 (D)는 정답으로 부적절하다.

단어 攻(せ)める 공격하다 | 追(お)い込(こ)み 승패의 최종 단계에서 전력을 다하여 추격함, 마지막 단계 | 息抜(いきぬ)き 일의 중간에 기분 전환을 위하여 잠시 쉼 | すっぽかす 약속을 어기다. 바람맞히다

41 _ 일상생활 표현 – 산책

犬とお散歩ですか。

(A) ええ、ただ寝不足なだけです。

(B) ええ、どこも人手不足ですから。

(C) ええ、最近、運動不足ですから。

(D) ええ、日照り続きで水不足だし。

개와 산책하는겁니까?

(A) 네, 단지 잠이 부족한 것뿐입니다.

(B) 네, 어디든 일손이 부족하니까요.

(C) 네, 최근 운동 부족이라서요.

(D) 네, 가뭄이 계속되어 물도 부족하고.

해설 개와 산책하냐고 묻자 운동 부족 때문이라고 응답한 (C)가 정답으로 적절하다.

단어 寝不足(ねぶそく) 수면 부족 | 人手(ひとで) 일손 | 日照(ひで)り 가뭄

42 _ 일상생활 – 만차 상황 설명

駐車場が満車なので、車をとめられませんが。

(A) ５００円いただきます。

(B) 駐車料金は前金になります。

(C) 近くにとめられる所、ありますか。

(D) １時間ごとに超過料金が加算されます。

주차장이 만차라서 차를 주차시킬 수 없습니다만.

(A) 500엔 받았습니다.

(B) 주차 요금은 선금입니다.

(C) 근처에 주차할 수 잇는 곳, 있습니까?

(D) 1시간마다 초과 요금이 가산됩니다.

해설 주차장이 꽉 차서 주차할 수 없다고 하자, 근처에 주차할 수 있는 곳을 물어본 (C)가 응답으로 적절하다. (A)는 계산할 때 점원이 손님에게 사용하는 표현이고, (B)와 (D)는 주차 요금에 대한 설명이므로 정답으로 부적절하다.

단어 満車(まんしゃ) 만차 | 前金(まえきん) 선불 | 預(あず)ける 맡기다. 보관시키다 | 超過(ちょうか) 초과 | 加算(かさん) 가산

43 _ 일상생활 – 여가

冬休みはどう過ごされたんですか。

(A) 海を眺めながら、ごゆっくりお過ごしください。

(B) 雪が降ってるじゃん。今年もホワイトクリスマスだね。

(C) 電車の降りる駅を間違え、１時間ほど歩くはめになりました。

(D) パラセールとジェットスキーでストレス解消したりしました。

겨울방학은 어떻게 보내셨습니까?

(A) 바다를 바라보며 편안히 쉬세요.

(B) 눈이 오고 있네. 올해도 화이트 크리스마스구나.

(C) 전철 내리는 역을 착각해서 한 시간 정도 걸어야 하는 지경에 처했습니다.

(D) 파라세일과 제트스키로 스트레스를 해소하기도 했습니다.

해설 겨울방학을 어떻게 보냈는지 묻고 있다. 파라세일과 제트스키를 했다고 한 (D)가 응답으로 적절하다. (A)는 편안히 쉬어 달라고 했으므로 정답으로 부적절, (B)는 현재 시제, (C)는 1시간을 걸은 이유를 설명하고 있으므로 정답으로 부적절하다.

단어 眺(なが)める 눈여겨보다. 응시하다 | パラセール 파라세일 (지상에서 낙하산을 달고, 자동차나 모터보트로 끌어 하늘로 날아오르게 하는 스포츠) | はめ (곤란한) 궁지, 처지 | 解消(かいしょう) 해소

44 _ 일상생활 – 수편물, 의뢰

セーターの編み方、教えてくれない？

(A) セーターを渡しそびれちゃった。

(B) 毛糸と編み針とはさみがあればね。

(C) 毛糸で編んだストラップはあげないよ。

(D) 糸をお買い上げの方に編み図を差し上げます。

스웨터 뜨는 방법, 가르쳐 주지 않을래?

(A) 스웨터를 건넬 기회를 놓쳐 버렸어.

(B) 털실과 뜨개바늘과 가위가 있으면.

(C) 털실로 짠 휴대폰줄은 안 줄 거야.

(D) 실을 사신 분께 도안을 드립니다.

해설 스웨터 뜨는 방법을 가르쳐 달라는 부탁에 대한 응답으로 적절한 것은 (B)이다.

단어 編(あ)む 엮다. 짜다 | ～そびれる ～할 기회를 놓치다, ～하려다 못하다 | 毛糸(けいと) 털실 | 編(あ)み針(ばり) 뜨개바늘 | ストラップ 스트랩, 휴대폰줄 | 糸(いと) 실 | 買(か)い上(あ)げ 구매 | 編(あ)み図(ず) 도안

45 _ 회사 생활 – 마감

このままじゃ、期限内に終わらせるなんて絶対できない。

(A) 結局は何も言わずじまいでした。

(B) このまま終わらせることはないよ。

(C) 1秒たりとも無駄にしないことだ。

(D) 勘違いして、無駄足を運んでしまった。

이대로라면 기한 내에 끝낸다는 것은 절대 불가능해.

(A) 결국은 아무 말도 못하고 끝냈습니다.

(B) 이대로 끝낼 필요는 없어.

(C) 1초라도 헛되이 써서는 안 돼.

(D) 착각해서 헛걸음을 하고 말았어.

> **해설** 기간 내에 일을 끝낼 수 없다고 했으므로, 1초라도 헛되이 써서는 안 된다고 응답한 (C)가 정답으로 적절하다. 말도 못하고 끝냈다고 한 (A)는 내용과 맞지 않고, (B)는 아직 끝난 것이 아니므로 정답으로 부적절하다.

> **단어** 期限(きげん) 기한 | ~ずじまい (~하지 않으면 안 되는데) 결국 ~하지 못하고 끝나다 | ~ことはない ~할 필요는 없다 | ~たりとも ~일지라도 | 勘違(かんちが)い 착각, 오해 | 無駄足(むだあし)を運(はこ)ぶ 헛걸음을 하다

46 _ 회사 생활 – 승진 축하

ご栄転おめでとうございます。今後もご活躍をお祈りいたします。

(A) 期待された割に活躍できずに終わったね。

(B) 生まれてこの方期待なんてされたことないよ。

(C) 何事もほどほどにしておくことが肝心なんですね。

(D) 今までの経験を生かし、職務に励んでまいります。

영전 축하 드립니다. 앞으로도 활약을 기원하겠습니다.

(A) 기대받은 것에 비해 활약하지 못한 채로 끝났네.

(B) 태어난 이래로 기대 같은 거 받은 적 없어.

(C) 무슨 일이든 적당히 해 두는 것이 중요하군요.

(D) 지금까지의 경험을 살려 직무에 힘쓰겠습니다.

> **해설** 영전을 축하받았으므로 직무에 힘쓰겠다고 응답한 (D)가 정답으로 적절하다. 앞으로의 활약을 기원한다고 했으므로 활약 못했다고 과거 시제로 응답한 (A)와, 일을 적당히 해야 한다고 한 (C)는 정답으로 부적절하다.

> **단어** 栄転(えいてん) 영전 | 活躍(かつやく) 활약 | ~割(わ)りに ~에 비해 | ~てこの方(かた) ~이래로 | ほどほど 적당히, 정도

껏 | 励(はげ)む 힘쓰다, 노력하다

47 _ 일상생활 – 음식 맛

これ、ちょっと酸っぱくて渋いと思わない?

(A) 見かけがバタくさい感じだな。

(B) しゃらくさくて気にくわないの。

(C) 照れくさくて素直になれなかったよ。

(D) そうですね、それに硬くてちょっと青臭い。

이거, 좀 시고 쓴 것 같지 않아?

(A) 생긴 게 서구적인 느낌인데.

(B) 아는 체해서 마음에 안 들어.

(C) 쑥스러워서 솔직하지 못했어.

(D) 그렇군요, 게다가 딱딱하고 좀 풋내가 나.

> **해설** 덜 익은 음식에 대해 맛을 평가하고 있으므로 정답으로 적절한 것은 (D)이다. 시다고 했기 때문에 서구적인 느낌이 난다고 대답한 (A)는 응답으로 부적절, 아는 체하는 사람에 대한 감정을 나타낸 (B)도 응답으로 부적절, 쑥스러움을 표현한 (C)도 정답으로 부적절하다. ~くさい에 대한 표현을 익혀 두자.

> **단어** 酸(す)っぱい 시큼하다, 시다 | 渋(しぶ)い 쓰다 | バタくさい 서양 냄새를 풍기다 | しゃらくさい 아는 체하다 | 気(き)に食(く)わない 마음에 들지 않다 | 照(て)れくさい 쑥스럽다 | 青臭い(あおくさ)い 풋내가 나다, 미숙하다

48 _ 일상생활 – 결과에 대한 예상

今後の試合の見通しについてどう思いますか。

(A) 試合再開の見通しも立っていないし。

(B) 予選突破がますます厳しくなりそうだな。

(C) あの選手が引退したら、何するか見当がつかない。

(D) 全員が固唾を呑んで試合の成り行きを見守っていたよ。

향후 시합 전망에 대해서 어떻게 생각합니까?

(A) 시합 재개의 예상도 서 있지 않고.

(B) 예선 돌파가 더욱 힘들어질 것 같아.

(C) 저 선수가 은퇴하면 뭘 할지 짐작이 안 가.

(D) 전원이 마른침을 삼키며 시합의 흐름을 지켜보고 있었어.

> **해설** 시합 전망으로는 힘들 것이라고 응답한 (B)가 적절하다. (A)는 중지되었던 시합의 재개, (C)는 선수의 미래, (D)는 시합 관람을 이야기하고 있으므로 정답으로 부적절하다.

> **단어** 見通(みとお)し 전망 | 再会(さいかい) 재개 | 予選(よせん) 예선 | 突破(とっぱ) 돌파 | 見当(けんとう) 어림, 짐작, 예상 | 固唾(かたず)を飲(の)む (긴장해서) 마른침을 삼키다, 숨을 죽이다 |

成(な)り行(ゆ)き 경과, 추세 | 見守(みまも)る 지켜보다

49 _ 회사 생활 – 속담

どうしよう、徹夜で作成したファイルを保存せずに閉じちゃった。

(A) 元の木阿弥になったのか。

(B) 間違って上書き保存したわけか。

(C) 別名で保存しろってあれほど言ったのに。

(D) ファイルの最終更新時刻を記録するしかないよ。

어쩌지, 어제 밤새워 작성한 파일을 저장 안 하고 닫아 버렸어.

(A) 도로아미타불이 된 건가.

(B) 실수로 덮어쓰기 저장한 건가.

(C) 다른 이름으로 저장하라고 그렇게 말했는데.

(D) 파일의 최종 변경 시각을 기록할 수밖에 없어.

해설 밤새워 작업한 파일을 날렸다고 했으므로 도로아미타불이라고 응답한 (A)가 정답으로 적절하다. 파일을 저장하지 않고 닫아서 파일을 없앴으므로 (B), (C), (D)는 응답으로 적절하지 않다.

단어 徹夜(てつや) 철야 | 作成(さくせい) 작성 | 元(もと)の木阿弥(もくあみ) 도로아미타불 | 上書(うわが)き 덮어쓰기 | 保存(ほぞん) 보존, 저장(컴퓨터 용어) | 別名(べつめい) 별명 | 最終(さいしゅう) 최종 | 更新(こうしん) 갱신 | 時刻(じこく) 시각 | 記録(きろく) 기록

50 _ 일상생활 – 물건의 속성

玄関にある荷物、何だ？

(A) それは人生のお荷物だよ。

(B) 佐藤さんへのお礼の品だよ。

(C) 荷物をスケールに載せてください。

(D) 夕食後一包みずつ飲んでください。

현관에 있는 짐, 뭐야?

(A) 그것은 인생의 짐이야.

(B) 사토 씨에게 보낼 답례품이야.

(C) 짐을 저울에 올려놓으세요.

(D) 저녁 식사 후에 한 봉지씩 드세요.

해설 현관에 있는 물건이 무엇인지 물었으므로 답례품이라 응답한 (B)가 정답으로 적절하다. 질문 속의 荷物가 나왔다고 해서 함축적인 표현으로 인생의 짐이라고 한 (A)를 선택하지 않도록 한다. (C)는 무게를 잴 때, (D)는 약 먹는 방법을 설명할 때 사용하는 것이므로 정답으로 부적절하다.

단어 お礼(れい)の品(しな) 답례품, 사례품 | スケール 저울 | 一包(ひとつつ)み 한 봉지, 한 뭉치

PART 3

51 _ 증상의 정도 이해 – 병

A：恵ちゃん、どうかしましたか。

B：いいえ、ただの立ちくらみです。

A：部屋に戻って横になっててください。念のために先生に診察してもらいましょう。

B：そんな大したことないです。

A : 메구미 양, 무슨 일 있습니까?

B : 아니요, 단순한 현기증입니다.

A : 방으로 돌아가서 누워 계세요. 만일을 위해 의사 선생님께 진찰 받읍시다.

B : 그렇게 대단한 것은 아닙니다.

恵さんは病気に対してどう思っていますか。

(A) 重症だ。

(B) 大したものだ。

(C) 大したことではない。

(D) 病院に入院するほどだ。

메구미 씨는 병에 대해 어떻게 생각하고 있습니까?

(A) 중증이다.

(B) 대단한 것이다.

(C) 대수롭지 않다.

(D) 병원에 입원할 정도다.

해설 메구미의 증상은 현기증으로 진찰을 받을 정도로 대단하지는 않다고 했으므로 정답으로 적절한 것은 (C)이다.

단어 立(た)ちくらみ 현기증 | 横(よこ)になる 눕다 | 診察(しんさつ) 진찰 | 重症(じゅうしょう) 중증

52 _ 대화의 내용 이해 – 요리 대접

A：プロ並みとまでは言えませんが、新築祝いパーティー用に腕によりをかけて準備いたしました。

B：おいしそうですね。遠慮なくいただきます。

A：日本の料理はスパイスをあまり使わないの
　　で、味が薄いほうですよ。

B：味も見栄えもすばらしいですね。

A：프로 솜씨라고는 말할 수 없지만 신축 축하 파티용으로솜씨를 발
　휘해서 준비했습니다.

B：맛있을 것 같군요. 사양하지 않고 먹겠습니다.

A：일본 요리는 스파이스를 그다지 사용하지 않아서 맛이 싱겁습
　니다.

B：맛도 모양새도 훌륭하네요.

会話の内容に合っているのはどれですか。

(A) 料理の専門家が料理を作った。

(B) 日本料理は香辛料を抜いては語れない。

(C) 味だけではなく料理の見栄えもすばらしい。

(D) この人はだれにも負けないほど料理に自信
　　がある。

대화 내용과 맞는 것은 어느 것입니까?

(A) 요리 전문가가 요리를 만들었다.

(B) 일본 요리는 향신료를 빼고는 말할 수 없다.

(C) 맛뿐만 아니라 요리의 모양새도 훌륭하다.

(D) 이 사람은 누구에게도 지지 않을 정도로 요리에 자신이 있다.

해설 　대화를 듣고 선택지를 체크해 나간다. 일본의 요리는 양념
맛이 약하다고 했으므로 (B)는 부적절, 프로 솜씨는 아니지만 솜씨를
발휘해 보겠다고 했으므로 (A)와 (D)는 부적절하다. 맛과 모양이 훌
륭하다고 했으므로 정답으로 적절한 것은 (C)이다.

단어 　〜並(な)み 〜와 같은 수준｜新築(しんちく) 신축｜腕(う
で)によりをかける 온갖 솜씨를 발휘하다｜見栄(みば)え 볼품이 좋
음, 좋게 보임｜専門家(せんもんか) 전문가｜香辛料(こうしんり
ょう) 향신료｜抜(ぬ)く 빼다｜語(かた)る 말하다｜自信(じしん)
자신(감)

53 ＿ 상담 제의 - 영업 실적

A：一つお願いがありまして。ぶしつけなお願
　　いで気がひけますが。

B：ほかならぬ鈴木さんのお願いですし、お願
　　いとおっしゃいますと。

A：営業の実績のことで相談にのっていただき
　　たいんです。

A：한 가지 부탁이 있어서요. 갑작스런 부탁이라서 미안한 마음이
　듭니다만.

B：다른 사람도 아닌 스즈키 씨의 부탁인데, 부탁하실 말씀이 뭐죠?

A：영업 실적 때문에 상담하고 싶습니다.

鈴木さんが相談を頼んだのはどれですか。

(A) 育児休暇　　　　　　　(B) 営業の実績

(C) 契約のこと　　　　　　(D) 仕事の不始末

스즈키 씨가 상담을 부탁한 것은 어느 것입니까?

(A) 육아 휴가　　　　　　　(B) 영업 실적

(C) 계약에 관한 것　　　　　(D) 일의 부주의

해설 　갑작스럽지만 영업 실적에 대해 상담하고 싶다고 했으므로
정답으로 적절한 것은 (B)이다.

단어 　ぶしつけ 갑작스러움, 돌연함, 버릇없음｜気(き)が引(ひ)ける
마음이 내키지 않다｜ほかならない 다른 것이 아닌 바로 그것이다｜営
業(えいぎょう) 영업｜実績(じっせき) 실적｜育児(いくじ) 육아｜
休暇(きゅうか) 휴가｜不始末(ふしまつ) 뒤처리가 허술함, 부주의

54 ＿ 상사의 전언 이해

A：これから会議があるので、携帯の電源を切っ
　　ておくんだ。もし東京商社から電話かかっ
　　てきたら、こちらからかけ直すと言ってお
　　いてくれ。

B：それ以外はどうしますか。

A：お客様からの電話と取引先からの電話で分
　　けて、通話時間と相手の名前を記録してお
　　いてくれ。

B：はい、かしこまりました。

A：지금부터 회의가 있어서 휴대전화 전원을 꺼 둘 거야. 만약 도
　쿄상사에서 전화 오면 이쪽에서 다시 건다고 말해 줘.

B：그 이외에는 어떻게 할까요?

A：손님 전화와 거래처 전화를 나눠서 통화 시간과 상대 이름을 기
　록해 줘.

B：예, 알겠습니다.

会話の内容と合っているのはどれですか。

(A) 携帯を網棚に置いてきた。

(B) 取引先からの電話はかけ直す。

(C) 授業中なので携帯の電源を切った。

(D) お客からの電話は名前を記録する。

대화 내용과 맞는 것은 어느 것입니까?

(A) 휴대전화를 그물 선반에 두고 왔다.
(B) 거래처 전화는 다시 건다.
(C) 수업 중이라서 휴대전화의 전원을 껐다.
(D) 손님에게서 온 전화는 이름을 기록한다.

해설 대화를 잘 듣고 선택지를 하나하나 체크한다. 휴대전화는 꺼 둔다고 했을 뿐이므로 (A)는 정답으로 부적절, 도쿄상사의 전화만 다시 거는 것이므로 (B)는 정답으로 부적절, 수업 중이 아니라 회의 중이므로 (C)는 정답으로 부적절하다.

단어 商社(しょうしゃ) 상사 | 記録(きろく) 기록 | 網棚(あみ だな) 그물 선반

55 _ 장소의 특징 이해

> A：前に出すぎました。もう少しバックしてく
> ださい。
> B：レギュラーを満タンにしてください。
> A：給油口を開けていただけませんか。お支払
> いはカードか現金、どちらになさいますか。
> B：クレジットでお願いします。
>
> A：너무 앞으로 나왔습니다. 조금 더 후진하세요.
> B：무연 휘발유를 가득 넣어 주세요.
> A：급유구를 열어 주시지 않겠습니까? 지불은 카드나 현금 어느
> 쪽으로 하시겠습니까?
> B：신용카드로 부탁합니다.

ここはどこですか。

(A) レストラン　　　(B) コーヒー問屋
(C) 横断歩道の前　　(D) ガソリンスタンド

여기는 어디입니까?

(A) 레스토랑　　　　　(B) 커피 도매상
(C) 횡단보도 앞　　　　(D) 주유소

해설 장소를 묻고 있다. 차의 후진, 무연 휘발유, 급유구 등의 어 휘로 미루어 보아 주유소임을 알 수 있다.

단어 バック 후진 | レギュラー 레귤러 가솔린, 무연 휘발유 | 満 (まん)タン 가득 채움 | 給油口(きゅうゆぐち) 급유구 | 問屋(と んや) 도매상

56 _ 계약 조건 이해 – 부동산

> A：契約期間は2年間で、2年ごとに再契約を
> することができます。

> B：再契約をする場合、最初の契約と同じ様な
> 書類を提出しなければいけないんですか。
> A：はい。再契約の際、新たに契約書を交わし
> ています。
> B：ということは、新たな敷金、礼金、手数料
> が要求されるんですね。
>
> A：계약 기간은 2년이고 2년마다 재계약을 할 수 있습니다.
> B：재계약을 할 경우, 최초 계약과 같은 서류를 제출해야 합니까?
> A：네, 재계약 때 새로 계약서를 주고받고 있습니다.
> B：말하자면 새로운 보증금, 사례금, 수수료가 요구되는 거군요.

再契約について正しいのはどれですか。

(A) 契約期間は4年間である。
(B) 住宅は1年ごとに再契約をする。
(C) 再契約には手数料だけは必要ではない。
(D) 再契約の際も最初の契約と同じ様な書類が
要る。

재계약에 대해 맞는 것은 어느 것입니까?

(A) 계약 기간은 4년간이다.
(B) 주택은 1년마다 재계약을 한다.
(C) 재계약에는 수수료만은 필요하지 않다.
(D) 재계약 때도 최초 계약과 같은 서류가 필요하다.

해설 재계약에 대해 올바른 내용을 고르는 문제이다. 계약 기간은 2년이므로 (A)는 정답에서 제외, 2년마다 재계약하는 것이므로 (B) 는 정답에서 제외된다. 재계약에는 처음 계약할 때와 마찬가지로 보 증금, 사례금, 수수료가 필요하므로 (C)는 정답으로 부적절하다.

단어 契約(けいやく) 계약 | ～ごとに ～마다 | 書類(しょるい) 서류 | 提出(ていしゅつ) 제출 | 新(あら)たに 새로 | 交(か)わす 교환하다, 주고받다 | 敷金(しききん) 보증금 | 礼金(れいきん) 사례 금 | 手数料(てすうりょう) 수수료 | 要求(ようきゅう) 요구 | 住 宅(じゅうたく) 주택

57 _ 인물의 행동 이해 – 견학

> A：吉田さん、どこ行くんですか。
> B：ちょっと試験場を下見に行ってきます。
> A：いよいよ明日ですね。
> B：はい、今までの勉強の成果を発揮します。
>
> A：요시다 씨, 어디 가세요?
> B：잠깐 시험장을 예비 조사하러 갔다 오겠습니다.

A : 드디어 내일이군요.

B : 네, 지금까지의 공부 성과를 발휘하겠습니다.

吉田さんは何をしに行きますか。

(A) 試験を受けに行く。

(B) 試験結果を見に行く。

(C) 試験場を見学しに行く。

(D) 予想問題集を買いに行く。

요시다 씨는 무엇을 하러 갑니까?

(A) 시험을 보러 간다.

(B) 시험 결과를 보러 간다.

(C) 시험장을 견학하러 간다.

(D) 예상 문제집을 사러 간다.

해설 요시다는 시험장을 사전답사하러 간다고 했으므로 정답으로 적절한 것은 (C)이다. 답을 찾는 단서가 되는 下見를 들었다면 '견학'이라는 말을 떠올릴 수 있었을 것이다.

단어 下見(したみ) 예비 조사, 예습 | 成果(せいか) 성과 | 発揮 (はっき) 발휘 | 結果(けっか) 결과 | 予想(よそう) 예상 | 問題集 (もんだいしゅう) 문제집

58 _ 여행 예약 이해 – 항공 예약

A : ８月２０日のシドニー行きのノンストップ 便を予約したいのですが。

B : こちらはシンガポールを経由しますが、あ いにくその週はすべて満席になっておりま す。よろしければキャンセル待ちができま すけど。

A : そうですか。あまり気が進みませんが、一 応登録してもらえませんか。

B : はい、お名前とお電話番号を教えていただ けませんか。

A : 8월 20일 시드니행 논스톱편을 예약하고 싶은데요.

B : 저희는 싱가폴을 경유합니다만, 공교롭게도 그 주는 전부 만석 입니다. 괜찮으시면 대기자 티켓이 가능하십니다만.

A : 그렇습니까? 별로 내키지 않지만 일단 등록해 주시겠습니까?

B : 네, 이름과 전화번호를 가르쳐 주시겠습니까?

会話の内容と合っているのはどれですか。

(A) シンガポール経由なので喜んでいる。

(B) チケットが取れるまで待つしかない。

(C) 日にちを変更することは気が進まなかった。

(D) ノンストップのシドニー行きの便を予約した。

대화 내용과 맞는 것은 어느 것입니까?

(A) 싱가폴 경유라서 기뻐하고 있다.

(B) 티켓이 구해질 때까지 기다릴 수밖에 없다.

(C) 날짜를 변경하는 것은 내키지 않았다.

(D) 논스톱 시드니행 비행기를 예약했다.

해설 대화를 잘 듣고 선택지를 하나하나 체크해 간다. 싱가폴 경 유는 썩 내키지 않는다고 했으므로 (A)는 정답으로 부적절, 대기자 신청을 하는 중이므로 (C)는 정답으로 부적절하다.

단어 経由(けいゆ) 경유 | あいにく 공교롭게도 | 満席(まんせ き) 만석 | キャンセル待(ま)ち 티켓 등이 취소되는 것을 기다리는 것 | 気(き)が進(すす)む 내키다 | 一応(いちおう) 일단 | 登録(とう ろく) 등록 | 日(ひ)にち 날짜 | 変更(へんこう) 변경

59 _ 음식

A : いらっしゃいませ。ご注文をお伺いしてよ ろしいでしょうか。

B : はい、トマトスパゲッティとチーズサラダ にします。

A : お飲み物は何になさいますか。

B : カフェイン抜きのコーヒー、二つください。

A : 어서 오세요. 주문을 받아도 되겠습니까?

B : 네, 토마토 스파게티와 치즈 샐러드로 하겠습니다.

A : 음료는 무엇으로 하시겠습니까?

B : 카페인을 뺀 커피, 두 잔 주세요.

注文したのはどれですか。

(A) トマトとコーヒー

(B) カフェモカとチーズ

(C) スパゲッティとコーヒー

(D) チーズバーガーとトマト

주문한 것은 어느 것입니까?

(A) 토마토와 커피

(B) 카페모카와 치즈

(C) 스파게티와 커피

(D) 치즈버거와 토마토

해설 주문한 음식은 토마토 스파게티, 치즈 샐러드, 카페인 뺀 커 피 두 잔이므로 정답으로 적절한 것은 (C)이다.

단어 抜(ぬ)き 뺌, 제거

60 _ 인물의 행동 이해 – 복권

A：みのるさん、ロト買おうとしてるの？
B：田山さんが何言いたがっているか分かってる。
A：当たる見込みがどれだけ小さいか分かってるでしょ。天文学的な確率よ。
B：もちろん分かってるよ。

A : 미노루 씨, 로또 사려고 하는 거야?
B : 다야마 씨가 뭘 말하고 싶어 하는지 알고 있어.
A : 당첨될 가능성이 얼마나 작은지 알고 있잖아. 천문학적인 확률이야.
B : 물론 알고 있어.

田山さんは何をしていますか。
(A) 天体望遠鏡で土星を見ようとしている。
(B) みのるさんに宝くじを渡している。
(C) みのるさんの恋愛相談に乗っている。
(D) 宝くじを買うのを止めさせようとしている。

다야마 씨는 무엇을 하고 있습니까?
(A) 천체망원경으로 토성을 보려고 한다.
(B) 미노루 씨의 복권을 건네고 있다.
(C) 미노루 씨에게 연애 상담을 하고 있다.
(D) 복권을 사는 것을 말리고 있다.

해설 복권을 사고 있는 미노루에게 복권에 당첨되는 것은 천문학적 확률이라고 말한 것으로 보아 정답은 (D)가 적절하다.

단어 ロト 로또 | 見込(みこ)み 전망, 가망, 예상 | 天文学的(てんもんがくてき) 천문학적 | 確率(かくりつ) 확률 | 天体(てんたい) 천체 | 望遠鏡(ぼうえんきょう) 망원경 | 土星(どせい) 토성 | 宝(たから)くじ 복권 | 恋愛(れんあい) 연애

61 _ 대화의 내용 이해 – 약국

A：どれくらいおきに、飲むんですか。
B：6時間おきです。
A：一回何錠飲めばいいんですか。
B：一錠だけです。

A : 어느 정도 간격으로 먹습니까?
B : 6시간 간격입니다.
A : 한 번에 몇 알 먹으면 됩니까?
B : 딱 한 알입니다.

薬の飲み方について正しいのはどれですか。
(A) 食前に飲む。
(B) 1回6錠飲む。
(C) 6時間おきに飲む。
(D) 食後6時間後に薬を飲む。

약을 먹는 방법에 대해 맞는 것은 어느 것입니까?
(A) 식전에 먹는다.
(B) 한 번에 여섯 알 먹는다.
(C) 6시간 간격으로 먹는다.
(D) 식후 6시간 후에 약을 먹는다.

해설 약의 복용 방법을 묻는 문제로, 한 번에 한 알씩 6시간마다 먹으라고 했으므로 정답으로 적절한 것은 (C)이다.

단어 ～おきに ～간격으로, ～걸러 | 錠(じょう) 정제, 알약의 ～정, ～알 | 食前(しょくぜん) 식전 | 食後(しょくご) 식후

62 _ 치료 방법 파악 – 병원

A：入院する必要があるんですか。
B：いいえ、そこまでは悪くありませんが、上腕部に注射を打ちます。
A：薬だけ処方してもらいたいのですが。
B：悪化させないために注射を打たないといけませんよ。

A : 입원할 필요가 있습니까?
B : 아뇨, 그렇게까지는 나쁘지 않습니다만, 상완부에 주사를 놓겠습니다.
A : 약만 처방 받고 싶은데요.
B : 악화시키지 않으려면 주사를 맞아야 해요.

なぜ注射を打たないといけないのですか。
(A) 予防のため
(B) 栄養補充のため
(C) 免疫療法のため
(D) さらに悪くならないため

왜 주사를 맞아야 합니까?
(A) 예방을 위해
(B) 영양 보충을 위해
(C) 면역 요법을 위해
(D) 더 나빠지지 않기 위해

해설 병의 증상이 가볍기 때문에 환자는 약만 처방받고 싶다고 하

지만, 악화되지 않게 하려면 주사를 맞아야 한다고 했으므로 정답으로 적절한 것은 (D)이다.

단어 上腕(じょうわん) 상완, 팔의 윗부분 | 処方(しょほう) 처방 | 悪化(あっか) 악화 | 予防(よぼう) 예방 | 栄養(えいよう) 영양 | 補充(ほじゅう) 보충 | 免疫(めんえき) 면역 | 療法(りょうほう) 요법 | さらに 보다 더, 한층 더(정도가 심해짐을 나타냄)

63 _ 속담 및 관용구 이해

> A：中田さん、今日は終わりにしましょう。
>
> B：あ、どうぞ先に帰ってください。私はこの仕事を終わらせるためには、徹夜でもしないと。
>
> A：じゃ、プロジェクトメンバーとしてチームに貢献できるように協力します。
>
> B：苦楽を共にするということですね。
>
> ---
>
> A : 나카타 씨, 오늘은 끝냅시다.
> B : 아, 먼저 돌아가세요. 저는 이 일을 끝내기 위해서는 철야라도 해야 해요.
> A : 그럼 프로젝트 멤버로서 팀에 공헌할 수 있도록 협력할게요.
> B : 고락을 함께 하는 거군요.

中田さんはどう思っていますか。

(A) 力を合わせて協力するものだ。
(B) 三人寄れば文殊の知恵が出るものだ。
(C) 相手変われど主変わらずというものだ。
(D) 鳩に三枝の礼あり烏に反哺の考ありというものだ。

나카타 씨는 어떻게 생각하고 있습니까?

(A) 힘을 합쳐 협력하는 법이다.
(B) 세 명이 모이면 문수보살의 지혜가 나오는 법이다.
(C) 상대는 잇달아 바뀌지만 자신만은 같은 일을 하는 법이다.
(D) 예절과 효를 존중해야 하는 법이다.

해설 대화의 내용에 맞는 속담이나 대화 속에 있는 속담의 의미를 잘 파악한다. 나카타는 고락을 함께한다(苦楽を共にする)고 했으므로, 이에 맞는 표현은 (A)이다.

단어 貢献(こうけん) 공헌 | 協力(きょうりょく) 협력 | 苦楽(くらく) 고락 | 共(とも)にする 함께 하다 | 文殊(もんじゅ) 문수보살 | 三人寄(さんにんよ)れば文殊(もんじゅ)の知恵(ちえ)が出(で)る 평범한 사람이라도 셋이 모여 생각하면 문수보살 못잖은 좋은 지혜가 나온다 | 主(ぬし) 주인 | 相手変(あいてか)われど主変(ぬし か)わらず 상대는 잇달아 바뀌지만 자신만은 같은 일을 하고 있다 | 鳩(はと)に三枝(さんし)の礼(れい)あり 비둘기에게는 삼지례가 있다(새끼 비둘기가 어미보다 아래로 셋째 가지에 앉음, 예의를 존중해야 함

을 비유) | 烏(からす)に反哺(はんぽ)の考(こう)あり 까마귀에게 반포지효가 있다(효를 비유)

64 _ 전화 내용 이해 – 숙박 연장

> A：フロントでございます。ご用件をお伺いしてもよろしいですか。
>
> B：宿泊を3日延ばしたいのですけど。
>
> A：さようでございますか。では、確認次第、ご連絡さしあげます。
>
> ---
>
> A : 프런트입니다. 용건을 여쭤도 괜찮으시겠습니까?
> B : 숙박을 3일 연장하고 싶은데요.
> A : 그렇습니까? 그럼, 확인하는 대로 연락 드리겠습니다.

フロントに電話した理由は何ですか。

(A) 宿泊変更
(B) 宿泊費の勘定
(C) 宿泊旅行調査
(D) 営業時間延長

프런트에 전화한 이유는 무엇입니까?

(A) 숙박 변경
(B) 숙박비 계산
(C) 숙박 여행 조사
(D) 영업시간 연장

해설 프런트에 전화를 건 이유를 묻고 있다. 손님은 숙박을 연장하고 싶다고 했으므로 정답으로 적절한 것은 (A)이다.

단어 延(の)ばす 연장하다, 끌다 | ～次第(しだい) ～하는 대로 | 勘定(かんじょう) 셈, 계산 | 延長(えんちょう) 연장

65 _ 의사 결정 파악 – 여행

> A：どんなツアーがありますか。
>
> B：美術館ツアー、ボタニカルガーデンツアー、陶芸体験ツアーがあります。
>
> A：どれにするか、もう決めましたか。
>
> B：ええ、お茶碗を焼いてみたいです。
>
> ---
>
> A : 어떤 투어가 있습니까?
> B : 미술관 투어, 식물원 투어, 도예 체험 투어가 있습니다.
> A : 어떤 것으로 할지 벌써 결정했습니까?
> B : 예, 밥그릇을 구워 보고 싶습니다.

お客は何のツアーに決めましたか。

(A) 茶碗展示会
(B) 美術館ツアー
(C) ガーデンツアー
(D) 陶芸体験ツアー

손님은 무슨 투어로 결정했습니까?

(A) 그릇 전시회　　　　(B) 미술관 투어
(C) 가든 투어　　　　　(D) 도예 체험 투어

해설　투어에는 미술관 투어, 식물원 투어, 도예 체험 투어가 있는데, 이 사람은 그릇을 구워 보고 싶어하므로 정답으로 적절한 것은 (D)이다.

단어　ボタニカルガーデン 식물원(botanical garden) | 陶芸(とうげい) 도예 | 茶碗(ちゃわん) 찻잔, 밥공기

66 _ 사물의 특징 이해 – 카드 발행

A：当店ではお得な会員カードを発行しています。年会費無料です。

B：申請書の空欄を埋めればよろしいんですか。

A：はい。ここにサインをお願いします。こちらが仮メンバーカードです。本カードは約１５日後にお届けできると思います。

A：저희 가게에서는 득이 되는 회원카드를 발행하고 있습니다. 연회비 무료입니다.

B：신청서 공란을 채우면 됩니까?

A：네, 여기에 사인해 주세요. 이쪽이 임시 멤버 카드입니다. 본 카드는 약 15일 후에 도착할 것으로 생각합니다.

会話の内容と合っているのはどれですか。

(A) 申込書には印鑑が要る。
(B) 年会費は１回払えば無料となる。
(C) 本カードは１５日以内にもらえる。
(D) もらったのは仮メンバーカードである。

대화 내용과 맞는 것은 어느 것입니까?

(A) 신청서에는 인감이 필요하다.
(B) 연회비는 한 번 지불하면 무료가 된다.
(C) 본 카드는 15일 이내에 받을 수 있다.
(D) 받은 것은 임시 멤버 카드다.

해설　대화를 잘 듣고 선택지를 하나하나 체크해 나간다. 임시 멤버 카드를 받는 것이므로 정답은 (D)이다. 연회비는 무료이므로 (B)는 정답으로 부적절, 신청서에는 사인을 하면 되기 때문에 (A)는 정답으로 부적절, 본 카드는 15일 후에 도착한다고 했으므로 (C)는 정답으로 부적절하다.

단어　当店(とうてん) 당점 | お得(とく) 유리함, 덕을 봄 | 会員(かいいん) 회원 | 発行(はっこう) 발행 | 年会費(ねんかいひ) 연회비 | 申請書(しんせいしょ) 신청서(=申込書(もうしこみしょ)) | 空欄(くうらん) 공란 | 埋(う)める 메우다, 채우다 | 仮(かり) 임시, 일시적 | 印鑑(いんかん) 인감

67 _ 인물의 성격

A：杉村さん、一人で映画を見に行ったりしますか。

B：いいえ、友だちと行きますけど、どうしてですか。

A：木村さんはいつも一人で映画に行くんですよ。じゃま者がいなかったら、もっとのめり込めるからって。

A：스기무라 씨, 혼자서 영화를 보러 가거나 합니까?

B：아니요, 친구와 가는데, 왜요?

A：기무라 씨는 항상 혼자서 영화를 보러 갑니다. 방해꾼이 없으면 더 깊이 빠져 들 수 있다고.

木村さんはどうして一人で映画を見に行くのですか。

(A) 臆病者だから
(B) 集中できるから
(C) 注意がそらされるから
(D) ガールフレンドがいないから

기무라 씨는 왜 혼자서 영화를 보러 가는 겁니까?

(A) 겁쟁이기 때문에
(B) 집중할 수 있기 때문에
(C) 정신이 딴 데로 돌려지기 때문에
(D) 여자 친구가 없기 때문에

해설　스기무라는 항상 혼자 영화를 보러 가는데, 그 이유가 깊이 빠져들 수 있다고 했으므로 정답은 (B)가 적절하다.

단어　じゃま者(もの) 방해꾼 | のめり込(こ)む 어떤 환경이나 상황에 깊이 빠져 들다 | 臆病者(おくびょうもの) 겁쟁이 | 集中(しゅうちゅう) 집중 | そらす (딴 데로) 돌리다, 빗나가게 하다

68 _ 계절에 관한 표현 이해 – 속담

A：この季節だと食べ物がおいしくなりますよね。

B：ええ、天高く馬こゆる季節が実感できますね。

A：いくら食べても、目の前にごはんがあったらまた食べられるんです。

B：それじゃ、太れぢゃいますよ。

A :이 계절이라면 먹을 것이 맛있어지죠.
B : 네, 하늘은 높고 말은 살찌는 계절이 실감 나는군요.
A : 아무리 먹어도 눈앞에 밥이 있으면 또 먹을 수 있어요.
B : 그러면 살쪄요.

今の季節はいつですか。

(A) 春　　　　　　　　(B) 夏
(C) 秋　　　　　　　　(D) 冬

이 계절은 언제입니까?

(A) 봄　　　　　　　　(B) 여름
(C) 가을　　　　　　　(D) 겨울

 대화 속에서 계절감을 나타내는 표현을 찾는 데 주력해야 한다. 가을은 천고마비의 계절이라 했으니, 정답으로 적절한 것은 (C)이다.

 天高(てんたか)く馬肥(うまこ)ゆる 천고마비 | 実感(じっかん) 실감

69 _ 충고의 내용 파악 – 프리마켓

A : あした、フリーマーケットはどこで開かれるんですか。
B : 例年通り、公園で。でも恐らくとても混みますので、お早めに行かれることをおすすめします。
A : わかりました。ありがとう。

A : 내일 프리마켓은 어디에서 열립니까?
B : 예년대로 공원에서. 하지만 아마 매우 혼잡할 테니 일찌감치 가시기를 권합니다.
A : 알겠습니다. 고마워요.

どうして早く行ったほうがいいのですか。
(A) 時間が足りないから
(B) 入場が禁止されているから
(C) ごった返すおそれがあるから
(D) 駐車場が利用できないから

왜 일찍 가는 편이 좋습니까?
(A) 시간이 부족하므로
(B) 입장이 금지되어 있으므로
(C) 몹시 붐빌 우려가 있으므로
(D) 주차장을 이용할 수 없으므로

 프리마켓은 공원에서 열리고, 굉장히 혼잡할테니 일찌감치 가라고 했으므로 정답은 (C)가 적절하다.

 フリーマーケット 프리마켓, 벼룩시장 | 例年(れいねん) 예년 | 混(こ)む 붐비다 | 入場(にゅうじょう) 입장 | 禁止(きんし) 금지 | ごった返(がえ)す 심한 혼잡을 이루다, 몹시 붐비다

70 _ 인물의 행동 이해 – 여가 생활

A : 初詣に行ったって？よい週末を過ごせた？
B : 楽しかったよ。野口さんの週末はどうだった？
A : まあまあだったね。体調悪くて、一日ベッドから起き上がれなかったよ。

A : 새해 첫 참배에 갔었다면서? 주말 잘 보냈어?
B : 재밌었어. 노구치 씨의 주말은 어땠어?
A : 그저 그랬어. 몸이 안 좋아서 하루 종일 침대에서 일어날 수 없었어.

野口さんの週末はどうでしたか。

(A) 楽しく過ごした。
(B) のんびりしていた。
(C) まずまずな１日を過ごした。
(D) 部屋の中で寝転んでばかりいた。

노구치 씨의 주말은 어땠습니까?
(A) 재미있게 보냈다.
(B) 유유자적하게 있었다.
(C) 그저 그런 하루를 보냈다.
(D) 방 안에서 누워 뒹굴기만 했다.

 노구치는 몸이 안 좋아서 그저 그런 주말을 보냈다고 했으므로 정답으로 적절한 것은 (C)이다.

 初詣(はつもうで) 첫 참배 | 起(お)き上(あ)がる 일어나다, 일어서다 | まずまず 그저 그런대로, 그럭저럭 | 寝転(ねころ)ぶ 누워 뒹굴다

71 _ 화제의 요지 파악 – 신제품 개발

A : 新製品が発売日に間に合うか心配です。
B : そうなんだよね。製作部が急がないと。
A : 試作品も作ってないようです。どうしたらいいでしょうか。
B : 発売日を逃す前に、製作部の尻に火をつけないと。

A : 신제품이 발매일에 시간이 맞을지 걱정입니다.
B : 그렇지. 제작부가 서둘러야 할 텐데.
A : 시험 제작품도 만들지 않은 것 같습니다. 어떻게 해야 좋을까요?
B : 발매일을 놓치기 전에 제작부를 재촉해야지.

二人は何について話していますか。

(A) 新製品を広告すること
(B) 新製品の発売日を延期すること
(C) 新製品の価格をどう決めるかということ
(D) 新製品が発売日に合わせられるかということ

두 사람은 무엇에 대해서 이야기하고 있습니까?

(A) 신제품을 광고하는 것
(B) 신제품 발매일을 연기하는 것
(C) 신제품 가격을 어떻게 결정하는가에 관한 것
(D) 신제품이 발매일에 시간이 맞을 것인가에 관한 것

해설 두 사람은 신제품이 발매일에 맞춰 제때 나올 수 있을지를 걱정하면서 제작부를 재촉해야 할 때라고 말하고 있으므로 정답으로 적절한 것은 (D)이다.

단어 新製品(しんせいひん) 신제품 | 発売日(はつばいび) 발매일 | 製作(せいさく) 제작 | 試作品(しさくひん) 시험 제작품 | 尻(しり)に火(ひ)がつく 발등에 불이 떨어지다 | 広告(こうこく) 광고 | 延期(えんき) 연기 | 価格(かかく) 가격

72 _ 대화의 내용 이해 – 반성

A : きのうのプレゼン、どうだった？
B : おかげで何とかなったよ。自分のプレゼンのことを忘れているなんて情けないよ。
A : 最近色々あったから、忘れるのも無理ないよ。
B : これからは些細なことでもメモしとくよ。二度とこんな経験したくないから。

A : 어제 프리젠테이션, 어땠어?
B : 덕분에 어떻게든 됐어. 자신의 프리젠테이션을 잊고 있다니 한심해.
A : 최근 여러 가지 일이 있었으니까 잊어버리는 것도 무리는 아니지.
B : 앞으로는 사소한 것이라도 메모해 둘 거야. 두 번 다시 이런 경험 하고 싶지 않으니까.

どうして自分のことを情けないと思っていますか。

(A) 最近いいことずくめだから
(B) 先日のプレゼンが悪かったから
(C) 些細なことはメモしていなかったから
(D) 自分の発表のことを忘れていたから

어째서 자신을 한심하다고 생각하고 있습니까?

(A) 최근에 좋은 일만 있기 때문에
(B) 전날의 프리젠테이션이 나빴기 때문에
(C) 사소한 일은 메모하고 있지 않기 때문에
(D) 자신의 발표를 잊어버리고 있었기 때문에

해설 이 사람은 자기가 해야 하는 프레젠테이션을 잊고 있어서 한심하다고 생각했으므로 정답은 (D)이다.

단어 情(なさ)けない 한심하다, 비참하다 | 些細(ささい) 사세함, 사소함 | 経験(けいけん) 경험 | ~ずくめ ~투성이, 일색

73 _ 인물의 행동 이해 – 외출

A : ねえ、早く。今すぐ出発しないと。
B : 待って。終わらせなきゃいけない大事なことがあるの。
A : どれくらいかかる？
B : あと１０分。ちょっとこれだけ片付けさせて。

A : 저기, 빨리 (해). 지금 바로 출발해야 해.
B : 기다려. 끝내지 않으면 안 될 중요한 일이 있어.
A : 얼마나 걸려?
B : 앞으로 10분. 잠깐 이것만 정리할게.

二人は何をしているところですか。

(A) 大事な仕事をしている。
(B) 出かけようとしている。
(C) 皿の片付けをしている。
(D) クイズを出題している。

두 사람은 무엇을 하고 있는 중입니까?

(A) 중요한 일을 하고 있다.
(B) 나가려고 하고 있다.
(C) 설거지를 하고 있다.
(D) 퀴즈를 출제하고 있다.

해설 한 사람은 빨리 가자고 재촉하고 있고, 다른 한 사람은 해야 할 일을 정리하는 데 10분 정도 걸리니 기다려 달라고 했으므로 정답으로 적절한 것은 (B)이다.

단어 出発(しゅっぱつ) 출발 | 出題(しゅつだい) 출제

A：松岡さんがおやめになったけど、今後はだ
れが韓国支社を取り仕切るの？

B：うわさによると佐々木さんが新しい上司に
なるそうだよ。

A：なるほど、佐々木さんは今最盛期だしね。

B：この前のややこしい契約もうまく行かせて
締結したしね。ね。

A：마쓰오카 씨가 그만두게 되었는데, 앞으로는 누가 한국지사를
관리하는 거야?

B：소문에 의하면 사사키 씨가 새로운 상사가 된대.

A：과연, 사사키 씨는 지금 전성기니까.

B：요전의 까다로운 계약도 잘 풀어서 체결했고.

二人は佐々木さんが上司になることをどう思っ
ていますか。

(A) 佐々木さんは最盛期が過ぎたのでだめだ。

(B) 佐々木さんは批判を受けてしかるべきだ。

(C) 佐々木さんが上司になるにふさわしい。

(D) 佐々木さんは契約締結はおろか何も果たせ
なかった。

두 사람은 사사키 씨가 상사가 되는 것을 어떻게 생각하고 있습니까?

(A) 사사키 씨는 전성기가 지나서 안 된다.

(B) 사사키 씨는 비판을 받아 마땅하다.

(C) 사사키 씨가 상사가 되는 것이 마땅하다.

(D) 사사키 씨는 계약 체결은커녕 아무것도 달성하지 못했다.

해설 두 사람은 사사키가 상사가 될지도 모른다는 소문에, 사사키
는 지금 한창 전성기인 데다가 이전의 까다로운 계약도 성사시켰다
고 추켜세우고 있으므로 정답으로 적절한 것은 (C)이다.

단어 今後(こんご) 앞으로, 향후 | 支社(ししゃ) 지사 | 取(と)り
仕切(しき)る 도맡아 관리하다, 전담하다 | ～によると ～에 의하면
| 最盛期(さいせいき) 전성기 | ややこしい 까다롭다 | 契約(けい
やく) 계약 | 締結(ていけつ) 체결 | 批判(ひはん) 비판 | ～てし
かるべきだ ～해야 마땅하다 | ～はおろか ～은커녕, ～은 물론 | 果
(は)たす 달성하다, 완수하다

A：山本さん、どうしたの？

B：部長が土曜も日曜も働けって言うのよ。週

末に家族連れで旅行するつもりだったのに。

A：どんな理由であれ、決められたことだから
従うしかないよ。

B：週末がパーになったわ。

A：야마모토 씨, 왜 그래?

B：부장이 토요일도 일요일도 일하라고 해. 주말에 가족 동반 여행
을 할 생각이었는데.

A：어떤 이유든 간에 정해진 일이니까 따를 수밖에 없어.

B：주말이 싹 날아가 버렸어.

山本さんの不満は何ですか。

(A) 年末年始も働きまくること

(B) 楽しい週末が過ごせたこと

(C) 週末に社員旅行に行くこと

(D) 週末が台無しになったこと

야마모토 씨의 불만은 무엇입니까?

(A) 연말연시에도 계속 일을 하는 것

(B) 즐거운 주말을 보낼 수 있었던 것

(C) 주말에 사원 여행을 가는 것

(D) 주말이 엉망이 된 것

해설 야마모토는 가족과 여행을 갈 생각이었는데, 부장이 주말에
도 나와 일을 하라고 해서 주말이 없어진 것에 대한 불만을 토로하고
있으므로 정답으로 적절한 것은 (D)이다. 연말연시는 언급되지 않았
으므로 (A)는 정답으로 부적절하다.

단어 ～連(づ)れ ～동행, ～동반자 | ～であれ ～이든, ～라 할지라
도 | 従(したが)う 따르다 | 不満(ふまん) 불만 | 年末年始(ねんま
つねんし) 연말연시 | ～まくる 마구 ～하다, 계속 ～해 대다〈동사 ます
형에 접속〉 | 台無(だいな)し 엉망이 됨, 망치게 됨

A：中田さんですか。私、野口です。夜遅くす
みません。

B：いいえ、大丈夫ですよ。

A：実は申し訳ございませんが、あしたの接
待、代わってもらえませんか。

B：やりたい気持ちは山々ですけど、あしたは
ちょっと困ります。定期健康診断を受けるん
です。

A : 나카타 씨입니까? 저, 노구치입니다. 밤늦게 죄송합니다.

B : 아니요, 괜찮아요.

A : 실은 죄송합니다만, 내일 접대, 대신해 주시지 않으시겠습니까?

B : 해 주고 싶은 기분은 굴뚝 같습니다만, 내일은 조금 곤란합니다. 정기 건강 진단을 받습니다.

中田さんはどうして野口さんの頼みを断りましたか。

(A) 昼ならまだしも夜は困るから

(B) 健康診断のため病院に行くから

(C) 中田さんなりに決まった生き方があるから

(D) 冷房をつけっ放しにして、かぜを引いたから

나카타 씨는 왜 노구치 씨의 부탁을 거절했습니까?

(A) 낮이라면 몰라도 밤은 곤란하기 때문에

(B) 건강 진단을 위해 병원에 가기 때문에

(C) 나카타 씨 나름대로 정해진 삶의 방식이 있기 때문에

(D) 냉방을 켜둔 채로 두어서 감기에 걸렸기 때문에

해설 나카타가 노구치의 부탁을 거절할 수밖에 없는 이유는 정기 건강 진단을 받기 위해서라고 했으므로 정답으로 적절한 것은 (B)이다.

단어 接待(せったい) 접대 | 定期(ていき) 정기 | 健康診断(けんこうしんだん) 건강 진단 | ~ならまだしも ~라면 몰라도, ~라면 이해할 수 있지만 | ~なりに ~나름대로 | 冷房(れいぼう) 냉방 | ~っぱなし ~인 채로 둠, ~한 채로임

77 _ 부탁한 내용 파악

A : 今、絵を描いている最中だから、手が離せないんだ。あの緑のフォルダーを取ってくれる？

B : どれ？本立てに同じ色のフォルダーがたくさんあるんだけど。

A : 上から2番目のところ、右から3番目に立ててある緑のフォルダーがあるでしょう。

B : あ、分かった。

A : 지금 한창 그림을 그리고 있는 중이라 손을 뗄 수가 없어. 저 녹색 폴더를 집어 줄래?

B : 어느 것? 책꽂이에 같은 색의 폴더가 많이 있는데.

A : 위에서 두 번째, 오른쪽에서 세 번째에 세워진 녹색 폴더가 있지?

B : 아, 알았다.

どうしてフォルダーを取ってもらいましたか。

(A) 絵を売っている最中だから

(B) 絵を描いている最中だから

(C) 紙を裂いている最中だから

(D) 字を書いている最中だから

어째서 폴더를 집어 달라고 했습니까?

(A) 그림을 팔고 있는 중이기 때문에

(B) 그림을 그리고 있는 중이기 때문에

(C) 종이를 찢고 있는 중이기 때문에

(D) 글자를 쓰고 있는 중이기 때문에

해설 본인이 직접 폴더를 집을 수 없는 이유가 그림을 그리고 있는 중이기 때문이라고 했으므로 정답으로 적절한 것은 (B)이다.

단어 最中(さいちゅう) 한창인 때, 한창 진행되고 있는 도중 | フォルダー 폴더 | 裂(さ)く 찢다

78 _ 대화의 내용 이해 – 속담 및 관용구

A : 新聞購読の勧誘がしつこくて困っています。忙しいときに限ってくるからいらいらします。

B : うちもです。新聞、保険、株、不動産、挙げたらきりがないですよ。

A : 先日は勧誘員が脅迫紛いなことを言ってきたので、一昨日来いって言ってやりました。

B : すごいですね。でもそういうときは相手にしないで警察に通報するのが一番ですよ。

A : 신문 구독 권유가 끈질겨서 난처합니다. 바쁠 때만 오니까 화가 납니다.

B : 저희도요. 신문, 보험, 주식, 부동산, 들자면 끝이 없어요.

A : 일전에는 권유하는 사람이 협박 섞인 말을 해서 다신 오지 말라고 말해 줬습니다.

B : 굉장하군요. 그렇지만 그럴 때는 상대하지 말고 경찰에 통보하는 것이 제일 좋아요.

男の人は新聞の勧誘員に何と言いましたか。

(A) 手が放せないと言った。

(B) 二度と来るなと言った。

(C) 新聞は必要ないと言った。

(D) 警察に電話すると言った。

남성은 신문을 권유하는 사람에게 뭐라고 했습니까?

(A) 손을 놓을 수 없다고 말했다.

(B) 두 번 다시 오지 말라고 말했다.

(C) 新聞은 필요없다고 말했다.

(D) 경찰에게 전화한다고 말했다.

 남성의 대화 가운데 一昨日来い(다시는 오지 마라)가 있으므로, 정답으로 적절한 것은 (B)이다.

 購読(こうどく) 구독 | 勧誘(かんゆう) 권유 | しつこい 끈질기다, 집요하다 | 脅迫(きょうはく) 협박 | 紛(まが)い 뒤섞여 구분이 안 됨 | 一昨日来(おとといこ)い 다시는 오지 마라(사람을 욕하며 내쫓을 때 하는 말) | 通報(つうほう) 통보

79 _ 사물에 대한 평가 – 휴대전화

A：最近、物騒な事件が多いので、娘が帰宅するまで気が気ではありません。

B：携帯持たせたらどうですか。護身にもなりますし、あったほうが何かと便利ですよ。

A：でも、携帯がらみのトラブルや犯罪に巻き込まれることも多いと聞くと躊躇してしまいます。

B：まさに痛し痒しの状態ですね。

A : 최근 뒤숭숭한 사건이 많아서 딸이 집에 올 때까지 안절부절못합니다.

B : 휴대전화를 들고 다니게 하면 어떻습니까? 호신도 되고 있는 편이 여러 모로 편리해요.

A : 그렇지만 휴대전화 관련한 문제나 범죄에 휩쓸리는 일도 많다는 이야기를 들으면 주저하게 됩니다.

B : 그야말로 이러지도 저러지도 못하는 상태군요.

会話の内容と合っているのはどれですか。

(A) 娘が皮膚病にかかって心配だ。

(B) 携帯にはいい面と悪い面がある。

(C) 娘が毎日遅く帰ってくるので心配だ。

(D) 物騒な事件が多いので治安が心配だ。

대화 내용과 맞는 것은 어느 것입니까?

(A) 딸이 피부병에 걸려서 걱정이다.

(B) 휴대전화에는 좋은 면과 나쁜 면이 있다.

(C) 딸이 매일 늦게 돌아와서 걱정이다.

(D) 뒤숭숭한 사건이 많아서 치안이 걱정이다.

 대화를 잘 듣고 선택지를 확인한다. 휴대전화는 편리하지만 문제도 있다고 했으므로 정답으로 적절한 것은 (B)이다. 딸이 매일 늦게 들어오는지는 알 수 없으므로 (C)는 정답으로 부적절, 뒤숭숭한 사건이 많아서 걱정되는 것은 치안이 아니라 딸이므로 (D)도 정답이 아니다.

 物騒(ぶっそう) 뒤숭숭함, 위험한 느낌이 드는 모양 | 帰宅(きたく) 귀가 | 気(き)が気でない 안절부절못하다 | 護身(ごしん) 호신 | ～がらみ ～에 얽힘, ～에 관련함 | 巻(ま)き込(こ)まれる 말려들다 | 躊躇(ちゅうちょ) 주저, 망설임 | 痛(いた)し痒(かゆ)し 이러지도 저러지도 못함 | 皮膚病(ひふびょう) 피부병 | 面(めん) 면 | 治安(ちあん) 치안

80 _ 대화의 내용 이해 – 속담 및 관용구

A：この前、鈴木さんの妹さんに会ったよ。

B：へえ、どんな人だった？

A：鈴木さんもかなりの美人だけど、妹さんはそれに輪をかけた美人だったよ。

B：あ～あ、鼻の下伸ばしちゃって。

A : 일전에 스즈키 씨의 여동생을 만났어.

B : 이야, 어떤 사람이었어?

A : 스즈키 씨도 꽤 미인이지만, 여동생은 거기에 한술 더 뜬 미인이었어.

B : 아아, 입이 쩍 벌어지네.

会話の内容と合っているのはどれですか。

(A) 鈴木さんより鈴木さんの妹の方がさらに美人である。

(B) 鈴木さんの妹より鈴木さんの方がずっと美人である。

(C) 鈴木さんも鈴木さんの姪もものすごい美人である。

(D) 鈴木さんも鈴木さんの妹も美人だが鼻の下が少し長い。

대화 내용과 맞는 것은 어느 것입니까?

(A) 스즈키 씨보다 스즈키 씨의 여동생이 더욱 미인이다.

(B) 스즈키 씨의 여동생보다 스즈키 씨가 더 미인이다.

(C) 스즈키 씨도 스즈키 씨의 여자 조카도 굉장한 미인이다.

(D) 스즈키 씨도 스즈키 씨의 여동생도 미인이지만 인중이 조금 길다.

 여동생이 한술 더 뜬 미인이라고 했으므로 (A)가 정답이 되고 (B)는 정답으로 부적절하다. (C)는 조카가 나왔으므로 정답으로 부적절, 인중의 길이는 언급되지 않았으므로 (D)도 정답이 아니다.

 輪(わ)をかける 한층 심하게 하다, 과장하다 | 鼻(はな)の下(した)を伸(の)ばす 여성에게 무르다 | 姪(めい) 여자 조카 | 鼻(はな)の下(した)が長(なが)い 인중이 길다, 여자에게 잘 빠지다

PART 4

81~83

沿岸の海域では、うねりを伴いしけや波の高い状態が続いていますので、高波に注意してください。関東地方では荒れた天気となり、局地的に雷を伴い非常に激しい雨が降るでしょう。明日は、引き続き湿った空気の影響で曇りや雨の天気となる見込みで、雷を伴い激しく降る所があるでしょう。

연안 해역에서는 너울을 동반하여 파도가 거칠고 높은 상태가 계속되고 있으므로 높은 파도에 주의하여 주십시오. 간토 지방에서는 날씨가 궂어져 국지적으로 천둥을 동반한 굉장히 많은 비가 내리겠습니다. 내일은 계속하여 습한 공기의 영향으로 흐리거나 비가 올 것으로 보이므로, 천둥을 동반하며 많은 비가 내리는 곳이 있겠습니다.

단어 沿岸(えんがん) 연안 | 海域(かいいき) 해역 | うねり 굽이침, 너울거림 | 伴(ともな)う 동반하다 | しけ 바다가 거칠어짐 | 高波(たかなみ) 높은 파도 | 荒(あ)れる 거칠어지다, 사나워지다 | 局地的(きょくちてき) 국지적 | 雷(かみなり) 천둥 | 湿(しめ)る 습기 차다, 눅눅하다

81 沿岸の海域の様子はどうですか。

(A) 海が荒れている。
(B) 波は穏やかである。
(C) 畦に水が溜っている。
(D) 波が防波堤を越えている。

연안 해역의 모습은 어떻습니까?

(A) 바다가 거칠다.
(B) 파도가 고요하다.
(C) 논두렁에 물이 고여 있다.
(D) 파도가 방파제를 넘고 있다.

해설 너울을 동반한 거친 파도가 계속되고 있다고 했으므로 정답으로 적절한 것은 (A)이다.

단어 畦(あぜ) 논두렁 | 溜(たま)る 괴다, 모이다 | 防波堤(ぼうはてい) 방파제

82 関東地方の天気はどうなりますか。

(A) 吹雪に見舞われる。
(B) 全国的に雨が降る。
(C) 局地的に雨が降る。
(D) 徐々に霧が濃くなる。

간토 지방의 날씨는 어떻게 됩니까?

(A) 눈보라가 흩날린다.
(B) 전국적으로 비가 내린다.
(C) 국지적으로 비가 내린다.
(D) 서서히 안개가 짙어진다.

해설 간토 지방은 국지적으로 천둥을 동반한 비가 내린다고 했으므로 정답으로 적절한 것은 (C)이다.

단어 吹雪(ふぶき) 눈보라 | 見舞(みま)う 문안드리다. (위기나 재난 등이) 닥치다

83 明日の天気の見込みについて正しいのはどれですか。

(A) 曇りや雨   (B) 曇りのち晴れ
(C) 晴れのち曇り   (D) 晴れ時々曇り

내일의 날씨 전망에 대해서 맞는 것은 어느 것입니까?

(A) 흐리거나 비   (B) 흐린 뒤 갬
(C) 맑은 뒤 흐림   (D) 맑고 때때로 흐림

해설 내일 날씨는 흐리거나 비가 올 예정이라 했으므로 정답으로 적절한 것은 (A)이다.

84~87

街から離れ、信号もないような郊外になると、左右は建物もなく、山があるのかもしれないけど真っ白で見えなかった。夏仕様のワイパーには雪が付着してきれいに拭きとれないため、フロントガラスには雪がたまってどんどん視界が悪くなったが、前に進むしかない状態だった。

번화한 거리에서 멀어져 신호등도 없는 교외가 되자, 좌우에는 건물도 없고 산이 있을지도 모르지만 새하얘져서 보이지 않았다. 여름 사양의 와이퍼에는 눈이 붙어 깨끗이 닦이지 않기 때문에 앞 유리에는 눈이 쌓여 점점 시야가 나빠졌지만, 앞으로 전진할 수밖에 없는 상태였다.

단어 郊外(こうがい) 교외 | 左右(さゆう) 좌우 | 仕様(しよう)

방법, 도리, 사양 | ワイパー 와이퍼 | 付着(ふちゃく) 부착 | 拭(ふ)
きとる 닦아내다 | 視界(しかい) 시계, 시야

84 今の季節はいつですか。

(A) 春
(B) 夏
(C) 秋
(D) 冬

지금 계절은 언제입니까?

(A) 봄
(B) 여름
(C) 가을
(D) 겨울

해설 눈이 쌓였다고 했으므로 정답으로 적절한 것은 (D)이다.

85 どうしてガラスがきれいに拭けなかったのですか。

(A) ワイパーが壊れたから
(B) 雨が雪に変わったから
(C) 雪が凍りついてかたくなったから
(D) ワイパーがよく利かなかったから

어째서 유리가 깨끗이 닦이지 않았습니까?

(A) 와이퍼가 고장 나서
(B) 비가 눈으로 바뀌어서
(C) 눈이 얼어붙어 딱딱해져서
(D) 와이퍼가 잘 듣지 않아서

해설 유리가 붙은 눈이 깨끗하게 닦이지 않은 이유는 와이퍼가 여름 사양이라 잘 듣지 않은 것이기 때문이므로 정답으로 적절한 것은 (D)이다.

단어 凍(こお)りつく 얼어붙다, 꽁꽁 얼다

86 何のせいで視界が悪くなったのですか。

(A) 雨
(B) 雪
(C) 霧
(D) 霜

무엇 때문에 시야가 나빠졌습니까?

(A) 비
(B) 눈
(C) 안개
(D) 서리

해설 시야가 나빠진 이유는 눈 때문이라고 했으므로 정답으로 적절한 것은 (B)이다.

87 この内容と合っているのはどれですか。

(A) 前に進んで行った。
(B) 雪の中をさ迷った。
(C) うちに引き返した。

(D) いったん止まった。

이 내용과 맞는 것은 어느 것입니까?

(A) 앞으로 나아갔다.
(B) 눈 속을 헤매었다.
(C) 집으로 되돌아갔다.
(D) 일단 멈췄다.

해설 이 사람은 앞으로 나아갈 수밖에 없는 상태였다고 했으므로 정답으로 적절한 것은 (A)이다.

단어 さ迷(まよ)う 헤매다, 정처없이 떠돌다 | 引(ひ)き返(かえ)す 되돌아가다 | いったん 일단

88~90

子どもの栄養バランスのため、私は家事の中で特に夕食に一番こだわっているのです。仕事帰りに一週間分まとめて買い物をして帰ります。1日に摂取した食品数の合計を記録しますが、1日30品目摂取できない場合が多いです。最近の夕食のメニューは味噌汁、豚肉、野菜炒め、サラダ、里芋の煮物、果物です。バランスのとれた食事をするため、主食は雑穀米です。

아이의 영양 균형을 위해 저는 가사 중에서 특히 저녁밥을 가장 신경 쓰고 있습니다. 퇴근길에 1주일치를 한꺼번에 사서 들어갑니다. 하루에 섭취한 식품 수 합계를 기록하는데, 하루 30품목을 섭취하지 못하는 경우가 많습니다. 최근 저녁 식사 메뉴는 된장국, 돼지고기, 채소볶음, 샐러드, 토란조림, 과일입니다. 균형 잡힌 식사를 하기 위해 주식은 잡곡쌀입니다.

단어 栄養(えいよう) 영양 | バランス 밸런스, 균형 | こだわる 구애되다 | 摂取(せっしゅ) 섭취 | 合計(ごうけい) 합계 | 記録(きろく) 기록 | 品目(ひんもく) 품목 | 里芋(さといも) 토란 | 煮物(にもの) 음식을 삶음, 또는 그러한 음식 | 主食(しゅしょく) 주식 | 雑穀米(ざっこくまい) 잡곡쌀

88 この人が気を使っているのはどれですか。

(A) 朝食
(B) 昼食
(C) 夕食
(D) おやつ

이 사람이 신경 쓰고 있는 것은 어느 것입니까?

(A) 아침 식사
(B) 점심 식사
(C) 저녁 식사
(D) 간식

해설 아이의 영양 균형을 위해 특히 저녁을 가장 신경 쓰고 있다고 했으므로 정답으로 적절한 것은 (C)이다.

89 １ヶ月に何回買い物しますか。

(A) １〜２回　　　(B) ４〜５回

(C) ６〜７回　　　(D) ９〜１０回

한 달에 몇 번 장을 봅니까?

(A) 1~2회　　　(B) 4~5회
(C) 6~7회　　　(D) 9~10회

해설 일이 끝난 뒤에 일주일치를 한꺼번에 산다고 했으므로 한 달에 4~5회가 될 수 있다. 따라서 정답으로 적절한 것은 (B)이다.

90 栄養のバランスのため、摂取するものとして挙げていないのはどれですか。

(A) 果物　　　　(B) 雑穀米

(C) 野菜炒め　　(D) アーモンド

영양 균형을 위해 섭취하는 것으로 예를 들지 않은 것은 어느 것입니까?

(A) 과일　　　　(B) 잡곡밥
(C) 채소볶음　　(D) 아몬드

해설 저녁 메뉴는 된장국, 돼지고기, 채소볶음, 샐러드, 토란조림, 과일, 잡곡 등이므로 여기에 해당되지 않은 것은 (D)이다.

91~93

アメリカの史上最大の大暴落に比べると、ユーロ圏の株価は落ち着いた寄付きとなっているが、ユーロ圏は国民の預金全額保護、預金の引き出し禁止、市場の流動性を確保、一部は懐疑的に思っているが、国内の全銀行を国有化することを決定するなどの金融システム安定化に努力している。まだ金融危機からの回復の兆しは見えないが、世界規模の金融危機に対してナショナリズムではなく、グローバリズムからの対策が必要である。

미국의 사상 최대 대폭락에 비하면 유로권의 주가는 첫 거래가 안정되었으나, 유로권은 국민의 예금 전액 보호, 예금의 인출 금지, 시장의 유동성을 확보, 일부는 회의적으로 생각하고 있지만, 국내의 모든 은행을 국유화할 것을 결정하는 등의 금융 시스템 안정화에 노력하고 있다. 아직 금융 위기 회복의 징조는 보이지 않지만 세계 규모의 금융 위기에 대해서 내셔널리즘이 아니라 글로벌리즘에서의 대책이 필요하다.

단어 史上(しじょう) 사상 | 最大(さいだい) 최대 | 大暴落(だいぼうらく) 대폭락 | ユーロ圏(けん) 유로권 | 株価(かぶか) 주가 | 寄付(よりつ)き 증권거래소에서 전장, 후장의 첫 입회・시세 | 流動性(りゅうどうせい) 유동성 | 懐疑的(かいぎてき) 회의적 | 国有化(こくゆうか) 국유화 | 金融(きんゆう) 금융 | 危機(きき) 위기 | 回復(かいふく) 회복 | 兆(きざ)し 징조

91 ヨーロッパの対策として正しいのはどれですか。

(A) 似たり寄ったりの銀行を合併した。
(B) 全力を尽くして企業を国有化した。
(C) 国民が預金を引き出すのが停止された。
(D) 外国銀行に太刀打ちできないところは閉鎖した。

유럽의 대책으로 바른 것은 어느 것입니까?

(A) 비슷비슷한 은행을 합병했다.
(B) 전력을 다하여 기업을 국유화했다.
(C) 국민이 예금을 인출하는 것이 정지되었다.
(D) 외국 은행에 대응할 수 없는 것은 폐쇄했다.

해설 예금 금액 보호, 예금 인출 금지, 시장의 유동성 확보 등의 대책을 마련하고 있으므로 정답으로 적절한 것은 (C)이다.

단어 似(に)たり寄(よ)ったり 비슷비슷함 | 合併(がっぺい) 합병 | 全力(ぜんりょく)を尽(つ)くす 전력을 다하다 | 太刀打(たちう)ち 실력으로 대등하게 겨룸 | 閉鎖(へいさ) 폐쇄

92 金融危機についてどんな対策が必要だと述べていますか。

(A) 借金を穴埋めする。
(B) 海外ファンドに投資する。
(C) 銀行の筆頭株主を招待する。
(D) グローバルな対策を立てる。

금융 위기에 대해서 어떤 대책이 필요하다고 말하고 있습니까?

(A) 빚을 메운다.
(B) 해외펀드에 투자한다.
(C) 은행의 최대 주주를 초대한다.
(D) 글로벌한 대책을 세운다.

해설 금융위기에 대해서 내셔널리즘이 아니라 글로벌리즘에서의 대책이 필요하다고 했으므로 정답으로 적절한 것은 (D)이다.

단어 借金(しゃっきん) 빚 | 穴埋(あなう)め 구멍을 메움, 보충 | 投資(とうし) 투자 | 筆頭株主(ひっとうかぶぬし) 최대 주주

단어 悪化(あっか) 악화 | 転職(てんしょく) 이직, 전직 | 賃金(ちんぎん) 임금 | 水準(すいじゅん) 수준 | 意向(いこう) 의향 | 多忙(たぼう) 다망함, 대단히 바쁨 | 取(と)り組(く)む 열심히 일에 들러붙다, 몰두하다 | 比率(ひりつ) 비율

94 転職意向度がもっとも多かった年齢層はどれですか。

(A) ２０代　　　　(B) ３０代

(C) ４０代　　　　(D) ５０代

이직 의향도가 가장 높았던 연령층은 어느 것입니까?

(A) 20대　　　　(B) 30대
(C) 40대　　　　(D) 50대

해설 각 연령층의 특징을 파악한다. 이직 의향이 있는 연령층은 20대가 73%, 30대가 62%, 40대가 55%이므로 정답으로 적절한 것은 (A)이다.

단어 年齢層(ねんれいそう) 연령층

95 転職する理由は何ですか。

(A) 残業が多いから

(B) 給料に不満があるから

(C) 福祉施設が不足しているから

(D) 仕事がおもしろくないから

이직하는 이유는 무엇입니까?

(A) 잔업이 많아서
(B) 급료에 불만이 있어서
(C) 복지 시설이 부족해서
(D) 일이 재미없어서

해설 이직을 하는 가장 큰 이유로 제시된 것은 임금 수준에 불만이 있기 때문이므로 정답으로 적절한 것은 (B)이다.

단어 福祉(ふくし) 복지 | 施設(しせつ) 시설

96 ２０代の人が思い通り転職できないのはなぜですか。

(A) 仕事が多いから

(B) 横並び主義だから

(C) 物価が跳ね上がったから

93 ヨーロッパの株価はアメリカに比べてどうなっていますか。

(A) 為替介入で大暴落した。

(B) 史上最高値を更新した。

(C) 安定した状態になった。

(D) 外国の証券会社が進出した。

유럽의 주가는 미국에 비해 어떻게 되어 있습니까?

(A) 외화 개입으로 대폭락했다.
(B) 사상 최고치를 갱신했다.
(C) 안정된 상태가 되었다.
(D) 외국의 증권회사가 진출했다.

해설 미국의 대폭락과 비교하면 유로권의 주가는 안정되었다고 했으므로 정답으로 적절한 것은 (C)이다.

단어 為替(かわせ) 환, 외화 | 介入(かいにゅう) 개입 | 最高値(さいこうち) 최고치 | 更新(こうしん) 갱신 | 証券(しょうけん) 증권 | 進出(しんしゅつ) 진출

94~97

景気悪化などの影響で２０代から４０代の人は転職について考えています。転職理由をお聞きしたところ「賃金水準に不満があるから」という答えが４５％で、最も多い結果になりました。転職の意向があるかとお聞きしたところ２０代が７３％、３０代が６２％、４０代が５５％で、２０代が最も多かったです。転職意向はあるけれども活動を始めていない２０代の方に、その理由をお聞きしたところ、「仕事が多忙で、転職活動に取り組めないから」という回答が多かったです。転職活動中の方に、現在どのくらいの期間活動しているかをお聞きしたところ、２０代では「１ヶ月以内」という方が４７％、４０代では「１年以上」という方の比率が２０％以上になっています。

(D) 景気回復が足踏み状態だから

20대가 생각대로 이직을 하지 못하는 것은 왜입니까?

(A) 일이 많아서

(B) 적당히 따라하는 주의라서

(C) 물가가 많이 올라서

(D) 경기 회복이 답보 상태여서

해설 20대는 이직 의향이 가장 높았으나 이직 활동을 하지 못하는 이유가 업무가 바빠서라고 했으므로 정답으로 적절한 것은 (A)이다.

단어 横並(よこなら)び主義(しゅぎ) 사람들과 같은 행동을 하는 주의 | 物価(ぶっか) 물가 | 跳(は)ね上(あ)がる 갑자기 오르다, 폭등하다 | 足踏(あしぶ)み 제자리걸음, 답보 상태

97 20代の場合、転職活動の期間はどれくらいですか。

(A) 約1ヶ月　　　(B) 約3ヶ月

(C) 約6ヶ月　　　(D) 約1年間

20대의 경우, 이직 활동 기간은 어느 정도입니까?

(A) 약 1개월　　　(B) 약 3개월

(C) 약 6개월　　　(D) 약 1년간

해설 이직 활동 기간에 대한 응답으로 20대는 '1개월 이내', 40대는 '1년 이상'이라고 했으므로 정답으로 적절한 것은 (A)이다.

98~100

団体乗車券購入にあたっては、事前にインターネットでお申込みいただくことが必要になります。乗車当日、団体乗車券購入用紙をご持参の上、運賃を駅にて現金でお支払いくださいますようお願いいたします。なお、団体乗車券の発券作業がありますので乗車する1時間前には必ず確定人員を乗車駅に電話でご連絡くださいますようお願いいたします。

단체 승차권을 구입하실 때는 사전에 인터넷에서 신청하실 필요가 있습니다. 승차 당일 단체 승차권 구입 용지를 지참하신 후, 운임을 역에서 현금으로 지불해 주시기 바랍니다. 또한 단체 승차권의 발권 작업이 있으니 승차하기 1시간 전에는 반드시 확정 인원을 승차역에 전화로 연락 주시기 바랍니다.

단어 団体(だんたい) 단체 | 乗車券(じょうしゃけん) 승차권 | 購入(こうにゅう) 구입 | 事前(じぜん) 사전 | 当日(とうじつ) 당일 | 用紙(ようし) 용지 | 持参(じさん) 지참 | 運賃(うんちん) 운임 | ~にて ~에서 | なお 또한, 덧붙여 | 発券(はっけん) 발권 | 作業(さぎょう) 작업 | 確定(かくてい) 확정 | 人員(じんいん) 인원

98 団体乗車券購入前に何をしなければなりませんか。

(A) 人数に応じた予約手続き

(B) 事前予約クーポンの確認

(C) シアター上映の事前予約

(D) インターネット事前予約

단체 승차권 구입 전에 무엇을 하지 않으면 안 됩니까?

(A) 사람 수에 따른 예약 수속

(B) 사전 예약 쿠폰 확인

(C) 영화 상영의 사전 예약

(D) 인터넷 사전 예약

해설 단체 승차권을 구입할 때는 사전에 인터넷에서 신청해야 한다고 했으므로 정답으로 적절한 것은 (D)이다.

단어 人数(にんずう) 사람 수 | シアター 극장, 영화관 | 上映(じょうえい) 상영

99 支払いはどこでどうやってしますか。

(A) 家、カード　　　(B) 家、ポイント

(C) 乗車駅、現金　　　(D) 乗車駅、携帯

지불은 어디서 어떻게 합니까?

(A) 집, 카드　　　(B) 집, 포인트

(C) 승차역, 현금　　　(D) 승차역, 휴대전화

해설 운임은 역에서 현금으로 지불해 달라고 했으므로 정답으로 적절한 것은 (C)이다.

100 乗車する前の注意点は何ですか。

(A) 日程と人数を確認すること

(B) ネットで発券作業すること

(C) 最終的に料金を確定すること

(D) 確定人員を駅に知らせること

승차하기 전의 주의점은 무엇입니까?

(A) 일정과 사람 수를 확인할 것

(B) 인터넷으로 발권 작업을 할 것

(C) 최종적으로 요금을 확정할 것

(D) 확정 인원을 역에 알릴 것

해설 단체 승차권의 발권 작업을 해야 하니 승차하기 1시간 전에는 반드시 확정 인원을 승차역에 전화로 연락하라고 했으므로 정답으로 적절한 것은 (D)이다.

단어 注意点(ちゅういてん) 주의점 | 日程(にってい) 일정 | 最終的(さいしゅうてき) 최종적

JPT 핵심어휘 1000 ⑧

✓ 단어	읽기	뜻
青臭い	あおくさい	풋내가 나다, 미숙하다
畦	あぜ	논두렁
後味	あとあじ	뒷맛
網棚	あみだな	그물 선반
泡立て機	あわだてき	거품기
痛し痒し	いたしかゆし	이러지도 저러지도 못함
埋める	うめる	메우다, 채우다
売り切れる	うりきれる	다 팔리다, 매진되다
売り込み	うりこみ	잘 권유해서 팔려고 하는 것
上書き	うわがき	덮어쓰기
折り目	おりめ	접은 금, 주름
買い上げ	かいあげ	구매
垣根	かきね	울타리
かけごと		내기
傾ける	かたむける	기울이다
合併	がっぺい	합병
枯れ木	かれき	고목, 마른 나무
枯れ葉	かれは	마른 잎, 고엽
為替	かわせ	환, 외화
勘定	かんじょう	셈, 계산
勘違い	かんちがい	착각, 오해
缶詰	かんづめ	통조림
基盤	きばん	기반
脅迫	きょうはく	협박
局地的	きょくちてき	국지적
金融	きんゆう	금융
掲示物	けいじぶつ	게시물
毛糸	けいと	털실
下段	げだん	하단, 아랫단
購読	こうどく	구독
混む	こむ	붐비다
さ迷う	さまよう	헤매다, 정처없이 떠돌다
叱る	しかる	꾸짖다, 나무라다
敷金	しききん	보증금
試作品	しさくひん	시험 제작품
下見	したみ	예비 조사, 예습
芝居	しばい	연극
芝生	しばふ	잔디
渋い	しぶい	쓰다
紙幣	しへい	지폐
借金	しゃっきん	빚
しゃらくさい		아는 체하다
証券	しょうけん	증권
ずきんずきん		욱신욱신
すさまじい		굉장하다, 어마어마하다
荒む	すさむ	거칠어지다, 삭막하다
酸っぱい	すっぱい	시큼하다, 시다
すっぽかす		약속을 어기다, 바람맞히다
先制点	せんせいてん	선제점
立ちくらみ	たちくらみ	현기증
溜る	たまる	괴다, 모이다
たむろする		무리지어 모이다
茶碗	ちゃわん	찻잔, 밥공기
躊躇	ちゅうちょ	주저, 망설임
杖	つえ	지팡이
締結	ていけつ	체결
出来栄え	できばえ	잘 만들어진 모양새
手頃	てごろ	적합함, 적당함, 어울림

□	てっきり		틀림없이, 영락없이	□	まな板	まないた	도마
□	照れくさい	てれくさい	쑥스럽다	□	まるっきり		전혀, 전연
□	伝統文化	でんとうぶんか	전통문화	□	磨く	みがく	닦다
□	店舗	てんぽ	점포	□	見通し	みとおし	전망
□	陶芸	とうげい	도예	□	免疫	めんえき	면역
□	取り仕切る	とりしきる	도맡아 관리하다	□	ヤカン		주전자
□	取り揃える	とりそろえる	빠짐없이 갖추다	□	悠々と	ゆうゆうと	유유히
□	問屋	とんや	도매상	□	床材	ゆかざい	바닥재
□	情けない	なさけない	한심하다, 비참하다	□	寄り集まる	よりあつまる	모여들다
□	似たり 寄ったり	にたり よったり	비슷비슷함	□	流動性	りゅうどうせい	유동성
□	ぬいぐるみ		봉제 인형	□	凛々しい	りりしい	늠름하다, 씩씩하다
□	盗み聞き	ぬすみぎき	도청, 엿들음	□	礼金	れいきん	사례금
□	年中無休	ねんじゅうむきゅう	연중무휴				
□	のぞき込む	のぞきこむ	들여다보다, 살펴보다				
□	図る	はかる	꾀하다, 도모하다				
□	剥製	はくせい	박제				
□	励む	はげむ	힘쓰다, 노력하다				
□	はしゃぐ		들떠서 떠들다				
□	日傘	ひがさ	양산				
□	人手	ひとで	일손				
□	ふきん掛け	ふきんかけ	행주걸이				
□	ぶしつけ		갑작스러움, 돌연함, 버릇없음				
□	不始末	ふしまつ	뒤처리가 허술함, 부주의				
□	復帰	ふっき	복귀				
□	物騒	ぶっそう	뒤숭숭함				
□	吹雪	ふぶき	눈보라				
□	閉鎖	へいさ	폐쇄				
□	望遠鏡	ぼうえんきょう	망원경				
□	補充	ほじゅう	보충				
□	前金	まえきん	선불				

| 1 (B) | 2 (C) | 3 (D) | 4 (C) | 5 (A) | 6 (C) | 7 (C) | 8 (C) | 9 (A) | 10 (B) |
| 11 (B) | 12 (D) | 13 (A) | 14 (A) | 15 (A) | 16 (D) | 17 (B) | 18 (D) | 19 (D) | 20 (A) |

21 (B)	22 (A)	23 (B)	24 (B)	25 (C)	26 (C)	27 (B)	28 (B)	29 (D)	30 (C)
31 (D)	32 (A)	33 (B)	34 (D)	35 (A)	36 (C)	37 (C)	38 (A)	39 (B)	40 (A)
41 (D)	42 (A)	43 (C)	44 (A)	45 (D)	46 (C)	47 (A)	48 (B)	49 (D)	50 (D)

51 (C)	52 (C)	53 (D)	54 (D)	55 (C)	56 (C)	57 (C)	58 (B)	59 (B)	60 (D)
61 (C)	62 (B)	63 (A)	64 (D)	65 (B)	66 (B)	67 (A)	68 (D)	69 (D)	70 (B)
71 (A)	72 (A)	73 (C)	74 (D)	75 (D)	76 (A)	77 (D)	78 (B)	79 (D)	80 (C)

| 81 (D) | 82 (A) | 83 (C) | 84 (B) | 85 (D) | 86 (D) | 87 (A) | 88 (C) | 89 (D) | 90 (B) |
| 91 (D) | 92 (C) | 93 (A) | 94 (A) | 95 (C) | 96 (C) | 97 (D) | 98 (B) | 99 (C) | 100 (A) |

문제는 본책 p237~p257

PART 1

1 _ 사물의 모양과 상태

(A) ろうそくに火が灯っています。

(B) りんご柄のコップがおいてあります。

(C) ケーキの上にりんごがのせてあります。

(D) ワイングラスとワイングッズが揃えてあり
　　ます。

(A) 촛불에 켜져 있습니다.

(B) 사과 무늬 컵이 놓여 있습니다.

(C) 케이크 위에 사과가 올려져 있습니다.

(D) 와인 잔과 와인 상품이 갖추어져 있습니다.

해설 와인 한 병, 케이크, 컵의 순서대로 놓여 있고, 촛불은 없고, 케이크 위에는 하트 모양의 초콜릿이 세워져 있으므로 정답으로 적절한 것은 (B)이다.

단어 ろうそく 초 | 灯(とも)る 켜지다 | 柄(がら) 옷감 등의 무늬나 문양 | グッズ 상품, 물품

2 _ 인물의 동작 및 점포의 모습

(A) 店員が立て札をおいています。

(B) 店の入り口の扉が閉まっています。

(C) 店の入り口に暖簾がかかっています。

(D) 店員はビニール傘を片付けています。

(A) 점원이 팻말을 놓고 있습니다.

(B) 가게 입구의 문이 닫혀 있습니다.

(C) 가게 입구에 포렴이 걸려 있습니다.

(D) 점원은 비닐 우산을 정리하고 있습니다.

해설 점원은 반쯤 열린 가게 문 앞에 서 있고, 가게 앞에는 포렴이 걸려 있으므로 정답으로 적절한 것은 (C)이다.

단어 立(た)て札(ふだ) 팻말 | 扉(とびら) 문 | 暖簾(のれん) 포렴 | ビニール傘(がさ) 비닐 우산

3 _ 사물의 특징

(A) ひし形のクッキーが皿の上においてあります。

(B) トマトが輪切りにされ、皿の上に盛られて

いります。

(C) ショーケースにサンドイッチががずらりと
　　並んでいます。

(D) 半分に切られたサンドイッチが皿の上に乗
　　せられています。

(A) 마름모 모양의 쿠키가 접시 위에 놓여 있습니다.

(B) 토마토가 둥글게 잘려 접시 위에 담겨 있습니다.

(C) 장식장에 샌드위치가 즐비하게 놓여 있습니다.

(D) 반쪽으로 잘린 샌드위치가 접시 위에 놓여 있습니다.

해설 접시 위에는 동그란 모양의 쿠키와 반으로 나뉜 샌드위치가 있으므로 정답으로 적절한 것은 (D)이다.

단어 ひし形(がた) 마름모 | 輪切(わぎ)り 둥글게 썰기

4 _ 인물의 동작

(A) 男の人はあぐらをかいています。

(B) 男の人は座布団に正座しています。

(C) 男の人は足を投げ出して座っています。

(D) 男の人は顔を伏せてしゃがんでいます。

(A) 남성은 책상다리를 하고 있습니다.

(B) 남성은 방석에 정좌를 하고 있습니다.

(C) 남성은 다리를 쭉 뻗고 앉아 있습니다.

(D) 남성은 고개를 숙이고 쭈그리고 앉아 있습니다.

해설 사진 속의 남성은 의자에 앉아 다리를 쭉 뻗고 책을 읽고 있으므로 정답은 (C)이다.

단어 あぐらをかく 책상다리를 하다 | 座布団(ざぶとん) 방석 | 正座(せいざ) 정좌 | 伏(ふ)せる 숙이다. 엎드리다 | しゃがむ 쭈그리고 앉다. 웅크리고 앉다

5 _ 두 사람 이상의 인물의 동작

(A) 両手をつないでいます。

(B) 服のすそを引っ張っています。

(C) 机にうつ伏せになっています。

(D) 肩に手を置いて肩を揉んでいます。

(A) 양손을 잡고 있습니다.

(B) 옷자락을 잡아당기고 있습니다.

(C) 책상에 엎드려 있습니다.

(D) 어깨에 손을 올려 어깨를 주무르고 있습니다.

해설 두 사람이 마주 보고 양손을 잡고 있으므로 정답으로 적절한 것은 (A)이다.

단어 すそ 옷자락 | 引(ひ)っ張(ぱ)る 잡아당기다 | うつ伏(ぶ)せ 엎드림 | 揉(も)む 주무르다

6 _ 사물의 위치 및 배열

(A) 5本指ソックスが入れてあります。
(B) 靴の片方だけしか入っていません。
(C) ソックスが互い違いに置いてあります。
(D) 手袋が小さな箱の中に詰め込んであります。

(A) 발가락 양말이 들어 있습니다.
(B) 신발의 한쪽밖에 들어 있지 않습니다.
(C) 양말이 서로 엇갈리게 놓여 있습니다.
(D) 장갑이 작은 상자 안에 가득 들어 있습니다.

해설 상자 안에는 한 켤레의 신발과 양말이 놓여 있고, 양말은 좌우 반대로 놓여 있으므로 정답으로 적절한 것은 (C)이다.

단어 ソックス 양말 | 片方(かたほう) 한쪽 | 互(たが)い違(ちが)いに 서로 엇갈리게 | 詰(つ)め込(こ)む 가득 채워 넣다. 쑤셔 넣다

7 _ 사물의 상태

(A) いすに上着がかけてあります。
(B) テーブル付きの椅子があります。
(C) いくつかの椅子が積み重ねてあります。
(D) ガラス製の透明な椅子にレースがつけてあります。

(A) 의자에 상의가 걸려 있습니다.
(B) 테이블이 달린 의자가 있습니다.
(C) 몇 개의 의자가 겹쳐 쌓여 있습니다.
(D) 유리제의 투명한 의자에 레이스가 달려 있습니다.

해설 의자 위에는 스카프가 놓여 있고, 몇 개의 의자가 겹쳐 쌓여 있으므로 정답으로 적절한 것은 (C)이다.

단어 積(つ)み重(かさ)ねる 포개어 쌓다

8 _ 동물의 동작

(A) かわうそが魚を捕まえています。
(B) かわうそが飛び石を飛んでいるところです。
(C) かわうそが岩の上に腹ばいになっています。
(D) かわうそが氷の上をすべりながら遊んでいます。

(A) 수달이 생선을 잡고 있습니다.
(B) 수달이 징검다리를 뛰고 있는 중입니다.
(C) 수달이 바위 위에 배를 깔고 있습니다.
(D) 수달이 얼음 위를 미끄러지면서 놀고 있습니다.

해설 수달이 바위 위에 있으므로 정답으로 적절한 것은 (C)이다.

단어 かわうそ 수달 | 捕(つか)まえる 잡다 | 腹(はら)ばい 배를 깔고 엎드림 | すべる 미끄러지다

9 _ 공원에서의 다수의 인물 동작

(A) 木陰の下のベンチで休憩をしているようです。
(B) シートの上で一団となって宴会を楽しんでいます。
(C) ベンチの上にごろりと寝そべって休憩をしています。
(D) 子どもは木の下で落ち葉を踏みながら遊んでいます。

(A) 나무 그늘 아래의 벤치에서 휴식을 취하고 있는 것 같습니다.
(B) 돗자리 위에서 한 무리가 되어 연회를 즐기고 있습니다.
(C) 벤치 위에서 뒹굴뒹굴 누워서 휴식을 취하고 있습니다.
(D) 아이는 나무 아래에서 낙엽을 밟으면서 놀고 있습니다.

해설 사람들이 나무 아래의 벤치에 앉아 쉬고 있으므로 정답으로 적절한 것은 (A)이다. 돗자리를 깔거나 벤치 위에 누워 있는 사람은 없으므로 (B)와 (C)는 정답으로 부적절하다.

단어 木陰(こかげ) 나무 그늘 | 休憩(きゅうけい) 휴식 | 宴会(えんかい) 연회 | 寝(ね)そべる 엎드려 눕다, 배를 깔고 눕다 | 踏(ふ)む 밟다

10 _ 사물의 상태

(A) 柄杓を手にとり、水をすくっています。
(B) たらいの中に缶ビールが入っています。
(C) 紐でくくった缶ビールが提げてあります。
(D) ペットボトル、缶、瓶などに分類されています。

(A) 국자를 손에 쥐고 물을 퍼 올리고 있습니다.
(B) 대야 안에 캔 맥주가 들어 있습니다.
(C) 끈으로 묶은 캔 맥주가 걸려 있습니다.
(D) 페트병, 캔, 병 등으로 분류되어 있습니다.

해설 대야 속에는 캔, 병, 가위, 주걱이 있으며, 캔은 세워진 것도 있고 옆으로 뉘어진 것도 있다. 물을 뜨고 있는 것은 아니므로 (A)는 정답으로 부적절하고, 캔이 끈으로 묶인 것은 아니므로 (C)는 정답으로 부적절하다. 페트병은 사진 속에 존재하지 않으므로 (D) 역시 정답으로 부적절하다.

단어 柄杓(ひしゃく) 국자 | すくう 퍼내다, 뜨다 | 紐(ひも) 끈 | くくる 동여매다, 한데 묶다 | 提(さ)げる 매달다

11 _ 식물의 모습

(A) 花壇に花々が咲いています。
(B) 花が一輪挿しに生けられています。
(C) ドライフラワーが壁にかかっています。
(D) 敷地の端に沿って花が植えられています。

(A) 화단에 꽃들이 피어 있습니다.
(B) 꽃이 한 송이 꽂혀 있습니다.
(C) 드라이 플라워가 벽에 걸려 있습니다.
(D) 부지 끝을 따라 꽃이 심어져 있습니다.

해설 꽃은 테이블 위에 어지러이 놓여 있으므로 (A)의 '화단', (D)의 '부지'라는 어휘는 정답과 거리가 멀다. 또, 꽃은 벽에 걸려 있는 것이 아니므로 (C)는 정답으로 부적절하다. 꽃이 꽂혀 있는 화병이므로 정답으로 적절한 것은 (B)이다.

단어 花壇(かだん) 화단 | 生(い)ける 꽃꽂이하다 | ドライフラワー 드라이 플라워 | 敷地(しきち) 부지, 대지 | 端(はし) 끝, 가두머리 | ～に沿(そ)う ～에 따르다

12 _ 플랫폼의 모습

(A) 自動精算機で精算しています。
(B) 改札口を出ているところです。
(C) 階段の手すりをすべっています。
(D) 階段を降りている人が見えます。

(A) 자동 정산기로 정산하고 있습니다.
(B) 개찰구를 나오고 있는 중입니다.
(C) 계단의 난간을 미끄럼 타고 있습니다.
(D) 계단을 내려오는 사람이 보입니다.

해설 플랫폼 한쪽으로 사람들이 몰려 있다. 계단에는 올라가는 사람은 없고 내려오는 사람만 있으므로 정답으로 적절한 것은 (D)이다.

단어 自動精算機(じどうせいさんき) 자동 정산기 | 手(て)すり 난간

13 _ 사물의 상태

(A) ガラス椀にかき氷が入れてあります。
(B) 透明なガラスコップが割れています。
(C) お皿にアイスが盛り付けられています。
(D) 生菓子がデコレーションされています。

(A) 유리잔에 빙수가 들어 있습니다.
(B) 투명한 유리컵이 깨져 있습니다.
(C) 접시에 빙과가 담겨 있습니다.
(D) 생과자가 데코레이션되어 있습니다.

해설 유리 그릇에 빙수가 있는 사진으로 정답으로 적절한 것은 (A)이다.

단어 椀(わん) 그릇 | かき氷(ごおり) 빙수 | 透明(とうめい) 투명 | 盛(も)り付(つ)ける 요리를 보기 좋게 담다 | 生菓子(なまがし) 생과자

14 _ 인물의 동작

(A) 飲み物を注いでいるところです。
(B) ガラスが横倒しになっています。
(C) 陳列棚にウイスキーが展示されています。
(D) 缶ジュースがキーボードの上にこぼれています。

(A) 음료를 따르고 있는 중입니다.
(B) 유리가 옆으로 쓰러져 있습니다.
(C) 진열장에 위스키가 전시되어 있습니다.
(D) 캔 주스가 키보드 위에 넘쳐 흐르고 있습니다.

해설 진열장에는 인형이 있고, 컵에 음료를 따르고 있는 중이므로 정답으로 적절한 것은 (A)이다.

단어 注(つ)ぐ 따르다 | 横倒(よこだお)し 옆으로 쓰러짐 | 陳列棚(ちんれつだな) 진열장 | 展示(てんじ) 전시 | こぼれる 넘쳐 흐르다, 흘러내리다

15 _ 거리 풍경

(A) 縦列駐輪してある二輪車もあります。
(B) 歩道のマンホールの蓋が開いています。
(C) 交差点の中心に路上駐車されています。
(D) すべての車が同じ方向を向いています。

(A) 종렬 주차된 이륜차도 있습니다.
(B) 보도의 맨홀 뚜껑이 열려 있습니다.
(C) 교차점 중심으로 노상 주차되었습니다.
(D) 모든 차가 같은 방향을 향하고 있습니다.

해설 자전거는 가로로 길게 세워져 있고, 맨홀 뚜껑은 닫혀 있으며, 주차된 차와 차선에 있는 차의 방향은 다르게 되어 있으므로 정답으로 적절한 것은 (A)이다.

단어 縦列(じゅうれつ) 종렬(↔横列(おうれつ) 횡렬) | 駐輪(ちゅうりん) 자전거를 세워 둠 | 歩道(ほどう) 보도, 인도 | 蓋(ふた) 뚜껑 | 交差点(こうさてん) 교차점 | 路上(ろじょう) 노상, 길거리

16 _ 사물의 상태

(A) ストラップが受話器の前にあります。
(B) ペットボトルのキャップを回収しています。

(C) 無線受話器のコードにコネクターが付いて
　います。

(D) ねじ式の蓋が付いているペットボトルがあ
　ります。

(A) 휴대폰 장식줄이 수화기 앞에 있습니다.

(B) 페트병 캡을 회수하고 있습니다.

(C) 무선전화기 코드에 커넥터가 달려 있습니다.

(D) 돌리는 형태의 뚜껑이 달려 있는 페트병이 있습니다.

해설 휴대폰줄은 없고, 전화기는 유선이고, 페트병의 뚜껑은 돌려
따는 식으로 되어 있으므로 정답으로 적절한 것은 (D)이다.

단어 ストラップ 휴대폰줄 | 受話器(じゅわき) 수화기 | キャッ
プ 뚜껑 | 回収(かいしゅう) 회수 | 無線(むせん) 무선 | ねじ 나사,
감는 장치

17 _ 횡단보도

(A) かっぱを着ている人は信号待ちしています。

(B) 自転車は車と違う進行方向へ進んでいます。

(C) 正面の入り口から群衆がなだれ込んできます。

(D) 帽子をかぶった人は入り口で順番を待って
　います。

(A) 소매 없는 비옷을 입은 사람은 신호를 기다리고 있습니다.

(B) 자전거는 차와 다른 진행 방향으로 나아가고 있습니다.

(C) 정면 입구에서 군중이 몰려들고 있습니다.

(D) 모자를 쓴 사람은 입구에서 순서를 기다리고 있습니다.

해설 모자를 쓴 사람들이 어딘가로 가고 있는 듯 보이며, 역의 입
구에는 아무도 없다. 차와 반대 차선에 있는 자전거 한 대는 차와 다
른 방향으로 나아가고 있으므로 정답으로 적절한 것은 (B)이다.

단어 かっぱ 소매 없는 비옷 | 群衆(ぐんしゅう) 군중 | なだれ
込(こ)む 일시에 몰려들다, 밀어닥치다

18 _ 인형 가게의 모습

(A) 虎とライオンの剝製がかけてあります。

(B) 飛び込み台にムササビが置いてあります。

(C) 籠の中に人形がすし詰め状態になっています。

(D) 棚には動物のぬいぐるみが陳列されています。

(A) 호랑이와 사자의 박제가 걸려 있습니다.

(B) 다이빙대에 날다람쥐가 놓여 있습니다.

(C) 바구니 안에 인형이 꽉 차 있는 상태입니다.

(D) 선반에는 동물 봉제 인형이 진열되어 있습니다.

해설 인형 가게 사진이다. 선반에는 호랑이, 날다람쥐, 사자, 코끼
리 등의 동물 모양의 봉제 인형이 있고, 박제된 동물이나 바구니는
없으므로 정답으로 적절한 것은 (D)이다.

단어 剝製(はくせい) 박제 | 飛(と)び込(こ)み台(だい) 다이빙
대 | ムササビ 날다람쥐 | 籠(かご) 바구니 | すし詰(づ)め 빈틈없이
꽉 참, 초만원임 | ぬいぐるみ 봉제 인형 | 陳列(ちんれつ) 진열

19 _ 분수대

(A) 滝から水が流れています。

(B) 岩壁から湧水が飛び散っています。

(C) 水溜りに手を浸して遊んでいます。

(D) 噴水から水が噴き出しています。

(A) 폭포에서 물이 흐르고 있습니다.

(B) 암벽에서 용수가 튀고 있습니다.

(C) 물웅덩이에 손을 담그며 놀고 있습니다.

(D) 분수에서 물이 솟아나고 있습니다.

해설 분수대에서 물이 솟는 모습을 묘사한 것으로 적절한 것은 (D)
이다.

단어 滝(たき) 폭포 | 岩壁(がんぺき) 암벽 | 湧水(ゆうすい) 용
수 | 水溜(みずたま)り 물웅덩이 | 浸(ひた)す 담그다, 적시다 | 噴水
(ふんすい) 분수대 | 噴(ふ)き出(だ)す 내뿜다

20 _ 정원의 모습

(A) 美しく刈り込まれた庭木のある庭園です。

(B) 噴水はフェンスと生垣で囲まれています。

(C) アーチ型に刈り込まれた庭木があります。

(D) ガーデニングアーチが陳列されています。

(A) 예쁘게 다듬어진 정원수가 있는 정원입니다.

(B) 분수는 펜스와 울타리로 둘러싸여 있습니다

(C) 아치 모양으로 다듬어진 정원수가 있습니다.

(D) 가드닝 아치가 진열되어 있습니다.

해설 정원수가 있는 정원 사진으로 정답으로 적절한 것은 (A)이다.
네 개의 기둥 같은 정원수 사이에 분수가 있으며, 아치 모양으로 된
정원수는 없다.

단어 刈(か)り込(こ)む 깎아 다듬다 | 庭木(にわき) 정원수 | フェ
ンス 펜스 | 生垣(いけがき) 울타리 | アーチ 아치 | ガーデニング
원예

PART 2

21 _ 일상생활 표현 – 사과

ごめん、ちょっと言い過ぎた。ごめん。
(A) 実は口下手で困っているんだ。
(B) 口から出任せはやめてもらいたい。
(C) 口に食べ物を入れたまましゃべらないでよ。
(D) 彼は口が堅い人だから、信用しても大丈夫
　　だよ。

미안, 말이 좀 지나쳤어. 미안해.
(A) 실은 말이 서툴러서 곤란해.
(B) 입에서 나오는 대로 말하는 것은 그만둬 줬으면 좋겠어.
(C) 입에 음식물을 넣은 채로 말하지 마.
(D) 그는 입이 무거운 사람이니까 믿어도 괜찮아.

해설　말이 지나쳤던 것에 대해 사과를 하고 있다. 이에 대해 막말을 하지 말라고 한 (B)가 정답으로 적절하다. (A)는 말주변에 대한 고민, (C)는 식사 때의 예절, (D)는 인물 평가를 말하고 있으므로 정답으로 부적절하다.

단어　口下手(くちべた) 말이 서투름, 어눌함, 말주변이 없음 | 出任(でまか)せ 입에서 나오는 대로 아무렇게나 말함, 또는 그 말 | 信用(しんよう) 신용

22 _ 일상생활 표현 – 기간

知り合ってからどのくらいたちましたか。
(A) ちょうど3年です。
(B) 週に1回は会うようにしてます。
(C) 由香さんとは会ってないんです。
(D) フラミンゴは片足で立っています。

서로 알고 나서 어느 정도 시간이 지났어요?
(A) 딱 3년입니다.
(B) 주에 한 번은 만나도록 하고 있습니다.
(C) 유카 씨와는 만나지 않고 있습니다.
(D) 플라밍고는 한쪽 발로 서 있습니다.

해설　서로 알고 지낸 기간을 묻고 있으므로 이에 대한 응답으로 적절한 것은 (A)이다. (B)는 만나는 횟수를 말하고 있으므로 정답으로 부적절하다.

23 _ 일상생활 표현 – 주의

気をつけてください。このベンチはペンキ塗り
たてです。
(A) このベンチに絵を描くつもりなの？
(B) ペンキを塗ったばかりなんですね。
(C) 私はアーティストになりたかったよ。
(D) そうですね。ペンキを塗っていますね。

주의해 주세요. 이 벤치는 지금 막 페인트칠을 하였습니다.
(A) 이 벤치에 그림을 그릴 생각인 거야?
(B) 페인트를 지금 막 칠했군요.
(C) 나는 아티스트가 되고 싶었어.
(D) 그렇군요. 페인트칠을 하고 있군요.

해설　이제 막 페인트칠을 했으니 조심하라고 말한 것에 대한 응답으로 적절한 것은 (B)이다. (A)는 그림을 그릴 계획을 말하고 있고, (C)는 장래 희망을 말하고 있고, (D)는 지금 페인트칠을 하고 있는 중이라고 했으므로 정답으로 부적절하다.

단어　ペンキ 페인트 | 塗(ぬ)りたて 갓 칠함 | ～たて 갓 ～함(그 동작이 끝난 직후) | ～たばかり ～한 지 얼마 되지 않음(동작이 끝난지 얼마 되지 않음)

24 _ 일상생활 표현 – 방문

悪いけど、出直してもらえませんか。
(A) 出張修理に行きました。
(B) それじゃ、またお伺いします。
(C) それ以上の手直しは有料になります。
(D) スタッフの方にご意見をお伺いしました。

미안하지만 다시 와 주지 않겠습니까?
(A) 출장 수리하러 갔습니다.
(B) 그럼 다시 찾아오겠습니다.
(C) 그 이상의 손질은 유료입니다.
(D) 스태프 분께 의견을 여쭈었습니다.

해설　다시 와 달라는 말에 다시 찾아오겠다고 응답한 (B)가 정답으로 적절하다. (A)는 외출한 목적을 설명하고 있으므로 정답으로 부적절하다. 出直(でなお)し와 手直(てなお)し의 발음에 주의하도록 한다. 또 伺う의 사용법에 대해서도 공부하도록 한다.

단어　出直(でなお)す 돌아갔다가 다시 나오다 | 修理(しゅうり) 수리 | 伺(うかが)う 묻다・듣다・방문하다의 겸사말 | 手直(てなお)し 불완전한 데를 고침, 고쳐 만듦 | スタッフ 스태프 | 意見(いけん) 의견

25_ 일상생활 표현 – 여행

ゴールデンウィークはご家族と海外に行かれたん
ですか。
(A) うん、海外赴任の話が浮上してるよ。
(B) うん、家族水入らずの大晦日を過ごしたよ。
(C) うん、バリ島にパッケージツアーで行って
来たんだ。
(D) うん、ハイシーズンだから航空券が取れな
いんだ。

황금연휴 때는 가족과 해외에 가셨습니까?

(A) 응, 해외부임 이야기가 거론되고 있어.
(B) 응, 가족끼리 섣달 그믐날을 보냈어.
(C) 응, 발리 섬에 패키지로 갔다 왔어.
(D) 응, 성수기라서 항공권을 못 구해.

해설 황금연휴 때 해외에 갔느냐는 질문에 발리섬에 갔다 왔다고
응답한 (C)가 정답으로 적절하다. (A)는 해외부임이므로 정답에서
제외되고, (B)는 섣달 그믐날에 했던 일을 말했으므로 정답에서 제외
된다. (D)는 해외여행을 못 간 이유를 설명하고 있으므로 정답이 아니
다.

단어 赴任(ふにん) 부임 | 水入(みずい)らず 가족끼리 | 大晦日
(おおみそか) 섣달 그믐날 | バリ島(とう) 발리 섬 | ハイシーズン
1년 중 가장 바쁜 시기, 성수기

26_ 회사 생활 – 문자 메시지

なんだ、誤字だらけの携帯メール。
(A) メールしかできない携帯素人です。
(B) 主要機能だけマスターすればいいんだよ。
(C) タッチパッドに慣れていないんじゃない？
(D) 絵文字を使うと気持ちを表現しやすくなるね。

뭐야, 오자투성이의 문자 메시지.

(A) 메일밖에 못하는 휴대전화 초보자입니다.
(B) 주요 기능만 마스터하면 되는 거야.
(C) 터치패드에 익숙하지 않은 것 아냐?
(D) 그림문자를 사용하면 기분을 표현하기 쉬워져.

해설 문자 메시지가 오타투성이라는 말에, 터치패드에 익숙하지
못한 탓일 것이라고 응답한 (C)가 정답으로 적절하다. 메일이 가능하
다고 한 (A)는 정답으로 부적절하고, 그림문자의 사용을 설명한 (D)
는 정답으로 부적절하다.

단어 ～だらけ ～투성이 | 携帯(けいたい)メール 문자 메시지 |
素人(しろうと) 초보자 | マスター 마스터, 터득함 | タッチパッド
터치패드 | 慣(な)れる 익숙하다 | 絵文字(えもじ) 그림문자

27_ 회사 생활 – 월급, 경제

月末になると、ふところが寂しくなるね。
(A) 寒いでしょ。暖房つけてあげようか。
(B) 私もこれから外食しないことにしたよ。
(C) ふところが深くて、情に厚い人だったね。
(D) 仲よしの親友が外国に行ったら、寂しいよね。

월말이 되면 지갑이 허전해져.

(A) 춥지? 난방을 켜 줄까?
(B) 나도 이제부터 외식하지 않기로 했어.
(C) 마음 속이 깊고 정이 많은 사람이었어.
(D) 친한 친구가 외국에 가니 쓸쓸하네.

해설 ふところが寂しい라고 했으므로 정답은 (B)가 적절하다.
(A)는 날씨가 추울 때 사용할 수 있는 표현이고, (D)는 자신의 쓸쓸
한 감정을 표현하고 있으므로 정답으로 부적절하다. 懐의 사용법에
대해서도 익히도록 하자.

단어 ふところが寂(さび)しい 돈이 떨어지다 | ふところが深
(ふか)い 도량이 넓다 | 暖房(だんぼう) 난방 | 情(じょう)に厚(あ
つ)い 정이 두텁다

28_ 일상생활 표현 – 질병

いつも椅子に座っているので、最近肩こりがひ
どいの。
(A) 弱いチームに肩を入れて応援したよ。
(B) お母さん、肩たたきでもしてあげようか。
(C) やっと合格して肩の荷が降りたんですね。
(D) いすの上に私のシャツがあるから気をつけて。

항상 의자에 앉아 있어서 어깨가 너무 뻐근해.

(A) 약한 팀을 편들어서 응원했어요.
(B) 엄마, 어깨라도 두드려 드릴까요?
(C) 가까스로 합격해서 어깨가 가벼워졌어요.
(D) 의자 위에 내 셔츠가 있으니까 조심해.

해설 어깨가 뻐근하다고 했으므로 어깨를 두드려준다고 응답한 (B)
가 정답으로 적절하다. 신체 肩에 관한 표현을 익히도록 하자.

단어 肩凝(かたこ)り 어깨가 뻐근함 | 肩(かた)が凝(こ)る 어깨
가 뻐근하다 | 肩(かた)の荷(に)が降(お)りる 어깨의 짐이 내려지다 |
어깨가 가벼워지다 | 肩(かた)を入(い)れる 편들다

29_ 일상생활 표현 – 인사

もう、10時ですね。そろそろおいとましなくちゃ。

(A) 寝るいとまもないほど忙しいです。

(B) それじゃ、１０時まで待っていますよ。

(C) 来ないかと思って、すごく焦りましたよ。

(D) もうこんな時間ですか。お茶も淹れず失礼
しました。

벌써 10시예요. 슬슬 가지 않으면 안 되겠네요.

(A) 잠잘 틈도 없을 만큼 바쁩니다.

(B) 그렇다면 10시까지 기다리겠습니다.

(C) 오지 않을까 하고 생각하니 몹시 초조해졌어요.

(D) 벌써 시간이 이렇게 되었나요? 차도 대접 못하고 실례가 많았습니다.

해설 이제 그만 물러나며 작별인사를 한 것에 대한 응답으로 적절한 것은 (D)이다. (A)는 자신의 바쁜 정도를 이야기 한 것이고, (B)는 앞으로 기다릴 시간을 말한 것이고, (C)는 초조해진 이유를 설명하고 있으므로 정답으로 부적절하다.

단어 そろそろ 이제 곧 | いとま 여가, 틈 | ~かと思(おも)って ~까 하고, ~까 해서 | 焦(あせ)る 안달하다, 초조하게 굴다

30 _ 일상생활 표현 – 외출

出かける前に元栓閉めた？

(A) そりゃ、代打で出ましたよ。

(B) そりゃ、攻めの切り札です。

(C) そりゃ、当たり前でしょう。

(D) そりゃ、前にもう出しましたよ。

나오기 전에 밸브는 잠갔어?

(A) 그건 대타로 나왔어요.

(B) 그건 공격의 비장의 카드입니다.

(C) 그건 당연하죠.

(D) 그건 전에 이미 냈어요.

해설 외출하기 전에 가스 밸브를 제대로 잠갔는지 물었고, 당연하다고 응답한 (C)가 정답으로 적절하다.

단어 元栓(もとせん) 잠금 장치, 개폐 장치 | そりゃ 그건, 그것은, 자, 저런 | 攻(せ)め 공격 | 切(き)り札(ふだ) 마지막으로 내놓은 수단, 결정적인 수 | 代打(だいだ) 대타 | 当(あ)たり前(まえ) 당연함, 마땅함

31 _ 호텔 – 예약 변경

すみませんが、シングルルームをツインに替えられませんか。

(A) マンションを購入するシングル女性が増えています。

(B) それでは、洋室のシングルの方はいかがで

しょうか。

(C) 恐れ入りますが、チェックアウトは１２時
となっております。

(D) 申し訳ございませんが、あいにく本日は
空室がございません。

미안하지만 싱글룸을 트윈룸으로 바꿀 수 없을까요?

(A) 맨션을 구입하는 싱글 여성이 늘어나고 있습니다.

(B) 그러면 서양식 싱글룸은 어떠십니까?

(C) 죄송하지만, 체크아웃은 12시로 되어 있습니다.

(D) 죄송하지만, 공교롭게 오늘은 빈방이 없습니다.

해설 싱글룸을 트윈룸으로 바꿔 달라는 부탁에 대한 응답으로 적절한 것은 빈방이 없다고 한 (D)이다. (A)는 싱글 여성에 대한 설명이고, (B)는 오히려 싱글룸을 소개했고, (C)는 체크아웃 시간을 설명하고 있으므로 정답으로 부적절하다.

단어 シングル 싱글 | ツイン 트윈 | 替(か)える 바꾸다, 교환하다 | マンション 맨션 | 購入(こうにゅう) 구입 | 洋室(ようしつ) 서양식 방 | あいにく 공교롭게 | 恐(おそ)れ入(い)る 죄송해하다, 황송해하다 | 空室(くうしつ) 빈방

32 _ 일상생활 표현 – 제안

バッグ、重そうですけど、お持ちしましょうか。

(A) お言葉に甘えて、お願いします。

(B) レザーバッグは少し重みがあります。

(C) 読み終わるまで本を持ち歩いているんです。

(D) ご迷惑をおかけして申し訳ありませんでした。

가방, 무거워 보이는데 들어 드릴까요?

(A) 그 말씀 감사히 받아들여 부탁할게요.

(B) 가죽 가방은 조금 무거운 감이 있습니다.

(C) 다 읽을 때까지 책을 가지고 다니고 있습니다.

(D) 폐를 끼쳐서 대단히 죄송했습니다.

해설 가방을 들어 주겠다는 제안에 그렇게 해 달라고 응답한 (A)가 정답으로 적절하다. (B)는 가죽 가방의 무거운 느낌을 설명하고, (C)는 책을 들고 다니는 이유를 설명하고 있으므로 정답으로 부적절하다.

단어 言葉(ことば)に甘(あま)える 상대의 호의에 따르다 | レザーバッグ 가죽 가방 | 重(おも)み 묵직함 | 迷惑(めいわく) 폐

33 _ 일상생활 표현 – 부탁

手作りのクッキーですが、ナナさんに渡していただけませんか。

(A) 帰ってきたら、お菓子焼きますよ。

(B) ナナさんが帰って来るまでお預かりします。

(C) ここはいつも焼きたてクッキーの香りがし
　　ますね。
(D) 時間がなかったため、手作り料理はお預け
　　だったんです。

손수 만든 쿠키입니다만, 나나 씨에게 전해 주시지 않겠습니까?

(A) 돌아온다면, 과자를 구울게요.
(B) 나나 씨가 돌아올 때까지 맡아 두겠습니다.
(C) 여기는 항상 갓 구운 쿠키 향이 납니다.
(D) 시간이 없었던지라 손수 만든 요리는 보류했습니다.

해설 수제 쿠키를 전해 달라는 부탁에 맡아 두겠다고 응답한 (B)
가 정답으로 적절하다. 수제 요리를 보류한 이유를 설명한 (D)는 정
답으로 적절하지 않다.

단어 渡(わた)す 건네다 | 預(あず)かる 맡다, 보관하다 | 香(か
お)り 향기 | お預(あず)け 보류

34 _ 일상생활 표현 – 대납

あーごめん。大きいのしかない。今日の分、立
て替えといてよ。
(A) 貸し出し期間は最大で一ヶ月です。
(B) 友人に貸したお金を取り戻したいんだよ。
(C) レンタルビデオを借りてうっかり返し忘れ
　　ていた。
(D) ああ、わかる。崩したくないよね。次回必
　　ず返せよ。

아, 미안. 큰 거밖에 없어. 오늘치, 대신 내 줘.

(A) 대출 기간은 최대 1개월입니다.
(B) 친구에게 빌려준 돈을 돌려받고 싶단 말이야.
(C) 렌탈 비디오를 빌리고 나서 반납하는 것을 깜빡했어.
(D) 아, 알아. 깨고 싶지 않은 거지. 다음에 꼭 갚아.

해설 立て替える가 돈과 관련된 동사라는 것을 파악하는 것이
중요하다. 큰 것밖에 없으니 대신 돈을 내 달라고 부탁했는데, 여기
에서 큰 것이란 지폐를 말한 것이므로 정답으로 적절한 것은 (D)이다.
(A)는 대출 기간을 설명하고, (B)는 빌려 줬던 것을 돌려받고 싶다고
설명한 것이므로 정답으로 적절하지 않다.

단어 立(た)て替(か)える 대금을 대신 치르다 | 貸(か)し出(だ)
し 대출(↔借(か)り入(い)れ 차입) | 取(と)り戻(もど)す 되찾다, 회복
하다 | レンタル 렌털, 임대 | うっかり 깜빡, 멍청히, 무심코 | 崩(く
ず)す 무너뜨리다, 돈을 헐다

35 _ 비즈니스 – 가격 흥정

もうちょっと負けてもらえませんか。

(A) 私もこれが限界なんですよ。
(B) 帳じりを合わせているのかもしれません。
(C) 購入を検討していただけないでしょうか。
(D) この度の不手際について、深く反省してお
　　ります。

좀 더 깎아 줄 수 없습니까?

(A) 저도 이것이 한계예요.
(B) 결산 결과를 맞추고 있는 것일지도 모릅니다.
(C) 구입을 검토해 주실 수 없습니까?
(D) 이번 실수에 대해 깊이 반성하고 있습니다.

해설 좀 더 가격을 깎아 달라는 요구에, 더 이상은 안 된다(이것이
한계다)고 응답한 (A)가 정답으로 적절하다.

단어 負(ま)ける 지다, 양보하다, 값을 깎아 주다 | 限界(げんかい)
한계 | 帳(ちょう)じり 결산 결과 | 不手際(ふてぎわ) 서투름, 솜씨
가 나쁨, 실수

36 _ 회사 생활 – 판매 부진

新車の販売が不振なのは、なぜですか。
(A) 環境を謳って売り上げを伸ばしました。
(B) せっかくですが、それでは話になりません。
(C) ブランドイメージが構築されていないから
　　です。
(D) 不況の影響か、和菓子の売り上げが減少し
　　ています。

신차의 판매가 부진한 것은 왜입니까?

(A) 환경을 강조해서 매상을 늘렸습니다.
(B) 모처럼입니다만, 그래서는 이야기가 안 됩니다.
(C) 브랜드 이미지가 구축되어 있지 않기 때문입니다.
(D) 불황의 영향인지 일본 과자 매상이 감소했습니다.

해설 신차 판매 부진의 원인을 묻는 말에, 브랜드 이미지가 구축
되지 않았기 때문이라고 응답한 (C)가 정답으로 적절하다. (A)는 매
상 증가를 위해 노력했던 것을 설명하고 있고, (D)는 과자 매상을 이
야기 하고 있으므로 정답으로 부적절하다.

단어 新車(しんしゃ) 신차 | 販売(はんばい) 판매 | 不振(ふし
ん) 부진 | 謳(うた)う 강조하다 | 売(う)り上(あ)げ 매상 | 伸(の)
ばす 늘리다, 신장시키다 | せっかく 모처럼, 기껏 | 構築(こうちく)
구축 | 減少(げんしょう) 감소

37 _ 일상생활 표현 – 초대

本日はようこそ、お越しくださいました。
(A) 温かいお言葉、励みになりました。

(B) 認めていただき、ありがとうございました。

(D) おかげさまで完治し、本日より出社できるようになりました。

오늘은 정말 잘 오셨습니다.

(A) 따뜻한 말씀 격려가 되었습니다.
(B) 인정해 주셔서 감사합니다.
(C) 초대해 주셔서 영광스러울 따름입니다.
(D) 덕분에 완치되어, 오늘부터 출근할 수 있게 되었습니다.

해설 환영 인사에 대한 응답으로 적절한 것은 초대해 주어 감사하다고 한 (C)이다. (A)는 위로의 말을 받았을 때의 응답이다.

단어 励(はげ)み 자극, 격려 | 招(まね)く 초대하다, 불러오다 | 光栄(こうえい) 영광 | ～の至(いた)り 지극히 ～함, ～의 결과 | 完治(かんち) 완치 | 出社(しゅっしゃ) 출사, 회사에 출근함

38 _ 일상생활 표현 – 트러블

子どもの友達のお母さんが一日中人の悪口を言うので疲れます。

(A) 聞き流せばいいだけです。
(B) 派閥みたいのがあるのかな。
(C) 友人だから言いづらいことがあったよ。
(D) 人を悪口の仲間に引きずり込むなよ。

아이 친구의 엄마가 하루 종일 남의 험담을 해서 지칩니다.

(A) 흘려들으면 그만입니다.
(B) 파벌 같은 것이 있는 건가.
(C) 친구라서 말하기 어려운 일이 있었어.
(D) 사람을 험담을 하는 무리로 끌고 들어가지 마.

해설 아이 친구의 엄마가 악담을 해서 괴롭다는 말에, 흘려들으라고 조언을 한 (A)가 정답으로 적절하다. (B)는 파벌의 유무에 대한 의문을 말하고 있으므로 정답으로 부적절하다.

단어 悪口(わるくち) 욕, 험담 | 聞(き)き流(なが)す 한귀로 듣고 한귀로 흘리다, 흘려듣다 | 派閥(はばつ) 파벌 | ～づらい ～하기 곤란하다, ～하기 거북하다 | 仲間(なかま) 동료, 무리 | 引(ひ)きずり込(こ)む 억지로 안에 끌어넣다, 억지로 끌어들이다

39 _ 호텔 – 예약 변경

チェックアウト時間の延長はできますか。

(A) 延長料金はありませんでした。

(C) チェックイン時間をお知らせください。
(D) チェックアウト時間は午前１１時です。

체크아웃 시간의 연장은 가능합니까?

(A) 연장 요금은 없었습니다.
(B) 시간 연장 요청은 받아들이기 어렵습니다.
(C) 체크인 시간을 알려 주세요.
(D) 체크아웃 시간은 오전 11시입니다.

해설 체크아웃 시간을 연장할 수 있는지 묻고 있다. 이에 대해 안 된다고 응답한 (B)가 정답으로 적절하다. (A)는 과거 시제라서 정답으로 부적절하고, (C)는 체크인 시간, (D)는 체크아웃 시간을 말하고 있으므로 정답으로 부적절하다.

단어 延長(えんちょう) 연장 | 要望(ようぼう) 요망, 요청 | 承(うけたまわ)る 받다, 듣다의 겸사말

40 _ 일상생활 표현 – 선물

何も言わずにこれを受け取ってよ。

(A) わあ、きれいなイヤリングだね。
(B) 売り言葉に買い言葉と言うけど。
(C) 決して賄賂を受け取ったことはないよ。
(D) 旅先からもらった手紙をとっておいたよ。

아무 말도 하지 말고 이걸 받아 줘.

(A) 와아, 예쁜 귀걸이구나.
(B) 가는 말이 고와야 오는 말이 곱다고 하지만.
(C) 결코 뇌물을 받은 적은 없어.
(D) 여행지에서 받은 편지를 챙겨 두었어.

해설 물건을 받고, 예쁜 귀걸이라고 감탄을 한 (A)가 응답으로 적절하다. (C)는 뇌물을 받은 적이 없다고 설명하고, (D)는 편지를 챙겨 두었다고 설명하고 있으므로 정답으로 부적절하다.

단어 受(う)け取(と)る 받다, 납득하다 | 売(う)り言葉(ことば)に買(か)い言葉(ことば) 가는 말이 고와야 오는 말이 곱다 | 賄賂(わいろ) 뇌물 | 旅先(たびさき) 여행지

41 _ 일상생활 표현 – 몸 상태

何か顔色悪いですね。あまり無理なさらないで。

(A) そこまで考え付かなかった。
(B) 無理を承知で頼んだのだ。
(C) あまりおだてないでください。

왠지 얼굴색이 안 좋군요. 너무 무리하지 마세요.

(A) 거기까지 생각하지 못했어.
(B) 무리라는 것을 알고 부탁한 거야.

(C) 너무 치켜세우지 마세요.

(D) 신경 써 주셔서 감사합니다.

해설 무리하지 말라는 표현에 적절한 응답은 (D)이다. (C)는 칭찬 받을 때 사용되는 표현이므로 정답으로 부적절하다.

단어 考(かんが)え付(つ)く 생각이 나다, 떠오르다 | 承知(しょうち) 알고 있음 | おだてる 치켜세우다, 부추기다 | 気(き)づかい 염려, 마음 씀

42 _ 일상생활 표현 – 관용구

手塩にかけて育てた教え子がテレビで活躍している姿を見ていると、どんな気持ちになるか分かる？

(A) 感慨無量のことと思います。

(B) 親子の縁を切りたいんですよね？

(C) 見た目とは違い、子煩悩なんですね。

(D) 二度と関わりたくなくて、玄関に塩をまいたんだ。

애쓰며 키웠던 제자가 텔레비전에서 활약하는 모습을 보고 있으면, 어떤 기분인지 알아？

(A) 감개무량하다고 생각합니다.

(B) 부모와 자식 간의 인연을 끊고 싶은 거죠?

(C) 보기와는 달리 자식 사랑이 끔찍하군요.

(D) 두 번 다시 연관되고 싶지 않아서 현관에 소금을 뿌렸어.

해설 소중하게 키운 제자가 활약하는 모습을 보는 감정을 물었으므로 감개무량할 것이라고 응답한 (A)가 정답으로 적절하다. (B)와 (C)는 부모와 자식 간의 관계이므로 정답으로 부적절하다.

단어 手塩(てしお)にかける 손수 공들여 기르다 | 感慨無量(かんがいむりょう) 감개무량 | 縁(えん) 인연 | 子煩悩(こぼんのう) 자기 자식을 끔찍이 아끼고 사랑함. 또는 그러한 사람 | 塩(しお) 소금

43 _ 회사 생활 – 억지 강요, 곤란

先日は、無理やり酒を飲まされて困っちゃった。

(A) はい、お酒は２０歳以上からです。

(B) 一人でゆっくりと杯を干したよ。

(C) えっ、お酒好きじゃなかったっけ。

(D) 居酒屋に一人で行ってみたいんだ。

어제는 억지로 술을 마셔서 힘들었어.

(A) 예, 술은 20세 이상부터입니다.

(B) 혼자서 천천히 잔을 비웠어.

(C) 엇, 애주가 아니었던가?

(D) 선술집에 혼자 가 보고 싶어.

해설 억지로 술을 강요당해서 힘들었다고 말한 것에 대한 응답으로 적절한 것은 (C)이다. (A)는 음주가 가능한 나이를 말하고 있으므로 정답으로 부적절, 혼자서 마셨다고 한 (B)도 정답이 아니다.

단어 無理(むり)やり 억지로, 강제로 | 杯(さかずき)を干(ほ)す 잔을 비우다 | 酒好(さけず)き 애주, 애주가

44 _ 쇼핑 – 상품

どんな商品をお探しですか。

(A) 夏仕様のワイパーはありますか。

(B) パソコンが横並びに展示されているね。

(C) お値打ち価格で商品をゲットしたんです。

(D) ざっと目を通して、ひと目ですぐ分かったよ。

어떤 상품을 찾으십니까?

(A) 여름 사양의 와이퍼는 있나요?

(B) 컴퓨터가 옆으로 나란히 전시되어 있네.

(C) 값어치 있는 가격으로 상품을 얻었습니다.

(D) 대강 훑어보았지만 한눈에 금방 알았어.

해설 어떤 상품을 찾고 있는지 묻고 있다. 이에 대해 여름 사양의 와이퍼를 찾고 있다고 한 (A)가 응답으로 적절하다. (B)는 컴퓨터가 전시된 모습을, (C)는 구입한 상품의 가격에 대해 설명하고 있으므로 정답으로 부적절하다.

단어 仕様(しよう) 방법, 도리, 사양 | 横並(よこなら)び 옆으로 나란히 | 値打(ねう)ち 가치, 값어치 | ざっと 대강, 대충

45 _ 시사 – 연예인

デビュー作が大ヒットし、一躍セレブになったなあ。

(A) 大ヒットした映画をノベライズしたものだね。

(B) 封切りを選ぶか、ロングランを取るか、悩んでるんだ。

(C) 設定もストーリーもキャラクターも陳腐だったしね。

(D) うらやましい。私もブログ小説から始めようかな。

데뷔작이 크게 히트해서, 일약 유명인사가 되었어.

(A) 대히트한 영화를 소설화했구나.

(B) 개봉작을 고를까, 롱런을 고를까 고민이야.

(C) 설정도 스토리도 캐릭터도 진부했고.

(D) 부럽다. 나도 블로그 소설부터 시작할까.

 데뷔작 성공으로 유명인사가 되었다는 말에, 부럽다고 응답한 (D)가 정답으로 적절하다. (B)는 영화 선택을 고민하고 있고, (C)는 영화를 평가하고 있으므로 정답으로 부적절하다.

 デビュー作(さく) 데뷔작 | 一躍(いちやく) 일약 | ノベライズ 소설화함[novelize] | 封切(ふうき)り 개봉 | ロングラン (영화・연극의) 장기 흥행 | 陳腐(ちんぷ) 진부 | ブログ 블로그

46 _ 비즈니스 – 일의 고충

日本語に翻訳、大変だったでしょう。
(A) 何事も、ものは取りようだよ。
(B) 今まで食うや食わずの生活だったよ。
(C) ええ、一応作業が終わってほっとしたよ。
(D) これは原著に忠実に翻訳された本でしょう。

일본어로 번역하기 힘들었지요?

(A) 무슨 일이든 하기 나름이야.
(B) 지금까지 먹는 둥 마는 둥 하는 생활이었어.
(C) 응, 일단 작업이 끝나서 한시름 놓았어.
(D) 이것은 원저에 충실하게 번역된 책이지요.

 일본어 번역이 힘들었는지 묻고 있다. 이에 대해 힘들었지만 작업을 끝내서 한시름 놓았다고 응답한 (C)가 정답으로 적절하다. (D)는 번역서의 특징을 설명하고 있으므로 정답으로 부적절하다.

 ～よう ～모양, 존재를 나타냄 | 食(く)うや食わず 아주 가난하여 생활이 어려운 모양 | 原著(げんちょ) 원저 | 忠実(ちゅうじつ) 충실

47 _ 회사 생활 – 일

このまえ頼んだデザインサンプルはありますか。
(A) はい、機能によって分類しておきました。
(B) 申し訳ございませんが、在庫はありません。
(C) はい、イラストデザイナーはまだ来ていません。
(D) デザイナーとしての能力はまだ備わっていないけど。

일전에 부탁한 디자인 샘플은 있습니까?

(A) 예, 기능에 따라 분류해 두었습니다.
(B) 죄송합니다만, 재고는 없습니다.
(C) 네, 일러스트 디자이너는 아직 오지 않았습니다.
(D) 디자이너로서의 능력은 갖춰지지 않았지만.

 디자인 샘플의 유무를 묻고 있으므로 응답으로 적절한 것은 (A)이다. (B)는 재고의 유무에 대한 답변이고, (C)는 디자이너, (D)는 디자이너의 능력을 말하고 있으므로 정답으로 적절하지 않다.

 機能(きのう) 기능 | 分類(ぶんるい) 분류 | 在庫(ざいこ) 재고 | 能力(のうりょく) 노력 | 備(そな)わる 갖추어지다

48 _ 일상생활 표현 – 이웃과의 트러블

毎晩毎晩、うるさいったらありゃしない。迷惑だと思わない？
(A) 懲りもせずまたオフ会に行ったな。
(B) 夜中にびっくりして目がさめちゃうんだよ。
(C) 毎晩飽きもせず夜食にラーメン食べているね。
(D) PCが何の前触れもなく急に切れるので困ってる。

매일 밤마다 시끄럽기 짝이 없네. 민폐라고 생각하지 않아?

(A) 질리지도 않고 또 오프라인 만남에 갔어.
(B) 한밤중에 깜짝 놀라서 잠이 깨 버리는 거야.
(C) 매일 밤 질리지도 않고 야식으로 라면을 먹고 있네.
(D) PC가 아무런 전조도 없이 갑자기 꺼져서 난처해.

 매일 밤 소음에 시달린다며 불만을 토로하고 있다. 이에 대해 한밤중에 깜짝 놀라 깨는 경우도 있다고 응답한 (B)가 정답으로 적절하다. (A)는 오프라인 만남을, (C)는 야식을 이야기하고 있으므로 정답으로 부적절하다.

 ～たらありゃしない 정말이지 ～하다, ～하기 그지없다 | 懲(こ)りる 넌더리나다 | オフ会(かい) 오프라인 모임 | 飽(あ)きる 질리다 | 夜食(やしょく) 야식 | 前触(まえぶ)れ 전조, 조짐

49 _ 시사 – 재난

豪雨のせいで土砂崩れやら浸水やらで、災害になってたようですが。
(A) 高い傘を買った意味がないですよ。
(B) 日照雨かな。どこかで雨宿りをしましょう。
(C) 傘を持って出かけても、傘の出番が無いんですよね。
(D) これ以上に水位があがると通行止めになるでしょうね。

호우 때문에 토사 붕괴, 침수, 재해가 난 것 같습니다만.

(A) 비싼 우산을 산 의미가 없어요.
(B) 여우비인가. 어딘가에서 비를 피합시다.
(C) 우산을 가지고 나가도 우산을 쓸 기회가 없네요.
(D) 이 이상 수위가 높아지면 통행금지가 되겠지요.

 호우로 인해 재해가 났다는 말에, 수위가 높아지면 통행금지가 될지도 모르겠다고 염려한 (D)가 정답으로 적절하다. 소나기가 아니라고 한 (B), 비가 오는데 우산을 구입한 의미가 없다거나, 쓸

단어 豪雨(ごうう) 호우 | 土砂崩(どしゃくず)れ 토사 붕괴 | 〜
やら〜やら 〜하고, 〜하고(A, B를 제시하고 '그 밖에 여러 가지'라는 의
미를 나타냄) | 浸水(しんすい) 침수 | 災害(さいがい) 재해 | 日照
雨(ひでりあめ) 여우비 | 雨宿(あまやど)り 비를 피함 | 出番(で
ばん) 활약할 차례 | 水位(すいい) 수위

50 _ 일상생활 표현 – 인물, 관용구 이해

だれが一番ワインに詳しいですか。
(A) 私はまだ医者の卵です。
(B) 伊藤さんさえいれば、ほかにはいらないよ。
(C) 私は左利きなので、マウスのクリック操作
　　が面倒だよ。
(D) お酒のことにかけては、伊藤さんの右に出
　　る人はいないだろう。

누가 제일 와인에 대해 잘 압니까?

(A) 저는 아직 햇병아리 의사입니다.
(B) 이토 씨만 있으면 다른 사람은 필요없어.
(C) 나는 왼손잡이라 마우스 클릭 조작이 불편해.
(D) 술에 관해서 이토 씨보다 뛰어난 사람은 없을 거야.

해설 와인에 정통한 사람이 누구냐는 질문에, 이토 씨라고 응답한
(D)가 정답으로 적절하다. (A)는 의사, (C)는 왼손잡이에 대한 설명
이므로 정답으로 부적절하다.

단어 詳(くわ)しい 정통하다, 잘 알고 있다 | 卵(たまご) 아직 제구
실을 못하고 있는 사람, 햇병아리 | 〜さえ 〜조차 | 左利(ひだりき)
き 왼손잡이 | クリック 클릭 | 操作(そうさ) 조작 | 面倒(めんど
う)だ 번거롭다, 성가시다 | 右(みぎ)に出(で)る 더 뛰어나다

PART 3

51 _ 대화의 내용의 이해 – 가격 흥정

A：高すぎます。まけてください。
B：これはそれなりの価値があります。目の周
　　りも透き通ってにごってないし、張りもあ
　　りますし。

A：じゃ、現金で払うと安くなりますか。
B：現金払いは５％割引いたします。

A : 너무 비쌉니다. 깎아 주세요.
B : 이건 그 나름대로 가치가 있습니다. 눈 주변도 투명하고 흐리지
　　않고 탄력도 있어요.
A : 그럼, 현금으로 지불하면 싸집니까?
B : 현금으로 지불하면 5% 할인됩니다.

二人は何をしていますか。

(A) にらめっこ　　　　(B) 品質の評価
(C) 値段の取引　　　　(D) 預金の引き出し

두 사람은 무엇을 하고 있습니까?

(A) 눈싸움　　　　　　(B) 품질 평가
(C) 가격 흥정　　　　 (D) 예금 인출

해설 두 사람이 하고 있는 행동을 묻고 있다. 손님은 비싸니까 깎
아 달라고 하고, 상인은 눈 주변도 투명하고 윤기도 있으니 비싸지만
현금으로 내면 할인된다고 했으므로 정답은 (C)이다.

단어 価値(かち) 가치 | 透(す)通(とお)る 투명하다 | にごる
흐려지다, 탁해지다 | 張(は)り 탄력, 생기 | にらめっこ 서로 노려봄 |
引(ひ)き出(だ)し 인출

52 _ 전후 관계 이해 – 공항

A：東京行きの搭乗手続きをしたいんですが。
B：パスポートとチケットお願いします。お荷
　　物は一つですか。
A：手荷物もあるのですが。
B：では、スケールに乗せていただけますか。

A : 도쿄행 탑승 수속을 하고 싶습니다만.
B : 여권과 티켓 부탁합니다. 짐은 하나입니까?
A : 수하물도 있습니다만.
B : 그럼, 저울에 짐을 올려 주시겠습니까?

これから二人は何をしますか。

(A) 搭乗時間確認
(B) 搭乗ゲート確認
(C) 荷物の重量測定
(D) 経由地と到着地の調査

지금부터 두 사람은 무엇을 합니까?

(A) 탑승 시간 확인

(B) 탑승 게이트 확인

(C) 짐의 중량 측정

(D) 경유지와 도착지 조사

해설 공항에서 탑승 수속 중인 모습이다. 저울에 짐을 올려놓으라고 했으므로 정답으로 적절한 것은 (C)이다.

단어 搭乗(とうじょう) 탑승 | 手続(てつづ)き 수속 | 手荷物(てにもつ) 수하물 | スケール 스케일, 저울 | ゲート 게이트 | 重量(じゅうりょう) 중량 | 測定(そくてい) 측정 | 経由地(けいゆち) 경유지 | 到着地(とうちゃくち) 도착지

53 _ 인물의 행동 이해

A：何やってんの。玄関先でおままごと？

B：食器を種類別に分けているところだよ。手を貸してくれない？

A：足が棒になるまで歩きまわったんだから、勘弁してよ。マリちゃんに頼んでみたら。

B：まだ帰って来ないんだよ。

A : 뭐 하는 거야? 현관 앞에서 소꿉놀이?

B : 식기를 종류별로 나누고 있는 중이야. 도와주지 않을래?

A : 다리가 뻣뻣해질 때까지 걸어 다녔으니 좀 봐줘. 마리에게 부탁하면 어때?

B : 아직 안 왔어.

何をしていますか。

(A) お皿を洗っている。

(B) ままごとをしている。

(C) 棒を振りまわしている。

(D) 食器を整理整頓している。

무엇을 하고 있습니까?

(A) 접시를 닦고 있다.

(B) 소꿉놀이를 하고 있다.

(C) 봉을 휘두르고 있다.

(D) 식기를 정리정돈하고 있다.

해설 현관 앞에서 소꿉놀이 하는 중이냐고 하자 식기를 종류별로 나누고 있는 중이라고 했다. 따라서 정답으로 적절한 것은 (D)이다.

단어 玄関先(げんかんさき) 현관 앞 | ままごと 소꿉놀이 | 食器(しょっき) 식기 | 手(て)を貸(か)す 도와주다 | 足(あし)が棒(ぼう)になる (오래 걷거나 오래 서 있어서) 다리가 뻣뻣해지다 | 勘弁(かんべん) 용서 | 振(ふ)り回(まわ)す 휘두르다, 남용하다

54 _ 연장 불가의 이유 이해

A：借りている本の貸出延長はできますか。

B：貸出期限内で次の予約が入っていない場合に限り、延長ができます。

A：予約は入っていないようですが、電話で延長の手続きができますか。

B：申し訳ございませんが、電話での延長依頼は受け付けておりません。

A : 빌린 책의 대출 연장은 할 수 있습니까?

B : 대출 기한 내에 다음 예약이 들어와 있지 않은 경우에 한해서 연장이 가능합니다.

A : 예약은 들어온 것 같지 않습니다만, 전화로 연장 수속을 할 수 있습니까?

B : 죄송합니다만, 전화상의 연장 의뢰는 받지 않습니다.

どうして延長ができなくなりましたか。

(A) 予約済みの本だから

(B) 返却期限が過ぎたから

(C) 仮予約が入っていたから

(D) 電話で延長手続きができないから

어째서 연장을 못하게 되었습니까?

(A) 예약이 끝난 책이라서

(B) 반납 기한이 지나서

(C) 가예약이 들어와 있어서

(D) 전화로 연장 수속을 할 수 없어서

해설 연장할 수 없는 이유를 찾는 문제로, 대출 예약이 되어 있지 않아 연장은 가능하지만 전화상의 연장 의뢰는 받지 않는다고 했으므로 정답으로 적절한 것은 (D)이다.

단어 貸出(かしだし) 대출 | ~限(かぎ)り ~한, ~는 동안에는 | 延長(えんちょう) 연장 | 依頼(いらい) 의뢰 | 受(う)け付(つ)ける 접수하다, 받아들이다 | 返却(へんきゃく) 반납, 반환 | 仮予約(かりよやく) 가예약

55 _ 대화의 내용 이해

A：先輩に貸したゲーム機を返してくれないんだよ。

B：それは困りますよね。先輩に話してみましたか。

Ａ：逆切れされました。今使っているから返せ
　　ないと言われ返してもらえませんでした。

Ｂ：逆切れってひどいですね。世の中には本当
　　に困った人がいるもんですよね。

Ａ : 선배에게 빌려 준 게임기를 돌려받지 못하고 있어.

Ｂ : 그건 곤란하군요. 선배에게 말해 봤나요?

Ａ : 역으로 화냈습니다. 지금 사용하고 있으니까 돌려줄 수 없다며
　　돌려주지 않았습니다.

Ｂ : 역으로 화내다니 심하네요. 세상에는 정말로 곤란한 사람이 있
　　는 거군요.

会話の内容と合っているのはどれですか。

(A) 先輩にゲーム機を借りている。

(B) 先輩に絶交宣言をしようとする。

(C) ゲーム機を返してもらえなかった。

(D) 先輩に何も話せなくて逆切れされた。

대화 내용과 맞는 것은 어느 것입니까?

(A) 선배에게 게임기를 빌리고 있다.

(B) 선배에게 절교 선언을 하려고 한다.

(C) 게임기를 돌려받지 못했다.

(D) 선배에게 아무것도 말하지 못하고 오히려 화를 입었다.

해설 빌려 준 게임기를 돌려받지 못하고 있다고 했으므로 정답으
로 적절한 것은 (C)이다. 선배가 빌려 간 것이므로 (A)는 정답으로
부적절하고, 선배에는 돌려 달라고 말했지만 오히려 선배가 화를 낸
것이므로 (D)는 정답으로 부적절하다.

단어 逆切(ぎゃくぎ)れ 오히려 역으로 화를 냄 | 絶交(ぜっこう)
절교 | 宣言(せんげん) 선언

56 _ 거절 사유 이해

Ａ：あした、海に行こう。どうせ暇なんだろ？

Ｂ：遠慮しとくよ。忙しいから。

Ａ：追加試験でもあるの？

Ｂ：親戚の結婚式に行くんだ。

Ａ : 내일 바다에 가자. 어차피 한가하잖아?

Ｂ : 사양하겠어. 바쁘니까.

Ａ : 추가 시험이라도 있는 거야?

Ｂ : 친척 결혼식에 가.

なぜ海に行けないのですか。

(A) 疲れているから

(B) 追加試験があるから

(C) 結婚式に参加するから

(D) 親戚の見舞いに行くから

왜 바다에 못갑니까?

(A) 피곤하기 때문에

(B) 추가 시험이 있기 때문에

(C) 결혼식에 참석하기 때문에

(D) 친척의 문병을 가기 때문에

해설 바다에 가자고 권하자 친척 결혼식 때문에 못 간다며 사양했
으므로 정답으로 적절한 것은 (C)이다. 추가 시험은 바다에 가자고
권유한 사람이 임의로 생각한 것이므로 (B)는 정답으로 부적절하다.

57 _ 화자의 의도 이해

Ａ：すみません、ロンドンへの乗り継ぎ便はどこ
　　に行けばいいのか教えていただけませんか。

Ｂ：お乗り継ぎのお客様でしたら、こちらへど
　　うぞ。

Ａ：何時頃、向こうに到着予定なんですか。

Ｂ：朝、7時頃です。貴重品を置き忘れないよ
　　うご確認ください。

Ａ : 저기요, 런던 환승편은 어디로 가면 좋을지 가르쳐 주시지 않겠
　　습니까?

Ｂ : 환승 고객이시라면 이쪽으로 오세요.

Ａ : 몇 시쯤 그쪽에 도착할 예정입니까?

Ｂ : 아침 7시쯤입니다. 귀중품을 잊어버리지 않도록 확인해 주세요.

お客さんは何をしようとしていますか。

(A) 貴重品を預ける。

(B) 荷物を取りに行く。

(C) 飛行機を乗り換える。

(D) ロンドン行きの便を予約する。

손님은 무엇을 하려고 합니까?

(A) 귀중품을 맡긴다.

(B) 짐을 가지러 간다.

(C) 비행기를 환승한다.

(D) 런던에 가는 편을 예약한다.

해설 손님이 런던의 환승편을 타려면 어디로 가야 하는지 묻고 있
으므로, 길을 안내하고 있는 (C)가 정답이다.

58 _ 전후 관계 이해

A：国際商社の斉藤と申しますが、畑中さんとお話し出来ますか。

B：あいにく今、ミーティング中ですが。お電話さしあげるようお伝えいたしましょうか。

A：いいえ、私が畑中さんにお電話いたします。

B：はい、そのようにお伝えします。

A : 국제상사의 사이토라고 합니다만, 하타나카 씨와 이야기 가능합니까?

B : 공교롭게도 지금 미팅 중인데요. 전화 드리라고 전해 드릴까요?

A : 아니요, 제가 하타나카 씨에게 전화 드리겠습니다.

B : 네, 그렇게 전하겠습니다.

斉藤さんはどうしますか。

(A) 斉藤さんは女の人に伝言を残す。

(B) 斉藤さんは畑中さんに電話をかける。

(C) 斉藤さんはミーティングに参加する。

(D) 斉藤さんは畑中さんに電話をかけさせる。

사이토 씨는 어떻게 합니까?

(A) 사이토 씨는 여자에게 전언을 남긴다.

(B) 사이토 씨는 하타나카 씨에게 전화를 건다.

(C) 사이토 씨는 미팅에 참가한다.

(D) 사이토 씨는 하타나카 씨에게 전화를 걸게 한다.

해설 여성이 사이토에게 하타나카는 미팅 중이라 전화를 받을 수 없으니 나중에 하타나카에게 전화하라고 전하겠다고 하자, 사이토는 본인이 다시 전화를 걸겠다고 했으므로 정답으로 적절한 것은 (B)이다.

단어 国際(こくさい) 국제 | 商社(しょうしゃ) 상사 | ミーティング 미팅 | 伝言(でんごん) 전언

59 _ 상품 고르기

A：このダウンコートがいいんですが、ちょっと高い感じがしますね。支払いは一括払いだけですか。

B：もしよろしければ、月々のお支払いができますよ。

A：これをお願いします。クレジットカードで分割払いにします。

B：それは他のコートよりも上質のダウンですから、お得ですよ。

A : 이 다운 코트가 좋은데, 조금 비싼 감이 듭니다. 지불은 일시불뿐입니까?

B : 만약 괜찮으시면 매달 할부가 가능합니다.

A : 이걸 주세요. 신용카드 할부로 지불하겠습니다.

B : 그것은 다른 코트보다도 고품질 다운이기 때문에 득 보시는 겁니다.

支払いはどれにしますか。

(A) 現金、一括払い

(B) カード、月払い

(C) カード、一括払い

(D) 振り込み、一括払い

지불은 어느 것으로 합니까?

(A) 현금, 일시불

(B) 카드, 할부

(C) 카드, 일시불

(D) 입금, 일시불

해설 손님이 일시불밖에 안 되느냐고 묻자, 점원이 할부도 가능하다고 응답했다. 이에 손님은 카드로 할부 지불하겠다고 했으므로 정답으로 적절한 것은 (B)이다.

단어 ダウン 새의 솜털 | 一括払(いっかつばら)い 일시불 | 分割払(ぶんかつばら)い 할부 | 上質(じょうしつ) 질이 좋음

60 _ 대화의 내용 이해 – 제품 트러블

A：きのう、ずっと電話待ってたのに。

B：小田さんの携帯に電話したんだけど、つながらなかったよ。

A：えっ。全然鳴らなかったわよ。先週買ったばかりなんだけど。勝手に電源が入ったり、切れたりするの。

B：近くのサービスセンターに持って行った方がいいね。

A : 어제 전화 계속 기다렸는데.

B : 오다 씨의 휴대전화에 전화했는데, 연결되지 않았어.

A：えっ、全然鳴らなかったよ。先週に買ったんだけど。勝手に電源が入ってきたり切れたりして。

A : 엇, 전혀 울리지 않았어. 지난주에 산 건데. 멋대로 전원이 들어왔다 꺼졌다 해.

B : 가까운 서비스 센터에 가져가는 게 좋겠어.

会話の内容と合っているのはどれですか。

(A) 昨日買ったばかりの携帯だ。

(B) 電源スイッチをオフにした。

(C) バッテリーが切れてしまった。

(D) 小田さんと連絡が取れなかった。

대화 내용과 맞는 것은 어느 것입니까?

(A) 어제 산 휴대전화다.

(B) 전원 스위치를 껐다.

(C) 배터리가 떨어지고 말았다.

(D) 오다 씨와 연락이 되지 않았다.

 오다는 계속 전화를 기다리고 있었는데 전화가 오지 않았다고 했으므로 정답으로 적절한 것은 (D)이다. 휴대전화는 지난주에 산 것이므로 (A)는 정답으로 부적절하고, 스위치가 제멋대로 꺼졌으므로 (B)는 정답으로 부적절하다.

 つながる 이어지다, 연결되다 | ～たばかり ～한 지 얼마 안 됨 | 勝手(かって)に 제멋대로 | 電源(でんげん) 전원 | 切(き)れる 끊어지다 | スイッチ 스위치 | バッテリー 배터리

61 _ 화자의 의도 파악

A : 標識が読みづらいんで、眼鏡かコンタクトか必要だと思うんですけど。けど。

B : 最後に視力検査を受けたのはいつですか。

A : 1年前だったと思います。

B : 私の指した文字を読んでください。

A : 표지를 읽기가 힘들어서 안경이든 콘텍트 렌즈든 필요하다고 생각하는데요.

B : 마지막으로 시력 검사를 받은 것은 언제입니까?

A : 1년 전이었던 것 같습니다.

B : 제가 가리킨 글자를 읽어 주세요.

男の人はどんな問題を抱えていますか。

(A) 文盲　　　　　　(B) 難読症

(C) 目が悪いこと　　(D) 耳が痛いこと

남성은 어떤 문제를 안고 있습니까?

(A) 문맹　　　　　　(B) 난독증

(C) 눈이 나쁜 것　　(D) 귀가 아픈 것

 이 사람은 표지를 읽기가 힘들기 때문에 안경이나 렌즈가 필요하다고 했으므로 정답으로 적절한 것은 (C)이다.

 標識(ひょうしき) 표지 | 視力(しりょく) 시력 | 検査(けんさ) 검사 | 指(さ)す 가리키다, 지적하다 | 文盲(もんもう) 문맹 | 難読症(なんどくしょう) 난독증

62 _ 대화의 장소와 목적 이해

A : あと一年、ビザを延長したいのですが。

B : このフォームにビザの有効期限をお書きください。何のビザで滞在するおつもりですか。

A : 学生ビザです。

B : 今までと同じビザですよね。

A : 앞으로 1년 더 비자를 연장하고 싶습니다만.

B : 이 양식에 비자 유효 기한을 써 주세요. 무슨 비자로 체류할 예정이십니까?

A : 학생 비자입니다.

B : 지금까지와 같은 비자군요.

この人は何をしていますか。

(A) 免税店でピザを買っている。

(B) ビザ延長を申し込んでいる。

(C) 外国人登録証を作っている。

(D) 在学証明書を発行している。

이 사람은 무엇을 하고 있습니까?

(A) 면세점에서 피자를 사고 있다.

(B) 비자 연장을 신청하고 있다.

(C) 외국인 등록증을 만들고 있다.

(D) 재학 증명서를 발행하고 있다.

 이 사람은 학생 비자를 연장하고 싶다고 했으므로 정답으로 적절한 것은 (B)이다.

 有効(ゆうこう) 유효 | 滞在(たいざい) 체재 | 免税店(めんぜいてん) 면세점 | 申(もう)し込(こ)む 신청하다

63 _ 요일에 따른 특징 이해

A : あしたから一緒に相乗りして行きませんか。

B : あした、子どもを学校に連れて行かなきゃいけないので無理なんですよ。週2回ほど担当していますから。

A：いつならいいですか。

B：月・火・金なら大丈夫だと思います。

A：내일부터 함께 합승해서 가지 않겠습니까?

B：내일, 아이를 학교에 데려다 주지 않으면 안 되니까 무리예요.
　　주 2회 정도 담당하고 있으니까요.

A：언제라면 좋습니까?

B：월, 화, 금이라면 괜찮을 것 같습니다.

明日、相乗りができない理由は何ですか。

(A) 子どもを登校させるため
(B) 学校の給食を担当するため
(C) 週休二日制が広まったため
(D) 週2回は修学相談を実施するため

내일 합승을 못하는 이유는 무엇입니까?

(A) 아이를 등교시키기 때문에
(B) 학교의 급식을 담당하기 때문에
(C) 주5일제가 퍼졌기 때문에
(D) 주 2회는 수학 상담을 실시하기 때문에

해설 내일부터 차를 같이 타고 다니자고 하니 주 2회는 아이를 학교에 데려다 주어야 하는데 그것이 마침 내일이라 안 된다고 했다. 따라서 정답으로 적절한 것은 (A)다.

단어 相乗(あいの)り 합승 | 担当(たんとう) 담당 | 登校(とうこう) 등교 | 給食(きゅうしょく) 급식 | 週休二日制(しゅうきゅうふつかせい) 주5일제 | 広(ひろ)まる 퍼지다 | 修学(しゅうがく) 수학 | 実施(じっし) 실시

64 _ 프런트에 전화한 목적 이해 – 호텔

A：モーニングコールを明日朝7時にお願いしたいんですけど。

B：かしこまりました。他に何かご用はございませんか。

A：私が出かけている間に部屋を掃除してくれませんか。

B：かしこまりました。

A：모닝콜을 내일 아침 7시에 부탁하고 싶습니다만.

B：알겠습니다. 그 외에 다른 용건은 없으십니까?

A：제가 나가 있는 동안 방을 청소해 주지 않겠습니까?

B：알겠습니다.

フロントに頼んだのは何ですか。

(A) 部屋の変更と掃除
(B) 服のアイロンと掃除
(C) ルームサービスと洗濯
(D) モーニングコールと掃除

프런트에 부탁한 것은 무엇입니까?

(A) 방의 변경과 청소
(B) 옷의 다림질과 청소
(C) 룸서비스와 세탁
(D) 모닝콜과 청소

해설 모닝콜을 부탁하기 위해 프런트에 전화를 걸었다가 방 청소까지 부탁했으므로 정답으로 적절한 것은 (D)이다.

단어 モーニングコール 모닝콜 | アイロン 다리미

65 _ 여행에 대한 선택 조건 이해

A：このツアー、ランチはその値段に含まれていますか。

B：いいえ、含まれておりません。

A：じゃあ、高すぎますね。もし、温泉のルートを外せば、少しは安くなりますか。

B：やすくなりますけど、それほどではありません。

A：이 투어, 점심 식사는 그 가격에 포함되어 있습니까?

B：아니요, 포함되어 있지 않습니다.

A：그럼, 너무 비싸군요. 만약 온천 루트를 빼면 조금은 싸집니까?

B：싸지만 생각하는 만큼은 아닙니다.

どうして温泉ルートをパスしようとしていますか。

(A) 弁当を買うため
(B) 値段を安くするため
(C) ランチタイムがないため
(D) 温泉でブランチを食べるため

어째서 온천 루트를 패스하려고 합니까?

(A) 도시락을 사기 위해
(B) 가격을 싸게 하기 위해
(C) 점심시간이 없기 때문에
(D) 온천에서 브런치를 먹기 위해

해설 손님은 점심도 포함되지 않았는데 비싸다고 하면서 온천 루트를 빼면 가격이 저렴해지는지 물었으므로 정답으로 적절한 것은 (B)이다.

66 _ 대화의 내용 이해 – 스포츠

A：どきどきするね。ウィンブルドン見るのは
　　初めてなんだ。本物のラケットも初めて見
　　るの。

B：信じられない。

A：リモコンでラケットを振るゲームはするけど。

A : 두근두근거려. 윔블던을 보는 것은 처음이야. 실물 라켓도 처음 봐.
B : 믿을 수 없어.
A : 리모콘으로 라켓을 휘두르는 게임은 하지만.

何のゲームを見ていますか。

(A) 野球　　　　　　　(B) テニス

(C) サッカー　　　　　(D) バレーボール

무슨 게임을 보고 있습니까?

(A) 야구　　　　　　　(B) 테니스
(C) 축구　　　　　　　(D) 배구

67 _ 대화의 내용 이해 – 관용구 이해

A：中村さん、その映画はどうでしたか。

B：期待した以上に良かったよ。最初から最後
　　まで夢中になって見てた。

A：どの部分が気に入りましたか。

B：最後の部分。思わず涙が出ちゃったよ。

A : 나카무라 씨, 그 영화는 어땠습니까?
B : 기대 이상으로 좋았어. 처음부터 끝까지 몰두해서 봤어.
A : 어느 부분이 마음에 들었습니까?
B : 마지막 부분. 저절로 눈물이 나왔어.

中村さんはどんな気持ちでしたか。

(A) 我を忘れた。

(B) 笑いを噛み殺した。

(C) 飽き飽きした。

(D) 輪に輪をかけた。

나카무라 씨는 어떤 기분입니까?

(A) 자신을 잊었다.
(B) 웃음을 참았다.
(C) 진절머리가 났다.
(D) 설상가상이었다.

68 _ 소문에 대한 태도 이해 – 속담, 관용구 이해

A：佐藤さん、この会社が、よその会社と合併
　　するんだって。

B：また見えすいたうそをついて。その話、ど
　　こで聞いたの。

A：人づてに聞いたのよ。

B：森さん、聞きかじったことを流すといけな
　　いよ。

A : 사토 씨, 이 회사가 다른 회사와 합병할 거라던데.
B : 또 뻔히 보이는 거짓말한다. 그 이야기, 어디서 들은 거야.
A : 소문으로 들었어요.
B : 모리 씨, 어디서 들은 뜬소문을 퍼트리면 안 돼요.

佐藤さんは森さんに何を言いたがっていますか。

(A) 秘密はもれやすい。

(B) 噂をすれば影がさす。

(C) 壁に耳あり障子に目あり。

(D) デマを飛ばしてはいけない。

사토 씨는 모리 씨에게 무엇을 말하고 싶어 하고 있습니까?

(A) 비밀은 새기 쉽다.
(B) 호랑이도 제 말 하면 온다.
(C) 밤말은 쥐가 듣고 낮말은 새가 듣는다.
(D) 유언비어를 퍼뜨려서는 안 된다.

해설 모리가 합병에 대한 소문을 이야기하자, 사토는 모리에게 근거 없는 뜬소문을 퍼트려서는 안 된다고 했으므로 정답으로 적절한 것은 (D)이다.

단어 よそ 딴 곳 | 合併(がっぺい) 합병 | 見(み)え透(す)く 빤히 들여다보이다 | 人(ひと)づて 소문, 인편에 전함 | 聞(き)きかじる 주워듣다 | 秘密(ひみつ) 비밀 | デマ 유언비어, 허위 정보

69 _ 직장 내 트러블 이해

A : 京子さん、課長が京子さん呼んでるよ。

B : また？きのうも行ったら散々な目にあったの。どうしてか知ってる？

A : 大した話じゃないと思うよ。でも、機嫌が悪そうだったよな。

B : やだ、困ったなあ。

A : 교코 씨, 과장님이 교코 씨를 불러요.
B : 또? 어제도 갔는데 엄청 깨졌어. 왜 그런지 알고 있어?
A : 대단한 이야기는 아닐 거야. 그렇지만 기분이 안 좋은 것 같았어.
B : 싫다, 곤란하네.

京子さんはどうして困っていますか。

(A) 課長がいやだから
(B) ミスを見逃したから
(C) 機嫌を取るのが大変だから
(D) 課長からの呼び出しがあったから

교코 씨는 왜 곤란해 하고 있습니까?

(A) 과장이 싫어서
(B) 실수를 놓쳐서
(C) 비위를 맞추는 것이 힘들어서
(D) 과장으로부터의 호출이 있어서

해설 과장이 또 교코를 불러서 과장을 만나야 하는데, 과장의 기분이 안 좋다는 것을 알게 되자 만나러 가기 싫다고 했으므로 선택지 가운데 정답으로 적절한 것은 (D)이다.

단어 散々(さんざん) 몹시 꼴사나운 모양, 호된 모양 | 機嫌(きげん)が悪(わる)い 기분이 안 좋다 | 見逃(みのが)す 빠트리다, 간과하다 | 機嫌(きげん)を取(と)る 비위를 맞추다

70 _ 대화의 내용 이해 – 관용구 이해

A : どうしよう。また知り合いが来月絶対返すから５万円貸してって言うのよ。のよ。

B : 今まで返したことがないじゃないか。か。

A : そうなのよ。でも最後のお願いって言ってるし。

B : それに何度も何度もひっかかってしまったんじゃないか。

A : 어쩌지. 또 지인이 다음 달에 꼭 갚을테니 5만 엔 빌려 달라고 하네.
B : 지금까지 갚은 적 없잖아.
A : 그래. 그래도 마지막 부탁이라고 말하니까.
B : 그 말에 몇 번씩이나 걸려들었잖아

男の人が女の人に言いたがっているのはどれですか。

(A) 人間として借りたまでだ。
(B) 罠にはまってはいけない。
(C) 人は疑うべからざるものだ。
(D) お金を貸しても差し支えない。

남성이 여성에게 말하고 싶어 하는 것은 어느 것입니까?

(A) 인간으로서 빌렸을 뿐이다.
(B) 덫에 걸려서는 안 된다.
(C) 사람은 의심해서는 안 되는 법이다.
(D) 돈을 빌려 줘도 문제없다.

해설 남성은 여성에게 마지막 부탁이라는 말에 몇 번이나 걸려들어 돈을 빌려 주고 못 받지 않았느냐고 충고하고 있으므로 정답으로 적절한 것은 (B)이다.

단어 知(し)り合(あ)い 아는 사이, 친지 | ひっかかる 걸리다, 걸려들다 | ～までだ (단지) ～했을 뿐이다 | 罠(わな)にはまる 덫에 걸리다 | 疑(うたが)う 의심하다 | ～べからざる ～해서는 안 된다 | ～ても差(さ)し支(つか)えない ～해도 좋다, ～해도 문제없다

71 _ 약속 시간 이해

A : 水曜日の午前、先生はお時間ございますか。

B : 申し訳ありません。水曜日の午前は厳しそうですね。火曜日の午後はいかがですか。

A：大丈夫です。では、あしたの午後３時頃、お伺いいたします。

B：わかりました。

A : 수요일 오전, 선생님은 시간 있으십니까?
B : 죄송합니다. 수요일 오전은 힘들 것 같습니다. 화요일 오후는 어떻습니까?
A : 괜찮습니다. 그럼 내일 오후 3시쯤 찾아뵙겠습니다.
B : 알겠습니다.

きょうは何曜日ですか。

(A) 月曜日　　　　　(B) 火曜日

(C) 水曜日　　　　　(D) 日曜日

오늘은 무슨 요일입니까?

(A) 월요일　　　　　(B) 화요일

(C) 수요일　　　　　(D) 일요일

해설 수요일 오전은 안 되고 화요일인 내일 오후는 만날 수 있다고 했으므로 오늘은 월요일이다. 따라서 정답은 (A)이다.

단어 いかが 어찌, 어떻게 | 伺(うかが)う 묻다, 듣다, 방문하다의 겸사말

72_ 인물의 건강 상태 이해

A：のぞみさん。ぷっくり腫れてるね。

B：うん、足をくじいたみたい。

A：レントゲンは撮った？

B：うん、幸い骨には異常がないから、毎日病院に通ってるの。の。

A : 노조미 씨. 볼록 부었네.
B : 응, 다리를 삔 거 같아.
A : 엑스레이는 찍었어?
B : 응, 다행히 뼈에는 이상이 없어서 매일 병원에 다니고 있어

のぞみさんが病院に通ってる理由はどれですか。

(A) 捻挫　　　　　(B) 骨折

(C) 喘息　　　　　(D) 水虫

노조미 씨가 병원에 다니는 이유는 어느 것입니까?

(A) 염좌　　　　　(B) 골절

(C) 천식　　　　　(D) 무좀

해설 노조미가 병원에 다니는 이유는 다리를 삤기 때문이라고 했으므로 정답으로 적절한 것은 (A)이다.

단어 ぷっくり 볼록(둥글게 부풀어 오른 모양) | 腫(は)れる 붓다 | くじく 삐다 | レントゲン 엑스레이, 뢴트겐 | 幸(さいわ)い 운이 좋음, 다행임 | 異常(いじょう) 이상 | 通(かよ)う 다니다, 왕래하다, 오가다 | 捻挫(ねんざ) 염좌 | 喘息(ぜんそく) 천식 | 水虫(みずむし) 무좀

73_ 사물의 특징 이해

A：あのう、部外者の立ち入りはお断りしてるんですが…。

B：すみません。練習中にじゃましちゃって…。このボール、こちらの物じゃないでしょうか。ボールにこのクラブのマークがついていますけど。

A：あ、そうですね。どうもすみません。

A : 저, 외부인 출입은 안 되는데요….
B : 죄송합니다. 연습 중에 방해를 해서…. 이 볼, 여기 물건 아닌가요? 볼에 이 클럽의 마크가 붙어 있습니다만.
A : 아, 그렇군요. 대단히 죄송합니다.

ボールを返してもらえたのはなぜですか。

(A) 名前が書いてあるから

(B) 選手の顔が描いてあるから

(C) クラブのマークがあるから

(D) ボールの形が変わっているから

볼을 돌려받을 수 있었던 것은 왜입니까?

(A) 이름이 적혀 있어서

(B) 선수의 얼굴이 그려져 있어서

(C) 클럽의 마크가 있어서

(D) 볼의 형태가 특이해서

해설 외부인이 볼을 들고 클럽을 찾아온 것은 볼에 클럽의 마크가 붙어 있었기 때문이라고 했으므로 정답으로 적절한 것은 (C)이다.

단어 立(た)ち入(い)り 출입, 들어감 | 断(ことわ)る 거절하다 | じゃまを入(い)れる 방해를 하다, 훼방하다

74_ 대화의 요지 이해

A：そんなに苦労してるとは思わなかった。ずいぶん頑張ってるね。

B：なんだ、その含みのある発言は。どこか内定したんじゃないの？

Ａ：あ、それはあり得ないよ。私はまだ就職
　　活動をしてないから…。

A : 그렇게 고생하는 줄 몰랐어. 꽤 열심히 하고 있네.
B : 뭐야, 그 의미 있는 발언은. 어딘가 내정된 것 아니야?
A : 아, 그건 있을 수 없어. 나는 아직 취업 활동을 하고 있지 않
　　으니까….

何について話していますか。
(A) 人生について　　　(B) 苦労について
(C) 大工について　　　(D) 就職について

무엇에 대해서 이야기하고 있습니까?

(A) 인생에 대하여　　　　　(B) 고생에 대하여
(C) 목수에 대하여　　　　　(D) 취직에 대하여

해설　대화를 잘 듣고 주제를 찾는 데 주력한다. 취업 활동이 어떤
지 이야기를 하고 있으며, 内定, 就職活動 등 취직에 관련된 표현
들이 등장했으므로 정답은 (D)가 적절하다. 苦労라는 표현도 나왔
지만 취업 활동에 따른 고생이고, 대화 전체가 고생에 대한 이야기가
아니므로 (B)는 정답으로 부적절하다.

단어　苦労(くろう) 고생, 수고 | 含(ふく)み 포함, 숨은 뜻 | 内定
(ないてい) 내정 | あり得(え)ない 있을 수 없다 | 大工(だいく) 목수

75_ 현 시점의 경제 상황 이해

Ａ：下田さん、もうすぐ社員が増えると思いま
　　すか。
Ｂ：現時点ではあまり期待しないほうがいいよ。
Ａ：どうしてですか。
Ｂ：会社は今、コスト削減中なんだから。

A : 시모다 씨, 이제 곧 사원이 늘 거라고 생각합니까?
B : 현 시점에서는 그다지 기대하지 않는 게 좋아.
A : 왜 그렇습니까?
B : 회사는 지금 경비 삭감 중이니까.

下田さんの考えはどれですか。
(A) 予算を削減する見通しである。
(B) 削減中の賃金の水準を元に戻す。
(C) 最盛期を迎えて充員してくれる。
(D) 増員などあり得ないことである。

시모다 씨의 생각은 어느 것입니까?

(A) 예산을 삭감할 전망이다.

(B) 삭감 중인 임금 수준을 원래대로 되돌린다.
(C) 성수기를 맞이하여 충원해 준다.
(D) 증원 등은 있을 수 없는 일이다.

해설　시모다는 지금 회사가 비용을 삭감하고 있는 중이니 인원이
늘어나지 않을 것이라고 생각하고 있으므로 정답으로 적절한 것은
(D)이다. 삭감할 전망은 아니므로 (A)는 정답으로 부적절하다.

단어　社員(しゃいん) 사원 | 現時点(げんじてん) 현시점 | コス
ト 값, 생산비, 원가 | 削減中(さくげんちゅう) 삭감 중 | 予算(よさ
ん) 예산 | 賃金(ちんぎん) 임금 | 水準(すいじゅん) 수준 | 最盛
期(さいせいき) 전성기, 성수기 | 充員(じゅういん) 충원 | 増員(ぞ
ういん) 증원

76_ 인물의 행동 이해

Ａ：園田さん、演劇のチケットは手に入った？
Ｂ：うん、間一髪だったよ。
Ａ：私、姉からチケットもらったの。一緒に行
　　こう。
Ｂ：それがね、その日、緊急ミーティングが入っ
　　て、涙を飲んで姪の由子に譲ったんだ。

A : 소노다 씨, 공연 티켓은 손에 넣었어?
B : 응, 간발의 차이였어.
A : 나는 언니한테 티켓 받았어. 같이 가자.
B : 그게 말이야, 그날 긴급 미팅이 생겨서 눈물을 머금고 조카 딸
　　유코에게 양보했어.

園田さんはチケットをどうしましたか。

(A) 姪に譲渡した。
(B) 記念に保存した。
(C) 由子に奪われた。
(D) 友人に売ってしまった。

소노다 씨는 티켓을 어떻게 했습니까?

(A) 조카에게 양도했다.
(B) 기념으로 보존했다.
(C) 유코에게 빼앗겼다.
(D) 친구에게 팔아 버렸다.

해설　소노다는 겨우 손에 넣은 공연 티켓을 긴급 미팅으로 인해
조카인 유코에게 양보했다고 했으므로 정답으로 적절한 것은 (A)다.

단어　手(て)に入(はい)る 손에 들어오다 | 間一髪(かんいっぱ
つ) 아슬아슬함 | ミーティング 미팅 | 譲(ゆず)る 양보하다 | 涙(な
みだ)を飲(の)む 눈물을 머금다 | 譲渡(じょうと) 양도 | 保存(ほ
ぞん) 보존 | 奪(うば)う 빼앗다, 사로잡다

A：あのう、斉藤さん。授業はどういうふうに
しましょうか。

B：一週間に４回ありますので、最低２回は会
話トレーニングをすべきですね。ね。

A：いいですね。あと２回はどうしますか。

B：１回は文法で、もう１回は聞き取り練習を
しましょう。

A : 저기, 사이토 씨. 수업은 어떤 식으로 할까요?
B : 일주일에 네 번 있으니까, 최저 두 번은 회화 트레이닝을 해야 합
니다.
A : 좋군요. 남은 두 번은 어떻게 합니까?
B : 한 번은 문법으로, 또 한 번은 듣기 연습을 합시다.

授業はどうなりましたか。

(A) 文法１回、作文１回、会話２回

(B) テスト１回、会話２回、読解１回

(C) 読解１回、会話２回、テスト１回

(D) 文法１回、会話２回、聞き取り１回

수업은 어떻게 됐습니까?

(A) 문법 1회, 작문 1회, 회화 2회
(B) 테스트 1회, 회화 2회, 독해 1회
(C) 독해 1회, 회화 2회, 테스트 1회
(D) 문법 1회, 회화 2회, 듣기 1회

해설 수업 과목과 횟수를 주의 깊게 듣고 선택지를 체크한다. 회
화 2회, 문법 1회, 듣기 1회이므로 정답으로 적절한 것은 (D)이다.

단어 トレーニング 트레이닝 | 聞(き)き取(と)り 듣기

A：そうそう、昨日頼んだ中国行きのチケット
は予約してくれた？

B：はい、朝一で予約を入れておきました。

A：時間は。

B：午前の便は全て満席でしたので、お昼１２
時５分の便です。

A : 맞아 맞아, 어제 부탁한 중국행 티켓 예약했어?
B : 예, 아침 일찍 예약해 두었습니다.
A : 시간은?
B : 오전 편은 모두 만석이라, 오후 12시 5분 편입니다.

予約したのはどれですか。

(A) 中国行きの午前の便

(B) 中国行きの午後の便

(C) 中国行きの夜中の便

(D) 中国行きの夜明の便

예약한 것은 어느 것입니까?

(A) 중국행 오전 편
(B) 중국행 오후 편
(C) 중국행 밤중 편
(D) 중국행 새벽 편

해설 예약한 비행기 편이 어떤 것인지 묻는 것으로 중국행 오후
티켓을 아침 일찍 예약한 것이므로 정답으로 적절한 것은 (B)이다.

단어 朝一(あさいち) 아침 업무가 시작된 직후 | 満席(まんせき)
만석 | 夜明(よあけ) 새벽, 새벽녘

A：ちょっと見ない間に太ったんじゃない。

B：そうなんだよ。ここんところ接待続きでさ。
去年の今頃と比べて８キロも太ちゃったよ。

A：ねえ、去年も全く同じこと言ってたわよ。

B：同じじゃないよ。去年は５キロしか太って
ないよ。

A : 잠깐 안 본 사이에 살찌지 않았어?
B : 그래. 요즘 접대가 계속 있어서, 작년 이맘때랑 비교해서 8kg나
쪘어.
A : 저기, 작년에도 똑같이 말했어.
B : 똑같지 않아. 작년에는 5kg밖에 찌지 않았어.

男の人は２年前と比べて何キロ太りましたか。

(A) ３キロ　　　　　(B) ５キロ

(C) ８キロ　　　　　(D) １３キロ

남성은 2년 전과 비교해서 몇 kg 쪘습니까?

(A) 3kg　　　　　(B) 5kg
(C) 8kg　　　　　(D) 13kg

 재작년과 작년 사이엔 5kg 체중이 증가했고, 작년과 올해 사이에 8kg 체중이 증가했으므로 총 13kg 체중이 증가한 것이다. 따라서 정답으로 적절한 것은 (D)이다.

 太(ふと)る 살이 찌다 | 接待(せったい) 접대 | 比(くら)べる 비교하다

80 _ 현대 사회의 문제점 이해

> A：弘が携帯を欲しがっているんだけど、もう
> 中学生だし、買ってあげてもいいかしら。
> B：そうか。でも最近ネット犯罪に巻き込まれる
> 子どもが増えてるし、僕は賛成できないな。
> A：それはそうだけど、塾で遅くなるときに、
> 連絡がつかないのも心配なのよ。
> B：薬物犯罪のような有害情報などネットに潜
> む危険を考えると弘にはまだ早いと思うな。
>
> ---
>
> A : 히로가 휴대전화를 가지고 싶어 하는데, 이제 중학생이니까 사 줘도 괜찮을까.
> B : 그래? 하지만 최근 인터넷 범죄에 휘말리는 아이들이 늘고 있으니 나는 찬성할 수 없어.
> A : 그건 그렇지만 학원 때문에 늦어질 될 때에 연락이 안 되는 것도 걱정이야.
> B : 약물 범죄 같은 유해 정보 등 인터넷에 잠재된 위험을 생각하면 히로에게는 아직 이르다고 생각해.

父親はどう思っていますか。

(A) 通話料金が高いから携帯は買わない。
(B) 塾で夜遅くなるときのために携帯は必要である。
(C) ネット上の多くの危険から子どもを守るべきである。
(D) 子どもに欲しがるものを何でも買い与えるのはよくない。

아버지는 어떻게 생각하고 있습니까?

(A) 통화 요금이 비싸서 휴대전화는 사지 않는다.
(B) 학원 때문에(귀가가) 늦어질 때를 위해서 휴대전화는 필요하다.
(C) 인터넷상의 많은 위험으로부터 아이를 지켜야 한다.
(D) 아이에게 갖고 싶어 하는 것을 뭐든 사 주는 것은 좋지 않다.

 중학생도 되었고, 휴대전화도 갖고 싶어 하고, 연락이 안 될 때는 걱정이니까 휴대폰을 사 주자는 제안에, 아버지는 인터넷 범죄에 휘말리는 경우가 있어 아직 이르다고 주장하고 있으므로 정답으로 적절한 것은 (C)이다.

 ネット犯罪(はんざい) 인터넷 범죄 | 巻(ま)き込(こ)む 말려들게 하다 | 賛成(さんせい) 찬성 | 塾(じゅく) 학원 | 薬物(やくぶつ) 약물 | 有害(ゆうがい) 유해 | 潜(ひそ)む 숨다, 잠재하다

PART 4

81~83

> 集中豪雨により、多数の都市が被害を受けて緊急警報を発令した。床上浸水や土砂崩れなどで被害者数は500万人以上、10万世帯が仮設住居を必要としていた。被災地域での主な緊急援助活動は救援物資の支給だった。水、食料水、衛生品、毛布、寝袋、緊急の仮設住居として使えるビニールシートを配布した。支援にあたっている避難民は、家から逃れて最初の数日間は野外で寝泊まりして過ごした。避難民の大多数が農業を糧に生計を立てている人々であった。
>
> ---
>
> 집중호우에 의해 다수의 도시가 피해를 입어 긴급 경보를 발령했다. 집안 침수나 토사 붕괴 등으로 피해자 수는 500만 명 이상, 10만 세대가 가설 주거를 필요로 했다. 피해 지역에서의 주요 긴급 원조 활동은 구원 물자의 지급이었다. 물, 음료수, 위생용품, 담요, 침낭, 긴급 가설 주거로 사용할 수 있는 비닐 시트를 배포했다. 지원을 받는 피난민은 집에서 빠져나와 처음 며칠은 야외에서 잠을 자며 지냈다. 피난민의 대다수가 농업을 업으로 생계를 꾸려 가는 사람들이었다.

 豪雨(ごうう) 호우 | 被害(ひがい) 피해 | 発令(はつれい) 발령 | 警報(けいほう) 경보 | 床上(ゆかうえ) 마루 위 | 浸水(しんすい) 침수 | 土砂崩(どしゃくず)れ 토사 붕괴 | 仮設(かせつ) 가설 | 救援(きゅうえん) 구원 | 支援(しえん) 지원 | 衛生品(えいせいひん) 위생용품 | 毛布(もうふ) 담요 | 寝袋(ねぶくろ) 침낭 | 配布(はいふ) 배포 | 避難民(ひなんみん) 피난민 | 逃(のが)れる 달아나다 | 寝泊(ねと)まり 숙박

81 災害の原因は何ですか。

(A) 地震　　　　　　　(B) 雪崩
(C) 山崩れ　　　　　　(D) 集中豪雨

재해의 원인은 무엇입니까?

(A) 지진　　　　　　　　(B) 눈사태
(C) 산사태　　　　　　　(D) 집중호우

해설 집중호우에 의해 여러 도시가 재해를 입었다고 했으므로 정답으로 적절한 것은 (D)이다.

단어 雪崩(なだれ) 눈사태 | 山崩(やまくず)れ 산사태

82 提供した救援物資はどれですか。

(A) 水　　　　　　　　　(B) 毛皮
(C) 車椅子　　　　　　　(D) 段ボール

제공한 구원 물자는 어느 것입니까?

(A) 물　　　　　　　　　(B) 모피
(C) 휠체어　　　　　　　(D) 골판지

해설 긴급 물자로 물, 음료, 위생용품, 담요, 침낭, 비닐시트를 배포했다고 했으므로 정답으로 적절한 것은 (A)이다.

단어 毛皮(けがわ) 모피 | 車椅子(くるまいす) 휠체어

83 避難民の大多数の職業は何ですか。

(A) 漁師　　　　　　　　(B) 海女
(C) 農業　　　　　　　　(D) 大工

피난민의 대다수의 직업은 무엇입니까?

(A) 어부　　　　　　　　(B) 해녀
(C) 농업　　　　　　　　(D) 목수

해설 피난민의 대다수가 농업을 업으로 생계를 꾸려 가는 사람들이라고 했으므로 정답으로 적절한 것은 (C)이다.

단어 漁師(りょうし) 어부 | 海女(あま) 해녀 | 大工(だいく) 목수

84~86

私は愚直で人付き合いも下手な人間です。こんな私に晴天の霹靂が起こりました。5年以上在籍していた部署から突然、異動になりました。いい人間関係が築けなくて苦しんでいます。休暇を取ることが不満で細々と仕事を増やす人や平然と社員の悪口を言う人、非の打ち所のない完璧主義者である部下などは堪えられますが、嘘つきは耐えがたいです。精神的にきつく、上司に人事異動を申し出ようと思います。

나는 우직하고 사람을 사귀는 것도 서툰 사람입니다. 이런 나에게 마른하늘에 날벼락 같은 일이 일어났습니다. 5년 이상 재적하고 있

던 부서에서 갑자기 이동하게 되었습니다. 좋은 인간관계를 쌓지 못해 고민하고 있습니다. 휴가를 내는 것이 불만이라며 잡다하게 일을 늘리는 사람이나 태연히 남의 흉을 보는 사람, 나무랄 데 없는 완벽주의자 부하 등은 참을 수 있지만 거짓말쟁이는 참기 어렵습니다. 정신적으로 힘들어서 상사에게 인사이동을 요청하려고 합니다.

단어 愚直(ぐちょく) 우직함 | 人付(ひとづ)き合(あ)い 교제, 사귐성 | 晴天(せいてん) 청천, 맑은 하늘 | 霹靂(へきれき) 벽력 | 部署(ぶしょ) 부서 | 異動(いどう) 이동 | 築(きず)く 쌓다, 쌓아올리다 | 不満(ふまん) 불만 | 平然(へいぜん) 예사로운 모양, 태연함 | 非(ひ)の打(う)ち所(どころ)がない 나무랄 데가 없다

84 この人のストレスの原因は何ですか。

(A) 親孝行　　　　　　　(B) 人間関係
(C) 会社の仕事　　　　　(D) リストラの噂

이 사람의 스트레스 원인은 무엇입니까?

(A) 효도　　　　　　　　(B) 인간관계
(C) 회사 업무　　　　　　(D) 정리해고 소문

해설 인사이동 후 좋은 인간관계를 쌓지 못해 고민하고 있다고 했으므로 정답으로 적절한 것은 (B)이다.

85 上司に何を頼もうとしていますか。

(A) 有給休暇　　　　　　(B) 残業手当
(C) 育児手当　　　　　　(D) 人事異動

상사에게 무엇을 부탁하려고 합니까?

(A) 유급 휴가　　　　　　(B) 잔업 수당
(C) 육아 수당　　　　　　(D) 인사이동

해설 정신적으로 힘들어 상사에게 인사이동을 신청하려고 한다고 했으므로 정답으로 적절한 것은 (D)이다.

단어 手当(てあて) 수당

86 この人はどんなタイプですか。

(A) うぬぼれが強い。
(B) 文学の才能がある。
(C) よく横やりを入れる。
(D) 正直すぎて気がきかない。

이 사람은 어떤 타입입니까?

(A) 자만심이 강하다.
(B) 문학 재능이 있다.
(C) 자주 곁에서 참견한다.
(D) 너무 정직하고 눈치가 없다.

87~90

> 旦那の実家へ引っ越して二世帯住宅で同居しています。私は２階建ての２階に住んでいます。
> 頼りになる人が身近にいてお互いに助け合えるのでいいですが、一人でふらふらと外に出かけにくくなって不便です。
> 私の両親は飲食店を経営していて元日しか休めませんので、なかなか会えません。あしたの大晦日の食事会は１階でして元日の夕方ごろから私の実家へ泊まりに行きたいと思っているんです。
>
> 남편의 본가로 이사를 해서 2세대 주택에서 같이 살고 있습니다. 나는 2층 건물의 2층에 살고 있습니다. 의지가 되는 사람이 가까이 있기에 서로 도울 수 있어서 좋지만, 혼자서 한가로이 바깥으로 외출을 나가기 어려워져서 불편합니다.
> 저희 부모님은 음식점을 경영하고 있어서 신정밖에 쉬지 못하기 때문에 좀처럼 만날 수가 없습니다. 내일 섣달 그믐날 식사 모임은 1층에서 하고 설날 저녁 즈음부터 친정에 쉬러 가고 싶다고 생각하고 있습니다.

87 何の日を迎えていますか。

(A) 元日　　　　　　(B) 七夕
(C) お盆　　　　　　(D) 端午

무슨 날을 맞고 있습니까?

(A) 설날　　　　　　(B) 칠석
(C) 추석　　　　　　(D) 단오

88 この人の両親は何をしていますか。

(A) 豆腐屋　　　　　　(B) 下宿屋
(C) 飲食店　　　　　　(D) パチンコ

이 사람의 부모는 무엇을 하고 있습니까?

(A) 두부 가게　　　　(B) 하숙집
(C) 음식점　　　　　　(D) 파친코

89 この人にとって現在の住まいの不便な点は何ですか。

(A) 食事の時間を守ること
(B) 水道光熱費の費用と食費
(C) 友達を招待できないこと
(D) 自由に出かけにくいこと

이 사람에게 있어서 현재 주거상의 불편한 점은 무엇입니까?

(A) 식사 시간을 지키는 것
(B) 수도광열비의 비용과 식비
(C) 친구를 초대할 수 없는 것
(D) 자유롭게 외출하기 힘든 것

90 この人の希望は何ですか。

(A) 一人で暮すこと
(B) 実家に泊まりに行くこと
(C) 思う存分買い物をすること
(D) 水入らずの旅行に行くこと

이 사람의 희망은 무엇입니까?

(A) 혼자서 생활하는 것
(B) 친정에 머물러 가는 것
(C) 마음껏 쇼핑을 하는 것
(D) 가족끼리 여행을 가는 것

91~93

記録的な寒波に見舞われ、勢いを増した雪の影響で、各地の空港が一時閉鎖された。積雪のため交通まひ状態に陥り、道路で千台近くの車が立ち往生して、国防省は兵士約千人を派遣、除雪作業などに当たらせた。地下鉄やバスの運休や遅延が相次ぎ、多くの乗客が駅や車両に缶詰めとなっている。

기록적인 한파가 휘몰아쳐 기세를 더한 눈의 영향으로 각지의 공항이 일시 폐쇄되었다. 눈이 쌓여 교통은 마비 상태에 빠지고, 도로에 천 대 가까운 차가 꼼짝 못하고 서 있어, 국방성은 병사 약 천 명을 파견, 제설 작업 등에 배치시켰다. 지하철이나 버스의 운휴와 지연이 줄을 이어 많은 승객이 역이나 차량에 가득 찼다.

단어 寒波(かんぱ) 한파 | 閉鎖(へいさ) 폐쇄 | 積雪(せきせつ) 적설 | 交通(こうつう)まひ 교통 마비 | 立(た)ち往生(おうじょう) 앞뒤가 막혀서 오도 가도 못함, 선 채로 꼼짝 못함 | 国防省(こくぼうしょう) 국방성 | 兵士(へいし) 병사 | 遅延(ちえん) 지연 | 缶詰(かんづ)め (좁은 곳에 여럿이) 갇힘

91 交通の状況について正しく説明したのはどれですか。

(A) 主要道路が閉鎖された。
(B) 通勤ラッシュで困っている。
(C) 交通の流れが円滑になった。
(D) 悪天候のため予定運行できなかった。

교통 상황에 대해서 바르게 설명한 것은 어느 것입니까?

(A) 주요 도로가 폐쇄되었다.
(B) 통근 러시로 곤란하다.
(C) 교통의 흐름이 원활해졌다.
(D) 악천후 때문에 예정 운행을 할 수 없었다.

해설 각지의 공항이 일시 폐쇄된 것이므로 (A)는 정답으로 부적절, 악천후 때문에 도로가 마비되었으므로 (B)와 (C)는 정답으로 부적절하다.

단어 悪天候(あくてんこう) 악천후

92 どうして国防省は兵士を派遣しましたか。

(A) 堤防建設 (B) 軍事訓練
(C) 除雪作業 (D) スト鎮圧

어째서 국방성은 병사를 파견했습니까?

(A) 제방 건설 (B) 군사 훈련
(C) 제설 작업 (D) 시위 진압

해설 국방성은 제설 작업 등을 위해 병사 약 천 명을 파견했다고 했으므로 정답으로 적절한 것은 (C)이다.

단어 堤防(ていぼう) 제방 | 스트 동맹 파업(ストライキ의 준말) | 雪(ゆき)かき 눈을 치움, 제설 도구 | 除雪(じょせつ) 제설 | 鎮圧(ちんあつ) 진압

93 一部の空港が閉鎖された理由は何ですか。

(A) 暴雪 (B) 大雨
(C) 火山 (D) 酸性雨

일부 공항이 폐쇄된 이유는 무엇입니까?

(A) 폭설 (B) 큰비
(C) 화산 (D) 산성비

해설 기록적인 한파에 기세를 더한 눈의 영향으로 일부 공항을 폐쇄했다고 했으므로 정답으로 적절한 것은 (A)이다.

단어 暴雪(ぼうせつ) 폭설 | 酸性雨(さんせいう) 산성비

94~96

アンケートによると、鉄道各線における「女性専用車」の設置について「賛成」と答えた人は60％であった。性別でみると、男性は賛成が52％、反対が9.5％、女性は賛成が68％、反対が6.6％と女性の方に賛成が多かった。男性の賛成派は「えん罪防止に役立つから」が最も多かった。男性側の反対の理由としては「他の車両が大混雑してるのに、女性専用車両がガラガラなときには本当に頭に来る」といった不満があげられた。

앙케트에 따르면 철도 각 선의 '여성 전용차' 설치에 대해 '찬성'이라고 대답한 사람은 60%였다. 성별로 보면 남성은 찬성이 52%, 반대가 9.5%, 여성은 찬성이 68%, 반대가 6.6%로 여성 쪽에 찬성이 많았다. 남성 찬성파는 '무고죄 방지에 도움이 되기 때문에'가 가장 많았다. 남성 측의 반대 이유로는 '다른 차량이 매우 혼잡한데도 여성 전용 차량이 텅텅 빌 때는 정말 화가 난다'는 불만이 예로 들어졌다.

단어 鉄道(てつどう) 철도 | 専用車(せんようしゃ) 전용차 | 設置(せっち) 설치 | 性別(せいべつ) 성별 | 反対(はんたい) 반대 | 車両(しゃりょう) 차량 | えん罪(ざい) 원죄, 무고한 죄 | ガラガラ 텅텅(속이 비어 있는 모양) | 頭(あたま)に来(く)る 열 받다, 욱하다

94 女性専用車の設置について正しいのはどれですか。

(A) 過半数（かはんすう）が賛成している。

(B) 反対がわずかながら上回（うわまわ）っている。

(C) 反対が賛成を大きく引（ひ）き離（はな）している。

(D) 賛成と反対の意見（いけん）がほぼ同数（どうすう）を占（し）めている。

여성 전용차 설치에 대해서 맞는 것은 어느 것입니까?

(A) 과반수가 찬성하고 있다.
(B) 반대가 약소한 차이로 웃돌고 있다.
(C) 반대가 찬성을 크게 따돌리고 있다.
(D) 찬성과 반대 의견의 거의 동수를 차지하고 있다.

[해설] 여성 전용차 설치에 대해 찬성한 사람은 60%라고 했으므로 정답으로 적절한 것은 (A)이다.

[단어] 過半数(かはんすう) 과반수 ┃ わずか 근소함, 조금 ┃ 上回(うわまわ)る 상회하다, 웃돌다 ┃ 引(ひ)き離(はな)す 억지로 떼어놓다, 갈라놓다

95 男の人が賛成する理由はどれですか。

(A) 老化防止（ろうかぼうし）に役立（やくだ）つから

(B) 日焼（ひや）け防止に役立つから

(C) えん罪防止に役立つから

(D) 取引（とりひき）事故（じこ）防止に役立つから

남성이 찬성하는 이유는 무엇입니까?

(A) 노화 방지에 도움이 되므로
(B) 살이 햇볕에 타는 것을 막는 데 도움이 되므로
(C) 무고죄 방지에 도움이 되므로
(D) 거래 사고 방지에 도움이 되므로

[해설] 남성의 찬성 이유는 '무고죄 방지에 도움이 되기 때문에'가 가장 많다고 했으므로 정답으로 적절한 것은 (C)이다.

96 男の人が反対する理由はどれですか。

(A) 他の車両がガラガラであるから

(B) 夫婦（ふうふ）や家族（かぞく）が一緒（いっしょ）に乗（の）れないから

(C) 混雑時（こんざつじ）に女性専用車両は空（あ）いているから

(D) 女性専用車両は満員（まんいん）状態になっていたから

남성이 반대하는 이유는 무엇입니까?

(A) 다른 차량이 텅텅 비어서
(B) 부부나 가족이 함께 탈 수 없어서
(C) 혼잡할 때에 여성 전용 차량은 비어 있어서
(D) 여성 전용 차량은 만원 상태가 되어서

[해설] 다른 차량은 굉장히 혼잡한데 여성 전용 차량은 비어 있는 것을 보면 화가 나기 때문에 반대한다고 했으므로 정답으로 적절한 것은 (C)이다.

97~100

水産庁（すいさんちょう）は水産物（すいさんぶつ）の産地表示（さんちひょうじ）について、「水揚（みずあ）げ港（こう）」ではなく「実際（じっさい）の生産水域名（せいさんすいいきめい）」の表示を徹底（てってい）するよう求（もと）める通知（つうち）を出（だ）した。水産物では水揚げ港での産地表示もできるため、消費者（しょうひしゃ）に正（ただ）しい情報（じょうほう）が伝（つた）わらないという指摘（してき）があった。表示方法（ほうほう）は、沿岸性魚種（えんがんせいぎょしゅ）と、マグロやサンマなどの回遊性魚種（かいゆうせい）とで分（わ）ける。回遊性魚種は水域区分図（したが）に従って表示（おこな）を行うのを基本（きほん）とする。放射性（ほうしゃせい）物質（ぶっしつ）の放出（ほうしゅつ）による水産物の汚染状況（おせんじょうきょう）を調（しら）べるため、水産庁は水産物の放射性物質検査（けんさ）を実施（じっし）する計画（けいかく）である。検査は大（おお）きく沿岸にいる水産物と広域（こういき）を回遊する魚種に分けて原則（げんそく）、週に1回、行われる。

수산청은 수산물의 산지 표시에 대해서, '양륙항'이 아니라, '실제 생산 수역명'의 표시를 철저히 하도록 요구하는 통지를 냈다. 수산물에서는 양륙항으로 산지 표시도 가능하기 때문에, 소비자에게 올바른 정보가 전달되지 않는다는 지적이 있었다. 표시 방법은 연안성 어종과 참치나 꽁치 등의 회유성 어종으로 나눈다. 회유성 어종은 수역 구분도에 따라서 표시를 하는 것을 기본으로 한다. 방사성 물질의 방출에 따른 수산물의 오염 상황을 조사하기 위해 수산청은 수산물의 방사성 물질 검사를 실시할 계획이다. 검사는 크게 연안에 있는 수산물과 광역을 회유하는 어종으로 나누어 원칙적으로 주 1회 행한다.

[단어] 水産庁(すいさんちょう) 수산청 ┃ 水産物(すいさんぶつ) 수산물 ┃ 産地(さんち) 산지 ┃ 表示(ひょうじ) 표시 ┃ 水揚(みずあ)げ港(こう) 양륙항 ┃ 水域(すいいき) 수역 ┃ 徹底(てってい) 철저 ┃ 求(もと)める 구하다, 바라다, 요청하다 ┃ 指摘(してき) 지적 ┃ 沿岸性(えんがんせい) 연안성 ┃ 魚種(ぎょしゅ) 어종 ┃ マグロ 참치 ┃ サンマ 꽁치 ┃ 回遊性(かいゆうせい) 회유성 ┃ 放射性(ほうしゃせい) 방사성 ┃ 物質(ぶっしつ) 물질 ┃ 放出(ほうしゅつ) 방출 ┃ 汚染(おせん) 오염 ┃ 広域(こういき) 광역 ┃ 原則(げんそく) 원칙

97 水産庁は何の通知を出しましたか。

(A) 水の濃度表示
(B) 取引時刻表示
(C) 販売価格表示
(D) 魚介類の産地表示

수산청은 무슨 통지를 내었습니까?

(A) 물의 농도 표시
(B) 거래 시각 표시
(C) 판매 가격 표시
(D) 어패류의 산지 표시

해설 수산물의 산지 표시에 대해 수역 표시를 철저히 하라고 통지했으므로 정답으로 적절한 것은 (D)이다.

단어 魚介類(ぎょかいるい) 어패류

98 なぜ通知を出したのですか。

(A) 海外の取引先をチェックするため
(B) 正確な情報を消費者に提供するため
(C) 取引先に信頼性をアピールするため
(D) 環境問題の深刻さを取り上げるため

왜 통지를 냈습니까?

(A) 해외 거래처를 체크하기 위해
(B) 정확한 정보를 소비자에게 제공하기 위해
(C) 거래처에 신뢰성을 어필하기 위해
(D) 환경 문제의 심각함을 문제 삼기 위해

해설 소비자에게 올바른 정보가 전달되지 않는 문제가 지적되어 왔기에 산지 표시를 하라고 한 것이므로 정답으로 적절한 것은 (B)이다.

단어 アピール 어필 | 取(と)り上(あ)げる 문제 삼다

99 サンマの表示方法はどれですか。

(A) 避難区域を表示する。
(B) さんまの漁獲量を表示する。
(C) 水域区分図に従って表示する。
(D) 太平洋沿岸の７道県を表示する。

꽁치의 표시 방법은 어느 것입니까?

(A) 피난 구역을 표시한다.
(B) 꽁치의 어획량을 표시한다.
(C) 수역 구분도에 따라 표시한다.
(D) 태평양 연안의 7도현을 표시한다.

해설 참치나 꽁치는 회유성 어종인데, 회유성 어종은 수역 구분도에 따라서 표시를 하는 것을 기준으로 한다고 했으므로 정답으로 적절한 것은 (C)이다.

단어 漁獲量(ぎょかくりょう) 어획량

100 水産庁の放射性物質検査の説明として正しいのはどれですか。

(A) 週に１回検査する。
(B) １００㎥ごとに土壌分析をする。
(C) 広域を回遊する魚種は毎日検査する。
(D) １魚種あたり１０キログラム以上採取して検査する。

수산청의 방사성 물질 검사의 설명으로 맞는 것은 어느 것입니까?

(A) 주 1회 검사한다.
(B) 100㎥마다 토양을 분석한다.
(C) 광역을 회유하는 어종은 매일 검사한다.
(D) 한 어종당 10kg 이상 채취해서 검사한다.

해설 연안에 있는 어패류와 광역을 회유하는 어종으로 나누어 원칙적으로 주 1회 한다고 했으므로 정답으로 적절한 것은 (A)이다.

단어 ㎥→立方(りっぽう)メートル 세제곱미터 | 土壌(どじょう) 토양 | 採取(さいしゅ) 채취

JPT 핵심어휘 1000 ⊜

✓ 단어	읽기	뜻
相乗り	あいのり	합승
飽き飽き	あきあき	몹시 싫증남, 진절머리
悪天候	あくてんこう	악천후
焦る	あせる	안달하다, 초조하게 굴다
海女	あま	해녀
異常	いじょう	이상
一躍	いちやく	일약
うぬぼれ		자부심, 자만심
衛生品	えいせいひん	위생용품
絵文字	えもじ	그림문자
えん罪	えんざい	원죄, 무고한 죄
おだてる		치켜세우다, 부추기다
仮設	かせつ	가설
肩凝り	かたこり	어깨가 뻐근함
刈り込む	かりこむ	깎아 다듬다
仮予約	かりよやく	가예약
かわうそ		수달
間一髪	かんいっぱつ	아슬아슬함
感慨無量	かんがいむりょう	감개무량
岩壁	がんぺき	암벽
聞きかじる	ききかじる	주워듣다
聞き流す	ききながす	한귀로 듣고 한귀로 흘리다
逆切れ	ぎゃくぎれ	오히려 역으로 화를 냄
食うや 食わず	くうや くわず	아주 가난하여 생활이 어려운 모양
崩す	くずす	무너뜨리다, 돈을 헐다
口下手	くちべた	말이 서투름, 어눌함

✓ 단어	읽기	뜻
愚直	ぐちょく	우직
経由地	けいゆち	경유지
毛皮	けがわ	모피
光熱費	こうねつひ	광열비
木陰	こかげ	나무 그늘
最盛期	さいせいき	전성기, 성수기
酒好き	さけずき	애주, 애주가
自動精算機	じどうせいさんき	자동 정산기
充員	じゅういん	충원
縦列	じゅうれつ	종렬
出社	しゅっしゃ	출사, 회사에 출근함
譲渡	じょうと	양도
喘息	ぜんそく	천식
操作	そうさ	조작
測定	そくてい	측정
存分	ぞんぶん	실컷, 마음껏
代打	だいだ	대타
立て札	たてふだ	팻말
駐輪	ちゅうりん	자전거를 세워 둠
帳じり	ちょうじり	결산 결과
鎮圧	ちんあつ	진압
賃金	ちんぎん	임금
積み重ねる	つみかさねる	포개어 쌓다
詰めこむ	つめこむ	가득 채워 넣다, 쑤셔 넣다
手続き	てつづき	수속
出番	でばん	활약할 차례
デマ		유언비어, 허위 정보
到着地	とうちゃくち	도착지
土砂崩れ	どしゃくずれ	토사 붕괴
土壌	どじょう	토양
取り戻す	とりもどす	되찾다, 회복하다

☐ 慣れる	なれる		익숙하다
☐ 難読症	なんどくしょう		난독증
☐ にらめっこ			서로 노려봄
☐ 塗りたて	ぬりたて		갓 칠함
☐ 値打ち	ねうち		가치, 값어치
☐ 寝そべる	ねそべる		엎드려 눕다
☐ 寝泊まり	ねとまり		숙박
☐ 捻挫	ねんざ		염좌
☐ 乗り継ぎ便	のりつぎびん		환승편
☐ 暖簾	のれん		포렴
☐ 発令	はつれい		발령
☐ 派閥	はばつ		파벌
☐ 腹ばい	はらばい		배를 깔고 엎드림
☐ 張り	はり		탄력, 생기
☐ 引き出し	ひきだし		인출
☐ 引き離す	ひきはなす		억지로 떼어놓다
☐ 柄杓	ひしゃく		국자
☐ 潜む	ひそむ		숨다, 잠재하다
☐ ひっかかる			걸리다, 걸려들다
☐ 人づて	ひとづて		소문, 인편에 전함
☐ 標識	ひょうしき		표
☐ 伏せる	ふせる		숙이다, 엎드리다
☐ 不手際	ふてぎわ	서투름, 솜씨가 나쁨, 실수	
☐ 分割	ぶんかつ		분할
☐ 返却	へんきゃく		반납, 반환
☐ 放射性	ほうしゃせい		방사성
☐ 前触れ	まえぶれ		전조, 조짐
☐ 巻き込む	まきこむ		말려들게 하다
☐ 見え透く	みえすく		빤히 들여다보이다
☐ 水入らず	みずいらず		가족끼리
☐ 水虫	みずむし		무좀

☐ ムササビ			날다람쥐
☐ 迷惑	めいわく		폐
☐ 元栓	もとせん		잠금 장치, 개폐 장치
☐ 揉む	もむ		주무르다
☐ 盛り付ける	もりつける	요리를 보기 좋게 담다	
☐ 文盲	もんもう		문맹
☐ 有害	ゆうがい		유해
☐ 雪かき	ゆきかき	눈을 치움, 제설 도구	
☐ 譲る	ゆずる		양보하다
☐ 横倒し	よこだおし		옆으로 쓰러짐
☐ 横やり	よこやり		말참견
☐ ろうそく			초

모의테스트 • 10회
정답 및 해설

1 (A)	2 (B)	3 (D)	4 (B)	5 (A)	6 (B)	7 (C)	8 (A)	9 (C)	10 (A)
11 (D)	12 (D)	13 (C)	14 (C)	15 (A)	16 (C)	17 (C)	18 (C)	19 (D)	20 (A)
21 (A)	22 (B)	23 (A)	24 (D)	25 (D)	26 (D)	27 (D)	28 (B)	29 (A)	30 (C)
31 (A)	32 (A)	33 (A)	34 (A)	35 (D)	36 (D)	37 (A)	38 (B)	39 (D)	40 (C)
41 (A)	42 (A)	43 (B)	44 (A)	45 (C)	46 (B)	47 (A)	48 (D)	49 (D)	50 (D)
51 (C)	52 (A)	53 (A)	54 (B)	55 (B)	56 (D)	57 (D)	58 (C)	59 (A)	60 (C)
61 (D)	62 (B)	63 (D)	64 (C)	65 (A)	66 (B)	67 (C)	68 (B)	69 (B)	70 (C)
71 (B)	72 (C)	73 (B)	74 (A)	75 (C)	76 (B)	77 (C)	78 (A)	79 (D)	80 (C)
81 (D)	82 (C)	83 (D)	84 (A)	85 (D)	86 (B)	87 (D)	88 (C)	89 (D)	90 (A)
91 (C)	92 (D)	93 (A)	94 (A)	95 (A)	96 (D)	97 (C)	98 (A)	99 (B)	100 (D)

문제는 본책 p259~p279

1 _ 사물의 모양 및 상태

(A) 丸い灰皿がおいてあります。
(B) 四角いボタンが三つあります。
(C) ひし形の灰皿が鍵の前にあります。
(D) 三角形のおにぎりが一つあります。

(A) 둥근 재떨이가 놓여 있습니다.
(B) 네모난 단추가 세 개 있습니다.
(C) 마름모형 재떨이가 열쇠 앞에 있습니다.
(D) 삼각김밥이 하나 있습니다.

해설 둥근 재떨이 앞에 둥근 단추가 두 개, 삼각김밥이 두 개 있으므로 정답으로 적절한 것은 (A)이다.

단어 ひし形(がた) 마름모 | 三角形(さんかくけい) 삼각형

2 _ 거리 풍경

(A) 車が数珠つなぎになっています。
(B) 二輪車が歩道の上に駐輪されています。
(C) 歩道の端に自転車道が設けられています。
(D) 道路に黄色いラインが等間隔で並んでいます。

(A) 차가 염주알처럼 이어져 있습니다.
(B) 이륜차가 보도 위에 주차되어 있습니다.
(C) 보도 끝에 자전거 도로가 설치되어 있습니다.
(D) 도로에 노란 라인이 일정한 간격으로 즐비해 있습니다.

해설 자전거가 인도 위에 세워져 있으므로 정답으로 적절한 것은 (B)이다. 차선 위에는 차가 한두 대 정도 있고, 자전거 도로는 설치되어 있지 않으며, 도로 위에는 선이 그어져 있지 않으므로 (A), (C), (D)는 정답으로 부적절하다.

단어 数珠(じゅず) 염주 | 二輪車(にりんしゃ) 이륜차, 자전거 | 歩道(ほどう) 보도, 인도 | 設(もう)ける 설치하다 | 等間隔(とうかんかく) 같은 간격

3 _ 사물의 상태

(A) 本の上に眼鏡がおいてあります。
(B) ゴミ袋がテーブルの端にかけてあります。

(C) テーブルの上に牛乳パックが積んであります。
(D) テーブルに破れているペーパーバッグがあります。

(A) 책 위에 안경이 놓여 있습니다.
(B) 쓰레기 봉투가 테이블 끝에 걸려 있습니다.
(C) 테이블 위에 우유팩이 쌓여 있습니다.
(D) 테이블에 찢어진 종이 가방이 있습니다.

해설 안경은 안경 케이스 위에 놓여 있고, 우유팩이 아니라 책이 쌓여 있으며, 여러 장 쌓인 종이 가방 위에 찢어진 종이 가방이 있으므로 정답으로 적절한 것은 (D)이다.

단어 端(はし) 가장자리 | 積(つ)む 쌓다 | 破(やぶ)れる 찢어지다, 뚫리다

4 _ 두 사람 이상의 인물 동작

(A) 窓を飛び越えようとします。
(B) 壁に寄りかかって立っています。
(C) フェンスから身を乗り出しています。
(D) 塀越しに背伸びをして庭を覗きこんでいます。

(A) 창문을 뛰어넘으려고 합니다.
(B) 벽에 기대어 서 있습니다.
(C) 펜스에서 몸을 내밀고 있습니다.
(D) 담 너머로 발돋움하며 정원을 엿보고 있습니다.

해설 남자아이가 벽에 기대어 서 있는 모습이므로 정답으로 적절한 것은 (B)이다. 창문 밖을 바라보고 있는 것이지 뛰어 넘으려는 것은 아니므로 (A)는 정답으로 부적절하다.

단어 飛(と)び越(こ)える 뛰어넘다, 건너뛰다 | 寄(よ)りかかる 기대다, 의지하다 | 乗(の)り出(だ)す 몸을 앞으로 내밀다 | 塀(へい) 담, 울타리 | 背伸(せの)び 발돋움함

5 _ 두 사람 이상의 인물 동작 – 미용

(A) 女の人は髪をとかしています。
(B) 女の人は化粧を直しています。
(C) 女の人は前髪をぬらしています。
(D) 女の人は三つ編みをしています。

(A) 여성은 머리를 빗고 있습니다.
(B) 여성은 화장을 고치고 있습니다.
(C) 여성은 앞머리를 적시고 있습니다.
(D) 여성은 머리를 땋고 있습니다.

해설 여성이 머리를 만지고 있다. 정답으로 적절한 것은 (A)이다.

단어 とかす (머리 등을) 빗다 | 化粧(けしょう) 화장 | ぬらす 적시다 | 三(み)つ編(あ)み (끈이나 머리 등을) 세 가닥으로 땋음

6 _ 분수대의 모습

(A) 道路から水が噴き出しています。

(B) 噴水から水しぶきが上がっています。

(C) 巨木の間から力強く吹き上げる噴水です。

(D) ホースから水が勢いよく飛び出しています。

(A) 도로에서 물이 솟구치고 있습니다.

(B) 분수에서 물보라가 솟고 있습니다.

(C) 커다란 나무 사이에서 힘차게 솟는 분수입니다.

(D) 호스에서 물이 기세 좋게 튀고 있습니다.

해설 울창한 나무가 있고, 연못 속의 분수대에서 물이 솟으면서 물보라가 치고 있다. 정답으로 적절한 것은 (B)이다.

단어 噴(ふ)き出(だ)す 솟다, 솟구치다, 내뿜다 ｜ 水(みず)しぶき 물보라 ｜ 飛(と)び出(だ)す 튀어나오다 ｜ 巨木(きょぼく) 거목 ｜ ホース 호스

7 _ 인물의 동작 – 책

(A) 本を逆さまに読んでいます。

(B) 本が平積みになっています。

(C) 本のページをめくっています。

(D) 読みかけの本が伏せて置かれています。

(A) 책을 거꾸로 놓고 읽고 있습니다.

(B) 책의 표지가 보이도록 쌓여 있습니다.

(C) 책 페이지를 넘기고 있습니다.

(D) 읽다 만 책이 엎어져 있습니다.

해설 책의 한쪽 끝을 잡고 페이지를 넘기고 있으므로 정답은 (C)이다.

단어 逆(さか)さま 거꾸로 됨, 반대로 됨 ｜ 平積(ひらづ)み 책의 표지가 보이도록 위로 향하게 쌓아 놓음 ｜ めくる 젖히다, 넘기다 ｜ ～かけ ～하다가 맒 ｜ 伏(ふ)せる 엎드리다, 숙이게 하다

8 _ 두 사람 이상의 인물 동작

(A) あぐらをかいてちらしを見つめています。

(B) 紐を使ってこまを上手に回しています。

(C) 眼鏡がずり落ちそうで、左手で押さえています。

(D) 膝の上に赤ん坊を座らせて、カルタ遊びをしています。

(A) 책상다리를 하고 전단을 바라보고 있습니다.

(B) 끈을 사용해서 팽이를 능숙하게 돌리고 있습니다.

(C) 안경이 떨어질 것 같아서, 왼손으로 누르고 있습니다.

(D) 무릎 위에 아이를 앉히고, 카드 놀이를 하고 있습니다.

해설 정좌를 하고 있는 남성이 있고, 마주 보고 있는 아이는 팽이를 한 쪽에 들고 있으므로 정답은 (A)이다.

단어 あぐらをかく 책상다리하고 앉다 ｜ 紐(ひも) 끈 ｜ ずり落(お)ちる 흘러내리다, 미끄러져 떨어지다 ｜ 押(お)さえる 누르다, 막다 ｜ カルタ 놀이카드, 화투

9 _ 인물 동작 – 집안일

(A) 野菜を和えています。

(B) ふろしきで重箱を包んでいます。

(C) しゃもじでご飯をよそっているところです。

(D) 料理する前に腕のストレッチをしているようです。

(A) 채소를 무치고 있습니다.

(B) 보자기로 찬합을 싸고 있습니다.

(C) 밥주걱으로 밥을 뜨고 있는 중입니다.

(D) 요리하기 전에 팔 스트레칭을 하고 있는 것 같습니다.

해설 무친 채소가 접시에 담겨 있으므로 (A)는 정답으로 부적절하고, 찬합은 사진에 없으므로 (B)도 정답으로 부적절하다. 사진만으로는 스트레칭을 하는지 판단할 수 없을 뿐만 아니라, 테이블에는 요리된 음식이 있으므로 (D)는 정답으로 적절하지 않다. 주걱으로 밥을 뜨고 있으므로 정답은 (C)이다.

단어 和(あ)える 무치다, 버무리다 ｜ ふろしき 보자기 ｜ 重箱(じゅうばこ) 찬합 ｜ 包(つつ)む 싸다 ｜ しゃもじ 밥주걱 ｜ ご飯(はん)をよそう 밥을 뜨다

10 _ 자연 풍경 – 식물 명칭

(A) トマトが鈴なりに実っています。

(B) 倒れている枝を紐でくくっています。

(C) 一列に並んでさつま芋を掘っています。

(D) 畑でとうもろこしが有機栽培されています。

(A) 토마토가 주렁주렁 열려 있습니다.

(B) 쓰러진 가지를 끈으로 묶고 있습니다.

(C) 한 줄로 나란히 고구마를 캐고 있습니다.

(D) 밭에서 옥수수가 유기재배되고 있습니다.

해설 가지에 토마토가 달려 있으므로 정답으로 적절한 것은 (A)이다. 쓰러진 가지는 없으므로 (B)는 정답으로 부적절하고, 고구마를 캐는 것이 아니므로 (C) 역시 정답으로 부적절하다.

단어 鈴(すず)なり (과일 따위가) 주렁주렁 달림 ｜ 紐(ひも) 끈 ｜ いも 감자, 고구마, 토란 등의 총칭 ｜ 掘(ほ)る 파다, 구멍을 뚫다, 캐다 ｜ 畑(はたけ) 밭 ｜ とうもろこし 옥수수 ｜ 有機栽培(ゆうきさいばい) 유기재배

11 _ 인물의 동작 및 사물의 모습

(A) はさみで紐を切っています。
(B) 手ぬぐいに刺繍を入れています。
(C) 互いの足首を紐で結んでいます。
(D) 両手でスニーカーの紐を引っ張っています。

(A) 가위로 끈을 자르고 있습니다.
(B) 손수건에 자수를 넣고 있습니다.
(C) 서로의 발목을 끈으로 묶고 있습니다.
(D) 양손으로 운동화 끈을 잡아당기고 있습니다.

해설 발목에 끈을 묶는 것이 아니므로 (C)는 정답으로 부적절하다. 紐만 듣고 (C)를 골라서는 안 된다. 양손으로 운동화 끈을 잡아당기고 있으므로 정답으로 적절한 것은 (D)이다.

단어 はさみ 가위 | 手(て)ぬぐい 손수건 | 刺繍(ししゅう) 자수 | 足首(あしくび) 발목 | 結(むす)ぶ 매다, 묶다 | 引(ひ)っ張(ぱ)る 잡아당기다

12 _ 사물의 상태 – 책상

(A) 引き出しが開いています。
(B) 紙コップがつぶれています。
(C) タンブラーが転がっています。
(D) 電気スタンドが横に倒れています。

(A) 서랍이 열려 있습니다.
(B) 종이컵이 찌그러져 있습니다.
(C) 텀블러가 굴러다니고 있습니다.
(D) 전기스탠드가 옆으로 쓰러져 있습니다.

해설 서랍은 닫혀 있고, 텀블러와 종이컵은 세워져 있고, 전기스탠드는 옆으로 뉘어 있으므로 정답으로 적절한 것은 (D)이다.

단어 転(ころ)がる 구르다, 넘어지다 | タンブラー 텀블러 | 倒(たお)れる 쓰러지다

13 _ 사물의 상태 – 리모컨

(A) リモコンは裏返して置いてあります。
(B) 数種類のリモコンが整然と並べてあります。
(C) 操作説明書の上にリモコンが置かれています。
(D) 乾電池入れのふたが開けっぱなしになっています。

(A) 리모컨은 뒤집혀 놓여 있습니다.
(B) 수 종류의 리모컨이 가지런히 놓여 있습니다.
(C) 조작 설명서 위에 리모컨이 놓여 있습니다.
(D) 건전지 넣는 뚜껑이 열려 있습니다.

해설 한 개의 리모콘이 정면으로 설명서 위에 놓여 있으므로 정답으로 적절한 것은 (C)이다.

단어 裏返(うらがえ)す 뒤집다 | 整然(せいぜん)と 가지런히 | 操作(そうさ) 조작 | 説明書(せつめいしょ) 설명서 | ~入(い)れ ~을 담는 그릇, 상자 | 蓋(ふた) 뚜껑

14 _ 사물의 상태 – 부엌용품

(A) ズボンの裾から水が滴っています。
(B) シンクの側に袋が掛けてあります。
(C) 雑巾がバケツの水に浸してあります。
(D) 掛けておいたタオルから水滴が滴り落ちています。

(A) 바짓단에서 물이 뚝뚝 떨어지고 있습니다.
(B) 싱크대 옆에 봉지가 걸려 있습니다.
(C) 걸레가 양동이 속 물에 담겨 있습니다.
(D) 걸어 둔 수건에서 물방울이 떨어져 내리고 있습니다.

해설 싱크대 근처에는 고무장갑이 걸려 있으므로 (B)는 정답으로 부적절하고, 양동이 안에 걸레가 있는 것으로 정답으로 적절한 것은 (C)이다. 수건은 바닥에 깔려 있으므로 (D)는 정답으로 적절하지 않다.

단어 裾(すそ) 옷자락 | 滴(したた)る 방울져 떨어지다, 듣다 | シンク 싱크, 부엌의 설거지대 | 雑巾(ぞうきん) 걸레 | 浸(ひた)す 담그다, 적시다 | タオル 수건 | 水滴(すいてき) 물방울

15 _ 건널목 풍경

(A) 踏み切りを渡っている最中です。
(B) 踏み切りの遮断機が下がっています。
(C) 人々は交差点で信号待ちをしています。
(D) 踏み切りで信号待ちをしている人がいます。

(A) 건널목을 한창 건너고 있는 중입니다.
(B) 건널목 차단기가 내려져 있습니다.
(C) 사람들은 교차점에서 신호를 기다리고 있습니다.
(D) 건널목에서 신호를 기다리는 사람이 있습니다.

해설 사진을 보면 차단기가 올라가 있으므로 (B)는 정답으로 부적절하고, 신호를 기다리는 것이 아니라 건널목을 건너고 있는 중이므로 정답으로 적절한 것은 (A)이다.

단어 踏(ふ)み切(き)り 건널목 | 渡(わた)る 건너다 | 遮断機(しゃだんき) 차단기 | 交差点(こうさてん) 교차점 | 信号待(しんごうま)ち 신호 대기

16 _ 지하철역 안에서의 모습 – 매표소

(A) 改札口が閉鎖されています。

(B) 発車時刻表が貼ってあります。

(C) チケットを購入しているところです。

(D) 男の人は剥がれそうな路線図を剥がしてい
ます。

(A) 개찰구가 폐쇄되었습니다.
(B) 발차 시각표가 붙어 있습니다.
(C) 티켓을 구입하고 있는 중입니다.
(D) 남성은 벗겨질 듯한 노선도를 떼고 있습니다.

해설 남성이 티켓을 구입하고 있다. 정답으로 적절한 것은 (C)이
다. 자동발매기 위에는 노선도가 붙어 있으므로 (D)는 정답으로 부
적절하다.

단어 改札口(かいさつぐち) 개찰구 | 閉鎖(へいさ) 폐쇄 | 発車
(はっしゃ) 발차 | 時刻表(じこくひょう) 시각표 | 貼(は)る 붙이
다 | 剥(は)がれる 벗겨지다, 떨어지다 | 路線図(ろせんず) 노선도

17 _ 거리 풍경 – 육교

(A) 歩道橋の手前に神社があります。
(B) パトカーが歩道橋の降り口にあります。
(C) 道路の上に丸い歩道橋がかかっています。
(D) 階段の段ごとに蘭の鉢が置かれています。

(A) 육교 앞에 신사가 있습니다.
(B) 경찰차가 육교의 출구에 있습니다.
(C) 도로 위에 둥근 육교가 걸쳐 있습니다.
(D) 계단 층계마다 난 화분이 놓여 있습니다.

해설 원형으로 보이는 육교가 도로 위에 있으므로 정답으로 적절
한 것은 (C)이다. 신사나 경찰차는 사진 속에 존재하지 않으므로 (A),
(B)는 정답에서 제외된다.

단어 歩道橋(ほどうきょう) 육교 | 手前(てまえ) 바로 앞 | 降
(お)り口(くち) 출구, 계단이나 통로 등의 내려가기 시작하는 곳 | ～ご
とに ～마다 | 蘭(らん) 난

18 _ 동물의 동작

(A) ゾウが大草原を散歩しています。
(B) 1頭のゾウが群れを率いています。
(C) ゾウの鼻の先っぽが曲がっています。
(D) ゾウが群れになって腹這いになっています。

(A) 코끼리가 대초원을 산책하고 있습니다.
(B) 코끼리 한 마리가 무리를 인솔하고 있습니다.
(C) 코끼리 코끝이 구부러져 있습니다.
(D) 코끼리가 떼를 지어 엎드려 있습니다.

해설 코끼리의 코끝이 구부러져 있으므로 정답으로 적절한 것은

(C)이다.

단어 大草原(だいそうげん) 대초원 | 率(ひき)いる 거느리다,
인솔하다 | 先(さき)っぽ 끝 쪽 | 腹這(はらば)いになる 엎드리다

19 _ 사물의 모습 – 샹들리에

(A) 螺旋模様の気球が下降しています。
(B) 天井にブランコを吊るしてあります。
(C) かごの中にいくつかの電球があります。
(D) シャンデリアが天井から吊り下げられてい
ます。

(A) 나선 모양의 기구가 하강하고 있습니다.
(B) 천장에 그네가 매달려 있습니다.
(C) 바구니 안에 몇 개의 전구가 있습니다.
(D) 샹들리에가 천장에 매달려 있습니다.

해설 천장에 여러 개의 전구로 된 샹들리에가 매달려 있으므로 정
답으로 적절한 것은 (D)이다.

단어 螺旋(らせん) 나선 | 気球(ききゅう) 기구 | ブランコ 그
네 | 電球(でんきゅう) 전구 | 吊(つ)り下(さ)げる 매달다, 늘어뜨
리다

20 _ 유원지의 모습 – 리프트

(A) リフトに乗っています。
(B) ケーブルカーに乗っています。
(C) 自転車のペダルを漕いでいます。
(D) スキー場のリフトに乗ろうと並んでいます。

(A) 리프트를 타고 있습니다.
(B) 케이블카를 타고 있습니다.
(C) 자전거 페달을 밟고 있습니다.
(D) 스키장의 리프트를 타려고 줄 서 있습니다.

해설 두 사람이 스키장의 리프트를 타고 있으므로 정답으로 적절
한 것은 (A)이다.

단어 リフト 리프트 | ケーブルカー 케이블카 | ペダル 페달 |
漕(こ)ぐ (배를) 젓다, (페달을) 밟다

PART 2

21 _ 일상생활 표현 – 기념일 선물

中村さんに贈るお中元、どれにする？

(A) コーヒーが無難でいいんじゃないか。
(B) お中元シーズンがやってきましたね。
(C) お中元にハムをいただきました。
(D) インターネットでお歳暮ギフトを注文しました。

나카무라 씨에게 보내는 추석 선물 어느 걸로 할 거야?

(A) 커피가 무난하고 좋지 않을까?
(B) 추석 시즌이 왔네요.
(C) 추석에 햄을 먹었습니다.
(D) 인터넷으로 연말 선물을 주문했습니다.

해설 추석 선물을 무엇으로 할 것인지 물었으므로, 커피로 하겠다고 한 (A)가 정답으로 적절하다. (B)는 추석 시즌이라는 것을, (C)는 추석 때 먹었던 음식을, (D)는 연말 선물을 산 곳을 설명하고 있으므로 정답으로 부적절하다.

단어 中元(ちゅうげん) 추석 선물 | 無難(ぶなん) 무난함, 그런대로 괜찮음 | シーズン 시즌 | お歳暮(せいぼ) 연말 선물

22 _ 일상생활 표현 – 고속 열차 예약

午後3時に予約したんですが、空いている時間帯はありますか。

(A) はい、3時に予約しました。
(B) はい、午後7時、8時、10時が空いています。
(C) 申し訳ございませんが、空いている部屋はありません。
(D) 自由席が空いてなかったから、指定席券を購入しました。

오후 3시에 예약했는데, 비어 있는 시간대가 있는지요?

(A) 네, 3시에 예약했습니다.
(B) 네, 오후 7시, 8시, 10시가 비어 있습니다.
(C) 죄송하지만 비어 있는 방은 없습니다.
(D) 자유석이 비어 있지 않았기 때문에 지정석권을 구입했습니다.

해설 비어 있는 시간대를 물었으므로 응답으로 적절한 것은 (B)이다. (A)는 3시에 예약한 사실만 말했으므로 정답으로 부적절하고, (C)는 빈방이 없다고 답했으므로 정답으로 부적절하다.

단어 空(あ)く 비다, 나다 | 自由席(じゆうせき) 자유석 | 指定席(していせき) 지정석

23 _ 일상생활 표현 – 교통

ずいぶん安全運転するんですね。

(A) ええ、免許を取ったばかりですから。
(B) 横断歩道を渡る時には信号を守ってください。
(C) 自転車に乗っていると、幸せな気分になります。
(D) スピード違反監視カメラに写真を撮られました。

꽤 안전 운전을 하시네요.

(A) 네, 면허를 딴 지 얼마 안 되었거든요.
(B) 횡단보도를 건널 때는 신호를 지켜 주십시오.
(C) 자전거를 타고 있으면 행복한 기분이 들어요.
(D) 속도 감시 카메라에 사진을 찍혔어요.

해설 안전 운전을 한다고 했으므로, 면허를 딴 지 얼마 안 되었기 때문이라고 응답한 (A)가 정답으로 적절하다. (B)는 횡단보도에서의 주의점, (C)는 자전거, (D)는 속도 위반에 대해 이야기하고 있으므로 정답으로 부적절하다.

단어 安全運転(あんぜんうんてん) 안전 운전 | 免許(めんきょ) 면허 | 横断歩道(おうだんほどう) 횡단보도 | 違反(いはん) 위반 | 監視(かんし)カメラ 감시 카메라

24 _ 회사 생활 – 송사

送辞を読むことになったのですが、どうやって書いたらよいのかがなかなか思いつきません。

(A) こんな使い方があるなんて、全く思いつきませんでした。
(B) 前任地でお世話になった上司にお礼状を書いているところです。
(C) 自身の経験を生かして書いたエッセイを投稿するのはどうですか。
(D) お世話になったとか、この部分を尊敬したとかを入れるのはどうですか。

송사를 읽게 되었는데, 어떻게 써야 좋을지 좀처럼 생각이 떠오르지 않네요.

(A) 이런 방법이 있었다니, 전혀 생각을 못했어요.

(B) 전임지에서 신세 진 상사에게 감사 편지를 쓰고 있는 중입니다.

(C) 자신의 경험을 살려 쓴 에세이를 투고하는 것은 어떻습니까?

(D) 신세 졌다든지 이 부분을 존경한다든지 하는 것을 넣으면 어떨까요?

해설 송사를 어떻게 써야 할지 고민하고 있으므로 신세 진 내용 등을 송사에 넣는 것이 어떻겠냐고 조언을 한 (D)가 정답으로 적절하다. (A)는 사용 방법의 깨달음을 말하고, (B)는 답장을 쓰고 있는 중이고, (C)는 에세이 투고에 대한 제안이므로 정답으로 부적절하다.

단어 送辞(そうじ) 송사 | なかなか 꽤, 상당히 | 思(おも)いつく 생각이 떠오르다, 생각나다 | 前任地(ぜんにんち) 전임지 | 礼状(れいじょう) 사례의 편지 | 生(い)かす 살리다, 소생시키다 | 尊敬(そんけい) 존경

25 _ 회사 생활 – 부탁

今少しお話できないでしょうか。お時間とらせませんから。

(A) 畑で雑草を抜いたのは、いつのことだっけ。

(B) 例えどんな結果になろうとも、ちゃんと話します。

(C) 私、人前でうまく話ができないことに悩んでいます。

(D) 今はちょっと。もう少し後でしたら、時間が取れますけど。

지금 이야기 좀 할 수 없을까요? 시간 빼앗지 않을게요.

(A) 밭에서 잡초를 뽑은 게 언제였지?

(B) 설령 어떤 결과가 나오더라도, 제대로 얘기하겠습니다.

(C) 나는 다른 사람 앞에서 얘기를 잘 못해서 고민입니다.

(D) 지금은 좀. 조금 이따가 시간이 날 것 같은데요.

해설 とる의 여러 가지 뜻을 이해하고 있어야 한다. 잠깐 시간을 내달라는 부탁에 지금은 좀 무리지만 조금 있으면 시간이 날 것 같다고 응답한 (D)가 정답으로 적절하다. (A)는 잡초 뽑았던 시기를, (C)는 대중 앞에서 말을 잘 하지 못한다는 고민을 말하고 있으므로 정답으로 부적절하다.

단어 雑草(ざっそう) 잡초 | 抜(ぬ)く 뽑다, 제거하다, 없애다 | 悩(なや)む 고민하다 | 時間(じかん)が取(と)れる 시간이 나다

26 _ 일상생활 표현 – 애용품

半パニック状態で、昔から愛用しているパソコンを直しました。

(A) 半泣きになりながらメールを送りました。

(B) スレッドに四苦八苦しながら書きあげました。

(C) 仕事中、パソコンが突然ダウンしてしまい

ました。

(D) 長く使っているものに対しては愛着がわきますよね。

거의 패닉 상태에 빠져서 옛날부터 애용하고 있는 컴퓨터를 고쳤습니다.

(A) 거의 울다시피 하며 메일을 보냈습니다.

(B) 게시판에 갖은 고생을 하며 다 썼습니다.

(C) 업무 중에 컴퓨터가 갑자기 다운되어 버렸습니다.

(D) 오래 사용하는 물건에 대해서는 애착이 많이 가요.

해설 애용하던 컴퓨터를 고쳤다고 했으므로 이에 대한 응답으로 적절한 것은 (D)이다. (A)는 메일을 전송한 것을, (B)는 게시판에 글을 올린 것을, (C)는 업무 중에 컴퓨터가 갑자기 다운된 상황을 말하고 있으므로 응답으로 부적절하다.

단어 半(はん) 반쯤, 절반, 거의 | パニック 패닉, 공황 | 愛用(あいよう) 애용 | 半泣(はんな)き 반쯤 우는 상태 | スレッド 스레드, 글타래 | 四苦八苦(しくはっく) 갖은 고생을 함 | ダウン 다운 | 愛着(あいちゃく) 애착 | わく 솟다, 끓다

27 _ 일상생활 표현 – 인물 평가

野村さんは器用だから、生け花が上手ですね。

(A) そうです。野村さんは茶道については素人ですね。

(B) 野村さんは花を植えることに興味があるようです。

(C) 野村さんに聞いたら、あしたは池袋に行きますって。

(D) 野村さんは生け花だけではなく、水彩画の腕もすごいです。

노무라 씨는 손재주가 있어서 꽃꽂이를 잘하는군요.

(A) 그렇습니다. 노무라 씨는 다도에 관해서는 초보군요.

(B) 노무라 씨는 꽃을 심는 데 흥미가 있는 것 같습니다.

(C) 노무라 씨에게 들었는데 내일은 이케부쿠로로 간대요.

(D) 노무라 씨는 꽃꽂이뿐 아니라 수채화도 잘 그려요.

해설 노무라는 꽃꽂이에 능하다는 말에 꽃꽂이뿐 아니라 그림도 잘 그린다고 한 (D)가 정답으로 적절하다. (A)는 꽃꽂이에 능하다고 긍정으로 대답해 놓고, 다도에 대해 초보자라고 확인하고 있으므로 정답으로 부적절하다.

단어 器用(きよう) 손재주가 있음 | 生(い)け花(ばな) 꽃꽂이 | 茶道(さどう) 다도 | ～って ～라고 하다(남에게 들은 말을 인용) | 水彩画(すいさいが) 수채화

28 _ 회사 생활 – 인물 평가

中村さんはけっこう役に立つ社員です。

10회

(A) 中村さんは大河ドラマで重要な役を任され
　　ました。

(B) 中村さんは真面目によく働いていますから。

(C) 中村さんは安い年俸で市役所で働いています。

(D) 中村さんはいったいどこに立っているんで
　　すか。

나카무라 씨는 꽤 도움이 되는 사원입니다.

(A) 나카무라 씨는 대하 드라마에서 중요한 역을 맡았습니다.
(B) 나카무라 씨는 성실하게 일을 잘하고 있으니까요.
(C) 나카무라 씨는 낮은 연봉으로 시청에서 일하고 있습니다.
(D) 나카무라 씨는 도대체 어디 서 있는 거예요?

해설 나카무라는 도움이 되는 사원이라는 평가에, 성실하게 일을
잘하는 사람이라고 응답한 (B)가 정답으로 적절하다. (A)는 대하 드
라마에서의 배역, (C)는 나카무라의 직업를 나타내고 있으므로 정답
으로 부적절하다.

단어 役(やく)に立(た)つ 쓸모 있다. 유용하다 | 大河(たいが)ド
ラマ 대하 드라마 | 役(やく) 역, 배역 | 年俸(ねんぽう) 연봉

29 _ 일상생활 표현 – 절약

うちの父はエアコンを滅多につけません。

(A) 家庭の省エネルギー活動にお努めになって
　　いますね。

(B) エアコンをつけっぱなしにするのはやめて
　　ほしいんだ。

(C) ネオンは環境にも悪いですから、消した方
　　がいいですよ。

(D) お金が惜しいという理由で、何も買わない
　　人は好きになれません。

우리 아버지는 에어컨을 좀처럼 틀지 않습니다.

(A) 가정의 에너지 절약 활동을 열심히 하시네요.
(B) 에어컨을 켠 채로 두는 것은 하지 말아주었으면 해.
(C) 네온사인은 환경에도 나쁘기 때문에 끄는 게 좋습니다.
(D) 돈이 아깝다는 이유로 아무것도 사지 않는 사람은 좋아할 수 없습니다.

해설 에어컨을 잘 틀지 않는다고 하자, 가정의 에너지 절약을 위
해서 노력한다고 응답한 (A)가 정답으로 적절하다. 에어컨을 계속
켜 둔다고 한 (B)는 정답으로 부적절하다.

단어 滅多(めった)に 좀처럼, 거의(부정의 말이 뒤 따름) | 省(しょ
う)エネルギー 에너지 절약 | エアコンをつける 에어컨을 켜다 |
〜に努(つと)める 〜에 애쓰다 | ネオン 네온 | 惜(お)しい 아깝다

30 _ 일상생활 표현 – 건강

高田さん、疲れているように見えますね。

(A) ええ、お疲れ様でした。

(B) ええ、疲れがとれました。

(C) ええ、不眠に悩んでいます。

(D) ええ、頭がすっきりしました。

다카다 씨, 피곤해 보이네요.

(A) 예, 수고하셨습니다.
(B) 예, 피로가 풀렸습니다.
(C) 예, 불면증에 시달리고 있습니다.
(D) 예, 머리가 상쾌해졌습니다.

해설 피곤해 보인다는 말에 불면증에 시달린다고 응답한 (C)가 정
답으로 적절하다.

단어 不眠(ふみん) 불면 | すっきり 말쑥이, 산뜻이

31 _ 회사 생활 – 꾸중

部長にたしなめられたよ。

(A) 何か悪いことでもした？

(B) 何かいいことでもした？

(C) 何か悩んでることでもあった？

(D) 何か見つけたことでもあった？

부장님께 주의를 받았어.

(A) 뭔가 잘못이라도 했어?
(B) 뭔가 좋은 일이라도 했어?
(C) 뭔가 걱정하는 것이라도 있어?
(D) 뭔가 발견한 것이라도 있어?

해설 부장에게 주의를 받았다는 말에 뭔가 잘못이라도 저질렀냐
고 묻는 (A)가 정답으로 적절하다. (B)는 주의받은 이유가 성립되지
않으므로 정답으로 부적절하다.

단어 たしなめる 타이르다, 나무라다, 주의 시키다

32 _ 일상생활 표현 – 날씨

五月雨雲が広がっていますね。

(A) こりゃ、また雨ですかね。

(B) 綺麗な時雨虹が出ましたね。

(C) 暦の上では今日は啓蟄ですね。

(D) 撮ったものを五月雨式に紹介するな。

장마 구름이 깔려 있네요.

(A) 이런, 또 비인가요.

(B) 예쁜 무지개가 떴네요.

(C) 달력상으로는 오늘이 경칩이군요.

(D) 찍은 것을 질질 끌면서 소개하지 마.

해설 五月雨雲(장마 구름)의 의미를 파악했다면 질문에 대한 응답을 예상할 수 있을 것이다. 五月雨雲가 끼었다는 말에 대한 응답으로 적절한 것은 (A)이다. (B)는 무지개가 떴다는 것을 나타내고, (C)는 오늘이 무슨 날인지를 말하는 것이고, (D)는 사진을 찍은 것에 대한 소개 방식을 말하는 것이다.

단어 五月雨(さみだれ) 음력 5월경의 장맛비 | 五月雨雲(さみだれぐも) 장마 구름 | 暦(こよみ) 달력 | 啓蟄(けいちつ) 경칩 | 五月雨式(さみだれしき) 단속적으로 끝없이 질질 끄는 것

33 _ 일상생활 표현 – 충고, 관용구

他人のことにくちばしを容れるもんじゃないよ。

(A) 今後は気をつけます。

(B) 聞き逃さないように聞き耳を立てます。

(C) なんでいつも私だけが行かないといけないわけ。

(D) 人に突っ込まれるようなことをしたことはないよ。

남의 일에 말참견하는 거 아니야.

(A) 앞으로는 주의하겠습니다.

(B) 빠트리지 않도록 집중해서 듣겠습니다.

(C) 왜 항상 나만 가야해?

(D) 남에게 추궁당할 만한 짓을 한 적은 없어.

해설 말참견을 하지 말라는 주의에, 앞으로는 조심하겠다고 응답한 (A)가 정답으로 적절하다. (B)는 경청의 자세를 말하고 있으므로 정답으로 부적절하고, (D)는 지적받을 만한 행동은 한 적이 없다고 설명하고 있으므로 정답으로 부적절하다.

단어 くちばしを容(い)れる 말참견하다 | 聞(き)き逃(のが)す 깜빡 듣지 못하다, 빠뜨리고 못 듣다 | 聞(き)き耳(みみ)を立(た)てる (잘 들으려고) 주의를 집중시키다 | 突(つ)っ込(こ)む 날카롭게 지적하다

34 _ 회사 생활 – 회식

寒いから、一杯やって温まりたいね。

(A) 今日は先に帰らせてもらうわ。

(B) 温まりやすい物は冷めやすいんです。

(C) 飲み会では、もっぱら世話焼き係です。

(D) 日帰り温泉でほっこり温まりたいです。

추우니까, 한잔 해서 몸을 따끈하게 하고 싶네.

(A) 오늘은 먼저 돌아갈게.

(B) 따뜻해지기 쉬운 것은 차가워지기 쉽죠.

(C) 회식에서는 전적으로 사람들을 돌봐주는 쪽입니다.

(D) 당일치기로 온천에 가서 몸을 따끈따끈하게 하고 싶습니다.

해설 날이 추우니 한잔 하자는 말에 일찍 간다고 거절한 (A)가 정답으로 적절하다. (B)는 물질의 특성을 말하고 있으므로 정답에서 제외되고, (C)는 인물의 타입을 설명하고 있으므로 응답으로 적절하지 않다. (D)는 온천 여행을 말하고 있으므로 정답으로 부적절하다.

단어 世話焼(せわや)き 남을 위해 즐겨 수고함, 또는 그런 사람 | 日帰(ひがえ)り 당일치기 | ほっこり 따끈따끈(따뜻하게 느끼는 모양)

35 _ 제품 트러블

パソコンの時計が遅れているんですが、対処方法を教えてください。

(A) 応急処置は、時間との勝負になります。

(B) 所要時間は道路交通事情によって影響を受けます。

(C) 腕時計が遅れていて、終電に乗り遅れてしまいました。

(D) 日付と時刻のプロパティーで「今すぐ更新」をクリックするといいです。

컴퓨터 시계가 느린데요, 대처 방법을 가르쳐 주세요.

(A) 응급처치는 시간 싸움입니다.

(B) 소요 시간은 도로 교통 사정에 따라 영향을 받습니다.

(C) 손목시계가 느려서 막차를 놓쳐 버렸습니다.

(D) 날짜와 시각 속성에서 '바로 갱신'을 클릭하면 됩니다.

해설 컴퓨터의 시계를 올바르게 고치는 방법을 물었으므로 답으로 적절한 것은 (D)이다. (A)는 응급처치 시의 유의 사항을, (B)는 소요 시간의 변동을, (C)는 손목시계를 이야기하고 있으므로 정답으로 부적절하다.

단어 対処(たいしょ) 대처 | 応急(おうきゅう) 응급 | 処置(しょち) 처치 | 所要時間(しょようじかん) 소요 시간 | 交通(こうつう) 교통 | 腕時計(うでどけい) 손목시계 | 終電(しゅうでん) 마지막 전철 | 日付(ひづけ) 날짜 | プロパティー 속성 | 更新(こうしん) 갱신

36 _ 일상생활 표현 – 방문

せっかくいらっしゃったんですから、どうぞゆっくりなさってください。

(A) 私は興味が無いので、要りません。

(B) ちょっと立ち寄らせていただきました。

(C) うちではもう使(つか)いませんので、欲(ほ)しい方(かた)に差(さ)し上(あ)げます。

(D) お言葉(ことば)はありがたいんですが、やりかけの仕事(しごと)がありまして。

모처럼 오셨으니 부디 편안히 계세요.

(A) 저는 흥미가 없으니 필요없습니다.

(B) 잠시 들렀습니다.

(C) 저희 집에서는 이제 사용하지 않으니 필요하신 분에게 드리겠습니다.

(D) 말씀은 감사하지만 하다 만 일이 있어서요.

해설 모처럼 왔으니 더 있다 가라는 권유에 하다 만 일이 있기 때문에 가야 한다고 거절의 뜻을 나타낸 (D)가 정답으로 적절하다.

단어 せっかく 모처럼, 일부러 | 〜かけ 〜하다가 맒 | 立(た)ち寄(よ)る 들르다

37 _ 회사 생활 – 대인 관계

どうしたの。元気(げんき)ないみたい。

(A) 課長(かちょう)に嫌(きら)われてるみたいです。

(B) 聞(き)いただけで頬(ほお)が落(お)ちそうですね。

(C) 嫌気性生物(けんきせいせいぶつ)、聞(き)いたことありますよ。

(D) 日本(にほん)の中古建機(ちゅうこけんき)は海外(かいがい)で高(たか)く売(う)れます。

왜 그래? 기운 없는 거 같은데.

(A) 과장님에게 미움받는 것 같아요.

(B) 듣는 것만으로도 둘이 먹다 하나가 죽어도 모를 것 같네요.

(C) 혐기성 생물, 들어본 적 있어요.

(D) 일본 중고 건설 기기는 해외에서 비싸게 팔립니다.

해설 기운이 없는 것 같다는 말에 과장에게 미움받고 있는 것 같다고 (A)가 응답으로 적절하다. 화제가 (B)는 음식에 대한 평가, (C)는 혐기성 생물, (D)는 중고 기기이므로 정답으로 부적절하다.

단어 嫌気性(けんきせい) 산소를 싫어하여 공기 중에서는 잘 자라지 못하는 성질 | 頬(ほお)が落(お)ちそう 둘이 먹다 하나가 죽어도 모르겠다 | 中古(ちゅうこ) 중고 | 建機(けんき) 건설 기기

38 _ 일상생활 표현 – 보육원

またお子(こ)さんを連(つ)れ戻(もど)しにいらっしゃったのですか。

(A) 連(つ)れ子(こ)を可愛(かわい)がってくれました。

(B) 様子(ようす)を見(み)にちょっと寄(よ)っただけです。

(C) 探(さが)しに行(い)かないと連(つ)れ戻(もど)せないでしょう。

(D) 練習(れんしゅう)にかこつけて子(こ)どもの様子(ようす)を探(さぐ)ろうってんだろ？

또 아이를 데려 가려고 오셨습니까?

(A) 의붓 자식을 귀여워해 주었습니다.

(B) 모습을 보러 잠시 들렀을 뿐입니다.

(C) 찾으러 가지 않으면 데려오지 못하잖아요.

(D) 연습을 핑계로 아이의 모습을 살피려는 거지?

해설 아이를 데려 가려고 온 것이냐는 질문에, 그저 모습을 보려고 하는 것뿐이라고 응답한 (B)가 정답으로 적절하다. 아이의 모습을 살피고 있는 것이냐고 반문한 (D)는 정답으로 적절하지 않다.

단어 連(つ)れ戻(もど)す 밖으로 나간 사람을 데리고 돌아오다 | 連(つ)れ子(こ) 의붓자식 | 寄(よ)る 들르다 | かこつける 핑계 삼다. 구실 삼다 | 探(さぐ)る 몰래 조사하다. 탐색하다

39 _ 호텔 – 숙박 조건

ペットと宿泊(しゅくはく)できますか。

(A) ペットショップを経営(けいえい)しています。

(B) ペット専用(せんよう)のホテルの検索(けんさく)ができます。

(C) ペットのしつけ教室(きょうしつ)を紹介(しょうかい)しております。

(D) ペット同伴(どうはん)のご宿泊(しゅくはく)はお断(ことわ)りいたしております。

애완동물과 숙박 가능합니까?

(A) 애완동물 숍을 경영하고 있습니다.

(B) 애완동물 전용 호텔 검색이 가능합니다.

(C) 애완동물 훈련 교실을 소개하고 있습니다.

(D) 애완동물을 동반한 숙박은 사절입니다.

해설 애완동물과의 숙박이 가능하냐는 질문에, 애완동물의 숙박은 금지되어 있다고 응답한 (D)가 정답으로 적절하다.

단어 宿泊(しゅくはく) 숙박 | 経営(けいえい) 경영 | 検索(けんさく) 검색 | 同伴(どうはん) 동반 | 断(ことわ)る 거절하다. 사절하다

40 _ 일상생활 표현 – 제품 선택

アイス、いろいろな種類(しゅるい)がありますが、どれにします？

(A) 高(たか)いだけあってさすがにおいしい。

(B) やれやれ、やっと決着(けっちゃく)がついたか。

(C) 私(わたし)はバニラとチョコのミックスがいいです。

(D) バニラのほうが飛(と)ぶように売(う)れていますよ。

아이스크림 여러 가지 종류가 있는데, 어떤 걸로 할래요?

(A) 비싼 만큼 역시 맛있어.

(B) 아이고, 겨우 결말이 난 건가.

(C) 나는 바닐라와 초콜릿 믹스가 좋아요.

(D) 바닐라가 더 날개 돋친 듯 팔리고 있어요.

[해설] 어떤 종류의 아이스크림을 선택할 것이냐는 질문에 바닐라와 초콜릿 믹스가 좋다고 응답한 (C)가 정답으로 적절하다. 아직 선택도 안 했는데 맛있다고 한 (A)도 정답에서 제외, 바닐라의 판매 현황을 말한 (D)는 정답에서 제외된다.

[단어] やれやれ 아이고, 맙소사(안도의 숨을 내쉬거나 실망했을 때 등에 내는 소리) | 決着(けっちゃく)がつく 결말이 나다

41 _ 일상생활 표현 – 조언 구하기

引き返したほうがいいんじゃないのか。

(A) いいえ、もう少しですから。

(B) ラストにどんでん返しがあったの。

(C) 順序を引っくり返すなんて、あり得ないわ。

(D) 前半に負けた分、1試合ずつ巻き返していきたいよ。

되돌아가는 편이 좋지 않겠어?

(A) 아뇨. 조금만 더 가면 돼요.

(B) 마지막에 반전이 있었어.

(C) 순서를 뒤엎다니, 있을 수 없어.

(D) 전반에서 진 만큼, 1시합씩 반격해 나가고 싶어.

[해설] 되돌아가는 편이 낫겠다는 제안에 아니라고 응답한 (A)가 정답으로 적절하다. (B)는 이야기에 반전이 있다고 한 것이고, (C)는 순서 변동에 대한 분노, (D)는 시합에서의 추격 자세를 말하고 있으므로 정답으로 적절하지 않다.

[단어] 引(ひ)き返(かえ)す 되돌아가다, 돌아오다 | どんでん返(かえ)し 처지, 정세 등이 완전히 역전됨 | 引(ひ)っくり返(かえ)す 뒤집다, 뒤엎다 | 前半(ぜんはん) 전반(↔後半(こうはん) 후반) | 巻(ま)き返(かえ)す (실이나 천을) 되감다, (세력 등을 만회하기 위해서) 반격하다, 역전시키다

42 _ 회사 생활 – 속담, 관용구

いつも林さんの肩を持っていますね。

(A) 依怙贔屓するわけじゃないけど。

(B) なんで肩が凝っているんだろう。

(C) 私の肩も揉んでもらいたいなあ。

(D) ネタ探しに四苦八苦しているの？

항상 하야시 씨의 편을 드는군요.

(A) 딱히 한 쪽만 편드는 거 아닌데.

(B) 어째서 어깨가 뻐근한 걸까.

(C) 내 어깨도 주물러 줬으면 좋겠다.

(D) 소재를 찾느라 갖은 고생을 하고 있는 거야?

[해설] 왜 항상 하야시 편만 드냐고 묻는 말에 한 쪽만 편들고 있는 것은 아니라고 응답한 (A)가 정답으로 적절하다. (B)는 어깨 결림, (C)는 어깨 안마가 화제이므로 정답으로 부적절하다.

[단어] 肩(かた)を持(も)つ 편들다, 지지하다 | 依怙贔屓(えこひいき) 한쪽만 편듦 | 肩が凝(こ)る 어깨가 뻐근하다 | ネタ 재료, 원료, 기사거리 | 四苦八苦(しくはっく) 갖은 고생을 겪음

43 _ 일상생활 표현 – 산책

散歩はどれくらいするのでしょうか。

(A) 朝に散歩をするといいよ。

(B) 5時頃から1時間くらいかな。

(C) 公園で思いきり走りまわった。

(D) ここ何日かぼーっとしているね。

산책은 어느 정도 합니까?

(A) 아침에 산책하면 좋아.

(B) 5시경부터 한 시간 정도이려나.

(C) 공원에서 마음껏 달렸어.

(D) 요즘 며칠간 멍해 있군.

[해설] 산책을 어느 정도 하느냐는 질문에, 한 시간 정도라고 답한 (B)가 정답으로 적절하다. (A)는 산책하기 좋은 때를 말하고 있으므로 정답으로 부적절하다.

[단어] 散歩(さんぽ) 산책 | 思(おも)い切(き)り 마음껏, 실컷

44 _ 일상생활 표현 – 질병

ご病気だと伺ったんですが。

(A) ここんとこずっと体調が悪かったんだ。

(B) ごぶさたしてたから本家に行ってみないか。

(C) 気が小さくて仮病なんか使って休んだことないよ。

(D) なんとなく後味悪くてしばらくずっと気になってた。

편찮으시다고 들었습니다만.

(A) 요 며칠 계속 몸 상태가 나빴어.

(B) 오랜만이기도 하니 본가에 가보지 않을래?

(C) 소심해서 꾀병 따위를 부려 쉰 적은 없어.

(D) 왠지 뒷끝이 안 좋아서 계속 마음에 걸렸어.

[해설] 아팠다고 들었다는 말에 며칠 동안 아팠다고 한 (A)가 정답으로 적절하다. (B)는 본가에 가지 않겠냐고 권유를 하고 있으므로 정답으로 부적절, (C)는 꾀병을 부려 쉰 적이 없다는 해명을 하고 있으므로 정답으로 부적절하다.

[단어] 伺(うかが)う 묻다, 듣다, 방문하다의 겸사말 | ごぶさた 격조, 무소식을 사과하는 말 | 本家(ほんけ) 본가, 종가 | 後味(あとあじ)が悪(わる)い 음식이나 일의 뒷맛이 개운치 않다 | 気(き)が小(ちい)さい 소심하다

45 _ 비즈니스 – 일의 교섭

今度われわれが主催するイベントにも、高田さん
に出展していただきたいのですが。

(A) 雨の中をわざわざおいでいただきまして。

(B) 特にこれといったイベントがないのですが。

(C) それはそれは、お断りする理由がありませんね。

(D) 高田さんは秀才なのでそんな問題はわけな
　　くできます。

이번에 우리가 주최하는 이벤트에도 다카다 씨가 나와 주시면 좋겠습니
다만.

(A) 비도 내리는데 일부러 와 주셔서(감사합니다).

(B) 특히 이렇다 할 이벤트가 없습니다만.

(C) 그거 참 거절할 이유가 없군요.

(D) 다카다 씨는 수재라서 그런 문제는 간단히 할 수 있습니다.

해설 이벤트에 초대하고 싶다는 말에 대한 응답으로 적절한 것은
(C)이다. (A)는 비오는 날 와 준 것에 대한 감사의 마음을 나타낸 것
이고, (D)는 다카다의 능력에 대해 언급하고 있으므로 정답으로 부
적절하다.

단어 主催(しゅさい) 주최 | 出展(しゅってん) 출전 | わざわ
ざ 일부러, 고의로, 짐짓 | これといった 이렇다 할 | それはそれは
정말, 참으로, 매우 | 秀才(しゅうさい) 수재 | わけない 간단하다

46 _ 일상생활 표현 – 근황 설명

踏んだり蹴ったりだったよ。とんでもない騒動
に巻き込まれてしまったよ。

(A) 全力で蹴ったボールがどこまで届いたの？

(B) だから、いつになく機嫌悪そうなんですね。

(C) 節電のため道路照明灯の一部を消灯するのよ。

(D) 電車が混んでいて、ヒールで踏まれること
　　もあるよ。

엎친 데 덮친 격이었어. 당치도 않은 소동에 휘말려 버렸거든.

(A) 전력으로 찬 공이 어디까지 갔어?

(B) 그래서 평소와 달리 기분이 좋지 않아 보이는군요.

(C) 절전을 위해 도로 조명등 일부를 소등하는 거야.

(D) 전철이 붐벼서 하이힐에 밟히기도 해.

해설 당치도 않은 소동에 휘말렸다는 말에 대한 응답으로 적절
한 것은 (B)이다. 踏んだり蹴ったり는 호된 곤욕을 당한 것을 비유한
말이므로 (A)와 같이 공을 찬 것이나, (D)와 같이 하이힐에 밟힌다는
내용은 정답에서 제외된다.

단어 踏(ふ)んだり蹴(け)ったり 연달아 호된 곤욕을 당함 | 全力
(ぜんりょく) 전력 | 蹴(け)る 차다 | いつになく 전에 없이, 여느 때

47 _ 일상생활 표현 – 외출

遠出をするんだけど、窓をしっかりと閉めた？

(A) 何度も確認した。

(B) よし、朝まで寝直すよ。

(C) 遠足に行くのが待ち遠しいなあ。

(D) いちいち開け閉めするのは面倒くさい。

멀리 갈 건데, 창문을 제대로 닫았어?

(A) 몇 번이나 확인했어.

(B) 좋아, 아침까지 다시 잘 거야.

(C) 소풍을 가는 것이 기다려져.

(D) 일일이 열고 닫는 것은 귀찮아.

해설 창문 단속을 했는지 묻고 있으므로 여러 번 확인했다고 응답
한 (A)가 정답으로 적절하다. 열고 닫는 것이 귀찮다는 응답과 집단
속은 어울리지 않으므로 (D)는 정답으로 부적절하다.

단어 遠出(とおで) 멀리 나감 | 寝直(ねなお)す 한번 잠이 깨고
나서 다시 자다 | 遠足(えんそく) 소풍 | 待(ま)ち遠(どお)しい 몹
시 기다려지다 | 開(あ)け閉(し)め 여닫기, 개폐 | 面倒(めんどう)く
さい 귀찮다, 번거롭다

48 _ 일상생활 표현 – 시력 측정

これ、ちょっと度がきついのですが。

(A) 顔付きがきついです。

(B) 視力は右０.５、左０.４です。

(C) 着付けはしてもらえませんか。

(D) 合ってない？乱視の影響もあるかも。

이건 좀 도가 높은데요.

(A) 생김새가 까칠합니다.

(B) 시력은 오른쪽 0.5, 왼쪽 0.4입니다.

(C) 옷 입는 것을 도와주지 않겠습니까?

(D) 맞지 않아? 난시의 영향이 있을지도.

해설 남성이 말한 度는 안경의 도수를 말한다. 도수가 높다고 했
으므로 응답으로 적절한 것은 (D)이다. (A)는 생긴 모습, (B)는 시력,
(C)는 옷 입히는 것에 대해 말하고 있으므로 정답으로 부적절하다.

단어 きつい 세차다, 정도가 심하다, 꼭 끼다, 엄하다 | 顔付(かおつ)
き 얼굴 생김새, 용모 | 視力(しりょく) 시력 | 着付(きつ)け 옷을 맵
시 있게 입거나 입혀 줌 | 乱視(らんし) 난시

PART 3

49 _ 일상생활 표현 – 미용실

パーマがすぐ取れてしまったんですが。
(A) 前髪だけは５００円でお切りしています。
(B) ７月２５日の６時にパーマの予約取りたいん
　　ですが。
(C) デジタルパーマのドタキャンはちょっと困
　　るんですけど。
(D) ご来店日から一週間は無料お直しさせてい
　　ただいております。

파마가 바로 풀려 버렸는데요.

(A) 앞머리만 하면 500엔에 잘라 드립니다.
(B) 7월 25일 6시에 파마 예약을 하고 싶습니다만.
(C) 디지털 파마를 갑자기 취소하시면 좀 곤란한데요.
(D) 오셨던 날부터 일주일 동안은 무료로 다시 해 드리고 있습니다.

해설 파마가 풀렸다는 말에, 일주일 이내라면 무료로 다시 해 준
다한 (D)가 정답으로 적절하다. (A)는 앞머리 커트 가격, (B)는 파마
예약, (C)는 파마 취소에 대해 말하고 있으므로 정답으로 부적절하다.

단어 ドタキャン 막바지에 이르러서 약속을 취소함 | 来店(らいて
ん) 내점

50 _ 회사 생활 – 상품 교체

これ、もうだめだ。買い替えしかないよ。
(A) 目を皿にして覗いてみたんだよ。
(B) 喜びのあまり泣き出してしまったよ。
(C) 目玉商品を新たに入荷すべきだと思うよ。
(D) 故障したからといって、すぐ捨てるのは
　　ちょっと。

이거 이젠 안 돼. 새로 사서 바꾸는 수밖에 없어.

(A) 눈을 크게 뜨고 들여다봤어.
(B) 너무 기쁜 나머지 울어 버렸어.
(C) 주요 상품을 새로 입하해야 한다고 생각해.
(D) 고장 났다고 해서 바로 버리는 것은 좀.

해설 잘 안 되니까 새로 사서 바꾸자는 말에, 바로 버리는 것은 좀
그렇다고 한 (D)가 정답으로 적절하다. (A)는 눈을 크게 뜨고 본 것
에 대한 설명을, (B)는 기쁨의 감정을, (C)는 상품의 입하 추진을 말
하고 있으므로 정답으로 부적절하다.

단어 買(か)い替(か)える 새로 사서 바꾸다 | 目(め)を皿(さら)
にする 눈에 불을 켜고 보다, 열심히 찾다 | 目玉商品(めだましょう
ひん) 주요 상품 | 入荷(にゅうか) 입하 | 故障(こしょう) 고장

51 _ 거절 사유의 이해

A：長居をいたしまして、ご迷惑をかけてしま
　　いますので失礼させていただきます。
B：そうおっしゃらずに、どうぞごゆっくりお
　　くつろぎください。
A：ちょっと入力する資料の片付けが残ってい
　　ますので。

A : 오랜 시간 머물러서 폐를 끼쳤으니 실례하겠습니다.
B : 그렇게 말씀하시지 말고, 편히 계세요.
A : 좀 입력할 자료 정리가 남아 있어서요.

なぜ帰らなければなりませんか。
(A) 妥協する仕事があるから
(B) 伝えるべき技術があるから
(C) やりかけの仕事があるから
(D) ほかの家に配達するものがあるから

왜 돌아가지 않으면 안 됩니까?
(A) 타협할 일이 있어서
(B) 전해야 할 기술이 있어서
(C) 하다 만 일이 있어서
(D) 다른 집에 배달할 것이 있어서

해설 더 머무르라고 하자 입력할 자료 정리가 남아 있기 때문에
가야 된다고 했으므로 정답으로 적절한 것은 (C)이다.

단어 長居(ながい) 한곳에 오래 머무름 | くつろぐ 심신을 편안하
게 하다, 몸을 쉬게 하고 느긋한 기분이 되다 | 入力(にゅうりょく) 입
력 | 資料(しりょう) 자료 | 片付(かたづ)け 정리 | 妥協(だきょ
う) 타협 | 〜べき 〜해야 할

52 _ 요금 초과의 이유 이해

A：申し訳ございませんが、オーバーチャージ
　　ですので、超過料金をお支払いください。
B：超過料金はいくらぐらいでしょうか。

Ａ：キログラム当たりエコノミー正規料金の
　　１.５％ということで、３万５千円になります。

Ｂ：はい。超過料金のレシートをお願いします。

A : 죄송합니다만, 무게 초과이니 초과 요금을 지불해 주세요.
B : 초과 요금은 얼마 정도입니까?
A : 킬로그램당 이코노미 정규 요금의 1.5%이므로, 3만 5천 엔입니다.
B : 예. 초과 요금 영수증 부탁합니다.

どうして料金を支払いましたか。

(A) 重量超過　　　　　　(B) 割引率ミス
(C) マイレージ不足　　　(D) 航空料金の引上

어째서 요금을 지불했습니까?

(A) 중량 초과　　　　　　(B) 할인율 실수
(C) 마일리지 부족　　　　(D) 항공 요금 인상

해설　무게 초과로 초과 요금을 지불해야 한다고 했으므로 정답으로 적절한 것은 (A)이다.

단어　超過(ちょうか) 초과 | いかほど 얼마나, 어느 정도 | 正規(せいき) 정규 | レシート 영수증 | 重量(じゅうりょう) 중량 | マイレージ 마일리지 | 航空(こうくう) 항공 | 引上(ひきあげ) 인상

53 _ 대화의 요지 파악 – 시사

Ａ：飲酒運転の取り締まりが厳しくなりましたね。

Ｂ：ええ、夜間だけでなく、昼間も行っていますよ。

Ａ：飲み会とかではビールジョッキ１杯なら大丈夫といわれますが。

Ｂ：一概には言えませんね。個人差がありますから。

A : 음주 운전 단속이 엄격해졌어요.
B : 네, 야간뿐 아니라 주간에도 하고 있어요.
A : 회식자리 같은 데서는 맥주잔으로 1잔이면 괜찮다고 하던데요.
B : 다 그렇다고는 할 수 없지요. 개인차가 있으니까요.

話題になっているのはどれですか。

(A) 飲酒測定　　　　　　(B) 適正飲酒量
(C) 飲酒運転罰金　　　　(D) 飲酒量の算出

화제가 되고 있는 것은 어느 것입니까?

(A) 음주 측정　　　　　　(B) 적정 음주량
(C) 음주 운전 벌금　　　(D) 음주량 산출

해설　주간까지 할 정도로 음주 운전 단속이 심해졌는데 맥주잔으로 한 잔은 괜찮다고들 한다고 하자, 개인차가 있어서 꼭 그렇다고 볼 수는 없다고 했으므로 정답으로 적절한 것은 (A)이다.

단어　飲酒(いんしゅ) 음주 | 取(と)り締(し)まり 단속 | ジョッキ 손잡이가 달린 큰 맥주 잔 | 測定(そくてい) 측정 | 適正(てきせい) 적정 | 罰金(ばっきん) 벌금 | 算出(さんしゅつ) 산출

54 _ 사물의 상태 이해

Ａ：どうしてこんなに遅くなりましたか。道が分からなかったんですか。

Ｂ：すみません。携帯の目覚ましが鳴らなくて寝坊してしまいました。

Ａ：携帯の充電が切れてて目覚ましが鳴らなかったのですか。

Ｂ：いいえ、サイレントマナーモードにしたからです。

A : 어째서 이렇게 늦어졌습니까? 길을 몰랐습니까?
B : 죄송합니다. 휴대전화 알람이 울리지 않아서 늦잠을 자 버렸습니다.
A : 휴대전화 충전이 나가서 알람이 울리지 않았습니까?
B : 아니요, 무음으로 했기 때문입니다.

携帯の目覚ましが鳴らなかった理由は何ですか。

(A) 電源が切れたから
(B) 無音状態に設定したから
(C) 通常のマナーモードにしたから
(D) バイブの音が聞こえなかったから

휴대전화 알람이 울리지 않은 이유는 무엇입니까?

(A) 전원이 꺼져서
(B) 무음 상태로 설정해서
(C) 보통 매너 모드로 해서
(D) 진동 소리가 들리지 않아서

해설　지각한 이유는 휴대전화가 울리지 않아서인데, 전원이 나갔기 때문이 아니라 무음으로 해 두었기 때문이라고 했으므로 정답으로 적절한 것은 (B)이다.

단어　目覚(めざ)まし 잠을 깨움 | 寝坊(ねぼう) 늦잠을 잠, 잠꾸러기 | 充電(じゅうでん) 충전 | 切(き)れる 없어지다, 다 떨어지다 | 無音(むおん) 무음 | サイレント 사일런트, 무성, 묵음 | マナーモード 매너 모드 | バイブ 바이브, 진동

55 _ 사건의 결과 이해 – 사자성어 이해

A : 日曜日に社内大会がありましたけど、試合
　　はどうでしたか。

B : かろうじて試合に勝ちました。

A : 相手チームはどこだったんですか。

B : 有力な優勝候補だった総務部でした。清水
　　さんのおかげで逆転勝ちしました。

A : 일요일에 사내 대회가 있었는데 시합은 어땠습니까?
B : 가까스로 시합에 이겼습니다.
A : 상대팀은 어디였습니까?
B : 유력한 우승후보였던 총무부였습니다. 시미즈 씨 덕에 역전승
　　했습니다.

試合の結果はどうなりましたか。

(A) 逆転負けされた。

(B) 四苦八苦して、勝った。

(C) 優勝候補らしく軽く勝った。

(D) 清水さんがチームの顔を汚した。

시합 결과는 어떻게 되었습니까?

(A) 역전패당했다.
(B) 고생고생해서 이겼다.
(C) 우승 후보답게 가볍게 이겼다.
(D) 시미즈 씨가 팀의 체면을 손상시켰다.

해설　시합은 가까스로 이겼다고 했으므로 정답으로 적절한 것은
(B)이다. 우승 후보는 상대팀인 총무부인데 졌으므로 (C)는 정답에
서 제외, 시미즈 덕분에 이겼다고 했으므로 (D)는 정답에서 제외된다.

단어　優勝(ゆうしょう) 우승 | 候補(こうほ) 후보 | 逆転勝(ぎ
ゃくてんが)ち 역전승 | 逆転負(ぎゃくてんま)け 역전패 | 四苦
八苦(しくはっく) 일이 잘 되지 않아 매우 고생함, 갖은 고생을 겪음 |
顔(かお)を汚(よご)す 체면을 손상시키다

56 _ 인물의 성격 파악

A : この傘、入江さんに返しといてね。この
　　前、貸してもらったの。

B : 入江さんはよく気がつく人だね。この前、
　　レジ袋が破れそうで困っていた時、家まで
　　運んでくれたんだ。

A : そうだね。できた人だと思うよ。

A : 이 우산, 이리에 씨에게 돌려줘. 얼마 전에 빌렸던 거야.
B : 이리에 씨는 배려할 줄 아는 사람이군. 얼마 전 비닐 봉지가 찢
　　어지려 해서 곤란했을 때 집까지 옮겨줬었어.
A : 그래요. 인격이 된 사람이라고 생각해.

入江さんをどう思っていますか。

(A) お転婆　　　　　　(B) 頑張り屋

(C) せせこましい人　　(D) きちんとしている人

이리에 씨를 어떻게 생각하고 있습니까?

(A) 말괄량이　　　　　　(B) 노력하는 사람
(C) 옹졸한 사람　　　　　(D) 착실하고 바른 사람

해설　이리에는 배려를 잘하고, 곤경에 처한 사람을 도와주니 됨됨
이가 좋은 사람이라고 생각한다고 했으므로 정답으로 적절한 것은
(D)이다.

단어　レジ袋(ぶくろ) 비닐 봉지 | 破(やぶ)れる 찢어지다, 뚫어지
다 | お転婆(てんば) 말괄량이 | せせこましい 옹졸하다, 좀스럽다 |
できた人(ひと) 된 사람, 인격자 | きちんとした 착실하고 바른

57 _ 사건의 전후 관계 파악

A : ロス行きの乗り継ぎ便に乗り遅れてしまっ
　　たんですけど。どうすればいいんでしょうか。

B : それでしたら、次の便にお乗りになること
　　ができます。

A : 次の便は何時にありますか。

B : 朝の8時発の飛行機なのですが、日本で一
　　泊しなくてはなりません。

A : LA행 환승편을 못 탔는데요, 어떻게 하면 좋을까요?
B : 그러시면 다음 편을 타실 수 있습니다.
A : 다음 편은 몇 시에 있습니까?
B : 아침 8시발 비행기입니다만, 일본에서 하루 묵으셔야 합니다.

この人はなぜ一泊するしかないのですか。

(A) 観光するため

(B) 電車を乗り越したため

(C) 会議が8時にあったため

(D) 時間に間に合わなかったため

이 사람은 왜 하루를 묵을 수밖에 없습니까?

(A) 관광하기 위해서
(B) 전철의 하차 역을 지나쳤기 때문에
(C) 회의가 8시에 있었기 때문에
(D) 시간에 맞추지 못했기 때문에

해설 L.A.행 환승편을 놓쳐서 다음 비행기를 타야 하는데 다음 비행기는 다음 날 아침에 있어 일본에서 하루 숙박을 해야 하므로 정답으로 적절한 것은 (D)이다.

단어 ロス 로스앤젤레스 | 乗(の)り継(つ)ぐ 다른 탈것으로 갈아타고 목적지로 가다 | 乗(の)り継(つ)ぎ便(びん) 환승편 | 乗(の)り越(こ)す 하차 역을 지나치다 | 間(ま)に合(あ)う 시간에 늦지 않게 대다

58 _ 요리 대접에 대한 내용 파악 – 후식

A：伊藤さん、デザートに果物のケーキはいかがですか。

B：おなかいっぱいです。でも、断るにはあまりにももったいないですね。

A：デザートは別腹ですよね。

B：じゃ、いただきます。

A : 이토 씨, 디저트로 과일 케이크는 어떻습니까?
B : 배가 부릅니다. 그렇지만 거절하기에는 너무 아깝네요.
A : 디저트는 먹는 배가 따로 있죠.
B : 그럼, 잘 먹겠습니다.

伊藤さんはデザートをどう思っていますか。

(A) デザートは体に良くないと思う。

(B) おいしそうだが食べきれないと思う。

(C) 食べたくなるほどおいしそうだと思う。

(D) お腹がいっぱいなので断るべきだと思う。

이토 씨는 디저트를 어떻게 생각하고 있습니까?
(A) 디저트는 몸에 좋지 않다고 생각한다.
(B) 맛있을 것 같지만 다 먹지 못할 것이라고 생각한다.
(C) 먹고 싶어질 정도로 맛있을 것 같다고 생각한다.
(D) 배가 불러서 거절해야 한다고 생각한다.

해설 이토는 너무 배가 부르지만 디저트를 안 먹자니 아깝다고 생각해서 먹겠다고 했으므로 정답으로 적절한 것은 (C)이다.

단어 断(ことわ)る 거절하다, 사양하다 | もったいない 아깝다, 고맙다 | 別腹(べつばら) 음식이 들어갈 배가 따로 있음

59 _ 상품 고르기

A：あのう、婚約指輪を探しているんですが。

B：こちらが当店の選りすぐりのセレクションになります。サイズはご存じでしょうか。

A：はい、7号です。リングのサイズ直しにどのくらいかかるんですか。

B：サイズ直しの範囲によって多少異なりますが、大体は1週間です。

A : 저기, 약혼 반지를 찾고 있는데요.
B : 이쪽이 우리 가게의 반지 셀렉션입니다. 사이즈는 아십니까?
A : 네, 7호입니다. 반지 사이즈 조정에 얼마나 걸립니까?
B : 사이즈 조정 범위에 따라 다소 다르지만 대체로 1주일입니다.

男の人が買おうとしているのは何ですか。

(A) 7号の婚約指輪

(B) 7月の指輪セット

(C) 売れ行きのいい指輪

(D) ダイヤモンドのペンダント

남성이 사려고 하는 것은 무엇입니까?
(A) 7호 약혼 반지
(B) 7월의 반지 세트
(C) 잘 팔리는 반지
(D) 다이아몬드 펜던트

해설 손님이 찾고 있는 반지는 약혼 반지이고, 사이즈는 7호이므로 정답으로 적절한 것은 (A)이다.

단어 婚約指輪(こんやくゆびわ) 약혼 반지 | 選(え)りすぐり 엄선함, 엄선한 것 | セレクション 셀렉션, 선택, 엄선한 물건 | 範囲(はんい) 범위 | 異(こと)なる 다르다 | 売(う)れ行(ゆ)き 팔리는 상태 | ペンダント 펜던트

60 _ 인물의 행동 및 선택

A：流行っているスタイルのイヤリングをいくつか見せてもらいたいんですが。

B：はい、どうぞ。お気に召されたものをお選びください。

A：それじゃ、これにします。カードで支払えますか。

B：はい。お持ちのカードなら20％割引になります。

A : 유행하고 있는 스타일의 귀걸이를 몇 개 보고 싶은데요.
B : 예, 여기 있습니다. 마음에 드는 것을 선택해 주세요.
A : 그럼, 이걸로 할게요. 카드로 지불할 수 있나요?
B : 네. 가지고 계신 카드라면 20% 할인됩니다.

女の人はこれから何をしますか。

(A) 割引をねだる。
(B) お守り宝石セットを見せる。
(C) イヤリングをカードで支払う。
(D) ベストセレクションを選定する。

여성은 이제부터 무엇을 합니까?

(A) 가격을 깎는다.
(B) 부적 보석 세트를 보여준다.
(C) 귀걸이를 카드로 지불한다.
(D) 베스트 셀렉션을 선정한다.

[해설] 여성은 유행하는 귀걸이를 찾았고, 카드로 지불한다고 했으므로 정답으로 적절한 것은 (C)이다. 여성이 갖고 있는 카드가 20% 할인이 된다고 점원이 말했으므로 (A)는 정답으로 적절하지 않다.

[단어] 流行(はや)る 유행하다 | スタイル 스타일 | 気(き)に召(め)す 마음에 들다 | お守(まも)り 부적, 수호 | 宝石(ほうせき) 보석 | ベストセレクション 베스트 셀렉션 | 選定(せんてい) 선정

61 _ 병의 증상 이해 – 속담 이해

A：歯ぐきから血が出ますし、ものを噛むと痛いんです。
B：歯ぐきが膿んでいるか調べてみないといけませんね。口を大きく開けて。
A：大分ひどいですか。
B：歯を抜くだけで十分だと思います。それぐらいは朝飯前なので心配しないでください。

A : 잇몸에서 피가 나고 뭔가를 씹으면 아픕니다.
B : 잇몸이 곪았는지 조사해 봐야 겠군요. 입을 크게 벌리세요.
A : 꽤 심합니까?
B : 이를 빼는 것만으로도 충분하다고 생각합니다. 그 정도는 식은 죽 먹기니까 걱정하지 마세요.

医者はどう思っていますか。
(A) 弘法も筆の誤り
(B) 亀の甲より年の功
(C) あつものにこりて膾を吹く
(D) 赤子の手を捻るようなもの

의사는 어떻게 생각하고 있습니까?

(A) 원숭이도 나무에서 떨어질 때가 있다
(B) 경험이 배우는 것보다 낫다
(C) 자라 보고 놀란 가슴 솥뚜껑 보고 놀란다
(D) 누워서 떡 먹기

[해설] 의사는 환자의 치료에 대해 식은 죽 먹기(朝飯前)라고 했으므로 정답으로 적절한 것은 (D)이다.

[단어] 歯(は)ぐき 잇몸 | 噛(か)む 씹다, 물다 | 膿(う)む 곪다, 화농하다 | 歯(は)を抜(ぬ)く 이를 뽑다 | 朝飯前(あさめしまえ) 식은 죽 먹기

62 _ 인물의 행동 예상

A：松村さん、今、忙しいですか。一緒に昼ごはん食べに行きません？
B：それがね、ミーティングをする前にやらないといけない仕事がありまして。
A：何ですか。
B：取引先とのミーティングのプレゼン準備です。5時までに仕上げないと。

A : 마쓰무라 씨, 지금 바쁩니까? 함께 점심 식사하러 안 갈래요?
B : 그게요, 미팅을 하기 전에 해야 할 일이 있어서요.
A : 뭔데요?
B : 거래처와의 미팅 프레젠테이션 준비입니다. 5시까지 끝내야 돼요.

松村さんはこれから何をしますか。

(A) ミーティングをする。
(B) プレゼンを仕上げる。
(C) 昼ごはんを食べに行く。
(D) プレゼントを準備する。

마쓰무라 씨는 이제부터 무엇을 합니까?

(A) 미팅을 한다.
(B) 프레젠테이션을 마무리한다.
(C) 점심을 먹으러 간다.
(D) 선물을 준비한다.

[해설] 마쓰무라에게 점심을 먹으러 가자고 했지만, 미팅 프레젠테이션을 준비해야 해서 안 된다고 했다. 따라서 마쓰무라가 앞으로 해야 할 일은 (B)이다.

[단어] 取引先(とりひきさき) 거래처 | ミーティング 미팅 | プレゼン 프리젠테이션 | 仕上(しあ)げる 마무리하다, 완성하다

63 _ 인물의 행동 분석

> A：クーラーバッグをどこにしまったか分かる？
>
> B：押し入れに入れておいたよ。でも、これ全部納まると思う？
>
> A：大丈夫だと思うよ。ランチョンマットはどこにある？
>
> B：サイドポケットの中に入ってるの。

A : 쿨러백을 어디에 치웠는지 알아?

B : 벽장에 넣어 두었어. 그런데 이게 다 들어간다고 생각해?

A : 괜찮을 거야. 식탁에 까는 깔개는 어디에 있지?

B : 사이드 포켓 안에 들어 있어.

二人は何を準備しているところですか。

(A) 大掃除　　　　(B) ブランチ

(C) マット運動　　(D) ピクニック

두 사람은 무엇을 준비하고 있는 중입니까?

(A) 대청소　　　　(B) 브런치

(C) 매트 운동　　(D) 피크닉

해설 피크닉 갈 때 쓰는 쿨러백 안에 뭔가를 넣고, 매트를 찾고 있으므로 두 사람은 피크닉 준비를 하고 있는 중이다. 따라서 정답으로 적절한 것은 (D)이다. 피크닉 때 필요한 쿨러백을 찾는 것이므로 (A)는 정답으로 부적절, 피크닉때 쓸 매트를 찾고 있는 것이므로 (C)는 정답으로 부적절하다.

단어 クーラーバッグ 쿨러백. 휴대용 냉장장치(=アイスボックス) | 押(お)し入(い)れ | 벽장 納(おさ)まる 물건이 보기 좋게 들어가다 | ランチョンマット 식탁에서 접시 등을 놓기 위해 쓰는 작은 깔개 | ブランチ 점심을 겸한 늦은 아침 식사

64 _ 호텔 – 룸서비스

> A：フロントでございます。
>
> B：ルームサービスを注文したいのですが、朝食を1254号室まで持ってきて頂けますか。
>
> A：かしこまりました。何時ごろがよろしいでしょうか。
>
> B：8時ごろお願いします。

A : 프런트입니다.

B : 룸서비스를 주문하고 싶은데요. 조식을 1254호실로 가져와 주

시겠습니까?

A : 알겠습니다. 몇 시쯤이 괜찮으십니까?

B : 8시쯤 부탁합니다.

フロントに頼んだのは何ですか。

(A) 朝8時に起こすこと

(B) 書き込みを削除すること

(C) 8時に朝食を持ってくること

(D) 起きるまで電話を鳴らすこと

프런트에 부탁한 것은 무엇입니까?

(A) 아침 8시에 깨우는 것

(B) 댓글을 삭제하는 것

(C) 8시에 조식을 가져오는 것

(D) 일어날 때까지 전화를 울리는 것

해설 룸서비스를 주문하기 위해 프런트에 전화를 걸었고, 아침 식사를 8시에 가져와 달라고 했으므로 정답으로 적절한 것은 (C)이다.

단어 朝食(ちょうしょく) 조식 | 起(お)こす 깨우다 | 書(か)き込(こ)み 댓글, 써 넣음 | 削除(さくじょ) 삭제 | 鳴(な)らす 소리를 내다. 울리다

65 _ 인물의 행동 분석

> A：この旅行にセーター持って行かないといけないんだよ。山登りルートがあるから。
>
> B：うん、セーターは詰めといたよ。
>
> A：あ、もう3時だ。お金を両替しに行ってくるよ。
>
> B：もう詰め終わりそうなので、一緒に行くわ。

A : 이 여행에 스웨터를 가져가야 해. 등산 루트가 있으니까.

B : 응, 스웨터는 넣어 뒀어.

A : 아, 벌써 3시다. 돈을 환전하러 다녀올게.

B : 이제 다 싼 것 같으니까 같이 갈게.

二人は何をしているところですか。

(A) 荷造りをしている。

(B) 口座を開いている。

(C) 漬けものを作っている。

(D) セーターを編んでいる。

사람은 무엇을 하고 있는 중입니까?

(A) 짐을 꾸리고 있다.
(B) 계좌를 만들고 있다.
(C) 절임을 만들고 있다.
(D) 스웨터를 짜고 있다.

해설 두 사람은 여행을 위해 코트, 스웨터를 싸고 있는 중이므로 정답으로 적절한 것은 (A)이다. 환전하러 간다고 했으므로 (B)는 정답으로 적절하지 않고, 스웨터를 넣어 두었다고 했지 짜고 있는 것이 아니므로 (D)도 정답이 아니다.

단어 山登(やまのぼ)り 등산 | 詰(つ)める 채우다, 담다, 채워 넣다 | 両替(りょうがえ) 환전 | 荷造(にづく)り 짐 꾸리기, 포장 | 漬(つ)けもの 절임 | 編(あ)む (수편물을) 짜다

66 _ 인물의 행동 예상

> A : 春香さん、まだ、食べてんの？
>
> B : うん。２時間も動いたから、お腹すいているのよ。
>
> A : でも、体重を減らしたいんじゃないの？そんなの食べたら、目標減量は遥に遠くなるよ。
>
> B : 心配しないで。また、筋力トレーニングするから。
>
> ---
>
> A : 하루카 씨, 아직 먹고 있는 거야?
> B : 응. 2시간이나 움직여서 배가 고프단 말이야.
> A : 하지만 체중을 줄이고 싶은 것 아니야? 그런 거 먹으면 목표 감량은 훨씬 멀어지잖아.
> B : 걱정하지 마. 또 근력 트레이닝 할 거니까.

春香さんは何をしに行きますか。

(A) 食べに行く。
(B) 運動しに行く。
(C) サイズを測りに行く。
(D) 会話の練習をしに行く。

하루카 씨는 무엇을 하러 갑니까?

(A) 먹으러 간다.
(B) 운동하러 간다.
(C) 사이즈를 재러 간다.
(D) 회화 연습을 하러 간다.

해설 하루카 씨는 두 시간 동안 움직여서 지금 음식을 먹고 있는데, 먹고 난 뒤 또 근력 트레이닝을 하러 간다고 했으므로 정답으로 적절한 것은 (B)이다.

단어 体重(たいじゅう) 체중 | 目標(もくひょう) 목표 | 減量(げ

んりょう) 감량 | 遥(はるか)に 훨씬, 아득히 | 筋力(きんりょく) 근력 | トレーニング 트레이닝

67 _ 티켓 예약

> A : あさっての夕方ぐらいのチケットを予約しようと思っていますが、席ありますか。
>
> B : すみません。全て売り切れました。席は明日の８時の分しか空いていません。
>
> A : では、８時の分８枚の分ください。
>
> B : はい、座席は書いてある通り２－Ｄと２－Ｅです。
>
> ---
>
> A : 모레 저녁 때의 티켓을 예약하려고 합니다만, 좌석 있습니까?
> B : 죄송합니다. 매진입니다. 좌석은 내일 8시 것밖에 비어 있지 않습니다.
> A : 그러면 8시 것 2장 주세요.
> B : 네, 좌석은 쓰여져 있는 대로 2－D와 2－E입니다.

手に入れたチケットはどれですか。

(A) あさっての８時の分２枚
(B) ２－Ｂと２－Ｅの座席番号
(C) あしたの８時のチケット
(D) あさっての夕方ぐらいの仮チケット

손에 넣은 티켓은 어느 것입니까?

(A) 모레 8시 것 2장
(B) 2－B와 2－E 좌석 번호
(C) 내일 8시 티켓
(D) 모레 저녁 정도의 임시 티켓

해설 이 사람이 구입한 티켓은 내일 8시 것이므로 정답은 (C)이다. 모레 8시 티켓을 구입하려고 했지만 없다고 했으므로 (A)는 정답에서 제외, 좌석 번호는 2－D와 2－E이므로 (B)는 정답에서 제외된다.

단어 売(う)り切(き)れ 매진 | 座席(ざせき) 좌석 | 仮(かり) 임시, 일시적

68 _ 트러블의 대상 이해

> A : すみません、いまお暇ですか。
>
> B : あ、ゆかさん。何か困っていることでも？
>
> A : パソコンの電源が勝手に落ちてしまうんです。ウィルスをチェックしてもらえますか。

B：もちろんいいですよ。

A : 죄송합니다. 지금 시간 있으십니까?
B : 아, 유카 씨. 뭔가 곤란한 일이라도?
A : 컴퓨터 전원이 멋대로 꺼져 버립니다. 바이러스를 체크해 주실
　　수 있습니까?
B : 물론 괜찮습니다.

ゆかさんは何で困っていますか。

(A) 蛍光灯　　　　　　(B) パソコン

(C) かぜウィルス　　　(D) タイプライター

유카 씨는 무엇 때문에 곤란해하고 있습니까?

(A) 형광등　　　　　　(B) 컴퓨터
(C) 감기 바이러스　　　(D) 타이프라이터

 컴퓨터의 전원이 꺼져 버린다며 바이러스를 체크해 달라고 했으므로 정답으로 적절한 것은 (B)이다.

 電源(でんげん) 전원 ǀ ウィルス 바이러스 ǀ 蛍光灯(けいこうとう) 형광등 ǀ タイプライター 타이프라이터, 타자기

69_ 일의 진행 과정 이해

A：このプリンターのインクカートリッジを替えないといけないんですが、どうやって替えればいいんですか。

B：カバーを開けて、赤いコードを抜いてください。レバーを引くと古いインクカートリッジが出てきます。そこに新しいカートリッジを入れてください。ください。

A：赤いコードが2つありますが、どっちですか。

B：下の大きなものです。

A : 이 프린터의 잉크 카트리지를 바꿔야 하는데, 어떻게 바꾸면 됩니까?
B : 커버를 열고 빨간 코드를 빼 주세요. 레버를 당기면 낡은 잉크 카트리지가 나옵니다. 거기에 새로운 카트리지를 넣어 주세요.
A : 빨간 코드가 두 개 있는데 어느 쪽인가요?
B : 아래의 커다란 것입니다.

インクカートリッジの交換方法について正しいのはどれですか。

(A) カバーを閉めて赤いコードを抜く。

(B) 2つの赤いコードの中で、大きなものを抜く。

(C) レバーを引くと新しいカートリッジが出る。

(D) 赤いコードが2つあるが、下の小さなものを抜く。

잉크 카트리지의 교환 방법에 대해서 맞는 것은 어느 것입니까?

(A) 커버를 닫고 빨간 코드를 뺀다.
(B) 두 개의 빨간 코드 중 큰 것을 뺀다.
(C) 레버를 당기면 새로운 카트리지가 나온다.
(D) 빨간 코드가 두 개 있는데, 아래의 작은 것을 뺀다.

 잉크 카트리지의 교환 방법에 대해 설명하는 부분을 잘 듣고 선택지를 하나하나 체크한다. (A)의 경우, '커버를 닫고'가 아니라 '커버를 열고'라고 해야 하고, (C)의 경우, '새로운'이 아니라 '낡은'이라고 해야 하고, (D)의 경우, '작은 것'이 아니라 '큰 것'이다.

 インク 잉크 ǀ カートリッジ 카트리지 ǀ 替(か)える 바꾸다, 교환하다 ǀ 抜(ぬ)く 빼다

70_ 스케줄 조정 확인

A：おはようございます。ご用件をお伺いします。

B：あしたの診察時間の予約をしたいのですが。

A：スケジュールをお調べいたします。空いている時間帯は午前9時、午後4時です。

B：午後のほうがいいです。

A : 안녕하세요. 용건을 여쭙겠습니다.
B : 내일 진찰 시간을 예약하고 싶은데요.
A : 스케줄을 확인해 보겠습니다. 비어 있는 시간대는 오전 9시, 오후 4시입니다.
B : 오후가 좋습니다.

診察予約はいつ頃になりましたか。

(A) 午前4時　　　　　　(B) 午前9時

(C) 午後4時　　　　　　(D) 午後9時

진찰 예약은 언제쯤 되었습니까?

(A) 오전 4시　　　　　　(B) 오전 9시
(C) 오후 4시　　　　　　(D) 오후 9시

 비어 있는 시간대가 오전 9시, 오후 4시라고 하자 오후가 좋다고 했으므로 정답은 (C)이다.

 診察(しんさつ) 진찰 ǀ スケジュール 스케줄

71 _ 전화 내용 이해 – 일의 경과

Ａ：ソウル商社でございます。ご用件をお伺い
しましょうか。

Ｂ：発注を担当している山田と申しますが、鈴
木さんはいらっしゃいますか。

Ａ：あいにく只今外出しております。伝言をお
預かりしましょうか。

Ｂ：それでは、発注する製品の数量を再確認い
ただけるよう、お伝えいただけますか。

Ａ : 서울 상사입니다. 용건은 무엇인지요?

Ｂ : 발주를 담당하고 있는 야마다라고 합니다만, 스즈키 씨 계십니까?

Ａ : 공교롭게도 지금 외출 중입니다. 전하실 말씀 있으신가요?

Ｂ : 그러면 발주할 제품의 수량을 재확인해 주시도록 전해 주시겠
습니까?

鈴木さんは会社に戻ったら何をすべきですか。

(A) 山田さんに会いに行く。

(B) 発注数量を再確認する。

(C) たまった発注を処理する。

(D) 受注先にあいさつに出かける。

스즈키 씨는 회사에 돌아오면 무엇을 해야 합니까?

(A) 야마다 씨를 만나러 간다.

(B) 발주 수량을 다시 확인한다.

(C) 쌓인 발주를 처리한다.

(D) 수주처에 인사하러 나간다.

해설 야마다가 스즈키에게 전화를 건 목적은 발주할 제품의 수량
을 재확인하게 하기 위한 것이므로 정답으로 적절한 것은 (B)이다.

단어 発注(はっちゅう) 발주 | 担当(たんとう) 담당 | 伝言(で
んごん) 전언 | 処理(しょり) 처리 | 受注(じゅちゅう) 수주

72 _ 거래 교섭 이해

Ａ：午前中、取引先との打ち合わせがあったよ
ね。どうだった？

Ｂ：あちらが提示した金額が高すぎるんだ。そ
れはそうとドル建てなんて言うから、見合
わせ中なんだ。

Ａ：そりゃ、大損するよ。取引についてじっく
り考え直してみたほうがいいかも。

Ａ : 오전 중에 거래처와 협의가 있었지. 어땠어?

Ｂ : 저쪽이 제시한 금액이 너무 비싸. 그건 그렇고 달러 결제라고
해서 보류 중이야.

Ａ : 그건 큰 손해지. 거래에 대해서 천천히 다시 생각해 보는 게 좋
을지도 몰라.

取引はどうなりましたか。

(A) ドル建てで合意した。

(B) 見込み金額で調整した。

(C) 一応見送ることにした。

(D) 納得させるに十分な契約をした。

거래는 어떻게 되었습니까?

(A) 달러 결제로 합의했다.

(B) 예상 금액으로 조정했다.

(C) 일단 보류하기로 했다.

(D) 납득시키기에 충분한 계약을 했다.

해설 달러 결제를 요구받아 보류 중이라고 했으므로 정답으로 적
절한 것은 (C)이다. 제시한 금액이 너무 비쌌고 금액 조정이 이루어
지지 않았으므로 (B)와 (D)는 정답으로 부적절하다.

단어 打(う)ち合(あ)わせ 사전 협의 | 提示(ていじ) 제시 | 金額
(きんがく) 금액 | ドル建(だ)て 달러 결제 | 見合(みあ)わせる 보류
하다, 견주다 | 見込(みこ)み 예상, 전망 | 見送(みおく)る 보류하다

73 _ 관혼상제의 이해

Ａ：香典はいくら包めばいい？

Ｂ：それが非常に難しいね。多すぎるとかえって
遺族に気を遣わせることになってしまうし、
逆に少なすぎても失礼にあたってしまうから。

Ａ：目安はどのくらいかな。

Ａ : 부의금은 얼마를 넣으면 돼?

Ｂ : 그게 굉장히 어려워. 너무 많으면 오히려 유족이 신경 쓰게 되는
게 되고, 거꾸로 너무 적으면 실례가 되어 버리니까.

Ａ : 표준은 얼마일까?

この人はどこに行きますか。

(A) 学校　　　　　　　　(B) 葬式

(C) 結婚式　　　　　　　(D) 買い物

이 사람은 어디에 갑니까?

(A) 학교   (B) 장례식
(C) 결혼식   (D) 쇼핑

해설 香典은 상갓집에 부조로 보내는 돈이나 물건이다. 부의금에 대한 논의를 하고 있으므로 정답으로 적절한 것은 (B)이다.

단어 香典(こうでん) 부의 | 包(つつ)む 돈을 봉투에 넣어 주다 | かえって 도리어, 오히려 | 目安(めやす) 기준, 목표, 표준 | 葬式(そうしき) 징례식

74 _ 인물의 의도 파악

> A : ヒロミさん、磯釣りに行ったことはありますか。
>
> B : まったくないですけど。どうしてですか。
>
> A : 今度の夏休み、一緒に行きませんか。磯釣りを楽しみましょう。
>
> B : 釣るまで待つのが退屈なんで、ちょっと…。
>
> ---
>
> A : 히로미 씨, 바다낚시를 하러 간 적은 있습니까?
> B : 전혀 없는데요. 왜 그러시죠?
> A : 이번 여름휴가 때 함께 가지 않겠습니까? 바다낚시를 즐깁시다.
> B : 낚을 때까지 기다리는 것이 지루해서 좀….

ヒロミさんは釣りをどう思っていますか。

(A) つまらないと思っている。
(B) ドキドキすると思っている。
(C) 同情を禁じ得ないと思っている。
(D) 釣らんがため、手を尽くすべきだと思っている。

히로미 씨는 낚시를 어떻게 생각하고 있습니까?

(A) 따분하다고 생각하고 있다.
(B) 두근거린다고 생각하고 있다.
(C) 동정을 금할 수가 없다고 생각하고 있다.
(D) 잡기 위해 온갖 수단을 써야 한다고 생각하고 있다.

해설 히로미에게 바다낚시를 하러 가자고 권했지만, 히로미는 잡힐 때까지 기다리는 것이 지루하다고 했으므로 정답으로 적절한 것은 (A)이다.

단어 磯釣(いそづ)り 바닷가의 바위 등에서의 낚시 | まったく 완전히, 전적으로 | ふける 빠지다, 탐닉하다 | 退屈(たいくつ) 지루함, 따분함 | どきどき 두근두근 | ~を禁(きん)じ得(え)ない ~을 금할 수 없다 | ~んがため ~하기 위해서

75 _ 직장 내의 의견 제시

> A : 課長、いくつかご提案したいことがあるんですが。
>
> B : 何について話したいんだ。
>
> A : 生産性を高めるためには、今までとは違うやり方を求める必要があると思います。
>
> B : お願いだ、石田さん。また波風を立てないでくれよ。
>
> ---
>
> A : 부장님, 몇 가지 제안하고 싶은 것이 있습니다만.
> B : 무엇에 대해서 말하고 싶은 거지?
> A : 생산성을 높이기 위해서는 지금까지와는 다른 방법을 추구할 필요가 있다고 생각합니다.
> B : 부탁이야, 이시다 씨. 또 풍파를 일으키지 말아 주게.

課長は石田さんの意見についてどうしましたか。

(A) 生産性を高めるため石田さんの声に耳を傾けた。
(B) 不景気のこととて、石田さんの提案に賛成した。
(C) 石田さんが問題を起こさないように注意喚起した。
(D) 石田さんの提案に同意して従来の方法に従うことにした。

부장은 이시다 씨의 의견에 대해 어떻게 했습니까?

(A) 생산성을 높이기 위해 이시다 씨의 목소리에 귀를 기울였다.
(B) 불경기라서 이시다 씨의 제안에 찬성했다.
(C) 이시다 씨가 문제 일으키지 않도록 주의를 환기했다.
(D) 이시다 씨의 제안에 동의해서 기존의 방법을 따르기로 했다.

해설 이시다가 부장에게 제안하려고 하자, 부장은 이시다에게 풍파를 일으키지 말아 달라고 했으므로 선택지 가운데 정답으로 적절한 것은 (C)이다.

단어 提案(ていあん) 제안 | 生産性(せいさんせい) 생산성 | 波風(なみかぜ)を立(た)てる 풍파를 일으키다 | 耳(みみ)を傾(かたむ)ける 귀를 기울이다 | 従(したが)う 따르다, 순종하다

76 _ 관용구 이해

> A : ごめん。石川さんが大事にしてた盆栽を壊
> してしまったんです。
>
> B : 大丈夫ですよ。イホリさん、怪我とかあり
> ませんでしたか。
>
> A : 怪我はありませんけど、肝をつぶしましたよ。
>
> ---
>
> A : 미안해요. 이시카와 씨가 소중히 했던 분재를 깨버렸습니다.
> B : 괜찮아요. 이호리 씨, 다치진 않았습니까?
> A : 다치진 않았지만 깜짝 놀랐습니다.

イホリさんはどんな気持ちでしたか。

(A) 有頂天だった。　　(B) 非常に驚いた。

(C) がっかりした。　　(D) 涙ぐんでいた。

이호리 씨는 어떤 기분이었습니까?

(A) 기뻐 어쩔 줄 몰랐다.　　(B) 매우 놀랐다.

(C) 실망했다.　　(D) 눈물을 머금었다.

해설 이호리는 肝をつぶす라고 했으므로 매우 놀란 상황이다. 정답으로 적절한 것은 (B)이다.

단어 盆栽(ぼんさい) 분재 | 怪我(けが) 부상 | 肝(きも)をつぶす 놀라다, 질겁하다 | 有頂天(うちょうてん) 기뻐서 어찌 할 줄 모름 | がっかり 매우 낙심한 모양 | 涙(なみだ)ぐむ 눈물을 머금다, 눈물을 글썽이다

77 _ 점원에게 충고한 내용 이해

> A : どうしてお客と口論したんだよ。
>
> B : お客様が無理なことを押し付けてきたの
> で…。
>
> A : 一々反論したりせず、受け流すようにしな
> さいと言ったでしょ。
>
> B : お客様のところに謝りに行ってきます。
>
> ---
>
> A : 어째서 손님과 말싸움했지?
> B : 손님이 무리한 일을 밀어붙여 와서….
> A : 일일이 반론하지 말고, 적당히 받아넘기라고 했잖아.
> B : 손님에게 사과하러 갔다 오겠습니다.

上司が店員に忠告したのはどれですか。

(A) お客に謝罪すること

(B) 上司の攻撃をかわすこと

(C) お客の言葉をさりげなくあしらうこと

(D) 反論にかこつけて、言い訳をすること

상사가 점원에게 충고한 것은 무엇입니까?

(A) 손님에게 사죄할 것

(B) 상사의 공격을 피할 것

(C) 손님의 말에 자연스럽게 응대할 것

(D) 반론을 구실로 변명을 할 것

해설 적당히 받아넘기라고 했으므로 (C)가 정답으로 적절하다.

단어 口論(こうろん) 언쟁, 말다툼 | 押(お)し付(つ)ける 밀어붙이다 | 受(う)け流(なが)す 적당히 받아넘기다 | 謝罪(しゃざい) 사죄 | かわす 몸을 돌려 비키다 | さりげない 아무 일도 없는 듯하다, 그런 티를 보이지 않다 | あしらう 응대하다, 응답하다, 다루다 | ~にかこつけて ~을 구실로, ~을 핑계 삼아

78 _ 대화의 내용 이해 – 인간관계

> A : 今日は無礼講でいこう。支店長、一年間お
> 疲れ様。
>
> B : いえ、頭取。私がお注ぎします。
>
> A : 今日は僕にサービスさせてよ。
>
> ---
>
> A : 오늘은 모두 술을 마시자. 지점장, 1년간 수고했네.
> B : 아닙니다, 행장님. 제가 따르겠습니다.
> A : 오늘은 내가 서비스하게 해 주게.

二人はどういう関係ですか。

(A) 上司と部下　　(B) 教師と学生

(C) 医者と患者　　(D) 店員と顧客

두 사람은 어떤 관계입니까?

(A) 상사와 부하　　(B) 교사와 학생

(C) 의사와 환자　　(D) 점원과 고객

해설 두 사람의 관계를 파악하는 문제로, 대화의 내용이나 표현에 주의를 기울여야 한다. '지점장', '행장님'이라 호칭을 부르는 것으로 보아 은행에서 일하는 사람이고, 상사와 부하의 관계라는 것을 알 수 있으므로 정답은 (A)가 적절하다.

단어 無礼講(ぶれいこう) 지위나 신분의 고하를 가리지 않고 어울려 즐기는 술자리 | 頭取(とうどり) 은행장 | 教師(きょうし) 교사 | 顧客(こきゃく) 고객

A：今日は前回みたいに足が棒になるまでひた
すら歩かされることはないだろうね。

B：大丈夫よ。ホームページを見て位置の見当
はつけてきたから。

A：やっぱり僕がチェックしてくるんだったよ。
方向音痴の君に任せたのが間違いだった。

A : 오늘은 지난번처럼 다리가 뻣뻣해질 때까지 그저 걷게 하지는
않겠지?
B : 괜찮아. 홈페이지를 보고 위치는 짐작하고 왔으니까.
A : 역시 내가 체크해 왔어야 했어. 길치인 너에게 맡긴 것이 잘못
이야.

会話の内容と合っているのはどれですか。

(A) 女の人は音痴だ。

(B) 男の人は足が棒になった。

(C) 男の人は方向感覚がない。

(D) 女の人は目的地の目星が付いている。

대화 내용과 맞는 것은 어느 것입니까?

(A) 여성은 음치다.
(B) 남성은 다리가 뻣뻣해졌다.
(C) 남성은 방향 감각이 없다.
(D) 여성은 목적지를 어림잡고 있다.

해설　여성은 길치이므로 (A)는 정답이 아니다. 지난번에 다리가
뻣뻣해질 때까지 걸은 것은 지난번이므로 (B)는 정답으로 부적절하
다. 길치인 여성이 홈페이지에서 봤던 위치를 짐작하고 있으므로 정
답으로 적절한 것은 (D)이다.

단어　足(あし)が棒(ぼう)になる (오래 걷거나 서 있어서) 다리가 뻣
뻣해지다 | ひたすら 오로지, 한결같이 | 見当(けんとう) 짐작, 예상 |
方向音痴(ほうこうおんち) 길치 | 目星(めぼし)がつく 어림 잡히다

A：もしもし、スピード電器コールセンターの
原田でございます。

B：先月そちらで購入した瞬間湯沸かし器の調
子が悪くて、電話したんですけど。

A：お客様、大変恐れ入りますが、お電話が少
々遠いようなのですが。

B：あ、そうですか。今、携帯なんですが、電
波障害かな。すみませんが、すぐかけ直し
ます。

A : 여보세요, 스피드 전기 콜센터의 하라다입니다.
B : 지난달 거기에서 구입한 순간 온수기의 상태가 나빠서 전화했
는데요.
A : 손님, 매우 죄송하지만, 전화 감이 조금 먼 것 같습니다.
B : 아, 그렇습니까? 지금 휴대전화인데, 전파 장애인가. 죄송하지
만 금방 다시 걸겠습니다.

女の人はなぜ電話しましたか。

(A) 湯沸かし器を買うため

(B) 電話がかかりにくいため

(C) 以前買った物が故障したため

(D) ケータイが故障したため

여성은 왜 전화했습니까?

(A) 온수기를 사기 위해
(B) 전화를 걸기 힘들기 때문에
(C) 이전에 샀던 것이 고장 났기 때문에
(D) 휴대전화가 고장 났기 때문에

해설　지난달에 산 순간 온수기의 상태가 나빠서 전화를 했다고 했
으므로 정답으로 적절한 것은 (C)이다. 전화 감이 멀어서 다시 전화
하겠다고 했으므로 (B)와 (D)는 정답으로 부적절하다.

단어　コールセンター 콜센터 | 瞬間湯沸(しゅんかんゆわか)
し器(き) 순간 온수기 | 調子(ちょうし)が悪(わる)い 상태가 나쁘
다 | 電話(でんわ)が遠(とお)い 전화의 감이 멀다 | 電波障害(でん
ぱしょうがい) 전파 장애

PART 4

81~83

去年都会から海の近くに引っ越しました。海
から歩いて１０分ぐらいのところです。思う
存分、サーフィンが楽しめます。窓から見える
海は最高です。窓からの景色も絵葉書みたいです。

単어　夜景(やけい) 야경 | ～越(ご)し ～너머

夢見た生活を満喫しています。都市生活では味わえないゆたかな生活を味わうことができますのでおすすめです。ただ、海の近くに引っ越す前に調べておくべきなのは、家の近くに、食料品店、郵便局、銀行、駅、民家、病院があるかどうかだと思います。

작년 도시에서 바다 가까이로 이사를 했습니다. 바다에서 걸어서 10분 정도인 곳입니다. 마음껏 서핑을 즐길 수 있습니다. 창에서 보이는 바다는 최고입니다. 창에서 보이는 경치도 그림엽서 같습니다. 꿈에 그리던 생활을 만끽하고 있습니다. 도시 생활에서는 맛볼 수 없는 풍요로운 생활을 맛볼 수 있어 추천합니다. 단, 바다 근처로 이사하기 전에 알아 두어야 할 것은 집 가까이에 식료품점, 우체국, 은행, 역, 민가, 병원이 있는지 없는지 라고 생각합니다.

단어　引(ひ)っ越(こ)す 이사하다 | 存分(ぞんぶん) 실컷, 마음껏 | サーフィン 파도타기, 서핑 | 絵葉書(えはがき) 그림 엽서

81 引っ越す前に調べるのはどれですか。

(A) 遊園地　　　　　(B) 福祉事務所
(C) 区役所の位置　　(D) 近隣生活施設

이사 전에 조사하는 것은 어느 것입니까?

(A) 유원지　　　　　(B) 복지 사무소
(C) 구청의 위치　　　(D) 근린 생활 시설

해설　이사하기 전에 집 근처에 식료품점, 우체국, 은행, 역, 민가, 병원이 있는지 없는지 조사해야 된다고 했으므로 선택지 가운데 정답으로 적절한 것은 (D)이다.

단어　福祉(ふくし) 복지 | 近隣(きんりん) 근린 | 施設(しせつ) 시설

82 どうして最高な気持ちになりましたか。

(A) 思う存分食べられるから
(B) 窓から夜景が見えるから
(C) 窓越しに海が見えるから
(D) サーフィンが楽しめるから

어째서 기분이 최고로 좋아졌습니까?

(A) 마음껏 먹을 수 있어서
(B) 창문으로 야경이 보여서
(C) 창문 너머로 바다가 보여서
(D) 서핑을 즐길 수 있어서

해설　창문에서 보이는 바다는 최고라고 했으므로 정답으로 적절한 것은 (C)이다.

83 本文の内容と合っているのはどれですか。

(A) 今年引っ越しをしたばかりである。
(B) 毎日ポストカードを購入している。
(C) 海を見て絵を描くのが趣味である。
(D) 海まで徒歩10分の所に住んでいる。

본문의 내용과 맞는 것은 어느 것입니까?

(A) 올해 막 이사를 왔다.
(B) 매일 엽서를 구입하고 있다.
(C) 바다를 보고 그림을 그리는 것이 취미다.
(D) 바다까지 도보 10분인 곳에 살고 있다.

해설　바다에서 걸어서 10분인 곳에 살고 있으므로 정답은 (D)이다. 이사한 것은 작년이므로 (A)는 정답이 아니고, 창문에서 보이는 경치가 그림엽서와 같다고 한 것이지 엽서를 사거나 그림을 그리는 것이 아니므로 (B), (C)는 정답이 될 수 없다.

단어　購入(こうにゅう) 구입 | 徒歩(とほ) 도보

84~87

バンコク、シンガポール、ホンコン、マカオのパッケージツアーで、今日は東南アジアツアー5日目だった。翌日は朝の飛行機で帰国なので実質最終日となった。ヨーロッパの風情が色濃く残った街並みだった。街並みがとにかくロマンチックで歩いているだけで楽しかった。広場、博物館、記念館など見所が満載だった。そして食べ物もおいしかった。西洋料理とアジア料理のおいしさを両方味わえるんだから最高だった。昼は観光そしておいしいものを食べて、夜はホテルですばらしい夜景を眺められて贅沢な時間を楽しめた。旅行費はリーズナブルだった。

방콕, 싱가폴, 홍콩, 마카오의 패키지 투어로 오늘은 동남 아시아 투어 5일째였다. 다음 날은 아침 비행기로 귀국하기 때문에 실질적으로 마지막 날이었다. 유럽의 풍경이 농도 깊게 남은 풍경이었다. 풍경이 어쨌든 로맨틱하여 걷고 있는 것만으로 즐거웠다. 광장, 박물관, 기념관 등 볼 만한 것이 가득했다. 그리고 음식도 맛있었다. 서양 요리와 아시아 요리의 맛을 둘 다 볼 수 있어서 최고였다. 낮에는 관광을 하고 맛있는 것을 먹고, 밤에는 호텔에서 멋진 야경을 볼 수 있어 사치스러운 시간을 즐겼다. 여행 경비는 적절했다.

단어 翌日(よくじつ) 다음 날 | 色濃(いろこ)い 색이 짙다 | 町並(まちな)み 거리에 집이나 상점이 즐비하게 늘어선 모양 | とにかく 여하튼, 아무튼 | ロマンチック 로맨틱 | 見所(みどころ) 볼 만한 곳 | 満載(まんさい) 만재, 가득함 | 味(あじ)わう 맛보다 | 眺(なが)める 응시하다, 조망하다 | 贅沢(ぜいたく) 사치 | リーズナブル 합리적임, 적당함

84 この人は旅行の費用をどう思っていますか。

(A) 手頃(てごろ)であった。

(B) 高い気がした。

(C) 激安(げきやす)であった。

(D) ぼられたと思う。

이 사람은 여행 비용을 어떻게 생각하고 있습니까?

(A) 적당했다.
(B) 비싼 감이 들었다.
(C) 굉장히 쌌다.
(D) 바가지 썼다고 생각한다.

해설 여행 경비는 적절했다고 했으므로 정답은 (A)이다.

단어 手頃(てごろ) 적합함 | ぼる 바가지 씌우다

85 旅行先はどこですか。

(A) 西南(せいなん)アジア　　(B) 東北(とうほく)アジア
(C) 中央(ちゅうおう)アジア　　(D) 東南(とうなん)アジア

여행지는 어디입니까?

(A) 서남 아시아　　(B) 동북 아시아
(C) 중앙 아시아　　(D) 동남 아시아

해설 패키지 투어로 동남 아시아를 여행하는 중이라고 했으므로 정답으로 적절한 것은 (D)이다.

86 旅行について正しいのはどれですか。

(A) 華麗(かれい)なる中世(ちゅうせい)の町並(まちな)みに目(め)を奪(うば)われた。

(B) ヨーロッパの風情が色濃く残っていた。

(C) アジア料理の美味しさが味わえなかった。

(D) 夜はオプショナルツアーを利用(りょう)して買(か)い物をした。

여행에 대해서 바른 것은 어느 것입니까?

(A) 화려한 중세의 거리에 눈을 빼앗겼다.
(B) 유럽의 풍경이 깊이 남아 있었다.
(C) 아시아 요리의 맛을 맛볼 수 없었다.
(D) 밤은 옵션 투어를 이용해서 쇼핑을 했다.

해설 유럽의 풍경이 농도 깊게 남은 풍경을 볼 수 있었다고 했으

므로 정답으로 적절한 것은 (B)이다. 서양 요리와 아시아 요리 모두 맛볼 수 있다고 했으므로 (C)는 정답에서 제외, 밤에는 야경을 구경했다고 했으므로 (D)는 정답에서 제외된다.

87 この人の総旅行期間(そうりょこうきかん)はどれですか。

(A) 2泊3日　　(B) 3泊4日
(C) 4泊5日　　(D) 5泊6日

이 사람의 총 여행 기간은 어느 것입니까?

(A) 2박 3일　　(B) 3박 4일
(C) 4박 5일　　(D) 5박 6일

해설 투어 5일째이고 내일 출발한다고 했으므로, 여행 기간은 5박 6일이다.

88~90

買(か)いだめ商品(しょうひん)ベスト3として1位(い)はカップ麺(めん)、2位(みず)は水、3位は缶詰(かんづめ)ですが、私(わたし)はトイレットペーパー、箱(はこ)ティッシュ、キッチンタオルなど、ペーパー類を買いだめしています。ネットで買うものは送料(そうりょう)がかかります。まとめて買うと送料が無料(むりょう)になるので、まとめ買(が)いをしているのです。決(けっ)して買いだめをしている意識(いしき)はないのですが、広告(こうこく)をみたり店で安(やす)く売(う)ってるのを発見(はっけん)するとつい買ってしまいます。我(わ)が家(や)の保存用(ほぞんよう)の棚(たな)にはソース、台所洗剤(だいどころせんざい)、石(せっ)けん、缶詰がたくさんあり、仕舞(しま)う場所(ばしょ)がありません。

사재기 상품 베스트 3 중에서 1위는 컵라면, 2위는 물, 3위는 통조림인데, 나는 두루마리 휴지, 곽 티슈, 키친 타올 등 종이류를 사 두고 있습니다. 인터넷으로 사는 것은 배송료가 듭니다. 한꺼번에 사면 배송료가 무료이기 때문에 모아서 사고 있습니다. 결코 사재기를 하려는 생각은 아니지만, 광고를 보거나 가게에서 싸게 파는 것을 발견하면 그만 사 버리고 맙니다. 우리 집의 보관용 선반에는 소스, 부엌 세제, 비누, 통조림이 많이 있어서 보관할 장소가 없습니다.

단어 買(か)いだめ 사재기 | 缶詰(かんづめ) 통조림 식품 | ペーパー 페이퍼, 종이 | 送料(そうりょう) 배송료 | つい 무심코, 그만, 어느덧 | 洗剤(せんざい) 세제 | 仕舞(しま)う 간수하다, 치우다

88 どうして物をまとめて買うのですか。

(A) いざという時のため
(B) 非常食(ひじょうしょく)が足(た)りないから

(C) 送料が無料になるから
(D) 備え有れば憂い無しというから

어째서 물건을 모아서 삽니까?

(A) 만일의 때를 대비하기 위해
(B) 비상식량이 부족하니까
(C) 배송료가 무료이니까
(D) 유비무환이라고 하니까

해설 배송비가 드는 것을 한꺼번에 사면 무료가 되기 때문에 모아서 산다고 했으므로 정답으로 적절한 것은 (C)이다.

단어 いざという時(とき) 만일의 경우, 여차하면 | 非常食(ひじょうしょく) 비상식량 | 足(た)りない 부족하다

89 この人は主に何を買っておきますか。

(A) 水　　　　　(B) 石けん

(C) ソース　　　(D) ティッシュ

이 사람은 주로 무엇을 사 둡니까?

(A) 물　　　　　(B) 비누
(C) 소스　　　　(D) 티슈

해설 이 사람은 주로 종이류를 사재기한다고 했으므로 선택지 가운데 정답으로 적절한 것은 (D)이다.

90 買いだめをする物の中で最も多かったのはどれですか。

(A) カップ麺　　　(B) 粉ミルク

(C) 台所洗剤　　　(D) ペーパー類

사재기 물건 중에 가장 많았던 것은 무엇입니까?

(A) 컵라면　　　　(B) 분유
(C) 부엌 세제　　　(D) 종이류

해설 사재기 품목 1위는 컵라면, 2위는 물, 3위는 통조림이라고 했으므로 정답은 (A)이다.

단어 粉(こな)ミルク 분유

91~93

> パッケージとかラップとかに紙のシールがついてますが、剥がさずリサイクルに出したり、ある程度剥がしてベタベタの剥がした跡が付いてるまま出したりします。これらはリサイクルセンターで再度分別されます。何%かまではプラゴミ以外が混入していてもよいそうですが、それ

を上回るとプラスティック資源に再生されないそうです。ペットボトルのふたとラベルもいちいち剥がしてプラゴミにしなければならないので面倒ですが、将来リサイクルされて資源化されると思えば、分別はしっかりしないといけないと思うわけです。

포장지나 랩에 종이 실(seal)이 붙어 있는데 떼어내지 않고 재활용품으로 내놓거나 어느 정도 벗겨서 진득진득하게 벗긴 흔적이 있는 채로 내놓습니다. 이것들은 재활용 센터에서 다시 분리됩니다. 몇 퍼센트인가까지는 플라스틱 쓰레기가 아닌 것이 혼입되어도 괜찮다고 합니다만, 그것을 넘어서면 플라스틱 자원으로 재생되지 않는다고 합니다. 페트병 뚜껑과 라벨도 하나하나 벗겨서 플라스틱 쓰레기로 하지 않으면 안 되기 때문에 번거롭습니다만, 장래 재활용되어 자원화된다고 생각하면 분리수거는 확실히 해야 한다고 생각하게 됩니다.

단어 パッケージ 포장지 | ラップ 랩 | 剥(は)がす 벗기다, 떼다 | リサイクル 재활용 | 跡(あと) 흔적 | ベタベタ 끈적끈적 | 分別(ぶんべつ) 분별, 분리 | 混入(こんにゅう) 혼입 | 資源(しげん) 자원 | 再生(さいせい) 재생 | 面倒(めんどう) 번거로움, 귀찮음, 성가심 | しっかり 똑똑히, 확실히

91 プラゴミが資源として再生されるためにすべきことはどれですか。

(A) 曜日を守ってゴミを出すこと
(B) 決められたゴミ袋を用いること
(C) 家庭内できちんと分別すること
(D) 土に穴を掘って生ゴミを埋めること

플라스틱 쓰레기가 자원으로 재생되기 위해 해야 하는 것은 어느 것입니까?

(A) 요일을 지켜서 쓰레기를 내놓을 것
(B) 정해진 쓰레기 봉투를 이용할 것
(C) 가정 내에서 제대로 분리할 것
(D) 땅에 구멍을 파고 음식물 쓰레기를 묻을 것

해설 이물질이 많이 섞이면 플라스틱 쓰레기가 재생되지 못할 수도 있으니 분리수거를 확실히 해야 된다고 했으므로 정답으로 적절한 것은 (C)이다.

단어 きちんと 깔끔히, 말쑥이, 말끔히 | 掘(ほ)る 파다 | 生(なま)ゴミ 채소·생선 등의 젖은 쓰레기 | 埋(う)める 메우다, 막다

92 ゴミの分別において、どんなことが面倒ですか。

(A) 指定袋を買うこと
(B) 決められた場所に出すこと

(C) 自宅で紙類のゴミを燃やすこと

(D) ゴミをいちいち細かく分別すること

쓰레기 분리수거에 있어서 어떤 것이 번거롭습니까?

(A) 지정 봉지를 사는 것
(B) 정해진 장소에 내놓는 것
(C) 자택에서 종이류의 쓰레기를 태우는 것
(D) 쓰레기를 일일이 꼼꼼하게 분리하는 것

해설 페트병 뚜껑과 라벨도 하나하나 벗겨서 플라스틱 쓰레기로 만들어야 하는 것이 번거롭다고 했으므로 정답으로 적절한 것은 (D)이다.

93 リサイクルセンターで何をしますか。

(A) 再分別をする。

(B) スプレー缶にラップを巻く。

(C) ゴミをパッケージングする。

(D) プラゴミに紙のシールを貼る。

재활용 센터에서 무엇을 합니까?

(A) 재분리를 한다.
(B) 스프레이 캔에 랩을 감는다.
(C) 쓰레기를 포장한다.
(D) 플라스틱 쓰레기에 종이 실을 붙인다.

해설 내놓은 쓰레기가 재활용 센터에서 다시 분리된다고 했으므로 정답으로 적절한 것은 (A)이다.

단어 スプレー 스프레이

94~96

アメリカのボーイングの主力中型旅客機７８７が初飛行した。７８７は燃費が約２割改善され、既存の中型機７６７に比べて二酸化炭素の排出量の削減にも有効だ。

７８７は、席数が大型機よりも少ないが、航続可能距離は約１万５千キロと大型機並みだ。

これまで長距離路線は、大型機でないと飛べなかった。しかし、７８７の導入で、採算の合わなかった路線でも就航できるようになり、航空会社は需要に応じた路線戦略が可能になる。

미 보잉사의 주력 중형 여객기 787이 첫 비행했다. 787은 연비가 약 20% 개선되고 기존의 중형기 767에 비해 이산화탄소의 배출량의 삭감에도 유효하다.

787은 좌석수가 대형기보다도 적지만, 항속 가능 거리는 약 1만 5천 km로 대형기에 필적한다.

지금까지 장거리 노선은 대형기가 아니면 날지 못했다. 그러나 787의 도입으로 채산이 맞지 않았던 노선이라도 취항할 수 있게 되어, 항공회사는 수요에 따른 노선 전략이 가능해진다.

단어 主力(しゅりょく) 주력 | 中型(ちゅうがた) 중형 | 旅客機(りょかくき) 여객기 | 飛行(ひこう) 비행 | 燃費(ねんぴ) 연비 | 改善(かいぜん) 개선 | 既存(きそん) 기존 | 大型(おおがた) 대형 | 二酸化炭素(にさんかたんそ) 이산화탄소 | 排出量(はいしゅつりょう) 배출량 | 削減(さくげん) 삭감 | 有効(ゆうこう) 유효함 | 航続(こうぞく) 항속(선박·항공기가 도중에 연료의 보급을 받지 않고 항행을 계속하는 일) | ～並(な)み ～과 같은 수준 | 長距離(ちょうきょり) 장거리 | 導入(どうにゅう) 도입 | 採算(さいさん) 채산 | 就航(しゅうこう) 취항 | 需要(じゅよう) 수요 | 戦略(せんりゃく) 전략

94 ７８７の燃費はどうなりましたか。

(A) 燃費がよくなった。

(B) 燃費は２％改善した。

(C) 燃費は変わらなかった。

(D) 燃費が悪くなる傾向がある。

787의 연비는 어떻게 되었습니까?

(A) 연비가 좋아졌다.
(B) 연비는 2% 개선되었다.
(C) 연비는 변하지 않았다.
(D) 연비가 나빠지는 경향이 있다.

해설 787은 연비가 약 20% 개선되었다고 했으므로 정답으로 적절한 것은 (A)이다.

단어 傾向(けいこう) 경향

95 767についての説明のうち、正しいのはどれですか。

(A) 中型機である。

(B) 超ジャンボ機である。

(C) リサイクルした旅客機である。

(D) 大型機並みの最新鋭機である。

767에 대한 설명 중 바른 것은 어느 것입니까?

(A) 중형기다.
(B) 초 점보기다.
(C) 재활용한 여객기다.
(D) 대형기급의 최신예기다.

해설 '기존의 787은 중형기 767'이라고 했으므로 정답은 (A)이다.

단어 新鋭(しんえい) 신예

96 ７８７の導入によって、期待されるのは何ですか。

(A) 採算が合わなくなる。

(B) 空いている座席が増えるおそれがある。

(C) 計画された路線戦略が廃止されることになる。

(D) 路線が需要に応じて開設される可能性がある。

787의 도입에 의해 기대되는 것은 무엇입니까?

(A) 채산이 안 맞게 된다.
(B) 비어 있는 좌석이 늘어날 우려가 있다.
(C) 계획된 노선 전략이 폐지되게 된다.
(D) 노선이 수요에 의해 개설될 가능성이 있다.

해설 대형기에서는 다 채울 수 없는 좌석 때문에 채산이 맞지 않았던 노선이라도, 중형기인 787의 도입으로 취항할 수 있고, 항공회사는 수요에 따라 노선 전략이 가능하게 된다고 했으므로 정답으로 적절한 것은 (D)이다.

단어 廃止（はいし）폐지 | 開設（かいせつ）개설

97~100

じんじいん　こっかい　ないかく　たい　おこな　こっかこうむいんきゅう
人事院は国会と内閣に対して行う国家公務員給
よ　かいていかんこく　げっきゅう　ひ　さ　ていねん
与の改定勧告で、月給を0.2％引き下げ、定年
さい　だんかいてき　ひ　あ　ほしょうがく
を３年に１歳ずつ段階的に引き上げ、保障額の
しきゅう　はいし　きまつ　きんべんてあて　す　お
支給を廃止、公務員の期末・勤勉手当は据え置
ほうしん　かた　きそ　しりょう　みんかんきゅう
く方針を固めた。勧告の基礎資料となる民間給
よじったいちょうさ　きぎょう　すいじゅん　ぜん
与実態調査では、民間企業のボーナス水準が前
ねんど　うわまわ　こんなん　はんだん
年度をやや上回ったが、民間の状況が厳しいことを踏まえ、引き上げ勧告は困難と判断した。

인사원은 국회와 내각에 대해 행하는 국가공무원 급여 개정 권고에서 월급을 0.2% 인하, 정년을 3년에 한 살씩 단계적으로 인상, 보장액 지급을 폐지, 공무원의 기말·근면 수당은 보류하는 방침을 굳혔다. 권고의 기초 자료가 되는 민간 급여 실태 조사에서는 민간 기업의 보너스 수준이 전년도를 약간 상회했지만, 민간의 상황이 어려운 점을 감안, 인상 권고는 곤란하다고 판단했다.

단어 人事院（じんじいん）인사원 | 国会（こっかい）국회 | 内閣（ないかく）내각 | 公務員（こうむいん）공무원 | 改定（かいてい）개정 | 勧告（かんこく）권고 | 引（ひ）き下（さ）げ 인하 | 引（ひ）き上（あ）げ 인상 | 保障額（ほしょうがく）보장액 | 支給（しきゅう）지급 | 手当（てあて）수당 | 据（す）え置（お）く 보류하다 | 方針（ほうしん）방침 | 基礎（きそ）기초 | 資料（しりょう）자료 | 民間（みん

97 引き上げ勧告は困難と判断した理由は何ですか。

(A) 補償額が増加するから

(B) 育児手当がなくなるから

(C) 民間の状況が厳しいから

(D) ボーナス支給が廃止されるから

인상 권고는 곤란하다고 판단한 이유는 무엇입니까?

(A) 보상액이 증가해서
(B) 육아 수당이 없어져서
(C) 민간의 상황이 어려워서
(D) 보너스 지급이 폐지되어서

해설 민간 기업의 보너스 수준이 전년도를 약간 상회했지만 민간의 상황이 어려운 점을 감안하면 인상 권고가 곤란하다고 했으므로 정답은 (C)이다.

단어 補償額（ほしょうがく）보상액 | 増加（ぞうか）증가 | 育児（いくじ）육아

98 国家公務員の月給はどうなりますか。

(A) 給料をさげる。

(B) 平均賃金を引き上げる。

(C) 初乗り運賃を値上げする。

(D) 値上げは棚上げ状態にある。

국가 공무원의 월급은 어떻게 됩니까?

(A) 급료를 내린다.
(B) 평균 임금을 올린다.
(C) 기본요금을 올린다.
(D) 인상은 보류 상태에 있다.

해설 국가공무원 급여 개정 권고로 월급을 0.2% 인하한다고 했으므로 정답으로 적절한 것은 (A)이다.

단어 平均（へいきん）평균 | 賃金（ちんぎん）임금 | 初乗（はつの）り（전철·택시 등의）최저 요금 구간 | 運賃（うんちん）운임 | 値上（ねあ）げ 가격 인상 | 棚上（たなあ）げ 보류

99 定年はどうなりますか。

(A) 段階的に減らす。

(B) 段階的に引き上げる。

(C) 定年年齢を引き下げる。

(D) 定年退職を増やす。

정년은 어떻게 됩니까?

(A) 단계적으로 줄인다.
(B) 단계적으로 올린다.
(C) 정년연령을 내린다.
(D) 정년퇴직을 늘린다.

해설 정년을 3년마다 한 살씩 단계적으로 올린다고 했으므로 정답으로 적절한 것은 (B)이다.

100 勧告の基礎資料となるのは何ですか。

(A) 補償額実態調査
(B) 雇用保険実態調査
(C) 公共保険実態調査
(D) 民間給与実態調査

권고의 기초 자료가 되는 것은 무엇입니까?

(A) 보상액 실태 조사
(B) 고용 보험 실태 조사
(C) 공공 보험 실태 조사
(D) 민간 급여 실태 조사

해설 '민간 급여 실태 조사가 권고의 기초 자료'라고 했으므로 정답으로 적절한 것은 (D)이다.

단어 雇用(こよう) 고용 | 保険(ほけん) 보험 | 公共(こうきょう) 공공

✔ 단어	읽기	뜻
□ 愛着	あいちゃく	애착
□ 開け閉め	あけしめ	여닫기, 개폐
□ あしらう		응대하다, 응답하다, 다루다
□ 生かす	いかす	살리다, 소생시키다
□ 受け流す	うけながす	적당히 받아넘기다
□ 腕時計	うでどけい	손목시계
□ 裏返す	うらがえす	뒤집다
□ 依怙贔屓	えこひいき	한쪽만 편듦
□ 選りすぐり	えりすぐり	엄선함, 엄선한 것
□ 遠足	えんそく	소풍
□ 応急	おうきゅう	응급
□ お転婆	おてんば	말괄량이
□ 思いつく	おもいつく	생각이 떠오르다
□ 買い替える	かいかえる	새로 사서 바꾸다
□ 顔付き	かおつき	얼굴 생김새, 용모
□ かこつける		핑계 삼다, 구실 삼다
□ 監視カメラ	かんしカメラ	감시 카메라
□ 気が小さい	きがちいさい	소심하다
□ 気球	ききゅう	기구
□ 逆転勝ち	ぎゃくてんがち	역전승
□ 逆転負け	ぎゃくてんまけ	역전패
□ 器用	きよう	손재주가 있음
□ 建機	けんき	건설 기기
□ 減量	げんりょう	감량
□ 公共	こうきょう	공공
□ 更新	こうしん	갱신
□ 口論	こうろん	언쟁, 말다툼
□ 漕ぐ	こぐ	젓다, 밟다
□ 探る	さぐる	몰래 조사하다, 탐색하다
□ 雑草	ざっそう	잡초
□ 四苦八苦	しくはっく	갖은 고생을 함
□ 刺繍	ししゅう	자수
□ 実態	じったい	실태
□ 秀才	しゅうさい	수재
□ 充電	じゅうでん	충전
□ 宿泊	しゅくはく	숙박
□ 出展	しゅってん	출전
□ 省エネルギー	しょうエネルギー	에너지 절약
□ 照明灯	しょうめいとう	조명등
□ 処置	しょち	처치
□ 所要時間	しょようじかん	소요 시간
□ 資料	しりょう	자료
□ 水彩画	すいさいが	수채화
□ 据え置く	すえおく	보류하다
□ 鈴なり	すずなり	주렁주렁 달림
□ 裾	すそ	옷자락
□ すっきり		말쑥이, 산뜻이
□ せせこましい		옹졸하다, 좀스럽다
□ 節電	せつでん	절전
□ 背伸び	せのび	발돋움함
□ 前任地	ぜんにんち	전임지
□ 雑巾	ぞうきん	걸레
□ 送辞	そうじ	송사
□ それはそれは		정말, 참으로, 매우
□ 尊敬	そんけい	존경
□ 対処	たいしょ	대처
□ 妥協	だきょう	타협
□ たしなめる		타이르다, 나무라다, 주의 시키다

	棚上げ	たなあげ	보류
☐	超過	ちょうか	초과
☐	突っ込む	つっこむ	날카롭게 지적하다
☐	連れ子	つれこ	의붓자식
☐	手ぬぐい	てぬぐい	손수건
☐	手前	てまえ	바로 앞
☐	電球	でんきゅう	전구
☐	伝言	でんごん	전언
☐	頭取	とうどり	은행장
☐	同伴	どうはん	동반
☐	遠出	とおで	멀리 나감
☐	とかす		빗다
☐	ドタキャン		막바지에 이르러서 약속을 취소함
☐	飛び越える	とびこえる	뛰어넘다, 건너뛰다
☐	飛び出す	とびだす	튀어나오다
☐	どんでん返し	どんでんがえし	처지, 정세 등이 완전히 역전됨
☐	涙ぐむ	なみだぐむ	눈물을 머금다
☐	荷造り	にづくり	짐 꾸리기, 포장
☐	寝直す	ねなおす	한 번 잠이 깨고 나서 다시 자다
☐	年俸	ねんぽう	연봉
☐	発注	はっちゅう	발주
☐	貼る	はる	붙이다
☐	半泣き	はんなき	반쯤 우는 상태
☐	日帰り	ひがえり	당일치기
☐	噴き出す	ふきだす	솟다, 솟구치다
☐	ふける		빠지다, 탐닉하다
☐	蓋	ふた	뚜껑
☐	無難	ぶなん	무난함, 그런대로 괜찮음
☐	踏み切り	ふみきり	건널목
☐	ふろしき		보자기

☐	踏んだり蹴ったり	ふんだりけったり	연달아 호된 곤욕을 당함
☐	ほっこり		따끈따끈
☐	ぼる		바가지 씌우다
☐	待ち遠しい	まちどおしい	몹시 기다려지다
☐	満載	まんさい	만재, 가득함
☐	見送る	みおくる	보류하다
☐	水しぶき	みずしぶき	물보라
☐	目玉商品	めだましょうひん	주요 상품
☐	設ける	もうける	설치하다
☐	役に立つ	やくにたつ	쓸모 있다, 유용하다
☐	破れる	やぶれる	찢어지다, 뚫리다
☐	寄りかかる	よりかかる	기대다, 의지하다

다락원 JPT 1000제 청해편 해설집

지은이 양정순
감수 하타나카 아이
펴낸이 정규도
펴낸곳 (주)다락원

초판 1쇄 발행 2012년 6월 28일
초판 2쇄 발행 2014년 7월 7일

책임편집 송화록, 최재영, 한누리
디자인 구수정, 오연주

다락원 경기도 파주시 문발로 211
내용문의: (02)736-2031 내선 460~465
구입문의: (02)736-2031 내선 250~252
Fax: (02)732-2037
출판등록 1977년 9월 16일 제300-1977-23호

값 25,000원 (교재+해설집+MP3 CD 1장 포함)

ISBN 978-89-277-1072-1 18730
      978-89-277-1071-4(세트)

http://www.darakwon.co.kr

- 다락원 홈페이지를 방문하시면 상세한 출판 정보와 함께 동영상
  강좌, MP3 자료 등 다양한 어학 정보를 얻으실 수 있습니다.
- 다락원 **Cyber 어학원** 내 〈일본어 공부방〉에서는 다양한 일본어 학
  습코너가 제공되고 있습니다.
- MP3 CD의 음성은 다락원 홈페이지 **도서자료실**에서도 **무료로**
  다운로드 받으실 수 있습니다.

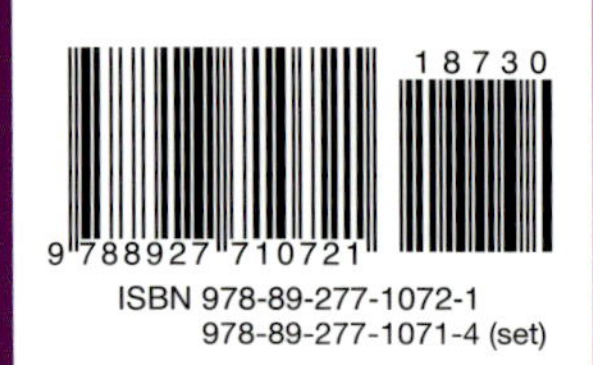

ISBN 978-89-277-1072-1
978-89-277-1071-4 (set)

정가 25,000원
(본책+해설집+MP3 CD 1장)

다락원
JPT 1000제

JPT 청해를 정복하는 4단계 학습

1단계 → **유형별 공략 요령으로 JPT 청해 완전 해부**
시험 문제를 분석하여 유형을 나누고 각각의 유형에 알맞은 공략 요령을
제시합니다. 실제 시험에 어떻게 출제되는지 예제를 통해 확인합니다.

2단계 → **내 실력에 맞는 학습 방법 제시로 간편 학습**
실제 시험 절반 분량의 문제를 풀어 보며 나의 실력을 측정합니다. 점수
대에 따라 어떻게 학습해야 할지 방법도 제시합니다.

3단계 → **실전모의고사 10회분 총 1000 문제 풀이**
실제 시험과 같은 형식으로 청해 문제를 풀어 봅니다. 총 1000문제를 풀
면서 실전에 대비합니다.

4단계 → **친절한 해설로 든든한 대비**
실전모의고사 문제 풀이 후에는 별책으로 구성된 해설집을 통해 복습할
수 있습니다. 스크립트, 해석, 해설에 단어까지 정리하여 간편하게 학습
할 수 있습니다.